KB075987

# 환재 박규수 연구

瓛齋 朴珪壽

환재 박규수 초상.

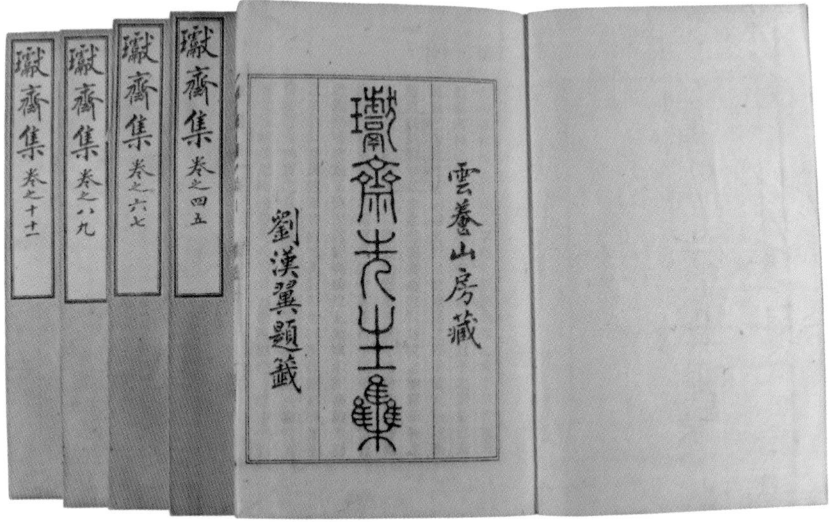


1913년 보성사에서 간행된 『환재선생집』.

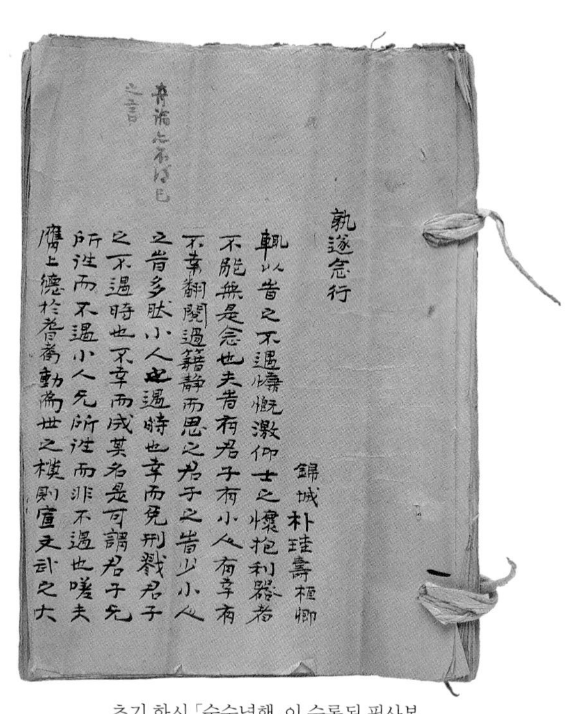


초기 한시 「숙수념행」이 수록된 필사본.

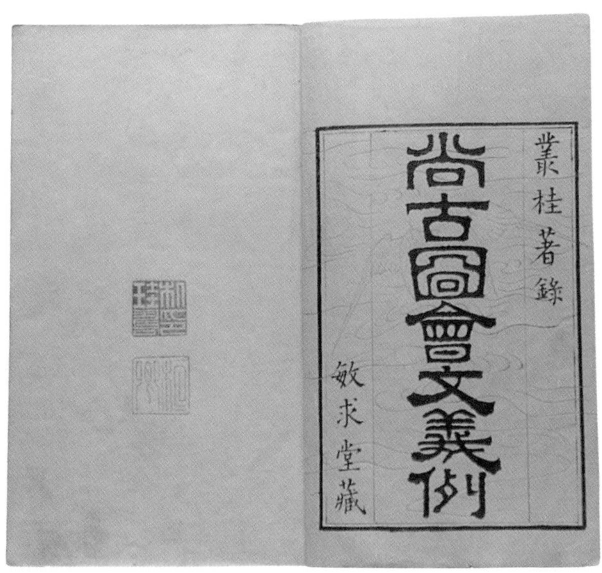

叢桂著錄
尙古圖會文義例
敏求堂藏

초기 저작 『상고도 회문의례』(1827)의 속표지.

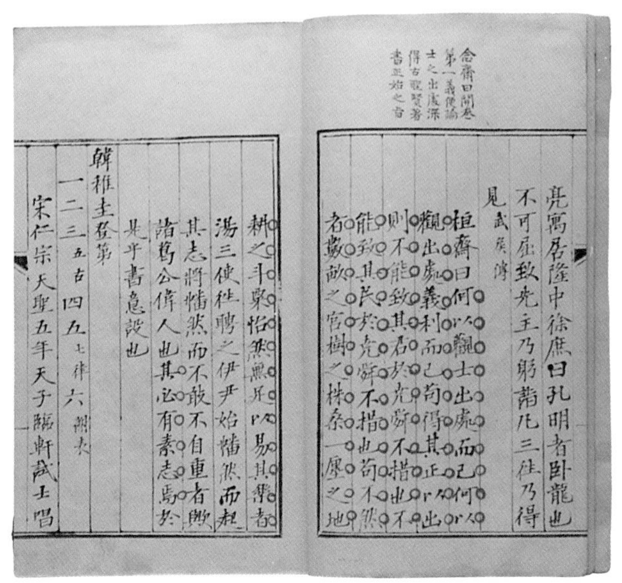

『상고도 회문의례』의 본문 일부.

박규수 부친 박종채의 간찰. 을미년(1835) 6월 28일자.

維己酉二月朔日庚子潘南朴珪壽謹以菲薄之奠哭誄于
外舅故郡守延安李公之靈曰嗚呼 公之歿今焉三更朔矣聽其
自然以還太虛存順沒寧何憾何慽伯道無兒不暇為 公恨矣
黔婁布被不足為 公悲矣跡 公平生清苦澹泊晦窮孤枯
此夫君子所謂命也 公之達觀高識固已安之而無怨尤之而無
悔介然自守全以歸之顧安用婦人孺子區區之語敘述悲悼之情
為哉嗚呼 公之疾革矣而小子縻職 省中不敢言私逮夫奔走
來哭 公之在殯已有日矣竟未得躬自效於夏商祝之事此足為幽
明之恨而尤有所鬱悒于中者 公既無嗣常擬以從孫一人間代為
後而置疑古禮之合否未有遺令之丁寧或者撤瑟之辰欲命一語思
見小子而不得歟昔者晉之荀顗以兄孫為嗣何琦之從父以孫繼祖而
琦謂礼緣事興不拘常也雷次宗之釋儀禮為人後者之文以為不言
所後之父者或後祖父或後高曾凡諸所後皆備於中庾純之言為人
後者三年或為子或為孫何琦庾純古所稱知礼君子是以有識
之士據此數說以為間代取嗣於礼不悖雖然竊謂禮之為用惟時為
大蓋有可通於古而未可通於今者而況攷諸律令既無 國制從周之文
庶幾寡過無已則姑令從孫而攝主以俟昭穆之有繼是為後死者責歟
嗚呼忽憶往歲之春小子射策東堂歷謁 公第蒼苔滿庭闃若無人
逍徊於古梅樹下 公癯顏華髮開戶視之既而聞從塢屋而歸笑曰余
忘之矣是為赴園之行耶嗟乎 公於聲利紛華蕭然無累而獨為老女
婿望其一科名宜若汲汲尚不曾罣諸胸中有如是者耶嗚呼氷蘗之
操狷介之姿樂易之韻老成之典型尚誰能識之者日月有時 輀紼將
啓而東郊新阡乃二十里近耳庶幾他日時過其下流酒宿艸以不負
車過腹痛之戒耶嗚呼慟哉尚
饗

박규수가 짓고 손수 쓴 장인 이준수에 대한 제문(1849).

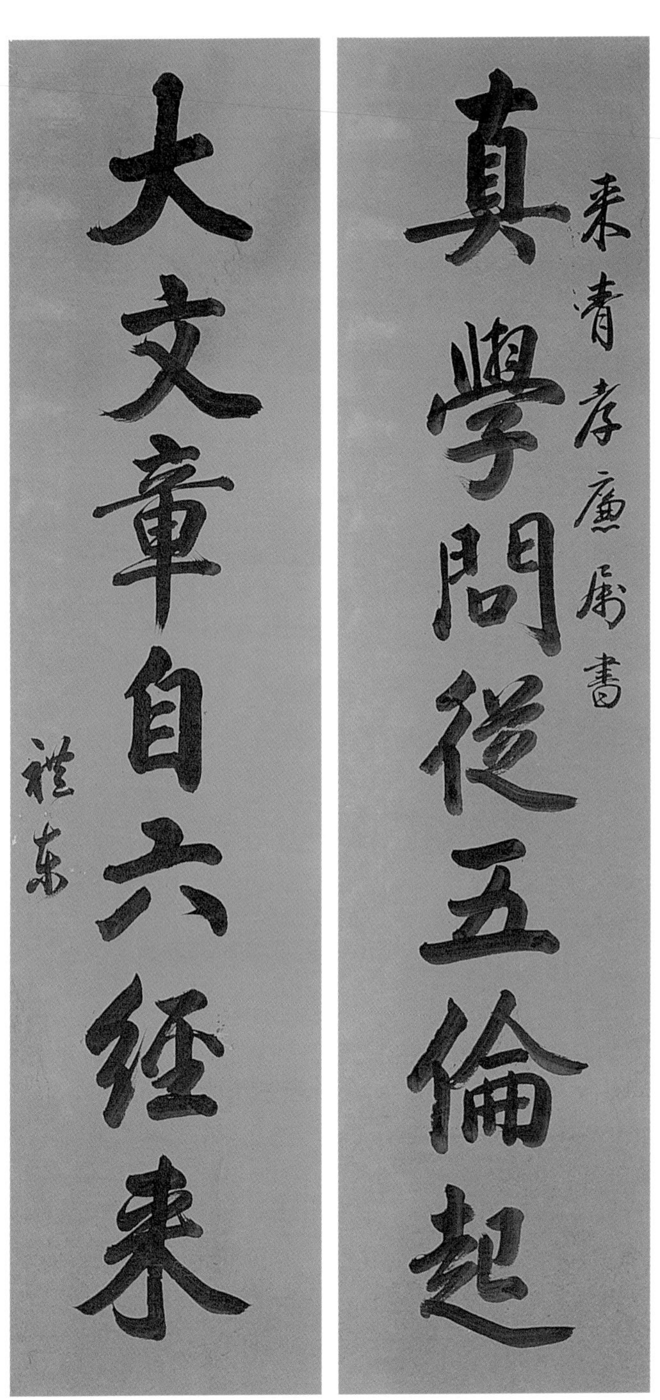


박규수가 처조카 이민익에게 써준 대련.

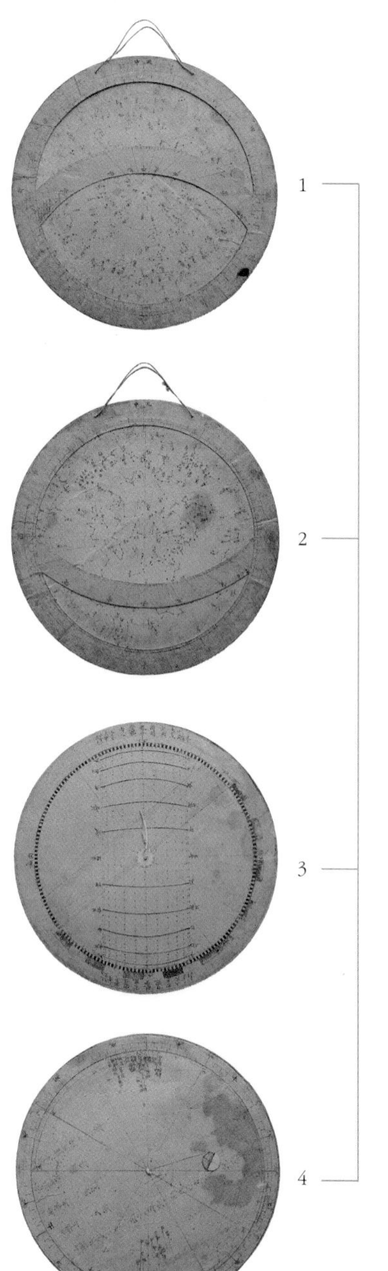

박규수가 제작한 평혼의(平渾儀)와
간평의(簡平儀)를 담은 케이스.

1. 북반구의 하늘을 표시한 평혼의의 북면.
2. 남반구의 하늘을 표시한 평혼의의 남면.
3. 박규수가 제작한 간평의의 상면.
4. 간평의의 하면.

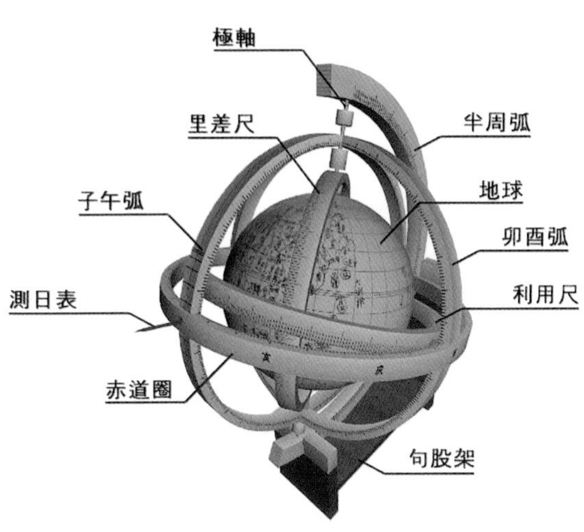


박규수가 제작한 지세의(地勢儀)의 복원도. 측면도(위). 세부도(아래).

1861년 박규수가 중국여행 도중 아우 박선수에게 보낸 간찰.

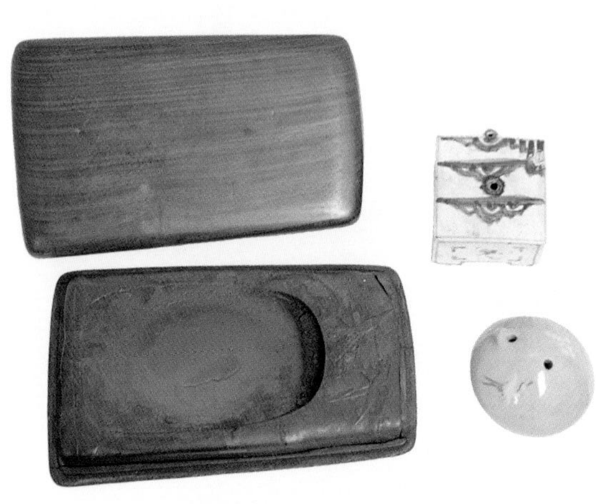

박규수가 평소 썼던 벼루와 연적.

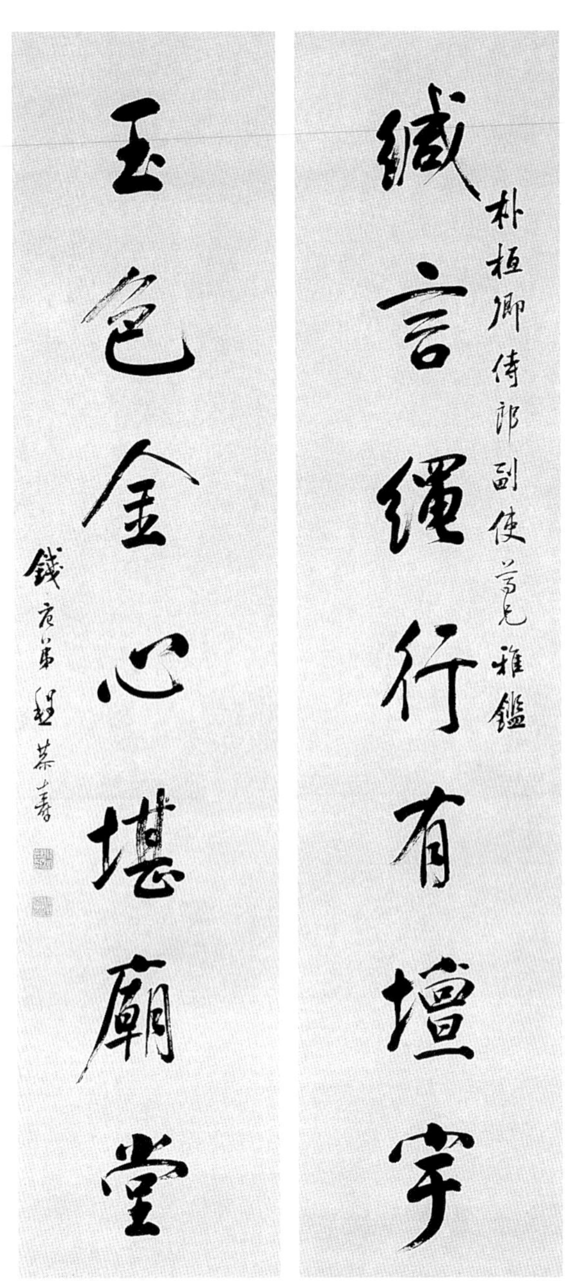


북경에서 만난 중국 문사 정공수(程恭壽)가 박규수에게 써준 대련.
**출처**『만남과 헤어짐의 미학』, 학고재 2000.

충북 보은군 외속리면에 있는 박규수의 묘와 신도비.

瓛齋 朴珪壽

# 환재 박규수 연구

김명호 지음

창비

# 책머리에

한국사에서 환재(瓛齋) 박규수(朴珪壽)는 근대전환기에 활약한 선각자로 길이 기억되어야 할 인물이다. 그는 19세기 조선의 역사적 격변 한가운데에서 정치·사상·문학 등 다방면에 걸쳐 폭넓은 활동을 보여주었으며, 당대의 가장 개명한 지식인으로서 시대적 과제에 직면하여 누구보다 깊이 고뇌하고 적극적으로 대책을 모색하였다. 그러므로 19세기 한국사를 연구하자면 도처에서 그의 존재와 마주치지 않을 수 없다. 이 책은 박규수의 생애와 사상과 문학을 종합적으로 연구함으로써, 자주적 근대화의 길을 찾기 위해 분투했던 그 시대의 총체적 진실에 접근하고자 한 것이다.

필자의 박사논문이자 첫 저서인 『열하일기 연구』의 집필을 마무리할 무렵에 그 후속 작업으로 환재 박규수를 연구해야겠다는 구상이 저절로 떠올랐다. 『열하일기』에 집대성된 연암 박지원의 사상적 문예적 성과가 후대에 계승 발전되어간 양상을 규명하려면, 가학(家學)을 통해 그의 사상과 문학을 충실히 전수받은 손자 박규수를 연구할 필요가 있으리라는 생각이 들었던 것이다. 사실 박규수에게 가장 큰 영향을 미친 인물이 그의 조부 연암이므로, 연암을 모르면 박규수를 제대로 알기 어렵다. 또한 개화사상의 선구자로 평가되는 박규수의 활동과 연관지어 보아야만 연암의 사상과 문학이 지닌 시대적 진보성이 선명하게 드러난다. 따라서 연암을 전공한 필자야말로 박규수 연구의 적임자요, 연암 연구의 토대 위에서 박규수를 연구한다면 새로운 성과를 거둘 수 있겠다는 확신을 갖게 되었다.

박규수의 문집인 『환재집』을 정독하면서 필자는 "냉철한 눈으로 시무 살피며/ 마음 비우고 고서 읽노라(冷眼看時務 虛心讀古書)"는 그의 시구에 깊이 공감하고, 이를 연구의 좌우명으로 삼았다. 이 시대를 살아가는 지식인의 한 사람으로서 박규수가 말한 바 '시무' 즉 현대의 시대적 과제를 냉철하게 성찰하고, 궁극적으로 그 과제의 해결에 기여하는 연구를 해야 한다고 스스로 다짐하였다. 그리고 이러한 문제의식은 철저한 실사구시(實事求是)의 정신과 결합되어야 한다고 믿었다. 이에 필자는 박규수의 현존하는 저술을 거의 망라한 『환재총서』를 편찬하고 수많은 관련 자료들을 섭렵했으며, 한문학 전공자로서 난해한 한문 자료들을 최대한 정밀하게 독해함으로써 진상을 완벽하게 파악하고자 힘썼다.

또한 필자는 박규수의 폭넓은 활동을 통해 19세기의 총체적 진실에 접근하고자 한 만큼, 다양한 분야에 걸쳐 학제간(學制間) 연구를 시도하지 않을 수 없었다. 문학연구를 기반으로 하되, 과감하게 사회사와 사상사 연구의 영역까지 넘나들면서 한국 근대문학과 근대사상의 원류(源流)를 규명하고자 했다. 그 결과 이 책에서 필자는 한문학을 중심으로 한 19세기의 문학사뿐 아니라, 연행(燕行)을 통한 한중(韓中) 문화교류, 양반사대부의 복식제도와 예론(禮論), 천문 수학 등 과학사, 농민항쟁과 삼정(三政) 개혁책까지 아우르는 광범한 주제를 논하게 되었다.

그리고 서술 면에서도 박규수의 생애와 그 시대상을 충실히 복원하는 전기적(傳記的) 수법을 구사하는가 하면, 그의 문학작품과 사상적 저술 및 정치활동에 관해 집중 분석하는 경우에는 엄밀한 논문식 문체를 취하기도 했다. 문학과 역사와 철학을 포괄하여 논했던 동아시아의 인문학적 전통과 아울러, 서사(敍事)와 의론(議論)의 교직(交織)을 추구한 고전 산문의 작법을 현대적으로 살려보고자 한 셈이다. 다양한 분야에 걸쳐 논의를 전개한 이 책을 가급적 통독해주기 바라지만, 독자들의 관심사에 따라 선별해서 읽어도 무방하도록 책의 각 장(章)을 유기적이면서도 독립적으로 구성했다는 점을 첨언해둔다.

지난 십수년간의 연구 성과를 결산한 이 책의 간행을 앞두고 보니 자못 감회가 깊다. 우선 이 책은 필자에게 대기만성(大器晩成)을 기대하신 고(故) 우전(雨田) 신호열(辛鎬烈) 선생께 올리는 일종의 '중간 보고서'라 할 수 있다. 그리고 선생의 선조가 환재의 장인이었던 인연으로 필자의 연구에 각별한 관심을 표명하고 많은 가르침을 주셨던 노촌(老村) 이구영(李九榮) 선생의 영전에도 이 책을 바치고 싶다.

이 책은 이러한 두 분 스승의 학은(學恩)뿐 아니라, 많은 분들의 도움에 힘입어 완성될 수 있었다. 환재의 현손(玄孫)인 고 박공서(朴公緖) 옹을 비롯하여 귀중한 관련 자료를 아낌없이 제공해주신 분들께 감사드리며, 지면 관계상 일일이 사의를 표하지 못함을 양해해주시기 바란다. 그리고 필자의 첫 저서인 『열하일기 연구』에 이어, 그 후속작이라 할 수 있는 이 책의 간행을 흔쾌히 맡아준 출판사 창비에도 깊이 감사드린다.

이 책에 앞서 필자는 셔먼호사건(1866)부터 신미양요(1871)까지 고종시대 박규수의 대외활동을 집중적으로 다룬 『초기 한미관계의 재조명』을 간행한 바 있다. 그러므로 출생 이후 철종시대까지(1807~1863) 박규수의 생애를 다룬 이 책과, 그에 이어지는 『초기 한미관계의 재조명』, 그리고 장차 박규수의 만년(1864~1877)의 활동을 다루게 될 세번째 저작으로 필자의 박규수 연구는 완결될 것이다. 이 책의 간행을 계기로, 3부작을 완성하는 그날까지 가일층 매진할 것을 다짐해본다.

2008년 가을

김명호

차례

## 제2부
## 은둔기

## 제3부
## 철종시대의 개혁적 관료

## 제4부
## 북학을 계승한 진보적 문인 학자

# 서론

이 책은 환재(瓛齋) 박규수(朴珪壽)의 삶을 통해 19세기를 다시 성찰하려는 시도이다. 21세기로 들어선 현시점에서 새삼스레 박규수와 그의 시대를 돌아보려는 까닭은 무엇인가. 그것은 무엇보다도 19세기에 시작된 거대한 변화가 현대에 이르기까지 우리의 삶을 근본적으로 틀 지우고 있다고 보기 때문이다. 그 거대한 변화를 범박하게 말해 '근대화'라고 한다면, 현재 우리는 여전히 근대화를 추구하면서도 한편으로는 극에 달한 근대화의 폐해에서 벗어날 방도를 심각하게 고민하는 시대에 살고 있다.

이렇게 볼 때 19세기에 대한 연구는 학문적 관심사에 그치지 않고 우리 시대를 근원적으로 성찰하는 작업으로서 중대한 의의를 지닌다. 선인들은 근대의 '새벽'을 어떻게 맞이했던가. 그들의 고뇌와 고투를 진지하게 이해하고자 노력함으로써 오늘날 우리 자신의 삶에 대해서도 더욱 잘 이해할 수 있을 것이다. 그리고 이와같이 근대화를 그 기원으로 거슬러 올라가 성찰하는 작업은 나아가 우리 시대의 한계를 극복할 수 있는 전망을 모색하는 데에도 도움이 되리라 믿는다.

종래 한국사에서 19세기는 대단히 부정적으로 인식되어왔다. 이 시대는 집권층의 부패와 무능으로 인해 민란과 외침(外侵)을 겪은 끝에 식민지로 전락하게 되는 암흑기요 혼란기로 간주되었던 것이다. 그러나 이처럼 19세기의 역사를 망국을 향한 필연적 과정으로 보는 부정적인 역사상은 일제 식민사관이 남긴 유산일 뿐이다. 19세기에 대한 낡은 선입견에서 벗어나 그 시대의 총체적 진실을 탐구해야 한다. 비록 좌절과 실패로 끝났을지라도 자주적 근대화의 길을 개척하기 위해 악전고투했던 선인들의 노력을 정당하게 재인식할 필요가 있다.

환재 박규수는 19세기의 역사적 격변 한가운데에서 활동한 인물이다. 그는 평안 감사·대제학·우의정 등 고위 관직을 역임하면서, 안동 김씨 세도정권을 뒤흔든 진주농민항쟁(1862), 최초의 대미(對美) 교섭과 무력 충돌을 야기한 제너럴셔먼호 사건(1866), 전면적 대외개방을 초래한 일본과의 강화도조약 체결(1876) 등과 같이 민족사의 향방을 결정지은 중대 사건들에 깊숙이 관여했다. 뿐만 아니라 박규수는 『열하일기』를 남긴 저명한 실학자 연암(燕巖) 박지원(朴趾源)의 손자로서 영·정조시대 실학의 성과를 충실히 이어받고, 뛰어난 문인 학자들과 두루 교유하는 가운데 당대의 문학과 사상에도 상당한 영향을 끼쳤다. 김윤식(金允植)·김홍집(金弘集)·유길준(兪吉濬) 등 후일 개화운동을 주도하게 되는 인물들이 그의 문하에서 배출되었던 것은 잘 알려진 사실이다.

또한 1861년과 1872년 두 차례나 청나라에 사신으로 갔던 박규수는 북경에서 중국 인사들과 널리 교분을 맺고, 귀국 후에도 계속 서신을 주고받으며 우의를 다졌다. 이를 통해 그는 동아시아를 중심으로 급변하는 세계정세에 대해 식견을 넓히고, 중국 학계와 문단의 최신 동향에 대해서도 남다른 안목을 갖출 수 있었다.

이처럼 박규수는 그 시대의 가장 개명한 지식인으로서, 역사적 격변에 직면하여 누구보다 깊이 고뇌하고 적극적으로 대책을 모색했던 인물이다. 워나 다방면에 걸쳐 폭넓은 활동을 펴고 영향력을 미쳤기에, 19세기의 한국사를 연구하자면 도처에서 그의 존재와 마주치지 않을 수 없다. 따라서 박규수의 생애와 사상과 문학에 관한 종합적 연구는 19세기의 총체적 진실에 접근하는 하나의 지름길이 될 수 있을 것이다.

지금까지 학계에서는 주로 개화사상 연구의 일환으로 박규수에 대해 논하였다. 즉 개화사상이 실학을 발전적으로 계승했다는 전제 아래 '우리나라 최초의 개화사상가'라 할 수 있는 박규수가 실학에서 개화사상으로 전환하게 된 시기는 언제이며 그러한 사상적 전환의 요인은 무엇인가 하는 문제를 중심으로 논의를 벌였다. 하지만 일각에서는 박규수가 개화사상의 단계까지 나아가지 못했다거나, 심지어 실학파보다 사상적으로 후퇴한 면이 있다는 반론을 제기하기도 했다.

이러한 기존 논의의 문제점에 관해서는 앞으로 이 책의 적절한 지면에서 구체적으로 논하기로 하고, 여기에서 우선 지적하고 싶은 것은 대개의 논의가 극히 제한된 자료에 의거하고 있다는 점이다. 종래 논자들은 거의 전적으로 박규수의 문집인 『환재집(瓛齋集)』에서 취한 단편적인 자료들을 근거로 삼았다. 이 『환재집』은 조선왕조가 망한 직후인 1913년 운양(雲養) 김윤식이 스승의 글을 수습하여 간행한 것인데, 박규수가 남긴 중요한 글들을 빠짐없이 수록한 것이 아닐 뿐 아니라 글의 취사선택에 있어서도 김윤식의 안목과 정치적 입장이 적잖이 작용한 것이었다.

그후 여기에다 박규수가 암행어사로서 국왕에게 올린 보고서인 『수계(繡啓)』와 양반사대부의 복식에 관해 논한 저술인 『거가잡복고(居家雜服攷)』를 추가하여 함께 영인한 『박규수전집』이 1978년에 간행되었다. 당시에 새로 소개된 『수계』와 『거가잡복고』는 박규수의 현실인식과 실학사상을 해명하는 데 매우 중요한 자료인데도, 학계의 주목을 받지 못해 그에 대한 본격적인 논의가 오랫동안 이루어지지 않았다.

필자는 영·정조시대 실학의 성과를 집대성한 『열하일기』를 중심으로 연암 박지원의 사상과 문학에 관해 연구한 뒤, 연암의 사후 19세기의 사상사와 문학사에서 『열하일기』의 사상적 문예적 성과가 어떻게 계승 발전되어갔는지를 규명하는 작업의 필요성을 느끼고,[1] 곧이어 연암의 손자인 박규수의 사상과 문학에 대한 연구를 추진하였다. 그런데 박규수의 생애가 제대로 밝혀져 있지 않을뿐더러 그가 남긴 글들 역시 완벽하게 수습 정리되지 못한 사실을 알게 되어, 필자는 연구 과정에서 일차적으로 자료 발굴에 힘을 쏟지 않을 수 없었다.

그 결과물이 바로 1996년 성균관대 대동문화연구원에서 간행된 『환재총서(瓛齋叢書)』이다. 이를 통해 전16책의 거질(巨帙)인 『상고도 회문의례(尙古圖會文義例)』와 아울러 『금유시초(錦蕤詩鈔)』를 비롯한 시집 3종, 그리고 『금유지림(錦蕤志林)』, 『장암문고(莊菴文稿)』 등, 박규수의 직계 후손 집안에 소장되어온 그의 초기 저술들이 처음으로 학계에 공개되었다. 박규수의 초기 사상과 문학을 생생하게 보여주는 자료들이 대거 소개된 것이다. 이와 함께 『환재총서』에는 1840년대 말 그의 학문적 방향전환을 보여주는 글인 「벽위신편 평어(闢衛新編評語)」, 진주농민항쟁 때 안핵사(按覈使)로서 작성한 문서들, 제너럴셔먼호 사건 당시 평안 감사로서 조정에 올린 보고서 등을 포함하여, 지금까지 알려진 박규수의 글들이 대부분 수록되었다.[2]

『환재총서』 간행 이후에도 필자는 계속 관련 자료의 발굴에 힘을 기울여, 특히 박규수가 친지나 벗들과 주고받은 개인적인 서신들을 적잖이 입수할 수 있었다. 이러한 서신들은 공적인 문서에는 드러나 있지 않은 박규수의 내면이나 사상적 동기를 엿볼 수 있게 한다는 점에서 소중한 자료라 생각된다. 이 책을 집필하면서 필자는 『환재총서』에 미처 수록되지 못한 이같은 자료들까지 최대한 입수하여 적극 활용하고자 했다.

박규수에 대한 기존 논의와 관련하여 또 한 가지 지적하고 싶은 것은 그와 영향을 주고받은 국내외 인물들에 대한 관심이 매우 미흡했다는 점이다.

1) 김명호, 『열하일기 연구』, 창작과비평사 1990, 300면.
2) 김명호, 「해제」, 『환재총서』, 성균관대 대동문화연구원 1996 참조.

종래 논자들은 박규수가 실학을 계승하고 개화사상을 전수했다고 주장하면서도, 오로지 가계(家系)나 당색·학연 등을 근거로 이를 단정하는 수준에 그쳤다. 박규수의 학문을 지도한 외종조 유화(柳訸)와 척숙 이정리(李正履)·이정관(李正觀) 형제는 물론, 박규수의 절친한 벗으로서 당시 사대부 사회에서 그에 못지않은 비중과 명망을 지녔던 인물인 김상현(金尙鉉)·김영작(金永爵)·남병철(南秉哲)·신석우(申錫愚)·신응조(申應朝)·윤종의(尹宗儀) 등에 대한 연구는 전무하다시피 했다. 또한 박규수가 존경하며 따랐던 선배 문인 학자 김매순(金邁淳)·서유구(徐有榘)·조종영(趙鍾永)·윤정현(尹定鉉)·홍길주(洪吉周) 등과의 영향 관계도 제대로 해명된 적이 없다. 그러므로 이 책에서 필자는 조부 연암 박지원의 영향뿐 아니라 위와 같은 당대 인물들과의 광범한 교유 속에서 박규수의 사상과 문학이 형성되어간 과정을 구체적으로 밝혀보고자 했다.

박규수의 생애에서 두 차례의 연행(燕行)은 큰 의미를 지니는 사건이다. 일부 논자들은 이를 계기로 그의 사상이 실학에서 개화사상으로 발전한 것으로 간주하기도 했지만, 이는 막연한 추측에 불과하다. 기존 논의에서는 박규수의 연행의 전말을 면밀하게 검토하지 않았을뿐더러, 당시 북경에서 그와 두터운 교분을 맺고 사상적·문학적 교류를 가졌던 동문환(董文渙)·심병성(沈秉成)·왕증(王拯)·왕헌(王軒)·정공수(程恭壽)·풍지기(馮志沂)·황운혹(黃雲鵠) 등 중국 인사들에 대해 전혀 관심을 두지 않았다. 박규수는 북학파의 후예답게 일찍부터 연행을 꿈꾸었으며 한중 문화교류에 적극적이었다. 필자는 이 점에 각별히 주목하여 중국 인사들과의 교유관계를 추적하는 데에도 힘을 기울였다.

기존 논의와 관련하여 끝으로 지적하고 싶은 것은, 종래 논자들의 관심이 대체로 박규수의 사상적·정치적 활동에 편중되었다는 점이다. 박규수는 철종·고종 연간에 활약한 정치가요 개화파의 사상적 스승이었을 뿐만 아니라, 천문 관측에 힘쓰고 지세의(地勢儀) 등을 제작하기도 한 일급의 과학자였으며, 예학(禮學)과 청나라의 학술에 조예가 깊은 학자였고, 빼어난 글씨를 남긴 서화가이기도 했다. 그리고 무엇보다도 그는 당대의 뛰어난 시인이자 문장가였다. 앞에서 언급한 『상고도 회문의례』와 초기 시집들은 박규수의 조숙한 문학적 천재를 잘 보여준다. 또한 박규수는 일찍부터 효명세자(孝明世子: 翼宗)의 인정을 받고 그의 하명에 따라 장편 한시 「봉소여향(鳳韶餘響)」을 지어 바쳐 문명을 떨친 바 있으며, 후일 관직에 나아가서도 문단의 영수격인 대제학을 역임했다. 1918년 장지연(張志淵)이 우리나라 역대의 대표적인 한시들을 뽑은 『대동시선(大東詩選)』에도 박규수의 작품들이 수록되어 있다.

이 책에서 필자는 지금까지 간과되어온 박규수의 이러한 다양한 면모를 온전히 되살려내고자 노력했다. 특히 그의 문인으로서의 면모에 집중적인 조명을 가해 박규수를 연암의 문학적 계승자로도 새롭게 부각하려고 했다. 이러한 작업은 한문학사를 포함한 19세기 문화사의 공백을 메우고 그 지형도를 바로잡는 데 일조하리라 본다.

박규수의 생애는 1807년 출생 이후 1829년까지의 수학기, 1830년 효명세자의 승하를 계기로 한 장장 18년간의 은둔기, 그리고 1848년 이후 1877년 타계할 때까지 근 30년에 걸친 사환기(仕宦期)로 나눌 수 있다. 대체로 이러한 구분에 따라 이 책은 모두 4부로 구성되었다.

수학기를 다룬 제1부에서는 구체적인 인간관계를 통해 박규수의 학문적 성장과정을 밝히는 한편, 첫 저작 『상고도 회문의례』와 초기 시집 중의 장시(長詩)들을 중심으로 이 시기 그의 사상과 문학에 대해 본격적으로 고찰하고자 했다. 그리고 세도정치에 맞서 왕권강화를 추진했던 효명세자와의 특별한 관계가 박규수의 정치적 장래를 결정한 사실과 아울러, 북학파의 후예인 박규수와 홍양후(洪良厚)가 선대의 뒤를 이어 우의를 맺고 연행의 전통을 이어가고자 한 사실을 중점적으로 논했다.

은둔기를 다룬 제2부에서는 주로 『거가잡복고』와 「벽위신편 평어」에 대한 심층 분석을 시도했다. 전자는 박규수가 은둔 초기에 몰두했던 예학 연구의 성과이고, 후자는 은둔 말기에 그가 예학에서 경세학으로 전환하면서 쓴 문제적인 글이다. 이에 대한 분석을 통해 새로운 시대적 여건에 처한 박규수의 사상적 모색을 해명하면서, 이 시기 그의 폭넓은 교유관계와 활발한 시 창작에 대해서도 상세히 살펴보았다.

박규수의 생애 중 사환기는 헌종 말년을 포함한 철종시대와 1864년 이후의 고종시대로 다시 나눌 수 있다. 과거 급제 후 벼슬길에 나선 철종시대에 그는 다방면으로 의욕적인 활동을 펼쳤다. 그러므로 이 책에서는 철종시대 박규수의 활동에 2개의 부를 할당하여, 제3부에서는 당시 그의 관료로서의 활동을, 제4부에서는 문인 학자로서의 활동을 위주로 고찰하였다.

제3부에서는 특히 1861년의 제1차 연행과 진주농민항쟁 당시의 안핵사 활동을 규명하는 데 치중하였다. 박규수의 제1차 연행에 대해서는 연행의 전말을 정확하게 복원하면서 당시 그의 대외인식을 구체적으로 검토하고자 했다. 그리고 박규수가 1854년 경상좌도 암행어사와 1862년 진주 안핵사로 활약하며 작성한 『수계』와 「사포장계(査逋狀啓)」를 비롯한 수많은 문서들을 치밀하게 분석하여 그의 개혁적 성향을 입증하고자 노력했다.

제4부에서는 철종시대에 박규수가 학술과 창작 분야에서 북학을 발전적으로 계승한 측면을 밝히는 데 주력하였다. 따라서 그가 독창적인 천문의기(天文儀器)인 지세의를 제작한 사실을 중시하고 그에 관해 해설한 글인 「지세의명(地勢儀銘)」의 사상적 내용을 집중 분석했다. 그리고 박규수가 경세제민(經世濟民)을 위한 문학과 실사구시(實事求是)의 학풍을 추구하는 가운데 특히 당대의 문장가로서 우수한 산문들을 많이 창작했던 점을 강조하고자 했다.

박규수는 이와같은 철종시대의 활동을 기반으로 고종 즉위 후 대원군 정권에서 고위직에 발탁되어 국정에 깊이 관여했다. 이 시기에 그는 제너럴셔먼호 사건으로 빚어진 미국과의 분쟁을 평화적으로 해결하고자 노력했으며, 급변하는 해외정세를 살피기 위해 두번째 연행에 나서기도 했다. 또한 그 뒤 대원군이 하야하고 고종이 친정을 시작한 시기에 벌어진 대일수교(對日修交) 논쟁의 소용돌이 속에서 박규수는 원로 대신으로서 적극적으로 수교를 주장하여 이를 관철시켰다.

필자는 이러한 고종시대 박규수의 활동에 관해서도 연구를 진행하여 그 성과의 일부를 발표한 바 있다.[3)] 하지만 고종시대의 복잡다단한 내외정세 속에서 그의 만년의 활동을 엄밀하게 고찰하는 연구를 마무리하자면 앞으로도 몇 년의 세월이 소요될지 가늠하기 힘든 형편이라, 부득불 이 책에서는 철종시대까지의 박규수의 활동을 논하는 것으로 그쳤다. 고종시대의 활동에 관해서는 훗날 별도의 저서를 통해 본격적으로 논하기로 하고, 이 책에서는 말미의 「박규수 연보」에서 그 시기의 활동에 관해 가급적 상세히 서술하는 것으로 대신하고자 한다.

3) 김명호, 「대원군정권과 박규수」, 『진단학보』 91, 진단학회 2001; 김명호, 『초기 한미관계의 재조명』, 역사비평사 2005.

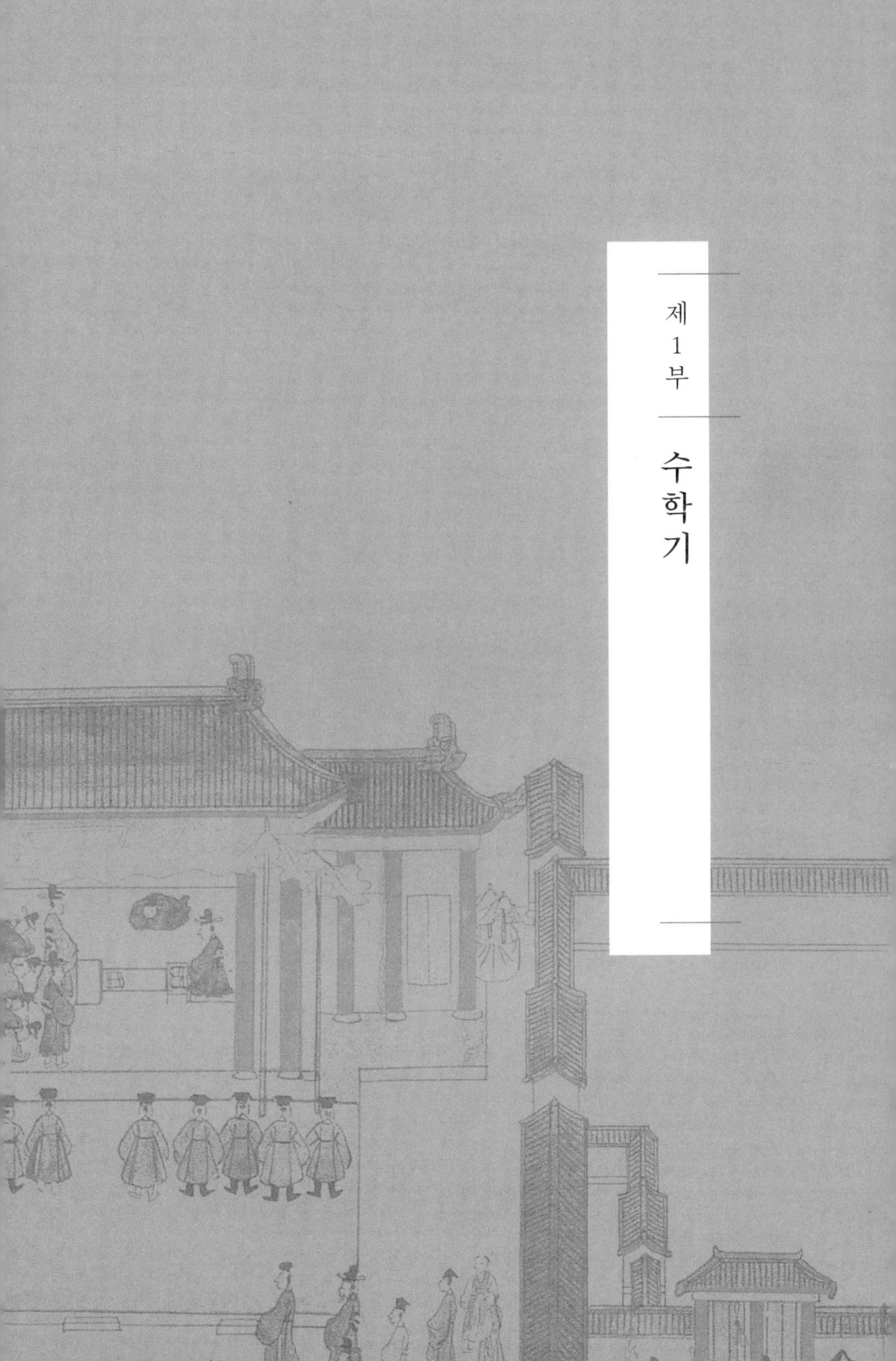

# 제1부

# 수학기

제1장

# 가문과 성장과정

## 1. 연암 박지원의 손자

박규수는 순조 7년(1807) 9월 27일(양력 10월 27일) 한양의 북부(北部) 가회방(嘉會坊)에서 박종채(朴宗采)와 전주(全州) 유씨(柳氏) 사이의 장남으로 태어났다. 모친 유씨가 시집올 때 집에서 기르는 학이 그 앞을 인도하는 기이한 일이 있었고, 부친이 조부 연암 박지원에게서 옥판(玉版)을 받는 길몽을 꾼 뒤 그를 잉태했다고 해서 아명(兒名)을 규학(珪鶴)이라 지었다고 한다.[1] 박규수의 자는 환경(桓卿)·예동(禮東)[2]이고 호는 환재(桓齋)·장암(莊庵)·균심(筠心)[3] 등이다. 나중에 환경(桓卿)과 환재(桓齋)를 각각 환경(瓛

1) 박규수, 『瓛齋集』 권1, 「節錄瓛齋先生行狀草」, 장4앞.
옥판은 얇은 옥 조각이란 뜻으로, 옥으로 만든 홀(笏: 신하가 왕을 알현할 때 손에 쥐는 물건)인 玉珪나 桓圭를 가리킨다. 박규수의 이름이나 자호에 쓰인 '珪' 자나 '桓' 자가 여기에서 유래한 것이다. 한편 그의 초기 저술인 『錦葵詩鈔』 『錦葵詩集』 『錦葵志林』에는 모두 저자의 이름이 아명인 '珪鶴'으로 되어 있다.

2) 趙冕鎬, 『玉垂集』 권8, 「金陵舟遊幷序」, 제25수에 "禮東(瓛齋別字)錯道西江夕, 玉叟談笑隘九州"라 하였다.

卿)과 환재(瓛齋)로 고쳤다.

박규수가 태어난 19세기 초의 조선사회는 수백년간 지탱해온 체제의 타성에 따른 안정을 그런대로 유지하고 있었으나, 장차 대격변을 예고하는 불길한 조짐들이 돌출하는 가운데 서서히 쇠퇴의 길로 접어들고 있었다. 양반 지배층의 당파간 세력균형 위에서 의욕적으로 왕권강화를 추진하던 정조가 급서하자, 이러한 권력 공백기를 틈타 왕실과 인척관계에 있던 소수의 가문들이 치열한 암투를 벌인 끝에 안동 김조순(金祖淳) 일가에 권력이 집중되는 소위 세도정치가 자리잡게 되었다. 이로 말미암아 왕권이 더할 나위 없이 미약해졌던 것은 물론, 체제 전반의 고질적인 모순들이 한층 심화되었다. 그럼에도 불구하고 1811년 '홍경래의 난'을 전후하여 분출한 일련의 농민항쟁들이 진압되고 난 뒤 정국은 다시금 소강국면을 맞게 되었으며, 중국·일본과의 대외관계도 비교적 안정된 상태였다.

박규수의 가문은 신라 박혁거세의 후예로서 전라도 나주(羅州) 반남현(潘南縣)을 본관으로 하고, 고려 말에 호장(戶長)을 지낸 박응주(朴應珠)를 시조로 하는 반남 박씨가이다. 조선 중종 때 조광조(趙光祖)의 문인으로 사간(司諫)을 지낸 10대조 박소(朴紹, 호 冶川, 1493~1534)[4]의 자손 대부터 가문이 크게 번창하여, 박규수의 당대에 이르기까지 세신 귀척(世臣貴戚)을 허다히 배출한 명문 거족이 되었다. 박소의 손녀는 선조(宣祖)의 원비(元妃)가 되었으며, 박소의 손자인 박동량(朴東亮, 호 寄齋, 1569~1635)은 임진왜란 때 선조를 호종한 공으로 금계군(錦溪君)에 봉해졌다.[5] 또한 금계군 박동량의

3) 金永爵, 『卲亭詩稿』 권1, 「次起巖韻 示成中湖 夢雨 絅齋」에 "莊庵(朴桓齋珪壽一號)才出群, 談屑芬牙齒"라 했으며, 洪吉周의 「題北山秋唫卷」의 주에 "筠心, 朴珪壽桓卿號"라고 했다(『沆瀣丙函』 권2). 金尙鉉의 『經臺詩存』에도 「次韻題筠心堂(桓卿齋號)詩畵卷」이란 제목의 시가 있다.

4) 宋時烈이 박소의 후손인 朴世采의 청탁을 받아 지은 「冶川朴公行狀」(『宋子大全』 권206)이 있다.

5) 1874년 藥院 都提調로서 어전에 次對하는 자리에서 박규수는 자신의 8대조인 박동량에 대해, 호조 판서로 재임할 적에 儒生 신분이던 金堉과 함께 大同法을 강구하고 이를 시행

아들로 선조의 사위가 된 금양군(錦陽君) 박미(朴瀰)를 비롯해서 부마가 된 후손들도 적지 않았다. 박규수의 집안과는 9대조부터 갈라진 먼 친척이기는 하나, 순조 초년에 김조순 일가와 더불어 한때 세도정국을 주도했던 박준원(朴準源) 일가 역시 반남 박씨에 속한다.

**세계(世系) 약도**

應珠-宜-允茂-秀-尙衷-訔-葵-秉文-林宗-兆年-紹-應福-東亮-瀰-世橋-泰吉-

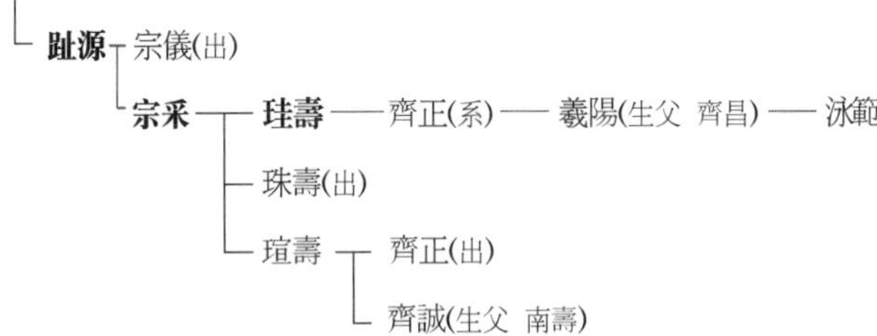


박규수는 당시 대부분의 양반사대부들과 마찬가지로 자신의 가문에 대해 강한 귀속의식을 지녔던 것으로 보인다. 전라도 부안(扶安) 현감을 지낼 때 나주까지 가서 시조의 묘를 배알하는가 하면, 경상좌도 암행어사로 파견되었을 때에도 경주에 들러 "조릉(祖陵)"을 참배하기를 잊지 않았다.[6)]

박규수가 그의 선조 중에서 가장 숭배한 인물은 7대조 박미와 조부 연암 박지원이었다. 박미(호 汾西, 諡號 文貞, 1592~1645)는 이항복(李恒福)과 신흠(申欽)의 문하에서 수학했으며, 장유(張維)·정홍명(鄭弘溟) 등과 친밀히 교유하면서 문학에 치력하여 당대를 대표하는 문장 대가의 한 사람으로 손꼽혔다. 그는 윤근수(尹根壽)·신흠 등이 제창한 복고주의(復古主義) 문풍에

---

하려는 뜻을 품었던 인물로 회고하였다(『승정원일기』, 고종 11년 4월 5일).

6) 『환재집』 권5, 「謁先祖戶長公墓文」, 권8, 「與溫卿」(1), (8).

동조해서 명나라 이반룡(李攀龍)·왕세정(王世貞)의 글에 심취했으며, 『장자(莊子)』와 두보(杜甫)의 시를 깊이 연구하여 일가의 문장을 이루었다고 한다. 문집으로 『분서집(汾西集)』 16권이 전하고 있다.[7]

이 『분서집』 외에도 은둔시절의 박규수는 종가(宗家)에 보관되어온 박미의 친필 초고 20권이 유실된 것을 안타까이 여겨, 그 책을 초록한 고조 박필균(朴弼均)의 친필 필사본을 바탕으로 『문정공문초(文貞公文鈔)』를 편찬한 바 있다.[8] 그리고 후일 북경에서 사귄 중국인 동문환(董文渙)이 조선의 한시를 소개하는 『한객시록(韓客詩錄)』을 편찬하고자 자료를 요청해왔을 적에도, 박규수는 이색(李穡)·김인후(金麟厚) 등의 시를 뽑은 『동한제가시초(東韓諸家詩鈔)』 외에 따로 박미의 시를 뽑고 거기에 연암의 시를 덧붙인 『분서시초(汾西詩鈔)』를 함께 보냈다.[9] 이로 미루어, 박규수의 문학에는 연암뿐 아니라 박미도 적지 않은 영향을 끼쳤을 것으로 짐작된다.

박규수는 연암이 별세한 지 2년 뒤에야 태어났으므로, 애석하게도 조부로부터 직접 가르침을 받지는 못하였다. 그러나 연암이 박규수의 문학과 사상에 어느 누구보다 깊은 영향을 끼쳤던 점은 그의 생애 전반에 걸쳐 두루 확인된다. 이와 관련하여 우선 주목되는 것은 박규수가 어린 시절부터 오래도록 살았던 집이 바로 연암의 옛집인 '계산초당(桂山草堂)'이었다는 사실이다.[10]

일찍이 연암은 경상도 안의(安義) 현감을 지낸 뒤 상경하여 잠시 산직(散

7) 박미, 『분서집』, 부록, 「自誌」, 「神道碑銘」(宋時烈 撰), 「行狀」(朴世采 撰) 참조.
8) 『환재집』 권4, 「文貞公文鈔序」.
9) 『환재집』 권10, 「與王霞擧軒」(5), 「與董研秋文渙」(6).
또한 박규수는 박미가 장유·申翊聖·李明漢 등과 서로 시를 지어 주고받은 『零金帖』을 소장하고 있었다고 한다(趙冕鎬, 『玉垂集』 권11, 「冒雨訪瓛堂 歸路歷張園翁 擎懷零金帖而歸 仍題一詩」, 小序).
10) 이하 계산초당에 관해서는 대체로 朴宗采의 『過庭錄』(권3)에 의거하여 서술하였다(김윤조 역주, 『역주 과정록』, 태학사 1997, 151~152면; 박희병 옮김, 『나의 아버지 박지원』, 돌베개 1998, 127~128면 참조).

연암 박지원 초상.
1830년대에 박규수의 아우 박주수가 그린 것이다.

職)에 있을 때인 1796년 무렵에, 장차 전원으로 돌아가 책을 저술하면서 여생을 보낼 계획으로 계산동(桂山洞)에 과수원을 매입하고 여기에다 작은 집을 지었다. 이것이 이른바 계산초당이다. 계산초당은 북악산 동남 기슭의 '계산(桂山)'이라 불리던 고지대에 자리잡고 있었다.[11] 박규수의 벗 김상현(金尙鉉)이 "계산 높은 곳에 특이한 향기 짙네(桂山高處異香多)"라고 노래했듯이, 이곳은 지형상 과수 재배에 적합하여 좋은 과일이 많이 생산되었다.[12]

11) 계산동은 桂生洞, 桂洞, 濟生洞, 濟洞 등으로도 불렸는데, 지금의 서울 종로구 계동에 해당한다. 그 지역에 桂山이 있고 濟生院이 있었기 때문에 그와 같은 洞名들이 생긴 듯하다. 桂山은 叢桂山이나 桂峴으로도 불렸다. 지금의 계동 1가 중앙중학교 부근에 해당한다.
12) 김상현, 『經臺詩存』, 「次醇溪丈看花」. 참고로, 徐有本의 「內舅綾州牧使李公遺事」에도

여기에다 연암은 중국의 제도를 모방하여 흙벽돌을 찍어 집을 지었으며 그 집 서쪽에 '총계서숙(叢桂書塾)'이라 명명한 서루(書樓)를 마련하였다. 안의 현감 시절에 관아의 빈터에다 하풍죽로당(荷風竹露堂) 등의 정각을 지었을 때와 마찬가지로, 『열하일기』에서 주장한바 각종 건축에 벽돌을 적극 사용하자는 자신의 북학론(北學論)을 몸소 실천하여 계산초당을 지었던 것이다. 이처럼 계산초당은 중국식으로 벽돌을 사용한 것이 큰 특색이어서 당시 사람들은 이 집을 '당가(唐家)'니 '당댁(唐宅)'으로 불렀다고 한다.[13]

처음에 계산초당에는 연암의 처남이자 지우였던 이재성(李在誠)이 이사와 살았다.[14] 연암은 수시로 이 집을 찾아와 묵으면서 그와 더불어 경국제민(經國濟民)과 이용후생(利用厚生)의 실학을 논하곤 했다고 한다. 그런데 얼마 뒤 연암이 충청도 면천(沔川) 군수로 나가게 되고 처남 이재성 역시 사정이 있어 이사간 뒤로 계산초당은 수년간 남에게 맡겨졌다가, 아들 박종채가 들어와 그후 평생 동안 이 집을 지키고 살았다. 그러므로 계산초당은 연암의 실학정신과 삶의 자취가 깊이 밴 곳이었다.

박규수는 이 계산초당에서 수학기를 보냈을 뿐 아니라 중년시절인 1840년대 말까지 살았던 것으로 추정된다. 행장(行狀)을 보면 순조 25년(1825) 효명세자(孝明世子: 翼宗)가 박규수의 집을 방문한 적이 있는데 그의 집은 "당시 계산의 기슭에 있었으니 곧 연암의 옛집이다"라고 되어 있다.[15] 또한 박규수가 스무 살 무렵에 지은 첫 저작인 『상고도 회문의례(尙古圖會文義例)』

---

"公晩卜居於北岳之下桂山之洞, 高燥爽朗, 地宜種果. 故園多名果"라 하였다(서유본, 『左蘇山人文集』, 아세아문화사 1992, 526면).

13) 『東國輿地備考』, 제2편, 「漢城府」, '基址'의 註에 "桂生洞, 卽濟生院也. 有李東皐舊第, 朴燕巖唐家"라고 하였다. 연암의 후손인 고 朴公緖翁의 증언에 의하면, 예전에 서울 시내에서 '당댁'이라 하면 모르는 사람이 없을 정도로 유명했다고 한다(1992. 10. 15 면담).

14) 1796년경 연암이 쓴 편지에 "俄爲仲存舍館, 占得異區於濟洞最高處"라는 구절이 있다(박희병 옮김, 『고추장 작은 단지를 보내니』, 돌베개 2005, 122면). 당시 이재성은 小安國洞에 살고 있었는데 집이 몹시 비좁았으므로, 연암이 시급히 그의 거처를 마련해주려고 제동(즉 계산동)의 제일 높은 곳에다 좋은 땅을 샀다는 것이다.

15) "公家時在桂山之阿, 卽燕巖舊宅也."(『환재집』 권1, 「節錄瓛齋先生行狀草」, 장4뒤)

박규수의 재동 집터.
헌법재판소 뒤뜰에 백송만 남아 있다.

를 보면 안 표지에 "총계저록(叢桂著錄)"이라 하여 계산초당의 총계서숙에서 이 책을 지었음을 밝히고 있다. 오랜 은둔생활을 청산하고 벼슬길에 나선 1850년대에 박규수는 니동(泥洞: 지금의 운니동)으로 이사갔다가 다시 재동(齋洞)으로 이사가서, 만년까지 재동에서 살았다.[16] 하지만 박규수의 벗이나

16) 박규수의 정미년(1847) 4월 26일자 편지(『瓛齋手柬』 수록)와 무신년(1848) 6월 14일자 편지(서울옥션 소장)의 겉봉에 각각 "桂阿謝書", "桂閒朴生上謝書"라고 되어 있어, 그 무렵 박규수가 계동의 계산초당에서 살고 있었음을 알 수 있다. 그런데 부안 현감으로 재직할 때 아우 박선수에게 보낸 경술년(1850) 11월 2일자 편지에는 니동에 새로 집을 사서 이사하는 문제가 거론되어 있고(『환재집』 권8, 「與溫卿」(2)), 임자년(1852) 10월 17일자 편지

문인들은 후일까지도 그가 살았던 옛집으로 계산초당을 길이 추억하였다.[17)]

연암의 사후에 태어난 박규수에게 조부 연암의 실학을 전수한 이로는 먼저 부친 박종채(朴宗采, 1780~1835)를 꼽아야 할 것이다. 박종채의 자는 사행(士行), 호는 혜전(蕙田)·연재(硏齋)이고, 종간(宗侃)은 그의 초명이다. 연암의 둘째아들로 태어나, 오랫동안 포의(布衣)로 있다가 1829년 음보(蔭補)로 선공감 감역이 되었으며 사복시 주부를 거쳐 경산 현령(慶山縣令)을 지냈다. 유영(柳詠)의 딸과 결혼하여 슬하에 규수·주수(珠壽)·선수(瑄壽) 세 아들을 두었는데, 차남 주수는 형 박종의(朴宗儀)의 양자가 되었다.[18)]

박종의(1766~1815)는 연암의 장남으로 태어났으나 백부 박희원(朴喜源, 1722~1787)의 양자로 들어갔다. 그는 정조(正祖) 말년에 성균시(成均試)를 준비하기 여러 해였지만 뜻을 이루지 못하고 평생 포의로 지냈으며, 재취인 순흥(順興) 안씨(安氏)와의 사이에 딸 하나를 두었다. 박종의가 세상을 떠나자 그 딸은 숙부인 박종채의 집에서 박규수 형제들과 함께 자랐는데, 나중에 청은군(淸恩君) 김익정(金益鼎, 호 夏篆, 1803~1879)의 부인이 되었다. 이 이가 곧 운양(雲養) 김윤식(金允植)을 키웠다는 그의 숙모 박씨이다.[19)]

---

및 계축년(1853) 2월 그믐날의 편지(『墨林』 수록)의 겉봉에는 각각 "泥洞謝書", "泥南謝書"로 되어 있어, 당시 박규수가 니동에 살고 있었음을 알 수 있다. 또한 현재 남아 있는 박규수의 여러 편지들과 『승정원일기』 등의 자료에 의하면, 박규수는 늦어도 을묘년(1855) 이후부터 만년에 이르기까지 줄곧 재동에서 살았음을 알 수 있다.

17) 趙冕鎬의 詩 「松下彷徨」 小序에 "(…) 轉踰桂峴, 歷桂巷到處, 不如意, 乃入桓齋舊園, 彷徨松樹下, 若將聞桓齋咳唾聲, 棖觸之至"라 하고, 시에서도 "桂山草閣主人非, 半畝松陰月散輝"라고 노래하였다(『玉垂集』 권22). 金允植의 『續陰晴史』 권18, 경신년(1921) 3월 28일조에 "今日瓛齋(朴珪壽)先生廟庭配享致祭, 桂洞松亭屋, 卽瓛翁古宅"이라 하였다(『속음청사』, 국사편찬위원회 1971, 하권, 542면).

18) 『潘南朴氏世譜』, 제4책, 권2, 제4편, 장33뒤; 『潘南朴氏大宗中』 권1, 농경출판사 1981, 211면; 후손가 소장, 『家乘』; 柳詠, 『拜經堂詩小草』, 「與朴蕙田(宗侃)遊郡西多佛寺」; 박규수, 『尙古圖會文義例』 권2, 제8부 詞目, 「王介甫請定科制」, 念齋(李正觀)評語(박규수, 『瓛齋叢書』, 성균관대 대동문화연구원 1996, 제1책, 305면 상단. 이하 『환재총서』의 경우 서지사항 생략함).

19) 『潘南朴氏世譜』, 제4책, 권2, 제4편, 장33앞; 김윤조 역주, 『역주 과정록』, 258~259면;

박종채는 어린 시절부터 연암을 측근에서 모시고 훈도를 받았으므로 연암의 실학을 충실히 이어받을 수 있었다. 연암이 안의 현감으로 재임할 적에 박종채는 오랑캐의 풍속이 남아 있는 우리나라의 의관(衣冠) 제도를 고례(古禮)에 맞게 개혁해야 한다는 부친의 지론에 따라, 변발(辮髮)을 풀고 쌍계(雙紒)를 하고는 고풍스러운 사규삼(四袴衫)을 입고서 부친을 곁에서 모셨다고 한다. 또한 면천 군수 시절에 연암이 흙벽돌 만드는 틀을 제작하고 그 틀에다 "공자 같은 성인도 비천한 일에 재능이 많았으며, 도간(陶侃)처럼 근면한 이도 벽돌을 운반하여 힘든 일이 몸에 배도록 했다"고 쓰고는, 흙벽돌을 몸소 운반해서 볕에 말려 쌓는 일을 하도록 훈계했으므로, 박종채는 자사(子舍)에 '운재(運齋)'라는 편액을 써서 걸어 이러한 부친의 훈계를 명심하고자 했다고 한다. 그리고 연암이 만년에 지은 그의 조부 박필균의 행장(行狀)은, 병석에 누운 연암이 구술한 것을 박종채가 받아적은 글이다.[20]

뿐만 아니라 박종채는 연암의 사후에 그의 유고를 수습하고 정리하는 작업을 도맡았던 것으로 보인다. 1932년에 간행된 박영철(朴榮喆) 편 『연암집(燕巖集)』은 연암의 직계 5대손인 박영범(朴泳範) 소장 필사본을 저본(底本)으로 한 것인데, 여기에는 박종채 명의의 편집자 주(註)가 여러 군데 붙어 있음을 볼 수 있다.[21] 또한 그는 직접적인 견문에 의거하여 부친의 생전 언행을 소상하게 증언한 『과정록(過庭錄)』을 남겼다. 따라서 『과정록』은 연암 연구에 없어서는 안 될 대단히 중요한 문헌일뿐더러, 연암의 인간적인 면모를 생생하게 그려낸 전기(傳記) 문학의 걸작으로 평가할 수 있다.[22] 이렇게

金允植, 『雲養集』 권13, 「叔母贈貞夫人潘南朴氏家狀」(『金允植全集』, 아세아문화사 1980, 하권, 421～422면).

20) 김윤조 역주, 『역주 과정록』, 195～196면, 260면; 朴榮喆 편, 『燕巖集』 권9, 「大考 資憲大夫 知敦寧府事 贈諡章簡公 府君家狀」.

21) 박종채의 『過庭錄』(권4) 後記에 의하면, 『연암집』은 늦어도 1820년대에는 詩文集 16권, 『熱河日記』 24권, 『課農小抄』 15권 등 모두 55권으로 정리되어 있었으며, 1830년대 초에 시문집 2권이 추가되어 오늘날과 같은 체제를 갖추었던 것으로 짐작된다(김명호, 「해제」, 신호열·김명호 옮김, 『연암집』, 돌베개 2007, 상권, 532～536면).

볼 때 박종채는 연암의 사상과 문학의 정수를 이어받고 이를 후대에 전하고자 누구보다도 진력한 점에서 연암의 수제자요 연암 실학의 계승자라고 해도 과언이 아닐 것이다.

앞서 언급했듯이 박규수가 태어나기 전에 부친 박종채는 연암에게서 옥판을 받는 태몽을 꾸었다고 한다. 당시 박종의·박종채 형제는 모두 벼슬을 하지 못한 포의의 몸이었으며 대를 이을 후사마저 두지 못한 처지였다. 그런 만큼 이는 그들이 연암의 뒤를 이어 가문을 빛낼 자손이 탄생하기를 간절히 염원하고 있었음을 짐작케 하는 일화라 하겠다.

박규수는 이같은 집안의 기대에 어긋나지 않게 어려서부터 비상한 자질을 드러내었다. 일곱 살 때 『논어』를 읽고 그 문체를 모방하여 분판(粉板)에다 "효성스러운 백성이라야 신하가 될 수 있다(孝民可以爲臣)" "군자를 존경할 수는 있어도 업신여길 수는 없으며, 소인을 업신여길 수는 있어도 존경할 수는 없다(君子可敬而不可侮, 小人可侮而不可敬)"고 쓰자, 부친은 이를 보고 즐겁게 웃으면서 "『법언(法言)』이나 『문중자(文中子)』도 그만 못하겠구나"라고 했다고 한다.[23] 한편 박규수는 탐구심도 남달랐던 듯하다. 열두세 살 무렵에 『박물지(博物志)』 『습유기(拾遺記)』 『유양잡조(酉陽雜俎)』 『오잡조(五雜俎)』 『물류상감지(物類相感志)』 등과 같은 서적들을 읽고 연금술(煉金術)에 흥미를 느껴 직접 실험을 해보기도 하고, 『본초강목(本草綱目)』을 살펴가며 약용(藥用) 식물(植物)을 조사하여 우리나라의 잘못된 약명(藥名)을 바로잡기도 했다고 한다.[24]

---

22) 박종채는 1822년부터 『과정록』을 쓰기 시작하여 1826년에 일단 탈고했으나, 그 뒤 일부 수정을 가하여 1831년에 최종 완성했던 것으로 추정된다. 홍아주, 「박종채의 "과정록" 연구—傳記文學으로서의 특징을 중심으로」, 서울대 석사논문 2005 참조.

23) 『환재집』 권1, 「節錄𤅭齋先生行狀草」, 장4앞.

『법언』은 揚雄이 『논어』를 모방하여 지은 책이고, 『문중자』(일명 『中說』) 역시 王通이 『법언』의 전례를 좇아 『논어』를 모방하여 지은 책이다.

24) 박규수, 『尙古圖會文義例』 권7, 제34부 直目, 「范希文還朱宋白金方」, 박규수의 按說과 念齋(李正觀)評語(『환재총서』, 제2책, 400~401면).

『금유지림』 속표지.

또한 박규수는 일찍부터 문학적 재능을 발휘했으니, 그가 십대 초반에 지은 여러 편의 시들이 오늘날까지 전하고 있다. 『환재집(瓛齋集)』의 첫머리에 실린 「성동시(城東詩)」는 140구(句)의 장편 한시인데 그의 나이 겨우 열세 살 때 지은 것이며, 열네 살 때 지은 「석경루 잡절(石瓊樓雜絶)」 20수는 그중 일부가 『대동시선(大東詩選)』에 수록되었을 정도로 빼어난 작품이다.

그러므로 박종채는 이처럼 자질이 뛰어난 아들에게 큰 기대를 걸고 그의 교육에 심혈을 기울였던 것 같다. 박규수의 초기 저술 중 열여섯 살 때 『동파지림(東坡志林)』을 모방하여 지은 잡록인 『금유지림(錦蕤志林)』을 보면, 『주역』과 관련한 부친의 가르침이 기록되어 있다. 즉, 감괘(坎卦)에 대한 해석에서 "습감(習坎)"의 '습(習)'을 '중복(重複)'의 뜻으로 풀이하는 통설과 달리 부친 박종채는 이를 '관습(慣習)'으로 풀이하면서, 나무에 잘 오르는 자가 낙상을 잘하고 헤엄 잘 치는 이가 물에 잘 빠지듯이 위험한 일에 익숙해

지면 자만심이 생겨 주의를 소홀히 하는 까닭에 낭패를 보게 되는 법이라고 훈계했다고 한다. 그리고 겸괘(謙卦)와 관련하여, 박규수가 "가득 찬 손실을 부르고 겸손함은 이득을 받는 것(滿招損 謙受益)"이 변함없는 하늘의 이치임은 고금의 역사가 증명하고 있는 바인데 유독 당나라 곽자의(郭子儀)의 집안만은 극도로 융성했어도 패망하지 않은 이유를 묻자, 박종채는 "복이 길고 짧은 것은 공덕이 많고 적음에 달린 것"으로, 곽자의는 우(禹) 임금 못지않은 공을 세운데다 평생 몸가짐을 조심한 덕분이라고 답했다고 한다.[25)]

이와같은 박종채의 가르침은 어린 박규수의 인격과 사상 형성에 깊은 영향을 끼쳤을 것이다. 하지만 안타깝게도 현재 남아 있는 자료들에서는 부친이 그의 정신적 성장을 지도한 자취가 더는 포착되지 않는다. 그 대신에 관련 자료들을 널리 검토해보면 부친 박종채에 못지않게, 어느 면에서는 더욱 큰 비중으로 박규수에게 영향을 준 인물들이 존재했음을 발견하게 된다. 인척이 되는 유화(柳訸)와 이정리(李正履)·이정관(李正觀) 형제가 곧 그들이다. 19세기 초·중엽에 활동한 문인 학자로서 상당한 명망이 있었던 유화와 이정리 형제는 비단 박규수의 지적 성장 배경을 밝히기 위해서뿐 아니라 19세기 문학사나 사상사를 그 구체적인 실상에 입각해서 파악하고자 할 때에도 결코 간과할 수 없는 인물들이라 생각된다.

## 2. 외종조 유화의 영향

박규수의 외종조(外從祖)가 되는 유화(1779~1821)는 영·정조시대의 유수한 문인 학자인 유의양(柳義養)의 둘째아들로 태어났다. 그의 자는 화지(和之)이고 호는 지산(芝山) 또는 지수(芝叟)이다.

유화의 부친 유의양(1718~1788)은 도암(陶庵) 이재(李縡)의 문인으로, 영

25) 박규수, 『錦葵志林』, 「習坎」, 「盈謙」(『환재총서』, 제5책, 229~231면).

조 말년에 시강원에서 세손(世孫: 正祖)의 보도(輔導)에 힘썼으나 당쟁과 관련하여 누차 유배를 가기도 했다. 정조 즉위 후 중용되어 참판 등을 역임하면서 시강원에 관한 자료를 집대성한 『춘방지(春坊志)』와 예조에서 관장하는 전례(典禮)를 총망라한 『춘관통고(春官通攷)』를 편찬하는 등의 공으로 정조의 두터운 신임을 받았다. 그의 맏아들인 유영(柳詠, 1749~1789)은 문장과 덕행을 갖춘 선비로서 부친이 『춘관통고』를 편찬할 때 크게 도왔으므로, 일찍이 연암은 『춘관통고』를 들어 유의양 부자는 저술(著述)의 재주가 있다고 칭찬했다고 한다. 한편 유의양은 연암이 젊은 시절에 교유했던 선배 중의 한 사람이었으며, 그의 매부인 황승원(黃昇源)이나 그와 함께 남해(南海)에서 귀양살이를 했던 유언호(兪彦鎬)는 연암의 절친한 벗이기도 했다.[26] 박종채가 유영의 사위가 된 데에는 이와같은 연고가 적잖이 작용했을 것이다.

유화는 순조 즉위 초인 1801년 비교적 이른 나이에 문과 급제하였다. 그러나 벼슬길은 여의치 않아 십여 년이나 한직에 있다가, 이천(伊川) 군수·형조 참의·승지 등을 지냈다. 성균관 유생시절인 1799년 그는 정조로부터 문학적 재능을 인정받은 적이 있었다. 당시 그가 「무이구곡부(武夷九曲賦)」로 응제(應製)하여 3등으로 뽑힌 뒤 전강(殿講)에 나아가 『시경』을 강(講)하자 정조는 감개어린 어조로 작고한 그의 부친 유의양에 대해 언급하면서 그에게도 칭찬을 베풀었다고 한다. 그러나 이듬해인 1800년 초 유화는 사소한 죄로 견책을 받고 충청도 면천으로 유배가게 되었는데, 이 또한 정조의 배려에서 나온 조치였다고 한다. 때마침 사돈인 연암이 면천 군수로 재직하고 있었으므로, 유배 중에도 그의 보호를 받을 수 있을뿐더러 학문적으로 가르침을 받을 수 있었기 때문이다.

면천 유배기에 유화는 연암을 종유하면서 크게 학식을 키울 수 있었다.

26) 김윤조 역주, 『역주 과정록』, 53~54면, 270면; 박희병 옮김, 『나의 아버지 박지원』, 38면, 237~238면; 『全州柳氏大同譜』, 全州柳氏大同譜所 1976, 권3, 650~651면; 『韓國系行譜』, 地, 1687면; 최강현, 「"북관노정록" 해제」, 최강현 譯註, 『북관노정록』, 일지사 1976.

연암 또한 그의 재주와 식견이 뛰어남을 사랑하여, 공무의 여가를 틈타 자주 그를 불러 지도했다고 한다. 1797년 면천 군수로 부임한 이후 연암은 성 동쪽의 황폐한 못을 준설하여 관개 효과를 거두는 한편 그곳에 작은 섬을 만들고 정자를 지어 경관을 꾸몄다. '건곤일초정(乾坤一艸亭)'이라 이름 지은 그 정자로 놀러 갈 적마다 연암은 아들 박종채와 함께 유화를 데리고 가서, 그들과 담소하는 가운데 날카로운 해학으로 깊은 깨우침을 주었다고 한다. 비록 석달 만에 귀양이 풀려 서울로 돌아갔지만 그동안 연암으로부터 깊은 감화를 받았던 유화는 연암의 사후 그를 추모한 시에서도 당시를 추억하며 잊지 못해 하였다.[27]

이와같은 연고를 감안할 때 유화가 연암의 장손이요 자신의 외종손이 되는 박규수의 교육에 남다른 관심을 갖게 되었던 것은 자연스러운 일이라 할 수 있다. 유화는 '서치(書痴)'라는 조롱을 들을 정도로 책 수집에 힘을 쏟은 장서가였다. 어린 시절 박규수는 유화의 집에서 지낼 적에 날마다 서루(書樓)에 소장되어 있는 수천 권의 책들을 뒤적이며 놀았다고 한다. 훗날 저명한 서화가의 한 사람으로 꼽힐 만큼 글씨와 그림에도 빼어났던 박규수가 일곱 살 때 그의 곁에서 석탑을 그리며 놀자, 유화는 "네가 석탑을 그릴 적에/ 한 층 한 층 높아가듯이/ 성인(聖人)이 되는 것도 범사(凡事)로부터/ 이게 바로 너의 독서법(讀書法)이니라"라는 시를 지어주었다고 한다.[28] 이처럼 그는 박규수가 하는 사소한 붓 장난도 무심히 보아 넘기지 않고, 이를 통해 학문의 방도를 깨우치도록 이끌어주었다. 유화는 박규수에게 시 짓는 법도 지

27) 柳訸, 『拜經堂詩小草』, 「四月日 臣以武夷九曲應製居第三 被召入侍 是日臨殿試儒生專經 臣又以詩經應講 上語及先臣 悽然有感 命臣擧顔 恩褒鄭重 臣作二絶恭識」; 유화, 『疋軒筆記』, 「兵曹直中」, 「十三日受點監軍 是夜月色甚佳」; 김윤조 역주, 『역주 과정록』, 172~173면; 박희병 옮김, 『나의 아버지 박지원』, 144~146면.

28) 유화, 『疋軒筆記』, 「記買書事」, 「朴甥幼子圭鶴 七歲畵浮圖頗工 題此贈之」; 박규수, 『莊菴文稿』, 「春坊志序」(『환재총서』, 제5책, 255면); 박규수, 『錦葵志林』, 「牖學之方」, "汝畵石塔時, 一級高一級, 作聖亦由凡, 證汝讀書法."(『환재총서』, 제5책, 217면); 『典故大方』, 권3, 書畵家條; 吳世昌, 『槿域書畵徵』 권5, 1928, 235면.

도했던 것 같다. 박규수의 초기 시를 대표하는 「석경루 잡절」은 1820년 유화를 따라 석경루를 비롯한 도성 북쪽의 명승지들을 유람하면서 그의 명으로 지은 작품이다.

그러므로 유화가 지병으로 일찍 작고하게 된 것은 박규수에게 커다란 슬픔이 아닐 수 없었다. 「춘방지서(春坊志序)」에서 박규수는 예전에 유화의 서루에서 『춘방지』를 발견하고 이에 대해 여쭈어보았던 일을 회상하고는 당시 자신이 너무 어려 그에게 『춘방지』를 배우지 못했던 것을 애석해하고, 유화가 작고한 뒤에야 비로소 이 책을 읽고 그것이 『예기』 「문왕세자(文王世子)」 편에 비견할 만큼 훌륭한 저술임을 깨닫게 되었다고 술회하고 있다. 그리고 유화의 영전에 바친 제문에서도 박규수는 그의 죽음을 애도하면서, 자신이 손수 그의 유고를 수습하여 정서하는 작업을 완수했음을 아뢰고 있다.[29]

이 제문에 의하면 유화는 364수의 한시와 75편의 산문 등을 포함하여 모두 16권에 달하는 저술을 남겼다고 한다. 이를 박규수가 7책으로 정리·편집했다는 유화의 문집은 오늘날 전하지 않고 있다. 규장각에 소장되어 있는 『배경당시소초(拜經堂詩小草)』 『아헌필기(疋軒筆記)』 『배경당문집(拜經堂文集)』 『배경당문고(拜經堂文稿)』는 유화가 남긴 초고의 일부로 판단된다. 박규수는 유화가 그에게 특히 『시경』과 예서(禮書)에 관한 학설을 가르쳤다고 술회한 바 있거니와,[30] 유화가 구체적으로 어떤 면에서 박규수의 초기 문학과 사상에 영향을 끼쳤는지에 관해서는 아쉬우나마 위의 자료들에 의거해서 추정해볼 수밖에 없다.

자신의 시집에 부친 서문에서 유화는 주목할 만한 시론(詩論)을 펴고 있다.[31] 그는 시를 지을 때 "호고(好古)"에만 치우치는 복고적 모방을 피할 것

29) 박규수, 『莊菴文稿』, 「春坊志序」, 「祭外從祖芝山公文」(『환재총서』, 제5책, 255~260면, 281면).

30) "粤自辟咡時, 先輩多提挈, 醇溪經史學, 芝山詩禮說."(『환재집』 권1, 「述懷呈斗陽趙公」, 장31앞)

을 주장한다. 왜냐하면 내가 경험한 사실, 내가 처한 환경, 그리고 나의 본성에서 발한 온갖 감정이 옛사람과 결코 동일하지 않기 때문이라는 것이다. 이와 반대로 "호이(好異)"에만 치우치는 경향에 대해서도 유화는 날카로운 비판을 가한다. 사실과 환경과 감정이 시대마다 상이하므로, 한(漢)·위(魏)·육조(六朝)의 시가 『시경』의 시와 상이하고, 당·송·원·명의 시는 한·위·육조의 시와 상이할 수밖에 없다. 하지만 바로 그 상이한 점, 즉 각자 자기 시대의 사실과 환경과 감정을 충실히 표현하여 개성적인 문학을 성취한 점에서는 모두 동일한 점을 간과해서는 안 된다는 것이다.

또한 유화는 "험기(險奇)"한 시풍과 "평이(平易)"한 시풍 가운데 어느 한 쪽으로만 획일화되어서도 안 된다고 주장한다. 두보(杜甫)나 한유(韓愈) 같은 시인은 전자를 추구했고 소식(蘇軾)이나 육유(陸游) 같은 시인은 후자를 추구했지만, 이는 결코 그들이 남들과 상이한 시풍을 즐겨서가 아니요 거기에는 반드시 그렇게 된 까닭이 있었다는 것이다. 다시 말해 저마다 상이한 사실과 환경과 감정을 충실하게 표현하고자 한 결과 그처럼 상이한 시풍으로 나타나게 되었을 뿐이라고 본다.

이와같은 유화의 시론은 '법고창신(法古創新)'을 주장한 연암의 문학론과 상통하는 견해라 할 수 있다. 연암은 당시 문단에서 '법고(法古)' 즉 고전의 피상적 모방만을 추구하는 경향과 '창신(創新)' 즉 주관적 개성을 극단적으로 추구하는 경향이 대립하고 있음을 문제시하고, 당대의 현실을 참되게 그린 고전의 정신을 본받아 오늘날의 현실을 참되게 그린 문학을 창조해야 한다는 문학론을 제시한 바 있다.[32] 유화가 말한 '호고'와 '호이'는 각각 '법고'와 '창신'에 상응하는 시 창작 경향으로 볼 수 있다. 그리고 양자의 대립을 넓은 의미의 사실주의 문학론에 입각해서 변증법적으로 지양하려고 한

31) 유화, 『아헌필기』, 「詩集自敍」. 유화의 詩論에 대해서는 정우봉, 「19세기 詩論 연구」, 고려대 박사논문 1992, 102~106면 참조.

32) 김명호, 「연암 문학사상의 성격—朱子 사상과 관련하여」, 『박지원 문학 연구』, 성균관대 대동문화연구원 2001, 154~157면 참조.

점에서도 유화는 연암과 일치한다. 따라서 유화의 시론은 연암의 문학론에서 영향받은 것이 분명하다. 박규수의 문학을 논할 때 그의 초기 시와 유화의 시론이 어떤 영향 관계를 드러내고 있는지 검토해볼 필요가 있을 것이다.

유화의 학문관은 송학(宋學)을 바탕으로 하면서도 한학(漢學)의 장점을 적극 수용하려 한 점에 특색이 있다. 젊은 시절에 한동안 과거 준비를 폐하고 경전 공부에 전념한 바 있던 유화는 주자서(朱子書)를 읽고 나서 성리학을 숭모해 마지않았다. 그러나 한편으로 당시 학자들이 지나치게 한유(漢儒)를 배척한 나머지 오로지 이기(理氣)를 논하는 고담으로 치닫는가 하면, 명물도수(名物度數)의 실제 문의(文意)를 소홀히 한 결과 예법에 어두운 점을 근심하여 자신은 한학과 송학의 장점을 절충하고자 했다고 한다.

유배기에 그가 면천 군내에서 발굴된 편종(編鐘)에 관심을 가지고 『악학궤범(樂學軌範)』 등에 의거하여 그것이 고려시대 것임을 고증하고, 개성 흥국사(興國寺)에 있는 강감찬이 세운 탑의 명문(銘文)에 비추어 『고려사』와 여러 야사에 기재된 그의 명자(名字)가 부정확함을 지적한 것 등은 그와같은 유화의 학문적 지향을 잘 보여주는 사례라 할 것이다. 앞서 언급한 박규수의 제문에 의하면, 유화는 묘제(廟制)·궁실·소목(昭穆)을 논한 글과 『서경』 중의 명물도수를 논한 것으로 짐작되는 「서의(書疑)」 등을 남겼다고 한다. 또한 그는 우리나라의 문헌들이 신빙성이 부족함을 안타까이 여겨 『가묘(家廟)』 『생일제(生日祭)』 『궤좌배(跪坐拜)』 『여대산릉고(麗代山陵攷)』와 같은 저술도 남겼다고 한다.[33]

이상과 같은 사실로 미루어볼 때, 유화는 성리학 일변도로부터 고증학의 비판적 수용으로 옮아가던 당시 학계의 흐름을 보여주는 학자라 할 수 있을

33) 유화, 『아헌필기』, 「詩集自敍」, 「題姜平章邯瓚興國寺塔銘後」; 유화, 『배경당시소초』, 「編鐘歌 幷敍」; 박규수, 『장암문고』, 「祭外從祖芝山公文」(『환재총서』, 제5책, 282~283면); 홍이섭, 「유화의 "여대산릉고"와 M.Tchang의 "梁代諸陵考"」, 『향토』 3, 1946, 23~24면 참조(단 홍이섭은 『여대산릉고』의 저술 시기를 19세기 후반으로 추정했으나, 논문에 소개된 題記로 미루어 1810년대 말경으로 보아야 할 것이다).

것이다. 박규수가 금석(金石)·고고(考古)·천문의기(天文儀器)·잡복(雜服) 등에까지 관심을 기울여 해박한 지식을 쌓았던 데에는 이러한 유화의 학문적 영향도 적지 않았을 듯하다.

그런데 유화와 관련하여 또 하나 주목할 점은 그의 절친한 벗인 조종영(趙鍾永)이 그와 마찬가지로 수학기의 박규수에게 깊은 영향을 끼친 사실이다. 유화는 당대의 저명 인사들과 광범한 교분을 맺고 있었다. 우선 연암 주변의 인물로, 연암의 아들 박종채, 처조카인 이정리, 문하생인 한재렴(韓在濂)·유한즙(兪漢緝)·윤인태(尹仁泰) 등과 교유했다. 박제가·박장임(朴長稔) 부자와도 친분이 깊어, 박제가는 면천에 유배 중인 유화에게 위로하는 시를 지어 보낸 적도 있다.[34] 유화는 김이교(金履喬)·김조순(金祖淳)·김유근(金逌根)·심상규(沈象奎) 등 안동 김씨계의 인사들과도 교분이 있었다. 하지만 그보다는 조인영(趙寅永)·김정희(金正喜)·권돈인(權敦仁) 등 풍양 조씨계의 인사들과 더욱 가깝게 지냈던 것으로 보이는데,[35] 그중에서도 특히 그와 친밀한 사이였던 인물이 바로 조종영이다.

조종영(1771~1829)은 풍양 조씨 세도의 핵심 인물인 조만영(趙萬永)·조인영 형제와 재종간이다. 그의 자는 원경(元卿), 호는 북해(北海) 또는 두양(斗陽)이고 시호는 충간(忠簡)이다. 1799년 문과 급제 이후 부교리·우승지 등을 거쳐 1810년 평안도 안주(安州) 목사로 부임했다. 시인 장지완(張之琬)

34) 『배경당시소초』, 「與朴蕙田宗侃遊郡西多佛寺」, 「陪使君朴燕巖丈飮乾坤一艸亭 亭在郡城東偃月池上 與其胤宗侃各賦一律」, 「次王阮亭詩韻 寄韓靄元」, 「寄韓靄元」, 「兪漢緝兪胤晳二人夜過」, 「靉靆贈兪漢緝」, 「贈別尹仁泰入燕 兼求紀曉嵐昀文集」, 「次韻朴長稔 冬夜有懷」; 『아헌필기』, 「次韻深父」, 「題扇贈李深父」, 「次韻深父雨中見寄」; 한재렴, 『心遠堂詩抄』, 「再疊前韻呈芝山 時方初夏 不復用雪中故事」; 박제가, 「寄柳和之謫沔川謫居」, 『貞蕤閣全集』, 여강출판사 1986, 상권, 446면.

35) 김조순, 『楓皐集』 권4, 「伊川倅柳和之惠石鼎 遂次退之石鼎聯句韻以謝之」; 유화, 『아헌필기』, 「日本鳥字紙歌 爲竹里金直學士履喬作 幷序」, 「次韻金景先咏梅花」, 「次韻金景先久霖欲收」, 「次韻金景先承旨」, 「九月十日沈斗室大學士象奎 以烏絲欄冊子一糾見贈 要寫詩相示」, 「次韻金元春題扇畵雲山」; 『배경당시소초』, 「寄權斐園敦仁」, 「題辛師烈山水圖贈權景羲 幷序」; 조인영, 『雲石遺稿』 권2, 「次伊川宰柳和之訴寄示韻」.

이 안주의 유명한 백상루(百祥樓)를 노래하며, “한나라 때 조충국(趙充國)이 세운 공을 백발이 되기도 전에 이루었네(充國功成未白頭)”라고 예찬한 바와 같이, 그는 ‘홍경래의 난’ 진압에 크게 기여한 공으로 1813년 황해 감사로 승진한 뒤, 이조 판서・우참찬에 이르기까지 주요 관직을 두루 역임했다.

젊은 시절에 조종영은 유화의 막역한 친구로서 이웃에 살았으며 성균관에도 같이 다녔다. 그러므로 유화는 면천 유배기에 벗들을 그리워한 시에서 “당대에 명성이 자자한 조두양(趙斗陽)은/ 조촐한 얼굴에 문장이 드러나 있지/ 재주가 만 배나 차이남을 알았노라/ 함께 모여 『시경』과 『주역』을 한 건물에서 강(講)했을 제”라고 노래했다. 시에 붙인 주에 의하면 성균관 유생시절인 1799년 조종영은 『주역』으로 전강(殿講)에 응하여 수석으로 급제했으나, 그때 『시경』으로 응강(應講)한 유화는 합격하지 못했다는 것이다. 그밖에도 유화가 조종영과 주고받은 편지들과 조종영의 『설악시권(雪嶽詩卷)』에 부친 발문 등이 남아 있어 그들의 두터웠던 우정을 넉넉히 엿볼 수 있다.[36)]

명망 높은 고관인 조종영이 연소한 박규수의 존재를 알아보고 그에게 관심을 기울이게 된 데에는 이같은 유화와의 친분이 중요한 계기로 작용했을 것이다. 행장에 의하면 박규수는 열네다섯 살 무렵에 이미 문장이 크게 진보했으므로, 조종영이 그의 시를 보고는 그날로 방문하여 종일 경술(經術)과 사업을 논하고 마침내 망년지교(忘年之交)를 맺기까지 했다고 한다.[37)]

그후 조종영은 수시로 박규수를 찾아가 그의 학업을 격려하고 지도했던 듯하다. 1823년 당시 규장각 직제학이던 조종영이 휴가차 유람을 떠나기 전에 그에게 송별시를 구하자 지은 시인 「소회를 적어 두양 조공께 바치다(述

36) 조인영, 『雲石遺稿』 권2, 「謹次北海再從兄歲暮寄懷韻」, 권3, 「再從兄北海輓」; 장지완, 「百祥樓」, 李琦 편, 『朝野詩選』, 아세아문화사 1982, 218면; 유화, 『배경당시소초』, 「聞族叔鼎養 趙鍾永 徐有望 同遊靑潭 將歷北漢東陵而歸 皆余舊遊處也 作詩寄之」, 「懷人絶句」, “藉藉時名趙斗陽, 蕭然眉宇見文章, 政知才不才相萬, 詩易會同講一堂.”; 『배경당문고』, 「回趙元卿鍾永箋」, 「與趙斗陽元卿箋」, 「題趙元卿雪嶽詩卷後」.

37) 『환재집』 권1, 「節錄瓛齋先生行狀草」, 장4앞.

懷 呈斗陽趙公)」에서 박규수는 천학비재(淺學菲才)인 자신을 몸소 방문하여 촉망되는 인재로 대해주심에 거듭 깊이 감사하며, "문장은 천고(千古)의 사업이라며/ 선현(先賢)처럼 되라 권면하시니" "이제부터 법도에 따르면서/ 길이 절차탁마 받으리"라고 다짐하고 있다.[38)]

또한 조종영의 영전에 바친 감동적인 제문에서도 박규수는 생전의 그가 "예로부터 지금까지 백성들의 걱정거리와 국가의 대계(大計), 문장과 사업, 성패(成敗)와 안위(安危)의 사적(史蹟), 동이(同異)와 득실의 변별, 그리고 제도의 연혁과 시가(詩歌)의 정오(正誤)에 이르기까지" 종횡무진 담론을 나누며 열성적인 지도를 아끼지 않던 광경을 애틋한 심정으로 회상하고 있다.[39)] 행장에 의하면 박규수는 선배 중에서 자신을 가장 잘 알아준 이로 조종영을 꼽았다고 한다. 이처럼 박규수가 일찍부터 풍양 조씨계의 저명 인물로부터 촉망을 받았던 사실은 후일 그의 입신 및 정치적 행로와 관련해서도 유념해야 할 점이라 생각된다.

## 3. 척숙 이정리·이정관의 지도

유화가 박규수의 나이 불과 열다섯 살 때 작고한 데 비해, 부친 박종채의 외사촌형제인 이정리와 이정관은 19세기 중엽에 이르도록 저명한 문인 학자로 활동하며 박규수에게 지속적인 영향을 끼친 점에서 한층 더 주목되는 인물들이라 할 수 있다. 일찍이 연암의 장인인 이보천(李輔天)과 그 아우 이양천(李亮天)이 연암의 학업을 지도했듯이, 이보천의 손자인 이정리·이정관 형제 또한 박규수의 학업을 지도하는 데에 일익을 담당했던 것은 두 집안의 돈독한 관계를 감안할 때 기묘한 인연으로만 보기는 어려울 것이다.

---

38) "文章千古事, 勗我以前哲." "從今就矩矱, 永言受嗟切."(『환재집』 권1, 장31앞뒤).

39) "古來民憂國計, 文章事業, 成敗安危之蹟, 同異得失之辨, 以至制度之沿革, 聲詩之正誰."(『환재집』 권5, 「祭北海趙公文」, 장1뒤)

이정리 형제의 조부 이보천(호 遺安齋, 1714~1777)은 세종의 둘째아들인 계양군(桂陽君)의 후예로, 농암(農巖) 김창협(金昌協)의 제자인 기원(杞園) 어유봉(魚有鳳)의 문인이자 그의 사위였으며, 우암 송시열에서 농암 김창협으로 이어지는 노론계의 학통을 계승한 산림처사로서 상당한 명망이 있었다. 그의 두 딸은 모두 반남 박씨가로 출가했는데, 맏사위가 바로 연암 박지원이다. 이보천은 연암에 대해 큰 기대를 걸고, 당시 홍문관 교리였던 아우 이양천(호 榮木堂, 1716~1755)과 함께 그를 힘써 지도했다. 이양천이 주로 문학적인 면에서 연암을 지도했다면, 이보천은 무엇보다도 투철한 선비의식으로 그에게 깊은 감화를 주었다고 한다.[40)]

이보천의 아들 이재성(자 仲存, 호 芝溪, 1751~1809)은 연암의 처남이자 평생지기였으며 이서구(李書九)·이덕무(李德懋)·박제가 등과도 절친하여 북학파의 일원으로 볼 수 있는 인물이다. 말년에 잠시 능참봉을 지낸 것을 제외하면 그도 부친과 마찬가지로 재야의 선비로서 일생을 마쳤다.

이재성은 탁월한 문학적 감식안으로 연암의 문학을 누구보다 깊이 이해하고 고평했을 뿐 아니라 그 자신 뛰어난 문장가이기도 했다. 그의 글은 『예기(禮記)』의 영향을 받아 차분하고 무게가 있으며 법칙을 따르고 날카로움을 드러내지 않는 점에서 연암의 글과는 성향이 달랐다. 하지만 고인(古人)의 글을 평할 때 그 고심처(苦心處)를 꿰뚫어보는 안목을 지녔으므로, 연암은 글 한 편이 완성될 적마다 반드시 그에게 비평을 부탁했다고 한다. 박영철 편 『연암집』의 도처에 있는, 예리하면서도 심원한 통찰력을 보여주는 평어들은 모두 이재성이 쓴 것이다.[41)]

40) 洪奭周, 『淵泉集』 권26, 「遺安處士李公墓碣銘」; 洪吉周, 『縹礱乙幟』 권2, 「遺安齋記」; 김명호, 『박지원 문학 연구』, 90~92면, 183~184면 참조.

41) 李德懋, 『雅亭遺稿』 권1, 「贈李仲存在誠 兼示李洛瑞書九」; 박제가, 『貞蕤閣全集』, 여강출판사 1986, 상권, 『貞蕤詩集』 권4, 「次韻李仲存見訪縣齋 適有差員之役 失意徑去」; 『璿源續譜』 권1, 桂陽君派譜, 장45앞; 김윤조 역주, 『역주 과정록』, 217면; 박희병 옮김, 『나의 아버지 박지원』, 189면; 박영철 편, 『연암집』 권3, 「答李監司謫中書」.

또한 이재성은 연암을 대신하여, 명나라 장수 이여송(李如松)의 후손으로 명나라가 망한 뒤 조선으로 망명한 중국인들의 족보와 사적(事蹟)에 관한 책을 편찬한 바 있다. 연암의 사후에는 그를 추도한 제문(祭文)을 남기기도 했다. 문집으로 『지계집(芝溪集)』 7권이 있다고 하나 현재 전하지 않는다. 연암이 특유의 문학론을 피력한 글로 유명한 「소단적치인(騷壇赤幟引)」은 바로 이재성이 조선의 역대 과시(科詩)들을 모아 편찬한 『소단적치』에 부친 서문이었다. 그리고 16세기 영남지방의 이름난 선비였던 이원(李源)과 그 조카 이광우(李光友)에 대한 묘지명인 「청향당 이선생 묘지명(淸香堂李先生墓誌銘)」과 「죽각 이선생 묘지명(竹閣李先生墓誌銘)」은 『연암집』의 여러 필사본과 김택영(金澤榮)의 『중편(重編) 연암집』 등에는 연암의 글로 수록되어 있으나, 박규수가 『연암집』 필사본의 두첨(頭籤)에서 지적했듯이 연암의 글이 아니라 이재성의 글이다. 이와 아울러, 당시 여성들이 다리(髢)를 얹어 머리 맵시를 꾸미던 풍속을 비판하고 고례(古禮)와 합치되는 대안을 제시한 이재성의 「체계의(髢結議)」는 박제가의 『북학의』에도 언급되어 있으며, 박규수의 『거가잡복고』에는 전거의 하나로서 그 전문이 인용되어 있다.[42)]

이정리(1783~1843)는 이재성과 전주(全州) 유씨(柳氏) 사이에서 장남으로 태어났다. 그의 자는 심부(審夫, 心夫, 深父) 또는 원상(元祥)이고, 호는 순계(醇溪)이다. 이정리는 젊은 시절부터 문장이 뛰어나다는 평판을 얻었으나 과거에는 누차 낙방하였다. 1821년 음보(蔭補)로 강릉(康陵) 참봉이 된 뒤 의금부 도사・군자감 봉사를 거쳐 1829년 경상도 의령(宜寧) 현감으로 부임했다. 헌종이 등극한 1835년 경과(慶科)에 급제하고 부교리・헌납 등을 지냈으며, 좌의정 홍석주(洪奭周)에 대한 탄핵을 반대하다가 일시 유배를 당한

42) 김윤조 역주, 『역주 과정록』, 197~206면, 221~224면; 박희병 옮김, 『나의 아버지 박지원』, 166~173면; 박영철 편, 『연암집』, 「목록」, 장16뒤, 권1, 「騷壇赤幟引」; 박제가, 『북학의』, 內編, 「女服」; 박규수, 『거가잡복고』 권2, 內服, 「芝溪李公在誠 髢結議」; 김윤조, 「박영철본 연암집의 착오・탈락에 대한 검토」, 檀國漢文學會, 『한문학논집』 10, 1992, 321면 참조

뒤에는 한동안 경기도 가평(加平) 산중에 은거하기도 했다. 1839년 동지사(冬至使)의 서장관으로 임명되어 중국에 다녀왔으며 교리·공조 참의를 거쳐 함경도 북청(北靑) 부사를 지냈다.[43]

이정리의 아우인 이정관(1792~1854)은 자가 치서(稚舒, 稚瑞) 또는 관여(盥如, 盥汝)이며 호는 염재(念齋)·치창(癡蒼)·치원(痴園)·잠실산인(潛室山人) 등이다. 그는 1831년 진사 급제하고 장릉(莊陵) 참봉·봉사를 거쳐 예산(禮山) 현감을 지냈으나, 1847년 파직당한 뒤에는 가평 산중에서 만년을 보냈다. 이정관은 의령 현감으로 부임하는 형을 좇아 임소에 따라가기도 하고 서장관인 형을 수행하여 중국에 다녀오는가 하면, 어려운 시절을 당해서는 선산이 있던 가평에서 함께 은둔생활을 하는 등 평생 이정리와 동고동락하며 형제간에 우애롭게 지냈다.[44]

이정리와 이정관 형제는 선대부터 연암 집안과 매우 가까운 인척관계에 있었을뿐더러 소년 시절에는 계산초당(桂山草堂)에서 기거하며 학업을 닦았고, 그후로도 오랫동안 그 부근에서 살았던 것으로 보인다. 따라서 이들 역시 연암 집안과 빈번히 왕래하면서, 연암의 후손으로 비범한 자질을 갖춘 박규수에 대해서도 각별한 관심을 갖게 되었을 것이다.[45]

『금유시초(錦蕤詩鈔)』 등 박규수의 초기 시집들과 『환재집』에는 박규수가 척숙(戚叔)인 이정리 형제를 종유하며 지은 작품들이 다수 전하고 있다. 초기 시집들을 보면 이정리를 배종(陪從)하여 짓거나, 그의 시에 화운(和韻)

43) 『璿源續譜』 권1, 桂陽君派譜, 장45앞; 『國祖人物志』, 憲宗祖; 洪直弼, 『梅山集』 권43, 「醇溪李公墓誌銘 幷序」; 홍길주, 『峴首甲藁』 권4, 「與李元祥論齋義書」; 홍길주, 『沆瀣丙函』 권2, 「送醇溪子李元祥掌試關西序」.

44) 『璿源續譜』 권1, 桂陽君派譜, 장45뒤; 洪翰周, 『智水拈筆』, 아세아문화사 1984, 450~451면; 홍길주, 『縹礱乙幟』 권2, 「而優齋記」, 권6, 「與李盥汝書」; 홍석주, 『淵泉集』 권26, 「遺安處士李公墓碣銘」.

45) 홍길주, 『현수갑고』 권6, 「答李審夫別詩」; 홍길주, 『표롱을첨』 권5, 「贈李盥汝序」; 金邁淳, 『臺山集』 권3, 「讀李審夫海嶽詩卷戱題其後」; 김상현, 『經臺詩存』, 「次李醇溪侍讀正履送弟歸加平山中三十韻」.

하거나, 그에게 증정한 작품이 적지 않다. 이와같은 사실은 이정리가 수학기 박규수의 문학 수업에 누구보다 깊이 관여하여 큰 영향을 미쳤음을 말해준다. 예컨대 박규수는 열네 살 때인 1820년 이정리의 명으로, 30운(韻)에 달하는 연작시 「우청 연구(雨晴聯句)」를 그와 함께 지었다.[46] 또한 1822년에는 이정리가 지은 고금(古今) 각체(各體)의 시들에 차운하여 시를 짓기도 했다.

| | |
|---|---|
| 대숙(大叔—이정리)의 흉중은 바다 같아 | 大叔胸似海 |
| 무소뿔을 태워도 엿볼 수 없네 | 燃犀莫窺覘 |
| 게다가 무기고를 갖춘 것 같아 | 復似武庫有 |
| 찾아보면 얻지 못할 것이 없네 | 索之無不遂 |
| 하시는 말씀은 구름이 솟아나듯 | 出言若出雲 |
| 변화무쌍하여 기록하기 힘드네 | 變態難可記[47] |

이러한 시구를 보면 당시 박규수가 문학의 스승으로서 이정리를 몹시 숭배했음을 알 수 있다.

「백학도가(百鶴圖歌)」는 1821년 박규수가 이정리 형제의 모친인 유씨 부인의 칠순 생신을 경하하여 지은 시이며, 같은 해에 지은 「9월에 두보의 시에 차운하여 순계에게 올리다(九秋 次杜韻 上醇溪)」도 강릉 참봉으로 재직중이던 이정리에게 바친 시이다. 그리고 연암이 안의 현감을 지냈을 적에 지인동자(知印童子)로서 그를 모셨다는 김득우(金得禹)에게 지어준 「화림가

46) 박규수, 『錦葵詩鈔』 권2, 「上元會醇溪山亭 分韻得盖字」, 「謹和醇溪韻」, 「戲作方言解絶句」, 「又和醇溪」(『莊菴詩集』과 『환재집』에는 「晩眺」로 改題됨), 「漫吟一篇上醇溪」, 「陪醇溪作」(『장암시집』과 『환재집』에는 각각 「雨夜獨坐見流螢」과 「夜雨見螢」으로 改題됨), 「雨晴聯句」, 小序, "久雨新晴, 醇溪命余共賦, 共三十韻."(『환재총서』, 제5책, 19~20면, 28~31면).

47) 박규수, 『錦葵詩集』 권5, 「謹次醇溪大叔 分冬至陽生春又來 賦各體韻」(『환재총서』, 제5책, 104면). "무소뿔을 태워도 엿볼 수 없네(燃犀莫窺覘)"란 구절은 중국 晉나라 사람 溫嶠가 무소뿔을 태워 깊은 물속을 능히 비추어 보았다는 고사를 끌어다 쓴 표현이다.

(花林歌)」 역시 이정리가 의령 현감으로 부임하게 된 것을 계기로 하여 지은 작품이다. 즉 「화림가」의 서문에 의하면, 1829년 가을 이정관이 임소에서 형을 만났을 때 이웃 안의 고을로부터 김득우가 찾아와 인사를 올리면서, 사십여 년 전 이들 형제의 부친 이재성이 안의에 놀러 와 하풍죽로당에 머물며 연암과 문주(文酒)의 모임을 갖고 즐거이 지냈던 옛이야기를 흥미진진하게 들려주었다. 이에 이정관이 당시의 고사를 소재로 한 시를 지어 김득우에게 선사하자, 김득우는 다시 연암의 손자인 박규수에게까지 시를 청하는 편지를 보내왔다는 것이다.[48]

뿐만 아니라 이정리가 특히 경학(經學)과 사학(史學) 방면에서 자신을 이끌어주었다고 한다든가, 이정관에 대해 "현금(現今)의 사백(詞伯)"이라 추앙한 박규수의 발언으로 미루어보아도,[49] 이정리 형제가 박규수의 초기 문학과 사상에 깊은 영향을 준 것은 의심할 여지가 없다. 다만 이들의 저술 중 오늘날 전하는 것이 전무하다시피 하여 그 영향 관계를 구체적으로 밝혀내는 데에는 적지 않은 어려움이 있다. 이정리의 경우 『순계집(醇溪集)』 15권을 남겼다고 하나 전하지 않으며, 현재 온전히 전하는 그의 글로는 연암의 문인으로 이재성과도 교분이 두터웠던 한석호(韓錫祜)에 대한 묘지명과, 홍석주(洪奭周) 삼형제의 합동 시집인 『영가삼이집(永嘉三怡集)』에 부친 서문 정도를 들 수 있을 따름이다.[50] 그러므로 이정리 형제의 문학과 사상에 관해서는 이들과 교유했던 여러 인물들의 저술을 통해 간접적으로 그 자취를 더듬어보는 수밖에 없다.

이정리 형제는 앞서 언급한 유화와 한석호·한재렴 등 연암 주변의 문인

48) 『환재집』 권1, 「百鶴圖歌」, 장24뒤, 「九秋 次杜韻 上醇溪」, 장26앞, 「花林歌 寄金得禹 幷序」, 장34뒤~35앞. 이하 박규수의 시를 인용할 때 그 제목이 지나치게 긴 경우는 『환재집』 「목록」에 기재된 간략한 제목을 취하기로 한다.

49) 『환재집』 권1, 「述懷呈斗陽趙公」, 장31앞, 「花林歌 寄金得禹 幷序」, 장35앞.

50) 이정리, 「蕙畹韓公墓誌銘」, 韓東赫 편, 『西原家稿』; 이정리, 「永嘉三怡集序」, 홍석주, 『淵泉全書』, 오성사 1984, 제7책; 홍길주, 『현수갑고』 권1, 「讀李審夫自然銅說」; 홍길주, 『표롱을첨』 권10, 「題李元祥海嶽詩卷」, 「反李醇溪書睡詩」.

들은 물론, 당시 최고의 문장가로 손꼽히던 홍석주와 김매순(金邁淳), 그리고 남공철(南公轍)·조인영 등과도 교분이 두터웠다. 또한 오희상(吳熙常)·홍직필(洪直弼)·이항로(李恒老) 등과 같은 쟁쟁한 산림학자들과도 친밀한 사이로 활발한 학문적 교유가 있었다.[51] 중년 이후에는 김상현·서유영(徐有英)·신석우(申錫愚)·윤종의(尹宗儀) 등 박규수의 벗이자 촉망받던 신진 재사(才士)들과도 막역한 선후배 사이로 지냈다.[52] 그중에서도 이정리 형제와 특히 절친했던 이들은 홍석주와 그 아우 홍길주(洪吉周)·홍현주(洪顯周), 재종제(再從弟) 홍한주(洪翰周) 등 풍산(豊山) 홍씨가의 인물들이다.[53]

홍석주 형제의 증조인 홍상한(洪象漢)은 이보천과 마찬가지로 어유봉의 문인이자 사위였으므로, 이정리 형제는 어유봉의 외증손이 되고 홍석주 형제는 어유봉의 외현손(外玄孫)이 된다. 명문 함종(咸從) 어씨가를 매개로 한 이같은 척분으로 두 집안은 대대로 우의가 깊었으니, 이재성은 홍석주 형제의 부친인 홍인모(洪仁謨)의 절친한 벗으로서 이들 형제의 문장을 지도했

---

51) 홍길주, 『沆瀣丙函』 권4, 「醇溪昆仲將歸加峽 道謁伯氏于臨漢 余亦在座 分韻得敦字」, 「翌日有雨 醇溪留話 得雨字」; 남공철, 『金陵集』 권18, 「遺安處士李公墓表」; 조인영, 『雲石遺稿』 권3, 「醇溪李學士來訪 誦傳其前作袁安臥雪圖詩 因言自家光景與前詩無異殆若讖語云 戲作一絶以廣之」, 권4, 「次醇溪太守原韻 卽以奉寄」; 오희상, 『老洲集』 권27, 「咸鏡道觀察使李公墓碣銘 幷序」; 홍직필, 『梅山集』 권14, 「答李審夫」; 이항로, 『華西集』, 부록, 권8, 「行狀」, 권9, 「年譜」; 金尙鉉, 「臺山先生行狀」.

그밖에 秦漢古文을 추구한 문인 趙琮鎭(호 東海, 1767~1845)과도 교분이 깊었다. 조종진, 『東海公遺稿』, 제3책, 『東海謾錄』, 「贈金剛醇溪李元祥·念齋李盥如兄弟」, 제10책, 『東海續錄』, 「李盥如文稿序」, 「與李盥如論文書」; 윤지훈, 「동해 조종진의 산문에 대한 일고찰」, 성균관대 석사논문 2003 참조.

52) 김상현, 『경대시존』, 「五月二日 淵齋 雲皐 枰陰 玉坡 同集�心堂 與主人兄弟分一韻 各賦一體」; 서유영, 『雲皐詩選』, 「禮易堂夜 李醇溪 沆瀣 梣溪 桓齋 經臺 原泉 玉坡 圭庭 小集 分韻得時字 賦五律」.

53) 홍석주·홍길주의 門人 李憲明이 남긴 홍길주 형제의 언행록인 『西淵聞見錄』에 이들 형제와 이정리·이정관의 깊은 교분을 증언한 기록들이 있다. 丙申年(1836)條에 "李校理(이정리)는 본래 公(홍석주)의 門生이다"라고 하였다. 또한 그중의 「沆瀣洪先生遺事」에 의하면, 홍길주는 저술이 풍부했지만 교유하는 사람이 적은데다 남들에게 보이기 싫어해서, 오직 이정리 형제하고만 서로 좋아하여 大作이 있으면 그때마다 서로 보였다고 한다.

다.[54]

이러한 관계로, 『현수갑고(峴首甲藁)』 『표롱을첨(縹礱乙幟)』 『항해병함(沆瀣丙函)』 『숙수념(孰遂念)』 등 홍길주가 남긴 방대한 저술 중에는 이정리 형제와 관련된 글들이 다수 포함되어 있어, 홍석주 형제와의 교유를 중심으로 이정리·이정관의 문학과 사상을 엿볼 수 있는 소중한 단서를 제공하고 있다.

이정리 형제는 모두 시문(詩文)에 뛰어난 인물로 평판이 높았다. 특히 이정리에 대하여 유화는 '사림백(詞林伯)'이라 예찬했고, 홍길주는 '사단걸(詞壇傑)'이요 '시호(詩豪)'라 했으며, 김택영은 연암 이후의 기사문(記事文)의 명수로 홍석주·이건창(李建昌)과 함께 이정리를 든 바 있다. 홍석주·김매순·홍한주 등은 이정리의 산문에 대해 고문(古文)의 작법을 준수하여 온화하고 전아하며, 표현이 평순하고 간결하면서도 내실과 깊이를 갖추었다고 높이 평가했다. 한편 이정관의 글에 대해 홍길주는 "풍부하고 호탕하여, 즐거우면서도 두렵게 느껴지며, 자구의 사이가 실로 간결하고 힘이 있다"고 칭송했다.[55] 이같은 평가에서도 알 수 있듯이 이정리와 이정관은 각기 개성있

54) 홍직필, 『매산집』 권37, 「杞園魚先生有鳳墓誌銘」; 홍인모, 『足睡堂集』 권4, 「戚從叔李參奉仲存氏輓三首」; 홍석주, 『연천집』 권17, 「芝溪李公遺稿序」, 권26, 「遺安處士李公墓碣銘」; 홍길주, 『표롱을첨』 권2, 「遺安齋記」, 권4, 「柳叔人七十壽序」; 『항해병함』 권2, 「杞園先生年譜跋」.

그러므로 어유봉의 『杞園集』을 편찬하는 과정에서 1833년 原集의 교정을 홍석주와 이정리가 맡았고, 1838년 年譜의 增補와 교감 작업을 이정리와 이정관, 홍길주가 맡았다.

55) 유화, 『아헌필기』, 「題扇贈李深夫」; 홍길주, 『항해병함』 권4, 「醇溪昆李燕行 余既序以識別 衍其未究之指 又得長律八百字以寄(…)」, 권5, 「叢秘記」 1, 「睡餘瀾筆」 上; 김택영, 『韶濩堂文集』 권8, 「雜言」(『김택영전집』, 아세아문화사 1978, 제2책, 133면), 『韓國歷代小史』(『김택영전집』, 제4책, 505면, 510면); 홍한주, 『智水拈筆』, 아세아문화사 1984, 450~451면; 洪祐健, 『居士詩文集』 권2, 「答戚丈李念齋書」, "念齋之文, 贍富汪浩, 可喜可畏, 字句之間, 固已簡且勁矣."

홍길주는 근세의 뛰어난 문장의 하나로 이정리의 「齋義」와 아울러 그 아우 이정관의 「錢說」을 꼽았다(홍길주, 『孰遂念』, 壬, 居業念 叔, 장31앞). 또한 李憲明의 『西淵聞見錄』 중 「沆瀣洪先生遺事」에도 "先生嘗謂余, 醇溪·念齋兄弟文, 深得古作家意, 推詡不已, 且曰,

는 문장을 구사하여 당시 문단을 대표하는 작가의 한 사람으로 인정받았던 것이다.

이정리와 홍석주·홍길주 형제가 문장에 관해 논한 서한들을 살펴보면, 초기의 이정리는 복고주의 문풍에 젖어 있었던 듯하다.[56] 이정리에게 준 서한에서 홍석주는 이정리가 지은 「재의(齋義)」를 평하여 "뜻이 심원하고 글이 뜻을 잘 전하며 격조가 예스럽고 이치가 잘 통하니, 근세의 작자 중에는 아마도 이와 대등한 이가 없을 것"이라고 격찬하면서도, 이 글에서 이정리가 고대 중국의 문장에서 흔히 볼 수 있는 '야(也)'자와 '자(者)'자를 의도적으로 구사하고 있는 점을 비판했다. 진한(秦漢) 고문을 보면 이러한 글자들이 자구 사이에 쓰이고 있지만, 그 결과 글이 들쑥날쑥 가지런하지 않거나 조응을 이루지 못해 불안정하며 뜻이 잘 이어지지 않는가 하면 표현이 불완전한 경우가 적지 않다. 진한 고문이 고졸(古拙)한 맛을 자아내는 것은 이 때문이다. 그러나 오늘날에 와서 그 고졸함을 흠모하여 일부러 이를 모방한다면, 얼른 보매 고졸한 듯해도 '천진(天眞)'의 소산이 아니요 '인위(人爲)'의 소산이라 판연히 다를 수밖에 없다. 이는 비유컨대 세상일을 많이 겪어 물정에 밝고 교제에 능란한 '경화대부(京華大夫)'가 홀연 촌스러운 말투와 행동으로 소박하고 어수룩한 모습을 꾸미는 것과 같아서 그 '천진'을 더욱 손상하기 십상이라는 것이다.[57]

그후 이정리의 편지를 받고 보낸 답서에서 다시 홍석주는, 복고주의 문풍을 주도한 왕세정(王世貞)과 이반룡(李攀龍)에 대한 이정리의 비판이 미흡하다며 불만을 표시하고, 명나라 때 그같은 문풍이 유행한 것은 나라가 장차 오랑캐에게 망할 조짐을 드러낸 것이라고까지 혹독하게 단죄했다. 이와 아울러, 세상사람들이 "진한 고문을 본뜨면 모의(模擬)가 아닌가 의심하면서,

念齋之文, 雖典重遜於其兄, 而豪爽過之"라고 하였다.

56) 김철범, 「19세기 고문가의 문학론에 대한 연구」, 성균관대 박사논문 1993, 26~27면, 95~96면; 정민, 『조선후기 古文論 연구』, 아세아문화사 1989, 81~83면 참조.

57) 홍석주, 『연천집』 권16, 「與李審夫正履書」.

구양수(歐陽修)와 소식(蘇軾)을 흉내내면 일가를 이루었다고 생각한다"는 이정리의 반발에 대해 일면 수긍하면서도, 그는 오늘날의 학자들이 정주학(程朱學)을 배제한 채 공맹(孔孟)의 유학을 배울 수는 없듯이 오늘날의 문인들은 당송 고문을 거쳐야만 진한 고문도 올바로 배울 수 있다고 주장했다.[58)]

한편 홍길주 역시 이정리에게 준 서한에서, 이정리가 지은 「재의」에 대해 칭송을 아끼지 않으면서도 그중의 모의적인 측면을 들어 비판을 가했다. 이 작품이 전아하고 순수한 이정리의 글들 가운데에서도 한층 순후한 글이며, 옛사람의 글과 마찬가지로 말이 진심에서 나왔을뿐더러 말과 글이 완전히 합치하고 있지만, 자기 나름의 개성있는 문장을 구사하지 않고 『예기』의 표현을 모방한 점은 유감이 아닐 수 없다는 것이다. 여기에서 홍길주가 이같은 모방의 단적인 예로 지적하고 있는 것은, 이정리가 아우 이정관과 자신의 자를 본래대로 각각 '치서(稚舒)'와 '원상(元祥)'이라 적지 않고 고대 중국의 전례를 좇아 '자서(子舒)'니 '자상(子祥)'이니 하는 호칭으로 고쳐 적은 점이다. 홍길주에 의하면 이런 식의 모방은 고전을 올바로 본받는 것이 아닐뿐더러, 『예기』와 같은 고전에서 그 유례를 찾을 수 없는 조선 고유의 국명이나 관명(官名)·지명·인명·법제(法制) 용어 등은 그대로 적을 도리밖에 없으므로 성공적으로 이루어질 수도 없다.[59)]

홍석주 형제 외에도 이정리와 문학적 교분을 나눈 주요 인사로는 대산(臺山) 김매순이 있다. 이정리의 문권(文卷)에 부친 제사(題詞)에서 김매순은 이정리의 글을 높이 평가하면서도, 그의 글이 지나치게 다듬어져 약동하는 기세가 부족한 점과 아울러, 정주학에 바탕을 둔 경술(經術) 문장에 힘쓰지 않는 점을 완곡히 비판했다. 글은 도(道)와 짝을 이루는 것이어서 도를 근본으로 삼아야만 훌륭한 글이 될 수 있는데, "혹여라도 오로지 겸허한 나머지 경세수교(經世垂敎)를 자신의 임무로 삼으려 하지 않는다면, 뜻이 서지 않아

58) 홍석주, 『연천집』 권16, 「答李審夫書」. "倣秦漢則疑其模擬, 效歐蘇則意其成家."
59) 홍길주, 『현수갑고』 권4, 「與李元祥論齋義書」.

말도 이를 본받게 된다"는 것이다.[60)]

이와같은 저명한 문우(文友)들의 애정어린 비평이 이정리의 창작에 적지 않은 영향을 끼쳤으리라 짐작되지만, 이를 작품상으로 검증해볼 길은 없다. 다만 홍직필이 이정리에 대한 묘지명에서, "문장으로는 송나라 증공(曾鞏)과 명나라 귀유광(歸有光)을 가장 애호하였다"[61)]고 한 기록으로 미루어보면, 아마도 이정리는 초기의 복고주의적 문풍에서 벗어나 당송(唐宋) 고문을 전범으로 삼는 방향으로 나아갔던 것 같다.

이정리·이정관 형제는 문인으로서뿐 아니라 학자로서도 상당한 명성이 있었다. 이정리는 시문집 외에도 『구황초략(救荒草略)』『독서만필(讀書漫筆)』『춘추고례(春秋考例)』『독사평번(讀史平反)』『하간헌왕 종사공묘의(河間獻王從祀孔廟議)』『저의자(紵衣子)』, 그리고 미완성인 『영릉치치고(英陵致治考)』 등 학문적 저술을 다수 남겼다고 한다. 이정관 역시 『벽사변증(闢邪辨證)』『시고(詩考)』 등의 주목할 만한 저술을 남긴 것으로 전한다.[62)]

초기의 이정리는 예학에 깊은 관심을 가지고 고례(古禮)의 복원과 그 실천에 힘썼던 것으로 보인다. 이는 일차적으로 집안의 학풍과 무관하지 않은 듯하다. 그의 조부 이보천은 예학에 밝은 학자로서 상제(喪制)를 강구(講究)하고 『주례』와 『의례(儀禮)』를 교정했다고 한다. 부친 이재성 역시 『예기』를 애독하여 문장이 그 영향을 받았을뿐더러 「체계의」와 같이 예에 대해 논한 글을 남겼던 사실은 이미 언급한 대로이다. 홍길주에 의하면 이정리는 고례를 좋아하여, 의령 현감으로 부임하기 전인 1829년경 그의 자제며 후배들과 함께 산림 속에서 주(周)나라 시대의 제사의식과 빈주지례(賓主之禮)를

60) 김매순, 『대산집』 권8, 「題李審夫文卷」. "又或一於沖退, 不肯以經世垂教爲己任, 則志之不立, 言亦象之."

61) "於文章, 最愛宋曾子固·皇明歸熙甫."(홍직필, 『매산집』 권43, 「醇溪李公墓誌銘 幷序」)

62) 홍직필, 『매산집』 권43, 「醇溪李公墓誌銘 幷序」; 김상현, 『經臺詩存』, 「送醇溪侍讀充書狀官入燕」; 홍길주, 『항해병함』 권4, 「醇溪昆仲將歸加峽 道謁伯氏于臨漢 余亦在座 分韻得敦字」; 이항로, 『華西集』 권25, 「闢邪錄辨」; 金平默, 『重菴集』 권2, 「闢洋七懷」, 권41, 「闢邪辨證記疑序」; 申錫愚, 『海臟集』 권49, 「與痴園李盥如論詩考」.

연습하기까지 했다고 한다.[63)]

이정리는 고례를 복원하기 위한 학문적 방법으로서, 문헌상의 증거에 입각한 엄밀한 고증에도 상당한 관심이 있었던 것 같다. 이러한 고증학적 지향은 그가 종묘제례의 하나인 체협(禘祫)에 대해 홍석주에게 질의하는 편지를 보낸 사실을 통해 엿볼 수 있다. 『예기』 등 옛 유교 경전에 산발적으로 언급된 체제(禘祭)와 협제(祫祭)에 대해서는 예로부터 자못 설이 분분한 가운데 주자의 견해가 대체로 통설로 받아들여져 왔으나, 청조 이후 고증학자들은 그에 대해 이의를 제기하면서 엄밀한 문헌비판을 통해 고대 제례(祭禮)의 실상에 접근하고자 했다.[64)] 아마도 이정리는 고례에 대한 자신의 실천적 관심과 아울러 이같은 학술사의 흐름을 감지한 위에서, 홍석주에게 체협에 관해 질의하는 장문의 편지를 보냈던 듯하다.

그러나 홍석주는 그에 대한 답서에서 체협에 관한 문헌상의 단편적인 기록들은 이정리의 편지에 망라되어 있어 덧붙여 말할 것이 없다고 하면서도, 체협의 실상을 문헌 고증을 통해 규명하려는 시도 자체에 대해 매우 회의적인 태도를 표명했다. 또한 홍석주는 체협에 관한 주자와 정자(程子)·장자(張子)의 설을 지지하면서, 복원 불가능한 고례 대신에 근세의 관행 중 비교적 이치에 합당한 의식을 택해 시행하면 된다고 주장했다.[65)] 홍석주는 이정리에게 고증학적인 취향이 있다고 보아 이를 경계하는 편지를 보냈던 것이라 생각된다.

한편 이정리는 '실사구시(實事求是)'라는 말을 몹시 좋아하여 이를 자신의 서실 벽에 크게 써놓고 홍석주 형제에게 글을 청했다고 한다. '실사구시'는 원래 『한서(漢書)』에서 하간헌왕(河間獻王) 유덕(劉德)을 칭송하면서 한

63) 홍직필, 『매산집』 권45, 「遺安處士李輔天行狀」; 홍길주, 『표롱을첨』 권5, 「贈李元祥之任宜寧縣序」, 권8, 「題桓綱詩卷」.

64) 『皇淸經解讀編』 권155~56, 惠棟, 「禘說」, 권529, 徐養源, 「禘祫辨」, 권738, 胡培翬, 「禘祫問答」; 崔述, 「經典禘祀通考」, 『崔東辟遺書』, 上海古籍出版社 1983 등 참조.

65) 홍석주, 『연천집』 권17, 「答李審夫論禘祫書」.

말이다. 하간헌왕은 진(秦)나라 이후 망실된 유교 경전을 복구하고자 고서 수집에 힘쓰고, 한나라 초의 도가(道家) 유행 풍조에 맞서 유학 부흥에 크게 기여했던 인물이다. 그런데 이 '실사구시'란 말은 청조 이후, 특히 건가경학(乾嘉經學)의 집대성자인 완원(阮元)에 의해 고증학의 종지(宗旨)이자 방법론으로까지 격상되었다.[66] 따라서 이정리가 자신의 서실 이름을 '실사구시재(實事求是齋)'라 짓고, 하간헌왕을 공자의 묘(廟)에 종사(從祀)해야 한다는 글을 지었던 사실 역시 그가 한때나마 고증학에 상당히 경도되었음을 시사하는 증거라 볼 수 있다. 하지만 그의 요청에 응해 지은 홍석주 형제의 글들은 '실사구시'를 고증학적인 맥락에서 이해하고 있는 것이 아니라, 현실과 동떨어진 당시의 학풍에 대한 일정한 반성 위에서 독서의 중요성을 강조하기 위한 명제로 수용하고 있을 따름이다.[67]

이상과 같이 초기의 이정리는 홍석주 형제와 절친한 사이였음에도 불구하고, 문학에서뿐 아니라 학문관에서도 이들과 적지 않은 이견을 드러냈던 것으로 보인다. 그러나 홍석주 형제와 교유하며 영향을 주고받는 과정에서 이정리의 문학이 당송 고문을 표준으로 삼는 방향으로 회귀했듯이, 이정리의 학문관도 점차 주자학을 신봉하는 방향으로 바뀌어갔던 것으로 짐작된다. 이러한 학문관의 변화에는 1830년을 전후하여 비롯된 노주(老洲) 오희상과 같은 산림학자들과의 교유도 상당한 영향을 끼쳤을 것이다. 이정리 형제와 주고받은 편지들에서 오희상은 이정리·이정관의 문장이 탁월함을 칭찬하면서도, 그같은 '소기(小技)'를 버리고 쇠퇴일로에 처한 도학(道學)을 진작하는 데 힘쓸 것을 누누이 권면했던 것이다. 만년의 이정리는 사서(四書)와 정주서(程朱書)의 연구에 전념했으며, 북청 부사로 재직할 때에는 그곳 선비들에게 주자서(朱子書)를 친히 가르치기까지 했다고 한다.[68]

---

66)『漢書』 권53, 「景十三王傳」; 陳鼓應等 主編, 『明淸實學思潮史』, 齊魯書社 1989, 하권, 1693~1698면 참조.

67) 홍석주, 『연천집』 권25, 「實事求是說」; 홍길주, 『현수갑고』, 권2, 「實事求是齋記」.

68) 오희상, 『老洲集』 권12, 「答李審夫」, 권13, 「答李正觀」; 홍직필, 『매산집』 권43, 「醇溪

끝으로 첨언해둘 것은 이정리가 탁월한 문인 학자였을 뿐 아니라 민생문제에 대해서도 일가견을 지닌 인물이었다는 점이다. 그는 군자감 봉사로 재직할 때 양곡의 방출과 환수 및 운송에 따른 이해(利害)와 본말을 연구하여 「방적설(邦積說)」「방패설(邦弊說)」 등을 지었으며, 가평 은거 시절에도 기근에 시달리는 백성들을 구제하기 위해 고대 중국의 상평창법(常平倉法)을 연구한 『구황초략』 4권을 편찬했다고 한다.[69] 이러한 경세적(經世的) 관심에 있어서 이정리는 전대(前代) 실학의 일맥을 계승했다고도 볼 수 있을 것이다. 이처럼 학술과 문장과 경륜의 다방면에 걸쳐 뛰어난 인물이었던 이정리는 그 아우 이정관과 더불어 박규수에게 수학시절 이후에도 지속적인 영향을 끼치게 된다.

李公墓誌銘 幷序」.

이정리는 북청 부사 시절에 함경도 吉州의 저명한 성리학자인 林宗七(호 屯塢, 1781～1859)과 교분을 맺은 바 있다. 그 인연으로 후일 박규수는 임종칠의 문집인 『屯塢集』에 서문을 써주었다(박규수, 『환재집』 권4, 「屯塢集序」; 林宗七, 『屯塢集』 권2, 「與李醇溪」, 권10, 「日籍」, "往歲壬寅, 李承旨(正履)以北靑府使爲北所秋圍考官, 試訖而歸也 (…)").

69) 홍직필, 『매산집』 권43, 「醇溪李公墓誌銘 幷序」; 홍석주, 『연천집』 권5, 「送醇溪昆仲入燕」.

제2장

# 북학파의 후예들

## 1. 담헌 손자 홍양후와의 만남

연암 박지원과 담헌(湛軒) 홍대용(洪大容)이 '북학(北學)'을 주창한 사상적 동지로서 평생 서로 존경하며 지극한 우정을 나누었던 것은 잘 알려진 사실이다. 연암이 정조 즉위 초에 권신(權臣) 홍국영(洪國榮)의 전횡을 비판하다 위험을 느껴 황해도 금천의 산중에 은둔해야 했던 어려운 시절에도 담헌은 연암을 비방하는 세론에 개의치 않고 계속 서신을 보내 그를 격려하면서 후세에 남을 저술에 전념하도록 물심양면의 성원을 아끼지 않았다. 그리고 담헌이 타계했을 때 연암은 손수 그의 시신을 염습하고, 심혈을 기울여 담헌의 묘지명을 지었다.[1]

그런데 이같은 굳건한 우의가 연암 손자 박규수와 담헌의 손자인 홍양후(洪良厚) 사이에 다시 맺어져 종신토록 이어진 사실은, 북학이 19세기에도

1) 김윤조 역주, 『역주 과정록』, 태학사 1997, 55~58면, 70~73면 참조.

면면히 계승되었음을 보여주는 단적인 증거로서 매우 주목할 만하다. 게다가 담헌이 동지사(冬至使)의 일원으로 북경에 다녀온 것이 연암을 비롯한 북학파 인사들로 하여금 청나라의 발전상에 눈뜨게 하고 그후 잇따라 중국여행에 나서도록 자극했듯이, 1826년 홍양후의 중국여행은 그가 박규수와 교분을 맺게 된 계기가 되었을뿐더러 후일 박규수와 그 우인들의 잇단 연행(燕行)의 선구가 되었다. 박규수의 사상적 전환에 결정적 영향을 끼친 것으로까지 간주되는 두 차례의 중국여행도 실은 홍양후의 중국여행을 시발로 한 일련의 연행의 연장선상에 자리하고 있는 것이다. 이 점에서도 박규수와 홍양후의 만남은 간과할 수 없는 중요성을 지닌다.

홍양후(1800~1879)는 담헌의 외아들인 진사 홍원(洪薳, 1764~1818)과 부인 평산(平山) 신씨(申氏) 사이에서 차남으로 태어났다. 그의 자는 일능(一能) 또는 한좌(漢佐)이며, 호는 삼사(三斯)·문사(文斯)·관거(寬居)·감목(甘木)·수전(壽田) 등이다. 홍양후는 1831년 진사 급제한 뒤 1840년경 음직으로 의령 현감·천안 군수 등을 지냈으나, 1850년대 이후에는 세거지(世居地)인 충청도 천안군 수촌(壽村) 장명(長命) 마을로 낙향하여, 작고할 때까지 조부 담헌이 살던 집과 묘소를 지키며 은거 생활을 했던 것으로 추측된다.[2)]

이같은 홍양후의 생애에서 젊은 시절의 일대 사건이라 할 수 있는 중국여행은 1826년 그의 외숙인 신재식(申在植)이 동지사행의 부사(副使)로 임명됨으로써 이루어졌다. 신재식(호 翠微, 시호 文淸, 1770~1843)은 순조·헌종 양

---

2) 『南陽洪氏世譜』(1991), 권3, 貞孝公派, 471~472면; 『韓國名門統譜』, 地, 1750면; 신석우, 『海藏集』 권9, 「與李雨帆伯衡」; 조면호, 『玉垂集』 권6, 「寄三斯」, 권15, 「宿壽村洪三斯良厚莊」, 권16, 「懷人絶句 并序」, 권18, 「乙亥五月十夜記夢」; 金世均, 『晩齋集』 권2, 「華開樓 同海藏 韋史 洪寬居(良厚) 春湖 竹村」; 申錫禧 撰, 「進士公(洪薳)墓文」.

홍양후는 말년에 司僕寺正(1873), 호조 참의(1875), 호조 참판(1879) 등에 임명되었으나 곧 체직되어, 실제로는 취임하지 않고 향리에 있었다(『승정원일기』, 고종 10년 4월 18일, 4월 25일, 고종 12년 2월 20일, 4월 26일, 고종 16년 윤4월 13일). 그의 형 홍명후(洪明厚, 1787~1850)는 1805년 진사 급제 후, 음직으로 南部 都事·連山 현감·瑞山 군수 등을 지냈다(홍양후 撰, 「參判公墓表」).

대에 걸쳐 대제학 · 이조 판서 등 주요 관직을 두루 역임했으며, 김이양(金履陽) · 김조순 · 서유구(徐有榘) · 조인영 · 정원용(鄭元容) · 김정희 · 이상적(李尙迪) 등 저명한 문사들과 널리 교유하는 가운데 자못 명망이 높았던 인물이다.[3] 그의 부친 신광온(申光蘊, 자 元發, 1735～1785)은 연암의 절친한 벗으로, 진사 급제 후 벼슬은 사복시 첨정에 그쳤다.[4] 홍양후의 모친은 바로 신광온의 딸이었다.

홍양후가 부사 신재식의 수행원(자제 군관(子弟軍官))으로 연행에 나서게 된 것은, 무엇보다 먼저 일찍이 담헌이 북경에서 사귀었던 중국 선비들의 후예를 찾아내어 조부의 사후에 끊어졌던 우의를 되살리려는 염원 때문이었다. 담헌은 1766년 북경 체류 중에 항주(杭州) 출신의 선비인 엄성(嚴誠) · 반정균(潘庭筠) · 육비(陸飛)와 교유하고 양국의 학술과 문학 · 예술 · 정치 · 풍속 · 문물 제도 등 광범한 주제에 걸쳐 허심탄회한 필담을 나누었으며, 그중 특히 엄성과는 의형제를 맺기까지 했다. 귀국한 뒤에도 담헌은 이들과 서신 왕래를 계속하면서 우정을 더욱 다져나갔을 뿐 아니라, 중국여행 당시의 필담을 정리한 『간정동 회우록(乾淨衕會友錄)』을 펴내어 국내의 우인들 사이에 큰 반향을 일으켰다.[5]

3) 『國朝人物志』, 哲宗祖; 『平山申氏思簡公派譜』, 회상사 1990, 권1, 95면; 洪翰周, 『智水拈筆』, 아세아문화사 1984, 438면; 김이양, 『金履陽文集』, 天, 「次翠微寄示韻」; 조인영, 『雲石遺稿』 권3, 「次翠微申太史韻」; 정원용, 『經山集』 권3, 「與翠微申太史作顯陵改修之行微雨路上 吟寄雲石詞丈」, 「閏四月晦日 行實錄洗草於遮日巖 宣醞後雲石呼文字 楓石徐提學呼間字 翠微呼雲字 余呼群字 與忝宴諸人各成五律」; 신재식, 『相看編』; 신석우, 『海藏集』 권14, 「崇政大夫行吏曹判書大提學申公諡狀」; 정원용, 『袖香編』 권3, 「楓皐文衡薦蹠中 論諸人文」, 同文社 1971, 246면; 김정희, 『阮堂集』 권9, 「湊砌翠丈 與燕中諸名士 贈酬詩語談藪而成 不覺噴飯」.

4) 김윤조 역주, 『역주 과정록』, 31～32면, 54면; 『平山申氏思簡公派譜』, 회상사 1990, 권1, 95면.

5) 박영철 편, 『연암집』 권3, 「答洪德保書」; 이덕무, 『靑莊館全書』 권63, 『天涯知己書』; 박제가, 「與徐觀軒」, 『貞蕤閣全集』, 여강출판사 1986, 하권, 252～254면.

담헌은 엄성 · 반정균과의 작별을 아쉬워하며 보낸 편지에서, “우리 생애에서는 이미 재회할 수 없으니, 다만 각자 자식들을 훈계하여 대대로 이 情義를 강구하게 해서 감히 잊지 연암은 이 『간정동 회우록』에 쓴 서문에서, 상이한 당파나 신분 간에는 교우마저 허락되지 않는 당시 조선의 편협한 풍속을 개탄하면서, 담헌이 청나라 선비들과 화이(華夷)의 차별을 초월하여 깊은 우정을 맺은 사실을 찬탄해 마지않았다. 그리하여 1780년 대망하던 중국여행에 오르게 되었을 때 연암 자신도 반정균 등 담헌의 벗들을 만나고자 애썼으나 뜻을 이루지는 못했다. 1783년 담헌이 작고하자 연암은 담헌의 중국인 벗들에게까지 부고를 전했으며, 담헌의 묘지명에서도 담헌과 엄성 간의 국경을 초월한 뜨거운 우정을 감동적으로 기술했다.[6]

담헌의 사후에는 그동안 담헌과 중국인 벗들 간에 어렵사리 이어지던 서신 왕래도 저절로 끊어지고 말았다. 그중 반정균에 관해서는 잇따라 중국여행에 오른 북학파 인사들을 통해 계속 소식을 접할 수 있었다. 낙향한 엄성이나 육비와 달리, 반정균은 회시(會試)와 전시(殿試)에 급제하고 내각중서(內閣中書)를 거쳐 한림원(翰林院)에 들어갔으며 섬서도(陝西道) 감찰어사(監察御使)까지 지냈기 때문이다.[7] 1777년 유득공의 숙부 유금(柳琴)이 북경에서 반정균을 만나, 연암의 문인인 이덕무·유득공·박제가·이서구 4인의 시를 묶은 『한객건연집(韓客巾衍集)』의 서문을 받아 왔다. 그 이듬해에는 이덕무와 박제가가 입연(入燕)하여 반정균과 교분을 맺었고, 1790년에는 유득공과 박제가가 다시 그를 만날 수 있었다. 그런데 1801년 박제가와 함께 재차 북경에 다녀온 유득공이 당시의 견문을 기록한 『연대재유록(燕臺再遊錄)』에는 반정균에 관한 언급이 전혀 없는 점으로 미루어, 1790년의 만남

---

않도록 함으로써, 혹시라도 그들이 오늘 우리가 그러했듯이 예전의 인연을 거듭 이어가기 바란다(吾生旣不可再會, 只各戒其子, 世講此義, 俾不敢忘, 或冀其重續前緣, 如吾輩今日之事也)"고 하여, 후손들간에도 우정이 이어나가기를 염원했다. 이 편지는 『天涯知己書』에만 수록되어 있다.

6) 박영철 편, 『연암집』 권1, 「會友錄序」, 권2, 「洪德保墓誌銘」, 권11, 『열하일기』, 「盛京雜識」, 장43앞뒤, 권14, 「避暑錄」, 장50앞뒤.

7) 梁章矩·朱智, 『樞垣記略』 권18, 「題名」 4; 錢泳, 『履園叢話』, 叢話第十三 科第, 「元」; 嚴誠, 『鐵橋全集』, 제5책, 『日下題襟集』, 「洪高士尺牘」, 附 「九峯 庚寅十二月 荅書」 참조.

이후로는 그의 소식마저 끊어진 듯하다.[8)]

하지만 홍양후의 대에 이르러서도 담헌과 중국인 벗들 간의 우정은 선대(先代)의 미담으로 소중하게 추억되고 있었다. 홍양후는 북경에 머물 적에 엄성 등의 후손 앞으로 부친 편지에서, 조부 담헌이 엄성 등과 결교한 지 어느덧 한 주갑(周甲)이 되는 오늘날까지 자신은 엄성의 영정에 절하면서 『간정동 회우록』과 엄성의 문집인 『소청량실 유고(小淸凉室遺稿)』를 대할 때마다 "고인(古人)의 교도(交道) 중히 여김을 감탄하여 눈물이 무종(無從)함을 금치 못하여 매양 압록(鴨綠)에 배를 놓아 바람을 남경(南京)에 닿혀 구의(舊誼)를 펴고자" 염원했노라고 밝히고 있다.[9)] 그러던 차 외숙 신재식이 동지 부사로 임명됨에 따라 홍양후는 드디어 숙원을 이룰 절호의 기회를 맞게 되었던 것이다.

박규수가 홍양후와 처음으로 교분을 맺게 된 것은, 연행을 앞둔 홍양후가 그에게 글을 청한 것이 계기가 되었다. 이에 박규수는 홍양후의 청을 쾌히 받아들여 별편(別篇)의 증언(贈言)을 포함한 장문의 편지를 보냈다. 홍양후에게 보낸 이 편지는 당시 갓 스무 살의 박규수가 이미 조부 연암의 북학사상을 뚜렷이 계승하고 있음을 보여준다.

이 편지에서 박규수는 "제가 비록 족하(足下)와 면대한 적은 없지만 면대

---

8) 이덕무, 『入燕記』, 5월 23일, 6월 6일, 6월 11일; 유득공, 『熱河紀行詩註』, 아세아문화사 1986, 「潘秋廔庫御史」, 490～491면; 박제가, 『縞紵集』 권1, 「潘庭筠」, 『楚亭全書』, 아세아문화사 1992, 하권, 39～45면.

반정균은 만년에 불교에 귀의하여 일체를 버리고, 그림에만 전념하여 문인 화가로서 이름이 높았다고 한다.

9) 홍대용, 『을병연행록』(숭실대 박물관 소장), 부록, 홍양후 편지(소재영 외 주해, 『주해 을병연행록』, 태학사 1997, 806면). 원문을 현대 국어로 고치고 한자를 부기하여 인용함.

『소청량실 유고』는 郎齋 朱文藻가 엄성의 유고를 8권으로 편찬하고, 1766년 북경에서 엄성이 홍대용 등 조선 使行들과 주고받은 詩文을 모은 『日下題襟集』을 합친 것이다. 서울대 도서관 소장 『鐵橋全集』(전5책)은 곧 홍대용 후손가에 소장되어온 이 『소청량실 유고』의 謄寫本으로 짐작된다(『鐵橋全集』, 제1책, 朱文藻, 「嚴鐵橋全集敍」, 제5책, 『日下題襟集』, 「洪高士尺牘」, 附 「朱郎齋 戊子正月 寄湛軒書」 참조).

한 것이나 진배없는 것은 선대의 우의가 무거운 까닭입니다"라고 서두를 시작했다. 그리고 "저의 조부 연암공과 족하의 조부 담헌공은 평생 도의(道義)로써 서로 면려한 사이로, 앞뒤하여 북경을 유람하고 중국의 명사들과 널리 사귀었으며 중국을 관찰함에 있어 속속들이 의견이 합치했습니다"라고 하면서, 담헌의 『간정동 회우록』을 위해 연암이 서문을 지었던 사실에 대해서도 각별히 언급하였다.

또한 박규수는 "만약 수백년래의 사신 행차에서, 국정(國情)을 잘 탐지한 옛사람들에 비해 부끄러움이 없었던 이를 논한다면, 담헌공과 저의 조부만 한 분이 없었을 것입니다"라고 평했다. 그러고 나서 홍양후에게 이렇게 당부했다.

> 족하가 이번 여행에서 진기한 골동품이나 서화(書畵)와 소설책 따위에 관심을 쏟지 않고, 천하의 대세와 (중국의) 학술 및 제도의 변천과 동이(同異)에 관해 탁월한 깨달음을 얻어서 자신의 포부를 크게 키우고, 귀국해서는 뜻을 같이하는 벗들에게 공개하여 그들의 견문을 넓힐 수 있다면, 아마도 담헌공이 품었던 당시의 뜻에 가까울 것입니다.

요컨대 홍양후의 중국여행이 담헌과 연암의 유지(遺志)를 계승하기를 기대한 것이다.[10)]

이와 아울러 박규수는 편지에 동봉한 증언(贈言)에서, 연행할 때 유념해야 할 사항에 관해 홍양후에게 11개조에 걸쳐 자상한 조언을 했다.[11)] 여기에서

---

10) 박규수, 「與洪一能(良厚)書」. "僕於足下, 雖不面猶面, 以先誼重也." "僕王父燕岩公, 於足下王考湛軒公, 平生以道義相勉, 而後先遊燕, 博交海內名士, 大方之觀, 襟期無隔." "若論數百年來使价之行, 無愧古之善覘國者, 未有如湛軒公與吾王考者矣." "足下此行, 能不以器什玩好之物, 書畵褋稗之種, 而卓然有得於天下之大勢, 學術制度之變易同異, 以自壯其胸次, 歸而公諸同好, 以博其聞見, 則於湛軒公當日之志, 其幾矣."(『환재총서』, 제5책, 『莊菴文稿」, 295～299면)

11) 박규수, 「與洪一能(良厚)書」(『환재총서』, 제5책, 299～313면).

주목할 것은, 그의 조언이 조부 연암과 담헌·박제가·유득공 등의 연행 체험으로부터 얻은 풍부한 지식을 바탕으로 하고 있는 점이다.

우선 박규수는 예전에 담헌과 연암이 그러했듯이, 이용후생(利用厚生)을 위해 청나라 문물에 관해 널리 배우고 묻기에 힘쓰되 화이(華夷)의 구분을 엄격히 지켜야 한다면서, 만주족(滿洲族)과 한족(漢族)을 가리지 않고 교제하는 요즘의 연행 풍조를 비판했다(제1조). 그리고 구체적으로 박제가의 선례를 들어,[12] 명나라의 제도를 보존하고 있는 조선의 의관(衣冠)에 대해 한족들이 몹시 흠모하므로 심의(深衣)를 가져갈 것을 제안하기도 했다(제2조). 또한 박규수는 당시 우리나라 사람들이 북경에서 사귄 중국인들이 지니고 있는 정교하고 아름다운 물건을 보기만 하면 탐을 내어 염치없이 선물로 받아 올뿐더러 심지어는 이를 그곳의 시장에 팔아먹기도 하는 작태를 개탄하면서, 연암이 귀국할 때 가져온 것이란 오직 유세기(兪世琦)가 증정한 침향(沈香)뿐이었다고 했다(제3조).[13]

한편 박규수는 근래 중국에서 송학(宋學)을 배척하고 한학(漢學)을 주장하는 풍조를 비판했다. 한학이란 고거(考據)와 변증(辨證)의 말단에 불과하며 한학으로써 송학을 배척하는 풍조 역시 반드시 공론(公論)은 아닐 것이라고 주장하면서, 그같은 풍조에 휩쓸리지 않는 뛰어난 선비를 찾아보라고 권하였다(제5조). 또한 그는 최근 중국의 학풍이 '『이아(爾雅)』『설문(說文)』 일파(一派)'로 치달아 주자학 서적을 서점에서조차 구하기 힘들게 되었다고 하면서, 조선에 아직 전래되지 않은 『독서기(讀書記)』『백전잡저(白田雜著)』 같은 책들을 힘써 구해 올 것을 당부했다(제10조).[14] 이처럼 중국의 학풍이 고증

12) 1801년 燕行 때 박제가가 복건(幅巾)을 가져가서, 조선의 禮服 제도를 묻는 玉水 曹江에게 증정했더니, 조강은 이를 자신의 모친에게 祝壽하는 선물로 바쳤다고 한다(『환재총서』, 제5책, 301면). 복건은 유학자들이 深衣를 입을 때 머리에 쓰던 禮帽를 말한다.

13) 『열하일기』에 의하면, 유세기는 福建省 출신의 擧人으로, 호는 黃圃이다. 1780년 당시 유세기는 北京 夕照寺에 기거하고 있었는데, 연암과 琉璃廠에서 우연히 만나 교분을 맺은 뒤, 熱河에서 돌아온 연암과 빈번히 만났다고 한다. 연암이 유세기로부터 침향을 선물로 받은 사실은 박종채의 『과정록』에도 기록되어 있다(김윤조 역주, 『역주 과정록』, 220면).

학으로만 치달아 주자학 서적을 구입하기도 힘들어진 실정이라는 박규수의 진단은, 『연대재유록』에 소개된 유득공과 기윤(紀昀)의 대화 내용에 의거한 것이다.[15)]

박규수가 증언에서 가장 강조한 사항은 주자학 서적 구입 문제와 아울러, 중국의 부인 복식(服飾)에 관한 것이었다. 즉, 조선의 의관제도 중 유독 명나라의 제도를 준수하지 않고 오랑캐인 원나라의 누습을 따르고 있는 부인의 복식을 개혁하기 위해서는, 만주족 치하에서도 유일하게 보존되어 있는 한족(漢族) 고유의 부인 복식을 자세히 조사해 올 필요가 있다는 것이다(제9조 및 제11조). 이러한 주장은 일찍이 연암이 「자소집서(自笑集序)」 등에서 피력한 '부인 복식 개혁론'을 계승한 것으로, 후일 박규수 자신에 의해 『거가잡복고(居家雜服攷)』에서 학문적으로 구체화되고 있음을 볼 수 있다.

이와같이 박규수가 연행을 앞둔 홍양후에게 준 증언은 담헌과 연암을 비롯한 북학파 인사들의 중국여행의 성과를 착실히 수용하고 있을 뿐 아니라

---

14) 『讀書記』는 朱熹의 문인 眞德秀(1178~1235)의 저술로, 『四庫全書總目』에서는 이 책이 '性理'뿐 아니라 '治道'와 '出處'를 논하였다고 해서 "宋儒의 저서들 중에서 가위 實際的인 내용을 지닌 것"으로 높이 평가하고 있다. 『白田雜著』는 청대의 저명한 주자학자 王懋竑(1668~1741)의 저술로, 주희의 책들에 대한 치밀한 고증과 辨論에 힘쓴 것이다. 이 두 책의 이름이 박규수의 편지 원문에는 각각 '讀書載記'와 '白田雜識'로 되어 있다. 전자는 『연대재유록』 중 '入燕京之次日' 조에 "如讀書紀, 載在簡明書目" 운운한 대목으로부터 책 이름을 잘못 인용한 것이며, 후자도 '백전잡저'의 오기임이 분명하다. 1863년 박규수는 중국인 沈秉成에게 보낸 편지에서도 『백전잡저』를 구하고 싶은 뜻을 밝혔다(『환재집』 권10, 「與沈仲復」(5), 장12뒤).

이밖에도 박규수는 明代의 과학기술서인 『天工開物』(宋應星)과 아울러, 『三禮義疏』(박규수는 淸 雍正帝 勅撰이라 했으나, 乾隆帝 勅撰의 잘못임), 『經義考』(朱彝尊), 禁書로 알려진 『天下郡國利病書』(顧炎武) 등도 가능하다면 구입해 올 것을 제안했다(제8조 및 제10조).

15) 유득공, 『연대재유록』, "入燕京之次日, 訪紀曉嵐尙書昀. (…) 余曰, 生爲購朱子書而來, 大約語類類編等帙, 外此如讀書紀, 載在簡明書目, 此來可見否? 曉嵐曰, 此皆通行之書, 而邇來風氣, 趨爾雅說文一派, 此等書遂爲坊間所無久. 爲貴副使, 四處託人購之, 畧有着落矣. 余曰, 如白田襍著, 可得否? 曉嵐曰, 此本寒家之本. 一入官庫, 遂不可得. 幸王懋竑有文集, 此書刻入其集中. 亦託人向鎭江府刷印也."

의관제도 개혁론이나 주자학 신봉의 자세를 드러내고 있는 점에서 박규수의 초기사상과 학문적 경향을 파악하는 데 대단히 중요한 자료가 된다고 하겠다.

## 2. 홍양후의 연행과 그 영향

순조 26년(道光 6년, 1826) 10월 27일 동지사행은 북경을 향한 장도에 올랐다.[16] 신재식에게 지어준 송별시에서 김조순은 “육십 년 전 홍담헌은/ 반정균・엄성・육비와 사생(死生)을 논했었지/ 여행 중에 강남(江南) 선비 만나거든/ 세 분 후손 있는지 물어봐주오”라고 당부했다. 신재식의 종질(從姪)인 신석우(申錫愚)도 벗 홍양후에게 지어준 송별시에서 “새가 골짝에서 벗어나 높은 나무로 옮겨가듯 사람이 어찌 장차 북학(北學)하지 않으리”라고 하여, 담헌의 유지를 계승해 북학을 실천하는 데에서 이번 여행의 의의를 찾았다. 홍양후와 어린 시절부터 한동네 친구로 절친한 사이였던 김영작(金永爵) 역시 그에게 지어준 송별시에서 “온 천하에 담헌의 빼어난 시구 알려졌으니/ 대대로 학문하는 가풍은 음덕이 두터움을 보여주네/ 북경에 다녀온 지 어언 육십 년/ 이제는 누가 엄성의 짝이 되리오”라고 노래했다. 김영작은 이 시와 함께 홍양후에게 증서(贈序)를 지어주면서 자신의 글을 중국 명사들에게 보여 품평을 받아 오도록 부탁했다.[17]

16) 正使는 洪羲俊이다. 그는 耳溪 洪良浩의 아들로, 1794년 홍양호가 謝恩正使로 연행할 때 수행한 적이 있는데, 이번에는 자신의 아들 洪錫謨를 데리고 갔다. 홍석모는 燕行詩集으로 『游燕藁』를 남겼다(이군선, 「陶厓 홍석모의 “유연고”」, 『한문학보』 11, 우리한문학회 2004 참조). 한편 부사 신재식은 이번 여행에서 汪喜孫・李璋煜・王筠 등과 교분을 맺었으며, 그들과 학문적 토론을 벌인 기록인 『筆譚』을 남겼다(夫馬進, 「朝鮮燕行使申在植の“筆譚”に見える漢學・宋學論議とその周邊」, 岩井茂樹 編, 『中國近世社會の秩序形成』, 京都大學人文科學研究所 2004; 이상돈 역주, 『필담』, 보경문화사 2004 참조).

17) 김조순, 『楓皐集』 권5, 「別副使申翠微」, “六十年前洪湛軒, 潘嚴陸暨死生論, 君行若晤南中士, 爲問三家有後昆.”; 신석우, 『해장집』 권1, 「碧蹄館贈三斯」, “人豈谷遷將北學.”;

하지만 중국여행에서 홍양후는 엄성이나 반정균·육비의 후손을 한 사람도 만나지 못했다. 그해 연말 북경에 도착한 홍양후는 이듬해 초에 담헌이 엄성 등과 교유한 고사를 안다는 항주 출신의 한림(翰林) 허우령(許藕舲)[18]을 알게 되었으나, 귀환 일정에 쫓겨 세 선비의 후손 앞으로 보내는 편지를 전해주도록 부탁하는 글만을 그에게 부치고 떠나야 했다.

귀국한 뒤에도 홍양후는 집념을 가지고 허우령에게 계속 서신을 보낸 끝에, 마침내 반정균의 손자인 반공수(潘恭壽)로부터 회신을 받을 수 있었다. 그 편지에서 반공수는 신묘년(1831) 겨울, 회시에 응시차 북경에 왔다가 세숙(世叔: 부친의 손아래 친구)인 허우령을 만나 홍양후의 서신들을 얻어 보았다고 했다. 그리고 이를 통해 북경 체류 중 홍양후가 써서 전해주도록 허우령에게 부탁한 그 편지를 엄성의 후손이 이미 찾아간 사실을 알았다고 했다. 그런데 그로부터 수십 년이 지난 1860년 동지 정사(正使)로 북경에 간 신석우가 여전히 엄성과 반정균의 후손에 관해 탐문하고 있음을 보면, 홍양후와 반공수의 결연도 지속되지는 못한 것이 분명하다.[19]

홍양후는 이와같이 연행을 통해 옛 교분을 회복하려는 숙원을 이루지는 못했으나 그 대신 한림 편수(翰林編修) 이백형(李伯衡, 호 雨帆, 春帆)과 새로운 교분을 맺게 되었다.[20] 신재식 일행은 1827년 설날 조회하는 하반(賀班)

김영작, 『卲亭詩稿』 권1, 「送洪三斯良厚赴燕」, "湛軒秀句滿寰區, 奕葉書香見積庥, 析木之津星五紀, 如今誰是鐵橋儔."; 김영작, 『卲亭文稿』 권2, 「送三斯良厚入燕序」.

18) 이름은 乃賡이다. 자는 念颺이고, 藕舲은 그의 호이다. 1817년 進士 급제 후 庶吉士를 거쳐 翰林 編修가 되었으며, 國子監 司業, 右春坊右庶子 등을 역임했다. 글씨를 잘 썼다. 吏部尙書까지 지낸 許乃普(?~1866, 시호 文恪)가 그의 형이다.

19) 홍대용, 『을병연행록』, 부록, 홍양후와 반공수의 편지(소재영 외 주해, 『주해 을병연행록』, 807~808면 참조); 錢泳, 『履園叢話』, 叢話第十三 科第, 「元」, '乾隆乙酉科'條, "揭榜, 乃杭州潘庭筠也. (…) 後仍捷禮闈, 入詞林,, 官至御史. 其孫恭壽, 中道光辛卯恩科解元."; 신석우, 『해장집』 권16, 「程少卿委訪」.

20) 이밖에 宮壝·李璋煜·汪喜孫 등과도 교분을 맺었다. 신재식, 『筆譚』, "余曰, 洪姪一能, 盛道先生, 且翫尊札, 慕逞亦多矣." "爽齋曰, 已因洪三斯慕仰深矣."; 藤塚鄰, 『淸朝文化東傳の硏究』, 東京: 國書刊行會 1975, 344면, 404~406면(박희영 역, 『추사 김정희의 또다

에서 이백형을 처음 만났는데, 홍양후는 바로 그의 소개를 통해 담헌과 엄성의 고사를 안다는 한림 허우령을 알게 되었던 것이다. 또한 이백형이 조선인의 시문(詩文)에 큰 관심을 나타냈으므로 홍양후가 가지고 간 조선인의 작품들을 보여주었더니 이백형은 그중에서 특히 김영작의 글을 높이 평가했다고 한다.[21]

홍양후의 문집이 현재 전하지 않아 단정할 수는 없지만, 그의 외숙 신재식과 벗 김영작의 경우로 미루어볼 때 홍양후와 이백형의 교분은 귀국 이후에도 유지되었으리라 짐작된다.[22] 신재식은 귀국한 뒤 이백형과 서신 왕래를 계속하여 이백형의 편지들을 '청심첩(淸心帖)'이란 필첩으로 만들어서 애장했다. 이백형 역시 신재식의 편지들을 필첩으로 만들고 거기에 "동국 선비들과 교분을 맺기는 선생으로부터 시작되었다"고 적어 신재식과의 만남을 각별하게 여겼다고 한다. 신재식이 타계하자 다시 신석우가 종숙부의 뒤를 이어 이백형에게 편지를 보냈으며, 1860년 북경에 갔을 적에는 전년에 작고한 이백형의 유족을 몸소 찾아가 조의를 표하기까지 했다.

한편 김영작도 홍양후의 중개로 이백형으로부터 격찬을 받은 이후 그에게 누차 서신과 자신의 글들을 보내 가르침을 청하면서 우의를 다졌다. 그리하여 1858년 동지 부사로 북경에 갔을 때 김영작은 30년 넘게 편지로만 사귀었던 이백형을 찾았으나, 당시 이백형은 하남(河南) 하도총독(河道總督)으로 나가 있어 만나지는 못했다고 한다.[23]

---

른 얼굴』, 아카데미하우스 1994, 359면, 420~422면) 참조.

21) 김영작, 『邵亭文稿』 권1, 「與李雨帆伯衡書」, 권2, 「石帆赤牘跋」.

22) 귀국할 때 홍양후는 1826년 殿試에 探花로 급제한 帥方蔚의 試卷을 구입해 가지고 갔는데, 帥方蔚는 바로 이백형의 제자였다. 홍양후와 김영작은 1829년 이후 帥方蔚와도 결교하고 서신을 주고받았다. 이들이 주고받은 편지들이 帥方蔚의 『左海交遊錄』에 수록되어 있다. 1834년 홍양후와 김영작은 帥方蔚에게 보낸 편지에서, 許瀚舲과 반정균의 손자 潘帶銘(潘恭壽) 앞으로 보내는 편지를 轉交하여 줄 것을 부탁했다(董文渙, 『韓客詩存』, 北京: 書目文獻出版社 1996, 390면, 392면).

23) 신석우, 『海藏集』 권9, 「與李雨帆伯衡」, 권11, 「金邵亭永爵六十一壽序」, 권16, 「祭李雨帆文」, "結識東士, 自先生始.", 「李郎中心傳家吊慰」; 김영작, 『邵亭詩稿』 권2, 「寄贈申海

이를 보면 연행을 통해 맺어진 이백형과의 교분은 홍양후와 그의 벗들에게 청조 문화에 접할 수 있는 통로를 제공했으며, 김영작이나 신석우로 하여금 장차 연행에 나서도록 꿈을 키우게 했음에 틀림없다. 그런데 홍양후의 연행은 그와 박규수 사이뿐 아니라 김영작과 박규수 사이에도 평생에 걸친 두터운 우정을 싹트게 하는 계기가 되었다.

김영작(1802~1868)은 소론(少論) 명가인 경주 김씨 집안에서 충주 목사를 지낸 김사직(金思稙)의 아들로 태어났다. 자는 덕수(德修, 德叟), 호는 소정(卲亭)이다. 박세당(朴世堂)의 문인이며 숙종의 장인인 경은부원군(慶恩府院君) 김주신(金柱臣)이 그의 고조이고, 조부 김효대(金孝大)는 형조 판서를 지냈으며, 백부이자 양부(養父)인 김사목(金思穆)은 정조·순조 대에 관료로 출세하여 좌의정까지 지낸 인물이다.

김영작은 일찍부터 문학적 재능을 드러내었다. 1822년 감시(監試) 초시에서 장원 급제했을 때 그의 시가 널리 전송(傳誦)될 정도였으며, 부친과 백부, 그리고 우계(牛溪) 성혼(成渾)의 후손인 장인 성재순(成載淳)으로부터 대단한 촉망을 받았다고 한다. 그러나 회시에는 거듭 실패하여 1838년에야 음보로 처음 벼슬길에 오른 뒤 1843년 전시(殿試)에 급제하고 헌종 말에서 고종 초에 걸쳐 목사·대사성·참판 등을 역임했다.[24]

1827년 김영작은 북경에서 돌아온 홍양후로부터 박규수가 연행을 앞둔 홍양후에게 지어준 증언(贈言)을 빌려 읽고 감탄한 나머지 박규수와 교우하기를 간절히 바라게 되었다. 그 증언에 대한 독후감을 적은 글에서 김영작은 연행할 때 유념할 사항으로 박규수가 피력한 견해들에 대해 전적인 공감을 표하면서 그의 학식을 높이 평가했다. 아울러 김영작은 예전에 박규수의

藏尙書赴燕」; 김영작, 『卲亭文稿』 권1, 「與李雨帆伯衡書」, 권2, 「論交」, 「論文」; 李裕元, 『林下筆記』 권25, 『春明逸史』 1, 「燕俗重東人文筆」, 성균관대 대동문화연구원 1961, 628면; 吳稼軒, 「朝鮮使者金永爵筆談記」, 董文渙, 『韓客詩存』, 264~265면.

24) 김영작, 『卲亭文稿』 권3, 부록, 墓表(金弘集 撰); 金弘集, 「先考贈領議政行吏曹參判府君家狀」, 『金弘集遺稿』, 고려대출판부 1976.

「성동시(城東詩)」를 읽고 경탄하여 지금까지 낭송하고 있는데, 이제 또 박규수의 증언을 읽어본즉, "지론(持論)이 순정(純正)하고 문사(文詞)가 해박하며 학문에 뿌리가 있어 수양이 깊음을 족히 알 수 있으니, 세속 선비들의 구름잡는 허튼 이야기와는 같지 않다. 훗날 경국제민(經國濟民)에 있어 반드시 남보다 훨씬 뛰어날 것이다. 어찌 한갓 문장만으로만 재능을 나타내리오!"라고 격찬해 마지않았다. 이어서 김영작은 박규수가 당색이 다른 점을 꺼리지 않고 자신을 벗으로 삼아준다면 소원이 없겠다는 뜻을 전해주도록 홍양후에게 부탁했다.[25)]

그리하여 홍양후의 중개로 맺어진 박규수와 김영작의 우정은 청년시절뿐 아니라, 함께 조정에서 활약하던 만년에 이르도록 변함없이 지속되었다. 게다가 박규수와 마찬가지로 김영작도 일찍이 조종영의 인정과 촉망을 받았던 사실은 두 사람의 우정에 또 하나의 촉매 구실을 했을 것이다. 후일 고종 즉위 초에 개성 유수로 부임한 김영작은 예전에 개성 유수로서 선정을 폈던 조종영의 생사(生祠) 유지(遺址)에 비를 세우면서 그 비의 음기(陰記)를 지었으며, 도승지였던 박규수는 손수 음기의 글씨를 썼다. 또한 당시 박규수와 김영작은 함께 경연(經筵)의 강관(講官)으로 선임되어 어린 임금 고종을 보도(輔導)하는 데에 진력했으며, 그로 인해 두 사람은 고종의 두터운 신임을 받았다고 한다.

1861년 처음으로 북경에 간 박규수가 정공수(程恭壽) 등과 사귈 수 있었던 것도 그보다 수년 앞서 북경을 다녀온 김영작이 교분을 맺어둔 덕분이었다. 만년의 박규수와 이웃에 살면서 아침저녁으로 그를 종유했던 김홍집(金弘集)은 바로 김영작의 아들이다. 1872년 재차 북경을 다녀온 박규수는 정공수의 선물을 김홍집 형제에게 전해주었다.[26)]

---

25) 김영작, 『邵亭文稿』 권2, 「讀朴桓齋贐三斯手卷」. "持論醇正, 綴詞閎博, 學有根底, 足徵邃養, 不同世儒浮光掠影之譚. 異日經濟必有大過乎人, 豈徒以文章見也!"

26) 김영작, 『邵亭詩稿』 권1, 「次起巖韻 示成中湖 夢雨 絅齋」, 권2, 「書後」(張丙炎 撰); 김영작, 『邵亭文稿』 권2, 「北海趙忠簡公生祠遺趾碑陰記」; 김홍집, 『金弘集遺稿』, 「先考贈

이와같이 홍양후의 연행은 박규수가 홍양후 · 김영작 등과 같은 새로운 벗들과 사귀는 계기가 되었으며, 이들은 장차 박규수와 사상적 · 정치적 지향을 같이하는 평생 동지로 지내게 된다.

領議政行吏曹參判府君家狀」; 신석우, 『海藏集』 권15, 「與程少卿恭壽書」, 권16, 「程少卿委訪」; 박규수, 『환재집』 권4, 「題卲亭遺墨帖」, 장31뒤, 권10, 「與程容伯恭壽」, 장16앞.

제3장

# 효명세자의 지우(知遇)

## 1. 순조 말의 정국과 효명세자

순조 말년에 국정을 대리한 효명세자(孝明世子: 사후 익종(翼宗)으로 추존됨. 1809~1830)가 박규수에게 특별한 관심과 기대를 표명한 사실은 야사에 오를 정도로 널리 알려져 있다. 또한 효명세자가 의욕적으로 국정을 수행하다가 급서한 사건은 박규수로 하여금 정치적 입신을 단념하고 기나긴 은둔생활로 접어들게 한 결정적 계기가 되었다고 한다. 이처럼 박규수의 생애에서 중대한 전기(轉機)가 되었음에도 불구하고, 그와 효명세자의 관계는 종래 군신간의 미담 차원에서만 거론되었을 뿐이다. 박규수가 수학기 이후 은둔하게 된 경위를 밝히기 위해서뿐 아니라 그의 정치관과 후일의 정치활동을 이해하기 위해서도 이에 대한 좀더 심층적인 고찰이 필요하다.

1827년(순조 27) 음력 2월 국왕 순조는 세자에게 대리청정(代理聽政)을 명했다. 이때 순조가 내세운 명분은 그간 자신이 다병(多病)하여 국사를 제대로 돌보지 못했으므로 요양할 여유를 얻는 한편, 장성한 세자로 하여금 국정

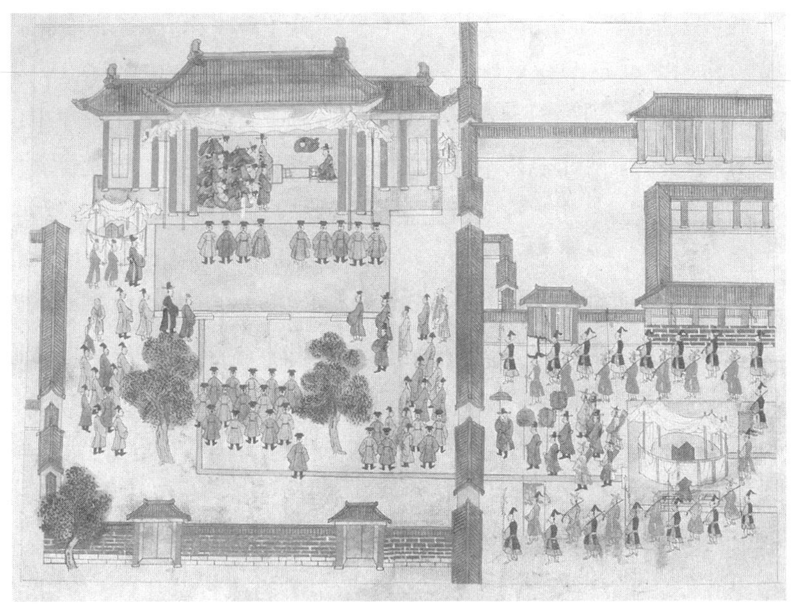

규장각 소장 『참의공 사연도(參議公賜宴圖)』 중 「익종대왕 입학도」.
1817년 효명세자의 성균관 입학 전례(典禮) 광경을 그린 것이다.

을 익히게 할 필요가 있다는 것이었다. 그러나 우의정 심상규(沈象奎)의 지적대로, 아직 마흔 살도 되지 않은 젊은 왕이 세자에게 국정을 위임한다는 것은 전대미문의 파격적인 조치라 하지 않을 수 없으며,[1] 그 이면에는 왕권을 회복하고자 하는 숨은 고충이 작용했던 것으로 보인다.

대왕대비의 수렴청정이 끝난 뒤 친정(親政)에 나선 초기에 순조는 국정을 주도하려는 그 나름의 의욕을 드러낸 바 있다. 실무 관료들과의 접촉을 증대하고 『만기요람(萬機要覽)』의 편찬을 명했으며, 대규모의 암행어사 파견 등을 통해 국정을 직접 장악하고자 했다. 뿐만 아니라 각종 전강(殿講)·응제(應製)·제술(製述) 등의 빈번한 시행과 특지(特旨)에 의한 발탁 등으로 친

1) 『순조실록』, 27년 2월 9일; 鄭元容, 『袖香編』 권3, 「翼宗代理時相臣之奏」, 同文社 1971, 241면 참조.

위적인 문신 집단을 양성하고, 무예청(武藝廳)의 강화와 오위도총부(五衛都摠府)의 기능 회복 등을 통해 독자적인 군사력을 확보하고자 했다. 그러나 이같은 순조의 노력은 왕실 외척 세력간의 각축에서 확고한 우위를 차지하게 된 안동 김씨 세력의 견제를 받아 이내 좌절되고 말았다. 그후 오랫동안 의욕과 자신감을 상실한 채 지내던 순조는 일찌감치 세자에게 기대를 걸고, 그가 성장하자 궁중의 제례(祭禮)를 대행하게 한다든가 공식행사와 조정의 논의에 참여하게 하는 등으로 점차 대리청정의 기반을 닦아나갔던 것이다.[2)]

효명세자는 대리청정을 시작한 즉시 부왕의 기대에 부응하여 왕권을 강화하기 위한 조치들을 적극 추진했다. 그중 첫째로 들 수 있는 것은 어진 인재를 우대하고 왕실의 친척을 멀리하는 '우현좌척(右賢左戚)'의 인사정책이다. 그리하여 김조순(金祖淳)계의 인물인 우의정 심상규가 파면을 당하고, 김조순의 아들 김유근(金逌根)이나 김조순의 족질(族姪)인 김교근(金敎根) 부자가 정치적 공격을 받아 운신에 큰 어려움을 겪게 되었다. 그런 반면에 김로(金鏴)·홍기섭(洪起燮) 등과 같이 외척 세력과 무관한 '신진 조사(新進朝士)'들이 요직에 발탁되었다. 또한 조만영·조인영·조종영 등이 승진을 거듭한 것도 효명세자가 처가인 풍양 조씨가의 힘을 빌려 막강한 안동 김씨 세력을 견제하려 했음을 보여준다.[3)]

뿐만 아니라 효명세자는 예전의 순조와 마찬가지로 각종 전강·응제·제술의 시행을 급격히 늘리고, 이를 통해 친위적인 신진관료를 육성하고자 했다. 이와같은 행사들은 3년 남짓에 불과한 효명세자의 대리청정 기간 중 53회나 실시되었다. 이는 순조 24년부터 대리청정 이전까지와, 효명세자 사망

2) 한국역사연구회 19세기정치사연구반, 『조선정치사』, 청년사 1990, 상, 90~94면, 하, 407~414면; 김명숙, 「세도정치기의 정치행태와 정치운영론」, 한양대 박사논문 1996, 제2장 등 참조.

3) 『환재집』 권1, 「節錄瓛齋先生行狀草」, 장3앞, "憲宗時, 復修翼廟之政, 右賢左戚, 有挽回頹綱之漸."; 『순조실록』, 27년 3월 30일, 4월 30일, 28년 1월 2일, 3월 10일, 4월 5일, 29년 7월 14일, 30년 6월 21일.

후 순조 32년까지를 통틀어 단 한 차례의 별시 강경(別試講經)만이 시행되었던 사실과 극히 대조적이다. 그와 아울러 효명세자는 순조에게 그 덕을 기리는 존호(尊號)를 올리고 순조의 사십 회 생신이자 등극 삼십 주년을 기념하는 성대한 궁중의례를 거행하는가 하면, 궁궐에 대한 대대적 토목공사에 착수하고 경복궁을 중건할 뜻을 피력하기도 했다.[4] 이는 모두 왕실의 권위를 높이기 위한 고심에서 나온 조치들이라 하겠다.

효명세자와 박규수의 만남은 이와같이 효명세자가 국정쇄신의 의욕에 차 있던 시기에 이루어졌다. 박규수의 행장에 의하면 효명세자는 대리청정 이전부터 그의 존재를 익히 알고 있었던 듯하다. 1825년 여름 효명세자는 순조의 경우궁(景祐宮) 행차에 배종(陪從)할 적에 창덕궁 후원(後苑: 비원(秘苑))의 대문(요금문(曜金門))을 걸어나와 박규수의 집을 방문했다고 한다.[5] 당시 박규수는 계산(桂山) 기슭에 있던 "연암의 옛집" 즉 계산초당(桂山草堂)에 살고 있었다. 이처럼 "사가(私家)에 왕세자가 친히 왕림한 것은 만고에 드문 일"로서, 효명세자는 박규수에게 "글을 읽고 글씨를 써보라 명하고는 크게 칭찬하고 격려했으며" 삼경(三更)이 되어서야 돌아갔다는 것이다.[6]

4) 한국역사연구회 19세기정치사연구반, 앞의 책, 상, 96면; 『순조실록』, 27년 7월 22일, 24일, 28년 11월 16일; 『고종실록』, 2년 4월 2일.

효명세자는 왕권강화책의 일환으로 大報壇 祭祀와 각종 궁중의례를 직접 주재하면서, 이를 위해 궁중 무용인 呈才를 대대적으로 정비하고 樂章들을 다수 창작하기까지 했다. 이와같은 궁중문화 관련 업적으로 인해 효명세자는 2005년 '11월의 문화인물'로 선정되기도 했다. 최근 들어 정치사뿐 아니라 문학・무용・복식・건축 등 다양한 학문분야에서 효명세자에 관한 관심이 고조되고 있다(한국무용예술학회 편, 『효명세자연구』, 두솔 2005; 이의강, 「19세기 초 궁중무용의 미학적 전환」, 『한문학보』 15, 우리한문학회 2006 등 참조).

5) 『순조실록』에 의하면 순조 25년(1825) 5월 6일 국왕이 景祐宮에서 展拜하고 齋宿하는 데 왕세자가 行禮했으며, 그 다음날 경우궁에서 夏享大祭를 행할 적에 왕세자가 亞獻禮를 행했다고 한다. 경우궁은 순조의 생모인 綏嬪 朴氏의 신주를 모신 사당이다. 순조 24년 5월 창덕궁과 가까운 陽德坊 龍虎營 옛터(지금의 종로구 계동 현대사옥 부근)에 건립되었으며, 순조 25년 2월 그곳에 신주를 봉안하고 제사를 드리기 시작했다.

6) "乙酉夏, 翼宗以世子陪從景祐宮, 步出後苑門, 來臨公家. 公家時在桂山之阿, 卽燕巖舊宅也. 私室之鶴駕親臨, 曠古罕有. 公倉猝被引見, 端拱肅敬, 應對詳明. 命讀書寫字, 大加奬

『매천야록(梅泉野錄)』에도 효명세자와 박규수의 만남에 대한 언급이 있으나 행장 중의 기록과는 약간 차이가 있다. 이에 의하면 효명세자는 대리청정을 할 때 미복(微服)으로 행차하기를 좋아했는데, 1830년 승하하기 전에 한번은 '자하동(紫霞洞)'에 이르러 박규수가 낭랑하게 글 읽는 소리를 듣고는 갑자기 그의 집을 방문하여, 읽던 책이 무엇이냐고 물은 뒤 "글 읽기를 좋아하니 장차 너를 기용하리라"고 말했다는 것이다. 그러자 그 다음날로 효명세자가 박규수의 집에 행차한 소문이 도성 안에 파다했다고 한다. 창강(滄江) 김택영(金澤榮)도 그와 유사한 기록을 남겼다. 효명세자가 미복으로 다니다가 '장동(壯洞)' 곧 자하동에서 박규수의 글 읽는 소리를 듣고는 그를 만나보고 "내가 장차 너를 기용하리라"고 말했을뿐더러 연암의 『열하일기』를 가지고 돌아갔으나, 얼마 안 되어 승하하고 말았다는 것이다.[7]

이처럼 효명세자가 박규수와 처음 만난 시기라든가 박규수의 거주지 등 세부사항에서 행장과 여타의 기록들은 모순을 드러내고 있다. 이는 『매천야록』 등의 기록들이 사실을 전한 것이라기보다는 박규수가 현달한 이후에 생겨난, 그와 효명세자의 만남을 운명적인 것으로 과장한 세간의 이야기들을 그대로 수용한 결과가 아닌가 한다.

1823년(순조 23) 음력 5월 단오(端午) 다음날 박규수는 선발된 동몽(童蒙) 중의 한 사람으로서 창덕궁 희정당(熙政堂)에서 임금을 뵙고, 어명에 따라 단오날 비가 내린 것을 기뻐하는 내용의 한시를 지었다.[8] 그후 어느 시기에 그는 성균관에 진학했을 것으로 짐작된다. 효명세자의 대리청정 초인 1827년 성균관 유생을 대상으로 실시한 일차전강(日次殿講)에서 박규수가 『주역』

---

詡. 夜漏報三鼓, 乃旋玉趾."(『환재집』 권1, 「節錄瓛齋先生行狀草」, 장4앞뒤)

7) 黃玹, 『梅泉野錄』 권1, 上, "好讀書, 當用汝也."(임형택 외 옮김, 『역주 매천야록』, 문학과지성사 2005, 상권, 70면); 김택영, 『金澤榮全集』, 아세아문화사 1978, 제4책, 『韓國歷代小史』, 508면, "吾將用爾."

8) 『순조실록』, 23년 5월 6일, "召見童蒙于熙政堂."; 『환재집』 권1, 「喜雨應製」.

후일 우의정으로서 종묘의 영희전 행차에 수행한 박규수는 1823년 동몽으로서 순조를 알현했던 옛 추억을 술회했다(『승정원일기』, 고종 11년 3월 7일).

을 강(講)하고 물러나왔을 때, 효명세자는 근신(近臣)에게 "박 아무개의 문재(文才)를 사람들이 어떻다고 말하더냐"라고 물었다고 한다. 그리고 이로 인해 효명세자가 박규수를 특별히 총애하는 사실을 세상사람들이 다 알게 되었다고 한다.[9)]

또한 1829년 가을에 효명세자는 박규수에게 『연암집』을 진상하도록 명했다고 한다.[10)] 이는 박규수가 연암의 손자라는 사실을 부각함으로써 그를 기용할 명분을 축적하려는 의도에서 나온 조치였을 것이다. 그와 아울러 효명세자가 "너에게 반드시 저술이 있을 터인즉, 숨기지 말고 모두 진상하라"고 하교하여, 박규수는 그의 첫 저작인 『상고도 회문의례(尙古圖會文義例)』를 바쳤다고 한다. 이는 역대 중국의 뛰어난 인물들에 관한 글을 널리 모으고 거기에 덧붙여 자신의 견해를 도도하게 펼쳐 보인 거작이었다. 그러자 효명세자는 박규수에게 필묵과 부채를 하사하면서, "지은 것을 숙람(熟覽)하니 학문이 풍부함을 알겠다. 너는 조종(祖宗)의 성덕(盛德) 중에 모범이 될 만한 것을 찬술하라"고 재차 하교하였다. 이에 응하여 박규수는 조선조 역대 임금들의 행적을 찬양하는 내용을 담은, 칠언절구 100수로 된 궁사(宮詞) 「봉소여향(鳳韶餘響)」을 지어 바쳤다고 한다.[11)]

---

9) 『환재집』 권1, 「節錄瓛齋先生行狀草」, 장4뒤, "朴某文學, 人謂何如?"

후일 우의정 박규수는 어전에서 당시를 회상하며, 자신이 성균관 유생으로서 入侍했을 적에 효명세자가 모시로 만든 매우 검소한 옷을 입고 계셨음을 보았노라고 아뢰어, 효명세자의 儉德을 예찬했다(『日省錄』, 고종 11년 6월 9일).

10) 「節錄瓛齋先生行狀草」에는 효명세자가 『연암집』의 진상을 명한 시기가 '戊午春'으로 되어 있으나, 이는 '戊子春' 즉 1828년 봄의 잘못이 분명하다. 그런데 박종채의 『과정록』 말미의 追記에는 "歲己丑秋, 我孝明世子遣閣屬官, 命進先臣遺文. 賤臣不敢以巾衍未定之本而隱秘也, 以全部進呈"이라 하여, 효명세자가 파견한 규장각 관원을 통해 박종채가 『연암집』을 진상한 것으로 되어 있을뿐더러 그 시기도 1829년 가을의 일로 기록되어 있다(김윤조 역주, 『역주 과정록』, 303면). 「節錄瓛齋先生行狀草」가 박규수의 사후인 1877년 이후에 씌어진 글인 데 비해 박종채의 追記는 『연암집』을 진상한 시기와 멀지 않은 1831년에 씌어졌으므로, 『과정록』의 기록이 더 정확하리라 본다.

11) 『환재집』 권1, 「節錄瓛齋先生行狀草」, 장4뒤~5앞, "且敎曰, 爾必有著述, 其畢進無隱! (…) 敎曰, 熟覽所著, 可見富於文術, 爾其撰述祖宗可爲模範者以進也!"

## 2. 효명세자 승하 후의 은둔 결심

효명세자가 왕권강화의 일환으로 박규수와 같은 젊은 인재의 발탁에 힘쓰던 대리청정기는 동시에 치열한 정치적 분쟁의 시기이기도 했다. 국정을 주도하려는 효명세자와 그에 제동을 걸려는 안동 김씨 외척세력 간에 격심한 갈등이 빚어졌기 때문이다. 효명세자는 신하들로부터, 벼슬과 상을 남발하고 과거를 과다하게 실시하며 토목공사 등으로 재정을 낭비한다는 비판을 거듭 받았다. 이러한 비판은 바로 왕권강화를 위한 조치들을 겨냥한 것이었다. 또한 효명세자가 경연(經筵)과 소대(召對)를 기피하고 언관(言官)들을 중벌에 처하여 언로를 막는다는 비판을 자주 받았던 사실은, 그가 조정에 포진한 안동 김씨 세력의 견제를 극력 피하려 했음을 말해준다.[12)]

대리청정기의 마지막에 이르러 갈등은 극에 달했다. 예컨대 순조의 생신연에 여악(女樂)을 사용한 점을 비판하다가 대사헌이 유배를 당하자, 삼사(三司)가 들고 일어나고 영의정 남공철(南公轍)까지 사의를 표명하며 압력을 가했으므로, 효명세자는 마침내 유배당한 전 대사헌을 풀어주지 않을 수 없었다. 게다가 효명세자가 제대로 국정을 대리하지 못한다고 통박한 신의학(愼宜學)의 상소 사건이 터져 벽파(辟派)의 잔당에 대한 숙청으로 비화되었다. 좌의정 이상황(李相璜)은 범법 사건들에 관한 효명세자의 판결이 합당치 못함을 지적하여 거듭 번복하게 만들었으며, 효명세자가 이에 불만을 표시하자 도량이 좁다고 비판하며 맞서기도 했다.[13)]

이와같이 경색된 정국에서 효명세자는 갑자기 각혈을 하고 병석에 누운지 십여 일 만인 순조 30년(1830) 5월 6일 승하하고 말았다. 효명세자가 급서하자마자 정국은 일변하여, 대리청정기에 효명세자의 총애를 받았던 김

---

12) 『순조실록』, 27년 4월 17일, 7월 11일, 8월 8일, 11월 15일, 17일, 28년 1월 10일, 8월 3일, 6일, 11월 10일, 29년 2월 3일, 4월 16일, 6월 25일, 8월 5일.

13) 『순조실록』, 29년 1월 10일, 13일, 22일, 2월 3일, 4일, 5일, 21일, 24일, 4월 25일, 11월 17일, 22일, 23일, 24일, 28일, 12월 1일, 8일, 30년 2월 10일, 12일, 15일.

로・홍기섭 등에 대한 성토가 빗발치기 시작했다. 영돈령부사 김조순은 효명세자의 지문(誌文)을 찬진(撰進)하면서, 말년에 효명세자가 그같은 인물들을 신임한 것과 궁궐 신축에 힘쓴 일 등을 후회했던 양으로 기술하여, 효명세자의 유지(遺志)를 왜곡하였다. 국상(國喪) 중에도 참변이 잇달아 일어났다. 장지로 정한 곳을 파보니 전에 무덤을 썼던 자리로 유골이 낭자하여 부득불 장지를 옮겨야 했으며, 발인 이틀 전에 불이 나 빈소를 옮기고 불길에 그슬린 관을 바꾸어야만 했다. 효명세자의 장례가 끝난 뒤 정치적 공세는 더욱 드세어져, 대리청정기의 '권간(權奸)'들이 정계에서 완전 축출될 때까지 집요하게 계속되었다.[14] 요컨대 효명세자의 대리청정은 무참한 실패로 끝나고 만 것이다.

박규수가 효명세자의 승하를 애도하여 지은 시에서 "어찌할꼬 하루 저녁에 전성(前星)이 어두워지니/ 천지가 아득아득 초목도 슬퍼하네"라 했듯이,[15] 효명세자의 돌연한 죽음은 그로부터 특별한 지우를 입었던 박규수에게 큰 충격이 아닐 수 없었다. 행장에 의하면 당시 박규수는 연일 통곡하며 살 의욕조차 상실한 듯했다고 한다. 그러나 이윽고 마음을 돌이키기를, "이는 내가 종신토록 지켜야 할 바이다. 어찌 아녀자처럼 감정에 따라 행동하리오!" 하고는, 자신의 자와 호에서 '환(桓)'자를 '환(瓛)'자로 바꾸었다. 이것은 『상서』「미자(微子)」편에 "각자 자신의 뜻을 실천할 것을 도모하여, 사람마다 제각기 선왕께 헌신하도록 하자(自靖, 人自獻于先王)"고 한 기자(箕子)의 말에서 뜻을 취해, 승하한 효명세자에게 충성을 다하려는 결의를 나타낸 것이었다.[16] 그 이후 해마다 효명세자의 기일(忌日)이 돌아오면 박규수는

14) 『순조실록』, 30년 5월 6일, 30일, 6월 7일, 21일, 22일, 23일, 27일, 7월 15일, 8월 1일, 27일, 28일, 29일, 9월 11일, 25일, 11월 12일, 26일; 한국역사연구회 19세기정치사연구반, 앞의 책, 상, 98~104면 참조.

15) "云何一夕前星晦, 穹輿茫茫艸木悲."(『환재집』 권3, 「孝明世子輓章」, 장1앞) 前星은 太子를 상징하는 별이다.

16) 『환재집』 권1, 「節錄瓛齋先生行狀草」, 장5앞, "此吾所終身者也. 惡用兒女子任情爲哉!"

계산초당에서 통곡해 마지않았다고 한다.[17)]

효명세자의 승하 이후 박규수는 과거공부를 폐하고, 스물네 살부터 마흔두 살까지 장장 18년에 걸친 은둔생활로 접어든다. 박규수가 이처럼 정치적 진출을 포기하는 결단을 내린 데에는 효명세자가 승하하기 불과 몇 달 전에, 그와 마찬가지로 자신을 아껴주던 조종영이 향년 59세로 별세한 사실도 영향을 끼쳤을 것이다. 효명세자의 대리청정기에 대사헌·예조 판서·이조 판서·우참찬 등 요직을 역임하던 조종영이 별세한 뒤를 이어 효명세자마저 승하한 것은 박규수에게 강력한 후원자들이 일시에 사라지고 자신의 정치적 장래가 극히 불투명해졌음을 의미하는 것이었기 때문이다.

효명세자가 생전에 여러 차례 그에게 특별한 관심을 표시했다고 하지만, 박규수는 대리청정기에 그토록 빈번히 실시되었던 과거에 끝내 급제하지 못했다. 예컨대 그가 『주역』으로 응시한 바 있다는 일차전강은 대리청정기의 첫해인 1827년에 5회, 1828년에 6회, 1829년에 5회나 실시되었으며, 1830년 효명세자가 승하하기 전까지도 2회나 실시되었다. 그리하여 "수재를 뽑고 경술(經術)을 권장한다(選秀才, 勸經術)"는 일차전강의 본래 취지가 요행수로 급제하여 곧바로 전시(殿試)에 응시하는 특전을 차지하려는 유생들로 인해 흐려지고 있다고 효명세자 스스로 우려할 정도가 되었다. 조종영의 아들 조병헌(趙秉憲)이 일차전강에서 일찌감치 급제하고 그 이듬해에는 한림소시(翰林召試)에서도 선발되었던 경우에 비할 때, 박규수의 경우는 불우했다고 보아야 할 것이다.[18)]

또 한 가지 유의할 사실은, 후일 박규수와 절친한 교우를 맺게 되는 인물 중 몇몇도 효명세자와의 관계에서 그와 아주 유사한 처지에 있었다는 점이다. 앞서 언급한 김영작 역시 성균관 유생시절 일차전강에 『상서』로 응시하

---

17) 趙冕鎬, 『玉垂集』, 권11, 「五月五日 爲題一絶句 呈瓛齋相公」, "老臣心事上天知, 白髮千莖歲月遲. 今日桂山草堂裏(初六日是綏陵諱辰. 瓛齋, 每於是日, 慟哭於桂山草屋), 湛翁出處松江詩(說見松江集中)."

18) 『순조실록』, 27년 9월 16일, 28년 5월 22일, 30년 윤4월 10일.

여, 여러번 효명세자의 주목을 받았다고 한다. 그러나 끝내 급제하지 못한데다 회시에도 누차 낙방하여 과거를 포기하고 말았다. 박규수의 척숙인 이정리에게 고문(古文)을 배웠던 윤종의(尹宗儀)도 전강에 응할 적마다 효명세자가 그의 성명첩(姓名帖)에 낙점(落點)하고 자주 격려해주었으므로, 조만간 급제하리라 기대되던 차 효명세자가 승하하고 말았다고 한다. 서유구(徐有榘)의 삼종제(三從弟)인 서유영(徐有英) 또한 효명세자의 출상(出喪) 하루 전날 밤에, 입시(入侍)하여 응제(應製)하는 꿈을 꾸고 나서 지은 시에서, 훌륭한 군주를 만나 자신의 재능을 펴려던 꿈이 좌절된 슬픔을 노래했다.[19)]

이러한 사실은 박규수에 대한 효명세자의 지우를 두 사람간의 특별한 관계로만 볼 수는 없음을 말해준다. 박규수와 마찬가지로 김영작 · 윤종의 · 서유영 모두 명문 양반에 속하되 당시 안동 김씨 세력과는 소원한 가문의 출신들이었으므로, 효명세자가 양성하고자 했던 친위적인 문신세력의 후보집단에 속한다고 할 수 있다. 또한 조종영의 경우에서 볼 수 있듯이, 풍양 조씨가는 안동 김씨가에 비해 취약한 자신들의 세력기반을 확충하고자 인재의 발굴과 포섭에 적극적이었다. 따라서 효명세자가 '우현좌척'을 표방하고 풍양 조씨계의 인물들이 이를 뒷받침하던 효명세자의 대리청정기야말로 박규수와 김영작 등에게는 정치적 진출의 호기였던 셈이다. 이러한 여건이 무르익기 전에 효명세자가 승하한 것이 그들에게 얼마나 큰 타격이 되었던가는, 그후 김영작이 1843년에야 전시에 급제하고, 윤종의와 서유영이 각각 1852년과 1860년에야 음보로 첫 벼슬을 할 수 있었던 사정이 단적으로 말해주고 있다. 효명세자 승하 이후 박규수가 1848년 증광시(增廣試)에 응하여 급제할 때까지 기나긴 은둔의 길을 택했던 것도 이와같은 맥락에서 이해되어야 할 것이다.

19) 김홍집, 「先考贈領議政行吏曹參判府君家狀」, 『金弘集遺稿』, 고려대출판부 1976, 91~92면; 韓章錫, 『眉山集』 권13, 「工曹判書淵齋尹公宗儀行狀」, 장16앞; 서유영, 『雲皐詩選』, 「感愚詩」; 장효현, 『徐有英文學의 연구』, 아세아문화사 1988, 16~18면 참조.

제4장

# 조숙한 천재 시인

## 1. 「성동시」와 「석경루 잡절」

박규수는 19세기에 활동한 저명한 정치가요 사상가로 알려져 있지만 실은 당대의 뛰어난 시인으로서도 주목해야 할 인물이다. 그의 문집인 『환재집(瓛齋集)』은 전11권으로 이루어져 있는데 그중 제1권에서 제3권까지를 한시가 차지하고 있다. 『환재집』에 창작 시기순으로 수록되어 있는 박규수의 한시 중 제일 첫머리에 놓인 「성동시(城東詩)」는 그가 불과 열세 살에 지은 작품이다. 그런데도 이 시에 대해 김영작(金永爵)이 "빛나는 황금과 찬란한 깃털이 광채를 발해 사람의 눈을 쏘듯 하니, 감상하고 탄복해 마지않았다"[1] 고 했을 만큼, 박규수는 조숙한 시적 재능을 드러내었다. 또한 박규수는 순조 말년의 대리청정기에 그의 재능을 알아본 효명세자(익종)의 하명에 따라 「봉소여향(鳳韶餘響)」을 지어 바침으로써 문명을 떨쳤다. 우리나라 역대의

1) "明金粹羽, 閃爍射人, 欽賞驚服."(김영작, 『邵亭文稿』 권2, 「讀朴桓齋矑三斯文卷」, 장29뒤)

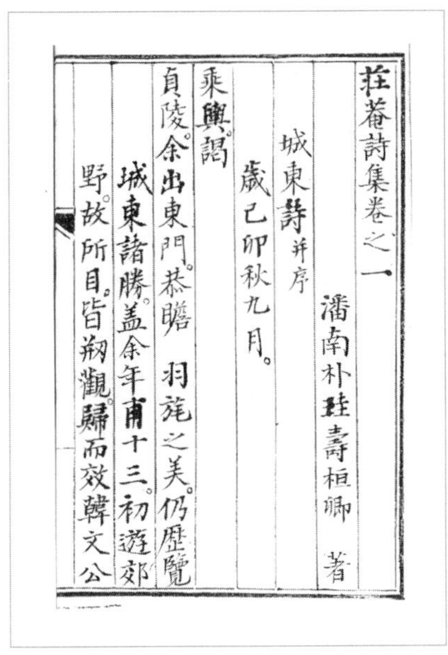
莊菴詩集卷之一
潘南朴珪壽桓卿 著
城東詩 并序
歲己卯秋九月。
乘輿謁
貞陵。余出東門。恭瞻 羽葆之美。仍歷覽
城東諸勝。蓋余年甫十三。初遊郊
野。故所目。皆刱觀。歸而效韓文公

『장암시집』.

명시를 뽑은 『대동시선(大東詩選)』에도 「석경루(石瓊樓)」와 「강양죽지사(江陽竹枝詞)」 등 그의 시 8수가 수록되어 있다. 이와같은 사실은 19세기 한시의 한 성과로서 그의 작품들을 진지하게 논할 필요가 있음을 말해준다.

『환재집』을 살펴보면 박규수가 수학기에 창작한 한시는 「성동시」에서 「봉소여향」까지로, 한시를 수록한 전3권 중 2권을 차지하고 있다. 이처럼 박규수의 시 창작에서 수학기의 시는 큰 비중을 차지한다. 뿐만 아니라 『대동시선』에 그의 대표작으로 소개되어 있는 「석경루」와 「강양죽지사」도 실은 수학기의 작품이다. 비록 10대에서 20대 초에 걸치는 연소한 시기의 소산이지만, 이 시기 박규수의 한시는 양적으로나 질적으로나 결코 경시할 수 없는 성과를 보여주고 있는 것이다.

박규수의 초기 시집으로 현재 3종의 친필 필사본이 전하고 있다. 『금유시초(錦蕤詩鈔)』와 『금유시집(錦蕤詩集)』 및 『장암시집(莊菴詩集)』이 곧 그것이다. 『금유시초』(권1~4)는 1819년에서 1822년까지 지은 시 25편을 모은 것이고, 『금유시집』(권5 · 6)은 그 속편으로서 1822년과 1823년에 지은 시 6편을 모은 것이다. 『장암시집』은 1825년경까지 지은 시 28편을 모은 것으로, 『금유시초』와 『금유시집』의 시들을 손질하고 선별하여 수록한 한편, 새로 지은 6편을 추가했다. 『환재집』에 실린 박규수의 수학기 한시는 바로 이 『장암시집』에서 21편을 선별하고, 1830년 이전에 지은 새 작품 몇 편을 추가한 것이다. 따라서 이러한 초기 시집들의 시는 『환재집』 중의 수학기 한시와 대체로 중복됨이 사실이나, 「도봉기유(道峯紀遊)」 등과 같이 초기 시집들에서만 볼 수 있는 작품도 적지 않다. 게다가 초기 시집들에는 종종 첨삭이나 비점(批點)과 평어 등이 가해져, 작품 이해에 소중한 단서를 제공하기도 한다.

『금유시초』『금유시집』『장암시집』과 『환재집』에서 서로 중복되는 것을 제하면, 박규수의 수학기 한시로 현재 전하는 작품은 40편 남짓이라 할 수 있다. 그런데 이러한 수학기 한시에서 주목되는 사실은 장편시가 상당히 많다는 점이다. 절구 100수로 된 「봉소여향」은 차치하더라도, 「성동시」나 「숙수념행(孰遂念行: 일명 백설세모행(白雪歲暮行))」과 같이 무려 100구(句)가 넘는 작품도 있다. 이것은 박규수가 자신의 사상을 제한 없이 자유롭게 피력할 수 있는 시적 형식을 선호한 때문이라 생각된다. 저명한 화가인 죽하(竹下) 김기서(金箕書)의 「이호산장도(梨湖山莊圖)」에 부쳐 그림에 대한 조예와 감식안을 보여주고 있는 「이호산장도가(梨湖山莊圖歌)」라든가, 경박하게 새로움을 추구하거나 모방과 꾸밈에 힘쓰지 말고 교화에 기여하는 예스럽고 질박한 시를 지을 것을 역설한 「족질 설로의 칠석시에 차운하다(次韻雪鷺族姪七夕詩)」와 같은 작품은 그 좋은 예라 할 수 있다.[2] 이러한 장편 한시들은 박규수의 조숙한 시적 역량을 잘 보여주고 있거니와, 그중에서도 「성동시」와 「석경루 잡절」, 「강양죽지사」와 「도봉기유」, 「봉소여향」 및 「숙수념

2) 이 두 시에 대해서는 본서, 576~577면, 660~662면에서 각각 간략히 논했다.

행」은 작품의 규모뿐 아니라 예술적 성취 면에서 특히 중요한 작품이라 판단된다.

『금유시초』의 초두에 놓인 「하운다기봉부(夏雲多奇峯賦)」는 1819년 작으로, 박규수의 첫 작품이라 할 수 있다. 이 작품은 다채로운 어휘를 구사하고 도가적(道家的) 상상력을 발휘하여 범상치 않은 재능을 보여주기는 하지만, 습작에 가깝고 양식상으로도 부(賦)에 속한다. 따라서 박규수가 지은 최초의 한시는 『금유시초』에 두번째로 배치된 「성동시(城東詩)」라 하겠다. 이 시는 순조 19년(1819) 9월 한양의 동대문 밖 교외에서 임금의 정릉(貞陵) 행차를 구경한 뒤 한양성 동쪽의 여러 명승지를 둘러본 소감을 노래한 것으로, 오언 140구의 장편 고시이다.[3)]

「성동시」는 내용상 크게 세 단락으로 나눌 수 있다. 첫째 단락(제1구~제20구)은 아름다운 문명의 도시 한양에 찾아온 가을의 분위기를 묘사함으로써 이어지는 단락의 도입부 구실을 한다. 둘째 단락(제21구~제100구)은 순조의 능행(陵幸)을 온갖 화려한 수사를 동원하여 자세히 그리고 있어 작품의 중심부를 이룬다. 셋째 단락(제101구~제140구)은 성 동쪽의 산사와 고관들의 별장이 있는 명승지를 구경한 뒤 귀가하기까지의 과정을 그리고 있다. 이와같이 「성동시」는 하루 중의 유람 여행을 발걸음 닿는 대로 자유로이 노래하는 형식을 취하면서도, 능행 구경을 그 절정으로 삼아 이를 묘사하는 데 주력함으로써 구성상 집중과 확산의 균형을 갖추었다고 하겠다.

안개와 구름 피어나는 맑은 새벽　　烟雲起淸曉
산과 내가 펼쳐진 성스러운 서울이여　　山川開聖京
농토는 성왕(聖王)의 교화로 개척되었고　　阡陌神化闢
기성(箕星)과 미성(尾星)은 하늘에서 빛나네　　箕尾文象明
대로는 먹줄로 친 듯 닦여 있고　　周道繩準治

3) 운자는 下平聲 庚韻이다. 『장암시집』과 『환재집』에는 제100구 "朋飮相牽縈" 다음에 "屛息需天香, 散步望東城"의 2구 10자가 누락되었다.

들판은 우물 정자(井字)로 경작되어 있네 平原井字耕
고운 망루가 구름 낀 바다 위 신기루 같다면 麗譙滃海蜃
분칠한 성가퀴는 수풀 우거진 산의 장막 같네 粉堞蔓山帲[4)]

시의 첫머리에서 박규수는 날이 밝아옴에 따라 모습을 드러내기 시작한 한양의 성시(城市)를 묘사하고 있다. 이곳은 기자(箕子)의 교화 이래 개척된 유구한 역사를 지니고, 하늘에서 기성(箕星)과 미성(尾星)이 관할하는 성스러운 수도이다. 한양의 대로는 곧고 바르게 닦여 있으며, 평야도 기자 정전(箕子井田)의 유제(遺制)에 따라 반듯하게 경작되어 있다. 신기루처럼 아스라히 솟은 망루며, 장막처럼 산을 두른 성첩은 또 얼마나 고운가! 이처럼 한양을 성스럽고 아름다운 도시로 예찬함으로써, 다음 단락에서 자연스럽게 임금의 행차를 묘사할 수 있는 사전 준비를 갖춘 셈이다.

「성동시」의 둘째 단락에서 박규수는, 풍년이 든 가을에 임금이 거둥하니 백성들이 환호하는 가운데 각색 깃발들이 펄럭이고 거마(車馬) 소리와 군악(軍樂)이 하늘을 진동하며 병사들이 무위(武威)를 뽐내면서 행진하는 모습을 묘사한다. 이어서 그는 효종 이래의 관례에 따라 임금이 능행할 때 겸하여 열무(閱武)하는 광경을 묘사하는 데 치중하고 있다. 즉 임금이 붉은 일산 아래 좌정하자 '훈풍(薰風)'과 '향진(香塵)'이 일고 '화기(和氣)'와 '서운(瑞雲)'이 서리어 백성들이 감격하는 장면, 수행한 문무관원들이 지위 고하에 따라 제각기 현란한 군복을 차려입은 모습, '전감(殿監)'이며 '조라(照羅: 조라치-吹打手)'의 무리, '새보마(璽寶馬: 옥새와 보물을 실은 말)'와 '어공붕(御供棚: 임금을 위한 관람대)', '궁려(穹廬: 천막)'와 '호상(胡床: 교의)' 등이 즐비한 광경, 그리고 수고한 군사들에게 호궤(犒饋)하는 장면 등을 극히 화려한 수사로써 그려내고 있는 것이다. 그중 수행한 관원들의 차림새를 묘사한 대목을 들어본다.

4) 『환재집』 권1, 장20앞.

수행한 관원들 각기 제도 달라도　　陪班各異制
군복 차림새는 또한 마찬가지라　　戎服又一名
옷이 고와 신체가 우람해 뵈고　　衣鮮見體偉
갓은 둥글어 갸우뚱한 일산 같네　　笠圓似蓋傾
옥정자(玉頂子)는 우뚝 선 백로 모양이요　　玉頂竦立鷺
수정 갓끈은 반쯤 익은 앵두로세　　晶纓半潤櫻
품계가 낮으면 털로써 희게 꾸미고　　品微毛以刷
지위가 높으면 실로써 붉게 꾸몄네　　位高絲用赬
고관은 비단에다 쪽을 물들이고　　貴而紋且藍
하관은 모시에다 붉은 물을 들였네　　卑則紵染猩
활집은 검붉은 옻칠이 눈부시고　　箭房髹炫燿
허리띠에는 맑고 고운 옥을 둘렀네　　帶環玉琇瑩[5)]

여기에서 박규수는 문무관원들의 군복 차림새를 주의깊게 관찰하고, 지위 고하에 따른 그 특징을 적실한 비유와 다양한 색채어를 구사하여 눈앞에서 보듯 선명하게 묘사하고 있다. 앞서 언급했듯이 「성동시」에 대해 김영작이 '빛나는 황금과 찬란한 깃털이 광채를 발해 사람의 눈을 쏘듯 하다'고 경탄한 것은 바로 이같은 화려한 묘사를 두고 이른 말이라 짐작된다.

그와 아울러 주목할 것은, 둘째 단락의 끝부분에서 구경 나온 군중을 상대로 장사치들이 갖가지 맛난 음식을 파는 광경과 홍청거리는 분위기를 생생하게 그리고 있는 점이다.

파는 건 모두 수북이 담긴 밥이요　　販賣皆饛飧
짊어진 건 밥그릇과 술단지라　　荷擔是簋甖
사람들이 뒤질세라 몰려들어　　湊集恐不及
기다렸다는 듯 소리치며 반기네　　吽歡若徯迎

5)『환재집』권1, 장20앞.

쌓여 있는 배는 공처럼 둥글고　　堆梨似宛毬
줄줄이 놓인 모과는 옥같이 미끈하네　　綴樝若垂珵
유달리 향기롭긴 장마 뒤의 죽순이요　　異香霖後菌
유독 차지기는 서리 전의 멥쌀이로다　　另黏霜前粳
입에 군침이 돌게 하는 포도주요　　口涎葡萄釀
위에서 식욕을 일깨우는 계초엿이라　　胃醒桂椒餳
맛이 담백하기로는 황권 나물이요　　味淡黃卷菜
이름이 전아하기로는 필관 조개(맛조개)로다　　名典筆管蟶
붉게 구워진 건 삶은 게요　　炙赭蒸郭索
향기롭게 절인 건 족두리풀이라네　　葅香雜杜蘅
낯익은 사람들 자주 만나니　　熟面頻離合
함께 술 마시자 서로 잡아끄누나　　朋飮相牽縈[6)]

이처럼 박규수는 능행에 참여한 임금과 문무관원 등 상층 인물들의 언동을 그리는 데 국한하지 않고, 구경 나온 서민 대중의 움직임도 기민하게 포착하고 있다. 그리고 이들을 상대로 장사치들이 파는 밥과 술과 엿이며 각종 과일과 나물, 해산물 등속을 먹음직스레 나열함으로써, 푸근하면서도 흥청거리는 서민들의 유흥 분위기를 잘 살리고 있다.

「성동시」의 셋째 단락에서 시인은 산사에서 재 올리는 광경을 난생처음 구경한 뒤, 고래등 같은 집과 그윽한 정원을 갖춘 고관 대작들의 별장 지대를 거쳐 성 안으로 들어와 우암(尤庵) 송시열(宋時烈)의 옛 집터에 다다른다.

대로(大老)께서 사셨던 옛 집터가 있나니　　大老有舊址
그 기풍이 남아 시골 서당 같아라　　遺風猶郖黌
어두컴컴한 집은 갈대가 에워싸고　　堂黝繞蒹葭
해맑은 물가에서 해오라기 볕을 쬐네　　汀白晒鵁鶄
우뚝 선 암벽을 우러르니 천길이나 되고　　立壁仰千仞

6) 『환재집』 권1, 장20앞뒤. 단 '桂椒餳'이 '桂椒錫'으로 되어 있는 것을 바로잡았다.

떨어지는 샘물을 굽어보니 깊은 구렁이네　　落泉俯深坑[7]

시구 아래의 주(註)에서 밝히고 있듯이, 성균관 뒤편 송동(宋洞)에 있는 우암의 옛 집터에는 '증주벽립(曾朱壁立)'이란 그의 친필이 새겨진 암벽만이 남아 있었다. 우암을 '대로(大老)'라고 부르며 암벽의 글씨를 우러러 바라보는 시인의 모습에서 우암에 대한 깊은 존경심을 엿볼 수 있다.[8] 호화로운 별장에 살면서 당세의 영화를 누리는 벼슬아치들에 비해 선현(先賢)은 초라한 유적을 남겼을 뿐이다. 이같은 현실에 대한 비감(悲感)을 행간에서 읽을 수 있다.

박규수가 시의 서문에서 밝힌 대로 「성동시」는 한유(韓愈)의 「성남 연구(城南聯句)」를 본받아 그에 차운하여 지은 작품이다.[9] 한유는 뛰어난 산문 작가일 뿐 아니라 중당(中唐)을 대표하는 시인으로서 연구체(聯句體)를 크게 발전시켰는데, 그가 맹교(孟郊)와 함께 지은 「성남 연구」는 이를 대표하는 걸작이다. 일반적으로 한유의 시는 참신한 구상과 기발한 표현을 추구한 결과 '험괴(險怪)'한 것이 특징이라 일컬어진다. 이것은 그가 시 창작에 부(賦)의 표현 수법을 대폭 받아들인 사실과 무관하지 않다. 「성남 연구」에도 이러한 특징이 약여하다. 이 작품 역시 부(賦)와 흡사하게 거대한 편폭을 빌려 경물(景物)을 상세히 묘사하는 가운데 상상력을 마음껏 발휘하여 희귀한 동식물이나 온갖 화려한 기물을 열거하는가 하면, 험운(險韻)과 벽자(僻字)를 즐겨 구사함으로써 웅장하고 현란한 분위기를 자아내는 데 성공하고 있는

7) 『환재집』 권1, 장20뒤.

8) '증주벽립(曾朱壁立)'은 曾子와 朱子가 높은 절벽처럼 우뚝한 존재라는 뜻이다. 孟子가 伯夷와 太公을 '천하의 大老'라고 부른 선례를 좇아, 당시 老論들은 우암을 존숭하여 '大老'라 불렀다. 송시열의 옛 집터와 암벽에 새긴 '증주벽립' 글씨는 서울시 유형문화재로 지정되어 현재 보존되어 있다.

9) "(…) 歸而效韓文公城南聯句體, 步其韻, 僅得其半. 韓・孟分之, 亦此數也. 倘得同人, 可能準成也歟?"(『환재총서』, 제5책, 『장암시집』 권1, 117～178면) 『금유시초』(권1)와 『환재집』(권1)에 실린 「성동시」의 서문은 이것과 자구상 조금 차이가 있다.

것이다.[10)]

박규수의 「성동시」는 이와같은 「성남 연구」의 특징을 잘 체득하여 지은 작품이라 할 수 있다. 물론 「성동시」는 「성남 연구」와 달리 박규수 단독으로 지은 것으로, 「성남 연구」의 절반 정도 규모에 그치고 있다.[11)] 게다가 습작기인 10대 초의 작품인 만큼 한유의 「성남 연구」와 감히 비교하기는 어렵다. 이 점을 인정한 위에서 보자면 「성동시」는 「성남 연구」의 단순한 모방을 넘어 그 나름의 일정한 예술적 성취를 보여준 작품이다. 특히 출발에서 귀가에 이르는 여행의 구조 안에 화려한 능행 묘사를 배치함으로써 자칫 산만해지기 쉬운 폐단을 피하고 탄탄한 시적 구성을 갖추게 된 점, 그리고 상층 인물들의 언동뿐 아니라 서민 대중의 활기찬 모습을 놓치지 않고 포착한 시인의 세심한 눈길, 고관 대작들의 별장과 대조적으로 황폐해진 우암의 옛 집터를 부각함으로써 현실비판적인 시각을 은연중 드러낸 솜씨 등은 높이 평가할 만하다고 하겠다.

다음으로 「석경루 잡절」은 순조 20년(1820) 4월 말 박규수가 그의 외종조인 유화를 따라 석경루를 비롯한 명승지를 유람하고 지은 시이다. 앞서 언급했듯이 유화는 박규수의 학업을 지도한 인척 어른으로서, 당시 형조 참의로 재직하다 휴가를 얻어 성북(城北) 유람에 나선 것이었다.[12)]

「석경루 잡절」은 오언절구 20수로 이루어져 있다. 제1수에서 제8수까지는 창의문(彰義門: 자하문)을 거쳐 석경루를 방문한 뒤 인근의 백석정(白石亭)과 장의사(莊義寺) 터까지 찾아본 경위를 노래했다. 제9수에서 제18수까지는 복숭아나무와 살구나무로 숲을 이룬 '장씨(張氏)'의 장원(莊園)과, 신선술을 수련한다고 소문난 처사(處士) 장씨의 초연한 삶을 그리고 있다. 마지

10) 四部叢刊初編, 『朱文公校昌黎先生集』 권8, 「城南聯句」; 鄧潭洲, 『韓愈硏究』, 中國 湖南省: 湖南敎育出版社 1991, 309~312면 참조.

11) 「城南聯句」는 오언 150운 304구 1520자이다.

12) 「석경루 잡절」의 서문(『환재집』 권1, 장21앞) 참조. 『금유시초』(권2)와 『장암시집』(권1) 중의 서문은 『환재집』과 자구상 약간 차이가 있다.

막의 제19수와 제20수는 귀로에서 보고 느낀 바를 읊은 것이다.[13)]

『대동시선』에 「석경루」로 소개된 작품은 그중의 제2수이다.

| | |
|---|---|
| 복건 차림으로 나귀 등 타고 | 幅巾驢子背 |
| 성곽 벗어나 산루에 올랐네 | 出廓上山樓 |
| 산루는 산골짝 시내에 임해 | 山樓臨澗壑 |
| 서늘한 새벽이 가을 같아라 | 曉涼翻似秋[14)] |

박규수는 아직 성년이 되지 못해 당시의 관습대로 복건을 쓰고 유람에 나섰던 듯하다. 그런데 원래 복건은 은사(隱士)나 유자(儒者)가 관(冠) 대신 쓰는 가볍고 편한 모자로 당·송시(唐宋詩)에 흔히 등장하는 만큼, 이 시에서도 시인의 실제 차림새를 표현함과 동시에 속세를 떠나 산수를 찾는 유자의 풍모를 나타내는 시어로서 적절히 선택되었다고 하겠다. 창의문을 지나 도달한 성 밖의 산중 누각은 곧 석경루로, 당시 추사 김정희의 별장이었다. 추사는 유화의 절친한 벗이었기에 박규수 역시 유화를 배종(陪從)하여 그곳을 방문하게 된 것이다.[15)] 석경루는 차가운 시냇물이 흐르는 산골짝에 임하여, 초여름날 새벽인데도 서늘한 기운이 오히려 가을처럼 느껴진다고 했다. 이처럼 석경루를 에워싼 차가운 시냇물과 서늘한 새벽 기운은 장차 시인의 발걸음이 맑고 그윽한 절속(絶俗)의 경지로 들어설 것임을 예고하는 효과를 거

13) 이와같이 작품을 세 부분으로 구분한 것은 『장암시집』의 注에 의거한 것이다. 『장암시집』에는 제8수 말미에 "以上石瓊樓", 제18수 말미에 "以上張家莊" 등의 주가 붙어 있다.

14) 『환재집』 권1, 장21앞; 『대동시선』 권9, 15면(아세아문화사 1980, 하권, 365면). 단 『대동시선』에는 結句의 첫 글자가 '晩'자로 고쳐져 있다.

15) "樓爲秋史金公別墅. 時外從祖芝山公, 以小司寇告暇來留. 秋史公至, 會者亦數公."(『환재총서』, 제5책, 『금유시초』 권2, 「석경루 잡절」 제5수의 注, 21~22면) 『장암시집』과 『환재집』은 『금유시초』의 「석경루 잡절」을 대폭 개작하여 실었는데, 그 결과 제5수 등 여러 수가 전혀 다른 작품으로 바뀌었다. 『금유시초』에 실린 본래의 제5수는 "告爲厭刑柄, 僑有輞川莊. 挿架三萬軸, 更喜鄴侯藏"이라 하여, 유화와 추사의 友誼를 裴迪과 王維의 경우에 비기면서 추사의 엄청나게 많은 藏書를 예찬한 내용이다.

두고 있다.

| | |
|---|---|
| 서글퍼라 백석정은 | 惆悵白石亭 |
| 진인(眞人)이 글 읽던 곳 | 眞人讀書處 |
| 한 줄기 시냇물만 | 唯有一道溪 |
| 속세 향해 흘러가네 | 長向人間去[16] |

위의 시는 백석정을 찾은 뒤 읊은 제6수이다. 주에 의하면 그곳은 석경루 북쪽 상단에 있는데 옛날에 허진인(許眞人)이라는 도가류(道家流)의 인물이 거기 살았다고 한다. 시인은 행여나 허진인의 전설이 깃든 백석정이 여전히 있지 않을까 하고 찾아간 듯하다. 그러나 그곳에는 인적 끊긴 집터가 남아 있을 뿐이다. 시인은 일말의 기대가 무산되어 서글퍼진 심정으로, 인간 세상을 향해 길게 흘러가는 한 줄기 시냇물만 바라본다. 세속과 단절된 백석정의 풍치와 거기에 사는 도인(道人)을 만나고 싶은 시인의 심정이 한 점의 군더더기 없이 깔끔하게 그려져 있다고 하겠다.

「석경루 잡절」의 서문에서 박규수는 당나라 시인 왕유(王維)의 「망천집(輞川集)」을 본받아 지었노라고 밝히고 있다.[17] 「망천집」은 왕유가 배적(裴迪)과 수창(酬唱)한 「맹성요(孟城坳)」 등 오언절구 20수로 된 작품이다. 왕유는 산수시(山水詩)의 대가로서 자연 묘사를 통해 은사(隱士)의 한정(閑情)을 표현하는 데 뛰어난 것으로 정평이 있거니와, 그의 대표적 산수시인 「망천집」 절구 역시 속세에서 벗어난 그윽하고 조용한 경계(境界)를 묘사함으로써 맑고 산뜻한 아름다움을 성취한 작품이다.[18]

위에서 인용한 두 수의 시에서도 단적으로 느낄 수 있듯이, 「석경루 잡절」

16) 『환재집』 권1, 장21뒤.

17) "王右丞有輞川詩二十首. 與裴迪酬唱, 二作俱絶佳. 後之詩人無有及者. 余於石璚, 倣而作二十首."(『환재총서』, 제5책, 『금유시초』 권2, 20면)

18) 『王維集校注』, 北京: 中華書局 1997, 제1책, 陳鐵民, 「前言」, 6~8면 참조.

은 왕유 시의 영향을 다분히 드러내고 있다. 이 점은 석경루에 이어 장씨의 장원을 방문하고 지은 「석경루 잡절」의 제9수 이하 부분에서 특히 두드러진다. 여기에서 박규수는 장씨를 '포독자(抱犢子)' '축계옹(祝雞翁)' 같은 신선이나 절에서 참선하는 중에 비기면서, 차 마시고 바둑 두며 서화와 화초를 즐기는 그의 삶을 자못 운치있게 그리고 있다.

| | |
|---|---|
| 꾀꼬리 소리 듣다가 말술을 다 마시고 | 斗酒聽鶯盡 |
| 구름 바라보다 담담하여 돌아갈 것을 잊네 | 看雲澹忘歸 |
| 몹시 부러운 건 주인네 집이라오 | 最愛主人屋 |
| 나무 그늘 깊고 짙어 더운 기운 미약하니 | 邃樾暑氣微[19] |

시인은 꾀꼬리 울음에 홀려 과음을 하고, 구름을 동경하여 귀가할 생각을 잊는다. 그리고 나무 그늘 시원한 이런 집에서 새소리 듣고 구름 바라보며 살고 싶은 심정을 드러냄으로써 주인 장씨의 초연한 삶에 대한 동경을 격조있게 표현하고 있다.

한편 「석경루 잡절」은 빼어난 자연 묘사를 보여주고 있다. 이를테면 시인은 하늘 높이 자리잡은 성문(창의문)이 활짝 열려 있는 모습을 묘사하여 "허공에 걸터앉아 둥근 거울을 열었구나(跨空開圓鏡)"라고 노래한다(제1수). 그리고 오솔길을 거쳐 산골짝 시내에 임한 석경루에 이르니 "사람이 물소리 한가운데 앉았어라(人坐水聲中)"고 절묘하게 표현하는가 하면(제3수), 짙은 산안개를 헤치며 나아갈 때 "숲을 뚫고 꾀꼬리 한 쌍 스쳐가고/시냇물 가로질러 백로 한 마리 날아오른다(穿樹雙鶯過, 度溪一鷺飛)"고 묘파하는 솜씨를 보인다(제8수).

이와같이 자연을 사실적으로 묘사하는 회화적(繪畵的) 경향 역시 왕유 시의 영향과 관련이 깊다. 왕유 시의 특장으로, 흔히 '시중유화(詩中有畵)'라

19) 「석경루 잡절」, 제17수(『환재집』 권1, 장22앞). 『장암시집』(권1)에는 "摩詰流風"이란 평어와 함께 '看雲澹忘歸'에 批點을 표해놓았다(『환재총서』, 제5책, 134면).

하여 탁월한 묘사력을 든다. 즉 회화에서 구도를 강구하듯이 경물(景物)의 안배에 유의하는 한편, 수묵(水墨)의 필치처럼 간결한 표현으로 핵심적 특징을 잡아냄으로써 생동하는 한 폭의 그림 같은 시를 지어낸다는 것이다. 왕유의 「망천집」을 본받은 「석경루 잡절」에서도 빼어난 자연 묘사를 만날 수 있는 것은 결코 우연이 아니라고 할 수 있다. 단 유의할 것은, 이러한 회화성(繪畵性)의 추구가 「석경루 잡절」에만 그치지 않고, 「빗속에 몽답정에서(夢踏亭雨中)」 「산중 서재에 여름 소낙비가 지나가다(山齋夏雨驟過)」 「저물녘에 바라보다(晩眺)」 등 박규수의 초기 한시에서 두루 발견된다는 점이다. 따라서 이는 왕유 시의 영향으로만 간주할 것이 아니라, 연암을 비롯한 전대(前代) 실학파의 사실적 시풍을 계승한 측면을 포함하여 좀더 넓은 시야에서 살펴볼 여지를 남기고 있다고 하겠다.

## 2. 「강양죽지사」와 「도봉기유」

1822년 박규수는 2편의 장편 한시 「강양죽지사」와 「도봉기유」를 지었다. 「강양죽지사」는 경상도 합천 군수로 부임하게 된 이노준(李魯俊)[20]에게 바친 송별시이다. 특정 지역의 풍물을 민요풍으로 노래하는 죽지사(竹枝詞) 형식을 취해 칠언절구 13수를 엮었다.[21] 시의 서문에서는 옛날 가야의 땅이

---

20) 『장암시집』(권2)의 詩題에 '千秀齋 李公(魯俊)'이라 밝혀져 있다(『환재총서』, 제5책, 155면). 이노준(1769~1849)은 공조 참판을 지낸 李殷謨의 아들이자, 澤堂 李植의 6세손으로서, 자는 仲賢, 호는 千秀齋이다. 1805년 생원 급제 후 公州判官, 합천 군수, 진주 목사 등을 지냈다(『萬姓大同譜』, 상, 德水李氏條; 『韓國系行譜』, 天, 382면; 『德水李氏鶴汀公派譜』, 回想社 1983, 458면; 河演, 『敬齋集』 권4, 부록, 「연보」, 純祖大王十九年己卯條). 이노준은 박규수를 아꼈던 친지 어른 중의 한 분이었던 듯하다. 1821년 작인 박규수의 「彩鳥二絶」은 이노준이 빌려준 彩鳥를 감상하고 지은 시이다.

21) 13수 중에 『금유시초』(권4)의 원작에는 해인사의 元戎閣을 노래한 제7수가 없다. 『장암시집』(및 『환재집』)에 수록되면서 제7수가 추가되었다. 「강양죽지사」는 조동일, 『한국문학

신라 때 강양군(江陽郡)으로 되었다가 조선조 들어 합천군으로 되기까지의 연혁을 간략히 서술하고 있다.

「강양죽지사」에서 박규수는 신라시대 최치원(崔致遠)의 고사와 아울러 해인사를 중심으로 한 가야산 일대의 명승고적을 주로 노래했다. 최치원과 관련해서는 함양 학사루(學士樓)(제2수)와 해인사 홍류동(紅流洞) 학사대(學士臺)(제3수), 가야산 독서당(讀書堂)(제4수)을, 그리고 해인사와 관련해서는 남명(南冥) 조식(曺植)의 일화(제5수), 팔만대장경을 보관한 장경각(藏經閣)(제6수), 명나라 장수 이여송(李如松)의 유품을 보관한 원융각(元戎閣)(제7수), 가야산 산신을 모신 정견사(正見祠)(제12수)를 노래했다. 그밖의 시들도 대개 해인사 홍류동 계곡의 명승이나 해인사 부근의 고찰(古刹)들을 노래한 것이다.

| | |
|---|---|
| 맑디맑은 열두 줄 가야금 소리 | 泠泠一十二絃琴 |
| 나는 알지 금관가야 옛날 속악을 | 我解金官古俚音 |
| 에워싼 계곡과 산은 태고 그대로 | 表裏溪山眞太古 |
| 몹시 그리워라 가실 임금님이여 | 長懷嘉悉尼師今[22] |

| | |
|---|---|
| 아홉 절 셋 누각에 장맛비 그치니 | 九刹三樓積雨收 |
| 야로현은 풍년 들어 술을 새로 거르네 | 冶爐秋熟酒新篘 |
| 사또 오시는 날 권진의 민요를 부르노니 | 使君來日歌權軫 |
| 잘 다스려 대야주를 거듭 혁신하여 줍시사 | 治化重新大倻州[23] |

위의 시들은 각각 「강양죽지사」의 첫수와 마지막 제13수이다. 전자는 옛날 가야국의 가실왕(嘉悉王)이 가야금을 제작하고 악사 우륵(于勒)에게 속악(俗樂)을 짓게 한 고사를 노래한 시이며, 후자는 사찰과 누각이 많고 농사

통사』, 지식산업사, 제3판, 1993, 137~138면에 소개된 바 있다.

22) 『환재집』 권1, 장26뒤.

23) 『환재집』 권1, 장28뒤~29앞. 야로는 합천의 속현, 대야주는 합천의 옛이름이다. 承句의 '篘'자가 원문에는 '蒭'로 되어 있는 것을 바로잡았다.

가 잘되어 살기 좋은 고을인 합천에 새로 부임하는 사또에게 일찍이 백성들이 그의 선정(善政)을 기리는 민요를 부르기까지 했다는 옛 합천 군수 권진(權軫, 1357~1435)처럼 거듭 선정을 펴기를 기대한 시이다. 이러한 내용에다가, '금관(金官)' '가실 이사금(嘉悉尼師今)' '야로(冶爐)' '대야주(大倻州)'와 같은 토속어를 구사하여 죽지사답게 고풍(古風)과 지방색을 잘 살리고 있다. 이처럼 「강양죽지사」는 개개의 시들을 일정한 시간적·공간적 질서에 따라 배열하지는 않았지만, 가야의 역사를 회고한 첫수로 일종의 서시(序詩)를 삼고 신임 합천 군수 이노준에게 선정을 펼 것을 바라는 제13수로 마무리를 삼음으로써 전체적인 짜임새를 갖추었다고 하겠다.

| | |
|---|---|
| 서리 내려 가야산은 반쯤 곱게 물들고 | 渲染伽倻一半霜 |
| 구름 에워싼 깊은 산중에 불경 향기롭다 | 山深雲擁貝多香 |
| 이끼 낀 바위에 청학은 간곳없고 | 莓苔靑鶴行無跡 |
| 홍엽만 독서당에 어지럽구나 | 紅葉繽紛讀書堂[24] |

위의 시는 가야산 해인사 서쪽에 있었다는 최치원의 독서당을 노래한 제4수이다. 만년의 최치원이 그곳에 은둔해 지내다가 하루아침에 옷과 신만 남기고 종적을 감추었다는 전설을 소재로 하였다.

서리 내린 가을에 가야산을 찾으니 해인사가 팔만대장경을 보관하고 있는지라 불경의 향기가 은은히 나는 듯하다. 그런데 그 산중에 은거하던 최치원은 어디로 갔는가. 신선처럼 청학을 타고 승천했는가. 아무런 자취도 남아 있지 않고 독서당 옛터에는 낙엽만 어지러이 지고 있을 뿐이다.

이와같이 박규수는 아름답고 유서 깊은 가야산을 원경(遠境)으로 먼저 그린 다음, 그와 대조적으로 쓸쓸히 낙엽지는 독서당을 노래함으로써 최치원에 대한 추모의 정을 효과적으로 드러내었다. 또한 사라진 '청학(靑鶴)'과 어

24) 『환재집』 권1, 장27앞.

지러운 '홍엽(紅葉)'의 색채어 대비를 통해 주인 없는 독서당에서 느낀 무상감(無常感)을 더욱 선명히 부각했다고 할 수 있다.

『대동시선』은 「강양죽지사」에서 제4수를 비롯하여 모두 다섯 수를 골라 싣고 있는데, 그중에서 죽지사의 특색을 가장 잘 보여주는 작품은 제12수라고 할 수 있다.

| | |
|---|---|
| 봄마다 정견사에서 제사지내고 | 春社年年正見祠 |
| 한바탕 씨름 벌여 자웅 겨루네 | 一場角戲賣雄雌 |
| 돌아올 땐 다투어 화상무 본떠 | 歸途爭像和尙舞 |
| 달빛 아래 긴 옷소매 펄럭이네 | 長袖僛僛桂影時[25] |

시에 붙인 주에서 박규수는 최치원의 「석리정전(釋利貞傳)」을 인용하여, 해인사 안에 있는 정견사는 가야국 시조의 모후(母后)가 된 가야산 산신 정견(正見)을 모신 사당임을 밝히고, 매년 봄 사일(社日)에 여기에서 굿을 한 뒤 씨름 대회를 벌이는 것이 토속이라고 했다. 또한 예전에 내원사(內院寺)에 은둔하면서 가무를 즐긴 별난 중이 있었다는 김일손(金馹孫)의 기(記)를 소개하고, 지금 민간에서 그 중의 춤을 본뜬 '화상무'를 춘다고 했다. 위의 시는 합천 지방에 전해오는 이 두 가지 독특한 풍속을 한날에 연속적으로 벌어진 행사인 양 자연스레 묶어서 노래한 것이다. 이처럼 봄철의 민간 축제를 홍겹게 그려내어 태평시절의 분위기를 한껏 자아내었다.

그런데 위에서도 보듯이 「강양죽지사」에서 주(註)는 시에 못지않게 중요한 구실을 하고 있다. 죽지사의 관행에 따른 것이기는 하지만, 주가 있음으로 해서 시의 의미가 온전히 이해될 수 있을뿐더러 해당 지역의 풍물에 대한 더욱 충실한 소개가 가능하기 때문이다. 이를 위해 박규수는 『삼국사기』와 『택리지(擇里志)』, 안진(安震) · 하륜(河崙) · 김일손 등의 기(記), 이숭인(李崇

---

25) 『환재집』 권1, 장28뒤. 『대동시선』에는 轉句의 '歸途'가 '歸路'로 고쳐져 있다.

仁)·유사눌(柳思訥)·강희맹(姜希孟)·김종직(金宗直) 등의 시, 기타 『동국여지승람』에 인용된 최치원이 지은 전(傳)과 김부일(金富佾)이 찬한 비문(碑文) 등 다양한 문헌을 동원해서 자상하게 주를 달고 있다.

이와 아울러 학사루를 노래한 제2수의 주에서는 "왕고(王考) 연암공에게 중수기(重修記)가 있다"[26]고 하여, 그의 조부 연암이 지은 「함양군 학사루기(咸陽郡學士樓記)」도 잊지 않고 거론하고 있다. 또한 동주(東洲) 성제원(成悌元)이 관직을 벗어던지고 남명 조식과 해인사에서 만나기로 한 약속을 지켰던 고사를 노래한 제5수의 주는, 바로 그 고사를 소재로 한 연암의 「해인사 창수시서(海印寺唱酬詩序)」에서 관련 대목을 거의 그대로 전재(轉載)한 것이다.[27]

「강양죽지사」의 주에서 또 하나 주목할 것은 거기에 당시 박규수의 사상이 드러나 있다는 점이다. 장경각을 노래한 제6수의 주에서 그는 불가에서 팔만대장경을 잘 보존해오고 있는 데 비해 "우리 유가(儒家)는 그들만 못한 것이 늘 한스럽다"고 하면서, 『십삼경주소(十三經註疏)』가 아직도 국내에서 간행되지 못한 현실을 통탄했다.[28] 작중에서 불교 관련 유적들을 노래하고 있지만, 박규수가 사상적으로는 유교를 철저히 신봉하고 있음을 알 수 있다. 또한 해인사의 수많은 부속 건물 중 특히 원융각을 소재로 택하여 이여송을 추모하는 시를 지었을뿐더러, 그 시에 붙인 주에서 "황명(皇明) 신종(神宗)

26) "王考燕岩公有重修記."(『환재집』 권1, 장27앞)

27) 『환재집』 권1, 장27뒤; 박영철 편, 『연암집』 권1, 「海印寺唱酬詩序」, 장8뒤.

28) "常恨吾儒之不如. 吾儒經, 詩·書·易·春秋三傳·爾雅·孝經·論·孟·三禮傳箋註疏, 共幾卷, 以毛氏汲古閣板本計之, 爲幾許板本. 我東尙不入梓. 有志之士, 有時貿求燕中, 以是不能廣布. 名爲儒而不知傳箋註疏者尙多."(『환재총서』, 제5책, 『장암시집』 권2, 164~165면. 제6수의 주는 『금유시초』와 『장암시집』 및 『환재집』에 따라 각기 조금씩 다른데, 여기에서 언급한 내용은 『환재집』에는 삭제되어 있다) 이는 연암이 「海印寺」 시에서 "십삼경을 생각하면 탄식이 절로/ 머나먼 燕京의 시장까지 달려가 사 오질 않나/ 저네들은 한 사람의 힘만으로도/ 천년토록 굳건하게 경판을 전하였구나(所歎十三經, 遠購燕市鬻. 彼能一人力, 刻板千載固)"라고 개탄한 대목과 상통한다(신호열·김명호 옮김, 『연암집』, 돌베개 2007, 중권, 308면).

만력(萬曆) 임진년에 공(公)이 왜(倭)를 정벌하러 우리나라에 와서 영남지방까지 진병(進兵)했으므로 그의 옷과 갓이 여기에 남아 있게 된 듯하다"[29]고 말한 대목에서는 열렬한 존명사대(尊明事大) 사상을 엿볼 수 있다.

조선 후기에 이르면 변방이나 해외까지 지리적·문화적 관심이 확대되면서 죽지사의 창작이 자못 활발해진다. 「강양죽지사」도 그러한 추세 속에 창작된 작품이다. 박규수는 비록 현지에 가 보지는 못했으나, 다양한 문헌 자료를 활용하여 가야산 중의 벽지인 합천의 풍물을 충실하고도 운치있게 그려내었다. 이 지역의 풍물을 처음으로 다루어 죽지사의 소재 영역을 확대했다는 점에서 일차적으로 의의를 부여할 수 있을 것이다. 또한 「강양죽지사」에서 박규수는 최치원과 해인사로 표상되는 합천의 유구한 역사와 불교 문화유산에 대해 존중하고 동경하는 자세를 취하고 있으며, 산신숭배와 같은 민간 풍속에 대해서도 있는 그대로 편견 없이 전하고 있다. 이같은 시인의 열린 마음이 작품의 예술적 성취를 도왔다고 생각된다.

다만 아쉬운 것은 「강양죽지사」가 합천의 옛 역사와 문화유적에 국한되고, 그 지방의 당시 현실이나 민중의 삶을 노래하고 있지는 않다는 점이다. 그리하여 작품에서 낭만적인 회고조가 주류를 이루고 있으며 시인의 치열한 문제의식을 찾아보기는 힘든 것이 사실이다. 이는 문헌 자료를 통한 취재와 송별시로서 지어진 사정 등에 기인한 것이기는 하지만 이 작품의 한계라 하지 않을 수 없다.

다음으로 「도봉기유」는 박규수가 1822년 음력 9월 10일부터 9월 16일까지 부친 박종채와 척숙 이정관(李正觀)[30]을 따라 경기도 양주(楊州)를 거쳐

29) "盖皇明神宗萬曆壬辰, 公征倭東來, 進兵嶺外, 故衣笠遺在於此."(『환재총서』, 제5책, 『장암시집』 권2, 166~167면) 또한 『장암시집』에서는 명나라 황제에 대한 존경의 표시로 別行을 잡고 '神'자를 한 자 높여 적었다. 『환재집』에서는 '明神宗'이라고만 부르고 이러한 조치도 없앴는데, 이는 『환재집』이 일제 치하인 1913년에 간행된 탓일 것이다.

30) 『금유시집』에는 '暢軒叔', 『장암시집』에는 '戚叔 篆林公'이라고만 되어 있다. '暢軒'과 '篆林'은 동일인의 호임이 분명하다. 또한 「도봉기유」 중 '觀萬丈峰' 詩(『환재총서』, 제5책, 『금유시집』 권5, 95면)를 보면, 말미에 '醇溪' 즉 李正履의 평어에 이어 '篆林'의 평어

도봉산 일대를 여행할 때 지은 시들을 모은 것이다. 『금유시집』(권5)에 고시와 근체시를 망라하여 모두 30편 38수의 시가 수록되어 있다. 『장암시집』(권3)에는 그중 19편 28수만이 선별적으로 수록되었으며, 박규수의 문인 김윤식(金允植)이 찬한 『환재집』에는 작품 전체가 아예 실려 있지 않다. 이는 「도봉기유」를 습작적(習作的) 성격이 다분한 작품으로 본 때문이 아닌가 한다. 그러나 「도봉기유」는 예술적으로 빼어날뿐더러 연암의 문학과 사상의 영향을 선명히 보여주는 시를 다수 포함하고 있어, 「강양죽지사」에 못지않게 주목해야 할 작품이다.

「도봉기유」의 시들은 여정에 따라 순차적으로 배치되어 있다. 즉, 다락원(多樂院)과 의정점(義正店)을 거쳐 양주의 안처사(安處士) 댁에 유숙한 뒤 장수원(長水院)을 지나 도봉산의 망월사(望月寺)·천축사(天竺寺)·도봉서원(道峯書院) 등을 유람하고 하산하기까지 7일 동안의 견문을 차례로 노래하고 있다. 시의 형식은 칠언율시, 오언고시, 칠언절구, 오언절구, 오언고시, 오언율시, 고시 장단구(長短句), 심지어 육언시와 게송(偈頌)까지 있어 매우 다채롭다. 게다가 시 한 편마다 해설적 성격의 짧은 산문을 곁들여 시의 이해를 돕고 있다.

첫번째 시에 붙인 산문에서 박규수는 여행에 나서게 된 연유를 밝히고 있다.

> 임오년(1822) 중구일(重九日) 다음날 날씨가 맑았다. 척숙 전림공(篆林公)이 뜰로 찾아와서, "요즈음 몹시 심심하여 산과 물을 찾고 싶은 생각에 정히 괴롭구료. 누가 나와 함께 갈 수 있을꼬?"라고 하셨다. "소자가 있사옵니다"라고 내가 대답했더니 척숙은 기뻐하시며 가친께 이를 아뢰었다. 가친은 "동자(童子)가 산수를 유랑하다니 너무 계획이 이른데"라고 하며 마지못해 허락하셨다. 드디어 큰 붓 두개와 종이 두루마리 하나를 소매에 넣고서 나섰다. 척숙께서 "행장(行裝)이 어찌 그리 불룩하냐?"고 물으시기에 내가 대

가 붙어 있다. 이로 미루어 '暢軒叔' 또는 '戚叔 篆林公'은 이정리의 아우인 이정관이라 짐작된다.

답하였다. "농부가 출경(出境)하면서 쟁기를 놓아두겠습니까?"[31]

이와같이 박규수는 부친 박종채의 허락을 어렵사리 얻어 난생처음 멀리 여행을 하게 되자 그 기회에 실컷 시를 지어보리라 작정했다. 출발에 앞서, 그는 여종에게 화초와 대나무에 물 주기를 명하고, 아우 주수(珠壽)에게 거문고와 책을 잘 돌보도록 당부했다. 혜화문을 나서니 발걸음은 기러기처럼 날 듯하다.[32]

의정점에서 하룻밤을 잤다. 집을 떠나 점사(店舍)에서 자보기는 처음인데다 마구간의 소음으로 밤새 잠을 설쳤다.[33] 다음날 일찌감치 길을 떠나 양주의 안처사 댁에 도착하여 환대 속에 여러 날 묵었다.

박규수는 안처사의 자제인 전암(展菴) 형제와 함께 놀러 다니면서 농촌의 풍물을 여러 편의 시로 읊었다. 그중에서 어망이나 낚시를 쓰지 않고 바가지로 물을 퍼내 고기를 잡는 순박한 풍속을 노래한 오언절구 3수가 특히 빼어나다. 제2수만 들어본다.

| | |
|---|---|
| 먼 마을은 게딱지를 닮았고 | 遠邨肖蟹舍 |
| 먼 둑은 어량과 흡사해라 | 遠堤似魚梁 |

31) "歲壬午重九之翌日晴. 戚叔篆林公, 來步於庭曰, 近日無聊甚, 登山臨水之想正苦. 誰能余偕乎? 余對曰, 小子在矣. 叔欣然爲之告家大人, 家大人强許曰, 童子而漫浪山水, 太早計也. 遂以二大毫一長卷, 納袖中而出. 叔曰, 行裝何裒然也? 余對曰, 農夫出境, 舍其耒耜哉?"(『환재총서』, 제5책, 『장암시집』 권3, 175~176면. 『금유시집』의 해당 부분은 표현이 이와 조금 다르다) 인용문 중 "余對曰, 農夫出境, 舍其耒耜哉?"에 대해, 『금유시집』에는 批點과 함께 "前輩所未發, 可敬可敬!"이란 평어가 가해져 있다(『환재총서』, 제5책, 72면). 이는 박규수의 대답이 『맹자』에서 "士之仕也, 猶農夫之耕也. 農夫豈爲出疆, 舍其耒耜哉?"(「滕文公」 下)라고 한 대목을 절묘하게 원용한 때문일 것이다.

32) "命婢灌花竹, 囑弟護琴書. 翔鴻擧蘆洲, 遊子出門初."(『환재총서』, 제5책, 『장암시집』 권5, 177면)

33) "微月半窓色, 鳴櫪全夜喧. 客夢不成緖, 時復繞家園."(『환재총서』, 제5책, 『장암시집』 권5, 180면) 『금유시집』에는 이 시에 批點과 함께 "體圓意古"란 평어가 가해져 있다(『환재총서』, 제5책, 76면).

긴 바가지 들고 아이들이 달려가 長瓢群童走
둑 아래에서 물 퍼내기 바쁘구나 堤下汲水忙[34)]

시는 원경에서 근경으로 이동하며 묘사하는 구도를 취하고 있다. 멀리 떠나와 더욱 나지막하고 작아 보이는 마을을 두고 '게딱지를 닮았다'고 하고, 멀리까지 이어진 둑이 물길을 막고 통발을 설치한 어량처럼 보인다고 한 것은 원경의 특징을 잘 포착하면서도 고기잡이를 소재로 한 이 시에 꼭 들어맞는 절묘한 표현이라 하겠다. 이러한 평화롭고 조용한 마을을 배경으로 천진난만한 아이들이 신나게 물고기 잡는 모습을 그림으로써 생기 넘치는 한 폭의 농촌 풍경화를 눈앞에 제시하고 있다.

이 시와 아울러 추수하는 광경을 그린 고시 장단구도 매우 주목할 만한 하다.

벼 베자 刈稻悤
벼 베자 刈稻悤
벼 벨 때 하늘에서 비 쏟아질라 刈稻天恐雨濛濛
타작하자 打稻忙
타작하자 打稻忙
타작할 때 바람 불고 맑으면 서늘해도 괜찮지 打稻風晴不嫌凉
낫 같은 달 휘영청 구름은 뭉게뭉게 鎌月暉暉雲冉冉
도리깨 손에 들고 타작마당에 오르네 手提連耞上圃場

아낙은 애 손 잡고 할아비는 손자 안고 婦携孩兒翁抱孫
벼 낟가리 돈대를 이루니 기뻐서 축하하네 相將歡賀稼成墩
가을이 와야 농가는 즐거운 법 逢秋然後田家樂
밥 광주리에 술도 많아 들녘이 떠들석 饁筥多酒聽野喧

34) 『환재총서』, 제5책, 『장암시집』 권5, 187면. 『금유시집』에는 "如此峽漁詞, 千古絶唱"이란 평어가 가해져 있다(『환재총서』, 제5책, 85면).

어찌 잊으랴 쌀 한 톨이 모두 고생하여 지은 것을 那忘粒粒皆辛苦
아아 일년 내내 일하느라 허리가 휘었구려 嗟爾終歲事傴僂
우리 집엔 본래 농사법 책이 있어 我家自有課農書
온갖 농사일을 다소 안다오 凡百野務知不疎[35]

위의 시 첫부분에서 박규수는 농민들이 추수하는 모습을 민요풍으로 매우 흥겹게 노래한 다음, 환운(換韻)한 두번째 부분에서는 풍년을 맞아 남녀노소 할 것 없이 모두 즐거워하는 농촌의 풍요로운 가을 분위기를 잘 묘사하고 있다. 시의 마지막 부분에서 그는 다시 환운하여, 농민들의 노고에 대해 감사를 표하기를 잊지 않는다. 아울러 자신이 비록 서울에서 생장한 양반가 도련님이지만, 집안에 전해오는 농사법 책을 읽어 농사의 실정을 전혀 모르지는 않노라고 겸손하게 덧붙이고 있다. 여기에서 말한바 집안에 전해오는 '농사법 책(課農書)'이란 다름아닌 연암의 『과농소초(課農小抄)』를 가리킨다. 시에 붙인 산문에서 박규수는 이렇게 밝히고 있다.

(…) 옛날 정조 기미년(1799)에 수령들에게 농사법 책을 지어 바치도록 왕명을 내렸다. 당시 황고(皇考) 연암 부군(府君)께서는 면천 군수로서, 15편으로 구성된 책을 진상하셨다. 거기에 붙인 안설(按說)에는 인민을 다스리고 농사일에 힘쓰는 데 긴요한 내용이 많았다. 지금 그 책은 집안의 문집 중에 있다.[36]

박규수는 조부 연암의 『과농소초』를 통해 농사 실정을 알고 있었으므로, 농민들과 함께 풍년을 기뻐하면서 그들의 노고에 감사하는 시를 지을 수 있

35) 『환재총서』, 제5책, 『장암시집』 권3, 185~186면. 『금유시집』에는 "他日歸農地, 誦傳田間友"라는 평어가 가해져 있다(『환재총서』, 제5책, 84면).
36) "(…) 昔在正宗己未, 命守宰製進農務書. 時皇考燕岩府君, 以沔川郡守, 進書十五編. 按說多齊民務本之要. 今其書在家集中."(『환재총서』, 제5책, 186면)

었던 것이다.[37)]

그런데 이와같은 연암의 영향은 도봉산에 오르며 지은 시들에 더욱 뚜렷이 나타나 있다. 망월사에서 달을 바라보고 지은 계송[38)]이 특히 그러하다.

삼대 구체가 허공에 떠 있는데 　　三大丸浮空
하나는 스스로 빛나서 밝네 　　一丸自耀明
하나는 덕성이 고요하여 　　一丸德性靜
생명을 자라게 할 뿐이네 　　只能長生靈

하나는 거울처럼 캄캄하여 　　一丸玄似鏡
빛을 빌려서 비추네 　　借照以照之
둘 다 한 구체를 호위하듯이 　　都似衛一丸
회전을 잠시도 늦추지 않네 　　環旋不暫遲

한 구체가 두 구체에 의존하니 　　一丸資二丸
이를테면 물과 불 같은 것이지 　　謂之曰水火
이런 이치를 궁구해보면 　　執此以究之
색(色)과 공(空)도 내게 달렸다네 　　色空亦有我

위의 시는 연암이 『열하일기』에서 피력한 우주론을 바탕으로 한 것이다.[39)] 연암은 지구가 둥글 뿐만 아니라 스스로 돈다는 지원지동설을 주장하면서, '삼대환 부공지설(三大丸浮空之說)' 즉 해와 지구와 달의 삼대 구체가

---

37) 박규수는 1830년대에 지은 것으로 추정되는 시 「樓璹耕織圖一卷 似是宋內府物 感而有題」에서도 "一部課農書, 先臣富議論. 如何蠹魚蔑, 寶藏摺帖痕"이라 하여 연암의 『과농소초』가 집안에 소장되어 있음을 노래했다(『환재집』 권3, 장1뒤).

38) 『금유시집』에만 수록되어 있다. "令人頓悟"란 평어가 가해져 있다(『환재총서』, 제5책, 92~93면).

39) 이하 연암의 우주론에 관한 내용은 김명호, 『열하일기 연구』, 창작과비평사 1990, 139~145면 참조.

모두 허공에 떠 있는 작은 별들에 불과하다는 선배 학자 김석문(金錫文)의 학설을 소개한 바 있다.

위의 시에서 '스스로 빛나서 밝다'고 한 것은 삼대 구체(三大丸) 중 해를 가리키고, '거울처럼 캄캄하여 빛을 빌려서 비춘다'고 한 것은 달을 가리킨다. 지구는 '덕성이 고요하다'고 했는데 이 역시 연암의 주장에 근거한 것이다. 연암은 지원지동설을 펴면서도 지구의 '덕(德)'은 방정(方正)하고 그 '성정(性情)'은 고요하다고 보았다. 전통적인 천원지방설(天圓地方說)을 완전히 부정하지 않고 지원지동설과 절충하고자 했던 것이다. 그리고 "둘 다 한 구체를 호위하듯이/ 회전을 잠시도 늦추지 않네"라고 한 것은, 해와 달이 지구의 주위를 돌고 있다는 뜻이다. 이처럼 자전하는 지구를 중심으로 해와 달이 공전하는 것으로 본 우주관도 연암의 지원지동설과 상통한다.

또 "한 구체가 두 구체에 의존하니/ 이를테면 물과 불 같은 것이지"라고 한 것은 지구가 해와 달에 의존하고 있다는 뜻으로, 연암이 종래의 미신적인 음양오행설을 비판한 내용을 가리킨다. 그에 따르면 지구는 둥글기 때문에 본래 음양의 구분이 있을 수 없다. 다만 자전함에 따라 햇빛을 받으면 양이 되며 달빛을 받으면 음이 될 뿐이니, 이를테면 동쪽 이웃에게서 불을 빌리고 서쪽 이웃에게서 물을 빌려 살아가는 것과 같다. 따라서 만사에 억지로 오행을 배당하여 오행의 상생상극(相生相剋)으로 만물의 변화를 설명하는 음양오행설은 잘못이라고 했다.

불교식 게송답게 시의 마지막 두 구는 오도(悟道)의 내용을 설파하고 있다. 지원지동설에 따르면 음과 양의 구분이 있을 리 없으니, 이러한 이치를 확장해가면 색(色)과 공(空)의 구분도 나의 주관에 속한 것일 뿐임을 깨우칠 수 있다는 것이다.

위의 시는 박규수가 조부 연암의 우주론에 매우 정통하였음을 말해준다. 그는 『열하일기』 중의 지원지동설에 크게 감명받았음에 틀림없다. 그러므로 도봉산에서 하계(下界)를 내려다보며 지은 시에서도 "아아! 대안목(大眼目)으로/ 둥근 지구를 본다면 호두 속살 같겠지"[40]라고 영탄하였고, 만장봉(萬

丈峰)을 노래한 시에서도 "지세(地勢)는 둥근 구체이니 그 꼭지가 아니랴?"[41] 라고 하여 만장봉이 지구의 회전축을 이룰 만큼 높이 솟아 있다고 묘사했다.

「도봉기유」에는 그밖에도 연암의 영향을 보여주는 시들이 적지 않다. 예컨대 출발에 즈음하여 창작 의욕을 토로한 시에서 박규수는 "시사(詩思)가 졸렬한 선비는/ 그림을 진경(眞景) 같다고 하지"라고 했다. 그리고 그에 붙인 산문에서도, 사람들이 그림을 보고는 "진경 같다"고 말하고 경물을 완상하고는 "그림 같다"고 말함을 풍자하였다.[42] 이는 연암의 문학론과 상통한다. 『열하일기』에서 연암은 "강산이 그림 같다"고 감탄하는 일행에게 "강산도 모르고 그림도 모른다"고 공박하면서, 무엇과 '같다'는 것은 실은 '참(眞)이 아니다'라는 뜻이므로 창작에서 상투적인 모방을 배격할 것을 주장했다.[43]

박규수는 의정점에서 양주로 향해 떠날 때 지은 시에서도 아득한 새벽 안개 속을 통과하면서 "다만 허명(虛明)한 것이 광막함을 논하자면/ 요동 벌판이 하늘과 맞닿아 평평함에 비할까"라고 읊고 있다.[44] 이는 『열하일기』에서 연암이 요동 벌판을 지나며 느낀 감회를 토로한 유명한 대목을 염두에 둔 표현이다.[45] 이상과 같은 사실들은 당시 박규수가 『열하일기』를 비롯한 연암의 저술로부터 얼마나 심대한 영향을 받았던가를 단적으로 말해준다 하겠다.

「도봉기유」에는 망월사에서 달을 바라보고 지은 게송처럼 산사 유람과

---

40) "吁嗟乎大眼目, 攬地球胡桃肉."(『환재총서』, 제5책, 『장암시집』 권3, 190면)

41) "地勢圓球豈其鈕?"(『환재총서』, 제5책, 193면)

42) "士也詩思拙, 擧畵喩眞景." "古人論畵曰無聲詩, 論詩曰有聲畵. 已復泥着, 今有讚畵圖而曰, 洽似眞景; 玩景物而曰, 恰似畵圖. 何以云乎. 行間, 笑語此, 因及之."(『환재총서』, 제5책, 177~178면)

43) 김명호, 앞의 책, 116~117면 참조.

44) "只擧虛明論廣漠, 何如遼野接天平." 시에 붙인 산문에서 "擧目虛白, 似廣漠世界, 笑語遼野眺望, 只應眼力所窮"이라 해설하고 있다(『환재총서』, 제5책, 『장암시집』 권3, 181~182면).

45) 김명호, 「"열하일기"의 문체에 대하여—'好哭場論'을 중심으로」, 『박지원 문학 연구』, 성균관대 대동문화연구원 2001 참조.

관련하여 지은 불교적인 색채의 시도 여러 편 있다. 박규수는 연전에 수락산(水落山) 학림사(鶴林寺) 주지 옥인(玉印)에게 게어(偈語)를 지어주고, 설악산 건봉사(乾鳳寺) 승려 용허(聳虛)를 위해 현판(懸板) 글씨를 써준 적이 있었다.[46] 이런 인연으로 그는 도봉산 여행길에 학림사도 방문하여, 용허를 그리워하는 시와 함께 주지승 옥인과 승려 준일(駿馹)에게 각각 증정하는 시를 지었다. 이와같은 시들에서 박규수는 불교에 대해 상당한 조예를 보여주고 있으며, "산이 높으니 달이 더욱 싸늘하고/ 밤이 깊으니 색(色)이 모두 공(空)하다"[47]와 같은 아름다운 시구들을 남기고 있다.

그러나 한편으로 그는 불교의 기복(祈福) 신앙에 대해, 백성들이 일년 내내 고생하며 일해 얻은 쌀과 돈을 허비한다며 신랄하게 비판하였다.[48] 뿐만 아니라, 조광조(趙光祖)와 송시열의 신주를 모신 도봉서원을 노래한 시에서는 유자(儒者) 본연의 자세로 돌아와, 『예기』와 『맹자』 『논어』 등을 전고로 하여, 선현들에 대한 극도의 공경심을 표현하고 있다.[49]

「도봉기유」는 「강양죽지사」와 같은 해에 지어진 작품으로, 공통점과 아울러 대조적인 면모를 보인다. 박규수는 이 두 작품에서 모두 산중 사찰을 소재로 삼아 불교에 대한 친화감과 조예를 드러내었으며, 그러면서도 유자로서의 자세를 견지하였다. 「강양죽지사」는 변방의 옛 역사와 문화유적을 운치있게 노래했으나 그 지방의 당시 현실이나 민중들의 삶에까지 관심을 확대하지는 못하였다. 그런데 「도봉기유」는 이러한 「강양죽지사」의 한계를 일정하게 극복했다고 볼 수 있다. 박규수는 양주의 풍물을 노래한 여러 편의 시들에서 농민들의 순박한 생활과 추수기의 흥겨운 마을 분위기를 온정적인 시선으로 여실하게 그려내었다.

46) 『장암시집』 권1, 「和李成仲九韶寄示之作」, 自註; 『錦葵志林』, 「十六句偈」 등 참조(『환재총서』, 제5책, 152면, 237면).
47) "山高月愈冷, 夜深色俱空."(「夜宿望月寺」 시의 제1수, 『환재총서』, 제5책, 190면)
48) 「夜宿望月寺」 시의 제4수와 附屬 산문(『환재총서』, 제5책, 191~192면).
49) 「道峯書院」 시와 부속 산문(『환재총서』, 제5책, 194~196면).

또한 「강양죽지사」는 연암이 현감으로 재임했던 안의(安義)의 바로 이웃 고을인 합천의 풍물을 노래한 작품이지만, 시에 붙인 주에서 연암의 글을 단 한 차례 언급했을 뿐, 작품 자체에서는 연암의 영향을 찾아보기 어렵다. 그에 비해 「도봉기유」는 연암의 영향을 뚜렷이 보여준다. 『열하일기』에 피력된 연암의 우주론과 문학론 등이 시상(詩想)의 주요 원천이 되었음을 확인할 수 있다.

## 3. 「봉소여향」

1829년 박규수는 장편 한시 「봉소여향」과 「숙수념행」을 지었다. 이 두 편의 시로 인해 그는 시인으로서의 명성을 크게 얻게 된다. 「봉소여향」은 칠언절구 100수로 된 궁사체(宮詞體) 한시로, 우선 작품의 규모 면에서 박규수의 초기 한시를 대표하는 역작이라 할 수 있다.[50) 시의 제목은 『서경(書經)』에 전하는바 순(舜) 임금 때 궁중음악인 「소소(簫韶)」를 연주했더니 봉황이 날아와 춤추었다는 고사에 유래를 둔 것이다. '봉소(鳳韶)'는 곧 「소소」

50) 「봉소여향」에 대해 조동일은 「용비어천가」를 계승한 '왕조서사시'로 소개한 바 있으며, 심경호는 조선 후기에 창작된 宮詞體 詠史詩의 대표작으로 거론했다. 한은수는 '신왕조의 창업과 역사인식의 시' '重農과 儉約의 爲民精神을 나타낸 시' '國朝風俗을 선양한 시'로 그 내용을 대별하고 전반적인 고찰을 시도했다(조동일, 『한국문학통사』, 제3판, 지식산업사 1994, 제4권, 136~137면; 심경호, 『한국 한시의 이해』, 태학사 2000, 24~25면; 한은수, 「박규수 시세계의 일고찰—'鳳韶餘響絶句' 百首를 중심으로」, 『한문학논집』 16, 槿域漢文學會 1998).

「봉소여향」은 독립된 필사본으로도 轉寫되었던 듯하다. 환재 후손가 소장(경기문화재단에 기증) 『鳳韶餘響集』(1책)과 修綆室 소장 『봉소여향집』(1책)이 현재 전하고 있다. 전자는 「봉소여향」의 후반부만 亂筆로 필사한 것이고, 후자는 「봉소여향」의 전부를 상·하 2권으로 나누어 완정한 楷書로 필사한 것이다. 이 두 필사본은 동일 계통의 異本으로, 『환재집』에 실린 「봉소여향」과는 字句上 차이가 적지 않다. 『환재집』의 「봉소여향」은 이러한 필사본의 원고를 일부 改刪한 것이 아닌가 한다.

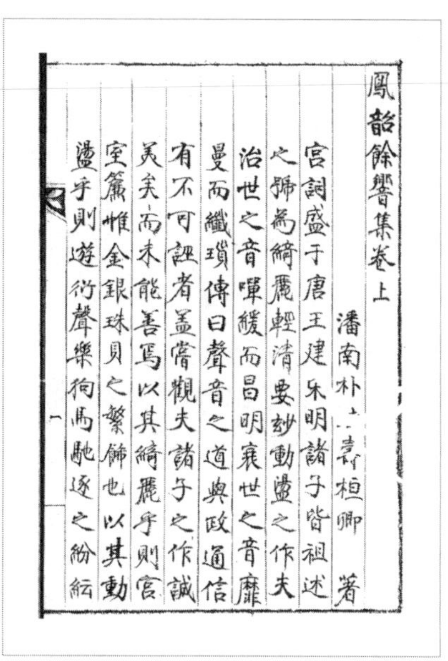
鳳韶餘響集卷上

潘南朴[illegible]壽桓卿 著

宮詞盛于唐王建朱明諸子皆祖述
之歸爲綺麗輕淸要妙動盪之作夫
治世之音嘽緩而昌明衰世之音靡
曼而纖瑣傳曰聲音之道與政通信
有不可誣者盖嘗觀夫諸子之作誠
美矣而未能善焉以其綺麗乎則宮
室簾帷金銀珠貝之繁飾也以其動
盪乎則遊衍聲樂狗馬馳逐之紛紜

필사본 『봉소여향집』. 수경실(修綆室) 소장.

를 뜻하는데, 그 '여향(餘響)'이라 하여 고대 중국의 이상적인 궁중음악의 전통을 잇고자 한다는 뜻을 겸손히 표하였다.

앞서 살펴본 바와 같이 박규수는 순조 말년에 국정을 대리한 효명세자의 명으로 이 작품을 지었다. 안동 김씨의 세도를 견제하고자 인재 발굴과 친위 세력 육성에 힘을 쏟았던 효명세자는 그 일환으로 당시 성균관 유생이던 박규수에게도 각별한 관심을 표명했다. 그리하여 『연암집』을 진상할 때 박규수의 저술도 함께 진상하도록 명했으며, 이에 따라 박규수가 『상고도 회문의례』를 바치자 크게 칭찬하면서, 조종(祖宗)의 모범적 사례를 찬술하여 바치라고 재차 명했다고 한다. 이러한 효명세자의 하교에 부응하여 지어 바친 시가 바로 「봉소여향」이다.[51]

51) 『환재집』 권1, 「節錄瓛齋先生行狀草」, 장4뒤~5앞. 본서, 73면, 주10에서 밝힌 바와 같이 효명세자의 명으로 『연암집』을 진상한 것은 1829년 가을의 일이다. 또한 「봉소여향」의

「봉소여향」의 서문에서 박규수는 이 시가 궁사체로 지어졌으나 종래의 궁사와는 성격이 다름을 강조했다. 궁사는 오로지 궁중 내부의 생활을 노래하며, 일반적으로 칠언절구 형식을 취한다. 당나라 왕건(王建)의 「궁사」 100수는 그 원조가 되는 작품이다. 왕건의 뒤를 이어 송대에는 왕규(王珪) · 송백(宋白) · 장공상(張公庠) · 주언질(周彦質) 등 저명 문인들과 심지어 휘종(徽宗) 황제나 양태후(楊太后)까지 잇달아 궁사를 지었다. 그후에도 궁사는 명나라 말 진종(陳琮) · 장지교(蔣之翹) · 진징란(秦徵蘭) 삼가(三家)의 「천계궁사(天啓宮詞)」 등에 이르기까지 활발히 창작되었다.[52] 박규수는 이와같은 왕건 이후 송 · 명대의 궁사에 대해 다음과 같이 비판한다.

> 궁사는 당나라 왕건에게서 발달했다. 송 · 명의 여러 작가들이 모두 그를 본받아 창작하여 화려하고 산뜻하며 멋지고 질탕한 작품이라 일컬어졌다. 무릇 태평성대의 시가는 느리되 몹시 명랑하지만 말세의 시가는 곱되 지나치게 섬세하다. 경전(經傳)에 "시가의 도(道)는 정치와 밀접한 상관이 있다"고 한 것은 진실로 속일 수 없는 내용을 담고 있다. 대개 송 · 명의 여러 작가들의 작품을 보았더니 실로 아름답기는 하지만 훌륭하다고 할 수는 없었다. 그 화려한 점으로 말하자면 궁실과 장막과 황금과 조가비 따위를 나열하여 번잡스레 꾸민 것이요, 그 질탕한 점으로 말하자면 잔치 벌여 노래하고 개와 말을 달려 사냥하는 소란스러움을 표현한 것이었다. 그 어디에 이른바 '온유하고 돈후하게 하며' '흥을 느낄 줄 알게 하고 인정을 살필 수 있게 하여' 백성을 교화하는 바탕이 될 수 있는 내용이 있던가? 이는 그 작가들이 만난 시대가 삼대(三代: 하(夏) · 상(商) · 주(周) 시대)의 번영하던 세상에 비해 손색이 있어서 시가에 표출된 것이 저절로 그렇게 될 수밖에 없었

서문에서 박규수는 자신의 나이가 "지금 스물세 살"이라고 밝히고 있어(『환재집』 권2, 장38뒤) 「봉소여향」이 1829년에 창작되었음을 분명히 알 수 있다.

52) 이하 중국의 宮詞에 관해서는 邱良任, 「序」, 劉潞 選注, 『淸宮詞選』, 北京: 紫禁城出版社 1985; 徐式文, 「中國宮詞考略」, 『花蘂宮詞箋注』, 巴蜀書社 1992; 中純子, 「中唐宮詞攷—王建'宮詞'の魅力」, 『天理大學報』 180, 1995 등 참조.

던 것이 아닐까?[53]

여기에서 '시가의 도는 정치와 밀접한 상관이 있다'는 말은 『예기』 「악기(樂記)」에 나온다. 그리고 '온유하고 돈후하게 한다(溫柔敦厚)' '흥을 느낄 줄 알게 하고 인정을 살필 수 있게 한다(可以興, 可以觀)'는 것은 각각 『예기』와 『논어』에서 공자가 『시경』에 관해 논한 말이다. 박규수는 시가의 정치적·교육적 효용을 강조하는 유교의 정통적 문학관에 입각해서, 송·명대의 궁사들은 궁중의 향락을 극히 화려하고 홍겹게 표현했을 따름으로 『시경』과 같이 교화와 치세에 도움되는 내용을 찾아볼 수 없다고 비판한 것이다. 이어서 그는 자신의 창작 의도를 이렇게 피력한다.

나는 태평무사한 시대에 생장한 것을 속으로 다행하게 여기거니와 지금 스물세 살이 되었다. 무릇 가정에서 들은 것과 스승과 벗들이 입으로 전하는 것과 서적에서 본 것이 거의 모두 우리 역대 임금님의 고사로서, 비석에 새기고 악기로 연주하여 만세토록 전하여 길이 모범으로 삼을 만한 것이었다. (…) 이에 역대 임금님의 고사 중에서 특히 현저한 것 100개 항목을 삼가 채택하여 각각 시 한 수를 지어 표창했다. 가령 후세에 이 시편(詩篇)을 읽은 이가 시권(詩卷)을 잡고 논하기를 "이 시편은 당·송(송명의 誤記인 듯함—인용자)의 여러 작가들보다 나은 점이 있다"고 한다면, 이것은 작자가 유능해서가 아니라 우리 역대 임금님의 훌륭한 덕이 그렇게 만든 것이니 어찌 감히 이로써 스스로 자랑하리오? 혹은 논하기를 "이 시편은 송·명의 여러 작가들에 비해 손색이 있다"고 한다면, 이것은 우리 역대 임금님의 훌륭한 덕이 미흡해서가 아니라 작자의 재주가 그에 미치지 못한 탓이니 어찌

53) "宮詞盛于唐王建. 宋明諸子皆祖述之, 號爲綺麗輕淸要妙動盪之作. 夫治世之音, 嘽緩而昌明, 衰世之音, 靡曼而纖瑣. 傳曰, 聲音之道, 與政通, 信有不可誣者也. 蓋嘗觀夫諸子之作誠美矣, 而未能善焉. 以其綺麗乎, 則宮室簾帷金貝之繁飾也. 其動盪乎, 則遊衍聲樂狗馬馳逐之紛紜也. 夫安有所謂溫柔敦厚, 可以興, 可以觀, 可以爲風教政化之本者哉? 抑以諸子所遇之時, 有愧於三代興隆之世, 而發之於詩詞聲音之間者, 自有不得不然者耶?"(『환재집』 권2, 「鳳韶餘響 幷序」, 장38앞뒤)

감히 이로써 스스로 변명하리오?[54]

이와같이 「봉소여향」은 임금들의 훌륭한 덕을 전하는 고사 중에서 특히 모범적인 사례 100가지를 골라 각기 1수의 시로써 표창하고자 한 작품이다. 비록 겸손한 어조를 취하고는 있지만, 「봉소여향」의 서문에는 종래의 궁사들과 달리 기교 위주의 화려하고 향락적인 작풍에서 탈피하여 왕정(王政)에 기여하는 교훈적인 궁사를 짓겠다는 작가의 의욕이 뚜렷이 드러나 있다.

위의 서문에서도 밝히고 있듯이 「봉소여향」은 태조 이후 정조에 이르기까지 조선왕조 역대 임금들의 고사를 차례로 노래하고 있다. 진종 등이 지은 「천계궁사」(100수)나 청(淸) 왕예창(王譽昌)의 「숭정궁사(崇禎宮詞)」(118수)가 각기 명나라 희종(熹宗)과 의종(毅宗) 일대(一代)의 고사를 다루었고, 청 사몽란(史夢蘭)의 「전사궁사(全史宮詞)」(1500수)가 상고부터 명대까지 왕조별로 궁사를 엮은 것이라면, 한 왕조의 고사를 다룬 「봉소여향」은 그 중간 규모의 작품이라고 할 수 있다.

그런데 「봉소여향」을 살펴보면 임금별로 비중을 달리하여 노래하고 있음이 드러난다. 즉, 모두 22대의 임금들 중에 영조(17수), 성종(13수), 효종(10수), 세조(9수), 세종과 선조(각 8수), 정조(7수), 숙종(5수), 태조와 현종(각 4수) 등의 순으로 작품이 안배되었으며 단종 · 예종 · 연산군 · 광해군 · 경종은 배제되었다. 이는 주로 태조에서 세종-세조-성종으로 이어지는 국초의 현군(賢君)들과 효종 이후 현종-숙종-영조-정조로 이어지는 현 임금의 직계 선조를 중시한 결과라 생각된다.[55]

---

54) "竊自幸生長太平無事之時, 今二十有三年矣. 凡家庭之所承聞, 師友之所傳誦, 簡冊之所披閱, 類皆我列聖朝故事, 可以刻琬琰, 被諸金石, 傳示萬世, 永爲典則者也. (…) 於是謹採故事之尤著者一百則, 各爲一詩而表章之. 使後之讀此篇者, 執卷而論之曰, '是篇之作有過於唐宋諸子,' 是非作者之爲能也, 乃我列聖之盛德使之然也. 其何敢以此而自多乎? 曰, '是篇之作有愧於宋明諸子,' 是非我列朝之盛德未洽也, 乃作者之才不逮也. 其何敢以此而自解乎?"(『환재집』 권2, 장38뒤~39앞)

55) 영조의 성덕을 노래한 시가 무려 17수나 되는 데 반해 영조의 이복 형으로 소론이 추대

「봉소여향」은 그러한 역대 임금들에 관한 고사 하나마다 각기 칠언절구 1수를 배당하고 있으나, 서두와 결미만은 하나의 고사에 2수의 시를 배당하였다. 즉 제1수와 제2수는 태조 4년(1395) 정궁(正宮)인 경복궁을 완성하고 건물명을 지은 사실을 노래한 시들이며, 제99수와 제100수는 정조 14년(1790) 노량진에 주교(舟橋)를 가설하면서 용양봉저정(龍驤鳳翥亭)을 행궁(行宮)으로 삼은 사실을 노래한 시들이다. 그중 경복궁 근정전을 예찬한 첫 수와 용양봉저정의 위용을 찬양한 마지막 제100수를 들어본다.

화산(華山: 북한산)의 상서로운 기운 짙게 에워싼 곳　　華山佳氣鬱葱籠
근정문 활짝 열면 옥 같은 궁전과 통하네　　勤政門開玉殿通
북극을 바라보니 수많은 붉은 구름 서렸고　　萬朶紅雲瞻北極
봉래산에서 아침 해 점차 밝게 빛나네　　蓬萊旭日照曨曈[56)]

신비로운 붉은 누각 푸른 하늘에 닿아　　神嵩紫閣倚靑空
봉이 춤추듯 용이 서린 듯 해동을 지키네　　鳳舞龍蟠鎭海東
산하가 안팎으로 막고 있는 광활한 나라에　　表裏山河千里國
동방에서 솟은 상서로운 해 만년토록 붉어라　　扶桑瑞日萬年紅[57)]

첫 수의 결구(結句)에서 '봉래산에서 아침 해가 점차 밝게 빛나네'라고 노래했듯이, 마지막 제100수의 결구에서도 '동방에서 솟은 상서로운 해 만년토록 붉어라'라고 끝맺고 있다. '정궁을 비추는 아침 해'와 '행궁에서 바라본 아침 해'로써 조선왕조의 무궁한 번영을 상징하고자 한 것이다. 이처럼 작품의 수미에 모두 특별히 2수의 시를 배당하고 동일한 주제와 이미지로써

---

했던 경종에 관해서는 단 한 차례도 언급하지 않은 점, 사도세자가 得男을 기뻐하여 그린 그림을 보고 정조가 눈물을 흘린 고사를 특별히 노래한 점(제94수) 등은 노론과 時派의 당파성이 드러난 경우로 해석될 여지도 있다.

56) 『환재집』 권1, 장39앞.

57) 『환재집』 권1, 장69뒤.

상호 조응하게 한 것은 「봉소여향」이 개개의 고사를 독립적으로 노래하고 있는 데에서 오는 구성상의 취약점을 보완하기 위한 조치로서 매우 효과적이라 볼 수 있다.[58]

또한 「봉소여향」은 하나의 고사를 노래할 때마다 반드시 문헌에 근거하여 자상한 주를 붙이고 있다. 궁사는 일반인이 접근하기 어렵고 함부로 말해서도 안 되는 궁중 내부의 사실을 소재로 삼기 때문에 믿을 수 있는 전문(傳聞)이나 객관적 문헌 자료에 근거해야 한다. 그 점에서 궁사는 시로써 역사를 보완하는 일종의 궁중사(宮中史)라고도 할 수 있으며, 이를 위해 자상한 주를 붙이기도 한다. 앞서 언급한 「천계궁사」나 「숭정궁사」 모두 시 뒤에 주가 있으며, 사몽란의 「전사궁사」는 무려 500종이 넘는 문헌을 동원하여 상세한 주를 붙였다.

「봉소여향」 역시 30여 종의 문헌을 참조하여 주를 달고 있다. 『국조보감(國朝寶鑑)』(28회)을 비롯하여 『열성어제(列聖御製)』(15회), 『갱장록(羹墻錄)』(7회), 『열성지장통기(列聖志狀通紀)』(3회) 등 역대 임금들의 치적이나 시문(詩文)을 전하는 관찬서(官撰書)들을 주로 인용했다. 이와 아울러 각종 잡기류(雜記類)도 널리 참고했는데 『해동패림(海東稗林)』(7회), 효종 부마 정재륜(鄭載崙)의 『公私聞見錄』(6회), 차천로(車天輅)의 『오산설림(五山說林)』(3회) 등을 비교적 자주 인용했다.

「봉소여향」은 이와같은 문헌적 근거 위에서 역대 임금들의 행적을 찬양하고 있다. 이를 주제별로 살펴보면 군신(君臣)간의 화합을 예찬한 시가 대

58) 한은수도 「봉소여향」의 이러한 특징을 지적했으나, "이것은 우리의 역사에 대한 애착과 자긍심의 발로"라고 해석했다(한은수, 앞의 논문, 366면). 또 이러한 특징에 주목하여 「봉소여향」을 왕조서사시로 보는 견해도 있지만(조동일, 앞의 책, 137면), 이 작품은 실제의 사실들을 개별적으로 노래할 뿐, 신화나 전설을 소재로 하고 인과관계에 입각한 서사구조를 갖추지는 않았다. 왕건의 「궁사」 역시 1수마다 독립성을 지니고 있다. 각각의 시들은 기껏해야 바로 그 앞뒤의 시들과 연관성을 지닐 뿐이다. 이처럼 궁중의 각 부분을 다각도로 묘사한 시들이 스냅 사진이나 모자이크처럼 합쳐짐으로써 궁중이라는 하나의 공간 전체가 형상화되어 있다(中純子, 앞의 논문, 9~10면 참조).

략 20수로 가장 많다.[59] 그중 제3수가 대표적인 작품이다.

해동 육룡(六龍)이 하늘로 날아오르니 六龍飛上海東天
경회루 잔치에서 군신 제회(際會)를 기뻐하네 共喜風雲慶會筵
봄날 밤늦도록 「문덕곡」에 맞춰 춤추며 舞袖春闌文德曲
황금 술잔 들어 만수무강을 축수하네 金觴稱壽萬斯年[60]

주에서 밝히고 있듯이 이 시는 태조 4년(1395) 공신들을 초대한 경회루 잔치에서 정도전(鄭道傳)이 「문덕곡」에 맞추어 춤까지 추었다는 『국조보감』 중의 고사를 소재로 한 것이다. 기구(起句)에서 「용비어천가」를 전고로 하여 개국(開國)의 역사적 사실을 찬양하고, 이어서 군신이 화기애애하게 잔치 벌이는 아름다운 광경을 '황금 술잔' 등의 화려한 수사로써 그려내었다.

다음으로 임금의 수신(修身)과 관련해서 효행과 자성(自省), 인애(仁愛)와 근학(勤學)과 검덕(儉德) 등을 예찬한 시들이 다수를 차지한다.[61] 그리고 치국(治國)과 관련해서는 중농(重農)정책, 존명사대(尊明事大), 예악 문물의 정비, 백성에 대한 각종 시혜 조치 등을 예찬한 시들로 대별할 수 있다.[62]

이러한 주제들을 종합해보면 「봉소여향」을 통해 박규수가 효명세자에게 제시하고자 한 모범적인 군주상(君主像)을 짐작할 수 있을 것이다. 또한 정

59) 제3・14・25・26・29・32・33・36~38・41・44・46・47・58・59・66・73・97・98수 등.

60) 『환재집』 권2, 장39뒤.

61) 효행을 예찬한 시로는 제5・6・17・63・68・77・79・80・94수 등을 들 수 있고, 자성을 예찬한 시로는 제15・34・56・69・76・85・88・92수 등을 들 수 있다. 인애를 예찬한 시로는 제31・70・71・78・89・90・91수 등을 들 수 있고, 근학을 예찬한 시로는 제16・43・49・57・96수 등을 들 수 있다. 검덕을 예찬한 시로는 제24・51・62・75수 등을 들 수 있다.

62) 중농정책을 예찬한 시로는 제13・45・65・82~84・86・95수 등을 들 수 있고, 예악 문물의 정비를 예찬한 시로는 제8・9・10・11・12수 등을 들 수 있다. 백성에 대한 각종 시혜 조치를 예찬한 시로는 제7・22・28수 등을 들 수 있다. 존명사대를 예찬한 시들은 본문에서 직접 언급하기로 한다.

월 대보름 날 궁중의 답교(踏橋) 풍속을 소재로 한 제40수에서 박규수는 성종 치세의 태평 기상을 표현하며, 창덕궁 안의 금천교(錦川橋)를 향해 바라보면 "수만 가옥 위로 밝은 달이 하늘 한가운데 떴네(萬家明月一天中)"라고 노래했다. 그리고 정조 때 창덕궁 후원에서 밤에 잔치를 벌인 일을 소재로 한 제98수에서도, 부용정(芙蓉亭)에 올라 바라보니 "수만 하천 위로 밝은 달 하나 빛나네(萬川明月一輪光)"라고 읊었다. 이처럼 '만가(萬家)'와 '만천(萬川)'을 밝게 비추는 달은 만민(萬民) 위에 선 개명적(開明的) 전제군주(專制君主)를 상징한다고 볼 수 있다. 탕평책을 통해 왕권강화에 힘썼던 정조는 실제로 자신의 호를 '만천명월주인옹(萬川明月主人翁)'이라 짓기도 했다.[63] 이로 미루어보면 「봉소여향」에서 박규수는 강력한 왕권을 행사하여 국정을 주도하면서 신민(臣民)들에게 덕정을 베푸는 군주를 이상화했으며, 이는 곧 효명세자의 염원에 호응하는 것이었다고 볼 수 있다.

이처럼 「봉소여향」이 궁사 형식을 빌려 왕세자에게 교훈적인 내용을 전하려 한 작품이기에 여기에는 당시 박규수의 사상적 지향이 강하게 드러나 있다. 명나라 황제가 하사한 옷을 선조가 소중히 보관한 사실(제50수), 숙종이 예전 명나라 때 하사받은 인장을 본떠 어보(御寶)를 만든 사실(제74수), 그리고 영조가 대보단(大報壇)에서 명나라 마지막 황제 의종(毅宗)의 기일(忌日)에 제사를 지냈더니 이적(異蹟)이 나타나고(제81수), 과거 급제자들에게 명나라식 의관을 착용하도록 명한 사실(제93수) 등을 예찬하고 있는 점은 존명사대 사상의 발로라 하겠다. 뿐만 아니라 효종이 우암 송시열을 불러 북벌책을 물은 뒤 초구(貂裘)를 하사하고(제59수), 훈련대장 이완(李浣)에게 자신의 갑옷과 활을 하사하며 군비를 독려한 사실(제60수)을 예찬한 시들을 통해서는 당시 박규수가 강고한 배청적(排淸的) 성향을 지녔음을 엿볼 수 있다.[64]

63) 『弘齋全書』 권10, 「萬川明月主人翁自序」; 이태진, 「정조의 "大學" 탐구와 새로운 군주관」, 『李晦齋의 사상과 그 세계』, 성균관대 대동문화연구원 1992 참조.

64) 이에 대해 한은수는 박규수가 실학적 세계관의 소유자로서 華夷論을 극복한 강한 自主意識을 지녔지만 효명세자의 명에 의해 지은 撰進詩라는 한계 때문에 부득불 사대를 표방

「봉소여향」은 이러한 존명배청주의와 아울러 성리학을 또 하나의 사상적 바탕으로 삼고 있다. 예컨대 제48수는 부마들에게 지어준 선조의 시가 군주의 마음가짐을 성리학풍으로 노래한 '염락시(濂洛詩)'라고 예찬하고 있으며, 선조가 정무에 바빠 학문 할 여가가 없음을 스스로 안타까워한 사실을 예찬한 제49수의 주에서는 율곡 이이가 선조에게 일용처사(日用處事)에서 합리(合理)를 구하는 것이 바로 학문이라고 아뢴 사실을 전하고 있다.[65] 그리고 제88수는 영조가 주자(朱子)를 본받아 행차하다가 종각(鐘閣)의 종소리를 듣게 되면 자성하기 위해 잠시 멈추었던 일을 예찬한 시이고, 제89수 역시 영조가 주렴계(周濂溪)를 본받아 만물의 '생장하려는 의지'(生生意)를 사랑하여 새로 난 봄풀을 다치지 않도록 했던 일을 예찬한 시이다. 이는 모두 성리학적 견지에서 이상적 군주론을 편 경우라 할 수 있다.

한편 「봉소여향」이 '실학적 세계관'을 반영하고 있다고 보는 견해도 있다.[66] 제99수를 그 증거로 들고 있으므로, 검토해보기로 한다.

다락배 삼백 척 한강 가운데 떠 있어 樓船三百大江心
십리나 뻗친 붉은 난간 아슴푸레 뭍과 닿았네 十里朱欄接地陰
무지개 다리는 장관을 꾸미려 했던 것이 아니요 不是虹橋觀壯麗
호조의 돈을 수천 수만 냥 절감할 수 있었다네 萬千省得度支金[67]

---

하는 화이론적 세계관을 나타낸 것이라 보았다(한은수, 앞의 논문, 67~368면). 그러나 20대 초의 저작인 『상고도 회문의례』뿐 아니라 40대 초에 지은 「高麗史洪武聖諭跋」, 1861년과 1872년 두 차례 燕行時에 명나라 유적을 탐방한 사실 등을 통해서도 알 수 있듯이 박규수는 평생토록 존명사대 사상을 지녔다.

65) 효종이 우암에게 초구를 하사한 고사를 노래한 제59수의 주에서도 박규수는 우암이 朱子의 말을 빌려 효종에게 북벌보다 마음 수양에 힘쓰도록 건의한 사실을 소개했다.

66) 한은수는 제99수를 일부 오역한 위에서, 제99수는 舟橋 가설을 위한 노력 동원과 세금 加徵에 대해 박규수가 피치자의 입장에서 비판한 시이며, 이는 곧 "시인 박규수의 의식 속에 자리잡고 있는 실학적 세계관의 반영"이라고 보았다(한은수, 앞의 논문, 365~366면).

67) 『환재집』 권2, 장69앞.

위의 시는 정조 14년(1790) 한강의 노량진에 주교를 가설한 사실을 예찬한 것이다. 『주교지남(舟橋指南)』과 『주교사절목(舟橋司節目)』 등에 의하면 당시에 주교를 만들기 위한 교배선(橋排船) 38척과 좌우의 호위선 12척, 주교 좌우에 배치하는 난간선(欄干船) 240척 등 300척 가까운 배들이 동원되었으며, 큰 배는 강 중앙에 배치하고 작은 배는 강변에 배치하여 가운데 부분이 높은 무지개 다리 모양이 되게 했다고 한다. 그러므로 시에서도 그 화려한 장관을 '무지개 다리의 붉은 난간이 십리나 뻗쳤다'고 묘사한 것이다.

그런데 정조가 이처럼 거대한 주교를 가설하면서 내세운 명분은, 수원에 있는 부친 사도세자의 능인 현륭원에 행차하고자 한강을 건널 적마다 선창(船艙: 浮橋)을 가설하는 데 드는 막대한 수고와 비용을 절감하기 위해서라는 것이었다. 정조는 노량진의 행궁인 용양봉저정을 위해 지은 「용양봉저정기(龍驤鳳翥亭記)」에서도 그와같은 명분을 밝히고 있는데, 박규수는 제99·100수에 붙인 주에 이 글을 축약하여 소개하고 있다. 이는 박규수 역시 주교 가설을 국가의 재정 낭비를 줄이기 위한 훌륭한 조치로 간주했음을 뜻한다.

만약 「봉소여향」에서 '실학적 세계관'이 반영된 시를 찾고자 한다면, 위의 시보다는 세종 때 자동 물시계인 자격루(自擊漏)와 자동 천문시계인 옥루(玉漏) 등을 제작·설치하게 한 사실을 예찬한 시들이 더 적합한 예라고 할 수 있다.

| | |
|---|---|
| 연잎 위로 금빛 용이 쇠구슬을 토하니 | 蓮葉金龍吐鐵丸 |
| 성군의 탁월한 지혜로 하늘의 조짐을 예측하시네 | 聖人神智測乾端 |
| 시각 맡은 신선이 천연스레 달려가니 | 司辰仙子天然走 |
| 금루관이 번거롭게 시각을 알릴 것 없네 | 報刻無煩禁漏官[68] |

이는 경복궁 경회루 남쪽의 보루각(報漏閣)에 자격루를 설치한 사실을 노

68) 『환재집』 권2, 장42앞. 금루관은 궁중의 물시계를 관리하는 벼슬아치를 말한다.

복원된 자격루.

래한 제11수이다. 김돈(金墩)의 「보루각기(報漏閣記)」를 인용한 주에 의하면, 세종이 장영실(蔣英實)에게 명하여 만들게 한 이 자격루는 금빛 용이 입에 머금은 쇠구슬을 연잎 위로 떨어뜨림으로써 신선(神仙) 인형을 작동케 하여 자동적으로 시각을 알리는 물시계였다. 이와같이 자동시보장치가 달린 물시계인 자격루는 당시 동아시아에서 유일한 기계식 디지털 시계였다.[69] 박규수는 이러한 기계를 제작하여 천문 변화를 예측할 수 있도록 한 세종을 '성인(聖人)'이라 일컬으며 그의 탁월한 지혜를 찬양했다. 후일 박규수가 다양한 천문 관측 기능을 갖춘 지세의(地勢儀)를 창제한 사실과 관련해보면, 이와같이 「봉소여향」에서 과학기술에 대한 임금의 지대한 관심을 예찬한 점

69) 남문현·손욱, 『전통 속의 첨단공학기술』, 김영사 2002, 63~72면.
2007년 11월 남문현 교수는 국립고궁박물관측과 함께 570여 년 만에 자격루를 원형 그대로 복원해 전통 방식으로 작동하는 데 성공했다(『경향신문』, 2007.11.22).

은 실학사상의 발로로 볼 수 있을 것이다.

「봉소여향」의 서문에서 종래의 궁사를 비판하고 교화와 치세에 도움이 되는 시를 짓겠노라고 밝힌 대로, 박규수는 실제 작품에서도 모범적인 군주상을 제시하면서 자신의 사상적 지향을 강하게 투영하였다. 그런데 「봉소여향」은 이러한 교훈적인 의도와 사상성을 생경하게 표출하는 대신 궁사의 특장을 잘 살려 시로서의 예술성을 획득하고 있다.

일반적으로 궁사는 궁중의 세사(細事)를 염어(艶語)로써 표현한다. 「봉소여향」 역시 다채로운 소재와 화려한 수사를 구사하고 있는 점에서는 궁사다운 특색을 공유하고 있음이 사실이다. 즉 앞서 인용한 여러 시들에서 보듯이 「봉소여향」에서도 궁중의 수많은 건축물, 금원(禁苑)의 희귀한 동식물, 서화와 문방구 등 귀중품, 미주(美酒)와 성찬을 갖춘 연회, 구나(驅儺) 등 절일(節日)에 따른 궁중 풍속과 능행(陵幸) · 열무(閱武) · 친잠(親蠶) 등의 의례(儀禮)를 두루 다루고 있다. 또한 금 · 은 · 옥 등 각종 보석을 동원한 비유, 적색 · 황금색 등 강렬한 색채어, 천 · 만 등의 거대 숫자를 즐겨 사용하고, 봉래산과 백옥경(白玉京), 신선과 선약(仙樂) · 단약(丹藥) 등 도가적(道家的) 이미지를 빈번히 구사하여 왕정을 태평성세로 장식(裝飾)하고 있는 것이다. 그러나 「봉소여향」은 종래의 궁사들과 달리 그러한 수법을 어디까지나 교훈적인 주제와 사상 전달을 위한 수단으로 활용하고 있다.

| | |
|---|---|
| 자줏빛 비단 같은 털빛에 두 눈은 별 같고 | 紫羅毛色眼如星 |
| 발에는 붉은 가죽 띠, 목에는 방울 달았지 | 趾下紅韝項下鈴 |
| 어느 저녁 가을바람에 구름이 만리를 날 듯 | 一夕西風雲萬里 |
| 궁궐 숲에서 훌쩍 날아가버린 해동청이여 | 上林飛去海東靑[70] |

이는 성종이 해동청(海東靑: 보라매)을 놓아 보내도록 한 조치를 예찬한

70) 『환재집』 권2, 장49앞.

제34수이다. 성종 4년(1473) 응방(鷹坊)이 혁파된 뒤에도 여전히 해동청이 양육되고 있었는데, 대사간이 "신하와 백성들로 하여금 성상께서 숭상하시는 바가 외물(外物)에 있은 적이 없음을 분명히 알게 하소서"라고 상소를 올리자 왕이 즉시 이를 놓아주도록 명했다고 한다. 그런데 이같은 사실은 『국조보감』을 인용한 주에만 밝혀져 있다.[71] 시에서 박규수는 자줏빛 털과 빛나는 눈, 사냥을 위한 가죽 띠와 방울로써 해동청의 특징을 예리하게 포착한 다음, 성종의 지시로 해동청이 놓여난 광경을 '가을바람을 타고 멀리 사라진 구름'에 적절히 비유하여 묘사하고 있을 뿐이다. 따라서 주를 함께 읽지 않으면, 해동청을 아낌없이 놓아준 고사를 통해 성종의 검덕(儉德)을 예찬하고자 한 주제의식을 간취하기 쉽지 않을 만큼 이 시는 그 자체만으로도 뛰어난 묘사를 갖춘 아름다운 궁사라고 볼 수 있다.[72]

우리나라에서 궁사는 고려 말부터 출현하기 시작하여 조선조에 들어오면 국초의 관각문인(館閣文人)들에 의해 주로 창작되다가 조선 중기에 이르러 전성기를 맞게 된다. 허균(許筠)의 「궁사」는 이 시기를 대표하는 걸작이다.[73] 이러한 궁사의 전통에 비추어볼 때 「봉소여향」은 허균의 「궁사」의 뒤를 잇는 작품이라 할 수 있다.

허균과 박규수는 왕건의 「궁사」를 전범으로 삼아 똑같이 100수에 달하는 장편의 궁사를 지었다. 그럼에도 불구하고, 두 사람은 모두 왕건의 「궁사」나 이를 계승한 후대의 궁사들에 대해 비판적이었다. 허균은 「궁사」 서문에서, 왕건의 작품이 '궁중의 희락(戱樂)'을 노래하여 교훈이 되기에 부족하다고 비판하면서 자신은 후사(後嗣)에게 모범이 되는 임금과 왕후의 덕을 노래함

71) "使臣民曉然知聖上所尙未嘗在外物也."(『환재집』 권2, 장49뒤)

72) 그 점에서 이 시는 왕건의 「궁사」 중 매 사냥 장면을 묘사한 제24수, 즉 "內鷹籠脫解紅絛, 鬪勝爭飛出手高. 直上碧雲還却下, 一雙金爪掬花毛"(『王司馬集』 권8, 장15뒤, 『欽定四庫全書』)에 비견할 만하다고 하겠다.

73) 이희목, 「이조 전기 館閣文人들의 '궁사' 연구」, 『대동문화연구』 29, 성균관대 대동문화연구원 1994; 이희목, 「이조 중기 唐詩風 시인들의 '궁사' 연구」, 『한문교육연구』 15, 한국한문교육학회 2000 참조.

으로써 세상을 훈도하겠노라고 밝혔다.[74] 이처럼 종래 궁사의 향락적인 작풍을 비판하고 교훈적 창작 의도를 피력한 점은 「봉소여향」의 서문과 상통한다. 이에 따라 허균은 선왕(先王) 선조와 의인왕후(懿仁王后)의 성덕을 추모하는 「궁사」를 지었으며, 박규수는 역대 임금들의 성덕을 찬양하는 「봉소여향」을 지은 것이다. 그러므로 이 두 작품은 주제 면에서도 임금의 효행, 근학(勤學)과 검덕(儉德), 백성에 대한 갖가지 시혜 조치, 존명사대를 예찬하고 있는 등, 뚜렷한 공통점을 보여준다.

양자의 차이가 있다면, 우선 허균의 「궁사」가 군주 일대(一代)의 고사를 다루고 있는 데 비해 「봉소여향」은 역대 군주들의 고사를 다루어 훨씬 폭넓은 역사 공간을 무대로 하고 있다는 점이다. 또한 「궁사」는 그 서문에서 밝히고 있듯이 은퇴한 궁녀로부터 얻은 전문(傳聞)에만 의거하고 자주(自註)가 없는 데 비해, 「봉소여향」은 광범한 문헌자료들을 동원하고 작품 전편에 걸쳐 자상한 주를 붙였다. 뿐만 아니라 허균의 「궁사」는 선조와 의인왕후의 고사 외에도 궁중 풍속과 궁녀들의 생활상을 다룬 시가 절반을 차지하고 있어,[75] 주제가 분열되고 구성이 산만한 폐단을 면하기 어렵게 되었다. 그에 비하면 「봉소여향」은 모범적인 군주상을 제시한다는 주제의식으로 일관되어 있을 뿐 아니라,[76] 앞서 언급했듯이 서두의 제1·2수와 결미의 제99·100수를 상호 조응하게 함으로써 상대적으로 탄탄한 구성을 갖추었다고 볼 수 있다. 이렇게 볼 때 「봉소여향」은 일찍이 허균이 시도했던 궁사의 혁신을 더욱 철저히 밀고 나간 작품이라 하겠다. 요컨대 19세기 한시사에서 박규수의 「봉소여향」은 궁사의 향락적 작풍을 지양(止揚)하고자 했던 허균의

74) 『惺所覆瓿藁』 권2, 「宮詞」 序, 『허균전집』, 성균관대 대동문화연구원 1981, 35면.

75) 그중 궁녀의 愁怨이나 심지어 對食(동성연애)을 노래한 시들은 허균 스스로 비판한 종래의 궁사와 하등 다를 바 없다고 하겠다. 왕건의 「궁사」도 궁녀들의 일상생활을 노래한 시들을 다수 포함하고 있는데, 제46수는 심지어 궁녀의 月經을 소재로 한 시이다.

76) 따라서 왕건이나 허균의 궁사와 달리 궁녀의 哀歡을 노래한 시가 단 1수도 포함되어 있지 않다.

노력을 계승하면서 예술적으로도 빼어난 성과를 거둔 작품으로 평가될 수 있다.

## 4. 「숙수념행」

「숙수념행(孰遂念行)」은 박규수가 「봉소여향」에 연이어 지은 또 한 편의 장시이다. 세모를 맞아 감회를 토로한 작품으로, 원래의 작품 제목은 「백설세모행(白雪歲暮行)」이었다. 시에 붙인 짧은 서문에서 박규수는 "기축년(己丑年: 1829) 동짓날 밤에 왕용표(王龍標)의 「공후인(箜篌引)」을 읽고 붓을 들어 이를 모방하였다. '제목을 뭐라고 하는가?'라고 누군가가 묻기에, 창졸간에 답하기를 '이는 「백설세모행」이다'라 했다"고 밝히고 있다.[77] 즉 당나라 시인 왕창령(王昌齡)의 「공후인」을 본받아 지었으며, 시 제목은 즉흥적으로 붙였다는 것이다.

그런데 이와 동일한 작품이 「숙수념행」이란 제목으로 전하고 있을 뿐 아니라 거기에는 위와 전혀 다른 장문의 서문이 붙어 있어 주목된다.[78]

제때를 만나지 못해 노상 강개하고 격앙하니, 뛰어난 재능을 품은 선비라면 이러한 염원이 없을 수 없다. 무릇 군자의 때가 있고 소인의 때가 있으며, 다행한 때가 있고 불행한 때가 있다. 책을 뒤적여 보다가 차분히 생각하니 군자의 때는 드물고 소인의 때는 많다. 그러나 소인이 제때를 만나면 다행해야 처형을 면하고 군자가 제때를 만나지 못하면 불행해도 명성을 이룬다. 이에 "군자는 어디 가든 불우하지 않고 소인은 어디 가든 불우하다"고 말할 수 있겠다.

아아! 기로(耆老)에게서 훌륭한 덕을 이어받고 행동으로 세상의 모범이

77) "己丑冬至夜, 讀王龍標箜篌引, 援筆效之. 有問, 題名云何? 倉卒答曰, 此白雪歲暮行."(『환재집』 권2, 장32뒤) 기축년 동지는 1829년 12월 22일(음력 11월 27일)이다.

78) 無題 筆寫本(文友書林 소장)에 수록되어 있다. 이 자료는 김채식, 「어당 이상수의 山水論과 '東行山水記'」, 성균관대 석사논문 2001에 처음 소개되었다(30면, 주113).

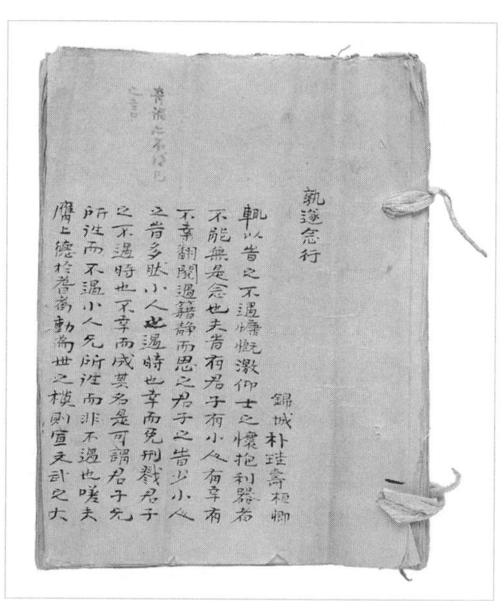

孰遂念行

錦城 朴珪壽 桓卿

輒以旹之不遇慷慨激仰士之懷抱利器者
不能無是念也夫旹有君子有小人有幸有
不幸翻閱過籍靜而思之君子之旹少小人
之旹多然小人之遇時也幸而免刑戮君子
之不遇時也不幸而成其名是可謂君子之
所往而不遇小人之所往而非不遇也嗟夫
膺上德於耆衞動爲世之模則宣文武之大

「숙수념행」이 수록된 필사본. 문우서림 소장.

된다면 문무의 위대한 방략을 널리 떨쳐 아름다운 명성을 무궁토록 빛내리니, 이것이 군자의 큰 소원이요 또한 독서인의 망령된 염원이다. 고금을 통틀어 이같은 염원을 이룰 수 있었던 이 누구였던가!

바람 불고 눈 내리는 세모에 평소처럼 지내며 묵묵히 생각하노니, 오랜 친구 중에 경사(經史)를 알고 옛사람을 사모하여 공부하는 이가 서너 사람 있는데 모두 내왕을 오랫동안 끊고 있다. 생각건대 은둔해서 글 읽으며 한을 품은 채 의욕이 없어 그런 것이리라. 그들을 위로하려는 생각에서 마침내 '흰 눈 내리는 세모'에다 뜻을 붙여 이 시를 지었다. 그런데 얼마 지나지 않아 홍장(洪丈) 헌중씨(憲仲氏)의 저서 『숙수념(孰遂念)』을 읽고 그 뜻이 서로 통하는 바 있음에 감동하였다. 그래서 그 책의 이름을 취하여 이 작품의 제목으로 삼았다.[79)]

79) "輒以時之不遇, 慷慨激仰, 士之懷利器者, 不能無是念也. 夫時有君子有小人, 有幸有不幸. 翻閱過籍, 靜而思之, 君子之時少, 小人之時多. 然小人之遇時也, 幸而免刑戮; 君子之

위의 서문에서 박규수는 시의 주제와 창작 동기, 그리고 제목의 유래에 대해 밝히고 있다. 즉 불우한 선비의 이루지 못한 원대한 이상을 노래함으로써 은둔하여 글을 읽고 있는 외로운 벗들을 위로하고자 이 시를 지었다고 한 것이다. 또한 이 시를 짓고 난 뒤 홍길주의 『숙수념』을 읽고 감동한 것이 계기가 되어 시 제목을 「숙수념행」으로 고쳤음도 알 수 있다.[80)]

한편 홍길주 역시 박규수가 『숙수념』의 진정한 가치를 알아보았을뿐더러 나아가 그 책과 동일한 주제와 제목으로 「숙수념행」을 지은 사실을 예찬하였다.

> 『숙수념』이란 책은 몹시 미욱한 사람이 아니라면 모두 마음대로 열람하게 허락했다. 그러나 읽고서 이해하는 자라도 반드시 그 책을 좋아한 것은 아니며, 읽고서 좋아하는 자라도 반드시 그 책을 즐긴 것은 아니며, 읽고서 즐기는 자라도 반드시 더불어 글을 지어 그 책과 하나가 되게 하지는 않았다. 『법언(法言)』이 후세의 자운(子雲: 양웅(揚雄))을 기다리고 『황극경세서(皇極經世書)』가 요부(堯夫: 소옹(邵雍))에게 도로 바쳐졌던 것은, 옛사람들이 크게 탄식한 바이다. 그런데 나는 다행히도 이 세상에서 환재 한 사람을 얻었으니, 연암 옹이 '곁에 한 사람만 있어도 유리창(琉璃廠) 중에 홀로 서서 방황하는 탄식을 면할 수 있겠다'고 말한 경우에 가까울 것이다.[81)]

---

不遇時也, 不幸而成其名. 是可謂, 君子無所往而不遇, 小人無所往而非不遇也. 嗟夫! 膺上德於耆耇, 動爲世之模, 則宣文武之大略, 昭令聞於無窮. 此君子之大願, 而亦讀書者之妄念也. 窮宙以來, 孰有能遂此念者! 歲暮風雪, 端居默念, 知舊中, 解書史, 慕古爲學者, 有三數人, 皆久絶來往. 意者, 窮居讀書, 悢悢無意而然也. 思有以慰之, 乃以白雪歲暮寄意, 而爲此詩. 旣而讀洪丈憲仲氏所著孰遂念書, 感其意之有相發也. 於是取其書名, 而命是篇云爾."

80) 홍길주의 「題桓絅詩卷」 序(『縹礱乙幟』 권8)에 "今春, 桓卿又作七言長篇, 取余所著, 名之曰孰遂念行"이라 한 점으로 미루어, 「백설세모행」을 「숙수념행」으로 改題한 시기는 이 시를 지은 이듬해인 1830년 초로 짐작된다.

81) "孰遂念一書, 苟非大迷惑人, 皆許縱觀. 然讀而知之者未必好之, 讀而好之者未必樂之, 讀而樂之者, 未必與書爲一. 法言之待後世子雲, 皇極書之還呈堯夫, 古人之所太息也. 幸於斯世, 得一桓齋, 庶幾燕巖翁所謂傍有一人者, 尙可免琉璃廠中獨立彷徨之歎."(『孰遂念』,

일찍이 연암은 중국여행 중 북경의 유리창에서 "천하에 한 사람의 지기(知己)만 얻어도 족히 한이 없겠다"고 탄식하면서, "지금 내가 유리창 중에 홀로 섰으나, 그 옷과 갓은 천하 사람들이 알지 못하는 바요, 그 얼굴은 천하 사람들이 처음 보는 바요, 반남 박씨란 천하 사람들이 듣지도 못한 바이다"라고 고독한 심경을 토로한 적이 있다.[82] 홍길주는 『열하일기』 중의 이 대목을 끌어와, 당세에서 자신의 저술을 제대로 알아보는 박규수와 같은 지기를 만난 기쁨을 드러냈던 것이다.

앞서 언급했듯이 홍길주(자 憲仲, 호 沆瀣, 1786~1841)는 홍석주의 아우로서 뛰어난 문인 학자였으며, 연암 박지원의 처조카이자 박규수의 척숙인 이정리와 절친한 사이였다. 그는 이정리를 통해 『연암집』을 처음 빌려 읽고는 심취한 나머지 연암 문학의 열렬한 숭배자가 되었다.[83] 이와같은 연고로 홍길주는 일찍부터 연암의 손자인 박규수의 자질을 알아보고 그의 학업을 격려한 선배 중의 한 사람이었다. 그는 박규수를 '후진 중에서 으뜸가는 인물'로 높이 평가하고, 문장이 박식하고 화려할 뿐 아니라 인품이 매우 고결하다고 칭찬했다고 한다.[84]

『숙수념』(16觀 7책)은 홍길주의 대표적 저술로, 사대부 문인의 이상적인 생활세계를 가상하고 이를 위한 실용적 지침서로 기획된 것이다. 따라서 저술의 체제도 사대부의 이상적인 주거환경을 논한 '원거념(爰居念)' 이하 후

---

壬, 居業念 叔, 장31앞뒤)

『법언』은 揚雄의 저술로, 양웅은 이 책을 알아주는 사람이 없자 '후세의 子雲(양웅의 字)을 기다린다'고 했다. 『황극경세서』는 邵雍의 저술로, 소옹은 이 책을 완성한 뒤 봉하고 그 위에다 '堯夫(소옹의 字)에게 바친다'고 썼다고 한다(『朱子語類』 권53).

82) "天下得一知己, 足以不恨." "今吾獨立於琉璃廠中, 而其衣笠天下之所不識也, 其鬚眉天下之所初覩也, 潘南之朴天下之所未聞也."(『熱河日記』, 「關內程史」, 8월 4일자).

83) 홍길주, 『縹礱乙幟』 권5, 「讀燕岩集」, 권6, 「與李醇溪書」.

84) "(…) 又稱朴桓卿(珪壽之字), 爲後進中第一人物, 而非獨其文之贍博藻華, 其人品之高, 合置諸漢魏間奇偉士."(李憲明, 『西淵聞見錄』, 「沆瀣洪先生遺事」)

서(後序)에 해당하는 '숙수념'까지 모두 '열 가지 염원(十念)'으로 구성되어 있다. 책 제목은 '누가 이러한 염원을 이룰 수 있으랴'라는 뜻으로, 현실에서는 실현 불가능한 포부를 피력했음을 나타낸 것이었다.[85] 아마 박규수는 이와같이 『숙수념』이 불우한 선비의 원대한 꿈을 펼쳐 보인 점에서 자신의 시의 주제와 상통한다고 느꼈던 것이 아닌가 한다.

「숙수념행」은 칠언 104구에 달하는 악부체(樂府體) 장편고시이다. 일운도저(一韻到底)로 매구(每句) 각운을 달았는데 운자는 평성(平聲) 우운(尤韻)에 속한다. 작품은 크게 세 단락으로 나눌 수 있다.

첫째 단락(제1구~제14구)에서는 이 시의 창작 동기를 술회하고 있다. 흰 눈 내리는 세모에 시인은 고루(高樓)에 오른다. 양기(陽氣)가 회복되기 시작한다는 동짓날이건만 추위는 여전히 매섭다. 해가 서쪽으로 빠르게 지고 강물은 하염없이 흘러간다.

| | |
|---|---|
| 세상에서 공업을 세우기는 몹시 요원하니 | 人間事業儘悠悠 |
| 지사에게 앞길에 대한 근심 없을 수 있으랴 | 志士能無長路憂 |
| 술병 두드리며 장가 부르니 노랫소리 맑아라 | 擊壺長歌歌瀏瀏 |
| 강개하여 그대 위해 궁한 시름 풀어주려네 | 慷慨爲君解窮愁[86] |

여기에서 세상에 나아가 공업(功業)을 세우려는 포부를 아직 펴지 못한 채 곤궁하게 지내는 '지사(志士)'는 곧 시인 자신과 그의 벗들을 가리킨다. 또 한 해가 지나가는 세모를 맞으면 지사는 남달리 깊은 우수(憂愁)를 느끼는 법이라, 이에 장가(長歌)를 지어 자신과 같이 강개한 심정일 벗을 위로하

85) 최원경, 「홍길주의 "숙수념"에 대한 일고찰」, 성균관대 석사논문 2002; 김철범, 「홍길주 "숙수념"의 세계」, 『열상고전연구』 17, 2003 등 참조.
『숙수념』은 상상 속의 園林을 그린 명말 청초 문인 黃周星의 「將就園記」에 크게 영향받았는데, 李正履는 『숙수념』을 한두 권만 보고도 이내 그 점을 지적해냈다고 한다(홍길주, 『沆瀣丙函』 권5, 『睡餘瀾筆』 上).
86) 『환재집』 권2, 장32뒤.

고자 한다는 것이다.

이같은 도입부에 이어, 시의 중심부를 이루는 둘째 단락(제15구~제80구)에서는 가상 인물의 일대기(一代記) 형식을 빌려 입신양명의 꿈을 거대한 편폭으로 화려하게 펼쳐 보이고 있다.

우선 제15구에서 제30구까지는 출사(出仕) 이전의 젊은 시절을 노래한다. 영웅호걸의 기상을 타고난 한 청년이 여기에 있다. 그는 천하의 기사(奇士)들을 찾아 중국 산천을 두루 유람한 뒤 협기(俠氣)를 버리고 서적 수만 권을 독파하여 문장의 대가가 되며, 나아가 정도(正道)를 수호하는 사림(士林)의 지도자로 부상한다.

다음으로 제31구 이하 제64구까지는 출장입상(出將入相)의 출세가도를 달리는 사환기(仕宦期)의 삶을 노래한다. 즉 과거에 급제한 주인공은 황제를 측근에서 보필하는 신하가 되어, 도탄에 빠진 창생을 위해 적절한 대책을 마련하고 간신과 탐관오리를 축출하는 데 힘쓴다. 그리고 오랑캐의 침략을 물리치기 위해 몸소 출전하기까지 한다.

| | |
|---|---|
| 수도 일대 호걸들 변방에서 수자리를 사는데 | 三輔豪傑役邊州 |
| 북쪽 변새에선 병사들 함성 그칠 줄 모르네 | 塞北兵聲久未休 |
| 이해득실 지적한 훌륭한 계책 마련하고 | 利害指陳畫良籌 |
| 오랑캐 왕 잡으리라 군주 위해 떨쳐 나섰네 | 奮身爲君禽羌酋 |
| 사자 가죽 갑옷에다 봉황 장식한 투구로 | 狻猊裹甲飛鳳兜 |
| 깃발 휘날리는 십만 용사 거느렸네 | 旌旗十萬擁貔貅 |
| 한 쌍의 창으로 지휘하며 쫓아가 짓밟아서 | 指揮蹙踏雙鐵矛 |
| 손수 오랑캐 왕을 개미 잡듯이 사로잡았네 | 手取戎王等蚍蜉 |
| 음산에서 야간 공격할 땐 눈이 활고자까지 차더니 | 陰山夜獵雪滿彄 |
| 만리장성에서 개선가를 부르며 공후를 연주하네 | 長城凱歌鳴箜篌 |
| 장사들에게 철권(鐵券)이 내리고 포상도 넉넉하니 | 壯士鐵券賞賜優 |
| 황실 창고에 돈과 비단 가득 쌓아두었다네 | 內府金錢堆繒紬[87] |

십만 대군을 이끌고 만리장성 이북의 오랑캐를 격파한 뒤 개선하기까지의 활약상을 힘찬 기세로 노래하면서 한껏 예찬하고 있다. 이처럼 혁혁한 전공을 세우고 돌아온 주인공은 마침내 승상의 지위에 올라, 황제를 도와서 유교의 이상적인 정치를 실현하는 데 진력한다.

이어지는 제65구에서 제80구까지는 치사(致仕) 이후를 노래하고 있다. 연로한 주인공은 공업을 성취하고 영광스럽게 은퇴한 뒤 시골로 물러나 영농에 힘쓰는 한편 자손들을 사랑하며 행복한 노후를 보낸다. 그리고 사후에는 선영에 묻히고 웅장한 묘비가 세워지며, 선조(先朝)의 대신(大臣)으로서 나라를 위해 헌신한 그의 공업을 사신(史臣)이 역사에 기록한다. 이는 생전에 영화를 다 누리고 사후까지 명성을 길이 전하는 이상적인 삶이다. 시인은 “이와같으면 그대여 득의(得意)한 것 아니겠나?(如此於君得意不)”라고 묻는다.[88)]

제81구 이하의 마지막 단락은 결론부라고 할 수 있다. 여기에서 시인은 다시 현실로 돌아와 자성(自省)과 격려의 말로써 시를 마무리 짓는다.

사람으로 해동 구석에 태어나매　人生乃在海東陬
족적이 책구루(幘溝婁)에 이르지도 못했네　足跡未到幘溝婁
텅 빈 방을 배회하니 뜻이 굳세지 못함이요　躄躠空堂意不遒
본 게 적어 잘 놀라니 자라와 고래를 불쌍타 하네　少見多怪憐鼈鰍
하찮은 책들이나마 부지런히 모았건만　兎園冊子勤集裒
세월이 순식간에 지나가니 물거품 되고 마네　光陰倏瞥水上漚
지혜로운 자는 처세하기를 뜬구름처럼 여기니　知者處世若浮雲
근심과 즐거움, 영화와 고생은 본래 혹과 같다네　憂樂榮苦本贅疣[89)]

87) 『환재집』 권2, 장33앞뒤.
88) 『환재집』 권2, 장33뒤.
89) 『환재집』 권2, 장33뒤~34앞. 책구루(幘溝婁)는 고구려의 성으로, 중국과의 교역을 위해 현토군과 경계를 접한 곳에 세워졌다고 한다.

위의 시에서 시인은, 자신이 중국의 동쪽 바닷가 구석에서 태어났을뿐더러 국경 너머 중국 대륙에 다녀온 적도 없어 대해(大海)에서 노는 자라와 고래를 보고 놀라며 불쌍히 여길 정도로 식견이 적고 편벽됨을 자탄한다. 그래서 국내에서 입수할 수 있는 진부한 책들이나마 널리 모아 읽고자 애쓰지만,[90] 세월이 너무나 빨리 지나간다고 안타까워한다. 하지만 공자는 의롭지 못한 부귀를 뜬구름처럼 여기며 청빈한 삶에서 즐거움을 찾았고, 장자(莊子)는 몸에 난 혹이나 사마귀처럼 삶을 무용지물로 여기고 그에 대한 집착에서 벗어나 정신적 자유를 추구하지 않았던가.

이와같은 반성에서 시인은 스스로 용기를 얻는다. 그리고 주(周)나라 초의 공신인 태공망(太公望) 여상(呂尙), 한(漢) 고조(高祖)의 공신인 회음후(淮陰侯) 한신(韓信), 월왕(越王) 구천(勾踐)의 공신이었으나 달아나 거부(巨富)가 된 치이자피(鴟夷子皮) 범려(范蠡), 위(魏)나라 신릉군(信陵君)의 상객(上客) 후영(侯嬴)과 제(齊)나라 맹상군(孟嘗君)의 식객 풍환(馮驩) 등의 사례를 열거하면서, 이들 모두 재야에서 오랫동안 고초를 겪었음을 상기시킨다. 자고로 제아무리 명마(名馬)라도 한때는 기를 펴지 못한 채 짐수레를 끄는 수모를 겪은 적이 있었다는 것이다. 그리하여 시인은 다음과 같이 벗을 격려하며 시를 끝맺는다.

| | |
|---|---|
| 사슴이 맛난 풀을 만나 우는 날 있으리니 | 鹿得美草鳴呦呦 |
| 그대여 멈추지 말고 노력하시오 | 勸君努力莫逗遛 |
| 함 속의 아름다운 옥은 팔리기 어려운 법이나 | 櫝中美玉定難讐 |
| 역사에 그 이름이 천년 만년 전하리니 | 垂之竹帛千萬秋[91] |

위에서 인용한 시의 첫 구는 『시경』 소아(小雅) 「녹명(鹿鳴)」에 출처를

90) 李碩章은 「反孰遂念行」에서 "蓄書縹黃溢篋箱"이라고 박규수의 장서가 풍부함을 칭송하였다(文友書林 소장 필사본).
91) 『환재집』 권2, 장34앞.

둔 표현이다. 사슴이 맛난 풀을 만나면 울음을 울어 서로 부르듯이, 과거에 급제하면 성대한 잔치를 벌여 자축함을 뜻한다. 그 잔치를 '녹명연(鹿鳴宴)'이라고 한다. 셋째 구의 '함 속에 든 아름다운 옥'이란 『논어』 「자한(子罕)」에서 유래한 비유로, 뛰어난 능력을 감추고 있는 인재를 가리킨다. '아름다운 옥'을 품고서 '좋은 상인'을 만나면 이를 팔고자 했던 공자는 종내 자신의 뜻을 이루지 못했어도 그 이름을 천추에 전하고 있다. 시인은 벗들에게 과거에 급제하여 뜻을 펼 날이 올 터이니 쉬지 말고 노력하도록 당부하면서, 설령 그런 날이 오지 않을지라도 공자처럼 아름다운 이름을 역사에 길이 남길 수 있음을 믿자고 한다.

서문에서 박규수 스스로 밝혔듯이 「숙수념행」은 왕창령의 「공후인」을 모방하여 지은 작품이다. 성당(盛唐)의 대표적 시인의 한 사람인 왕창령은 만년에 좌천되어 용표위(龍標尉)를 지냈으므로 '왕용표(王龍標)'라고도 하는데, 변경 지역에서 오랑캐를 상대로 벌이는 전쟁을 소재로 한 변새시(邊塞詩)의 대가로 일컬어진다. 「공후인」은 그가 만년에 지은 변새시의 걸작이다. 한(漢)나라 때를 배경으로, 흉노와의 전쟁에 참전했다가 변방으로 좌천된 나그네가 등장하여 고루에 올라 공후를 연주하면서 전쟁에 동원된 병사들의 비참한 신세를 절절하게 노래하고, 천자에게 중용되어 전쟁 없는 태평성대를 이루려는 염원을 토로한다는 내용이다.[92]

「숙수념행」은 이러한 왕창령의 「공후인」과 여러모로 공통점을 보인다. 우선 두 작품 모두 칠언 악부체의 장시에다 구마다 평성 우운(尤韻)의 각운을 달고 있다. 그리고 불우한 인물이 자신의 염원을 노래한다는 시적 상황 설정도 서로 유사하다. 「공후인」에서 시인의 분신인 작중 화자가 '고루'에

92) 작중 화자가 좌천된 곳이 '盧谿郡' 즉 龍標縣의 故地로 설정되어 있음을 보면(『全唐詩』 권141, 王昌齡2, 「공후인」, 小註) 실은 「공후인」은 용표위로 좌천된 왕창령 자신의 처지를 노래한 작품임을 알 수 있다. 이하 왕창령의 「공후인」에 관해서는 岡田充博, 「王昌齡'箜篌引'考(上)·(下)」, 『名古屋大學文學部硏究論集(文學)』 27·28, 1981·1982; 서성, 『王昌齡詩硏究』, 고려대 석사논문 1994 등 참조.

올라 공후를 연주하며 노래하듯이, 「숙수념행」에서도 시인이 '고루'에 올라 술병을 두드리며 장가(長歌)를 부른다. 이러한 시적 상황으로 인해 비장하면서도 호방한 분위기가 작품 전체를 지배하고 있는 점도 공통적이다.

세부적인 표현에서도 두 작품은 유사한 면을 드러내고 있다. 특히 「숙수념행」에서 전투 장면을 힘차게 그린 대목은 「공후인」을 방불케 한다. 위에서 인용한바 "사자 가죽 갑옷에다 봉황 장식한 투구로/ 깃발 휘날리는 십만 용사 거느렸네/ 한 쌍의 창으로 지휘하며 쫓아가 짓밟아서/ 손수 오랑캐 왕을 개미 잡듯이 사로잡았네"와 같은 대목은 곧 「공후인」에서 "장군의 철총마(鐵驄馬)가 피 같은 땀 줄줄 흘리며/ 흉노 땅에 깊숙이 쳐들어가 전투 아직 그치지 않았네/ 천자의 누런 깃발 한 번 까딱하여 병마를 거두어들이니/ 어지러이 죽은 오랑캐들 언덕처럼 쌓였네"[93]와 같은 대목처럼 매우 생동감 있게 전투 장면을 묘사하고 있다. 뿐만 아니라 '수수(颼颼)' '구주(九疇)' '이우(咿嚘)' '칙사(勅賜)' '변주(邊州)' '비봉두(飛鳳兜)' '공후(箜篌)' '음산(陰山)' '사신(史臣)' 등 두 작품에서 공통적으로 발견되는 시어들도 적지 않다. 이는 「숙수념행」이 「공후인」과 동일한 운자를 사용하고 시적 상황도 그와 유사하게 설정한 결과라 생각된다.

그러나 「숙수념행」은 「공후인」의 단순한 모방작은 결코 아니다. 무엇보다도 먼저 작품의 규모가 훨씬 크다. 「공후인」이 왕창령의 변새시 중 가장 장대(長大)한 작품이지만 총 45구에 그친 데 비해 「숙수념행」은 104구로 2배 이상 길어진 편폭에다, 입신양명의 꿈을 일대기 형식으로 더욱 확대하여 자세하게 그렸다. 병사들의 참상에 촛점을 맞춘 「공후인」과 달리 주인공의 꿈을 중심으로 서사시적 요소를 대폭 강화한 것이다. 그리하여 매구(每句) 압운하는 백량체(柏梁體)와 일운도저(一韻到底)의 형식적 제약에도 불구하고 100구가 넘는 장시를 도도하게 엮어나간 것은, 당시 20대 초에 불과한 박규수가 시인으로서 대단한 기량을 발휘한 것이라 하지 않을 수 없다. 또한

93) "將軍鐵驄汗血流, 深入匈奴戰未休. 黃旗一點兵馬收, 亂殺胡人積如丘."

공후를 연주하며 신세한탄을 시작하는 간략한 도입부에 이어 작중 화자의 회상과 독백체로 일관하다시피 한 「공후인」에 비해, 「숙수념행」은 벗을 향한 대화체를 취하면서 현실에서 꿈으로, 꿈에서 다시 현실로 돌아오는, 훨씬 복잡하면서도 짜임새 있는 구성을 보여준다.

한편 「공후인」은 의고적(擬古的)인 악부체 고시답게 고대를 작중 배경으로 설정하여 당대의 현실을 우회적으로 다루고 있다. 당나라 조정의 변방 정책에 대한 비판과 반전(反戰) 사상은 간접적으로만 드러나 있을 뿐이다. 박규수의 「숙수념행」에서도 입신양명의 꿈을 노래한 중심부는 고대 중국을 배경으로 하고 있으나, 이를 에워싸고 있는 도입부와 결말부의 작중 배경은 어디까지나 당대 조선이다. 그리고 천하의 구석인 해동(海東)에 태어나 웅지를 펴지 못한다는 자의식이 시인이 느끼는 불우함의 원천을 이룬다. 이 점에서도 「숙수념행」은 「공후인」의 아류가 아니며, 당대 조선의 현실에 뿌리를 둔 문제의식을 담고 있는 작품이라 하겠다.

이상에서 살핀 바와 같이 박규수가 무려 104운이나 구사하여 불우한 지사의 원대한 꿈을 도도하게 노래한 고시 「숙수념행」을 발표하자, 그와 교유하던 주위 문인들로부터 큰 반향이 일었다. 박규수의 벗 이석장(李碩章)[94]은 이 시에 화답하여 「반숙수념행(反孰遂念行)」을 지었다. 그 서문에서 이석장은 "사람이 세상에 태어나 다만 염원이 없음을 걱정할 것이지, 만약 이런 염원이 있다면 어찌 혹시라도 이루지 못할 리가 있으랴!"라고 하면서, 박규수의 시를 읽어보니 "개연(慨然)하여 거듭 한탄하는 내용이 있다. 환재의 나이 겨우 약관인데, 어찌하여 갑작스레 이같은 감회가 있는 것인가? 나는 그의 언사(言辭)를 장대하게 여기면서도, 또한 그의 뜻을 안타까이 여겨" 반

94) 생몰 미상. 詩人으로, 자는 云絅이다. 이정리 · 이정관 형제의 族子로, 박규수와 함께 그들에게 학문적 지도를 받았다. 또한 金邁淳과 홍길주를 從遊했으며, 홍길주의 아들 홍우건과 함께 과거 공부를 하기도 했다(홍길주, 『표롱을첨』 권5, 「贈李盥汝序」, 권8, 「題桓絅詩卷」 序; 홍길주, 『항해병함』 권4, 「訪臺山歸有作奉寄」; 金尙鉉, 『經台詩存』, 「又疊前韻贈李生云絅碩章」; 李憲明, 『西淵聞見錄』, 「沆瀣洪先生遺事」).

박하는 시를 짓노라고 했다.[95] 벗 홍우건(洪祐健)도 「숙수념행」을 읽고 이에 화답하는 시를 지었다.[96]

홍길주는 박규수의 「숙수념행」과 이석장의 「반숙수념행」을 읽고 느낀 소감을 오언 200구의 장시로 지었다.[97] 그 서문에서 홍길주는 "지난해 가을에 박환경(朴桓卿)이 그의 저술 『상고도(尙古圖)』를 보아달라고 보내면서 나에게 글을 구해 서문으로 삼았다. 금년 봄에 환경이 또 칠언 장편을 짓고는 나의 저서에서 이름을 취하여 「숙수념행」이라 명명했으며, 그의 벗 이운경(李云絅)이 반박하는 내용으로 화답했는데, 그 내용과 수사가 모두 웅대하여 경탄스럽다"고 했다.[98]

시의 서두에서 홍길주는 "호탕한 여음 다하지 않았는데/ 다시 금옥 소리 맑게 일어나네/ 국풍(國風)과 이소(離騷)가 번갈아 이어지니/ 조비(曹丕)나 유협(劉勰)인들 평할 수 있으랴"라고 하였다. 박규수가 『상고도 회문의례』를 완성한 지 얼마 안 되어 다시 「숙수념행」을 창작한 사실을 거론하고, 이 시가 『시경』 국풍과 『초사(楚辭)』의 수법을 번갈아 구사하여 조비나 유협

---

95) "人之生世, 祗患無念. 苟有是念, 寧或有不遂之理哉! (…) 今讀其詩, 慨然有三嘆之旨. 桓齋, 年纔弱冠, 何遽有此懷耶? 余旣偉其言, 壯其辭, 而又閔其志也. 以黃河起興而爲之反云爾."(文友書林 소장 필사본)

「반숙수념행」은 칠언 104운(평성 陽韻) 104구로 되어 있으며, 박규수의 「숙수념행」과 반대로 黃河의 기세로 큰 뜻을 이루리라는 낙관주의를 노래하고 있다.

96) 「讀朴桓齋孰遂念行 偶吟仍寄」(文友書林 소장 필사본). 칠언 100운(上聲 紙韻) 100구이다.

홍우건(자 元龍, 호 原泉, 1811~1866)은 홍길주의 아들로, 헌종 2년(1836) 문과 급제 후 철종 · 고종 연간에 대사성 · 예문 제학 · 이조 참판 · 예조 판서 등을 지냈다. 문집으로 『居士詩文集』이 있다.

97) 홍길주의 『표롱을첨』(권8)에 序와 함께 「題桓絅詩卷」이란 제목으로 수록되어 있으나, 文友書林 소장 필사본에는 「讀朴桓卿李云絅詩 感而有題 呈醇溪」이라는 제목으로 실려 있으며, 序가 없다. 벗 李正履에게 증정한 작품이다. 작중에 "五月山如睡"라고 한 구절로 미루어 1830년 음력 5월에 지은 듯하다.

98) "去歲秋, 朴桓卿寄示所作尙古圖, 求余爲序. 今春, 桓卿又作七言長篇, 取余所著書, 名之曰孰遂念行, 其友李云絅, 和之以反, 其意其詞, 皆鉅偉可驚."(홍길주, 『표롱을첨』 권8, 「題桓絅詩卷」 序)

같은 옛날 중국의 고명한 문학비평가들조차 평하기 어려울 정도라고까지 극찬한 것이다. 이어서 「숙수념행」의 주제를 요약하여, “훈명(勳名)을 정이(鼎彝)에다 새기고/ 덕음(德音)을 패옥(佩玉) 소리처럼 떨치리라/ 이와같은 염원 누가 이룰 수 있으랴/ 자주 한탄하며 마음을 평정하기 어려워라”라고 노래하였다.[99]

후일 어당(峿堂) 이상수(李象秀)[100] 역시 박규수의 「숙수념행」을 읽고 나서 감탄하는 발문을 남겼다.

> 처음에 내가 남의 집에서 환재의 시를 보았더니, 웅장 화려하고 문장이 우아함이 대가의 솜씨였다. 또 홍취에 가탁한 그 수법은 노숙하지 않고서는 불가능한지라 요즈음의 작품이겠거니 생각하고는, 귀가하여 마침내 그 시에 차운하였다. 급기야 그 원본과 아울러 이석장・홍길주 부자의 시들을 보게 되었는데, 그런 뒤에야 그때 그의 나이 겨우 이십여 세임을 알았다. 그의 뛰어난 재주가 숙성함에 속으로 탄복하고 망연자실하였다.[101]

여기에서 이상수는 「숙수념행」의 뛰어난 점을 정확히 지적하고 있다. 앞

---

99) “勳名刻鼎彝, 德音振瑀珩. 此念孰能遂, 三嘆意難平.” 鼎彝는 宗廟의 祭器를 가리키고, 德音은 名望을 뜻한다.

100) 이상수(자 汝人, 1820～1882)는 본관이 全州이고, 이름을 ‘亩相’ 또는 ‘亩秀’라고도 하였다. 梣溪 尹定鉉의 門客으로 塾師가 되어 그 아들 尹泰經과 손자 尹秉綬를 가르쳤다. 1859년 진사 급제 후 懷仁・淸州 등지에서 훈장으로 가난하게 살았다. 말년에 經筵官 등에 제수되었으나 취임하지 않았다. 박규수뿐 아니라 金正喜・金尙鉉・徐承輔・申櫶・姜瑋・李黃中・任憲晦 및 族親인 李建昌 등과 교분이 있다. 壺山 朴文鎬는 그의 수제자이다. 문집으로 『峿堂集』이 있으며, 李琦 편, 『朝野詩選』 권2에 그의 시 17편이 실려 있다. 이상수의 생애에 관해서는 김채식, 앞의 논문, 8～38면 참조.

101) “始余從人家見桓齋詩, 其宏深巨麗, 文章爾雅, 大家手也. 又其所以托興寄意, 非老成有不能, 意其爲近日作, 歸而遂和之. 及覽其原本, 並李云絅・洪沆瀣父子諸詩, 然後知其時年纔二十有餘歲矣. 內服其高才夙成, 惘然自失 (…).”(文友書林 소장 필사본)

발문을 지은 시기는 ‘彊圉浹洽律中太簇(簇-呂의 誤記)望日臘’ 즉 丁未年(헌종 13년) 12월 15일(양력 1848년 1월 20일)로 밝혀져 있다.

서 살핀 대로 「숙수념행」은 입신양명의 원대한 꿈을 웅장하고 화려하게 노래할 뿐 아니라 여러 고전들에 출처를 둔 우아한 표현을 즐겨 구사했으며, 흰 눈 내리는 세모에 홀로 높은 누각에 올라 장가를 읊는다는 시적 상황에 가탁하여 자신의 강개한 심정을 능숙하게 표현했다고 볼 수 있기 때문이다.

또한 이상수는 「숙수념행」에 차운하여 「화숙수념행(和孰遂念行)」을 지었다. 그 시의 서문에서도 그는 "박환재에게 「숙수념행」이란 시가 있는데, 그의 젊은 시절 작품이다. 얻어서 읽어보고 거듭 감탄하지 않은 적이 없어, 비루하고 망령됨을 헤아리지 않고 곧 흉내내어 그보다 훨씬 못한 후속작을 지었다"[102]고 하여, 박규수의 조숙한 천재와 「숙수념행」을 극구 칭송했다.

이와같이 「숙수념행」은 저명 문인인 홍길주로부터 칭찬을 받았을뿐더러 「반숙수념행」 「화숙수념행」 등과 같은 후속작이 출현했을 만큼 주변 문사들에게 큰 반향을 일으킨 작품이었다. 그러나 이 시는 전체적으로 어둡고 쓸쓸한 분위기를 짙게 띠고 있다. 여기에서 시인은 입신양명의 영화로운 삶을 한껏 펼쳐 보이고 있지만, 그것은 고대 중국을 무대로 한 한바탕의 꿈일 뿐이다. 흰 눈 내리는 세모, 홀로 오른 고각, 빠르게 저무는 해와 하염없이 흘러가는 강을 배경으로 시인은 과연 장차 포부를 펼 수 있을지 근심하고 있다. 그리고 여상(呂尙)과 한신(韓信), 범려(范蠡) 등의 사례를 열거함으로써, 고금의 역사에서 큰 공업을 세운 인물일지라도 흔히 오랫동안 실의(失意) 상태를 겪어야 했던 사실을 시인이 깊이 자각하고 있음을 보여준다.

「숙수념행」이 이처럼 비탄조를 띠고 있는 데 대해 이석장은 '환재의 나이 겨우 약관인데, 어찌하여 갑작스레 이같은 감회가 있는 것인가?'라고 의아해 하였다. 기실 이러한 작품 분위기는 당시의 정국에 대한 박규수의 비관적 전망을 반영한 것이라 짐작된다. 효명세자가 왕권강화의 일환으로 박규수와 같은 인재의 발굴에 힘쓰던 대리청정기는 치열한 정치적 분쟁의 시기이기도

102) "朴桓齋有詩曰孰遂念(行), 其少時作也. 得而讀之, 未嘗不三嘆, 不揆鄙妄, 輒擬續貂." (文友書林 소장 필사본) 「화숙수념행」은 칠언 98구이다.

했다. 국정의 주도권을 놓고 효명세자와 외척 안동 김씨 세력 간에 격심한 갈등이 빚어졌기 때문이다.

이러한 와중에 박규수의 정치적 앞날도 점차 불투명해진다. 앞서 언급했듯이 「봉소여향」을 지어 바침으로써 박규수는 시인으로 크게 명성을 얻었을 뿐더러 효명세자가 그를 각별히 총애한다는 사실이 널리 알려지게 되었다. 그럼에도 불구하고 효명세자의 대리청정기에 과다할 정도로 빈번히 실시되었던 과거에 박규수는 끝내 급제하지 못했다. 아우 박선수(朴瑄壽)가 지은 행장에서는 "이때 명성이 자심하여, 사람들이 모두 조만간 급제하리라고 말했으나 뜻대로 안 되고 시일만 보냈다"고 적고 있다. 그리고 덧붙이기를, 이는 효명세자가 "그의 재주를 노숙하게 한 뒤 기용하고자 한 때문인 듯하다"고 했지만[103] 그보다는 효명세자가 자신의 뜻대로 박규수와 같은 신진세력들을 적극 기용하기에는 아직 정치적 여건이 성숙하지 못했던 탓으로 보아야 할 것이다.

「숙수념행」은 이같은 시국에 처한 시인의 암울한 심정을 표출한 작품이라 볼 수 있다. 그런데 이 시를 지은 직후인 순조 30년(1830) 5월 효명세자가 급서하고 이를 계기로 박규수도 향후 18년간의 긴 은둔생활로 접어든다. 시에서 예견했던 대로, 오랜 실의의 시절이 그를 기다리고 있었던 것이다. 그러므로 헌종 말년에 박규수의 「숙수념행」을 읽고 감탄하여 쓴 발문에서 이상수는 이렇게 술회하였다.

> (…) 그러나 환재는 한창 강장(强壯)하여 벼슬할 나이인 마흔 살이 넘었는데도 하찮은 관직 하나 제수받지 못한 채 굶주림을 참으며 글을 읽고 있다. 형제가 두문불출하고 지내며 굶주림과 추위를 한꺼번에 겪고 있다. 그에게 재주를 풍성히 주면서도 벼슬은 인색하다니 사리가 어찌 이럴 수가 있는가? 누군가는 '명(命: 운명)'이라고 말하지만, 아니다. '우(遇: 때)'이다.

103) "是時, 聲名藉甚, 人皆謂朝夕登第, 而蹉跎逾時. 盖欲老其才而用之也."(『환재집』 권1, 「節錄瓛齋先生行狀草」, 장5앞)

'우(遇)'란 '시(時)'를 이르는 말이다(시대를 만나지 못해 불우하다는 뜻—인용자). 그의 시를 살펴보면 그 역시 스스로 이와같이 될 줄을 안 지가 이미 오래되었다.[104)]

이상에서 살펴본 바와 같이 수학기에 박규수는 조숙한 시적 재능을 발휘하여 주옥같은 작품을 많이 남겼다. 불과 열세 살 때 지은 「성동시」가 박규수의 조숙한 천재성을 입증한 최초의 한시라면, 『대동시선』에 선록(選錄)된 「석경루 잡절」과 「강양죽지사」는 각각 조선 후기의 산수시와 죽지사를 논할 때 간과할 수 없는 성과라 할 수 있다. 「도봉기유」는 연암과 박규수의 영향 관계를 통해 실학과 문학이 19세기에 면면히 계승되어간 양상을 보여준 점에서 독특한 문학사적 의의를 지닌다. 효명세자에게 지어 바친 「봉소여향」은 조선 중기 허균의 「궁사」를 계승하고 있는 19세기 궁사의 걸작이며, 「숙수념행」은 그에 화답하는 시들이 속출했을 만큼 문단의 반향이 컸던 작품이다. 이 두 편의 시로 인해 박규수는 시인으로서의 명성을 크게 얻게 된다. 이렇게 볼 때 박규수의 생애에서 수학기는 무엇보다도 문학의 시대였다고 할 수 있다. 이것은 그에 이어지는 은둔기가 예학(禮學) 연구에 치중한 학문의 시대요, 그후 만년까지의 사환기가 정치적 활동기였던 점과 뚜렷이 대비된다. 박규수의 수학기 한시들은 조숙한 천재 시인의 출현을 알리고 있다.

104) "(…) 然瓛齋, 方年踰強仕, 不霑一命, 忍饑看書. 兄弟杜門却掃, 飢寒並集. 豊其才而嗇其祿, 豈物理然歟? 或曰, 命也. 非也, 遇也. 遇也者, 時之謂也. 觀其詩, 亦已自知其如此久矣."(文友書林 소장 필사본)

제5장

# 첫 저작 『상고도 회문의례』

## 1. 저술의 체제와 전거

『상고도 회문의례(尙古圖會文義例)』(이하 『상고도』로 줄임)는 박규수의 초기 사상과 학문을 집대성하고 있는 16권 16책의 방대한 저작이다. 이는 수학시절 박규수가 역대 중국의 뛰어난 인물들에 관한 글을 경사자집(經史子集)을 망라한 광범한 서적에서 발췌하고, 이를 바탕으로 자신의 경륜을 펼쳐 보인 거작인 것이다. 그럼에도 불구하고 『상고도』는 그중 극히 일부 내용만이 세간에 알려져 있었으며, 오랫동안 전모가 드러나지 않은 탓에 학계의 주목을 거의 받지 못했다.

1913년에 간행된 그의 문집 『환재집』에는 「상고도 안설 십칙(尙古圖按說十則)」이라는 제목으로 원래 『상고도』에 수록된 480개 조목의 안설(按說) 중 겨우 10개 조목만이 발췌·소개되었을 뿐이다. 영남대 도서관에 소장되어 있는 『상고도 회문의례 중 초(尙古圖會文義例中抄)』(1책) 역시 「상고도 안설 십칙」과 일부 중복되는 17개 조목을 수록하고 있을 따름이다. 그리하여 그동안 후손가에 비장(秘藏)되어온 『상고도 회문의례』 전질은 1996년 성균관대 대동문화연구원에서 간행한 『환재총서(瓛齋叢書)』의 일부로서 학계에 처음 공개되었다.

『상고도』는 『거가잡복고』와 더불어 박규수가 남긴 대표적 저작이다. 이 저작의 가치를 가장 먼저 알아본 인물은 홍길주였다. 그는 『상고도』의 서문에서 그 내용이 해박하고 논변이 정확하다고 높이 평가했으며, 그 책의 도처에 붙인 평어에서도 찬사를 아끼지 않았다. 뿐만 아니라 홍길주는 자신의 저작 『숙수념』에서도 근세의 뛰어난 문장으로 이정리와 이정관의 글을 꼽은 다음에 이렇게 말했다.

> 연암 옹의 손자 환재 씨는 스무 살의 한창나이에 비범한 재주를 지니고 옛책을 널리 보아 그 기상을 당할 사람이 없다. 『상고도설(尙古圖說)』 약간 권을 지었는데 그중의 대의론(大議論) 수십 조는 몹시 빼어나고 웅장하여 한계를 짐작할 수 없다. 진실로 옛사람이 "천하의 문장은 내가 없다면 아사(阿士)에게 돌아갈 것이다"라고 말한 것과 같은 경우이다.[1)]

이정리·이정관과 박규수의 관계를 중국 남북조(南北朝) 시대의 뛰어난 문인으로 숙질간이었던 왕융(王融)과 유효작(劉孝綽)에 비기면서 『상고도』를 '천하의 문장'으로 극찬한 것이다. 또한 홍길주는 박규수의 「숙수념행」을 읽고 나서 지은 시에서도 특별히 『상고도』를 거론하여 거듭 칭찬해 마지않았다.

---

1) "燕巖翁之孫桓齋氏, 妙年挾邁往之才, 博觀古書, 志氣無前. 作尙古圖說若干卷, 其大議論數十條, 飄逸奇壯, 不可涯涘矣. 眞古人所謂天下文章, 若無我, 當歸阿士者也."(홍길주, 『孰遂念』, 壬, 居業念 叔, 장31앞)

'阿士'는 劉孝綽(481~539)의 小字이다. 옛사람이 했다는 말은 『梁書』 권33, 「劉孝綽傳」에 나온다. 王融(468~494)이 그의 조카인 神童 유효작의 문학적 천재를 칭찬하며 한 말이다.

제목을 '상고도'라 했는데 題云尙古圖
글자가 산천 정기 품었구나 字挾河嶽精
누가 능히 이런 문장 지었나 誰能爲此文
성은 박이요 본관은 금성 姓朴系錦城
그 이름은 규수이고 其名曰珪壽
그의 자는 환경이라네 其字曰桓卿
환경의 나이 몇이냐면 桓卿年幾何
스무 살 조금 넘었는데 二十稍有贏
붓 잡으면 천고에 거칠 것 없어 握筆無千古
기염 토하며 천하를 비좁게 여기고 吐氣狹八紘
곤륜산 최고봉을 崑崙冣上峰
첫 출발지로 삼는다네 視爲初發程[2)]

이어서 홍길주는 "붓으로 불두(佛頭)를 더럽히자니/ 내 얼굴 막 붉어지네"[3)]라고 하여, 『상고도』와 같은 웅대한 저작에 자신이 변변찮은 서문을 지어준 것이 부끄럽다고까지 하였다.

한편 대리청정기에 인재 발굴에 힘쓰던 효명세자도 바로 이 『상고도』를 보고 박규수의 재능을 인정하게 되었다고 한다. 당시 성균관 유생을 대상으로 한 전강(殿講)에서 박규수를 눈여겨보았던 효명세자는 그의 조부인 연암 박지원의 문집을 바치도록 명하고 아울러 그에게도 저술을 진상하라고 하교했다. 이에 박규수가 『상고도』를 바치자, 효명세자는 저술을 숙독하니 학문이 풍부함을 알겠다고 칭찬하면서 필묵과 부채를 하사했다는 것이다.[4)] 앞서 논한 「봉소여향」은 『상고도』를 통해 박규수의 뛰어난 재능을 확인한 효명

2) 홍길주, 『縹礱乙幟』 권8, 「題桓絅詩卷」(박무영 · 이주해 외(역), 『표롱을첨(중)』, 태학사 2006, 275~276면). 錦城은 羅州의 옛이름으로, 박규수의 본관은 나주의 속현인 潘南이다.
3) "蘸管汚佛頭, 我顔方有騂." '佛頭를 더럽힌다'는 것은 남의 글에 서문을 지어줄 때 흔히 쓰는 謙辭이다.
4) 『환재집』 권1, 「節錄瓛齋先生行狀草」, 장4뒤~5앞.

세자가 다시금 그에게 글을 지어 바치도록 명하여 이루어진 것이었다.

이처럼 『상고도』는 젊은 시절의 박규수에게 홍길주와 같은 저명한 선배 문인들은 물론, 효명세자로부터도 크게 인정받는 영예를 가져다주었다. 그러나 효명세자가 급서하고 그에 따른 충격으로 박규수가 오랜 은둔생활로 접어들게 되자, 『상고도』 역시 널리 유포되지 못한 채 점차 세인의 기억에서 잊혀져갔던 듯하다. 이러한 사정은 박규수의 아우인 박선수(朴瑄壽)가 후일 한장석(韓章錫)에게 보낸 한 편지에서 엿볼 수 있다.

> 『상고도』는 비록 가형(家兄)이 자기를 낮추어 약관 시절의 붓장난으로 간주하기는 했으나, 아우인 저에게는 마치 대규(大圭)나 홍벽(弘璧)처럼 귀중합니다. 그러므로 한번도 남에게 가볍게 빌려준 적이 없는데, 이제 애호하는 군자를 만났으니 또한 어찌 아끼며 숨겨두리이까? 여기 있는 초고에 붉은 글씨로 비평한 것은 바로 항해(沆瀣) 선생의 친필이지요. 힘차면서도 꾸밈이 없어 마치 그분의 모습을 대한 듯하니, 형께서 책을 펴 보시면 경애하는 마음이 특히나 남들과 비교가 되지 않으리라 생각합니다.[5)]

이와같이 『상고도』는 오래전부터 집안에 비장되어 가까운 몇몇 지인(知人)들 사이에만 그 존재가 알려졌던 것 같다. 위의 편지에서 박선수가 『상고도』에 홍길주의 친필 평어가 적혀 있음을 강조한 것은 한장석이 홍석주의 외손자였기 때문이다. 그리하여 『상고도』를 소중히 간직해오던 박선수는 형의 문집을 편찬할 때 『상고도』가 너무 방대하므로 부득불 그중의 안설 10개

5) "尙古圖, 雖係家兄自謙爲弱冠弄翰, 在蘇子由, 則寶重若大圭弘璧, 故未嘗輕易借人. 今遇愛好君子, 亦何能靳秘耶? 此有艸藁批評朱筆, 卽沆瀣先生手墨也. 淋漓爛漫, 如對典型, 想兄披閱, 敬愛尤非他人比."(韓章錫, 『經香館朶雲帖』, 朴瑄壽의 편지)

한장석(1833~1894)은 홍석주의 門人인 참판 韓弼敎의 아들이자 홍석주의 외손자였다. 고종 8년(1871) 柑製에 박규수가 主考로서 한장석을 발탁하여, 박규수와 한장석은 座主와 門生의 관계가 되었다(한장석, 『眉山集』 권13, 「先考墓表」, 「家狀」, 권14, 「年譜」, 辛未 12월; 『승정원일기』, 고종 8년 12월 18일).

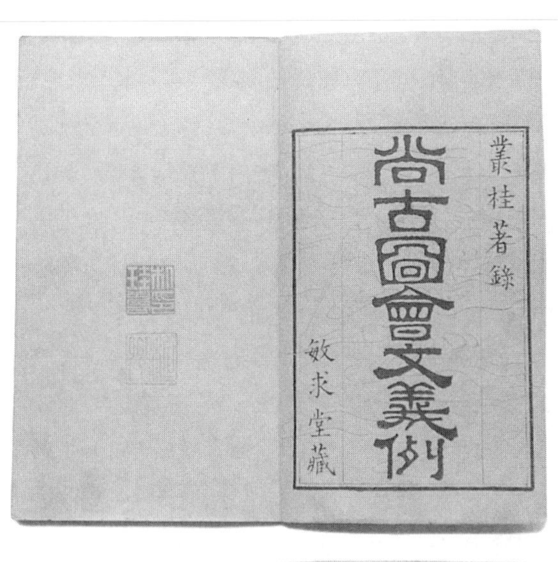

叢桂著錄

尚古圖會文義例

敏求堂藏

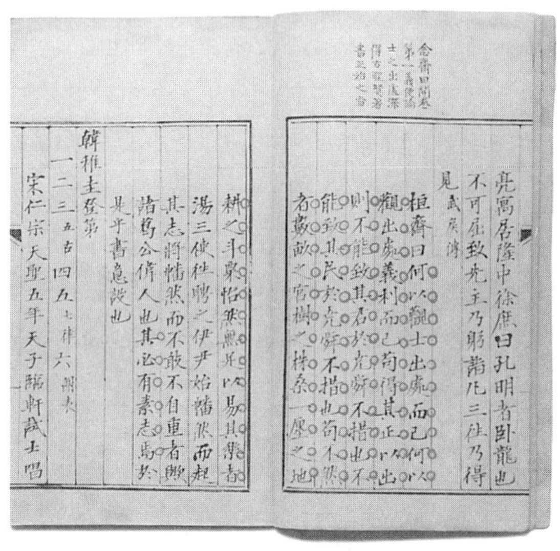

『상고도 회문의례』의 속표지(상)와 같은 책 본문 일부(하).

조만 발췌하여 문집 끝에다 첨부해두었다.[6] 박규수의 문인 김윤식(金允植)이 편한 『환재집』은 박선수가 해놓은 작업을 바탕으로 한 것이어서, 결국 『상고도』는 오랫동안 극히 단편적인 모습으로만 세간에 알려지게 된 것이다.

『상고도』는 세로 21.5㎝ 가로 13.4㎝이고 한 면은 8행에 행당 16자로 되어 있는 필사본이다. 안 표지에는 "총계 저록(叢桂著錄) 상고도 회문의례(尙古圖會文義例) 민구당 장(敏求堂藏)"이라 적혀 있다. 여기에서 '총계 저록'이란 조부 연암이 지은 계산초당(桂山草堂)의 '총계서숙(叢桂書塾)'에서 이 책을 저술했다는 뜻이다. 『상고도』의 서문 및 발문과 「총식(總式)」에 의하면, 박규수는 1826년 여름 이곳에서 저술에 착수하여 늦어도 1827년 초에는 이를 완성한 듯하다.

책의 제목은 '위로 거슬러 올라가 옛사람을 벗 삼으며(尙友古人)' '글로써 벗을 사귄다(以文會友)'는 뜻을 함축하고 있다. 이에서도 짐작할 수 있듯이 『상고도』는 평소 박규수가 숭모하여 벗 삼고 싶어한 역대 중국의 뛰어난 인물들에 관한 글을 광범하게 발췌하고, 그에 의거하여 벗들과 함께 놀이 삼아 의고문(擬古文)을 짓기 위한 목적으로 편찬한 저술이다. 당시 박규수는 우연한 기회에 명나라 문인 왕세정(王世貞, 호 弇州山人, 1526~1590)의 『상영람승삼재만변지도(觴咏攬勝三才萬變之圖)』(이하 『상영도(觴咏圖)』로 줄임)를 접하고 그로부터 자극을 받은 데다가, 『상영도』가 주로 패관잡기(稗官雜記)에서 글제를 따온 데에 불만을 느껴 이 저술에 착수하게 되었다고 한다.[7]

따라서 『상고도』는 『상영도』의 체제와 유사하게, 발췌한 글들을 80부(部)

6) 『환재집』 권11, 「尙古圖 按說 十則」, 장23앞, 朴瑄壽의 按語.

7) "歲丙戌夏, 余在叢桂書塾, 病暑閒居少事. 客有以王弇洲所輯觴咏圖相示者. 余喜其以文寓戲, 使人不厭, 譬如北平之賭射, 金谷之罰詩, 泳游翰墨, 有足樂者. 但恨其所設題目, 類出於稗官雜記, 浮艶無實, 險澁尖酸, 借令盡取以擬其文, 直不過齊諧志怪之歸耳."(『환재총서』, 제1책, 『상고도』, 卷首, 「總式」, 29~30면)

『상영도』는 천하의 명승지를 취해 지도를 제작한 뒤, 주사위를 던지고 술 마시고 시 짓는 것으로써 승부 내기를 하는 놀이 도구이다(李圭景, 『五洲衍文長箋散稿』, 人事篇, 技藝類, 雜技, 「戲具辨證說」).

로 나눈 뒤, 각 부에 다시 내용별로 은(隱) · 문(文) · 무(武) · 절(節) · 직(直) · 사(詞)의 6목(目)을 두어, 총 480개 항목으로 정리했다. 6목 중 '은(隱)'은 은일(隱逸), '문(文)'은 문치(文治), '무(武)'는 무략(武略), '절(節)'은 절의(節義), '직(直)'은 정직(正直), '사(詞)'는 사조(詞藻)로 유명한 인물에 관한 글이라는 뜻이다. 그리고 480개의 항목마다 고유한 표제를 붙였으며, 다시 그 밑에는 이를 제목으로 하여 지을 의고문의 양식을 지정해두었다. 예컨대 『상고도』 제1권에 수록된 제1부 은목(隱目)을 보면, 『삼국지』 「제갈량전(諸葛亮傳)」에서 발췌한 글을 싣고 「제갈량이 초당에서 한가하게 지내다(諸葛子草堂閒居)」라는 표제를 붙였으며, 표제 바로 밑에는 "1과 2가 나오면 사언(四言), 3과 4가 나오면 오언(五言), 5와 6이 나오면 금조(琴操: 거문고곡 가사)"라고 적어놓았다.

이 책의 독자는 가로 세로 아홉 줄을 긋고 정중앙 한 칸을 비워 80부를 배당한 「상고전도(尙古全圖)」 앞에서 주사위를 네 차례 던져, 나오는 주사위의 숫자에 따라 차례로 '목'과 '부'와 표제, 그리고 의고문의 양식을 택하면 된다. 『상영도』의 경우는 8인이 모여야 이같은 놀이를 할 수 있으나, 『상고도』의 경우는 인원 제한이 없으며 혼자서도 할 수 있다. 또한 모의하여 지을 시문(詩文)도 한 가지 양식으로 한정되지 않으며, 향(香) 하나를 다 사를 때까지 글을 지어야 하는 시간 제한도 없는 것이 『상영도』와 다른 점이다.

『상고도』의 수권(首卷)은 이정리와 홍길주의 서문, 박규수 자신이 저술 경위를 밝히고 편성 원칙과 놀이방법 등을 해설한 「총식」과, 80부로 나누어 행마(行馬)의 경로를 그린 「상고전도」, 그리고 '제1도(圖)'에서 '제80도'에 이르는 80부 480항목의 총목차를 싣고 있다.

『상고도』의 제1권부터 제15권까지는 각 부에 소속된 6목에 따라 표제와 아울러 주사위 숫자에 따른 의고문의 양식들을 지정한 후 표제와 관련된 사실을 기록한 짧은 문장을 원전에서 발췌 · 인용하고 나서, 그에 대해 저자의 견해를 밝힌 글인 안설(按說)을 덧붙이는 방식을 취하고 있다. 여기에서 가장 중요한 부분은 물론 박규수의 사상과 학식이 드러나 있는 안설이다. 마지막 제15권의 말미에는 박규수의 벗 이연긍(李淵兢, 자 景魯)이 쓴 발문이 수록되어 있다.

『상고도』의 서문을 써준 이정리는 이미 살펴본 바와 같이 그 아우 이정관과 함께 수학기의 박규수를 학문적으로 지도한 인물이다. 이정리 형제는 연암의 처남인 이재성의 아들로서 박규수의 척숙이 되는데, 당시 문인으로서뿐 아니라 학자로서도 상당한 명성이 있었다. 이정리는 『상고도』의 서문에서 왕세정의 『상영도』가 "하찮은 기예와 세상에 전하지 않는 진기한 이야기" 따위를 모은 것에 가까운 데 비해, 박규수의 『상고도』는 "역대의 이름난 현인과 보필 잘한 신하와 나라에 충성하고 의리를 위해 죽은 선비들 및 시인 문사와 숨은 선비들"의 사적을 널리 수집하고 "천문과 음률과 전장(典章)에 관한 서적"까지 참고했으며, 글을 발췌·인용하는 데에도 "역사가가 지켜야 할 법도"를 갖추었다고 했다.[8]

또한 그는 박규수의 안설에 대해서도 "잘못되고 고루한 것을 가려내고 사리에 맞게 잘 헤아려 간간이 참신한 견해를 제기한 데다가 아름답고 남다른 표현을 써서, 마치 몸소 겪고 목격한 듯하게 할 뿐만 아니라 유실된 사실들을 보완할 수 있게 한다"고 높이 평가했다.[9] 여기에서 이정리가 『상고도』의 안설이 예술적으로 빼어난 산문이며 매우 사실적인 표현을 성취했다고 지적한 점은 유의할 만하다. 결론적으로 그는 『상고도』에 대해 "자고로 예술지가(藝術之家)에 이처럼 기이한 보물은 없었다고 해도 무방할 것"이라고 격찬하면서, "은연중 임금을 높이고 백성을 비호하며 세상의 교화를 돕고 말속(末俗)을 고치려는 뜻"이 넘치므로 글짓는 놀이를 위한 책으로만 보아서는 결코 안 될 것이라고 했다.[10] 『상고도』에 박규수의 경세적(經世的) 의지가

8) 『환재총서』, 제1책, 『상고도』, 卷首, 「序」, 6~7면.

9) "其爲說, 考祛訛陋, 商度事誼, 間出新見, 雜以藻麗恢奇之辭, 令人若躬履而目覩, 又可以備遺失也."(『환재총서』, 제1책, 11면)

10) "從古藝術之家, 雖謂未有此奇, 可也." "隱然有尊主庇民裨世砭俗之意, 溢於辭旨之間. 若是者, 豈可以戲斷之哉?"(『환재총서』, 제1책, 12~13면)

담겨 있음을 강조한 것이다.

홍길주는 이정리·이정관 형제와 절친한 사이로서 그 역시 박규수의 뛰어난 자질을 사랑하여 『상고도』에 서문을 써주었다. 서문의 첫머리에서 홍길주는 박규수가 위대한 연암의 손자라는 사실을 강조하면서, 조숙한 재능을 드러낸 그의 저술을 보면 왕왕 연암의 풍모를 느끼게 한다고 했다.

> 박환경(朴桓卿) 규수는 연암 선생의 손자이다. 선생은 우주를 널리 꿰뚫어 보고 병법에 두루 통했으며, 자기 뜻을 굽혀 세인에게 아첨하지 않고 욕심을 좇느라 염치를 손상하지 않았으며, 몸을 낮추어 군수나 현감으로 있을 적에도 초연하기가 산림 사이에 있는 듯했다. 사후에 남긴 짧은 글들이 천하의 보배가 된 것은 대개 그가 유희 삼아 지은 것일 뿐이다. 환경은 나이 열네다섯 살에 재기가 동년배보다 뛰어나고, 약관의 나이에 수십만 언의 글을 송독(誦讀)했으며 그의 저술에는 왕왕 선생의 풍모가 있다.[11]

이어서 그는 『상고도』에 대해 "상고하여 수집한 글들이 해박하고 그에 대한 논변이 정확하여, 비록 노숙한 유사(儒師)라도 힐난할 수 없을 것"이라 칭찬하고, 『상고도』의 6목이 '은'·'문'·'무'·'절'·'직'·'사'의 순서로 되어 있는 점은 "은둔을 숭상하고 문무를 둘째로 치며, 절직(節直)을 표창하고 사예(詞藝)를 말단으로 여긴 것"이니, 이로써 박규수의 지향(志向)을 알 수 있다고 보았다.[12]

---

11) "朴桓卿珪壽, 燕岩先生孫也. 先生博貫宇宙, 傍通乎韜略, 弗枉己以阿世, 弗徇慾以毁廉, 低垂郡縣而超然若林壑間. 若遺章隻辭之爲天下寶者, 盖其游戲云爾. 桓卿年十四五, 才氣軼輩伍, 弱冠誦累萬言, 所著述往往有先生風."(『환재총서』, 제1책, 17～18면) 홍길주의 서문은 『표롱을첨』에도 수록되어 있다(권4, 「尙古圖序」).

이 서문에서 연암에 대해 "傍通乎韜略"이라고 칭송한 데 대해 이정관이 이의를 제기했으나, 이 구절은 『상고도』의 六目 중 武目에 호응하여 쓴 것이라는 홍길주의 해명을 듣고 난 뒤, 이정관은 박규수를 돌아보며, "우리가 남의 글을 읽는 것이 너무도 거칠구나!"라고 무안해했다고 한다(홍길주, 『沆瀣丙函』 권5 『睡餘瀾筆』 上; 박무영·이현우 외(역), 『항해병함(하)』, 태학사 2006, 23～24면).

한편 『상고도』의 상단 여백 곳곳에는 '염재(念齋: 이정관의 자)'와 '수일(守一: 홍길주의 당호)', 그리고 '가산(稼山: 성명 미상)'과 '연천(淵泉: 홍석주의 호)'이라 명기한 평어들이 적혀 있다. 이정관의 평어는 흑색, 홍길주와 홍석주의 평어는 적색, 가산의 평어는 청색 글씨로 되어 있는데, 그중 이정관과 홍길주의 평어가 대다수를 차지하며 홍석주의 평어는 단 2군데이다.

이러한 평어들도 『상고도』의 서문과 마찬가지로 대개 박규수의 안설을 칭찬하는 내용으로 되어 있다. 이를테면 "이와같은 대의견(大意見) 대의론(大議論)은 많이 얻기가 쉽지 않다. 진실로 천하의 지문(至文)이다"와 같은 호평을 쉽게 발견할 수 있다. 특히 홍길주는 "아! 그대는 나의 스승이지 나의 벗이 아니다"라든가 "나는 환재의 문재(文才)는 따라갈 수 있어도 그 식견만큼은 따라갈 수 없으리라 생각한다"고까지 극찬했다.[13)]

이처럼 당대의 유수한 문인 학자였던 이정리 형제와 홍길주 등은 『상고도』에 대해 단순한 "사장유희지구(詞章游戲之具: 글 짓고 노는 도구)"가 아니라 방대한 서적들을 섭렵한 위에서 빼어난 문장으로 남다른 식견을 피력한 저술로 보았거니와, 이러한 평가가 박규수를 격려하기 위한 과찬이었다고는 생각되지 않는다. 그들은 이 『상고도』를 접하고, 연암의 뒤를 잇는 천재의 출현을 예감했던 것임에 틀림없다.

『상고도』는 한나라 시대 이후 명나라 말까지 역대 중국의 유명한 인물에 관한 글을 사전(史傳)과 기타 자집류(子集類)로부터 광범하게 발췌하고 있다. 우선, 여기에서 주로 어떤 인물들을 선정했는지를 살펴보면, 당시 박규수의 세계관이나 사상적 지향이 저절로 드러나리라 생각된다. 시대별로 비

12) "其攷蒐之博, 論辨之確, 雖老儒師, 莫能難也. 其崇隱遯而亞文武, 表節直而殿詞藝, 其志之所存, 又可知矣."(『환재총서』, 제1책, 18면)

13) 『상고도』 권1, 6부 隱目, 「丞相懷直言」. "念齋曰, (…) 如此大意見大議論, 未易多得. 洵天下之至文", 권11, 55부 詞目, 「黃魯直題畵菜」. "守一曰, (…) 噫! 子, 吾之師, 非吾之友也.", 권13, 65부 武目, 「羊叔子鎭江陵」. "守一曰, 一段議論, 遠出胡・蘇之上. 余謂桓齋文才可及, 識見不可及."

교적 자주 거론된 인물을 열거하면 다음과 같다(괄호 안의 숫자는 인용 빈도 표시임).

- **양한**(兩漢): 마원(馬援: 7) 소무(蘇武: 5) 곽태(郭泰: 4) 가의(賈誼: 3)
- **삼국**(三國): 제갈량(諸葛亮: 12) 방통(龐統: 4)
- **위진남북조**(魏晋南北朝): 도연명(陶淵明: 5) 도홍경(陶弘景: 3) 혜강(嵇康: 3)
- **수당오대**(隋唐五代): 한유(韓愈: 13) 곽자의(郭子儀: 5) 안진경(顔眞卿: 5) 이필(李泌: 5) 양성(楊城: 4) 유공권(柳公權: 4) 이성(李晟: 4) 이소(李愬: 4) 이백(李白: 3) 적인걸(狄仁傑: 3) 당 태종(唐太宗: 3)
- **남북송**(南北宋): 문천상(文天祥: 9) 악비(岳飛: 8) 범중엄(范仲淹: 7) 사마광(司馬光: 7) 한기(韓琦: 7) 소옹(邵雍: 5) 구양수(歐陽脩: 4) 사방득(謝枋得: 4) 장영(張詠: 4) 왕안석(王安石: 4) 홍호(洪皓: 4) 구준(寇準: 4) 정이(程頤: 3) 진단(陳摶: 3)
- **명**(明): 태조(太祖: 9)

위에서 보듯이 『상고도』는 대체로 왕조의 말기나 교체기 같은 위란(危亂)의 시대에 혁혁한 공훈을 세우거나, 굳게 절의를 지킨 이들을 중점적으로 선정하고 있다. 예컨대 마원 · 곽사의 · 이필 · 문천상 · 악비 등이 전자에 해당된다면, 소무 · 도연명 · 소옹 등은 후자에 속한다고 할 수 있다. 가장 빈번히 거론된 인물은 한유와 제갈량이다. 한유가 주로 사목(詞目)에서 그 자신뿐 아니라 맹교(孟郊) · 구양수 · 소식(蘇軾) · 왕안석 등과 더불어 거론되었음을 볼 때, 그는 무엇보다 문장가의 모범으로 선정된 것을 알 수 있다. 이는 당시 박규수가 당송 고문가(古文家)들의 문학적 영향을 강하게 받았음을 시사한다. 제갈량은 출처(出處)의 대의를 한몸에 구현한 인물로 공훈과 절의의 양면에서 선비의 완벽한 모범을 보여주었다고 하여 선정된 것이다. 『상고도』의 제1권 첫째 항목에서 제갈량을 거론하고 있는 사실[14]을 보면 박규수가

14) 이에 대해 이정관은 "開卷第一義, 便論士之出處, 深得古聖賢著書正始之旨"라 평했다(『환

그를 얼마나 숭모했는지를 알 수 있다.

시대별로는 한·당·송·명대의 인물, 특히 당·송 시대의 인물이 많다. 요(遼)·금(金)·원(元)·청(淸)과 같은 비한족(非漢族) 왕조의 인물로는 원대의 학경(郝經)과 채자영(蔡子英) 단 2명이 거론되었을 뿐이다.[15] 이와같이 편향된 인물 선정은 박규수의 존명(尊明) 의식과 관련이 깊다고 생각된다. 원나라를 멸망시킨 명 태조가 군주로는 드물게도 빈번히 거론되었을뿐더러, 그의 치세를 도운 방효유(方孝孺)·서달(徐達)·주경심(周敬心)·탕화(湯和)·팽우신(彭友信) 등과 명나라 말의 사가법(史可法)·손승종(孫承宗)과 같은 충신이 대거 거론된 것은 당시 박규수가 강렬한 존명 의식을 지녔음을 보여주는 것이다. 또한 역대 중국의 인물을 다룬 이 책에서 예외적으로 우리나라 사람으로 신라 경덕왕(景德王)과 조선조 권근(權近)·김상헌(金尙憲)의 사적이 인용되었는데,[16] 이들 역시 존화사대(尊華事大)와 관련하여 거론된 것이었다.

『상고도』에 소옹과 정이·정호(程顥), 그리고 호원(胡瑗)·손복(孫復)·석개(石介)·호안국(胡安國)·호인(胡寅)·주희(朱熹)·채원정(蔡元定) 등 송대 성리학자의 범주에 드는 인물들이 다수 거론된 점도 주목된다. 이는 당시 박규수가 성리학을 자신의 사상적 바탕으로 삼고 있었음을 시사하는 것이다. 『상고도』의 마지막 480번째 항목은 송 철종(哲宗) 때 사마광 등이 천거하여 정이가 조정에 초빙된 고사를 다루었다. 이처럼 『상고도』가 제갈량의 은거로 시작해서 정이의 출사(出仕)로 끝을 맺고 있는 점은 성리학의 사회적 실천에 대한 저자의 염원이 반영된 것이라 하겠다.[17]

재총서』, 제1책, 128면 상단).

15) 『상고도』 권8, 41부 節目, 「常中郎雁足書」, 권9, 46부 節目, 「洪武廷臣送蔡子英出塞」.

16) 『상고도』 권8, 37부 詞目, 「劉學士送權陽村歸國」, 권12, 61부 節目, 「唐天寶詞臣答新羅王」, 권15, 77부 節目, 「張御使送金淸陰先生歸國」.

17) 『상고도』 권15, 80부 隱目, 「宋元祐詞臣召河南處士程某」.

이에 대해 이정관은 "一部尙古圖, 起於孔明隱居, 終於宋招程某, 如樂之純如以作, 繹如以終, 洋洋乎有餘韻. 僕旣喜桓卿子深得著書之旨, 且欲以是卜吾道之復振"이라 평했다(『환재

한편 박규수는 『상고도』를 저술하면서 실로 방대한 서적들을 구사하여 관련 인물들의 고사를 발췌했다. 여기에 전거(典據)로 인용된 서적들을 검토해보면 당시 그의 학문 수준과 의식세계를 짐작해볼 수 있다.[18)]

첫째로, 『상고도』는 주로 사부(史部)에 속하는 서적들을 널리 섭렵한 위에서 편찬되었다. 사부에 속하는 서적들을 다시 정사류(正史類)·편년류(編年類)·기사본말류(紀事本末類)·잡사류(雜史類)·전기류(傳記類)·지리류(地理類)·정서류(政書類)·서목류(書目類)·사평류(史評類) 등으로 세분하여 살펴보면 다음과 같다.[19)]

- **정사류**: 『사기(史記)』(12) 『한서(漢書)』(20) 『후한서(後漢書)』(31) 『삼국지(三國志)』(8) 『진서(晋書)』(32) 『남사(南史)』(4) 『북사(北史)』 『당서(唐書)』(79) 『오대사(五代史)』(2) 『송사(宋史)』(24) 『명사(明史)』(5)

- **편년류**: 『자치통감(資治通鑑)』(8) 『자치통감강목(資治通鑑綱目)』(6) 『속자치통감강목(續資治通鑑綱目)』(약칭 『續綱目』, 明 商輅等 撰, 9) 『자치통감절요속편(資治通鑑節要續編)』(일명 『宋鑑』, 明 劉剡 찬, 7) 『명기편년(明紀編年)』(일명 『鍾氏綱鑑』, 明 鍾惺 찬, 5) 『위춘추(魏春秋)』(晋 孫盛 찬) 『속진양추(續晋陽秋)』(劉宋 檀道鸞 찬) 『속자치통감장편(續資治通鑑長編)』(약칭 『長編』, 宋 李燾 찬) 『속보명기편년(續補明紀編年)』(일명 『王氏綱鑑補遺』, 淸 王汝南 찬) 등

- **기사본말류**: 『명사기사본말(明史紀事本末)』(淸 谷應泰 찬)

- **잡사류**: 『황명기요(皇明紀要)』(撰者 미상, 11) 『민수연담(澠水燕談)』(宋

총서』, 제3책, 743~744면 상단).

18) 이하 전거의 확인과 분류는 『四庫全書總目』과 일본 京都大學 인문과학연구소, 『漢籍分類目錄』을 참고했다.

19) 아래의 괄호 안의 숫자는 인용 빈도 표시이다. 단 1회의 경우는 별도로 표시하지 않았다.

王闢之 찬, 6) 『소씨문견록(邵氏聞見錄)』(宋 邵伯溫 찬, 5)[20] 『기공필록(沂公筆錄)』(宋 王曾 찬, 6) 『문견후록(聞見後錄)』(宋 邵博 찬) 『용천별지(龍川別志)』(宋 蘇轍 찬) 『옥호청담(玉壺淸談)』(宋 釋文瑩 찬) 『동헌필록(東軒筆錄)』(宋 魏泰 찬) 『귀전록(歸田錄)』(宋 구양수 찬) 등

· **전기류**: 『명신언행록(名臣言行錄)』(宋 주희 찬, 13) 『명명신언행록(明名臣言行錄)』(淸 徐開任 찬, 2) 『무후전서(武侯全書)』(明 王士祺 찬, 3) 『고사전(高士傳)』(晋 皇甫謐 찬, 3) 『문사전(文士傳)』(晋 張隱 찬) 『한위공가전(韓魏公家傳)』(찬자 미상) 『한위공별록(韓魏公別錄)』(宋 王巖叟 찬) 『괴애어록(乖崖語錄)』(宋 李畋 撰) 『원성어록(元城語錄)』(宋 馬永卿 撰) 『범문정유사(范文正遺事)』(찬자 미상) 『왕문정유사(王文正遺事)』(宋 王素 撰) 등

· **지리류**: 『대명일통지(大明一統志)』 『악주도경(岳州圖經)』 『양주도경(揚州圖經)』 『귀주도경(貴州圖經)』 『천주도경(泉州圖經)』 『경주도경(慶州圖經)』 『남양현지(南陽縣志)』 『창평현지(昌平縣志)』 『등봉현지(登封縣志)』 『호광지지(湖廣地志)』 『농서지지(隴西地志)』 『동해지지(東海地志)』 『사천통지(四川通志)』 『형주부지(荊州府志)』 『제주지(齊州志)』 『화산지(華山志)』 등

· **정서류**: 『당척언(唐摭言)』(五代 王定保 찬)

· **서목류**: 『사고전서총목(四庫全書總目)』

· **사평류**: 『제감도설(帝鑑圖說)』(明 張居正 찬)

---

20) 일명 『聞見前錄』이라고도 하는데, 뒤에 나오는 『聞見後錄』과 함께 『사고전서총목』에는 子部 小說家類로 분류되어 있다.

여기에서 보듯이 사부에서는 역대 중국의 정사류가 『상고도』의 주된 전거를 이루고 있다. 『사기』와 『한서』 이후 『명사』에 이르는 역대 정사류의 열전(列傳)에서 자료가 가장 많이 인용되었다. 우리나라 역사서로는 『삼국사기』가 한 차례 인용되었다.[21] 다음으로 빈번히 인용된 것은 편년류 역사서이다. 특기할 것은 우리나라의 편년류 역사서인 이현석(李玄錫, 1647~1703)의 『명사강목(明史綱目)』(일명 『皇明綱目』)이 5회나 인용된 점이다.

둘째로, 『상고도』는 자부(子部)에서도 다방면의 서적들을 전거로 삼았다. 자부에 속하는 서적들은 다시 소설가류(小說家類)·유가류(儒家類)·잡가류(雜家類)·병가류(兵家類) 등으로 나눌 수 있다.

- **소설가류**: 『세설신어(世說新語)』(15) 『세설신어보(世說新語補)』(劉宋 劉義慶 찬, 7) 『태평광기(太平廣記)』 『극담록(劇談錄)』(唐 康駢 찬) 『상서고실(尙書故實)』(唐 李綽 찬) 『냉재야화(冷齋夜話)』(宋 釋惠洪 찬) 『담원(談苑)』(宋 孔平仲 찬) 『청쇄고의(靑瑣高議)』(宋 劉斧 찬) 『치언(卮言)』(淸 張元賡 찬) 등

- **유가류**: 『문중자(文中子)』(隋 王通 찬) 『주자어류(朱子語類)』 『주자전서(朱子全書)』 『사변록집요(思辨錄輯要)』(明 陸世儀 찬) 등

- **잡가류**: 『회남자(淮南子)』 『사림(志林)』(宋 蘇軾 찬) 『주사(麈史)』(宋 王得臣 찬) 『피서일록(避暑日錄)』(宋 葉夢得 찬)

- **병가류**: 『등단필구(登壇必究)』(明 王鳴鶴 찬)

여기에서 알 수 있듯이 자부에서는 소설가류가 다수 인용된 점이 특색이다.

셋째로, 『상고도』는 집부(集部)에 속하는 서적들에서도 널리 글을 인용했

21) 『상고도』 권12, 61부 節目, 「唐天寶詞臣答新羅王」.

다. 집부는 다시 별집류(別集類)·총집류(總集類)·시화류(詩話類) 등으로 하위 구분할 수 있다.

- **별집류**: 『창려집(昌黎集)』(한유, 9) 『구양문충공집(歐陽文忠公集)』(구양수, 5) 『소문충공집(蘇文忠公集)』(소식, 5) 『우승집(右丞集』(왕유) 『초당시집(草堂詩集)』(두보) 『화정시집(和靖詩集)』(林逋) 『검남집(劍南集)』(陸游) 『감구집(感舊集)』(明 王士禎) 『망계집(望溪集)』(淸 方苞) 등

- **총집류**: 『문선(文選)』 『당문수(唐文粹)』(宋 姚鉉 찬) 『악부시집(樂府詩集)』(宋 郭茂倩 찬) 『열조시집(列朝詩集)』(淸 錢謙益 찬)

- **시화류**: 『전당시화(全唐詩話)』(宋 尤袤 찬) 『당시기사(唐詩紀事)』(宋 許有功 찬)

여기에서 보듯이 집부에서는 한유와 구양수, 소식의 문집이 비교적 빈번히 인용되었다. 이를 통해 박규수의 문학적 취향이 당송 고문가들에 쏠려 있음을 짐작할 수 있다.

넷째로, 『상고도』는 경부(經部)에 속하는 서적들도 인용했다. 다만 『주역』 『주례(周禮)』 『예기』 『이아(爾雅)』 등 소수의 서적을 인용하는 데 그치고 있다. 이는 유교 경전류에는 역사적 인물과 관련한 기사들이 상대적으로 드물기 때문일 것이다.

당시 약관에 불과한 박규수가 다방면에 걸쳐 얼마나 탁월한 학식을 갖추었던가는 이상 『상고도』의 인용 서목에 관한 검토만으로도 충분히 입증되었으리라 본다. 그러니 효명세자가 이 책을 보고 박규수의 학문을 칭찬했던 것도 당연하다 하겠다. 아마 박규수의 집안에는 선대로부터 물려받은 장서가 적지 않았을 터이지만, 그가 이토록 많은 희귀한 서적들을 섭렵할 수 있었던 데에는 학업을 지도한 척숙 이정리 형제나 외종조 유화와 같은 이의 도움도 컸을 듯하다. 특히 유화는 주위로부터 '서치(書痴)'라는 조롱을 들을 정도로

책 수집에 힘을 쏟은 장서가였는데, 어린 시절 박규수는 날마다 그의 서루(書樓)로 가서 거기에 소장되어 있던 수천 권의 책들을 뒤적이며 놀았다고 한다.[22] 이러한 남다른 학문적 여건이 갖추어져 있었기에 『상고도』와 같은 거작이 나올 수 있었을 것이다.

## 2. 실학적 학풍과 지원지동설

『상고도』 중 박규수가 광범한 문헌들에서 발췌한 글에 대해 일일이 자신의 견해를 피력한 안설은 그의 초기 사상과 문학을 연구하는 데 대단히 중요한 자료이다. 박규수의 안설은 무려 480편에 달할 뿐 아니라, 정치·경제·역사·예술·과학 등 다방면의 주제들을 폭넓게 다루고 있다. 게다가 『상고도』에 수록된 발췌문들이 대개 한두 면에 그치는 짧은 글인 데 비해, 그에 대한 박규수의 안설은 간략한 평어에서부터 독립된 한 편의 소품문(小品文)이나 심지어 한 권의 저술로 볼 수 있는 장문의 글에 이르기까지 다양한 형태를 취하고 있다. 그중에는 홍길주가 『숙수념』에서 언급한 대로 몹시 빼어나고 웅장하여 한계를 짐작할 수 없는 대의론(大議論)이 수십 편이나 포함되어 있다.

이러한 『상고도』의 안설을 살펴보면 무엇보다 먼저 박규수가 사상적으로나 문학적으로나 조부 연암의 영향을 깊이 받았음을 알 수 있다. 그 대표적인 예로서 「범희문이 학교 건립과 과거제 개혁을 청하다(范希文請興學校淸選擧)」에 대한 안설을 들 수 있다. 이 글은 2천 자가 넘는 장문으로, 여기에서 박규수는 도도하게 선비론을 펴고 있다.[23]

22) 柳諴, 『疋軒筆記』, 「記買書事」; 박규수, 『莊菴文稿』 권1, 「春坊志序」. “珪壽幼時, 在外從祖芝山公宅, 日遊戲書樓中. 其所蓄舊書數千卷, 無不枕藉披拂.”(『환재총서』, 제5책, 255면)

23) 그러므로 이 안설에 대해 이정관은 “大議論, 大文字”라고 높이 평가했고, 홍길주도 “一篇大文字, 可讀, 不可評”이라고 극찬했다(『환재총서』, 제1책, 262면, 282면 상단). 범희문

> 선비란 무엇을 하는 사람인가? 선비란 인민의 대본(大本)이요, 도를 깨달은 사람의 미칭(美稱)이다. (…) 효제충순(孝悌忠順)의 덕을 지닌 사람이라면 누군들 선비가 아니랴? 선비로서 100묘(畝)의 토지를 자신의 근심거리로 삼아 부지런히 힘써 토지의 재부를 키워나가는 사람을 '농민'이라 한다. 선비로서 오재(五材: 金·木·皮·玉·土)를 갖추어 인민들이 쓰는 기구를 마련하며 이용후생(利用厚生)의 물건을 개발하는 사람을 '공인(工人)'이라 한다. 선비로서 물물교역을 하고 사방의 진기한 물품을 유통시켜 밑천을 삼는 사람을 '상인'이라 한다. 그들의 신원(身元)은 선비요 그들의 직업은 농민과 공인과 상인의 일인 것이다.[24]

옛날에 순(舜)은 임금이 되기 전에는 밭을 갈고 질그릇을 구웠으며, 이윤(伊尹)도 탕(湯)의 신하가 되기 전에는 농사짓고 살았으며, 부열(傅說)도 재상이 되기 전에는 담장 쌓는 노역을 했다. "그런 까닭에 직업은 달라도 도에는 차별이 없으며, 명칭은 비록 넷(士·農·工·商)으로 나열되어 있지만 선비임은 똑같다."[25] 그런데 이와같이 선비로서 각자 수행하는 직능만 다른 점은 '사대부'나 '삼공(三公)', '제후'나 '천자'도 마찬가지이다. 천자도 "그 신원은 선비요, 그 작위(爵位)가 천자인 것이다." 『의례(儀禮)』 「사관례(士冠禮)」에 "천자의 원자(元子)도 선비와 같다. 나면서부터 고귀한 사람은 천하에 없다"고 했다. 그러므로 "그가 미천하면 필부요, 고귀하면 천자인 것이니 선비 아닌 사람이 없다"는 것이다.[26]

---

은 범중엄을 가리킨다. 희문은 그의 자이다.

24) "夫士, 何爲者也? 夫士者, 生人之大本而聞道者之美名也. (…) 夫人之有孝悌忠順之德也, 何莫非士也? 士之以百畝爲己憂, 勤力以長地財者, 謂之農. 士之飭五材, 辨民器, 開利用厚生之物者, 謂之工. 士之貿遷有無, 通四方之珍異以資之者, 謂之商. 其身則士, 其業則農工商賈之事也."(『상고도』 권2, 8부 文目, 「范希文請興學校淸選擧」, 『환재총서』, 제1책, 262~265면) 이 안설은 『환재집』의 「尙古圖 按說 十則」에도 실려 있다(권11, 장24앞~25앞).

25) "是故業之不同, 道無殊別, 名雖列四, 士則一也."(『환재총서』, 제1책, 266면)

26) "其身則士, 其爵則天子也. (…) 士冠禮曰, 天子之元子猶士也. 天下無生而貴者也. 是故,

이처럼 박규수는 당시의 통념과 달리 '선비'를 이른바 사민(四民) 중의 특별한 존재로 보지 않고, 선비란 '인민의 대본'이며 '효제충순의 덕'을 지닌 사람은 모두 '선비'라는 주장을 폈다. 이렇게 본다면 사민의 하나인 농민·공인·상인도 직업만 다를 뿐 그 신분은 선비요, 미천한 필부로부터 고귀한 천자에 이르기까지 그 근본 바탕은 모두 선비라는 것이다.

이정관이 평한 바와 같이,[27] 이러한 박규수의 안설은 곧 조부 연암의 선비론을 계승하여 한 편의 대문장으로 전개한 것이다. 일찍이 연암은 당시 조선에서 '선비'가 과거에 낙방하고 출세하지 못한 '궁유(窮儒)'를 가리키는 말로 전락한 현실을 개탄했다.

> 선비란 궁유의 별호가 아닙니다. 비유하자면 그림을 그리는 일이 흰 바탕에서 시작하는 것과 같으니, 천자로부터 서민에 이르기까지 모두 다 선비가 아닐 수 없지요.[28]

나아가 연암은 학문을 통해 천하에 기여하는 독서인(讀書人)이자 덕행을 솔선하여 실천하는 주체로서 선비의 각성을 촉구했다. 선비의 본질을 논한 「원사(原士)」에서 그는 이렇게 말했다.

> 무릇 선비란 아래로 농민·공인과 같은 부류에 속하나, 위로는 왕공과 벗이 된다. 지위로 말하면 농민·공인과 다를 바 없지만, 덕으로 말하면 왕공이 평소 섬기는 존재이다. 선비 한 사람이 글을 읽으면 그 혜택이 사해(四海)에 미치고 그 공은 만세에 남는다. (…)

---

其賤則匹夫, 其貴則天子, 而莫非士也."(『환재총서』, 제1책, 267면)

27) "念齋曰, (…) 燕巖先生巾衍稿中有原士篇, 大旨以士爲生人大本爲主. 今讀此篇, 知淵源家庭, 重可敬也." 단 이 평어는 『환재집』의 「상고도 안설 십칙」에만 수록되어 있다(권11, 장29앞).

28) "士非窮儒之別號. 譬如繪事而後素, 則自天子達於庶人, 皆士也."(박영철 편, 『연암집』 권5, 「答蒼厓」(6), 장4뒤; 신호열·김명호 옮김, 『연암집』, 돌베개 2007, 중, 382면)

그러므로 천자는 원래 선비이다. 원래 선비라는 것은 인민의 근본을 두고 하는 말이다. 그의 작위는 천자이지만 그의 신원은 선비인 것이다. 그러므로 작위에는 높고 낮음이 있으되 신원이 변화하는 것은 아니다. 그러므로 작위가 선비에게 더해지는 것이지, 선비가 변화하여 어떤 작위가 되는 것은 아니다.[29)]

박규수는 후일 『거가잡복고』에서도 이와같은 선비론을 견지하여, 천자로부터 하사(下士: 하급 선비)에 이르기까지 모두 그 근본은 도를 실천하는 '선비'이므로 '의상(衣裳)의 근본'이 되는 것도 '사복(士服)'인 현단(玄端)이라고 주장했다.[30)]

한편 '법고(法古)'와 아울러 '지변(知變)'을 강조한 박규수의 병법론은 '법고창신(法古創新)'을 주장하면서 창작을 전투에 비유했던 연암의 문학론[31)]에서 영향받은 것이다. 「호안정 선생이 무학 건립을 청하다(胡安定先生請立武學)」에 대한 안설에서 박규수는 무신들도 강학에 힘써야 한다고 역설하면서 전국시대 조(趙)나라 장수인 조괄(趙括)의 사례를 들었다. 조괄이 유명한 장평(長平) 전투에서 진(秦)나라 군대에 대패했던 것은 병서만 읽은 탓이 아니라 변통할 줄 몰랐던 때문이니, "책을 옳게 읽지 못했다고 한다면 모르겠거니와 어찌 책을 읽은 죄이겠는가?"라고 비판했다.[32)]

29) "夫士下列農工, 上友王公, 以位則無等也, 以德則雅事也. 一士讀書, 澤及四海, 功垂萬世. (…) 故天子者, 原士也. 原士者, 生人之本也. 其爵則天子也, 其身則士也. 故爵有高下, 身非變化也. 位有貴賤, 士非轉徙也. 故爵位加於士, 非士遷而爵位也."(박영철 편, 『연암집』 권10, 「原士」, 장12앞; 신호열 · 김명호 옮김, 『연암집』, 돌베개 2007, 하, 366～367면)

30) 본서, 198면 참조.

31) 박영철 편, 『연암집』 권1, 「騷壇赤幟引」(신호열 · 김명호 옮김, 『연암집』, 돌베개 2007, 상, 129～133면); 김명호, 『박지원 문학 연구』, 성균관대 대동문화연구원 2001, 24～29면 참조.

32) 『상고도』 권2, 8부 武目, 「胡安定先生請立武學」. "彼趙括者, 徒矜恃其小數, 而亦不能知變, 則謂其不善讀書可矣, 豈讀書之罪也?"(『환재총서』, 제1책, 286면) 호안정은 胡瑗(993～1059)을 가리킨다. 제자들이 그를 安定先生이라 일컬었다.

또한 「사안석이 북으로 출정하는 동생 석과 조카 현을 전송하다(謝安石送弟石從子玄北征)」에 대한 안설은 진(晉) 사안(謝安: 자 安石)이 비수(淝水) 전투에서 대승을 거두었던 고사를 논한 글이다. 여기에서 박규수는 사안을 예찬하면서도, "장수의 능력이란 법고(法古)에 있는 것이요, 법고의 묘(妙)는 운용(運用)에 있는 것"이므로 사안의 처사를 함부로 모방해서는 안 된다고 했다.[33]

박규수의 안설 중에는 문학적인 측면에서도 연암의 영향을 뚜렷이 보여주는 경우가 적지 않다. 「적양공[34]이 오·초 지방의 음사들을 철폐하다(狄梁公毁吳楚淫祠)」에 대한 안설 중 박규수가 무당을 배격하는 논의를 펴면서 당시의 무속을 실감나게 묘사한 대목은 그 대표적인 예라 할 수 있다. 이 안설에서 박규수가 귀신을 '명신(明神)'인 '군자의 귀신(君子之鬼)'과 '간신(奸神)'인 '소인의 귀신(小人之鬼)'의 두 부류로 나누고 무당이란 그중 후자를 부리는 자라고 비판한 것은, 이정관이 평어에서 지적한 대로 연암이 「치규에게 보낸 편지(與穉圭)」에서 피력한 주장과 상통한다.[35] 뿐만 아니라 안설의 전반적인 문체가 연암의 문체와 몹시 방불하다. 양자를 일부만 인용·비교해보면 다음과 같다(원문의 밑줄—인용자).

> 소인의 귀신이 숲과 늪에 붙으면 매(魅)가 되고 덤불과 골짜기에 붙으면 양(魎)이 되며, 벌레와 물고기에 붙으면 요(妖)가 되고 풀이나 나무에 붙으

---

33) 『상고도』 권12, 63부 武目, 「謝安石送弟石從子玄北征」. "將帥之能, 在乎法古, 法古之妙, 在乎運用. 苟或事有緩急之殊, 兵有利鈍之異, 欲效謝安之事, 則不亦殆哉?"(『환재총서』, 제3책, 340면). 이 글의 안설이 『환재집』의 「상고도 안설 십칙」에 「謝安聞苻堅入寇」라는 제목으로 실려 있다(권11, 장38앞).

34) 적양공은 狄仁傑(607~700)을 가리킨다. 사후에 양국공(梁國公)에 봉해졌으므로 '적양공'이라고도 한다.

35) 『상고도』 권14, 71부 直目, 「狄梁公毁吳楚淫祠」. "燕巖先生集中有與人書, 論巫覡一篇. 妄謂左·國以後無此文字. 今讀此篇, 始知家庭薰陶有不可誣也."(『환재총서』, 제3책, 503면 상단)

면 상(祥)이 되며, 물건에 붙으면 괴(怪)가 되고 사람에게 붙으면 수(竪)가 되며, 꿈에 붙으면 압(魘)이 되고 일에 붙으면 마(魔)가 되고 병에 붙으면 여(厲)가 된다오. 이는 사전(祀典)에도 실려 있지 않고 천지 사이에도 용납되지 못하여, 해와 달이 환히 비추고 바람과 천둥이 뒤흔들어버리면 구멍 속으로 숨고 틈 사이로 파고들어, 궁핍하게 억눌려 지내다가 간간이 민간의 사귀(邪鬼)가 되어 나타난다오. 이때 무당이 음기(淫氣)를 빙자하여 장구를 두들기고 춤을 추면서 저와 의기가 통하는 귀신들을 불러대어 집안 식구들을 겁주는 것이오. (…) 갈대 빗자루로 쓸어내고 부적을 가지고 주문을 외면서, 겉으로는 귀신을 쫓는 척하나 남몰래 귀신을 불러들여 머리를 조아리고 귀신을 부르고 그에게 복종하고 있으니, 이는 실로 재앙을 불러들이는 것이오. 그래서 귀신처럼 말하고 귀신처럼 웃고 귀신처럼 성내고 귀신처럼 기뻐하면서, 이리 부르고 저리 불러 온 방에 가득 차게 하고, 들어오면 목구멍에 머물다가 나갈 때는 꽁무니로 빠져나가며, 남의 병을 가지고 농락하면서 재물을 삼키려드니, 어찌 병자가 떨치고 일어날 수 있겠소.

林澤爲魅, 藪谷爲魎, 蟲魚爲妖, 卉木爲祥. 在物爲怪, 在人爲竪, 在夢爲魘, 在事爲魔, 在疾爲厲. 典祀不載, 天地不容, 日月燭之, 風霆蕩之, 穴竄隙投, 窮餒壹鬱, 間爲民慝. 女巫仗淫, 拊缶而舞, 氣類而呼, 以恐家人. (…) 葪祓符誽, 陽麾陰招, 稽首呼服, 實爲徠咎. 鬼言鬼笑, 鬼怒鬼喜, 招徠盈室. 入則館喉, 出則乘尻, 翫疾而貨之, 以饕賂焉, 其能振乎? (『연암집』「與穉圭」)[36]

골짝과 덤불과 시내와 늪은 때로 사기(邪氣)를 뿜고, 벌레와 물고기와 나무와 돌은 오래되면 요물이 되어, 이매망상(魑魅罔象)과 같은 도깨비로 변한다. 이것들은 천지간에 용납되지 못하며, 밝은 귀신에게 내쫓김을 당한다. 해와 달이 환히 비추고 바람과 천둥이 뒤흔들며 뜨거운 불길이 태우고 거센 파도가 불시에 후려친다. 그래서 그것들은 간특함을 숨기고 추악함을 가릴 길 없어 초목이 우거져 컴컴한 곳으로 달아나거나 물결이 드센 어두운 물가에서 기회를 엿보지만, 구석까지 내몰려도 돌아갈 곳 없고 몹시 굶주려도

36) 박영철 편, 『연암집』 권5, 장5뒤~6앞(신호열 · 김명호 옮김, 『연암집』, 돌베개 2007, 중, 389~390면).

배를 채울 것 없으니 왕왕 세상에 나타나 백성들의 재앙이 된다. 그러자 요사스런 무당 박수는 장구치고 춤추면서 의기상통하는 무리를 불러대니, 줄줄이 함께 몰려든다. 좋은 술잔에 향기로운 술로 그 미각을 즐겁게 하고 빗자루질과 방울 소리로 귀에 듣기 좋게 하여 천하의 귀신들을 몰아 한 몸에 모이게 하니, 귀신을 머리에 이고 귀신을 발로 밟으며, 귀신을 등에 엎고 귀신을 껴안으며, 귀신의 말을 모방하고 귀신의 웃음을 본뜨며, 귀신의 관을 쓰고 귀신의 옷을 입고서는 자나 깨나 모든 행동이 한결같이 귀신의 부림을 받는다.

谷藪川澤, 或發邪沴, 蟲魚木石, 久而爲妖, 化爲魑魅罔象之物. 是乃天地之不所容, 而明神之所誅追也. 日月之照燭, 風霆之震湯, 火焰之焚烈, 波濤之拚擊. 彼不得秘其奸慝, 而逃其醜穢, 則奔走於叢薄冥翳之地, 覬覦於陰厓澒洞之中, 窮迫而無所歸, 餒餓而無所飽, 往往出爲災孽於下民矣. 於是乎, 妖巫淫覡, 拊缶而舞, 氣類所招, 于于並之. 桂尊椒漿, 以悅其味, 籛箕揚鈴, 以媚其聽, 驅天下之鬼怪, 而集于一身, 戴鬼而履鬼, 負鬼而抱鬼, 學鬼之語, 效鬼之笑, 冠鬼之冠, 衣鬼之衣, 寢處動作, 一禀於鬼.(『상고도』「狄梁公毁吳楚淫祠」)[37]

원문 중 밑줄친 인상적인 구절들에서 보듯이, 무당을 비판한 박규수의 안설은 내용 면에서 연암의 글을 부연한 것일뿐더러 표현 면에서도 매우 유사한 문체로 되어 있음을 알 수 있다.

「사마덕조가 방덕공을 방문하다(司馬德操訪龐德公)」에 대한 안설에서 박규수가 '우도(友道)'를 논한 대목[38] 역시 연암의 영향을 보여주는 좋은 사례이다. 연암은 당시 사대부들이 명리(名利)만을 추구하여 '우도'가 위선적인 사교술로 타락한 것을 비판하는 한편, 옛사람을 벗한다거나 후세의 군자를 기다린다는 관념적 태도를 버리고 적극적으로 현세의 지기(知己)를 구할

37) 『환재총서』, 제3책, 505~507면.

38) 『상고도』 권14, 72부 隱目, 「司馬德操訪龐德公」. 사마덕조는 司馬徽, 방덕공은 龐統을 가리킨다.

것을 역설하면서 당파나 신분을 초월한 참된 교우를 갈망했다.[39] 박규수의 안설은 이러한 연암의 우정론을 계승하고 있을뿐더러, 홍길주의 평어대로 표현 면에서도 완연히 연암의 문체를 따르고 있다.[40] 또한 「이위공이 퇴직을 청원하다(李衛公乞骸骨)」에 대한 안설을 두고 홍길주가 『열하일기』의 「혹정필담(鵠汀筆談)」이나 「환희기(幻戲記)」 등을 읽는 듯하다고 평한 것도[41] 연암의 문학적 영향을 정확히 지적한 것이라 하겠다.

그밖에도 출처가 명시되지는 않았지만, 『상고도』에 연암의 『열하일기』가 수차 인용된 사실 역시 주목할 만하다. 예컨대 「척남궁이 산에 오르고 바다에 임하다(戚南宮登山臨海)」에 대한 안설에서 인용한 명나라 장수 척계광(戚繼光)의 한시는 다름아닌 『열하일기』 「피서록(避暑錄)」에 실린 것이다.[42] 그리고 「장 어사가 귀국하는 김청음 선생을 전송하다(張御史送金淸陰先生歸國)」에 대한 안설 중 김상헌(金尙憲: 호 淸陰)이 명나라에 사신으로 갔다가 어사 장연등(張延登)과 교분을 맺었던 고사도 『열하일기』 「피서록」에 소개되었던 것이다.[43] 또한 「육 승상이 배 안에서 『대학』을 강의하다(陸丞相舟中講大學)」에 대한 안설은 『열하일기』에서 연암이 북경 홍인사(弘仁寺)의 한 그림을 보고 피력한 소감과 흡사하다.[44] 이와같은 사실들도 『상고

39) 임형택, 「朴燕巖의 윤리의식과 우정론의 성격」, 『한국문학사의 시각』, 창작과비평사 1984, 153~159면; 김명호, 『박지원 문학 연구』, 32~34면 참조.

40) "宛然從燕巖先生家法中出來, 行文令人眼明."(『환재총서』, 제3책, 529면 상단)

41) 『상고도』 권15, 77부 武目, 「李衛公乞骸骨」. "一段鋪叙, 令人如讀鵠汀筆談・幻戲記等諸篇."(『환재총서』, 제3책, 649면 상단) 이위공은 당나라의 개국공신인 李靖을 가리킨다.

42) 『상고도』 권14, 75부 武目, 「戚南宮登山臨海」. "守一曰, 此詩載熱河紀, 又見於尙古圖, 可貴"(『환재총서』, 제3책, 596면 상단); 박영철 편, 『연암집』 권14, 『열하일기』, 「避暑錄」, 장49앞.

43) 『상고도』 권15, 77부 節目, 「張御史送金淸陰先生歸國」. "守一曰, 令讀者眼光, 又向避暑錄中一照."(『환재총서』, 제3책, 652면 상단); 박영철 편, 『연암집』 권14, 『열하일기』, 「피서록」, 장49뒤~50앞, 장64뒤~65앞.

44) 『상고도』 권3, 11부, 節目, 「陸丞相舟中講大學」; 박영철 편, 『연암집』 권15, 『열하일기』, 「盎葉記」, 弘仁寺條, 장26뒤~27뒤. 육 승상은 陸秀夫(1236~1279)를 가리킨다. 육수부는 몽골 군대의 추격을 피해 달아나던 배 안에서도 황제에게 『대학』을 강의했다고 한다.

도』에 미친 연암 문학의 영향을 보여주는 유력한 증거라 할 수 있을 것이다.

전체적으로 볼 때 박규수의 안설은 형정(刑政)·재부(財賦)·병략(兵略)·예제(禮制) 등과 같은 경세적(經世的) 방면뿐 아니라, 음악과 회화와 천문 역법에 이르기까지 실로 다방면에 걸쳐 빼어난 식견을 보여준다. 『상고도』의 제17부와 18부는 모두 형정에 관한 고사를 다루었는데, 여기에서 그는 한 문제(漢文帝)·당 태종·명 태조 등이 가혹한 형벌제도를 개선한 조치를 예찬하고, 공평하면서도 관대한 법 집행을 주장했다. 재부에 관한 고사로 일관된 제19부와 20부에서는 "농전(農田)·수리(水利)·전폐(錢幣)·상고(商賈)·축저(蓄儲)·역민(役民)·정각(征榷)과 같은 일은 모두 학자라면 마땅히 강구하고 검토해야 할 바"[45]라고 주장하면서, 당나라의 조용조법(租庸調法)과 송 왕안석(王安石)의 면역법(免役法) 등에 대해 일가견을 피력했다.

병략에 관한 고사가 집중되어 있는 제21부와 22부에서 박규수는 병농일치(兵農一致)에 기초한 부병제(府兵制)를 지지하고[46] 토번(吐蕃)과 여진(女眞)에 대한 당과 송의 유화(宥和) 정책을 비판했으며,[47] 병법의 창의적인 운용을 강조했다. 그리고 예제를 주로 다룬 제12부에서는 당나라 초에 제정된 개원례(開元禮)나 명대의 전례(典禮) 논쟁 등에 대해 해박한 지식을 보여주었다. 이밖에도 그는 과거제도를 비판하고 개혁의 필요성을 역설했으며,[48] 군주의 독재를 견제하기 위해 천인감응설(天人感應說)을 동원하기보다는 민심을 두려워하도록 해야 한다고 주장했다.[49] 이상과 같은 경세적 관심과 개

45) 『상고도』 권5, 19부 文目, 「劉士安理財賦策略」. "如農田·水利·錢幣·商賈·蓄儲·役民·征榷之類, 皆學者所當講究而商論者也."(『환재총서』, 제2책, 49면) '정각'은 상품세와 전매수입을 뜻한다.

46) 『상고도』 권5, 21부 節目, 「段太尉請復府兵」. 이 글의 안설이 『환재집』의 「상고도 안설 십칙」에 「唐國初置府兵」이라는 제목으로 실려 있다(권11, 장29~30뒤).

47) 『상고도』 권5, 22부 文目, 「唐太和五年廷臣論維州利害」. 이 글의 안설이 『환재집』의 「상고도 안설 십칙」에 「唐太和中維州利害」라는 제목으로 실려 있다(권11, 장31뒤~35앞).

48) 『상고도』 권1, 4부 文目, 「韓文公讀禮部吏部體」, 권2, 8부 詞目, 「王介甫請科制」.

49) 『상고도』 권13, 64부 直目, 「東方生泰階六符」.

혁 지향은 박규수가 전대의 실학적 학풍을 계승하고 있음을 강하게 시사하는 것이다.

이와 아울러 박규수는 예술 분야에도 깊은 관심과 조예를 드러냈다. 『상고도』의 제14부와 15부에서 그는 한·당의 아악(雅樂)을 중심으로 음악에 관한 논의를 폈다. 또한 「유월석과 호가(劉越石胡笳)」에 대한 안설은 호가를 불어 호기(胡騎)의 포위에서 벗어날 수 있었다는 진(晉) 유곤(劉琨: 자 越石)의 고사를 논한 글인데, 여기에서 박규수는 악기에 대한 조예를 과시하는 한편 조선의 사대부들이 음악에 무관심하고 무지함을 비판했다. 이 점에서 그는 조부 연암과 담헌 홍대용 등이 지녔던 음악에 대한 남다른 열정과 식견을 이어받았다고 보아도 무방할 것이다.[50] 한편 「왕마힐이 봄날에 여러 벗들과 소요곡에 모이다(王摩詰春日與諸公集逍遙谷)」에 대한 안설에서 잠곡(潛谷) 김육(金堉)의 집안에 그가 명나라에 사신으로 갔다가 하사받은 것이라고 전해져 온 옛그림이 바로 소요곡의 모임을 그린 왕유(王維: 자 摩詰)의 수적(手蹟)일 것으로 추정한 대목[51]을 보면, 박규수가 그림에 대해서도 놀라운 감식안을 지녔음을 알 수 있다.

뿐만 아니라 박규수는 과학 방면에서도 남다른 열정과 학식을 보여주고 있다. 「범희문이 주채에게 백금 만드는 비방을 돌려주다(范希文還朱寀白金方)」에 대한 안설에서 박규수는 자신이 열두세 살 때 이미 『박물지(博物志)』 등과 같은 책들을 읽고 연금술에 비상한 흥미를 느껴 열심히 실험을 해보았다고 술회하고 있다. 그 안설에 대한 평어에서 이정관도 당시 박규수가 이시진(李時珍)의 『본초강목』을 살펴가며 약용 식물(植物)을 조사하고 우리나라

50) 『상고도』 권11, 56부 武目, 「劉越石胡笳」; 임형택, 「18세기 예술사의 시각」, 송재소 외, 『이조후기 한문학의 재조명』, 창작과비평사 1984, 182~190면; 오수경, 「18세기 서울 文人知識層의 성향」, 성균관대 박사논문 1990, 92~102면 참조.

51) 『상고도』 권9, 42부 詞目, 「王摩詰春日與諸公集逍遙谷」. 박규수의 鑑定에 대해 이정관은 "因卷無題識, 而覓畵中光景, 因畵中光景, 而並及於服飾時製, 皆上文考證之資. 何等精細! 何等鑑賞!"이라 칭찬했다(『환재총서』, 제2책, 594~595면 상단).

의 잘못된 약명을 정정하기도 했다고 증언하고 있다.[52)]

이와같은 그의 자연과학에 대한 조숙한 관심으로 미루어볼 때 『상고도』의 제16부에서 박규수가 천문역법에 대해서도 깊은 식견을 보여주고 있는 것은 당연하다고 생각된다. 그중에서 특히 주목되는 글은 「어떤 사람이 천체를 논하다(或人論天體)」에 대한 안설이다. 이 글은 제16부가 수록된 『상고도』 제4권의 대부분을 차지하여 한 권의 독립된 저술이 될 만한 분량일뿐더러 고도의 전문적인 수준을 보여주고 있어, 저자가 특별히 심혈을 기울인 부분임을 알 수 있다.[53)] 여기에서 박규수는 개천설(蓋天說)·혼천설(渾天說)·선야설(宣夜說)·헌천설(昕天說)·궁천설(穹天說)·안천설(安天說) 등 천체 구조에 관한 고대 중국의 6대 학설을 비판적으로 검토하는 가운데,[54)] 지

52) 『상고도』 권7, 34부 直目, 「范希文還朱宋白金方」. "是時, 桓卿以雙綰髻日坐小樓上, 檢李時珍本草, 卽與群兒伴走園裏茂密處, 細眼看草花菜莖, 訂正東局藥名之訛."(『환재총서』, 제2책, 400면 상단) 범희문은 곧 범중엄이고, 주채는 그의 친구의 아들이다.

53) 『상고도』의 각 권은 대개 4~7개의 部로 되어 있으나, 『상고도』 제4권만은 단 1개의 부(제16부)로 되어 있다. 이는 그중 「或人論天體」의 안설이 아주 이례적으로 긴 탓이다. 『상고도』 제4권은 『환재총서』 제1책의 459면부터 615면까지로 총 157면인데, 그중에서 「혹인논천체」에 대한 안설은 총 134면이나 된다. 이 안설은 모두 80개의 단락으로 된 본문과 각 단락에 대한 小注로 이루어져 있다. 본문에서는 자신의 견해를 명제의 형태로 제시하고, 소주에서는 그 명제에 대한 논증이나 설명을 가하는 특이한 서술방식을 취하고 있다. 이 안설에 대해 이정관과 홍길주는 『상고도』 상단 곳곳에 극찬하는 평어들을 붙여놓았다. 그중 특히 홍길주는 "不料妙少年紀有此許大見識. 談天說地, 若是乎, 如手摩而目視, 專門者皆當口呿"라고 하여 전문가들도 입을 딱 벌릴 정도라고 높이 평가하였다(『환재총서』, 제1책, 605면). 홍길주는 천문역법에 적용된 서양 기하학의 球面三角法을 연구하여 「弧角演例」 등을 남긴 당대의 뛰어난 수학자이기도 했다(전용훈, 「洪吉周數學硏究와 그 淵源」, 『洌上古典硏究』 17, 2003 참조).

54) 박규수는 안설의 후반부에서, 중국의 전통적인 천체 구조론을 체계적으로 소개한 『晋書』 「天文志」의 '天體'조에 주로 의거하여 개천설 등 6대 학설의 得과 失을 집중적으로 논했다(『환재총서』, 제1책, 565~610면). 이러한 논의는 별도의 고찰을 요하는 흥미로운 주제라 생각된다. 중국의 전통적인 천체 구조론에 관해서는 山田慶兒, 『朱子の自然學』, 東京: 岩波書店 1978, 13~23면; 이문규, 『고대 중국인이 바라본 하늘의 세계』, 문학과지성사 2000, 279~327면 참조.

구가 둥글 뿐만 아니라 스스로 돈다는 지원지동설(地圓地動說)을 주장했다. 이는 후일 박규수가 이러한 지원지동설을 바탕으로 세계 지리를 표시한 지구의에다 천문 관측 기능을 첨가하여 지세의(地勢儀)를 창제한 사실과 관련해서도 각별히 주목할 필요가 있으리라 생각된다.

박규수의 주장에 의하면 지구의 그림자가 달을 가리는 월식 현상을 통해 알 수 있듯이 지구는 탄환처럼 둥근 구체이며, 하늘에 연계되거나 물에 의지해 있는 것이 아니라 허공 중에 떠 있다.[55] 그럼에도 불구하고 지구가 추락하지 않고 제자리를 지킬 수 있는 것은 '기(氣)'가 이를 감싸고 돌기 때문이다. '하늘'은 고정된 형체가 있는 것이 아니라, 지구를 감싸고 회전운동을 하는 기의 총체, 즉 '적기(積氣)'를 가리키는 말이다.[56]

하늘과 땅은 상하관계에 있는 것이 아니라 내외(內外)관계에 있다. "하늘이 땅을 감싸고 있는 것이지, 땅이 하늘을 받들고 있는 것은 아니다."[57] 따라서 하늘은 높고 땅은 낮다는 '천존지비(天尊地卑)'나, 하늘이 만물을 덮고 땅은 만물을 싣고 있다는 '천부지재(天覆地載)'라는 관념은 모두 잘못된 것이다. 이는 사람이나 만물의 처지에서 하늘을 바라보고 땅을 굽어본 결과 생겨난 착각일 뿐이다.[58]

55) 『환재총서』, 제1책, 485～486면, 492～494면, 498면, 559～561면.
박규수는 땅이 물에 의지해 있다는 설(혼천설과 궁천설)을 특히 힘주어 비판했다.

56) 『환재총서』, 제1책, 477～478면, 484～486면, 547～548면, 551～552면, 557면.
따라서 박규수는 하늘이 항상 안정된 형상을 취한다는 虞聳의 안천설을 비판하고, 하늘은 形質이 없다고 본 선야설을 칭찬했다.

57) 『환재총서』, 제1책, 476면, 486면, "天之包地, 非地之戴天也.", 542면, 557～558면, 561면.
나아가 박규수는 『楚辭』 「天問」 중의 '九天'을 '九重의 하늘'로 해석한 朱熹의 설을 받아들여, 하늘이 땅을 九重으로 감싸고 있다고 보았다. 그리고 이와같이 九重의 氣로 된 허공에 지구를 중심으로 七曜가 달—해와 太白星(금성)—熒惑(화성)—歲星(목성)—塡星(토성)—恒星(列星)의 순서로 돌고 있는데 멀수록 회전속도가 느리다고 보았다. 그는 이러한 설이 당시 曆算家들이 지지한 九重天說(명나라 말에 수용된 서양 천문학설로, 하늘을 太陰天—水星天—金星天—太陽天—火星天—木星天—土星天—恒星天—宗動天의 순서로 파악함)과도 부합한다고 주장했다(『환재총서』, 제1책, 545～546면, 552～556면).

58) 『환재총서』, 제1책, 481～483면, 496～500면.

하늘은 둥글고 땅은 네모나다는 '천원지방(天圓地方)'도 실은 하늘과 지구의 형체가 아니라 그 '덕(德)'을 가리켜 한 말이다. 증자(曾子)가 말하기를 "하늘이 둥글고 땅이 네모나다면 (하늘이 땅의) 네 모퉁이를 가리지 못한다"고 했듯이, 천원지방설을 따르면 하늘과 땅이 만나는 접점이 서로 어긋나는 모순을 피할 수 없다. 다만 하늘은 쉬지 않고 회전운동을 하면서 사시(四時)에 운행하므로 그 덕이 '원만'하고, 지구는 제자리를 지키면서 만물을 기르고 있으니 그 덕이 '방정'하다고 할 수 있다.[59)]

나아가 박규수는 하늘이 움직이고 땅은 정지해 있다는 '천동지정설(天動地靜說)'도 비판한다. 그의 주장에 의하면 '동(動)'과 '정(靜)'은 본래 상호 연관되어 있는 범주이므로 하늘과 지구의 어느 한쪽에만 귀속시킬 수 없다. 체용(體用)의 논리로 설명하자면, 항상 회전운동을 하므로 하늘의 '체(體)'는 '동(動)'이지만, 하늘이 '무위무사(無爲無事)'한 가운데 계절이 변하고 만물이 생육하므로 그 '용(用)'은 '정(靜)'이라 할 수 있다. 하늘의 한가운데에서 제자리를 지키고 있으므로 지구의 '체'는 '정'이지만, 땅에서 일어나는 각종 기상 변화나 초목의 번성, 지각 변동이나 불 따위를 보면 그 '용'은 '동'이라 할 수 있다.[60)]

이어서 박규수는 지동설의 선구로 볼 수 있는 고대 중국의 학설들을 논한 다음 홍대용의 지동설을 소개한다. 즉 땅이 때때로 오르내리면서 사방으로 움직인다는 사유설(四遊說)이나, 하늘은 좌선(左旋)하고 해·달·별들은 우행(右行)한다는 설을 비판적으로 검토하고 나서,[61)] "홍씨의 『실언(實言)』을

59) 『환재총서』, 제1책, 480~481면, 487~492면, 494~496면. "昔者, 曾子有言曰, '天圓而地方, 是四角之不相掩也.' 此其說有自來矣."(488~489면) 증자의 말은 『大戴禮』 권5, 「曾子天圓」에 나온다.

60) 『환재총서』, 제1책, 481~482면, 500~505면.

61) 박규수는 『尙書考靈曜』에 대한 鄭玄의 注를 중심으로 四遊說을 소개하고, 많은 지면을 할애해 비판을 가하고 있다(『환재총서』, 제1책, 505~536면). 이어서 그는 하늘이 左旋하고 땅이 右動한다는 『春秋元命包』의 설을 일종의 지동설로서 소개하면서도, 地右動說은 황당무계하다고 비판했다(537~538면).

상고해보니 지전(地轉)을 논한 설이 있다"고 하면서 그 대요를 아래와 같이 소개하고 있다.

(가) 지구와 마찬가지로 하늘에 떠 있는 해·달·별들이 모두 회전운동을 하는데 지구만 정지해 있을 리는 없다. 지구는 하늘을 따라서 도는 것이 아니라 항상 제자리에 있으면서 독자적으로 회전하고 있다.

(나) 지구가 한 번 자전하면 하루가 된다. 지구가 우전(右轉)함에 따라 해도 우행(右行)하지만, 지구의 자전이 해의 운행보다 몹시 빠르기 때문에 사람들은 지구의 자전을 깨닫지 못하고 해가 서쪽으로 진다고 말한다.

박규수는 이러한 홍대용의 지동설이 고대 중국의 사유설에 비해 대단히 자상하고 정밀하며, 해·달·별들의 우행설과도 부합한다고 높이 평가하고 있다. 그리고 땅이 사방으로 움직이고 오르내리거나 우전(右轉)하는 것을 추리나 관찰을 통해 알 수는 없지만, "만약에 한 가지라도 그런 일이 있다면 어찌 '동(動)'이 땅의 '용(用)'이 된다고 말할 수 없겠는가?"라고 하여 결론적으로 지동설을 주장했다.[62]

이상에서 살펴본 박규수의 지원지동설은 일찍이 홍대용과 연암이 주장했던 새로운 천문학설을 계승한 것이라 할 수 있다. 박규수가 지동설의 주요 근거로서 소개한 '홍씨의 『실언(實言)』'은 곧 '실옹(實翁)'과 '허자(虛子)'의 문답으로 이루어진 홍대용의 『의산문답(毉山問答)』을 가리킨다.[63] 박규수는

62) "考之洪氏實言, 有論地轉之說, 其說蓋云, (…) 洪氏地轉之說, 其意大概如此. 雖非古人所說, 而若比之遊四升降, 則蓋亦綜詳精密之極. 古人旣有天左旋地右動之語, 則豈不與此相符乎?"(『환재총서』, 제1책, 538면~541면, 소주) "苟一有其事焉, 則獨不可謂動之爲地之用乎?"(541~542면) 박규수는 홍대용의 글을 직접 인용하지 않고 자기 나름으로 요약해서 소개했다. 이를 다시 요약한 (나)에서, 지구와 해가 모두 右轉·右行한다는 내용은 『湛軒書』 중의 『毉山問答』에는 전혀 보이지 않는다. 박규수가 본 것은 현재 전하는 『의산문답』과는 일부 내용이 다른 異本이었을지도 모른다.

63) 이정관도 "湛軒翁, 學有淵源, 精於數理. 其所著實言, 亦應據元命包地右動之文, 推驗得出, 必不刱爲無稽之言"이라 하여, 『실언』이 홍대용의 저서임을 밝혔다(『환재총서』, 제1책,

홍대용의 지동설을 적극 수용했을 뿐만 아니라, 지구가 물에 의지하지 않고 허공 중에 떠 있는 구체(球體)라는 설을 주장하면서도 역시 '홍씨의 『실언』'을 인용했다. 즉 서양이 중국의 180도 서쪽에 있으므로 중국인들은 중국을 '정계(正界)'로 여기고 서양을 '도계(倒界)'로 여기며 서양인들은 그와 반대로 여기지만 실은 지구상의 어느 곳이든 다 '정계'라고 한 『의산문답』의 설은 그에 대한 명증(明證)이 되기에 충분하다고 했다.[64] 그밖에도 출처를 명시하지는 않았지만 『의산문답』과 유사한 점들이 발견되는 것으로 보아, 박규수가 홍대용의 천문학설에서 심대한 영향을 받았음을 알 수 있다.[65]

『열하일기』에서 연암은 홍대용의 천문학설을 바탕으로 그 나름의 우주론을 피력한 바 있다. 1822년에 지은 한시 「도봉기유」에서 보듯이 박규수는 일찍부터 이러한 연암의 우주론에 정통했다.[66] 그러므로 『상고도』 중 「어떤 사람이 천체를 논하다」에 대한 안설에서도 박규수는 연암과 여러모로 상통하는 주장을 펴고 있다. 특히 지구의 사유설(四遊說)을 비판한 점이나 지구와 해의 우행설(右行說)을 지지한 것은 『열하일기』 중의 논의를 학술적으로

---

538면 상단). 또한 박규수의 장서 목록인 『錦篋藏弆錄』에 「聚錦雜識」 上函 중 『毉山實言』이라는 書目이 있다. 이로 보아 『실언』은 곧 『의산실언』으로, 『의산문답』의 다른 이름이라고 생각된다.

64) "洪氏實言云, 今中國舟車之通, (…) 均是正界云云."(『환재총서』, 제1책, 563～565면). 이는 『의산문답』의 원문을 거의 그대로 인용한 것이다(『湛軒書』, 內集 권4, 장21앞). 단 '西洋'을 '歐邏'로 표기했다.

65) 예컨대 "夫地者, 陰氣之聚而水土之質也. 地體正圓, 團團亭亭, 無依無繫, 與日星幷麗, 而萬物得依附於其面也."(『환재총서』, 제1책, 486면, 소주)는 『의산문답』 중 "夫地者, 水土之質也. 其體正圓, 旋轉不休, 停浮空界, 萬物得以依附於其面也."(『담헌서』, 내집 권4, 장19앞)와 흡사하다. 또한 "昔者, 曾子有言曰, '天圓而地方, 是四角之不相掩也.' 此其說有自來矣."(『환재총서』, 제1책, 488～489면)는 『의산문답』의 문장(『담헌서』, 내집 권4, 장19뒤)을 거의 그대로 따온 것이다. 그렇기는 하나 박규수는 『의산문답』의 설을 모두 추종하지는 않았다. 특히 해와 달이 지구를 돌고 五緯(五星)는 해를 돈다고 본 홍대용의 티코 브라헤(Tyco Brahe)식 우주관을 따르지 않고, 지구를 중심으로 七曜가 회전한다는 九重天說을 주장했다(주57 참조).

66) 김명호, 『열하일기 연구』, 창작과비평사 1990, 139～145면; 본서, 100~102면 참조.

더욱 발전시킨 것이라 볼 수 있다. 또한 '천원지방'은 하늘과 땅의 '덕'을 말한 것이라 하여, 천원지방설을 완전히 부정하지 않고 지원지동설과 절충하고자 한 점은 바로 연암의 견해를 계승한 것이다.[67)]

이와같은 사실은 영정조 시대 북학의 자연과학적 성취가 19세기에도 꾸준히 계승·발전되었음을 단적으로 증명하는 것이라 할 수 있다. 그런데 『의산문답』에서 서양인들의 '지구지설(地球之說)'은 의심할 여지가 없다고 말한 데에서도 엿볼 수 있듯이, 홍대용과 연암의 지원지동설은 서학(西學)의 영향을 다분히 받은 것이었다. '천원지방'이 하늘과 땅의 '덕'을 말한 것이라는 설도 실은 마떼오 리치(利瑪竇)나 알레니(艾儒略) 등이 주장한 것이다.[68)]

그러나 한편으로 지원지동설은 송대(宋代) 성리학자들의 우주론도 계승하고 있다. 박규수는 홍대용이나 연암과 마찬가지로, 하늘이란 형체가 없으며 기(氣)로 가득 찬 허공일 뿐이라고 보았는데, 이는 장재(張載)와 주희(朱熹)의 설을 받아들인 것이다.[69)] 나아가 박규수는 지원설의 유력한 근거로 정호(程顥)와 주희의 발언을 인용했다. 즉 정호는 땅은 어디로 가든지 끝이 없고 중심이 아닌 곳이 없으며, 해도 어디로 가든지 비추지 않는 곳이 없고, 남북에 따라 기후가 다르며 계절이 정반대로 된다고 주장했다. 박규수는 이러한 정호의 발언들을 보면 "땅이 끝없이 둥글고 해가 곳에 따라 이동해 아침 저

---

67) 박규수는 홍대용의 학설로서 우행설을 소개하고 지지를 표하고 있으나, 정작 우행설은 『의산문답』이 아니라 『열하일기』에 보인다(박영철 편, 『연암집』 권12, 「太學留館錄」, 장86뒤). 「어떤 사람이 천체를 논하다」에 대한 안설을 두고 홍길주가 "据證論辨處, 往往令人如讀熱河紀一二段"이라 평한 것은(『환재총서』, 제1책, 605면 상단) 박규수가 『열하일기』 중의 우주론에 영향받은 점을 정확히 지적한 것이다.

68) "西洋一域, 慧術精詳, 測量該悉, 地球之說, 更無餘疑."(『담헌서』, 내집 권4, 장21뒤). 마떼오 리치는 "有謂地爲方者, 乃語其定而不移之性, 非語其形體也."(『乾坤體義』 上, 「天地渾儀說」)라고 했으며, 알레니 역시 "可見天圓地方, 乃語其動靜之德, 非以形論也."(『職方外紀』 卷首, 「五大洲總圖界度解」)라고 하여, 비록 천원지방설을 비판하기 위해서였지만, 연암과 흡사한 주장을 이미 한 바 있다.

69) 山田慶兒, 앞의 책, 37~38면, 45~46면; 김영식, 『주희의 자연철학』, 예문서원 2005, 236면 등 참조.

녁이 되며 기후가 남북간에 서로 바뀜을 모두 추리하여 알 수 있다"고 했다.[70)]

또한 박규수는 "땅은 (하늘의) 중앙에 있지 아래에 있지 않으며, 하늘은 땅을 감싸고 있다"는 주희의 발언을 인용하고 나서, "위대한 말씀이로다!"라고 칭송했다. 이와 아울러 『초사(楚辭)』에서 말한 '구천(九天)'이란 기(氣)의 회전속도 차이에 따라 하늘에 구중(九重)의 층위가 있음을 뜻하는 것이라는 주희의 해석을 소개하고, 이러한 주희의 발언들을 보면 "땅이 둥근 모습으로 허공에 있으며 정중앙에 자리잡고 어느 것에도 의지하지 않는 점과 하늘이 땅을 감싸고 있는 점을 모두 의심할 수 없다"고 했다.[71)]

이처럼 박규수의 지원지동설이 서학과 성리학의 양쪽에 모두 뿌리를 두고 있는 것은 일견 모순처럼 보인다. 그러나 송대 성리학자들의 우주론은 서양 천문학에 가장 근접한 진보적 내용을 지니고 있어 명대 이후 중국이 서양 천문학을 받아들일 수 있는 사상적 기반이 되었음을 인식할 필요가 있다. 서양 천문학을 수용한 후대의 역상가(曆象家)들에 의해 장재와 정호, 주희 등의 우주론은 서양의 지원설이나 구중천설(九重天說)의 선구로서 재평가되었던 것이다.[72)]

박규수는 광대한 우주를 인식하는 방법으로, 측정과 계산에 의거하는 '역

70) 『환재총서』, 제1책, 542~545면. "觀此三章之言, 則地之渾圜無端, 日之隨處朝暮, 氣候之南朔互易, 皆可以理推而得之也." 정호의 발언은 『二程遺書』 권2에서 세 조목을 따온 것이다. 이정관은 "三章之論, 宛然地毬之說. 豈程子已嘗有疑於是歟?"라 하여(『환재총서』, 제1책, 543면 상단), 그 역시 정호를 지원설의 선구자로 보았다.

71) "朱子曰, '地在中央, 不是在下, 而天包乎地也.' 至哉言乎!" "觀朱子此言, 則地之麗空團團, 中正無依, 與夫天之包地, 皆可無疑矣."(『환재총서』, 제1책, 545면, 546면 소주) 주희의 발언은 『朱子語類』 권1, 理氣上 太極天地上과 권2, 理氣下 天地下에 나온다. 그밖에 박규수는 邵雍의 설도 인용했다. 즉 땅이 물에 의지하지 않음을 지지하는 증거로 "地依於天"이라는 소옹의 발언(『皇極經世書』 권7, 外書, 「漁樵問對」)을 끌어왔다(『환재총서』, 제1책, 559면). 그러나 박규수는 이처럼 송대 성리학자들의 우주론을 수용하면서도, 하늘과 日月五星이 모두 左旋한다는 설은 받아들이지 않았다.

72) 梅文鼎, 『曆學全書』 권1, 『曆學疑問』 1, 「論地圓可信」; 山田慶兒, 앞의 책, 41~42면, 143면 등 참조.

상가'의 방법과 아울러 논리적 추론을 통해 이치를 깨닫는 '유학자'의 방법을 들고 양자는 서로 배타적이 아니라 보완 관계에 있다고 주장했다. 역상가는 오직 "산수지합(算數之合: 계산이 들어맞는 것)"만 취하고 유학자는 "의리지통(義理之通: 논리적 모순이 없는 것)"만 추구하는 폐단이 있으나, "반드시 먼저 그 의리지통을 이치로 깨달을 뿐 아니라 산수의 실제 결과와 합치한 뒤라야 천상(天象)과 지체(地體)에 관해 비로소 말할 수 있다."[73] 이같은 견지에서 박규수는 서학을 수용한 역상가들의 학설과 송대 성리학자들의 우주론을 절충·종합하는 가운데 지원지동설을 이끌어내고자 했던 것이다.

이상에서 『상고도』 안설 중의 경세책(經世策)과 예술론·우주론 등을 살펴보았거니와, 그와 함께 이러한 논의들에서 박규수가 대단히 엄밀한 고증적 태도를 견지하고 있는 점도 주목할 필요가 있다. 「왕마힐이 봄날에 여러 벗들과 소요곡에 모이다」에 대한 안설에서 그는 『당서』와 『당시기사』, 『우승집』의 시와 연보, 장열(張說)의 「동산기(東山記)」 등에 근거하여 소요곡이 병부상서 위사립(韋嗣立)의 산장임을 고증했다.[74] 또한 「유월석과 호가」에 대한 안설에서는 『사기』 「악서(樂書)」, 『진서』 「악지(樂志)」, 『당운(唐韻)』, 응소(應劭)의 「노부도(鹵簿圖)」, 서광(徐光)의 『거복지(車服志)』, 척계광의 『기효신서(紀效新書)』, 두목(杜牧)과 이익(李益)·주희·이섭(李涉)의 시 등을 두루 인용하여 호가(胡笳)와 호각(胡角)이 서로 다른 악기임을 밝혔다.[75] 이처럼 반드시 신빙할 수 있는 문헌적 근거 위에서 진실을 엄정하게 규명하려는 태도는 『태평광기』 중의 부여(扶餘)에 관한 기록 비판,[76] 순(舜) 임금의 이비(二妃)에 관한 전설 변증(辨證),[77] 당나라 악부(樂府) 「목란가(木蘭

---

73) "必先理會其義理之通, 而又合算數之實, 然後天地之象體, 始可以言之矣."(『환재총서』, 제1책, 603면)

74) 『상고도』 권9, 42부 詞目, 「王摩詰春日與諸公集逍遙谷」.

75) 『상고도』 권11, 56부 武目, 「劉越石胡茄」. 이에 대해 홍길주는 "桓齋考證之博雅, 專門者無以過也. 可畏可畏!"라고 칭찬했다(『환재총서』, 제3책, 177면 상단).

76) 『상고도』 권1, 5부 武目, 「李衛公汾陽橋」. 이에 대해 이정관은 "考據正確, 足以正傳奇之訛"라고 칭찬했다(『환재총서』, 제1책, 206면 상단).

歌)」의 작자 추정[78] 등에서도 거듭 확인된다. 바로 이러한 실사구시적 태도에서도 전대의 실학을 계승한 면모를 발견할 수 있다.

## 3. 성리학 사상과 존명 의식

한편 『상고도』의 안설은 당시 박규수가 사상적으로 성리학에 바탕을 두고 있었으며 존명(尊明) 의식에 투철했던 사실을 보여준다. 이미 살펴본 바와 같이 한시 「강양죽지사」와 「봉소여향」, 그리고 연행을 떠나는 홍양후에게 지어준 증언(贈言) 등은 수학기의 박규수가 성리학을 신봉하면서 강렬한 존명 의식을 품고 있었음을 보여주었다.[79] 이러한 사상적 경향은 『상고도』에 선정된 인물 가운데 송대의 대표적 성리학자들이 다수 포함되었다거나, 명 태조와 명말의 충신들이 빈번히 거론된 사실에서도 드러난다. 뿐만 아니라 안설에서 박규수는 성리학적 견지에서 불교나 도가와 같은 이단사상을 비판하고, 망한 명나라에 대한 의리와 절절한 추모의 감정을 표출하고 있다.

「소강절 선생과 백원산의 눈 오는 밤(邵康節先生百源山雪夜)」에 대한 안설은 소옹이 산중에서 정좌(靜坐)했던 고사를 논한 글인데, 여기에서 박규수는 성리학의 수행법인 정좌가 불교의 참선과는 근본적으로 다름을 역설했다. 즉 수행을 통해 체인(體認)하는 바가 각기 다르니, 불교는 사람의 심(心)과 성(性)이 천(天)이요 리(理)임을 모르며, 리를 말하면서 기(氣)를 놓치거나 기를 말하면서 리를 놓친다는 것이다.[80] 또한 「안노공이 제후가 천자에게

77) 『상고도』 권8, 41부 直目, 「韓文公禱黃陵廟」. 이에 대해 이정관은 "通篇是攷證文字. (…) 叙得典則流麗, 紆餘宛轉, 從古攷證家未有此奇"라고 칭찬했다(『환재총서』, 제2책, 560면 상단).

78) 『상고도』 권13, 67부 節目, 「木蘭十年從軍」. 이에 대해 이정관은 "的證"이라 평했다(『환재총서』, 제3책, 442면 상단).

79) 본서, 60~61면, 94~95면, 112~113면 참조.

80) 『상고도』 권7, 32부 隱目, 「邵康節先生百源山雪夜」. 이에 대해 이정관은 "好一篇闢佛

조회하는 예의를 말하다(顏魯公諸侯朝天子禮)」에 대한 안설에서 그는 『태평광기』 등에 나오는바 안진경(顏眞卿)이 순절한 뒤 시해(尸解)하여 신선이 되었다는 설을 반박하면서, "이단이 사람을 끝없이 해치고 소설가가 남의 명절(名節)을 훼손함이 바로 이와 같구나!"라고 개탄했다.[81]

「손치승이 검을 지니고 변새를 여행하다(孫稚繩仗劍遊塞下)」에 대한 안설에서 박규수는 명나라의 마지막 황제 의종(毅宗)이 자결하기 직전 허리띠에 썼다는 글을 인용하면서, 손승종(孫承宗)과 같은 충신이 배척당해 명나라가 망하고 만 데 대한 '유한(遺恨)'을 토로했다.[82] 또한 「우리나라에 온 명나라 인민들이 대보단 쌓은 소식을 듣다(東來皇朝民人等聞築大報壇)」에 대한 안설은 명나라의 은혜를 잊지 않는다는 뜻으로 숙종 때 대보단(大報壇)을 건설하고 영조 때 명 태조와 신종(神宗) 및 의종을 합사(合祀)한 고사를 논한 글이다. 이 안설에서도 박규수는 조선으로 망명한 명나라 유민(遺民)들 가운데 "당시 대보단을 쌓고 제사를 올린 행사를 본 자가 있었다면 그 심정이 과연 어떠했으랴!"라고 감개를 나타냈다.[83]

이러한 강렬한 존명 의식은 「어떤 사람이 조선관에 허리띠를 팔러 오다(有人賣帶朝鮮館)」에 대한 안설에서도 극명히 드러난다. 이는 효종 때 어떤

文字"라고 평하고, 또 "僕未曾見桓卿廣讀性理諸書, 又未見繙閱一切佛書, 以讀此篇, 說理說氣, 出入儒佛, 以異樣筆墨, 形大公體用, 若是之光明直截. 桓卿, 直大慧悟哉! 今而後, 知桓卿某之師, 而非某之友也"라고까지 극찬했다(『환재총서』, 제2책, 364면, 367~368면 상단). 박규수의 불교 배척론은 『상고도』 권9, 47부, 直目, 「傅太史高識篇」에도 보인다.

81) 『상고도』 권3, 12부 節目, 「顏魯公諸侯朝天子禮」. "陋哉斯言! 異端之害人無窮, 而小說家之敗人之名節, 乃如是夫!"(『환재총서』, 제1책, 392~393면) 안진경(709~785)은 魯郡公에 봉해졌으므로 '안노공'이라고도 한다.

82) 『상고도』 권1, 4부 節目, 「孫稚繩仗劍遊塞下」. 이에 대해 이정관은 "痛切悲惻, 有不忍終讀者. (…) 所以桓卿此說, 特借衣帶詔一案, 以發其滿腔寃憤, 千載之下, 可哭可涕"라 평했다(『환재총서』, 제1책, 175~176면 상단). 손치승은 명나라 말에 순절한 孫承宗(1563~1638)을 가리킨다. 치승은 그의 자이다. 의종 황제가 최후의 글을 허리띠(衣帶)에 썼다고 했으나, 『명사』에는 옷깃(衣襟)에 썼다고 되어 있다(권24, 「莊烈帝本紀」 2).

83) 『상고도』 권3, 13부 節目, 「東來皇朝民人等聞築大報壇」. "若有及見乎當日築壇休享之擧者, 其人之情思, 當何如哉!"(『환재총서』, 제1책, 413면)

청국인이 조선 사신의 북경 숙소인 조선관으로 찾아와 명 태조의 하사품인 옥대(玉帶)를 주고 사라진 고사를 논한 글이다. 여기에서 박규수는 그 청국인이 명나라 초의 공신인 유기(劉基)의 후예일 것으로 추정하고, 해외의 '유심인(有心人)'에게 전가지보(傳家之寶)를 넘기려 한 그의 비장한 뜻에 깊은 공감을 표했다.[84)]

이와같은 존명 의식은 모화적(慕華的) 사대사상과 표리관계에 있다고 할 수 있다. 「당나라 천보 때 사신이 신라왕에게 답하다(唐天寶詞臣答新羅王)」에 대한 안설은 당 현종(玄宗)이 안록산(安祿山)의 난을 당해 촉(蜀) 땅으로 도망갔는데도 신라 경덕왕(景德王)이 그곳까지 사신을 보내 조공을 바친 고사를 논한 글이다. 이 안설에서 박규수는 "대저 우리나라 사람의 모화지성(慕華之誠)은 삼국 때부터 이미 그러했으니, 이는 천성에 뿌리박은 것이라 보아도 좋을 것"이라고 예찬했다.[85)]

이러한 사대사상은 일본이나 베트남을 야만시하는 대외관(對外觀)으로도 나타난다. 「소 참군이 일본의 사신을 전송하다(蕭參軍送日本使者)」에 대한 안설은 당나라 때 일본이 사신을 보내 명유(名儒) 소영사(蕭穎士)를 초빙하고자 한 고사를 논한 글이다. 여기에서 박규수는 『화한삼재도회(和漢三才圖會)』에 인용된 『일본기(日本紀: 日本書紀)』 중 당시 일본 사신들이 중국에서 문명(文名)을 떨쳤다고 한 기사에 대해, "섬나라 오랑캐가 전한 기록이라 비리(鄙俚)하고 가소롭다"고 일축해버렸다.[86)] 그리고 「마문연과 동주(馬文淵銅柱)」에 대한 안설은 후한(後漢) 때 마원(馬援)이 교지(交趾: 베트남 북부)의 반란을 평정하고 기념으로 동주(銅柱)를 세웠던 고사를 논한 글인데, 여기에서도 박규수는 "외이(外夷) 안남(安南) 땅에 동주가 무릇 다섯 군데 있으니, 안

84) 『상고도』 권7, 34부 節目, 「有人賣帶朝鮮館」.

85) 『상고도』 권12, 61부 節目, 「唐天寶詞臣答新羅王」. "大抵東人慕華之誠, 自三國已然, 雖謂之根於天性, 可矣."(『환재총서』, 제3책, 309면)

86) 『상고도』 권6, 26부 詞目, 「蕭參軍送日本使者」. "島夷所傳紀, 鄙俚可笑."(『환재총서』, 제2책, 221면)

남은 옛날의 교지(交趾)이다"라고 하여 중국 중심적인 시각에서 역사적 사실을 논했다.[87)]

이상에서 살펴본 바와 같이 박규수의 안설에 성리학 사상이 드러나 있는 점은 일찍이 현석(玄石) 박세채(朴世采)나 여호(黎湖) 박필주(朴弼周)와 같은 저명한 성리학자를 배출한 그의 가문의 학풍이나, 그의 학업을 지도한 이정리·이정관 형제가 성리학에도 밝았던 인물이라는 사실과 무관하지 않을 듯하다. 또한 박규수의 집안이 고조 박필균 이래 당파상 노론에 속하고 우암 송시열에서 발원한 노론계 학통을 따랐음을 감안하면, 『상고도』의 안설에 강렬한 존명 의식이 나타난 점 또한 쉽게 이해될 수 있을 것이다.

그러나 한편으로 이러한 사실은 박규수의 초기 사상에서 실학과 성리학의 관계를 어떻게 파악해야 할 것인가 하는 문제를 제기한다고 하겠다. 조선 후기의 실학을 성리학과 대립하거나 그로부터 탈피하려는 학풍으로만 이해한다면, 박규수가 한편으로 실학을 계승하면서 다른 한편으로 성리학에 바탕을 두고 있는 점은 사상적 모순이나 혼란으로밖에 보이지 않을 것이다. 하지만 박규수의 지원지동설이 서학의 영향을 받은 홍대용과 연암의 천문학설을 계승하면서도 정호와 주희 등 성리학자들의 주장을 유력한 근거로 삼고 있듯이, 실학은 성리학의 일면을 비판하면서도 한편으로는 이를 계승하고 발전시켜나간 면이 분명히 있다. 그러므로 수학기 박규수의 사상적 성격을 파악하는 문제에 있어서도 양자의 관계를 단선적이 아니라 복합적으로 파악해야 하리라 본다.

87) 『상고도』 권6, 27부 武目, 「馬文淵銅柱」. "外夷安南之地有銅柱凡五所, 而安南古之交趾也."(『환재총서』, 제2책, 231~232면)

## 4. 빼어난 예술적 산문

『상고도』는 박규수의 문학적 역량을 보여주는 예술적 산문으로서도 주목을 요한다. 앞서 보았듯이 박규수는 한유를 몹시 숭배하여 빈번히 거론했을 뿐더러 그를 비롯한 당송 고문가들의 문집을 자주 인용한 데에서 박규수의 문학적 취향을 짐작할 수 있다. 나아가 그는 명 태조가 표전주소(表牋奏疏)에서 사륙문체(四六文體)를 금지하고 한유와 유종원(柳宗元)의 글을 법식(法式)으로 삼아 간고(簡古)한 문체를 쓰도록 한 조치를 예찬했다.[88] 그리고 한유가 창도한 고문(古文)을 윤수(尹洙)와 구양수가 부흥시킨 공로를 기리면서 이러한 고문을 산문의 '정종(正宗)'으로 간주했다.[89] 이를 보면 박규수는 기본적으로 당송 고문가의 문학관에 따라 산문 창작에 임했으리라 생각된다.

『상고도』의 안설 가운데 사론(史論)이 큰 비중을 차지하고 있는 점은 일차적으로 이 책의 성격에서 연유한 것이지만, 사론을 중시한 당송 고문가들의 영향과도 무관하지 않을 것이다. 그중에서 제갈량,[90] 공융(孔融),[91] 악비(岳飛),[92] 송 진종(眞宗),[93] 문천상(文天祥),[94] 이광(李廣),[95] 송 고종(高宗),[96]

88) 『상고도』 권7, 30부 詞目, 「洪武六年中書省禁中外四六文辭」.

89) 『상고도』 권10, 53부 詞目, 「歐陽修讀韓文」, 권13, 68부 詞目, 「尹師魯論文」.

90) 『상고도』 권1, 1부 隱目, 「諸葛子草堂閒居」. 이 글의 안설은 『환재집』 권11, 「상고도 안설 십칙」에도 실려 있다.

91) 『상고도』 권6, 28부 文目, 「孔明聞孔文擧殺死」. 이에 대해 이정관은 "與昌黎伯夷頌末, 文勢恰似, 而演迤過之. (…)" "(…) 文亦玲瓏穿穴, 咄咄逼人, 不易得! 不易得!"이라 칭찬했다(『환재총서』, 제2책, 289면, 291면 상단).

92) 『상고도』 권7, 33부 武目, 「岳鄂王不奉金字牌」. 이 글의 안설은 『환재집』 권11, 「상고도 안설 십칙」에도 수록되어 있다.

93) 『상고도』 권9, 44부 文目, 「向文簡公作右僕射」. 이에 대해 홍길주는 "議論能品, 可寘之歐・蘇間"이라 평했다(『환재총서』, 제2책, 632면 상단).

94) 『상고도』 권10, 51부 節目, 「張毅甫葬文丞相」, 권12, 60부 節目, 「文丞相畵蘭」. 후자에 대해 이정관은 "非騷非歌, 可泣可哭. 何其纏綿而悽惻, 而縷縷而不能絶也!"라 평했다(『환재총서』, 제3책, 291면 상단).

95) 『상고도』 권12, 60부 武目, 「李將軍覇陵歸路」. 이에 대해 이정관은 "未滿百餘字, 奇崛瀏亮, 有無限慷慨"라 했으며, 홍길주는 "十字深得太史公風神"이라 했다(『환재총서』, 제3

동방삭(東方朔),[97] 이필(李泌)[98] 등에 관한 사론은 핵심을 찌르는 명쾌한 논리, 다양한 변화를 내포한 용의주도한 구성, 평이하면서도 힘과 깊이를 갖춘 문체 등에서 특히 빼어난 신문이라 할 수 있다.

이와 아울러 박규수는 서정적인 글에서도 탁월한 솜씨를 나타냈다. 「소문충공이 금련촉을 가지고 한림원에 돌아가 밤새 앉아서 선제의 은총을 생각하다(蘇文忠公金蓮燭歸院夜坐念先帝恩)」에 대한 안설은 소식이 송 철종(哲宗)의 지우(知遇)를 입고 감격한 고사와 관련하여 당시 정경을 상상적으로 묘사한 글이다. 즉 철종은 옥당(玉堂: 한림원)에서 숙직하던 소식을 불러 그의 복관(復官)이 선제(先帝) 신종(神宗)의 유지(遺志)에 따른 것임을 밝혔으며, 그가 옥당으로 돌아갈 때 어전(御前)의 금련촉(金蓮燭: 금으로 장식한 연꽃 모양의 촛불)까지 하사했는데, 이에 감격하여 밤을 지새운 소식의 모습을 박규수는 다음과 같이 그리고 있다.

> 촛불은 하마 가물거리고 그 향내 이미 다했구나. 하늘에는 별들 사라지고 밝은 달도 서쪽으로 기우네. 떨어지는 이슬은 해맑고 새벽 바람 싸늘하여라. 멀리서 닭이 울고 금원(禁苑)의 까마귀들 흩어지네. 궁중 물시계에 물이 다하고 새벽 종이 울리는구나. 수레들 오가는 소리, 패옥(佩玉)들 부딪는 소리. 성 위로 아침 노을 피어오르고 바다에 해는 환히 떴는데, 청아한 옥당에서 밤새 잠 못 이루었네.
>
> 燭已殘矣, 香已歇矣. 天星沒矣, 明月西矣. 零露湛矣, 曉風凄矣. 遠鷄鳴矣, 苑鴉散矣. 宮漏盡矣, 晨鐘動矣. 車轔轔矣, 佩鏘鏘矣. 城霞發矣, 海日暾矣. 玉堂淸矣, 夢不成矣.[99]

---

책, 288면, 289면 상단).

96) 『상고도』 권13, 64부 節目, 「洪忠宣公辭通問使」.

97) 『상고도』 권13, 64부 直目, 「東方生泰階六符」.

98) 『상고도』 권15, 78부 隱目, 「李鄴侯歸衡山」.

99) 『상고도』 권13, 66부 詞目, 「蘇文忠公金蓮燭歸院夜坐念先帝恩」. 이 글에 대해 이정관은 "奇奇之文"이라 평했으며, 홍길주는 "非絲非竹, 非騷非選, 想此時桓卿, 全身化爲東坡, 坐玉堂殘月中矣. 嗚呼! 桓齋文才, 孰謂可及?"이라 격찬했다(『환재총서』, 제3책, 409면,

이처럼 그는 상호 조응하는 서정적인 표현의 4자구를 반복함으로써 당시의 정경을 시정(詩情)이 넘치는 산문으로 그려내는 데 성공하고 있다.

한편 박규수의 안설은 진한(秦漢) 시대의 산문을 모범으로 삼았던 복고주의 문풍의 영향도 보여준다. 「소노천이 문을 닫아걸고 글을 읽다(蘇老泉閉戶讀書)」에 대한 안설은 소순(蘇洵: 호 老泉)이 뒤늦게 분발하여 마침내 문장의 대가가 되었던 고사를 논한 글인데, 여기에서 박규수는 자신의 「예장설(豫章說)」을 인용하면서 속성(速成)을 바라는 태도를 경계했다.

「예장설」은 귀한 목재로 쓰이는 예장(豫章: 녹나무)을 두고 고대 중국의 이름난 공장(工匠)인 공수반(公輸班)이 제자와 나눈 가상적인 문답으로 되어 있다. 이와같은 우언(寓言) 형식과 아울러, 뿌리가 깊고 단단해짐을 기다리지 않고 나무가 빨리 크기만을 바라는 제자의 어리석음을 풍자한 그 주제에서 『장자(莊子)』와 같은 제자서(諸子書)의 영향을 짙게 느끼게 한다. 그리고 '지(之)' '야(也)' '이(而)' 등의 조자(助字)나 『주례』 등에 나오는 고어를 의식적으로 빈번히 구사한 문체에서도 진한 고문을 모방한 자취를 찾아볼 수 있다.[100] 또한 「사마온공이 재상에 임명되다(司馬溫公拜相)」에 대한 안설은 사마광(司馬光)의 고사와 관련해서 재상의 치국지도(治國之道)를 논한 글인데, 이 글 역시 『서경』의 제편(諸篇)처럼 천자가 신하에게 훈시하는 형식을 취했을 뿐 아니라 『서경』의 독특한 문체를 모방한 것이었다.[101]

---

410면 상단).

100) 『상고도』 권1, 2부 詞目, 「蘇老泉閉戶讀書」. 이에 대해 홍길주는 "優優乎考工記之博, 燁燁乎諸子之麗, 洵天下之奇文也"라 평했다(『환재총서』, 제1책, 158면 상단). 이 글은 『환재집』 권11, 「상고도 안설 십칙」에도 수록되어 있다.

101) 『상고도』 권15, 80부 文目, 「司馬溫公拜相」. 이에 대해 이정관은 "以筆墨遊戲之餘, 效殷訓・周誥之文, 而眞如出孔壁. (…) 僕不敢妄評"이라 했으며, 홍길주는 "比殷盤・周誥, 不啻坦易, 較伊訓・蔡仲之命, 却又硬奧. (…) 誠不料天於衰季之世, 生此大材"라 격찬했다(『환재총서』, 제3책, 705면, 722~723면 상단). 모두 박규수의 안설이 『서경』의 문체를 탁월하게 구사했음을 지적한 것이다. 이 안설은 『환재집』 권11, 「상고도 안설 십칙」에도 실려 있다.

『상고도』에서 또 한 가지 주목할 사실은 박규수의 안설 중에 당시 민중의 생활상을 여실하게 그린 명문이 적지 않은 점이다. 「정개부의 유민도(鄭介夫流民圖)」에 대한 안설은 송나라 때 정협(鄭俠)이 신종(神宗)에게 「유민도(流民圖)」를 바쳐 신법(新法)을 혁파하게 한 고사와 관련해 백성의 고통을 열거한 글이고,[102] 「범희문이 오매초를 진상하다(范希文進烏昧草)」에 대한 안설은 범중엄이 송 인종(仁宗)에게 구황식물(救荒植物)을 바친 고사와 관련해 굶주린 백성들의 참상을 그린 글이며,[103] 「황노직이 나물뿌리를 그린 그림에 글을 적어넣다(黃魯直題畵菜)」에 대한 안설은 백성들의 굶주림에 대한 위정자의 책임을 역설한 글이다.[104] 그리고 「조자진이 고향 마을에서 놀던 때를 추억하다(曹子震憶鄕里舊游)」에 대한 안설은 양(梁)나라 장군 조경종(曹景宗)이 사냥을 지극한 즐거움으로 알았다는 고사와 관련해 우리나라 동북지방 화전민의 궁핍상을 고발한 글이다.[105] 이와같은 안설들은 박규수가 벼슬길에 나서기 전인 약관시절부터 이미 민중의 고통스러운 삶에 대해 깊은 관심과 연민을 지녔음을 말해준다. 뿐만 아니라 이러한 글들에서 그는 대단히 생생한 필치로 민중의 참상을 그려내고 있다.

「황노직이 나물뿌리를 그린 그림에 글을 적어넣다」에 대한 안설에서 박규수는 우선 해학적인 일화를 끌어와 논의를 풀어나간다. 어느 고을의 백성들이 관가에 몰려와 굶주림을 호소하자 몹시 난감해하던 태수는 황정(黃精)과 솔잎, 나물 따위로 겨우 연명할 수 있었다는 한 백성의 말에 다음과 같이

102) 『상고도』 권6, 27부 直目, 「鄭介夫流民圖」. 이에 대해 홍길주는 "願寫幾百千本, 徧掛天下牧民者座側"이라 평하고 "桓卿, 生長輦轂, 安得備知窮蔀艱楚如此, 而今而後, 知桓齋之才, 不獨文章博雅而已"라 칭찬했다(『환재총서』, 제2책, 246면 상단).

103) 『상고도』 권8, 38부 直目, 「范希文進烏昧草」. 이에 대해 이정관은 "今桓卿, 足未履數百里之外, 而民生疾苦, 纖悉無遺乃如此, 可敬可敬!"이라 평했다(『환재총서』, 제2책, 493~494면 상단).

104) 『상고도』 권11, 55부 詞目, 「黃魯直題畵菜」. 황노직은 黃庭堅을 가리킨다. 노직은 그의 자이다.

105) 『상고도』 권14, 74부 武目, 「曹子震憶鄕里舊游」.

호통을 치며 기민들을 몰아냈다는 것이다.

> 너는 듣지 못했느냐? 옛사람이 말하기를 "나물뿌리를 씹을 수 있다면 무슨 일이든 해낼 수 있다" 했느니라. 그런데 네가 겨울을 나며 배불리 먹은 것이 오로지 나물뿌리였다면서, 감히 굶주려 기운이 없네, 농사짓기가 힘듭네 한단 말이냐? 더구나 황정과 솔잎은 바로 신선이 복용하는 것인즉, 장수하는 비방이 아니더냐? 이자들은 모두 난민(亂民)이로다.

이처럼 『소학(小學)』에 나오는 말을 견강부회하여 난처한 사태를 모면코자 한 무책임한 태수에 대해 박규수는, 이자가 그토록 고인의 말씀을 독신(篤信)하니 그에게 재상을 맡기고 나물뿌리 그림에 적어넣은 황정견(黃庭堅)의 글을 읽게 한다면 백성들의 얼굴에서 굶주린 빛이 사라질지도 모르겠다고 신랄하게 풍자했다.

이어서 박규수는 예전에 큰 흉년이 들어 백성들이 무리지어 산을 헤매며 나물뿌리를 캐먹던 모습을 매우 사실적으로 묘사한다. 그들 중에 소금 간장을 타서 끓여 먹은 이는 부종(浮腫)으로 죽다시피 했고 보리 부스러기를 섞어 익혀 먹은 이만 무사했으므로, 다소 기운이 있는 사람은 쌀이나 보리 부스러기를 구할 요량으로 도시에 나가 나물을 팔아보려 했지만 온갖 수모만 당하고 돌아왔다는 것이다. 여기에서 나물 팔러 나온 농민이 수모당하는 대목은 여러 유형의 부유한 시민들이 내뱉는 모욕적인 언사를 통해 묘사되어 한층 실감을 자아낸다. 그리고 결론적으로 경전을 인용하여 적극적인 구황책(救荒策)을 주장하는 것으로 글을 끝맺고 있다.[106] 요컨대 이 글에서 박규수는 해학적인 이야기를 도입부로 삼아 독자의 관심을 고조시킨 뒤, 굶주린

106) 『상고도』 권11, 55부 詞目, 「黃魯直題畵菜」. "爾不聞乎? 昔人云, 咬得菜根, 百事可做. 今汝經冬頓飽, 唯是菜根, 乃敢言饑餓無力, 難做耕農耶? 又況黃精松葉, 乃是仙姑所服, 則爲延壽秘方者乎? 此等皆亂民也."(『환재총서』, 제3책, 147～148면) 이 글에 대해 이정관은 "怪怪奇奇, 不專一能, 其桓卿此篇之謂乎!"라고 평했으며, 홍길주는 "因奇奇話本, 仍轉倒正正議論, 作者之材, 眞是如海"라고 평했다(145～146면, 154면 상단).

백성들의 참상에 대한 생생한 묘사를 제시함으로써 자신의 주장을 더욱 호소력 있게 만드는 놀라운 기량을 보여준다.

또한 「조자진이 고향 마을에서 놀던 때를 추억하다」에 대한 안설에서 박규수는 화전 농사와 사냥질로 간신히 살아가던 우리나라 산골 백성들의 간고한 삶을 여실하게 그려내고 있다. 여기에서 그는 동북지방에서 왔다는 어느 과객이 전하는 말을 통해 실상을 폭로하는 형식을 취한다. 그 과객은 그곳 백성들이 화전을 일구노라면 "쟁기가 돌밭을 만나 부러지고 일할 때 노상 맹수가 접근하며, 얼굴이 새까맣게 타고 손발은 쩍쩍 갈라지며 근골(筋骨)이 쇠하고 상처입어 완전히 꼴이 달라진다"[107]고 하면서, 다음과 같은 산골 백성의 민요를 증거로 소개했다.

| | |
|---|---|
| 산골 밭에 열 말 곡식 씨 뿌리고 | 種得山田十斗粟 |
| 집에 오니 울밑에서 개가 짖더라 | 歸來籬下犬吠聲 |
| 산골 밭에 열 섬 곡식 거두어설랑 | 收得山田百斗粟 |
| 집에 오니 어린 놈이 누구냐더라 | 歸來穉子問姓名 |

이어서 과객은 어느 화전민 부부가 힘겹게 살아가는 모습을 실감나게 전했다. 부인은 애 낳은 지 사흘밖에 안 된 몸이건만 봄비가 쏟아지는 때라 새벽부터 남편을 따라 나서는데, 좌우로 들밥 동구미와 곡식 종자를 들었으니 젖먹이를 안고 갈 도리가 없어 광주리에 담아 머리 위에 이었다.

> 산길이 험준하고 경사져서 아기를 떨어뜨릴까 두렵기만 해 오로지 신경 쓰이는 것은 제 머리 위뿐이라. 앞을 올려다보지도 못하고 옆을 돌아다보지도 못해 독수리가 후려쳐도 쫓을 수 없고 호랑이가 덮쳐도 살필 수 없으니, 누가 산골 백성의 고통이 이처럼 가엾음을 안단 말이요?[108]

107) 『상고도』 권14, 74부 武目, 「曹子震憶鄕里舊游」. "然耒耜折於磽确, 動作恒隣豺虎. 面目黧焦, 手足胝坼, 委傷筋骨, 幻變形容."(『환재총서』, 제3책, 578면)

이에 누군가가 왜 사냥을 해서 맹수의 해를 물리치지 않느냐고 하자, 과객은 그를 통렬하게 매도했다. 그대는 표범이나 여우 가죽을 입고 노루나 사슴 가죽을 깔고 앉으며 꿩이며 멧돼지 고기를 먹고 지내지만, 산골 백성들은 갖옷 한 벌 없고 고기 한 점 먹기 힘들 뿐 아니라 사냥질을 그만두고 싶어도 그럴 수 없는 신세이다.

> 오월이 다가오면 한 줄기 음기가 처음 생겨나니, 사슴은 유물(柔物)이라 그 뿔에 새로 녹용이 돋아 부드럽기는 싹튼 연근 같고 붉기는 찐 영지(靈芝) 같은지라, 썰어서 약에 넣으면 음과 양을 함께 보(補)하므로 의원들은 귀히 여기고 부호들은 감추어두니, 사슴 한 마리가 천만금을 머리에 인 셈이다. 시월이 되면 새 짐승의 털이 부드러워지니 담비의 등과 여우의 겨드랑이 털이 솜보다 따스하고 비단보다 가벼우며 가늘고 부드러운 털에 금빛 자줏빛을 띠는지라, 서리와 바람을 막아 몸을 편안하게 하므로 호귀(豪貴)한 자들은 이로써 차림새를 꾸미고 협소배(俠少輩)는 평복을 삼으니, 길짐승도 또한 등에 천만금을 짊어진 셈이다.[109]

이에 반해 산골 백성은 병들면 무당이나 찾고 추우면 온돌에 몸을 웅크리며 평생토록 약 쓸 줄 모르고 한겨울에도 칡베 옷을 두르고 지내면서도, 값비싼 짐승을 탐하는 관장(官長)이나 아전들의 등쌀에 일년 내내 위험하고 고생스러운 사냥질로 나설 수밖에 없다는 것이다. 그런데도 사냥의 즐거움을 담소(談笑) 거리로 삼으면서 왜 사냥을 하지 않느냐고 묻다니, "만약 산

---

108) "山蹊峻仄, 唯恐傾墮, 一念洞屬, 在彼頂上, 前不得仰, 傍不得顧. 雕鶚之搏擊而莫能追, 豹虎之掩攫而莫能察. 誰能知峽民之疾苦若是其憫惻也?"(『환재총서』, 제3책, 579~580면)

109) "五月之至, 一陰始生, 鹿爲柔物, 新茸厥角, 軟如萌藕, 紅如蒸芝, 截入刀圭, 雙補陰陽, 醫家珍之, 豪富藏之, 一鹿之頂, 戴價千萬. 孟冬之月, 鳥獸毛氄, 貂鼠之背, 綏虎之腋, 煖於綿絮, 輕於綾緞, 細毫含金, 柔毳騰紫, 凌霜排風, 穩體便身, 是爲豪貴之美飾, 俠少之褻服, 走獸之背, 亦負價者千萬矣."(『환재총서』, 제3책, 581~582면)

골 백성들이 그 말을 들으면 어찌 얼굴을 돌리고 울지 않을 수 있겠는가?"[110)]

이와같이 박규수는 현지에서 온 과객의 생생한 증언과 그 지역 민요를 활용하여 동북지방 화전민들의 참담한 생활상을 탁월하게 재현하고 있다. 일찍이 연암은 「예덕선생전(穢德先生傳)」과 「광문자전(廣文者傳)」 등에서 미천한 역부(役夫)인 엄행수(嚴行首)나 거지 출신의 광문(廣文)과 같은 인물들의 가식 없고 건실한 삶을 예찬하면서 이에 비추어 양반사대부의 윤리적 타락상을 풍자했으며, 속어와 속담 등을 활용하여 이러한 하층 민중의 삶을 여실하게 묘사하고자 했다. 그의 대표작인 『열하일기』에도 중국과 조선의 각양각색 하층 민중이 대거 등장할 뿐 아니라 그들의 야성적인 삶이 실감나게 그려져 있다.[111)] 『상고도』의 안설은 바로 이러한 하층 민중의 삶에 대한 따뜻한 관심과 사실주의적 형상화라는 점에서 연암의 산문정신을 훌륭히 계승하고 있다고 본다.

---

110) "若使峽民聞之, 安得不回首而涕泣哉?"(『환재총서』, 제3책, 584면)

111) 김명호, 『박지원 문학 연구』, 170~173면; 『열하일기 연구』, 232~246면 참조.

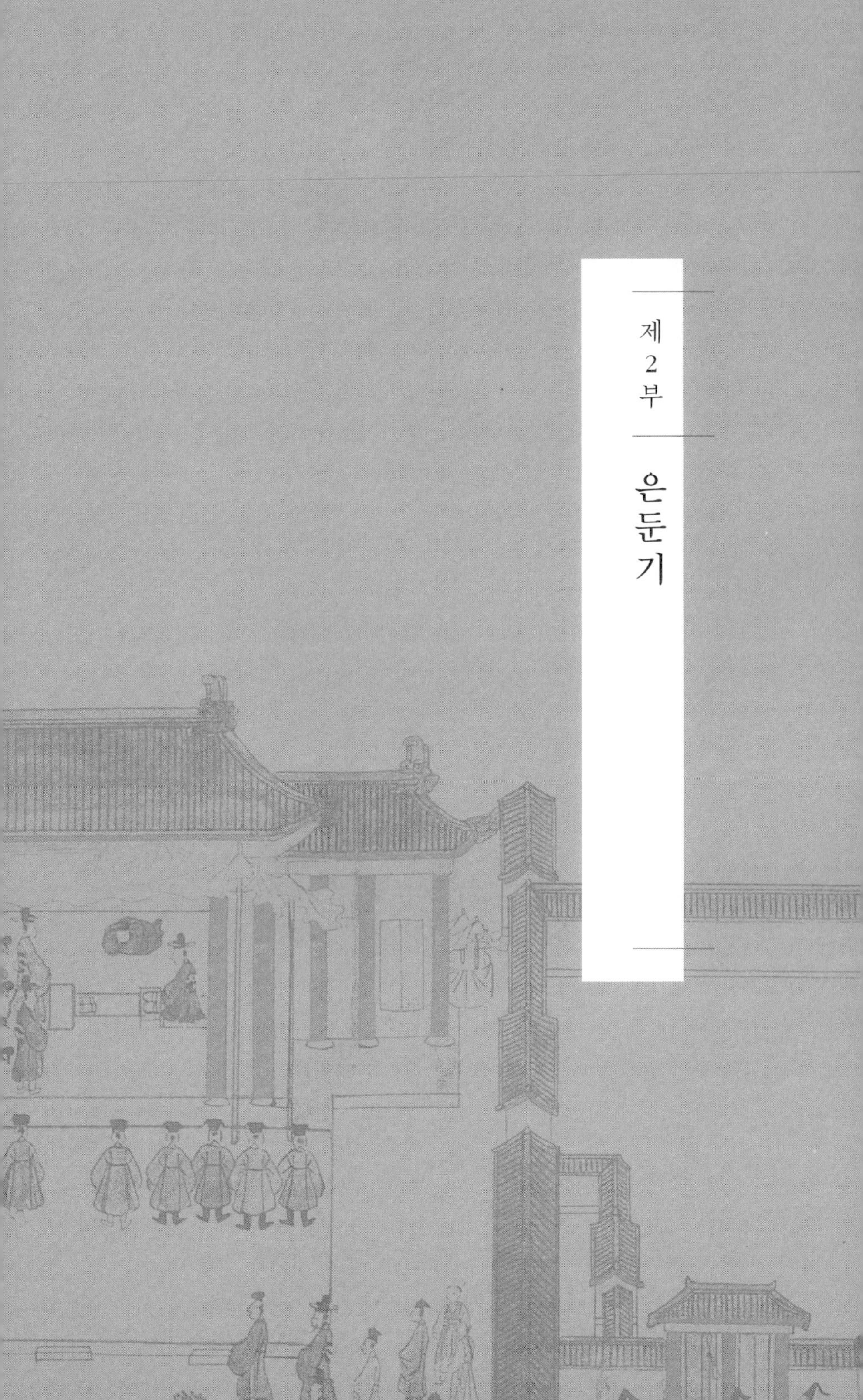

# 제 2 부

# 은둔기

제1장

# 예학 연구와 『거가잡복고』

## 1. 고례의 연구와 실천

1830년(순조 30년) 효명세자가 병사하자, 김조순·김유근 부자를 중심으로 한 외척 안동 김씨 세력은 효명세자의 대리청정기에 일시 위축되었던 그들의 권력을 만회하기 위해 효명세자의 처가인 풍양 조씨 세력을 견제하는 한편, 효명세자의 총애를 받았던 인물들을 겨냥하여 대대적인 정치적 공격에 나섰다. 이같은 상황에서 다시금 친정(親政)에 임하게 된 순조는 국정에 대한 열의를 상실한 채 정쟁으로 어지러운 조정을 개탄하며 무기력하게 지내다가, 수년 뒤 승하했다. 그리하여 1834년 세손(世孫)인 헌종이 불과 여덟 살의 어린 나이로 왕위를 잇게 됨에 따라, 김조순의 딸인 순조비(純祖妃) 순원황후가 수렴청정을 하게 되었다. 게다가 김조순의 조카인 김조근의 딸이 왕비로 간택됨으로써 안동 김씨 세력은 막강한 정치적 기반을 보유하게 되었다.

순원왕후의 수렴청정기에 국정을 장악한 안동 김씨 세력은 풍양 조씨 세력과 일정하게 타협하는 정책을 구사하여, 조인영을 비롯한 풍양 조씨계의 인물들을 국정에 적극 끌어들이고 효명세자의 사후 숙청했던 인물들을 기용하는 등 유화적인 조치를 취하기도 했다. 그러나 이러한 외척간의 일시적인 세력 균형은 수렴청정이 끝나는 1840년(헌종 6년)을 전후하여 깨지고, 효명세자의 대리청정기에 발탁된 신진관료로서 풍양 조씨가와 밀착 관계에 있던 인물들이 재차 숙청되었다. 이와같이 안동 김씨 세력이 국정을 좌우하는 정국은, 헌종이 친정 이후 점차 풍양 조씨 세력에 의지해서 대리청정기 효명세자가 추진했던 왕권강화 정책을 재추진하고자 하여 갈등을 빚을 때까지 지속되었다.[1)]

효명세자가 승하한 뒤 박규수는 순조 말 헌종 초의 암담한 정치현실에 직면하여 젊은 나이임에도 과거를 포기하고 학문에만 전념하는 은둔생활로 접어들었다. 그 무렵 어떤 사람이 그에게 관직 진출을 도모하라고 권하자 이에 답해 지었다는 「세밑에 누군가에게 보내다(歲暮寄人)」라는 시는 당시 박규수의 심경과 생활 자세를 단적으로 보여준다.

| | |
|---|---|
| 산사람으로 홀로 산 지 오래더니 | 山人索居久 |
| 그 뜻과 학업 요즈음 어떠하뇨 | 志業近何如 |
| 냉철한 눈으로 시무 살피면서 | 冷眼看時務 |
| 마음 비우고 고서 읽노라 | 虛心讀古書 |
| 고기 잡고 나무 하느라 세월 저물고 | 漁樵歲月晩 |
| 저술을 하여도 경륜은 엉성하기만 | 著述經綸疎 |
| 가장 사랑하노니 한겨울 매화나무 | 最愛寒梅樹 |
| 맑은 그 향기 절로 여운이 있네 | 淸芬自有餘[2)] |

이 시에서 박규수는 누군가가 그의 근황을 묻는 데에 답하는 형식으로 산

1) 한국역사연구회 19세기정치사연구반, 『조선정치사』 상, 청년사 1990, 102~111면 참조.
2) 『환재집』 권1, 「節錄瓛齋先生行狀草」, 장5앞, 권3, 「歲暮寄人」, 장2뒤.

중의 은사처럼 지내는 자신의 생활상을 노래하고 있다. 당대의 급선무가 무엇인지를 냉철한 안목으로 투시하면서, 세속적인 욕망을 버리고 옛 성현의 저서를 탐독하고 있노라는 것이다. 아울러 가난한 생활 속에 세월은 자꾸 흘러가는데 저술을 통해 확고한 경륜을 제시하지 못함을 겸허히 반성하면서, 한겨울의 매화나무처럼 기품을 잃지 않고 꿋꿋하게 살아갈 결의를 드러내고 있다.

위의 시에서 보듯이 '시무(時務)'를 해결하기 위한 '고서(古書)'의 연구는 은둔기 박규수의 삶을 일관한 지표였다. 그리고 이는 고대 중국의 예서(禮書)에 관한 연구로부터 시작되었다. 행장에 의하면 박규수는 스물두 살 되던 1828년경부터 삼례(三禮), 곧 『의례(儀禮)』『예기(禮記)』『주례(周禮)』를 공부했다고 한다. 그중 난해하기로 유명한 『의례』에 대한 공부에 먼저 착수하여, 본문을 보완하는 주를 달고 자신의 견해를 밝히는 안설(案說)을 덧붙인 『심정의례수해(審定儀禮修解)』를 저술했다고 하는데, 유감스럽게도 현재 이 책은 전하지 않는다.[3)]

은둔 이후 박규수는 예서 공부에 더욱 전념했다. 당시 그는 가난하여 종종 책을 빌려서 보았다고 하는데, 명(明) 왕지장(王志長)이 편찬한 『주례주소산익(周禮註疏刪翼)』을 읽고 돌려주면서 지은 시가 전한다. 이 시에서도 그는 마흔 살이 되도록 회계산(會稽山)에 은거했던 진(晋)나라의 뛰어난 정치가 사안(謝安)과 마찬가지로, 주공(周公)이 지었다는 『주례』를 탐구함으로써 백성들을 위한 계책을 마련하겠노라고 자신의 포부를 노래하고 있다.[4)]

3) 『환재집』 권1, 「절록 환재 선생 행장초」, 장8앞뒤. 책의 제목으로 미루어, 주희의 『儀禮經傳通解』와 유사한 성격의 저술로 짐작된다. 『의례경전통해』는 『의례』를 중심으로 漢唐代의 訓詁注疏學的 예학을 비롯해서 기존의 예학을 총정리하는 가운데 時禮와 古禮를 절충하고 士禮와 王禮를 종합하려 한 저작으로, 조선에서는 16세기 후반 이후 성리학자들에 의해 새롭게 주목되기 시작했다(정경희, 「朱子禮學의 변화와 "의례경전통해"」, 『진단학보』 86, 진단학회 1998; 고영진, 『조선중기 예학사상사』, 한길사 1995, 109~112면 참조).

4) 『환재집』 권1, 「절록 환재 선생 행장초」, 장5앞, "家貧, 借書一讀, 終身不忘", 권3, 「歸周禮註疏刪翼」, 장2앞, "爲問當年謝太傅, 東山高臥意何如? 由來滿地蒼生計, 一部周公熟爛

또한 후일 『거가잡복고(居家雜服攷)』에서 심의(深衣)의 복제를 논하면서 박규수는 자신이 "일찍이 『예기』「옥조(玉藻)」·「심의」의 본문과 정현(鄭玄)·공영달(孔穎達)의 주소(注疏), 사마광의 『서의(書儀)』와 『주자가례』의 법식들, 그리고 근세 제가(諸家)와 우리나라 선유(先儒)의 법식들을 구해서 되풀이하여 연구한 적이 있다"고 밝히고 있다.[5)]

박규수가 이와같이 예학 연구에 몰두하게 된 데에는 그의 척숙인 이정리의 영향이 적지 않았던 것으로 보인다. 이정리는 예학에 깊은 관심과 조예를 지닌 인물로, 오희상(吳熙常)·이항로(李恒老)·홍직필(洪直弼) 등과 같은 저명한 산림학자들과 교유하면서 고례의 복원과 실천에 노력했다. 1829년 의령 현감으로 부임하는 이정리에게 지어준 증서(贈序)에서 홍길주는 "원상(元祥)이 고례를 좋아하여 집에 있을 적에 두세 문생들과 더불어 주나라 때 학교에서 가르치던 제사의식을 원림(園林) 사이에서 실습했는데, 읍하고 사양하며 술잔을 바치는 범절이 찬란하여 본받을 만했다"고 술회한 바 있다. 그 무렵 박규수의 「숙수념행」과 이석장(李碩章)의 「반숙수념행(反孰遂念行)」을 위해 지은 제사(題詞)의 서문에서도 홍길주는 "순계(醇溪)는 환경(桓卿)의 가까운 인척이요, 운경(云絅)은 또 아들뻘인 그의 일족이다. 지금 한창 그 자제며 후진들과 원림 속에서 제기(祭器)를 진설하고 읍하고 사양하는 예의를 실습하고 있다"고 증언했다.[6)]

이로 미루어보면 1829년을 전후한 무렵 박규수는 이정리의 지도 아래 고례를 실습했음을 알 수 있다. 그가 『심정의례수해』를 지을 적에 "사관례(士冠禮)·사혼례(士昏禮)·향음주례(鄕飮酒禮)·향사례(鄕射禮)를 야외에서 모

---

書."

5) 『환재총서』, 제4책, 『거가잡복고』 권1, 「外服」, 187면. "嘗取玉藻·深衣本文, 鄭·孔註疏, 書儀·家禮諸式及近世諸家我東先儒諸式, 反覆而究之."

6) 홍길주, 『縹礱乙幟』 권5, 「贈李元祥之任宜寧縣序」, "元祥好古禮, 在家, 與二三學子, 習成周庠塾籩豆之儀於山園林樹間, 揖遜獻酬, 賁然可象", 권8, 「題桓絅詩卷」 序, "醇溪, 桓卿之近戚, 而云絅又其族子也. 方與其子弟後進, 習俎豆揖讓之禮于林園中." '원상'은 이정리의 자이고 '순계'는 그의 호이다. '운경'은 이석장의 자이다.

의로 연습하고, 이를 적어 범례를 만들었다"고 한 행장의 기록은[7] 이러한 사실을 뒷받침하는 것이라 할 수 있다. 당시의 고례 실습에는 박규수·이석장과 함께 박규수의 아우인 박주수(朴珠壽)도 참여했던 것 같다. 후일 『거가잡복고』의 서문에서 박규수는 예학 연구에 열심이었던 그의 아우가 "『의례』 17편의 예의를 모두 야외에서 모의로 연습하여 그 번다하고 자세한 예의를 남김없이 익혔다"고 술회하고 있다.[8] 박규수의 은둔기를 대표하는 저작인 『거가잡복고』는 이상과 같은 고례의 연구와 실천을 바탕으로 해서 비로소 이루어질 수 있었던 것이다.

## 2. 『거가잡복고』의 집필

『거가잡복고』는 사대부가 집에서 입는 각종 평복을 중심으로 고례와 부합하는 이상적인 의관(衣冠)제도에 관해 논한 저작이다. 그 서문에 의하면 박규수는 아우 박주수의 제안으로 저술에 착수하게 되었으며, 그와 협동하여 작업한 끝에 일년 만인 1832년에 탈고할 수 있었다고 한다.

박주수(1816~1835)는 박종채의 차남으로 태어났으나, 작고한 백부 박종의의 양자가 되었다. 부인은 안동 김씨로, 부제학을 지낸 김근순(金近淳)의 딸이다.[9] 비상한 총명을 타고났던 박주수는 일찍부터 예학에 상당한 조예를 갖추었으며, 고례를 당세에 재현하려는 포부를 지니고 있었다. 예컨대 그는

7) 『환재집』 권1, 「절록 환재 선생 행장초」, 20면. "士冠·士昏·鄕飮·鄕射, 皆以綿蕝習之, 著爲凡例."

8) 『환재집』 권4, 「居家雜服攷序」, 장33앞(『환재총서』, 제4책, 『거가잡복고』, 「序」, 3면). "經禮十七, 悉以綿蕝習之, 盡其繁曲."

9) 『潘南朴氏世譜』 4책, 권2, 제4편, 장33뒤; 『潘南朴氏大宗中』, 농경출판사 1981, 권3, 121면.
박주수의 장인 김근순은 김매순과 사촌간으로, 김매순은 이정리와 교분이 깊었을뿐더러 박종채의 '절친한 벗(切友)'이기도 했다. 이러한 인연으로 그같은 혼사가 이루어진 듯하다 (본서, 49면; 『환재집』 권10, 「與王少鶴拯」, 장14뒤 참조).

어린 나이에도 불구하고 『예기』 「관의(冠儀)」 중 설이 분분한 '삼가(三加)'의 의미에 대해 일가견을 피력하여 부친 박종채로부터 크게 인정을 받았다. 또한 박주수는 당시 사대부들의 사치스러운 생활을 개탄하면서, 그들이 고례의 복원과 실천에 힘쓴다면 "주공(周公)의 예(禮)가 도리어 매우 쉽고 간단하여 오늘날 행해도 어려움이 없음을 스스로 알게 될 것"이라며 안타까워했다고 한다.[10)]

박규수가 『거가잡복고』의 저술에 착수하게 된 것은, 1831년 아우 주수가 관례(冠禮)를 치르고 난 뒤 형에게 "오늘날 조복(朝服)과 제복(祭服)은 아직도 주나라 때의 전형을 지니고 있으나 유독 사대부가 집에서 예를 행할 적에는 제대로 된 의상이 없으며, 그 부인의 복식이 예에 어긋난 것은 한층 심하여 식견있는 선배들이 이미 오래전부터 언급했던 바"라고 하면서, 의관제도 개혁에 관해 저술을 할 것을 제의한 때문이었다. 이에 형제는 합심하여 "의관제도의 변천과 근원을 추적하면서 두루 인용하고 자세히 논증하며, 극히 치밀하게 분석하여 마음으로 깨닫고 손수 실험해봄으로써 옛 제도 중 애매모호한 부분이 환히 눈앞에 드러나도록 했으며, 또한 이를 위해 그림을 그리고 비평을 덧붙여서 분명하게 해설하였다." 단 원고의 집필은 박주수가 자신의 나이가 어림을 들어 사양했으므로, 박규수가 도맡았다고 한다.[11)]

『거가잡복고』를 탈고한 이후 박규수는 부모형제를 잇달아 여의는 슬픔을 겪었다. 1834년 정월(이하 음력) 모친 전주 유씨가 향년 55세로 별세했다. 그리고 이듬해 11월 13일 경산 현령(慶山縣令)으로 재직 중이던 부친 박종채가 임지에서 순직했으며, 불과 이틀 뒤인 11월 15일에는 부친을 따라 가 있

10) 『환재집』 권4, 「거가잡복고 서」, 장33앞뒤, 장37뒤(『환재총서』, 제4책, 『거가잡복고』, 「서」, 3~4면, 6면). "當自知今人起居飮食, 全無法度, 而周公之禮却甚簡易, 行之於今, 無難事也."

11) 『환재집』 권4, 「거가잡복고 서」, 장33뒤~34앞(『환재총서』, 제4책, 『거가잡복고』, 「서」, 4~5면). "今朝祭法服, 尙有周家典型, 獨士大夫, 居家爲禮, 闕然無衣裳, 其婦人服飾, 違禮益甚, 前輩有識, 久已言之." "至若沿流溯本, 旁引曲證, 縷分毫析, 心解手驗, 使古制之茫昧未詳者, 燦然目前, 又爲之圖繪, 加以評駁, 以相發明."

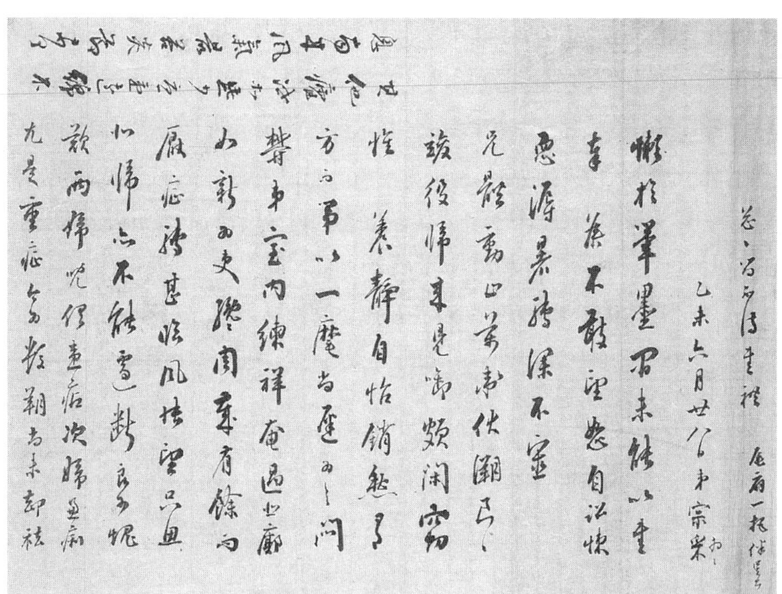

박종채의 간찰. 을미년(1835) 6월 28일자.

던 아우 주수마저 요절했다. 주수는 그림에도 탁월한 재능이 있어 관아에서 공무를 보던 부친의 모습을 혹사하게 그려 감탄을 자아냈을뿐더러, 부친의 설명만 듣고서 30년 전에 작고한 조부 연암의 초상을 방불하게 그려내었다고 한다. 박규수가 부친과 아우의 상여를 호송하여 서울로 돌아온 뒤 이 초상화를 예전에 연암을 모셨던 집안 남녀들에게 보였더니, 눈물을 흘리지 않는 이가 없었다는 일화가 전한다.[12)]

『거가잡복고』의 서문은 박주수의 6주기(週忌)인 1841년 11월 15일에 씌어졌다. 아우 주수가 불행히도 요절한 뒤 박규수는 『거가잡복고』의 원고를

12) 후손가 소장, 『家乘』; 金允植, 『雲養集』 권5, 「聞朴瓛齋尙書遊岱之報愴然有作」, 장22앞, 小註, "仲氏珠壽, 自孩提聰穎異常, 殆近生知, 不幸早歿"; 홍길주, 『沆瀣丙函』 권7, 『睡餘爛筆』下(박무영·이현우 외(역), 『항해병함(하)』, 태학사 2006, 120면). 오늘날 전하는 연암의 초상(경기문화재단 소장)은 바로 박주수가 그린 것이다(본서, 25면 참조).

상자에 처박아둔 채 오랫동안 돌아보지 않았다. 그러나 이를 들추어본 그의 벗들 사이에 『거가잡복고』의 존재가 알려지면서 칭찬이 자자하자, 박규수는 그 저술 경위를 밝혀 이 책이 실은 작고한 아우 주수의 제안과 협동으로 이루어진 사실을 널리 알리고 싶었던 것이다.[13] 「거가잡복고 서(居家雜服攷序)」의 후지(後識)에서 그는 서문을 쓰던 당시의 심경을 이렇게 밝히고 있다.

> 『거가잡복고』가 탈고된 후 조경(藻卿—박주수의 자)이 또다시 한 부를 손수 필사했는데 이 책이 바로 그것이다. 을미년(1835년) 여름 장산(章山—경산의 옛 이름)에서 등서(謄書)하고 교감(較勘)했으니, 마침내 그의 마지막 필적이 되었다. 11월 15일은 다름아닌 그가 죽은 날이다. 세월은 유수같이 흘러 벌써 여섯 번이나 해가 바뀌었다. 한 해가 저물어가는 깊은 산속에서 다시 이날을 만나니 밤이 다 가도록 잠이 오지 않아 촛불을 밝혀 이 글을 쓴다.[14]

이와같이 『거가잡복고』의 서문은 요절한 아우에 대한 절절한 추모의 심경으로 씌어졌기 때문에, 이 책의 완성에 박주수의 공이 지대했던 것처럼 오해될 소지를 남기고 있다. 이 글에서 박규수는 심지어 "무릇 책 가운데 긴요하고도 핵심이 되는 부분은 조경의 힘이 십중 칠팔을 차지한다"고까지 말하고 있다.[15] 그러나 이는 뛰어난 재능을 타고났던 아우가 아무것도 이룬 것 없이 요절한 것을 애석해한 나머지 그의 기여를 과장해서 말한 것으로 보아야 할 것이다.

---

13) 『환재집』 권4, 「거가잡복고 서」, 장34앞(『환재총서』, 제4책, 『거가잡복고』, 「서」, 5면); 金尙鉉, 『經臺詩存』, 「戊戌除夕雨中次老杜守歲韻」, 「次韻題筠心堂詩畵卷」.

14) "雜服攷旣脫稿, 藻卿又復手寫一本, 此本是也. 乙未夏, 在章山謄較, 遂成絶筆. 仲冬旬有五日, 乃其亡日也. 歲月流駛, 已六更曆矣. 窮山歲暮, 復値玆辰, 竟夜無眠, 明燭書此. 珪壽又識."(『환재집』 권4, 「거가잡복고 서」, 장34뒤~35앞) 이 후지는 『거가잡복고』에는 없고 『환재집』에만 있다.

15) "凡書中之緊要精切, 藻卿之力, 十居七八."(『환재집』 권4, 「거가잡복고 서」, 장34앞; 『환재총서』, 제4책, 『거가잡복고』, 「서」, 5면)

『거가잡복고』의 상단 여백에는 종종 박주수의 주가 기록되어 있다. 그중 의복 입는 절차에 관해 논한 주에서 "가형(家兄) 환경이 잡복(雜服)을 상세히 논했으나 오직 이 점에 대해서는 소홀히 하고 넘어갔으므로, 이제 이를 보충하고 바로잡는다"고 한 것을 보면,[16] 박주수는 『거가잡복고』가 완성되고 난 뒤에 이를 읽고 자신의 소견을 덧붙인 것임을 알 수 있다. 더욱이 그는 부인의 쪽머리 제도라든가 동자복(童子服) 중 금신(錦紳: 비단 허리띠)과 치포의(緇布衣: 검은 베옷)에 관한 주에서 보듯이, 형의 견해를 반박하기도 한다.[17] 이는 『거가잡복고』가 그와의 철저한 공동 작업으로 이루어졌다면 있을 수 없는 일이다. 또한 『거가잡복고』의 각 권 말미와 부록인 표(表)의 끝에 "중제 주수 조경 교감(仲弟珠壽藻卿較勘)"이라 적힌 것은 박주수가 1835년 경산에서 등서하고 교감했다는 「거가잡복고 서」의 후지와 부합하는 것으로, 이같은 교감 작업 역시 이 책이 완성된 지 수년 뒤에 이루어진 것이 분명하다. 그러므로 박주수가 집필과정에 어느정도 조력한 것은 사실이지만, 『거가잡복고』는 전적으로 박규수의 저작이라 보아야 할 것이다.

## 3. 『거가잡복고』의 사상사적 의의

지금까지 『거가잡복고』는 조선시대 복식사를 전공하는 소수의 연구자들 사이에서만 거론되어왔다고 해도 과언이 아니다.[18] 이 분야에 관한 문헌자

16) "家兄桓卿, 旣詳雜服, 而獨於此闕略之, 今此補訂."(『환재총서』, 제4책, 『거가잡복고』 권1, 175면 상단)

17) 『환재총서』, 제4책, 『거가잡복고』 권2, 459면 상단, 권3, 553면 상단.

18) 조효순, 「조선조 후기 여성복식과 개량논의」, 『복식』 4, 한국복식학회 1981; 이정옥·남후선, 「현단복고—박규수의 "거가잡복고"를 중심으로」, 『민족문화논총』 7, 영남대 민족문화연구소 1986; 김소희, 「童子雙紒考」, 이화여대 석사논문 1988; 조효순, 「"거가잡복고"를 통해 본 박규수의 복식관」, 『한국복식』 7, 단국대 석주선기념민속박물관 1989; 조효순, 「"거가잡복고"를 통해 본 조선시대의 복식풍속」, 『복식』 15, 한국복식학회 1990; 이정옥, 『관례

료가 태부족한 실정에서 양반사대부의 의관제도를 체계적으로 논한 이 저작이 연구자들의 주목을 끌게 된 것은 당연하다 하겠다. 다만 『거가잡복고』는 당시 의관제도의 실상을 기록한 것이라기보다는 그에 대한 개혁 방안을 제시한 저작으로서, 사대부 사회의 풍조를 혁신하고자 하는 강한 문제의식과 종래의 예설(禮說)에 대한 치밀한 검토에 입각해서 씌어진 것이다. 따라서 복식사뿐 아니라 조선시대 예학사·경학사(經學史)·사상사의 맥락을 아울러 감안해야만 이 저작의 본질을 제대로 파악할 수 있으리라 본다.

『거가잡복고』는 3권 2책으로 되어 있다. 그중 제1책 제1권은 사대부의 복식을 논한 「외복(外服)」편이고, 사대부 부인의 복식을 논한 「내복(內服)」편과 남녀 아동의 복식을 논한 「유복(幼服)」편이 각각 제2책의 제2권과 제3권을 이루고 있다. 따라서 『거가잡복고』의 거의 절반 분량을 차지하고 있는 「외복」편은 집안 행사 때 입는 예복으로서 현의(玄衣)와 황상(黃裳)으로 구성된 현단(玄端)과, 평복으로서 현단을 입을 경우에는 그 속옷이 되는 심의(深衣)를 중심으로 제작법과 착용법을 기술하고 있다.

다음으로 「내복」편은 부인의 예복인 소의(宵衣)와 평복인 군유(裙襦)의 제작법과 착용법뿐만 아니라 사(纚: 머리싸개)·계(笄: 비녀)·총(總: 묶은머리) 등의 머리 장식에 대해서도 치중하여 기술하고 있는 점이 특색이다. 「유복」편은 남녀 아동의 머리 장식인 쌍계(雙紒: 쌍상투)와 동자의 평복인 사규삼(四褛衫) 등을 중심으로 비교적 간략하게 논하고 있다.

『거가잡복고』에는 「외복」편 앞에 23매, 「내복」편 앞에 22매, 「유복」편 앞에 15매의 그림이 실려 있다. 복식별로 조목을 나누어 차례로 기술할 뿐 아니라 이처럼 각 편 앞에 자세한 그림들을 실어 본문의 이해를 돕는 방식을 취한 것은 송(宋) 진상도(陳祥道)가 찬한 『예서(禮書)』의 체제를 따른 것이

---

복식연구』, 영남대출판부 1990; 이선재, 『유교사상과 의례복』, 아세아문화사 1992; 조효순 역주, 『거가잡복고』, 석실 2000 등. 그밖에 복식사 연구는 아니지만, 山内弘一, 「朴珪壽と'禮義之邦'」, 『上智史學』 41, 上智大學史學會 1996, 48~53면에서도 『거가잡복고』에 대해 논했다.

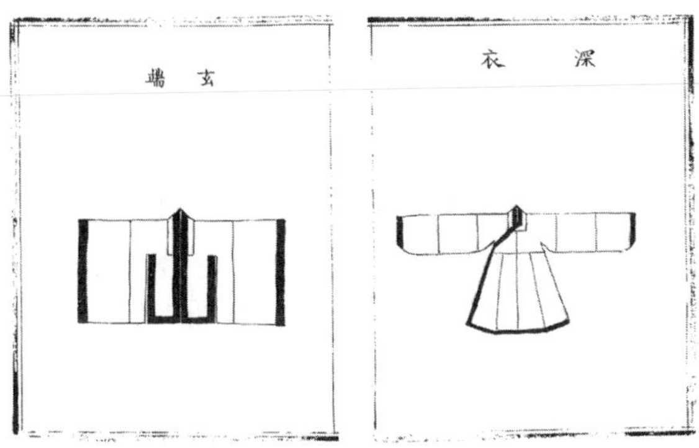

『거가잡복고』 중 현단과 심의(양반 남성복).

『거가잡복고』 중 현단과 심의를 착용한 모습.

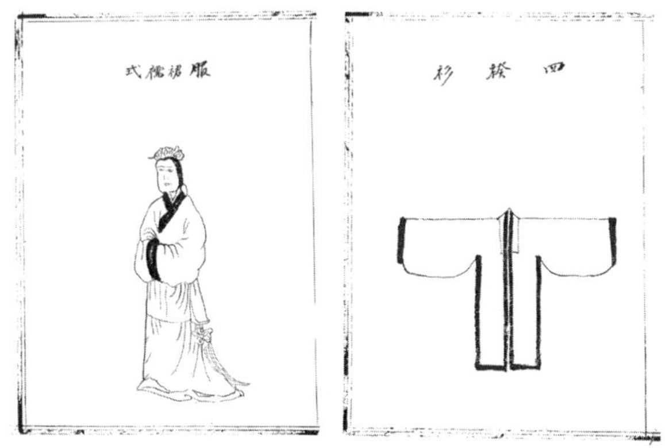

『거가잡복고』 중 군유를 착용한 모습(양반 여성복, 좌).
『거가잡복고』 중 사규삼(남자 아동복, 우)

라 할 수 있다. 그리고 책 끝에 「외내장유 예복연복 동이표(外內長幼禮服燕服同異表)」 등 3종의 표가 부록으로 실려 있는데, 이는 송(宋) 양복(楊復)이 찬한 『의례방통도(儀禮旁通圖)』 중의 표들을 참조한 것으로 보인다.

박규수는 『거가잡복고』를 집필하면서 『의례』와 『예기』의 본문과 주소(注疏), 그리고 『서의』와 『주자가례』를 주로 참고하고 있다. 이외에 인용하고 있는 주요 예서로는 송(宋) 진상도의 『예서』, 방각(方慤)의 『예기집해(禮記集解)』, 양복의 『의례도(儀禮圖)』, 원(元) 진호(陳澔)의 『예기집설(禮記集說)』, 오계공(敖繼公)의 『의례집설(儀禮集說)』 등을 들 수 있다. 그밖에 『주례』 『춘추』 등의 경서, 『후한서』 『구당서』 등의 역사서, 『문헌통고』 『대명회전(大明會典)』 등 전장(典章)에 관한 서적, 『석명(釋名)』 『설문편방고(說文偏旁考)』[19]등 문자학에 관한 서적, 『주자어류(朱子語類)』를 비롯한 주희의 저서 등 다방면에 걸친 문헌들을 광범하게 원용하고 있다.

한편 우리나라의 문헌으로는, 『국조오례의(國朝五禮儀)』, 조헌(趙憲)의 『동환봉사(東還封事)』와 아울러 우암 송시열과 그 문인의 글들을 주로 참고하고 있는 점이 특색이다. 「답 곡운 김공서(答谷雲金公書)」 등 송시열의 글과 그 문인인 최신(崔愼)의 『우암 선생 어록』, 이재(李縡)의 『사례편람(四禮便覽)』, 송문흠(宋文欽)의 『부인복식고(婦人服飾攷)』 등이 그것이다. 그밖에 유형원의 『반계수록』, 이정리 형제의 부친 이재성의 「체계의(髢結議)」 등도 인용하고 있다.

『거가잡복고』에서 박규수는 이와같이 풍부한 문헌들을 구사하여 고례와 부합하는 이상적인 의관제도를 논하면서, 경학에 대한 해박한 지식과 치밀한 논증을 보여준다. 그는 고대 복제의 부활을 논한 사마광의 『서의』와 이를 계승한 『주자가례』 중의 미비한 논의를 보완하기 위해, 『의례』와 『예기』

19) 『설문편방고』는 淸 乾隆 때의 시인이자 화가로 문자학에도 밝았던 吳照의 저서로, 오조는 『열하일기』에도 소개되어 있다(박영철 편, 『연암집』 권14, 「피서록」, 장68앞뒤). 유득공은 1790년 연행 당시 오조와 교분을 맺고 그로부터 『설문편방고』를 증정받은 바 있다(유득공, 『熱河紀行詩註』, 아세아문화사 1986, 500~501면).

의 한(漢)・당(唐) 주소를 비판적으로 수용한다는 입장을 취하고 있다. 예컨대 부인의 머리 장식 중 사(纚)로 모발을 감싸는 법에 대해 그는 정현・가공언(賈公彦)・오계공・공영달과 우리나라 이재의 설을 두루 인용한 뒤, 의관이란 몸에 편해야 한다는 대원칙과, 계(笄)로써 머리 모양을 안정시키는 데 지장이 없는가의 여부 등 네 가지 기준에 비추어 그중 공영달의 설을 지지하고 있다. 또한 박규수는 부인의 예복인 소의를 심의의 제도와 같이 만들어야 한다고 주장하면서, 『의례』「사혼례」의 정현의 주를 비롯한 광범한 문헌적 증거를 동원하여 여덟 항목에 걸쳐 이를 논증하고 있다.[20]

뿐만 아니라 그는 이처럼 제가의 설들을 취사선택하는 데 머물지 않고, 나아가 독창적인 견해를 제시하기도 한다. 당시 혼례복의 문제점을 지적하면서 제시한 '섭성(攝盛)'에 대한 해석이나, 심의의 옷섶(衽) 제작법과 관련된 『예기』 중의 난해한 구절들에 대한 해석 등은 그 좋은 예이다.[21]

또한 『거가잡복고』에서 박규수는 철저한 실사구시(實事求是)의 자세를 견지하고 있다. 그는 반드시 경서(經書)의 원문에 의거해서 논의를 펴고 있으며, 이러한 문헌상의 근거가 부족한 경우에는 판단을 유보하는 엄정함을 보여준다. 예컨대 처녀의 복식에 대해 "경서에 상고할 만한 내용이 없으며, 아울러 참조할 만한 설도 없다"고 하면서 여러 가지로 조심스러운 추정을 했을 뿐이고, 마찬가지 이유로 띠(紳)나 신(屨)의 제도에 대해서도 역시 의문으로 남겨놓았다.[22]

그리고 그는 문헌만으로 판단하기 힘든 경우에는 손수 실물을 만들어 시험해보기도 했다. 사대부가 착용하는 현관(玄冠)의 제도와 관련하여, 그는

---

20) 『환재총서』, 제4책, 『거가잡복고』 권2, 394~411면, 482~491면.

21) 『환재총서』, 제4책, 『거가잡복고』 권1, 105~106면, 208~223면, 권2, 373~375면.
'섭성'에 관한 박규수의 해석에 대해 박주수는 "攝盛之說, 於經無見, 而昉於鄭註, 竊嘗疑之. (…) 伯氏, 於外服玄端說條, 引郊特牲·哀公問諸說, 以破士之爵弁親迎, 爲攝己之盛服於己之私事, 曾非攝大夫之服, 足以解前疑, 而洗俗謬矣"라고 칭송하면서 전폭적인 지지를 나타냈다(권2, 374~375면 상단).

22) 『환재총서』, 제4책, 『거가잡복고』 권3, 557~560면. "經無可攷, 幷無可旁照爲說者."

현관의 주름이 아홉이라야 한다는 구벽(九辟)설을 제기하면서 "일찍이 시험삼아 그 제도를 손수 만들고 그 지극한 아름다움을 눈으로 확인했으니, 감히 억측으로 자기 의견을 내세울 수 없음이 이와 같다"고 말하고 있다. 이어서 구벽을 만드는 법을 소상하게 서술한 뒤에 "꼭 의중으로만 따지려들 것이 아니라 시험삼아 한 장의 네모난 종이로 그 제작법에 따라 접어서 포갠 후 살펴보면, 이를 설명하기는 어려워도 만들기는 쉬움을 응당 깨닫게 될 것"이라 하여, 독자에게도 실험을 권하고 있다.[23] 박규수가 『거가잡복고』 각 편 앞에 의관의 제작법을 설명한 그림을 다수 수록하고, 고대 중국의 복제를 충실히 복원하기 위해 후대까지 남아 있는 옛 그림 중의 초상화나 고어(古語)에 관한 문자학적 지식을 적극 활용하려한 것[24]도 실사구시적인 자세를 잘 보여준다 하겠다.

『거가잡복고』에서 박규수는 무엇보다도 먼저 '실용(實用)'을 중시하는 복식관을 피력하고 있다. 그는 "대저 성인이 문물을 제작할 때 실용을 우선시하고 문식(文飾)을 뒤로 미루었으며" "심의의 제도 역시 다만 몸에 적절하고 깊숙이 감싸는 실용성을 우선적으로 요구했다"고 주장한다. 그리고 이에 따라 자신도 "한결같이 몸에 적절하고 깊숙이 감싸는 것을 요점으로 삼고, 『예기』 「심의」·「옥조」와 정현의 주를 스승으로 삼아 심의의 제작법을 연구하여 완성했다"고 밝히고 있다. 따라서 심의의 소매를 만드는 법에 있어서도 오직 경서에 나타난바 성인의 "실용을 우선시하고 문식을 뒤로 미룬 뜻(先實用後文飾之義)"에 부합해야 한다고 본다.[25]

---

23) 『환재총서』, 제4책, 『거가잡복고』 권1, 147~159면. "嘗試手造其制, 目驗其華美之至, 未敢臆立己說如是也." "竊謂不必以意究索, 試以一幅方紙依其法, 摺疊而視之, 則當自覺其說之則難詳而製之則易成也."

24) 『환재총서』, 제4책, 『거가잡복고』 권1, 227면, 286~287면, 300면, 312면, 313면, 권2, 420면, 487~489면, 492면 등.

25) 『환재총서』, 제4책, 『거가잡복고』 권1, 187~188면. "大抵聖人制作, 莫不先實用而後文飾, 非謂賤之也, 非實用則文飾不能徒行也. 深衣之制, 亦只先要其適體深邃之實用, 而規矩平直之許多文飾次第湊合耳. (…) 一以適體深邃爲要, 深衣·玉藻鄭氏註語爲師, 究成一副

이러한 실용 중시의 복식관은 부인의 머리 장식인 사(纚)의 제도를 논한 대목에서 재천명되고 있다. 여기에서도 박규수는 "의관이란 본시 몸을 편케 하는 것"이라는 주희의 말을 인용하여 "의관의 실용이란 몸을 편케 하는 것일 따름"이라고 하면서, 사의 제도 역시 "몸을 편케 하는 것으로 근본을 삼아야 마땅하다"고 주장하고 있는 것이다.[26)]

이와같이 박규수는 고대 중국의 복제가 실용적이라고 볼 뿐만 아니라, 나아가 우주의 도를 구현하고 있는 것으로까지 예찬하고 있다. 이러한 형이상학적인 복식관은 「외복」편 「심의」조에 부록으로 실린 「심의광의(深衣廣義)」라는 글에 집약되어 있다. 여기에서 그는 "의상이란 몸에 적절해야 하는 것일 따름"이며, "몸에 적절한 것이 의상의 실용"이라 본다. 그런데 인체의 각 부분은 모두 "지극한 형상(至象)"을 지니고 있으므로, 의상이 "진실로 몸에 적절하게 되면 온갖 아름다움을 완비하게 된다"는 것이다.

그리하여 박규수는 『주역』「계사전(繫辭傳)」의 상수학적(象數學的) 논리에 의거해서, 신체에 구현된 우주의 법상(法象: 현상)이 심의의 제도에 어떻게 반영되어 있는지를 자세히 풀이하고 있다. 이를테면 어깨에서 발뒤꿈치까지 심의의 전체 길이가 5척 5촌인 것은 하늘의 수 25와 땅의 수 30을 합한 수가 55이기 때문이며, 심의가 상의와 하의 1:2의 비율로 삼등분이 되는 것은 하늘은 홀수인 1이고 땅은 짝수인 2이기 때문이라는 식이다.[27)]

이처럼 그는 견강부회라는 느낌을 줄 정도로 심의의 구석구석에까지 형이상학적인 의미를 부여한 위에서, 심의를 입을 때 "군자의 도"가 드러난다고 주장한다. 예컨대 심의가 깊숙이 감싸되 몸에 적절하고 편한 것은 군자의 신

制度.", 197~199면.

26) 『환재총서』, 제4책, 『거가잡복고』 권2, 401면. "朱子曰, 衣冠本以便身, 古人未必一一有義. 竊謂, 衣冠之實用, 便身而已. (…) 而今此纚制, 原無擬義之可言, 則尤當以便身爲本而已也."

27) 『환재총서』, 제4책, 『거가잡복고』 권1, 247~255면. "衣裳者, 適其身而已. 法象之美, 文章之盛, 乃可見也. 適其身者, 衣裳之實用也, 文章法象者, 衣裳之能事也." "天降下民, 毓其精粹, 四肢百體, 皆有至象. 是故苟適其身, 則衆美畢具矣."

중함과 절도를 보여주는 것이며, 그 소매가 둥근 것은 군자가 지혜를 원만히 운용함을 보여준다는 것이다. 따라서 심의를 입는 것은 군자의 도를 실천하는 중요한 방도가 된다. "일개 심의이지만, 마음을 바로잡고 몸을 닦으며 집안과 나라와 천하를 다스리는 일이 거기에 다 갖추어져 있다."[28)]

그런데 여기에서 유의할 것은, 고대 중국의 복제를 이상화하는 박규수의 형이상학적 복식관이 천하에 도를 실천하는 주체로서 사대부들이 스스로를 재인식해야 한다는 그의 선비론과 결부되어 있다는 점이다. 이는 「외복」편 「현단」조의 논의에 한층 더 분명히 드러나 있다. 박규수는 사대부들이 관직의 유무나 고하를 막론하고 현단을 가정에서 예복으로 착용해야 하는 이유로, 선비란 특정한 신분이나 작위가 아니라 "도를 지닌 사람의 통칭(有道之通稱)"이요, 현단은 "도를 지닌 복식(有道之服)"이라는 주장을 편다. 『의례』 「사관례」에서 천자의 원자가 관례를 치를 때 "사례(士禮)"와 같이한다고 했으며, 『예기』 「옥조」에서 천자도 편히 쉴 때에는 "사복(士服)"인 현단을 입는다고 했다. 그러므로 천자로부터 하사(下士)에 이르기까지 모두 그 근본은 도를 실천하는 '선비'이며, 천자로부터 하사에 이르기까지 "의상의 근본"이 되는 것은 현단이라는 것이다.[29)]

일찍이 연암은 '선비'가 '궁유(窮儒)의 별호'로까지 전락한 현실을 개탄하고 '선비' 개념을 재정립함으로써 양반사대부들의 각성을 촉구하고자 했다. 원래 선비란 '인민의 근본(生人之本)'을 가리키므로 천자로부터 서민에 이르기까지 모두 선비라고 할 수 있으며, 또한 선비는 학문을 통해 천하에 기여하는 '독서인'이므로 어떤 처지에 놓이더라도 그 본분을 잊지 말고 독서와 덕행에 힘써야 한다는 것이다. 박규수가 이러한 조부 연암의 선비론에 일찍부터 영향을 받은 사실은 그의 수학시절 저작인 『상고도 회문의례』를 검토

28) 『환재총서』, 제4책, 『거가잡복고』 권1, 255~265면. "一深衣, 而正心修身家國天下之事備矣."

29) 『환재총서』, 제4책, 『거가잡복고』 권1, 85~89면. 본문 중 "天子之元子猶士也. 天下無生而貴者也"라는 구절의 출처를 『예기』 「冠義」로 적은 것은 『의례』 「사관례」의 誤記이다.

하면서 확인한 바 있다.[30]

다만 연암이나 수학기의 박규수는 이와같은 선비론에 의해 각성된 양반사대부들이 일상생활에서 무엇을 어떻게 실천해야 하는지 하는 문제를 구체적으로 논하지는 못했다. 바로 그 점에서 『거가잡복고』는 중요한 진전을 보여준다. 이 저작에서 박규수가 군자의 도를 실천하는 방도의 하나로 현단과 심의의 착용 등 사대부 의관제도의 개혁을 주장한 것은, 예학 연구에 의거하여 연암의 선비론을 한층 더 구체화한 것으로 평가할 수 있다.

사상사적으로 볼 때 『거가잡복고』에서 가장 주목되는 것은 박규수의 의관제도 개혁론이다. 그 구체적인 내용은 주로 각 편의 서두에 총괄적으로 제시되어 있다. 우선 「외복」편에서 그는 도포 대신 현단과 심의를 착용해야 할 뿐 아니라, 고려시대의 구습을 따른 갓 대신 현관을 써야 한다고 주장한다. 일찍이 조헌이 『동환봉사』에서 갓을 폐지하고 중화의 제도를 따르자고 건의한 바 있으며, 송시열도 학도들로 하여금 당시의 풍속인 갓을 버리고 중화의 제도인 관을 쓰게 했다면서, "중화의 제도로써 오랑캐의 풍속을 개혁하자는 선정(先正)의 논의는 진실로 의심할 여지가 없는 것"이라 칭송하고 있다.[31]

「내복」편에서 박규수는 일체의 문물이 중화의 제도를 따르고 있는 조선에서 부인의 복식과 머리 장식만 고려 이래 몽골의 제도를 답습하고 있는 것은 수치스러운 일이라고 개탄한다. "오늘날의 사대부들은 존화양이(尊華攘夷)의 의리에 엄격하여 의관이 조금만 시속과 달라도 오랑캐 모양에 물든 게 아닌가 의심하면서도, 유독 규방 중에 진짜 오랑캐의 쪽머리를 하고 오랑캐 옷을 입은 자가 있음을 모르고 있다." 그러므로 일찍이 송시열은 이를 문제시하여, 양반 대가(大家)부터 솔선해서 부인의 복식을 중화의 제도로 고쳐나갈 것을 역설했다는 것이다.[32]

---

30) 본서, 151~154면 참조.
31) 『환재총서』, 제4책, 『거가잡복고』 권1, 67~81면. "先正用華之論, 固無可疑."
32) 『환재총서』, 제4책, 『거가잡복고』 권2, 333~337면. "今之士大夫, 嚴於尊華攘夷之義.

뿐만 아니라 집안 부녀의 복식을 중화의 제도에 따르게 한 것은 반남 박씨가의 독특한 가풍으로, 조부 연암 역시 이를 계승하려는 염원을 품고 있었다. 7대조 박미의 부인 정안옹주(貞安翁主)가 중국식 상의를 착용한 이후 족조(族祖) 박세채는 이를 일가의 예로 확정했으며, 고조 박필균도 집안 부녀자들에게 이를 따르도록 했다. 그런데 그후 증조모와 조모 등 집안의 부인들이 잇달아 별세함에 따라 그러한 가풍이 점차 희미해져갔으므로, 조부 연암은 철저히 중화의 제도를 따른 부인 복식을 강구하여 집안에서 시행하고자 했다. 하지만 안의 현감을 시작으로 지방관으로 나가게 되어 집에 있는 날이 적었으므로 종내 그 뜻을 이루지 못하고 말았다는 것이다. 이에 박규수는 "멀리로는 중화의 제도로 개혁하려는 선정(先正)의 고심을 따르고, 가까이로는 이루지 못한 조부의 유지(遺志)를 생각하면서" 사대부 부인의 복식과 머리 장식에 대한 개혁방안을 제시하고자 한다고 밝히고 있다.[33]

「내복」편에서 박규수는 당시 유행하던 여성 복식과 머리 장식을 무려 16개 항목에 걸쳐 자세하게 비판하고 있다. 그는 부인의 변발(辮髮)·대체(大髢: 큰 다리)·낭자머리·용봉비녀·족두리·가계(假髻: 쪽머리 가발)·화관(花冠) 등의 머리 장식, 그리고 저고리·납의(衲衣)·원삼(圓衫)·당의(唐衣)·배자(背子)와 치마를 뒤에서 여미고 속치마를 여러 벌 껴입는 방식 등은 몽골의 제도를 따른 것이거나 고례와 어긋나므로 배격해야 한다고 주장한다.[34] 박규수가 그 대안으로 제시하고 있는 것은 앞서 언급한 소의와 군유, 사·계·총 등과 같은 고대 중국의 제도이다.

이와 관련하여 주목되는 것은 박규수가 송시열과 그 문인들의 설을 크게 참작하고 있는 점이다. 예컨대 그는 종래의 변발 대신 정수리에 머리털을 묶어 만드는 쪽머리 제도를 따라야 한다고 주장하면서, 송시열과 최신·송문

---

故雖褒衣莪冠稍異其俗, 則疑其涉於胡樣, 而獨不知閨閣之中, 眞有戴胡髻而服胡服者."

33) 『환재총서』, 제4책, 『거가잡복고』 권2, 337~342면. "遠而服先正用華之苦心, 近而念王考未就之遺志."

34) 『환재총서』, 제4책, 『거가잡복고』 권2, 342~382면.

흠의 설을 인용하고 있다. 뿐만 아니라 박규수는 구체적인 쪽머리 제도로서, 송시열이 조선으로 망명한 명나라 궁녀 굴씨(屈氏)로부터 배워 그 집안에서 실행했다는 제도를 소개하고 이것과 고대 중국의 제도를 참작한 자신의 개선안을 제시하고 있다.[35)]

「유복」편에서 박규수는 특히 남녀 아동의 변발을 쌍계로 바꿀 것을 역설하고 있다. 그는 병자호란 당시 척화파로 유명했던 정온(鄭蘊)이 청과 화의가 이루어진 데 항의하여 사직하고 덕유산에 은거했을 때나, 송시열이 만년에 화양동(華陽洞)에 은거했을 적에 모두 자제와 문동(門童)들로 하여금 변발을 풀고 쌍계를 하도록 했던 고사를 든다. 그리고 "아마도 두 선현의 뜻은 비단 시속을 바꾸어 옛날로 돌아가자는 데에만 있었던 것이 아니요, 또한 깊은 통한과 지극한 치욕을 느껴 이 세상이 그같이 비루한 풍속을 답습하는 것을 차마 잠시라도 볼 수 없었기 때문일 것"이라고 하면서, 이러한 선현들의 남긴 뜻이 후대에 제대로 계승되지 못한 현실을 안타까워하고 있다.[36)]

이상에서 드러나듯이 박규수의 의관제도 개혁론은 일찍이 송시열이 존명배청의 의리를 실천하는 방도의 하나로 제창한 이후 노론계 학맥을 통해 연면히 이어져온 주장을 계승한 것이다. 송시열 학파의 주장에 의하면 조선은 명이 망한 이후 중화문명을 보존하고 있는 천하 유일의 '소중화'이다. 따라서 의관 문물을 더욱 철저하게 중화의 제도로 정비함으로써 명에 대한 의리를 지키는 한편, 장차 한족(漢族) 국가가 다시 수립될 때까지 오랑캐인 청에 맞서 중화문명을 수호할 세계사적 사명을 짊어지고 있다는 것이다. 여기에 전제되어 있는 소중화주의와 적대적 대청관(對淸觀)은 박규수의 의관제도 개혁론에서도 사상적 바탕을 이루고 있다. 『거가잡복고』에서 그는 "오직 우리 동방만이 도학(道學)이 성하고 문물이 완비되어 있으므로, 비단 오늘날 천하에서 당당하게 할 말이 있을 뿐 아니라 장차 중원이 회복될 때에는 대

35) 『환재총서』, 제4책, 『거가잡복고』 권2, 436～456면, 附 「屈宮人髻制」, 457～459면.
36) 『환재총서』, 제4책, 『거가잡복고』 권3, 549～550면. "蓋兩賢之志, 不唯在於變俗復古, 亦有深痛至恥, 不忍斯須見斯世之襲陋俗也."

국의 스승이 될 수도 있을 것"이라고까지 말하고 있다.[37]

다른 한편 박규수의 의관제도 개혁론은 조부 연암의 지론을 계승한 것이다. 「자소집서(自笑集序)」에서 연암은 당시 조선의 부인복이 고려 말에 들어온 "몽골의 오랑캐 제도"를 답습하고 있는 반면 중화의 제도가 기녀의 복식에만 남아 있는 현실을 개탄한 바 있다. 그리고 『열하일기』에서는 중화의 제도를 따른 조선의 의관에 대한 자부심을 드러내면서도 조선의 의관제도 역시 '오랑캐 풍속'을 전적으로 탈피하지는 못했다고 풍자했으며, 심의제도에 관해 일가견을 피력하기도 했다.[38] 아들 박종채의 증언에 의하면 안의 현감 시절에 연암은 평복으로 고대 중국의 제도인 학창의(鶴氅衣)를 만들어 입고 지인동자(知印童子)의 변발을 쌍계로 바꾸게 했으며, 박종채 자신도 사규삼을 입고 쌍계를 하고서 연암을 곁에서 모셨다고 한다. 이는 동자의 변발을 쌍계로 바꾸게 했던 정온이 바로 안의 출신이었으며, 선유(先儒) 임훈(林薰)과 노진(盧禛)이 남긴 예스럽고 우아한 학창의 제도가 이 고장에 전승되고 있었으므로, 그러한 유풍을 잇는다는 뜻에서였다.[39]

이와같이 연암은 당시 조선의 일부 의관제도를 문제시하고 이를 개혁하려는 사상을 지니고 있었거니와, 이러한 연암의 의관제도 개혁론이 송시열 학파의 주장과 상통하고 있는 점은 분명한 사실이다. 연암을 학문적으로 지도했던 장인 이보천이 김창협의 제자인 이명화(李命華)와 어유봉을 사사했으므로, 사실상 연암은 송시열에서 김창협으로 이어진 학통에 속한다고 볼 수

37) "惟我東方, 道學之盛, 文物之備, 非惟有辭於今日之天下, 亦可爲異時大國之師."(『환재총서』, 제4책, 『거가잡복고』 권1, 77~78면) 박주수도 역시 두주에서 "異時明知其足爲大國之師. 但其士大夫家居之服, 古昔中華之所未有者也. 此而不講明復古, 異時大國, 其或來問, 乃以笠子·道袍·足兜·辮髢·窄襦·揮裙應之, 豈不面汗心寒!"이라 하였다(78면 상단).

38) 박영철 편, 『연암집』 권3, 「자소집서」, 장5뒤, 권12, 『열하일기』 「口外異聞」 '深衣', 장77뒤~78앞; 김명호, 『열하일기 연구』, 창작과비평사 1990, 128~130면, 277~278면 참조.

39) 김윤조 역주, 『역주 과정록』, 태학사 1997, 137~139면.

박규수도 10대 초의 어린 시절에 쌍계를 했다고 한다(『환재총서』, 제2책, 『상고도』 권7, 34부 直目, 「范希文還朱宋白金方」, 400면 상단, 이정관의 평어 참조).

있다. 그리고 송시열이 남긴 뜻을 계승하여 『사례편람』을 저술한 이재가 곧 김창협의 제자요, 『부인복식고』를 남긴 송문흠이 이재의 문인이었던 점으로 미루어볼 때, 송시열에서 발원한 의관제도 개혁론이 노론계 학맥을 통해 연암에게까지 이어지는 흐름을 분명히 감지할 수 있는 것이다. 나아가 연암뿐만 아니라 홍대용·이덕무·박제가·이희경(李喜經) 등의 북학파 인사들이 이러한 의관제도 개혁론을 공유하고 있었던 사실[40]은 실학과 성리학의 관계를 새롭게 인식하도록 촉구한다고 하겠다.

요컨대 『거가잡복고』는 송시열 이후 노론 학계에 연면히 이어져온 의관제도 개혁론과 그 영향을 다분히 받은 연암을 비롯한 북학파의 의관제도 개혁론을 사상사적 배경으로 하여 이루어진 저작이다. 연행을 앞둔 홍양후에게 중국의 부인 복식을 조사해 오라고 당부한 사실에서 보듯이 박규수는 수학시절부터 의관제도 개혁에 대해 큰 관심을 지니고 있었거니와,[41] 은둔 이후 그는 예학 연구를 통해 이러한 문제의식을 학문적으로 한층 더 심화하여 갔던 것이다. 그리하여 『거가잡복고』에서 박규수는 전대에 단편적으로 제기되어온 논의들을 집대성하고 체계화함으로써 마침내 의관제도 개혁론을 완성하기에 이른 것이라 할 수 있다.

40) 홍대용, 『湛軒書』 外集, 권1, 杭傳尺牘, 「與鐵橋書」, 장12뒤(山内弘一, 「洪大容の華夷観について」, 『朝鮮學報』 159, 1996, 107면 주25); 이덕무, 『士小節』 제6, 婦儀 1, 「服食」; 이덕무, 『盎葉記』 8, 「女服從華制」, 「笠當改造」, 「笠弊」, 「論諸笠」; 박제가, 『北學議』, 「女服」, 「場戲」, 「北學辨」; 이희경, 『雪岫外史』, 아세아문화사 1986, 26~30면 등 참조.

41) 본서, 61면 참조. 1872년 홍양후에게 보낸 편지를 보면, 부인 복식제도 개혁에 대한 박규수의 관심이 만년까지 지속되고 있는 사실을 알 수 있다. 박규수 자신도 1861년 첫번째 燕行 중에 漢族 고유의 부인 복식제도를 관찰했으며, 교분을 맺은 중국 인사들에게 남북간의 풍속에 따른 차이에 관해 상세히 물었다고 한다(『환재집』 권9, 「與洪一能」, 장21뒤~22뒤).

제2장

# 교유와 창작

## 1. 은둔시절의 벗들

효명세자의 사후 박규수는 과거를 포기하고 학문에 전념하는 한편, 후일 정계와 문단·학계에서 두각을 나타내게 되는 비범한 인물들과 폭넓게 교유하면서 활발하게 창작 활동을 하였다. 이 시기 박규수의 교유관계는 그의 생애를 복원하기 위해서만이 아니라 철종시대 이후 본격화되는 그의 정치 활동과 사상적 발전을 파악하는 데에도 귀중한 단서를 제공하므로, 가급적 면밀하게 고찰할 필요가 있다.

수학시절 박규수의 절친한 벗으로 홍양후와 김영작을 이미 소개한 바 있거니와, 이들에 못지않게 박규수와 두터운 우정을 나누었던 인물로 우선 김상현(金尙鉉, 1811~1890)을 들 수 있다. 김상현의 자는 위사(渭師, 渭士)·위경(渭卿), 호는 경대(經臺)·노헌(魯軒) 등이며, 본관은 광산(光山)이다. 그의 9대조는 '동방 예학의 대종(大宗)'으로까지 칭송되는 김장생(金長生)이며, 증조 김상악(金相岳)은 평생 『주역』을 연구하여 『산천역설(山天易說)』

을 남긴 학자로 명망이 있었다. 김상현은 이 두 선조를 극히 숭앙하여 자신의 서실을 '예역당(禮易堂)'이라 이름지었다고 한다. 그는 열일곱 살에 진사 급제하여 조숙한 재주를 드러냈으나, 음보로 청양 현감·증산 현감·영평 군수 등을 지내다가, 1859년 뒤늦게 증광시에 급제한 후 영달하여 대제학·평안 감사·이조 판서 등을 역임했다.[1)]

김상현은 소싯적에 경기도 광주에 살면서 다산 정약용을 사사했다. 이는 그의 부친 김재곤(金在崑)이 때마침 유배에서 풀려난 뒤 고향에 은거하고 있던 정약용과 교분을 맺었던 때문인 듯하다. 하지만 그가 성장하자 정약용은 "자네는 노론 명가 출신인데 나를 사사하여 동년배로부터 비방을 사서야 되겠는가?"라고 사양하면서, 김매순에게 글을 배우도록 권했다고 한다. 그리하여 김매순의 문하에서 수업하게 된 김상현은 대학자 김상악의 증손이라는 후광과 뛰어난 문학적 재능으로 김매순의 총애를 받아, 그의 수제자가 되었다. 김매순은 "위생(渭生)이 글을 토해내니 붓끝에서 꽃이 피어나는 듯하다"고까지 김상현의 재능을 높이 평가했으며, 홍석주에게 그를 소개하는 편지에서도 "해박한 식견과 풍부한 글재주는 동년배 중 아무도 미치지 못할 바"라고 칭찬했다.[2)] 김상현은 김매순의 소개로 홍석주의 문하에도 출입하게 되

---

1) 韓章錫, 『眉山集』 권12, 「奉朝賀文獻金公尙鉉墓誌銘幷序」; 김상악, 『산천역설』, 尹定鉉, 「序」.

2) 黃玹, 『梅泉野錄』 권1, "邁淳詩有曰, 渭生吐詞花生筆者也." "茶山辭遣之曰, 子老論名家也. 何可師我, 以速儕輩之譏?"(임형택 외 옮김, 『역주 매천야록』, 문학과지성사 2005, 상권, 103~104면); 정약용, 『與猶堂全書』 권6, 「青歙金在崑 匡山朴鍾儒 小集設饅」, 「次韻青歙金在崑 潭上夕泛」; 김매순, 『대산집』 권3, 「疊雲字 寄渭師」, 권5, 「與洪成伯」, "博識贍藻, 流輩莫及", 권11, 「韋庵金公相岳墓碣銘」; 김상현, 『經臺詩存』, 「謹次金臺山先生卷中韻」, 「憶臺山先生在永平山中」, 「過斗陵 憶茶山老人 愴然有作」.

김상현이 지은 「臺山先生行狀」(국립중앙도서관 소장)에, 김매순이 "후배로는 박규수의 식견과 유신환의 이해력을 칭찬하고 매우 아꼈다(後生則朴珪壽之見識, 兪莘煥之鉤解, 獎許以愛重之)"고 했다. 박규수 역시 부친 박종채와 척숙 이정리의 절친한 벗인 김매순을 종유하며 존경했으리라 짐작된다. 박규수가 평안 감사로 재직할 때 平壤庶尹 金善根이 김매순의 양자였으므로, 작고한 김매순에게 1868년 이조 판서가 贈職되자 박규수는 김매순의

었다. 따라서 홍길주·홍한주와도 선후배의 교분이 있었으며, 홍길주의 아들 홍우건과는 이웃에 살면서 아침저녁으로 만나는 아주 가까운 사이가 되었다.[3)]

김상현의 장인은 풍양 조씨가의 일원으로 광주 목사를 지낸 조철영(趙徹永)이다. 조철영은 효명세자를 측근에서 모셨던 인물로, 효명세자의 어필을 집안에 소장하고 있었으며, 효명세자를 추모하여 지은 시를 남기기도 했다. 김상현이 선배 윤정현(尹定鉉)을 종유하여 그로부터 '망년외우(忘年畏友)'로 대접받게 된 것은, 윤정현이 김상현의 백부 김재화(金在華)뿐 아니라 장인 조철영과도 젊은 시절부터 절친한 사이였기 때문이다. 또한 김상현은 윤정현을 통해 추사 김정희와도 교분이 있었던 것으로 보인다.[4)]

김상현은 『경대집(經臺集)』 『학역소술(學易小述)』 『독논일찬(讀論日纂』 등의 저작을 남겼다고 하나, 오늘날까지 전하고 있는지 알 수 없다. 김상현의 시집으로 현전하는 『경대시존(經臺詩存)』은 1833년부터 1840년경까지 지은 시들을 모은 것으로, 당시 박규수를 비롯한 벗들과의 교유를 생생하게 보여주는 작품들을 대거 수록하고 있다. 박규수는 후일 중국 문사 왕증(王拯)에게 보낸 편지에서 김상현을 "저와 몹시 친한 사이(弟之至懽)"라고 소개했다. 박규수의 문인 김윤식도 김상현은 박규수·박선수(朴瑄壽) 형제의

신주에 그 직함을 손수 써주었다. 또한 1872년 두번째 연행 중에도 박규수는 중국인 董文燦의 요청으로, 신라 진흥왕의 황초령 순수비를 탁본한 「新羅王定界碑」(서울대 박물관 소장)에 題詞를 써주면서 생전에 경주 부윤을 지냈던 김매순의 시를 인용했다(李鍾元, 『東津日記』, 戊辰 1월 9일조; 『옛 탁본의 아름다움, 그리고 우리 역사』, 예술의전당 1998, 52면 참조).

3) 홍길주, 『항해병함』 권4, 「余賦梅花 未嘗不寄意於臺山 渭師和其韻至四疊 (…)」, 「復次四絶句韻 (…) 仍要渭師疊和」; 홍한주, 『海翁文藁鈔』 권1, 「與金經臺尙鉉書」; 홍우건, 『居士詩文集』 권5, 「和金海陽渭師尙鉉」.

4) 김상현, 『경대시존』, 「莘田外舅 以司饔僉正 入直禁中 憶桂坊舊事 有詩識感 謹次」, 「疊舊卷韻 呈桍溪」, 「次桍溪卷中韻」; 윤정현, 『桍溪先生遺稿』 권1, 「贈經臺」, 권4, 「金經臺侍郞六十壽序」; 신호열 편역, 『국역 완당전집』 II, 민족문화추진회 1988, 「김증산 상현에게 주다(與金甑山尙鉉)」, 46~48면.

'지극히 친한 벗(至交)'이라고 증언했다. 김상현의 『경대시존』을 살펴보면 은둔시절에 박규수가 그와 각별한 우정을 나누었음을 도처에서 확인할 수 있다.[5)]

신석우(申錫愚, 1805~1865)와 신석희(申錫禧, 1808~1873) 형제 역시 박규수의 평생 지기로서, 은둔시절의 박규수와 깊은 우정을 나누었던 인물들이다. 신석우는 자를 성예(成睿) 또는 성여(聖如, 聖與, 聖汝)라고 하며, 호는 해장(海藏) · 금천(琴泉) · 이당(頤堂) · 맹원(孟園) · 난인(蘭人) 등이고, 본관은 평산(平山)이다. 1831년 감제(柑製)에 장원 급제하고 1834년 식년시에 급제하여 벼슬길에 오른 뒤 용강 현령 · 이천 부사 · 경상 감사 · 예조 판서 등을 지냈다. 그는 철종조의 정계에서 박규수와 함께 활약하면서 강직한 신하로서 왕의 두터운 신임을 받았다고 한다.[6)]

신석우는 후일 중국의 문사들에게 보낸 편지에서 연행에 나선 박규수를 "저와 글 공부를 함께한 벗(弟之同窓友)"이요 "절친한 벗(切友)"이라고 소개했다. 박규수도 연행을 통해 교분을 맺은 중국인 동문환(董文渙)에게 보낸 편지에서 신석우의 부음을 알리며 그는 "저에게 평생의 벗이었습니다"라고 했다. 또한 박규수는 작고한 신석우에 대한 시장(諡狀)에서 "신공(申公)의 평생을 아는 이는 모(某)보다 더한 사람이 없을 것"이라는 대신들의 중론에 따라 자신이 시장을 짓게 되었음을 밝히면서, "규수가 벗 중에서 공과 가장 친했던 것은 집안간의 세의가 좋았을 뿐만 아니라 서로 절실히 책선(責善)하는 사이였기 때문"이라 술회했다.[7)] 이러한 기록들은 두 사람의 우정이 얼마

5) 韓章錫, 『眉山集』 권12, 「奉朝賀文獻金公尙鉉墓誌銘幷序」, 장30뒤; 『환재집』 권8, 「與溫卿」(8), 장9앞, 김윤식의 按語, 권10, 「與王少鶴拯」, 장15앞.

단 김상현은 후일 박선수가 암행어사로서 그의 종형 金曾鉉을 탄핵하여 김증현이 파직된 이후(『승정원일기』, 고종 4년 7월 18일조) 박규수 형제와 사이가 소원해진 듯하다. 『환재집』에 김상현과의 왕복 서신이 단 1편도 수록되어 있지 않은 의문은 이로써 풀릴 수 있을 것이다.

6) 신석우, 『海藏集』 권14, 「自墓表」, 권18, 李淵翼撰, 「遺事」, 박규수撰, 「諡狀」(『환재집』 권5, 「禮曹判書申公諡狀」, 장24뒤~장30앞) 참조.

나 깊었는지를 단적으로 말해준다.

박규수의 선조 박미가 신석우의 선조인 신흠(申欽)의 문인이요, 신흠의 아들 신익성(申翊聖)이 또한 박미와 마찬가지로 선조(宣祖)의 부마로서 절친한 사이였던 인연으로, 양가는 대대로 두터운 우의를 유지했다. 연암의 젊은 시절 벗이었던 신광온(申光蘊)·신광직(申光直) 형제는 각각 신석우의 종조부와 본생조(本生祖)가 된다.[8] 신석우의 모친은 안동 김씨가의 일원으로 예조 판서를 지낸 김이도(金履度)의 장녀이다. 신석우의 외조 김이도는 연암의 절친한 벗으로서, 『열하일기』로 물의가 분분하던 시절에 연암의 문학을 굳게 옹호한 인물이었다. 이러한 선대의 인연도 신석우와 박규수의 우정을 돈독하게 한 요인으로 작용했을 것이다. 한편 신석우는 종숙부 신재식이 담헌 홍대용의 손자인 홍양후의 외숙이었던 관계로, 홍양후와도 소싯적부터 친근한 사이였다.[9]

이상의 사실들로 미루어볼 때 신석우가 연암을 깊이 숭모했던 것은 당연한 일이라 하겠다. 젊은 시절부터 『열하일기』를 비롯한 연암의 글들을 애독했던 그는 후일 자신의 연행록에서 『열하일기』 중의 고사와 시를 소개했으며, 연암의 시체(詩體)를 모방하여 지은 시도 남기고 있다. 또한 박규수가 그린 「연암산거도(燕巖山居圖)」에 대한 발문과 「기회(記懷)」라는 글에서 신석

7) 『해장집』 권15, 「又與沈翰林秉成書」, 「又與張主事茂辰書」; 『환재집』 권5, 「禮曹判書申公諡狀」, 장24뒤, 장28뒤, "知申公平生者, 宜莫如某也" "珪壽與公友最善者, 非惟世好也, 切偲故也", 권10, 「與董研秋」(2), 장29앞, "(…) 與弟爲平生之友."

8) 신광온과 신광직은 성리학자 申韶의 장남과 차남이다. 신광직(1738~1794)은 호가 念齋로, 홍대용과도 교분이 깊었다. 연암의 「念齋記」는 그에게 지어준 글이다. 신광온의 차남이 申在植으로, 신재식은 신석우의 종숙부가 된다. 신광직의 차남이 신석우의 부친인 申在業인데, 신재업은 숙부 申光遜의 양자가 되었다(박영철 편, 『연암집』 권7, 「염재기」; 김윤조 역주, 『역주 과정록』, 54면; 김영진, 「조선후기의 明淸小品 수용과 소품문의 전개양상」, 고려대 박사논문 2003, 106면 참조).

9) 김윤조 역주, 『역주 과정록』, 140~141면; 박영철 편, 『연암집』 권3, 「答金季謹書」, 권14, 『열하일기』 「避暑錄」, 장65앞; 『해장집』 권2, 「寄漢士長洞幽居」, 권14, 「資憲大夫禮曹判書金公諡狀」 등 참조.

우는 자신이 1842년 이천 부사로 재직하면서 연암이 은거했던 황해도 금천(金川)의 연암 골짜기 부근을 몸소 찾아보았던 일을 추억했다. 이러한 글들에서 그는 연암이 벗 백동수(白東修)에게 지어준 「기린협으로 들어가는 백영숙에게 증정한 서문(贈白永叔入麒麟峽序)」과 홍대용에게 보낸 편지인 「홍덕보에게 답함(答洪德保書)」, 그리고 형수 이씨를 위해 지은 「맏형수 공인 이씨 묘지명(伯嫂恭人李氏墓誌銘)」에서 당시 연암 골짜기의 풍경을 묘사한 구절들을 인용하고 있다. 이는 신석우가 평소에 연암의 글들을 얼마나 숙독했던가를 잘 말해준다. 그후에도 그는 경상 감사 재직시에 안의현을 방문하여, 예전에 연암이 현감으로 재직하면서 관아 내에 신축했던 연상각(烟湘閣) 등의 건물들을 두루 둘러보고 이를 글로 남기기도 했다. 그러므로 신석우는 연암 문학의 계승자의 한 사람으로서도 주목할 만한 인물이다. 신석우에게 미친 연암의 문학적·사상적 영향을 고찰하면 영정조의 실학이 19세기에 계승되어간 양상을 더욱 분명히 밝힐 수 있을 것이다.[10)]

신석우의 아우 신석희는 자를 사수(士綏)라 하며, 호는 위사(韋史)·혜사(蕙史)·패위재(佩韋齋) 등이다. 이들 형제는 부친이 일찍 타계한 후 어려운 여건 속에서도 함께 백부의 훈도를 받으며 학업에 정진했을 뿐 아니라, 평생토록 재산을 나누지 않고 한솥밥을 먹는 등으로 우애가 돈독하여 주위의 칭송을 받았다. 신석희는 젊은 시절부터 문학적 재능을 드러내어, "서울 북촌은 위사(韋史)요 남촌은 위사(渭士)"라고 일컬어졌을 정도로 김상현과 함께 당시 노론 중의 재사(才士)로서 평판이 높았다고 한다.[11)]

신석희는 1834년 진사 급제하고 1848년 증광시에 급제한 후 철종·고종 연간에 순천 부사·도승지·이조 판서 등을 지냈다. 박규수와는 가형 신석

---

10) 『해장집』 권2, 「敎伯室復會」, 권4, 「獨坐園中 口占燕巖詩體」, 권12, 「安義縣治記」, 「金陵遊記」, 「燕巖山居圖跋」, 「記懷」, 권15, 『入燕記』, 「榛子店記」; 김윤조, 「실학파문학의 계승양상에 관한 연구」, 『대동한문학』 8, 대동한문학회 1996, 232~245면 참조.

11) 『환재집』 권5, 「예조판서 신공 시장」, 장25뒤; 황현, 『매천야록』 권1, "北韋史, 南渭士." (임형택 외 옮김, 『역주 매천야록』, 상권, 103면)

우와 함께 일찍부터 교유가 있었을뿐더러 같은 해에 문과 급제한 동방(同榜)으로 나란히 관직에 진출하여 더욱 가까운 사이가 되었다. 신석희는 박규수와 마찬가지로 서화에 관심과 조예가 깊었던 듯하다. 박규수가 그와 함께 「왕모초사도(王母醮祠圖)」를 감상하고 지은 63구의 장편 고시와, 그림을 감정하는 문제로 그에게 보낸 편지가 현재 전하고 있다.[12)]

윤종의(尹宗儀, 1805~1886)는 은둔시절의 박규수와 학문적으로 가장 가까운 벗이었다. 그의 자는 사연(士淵), 호는 연재(淵齋)이며, 본관은 파평(坡平)이다. 윤종의는 을사사화 때 대윤(大尹)의 영수로 화를 입은 윤임(尹任)의 후손이다. 그가 증조 윤경화(尹景和)의 초고를 바탕으로 당시의 전말을 기록한 『을사소장록(乙巳消長錄)』을 지었던 것은 이러한 가문의 역사를 후손들에게 전하기 위해서였다고 한다. 또한 고조 윤재태(尹在泰)의 생부인 윤혼(尹焜)이 권상하의 문인이었으므로, 윤종의는 자신의 학문이 이이-김장생-송시열-권상하로 이어지는 노론의 학맥에 연원을 둔 것으로 자부했다. 그의 집안은 5대조 윤휴경(尹休耕)이 신임사화 때 화를 당한 이후 기울어진 가세를 오랫동안 회복하지 못했던 것으로 추측된다.[13)]

윤종의의 모친은 광산 김씨 김재도(金在度)의 딸이다. 윤종의의 학문을 지도한 외조 김재도는 김장생의 손자 김익희(金益熙)의 후손으로, 권상하를 사숙했다고 한다. 윤종의가 앞서 언급한 김상현과 절친했던 것은 모친뿐만 아니라 조모 역시 광산 김씨여서, 두 사람의 집안이 두터운 인척관계에 있었기 때문이다. 한편 윤종의는 박규수의 척숙인 이정리를 종유하면서 고문(古文)을 배웠다고 한다. 후일 그는 홍석주·김매순·홍길주와 아울러 이정리의 문장을 칭송해 마지않으면서, 이분들의 글은 "모두 자신의 눈과 귀로 익히

---

12) 『평산신씨문헌록』, 회상사 1976, 제1편 事蹟, 「孝文公錫禧事蹟」; 『환재집』 권1, 「王母醮祠圖歌 幷序」, 장36앞, 권9, 「與申士綏」, 장23앞~24앞.

13) 한장석, 『미산집』 권13, 「工曹判書淵齋尹公宗儀行狀」; 尹定鉉, 『梣溪先生遺稿』 권4, 「乙巳消長錄序」; 윤종의, 『硯北存餘』, 「漫說」; 차기진, 「윤종의의 斥邪論과 海防論 인식에 대한 연구」, 『윤병석교수 화갑기념논총』, 지식산업사 1990 참조.

보고 들은 것으로, 매번 숭모하여 본받고자 했으나 마침내 뜻을 이루지 못했으니 이 또한 후회스럽다"고 했다.[14)]

윤종의는 열여덟 살에 생원 급제한 뒤 성균관 유생시절 박규수와 마찬가지로 전강(殿講)에서 누차 효명세자의 인정을 받아 장래가 촉망되었다. 그러나 효명세자가 급서하자 오랫동안 포의(布衣)로 지내다가, 1852년에야 음직으로 벼슬길에 나아가 김포 군수·강릉 부사·옥구 현감 등 주로 지방관으로 전전했다. 만년에 윤종의는 공조 참의·호조 참판 등을 역임하고 파광군(坡光君)을 습봉(襲封)했다.[15)]

박규수가 윤종의와 평생 돈독한 우의를 나누었던 것은 그에게 보낸 편지가 『환재집』에 31편이나 수록되어 있는 사실을 통해서도 짐작할 수 있다. 이 편지들을 보면 두 사람은 특히 예학과 천문지리에 대해 학문적 관심을 공유하고 있었음을 알 수 있다. 은둔시절에 박규수가 『의례』와 『예기』 등에 기록된 고대 중국의 의관제도를 연구하면서 『거가잡복고』의 저술에 몰두하고 있었을 즈음, 같은 북촌에 살면서 가까이 지내던 윤종의는 『상서』에 기록된 고대 중국의 천문과 율력(律曆)을 논한 『상서도전변해(尙書圖傳辨解)』를 저술하고 있었다.[16)]

윤종의는 다방면에 걸쳐 방대한 저작을 남겼는데, 그중 『벽위신편(闢衛新編)』 『상서도전변해』 『방례고증(邦禮考證)』 『고사통휘(古史統彙)』 『가국동휴표(家國同休表)』 『중성경루표(中星更漏表)』 『사대요람(事大要覽)』 『연북

---

14) 『坡平尹氏貞靖公派世譜』, 농경출판사 1980, 上, 95면; 윤종의, 『硯北存餘』, 「漫說」, "(…) 吾皆耳目濡染, 每欲慕效, 而竟不能成, 此又可悔者也."

15) 한장석, 『미산집』 권13, 「工曹判書淵齋尹公宗儀行狀」.

그의 숙부 윤육(尹堉: 자 穉沃, 호 康齋, 1803~1875?)도 박규수와 교분이 있다. 윤육은 윤종의보다 불과 두 살 연상으로, 함께 자라며 공부한 사이였다. 윤육은 1844년 증광시 급제 후 교리·대사성을 거쳐, 이조 참의·이조 참판·형조 판서 등을 지냈다.

16) 『환재집』 권4, 「安鲁源手摹 神州全圖跋」, 장20뒤, 권8, 「與溫卿」(4), 장6뒤, 권9, 「與尹士淵」(1), 장1뒤~2앞; 김상현, 『경대시존』, 「戊戌除夕雨中 次老杜守歲韻」, "山北聚名家, 佳言互粲花." "虞器推圖細, 周裳削幅斜. (原註) 士淵輯尙書圖解, 桓卿撰居家雜服攷."

존여(硯北存餘)』 등이 현재 전하고 있다.[17] 이러한 저술들을 통해 윤종의의 사상과 학문을 규명하는 작업은 19세기 사상사의 공백을 메우는 데에 적잖이 기여하리라 본다.

훈련대장·어영대장 등을 지낸 저명한 무신(武臣) 신헌(申櫶, 초명 觀浩, 1810~1888)도 박규수와 일찍부터 교분이 있던 인물이다. 그 역시 평산 신씨로, 신석우 형제 및 그 종숙부인 신재식과 가깝게 지냈다. 그가 고종조의 정계에서 박규수와 함께 활약하면서, 특히 강화도조약 체결 시에 서로 긴밀하게 협력했던 것은 잘 알려진 사실이다. 1840년 함경도 성진(城津)의 첨사로 부임하게 된 신헌을 송별하는 모임에 참석한 박규수가 "술잔 기울이며 작별인사 할 수야 있다지만/ 내일은 어느 곳에서 서로 절실히 그리워하리?"라고 하면서 변방으로 떠나는 그와의 이별을 아쉬워하며 지은 칠언절구 4수가 전한다.[18]

박규수가 이인규(李仁奎, 자 而春, 호 愚堂, 1808~1861)와 교분을 맺게 된 데에는 이러한 신헌과의 친분이 적잖이 작용했을 것이다. 이인규가 같은 무반 출신으로 신헌과 절친한 사이였던 점은 신헌의 문집에 그와 주고받은 시들이 다수 실려 있는 사실로도 알 수 있다. 박규수는 1840년경 전라도 병마우후로 부임하기에 앞서 찾아와 결교를 청한 이인규에게 칠언 36구의 장편 고시를 송별시로 지어주었다.[19]

---

17) 김상기, 「尹淵齋와 그 遺著에 관하여」, 『동방사논총』, 서울대출판부 1986 참조.

18) 『환재집』 권3, 「贈申僉使觀浩城津之任」, 장8앞. "可耐深樽話別離, 明朝何處最相思?"; 신헌, 『葳堂集』, 보경문화사 1993, 乾, 권3, 「以近體三十絶 謹呈上使翠微宗大人相公」, 「生陽館陪翠微相公作」, 권4, 「將赴城津戍 諸公來餞 拈韻共賦」, 권8, 「海藏太史宗丈 來臨共賦二律」, 「韋史宗丈 見訪示韻 因次呈」; 홍우건, 『居士詩文集』 권6, 「送申國賓觀浩 赴任城津鎭」; 李象秀, 『峿堂集』 권1, 「送申養石觀浩赴城津五十五韻」; 『大東詩選』 권9, 신재식, 「生陽館 共葳堂賦詩」, 신석우, 「與葳堂共賦」; 박찬식, 「신헌의 국방론」, 『역사학보』 117, 1988, 49면 참조.

19) 『환재집』 권3, 「別李而春虞候」, 장8뒤~9앞; 신헌, 『위당집』 乾, 권1, 「次李友而春南城韻」, 권5, 「寄而春(而春時任湖南兵馬虞候)」, 坤, 권12, 「武山齋小叙」, 권14, 「記結交 示而春 德賓二友」; 홍우건, 『거사시문집』 권7, 「送全羅兵馬虞候李而春仁奎序」.

그후 이인규는 장단 부사·갑산 부사 등을 지냈다. 후일 그의 아들 이종원(李鍾元)은 제너럴셔먼호 사건 후 대동강 입구를 지키기 위해 신설한 동진진(東津鎭)의 첨사로서 평안 감사 박규수를 보좌하여 미국 군함들의 내항(來航) 사태에 함께 대처하게 된다.[20] 또한 이인규가 박규수에게 이상수(李象秀)의 글을 소개한 것이 계기가 되어, 이상수는 당시 포의로서 계산초당(桂山草堂)에 칩거하고 있던 박규수를 찾아뵙고 그후로 그 문하를 출입하게 되었다고 한다.[21]

이헌명(李憲明, 일명 近憲, 자 德潛, 호 西淵·韋堂, 1797~1861)은 이인규와 본관이 같은 평창(平昌) 이씨로, 그 역시 증조와 조부가 모두 무과 급제한 무반 출신이다. 하지만 그는 홍석주·홍길주의 문인이 되어 문장 공부에 힘썼으며, 1852년 뒤늦게 진사 급제했다. 무려 1만 수의 시를 남겨 시인으로 명성을 얻었으며, 스승 홍석주·홍길주의 언행록인 『서연문견록(西淵聞見錄)』을 저술했다. 1830년 박규수가 이헌명의 모친 경주 최씨의 환갑을 축하하기 위해 지은 시와 1832년 그의 부친 이학무(李學懋)의 환갑을 축하하기 위해 지은 시가 『환재집』에 수록되어 있다.[22]

이상의 인물들 외에도 이 시기 박규수는 김세균(金世均)[23]·서미(徐湄)[24]·

20) 양헌수, 『荷居集』 권2, 「送玄巖李仁奎赴甲山府序」; 김명호, 『초기 한미관계의 재조명』, 역사비평사 2005, 87면 참조.

21) 이상수, 『어당집』 권17, 『習蓼編』; 김채식, 「어당 이상수의 山水論과 '東行山水記'」, 성균관대 석사논문 2001, 29면 참조.

22) 『平昌李氏世譜』, 회상사 1984, 권2, 主簿公派, 482~483면; 신헌, 『위당집』 乾, 권1, 「送西淵李德潛憲明之燕」, 권3, 「丁酉暮春 與竹閒 西淵伴行西衙 聯成一軸」, 坤, 권12, 「來南續錄」; 申弼永, 『玉坡集』 권2, 「李進士憲明 交三十年矣 今秋魁到記登第 其翌日落馬而死 詩以悼之」, "六十五年詩萬首", 권3, 「送李生德箴遊中國序」; 『朝野詩選』 권2, 「李近憲」(아세아문화사 1982, 245면); 『大東詩選』 권9, 「李憲明」, 40면; 『환재집』 권1, 「中原有奇樹 爲李氏壽」, 「澆花辭 爲李氏澆花齋壽」.

23) 김세균, 『晩齋集』 권2, 「韋史在龍岡 以夢中詩寄余 遂步其韻」, "忽憶西湖明月夜, 孤帆載酒幾人歸. (註) 前秋七月旣望, 與此友及安福卿膺壽·朴桓卿珪壽·玉垂·竹村諸人遊西湖. 今得韋史書, 卽其日故云." 이 시는 신석희의 형 신석우가 용강 현령으로 부임한 1836년에 창작된 것으로 추측된다. 김세균(1812~1879)은 병자호란 때 순절한 金尙容의 宗孫이자 풍

서승보(徐承輔) · 서유영(徐有英) · 신필영(申弼永)[25] · 유신환(兪莘煥)[26] · 조면호(趙冕鎬)[27] · 홍우건 등과 교유하였다.

## 2. 풍석 서유구와의 만남

은둔시절 박규수의 교유관계에서 또 하나 간과할 수 없는 것은 그가 풍석

양 조씨 趙鎭寬의 외손으로, 효명세자의 총애를 받았다. 晩齋라는 그의 호도 효명세자가 그에게 하사한 御製詩에서 딴 것이다. 1841년 문과 급제 후 경상 감사 · 이조 판서 등을 지냈다. 대원군 집권기에 박규수와 함께 정계에서 활약했다.

24) 1785～1850. 자는 德井 · 竹海, 호는 石史이다. 忠州에 은거했으며 시인으로 명성이 있었다(『환재집』 권5, 「徐石史墓誌銘」; 신석우, 『海藏集』 권2, 「提川徐石史德井 奇士也 氣豪而志伉 落落少合於漢水以北 樂與李凝蒼(이정관—인용자) 朴桓齋遊 余一證交於西山室 其賦歸也 以詩爲贐」, 권3, 「仲春 淹病山居 石史自堤上來見 爲營桓卿葬親事 朋友相念之義 豈云忝也無戎」).

25) 1810～1865. 자는 穉良, 호는 玉坡이다. 1859년 생원 급제 후 참봉을 지냈을 뿐이다. 1860년 北京事變 소식을 접하고 魏源의 『海國圖志』를 소재로 지은 「海國竹枝詞」 등의 시를 남겼으며, 문집으로 『玉坡集』이 있다(『平山申氏系譜』 권2, 正言公派, 584면, 권4, 262면; 『平山申氏文集』 제8집, 平山申氏大宗中 1994; 홍길주, 『沆瀣丙函』 권4, 「健兒約朴桓卿 申穉良卜夜于渭師書巢 拈韻賦詩 追次其韻 題軸尾」; 김상현, 『經臺詩存』, 「臘月十九日 朴桓卿珪壽 申穉良 洪元龍夜集」; 김윤조, 앞의 논문, 246～252면 참조).

26) 1801～1859. 자는 景衡, 호는 鳳棲이다. 老洲 吳熙常의 학통을 잇는 재야 학자로서 金允植 등 많은 제자를 양성했다(김상현, 『경대시존』, 「十六日 車駕詣永禧殿展拜 臣恭瞻羽旄 退與徐子直 兪景衡 朴桓卿 申穉良 登挹白堂小飮 拈祿字同賦」; 徐有英, 『雲皐詩選』, 「挹白堂 同朴桓齋 兪鳳棲 金經臺共賦」; 노대환, 「19세기 중엽 유신환 학파의 학풍과 현실개혁론」, 『한국학보』 72, 일지사 1993; 권오영, 『조선후기 유림의 사상과 활동』, 돌베개 2003, 132～176면 참조).

27) 1804～1887. 자는 藻卿, 호는 玉垂, 본관은 林川이다. 1837년 진사 급제 후 음보로 三登 현령 · 평양 서윤 · 義城 현령 등을 지냈다. 추사 김정희의 문인으로, 시인으로서 명성이 있었다. 병인양요와 신미양요를 소재로 한 「西事雜絶」과 「後西事雜絶」을 남겼다. 문집으로 『玉垂集』이 있다(『林川趙氏大同世譜』 권1, 회상사 1988, 395면; 김명호, 「옥수 조면호의 '西事雜絶' 前後篇에 대하여」, 『고전문학연구』 20, 한국고전문학회 2001; 김용태, 「옥수 조면호 한시 연구」, 성균관대 박사논문 2004 참조).

서유구 초상.
출처 『역사인물초상화대사전』, 현암사 2003.

(楓石) 서유구(徐有榘)를 종유한 사실이다. 치사(致仕)한 뒤 은거중이던 만년의 서유구는 일찍이 젊은 시절에 존경하며 따랐던 선배 연암의 손자 박규수가 자신을 찾아오자, 학문과 문학의 대선배로서 그에게 자상한 지도를 아끼지 않았다. 이러한 사실은 영정조 시대의 실학이 19세기에 계승·발전되어가는 양상을 생생히 보여주는 점에서 중대한 의의를 지닌다고 할 수 있다.

서유구(1764~1845)는 소론 명가인 달성(達城) 서씨 가문에서 서호수(徐浩修)의 차남으로 태어났다. 조부 서명응(徐命膺)이 대제학을 지내고 종조부 서명선(徐命善)이 영의정을 지냈으며 부친은 이조 판서를 지내는 등으로, 그의 집안은 영정조 시대의 탕평책과 우문(右文)정치 하에서 학문적 실력을 바탕으로 크게 번창했다. 그의 형 서유본(徐有本, 호 左蘇山人, 1762~1822)이 과거에 불운하여 음직으로 동몽교관을 지냈을 뿐인 데 반해, 서유구는 1790년 문과 급제 후 규장각 문신으로 발탁되는 등 정조의 총애를 받아 장래가 촉망되었다. 그러나 순조 초에 중부(仲父) 서형수(徐瀅修)가 벽파 세력으로 몰려 숙청될 때 연좌되어 관직에서 쫓겨난 뒤, 오랜 은둔생활 끝에 환갑이 되던 1823년에야 관직에 복귀할 수 있었다. 그후 서유구는 중용되어 전라 감사·병조 판서·수원 유수 등을 지냈으며, 1839년(헌종 5년) 8월 익종(효명세자)을 포함한 4대의 조정에서 국정에 헌신한 원로로서 존경과 치하를 받으며 영예로운 은퇴를 했다.[28)]

치사한 뒤 서유구는 한동안 한양 동대문 교외의 번계(樊溪: 지금의 강북구 번동)에 은거했다. 수원 유수로 재직하던 1837년경 그는 경치가 빼어난 이곳에다 작은 별장을 짓고 자연경실(自然經室)이라 이름지은 서실을 마련해두었던 것이다.[29)] 이곳에서 서유구가 그의 필생의 저작인 『임원경제지(林園經濟志: 일명 林園十六志)』의 완성에 힘쓰면서 만년을 보내자, 그의 탁월한 학식과 고매한 인품을 흠모한 후진들이 빈번히 찾아와 저절로 하나의 모임을 이루게 되었다. 그리하여 1842년경 그가 경기도 광주의 두릉(斗陵)으로 은거지를 옮길 때까지 번계의 자연경실에서는 서유구를 중심으로 학문을 논하고 시를 짓는 회합이 이어졌다.

박규수가 이 모임에 참여하게 된 것은 서유구의 일족인 서유영·서승보와 평소 친분이 깊었던 때문일 것이다. 서유구의 삼종제(三從弟)인 서유영(1801

28) 洪敬謨, 『叢史』 권10, 「吏曹判書致仕奉朝賀楓石徐公諡狀」; 李裕元, 『嘉梧藁略』, 「吏曹判書致仕奉朝賀文簡徐公墓誌」; 徐太淳, 「先王考奉朝賀府君墓表追記」; 서유구, 『金華知非集』 권7, 「伯氏左蘇山人墓誌銘」; 유봉학, 「18~19세기 연암 일파 북학사상의 연구」, 서울대 박사논문 1992, 185~193면; 조창록, 「풍석 서유구에 대한 한 연구」, 성균관대 박사논문 2003, 8~44면 참조.

29) 서유구, 『華營日錄』, 아세아문화사 1990, 권2, 227면, 312면; 서유구, 『금화지비집』 권5, 「自然經室記」; 서유구, 『樊溪詩稿』 下, 「同雲石 絅堂 訪海居南麓別業 賞蓮 分韻 得東字」, (註) "余樊溪山莊, 在東門外十里地."

~1876?)은 자를 자직(子直), 호를 운고(雲皐)라 하며, 선조(宣祖)의 부마인 달성위(達城尉) 서경주(徐景霌)의 6대손이다. 박규수와 마찬가지로 효명세자의 대리청정에 큰 기대를 품었던 서유영은 효명세자의 급서로 관직 진출의 꿈이 좌절된 후 오랫동안 포의로 지내다가, 생원 급제한 지 10년 만인 1860년에야 음보로 능참봉을 거쳐 1865년 의령(宜寧) 현감에 임명되었다. 그러나 1868년 암행어사의 탄핵으로 파직당해 평안도 삼등(三登)에 유배되었다가 3년 만에 풀려났다. 1875년 통정대부에 가자(加資)되고 부호군·돈령부도정·첨지중추부사 등에 제수되었다. 서유영은 시인으로 명성이 높았다. 그가 남긴 『운고시선(雲皐詩選)』에는 가까운 인척인 홍석주 일가의 인물들뿐만 아니라 김상현·김영작·박규수·정학연(丁學淵) 등과 시사의 동인으로서 주고받은 시들이 많이 실려 있다.[30)]

서유영의 삼종질(三從姪)인 서승보(1814~1877)는 자를 원예(元藝), 호를 규정(圭庭)·기산(基山)이라 하며, 공조 판서를 지낸 서유여(徐有畬)의 아들이다. 그는 1856년 별시 급제 후 형조 판서·홍문관 제학 등을 역임했다. 서유영은 「회인시(懷人詩)」에서 "종중(宗中)에서는 유아(儒雅)한 그대를 가장 좋아하노라"고 노래했을 정도로 서승보와 친밀한 사이였으며, 박규수 역시 서승보를 "평생 흠모하고 심복하는 벗(平生艷服之友)"으로 대했다.[31)]

서유영의 『운고시선』에 의하면 1840년을 전후한 무렵 박규수는 서유구의

---

30) 『大邱徐氏世譜』, 戊編, 都尉公派, 151면; 서유영, 『錦溪筆談』 下; 장효현, 『서유영 문학의 연구』, 아세아문화사 1988, 9~35면 참조. 서유영의 몰년은 정확히 알 수 없으나, 『승정원일기』에 고종 13년 윤5월 3일 서유영을 조사오위장에 單付했지만 윤5월 22일 서유영이 신병을 이유로 체직을 청하여 改差했으며 같은 날 그를 첨지중추부사에 단부했다는 기사가 보인다. 그러므로 서유영이 1876년까지는 생존했던 사실을 확인할 수 있다.

31) 『대구서씨세보』, 무편, 도위공파, 155~156면, 531면; 서유영, 『운고시선』, 「懷人詩」, 제26수, "儒雅吾宗最說君"; 『환재집』 권8, 「與溫卿」(7), 장8앞.

그런데 서승보의 글을 발췌·수록하고 있는 『詩文隨鈔』를 살펴보면, 김상현 등 박규수의 벗들과 주고받은 시들이 다수 있으나, 정작 박규수와 관련된 작품은 보이지 않는다. 이는 1854년 경상도 암행어사로 파견된 박규수가 前 밀양 부사였던 그의 부친 서유여를 탄핵한 일로 서승보가 박규수와 절교한 때문이라 짐작된다.

자연경실에서 열린 시회에 종종 참석하여, 홍길주·홍현주·홍우건·윤정현·김상현·김영작·서유영·서승보·신필영 등과 함께 시를 주고받았음을 알 수 있다. 당시 지은 한 시에서 서유영은 밤이 깊도록 담론을 즐기던 서유구의 모습을 "촛불심지 잘라가며 농학(農學)을 이야기할 제/ 백발이 은(銀)처럼 환히 빛났네"라고 묘사하고 있다. 그리고 또다른 시에서 그는 "계산(桂山)의 흰 구름 속에 사는/ 환재를 애틋하게 그리노라"고 하여, 북촌의 계산초당에 사는 박규수가 약속한 모임에 오지 못한 것을 못내 섭섭해하고 있다.[32]

이와같이 만년의 서유구 문하에 신진 재사들이 모여 경술과 문장을 논하던 모습은 당시 홍길주·홍우건 부자와 김영작 등이 지은 시들에도 여실하게 그려져 있다.[33] 예컨대 정월 대보름 다음날 밤 서유구의 초대로 아들 홍우건과 함께 자연경실의 모임에 참석한 홍길주는 그날의 정경을 묘사한 장편 오언고시를 남기고 있다. 여기에서 그는 서유영이 민첩하게 시를 짓고 김상현이 도도히 육경을 논하는 모습을 읊은 데에 이어, 서유구가 "문장을 논하다 연상(烟湘: 原註 박연암의 一號)에 이르니/ 천둥 벼락이 쳐 정신을 잃었지"라고 했다.

이는 그날 밤 서유구가 좌중을 상대로 문장을 논하다가 연암에 관한 해학적인 일화를 들려주었던 사실을 노래한 것이다. 즉 예전에 서유구가 연암의 글에 대해 비방이 많은 이유를 묻자 연암이 답하기를, 굶주림 끝에 다락에

32) 서유영, 『운고시선』, 「族兄楓石尙書 致政家居 夜邀洪沆瀣丈 原泉 經臺賦詩」, "剪燭談農圃, 華髮炯如銀", 「楓石山房小集 沆瀣丈 海居都尉 尹絅堂 金卲亭 桓齋 經臺 尹梣溪 原泉同來 分韻 得林字」, 「楓石丈山房 分韻 (得)君字」, "桂山白雲裏, 怊悵憶桓君. (註) 桓齋留約不來."; 「楓石山房小集」 (註) "沆瀣·海居·梣溪·絅堂·卲亭·桓齋·經臺·原泉·圭庭·玉坡同來", 「自然經室小集 原泉將以明日鎖直翰苑」; 홍우건, 『거사시문집』 권7, 「將赴翰苑直 與筠心 經臺 雲皐 玉坡小會」.

33) 홍길주, 『항해병함』 권4, 「上元翌夜 楓石宅小集」, 「又以山月曉仍在分韻 得月字」; 홍우건, 『거사시문집』 권7, 「楓石宅小集 分山月曉仍在 各賦 得在字」; 김영작, 『소정시고』 권1, 「徐楓石尙書宅小集 分韻 得俗字」.

처박아둔 가께수리(왜궤(倭櫃))라도 팔아먹으려고 끄집어내다가 천둥 벼락이 치는 바람에 깜짝 놀라 땅에 떨어뜨리고 만 적이 있는데 자신이 비방을 받는 것이 그 꼴과 흡사하다고 하여 함께 크게 웃었다는 것이다.[34] 홍길주 역시 전에 이정리로부터 『연암집』을 빌려 읽고 난 뒤 심취하여 연암 문학의 열렬한 숭배자가 되었던 만큼, 이와같은 서유구의 이야기를 몹시 흥미진진하게 들었던 듯하다.

은둔시절 박규수가 서유구를 종유하며 지은 시는 현재 두 편밖에 전하지 않으나, 이 시들만 보아도 선후배간의 도타운 우의를 넉넉히 짐작할 수 있다. 그중 「은퇴하신 풍석 서 판서께 바치다(呈楓石徐致政判書)」에서 박규수는 서유구의 자연경실에서 그로부터 연암에 관한 회고담을 듣던 광경을 다음과 같이 노래하고 있다.

| | |
|---|---|
| 판서의 자연경실은 선방(禪房) 같은데 | 尙書經室如禪龕 |
| 맑게 갠 낮에 젊은이들과 이야기를 즐기시네 | 清晝樂與年少談 |
| 공은 말씀하시길 예전에 연암 어른을 | 公言昔拜燕巖丈 |
| 가을날 세검정 물가에서 절하고 뵈었노라 | 洗劍亭子秋江潭 |
| 문장이 천고에 어찌 하찮은 일이랴 | 文章千古豈細事 |
| 아속(雅俗)과 진위를 힘써 가리고 바로잡아야지 | 雅俚眞贋勤訂參 |
| 법고하되 변화할 줄 알고 창신하되 전아해야 하리 | 法古能變新能典 |
| 이같은 문장의 도리 지금까지 둘도 없어라 | 斯道從來無二三 |
| 탁 트인 해협에 번개가 내려치듯 | 海門漭闊電光掣 |
| 어지러이 하늘 찌르는 봉우리들에 안개가 피듯 | 亂揷青峰蒸烟嵐 |
| 삽시간에 천둥 요란하고 소나기 휘몰아치듯 | 須臾疾雷捲急雨 |
| 태곳적부터 장강이 담담하게 흘러가듯 | 萬古長江流淡淡 |
| 이같은 즐거움 어제 같은데 어언 육십 년 전 일 | 此樂如昨六十載 |
| 이제 내 눈썹에는 흰 눈이 드리웠구나 | 我今雙眉雪鬖鬖[35] |

34) 홍길주, 『항해병함』 권4, 「又以山月曉仍在分韻 得月字」, "論文到烟湘, 電霆閃恍惚", 권9, 『睡餘瀾筆續』 下(박무영 · 이현우 외(역), 『항해병함(하)』, 314~316면).

여기에서 박규수는, 육십 년 전인 1780년대의 어느 해 가을날 세검정에서 선배 연암을 따라 노닐던 당시를 추억하는 서유구의 이야기를 전하고 있다. 서유구의 말에 의하면 연암은 말솜씨가 왕왕 글솜씨보다 나았다고 하거니와,[36] 그때도 연암은 청년 문사인 서유구를 향해 종횡무진으로 자신의 문학론을 피력했던 듯하다. 번개가 내려치고 안개가 피어오르며 소나기가 몰아치고 장강이 흐르는 듯한 연암의 달변을 듣던 즐거움을 노년이 된 지금까지도 잊을 수 없다는 것이다.

그런데 이 시에서 주목할 것은 서유구가 연암의 문학론의 핵심이 법고창신(法古創新)에 있음을 분명히 말하고 있는 점이다. '옛글을 본받되 변화할 줄 알며 새롭게 짓되 전아해야 한다'는 주장은 곧 연암이 문하생인 박제가의 『초정집(楚亭集)』을 위해 지은 서문에서 역설했던 그대로이다.[37] 이처럼 서유구가 연암의 문학론을 정확하게 이해하고 이를 '지금까지 둘도 없는' 지극히 독창적인 주장으로 예찬하고 있는 점은 연암의 문학과 사상이 젊은 시절의 그에게 깊은 영향을 끼쳤음을 말해주는 것이다.

연암의 집안은 서유구의 집안과 인척관계에 있었다. 연암의 둘째 자형이 곧 달성 서씨 서중수(徐重修)이고, 연암과 함께 연행을 다녀온 삼종제(三從弟) 박내원(朴來源)의 딸이 서유구의 양어머니였다.[38] 아마도 이와같은 연고로 서유구는 그의 형 서유본과 함께 문학 수업을 하면서 연암을 사사하는 기회를 얻을 수 있었던 듯하다. 젊은 시절 서유구는 글을 지으면 반드시 연암에게 보였으며 연암의 허락을 받은 뒤에야 그 글을 공개했다고 한다.[39]

35) 『환재집』 권3, 「呈徐楓石致政尙書」, 장9앞.

36) 홍길주, 『항해병함』 권9, 『睡餘瀾筆續』 下, "楓石徐奉朝賀 (…) 又曰, 此丈談辯奇偉, 往往勝於文詞."

37) 박영철 편, 『연암집』 권1, 「초정집서」, 장3앞. "苟能法古而知變, 創新而能典, 今之文猶古之文也."

38) 『대구서씨세보』 무편, 도위공파, 53~54면; 『연암집』 권3, 「李夢直哀辭」, 장52앞; 『潘南朴氏世譜』, 제2권, 4편, 장12앞뒤; 김명호, 『열하일기 연구』, 70면 참조.

서유구의 형 서유본에게 지어준 「좌소산인에게 주다(贈左蘇山人)」는 연암의 문학론이 집약되어 있는 시이다. 여기에서 연암은 당시 문단에 유행하던 복고주의 문풍을 신랄하게 풍자하면서 고대 중국과는 다른 당대 조선의 현실을 여실하게 묘사할 것을 역설했다.[40] 서유본·서유구 형제의 학업을 지도했던 중부 서형수가 이들에게 준 글에서 복고주의의 폐단을 누누이 지적하고 있는 점을 보면,[41] 수학시절 서유본 형제 역시 그와같은 문풍에 상당한 영향을 받고 있었던 듯하다. 그러므로 연암과의 만남은 이들 형제로 하여금 복고주의에서 벗어나 새로운 창작방법을 모색하게 하는 데 결정적인 계기가 되었을 것이다. 후일 가형 서유본에 대한 묘지명에서 서유구가 "공(公) 역시 그때 고문사(古文辭) 짓기에 자못 능숙했지만 그같은 문장 공부를 다 마치려 하지 않으면서, '나는 오늘날 사람이니 응당 오늘날의 글을 지어야 한다. 옛사람을 따르노라 허세를 부려 어쩌자는 건가?'라고 말했다"고 한 것은[42] 이를 뒷받침하는 사실이라 하겠다.

연암을 종유한 이래 서유구는 평생토록 연암의 글을 애독했으며 그의 문학에 대한 열렬한 옹호자가 되었다. 정조 말년 서유구가 규장각 문신으로 재직할 때 연암의 문학에 대한 평가 문제로 김조순과 논쟁을 벌여 규장각 문신들간에 화제가 되었다는 일화가 전한다. 정통 고문에서 벗어난 연암의 문체를 몹시 혐오한 김조순이 연암은 『맹자』 한 장(章)의 구두도 못 뗄 것이라고 혹평한 데에 맞서 서유구는 연암은 『맹자』 한 장을 지을 수도 있을 것이라고 옹호했다. 그러자 김조순은 "그대가 문장을 모르는 것이 이 지경일 줄

39) 홍길주, 『항해병함』 권9, 『睡餘瀾筆續』 下(박무영·이현우 외(역), 『항해병함(하)』, 315면).

40) 박영철 편, 『연암집』 권4, 「증좌소산인」, 장2앞뒤(신호열·김명호 옮김, 『연암집』, 돌베개 2007, 중, 283~289면).

41) 서형수, 『明皐全集』 권2, 「聞景博與有本 有棐作古文會 每五日必得一篇 喜而不寐」, 권5, 「答從子有本」, 권7, 「楓石鼓篋集序」.

42) "公亦時爲古文辭頗工. 顧不肯卒業曰, 我爲今之人, 當爲今之文, 嘐嘐然慕古何爲也?"(서유구, 『금화지비집』 권7, 「伯氏左蘇山人墓誌銘」)

은 몰랐네"라고 하면서 자기가 있는 한 문원(文苑)의 관직은 바라지도 말라고 역정을 냈으며, 이에 서유구도 굳이 이를 맡고 싶지는 않다고 응수했다는 것이다.[43]

앞서 언급한 시에서 박규수가 "공의 글을 얻을 적마다 전사(傳寫)해두어/ 아직도 상자에 그득 쌓여 있노라"고 전하고 있듯이, 서유구는 연암의 글을 꾸준히 수집하고 정서해두었다. 현재 전하고 있는 『연암집』의 여러 이본들 중 숭실대 소장 필사본은 사고지(私稿紙)의 판심(版心)에 '자연경실장(自然經室藏)'이라 씌어 있어 서유구가 번계의 자연경실에 은거할 때 필사해두었던 것으로 짐작된다.[44]

서유구의 학문을 집대성하고 있는 『임원경제지』를 살펴보면 그에 대한 연암의 영향이 문학 방면에만 그치지 않은 사실을 확인할 수 있다. 농업 분야를 중심으로 양반사대부의 향촌생활에 필요한 지식을 망라한 백과전서적 저작인 이 『임원경제지』에서 가장 빈번히 인용되고 있는 문헌 중의 하나가 바로 연암의 『열하일기』이다. 말 기르는 법, 벽돌 사용법을 포함한 건축술, 의관제도, 각종 수레 제도, 서양 철금(鐵琴), 문방구, 골동품과 도서 수집, 도고(都庫) 상업술 등 다방면에 걸쳐 『임원경제지』는 『열하일기』에 집대성되어 있는 북학의 성과를 철저히 활용하고 있다. 그리고 「기자전기(箕子田記)」를 인용한 데에서 알 수 있듯이 『임원경제지』는 연암의 『과농소초(課農小抄)』에 담긴 진보적 농학사상 역시 수용하고 있다.[45]

43) 홍길주, 『항해병함』 권9, 『睡餘瀾筆續』 下, "楓皐曰, 不謂公不知文至此."(박무영 · 이현우 외(역), 『항해병함(하)』, 316~317면)

44) 『환재집』 권3, 「呈徐楓石致政尙書」, 장19앞, "得公文字每傳寫, 尙有戢戢書盈函." 숭실대 소장 自然經室本 『연암집』은 바깥 표지에 '燕巖全書'라 씌어 있으며, 編次 總目에 의하면 모두 57권 20책이나 그중 11책만 전하고 있다.

45) 서유구, 『임원경제지』 권1, 「本利志」 1, 田制, 箕子井田, 권37, 「佃漁志」 1, 牧養上, 調養總論, 取種法, 御法, 권48, 「贍用志」 1, 堂屋廂寮位置, 基址, 間架, 蓋覆, 炕制, 甃甎法, 玲瓏窓, 권49, 「섬용지」 2, 柳棬, 補瓷器法, 권50, 「섬용지」 3, 毳帽, 道袍; 권51, 「섬용지」 4, 水銃車, 太平車, 車, 獨輪車, 권100, 「怡雲志」 2, 歐羅鐵絃琴, 권101, 「이운지」 3, 毫品,

이렇게 볼 때 만년의 서유구와 박규수의 만남은 연암을 매개로 한 운명적인 만남이었다고 볼 수도 있을 것이다. 서유구가 박규수에 대해 각별한 관심을 기울였던 점은 박규수의 『거가잡복고』가 '풍석암서옥(楓石庵書屋)' 또는 '자연경실장'이라 표기된 서유구 집안 소장 필사본으로 전하고 있는 사실로도 미루어 알 수 있다.[46] 박규수 역시 서유구의 『임원경제지』를 읽고 그가 이용후생(利用厚生)에 기여하는 실학을 추구하고 있는 데에 큰 감명을 받았던 듯하다. 앞서 언급한 시 「은퇴하신 풍석 서 판서께 바치다」의 후반부에서 박규수는 다음과 같이 서유구에 대한 깊은 존경심을 표현하고 있다.

| | |
|---|---|
| 나라의 병폐 고칠 경륜 깊이 감추고 | 醫國深袖經綸手 |
| 임원에서 농사지어 나누어 먹기를 즐기실 뿐 | 林園樂事聊分甘 |
| 내 와서 『임원경제지』를 구해 읽어봤더니 | 我來求讀十六志 |
| 신기루 속의 보물처럼 이루 염탐하기 어려워라 | 海市百寶難窺探 |
| 지금 사람들은 사공(事功)을 말단이라 하찮게 여겨 | 今人不屑事功末 |
| 정서(政書)와 농서(農書)에 좀이 슬 지경인데 | 政書農書生魚蟫 |
| 유독 공의 의론을 두 귀로 익히 들었건만 | 獨公議論耳甚熟 |
| 학문에 적용(適用)이 없으니 실로 부끄럽구나 | 學無適用吾實慙[47] |

여기에서 박규수는 공리공담이 아니라 실제적인 효용을 중시하는 '사공(事功)'과 현실생활에서 실천할 수 있는 '적용(適用)'을 강조한 서유구의 학

권102, 「이운지」 4, 東國紙品, 권103, 「藝翫鑒賞」 상, 論窯器樣式, 권104, 「圖書藏訪」 상, 論售賣, 권110, 「倪圭志」 2, 車利, 榷貨; 김용섭, 『조선후기농업사연구(2)』, 일조각 1970, 354~391면 참조.

46) 일본 大阪府立圖書館에 소장되어 있으며, 『환재총서』 제4책에 영인・수록되어 있다. 『거가잡복고』는 서유구가 편찬 기획했으나 미완으로 끝난 『小華叢書』의 「目錄」에 「子餘」部 총 28종 중의 하나로 들어 있다(김영진, 「조선후기 실학파의 총서 편찬과 그 의미」, 이혜순 외 공편, 『한국 한문학 연구의 새 지평』, 소명출판 2005, 973~974면 참조). 이는 그만큼 서유구가 박규수의 『거가잡복고』를 높이 평가했다는 증거가 될 것이다.

47) 『환재집』 권3, 「呈徐楓石致政尙書」, 장9뒤.

문관에 그 자신 깊이 감화되었음을 술회하고 있다. 박규수와 함께 서유구의 문하를 출입했던 김영작도 당시 지은 한 시에서 "실용에 보탬이 있어야 문장이라 할 수 있지/ 이 한 마디 말씀은 온갖 논란을 일소할 만하네"라고 하여 서유구의 문학관에 큰 공감을 표하고 있다.[48] 이처럼 학문뿐 아니라 문학에 있어서도 '실용'을 무엇보다 중시한 서유구를 종유한 것은 장차 박규수로 하여금 경세학(經世學)에 전념케 하는 하나의 계기가 되었을 것으로 보인다.

그후 서유구가 번계의 은거지를 떠나 한강 상류의 두릉으로 이주하여 그곳에서 생을 마칠 때까지 박규수는 그를 종종 방문했던 듯하다. 이는 김영작과 서유영 등이 서유구를 모시고 두릉까지 한강을 거슬러 오르며 지은 시들이 전하는 것으로 미루어 짐작할 수 있다.[49] 후일 평안 감사로 재직할 때 윤종의에게 보낸 편지에서 박규수는 자신이 관직에서 물러나 쉴 곳으로 "일전에 두릉에서 낡은 집 한 채를 구했는데, 이는 곧 서풍석(徐楓石)의 옛집이오"라고 알리고 있다.[50] 서유구가 타계한 지 20여 년의 세월이 지난 뒤에도 박규수는 그와의 인연을 잊지 못했던 것이다.

서유구의 마지막 은거처였던 두릉은 다름아닌 다산 정약용의 향리로 그가 노년을 보냈던 곳이기도 하다. 그러므로 서유구를 종유한 홍석모(洪錫謨)는 후일 두릉을 노래한 시에서 "다산의 사업은 진기한 서책 상자로 남았고/ 풍석의 문장은 경전 연구로 노숙하였네/ 두릉 강변은 오늘날의 강좌(江左) 지역이라/ 당시 사람들은 문성(文星)이 한데 모였다고 다투어 말했지"라고 하였다.[51] 국정 개혁의 포부를 방대한 저술로 남긴 정약용과 경학에 바탕한 탁월한 문장을 남긴 서유구가 모두 이곳에서 살았으니, 두릉은 인재가 족출

48) "有裨實用乃文章, 一言足可廢群噪."(김영작, 『소정시고』 권1, 「重陽 自挹白堂 步下楓石宅 分韻 得冒字」)
49) 김영작, 『소정시고』 권1, 「次坡翁陪歐陽公宴西湖長篇韻 呈楓石 苕川舟中」; 서유영, 『운고시선』, 「斗峽竹枝詞」 (註) "陪楓石丈, 與西山·經臺·圭庭到斗尾, 作此."
50) "向得一老屋於斗陵, 卽徐楓石舊宅也."(『환재집』 권9, 「與尹士淵」(7), 장3뒤)
51) "茶山事業遺珍笈, 楓石詞翰老硏經. 斗渚如今江左地, 時人爭道聚文星."(홍석모, 『陶涯詩集』 권18, 「苕上雜詠」)

한 옛날 중국의 양자강 동쪽 지역이나 다름없으며 문운(文運)을 맡은 규성(奎星)이 한데 모인 셈이라고 예찬한 것이다.

두릉 부근에서 북한강과 남한강이 합류하듯이 서유구는 종래 여러 갈래로 형성되어온 실학의 흐름을 종합한 위에서 『임원경제지』를 비롯한 방대한 저술을 남겼다. 그는 조부 서명응 이래의 가학을 계승하는 한편 연암을 중심으로 한 북학파의 학문적 성과를 적극 수용했다. 그리고 만년 그의 문하에 다산의 자제인 정학연(丁學淵) 형제, 이계(耳谿) 홍양호(洪良浩)의 손자인 홍경모(洪敬謨) 등이 출입한 데에서 알 수 있듯이,[52] 당색과 유파를 달리하는 실학의 학문적 성과들이 그에게서 집대성되고 또한 새롭게 확장되어나갔던 것이다. 이 점에서 서유구는 정약용과 비견할 만한 19세기 전반기의 대표적 학자요 문호라고 할 수 있다. 박규수가 이러한 서유구의 방대하고 종합적인 학문적 성취에 접할 수 있었던 것은 그가 후일 위기에 처한 19세기 후반기 조선의 현실을 타개하기 위해 새로운 사상과 문학을 모색해나가는 데에 적지 않은 힘이 되었을 것이다.

## 3. 1840년 전후의 창작 활동

박규수의 문인 김윤식은 『환재집』을 편찬하면서, "선생은 젊어서 시적 재능이 있었지만 무익하다고 생각하여 시 창작을 좋아하지 않았다. 문집에 실린 한시는 대략 222수로, 스무 살 전후의 작품이 많으며 서른 살 이후에는 간혹 10년에 한두 수를 얻을 뿐이었고 쉰여섯 살 이후에는 다시 짓지 않았다"고 진술했다.[53] 그의 말대로 박규수의 창작 활동에는 큰 공백과 단절이

52) 서유영, 『운고시선』, 「自然經室 陪楓石 共賦」 (註) "沆瀣·海居·梣溪·絅堂·原泉·經臺·玉坡同來. 時丁酉山學淵初入社."; 홍경모, 『叢史』 권7, 「楓石宅夜飮」, 권8, 「祭楓石徐公文」.

53) "先生少有詩才, 爲其無益也, 而不喜作. 集中所載詩, 凡二百二十二首, 多弱冠前後作,

있었던 것이 사실이다. 박규수가 수학시절에 활발한 시 창작을 통해 문학적 재능을 발휘했던 사실은 이미 살펴본 바 있거니와, 그는 효명세자 승하 후 과거를 포기하고 예학 연구에 전념했던 1830년대에는 거의 시를 짓지 않았던 듯하다.

그러나 김윤식의 진술과 달리, 박규수는 근 10년의 공백기를 거쳐 그의 나이가 30대로 접어든 1840년을 전후한 무렵에 이르러 돌연 활발한 창작 활동을 재개했다. 이는 『환재집』에 이 무렵에 지은 다양한 양식의 한시들이 20여 편이나 수록되어 있는 점으로 보아 분명한 사실이다. 그리고 이 무렵 이후에 박규수의 창작 활동은 다시 침체상태에 들어가, 1861년 첫번째 연행(燕行) 때의 일시적인 창작을 제외하면 거의 중단되다시피 했던 것이다.

박규수의 창작 활동에 나타난 이러한 심한 기복은 그의 정치적·사상적 지향과 밀접한 관련이 있을 것으로 추측된다. 아마도 1840년경 그가 다시 활발하게 창작을 하게 된 것은 그동안 스스로 기약한바 학문적 축적이 상당한 정도로 이루어진 데다가, 순원왕후의 수렴청정이 끝나고 헌종이 친정을 하게 됨에 따라 정치적 진출의 전망이 한결 밝아진 사정과 무관하지 않을 것이다. 한편 이 시기 이후 평생토록 박규수가 시 창작을 등한시했던 것은, 후술하는 바와 같이 그가 예학에서 경세학으로 학문적인 방향 전환을 하면서 경술(經術)이나 정치와 무관한 글은 짓지 말아야 한다고 주장한 고염무(顧炎武)의 문학관에 영향받은 때문으로 보인다.[54]

그러므로 박규수의 창작 활동에서 1840년을 전후한 무렵은 매우 주목되는 시기라 할 수 있다. 김상현·김영작·서유영·홍우건 등의 문집에도 그 무렵 박규수와 교유하며 지은 시들이 상당수 남아 있다. 이러한 시들과 『환재집』에 실린 박규수의 시들을 함께 살펴보면 당시 이들이 시사(詩社)의 동인(同人)으로서 친밀히 교유하며 활발하게 창작하던 양상이 소상히 드러난다.

三十以後, 或十年而得一兩首, 五十六歲以後更不作."(『환재집』 권1, 장19앞, 김윤식의 按語)
54) 『환재집』 권4, 「圭齋集序」, 장39뒤; 본서, 607~608면 참조.

이 시기에 박규수는 시 짓기를 싫어한다는 김상현의 조롱을 받고 해명 삼아 오언 200구의 장편 고시[55]를 지었다. 수학기에 지은 고시 중 「성동시」가 오언 140구, 「숙수념행」이 7언 140구인 점에 비추어보아도 알 수 있듯이, 이 시는 무려 1000자에 달하여 박규수가 남긴 한시 중에서 가장 긴 작품이다. 여기에서 그가 입성 맥운(陌韻)에 속하는 운자를 일운도저(一韻到底)로 100자나 여유있게 잇달아 구사해나간 점을 보면, 오랜 기간의 창작 중단에도 불구하고 그의 시적 역량이 녹슬지 않았음을 확인할 수 있다. 뿐만 아니라 이 시는 은둔시절 박규수의 문학관을 선명하게 드러내고 있는 점에서도 독특한 의의를 지닌 작품이다.

| | |
|---|---|
| 산사람이 게으른 게 버릇 되어 | 山人習疎慵 |
| 시 짓기를 오랫동안 포기했었지 | 詞賦久抛擲 |
| 십년이나 시 짓지 않았더니 | 十載不作詩 |
| 붓과 벼루에 거친 먼지 쌓였으나 | 筆硯荒塵積 |
| 운율의 구속에서 벗어나니 | 免被聲病拘 |
| 몹시 쾌활하고 자유로워라 | 快活頗自適[56] |

이와같이 시의 첫머리에서 박규수는 산중의 은사(隱士)로 자처하면서 오랫동안 창작을 등한시해온 자신을 돌아본 뒤에, 그와는 달리 시 짓기를 즐기는 김상현 등 여러 벗들의 적극적인 권유에 못 이겨 마침내 창작을 재개하게 된 사연을 다소 장황하면서도 해학적인 어조로 노래하고 있다. 그런 다음 제43구 이하에서 본격적으로 자신의 문학관을 피력한다. 여기에서 박규수는 『시경』을 문학의 영원한 모범으로 예찬하고 있다.

| | |
|---|---|
| 성인의 시대와는 날로 멀어지고 | 聖人日以遠 |

55) 『환재집』 권3, 「渭師嘲余不喜作詩 以一百韻解之」.
56) 『환재집』 권3, 장3뒤.

심오한 말씀은 여러 책에 흩어졌네　微言散群籍
다행한 건 『시경』의 삼백 편 시가　幸甚三百篇
손때 묻은 책으로 남아 있는 것　手澤在簡冊
성정(性情)에서 감발(感發)한 것이요　性情所感發
모두 억지로 모색한 것이 아니라　總非强模索
사(邪)든 정(正)이든 모두 헛된 말이 없고　邪正無虛辭
애(哀)와 낙(樂)이 모두 실제의 자취라네　哀樂皆實跡
이래서 선왕(先王)께서 보시고　所以先王觀
민풍(民風)을 파악할 수 있으셨지　民風斯可獲
시가에는 흥망의 변화가 있어도　聲音有隆替
의리에는 고금의 차이가 없네　義理無古今[57)]

『시경』의 정신은 민심을 솔직하고도 진실되게 노래함으로써 선정(善政)을 돕는 데에 있으며, 이러한 정신은 시가의 변천에도 불구하고 후대에 면면히 계승되어왔다는 것이다. 그리하여 민심을 '온유하고 돈후하게' 만드는 『시경』의 교화가 전후로 막힘이 없었으니, "어찌 경박하고 화려한 표현으로/ 미사여구를 부질없이 늘어놓으리오!"[58)]

따라서 박규수는 『시경』의 정신으로 자연을 묘사하고 인간의 삶을 노래할 것을 주장한다. 오악(五嶽)을 에워싼 강과 바다며, 하늘을 돌고 도는 일월과 오성(五星), 천둥과 비 속에 절로 익는 온갖 과일이며 용호(龍虎)와 자벌레같이 굴신(屈伸)하는 것들, 금고(金膏)와 수벽(水碧) 같은 특이한 선약(仙藥)이며 빛깔을 서로 시새우는 새 깃털과 꽃잎들. 이들은 자연 속에 드러난 아름다운 문장이라 할 수 있다. 이처럼 "하늘과 땅은 최고의 문장을 품고 있되/ 사람들에게 아까워서 감추진 않는다."[59)] 그러므로 만물이 드러내고 있는 다채로운 모습을 남김없이 그려내기만 하면 되는 것이다.

57) 『환재집』 권3, 장4앞.
58) "溫柔敦厚敎, 前後無間隔. 豈用浮靡辭, 藻繪空狼藉!"(『환재집』 권3, 장4앞)
59) "天地包至文, 不與人秘惜."(『환재집』 권3, 장4뒤)

이와 마찬가지로 인간의 삶도 진솔하게 노래하면 된다.

| | |
|---|---|
| 효자나 버림받은 신하의 그리움이며 | 孝子孤臣思 |
| 부역 나간 남편과 이별한 아내의 원망이며 | 征夫離婦謫 |
| 진실한 벗들끼리 하는 말들은 | 血朋心友言 |
| 감격하여 가슴속에서 솟구치는 법 | 感激出肝膈 |
| 바로 그처럼 분출할 적에 | 當其噴發時 |
| 누가 억지로 막을 수 있으리 | 誰能强挽逆 |
| 교묘히 생각을 꾸며내지 않아도 | 知非巧僞思 |
| 손 뻗쳐 줍듯이 하면 됨을 알겠네 | 襲取手捃摭[60] |

이처럼 『시경』의 정신을 계승하여 자연과 인간의 삶을 여실하게 표현할 것을 역설한 다음, 박규수는 당시의 시단을 신랄하게 풍자한다. "대아(大雅)" 즉 『시경』의 정신을 이은 순정(純正)한 시가는 사라진 지 오래라, 유행하는 시가들은 거칠고 소란하기 짝이 없다.

| | |
|---|---|
| 약은 놈은 정해진 계책이 없어 | 狡者無定計 |
| 벼메뚜기처럼 날뛰기만 하고 | 趯趯跳猛蚱 |
| 못난 놈은 한 구역만 고수하네 | 愚者守一區 |
| 풀숲에서 울어대는 청개구리처럼 | 艸泥鳴螻蟈 |
| 앞사람들이 하찮다고 버린 걸 주워서는 | 涕唾拾前棄 |
| 자랑스레 뻐기며 팔을 자주 걷어붙이고 | 自豪腕屢扼 |
| 의관을 빌려 입은 우맹(優孟)이 | 衣冠假優孟 |
| 무대에 올라 부채로 한 번 탁 치지만[61] | 登場扇一拍 |
| 갓을 쓰고 부인네 배자를 입은 꼴이요 | 戴幘被于騙 |

60) 『환재집』 권3, 장4뒤~5앞.

61) 『사기』 「滑稽列傳」에 나오는 고사이다. 초나라의 배우 우맹이 재상 孫叔敖의 의관을 빌려 입고 죽은 손숙오가 되살아난 것처럼 감쪽같이 연기하여 사람들을 놀라게 했다고 한다.

수염을 떨치며 부인네 모자 쓴 꼴　　掀髥冒巾幗
썩은 물고기 눈알이 진주를 비웃는 셈이요　　朽睛笑蚌珠
썩은 계란을 호박(琥珀)인 양 속이는 셈　　壞卵欺蠡珀
한결같지 못하기는 백설조(百舌鳥) 같고　　無恒百舌鶡
쉽게 궁지에 몰리기는 오기서(五技鼠) 같네[62]　　易窮五技鼫
자질구레 늘어놓아 박식을 자랑하고　　碎瑣矜贍博
난삽한 표현은 숨긴 물건 알아맞히듯　　硬奧賭覆射
애매모호해서 꿈 이야기를 하는 듯하고　　依俙如說夢
들어도 뭔지 몰라 중역을 통해야 할 지경　　聽瑩須重譯
삭막하기는 밀랍을 씹는 듯해서　　蕭索如嚼蠟
무슨 재미가 있는지 지적하기 어렵네　　滋味難指摘
참신하다느니 기발하다느니　　淸新與警絶
칭찬하는 소리 한창 요란해도　　誇許方嘖嘖
저 풍인(風人)의 의도에는　　其於風人旨
조금도 보탬이 된 적 없었지　　毫末曾補益
가장 심한 건 내용이 공허한 병폐라　　最是虛曠病
점점 물들어 위태로운 지경이 되었네　　漸染侵危硊
그런 짓에 전념할 바에는 오히려　　專心猶賢乎
바둑이라도 두는 게 낫지 않겠나　　豈不有博奕[63]

여기에서 보듯이 박규수는 무엇보다도 당시의 복고주의 시풍에 대해 통렬한 비판을 가했다. 배우 우맹이 남의 겉모습을 흉내냈듯이 고대 중국의 시문(詩文)을 모방하기에 급급한 것은 남자가 여장을 한 것처럼 창피한 짓이요,

62) 백설조는 온갖 새소리를 능히 흉내내어 목소리가 자주 변한다고 한다. 오기서는 다람쥐를 가리킨다. 다람쥐는 겨우 날고, 겨우 나무를 타고, 겨우 헤엄치고, 겨우 몸을 숨기고, 겨우 달리는 다섯 가지의 신통찮은 재주밖에 없다고 한다.

63) 『환재집』 권3, 장5앞. 『논어』 陽貨篇에서 공자는 무위도식하는 것을 나무라면서 "바둑이 있지 않느냐? 그거라도 두는 게 오히려 아무것도 하지 않는 것보다는 나으니라(不有博奕者乎 爲之猶賢乎已)"라고 말했다.

가짜를 가지고 진짜인 체 속이려 드는 짓이라고 했다. 그리고 이러한 모방 풍조를 따르는 시인들은 다른 새들의 소리를 흉내내느라 정작 제 목소리는 없는 백설조와 같고, 신통찮은 재주를 부리다가 금방 곤경에 처하는 오기서나 다름없다고 조롱했다.

그러나 한편으로 그는 복고주의의 폐단에 대한 반발로 참신함을 추구한 나머지 기교 위주로 흐르는 경향에 대해서도 경계했다. 참신하고 기발한 표현을 추구한다지만, 현학적이고 난삽하고 애매모호할뿐더러 결국에는 내용이 공허한 병폐에 이르고 만다는 것이다.

시의 결말부에서 박규수는 이와같이 타락한 창작 풍조를 극복하기 위해 시인들이 유자(儒者)로서 투철한 자각을 가지고 시의 혁신에 나설 것을 촉구하고 있다.

| | |
|---|---|
| 시도(詩道)는 사회 풍조의 변화와 관계되고 | 詩道係汚隆 |
| 실로 백성들의 고통과도 관계되나니 | 實關民痌瘝 |
| 어찌하여 팔짱 끼고 앉아 | 如何袖手坐 |
| 남들 따라 방관하고만 있을 건가? | 隨衆視脈脈[64] |

이상에서 살핀바 「내가 시 짓기 좋아하지 않는 것을 위사가 조롱하므로 100운의 시로써 해명하다(渭師嘲余不喜作詩 以一百韻解之)」는 연암 박지원의 문학관이 집약되어 있는 유명한 시 「좌소산인에게 주다(贈左蘇山人)」를 연상하게 한다. 오언 장편 고시 형식을 취하고 있는 점과 이를 통해 당시 문단의 복고주의 풍조를 신랄하게 풍자한 점에서 두 시는 뚜렷한 영향 관계를 보여주고 있다. 예컨대 「좌소산인에게 주다」에서 연암은, 고대 중국의 시문을 잘 모방했다는 칭찬을 들으면 부끄러운 줄도 모르고, "못난 놈은 기쁨이 뺨에 솟아서/ 입을 벌려 웃어대며 침을 흘리고/ 약은 놈은 갑자기 겸양을

64) 『환재집』 권3, 장5뒤.

발휘하고/ 삼십 리나 피하여 달아나는 척"한다고 풍자했다.[65)]

또한 박규수가 이 시에서 자연과 인간의 삶을 여실하게 그려야 한다고 주장한 것은 연암의 문학관과 상통하는 견해이다. 박규수는 '하늘과 땅이 품고 있는 최고의 문장'을 남김없이 여실하게 그려내야 한다고 했는데, 연암 역시 고전의 문장을 모방하지 말고 '문자화되지 아니한 문장(不字不書之文)'인 자연을 정밀하게 관찰하고 묘사하라고 역설했던 것이다.[66)]

그런데 한편으로 이 시에서 박규수는 『시경』을 문학의 전범으로 받들고 시의 교화적 효용을 강조하며, 유자로서의 자각을 가지고 예(禮)의 실천에 힘쓸 것을 주장하는 등 다분히 정통적인 문학관을 피력하고 있는 것도 사실이다. 이 점에서는 수학기에 형성된 자신의 문학관을 견지하고 있다고 할 수 있다. 1823년경에 지은 시 「족질 설로의 칠석시에 차운하다(次韻雪鷺族姪七夕詩)」[67)]에서나 1829년에 지은 궁사 「봉소여향」의 서문에서 그는 『시경』을 모범으로 하여 임금의 교화에 기여하는 고풍스럽고 질박한 시를 이상적인 문학으로 보았다. 게다가 은둔기에 들어 예학을 본격적으로 연구하게 된 결과 더욱 그와같은 문학관을 견지하게 되었을 것이다.

김상현의 시집인 『경대시존』을 살펴보면, 1838년 이후에 지은 시들 중에 그와 박규수의 교유를 입증하는 시들이 종종 발견된다. 예컨대 그는 1838년 제석(除夕)을 맞아 지은 시에서 스승 김매순, 선배 이정리와 아울러 벗으로 박규수와 윤종의를 그리워하고 있으며, 1839년 12월(이하 음력)에 박규수와 신필영·홍우건을 초대하여 시주(詩酒)의 모임을 가지고 지은 시도 남기고 있다.[68)]

65) "騃骨喜湧頰, 涎垂噱而哆. 黠皮乍撝謙, 逡巡若避舍."(박영철 편, 『연암집』 권4, 장2앞)
66) 김명호, 『박지원 문학 연구』, 성균관대출판부 2001, 156~157면, 170면, 173면 참조.
67) 이 시의 결말부에서 박규수는 "振蕩文風迴古雅, 掃淸詩令出煩苛. 對揚絃誦明時教, 坐瘵蟲魚習俗瘥"라고 하였다(『환재집』 권1, 장30뒤).
68) 김상현, 『경대시존』, 「戊戌除夕雨中 次老杜守歲韻」, 「臘月十九日 朴桓卿 申穉良 洪元龍夜集」; 홍길주, 『항해병함』 권4, 「健兒約朴桓卿 申穉良卜夜于渭師書巢 拈韻賦詩 追次其韻 題軸尾」.

1840년에 들어서면 이러한 문학적 교유는 더욱 활기를 띠면서 빈번해진다. 그해 4월 6일 박규수는 김상현·서유영·신필영·홍우건 등과 만나 시회를 가졌다. 이어서 같은 달 16일에는 김상현·서유영·신필영·유신환과 함께 남산에 오른 뒤 읍백당(挹白堂)에서 해가 저물도록 홍겨운 시주(詩酒)의 모임을 벌였다.[69)]

5월 2일 저녁에는 박규수의 서실인 균심당(筠心堂)에 박규수·박선수 형제와 김상현·서유영·신필영·윤종의 등이 모여 운자를 나누어 시를 지었다. 이날 지은 시에서 김상현은 "의심스럽던 「심의(深衣)」편 중 '구변(鉤邊)'의 뜻을 바로잡았고/ 오묘한 태곳적 의관(衣冠)은 속인들을 놀라게 하네"라고 하여 박규수가 『거가잡복고』를 저술한 사실을 각별히 언급하는 한편, "『열하일기』 옛 원고를 함께 참고하니/ 건륭(乾隆) 황제 피서하던 시절이 역력하구나"라고 연암의 고사를 노래했다.[70)]

같은 해 9월 9일 중양절(重陽節)에 박규수는 윤정현·윤종의와 함께 김상현의 집을 방문하여 김상현의 증조 김상악의 영정에 절을 올렸으며, 그 집에 함께 걸려 있던 성리학자 정호(程顥)와 주희의 영정을 대하고 절절한 추모의 감정을 32구의 장편 고시로 읊었다.[71)] 이 시는 박규수의 사상이 여전히 성리학에 뿌리를 두고 있음을 보여준다.

시의 서두에서 박규수는 선현들의 영정을 접하게 된 감격을 표출하고 있다.

---

69) 김상현, 『경대시존』, 「四月六日 雲皐 枰陰 筠心 藹士 玉坡 原泉來會 筠心近經微痾 原泉鎖直堂後 久未預集」, 「十六日 車駕詣永禧殿拜 臣恭瞻羽旄 退與徐子直 兪景衡 朴桓卿 申稺良 登挹白堂小飮 拈綠字同賦」; 서유영, 『雲皐詩選』, 「挹白堂 同朴桓齋 兪鳳棲 金經臺共賦」.

70) 김상현, 「五月二日 淵齋 雲皐 枰陰 玉坡同集筠心堂 與主人兄弟 分百年地僻柴門迥爲韻 各賦一體」, "深衣已訝訂鉤邊, 駭俗冠褍太古玄." "熱河舊卷同參攷, 歷歷乾隆避署年."; 서유영, 『雲皐詩選』, 「五月 桓齋書屋 與尹淵齋 經臺 圭庭 玉坡 李藝林 分韻百年地僻柴門迥 得林字 賦五律」; 홍우건, 『거사시문집』 권6, 「渭師與諸益 訪朴筠心 席上分百年地僻柴門迥 賦各體 余時未與 追覽其卷而戲和之」.

71) 『환재집』 권3, 「經臺宅 拜韋庵公遺像」; 김상현, 『경대시존』, 「九月九日 拜曾王考韋菴府君畵像 尹定鉉氏 朴桓卿 尹士淵來會 拈陽字同作」.

예전에 나의 기개가 아침 해와 같았을 때　　我昔志氣如初陽
주공(周公)과 공자 곁에 있는 꿈 자주 꾸었지　　夜夢多在周孔旁
그후로 옛날 인물화 보길 좋아해　　伊來好觀古圖像
좋은 그림 만날 적마다 미칠 듯이 기뻐했네　　每逢佳本喜欲狂[72]

그리고 『주역』에 조예가 깊었던 대학자 김상악의 영정을 참배한 데 이어 정호와 주희의 영정을 참배하고는, 사상적 방황에서 벗어나지 못하는 자신을 심각하게 반성하는 것으로 시를 끝맺고 있다.

그대의 집안은 『주역』과 예학을 전수받아　　君家易禮有承受
영당에서 예법 따라 날마다 분향하는데　　影堂雜儀日焚香
게다가 낙양과 복건(福建)의 두 분 선생을 그린　　況有洛閩兩夫子
향그러운 두루마리 그림도 들보에 모셔져 있어　　熏蘭玉軸庋屋梁
내 와서 재배하고 삼탄식하며　　我來再拜三歎息
절로 옷깃 여미고 거울 보며 낯빛 가다듬었네　　不覺整襟引鏡色矜莊
아아 너도 이목구비 빠짐없이 갖추었는데　　嗟爾鬚眉顴眸無不具
어찌 기로에서 고민하며 공연히 방황하는가　　奈何戚戚路岐空彷徨[73]

이날의 모임에 동참했던 선배 윤정현(호 梣溪, 1793~1874)은 정조의 총신(寵臣)으로 순조 초년 벽파 세력에 의해 숙청당한 윤행임(尹行恁)의 아들이다. 1835년(헌종 1년) 순원왕후의 특명으로 부친 윤행임의 관작이 복구될 때까지 어려운 세월을 견뎌내야 했으나, 1843년 과거 급제 후 현달하여 함경감사 · 이조 판서 등을 지냈다. 윤정현은 "인재 사랑하기를 기갈 들린듯이 했다"는 평을 들을 정도로 인재 발굴에 남달리 힘썼다고 한다.[74] 그러므로 박

72) 『환재집』 권3, 장6앞.
73) 『환재집』 권3, 장6뒤.
74) 金澤榮, 『김택영전집』, 아세아문화사 1978, 제4책, 『韓國歷代小史』, 546면, "愛才如飢

윤정현 초상.
출처 『간송문화』 60, 2001.

규수에 대해서도 각별히 아끼는 후진으로 대하고 그의 글들을 격찬하는 평어를 남겼다. 또한 윤정현은 추사 김정희의 문인으로서 박규수에게 금석학에 대한 관심을 일깨워주었던 듯하다. 후일 박규수는 윤정현의 부탁으로 윤정현의 부친 윤행임의 묘지명을 지었다.[75]

渴."

75) 윤행임, 『碩齋集』 권19, 附錄, 行狀 및 墓表; 趙斗淳, 『心庵遺稿』 권24, 「贈領議政行吏曹判書碩齋尹公神道碑銘並序」; 李象秀, 『峿堂集』 권24, 「梣溪尹公墓表」; 윤행임 · 尹秉綬, 『帶方世家言行錄』, 續編, 윤행임 · 윤정현條; 『환재집』, 권4, 「答金德叟 論箕田存疑」,

같은 해 9월 26일에서 28일에 걸쳐 박규수는 김상현·김영작·윤종의와 함께 북한산의 금선암(金僊庵)과 승가사(僧伽寺) 및 자하문 밖 석경루에서 각각 하룻밤씩을 묵으며 단풍 구경을 하고 돌아왔다. 이때 박규수는 고시와 근체시 합쳐 7수의 시를 지었으며, 김상현·김영작·윤종의도 그와 더불어 여러 편의 시를 지었다.

박규수가 지은 시들은 「늦가을에 연재 등 여러 벗들과 함께 선방에서 묵으며 단풍을 감상하다(秋晩 同淵齋諸友宿禪房 賞楓)」라는 하나의 제목으로 묶여 있다.[76] 그중 ① 오언율시(尤韻), ② 칠언율시(先韻), ③ 칠언율시(刪韻), ④ 오언고시(24구, 逈韻)는 9월 26일 석경루를 지나 금선암에 숙박하기까지의 도정에서 느낀 감회를 차례로 노래한 시들이다. 이어서 ⑤ 칠언고시(14구, 旱韻)와 ⑥ 칠언절구(微韻)는 9월 27일 금선암을 떠나 승가사에서 숙박하면서 지은 시들이고, ⑦ 오언고시(10구, 霽韻)는 9월 28일 귀로에 올라 석경루를 향할 때 지은 시이다.

당시 김상현은 모두 5편의 시를 남겼는데 그중 첫번째 작품이 3수의 시로 이루어져 있으므로, 실은 그도 박규수와 마찬가지로 도합 7수의 시를 지은 셈이다. 즉 「9월 26일 소정·연재·균심과 약속하여 금선암에 놀러 가다(九月二十六日 約邵亭 淵齋 筠心 遊金僊菴)」는 오언율시(尤韻), 칠언율시(先韻), 칠언율시(刪韻)의 3수로 되어 있고, 「밤에 금선암에 묵다(夜宿金僊菴)」는 오언고시(20구, 逈韻)이다. 그리고 「27일 금선암에서 승가산방으로 옮겨서 묵다(二十七日 自金僊菴 移宿僧伽山房)」는 칠언고시(48구, 旱韻), 「빗속에 승가산방에서(僧伽山房雨中)」는 칠언절구(微韻)이고, 「28일 석경루에서 묵다(二十八日 宿石璚樓)」는 오언고시(10구, 霽韻)이다. 이처럼 김상현의 시들은 박규수의 시들과 동일한 여정을 똑같은 편수로 노래하고 있을 뿐 아니라 개개 작품의 양식과 압운까지도 동일하다. 이를 보면 유람하는 동안 두 사람

장12앞, 「地勢儀銘 幷叙」, 장16앞, 권5, 「吏曹判書贈領議政尹公行恁墓誌銘」, 권6, 「眞宗大王祧遷議」, 장3뒤~4앞, 권8, 「與溫卿」(14), 장12뒤, 권9, 「上尹梣溪」.

76) 『환재집』 권3, 「秋晩 同淵齋諸友宿禪房 賞楓」.

은 시종 서로 화답하며 시를 지었음을 알 수 있다.

김영작이 지은 시 「가을날 윤연재·박환재·경대와 함께 금선암에서 묵은 뒤 승가사에 놀러 가다(秋日與尹淵齋 朴桓齋 經臺 宿金僊庵 仍遊僧伽寺)」 역시 당시의 유람을 노래한 작품이다.[77] 그런데 이 작품도 하나의 제목에 오언율시(尤韻), 칠언율시(先韻), 칠언고시(20구, 旱韻)로 된 3수의 시가 묶여 있다. 이는 박규수와 김상현이 9월 26일에 지은 오언율시(尤韻)와 칠언율시(先韻), 그리고 27일에 지은 칠언고시(旱韻)와 각각 양식 및 압운이 동일하여, 같은 날 같은 곳에서 함께 지은 시들임을 알 수 있다.

윤종의의 경우는 문집이 전하지 않아 알 수 없으나, 그 역시 김상현·김영작과 마찬가지로 박규수와 화답하며 다수의 시를 남겼을 것이다. 그 뒤 이들은 당시에 지은 시들을 모아 『북산추음(北山秋吟)』이란 이름의 시권(詩卷)을 만들었다. 선배 홍길주는 여기에 제사(題詞)를 써주면서, 이들의 시에서 뛰어난 구절들을 들어 각자의 시적 특징과 인품을 평하였다.

그중 박규수에 대해서는 "사람과 만물은 이처럼 작디작은데/ 하늘과 대지는 문득 높고 아스라하네"라고 한 그의 시구를 들고 "이는 균심(筠心)이 자신의 시를 평한 것이다"라고 했다. 그리고 "균심을 일년에 겨우 두세 번 만나볼 뿐이지만 대할 때마다 정신이 빛을 쏘인 듯 환해짐을 깨닫게 된다. 그의 시 중에 '수많은 골짜기는 한창 어슴푸레한데/ 아침 해 벌써 산봉우리 끝에 떴네'라고 한 것이 이와 흡사하다"고 하여[78] 박규수의 인품에 대해서도 칭찬을 아끼지 않았다.

홍길주가 『북산추음』의 제사에서 첫번째로 거론한 시구는 박규수가 북한산 유람 중에 지은 시들 중 네번째인 오언고시의 제21~22구이고, 두번째로 거론한 시구 역시 같은 시의 제3~4구이다. 즉 홍길주는 박규수의 시 중에서

77) 김영작, 『卲亭詩稿』 권1, 장31뒤~32앞.

78) 홍길주, 『항해병함』 권2, 「題北山秋吟卷」, "'人物眇如此, 天地忽高逈.' 此筠心詩自評也." "筠心, 一歲裁再三覿. 然每相對, 覺心神烔然若有炤. 其詩之云, 衆壑方迷離, 初旭已峰頂者, 近之矣."(박무영·이현우 외(역), 『항해병함(상)』, 태학사 2006, 230~231면)

9월 26일 금선암에 묵으면서 지은 오언고시를 그의 개성이 가장 잘 드러난 작품으로 본 셈이다.

이 오언고시의 초두에서 박규수는 금선암에서 바라본 새벽 풍경을 이렇게 노래하고 있다.

산창 너머로 새 우짖는 새벽 禽號山窓曙
불등은 여전히 환히 빛나고 佛燈猶炯炯
수많은 골짜기는 한창 어슴푸레한데 衆壑方迷離
아침 해 벌써 산봉우리 끝에 떴네 初旭已峯頂[79]

여기에서 박규수는 산창 너머의 어둠과 불등의 밝음, 골짜기의 어둠과 아침 해의 밝음을 대비함으로써 산중에서 맞은 새벽 풍경을 인상 깊게 그려내고 있다. 이와같은 어둠과 밝음의 대비는 곧 무지와 지혜의 대비로도 읽힐 수 있다. 어둠이 지배하는 산사 밖의 무명(無明) 세계를 부처의 혜안처럼 불등이 밝히듯이, 한창 잠에 취해 몽롱한 하계(下界) 사람들을 깨우고자 아침 해가 벌써 정상에 떴다는 것이다. 홍길주가 이 시구를 들어 박규수의 인품을 평한 것은, 당시 은둔하여 학문에만 정진하던 그의 모습에서 시대의 어둠을 물리치려는 선각자적 기상을 느꼈던 때문이 아닐까 한다.

이어지는 시구에서 박규수는 차가운 샘물에 세수하여 숙취를 씻고 산사에서 제공하는 조촐한 조반을 먹은 뒤 스님이 준 “학 다리처럼 가느다란” 지팡이를 짚고 험악한 산중을 구석구석 유람하던 광경을 실감나게 묘사한 다음, 도읍을 내려다보며 느낀 감회로 시를 마무리하고 있다.

도읍의 수만 가호 내려다보니 俯視萬家邑
생선 비늘처럼 논밭까지 즐비하네 魚鱗錯畦町
사람과 만물은 이처럼 작디작은데 人物眇如此

79) 『환재집』 권3, 장7앞.

하늘과 대지는 문득 높고 아스라하네 天地忽高迥
사업이란 본래 끝이 없는 법 事業固無窮
술잔 기울이며 실컷 취해나보세 樽酒且酩酊[80)]

시인은 북한산에서 도읍을 내려다보며 새삼스레 그곳이 무척 협소한 세상임을 깨닫는다. 다닥다닥 붙은 작은 집들로 어지러운 그 속에서 무언가 사업을 이루어보려고 바둥거리며 살아가는 것이 세속의 삶이다. 산정에서 문득 높은 하늘과 아스라한 대지를 바라보니 그런 삶이 더욱 덧없게 느껴진다. 게다가 본래 남아의 사업이란 평생을 다해도 이루기 어려운 법이 아니던가. 그리하여 비감에 젖은 시인은 술로써 자신의 마음을 달래고자 한다는 것이다.

이처럼 이 오언고시는 세속을 초월한 시인의 고고한 모습과 비장한 심경을 노래하는 것으로 끝맺고 있다. 홍길주는 그중에서 "사람과 만물은 이처럼 작디작은데/ 하늘과 대지는 문득 높고 아스라하네"란 시구가 바로 박규수의 시의 특징을 집약하고 있는 것으로 보았다. 이는 대자연을 배경으로 한 거시적 시야에서 세상사를 내려다보는 초연한 기풍에 그의 개성이 있다고 본 것으로, 박규수가 북한산 유람 중에 지은 시들의 특징을 예리하게 지적한 것이라 하겠다.

그런데 당시 박규수는 또 한 수의 오언고시를 지었다. 이는 유람 마지막 날 석경루를 향해 가던 도중 조지서(造紙署)를 지나면서 지은 시이다. 그 전에 지은 6수의 시들이 전형적인 산수시의 범주에 속한다면, 이 오언고시는 산수 자연의 아름다움뿐만 아니라 그 속에서 살아가는 민중들의 생활도 민요풍으로 노래하고 있는 점에서 특이한 작품이라 할 수 있다.

조선초 이래 나라에 바치는 종이를 제조해온 조지서는 자하문 밖의 명승지인 탕춘대(蕩春臺) 부근에 있었다. 탕춘대 앞에는 맑은 계곡 물이 항상 흐르고 넓은 반석이 있어 종이 제조에 매우 적합했기 때문이다. 또한 그 부근

80) 『환재집』 권3, 장7뒤.

에는 산수를 사랑하는 사람들이나 제지업에 종사하는 사람들이 수백 호의 민가를 이루고 살고 있었다고 한다.[81] 북한산 유람 첫날 금선암으로 향할 때에도 일행들은 조지서를 지나갔다. 그때 김상현은 조지서의 지대(紙碓)를 보고는 박규수가 그린 「산장지대도(山莊紙碓圖)」를 논했다고 한다.[82]

사방 백보나 되는 반석이 盤陀百步石
물과 만나 신선 사는 곳을 이루었네 遇水作洞府
예로부터 줄곧 방망이질을 당하고 終古以舂撞
물살에 마멸되는 고생을 마다하지 않네 磨濯不辭苦
지호(紙戶)들이 계곡 모퉁이를 차지했는데 紙戶占溪曲
볕에 말리는 발은 어망과 똑같구나 晒箔同漁罟
주민들에게 사는 낙을 두루 묻고 傍詢居民樂
몰려든 물고기를 부러운 듯 굽어보네 俯羡游魚聚
동쪽 이웃집에 술이 갓 익으면 東家酒初熟
담 너머로 불러서 얻을 수가 있다오 墻頭可喚取[83]

위의 시 중 처음 4구는 조지서 부근 시냇가의 반석을 노래한 것이다. 반석은 종이 원료인 삶은 닥나무 껍질을 장시간 방망이로 두들겨서 빻는 고해(叩解) 작업을 할 때 그 받침대로 사용되었다. 그런 까닭에 이 반석은 신선이 살 법한 명승지를 이루고 있음에도 불구하고 언제까지나 방망이질을 당

81) 柳本藝, 『漢京識略』 권2, 「闕外各司」, 造紙署. “臺傍有民家數百戶, 專以泉石紙業爲居.” (서울史料叢書第二, 서울特別市史編纂委員會 1956, 218면)
82) 김상현, 『경대시존』, 「九月二十六日 約邵亭 淵齋 筠心 遊金僊菴」, “紙碓夕陽評畵裏(原註: 過造紙署, 論桓齋山莊紙碓圖).”
지대(紙碓)란 종이를 다듬질할 때 사용하는 디딜방아를 가리키는 듯하다. 예전에 鄭喆祚가 박지원의 황해도 금천 燕巖峽의 은거지를 그린 「山莊圖」가 있었고, 박규수가 같은 곳을 그린 「燕巖山居圖」도 있었다고 한다(본서, 688~690면 참조). 이로 미루어, 박규수가 그렸다는 「산장지대도」 역시 연암협의 산장에 있던 지대를 그린 그림이 아닌가 한다.
83) 『환재집』 권3, 장8앞.

하며 마멸되어가는 운명을 피할 수가 없다.

이러한 반석의 고달픈 운명은 곧 지호(紙戶)들의 신세와도 닮았다. 시에 붙은 주에 지호는 "조지서에서 도역하는 사람들이다(造紙局徒役也)"라고 했다. 제지 과정에서 고해 작업과 아울러 디딜방아를 이용해 종이를 다듬질하는 도침(搗砧) 작업은 모두 단순노동이기는 하지만 많은 노동력을 필요로 하는 고된 일이었다. 따라서 고해와 도침 작업은 중노동형에 처해져 조지서에서 노역하게 된 자들이 도맡았는데,[84] 이들이 곧 지호였다. 방망이질을 당하는 반석이나 방망이질을 해야 하는 지호들이나 아름다운 자연의 배경과는 어울리지 않는 고달픈 신세였던 것이다.

하지만 박규수는 지호들의 삶을 한껏 밝게 그린다. 그들이 종이를 뜨고 나서 햇볕에 말리고 있는 대나무 발은 물고기 잡는 그물과 똑같이 생겼다. 계곡에는 헤엄치며 노는 물고기들이 사람을 보고 몰려든다. 지호들에게 이곳에서 사는 낙을 물었더니, 이웃간에 인심이 후해 술이 익으면 서로 나누어 먹노라고 답하는 것이었다. 이와같이 박규수가 유람 마지막 날 지은 오언고시는 아름다운 산수 속에서 고된 노역을 하지만 밝게 살아가는 지호들의 삶의 애환을 담담하게 그려낸 작품이다.

같은 해 연말인 12월 19일 김상현은 자신의 서실인 예역당으로 박규수와 서승보 · 서유영 · 신필영 · 홍우건을 초대하여, 매화를 감상하면서 시를 짓는 모임을 마련했다. 이날의 시회에는 선배 윤정현 · 이정리 · 홍길주가 동참해서 자리를 빛내주었다. 지난해 동지사의 서장관으로 북경에 다녀온 이정리는 당시의 견문을 흥미진진하게 이야기했으며, 이 모임에서 처음 서로 교분을 맺게 된 윤정현과 홍길주는 경서의 해석에 관해 종횡무진으로 토론을 벌여 후배들을 경탄케 했다.[85]

84) 이승철, 「한지의 역사」, 『예술논총』 6, 동덕여대 2004, 83면 참조.

85) 김상현, 『경대시존』, 「臘月十九夜 李醇溪 洪沆瀣 尹梣溪 徐子直 朴桓卿 申穉良 洪元龍 徐元藝 會余禮易堂賞梅 分溯游從之宛在水中央 余得水字 因依己亥冬梅花舊韻 賦長句」; 서유영, 『운고시선』, 「禮易堂夜 李醇溪 沆瀣 梣溪 桓齋 經臺 原泉 玉坡 圭庭

이와같이 활발한 문학적 교유는 1841년에도 지속되었던 듯하다. 박규수가 청수루(淸水樓)에서 윤종의와 만나 윤육·김영작·김상현 등 모임에 오지 못한 벗들을 그리워하며 지은 칠언절구 3수, 그리고 시사의 동인들과 함께 석경루에서 묵으며 지은 28구의 칠언고시 등이 전하고 있다.[86] 그중 「신축년 늦봄에 석경루에서 묵으며 벽에 적힌 시에 차운하다(辛丑暮春 宿石瓊樓 次壁間詩)」라는 시의 한 대목은 당시 박규수의 심경을 엿볼 수 있게 하는 점에서 눈길을 끈다.

마흔에도 이름나지 않으면 자고로 탄식했는데 四十無聞古所嗟
귀밑터럭 희어짐을 얼마나 막을 수 있을지 幾何禁得鬢毛華
소 먹이며 백석을 노래함을 흉내내긴 부끄럽고 羞學飯牛歌白石
구루산에 들어가 단사나 찾고 싶어라 欲向句漏尋丹砂[87]

여기에서 박규수는 "사십, 오십이 되어도 이름이 나지 않으면 이런 사람은 두려워할 것이 못 된다(四十五十而無聞焉, 斯亦不足畏也已)"고 한 『논어』의 한 구절을 끌어와, 자신의 오랜 은둔생활에 대한 일말의 불안을 드러내고 있다. 그 자신은 나름으로 학문에 힘썼건만 마흔 살을 바라보는 나이에도 여전히 벼슬 못한 일개 선비에 지나지 않는다. 그렇다고 해서 제환공(齊桓公)을 향해 「반우가(飯牛歌)」를 불렀던 영척(甯戚)처럼 자신을 기용해달라고 호소할 수는 없는 노릇이 아닌가. 그러므로 구루산에서 선약(仙藥)을

小集 分韻 得時字 賦五律」; 홍길주, 『항해병함』 권4, 「約醇溪集渭師宅 仍與尹梣溪訂交而隣居諸少友亦多與會者 分韻得遊字」(박무영·이현우 외(역), 앞의 책, 536면).

86) 『환재집』 권3, 「淸水樓 會淵齋病友」, 「橋頭小集 同人共賦」, 「辛丑暮春 宿石瓊樓 次壁間詩」.

87) 『환재집』 권3, 장12앞. '백석을 노래한다'는 것은 영척이 소를 먹이며 불렀다는 「반우가」 중의 "南山矸, 白石爛" 운운하는 가사를 가리킨 것이다. 『淮南子』에 나오는 영척의 고사는 『상고도 회문의례』 권8, 제37부 隱目, 「孔明過康浪水」에 발췌·소개되어 있다(『환재총서』, 제2책, 463~464면).

빗었다는 갈홍(葛洪)처럼 세상을 등진 채 살고 싶다고 한 것은, 국정에 참여하여 포부를 펴고 싶은 그의 강한 의욕을 반어적으로 표현한 것이라 하겠다.

제3장

# 척숙 이정리 형제의 연행

## 1. 연행의 경위

박규수에 관한 종래의 논의에서는 그에게 깊은 영향을 미친 척숙 이정리·이정관 형제의 존재 자체가 간과되었기 때문에, 이들 형제의 연행(燕行)이 은둔기 박규수의 학문적 방향전환에 결정적인 계기가 되었던 사실이 전혀 부각되지 못했다. 이정리 형제가 연행을 다녀온 1830년대 말 1840년대 초는 국내외의 정세가 긴박하게 돌아가면서 위기의식이 고조되던 시기였다. 순조 초의 신유사옥(辛酉邪獄) 이후 근 40년 만인 1839년(헌종 5년) 그간 현저히 세력을 만회한 천주교에 대해 재차 가혹한 탄압이 가해져 프랑스 신부들을 포함한 수많은 천주교도가 처형되었다. 또한 1840년대에 들어서면 이양선(異樣船), 곧 서양 선박의 출몰이 점차 빈번해져, 국내의 천주교도와 서양 세력의 결탁을 우려한 조정에서는 극도의 경계심을 품게 되었다. 뿐만 아니라 당시 중국에서는 아편 금수(禁輸) 조치로 인해 빚어진 영국과의 분쟁이 마침내 전쟁으로까지 비화했으니, 이것이 유명한 제1차 아편전쟁이다. 이정리 형제는 이러한 비상한 시국에 중국을 다녀왔던 만큼, 이들이 연행에 나서게 된 경위와 연행의 구체적 성과를 살펴본다면 당시의 급변하던 정세와 관련하여 박규수의 학문적 방향전환을 해명하는 데에 큰 도움이 되리라 본다.

1829년 이후 의령 현감으로 재직중이던 이정리는 1835년(헌종 1년) 쉰 살이 넘은 나이로 증광시(增廣試)에 급제하여 비로소 중앙 관직에 진출하게 되었다. 이에 남공철(南公轍)과 홍석주가 서로 편지를 보내 "조정에서 사람을 얻었다"면서 축하했다고 한다. 이듬해인 1836년 이정리는 『순조실록』 편찬에 기주관(記注官)으로 참여하고 홍문관 부교리를 거쳐 교리로 승진하는 등 관운이 순조로운 듯했으나, 그해 12월(양력 1837년 1월)에 일어난 남응중(南膺中) 옥사(獄事)로 말미암아 일시 유배를 당하는 몸이 되었다.[1)]

남응중 옥사란 서울 사족(士族) 출신의 남응중이란 자가 충청도 목천에서 작당하여 역모를 추진하던 중 여의치 못해 동래의 왜관(倭館)에 망명하려다 체포됨으로써 그 전모가 드러나게 된 사건이다. 남응중 일당은 울릉도에서 양병(養兵) 중인 세력이 출동하여 금명간 난리가 날 것으로 보고, 그때가 오면 적극 호응하여 청주성을 점거할 것을 모의했다고 한다. 그후 일이 틀어진 낌새를 챈 남응중은 망명차 왜관에 잠입하여 조선이 장차 일본에 출병하려 한다는 허위 사실을 투서하려다가 도리어 왜인에게 체포되어 동래부(東萊府)로 넘겨졌다는 것이다.[2)]

그리하여 이 사건을 다루기 위한 추국청(推鞫廳)이 의금부에 설치되어, 위관(委官)으로 좌의정 홍석주 등이, 문사낭청(問事郎廳)으로는 홍문관 교리 이정리 등이 임명되었다. 그런데 신문 과정에서 남응중 일당의 공초(供招) 중 일부 내용으로 인해 미묘한 문제가 야기되었다. 즉 남응중 일당은 최근 헌종에게 진상할 약을 담은 은그릇이 변색한 사건에 관한 소문을 유포했을

1) 洪直弼, 『梅山集』 권43, 「醇溪李公墓誌銘幷序」, 장2앞~3뒤. "朝廷得人矣"; 『國朝人物志』, 憲宗條.

2) 『헌종실록』, 2년 12월 12일, 18일, 19일, 21일, 23일, 24일, 3년 1월 17일, 18일; 『推案及鞫案』, 아세아문화사 1978, 권28, 「逆賊公彦·膺中·慶中·憲周獄案」, 133~226면.

뿐더러, 심지어 일당 중의 남공언(南公彦)은 남응중에게 정조의 이복 동생인 은언군(恩彦君)의 손자를 왕으로 추대하려는 역모에 가담할 것을 종용했다는 것이다. 또한 야사에 의하면 이같은 공초 중에 배후 인물로 안동 김씨 세력의 핵심인물인 김유근의 이름이 나왔다고 한다.[3)]

이처럼 남응중 일당의 공초는 순조 말 헌종 초의 왕위 교체기의 불안한 정국과 관련하여 의혹을 살 만한 내용을 다분히 포함하고 있었다. 그러나 김유근이 다름아닌 순원황후 김씨의 친동생인 관계로 대부분의 위관들이 감히 거론하지 못하는 가운데, 홍석주만은 순원황후에게 입대(入對)를 청하고 진상을 철저히 규명할 것을 건의하였다. 그에 앞서 이미 홍석주는 어약(御藥)을 담은 은그릇 변색 사건에 대해 순원황후가 의외의 관대한 처분을 내린데 불복하여 상소한 바 있거니와, 그는 이번 옥사에 있어서도 역모설을 토로한 남공언을 서둘러 처형한 뒤 추국을 속히 마감하고자 한 순원황후의 의도에 제동을 걸고 나선 셈이었다. 이로 인해 순원황후의 뜻을 크게 거스르게 된 홍석주는 졸지에 관직을 삭탈당하고 문외출송(門外黜送)의 처벌을 받게 되었다.[4)] 그리고 이듬해인 1837년 1월에는 사간원 헌납으로 재직중이던 이정리 역시, 홍석주에 대한 삼사(三司)의 탄핵에 불참하고 사직 상소를 올려 홍석주와 거취를 함께하려 한 죄목으로 유배형에 처해진 것이다.[5)]

그후 이정리는 전라도 영암군에서 수개월간 유배생활을 했다. 유배에서 풀려난 뒤인 1838년 이후 그는 아우 이정관과 함께 선산이 있는 경기도 가

3) 『추안급국안』 권28, 134～135면, 139면, 157～158면, 162～163면, 178～180면, 188～190면, 212면; 『稗林』, 탐구당 1969, 4집, 「憲宗記事」 2, 46～47면; 金洸, 『大東史綱』 권12, 헌종 丁酉 3년, 장15뒤; 김택영, 『김택영전집』, 아세아문화사 1978, 제4책, 『한국역대소사』, 510～511면.

4) 『헌종실록』, 2년 12월 24일, 25일, 28일; 『추안급국안』 권28, 「逆賊公彦·膺中·慶中·憲周獄案」, 219～220면; 홍석주, 『淵泉集』 권44, 홍현주, 「家狀」, 홍직필, 「神道碑銘」, 韓章錫, 「墓誌銘」(『연천전서』, 오성사 1984, 제5책, 615면, 645면, 665면); 『패림』 4집, 「헌종기사」 2, 48～51면.

5) 『헌종실록』, 3년 1월 12일; 『패림』 4집, 「헌종기사」 3, 53면, 55면.

평의 잠실(潛室)에 서옥(書屋)을 짓고 은거하면서 독서와 저술에 힘썼다.[6] 이러한 가평 은거시절에 주목할 것은, 가평과 인접한 양근(楊根) 벽계(蘗溪)에서 성리학을 연구하고 가르치던 처사 이항로(李恒老, 초명 光老, 호 華西)와 이정리 형제가 절친하게 교유한 사실이다. 이들 형제는 1830년을 전후한 무렵부터 이미 이항로와 교분을 맺고 시와 편지를 주고받던 사이였는데, 이정리가 벼슬에서 물러나 가평에 은거하게 됨을 계기로 더욱 가까워진 것이다. 당시 이정리 형제는 이항로와 빈번히 만나 향음주례(鄕飮酒禮)를 비롯한 고례의 실천과 보급에 함께 노력했다고 한다. 그리고 이항로의 차남이 관례(冠禮)를 치를 때 이정리는 그 주빈(主賓)을 맡았다.[7]

1839년 3월 홍석주가 순원황후의 특명으로 사면되어 판중추부사에 임명된 이후의 어느 시기에 이정리도 관직에 복귀한 듯하다. 그해 9월 이정리는 홍문관 수찬으로서, 각 도에서 천거된 뛰어난 선비들을 지방 수령으로 적극 기용할 것을 상소했다. 이와같이 관운이 호전된 가운데 이정리는 동지사(冬至使)의 서장관으로 선발되어, 아우 이정관을 대동하고 북경을 향한 장도에 오르게 된 것이다.[8]

1839년 10월 24일 정사 이가우(李嘉愚), 부사 이노병(李魯秉), 서장관 이정리를 비롯한 조선의 동지사행이 어전에서 하직 인사를 마치고 북경으로 출발했다. 이정리 형제가 출국하기에 앞서 가까운 친지와 우인들은 다투어

---

6) 申錫愚, 『海藏集』 권3, 「題醇溪丈朗州詩後」; 金尙鉉, 『經臺詩存』, 「次李醇溪侍讀 送弟歸加平山中三十韻」, 「寄念齋潛谷新居」, 「次韻念齋」, 「醇溪學士 昨冬讀書於其仲氏念齋奉事加平山屋 (…) 賦五絶十四篇 早春還城投示 遂和 寄念齋」; 洪吉周, 『沆瀣丙函』 권4, 「醇溪自加峽至京 來訪劇談 分韻 得月字 時上元翌宵」.

7) 홍길주, 『항해병함』 권4, 「醇溪昆仲 將歸加峽 道謁伯氏于臨漢 余亦在座 分韻 得敦字」, (註) "蘗溪, 楊根地, 處士李光老居焉, 與醇溪甚善, 相往來."; 이항로, 『華西集』 권1, 「次李盥汝嘉陵龍湫韻」, 「奉簡癡蒼 轉信知縣大夫所藏 諸家朱書箚疑」, 「醇溪丈伯季 同龜巖 雪月 過余溪上 分韻 得之字」, 권4, 「與李盥汝」(1), 부록 권8, 「행장」, 장4뒤~5앞, 권9, 「연보」, 己亥조.

8) 『헌종실록』, 5년 2월 28일, 3월 7일, 9월 10일, 10월 24일; 『패림』 4집, 「헌종기사」 4, 89~91면.

석별의 정을 담은 시문을 지어 이들 형제에게 증정했다. 그중 박규수의 글은 애석하게도 남아 있지 않지만, 홍석주·홍길주·홍우건·조인영(趙寅永)·이항로·김상현·조종진(趙琮鎭) 등의 송별시와 증서(贈序)가 현재 전하고 있다.[9] 이를 살펴보면 이정리 형제와 교유하던 인사들의 공통적인 대청(對淸) 인식을 발견할 수 있는데, 이같은 대청 인식은 당시 이정리 형제나 박규수 역시 공유하고 있었으리라는 점에서 주목을 요한다.

이미 1803년과 1831년 두 차례나 연행을 다녀온 바 있는 홍석주는 이정리 형제에게 준 송별시에서 당시 중국에서 고증학이 성행하고 있음을 개탄하고, 조선 성리학의 발전상을 널리 알림으로써 국위를 선양하도록 당부했다. 또한 그는 기자(箕子)가 나라를 세운 이래 조선이 중화문물을 보존해온 데에 자부심을 나타내는 한편, 청조 중국은 고유의 의관제도를 상실하고 사치 풍조에 젖어 삼대(三代)의 옛 자취를 찾아보기 어렵게 되었다고 비판했다.[10]

홍석주의 아우 홍길주 역시 오늘날의 중국은 별로 볼 만한 것이 없다고 주장하면서, 성리학을 비방하는 청조 고증학자들의 폐단에 대해 극력 성토했다.[11] 그리고 그의 아들 홍우건도 "오늘날 중국에는 장관(壯觀)이 없노라/

---

9) 홍석주, 『연천집』 권5, 「送醇溪昆仲入燕」; 홍길주, 『항해병함』 권2, 「送李醇溪行臺及其弟穉舒北行序」, 권4, 「醇溪昆季燕行 余旣序以識別 衍其未究之旨 又得長律八百字以寄 以序若詩 分以屬之昆季 可也 以文則合序與詩 以人則合昆與季 無彼無此 總而屬之 亦可也云」; 홍우건, 『居士詩文集』 권5, 「奉贐李念齋戚丈 隨其伯氏醇溪學士赴燕」, 「奉送戚丈李醇溪學士以書狀官入燕序」; 조인영, 『雲石遺稿』 권4, 「奉寄醇溪李學士深父赴燕之行」; 이항로, 『화서집』 권1, 「贈別醇溪燕行」; 김상현, 『경대시존』, 「送醇溪侍讀充書狀官入燕」; 조종진, 『東海公遺稿』, 제6책, 『東海續集』, 「李學士元祥 以書狀官之燕 其季氏盥如 閉門讀書於棄官之餘 乃從之遊燕 辱索贈言於老友 雖不索 豈無言於子兄弟之行乎 (…) 只以七絶十二首 忘拙寄呈於啓駕之後 庶可聯覽於龍灣上也」.

10) 홍석주, 『연천집』 권5, 「送醇溪昆仲入燕」(『연천전서』, 제1책, 465~466면).

11) 홍길주, 『항해병함』 권2, 「送李醇溪行臺及其弟穉舒北行序」, 권4, 「醇溪昆季燕行 余旣序以識別 衍其未究之旨 又得長律八百字以寄 以序若詩 分以屬之昆季 可也 以文則合序與詩 以人則合昆與季 無彼無此 總而屬之 亦可也云」, 권9, 『睡餘爛筆續』 下, "近又作詩送醇溪昆仲燕行, 極言中國攷訂家詆侮程朱之弊."(박무영·이현우 외(역), 『항해병함(하)』, 태학

이 말씀은 연암 옹(翁)에게서 들었네"라고 하여 『열하일기』 중의 '중국 제일 장관론(中國第一壯觀論)'을 거론하면서, 고증학이 성행하고 당송(唐宋) 고문의 작풍이 부진한 점을 들어 청조 중국의 학술과 문학을 비판했다. 나아가 그는 이정리 형제에게 그들의 뛰어난 경술(經術)과 문장으로 조선의 높은 문화수준을 천하에 과시해줄 것을 기대했다.[12] 이처럼 주자학과 소중화주의(小中華主義)에 입각한 비판적 대청 인식은 김상현의 송별시에도 드러나 있다.[13]

이정리는 연행을 앞두고 이항로에게 증언(贈言)을 청하는 편지를 보냈다. 이 편지에서 그는 "지금 천하의 학술이 분열되어 갈수록 기괴해지고 이상한 학설들이 시끄럽다"고 하여 중국 학계를 비판하면서, 성리학에 조예가 깊은 이항로에게 그러한 중국인들의 학설을 꺾을 수 있는 조언을 기대했다.[14] 이정리에게 답한 편지에서 이항로는 청조 이후 예악(禮樂) 문물이 타락할 대로 타락한 천하에서 조선은 "가시덤불 속의 한 줄기 난초"요 "엄동설한 중의 한 가닥 봄기운"과 같다고 하였다. 그와 아울러 이정리에게 『향음례홀기(鄉飮禮笏記)』를 증정하면서, 북경의 숙소에서 머무는 여가에 종자들과 향음주례를 실습하여 청국인들에게 "선왕의 훌륭한 예의(先王盛儀)"를 한번 보여

사 2006, 298면)

12) 홍우건, 『居士詩文集』 권5, 「奉贐李念齋戚丈 隨其伯氏醇溪學士赴燕」, "近日皇州無壯觀, 斯言聞得燕巖翁", 「奉送戚丈李醇溪學士以書狀官入燕序」.

'中國第一壯觀論'은 『열하일기』 「馹迅隨筆」 7월 15일자 기사에 나온다(김명호, 『열하일기 연구』, 창작과비평사 1990, 147~148면 참조). 홍우건이 『열하일기』를 거론한 것은 이정리 형제가 연암의 처조카가 되기 때문이다. 그러므로 조종진도 송별시의 제9수에서 "昔一燕巖記熱河, 聯鑣今且述遊多"라고 하여, 연암이 『열하일기』를 저술했듯이 이들 형제들도 연행 체험을 글로 많이 남길 것을 기대했다(『東海公遺稿』, 제6책, 『東海續集』, 「李學士元祥 以書狀官之燕 其季氏盥如 閉門讀書於棄官之餘 乃從之遊燕 辱索贈言於老友 雖不索豈無言於子兄弟之行乎 (…) 只以七絶十二首 忘拙寄呈於啓駕之後 庶可聯覽於龍灣上也」).

13) 김상현, 『경대시존』, 「送醇溪侍讀充書狀官入燕」.

14) 己亥(1839) 7월 20일자 이정리의 편지(文友書林 소장). "今天下, 學術分裂, 愈出愈怪, 異言喧豗." 이 편지는 "正履頓首白蘗溪老兄案下"로 시작하고 있으며, "伯欽上舍" 즉 이항로의 장남인 진사 李埈에게 보내는 편지를 동봉하고 있다.

이항로에게 보낸 이정리의 간찰. 문우서림 소장.

주라고 당부했다.[15)]

15) 이항로, 『화서집』 권4, 「答李醇溪」(己亥九月), 장17뒤, "荒蕪榛棘, 遍滿天下, 而我則一葉之蘭; 嚴冱霜雪, 閉塞九野, 而我則一線之春", 부록 권7, 「語錄」, 장30뒤, "醇溪李公使

동지사행은 연말에 이르러 북경에 도착했다. 그 무렵 북경에는 몽골에 대한 청조의 전통적 외교정책의 일환으로 몽골의 라마교 영도자인 지에쁘춘담빠 후둑두(哲布尊丹巴呼圖克圖)가 초빙되어 묵고 있었다.

이듬해인 1840년 정월초에 조선 사신은 자금성에서 거행된 신년 하례식에 참석했다. 그리고 같은 달 11일 효전황후(孝全皇后) 뉴호록씨(鈕祜祿氏: 咸豐帝의 母后)가 사망했으므로, 이 사실을 본국에 긴급히 보고하였다.[16]

공식적인 일정을 마친 뒤 동지사행은 북경에 그대로 머물면서 정세 탐문이나 관광 등으로 한 달여를 보냈던 것 같다. 북경 체류 중의 특기할 만한 사건은 이정리 형제가 동성파(桐城派)의 저명 문인인 매증량(梅曾亮)[17]과 오가빈(吳嘉賓)[18]을 만난 것이다.

출국할 때 이정리 형제는 중국에 소개하고자 김매순과 홍석주의 글을 비롯해서 당시 조선의 우수한 시문들을 뽑아 가지고 갔다.[19] 그리하여 북경에

---

燕, 先生以鄕飮禮笏記一冊付之曰, (…).”

『향음례홀기』는 이항로의 장남 李埈이 지은 『鄕飮酒禮笏記考證』(국립중앙도서관 소장)의 약칭으로 추측된다. 『鄕飮酒禮笏記考證』에는 이정리의 서문이 있다. 이준은 그 책의 自序에서 1839년 봄에 부친의 친구인 이정리의 부탁으로 저술에 착수했다고 밝히고 있다. 또한 이정리는 이준에게 보낸 편지(이항로에게 보낸 己亥 7월 20일자 편지에 동봉함)에서도 “向告鄕禮儀節, 略以烏絲欄淨寫一本, 末付向來鄕飮後小記, 秋間投惠如何? 正有所用處故也”라고 하여 연행할 때에 가져갈 수 있도록 『향음례홀기』를 정서해서 보내줄 것을 당부했다.

16) 『淸史稿』 권18, 「宣宗本紀」 2, 19년 및 20년조; 『헌종실록』, 6년 1월 27일; 홍길주, 『항해병함』 권4, 「有懷醇溪行臺 時燕中有瑤齋之悼 使臣當受服詣哭班 眺賞交遊 俱未可如意 而歸期又將淹遲云」; 김상현, 『경대시존』, 「憶醇溪行臺」.

17) 자 伯言. 1786~1856. 동성파의 대표적 문인 姚鼐의 수제자로, 1822년 진사 급제 후 戶部郎中으로 북경에 20여 년간 머물며 정력적인 창작 활동과 제자 양성을 통해 동성파의 문풍을 진작하는 데 크게 기여한 인물이다. 당시 북경 문단의 한 중심인물이었던 그의 문하에서 朱琦・王拯・馮志沂 등 후일 동성파를 이어갈 쟁쟁한 작가들이 배출되었으며, 曾國藩 같은 인물도 그를 종유했다고 한다.

18) 자 子序. 1803~1864. 1838년 진사 급제 후 한림원 庶吉士를 거쳐 國史館 編修로 재직하는 동안 매증량을 사사했다. 동성파 작가 중 江西 출신의 중요 작가로 손꼽힌다.

19) 홍길주, 『항해병함』 권4, 「醇溪昆季燕行 余旣序以識別 衍其未究之旨 又得長律八百字以寄 以序若詩 分以屬之昆季 可也 以文則合序與詩 以人則合昆與季 無彼無此 總而屬之

서 중국 문사들과의 교유를 추구하던 중 한림원 서길사(翰林院庶吉士) 오가빈을 알게 되었으며, 아마도 그의 중개로 그의 스승인 매증량을 만나게 되었던 듯하다.

오가빈은 이정리 형제가 가져온 조선의 시문 중 김매순의 글을 감상하고는 크게 감탄하여 "농연가학(農淵家學)" 넉 자를 써서 주었다고 한다. 김매순의 글이 그의 5대조인 농암(農巖) 김창협(金昌協)과 삼연(三淵) 김창흡(金昌翕) 형제의 탁월한 문학을 계승하고 있다고 예찬한 것이다.[20] 또한 오가빈은 이정리의 청탁으로 김매순의 시문에 대해 장문의 서문을 지어주었다. 그 글에서 오가빈은 김매순의 글 중 『대학(大學)』의 '격물치지(格物致知)'에 관해 논한 「격치 동자문(格致童子問)」에 특히 관심을 표명한 뒤, 주희(朱熹)의 해석과 보전(補傳)을 지지하고 완원(阮元)의 「대학격물설(大學格物說)」을 비판한 김매순과는 다른 자신의 학설을 길게 피력했다.[21]

---

亦可也云」, 제151～152구, "橐書彙成帙, 槧墨累經旬" (註) "穉舒選東文數卷, 將齎以示華士.", 「伯氏及臺翁 當世之君實景仁也 醇溪行臺北行 携兩公文鈔本 將以視中州奇士 曉枕有懷醇溪 疊用齊韻」, 권9, 『睡餘爛筆續』 下, (註) "李穉舒選東文, 將示華士. 並存其語及皇明者, 皆跳行書之曰, 斥今之中國爲胡虜者, 固不可示也. 至並尊明·淸, 義所當然, 彼亦安得以禁之?"(박무영·이현우 외(역), 『항해병함(하)』, 253～254면); 홍우건, 『거사시문집』 권5, 「奉贐李念齋戚丈 隨其伯氏醇溪學士赴燕」, "篋裏東文幾百首, 賞音何處遇鍾期?"; 김매순, 『臺山集』 권3, 「疊洗字 再和沆瀣 兼補醇溪行臺別語之踦」; 김상현, 『경대시존』, 「醇溪侍讀之入燕 選淵泉相公 臺山先生詩文 視中州人士 沆瀣丈疊齊韻 紀其事 謹次」.

1828년 朴思浩는 동지사의 일원으로 북경에 갔을 때 그의 절친한 벗인 이정리의 문집을 가지고 가 중국 문사 吳嵩梁(자 蘭雪)·熊昻碧(호 雲客)·丁泰(호 卯橋) 등에게 보이고 호평을 받은 바 있다(김종오 역, 『心田稿』, 『국역 연행록선집』 Ⅸ, 민족문화추진회 1977, 245면, 252면, 260면).

20) 홍길주, 『항해병함』 권4, 「哭金臺山侍郎」 제5수, (註) "公之詩文, 鈔作數卷, 醇溪學士入燕, 持以示中國人. 中國人大嗟賞之, 爲寫農淵家學四大字而還之. 三淵先生, 卽公五代祖, 農岩先生, 三淵之仲兄也."; 김매순, 『대산집』 권3, 「遙謝中州二士」, (註) "吳, 名嘉賓, 寫寄農淵家學四字."

21) 오가빈, 「朝鮮金臺山詩文序」(임형택 교수 소장 筆帖). 말미에 "庚子年二月初六日 南豊吳嘉賓書"라고 씌어져 있다. 또한 김매순에 대한 祭文에서도 오가빈은 이정리의 청으로 김매순의 시문에 서문을 썼던 사실 술회하고 나서, 이정리가 귀국한 뒤 보낸 편지를 통해 김

朝鮮金臺山詩文序

歲庚子朝鮮行人李君正履與其弟正觀訪余於闕下言論既洽乃出其邦先達臺山金公所著詩文二帙見贈且為言臺山之為人雖貴而清介如寒士其家世有農巖三淵二先生皆東邦大儒也臺山承其後有聞斯帙不足以盡之然可觀其略矣余受而讀之卒業乃言曰美哉詩乎何思之深而響之閎也美哉文乎何志之正而韻之長也以是競於中土不數數覯況有進於此者乎抑余所尤顧聞者其論中庸未發之中也釋大學格物也齊家也綜先儒之異而折其衷繹聖經之隱而得其旨豈非篤志而近思者歟願以愚平日所讀誦而擬議者因李君達於左右

이정리의 청탁으로 김매순의 시문에 대해 지은 오가빈의 서문(앞부분).

매증량도 이정리가 김매순의 문집을 보이고 글을 청하자, 김매순의 학식과 문장을 높이 평가한 2편의 글을 지어주었다. 그중 「대산씨 논일본훈전 서후(臺山氏論日本訓傳書後)」에서 매증량은 일본 고학파(古學派)의 다자이 슌다이(太宰春臺)가 저술한 『논어고훈외전(論語古訓外傳)』을 논한 김매순의 글 「제일본인논어훈전(題日本人論語訓傳)」에 대해, 주자학을 공격한 다자이 슌다이와 그 스승 오규우 소라이(荻生徂徠)의 학설을 이단(異端)으로 혹평한 점에 공감을 표했다. 그리고 「대산논문 서후(臺山論文書後)」에서는 김매순이 그의 문생을 상대로 고문을 배우는 비결을 논한 글 「독삼자설 증유생(讀三子說贈兪生)」에 대해, 근실한 독서를 강조한 점에서 김매순은 소

매순이 그의 학설을 접하고 매우 기뻐했으며 그와 의견을 교환하고 싶어 편지를 썼으나 병사하고 만 사실을 알았다고 하면서 애도했다(이 제문 역시 임형택 교수 소장 필첩에 수록되어 있다).

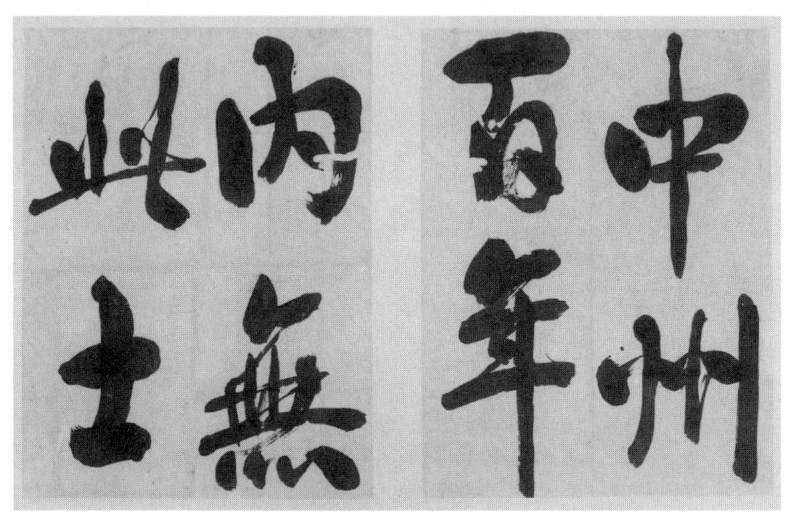


김매순에 대한 매증량의 찬사.
1874년 장세준이 김매순의 아들 김선근(金善根)에게 써서 보내주었다.

순(蘇洵)과 상통하며 그의 문장도 소순과 비견할 만큼 뛰어나다고 칭송했다.[22)]

이처럼 이정리 형제의 연행을 계기로 김매순의 글이 청조 문단에 소개되어 매증량과 같은 동성파의 대가로부터 호평받은 것은, 조청(朝淸) 문학교류

22) 김매순, 『대산집』 권3, 「遙謝中州二士」, 권8, 「題日本人論語訓傳」, 附 매증량, 「臺山氏論日本訓傳書後」, 권9, 「讀三子說贈兪生」, 附 매증량, 「臺山論文書後」; 매증량, 『柏梘山房文集』 권6, 「臺山氏論日本訓傳書後」, 「臺山論文書後」, 『柏梘山房詩續集』 권1, 「悲金臺山」 序, 장7뒤. "臺山, 名邁淳, 朝鮮內閣學士. 道光中, 貢使李正履, 以其集請余敘."

또한 매증량은 김매순에 대해 "中州百年內無此士"라고까지 칭송했다고 한다(임형택 교수 소장 필첩에 중국인 張世準이 그 말을 大字로 쓰고 "錄伯言語, 奉寄金臺山哲嗣石陵"이라 밝혔다). 김매순은 매증량의 「臺山論文書後」를 읽고서, "晩暮得一知己於中華矣"라고 기뻐했다고 한다(김상현, 「臺山先生行狀」).

太宰春臺의 『論語古訓外傳』은 정약용의 『論語古今注』나 「跋太宰純論語古訓外傳」에도 소개·비평되었다(하우봉, 『조선후기 실학자의 日本觀 연구』, 일지사 1989, 210~268면 참조).

사에서 주목할 만한 사건의 하나라고 할 수 있다. 훈고(訓詁)에만 전념하는 고증학풍을 비판하고 문(文)과 도(道)의 합일을 제창한 청 동성파의 노선은 주자학과 당송 고문으로의 복귀를 추구해온 당시 조선 문단의 흐름과 다분히 합치하는 것이었다. 이러한 사실은 매증량이 김매순의 글에 공감하고 이를 높이 평가한 이유를 설명해줄 뿐 아니라, 향후 동성파의 문학이 국내에 유입되어 크게 호응을 얻게 될 것을 예견할 수 있게 한다.[23)]

북경 체류중에 이정리 형제는 이밖에도 추사 김정희의 부탁으로 장병영(張丙煐, 자 虎頭)을 방문하여 선물을 전했다. 장병영은 답례로 김정희에게 증정하는 장시를 지어주었다고 한다.[24)] 또한 이들 형제는 북경을 떠날 때까지 하장령(賀長齡)·위원(魏源)이 편찬한 『황조경세문편(皇朝經世文編)』 등 서적 구입에도 힘을 기울였던 것으로 보인다.

## 2. 해외정세의 견문

1840년 3월 25일(이하 음력) 서장관 이정리는 정사·부사와 함께 왕에게 귀국 보고를 하면서 「문견별단(聞見別單)」을 올렸다. 이 「문견별단」은 제1차 아편전쟁의 발발과 관련된 정보를 국내에 전한 최초의 보고로 이미 학계의 주목을 받은 바 있지만,[25)] 해외정세에 관한 이정리의 이와같은 견문 내

23) 귀국한 뒤 이정리가 그해 6월 김매순이 병사한 소식을 전하자, 매증량과 오가빈은 각각 그의 죽음을 애도하는 弔詩와 제문을 지어 보내왔다. 1860년 사신으로 북경에 간 申錫愚는 매증량의 제자 왕중으로부터 스승의 문집인 『柏梘山房文集』을 얻어 김매순의 수제자인 김상현에게 전해주었다(매증량, 『柏梘山房詩續集』 권1, 「悲金臺山」; 오가빈, 「祭金臺山文」(假題, 임형택 교수 소장 필첩); 신석우, 『海藏集』 권9, 「與王少鶴拯書」, 권15, 「入燕記」上, 「韓使吟卷」, 「研秋齋文燕 以海內存知己天涯若比隣 分韻」).

24) 藤塚鄰, 『淸朝文化東傳の硏究』, 東京: 國書刊行會 1975, 133~134면 참조.

25) 민두기, 「19세기후반 조선왕조의 대외 위기의식」, 『동방학지』 52, 연세대 국학연구원 1986, 262~263면; 三好千春, 「アヘン戰爭に關する燕行使情報」, 『史艸』 30, 1989, 29~

용이 은둔기 박규수의 사상적 모색에도 영향을 끼쳤을 가능성에 대해서는 검토된 적이 없다. 이 점에 유의하여 이정리의 「문견별단」을 좀더 구체적으로 살펴볼 필요가 있을 것이다.

「문견별단」에서 이정리는 우선 청조 중국의 선정(善政)에 관해 보고하고 있다. 즉 중국은 조세와 부역이 조선에 비해 대단히 가벼우며, 상평창(常平倉)과 광제원(廣濟院) 등 빈민 구제를 위한 제도와 복지시설을 잘 갖추고 있다는 것이다. 한편 그는 중국의 재정이 크게 고갈되었으며, 백성들이 사치풍조에 젖어 있는 실정도 보고하고 있다. 이와 아울러 서양 선박을 통해 들어온 사치품들 때문에 막대한 양의 은이 해외로 유출되고 있는 사실도 전하고 있다. 또한 이정리는 "서번승(西番僧)" 지에쁘춘 담빠 후둑두가 황제의 융숭한 대접을 받은 뒤 북경을 떠난 사실을 알리고 있다. 이어서 "아마도 이 번승(番僧)은 곧 건륭 때의 반선(班禪)의 부류인 듯하다"고 한 것은 1780년(건륭 45년) 판첸 라마(班禪喇嘛)의 열하 방문을 기록한 『열하일기』에 의거한 판단으로 보인다.[26]

이정리의 「문견별단」에서 가장 주목되는 내용은 천주교와 영국에 대한 보고이다. 이정리는 최근 중국에 천주교의 침투가 심해짐에 따라 이를 금단하는 조치의 일환으로 북경의 천주당을 모두 철거하고 서양인도 축출했지만, 아라사관(鄂羅斯館: 러시아인 숙소)에는 아직도 도상(圖像: 종교화)이 남아 있다고 전하고 있다. 이는 도광제(道光帝)가 옹정조(雍正朝) 이래의 천주교 탄압정책에 따라 1838년 천주교 남당(南堂)을 몰수하여 러시아 정교회에 넘겨줌으로써, 마침내 북경의 사천주당(四天主堂)이 모두 폐쇄되고 예수회 선교사의 명맥이 끊어지고 만 사실을 가리키는 것이다.[27] 이에 대해 이정리는

34면.

26) 『일성록』, 헌종 6년 3월 25일. "盖此番僧, 卽乾隆時班禪之族類." '西番僧'은 티베트의 중이라는 뜻으로, 이정리는 지에쁘춘 담빠 후둑두를 판첸 라마와 같은 티베트의 라마교 영도자로 오인했던 것 같다.

27) 楊森富 編, 『中國基督教史』, 臺灣商務印書館 1986, 167~168면; 矢澤利彦, 『中國とキリ

"사람을 보내 정찰했더니 과연 전하는 바와 같았다"고 하여 큰 관심을 드러내면서, "이로부터 사술(邪術)의 소굴이 근절될 것을 바랄 수 있게 되었다"고 기꺼워하고 있다.[28] 그가 이처럼 도광제의 천주당 철거 조치에 대해 관심과 지지를 표명한 것은, 마침 당시 조선에서도 천주교 대책에 부심하던 중이었기 때문일 것이다.

그러나 이정리는 한편으로 광동(廣東)과 오중(澳中—마카오)은 서양 선박이 정박하는 곳으로 서양인들이 멋대로 왕래하고 있다고 전하면서 민간에 유포된 "사서(邪書)"도 철저히 수거되지 못한 실정을 우려하고 있다. 또한 "대체로 서양과 마찬가지인" 일종의 사교(邪敎)가 있는데, 재화를 서로 유통하고 남녀가 뒤섞여 지내므로 정찰하여 체포하라는 명령이 당보(塘報)에 자주 보인다고 보고하고 있다.[29] 당시 중국에서는 주로 마카오에 진출한 포르투갈을 '서양'이라 지칭했던 점을 감안할 때 '서양과 마찬가지인 일종의 사교'란 곧 종래 포르투갈 예수회의 천주교와는 계통이 다른 기독교로서, 영국 런던선교회의 모리슨(R. Morrison, 馬禮遜)을 필두로 광동과 마카오 등지에서 전도활동을 개시한 개신교(改新教)를 가리키는 것으로 추측된다.[30]

다음으로 이정리는 영국에 대해, "서양과 마찬가지로 천주사교(天主邪敎)를 배우는데, 광동 해상을 왕래하며 중국 문자를 배우고 중국 의복을 모방하여 입고 있다"고 전하고 있다.[31] 물론 영국이 '서양' 곧 포르투갈과 마찬가지로 천주교를 신봉한다고 본 것은 부정확한 보고이지만, 여기에서 유의할 대목은 광동에 진출한 영국이 중국의 문자와 의관제도를 익히고 따른다는 정보이다. 이정리가 이러한 정보를 어디서 얻었는지는 분명치 않으나,[32] 이

---

スト教』, 東京: 近藤出版社 1977, 277~281면 참조.

28) 『일성록』, 헌종 6년 3월 25일. "故臣使遣人探察, 果如所傳. 自此邪術根窩, 可期痛絶."

29) 『일성록』, 헌종 6년 3월 25일. "又有一種邪教, 大概同於西洋."

30) 三好千春, 앞의 논문, 38~39면; 楊富森 편, 앞의 책, 205~207면 참조.

31) 『일성록』, 헌종 6년 3월 25일. "英吉利與西洋同習天主邪教, 而往來廣東海上, 習中國文字, 效中國衣服."

32) 燕行使의 주된 情報源은 塘報나 京報였지만(三好千春, 「アヘン戦争に關する燕行使の

는 아마도 영국 선교사 모리슨 등이 전도의 필요상 중국어를 학습하고, 이를 위한 문법서와 사전 편찬, 교육기관의 설립 등을 추진한 사실을 반영하고 있는 정보일 것이다. 그런데 보고된 내용만으로는, 실상과 달리 영국이 중화문물(中華文物)을 흠모하여 추종하려는 것처럼 오해될 소지가 다분하다. 후술하는 바와 같이 박규수가 '동도(東道)'의 우월성을 자신하면서 서양도 장차 여기에 감화되리라는 낙관적 전망을 가지게 된 데에는 이같은 이정리의 정보도 일정한 영향을 끼쳤을 듯하다.

또한 이정리는 보고하기를, 영국은 "그 화기(火器)가 특히 정교하고 독하다"고 하면서 그 때문에 "해외의 홍모(紅毛—서양인)와 여송제도(呂宋諸島—필리핀군도)"도 이미 영국을 따라서 그 종교를 배우고 있다고 했다. 그리고 중국이 해상무역을 불허하는 데 불만을 품은 영국이 해마다 소요를 일으키므로 금년에 황제가 측근의 중신(重臣)들을 특파하여 변경을 시찰하도록 하자, 영국이 이제는 복건(福建)에서 이동하여 대만(臺灣)으로 들어갔다는 소식을 전하고 있다. 이러한 보고에는 1839년 9월(양력 11월) 천비해전(穿鼻海戰)을 시발로 중국과 영국 간에 전쟁이 발발한 사실이나, 전쟁의 직접적인 원인이 아편 금수조치에 있는 점이 제대로 파악되어 있지 않다.[33] 그러나 여기에는 제1차 아편전쟁 개전 직후의 실상이 반영되어, 영국이 가공할 무력을 가진 군사적 강국이라는 인식이 분명히 나타나 있을 뿐 아니라, 영국이 복건에서 대만으로 병력을 이동 중이라는 정보 역시 중국과 영국 간에 비상한 사태가 전개되고 있음을 강력히 시사하는 것이다.

따라서 이정리는 이같은 정보에 근거하여 "우리나라도 연해(沿海)의 수령

情報源」, 『寧樂史苑』 35, 1990 참조), 이 경우에는 해당되지 않을 듯하다. 「문견별단」 중 광동에서는 紳士들이 社倉을 설치하여 큰 효과를 보았다는 '廣東一朝士'의 말을 인용하고 있는 점을 보면, 이정리는 이 경우에도 그로부터 傳聞했을지 모른다.

33) 제1차 아편전쟁에 관한 더욱 분명하고도 구체적인 정보는 이정리에 뒤이어 1840년 3월 청 효전황후 사망에 따른 위문 사절로 북경에 다녀온 李時仁이나, 같은 해 10월 동지사의 서장관으로 중국에 갔다온 李繪九의 보고에서 찾아볼 수 있다(민두기, 앞의 논문, 262~263면 참조).

들에게 별도로 훈령을 내려 해방(海防: 해양 방어)을 더욱 엄히 하도록 해야 마땅하다"고 건의하고 있다. 그는 1832년(순조 32년) 영국 동인도회사의 용선(傭船)인 로드 암허스트호가 충청도 홍주(洪州) 해상에 출현하여 통상을 요구했으나 조선 정부가 이를 완강히 거부하자 수개월이나 버티다가 "사서(邪書)"를 던져놓고 떠났던 사건을 상기시키면서, "중국에서는 벌써 이와같은 일로 우려하고 있다"고 했다. 그러므로 수상한 선박이 우리나라 근해에 나타나면 신속 정확하게 정찰·보고한 후 즉각 이를 축출함으로써 백성들이 "사교(邪敎)"에 물들 염려가 없도록 해야 한다고 주장하고 있다.[34)]

이상에서 드러나듯이, 연행을 통해 이정리는 동아시아 진출을 노리는 서양 제국(諸國) 중 강력한 군사력을 갖춘 영국이 급부상하고 있던 실정을 인식하였다. 또한 그는 영국과 중국 간에 전운(戰雲)이 감돌고 있음을 간파하고, 영국의 침략에 따른 천주교의 전파를 우려하면서 그에 대비한 '해방'의 시급성을 절실히 느끼게 되었다.

이러한 정세관과 위기의식에 바탕한 이정리의 귀국 보고가 당시 조정에서 얼마나 주목받았는지는 분명치 않다. 그러나 후일 윤종의는 "서장관 이정리의 「문견별단」이 영국과 해방(海防)에 관한 사무를 상세히 보고했으므로 조정에서는 처음으로 그에 관해 듣게 되었다"[35)]고 했다. 귀국 이후 이정리가 친지와 우인들의 모임에서 자신의 중국 견문을 적극 전파했음을 시사하는 시들도 전하고 있다.[36)] 뿐만 아니라 그가 영국의 침략에 대비한 해방을 강조한 바로 그해 11월 영국 선박 2척이 제주도 해상에 나타나 포격을 가하고

34) 『일성록』, 헌종 6년 3월 25일. "今彼中, 旣以此爲憂. 我國亦宜另飭沿海守令, 申嚴海防."

35) "書狀官李正履聞見事件, 備陳英洋海防事宜, 於是朝廷始聞之."(윤종의, 『闢衛新編』 권7, 「査匪始末」, 한국교회사연구소 1990, 733면)

36) 김상현, 『경대시존』, 「五月二日 淵齋 雲皐 枰陰 玉坡 同集筠心堂 與主人兄弟 分百年地僻柴門逈爲韻 各賦一體」, "閒讀醇翁書畵船, 古雲今雨滿幽燕.", 「臘月十九夜 李醇溪 洪沆瀣 尹梣溪 徐子直 朴桓卿 申穉良 洪元龍 徐元藝 會余禮易堂 賞梅 分溯游從之宛在水之中央 余得水字 因依己亥冬梅花舊韻 賦長句」, "醇翁晩退春明食, 借驢借童來五里. 爲說去年蘆溝月, 萬樹梅花照氷髓."

가축을 약탈해 간 사건이 발생했다. 그리고 1845년 이후부터는 이양선들의 출현이 한층 더 빈번해짐으로써, 이정리가 우려했던 사태가 목전의 현실로 나타나기 시작했다. 이러한 점들을 감안할 때 이정리의 연행과 그에 따른 견문 내용은 박규수를 포함한 주위 인사들에게 깊은 영향을 끼쳤을 것임에 틀림없다.

제4장

# 경세학으로의 학문적 전환

## 1. 『경세문편』과 청조 경세학

기존 연구에 의하면 박규수는 1860년대 혹은 1870년대에 이르러 실학에서 개화사상으로 전환함으로써 '우리나라 최초의 개화사상가'가 되었다고 한다.[1] 그러나 박규수의 사상에 과연 중대한 전환이 일어났다면 그 시기는 언제부터이며 그 결과 형성된 새로운 사상의 성격을 어떻게 규정할 것인가 하는 문제는 재고의 여지가 있다고 본다.

제1차 아편전쟁이 터진 1840년 전후의 시기는 동북아시아 삼국이 자본주의 세계체제에 포섭되어가는 분기점이었다. 그때부터 중국과 일본에서는 강

1) 1860년대 전환설은 신용하, 「김옥균의 개화사상」, 『동방학지』 46・47・48 합집, 1985, 162~167면; 오길보, 「개화파의 형성과 그의 초기 활동」, 북한 사회과학원 역사연구소 편, 『김옥균』, 역사비평사 1990, 94~95면 등에서 제기되었다. 1870년대 전환설은 이광린, 『한국개화사상연구』, 일조각 1979, 42~43면; 강재언, 『한국의 개화사상』, 정창렬 역, 비봉출판사 1981, 131면 등에서 제기되었다.

렬한 대외 위기의식 속에 해방(海防)과 내정개혁을 추구하는 사조가 대두하거니와, 박규수는 같은 시기의 조선에서 그에 상응하는 노력을 보여준 선구적 인물이었다고 생각된다. 이와같이 은둔기의 후반에 해당하는 1840년대부터 박규수의 사상과 학문에 커다란 변화가 나타나기 시작했음을 시사하는 증거로, 이 시기 그에게 큰 영향을 끼친 것으로 보이는 『황조경세문편(皇朝經世文編)』(이하 『경세문편』으로 약칭함)과, 그가 벗 윤종의의 『벽위신편(闢衛新編)』을 평한 「벽위신편 평어」를 각별히 주목할 필요가 있다.

앞서 언급했듯이 박규수는 자신의 은둔생활을 노래한 시에서 "냉철한 눈으로 시무(時務) 살피면서/ 마음 비우고 고서(古書) 읽노라"고 했다.[2] 은둔하던 초기에 박규수가 예학 연구에 몰두하여 『거가잡복고』를 완성하기에 이른 것은 당시 그가 무엇을 '시무' 즉 당대의 급선무로 보았던가를 짐작할 수 있게 한다. 『거가잡복고』에 제시된 그의 의관제도 개혁론은 고례의 회복을 통해 조선 문물을 더욱 철저히 중화화(中華化)하는 한편 사대부사회의 풍기를 혁신하려는 것으로, 우암 송시열과 조부 연암의 문제의식에서 크게 벗어나지 못한 것이었다고 할 수 있다.

그러나 연행을 다녀온 이정리의 귀국 보고가 생생히 증언한 바와 같이, 1840년을 전후한 시기의 내외정세는 서양세력의 침략이라는 미증유의 대외적 위기에 대처하기 위한 경세책(經世策)을 절실히 요구하고 있었다. 그리고 이처럼 '시무'의 성격이 일변(一變)함에 따라 이제부터는 삼례(三禮)와 같은 '고서'보다도 서양에 관한 최신 정보와 그 대책을 다룬 '신서(新書)'의 연구에 치중하지 않으면 안 될 터였다. "만청(晩淸)의 경세지학(經世之學)이 낳은 가장 중요한 문헌"[3]인 『경세문편』은 바로 이 점에서 박규수에게 큰 영향을 끼쳤으며, 그 결과 촉진된 그의 학문적 방향전환과 사상적 모색의 한 결실이 다름아닌 「벽위신편 평어」였다고 생각된다.

2) 『환재집』 권3, 「歲暮寄人」, 장2뒤.

3) 張灝, 「宋明以來儒家經世思想試釋」, 中央研究院 近代史研究所 편, 『近世中國經世思想研討會論文集』, 臺北: 1984, 16면.

청나라 초 이후 1820년대 전반까지의 시무경세론(時務經世論)을 집대성한 『경세문편』은 개혁파 관료로서 당시 강소포정사(江蘇布政使)였던 하장령(賀長齡)의 편저로 되어 있으나, 실제로는 그의 막료인 위원(魏源)이 편한 것이다. 위원(1794~1857)은 고증학풍에 반대하여 '경세치용(經世致用)의 학(學)'을 제창한 공양학파(公羊學派)에 속하는 학자이자 문인으로 상당한 명성을 얻고 있었으므로, 1825년 하장령은 자신의 막료로 영입한 그에게 『경세문편』의 편찬을 위촉했다. 『경세문편』의 「서(敍)」와 「오례(五例)」에서 밝힌 대로 위원은 당대의 절실한 시무에 관계되는 실용적인 글만을 수록한다는 원칙에 따라, 광범한 문헌으로부터 고염무(顧炎武)를 비롯한 600여 명의 글 2천여 편을 엄선하여 1827년 총 120권에 달하는 방대한 책으로 간행하기에 이른 것이다.

『경세문편』은 먼저 전서(全書)의 이론(理論) 부분으로, 경세적 관심과 학

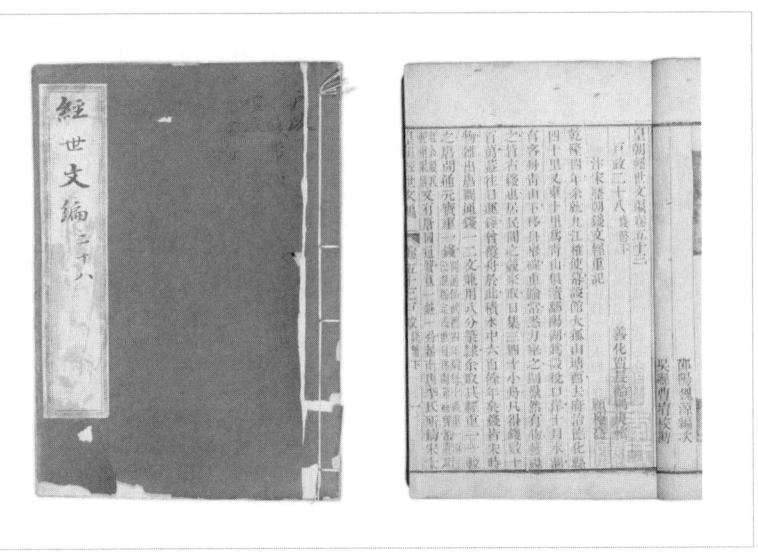

經世文編 二十八

皇朝經世文編卷五十三

戶政二十八 錢幣下

이정리가 북경에서 구입해 온 『경세문편』 표지(좌)와 같은 책 본문(우).
'순계(醇溪)' '이씨지장(李氏之藏)'이라는 장서인이 찍혀 있다.
수경실(修綆室) 소장.

술의 실용성을 강조하고 정치상의 근본 문제들을 논한 「학술」편과 「치체(治體)」편을 두었다. 다음으로 육부(六部)의 순서에 따라 구체적인 행정 실무를 논한 「이정(吏政)」 「호정(戶政)」 「예정(禮政)」 「병정(兵政)」 「형정(刑政)」 「공정(工政)」의 6편을 두었다. 그리고 각 편은 다시 모두 65개의 소목(小目)으로 분류되어, 주제별로 나뉜 매우 정연한 체제를 갖추었다. 그중 육정(六政)에 관한 글이 대다수인 가운데, 특히 재정과 수리(水利) 문제를 논한 「호정」편과 「공정」편이 전체의 약 반을 차지하여, 『경세문편』이 행정 실무의 개혁에 치중하고 있는 점을 잘 보여준다. 그러나 사상사적으로는 위원의 경세사상이 드러나 있는 「학술」편과 「치체」편이 더욱 주목되는 부분으로, 여기에 수록된 글들은 당시 중국의 학풍을 경세학으로 전환케 하는 데 큰 영향을 끼쳤다고 할 수 있다.

아편전쟁과 태평천국의 난 등 잇단 내외의 위기에 봉착하여 청조의 통치체제가 급속히 해체되고 그에 대응해서 양무(洋務)운동 · 변법(變法)운동이 전개됨에 따라, 『경세문편』은 출판을 거듭하며 널리 유포되었다. 중국 근대사상 중요 인물인 증국번(曾國藩) · 좌종당(左宗棠) · 장지동(張之洞) · 강유위(康有爲) 등이 모두 젊은 시절에 『경세문편』을 숙독했다고 한다. 뿐만 아니라 이 책의 성행에 힘입어 서명과 체제는 물론 심지어 그 권수까지 따르고 있는 유사한 편저들이 청말에 이르기까지 속출했다. 이처럼 『경세문편』은 고증학이 주도하던 당시 중국 학계에 경세학의 신풍(新風)을 일으킨 저술로서, 근대적 변혁운동의 발전에도 심대한 영향을 미친 것으로 평가되고 있다.[4)]

『경세문편』은 1840년 이정리에 의해 처음 조선에 전래된 것으로 보인다. 이는 중국의 최신 학술 동향에 대해 누구보다 민감했던 김정희조차 1844년

---

4) 賀長齡·魏源等編, 『清經世文編』, 北京: 中華書局 1992, 上·中·下; 黃克武, 「經世文編與中國近代經世思想研究」, 『近代中國史研究通迅』 2期, 臺北: 中央硏究院 近代史硏究所 1986; 李漢武, 『魏源傳』, 長沙: 湖南大學出版社 1988, 73~81면; 大谷敏夫, 「清末經世思想における二大潮流」, 『東洋史硏究』 50권 2호, 京都: 東洋史硏究會 1991 등 참조.

에야 이 책을 입수한 사실로 미루어 짐작할 수 있다. 당시 제주도에 유배중이던 김정희는 역관으로 북경에 다녀온 그의 문인 이상적(李尙迪)이 어렵사리 "우경(藕耕—하장령의 字)의 『문편(文編)』"을 구하여 보내온 데에 감격해서 유명한 「세한도(歲寒圖)」를 그려주기까지 했던 것이다.[5)]

이정리는 북경에서 구입해 온 이 희귀한 저술을 가까운 친지·우인들에게 공개했던 것 같다. 홍석주는 『학강산필(鶴岡散筆)』에서 "금년 경자(庚子—1840년)에 이심부(審夫—이정리의 자)가 중국 사행에서 돌아올 때 『경세문편』이라는 책을 구해 왔다"면서, 책에 대해 간략히 설명한 다음 "근세에 새로 나온 서적들이 거의 수백 수천이 넘을 지경이지만, 그중 실용(實用)에 도움되는 것을 구하자면 역시 이것을 능가할 만한 것이 없다"고 칭송하고 있다.[6)]

이어서 홍석주는 책의 일부 내용을 인용·소개하고 있는데, 이를 검토해보면 그가 『경세문편』의 어떤 측면에 특히 관심을 가졌던가를 알 수 있다. 우선 그는 「학술」편에 실린바 주자학을 공박하는 고증학자들에 대하여 극력 비판한 글들에 큰 공감을 표하면서, 일례로 염순관(閻循觀)과 정진방(程晉芳)의 글을 소개하고 있다.[7)] 또한 그는 이 책에 청의 공문서가 많이 수록되어 있어 사료적 가치가 풍부함을 지적하고, 1813년 천리교(天理教)의 난을 당한 가경제(嘉慶帝)가 스스로를 질책한 조서(詔書)에 붙인 계방(桂芳)의 발문을 예로 들면서 이를 통해 청의 국정을 엿볼 수 있다고 첨언한다.[8)]

그런데 홍석주가 『경세문편』에서 가장 큰 관심을 보인 것은 「병정」편에

5) 김정희, 『阮堂先生全集』 권4, 「與李藕船」(5)(신호열 편역, 『국역 완당전집』 II, 민족문화추진회 1988, 87면).

6) "今歲庚子, 李審夫自北軺還, 得一書曰經世文編 (…) 近代書籍之新出者, 殆不啻千百計, 求其有裨於實用, 亦莫有能過是矣."(홍석주, 『연천전서』, 제7책, 『학강산필』 권6, 183면); 김문식, 「홍석주의 經學사상 연구」, 『규장각』 16, 1993, 44면 참조.

7) 홍석주, 『연천전서』, 제7책, 『학강산필』 권6, 183면; 『淸經世文編』 권2, 「학술」2, 儒行, 程晉芳, 「正學論(1)」, 閻循觀, 「文士詆先儒論」.

8) 홍석주, 위의 책, 184~185면; 『청경세문편』 권9, 「治體」3, 政本上, 桂芳, 「御製遇變罪己詔恭跋」.

수록된 해방(海防)에 관한 글들이다. 그는 오문(澳門—마카오) 등지에 침투한 서양 세력과 천주교에 대한 대책을 논한 남정원(藍鼎元)과 장견도(張甄陶)의 글들을 대폭 인용하고 있다. 그런데 이들의 글 중에는 "영국에 대해 언급한 내용도 있다"고 하고, "영국은 곧 홍모(紅毛—서양인)의 일종이다"라고 추측하고 있는 점으로 미루어, 그가 해방을 논한 글들에 유독 깊은 관심을 갖게 된 것은 제1차 아편전쟁에 관한 정보에 접하고 영국의 내침을 우려한 때문임을 알 수 있다.[9)]

이처럼 홍석주는 『경세문편』의 방대하고도 다방면에 걸친 내용 중 고증학풍 비판론과 아울러 해방책(海防策)에 대해 각별한 관심을 보이고 있거니와, 이는 당시 이 책을 접한 주위 인사들의 공통된 반응이었을 것으로 짐작된다. 후술하는 바와 같이 1848년 윤종의가 편찬한 『벽위신편』을 살펴보면 『경세문편』 중 천주교와 해방책에 관한 글들을 대거 발췌 · 수록하고 있음을 발견할 수 있다. 또한 이러한 사실은 『벽위신편』 편찬 이전의 어느 시기에 윤종의 역시 이정리가 구입해 온 『경세문편』을 열람했음을 시사하는 것이다.[10)]

『경세문편』에 크게 의거하고 있는 윤종의의 『벽위신편』에 대해 평어를 쓴 점과 아울러 척숙 이정리와의 각별한 관계를 감안할 때, 당시 박규수도

9) 홍석주, 위의 책, 185~186면. "亦有及英吉利者" "英吉利卽紅毛之一也"; 『청경세문편』 권83, 「兵政」14, 海防上, 藍鼎元, 「論南洋事宜書」, 張甄陶, 「澳門圖說」, 「論澳門形勢狀」, 「上廣督論制馭澳夷狀」.

10) 그밖에 서유구의 『林園經濟志(林園十六志)』의 「引用書目」 史部에도 『경세문편』이 소개되어 있다. 서유구는 만년까지 『임원경제지』를 여러 차례 수정·보완했으므로, 그 역시 이정리를 통해 『경세문편』을 구해 보았으리라 짐작된다(노대환, 『동도서기론 형성 과정 연구』, 일지사 2005, 170면 참조). 또한 박규수의 벗인 申應朝(호 苟菴, 1804~1899)의 문집에도 『경세문편』 중 趙翼·李衛·喬光烈·紀昀의 척사론(권69, 「禮政」16, 正俗下)과 姜宸英·장견도의 해방책(권83, 「병정」14, 해방上)이 거론되어 있음을 볼 수 있다. 아울러 주목할 것은 『경세문편』 중 고증학풍을 비판한 정진방·염순관의 글이 홍석주의 『학강산필』로부터 재인용되어 있는 점이다(『苟菴集』 권9, 「雜著」, 『苟菴續集』 권5, 「匪言」) 단 신응조의 문집에서 이처럼 『경세문편』의 일부 내용을 거론한 부분은 1880년대에 씌어진 것으로 추측된다.

『경세문편』을 읽었으리라는 것은 거의 의심할 여지가 없는 사실이다. 후일의 기록이긴 하지만, 박규수가 윤종의에게 보낸 한 서신을 보면 두 사람이 『경세문편』과 그 편자인 위원에 대해 깊은 관심을 공유하고 있었음을 확인할 수 있다. 즉 1872년 진하정사(進賀正使)로 두번째 연행에 나선 박규수는 윤종의에게 보낸 서신에서, "위묵심(默深—위원의 자)에게 『증자장구(曾子章句)』가 있는데 서문이 『경세문편』에 수록되어 있소. 이는 필시 그가 편찬한 책일 테니 응당 구하자면 길이 있으리다"라고 하여, 북경에서 위원의 『증자장구』를 구입해 올 뜻을 밝히고 있다. 아마 박규수는 일찍이 『경세문편』「학술」편에 수록된 위원의 「증자장구 서(曾子章句序)」를 읽은 뒤부터 『증자장구』를 구득하려는 숙원을 품게 되었던 것 같다.[11)]

그렇다면 『경세문편』은 은둔기의 박규수에게 어떤 영향을 미쳤을까? 이 문제와 관련해서 여기에서는 두 가지만 언급해두고자 한다. 첫째로, 은둔기 이후 그의 사상에서 두드러지게 나타나는 고염무의 영향이 바로 이 『경세문편』과 무관하지 않으리라는 점을 주목할 필요가 있다.

물론 박규수는 『경세문편』을 접하기 이전에도 고염무의 존재를 알고 있었다. 일찍이 영정조 시대에 조부 연암과 그 문인 이덕무 · 유득공 등은 『일지록(日知錄)』을 비롯한 고염무의 저술들에 접하고 있었으며, 순조대 이후에도 선배 김매순 · 홍석주 · 홍직필 등은 고염무의 학문과 아울러 청조에 출사(出仕)하지 않은 그 절의를 높이 평가했다.[12)] 이러한 추세 속에서 박규수도 1826년 연행을 앞둔 홍양후에게 보낸 편지에서 당시 금서(禁書)로 알려

11) 『환재집』 권9, 「與尹士淵」(16), 장12뒤. "魏默深有曾子章句, 序錄在經世文編. 是必其所輯也. 當求之有道耳."; 『청경세문편』 권5, 「학술」5, 문학, 위원, 「증자장구 서」.

12) 이덕무, 『日知錄略』(文友書林 소장); 李喜經, 『雪岫外史』, 「顧亭林炎武」; 홍직필, 『梅山雜識』 권1; 김명호, 『열하일기 연구』, 창작과비평사 1990, 102~103면; 정민, 『조선후기 고문론 연구』, 아세아문화사 1989, 67면, 97면; 김문식, 「18세기 후반 서울 학인의 清學 인식과 청 문물 도입론」, 『규장각』 17, 1994, 15~16면; 山內弘一, 「金邁淳の學問觀—清儒への評價をめぐって」, 武田幸男 編, 『朝鮮社會の史的展開と東アジア』, 山川出版社 1997, 387~389면 등 참조.

진 고염무의 『천하군국리병서(天下郡國利病書)』를 구해보도록 권한 바 있다.[13)]

하지만 후술하는 바와 같이 은둔기 이후 박규수의 글들을 살펴보면 고염무의 영향은 종전에 비할 수 없이 뚜렷이 나타나고 있다. 이러한 글들에서 박규수는 고염무를 "백세(百世)의 스승"으로 존모하고 사숙했으며, 그의 문학관에 감복하여 경세(經世)와 무관한 사장지학(詞章之學)을 멀리하게 되었다고 밝히고 있다. 그러므로 후일 문인 김윤식은 박규수의 학행이 "고녕인(寧人—고염무의 자)의 진학(眞學)에 근접했다"고 예찬했던 것이다.[14)]

은둔기 이후 박규수에게서 발견되는 중요한 사상적 변화의 하나로 이같은 고염무에의 경도(傾倒)를 들 수 있다면, 거기에는 『경세문편』의 영향이 적지 않이 작용했으리라 본다. 앞서 언급했듯이 『경세문편』은 청조 전기(前期)의 학술적 성과를 광범하게 종합하고 있지만, 여기에서 특히 중시되고 있는 것은 명말 청초 고염무·황종희(黃宗羲)·당견(唐甄) 등의 경세사상이다. 그중에서도 고염무의 글은 무려 98편이나 수록되어 있어 황종희(4편)·당견(20편) 등의 경우에 비해 압도적임은 물론, 『경세문편』에 인용된 600여 명의 글 가운데 최다 편수를 차지하고 있다. 또한 고염무는 『경세문편』의 초두에 소개된 수록인물 「성명총목(姓名總目)」 중 첫번째로 거명되고 있을뿐더러, 「형정」편을 제외한 전편에 걸쳐 그의 글들이 빠짐없이 인용되어 있기도 하다.

이와같은 사실은 고염무의 경세사상을 계승하려는 편자의 뚜렷한 지향을 보여준다. 『경세문편』에서 위원은, 그동안 고염무가 고증학의 개조(開祖)로

---

13) 『환재총서』, 제5책, 「與洪一能(良厚)書」, 311면.

박규수의 장서 목록인 『錦篋藏弆錄』(후손가 소장)의 「筠心堂叢書」 上函에도 "亭林先生年譜 一卷 分入日知錄匣"이라고 기록되어 있다. 한편 김상현 역시 1839년 연행을 떠나는 이정리에게 준 송별시에서 "先訪亭林利病書"라 하여, 고염무의 『천하군국리병서』를 우선적으로 구하도록 당부했다(『경대시존』, 「送醇溪侍讀充書狀官入燕」).

14) 『환재집』 권4, 「圭齋集序」, 장39뒤, 권10, 「與沈仲復秉成」(1), 장2뒤; 김윤식, 『雲養續集』 권2, 「右議政文翼公朴珪壽廟庭配享敎諭書」, "近接顧寧人之眞學."; 이완재, 『초기개화사상연구』, 민족문화사 1989, 61면 참조.

만 추앙되면서 거의 망각되다시피 한 그의 경세적 학풍을 적극 부각함으로써 이를 자신의 당대에 되살리고자 한 것이다. 박규수는 이 『경세문편』을 통해 경세사상가로서의 고염무를 재발견하면서부터 그의 학문에 급속히 경도되어갔으리라 추측된다.

둘째로, 『경세문편』의 영향과 관련하여 더욱 주목할 것은 이를 통해 박규수가 위원의 존재를 알게 된 사실이다. 흔히 박규수가 '개화사상'으로 전환하게 된 요인의 하나로 위원의 『해국도지(海國圖志)』의 영향을 들지만, 『해국도지』에 앞서 『경세문편』을 통해 이미 그는 위원의 사상에 접하고 있었다.

위원은 『경세문편』의 실제 편자일뿐더러 거기에는 그의 글이 16편이나 수록되어 있다.[15] 앞서 언급했듯이 그중에서 「증자장구 서」를 거론한 점으로 미루어, 박규수는 위원의 경학(經學)에 대해 관심을 가졌던 듯하다. 위원의 「증자장구 서」는 1821년 그가 『대대례(大戴禮)』 중의 「증자(曾子)」 십편(十篇)과 『효경(孝經)』을 합쳐 편한 『증자장구』에 붙인 서문이다. 이 글에서 위원은 『예기』 중의 「대학」편을 증자의 저술로 간주한 주희와 달리, 바로 이 「증자」 십편이야말로 『논어』 『맹자』 『중용』과 더불어 사자서(四子書)의 하나로 추숭(推崇)되어야 한다고 역설했다.[16] 박규수는 아마도 이같은 위원의 주장에 공감하고, 나아가 『증자장구』를 구득하고자 했던 것이 아닌가 한다.

다만 후일의 사상적 발전과 관련해서 보자면, 박규수에게 위원의 경학보다는 그의 경세사상이 더욱 큰 영향을 끼친 것으로 보아야 할 듯하다. 1830년대에 이미 유봉록(劉逢祿)과 이조락(李兆洛) 등 공양학파의 금문경학(今文經學)의 성과에 접하고 있던 김정희는, 위원의 대표적 저술의 하나로 삼가시(三家詩)의 미언대의(微言大義)를 천명하고자 한 『시고미(詩古微)』를 높이 평가하는 등 위원의 경학에 대해서도 큰 관심을 가지고 있었다.[17] 이에 비

15) 『경세문편』에 실린 위원의 글은 주제별로 「학술」, 문학, 2편; 「호정」, 漕運, 4편; 「예정」, 家教, 1편, 正俗, 2편; 「병정」, 兵法, 2편, 塞防, 1편, 蠻防, 1편, 苗防, 3편이다.

16) 王家儉, 『魏源年譜』, 臺北: 中央研究院 近代史研究所 1981, 17~19면 참조.

17) 『완당선생전집』 권4, 「與李藕船」(6), 권5, 「代權彝齋與汪孟慈」(신호열 편역, 『국역 완당

할 때 박규수에게서는 위원의 공양학과 금문경학에 대한 관심을 찾아보기 어렵다.

『경세문편』이 "내정개혁을 위한 경세서(經世書)"라면 『해국도지』는 "대외정책을 위한 경세서"로서 상호보완적인 연관성을 지니고 있다. 이러한 『해국도지』가 후일 그에게 미친 영향을 아울러 감안할 때, 박규수는 『경세문편』에서도 위원의 글들에 나타난 경세사상으로부터 크게 영향을 받았을 것으로 추측된다. 또한 위원의 『해국도지』는 그의 스승 이조락을 매개로 하여, 경세를 위한 고염무의 역사지리 연구의 전통을 계승한 것으로 볼 수 있다.[18)]

이처럼 『경세문편』에서 『해국도지』에 이르는 위원의 사상 발전에서 고염무의 경세적 학풍이 지속적인 영향을 끼치고 있는 점을 보아도, 박규수가 위원으로부터 주로 어떤 측면에서 영향을 받았을 것인지는 미루어 짐작할 수 있을 것이다. 그리고 박규수의 경우 이와같이 『경세문편』을 통해 위원의 사상에 접하고 그에 깊이 공감하고 있었기에, 후일 『해국도지』를 적극적으로 수용하게 되었으리라 생각된다.

앞서 논한 대로 박규수는 조부 연암의 실학을 가학으로 이어받았을 뿐 아니라 서유구를 종유하면서 사공(事功)을 중시하는 그의 실용적 학풍으로부터도 깊은 영향을 받았다. 이러한 바탕 위에서 그는 『경세문편』을 통해 고염무에서 위원으로 이어지는 청조 경세학의 성과에 접함으로써, 은둔 초기의 복고적인 예학 연구로부터 서세동점(西勢東漸)의 세계사적 격변에 대처하기 위한 경세학으로 점차 학문적 방향전환을 하게 되었던 것으로 보인다.

---

전집』 Ⅱ, 89~91면, 138~140면); 藤塚鄰, 앞의 책, 419~431면 참조.

18) 大谷敏夫, 앞의 논문, 204면; 大谷敏夫, 『清代政治思想史研究』, 東京: 汲古書院 1991, 제4장 「常州李兆洛の歷史地理學」 참조.

## 2. 윤종의의 『벽위신편』과 천주교 대책

박규수의 「벽위신편 평어」는 1840년대 이후 그의 사상적 변화를 처음으로 감지할 수 있게 하는 점에서 대단히 주목되는 글이다. 그런데 이는 윤종의가 편찬한 『벽위신편』을 평한 글인 동시에 그에 대한 발문의 성격을 지니고 있으므로, 그 내용을 심층적으로 고찰하기 위해서는 『벽위신편』에 대한 검토가 반드시 선행되어야 하리라 본다.[19)]

윤종의가 자서(自序)에서 밝힌 대로 『벽위신편』은 "사교(邪教)를 주멸(誅滅)하는 방법으로는 혁심(革心)케 하는 것이 상책이요, 외구(外寇)를 방어하는 요령으로는 적정(敵情)을 캐내는 것이 급선무"라는 전제 아래, 천주교를 배격하는 척사론(斥邪論)과 해외 사정 및 해방책에 관한 글들을 모아 전 7권으로 편한 것이다.[20)] 그런데 이 책은 1848년 3월(이하 음력)에 일단 완성을 본 뒤에도 편자에 의해 수정·보완을 거듭한 듯하며, 현재 전하는 필사본은 이러한 추가 작업이 제대로 수습되지 못한 상태로 남아 있다. 윤종의는 『벽위신편』의 편찬을 일단락 지은 뒤 1850년대에 『해국도지』와 『영환지략(瀛環志略)』의 일부 내용을 추가했으며,[21)] 그의 만년인 1880년대까지 보완 작업을 그치지 않았던 것 같다. 박규수의 「벽위신편 평어」는 최초로 편찬된 『벽위신편』을 대상으로 쓴 글이기 때문에, 현전 필사본을 분석하여 1848년 당시 『벽위신편』의 원모습을 추정해볼 필요가 있다.

이정관의 서문에 의하면 이 책은 원래 「이교인기(夷教因起)」「제가논변

19) 『벽위신편』에는 별도로 池運浩가 지은 정식 발문이 수록되어 있다. 그러나 윤종의가 박규수에 대한 祭文에서 「벽위신편 평어」를 거론하며 "跋闢衛之編, 則懸料海外之情狀, 如燭照物, 少日見識, 其大且精者如此"라고 칭송한 점으로 미루어, 『벽위신편』의 발문으로 볼 수도 있을 것이다(『환재집』 권1, 김윤식, 「序」, 장2뒤). 『벽위신편』에 대한 선행연구로는 차기진, 「윤종의의 斥邪論과 海防論 인식에 대한 연구」, 『윤병석교수 화갑기념논총』, 지식산업사 1990; 손형부, 『박규수의 개화사상 연구』, 일조각 1997, 75~79면 등이 있다.
20) "誅邪之法, 革心爲上; 禦寇之要, 鉤情最急."(『벽위신편』, 한국교회사연구소 1990, 7~8면).
21) 『벽위신편』, 8면, 「자서」 말미 小註 참조.

(諸家論辨)」「이국전기(異國傳記)」「연해형승(沿海形勝)」「정리전도(程里躔度)」「비어초략(備禦抄略)」「사비시말(査匪始末)」의 7권으로 구성되었다고 한다.[22] 그런데 현전본에는 「이교인기」편이 없어진 대신 「연해형승」편이 상·하로 분권(分卷)되어 있음을 볼 수 있다.

그 결과 현전본에서 『벽위신편』의 제1권으로 된 「제가논변」편은 천주교의 침투 실태와 그 교리를 비판한 중국과 국내 제가의 글 20편을 싣고 있다. 여기에서 주목할 것은, 홍석주의 『학강산필』에도 거론된 장견도를 포함하여, 기윤(紀昀)·이위(李衛)·구가수(邱嘉穗)·심대성(沈大成)·조익(趙翼)·교광렬(喬光烈)의 글 9편이 모두 『경세문편』으로부터 전재되었다는 사실이다.[23] 이러한 글들에 이어지는 위원의 「이정비채(夷情備采)」「천주교고(天主教考)」「천방교고(天方教考)」와 양광선(楊光先)의 「벽사론(闢邪論)」은 『해국도지』에 실린 글들이다.[24] 그밖에 안정복(安鼎福)·이정관·김치진(金致振)의 척사론 중 김치진의 글은 1856년에 쓴 것이고, 1877년 주(駐)일본공사로 부임했던 황준헌(黃遵憲)의 「일본잡사시주(日本雜事詩注)」와 허의후(許儀後)·강항(姜沆)의 「왜정록(倭情錄)」은 1876년 개항 이후의 어느 시기에 일본의 침투를 우려하여 추가한 글들로 보인다. 그러므로 처음 편찬되었을 당시의 「제가논변」편은 『경세문편』에서 전재한 글들을 위주로 엮어졌음을 알 수 있다.

제2권 「이국전기」편은 『명사(明史)』「외국열전(外國列傳)」과 청(淸) 우동(尤侗)의 「외국죽지사(外國竹枝詞)」를 주요 전거로 하여, 이딸리아 등 서양 각국과 서양에서 중국 남양(南洋)에 이르는 여러 지역을 소개한 것이다. 후

22) 『벽위신편』, 「闢衛新編敘」, 12면. 이정관은 이 서문을 1848년 10월에 썼다고 밝히고 있다.
23) 기윤·이위·구가수·심대성·조익·교광렬의 글은 『청경세문편』 권69, 「예정」16, 正俗下에, 그리고 장견도의 글 3편은 『청경세문편』 권83, 「병정」14, 海防上에 수록되어 있다.
24) 『해국도지』 초간본(1844년刊 50권본) 권15, 「西印度之如德亞國」 附「天主敎攷」에 수록되어 있다(100권본에는 제27권에 수록되어 있다). 이하 『해국도지』는 초간본을 인용하기로 한다.

일 첨가한 두주(頭註)에서, 『명사』는 정사(正史)이기 때문에 『해국도지』 중의 외국 기사처럼 황당무계하지 않으므로 『해국도지』를 접한 이후에도 『명사』에서 채록한 부분을 그대로 살려두었다고 밝히고 있는 점으로 보아, 『명사』「외국열전」에서 발췌한 기사들은 『벽위신편』을 처음 편찬할 때 수록된 것이 분명하다.[25] 『명사』 편찬에 참여했던 우동(1618~1704)의 「외국죽지사」는 『열하일기』나 이덕무의 『이목구심서(耳目口心書)』 등에서 이미 거론되고 있으므로,[26] 이 역시 처음 편찬할 때 참고한 것이 틀림없다.

제3권 「연해형승」 상편은 청나라 초에 진윤형(陳倫炯)이 지은 『해국문견록(海國聞見錄)』의 하권인 「사해총도(四海總圖)」 이하 6종의 지도와, 그 상권인 「천하연해형세록(天下沿海形勢錄)」 이하 8편의 기(記)를 고스란히 전재하고, 『경세문편』으로부터 조익의 글 1편을 추가한 것이다.[27]

제4권 「연해형승」 하편은 『해국문견록』의 체제와 흡사하게, 「삼계도(三界圖)」 등 조선의 연해에 대한 지도와 관련 기사로 이루어져 있다. 1849년 박규수가 윤종의에게 보낸 편지에서 「삼계도」를 보내줄 것을 요청하고 있는 사실[28]로 미루어, 이는 「연해형승」 상편과 마찬가지로 처음 편찬할 때부터 있었던 것임을 알 수 있다.

제5권 「정리전도」편은 각 지역의 거리와 위도(緯度)상의 위치를 기록하고 있다. 오대주(五大洲) 소개를 비롯한 그 주요 내용은 모두 『해국도지』에 소개된 장정부(莊廷旉)의 『지도설(地圖說)』에서 발췌한 것들이다.[29] 부록인 「해

25) 『벽위신편』, 8면 상단. "明史元是正史, 非若海志之弔詭荒誕. 故悉以明史採錄者此也."
또한 그에 대한 방증으로, 이러한 기사들 가운데 『경세문편』 중의 글 2편이 섞여 있는 점을 들 수 있을 것이다(『벽위신편』, 156~158면, 187~190면; 『청경세문편』 권83, 「병정」 14, 海防上, 藍鼎元, 「論南洋事宜書」, 권84, 「병정」15, 海防中, 魯之裕, 「臺灣始末偶紀」).
26) 김명호, 『열하일기 연구』, 110면 참조.
27) 『四庫全書總目』 권72, 史部, 地理類存目1, 『해국문견록』; 『청경세문편』 권83, 「병정」 14, 海防上, 조익, 「外番借地互市」.
『해국문견록』 중 「천하연해형세록」과 「南澳記」 2편은 『경세문편』 권83에도 수록되어 있다. 『해국문견록』은 『해국도지』에도 자주 인용되고 있다.
28) 『환재집』 권9, 「與尹士淵」(1), 장1뒤~2앞.

국횡도(海國橫圖)」 역시 『해국도지』에 있는 것으로, 그 다음에 수록된 「장암 박씨 지세의명(莊菴朴氏地勢儀銘)」 즉 박규수의 「지세의명 병서(地勢儀銘并叙)」와 함께 1850년대 이후 추가된 것이 분명하다.

제6권 「비어초략」편은 해방책과 관련된 글 25편을 싣고 있어, 척사론을 모은 「제가논변」편과 아울러 이 책에서 핵심을 이루는 부분이다. 그런데 주목할 것은 여기에서도 「제가논변」편과 마찬가지로, 이광파(李光坡)의 「방해(防海)」 이하 이불(李紱)의 「진해노독약방소(陳解弩毒藥方疏)」에 이르는 13편의 글이 모두 『경세문편』으로부터 전재되었다는 사실이다.[30] 그 다음에 실린 「일본주즙(日本舟楫)」은 1763년 조선통신사의 일원으로 일본에 갔던 원중거(元重擧)의 『화국지(和國志)』(권2)에서 발췌한 것이다. 기타 「논양선(論洋船)」 등 『해국도지』에서 전재한 글 9편과 『영환지략』에서 전재한 글 2편은 나중에 추가된 것이므로, 처음 편찬할 당시의 「비어초략」편 역시 대부분 『경세문편』에서 발췌한 글들로 이루어졌음을 알 수 있다.

제7권 「사비시말」편은 15세기 말 이래 당대까지 이양선의 출몰을 중심으로 서양인과의 접촉 사례를 정리한 것이다. 그중 1852년의 이양선에 관한 기사, 1854년의 러시아에 관한 기사, 1866년 프랑스 신부 처형 문제로 청과 주고받은 외교문서는 최초의 편찬 이후에 추가된 것이다. 권말(卷末)의 「벽위신편 총설(總說)」은 윤종의 자신의 척사론으로, 1848년 3월에 지었다고 밝히고 있다.

이상에서 알 수 있듯이, 원래 『벽위신편』은 『경세문편』을 가장 중요한 전거로 삼고 그밖에 『명사』 『해국문견록』 「외국죽지사」 등을 참고한 것이었다. 이로 미루어볼 때 윤종의가 『벽위신편』을 편찬하게 된 데에는 이정리의

29) 『해국도지』 권46(100권본으로는 권76), 「國地總論」下, 「莊廷旉地圖說」.

30) 이광파 · 嚴如熤(2편) · 徐旭旦 · 阮元의 글은 『청경세문편』 권83, 「병정」14, 海防上에, 惠士奇 · 沈德潛 · 褚華 · 周之夔 · 汪志伊 · 程含章의 글은 권85, 「병정」16, 海防下에, 그리고 이불의 「五子廠說」과 「진해노독약방소」는 각각 권77, 「병정」8, 兵法下와 권88, 「병정」19, 苗防에 수록되어 있다.

영향이 적지 않았을 것으로 추측된다. 앞서 살핀 대로 1840년 북경에서 돌아온 이정리는 제1차 아편전쟁 소식을 국내에 전하면서 영국과 천주교의 침투에 대비한 해방을 촉구했으며, 그가 구득해 온 『경세문편』은 주위 인사들에게 척사론과 해방책에 크게 도움되는 귀중한 문헌으로서 환영받았기 때문이다.

한편 『벽위신편』에 이정관이 서문을 썼을 뿐 아니라 그의 척사론이 소개되어 있는 사실은 이 책의 편찬에 이정관 역시 상당한 영향을 끼쳤음을 말해주는 것이다. 이정관은 척사론에 일가견을 지닌 학자로 1839년 『벽사변증(闢邪辨證)』을 저술했다. 앞서 언급한바 연행을 앞두고 이항로에게 보낸 편지에서 이정리는 "가제(家弟)에게 최근 안순암(安順庵)의 『양학고증(洋學考證)』을 논변한 책 1권이 있는데, 처음부터 끝까지 자못 볼 만합니다. 이번에 올 적에는 미처 가지고 오지 못했으나 종당에 노형께 한번 보여드리겠소"라고 했다.[31] 여기에서 말한 안순암의 『양학고증』은 안정복(安鼎福)이 지은 『천학문답(天學問答)』을 가리키고, 최근 그 책에 대해 논변했다는 이정관의 저술은 곧 『벽사변증』을 가리킨다. 연행을 앞둔 이정리 형제에게 준 송별시에서 홍석주가 이들 형제의 학문을 칭송하며 "벽사서(闢邪書)는 간담을 거울처럼 비추네"[32]라고 한 것도 바로 이정관이 『벽사변증』을 저술한 사실을 특기한 것이었다.

『벽사변증』(1권 1책)은 현재 전하지 않으나, 그중의 일부로 『벽위신편』에 소개된 「천학고변(天學考辨)」을 통해 대체적인 내용을 짐작해볼 수 있다. 여기에서 이정관은 천주교 교리를 비판한 안정복의 『천학문답』[33]에 대해

31) "家弟近有辨安順庵洋學考證一卷, 首尾頗可觀. 今行未及携來, 從當爲老兄一觀也."(己亥 7월 20일자 이정리의 편지)

32) 홍석주, 『연천집』 권5, 「送醇溪昆仲入燕」, "照膽闢邪書."

33) 『벽위신편』에 이정관의 글에 앞서 안정복의 『天學考』로 소개되어 있는 글(100~103면)은 실은 안정복의 『天學問答』의 일부(총 31項의 문답 중 제12·13·16항)이다. 이것은 윤종의가 이정관의 「천학고변」에서 안정복의 글을 전재함으로써 생긴 오류인 듯하다. 안정복의 『천학고』는 천주교의 연원을 역사적으로 논한 것으로, 『천학문답』과는 다른 성격의 저

일면 높이 평가하면서도 그 비판이 불철저함을 힘써 지적하고 있다. 이와 아울러 그는 체포한 천주교도를 승려의 노비로 삼게 하면 "이단(異端)으로써 이단을 다스리게 하는 한 방법"이 될 것이라 제안한다.[34] 또한 이정관은 조선에 전래된 서학서(西學書)를 논하면서, 알레니(J. Aleni, 艾儒略)의 『만물진원(萬物眞原)』에 대해 남숙관(南肅寬)[35]이 이를 반박하여 지은 논설을 언급한 후, 빤또하(D. Pantoja, 龐迪我)의 『칠극(七克)』에 대해 이익(李瀷)이 이는 『논어』에서 말한 "사물(四勿)의 각주(脚註)"라고 하여 유교의 극기복례(克己復禮)설과 부합하는 면이 있다고 본 것[36]을 격렬히 비판하고 있다. 이러한 「천학고변」의 내용으로 미루어보면, 이정관의 『벽사변증』은 남인(南人)계 학자들의 천주교에 대한 인식과 비판을 문제시하면서 더욱 철저하고 강경한 척사론을 전개한 저술이 아닌가 한다.

『벽사변증』은 후일 병인양요 이후 유림(儒林)의 외세 배격 운동을 주도했던 이항로와 그 문인들의 척사론에 큰 영향을 주었다. 1841년경 이항로는 이정관이 질정을 부탁하며 『벽사변증』을 보내온 것을 계기로 그 책에 소개된 안정복과 남숙관의 저술을 아울러 구해 천주교 교리를 연구한 뒤 1863년 「벽사록변(闢邪錄辨)」을 완성하게 되었다고 한다. 또한 김평묵(金平默)의 「벽사변증 기의(闢邪辨證記疑)」 역시 1847년경 『벽사변증』을 읽고 그에 대해 비평한 기록을 1866년에 정리한 것이다. 유중교(柳重敎)의 「옥계산록(玉溪散錄)」도 『벽사변증』을 척사론의 주요 전거로서 인용하고 있다.[37]

---

술이다. 이정관의 글도 실제로는 『천학문답』의 일부 내용에 대해 자신의 견해를 피력한 것이므로, 그 제목 역시 「천학고변」이 아니라 「천학문답변」이라야 옳을 것이다(이원순, 『조선西學史 연구』, 일지사 1986, 162~174면 참조).

34) 『벽위신편』, 107~108면. "愚謂, 此類並自官給度牒爲僧尼, 分送各刹, 以爲僧尼之奴婢, 足爲以異端治異端之一法."

35) 남숙관(호 八灘)은 이정리 형제 및 이항로와 절친했던 南啓來의 조부로 「遠西艾儒略萬物眞原辨」을 지었다(이항로, 『화서집』 권25, 「闢邪錄辨」 序).

36) 이익, 『星湖僿說』 권11, 人事門, 「七克」; 안정복, 『順菴先生文集』 권17, 『천학문답』, 부록, 장26뒤~27앞. 이정관은 『칠극』을 마떼오 리치(利瑪竇)의 저술로 오인했다(『벽위신편』, 110면).

이정관의 척사론은 이와같이 이항로 학파에 영향을 미친 한편, 윤종의의 『벽위신편』에도 적지 않은 영향을 주었다. 『벽위신편』의 서문에서 이정관은 성리학을 통해 '도(道)'와 '성(性)'과 '리(理)'를 확고히 인식하는 것이 천주교에 대처하는 가장 근본적인 방책임을 역설하고, 나아가 넓고 풍부한 식견으로 해방책을 강구하는 인재의 출현을 기대하면서 이 책을 편찬한 윤종의야말로 바로 그러한 기대에 부응하는 인물이라고 칭찬하고 있다.[38] 또한 앞서 언급했듯이 윤종의는 『벽위신편』을 처음 편찬할 때 「제가논변」편에 국내 인사의 척사론으로는 안정복과 이정관의 글만을 수록했다. 그런데 안정복의 글은 이정관의 「천학고변」에서 전재한 것이므로, 실질적으로는 이정관의 「천학고변」만을 취한 셈이다. 이는 『벽위신편』에서 윤종의가 이정관의 척사론을 직접적으로 계승하고 있음을 시사하는 것이다.

윤종의의 척사론은 「벽위신편 총설」에 집약되어 있다. 여기에서 그는 우선 「제가논변」편에 소개된 중국인들의 논의가 철저하지 못하다고 비판한다.[39] 즉 그들은 천주교를 이단으로 공박하면서도 '사천지학(事天之學)'이니 '천학(天學)'이니 하는 속칭을 그대로 따르고 있을 뿐 아니라, 알레니의 『직방외기(職方外紀)』나 『매월통기전(每月統紀傳)』[40] 등에서 서양에 관한 기

37) 이항로, 『화서집』 권5, 「與柳公始洛文」, 권25, 「벽사록변」 序, 부록 권9, 「연보」, 癸亥條; 김평묵, 『重菴集』 권2, 「闢洋七懷」, 제3수, 권41, 「闢邪辨證記疑序」; 유중교, 『省齋集』 권37, 「옥계산록」; 금장태, 『동서교섭과 근대한국사상』, 성균관대출판부 1993, 57~58면, 166~167면 참조.

38) 『벽위신편』, 「벽위신편 서」, 8~12면.

39) 『벽위신편』, 「벽위신편 총설」 序, 771~773면.

40) 「벽위신편 총설」 서에는 "每月統紀"로 부정확하게 기재되어 있다(771면). 아편전쟁 이전에 서양 선교사들이 南洋에서 『매월통기전』이란 이름으로 간행한 잡지는 모두 3종이 있는데, 그중 『해국도지』에 인용된 것은 1833년부터 1838년까지 독일 선교사 귀츨라프(K. F. A. Gützlaff)가 간행한 『東西洋考每月統紀傳』(*Eastern Western Monthly Magazine*)이다(熊月之, 『西學東漸與晩淸社會』, 上海人民出版社 1994, 261면; 黃時鑒, 『東西交流史論考』, 上海古籍出版社 1998, 258~320면; 鄒振環, 『晩淸西方地理學在中國』, 上海古籍出版社 2000, 71~79면 참조).

사를 채록하는 데 그치고 있다는 것이다. 그리고 천주교에서 말하는 '사천(事天)'을 유교의 '사천'과 혼동하여 그 교리에 현혹된 까닭에, 심지어는 천주교를 공교(孔教)·불교·회교와 함께 세계 4대 종교의 하나로 보는 설[41]까지 나오게 되었다고 개탄한다. 따라서 윤종의는 천주교의 '사천'이 유교의 '사천'과 근본적으로 어긋남을 논증하는 데 주력하면서, 서양과의 교섭에서 얻게 되는 일체의 "이(利)"를 배격하고 유교의 '사천지도(事天之道)"를 분명히 밝히는 것이 천주교를 막는 최상의 방책이라고 역설하고 있다.[42]

이러한 윤종의의 척사론은 이정관의 견해와는 물론, 이정관의 영향을 받은 이항로 학파의 척사론과도 상통하는 면이 다분한 것이 사실이다. 그러나 이항로의 「벽사록변」이나 김평묵의 「벽사변증 기의」가 성리학을 절대적으로 신봉하는 견지에서 천주교 교리를 비판한 사변적인 논의에 그치고 있는 데 비해, 윤종의의 『벽위신편』에서는 척사론이 해방책과 결합됨으로써 한층 더 현실적인 내용을 획득하고 있다. 이항로와 김평묵의 척사론은 안정복·이정관·남숙관 등의 저술에만 의존한 매우 제한된 지식으로 천주교를 논하고 있지만, 윤종의의 경우는 『경세문편』에 의거하여 중국의 척사론과 해방책을 광범하게 소개함으로써 논의의 차원을 대폭 확장했다. 뿐만 아니라 적정(敵情)을 탐지하는 것이 해방(海防)의 급선무라는 견지에서 「이국전기」「연해형승」「정리전도」편 등을 두어 해외 사정에 대한 천문지리적 지식을 적극 추구한 것은 종전에 볼 수 없었던 획기적인 측면이라 할 수 있다. 그리고 이러한 천문지리학적 관심은 후일 『해국도지』와 『영환지략』의 수용을 통해 더욱 확대 발전되어갔던 것이다.[43]

41) 이는 『경세문편』 권69에 수록된 趙翼의 「천주교」를 가리킨다. 이처럼 조익이 천주교를 세계 4대 종교의 하나로 꼽고 유교를 그중의 하나인 '孔教'로 격하한 데 대해서는 신응조도 비판을 가하고 있다(『구암속집』 권5, 「匪言」, 장3앞뒤, 장20앞~22뒤, 장27뒤, 권7, 장19앞)

42) 『벽위신편』, 「벽위신편 총설」, 773~785면.

43) 『벽위신편』은 후일 중국에까지 전해져 그곳에서 간행되었던 듯하다. 1914년 李炳憲(호 眞庵, 1870~1940)은 홍콩으로 康有爲를 찾아갔을 때 강유위의 서문이 있는 『벽위신편』(5

## 3. 박규수의 「벽위신편 평어」와 『해국도지』 수용

박규수의 「벽위신편 평어」(이하 「평어」로 줄임)는 이와같이 19세기 조선 사상사에서 중요한 의의를 지니는 대저(大著) 『벽위신편』을 평한 것으로서, 13칙(則)으로 된 전문 1700여 자의 비교적 짧은 글이다.[44] 그런데 「평어」가 원래는 윤종의의 「벽위신편 총설」(이하 「총설」로 줄임)에 대한 후주(後註)의 형태로 『벽위신편』에 수록되었던 사실은, 이 글이 『벽위신편』 전체가 아니라 그 일부인 「총설」만을 직접적인 비평의 대상으로 삼은 것임을 시사한다. 이 글의 내용이 척사론 위주로 되어 있는 것도 바로 이 때문이라 생각된다. 그리고 「총설」이 1848년 3월에 씌어졌으며, 『벽위신편』에 대한 이정관의 서문이 같은 해 10월에 씌어진 점 등으로 볼 때, 박규수의 「평어」 역시 1848년경에 씌어졌을 것으로 추측된다.

「평어」의 제1칙은 윤종의의 「총설」에 대한 일종의 총평이라 할 수 있다. 여기에서 박규수는 "글 전체의 대의(大意)가 매우 좋다. 항세준(杭世駿)·양광선과 더불어 한자리를 차지할 만하다"고 하여 「총설」에 피력된 윤종의의 척사론을 높이 평가한다. 이어서, 다만 "적을 사로잡는 데 여유있게 대처하는 점이 다소 미흡한 듯하다"고 하여 천주교를 비판하는 데 여유가 부족함을 지적하면서도, 이는 윤종의가 서학서(西學書)를 보지 못하고 간접적인 전문(傳聞)에만 의거한 데에서 기인한 어쩔 수 없는 한계일 것이라고 변호하고 있다.[45]

---

책)을 처음 소개받고 借覽했다고 한다(『이병헌전집』, 아세아문화사 1989, 上, 「中華遊記」, 613면, 616~617면, 下, 「我歷抄」, 599면). 이 사실은 김영복 선생의 교시로 알게 되었다.

44) 이 글은 『「벽위신편』 권7 「벽위신편 총설」 끝에 제목 없이 "筠心齋曰" 이하의 小註로 수록된 것과, 일본 天理大 소장 『朴瓛齋文』(『환재총서』 제5책에 영인 所收) 중 「벽위신편 평어」라는 제하에 실린 것 2종이 현재 전한다. 양자는 자구상의 차이가 적지 않다. 전자가 초고에 가깝다면 후자는 이를 다듬은 改稿로 판단된다.

「벽위신편 평어」에 대한 선행 연구로는 손형부, 『박규수의 개화사상 연구』, 일조각 1997, 제2장, 32~53면을 들 수 있다.

여기에서 우선 주목할 것은 박규수가 항세준과 양광선의 이름을 나란히 들고 있는 점이다. 이는 「평어」를 쓸 당시에 이미 그가 『해국도지』를 읽었음을 시사한다. 항세준은 예학과 사학 등에 밝았던 건륭조(乾隆朝)의 학자이고, 양광선은 강희제(康熙帝) 때 예수회 신부들과 역법(曆法) 논쟁을 벌인 유명한 척사론자로, 『해국도지』에는 항세준의 「경교속고(景教續考)」와 양광선의 「벽사론」이 함께 수록되어 있기 때문이다.[46] 또한 박규수가 서학서를 직접 읽고 천주교의 실체를 충분히 파악한 위에서 자신감을 가지고 여유있게 이를 비판해야 한다고 한 것은 「평어」에 제시된 그의 척사론을 일관하고 있는 기본 입장이기도 하다.

「평어」의 제2칙 이하에서 박규수는 천주교를 극히 미개한 수준의 종교로 내려다보면서 비판하고 있다. 즉 천주교가 '천(天)'으로써 칭호를 삼은 것은 서역(西域)의 일개 야만족 추장이 '왕중왕(王中王)'이라 자칭한 것과 다름없으며,[47] 귀신과 인간이 뒤섞여 살았다는 중국의 상고시대와 마찬가지로 서양 오랑캐들은 촌구석에서 지금도 목석 따위를 섬기듯이 저마다 잡신을 섬기는데 그중의 한 오랑캐가 다른 잡신들을 능가할 목적으로 고안해낸 것이 천주교의 '천'이라는 것이다.[48] 그리고 '천주'의 아들 예수가 인간으로 태어났다는 천주 강생설(降生說)은 은나라 시조가 제비 알에서 태어나고 주나라

45) "通篇大體儘好. 當與杭世駿·楊光先, 參據一席." "擒敵處容, 或有未快."(『벽위신편』, 785면; 『환재총서』, 제5책, 「朴瓛齋文」, 349면)

이익과 안정복이 서학서를 직접 읽고 분석했던 것과는 달리, 이정관·이항로·김평묵은 이익이나 안정복 등의 글을 통해 천주교 교리를 파악했다. 윤종의 역시 중국 학자들이나 안정복·이정관의 척사론에만 의거하여 천주교를 비판했던 것이다. 이는 19세기 이후 천주교 엄금 정책의 영향으로 사대부사회에서 천주교 비판을 위한 서학서의 연구조차 꺼리던 풍조 때문이었다(金允植, 『雲養續集』 권2, 「奉送瓛齋朴先生赴熱河序」, 附記, 장10앞뒤 참조).

46) 『淸史列傳』 권71, 「항세준」; 『淸史稿』 권272, 열전59, 「양광선」; 阮元, 『疇人傳』 권36, 「國朝」3; 王家儉, 『魏源對西方的認識及其海防思想』, 國立臺灣大學 文史叢刊 1963, 50면 참조. 항세준의 글은 『경세문편』에도 5편이 수록되어 있다.

47) 「평어」 제2칙(『벽위신편』, 785면; 『환재총서』, 제5책, 349면).

48) 「평어」 제3칙(『벽위신편』, 786면; 『환재총서』, 제5책, 350~351면).

시조가 거인 발자욱에서 잉태되었다는 고대 중국의 신화처럼 황당무계한 것이라 본다.[49)]

또한 박규수는 종래 척사론자들 중 천주교의 '천주'를 유교의 '상제(上帝)'와 흡사하다고 보기도 한 것에 대해서도 비판을 가한다. 하늘이자 동시에 주재자인 유교의 '상제'와는 달리 서양인들은 하늘과 그 주재자를 둘로 나누었으니, 천주교의 '천주'란 하늘의 주재자인 '주천(主天)'이요 하늘은 그의 부림을 받는 존재를 일컫는다는 것이다. 그리고 이처럼 천주교에서 실제로는 '주천'인 것을 '천주'라 일컫는 것은 서양인들의 말이 본래 중국어와 달리 어순을 도치하는 까닭이라고 설명하고 있다. 즉 "대개 오랑캐의 말은 본래 도치되어 있어 '음주(飮酒)'를 '주음(酒飮)'이라 하고 '등산(登山)'을 '산등(山登)'이라 한다. 그러니 주천을 '천주'라 하는 것은 그 어세가 본래 저절로 이와같기 때문"이라는 것이다.[50)] 이는 물론 잘못된 설명이기는 하나, 서양의 언어에 대한 지식을 천주교 비판에 활용하려 한 것은 종전의 척사론에서는 볼 수 없던 점이라 하겠다.

한편 박규수는 서양의 천문역법이 중국보다 발달했음을 인정하면서도, 서양인들이 유교와 같은 '대도(大道)'를 인식할 수는 없다고 본다. 즉 그들은 하늘을 주재하는 '천주'의 존재를 신봉하므로, 천문 관측을 더욱 정밀히 하여 역산(曆算)에 밝은 것이 사실이다. 하지만 청초의 저명한 역산가 매문정(梅文鼎, 1633~1721)이 『사기』의 기록을 인용하여 주장한 대로, 오늘날 서양인들의 정밀한 역법은 주나라 말에 주인(疇人: 천문 역산을 가업으로 삼는 사람)

---

49) 「평어」 제6·7칙(『벽위신편』, 787~788면; 『환재총서』, 제5책, 353~354면).

50) 「평어」 제4칙(『벽위신편』, 786~787면; 『환재총서』, 제5책, 351~352면). "蓋夷語本倒, 飮酒曰酒飮, 登山曰山登. 然則主天曰天主, 其語勢本自如此."

이와같이 서양의 언어가 중국어와 달리 어순이 도치되었다는 주장은 梅文鼎의 글에서 찾아볼 수 있다. 매문정은 "語言惟中土爲順. 若佛經語皆倒, 如云到彼岸, 則必云彼岸到之類. 歐邏巴雖與五印度等國不同語言, 而其字之倒亦同"이라 했다(『歷算全書』 권4, 『歷學疑問補』上, 「論地實圓體而有背面」). 박규수는 이러한 매문정의 주장을 알고 있었으리라 짐작된다.

의 자제들이 서방의 오랑캐 땅에 흘러 들어가서 전한 중국의 역법을 발전시킨 것일지도 모른다.[51] 그리고 서양인 중에 설령 총명하고 슬기로운 사람이 있어 역산에 밝다 하더라도 '대도'를 제대로 알 수는 없으니, 이는 목수나 수레 만드는 자가 천덕(天德)과 왕도(王道)를 논할 수는 없는 것과 마찬가지라는 것이다.[52] 요컨대 그는 서양의 발달한 천문역법이 본래 고대 중국에서 기원했다는 '서학중원설(西學中源說)'[53]을 긍정하고 있을 뿐 아니라 서양의 종교에 대해 동양의 '도' 즉 유교가 절대적으로 우월하다고 확신하고 있다.

이상의 논의가 주로 그 교리를 대상으로 천주교를 비판한 것이었다면, 「평어」의 제8칙 이하에서는 천주교의 교파(敎派) 분열과 상쟁(相爭)의 역사에 비추어 천주교의 침략성을 폭로하는 새로운 방식을 취하고 있는 점이 주목된다. 당시까지 조선에서는 천주교가 서양의 종교를 대표하는 줄로 알았으나, 「평어」에서 처음으로 그것이 기독교의 일개 분파인 사실이 밝혀지고 있다.

> 현재 저들의 종교 또한 두세 파로 분열하여 서로 상대를 사교(邪敎)로 지목하면서 공격·배척하고 있다. 대체로 듣자하니 우상을 받드는 파, 우상을 받들지 않고 십자가만 받드는 파, 십자가도 받들지 않고 하늘만을 숭배하는 파가 있으며, 그 명목으로는 '가특력교(加特力敎)' '파라특사돈교(波羅特士頓敎)' '액리교(額利敎)'의 명칭이 있다고 한다. 지금 중국을 오염시키고 우리나라까지 미친 것은 과연 어느 것인지 모르겠다.[54]

51) 매문정은 『사기』 권26 「曆書」 제4에 나오는 기록에 근거해서 그와같은 주장을 폈다. 「평어」에 소개된 매문정의 주장은 『歷學疑問補』上, 「論中土歷法得傳入西國之由」에 나온다(『歷算全書』 권4).

52) 「평어」 제5칙(『벽위신편』, 787면; 『환재총서』, 제5책, 352~353면).

53) '西學中源說'은 명말 청초 黃宗羲·方以智·王錫闡 등의 글에서 이미 맹아를 찾아볼 수 있으나, 청 康熙帝가 이 설을 제창하자 梅文鼎이 적극 호응하여 이를 학설로서 구체화했다. 그뒤 戴震·阮元 등이 가세하여 힘껏 선양한 결과 '서학중원설'은 청말 洋務運動과 變法運動期까지 유행했다(江曉原·鈕衛星, 『天文西學東漸集』, 上海書店出版社 2001, 375~387면; 蕭一山, 『淸代通史』, 臺北: 商務印書館 1976, 제4책, 2050~2064면 참조).

54) "如今彼教亦分爲三數派, 互相目爲邪敎而攻斥之. 蓋聞有供偶像者, 有不供偶像而供十字

여기에서 '가특력교'는 가톨릭 즉 천주교를, '파라특사돈교'는 프로테스탄트 즉 개신교를 말한 것임을 쉽게 알 수 있다. 그리고 '액리교'는 그리스정교(正教)를 지칭한 것이다. 『해국도지』를 보면 그리스를 '액리서(額利西)' 등으로 표기하고, 러시아인은 '액리교'를 숭상하는 것으로 소개하고 있기 때문이다.[55] 뿐만 아니라 『해국도지』 역시 서양의 기독교를 천주교·개신교·그리스정교의 삼대 교파로 나누어 설명하고 있다.[56] 이러한 사실은 「평어」에서 박규수가 다름아닌 『해국도지』에 의거하여 천주교의 역사를 파악하고 있음을 말해주는 것이다. 또한 그는 이와같은 기독교의 교파들간에도 교리의 깊이나 정밀함에서 차이가 있을 것으로 추측하면서, 교파의 분열이 갈수록 심해져 마침내 기독교가 종식될지도 모른다고 낙관적으로 전망하고 있다.[57]

이와 아울러 박규수는 서양 각국의 실제 역사를 들어, 천주교의 포교가 위선적이라 비판하고 있다. 서양인들이 이역 만리까지 와서 포교에 진력하는 것을 보면 그들의 본국은 교화가 완벽히 이루어져 극락세계일 것 같지만,

---

木架者, 有並不供木架而只拜天者, 其目有加特力教·波羅特士頓教·額利教之名. 不知今所漸染中州而及東土者果是何等也."(「평어」 제8칙, 『벽위신편』, 788면; 『환재총서』, 제5책, 354면)

55) 『해국도지』 권36(100권본으로는 권54), 北洋, 「俄羅斯國總記」, 장1앞, 장3앞.

박규수는 『해국도지』의 초간본(50권본)을 보았을 것으로 추정되므로, 『해국도지』를 인용할 때 초간본의 권수와 面數를 적기로 한다. 단, 참조의 편의를 위해 대중적으로 널리 보급된 重刊本(100권본)의 권수를 초간본의 권수 다음에 괄호하여 병기하기로 한다.

『영환지략』에서는 그리스를 '希臘'으로 표기하고 '額里士' 등의 異稱을 附記하고 있으며(권4, 「歐羅巴」, 장5앞), 그리스정교를 '희랍교' '희랍천주교' 등으로 표기하고 있다(권4, 「峩羅斯國」, 장17뒤, 권6, 「意大利亞列國」, 장41앞).

56) 『해국도지』 권15(권27), 魏源, 「天主教考」下, 장45뒤, 권33(권50) 大西洋, 「英吉利國」1, 장6앞, 권43(권70) 「南洋西洋各國教門表」, 권49(권83) 夷情備采, 「華事夷言錄要」, 장41앞 참조. 『벽위신편』에도 기독교의 삼대 분파에 관한 기록이 추가되어 있는데(32~33면 頭註), 이 역시 『해국도지』에 의거한 것이다.

57) 「평어」 제11칙(『벽위신편』, 789면; 『환재총서』, 제5책, 356면).

실상은 침략과 학정(虐政)으로 살상과 전란이 끊임없어 도리어 "중국의 문교(文敎)"를 흠모하고 있으니 "소위 예수의 구세지술(救世之術)은 과연 어디에 있는가?"라고 힐문한다.[58] 그리고 서양의 역사를 보면, 자국의 종교를 몰래 전파하여 상대국의 민심을 먼저 사로잡는 것이 상투적인 침략 수법이었다고 하면서, 이로 미루어 서양인들이 동양에 와서 포교하는 속셈이 무엇인지를 알 수 있다고 본다.[59]

박규수는 이와같이 서양 각국의 역사가 살륙과 침탈로 얼룩져 있으며 종교가 침략의 도구로 쓰이고 있는 사실이 모두 『사주지(四洲志)』에 기재되어 있다고 밝히고 있다.[60] 『사주지』는 머레이(Hugh Murray)의 『세계지리대전(世界地理大全, *The Encyclopaedia of Geography*)』을 주대본으로 한 번역서로, 제1차 아편전쟁기에 흠차대신(欽差大臣)이자 양광(兩廣) 총독으로 전쟁을 진두 지휘한 임칙서(林則徐)가 서양 사정을 파악할 목적으로 번역하게 한 것이었다. 그후 청조의 타협정책에 따라 전쟁 발발의 책임을 뒤집어쓰고 귀양을 가게 된 임칙서는 『사주지』 등의 자료를 위원에게 제공하고 『해국도지』를 저술하도록 당부했다고 한다.

그러므로 그 서문에서 밝힌 대로 『해국도지』는 『사주지』를 가장 중요한 참고문헌으로서 대거 인용하고 있으며, 동남양(東南洋)·서남양·소서양(小西洋)·대서양·북양·외대서양(外大西洋)의 순으로 나누어 소개한 『사주지』의 체제에 따라 세계의 지리를 논하고 있다. 이러한 사실과 아울러, 1841년에 간행되었다는 『사주지』는 『해국도지』와 달리 중국에서도 희귀본이 되어 1894년에 간행된 축약본만이 현재 전하고 있는 실정을 감안할 때[61] 「평어」

58) 「평어」 제9칙(『벽위신편』, 788면; 『환재총서』, 제5책, 355면). "所謂耶穌救世之術, 果安在哉?"

59) 「평어」 제10칙(『벽위신편』, 789면; 『환재총서』, 제5책, 355~356면).

60) 「평어」 제9칙(『벽위신편』, 788면; 『환재총서』, 제5책, 355면). "四洲之志者, 彼夷所作也. 彼方諸國之治亂興喪皆載焉."(이는 『박환재문』 즉 『환재총서』에서 인용한 것으로, 『벽위신편』과는 몇자 차이난다.)

61) 楊國楨, 『林則徐論攷』, 福建: 人民出版社 1989, 258~259면; 吳澤·黃麗鏞, 「魏源"海

에서 박규수가 실제로 참고한 것은 『사주지』가 아니라 『해국도지』였으리라 판단된다.

이상과 같은 천주교에 대한 비판적 인식 위에서 박규수는 천주교 대책의 일환으로 중국에서 관청을 특설하여 척사서(斥邪書)를 대대적으로 간행·보급할 것을 제안하고 있다. 그는 "본조(本朝)의 오랑캐 방어책은 주(周)·한(漢)의 오랑캐 방어책과 다르다"고 한 청조의 모훈(謨訓)이야말로 "통론(通論)"이라고 칭송하면서, 천주교를 막는 데에도 그와 마찬가지로 설득과 회유의 방법을 써야 한다고 본다.[62] 즉 마카오에 진출한 서양인들로 하여금 모든 서학서를 헌납하고 한문으로 번역하게 한 다음, 관청을 개설해서 각 지역별로 널리 발탁된 유생들이 그곳에서 서학서를 연구하여 천주교 교리를 명쾌히 논박한 저서를 완성하게 하고 이를 천하에 두루 보급하여 민중들을 계몽한다면, 천주교는 저절로 발을 붙이지 못하게 되리라는 것이다.[63] 박규수는 천주교에 대한 유교의 우월성을 확신하기 때문에 공개적 연구와 계몽을 통한 교화정책이 일방적인 탄압정책보다 더 효과적이라 생각했던 것 같다. 그리고 비록 중국의 경우를 상정한 제안이긴 하지만, 이로 미루어 아마도 그는 이러한 적극적인 교화정책이 조선에서도 시행되기를 바랐던 것이 아닌가 한다.

---

國圖志"硏究」, 寧靖 編, 『阿片戰爭史論文專集』 續編, 北京: 人民出版社 1990, 352~356면; 王家儉, 『魏源年譜』, 76면; 熊月之, 『西學東漸與晩淸社會』, 223면; Jane Kate Leonard, *Wei Yuan and China's Rediscovery of the Maritime World*, Harvard University Press 1984, 91면, 98면, 114면 등 참조.

62) 「평어」 제12칙(『벽위신편』, 789면). "本朝之禦戎狄, 異於周漢之禦戎. 此今淸家傳授之謨訓, 盖通論也. 明正學, 熄邪說, 亦當用此法." 이 대목이 『박환재문』에는 "今之禦戎狄, 異於周漢之禦戎狄. 當以明正學熄邪說爲主"로 고쳐져 있어(『환재총서』, 제5책, 356~357면), 제12칙이 조선의 천주교 대책을 논한 것으로 오해하기 쉽다.

63) 「평어」 제12칙(『벽위신편』, 789~790면; 『환재총서』, 제5책, 357~358면).
이러한 박규수의 제안은 위원이 "欲制外夷者, 必先悉夷情始; 欲悉夷情者, 必先立譯館繙夷書始"라고 하여 서양 실정을 파악하기 위해 洋書 번역을 위한 관청 설립을 주장한 것과 상통한다(『해국도지』 권1(권2), 「籌海篇」3, 議戰).

「평어」의 마지막 제13칙은 천주교 문제와 관련한 박규수의 역사적 전망이 드러나 있는 점에서 매우 주목되는 부분이다.

> 중국의 서적이 해외의 싱가포르와 말라카(Malacca)로 날로 수출되어, 이를 번역하고 교습하는 중국인과 서양인이 노상 수천 수만에 이른다. 지금 저 서양인들의 사서(邪書)를 탈취했다가 수백 년이 지난 뒤 다시 그들의 사서와 대조해보면, 그때의 사설(邪說)이 필시 오늘날의 사설보다 한층 교묘해져 있으리라 생각된다. 또한 혹시 저 서양인들이 중국의 유가(儒家) 서적을 오래도록 열심히 학습하다 보면 홀연히 한 걸출한 인물이 출현하여 문득 크게 깨닫고 하루아침에 올바른 길로 돌아올는지도 알 수 없다. 이러한 몇 가지 일은 훗날을 느긋하게 기다렸다가 그것이 적중할지 아니할지를 살펴보아야만 할 것이다.[64]

여기에서 싱가포르와 말라카에 중국 서적을 계속 수입하여 번역하고 교습하는 중국인과 서양인이 대단히 많다고 한 것은, 선교사 양성을 목적으로 영국 선교사 모리슨(R. Morrison) 등이 1818년 말라카에 영화서원(英華書院)을 세우고 미국 선교사 브리지먼(E. C. Bridgman)이 1830년대에 싱가포르에 견하서원(堅夏書院)을 세워, 중국인을 교사로 영입해서 한자와 중국어를 학습하는 한편 유교 서적과 기독교 성경 등을 번역·간행했던 사실을 반영한 것이다.[65] 그런데 이는 바로 『해국도지』에서 전하고 있는 사실이다.

『해국도지』에서 위원은 말라카와 싱가포르의 연혁을 소개하면서 『매월통기전』을 인용하여, 최근 영국이 말라카를 식민지로 삼고 "영화서원을 개설

64) "中國載籍, 日出海外新嘉之坡·麻六之埠, 華夷之繙譯敎習者, 動輒千萬. 愚謂, 及今奪取彼夷邪書, 到數百年後, 更與彼對較, 則彼邪說, 必有更巧於今之邪說者. 又或彼夷爛習中國經傳久久, 忽出一箇傑特之人, 悅然覺悟, 一朝歸正, 不無此理. 此數事, 要當徐待他日, 看他中也不中."(『벽위신편』, 790면; 『환재총서』, 제5책, 358면)

65) 이병길 편저, 『중국의 개신교 첫 선교사 로버트 모리슨』, 한국기독교역사연구소 1994, 152~160면; 熊月之, 『西學東漸與晩淸社會』, 99면, 122~125면; 高田時雄 편저, 『東洋學の系譜 歐米篇』, 東京: 大修館書店 1996, 18면 등 참조.

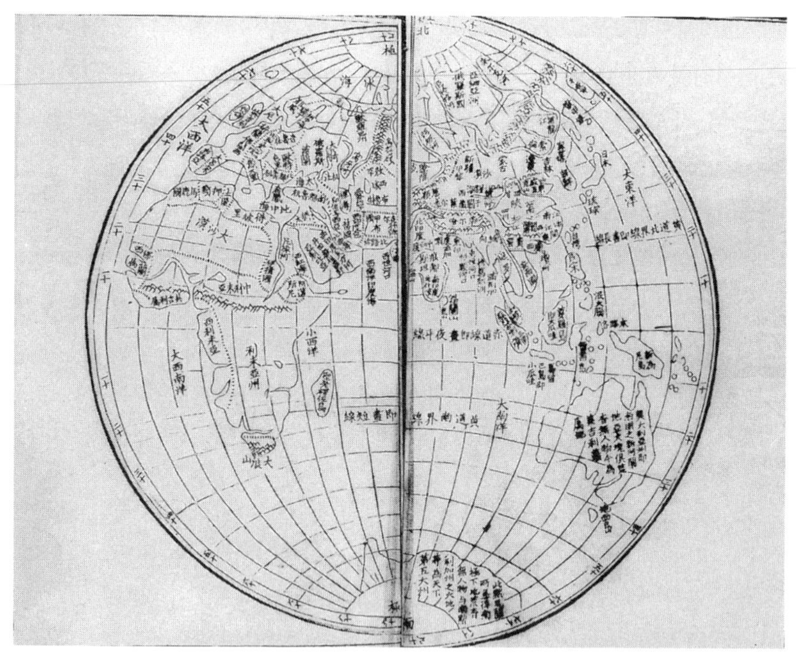
『해국도지』「지구전도(地球全圖)」 중 「정면도(正面圖)」.

하여 화교와 토착민을 가르친다"고 했다.[66] 또한 『무역통지(貿易通志)』를 인용하여, 최근 영국이 싱가포르를 점령한 뒤 "영화서원을 개설하여 무릇 국내의 서적들을 모두 간행·번역하고 중국인을 영입하여 그 자제들을 가르친다"고 했다.[67]

뿐만 아니라 위원은 영국의 싱가포르 점령 사태에 관해 자신의 견해를 피력하면서 재차 영화서원과 견하서원에 대해 언급했다. 즉 그 글 중의 자주

66) "開英華院, 以教唐人與土人."(『해국도지』 권6(권9) 東南洋, 「海岸之國」4, 장14앞) '英華院'은 '英華書院'의 오기로 판단하여 바로잡아 번역했다.

67) "設英華書院, 凡國中書籍, 皆鏤板翻譯, 延華人, 教其子弟."(『해국도지』 권6(권9) 東南洋, 「海岸之國」4, 장16앞) '英華書院'은 '堅夏書院'의 오기인 듯하다. 『무역통지』는 독일 선교사 귀츨라프가 1840년에 편찬·출판한 책으로, 서양의 상업제도와 무역 상황을 소개했다.

(自註)에서 "싱가포르에 견하서원이 있는데 미국인이 세운 것이다. 말라카에 영화서원이 있는데 영국이 세운 것이다. 모두 외국 오랑캐가 한문을 학습하고 한자 서적을 번역 간행하는 곳이다. 그러므로 간행 서적에 이 두 서원 장판(藏板)이라고 표기되어 있다"고 했다.[68] 본문에서도 싱가포르에 관해 이렇게 말하고 있다.

> 영국 오랑캐가 군대로써 빼앗아 점거하여 서양식 건물을 짓고 시가를 넓혔다. 또한 국내의 일류 기술자들을 많이 뽑아 그곳으로 이주시켜 가득 채우니, 대포 제조국이 있고 선박 제조창이 있다. 이와 아울러 영화서원을 건설하여 중국인을 영입해서 교사로 삼고 한문과 중국어를 가르치며, 중국의 경사자집(經史子集)과 도경지지(圖經地志: 지도와 지리지)를 간행하여 언어 문자의 막힘이 전혀 없다. 그러므로 중국의 정세와 허실을 훤히 알고 있으나, 중국에는 도리어 한 사람도 저들의 진위를 아는 사람이 없고 한 가지도 저들의 장기를 배우는 일이 없으니, 개탄스럽도다![69]

이어서 위원은 강희(康熙) 초에 대만(臺灣)을 정벌한 뒤, 대만이 중국에 귀속되지 않으면 네덜란드에게 귀속될 것이라는 주장을 좇아 강희제가 대만을 고수하도록 했던 선례를 들면서, 만약 당시에 대만을 포기하자는 논의를 따랐더라면 "대만은 오늘날 싱가포르처럼 되지 않기가 매우 어려웠을 것이요, 후세에 어떤 사람이 날마다 오랑캐 서적을 번역하고 오랑캐의 일을 정탐하며 오랑캐의 실정에 대비하기를 외국 오랑캐들이 우리의 허실을 정탐하듯

68) "新嘉坡有堅夏書院, 彌利堅國人所建, 麻六甲有英華書院, 英吉利所建, 皆外夷習學漢文及翻刻漢字書籍之所. 故所刻書皆署此兩書院藏板."(『해국도지』 권6(권9) 東南洋, 「海岸之國」4, 장16뒤)

69) "自英夷以兵奪據, 建洋樓, 廣衢市. 又多選國中良工技藝, 徙實其中, 有鑄礮之局, 有造船之廠. 並建英華書院, 延華人爲師, 敎漢文漢語, 刊中國經史子集圖經地志, 更無語言文字之隔. 故洞悉中國情形虛實, 而中國反無一人瞭彼情僞, 無一事師彼長技, 喟矣哉!"(『해국도지』 권6(권9) 東南洋, 「海岸之國」4, 장17앞) '英華書院'은 '堅夏書院'의 오기인 듯하다.

이 한다면, 그 사람은 쓸데없는 짓을 한다는 죄를 뒤집어쓰거나 심지어 오랑캐와 내통한다는 죄목에 걸려들지 않기가 매우 어려울 것이다"라고 했다.[70)]

다음으로 위원은 영국에 관한 정보를 광범하게 소개하면서 『기영길리(記英吉利)』를 인용하여, "영국 상인들이 광동(廣東)에 진출한 지 오래되어 화풍(華風)을 흠모하며 한문에 통하고 한자를 쓰는 자들이 많은데" 이는 강희제 때 이래 백수십 년 동안 서양인 선교사들이 흠천감(欽天監) 관원으로 기용되어 점차 "동문지치(同文之治)"에 물든 때문일 것이라고 했다. 그리고 말라카에 "언제 화영서원(華英書院)을 세웠는지 모르겠으나, 무릇 한자를 배우는 영국 오랑캐들이 거주한다. 또 싱가포르에 견하서원을 세웠는데, 무릇 한자를 배우는 미국 오랑캐들이 거주한다. 경사자집을 거기에 구비해놓았으며, 우수한 자들이 입학하여 과정에 따라 수업하는데 복건(福建)과 광동 사람을 지도 교사로 삼는다. 매월 책 1종을 간행하는데 『매월통기전』이라 한다"고 했다.[71)]

끝으로, 위원이 인용한 『화사이언록요(華事夷言錄要)』에도 최근 개신교 선교사들이 중국어를 부지런히 학습하여 그중 모리슨 등 3인은 모두 중국의 언어 문자에 능통하다고 했다. 그리고 "중국인은 유럽을 오랑캐로 여기는데 이는 모두 유럽의 언어 문자에 통하지 못하기 때문이다. 그러므로 말라카에

70) "使當日執捐珠厓之議, 臺灣今日不爲新嘉坡者幾希. 使後世有人焉, 日翻夷書, 刺夷事, 籌夷情, 如外夷之偵我虛實, 其不轉罪以多事, 甚坐以通番者幾希."(『해국도지』 권6(권9) 東南洋, 「海岸之國」4, 장17앞뒤)

71) "英吉利商粤久, 效慕華風, 多通漢文, 書漢字." "馬六甲者, 明史之滿剌加也. 不知何年建華英書院, 凡英夷學漢字者居之. 又於新嘉坡建堅夏書院, 凡彌利堅夷學漢字者居之. 經史子集備聚其中, 才秀者入院漸業, 以閩粤人爲導師. 月刊書一種, 謂之每月統紀傳."(『해국도지』 권35(권53) 大西洋, 「英吉利國廣述」下, 장3뒤~4앞) 『記英吉利』는 道光帝 때 兩廣總督 阮元의 막하에서 광동의 海關 사무를 맡았던 蕭令裕가 주로 영국과 중국의 交涉史를 기술한 책이다(潘玉田·陳永剛, 『中西文獻交流史』, 北京圖書館出版社 1999, 126면). '同文之治'는 중국 천자의 교화가 전세계에 미쳐 오랑캐들도 한자를 사용하는 이상적인 통치상태를 말한다. '華英書院'은 곧 '英華書院'을 가리킨다.

서원과 교사(敎師)를 설치하여 중국인을 교화한다"고 했다.[72]

이처럼 서양인들이 말라카·싱가포르 등지에 학교 겸 인쇄소를 세워 한문과 중국어를 학습하고 중국 서적들을 번역·간행하고 있다고 한 것은 방대한 분량의 『해국도지』 중 겨우 몇 군데에서만 찾아볼 수 있는 희귀하고 단편적인 정보에 불과하다. 그럼에도 불구하고 「평어」의 제13칙을 보면 박규수가 이러한 정보에 비상한 관심을 보이고 이를 중대한 사실로서 받아들였음을 알 수 있다.

뿐만 아니라 박규수는 서양인들이 종교적 침투를 위한 사전 준비로 이와 같이 중국 서적을 열심히 학습하는 현상에 대해 다분히 긍정적인 견해를 피력하고 있다. 즉 한편으로 서양인들이 중국 서적의 번역과 학습을 통해 더욱 교묘한 교리를 개발할 것이라 우려하면서도, 다른 한편 유교 서적을 오랫동안 학습한 결과 그에 감화되어 동양의 '정도(正道)'에 귀의하는 인물이 나타날지도 모른다고 본다. 다시 말해 동양의 문화적 우월성에 대한 확신 위에서 동서교섭이 초래할 장래의 결과에 대해서도 낙관적인 전망을 표명하고 있는 것이다.

이러한 박규수의 낙관적 전망은 『해국도지』에서 위원이 드러낸 위기의식과 매우 대조적이다. 위원은 싱가포르를 점령한 영국인들이 한문과 중국어를 학습하고 중국의 서적들을 번역·간행하는 것은 어디까지나 중국의 영토를 잠식하기에 앞서 그 허실을 정탐하기 위한 것이라고 보았다. 그런데도 중국은 도리어 서양의 실정을 정탐하고 침략에 대비하기 위해 서양 서적을 번역하거나 서양의 장기를 배우는 데 전혀 관심이 없는 점을 통탄해 마지않았다.

또한 위원이 인용한 『매월통기전』과 『무역통지』에서 영화서원과 견하서원의 개설을 언급한 문맥을 살펴보면, 이 두 서원의 개설을 동남양(東南洋)

72) "中國人以歐羅巴爲夷, 皆由不通歐羅巴之語言文字. 是以于麻六甲設書院敎師, 以敎化中國之人."(『해국도지』 권49(권83) 夷情備采, 「華事夷言錄要」, 장3뒤) 『華事夷言錄要』는 1839년 林則徐가 J. E. Davis의 『중국인』(1836) 등을 발췌·번역하게 한 책이다(馬祖毅, 『中國翻譯史(上卷)』, 武漢: 湖北敎育出版社 1999, 515면).

에 대한 영국의 식민화 정책의 일환으로 간주하고 있음을 알 수 있다. 『화사이언록요』는 분명한 어조로 영화서원의 설치 목적이 중국인의 '교화' 즉 기독교 포교에 있다고 밝히고 있다. 단 『기영길리』만은 영국 상인들이 한자 한문에 능통한 것이 '동문지치(同文之治)'의 영향이라 하여 중화주의에 근거한 아전인수격의 해석을 덧붙임으로써, 영화서원과 견하서원에서 이루어지고 있는 서양인들의 한자 학습 역시 모화적(慕華的)인 현상으로 오인할 소지를 제공하고 있다. 박규수가 동서교섭의 장래에 관해 낙관적 전망을 품게 된 것은 『기영길리』와 같은 자료에서 특히 깊은 인상을 받은 결과인지도 모른다.[73]

박규수의 「평어」에 대해 후일 윤종의는 "해외의 실정을 헤아리기를 촛불로 환히 비추듯 하였다"[74]고 예찬했다. 선배 윤정현도 「평어」에서 여타 잡신들을 능가하려고 고안된 것이 '천주'로서 이는 실은 '주천'이라고 본 데

73) 박규수만이 아니라 崔漢綺(1803~1877)도 『해국도지』를 근거로 그와 유사한 낙관적 전망을 표명한 점은 매우 흥미롭다. 그의 저서 『地球典要』 권8 「英吉利國」에는 『해국도지』 중 『기영길리』에서 인용한 영화서원과 견하서원에 관한 정보가 고스란히 전재되어 있다(장11앞뒤). 또한 최한기는 『神氣通』에서 원활한 동서교섭을 위해 서양 각국이 한자를 사용할 것을 제안하면서 영화서원과 견하서원에서 번역사업이 이루어지고 있는 사실을 들었으며(권1, 「體通」, '四海文字變通'), 『推測錄』에서도 동서교섭의 결과 견문이 널리 통하게 된 긍정적인 사례로 역시 영화서원과 견하서원에서 서적을 번역하고 曆算과 기계의 학예를 실용하고 있는 점을 들었다(권5, 「推氣測人」 '見聞多少邪正'). 나아가 『人政』에서 최한기는 이처럼 동서의 서적이 유통하고 각국의 언어 문자가 소통하는 세계적 추세가 더욱 발전할 것으로 전망하고, 유교의 五倫을 확대 해석함으로써 전세계 인류의 화합을 위한 사상을 제시하고자 했다(권오영, 「최한기의 사회사상」; 양보경, 「최한기의 지리사상」, 『진단학보』 81, 진단학회 1996 참조).

박규수와 최한기는 당대 조선에서 가장 개명한 지식인에 속한다고 할 수 있다. 그러한 두 사람이 모두 『해국도지』 중 영화서원과 견하서원에 관한 정보에 주목했을뿐더러 이를 근거로 동서교섭의 장래를 낙관적으로 전망한 사실은 어떻게 해석되어야 할 것인가? 위원과 달리 두 사람 모두 서양의 제국주의 침략에 대한 위기의식이 약한 반면, 유교의 윤리적 우월성에 대해 확고한 자신감을 지녔던 원인은 앞으로 규명되어야 할 사상사적 과제라 하겠다.

74) "懸料海外之情狀, 如燭照物."(『환재집』 권1, 김윤식 서문, 장2뒤)

대해 천주교가 사교(邪敎)인 확증을 포착한 것으로 높이 평가했다. 그리고 박규수가 「평어」에서 그렇게 했듯이, 서양이 전란에 시달려 도리어 중국을 부러워한다는 『사주지』의 기록을 들어 예수의 교화가 과연 그곳에 실현되어 있더냐고 힐문한다면 서양인들은 꼼짝없이 굴복하고 말 것이라고 했다. 또한 윤정현은 척사서의 간행·보급을 통한 교화정책이 시행된다면 이는 "중국과 외국 모두에게 큰 다행(中外之大幸)"으로, 중국인들도 「평어」를 보게 되면 그같은 제안에 많이 공감하리라고 보았다.[75]

윤종의·윤정현의 평에서도 지적되었듯이, 「평어」는 천주교와 서양의 실태에 관한 정보를 적극 활용하여 천주교의 미신성과 침략성을 폭로하고, 나아가 현실적인 대책을 제시하고자 한 점이 큰 특색이라 할 수 있다. 이처럼 「평어」에서 박규수가 천주교 교리에 대한 사변적인 비판의 차원을 넘어설 수 있었던 것은 무엇보다도 『해국도지』와 같은 최신 서적을 접함으로써 남다른 식견을 갖출 수 있었기 때문이라 생각된다. 앞서 살펴본 바와 같이 항세준·양광선을 척사론자로 거론한다든가, 서양 기독교가 천주교·개신교·그리스정교의 삼대 교파로 분열·대립하고 있는 것으로 파악하고, 싱가포르·말라카 등 해외의 중국연구 열풍을 전하고 있는 점 등은 「평어」가 『해국도지』에 의거하고 있는 명백한 증거라고 하겠다.

『해국도지』는 1844년에 모두 50권으로 처음 간행되었으며, 1849년에는 60권으로 증보하여 재간되었고, 1852년에 총 100권으로 대폭 확충한 중간본(重刊本)은 1902년까지 여섯 차례나 출판되었다. 『해국도지』 초간본은 출판 직후인 1845년 동지 부사(副使) 권대긍(權大肯)에 의해 조선에 처음 유입되었다.[76] 이는 1851년 『해국도지』가 처음 수입되었으나 금서로 되었다가

75) "闢衛評語, 如事天之欲高於祀木石及天主郞(郎의 오기—인용자)天主, 捉得眞贓. 奉耶蘇敎之諸夷, 戰爭簒奪, 迄無止息, 反羨中國, 出於夷書. 執此而問耶蘇救世之術安在, 彼必自屈之不暇矣. 若撰一部書而洞闢之, 使天下皆知其邪說而無一沈惑者, 則中外之大幸. 華之人見此文者, 多能有以此而請其如是爲之者否?"(윤정현, 『梣溪先生遺稿』 권4, 「書朴瓛卿文鈔後」)

1854년에야 수입·판매가 허가되었던 일본의 경우보다 수년이나 앞선 것이었다. 그러나 페리(M. C. Perry) 휘하 미국 함대의 내항 사태로 인해 대외 위기가 고조되면서 『해국도지』의 상업적 출판이 성행했던 일본과 달리, 조선에서는 1850년대 초반 무렵까지 김정희 · 이규경(李圭景) · 조인영 · 최한기(崔漢綺) 등 극소수의 인사들만이 『해국도지』에 접할 수 있었다.[77] 따라서 박규수가 1848년경에 쓴 「평어」에서 암암리에 『해국도지』를 원용한 사실은 그가 국내 인사들 중 가장 이른 시기에 『해국도지』를 읽고 그로부터 영향받은 선각적 인물 중의 한 사람임을 말해주는 것이다.

「평어」에서 박규수가 동양의 문화적 우월성을 확신하면서 동서교섭을 통해 장차 서양인들도 동양문화에 감화되는 날이 오리라고 전망한 것은 후일 그의 사상에서 지속적으로 나타나는 특징의 하나라는 점에서 주목을 요한다. 1850년대 초에 『해국도지』를 참조하여 지세의(地勢儀)를 제작하고 지은 「지세의명 병서(地勢儀銘幷敍)」와 제2차 아편전쟁이 북경사변(北京事變)으로 종결된 직후인 1861년 첫번째 연행을 앞두고 지은 시에서도 박규수는 「평어」에서 표명한 낙관적 전망을 거듭 피력했다. 또한 고종 7년(1870) 경연(經筵) 중 왕의 질문에 답한 발언에서 보듯이 그는 만년까지도 그와같은 전망을 견지했다.[78]

박규수가 서양과의 교섭에 대해 낙관적 전망을 하게 된 데에는 1840년 북경에서 귀국한 척숙 이정리로부터 광동에 진출한 영국인들이 한자를 학습

---

76) 연행 당시 권대긍이 지은 詩文을 모은 『酒人續編』(文友書林 소장) 권3의 「記聞」에 魏源과 『해국도지』에 관한 정보가 다음과 같이 기록되어 있다. "江南一儒生, 入英夷, 爲漢奸, 與居數年, 英夷之事, 細細詗察, 天下萬國, 英船所泊處, 盡往見之, 逃還, 撰海國圖及誌十六卷, 上之. 中國人士, 樂於事功如此. 又有聖武記四卷, 撰集淸先世武功, 所以諷今皇帝不武也."(장14앞)

77) 蕭致治, 「評魏源的"海國圖志"及其對中日的影響」, 寧靖 編, 『阿片戰爭史論文專集』 續編, 北京: 人民出版社 1984; 潘玉田·陳永剛, 앞의 책, 130~131면; 이광린, 「"해국도지"의 한국 전래와 그 영향」, 『한국개화사연구』, 개정판: 일조각 1992 참조.

78) 김명호, 『초기 한미관계의 재조명』, 역사비평사 2005, 415~418면 참조.

하고 중국 복식을 모방하고 있다는 정보를 접한 사실이 어느정도 영향을 미쳤을 것이다. 여기에 더하여 결정적인 영향을 미친 것이 바로 『해국도지』였다고 생각된다. 그리고 「평어」에 드러난 바와 같이 '동도(東道)'의 우월성에 대한 확신 위에서 서양과의 교섭을 피하지 않고 능동적으로 자신있게 대처하려 한 박규수의 자세에서 개화사상의 한 형태인 이른바 동도서기론(東道西器論)의 맹아를 발견할 수 있다고 본다.

## 4. 은둔기의 여타 저술

지금까지 살펴본 바와 같이 『거가잡복고』가 은둔 초기 박규수의 대표적 저술이었다면, 「벽위신편 평어」는 은둔 후기인 1840년대 이후 그의 학문적 사상적 경향이 크게 변모함을 알리는 문제적인 글이었다고 할 수 있다. 이밖에도 은둔기에 박규수는 몇몇 중요한 글들을 남겼는데, 이를 통해 이 시기 그의 사상이 지닌 폭과 깊이를 더욱 구체적으로 가늠해 볼 수 있다.

그중 「답김덕수 논기전존의(答金德叟論箕田存疑)」는 평양의 기자 정전(箕子井田)에 대한 통설을 의심한 김영작(자 德叟)의 견해에 답한 글로서, 1840년을 전후한 시기에 씌어진 것으로 추정된다.[79] 1840년경에 지은 「제선 증이백거한진 삼절(題扇贈李伯擧翰鎭三絶)」은 평양의 한 무반(武班)인 이한진(자 伯擧)에게 박규수가 지어준 칠언절구 3수인데, 그중 제3수에 붙인 자주(自註)에 김영작의 설이 언급되어 있음을 볼 수 있다.

일찍이 이한진의 조부는 연암이 중국여행에서 돌아오는 길에 평양을 유람할 당시 그와 교분을 맺었으며, 이별할 때 연암이 지어준 시문들이 집안에 전해왔으나 홍경래 난을 겪으면서 모두 없어지고 말았다고 한다.[80] 이러한

79) 이 글의 제목이 『박환재문』에는 「答金德叟永爵 論箕田存疑」로 되어 있어(『환재총서』, 제5책, 336면), 김영작에게 답한 글임을 분명히 알 수 있다.
80) 『환재집』 권3, 「題扇 贈李伯擧翰鎭 三絶」, 장10뒤, 제1수의 自註.

선대의 인연으로 이한진과 만나게 된 박규수는 그로부터 들은바 평양에는 아직도 기자의 옛 도읍임을 증명하는 기와 조각이 나온다는 말과 관련하여 시를 짓고는, "우인 한 사람이 평양을 유람하고 돌아와서 말하기를, 그곳의 정전(井田)은 아마도 기자 임금의 옛 도읍지이지, 반드시 은나라의 정전제를 따른 것이라고는 하기 어렵다고 했는데, 이는 앞사람들이 미처 말하지 못한 바가 아닌가 한다"[81]고 자주를 붙였다. 여기에 언급된 '우인'은 바로 김영작을 가리킨다.

현전하는 김영작의 문집에는 기자 정전에 관한 글이 수록되어 있지 않아 그의 주장의 전모를 알 수는 없다. 그러나 이에 답한 박규수의 글과 위에서 거론한 시의 자주(自註)로 미루어보면, 김영작은 평양의 정전이 기자의 옛 도읍지이지 은나라 정전제의 자취가 아니라고 주장하고, 그 논거로 기자의 궁궐이 전토 사이에 있었을 리가 없다는 점, 기자 당시에 정전제를 시행했다면 정전이 평양에만 남아 있을 리가 없다는 점 등을 들었던 것 같다.

박규수는 이러한 김영작의 주장을 매우 독창적인 것으로 높이 평가하면서도, 그와는 반대로 평양의 정전이 은나라의 정전제를 따른 것이라는 견해를 피력하고 있다. 즉 고대 중국에서는 토지의 구획에 소요되는 면적을 최소화하기 위해 전토뿐만 아니라 성읍과 도로와 배수로를 모두 정자(井字) 모양의 정방형으로 건설했으므로,[82] 옛 도읍지 역시 저절로 정전을 이루었을 것은 의심할 여지가 없다. 따라서 평양의 정전이 기자의 옛 도읍지이기 때문에 정전이 아니라는 주장은 성립되지 않는다는 것이다.

81) "有一友人游西京還說, 井田恐是箕王都邑舊墟, 未必商人七十之制. 蓋前人未所道也."(『환재집』 권3, 「題扇 贈李伯擧翰鎭 三絶」, 장11앞, 제3수의 自註)

82) 박규수는 『周禮』 등의 古經과 朱熹의 말을 인용하여 이러한 주장을 펴고 있다. 고대 중국의 井字形 토지 구획은 동일한 경지 면적을 만들 수 있을 뿐 아니라, 토지 경계선이 최단거리인 동시에 토지간의 경계에 필요한 면적이 최소화하고 배수로 건설의 공사량이 최소로 되는 장점이 있었다고 한다(趙岡・陳鍾毅, 『중국토지제도사』, 윤정분 역, 대광문화사 1985, 15면). 박규수가 고대 중국의 聖王이 "땅을 황금처럼 아껴(惜土如金)" 모든 토지 구획을 정자형으로 했다고 한 것은 그와같은 뜻에서 한 말이라 볼 수 있다.

뿐만 아니라 박규수는, 은나라가 망하자 기자가 추종세력을 이끌고 조선으로 와 도읍을 세우고 왕 노릇을 했다는 역사상의 기록은 주나라의 신하가 되기를 거부하고 은나라의 유민(遺民)으로 남고자 한 기자와 같은 성인(聖人)의 높은 뜻과 기상에 비추어 볼 때 잘못된 것이라 주장한다.[83] 그러므로 조선에 망명했을 당시 기자는 "동이(東夷)의 현군(賢君)"이 하사한 약간의 토지에서 그를 좇아온 일부 은나라 유민들과 더불어 농사를 짓고 살았을 터이니, 기자의 궁궐이 전토 사이에 있었을 것은 물론이요, 은나라의 유제(遺制)인 정전이 평양에만 국한되었던 것도 당연한 현상이라 본다.[84]

이와같은 박규수의 논의에 대해 윤정현은 『사기』와 『한서(漢書)』의 오류를 판별하고 기자의 진정한 의중을 밝혀낸 "고금에 처음 있는 정론(正論)"이라고까지 극찬했다.[85] 후일 북경에서 박규수와 교분을 맺은 왕헌(王軒, 호 顧齋)도 평하기를, 이 글이 "가학에 뿌리를 두고 있으며, 특히 동방의 고사를 보완하기에 족하다"고 했다. 이어서 왕헌은 홍범구주(洪範九疇)의 주(疇)자가 '전(田)'의 뜻을 취했다고 보는 자신의 설과 부합하는 주장을 연암의 글에서 발견하고 몹시 기뻤다고 술회하고 있다.[86] 이로 미루어 그가 말한바 박규수의 '가학'이란 구체적으로 연암의 「기자전기(箕子田記)」를 가리키는 것이 분명하다.

왕헌이 정확히 지적한 대로, 기자 정전에 관한 박규수의 주장은 조부 연

83) 일찍이 張維도 그와 유사한 주장을 한 바 있다(『谿谷漫筆』 권2, '箕子非受武王之封而自來朝鮮').

84) 『환재집』 권4, 「答金德叟 論箕田存疑」, 장10앞~12앞.

85) "古今創有之正論."(『환재집』 권4, 「答金德叟 論箕田存疑」, 장12앞, 윤정현의 평어) 윤정현의 이 평어는 『梣溪先生遺稿』 권4, 「書朴瓛卿文鈔後」에도 수록되어 있다.

86) "箕田書, 本之家學, 尤足備東邦掌故. 予久欲撰貢範通解, 曾以疇字從田爲說. 今見先德所述, 早獲我心, 不禁狂喜, 亟錄副本. 他日當坿之書後, 以證吾說也."(『환재총서』, 제5책, 『박환재문』, 362면) 연암의 「箕子田記」에 보면 기자의 洪範九疇에 대해 "九疇卽井田也." "然疇, 讀田疇之疇, 則豈非九區之田乎?"라 했다(박영철 편, 『연암집』 권16, 『課農小抄』, 장43앞). 『환재집』에는 왕헌의 또다른 평어가 수록되어 있는데, 여기에서는 井田法에 대한 박규수의 해석에 이견을 제기하고 있다(권4, 장12앞).

암의 학설을 계승한 위에서 개진된 것이었다. 일찍이 「기자전기」에서 연암은 평양의 정전이 기자가 시행한 은나라 토지제도의 유적이라 주장하면서, 이러한 기자 정전은 4인 1가구가 경작하는 전자형(田字形)의 토지를 기본 단위로 해서 16개의 구역으로 균분(均分)되었으리라고 추론했다. 그리고 이에 근거하여, 『과농소초』에서는 옛 성인이 만든 정전제의 유적은 조선에만 남아 있으므로 나라에서 각별히 보존에 힘쓸 것과, 기자 정전을 모델로 한 시범농장을 만들어 농법을 개량하고 각지에 그 성과를 전파할 것을 건의했다.[87)]

이와같이 평양의 정전이 기자 때 시행된 은나라 정전제의 유적이라고 보는 기자 정전론(箕子井田論)은 연암에 앞서 유근(柳根)·허성(許筬)·이익·한백겸(韓百謙)·서명응(徐命膺) 등도 제기했던 것으로,[88)] 한전론(限田論)이나 균전론(均田論)과 같은 토지제도 개혁론의 역사적 근거로서 활용되어왔다. 따라서 김영작의 주장대로 평양의 정전이 기자의 옛 도읍지일 뿐 정전이 아니라면, 토지제도 개혁론의 근거가 크게 약화되는 셈이었다. 비록 토지제도의 문제를 다룬 것은 아니었지만, 김영작의 주장을 비판한 박규수의 논의가 이처럼 연암의 기자 정전론을 계승하고 있는 점은 당대의 토지문제에 관한 박규수의 사상이 어떠했을지를 짐작할 수 있게 하는 것이라 하겠다.[89)]

87) 박영철 편, 『연암집』 권16, 『과농소초』, 장42뒤~45뒤.

88) 이규경, 『五洲衍文長箋散稿』 권41, 「箕田遺制辨證說」 참조. 서유구의 『임원경제지』에는 한백겸의 「井田圖說」, 서명응의 「箕子外紀」 등과 함께 연암의 「기자전기」가 소개되어 있다(권1, 本利志1, 「田制」, 箕子井田). 이밖에 이덕무 등이 편한 『箕田攷』, 成海應의 「箕田說」에도 한백겸 등 제가의 설이 集錄되어 있다.

89) 김용섭 교수는 「答金德叟 論箕田存疑」를 근거로 박규수가 그의 조부 연암과 달리 기자 정전론에 대해 "지극히 비판적이었다"(따라서 기자 정전론에 근거한 토지 재분배론에 대해서도 "懷疑的"이었다)고 보았으나(김용섭, 『한국근대농업사연구』, 일조각 1975, 308~309면), 이는 원문을 오독한 결과임이 이미 지적된 바 있다(原田環, 「1860年前後における朴珪壽の政治思想」, 『조선학보』 86, 1978, 78~79면).

이러한 지적에 대한 암암리의 반론격인 「補註」에서 김용섭 교수는 다시, 박규수가 비록 기자 정전의 존재를 부인하지는 않았으나 "井田之不遍於域中, 不足疑也"라 하여 정전제가 전국적으로 시행되지는 못했다고 단언했으므로 이는 종래의 기자 정전론에 대한 "강한 비판"이 아닐 수 없다고 했다(김용섭, 위의 책, 重版, 374면). 그러나 이 역시 문맥을 무시하다음으로 「문정공문초 서(文貞公文鈔序)」는 박규수가 그의 7대조 문정공 박미의 시문들을 모은 『문정공문초』 10권을 편찬하면서 지은 서문으로, 1845년 2월(이하 음력)에 지었음을 명기하고 있다. 박미의 문집은 목판으로 간행된 『분서집(汾西集)』 외에도 그의 친필 초고본이 종가에 보관되어왔으나 도중에 유실되고 말았다. 이에 박규수는 예전에 고조 박필균이 이 친필 초고본을 필사해두었던 것을 바탕으로 『분서집』과는 다른 별본(別本)을 편찬하고자 한 것이다. 그 서문에서 "삼가 당송 제가(諸家)의 문집을 살펴보아도 역시 수정한 별본이 많다"고 하여 은근히 박미를 당송의 문장 대가와 견주고 있는 데에서, 박규수가 그의 문학을 얼마나 높이 숭상하는지를 엿볼 수 있다.[90] 조부 연암 역시 자신의 가문이 낳은 가장 뛰어난 문장가로 박미를 숭배했거니와,[91] 이 시기에 박규수가 『문정공문초』를 편찬한 사실은 그가 선조 박미에서 발원하여 연암으로 이어져온 가문의 빛나는 문학적 전통을 스스로 계승할 사명감을 강하게 느끼고 있었음을 말해주는 것이다.

「고려사 홍무성유 발(高麗史洪武聖諭跋)」은 박규수가 『고려사』 「신우전(辛禑傳)」에서 명나라 태조(太祖)의 칙서를 전사(轉寫)한 후 그에 붙인 발문이다. 그는 명 태조가 등극한 해의 간지와 날짜까지 똑같은 1848년(무신년)

---

고 원문의 뜻을 왜곡하지 않으면 성립하기 힘든 주장이다. 「答金德叟 論箕田存疑」에서의 논점은 정전제가 전국적으로 시행되었느냐 아니냐 하는 것이 아니라 그것이 과연 실재했느냐 하는 것이었기 때문이다. 기자 정전의 유적이 평양에만 남아 있는 점을 들어 김영작이 그 실재 자체를 의심했으므로, 박규수는 그 점을 인정하더라도 정전제가 실재했던 것은 의심할 여지가 없다고 답했던 것이다. 이것이 「보주」에서 김용섭 교수가 반론의 근거로 삼았던 "井田之不遍於域中, 不足疑也"라는 구절의 정확한 의미이다.

박규수가 연암의 『과농소초』를 일찍부터 숙독했던 사실은 그의 수학기 한시인 「道峯紀遊」에 이미 드러나 있다(본서, 99면 참조). 또한 고종 1년(1864) 經筵에서 박규수는 "지금도 평양 외성에는 기자가 구획한 정전이 있다"고 하여 여전히 기자 정전론을 견지하였다(『승정원일기』, 고종 1년 11월 8일).

90) 『환재집』 권4, 장35앞~36앞. "竊觀唐宋諸家文集, 亦多重訂別本."

91) 박영철 편, 『연암집』 권3, 「三從兄錦城尉墓誌銘」, 장55뒤, "國朝文章大家, 必數錦陽尉."

1월 4일에 『고려사』에서 이 칙서를 읽고 깊은 감개를 느껴 발문을 짓게 되었다고 밝히고 있다.[92] 문제의 칙서는 고려말인 1387년(禑王 13년) 신흥 강국 명과의 외교적 갈등을 해소하고자 사신으로 갔던 설장수(偰長壽)가 귀국하면서 전한 것이었다.

이 칙서에서 명 태조는 고려가 조공으로 말을 바치는 데 성의가 부족하다고 질책하고, 탐라에서 군마를 조달하려던 계획을 취소할 터이니 말을 자기네의 면포와 교환할 것을 요구하면서, 원나라의 복식을 따른 군신의 편복(便服) 제도를 새로 제정해달라는 고려의 요청을 수락하는 한편, 잔꾀를 부리지 말고 명을 지성으로 섬길 것을 거듭 훈계했다. 특히 그는 최근의 운남(雲南) 정벌을 예로 들면서, 고려가 제 땅을 지키는 데 만족하지 않고 국경 분쟁을 일으킨다면 대대적인 정벌을 추진하겠노라고 위협했다.[93] 그후 양국의 관계는 더욱 경색되어, 일방적으로 단교를 선언한 후 철령 이북을 강점하려 한 명에 맞서 요동 정벌을 감행한 고려가 이성계의 위화도 회군으로 도리어 망국의 비운을 맞게 되었던 것은 역사가 전하는 바와 같다.

이와같이 명 태조의 칙서는 근대 민족주의의 시각에서 보자면 강대국의 횡포를 보여주는 매우 모욕적인 내용의 외교문서라 할 수 있지만, 이에 대해 박규수는 예찬을 아끼지 않는다. 우선 그는 이 칙서가 명 태조의 말을 그대로 받아 적은 순전한 백화체(白話體)로 되어 있는 점을 주목하고 있다. 극도로 윤색을 가한 문어체의 일반적인 칙서류와 달리, 이는 고대 제왕의 훈시를 기록한 『서경』의 제편(諸篇)처럼 당대의 소박한 구어체로 되어 있으므로, 표현이 간략하면서도 "성천자(聖天子)"를 직접 면대한 듯한 실감이 넘친다는 것이다.[94]

---

92) 『환재집』 권4, 「恭錄高麗史辛庶人傳所載洪武聖諭跋」, 장18앞. 이 글은 『박환재문』에는 「大明太祖高皇帝聖諭恭跋」이라는 제목으로 칙서의 全文과 함께 수록되어 있다(『환재총서』, 제5책, 315~331면).

93) 『고려사』 권136, 열전49, 「辛禑」4, 장17앞~24뒤.

94) 『환재집』 권4, 장16뒤~17앞.

또한 박규수는 이 칙서의 내용에 대해서도, 명 태조가 공연한 전란으로 고려의 백성들이 고통을 겪을 것을 충심으로 염려하여 간곡히 타이른 것이라 보면서, 이는 화이(華夷)를 차별하지 않고 일시동인(一視同仁)하는 천자의 풍도를 보인 것이라 예찬하고 있다. 고려는 명 태조의 이러한 "지극한 뜻(至意)"을 저버림으로써 망국을 자초했으나, 조선은 태조 이성계가 명에 대한 사대(事大) 정책을 확고히 했으므로 지금까지 백성들이 그 혜택을 누리고 있다는 것이다.

이에 박규수는 명이 건국한 무신년이 다시 돌아옴을 맞아, 명 태조의 칙서에 대한 발문을 지어 "명이 망한 것을 슬퍼하고 그 은혜를 잊지 않는 마음"을 표현하고자 한다고 저술 동기를 밝히고 있다. 이러한 존명(尊明) 의식은 이 글의 말미에 더욱 극명하게 드러나 있다. 여기에서 그는 글을 지은 시기를 밝히면서 청나라의 연호를 적지 않고 "홍무(洪武—명 태조의 연호) 기원후 481년"이라 적고 있을뿐더러, 자신을 "좌해(左海—조선)의 초야에 사는 유신(遺臣)"이라 하여 망한 명나라에 속한 백성으로 자처하고 있는 것이다.[95)]

앞서 살펴본 바와 같이 박규수는 「봉소여향」과 『상고도 회문의례』 등 수학기의 시나 저술에서 이미 존명 의식을 표출하였다. 물론 이러한 존명 의식은 당시의 양반사대부들이 대개 공유하던 것으로 일종의 시대정신과 같은 것이었다고 볼 수도 있다. 청조 문물의 수용을 주장한 연암도 존명 의식을 탈피한 것은 아니었으며, 윤정현이나 김상현 등 박규수의 가까운 선배 우인들도 투철한 존명 의식을 지니고 있었다.[96)] 그렇기는 하지만 '최초의 개화

---

95) 『환재집』 권4, 장17뒤~18앞. "敢錄寫一通, 而恭記其後, 以寓於戱不忘之思云. 洪武紀元後四百八十一年, 歲在戊申, 正月四日, 左海草茅遺臣朴珪壽, 拜手稽首, 謹書."

고종 10년(1873) 경연에서도 박규수는 명 태조를 예찬하는 발언을 했다. 즉 "명 태조의 원대한 왕업과 계책은 법으로 삼을 만한 것이 많습니다" "명의 제도를 오늘날의 청이 모두 준수하여 쓰고 있으니, 백성들이 지금까지 입고 있는 그 은택은 모두 우리 명 태조가 하사하신 것입니다. 이로써 생각하건대 마치 명 황실이 아직까지 남아 있는 듯합니다"라고 하면서, 명 태조의 가혹한 정치를 변호하기까지 했다(『승정원일기』, 고종 10년 9월 10일).

96) 김명호, 『열하일기 연구』, 126~128면; 윤정현, 『침계선생유고』 권4, 「孝定李太后像幀

사상가'로까지 평가되는 박규수조차 이처럼 강렬한 존명 의식을 지니고 있었던 점은 당혹스러운 사실이라 할지도 모른다. 그러나 후일 박규수가 명나라 신종(神宗) 모후(母后)의 화상(畵像)을 개수(改修)하는 데 남다른 정성을 쏟았던 사실[97]에서도 알 수 있듯이, 존명 의식은 그의 만년까지 일관되고 있는 사상적 특징의 하나인 만큼, 결코 이를 간과하거나 무시해서는 안 되리라 본다.

改裝記」; 김상현, 『경대시존』, 「寄觀化道人 幷小引」 등 참조.

97) 『환재집』 권4, 「孝定皇太后畵像重繕恭記」, 권6 「請還寢萬東廟停撤疏」, 권9, 「與尹士淵」(8), 장6뒤~7앞, 「與洪一能」, 장22뒤~23앞, 권10, 「與沈秉成」(4), 장8앞 등 참조.

# 제3부 철종시대의 개혁적 관료

제1장

# 처음 벼슬길에 오르다

## 1. 헌종 말의 정국과 과거 급제

박규수는 1848년(헌종 14년) 5월 30일(이하 음력) 대왕대비의 육순과 왕대비의 망오(望五), 순조와 대왕대비, 익종(효명세자)과 왕대비의 존호 제정을 경축하기 위해 거행된 증광별시의 문과 전시(殿試)에서 대책(對策)으로 병과(丙科) 급제했다. 당시 그의 나이는 마흔두 살이었다.[1)]

1830년(순조 30년) 익종의 급서를 계기로 과거를 포기했던 박규수가 18년간의 긴 은둔생활을 청산하고 뒤늦게 출사하고자 한 이유는 무엇이었을까? 우선 지적할 수 있는 것은 은둔시절에도 그가 출사 의지를 포기하지는 않았다는 사실이다. 이미 언급했듯이 1841년에 지은 한 시에서 박규수는 "마흔에도 이름나지 않으면 자고로 탄식했는데/ 귀밑터럭 희어짐을 얼마나 막을

1) 『헌종실록』, 14년 5월 30일; 『國朝文科榜目』, 태학사 영인 1984, 권3, 1582면. 박규수의 절친한 벗인 南秉吉과 신석희도 각각 을과와 병과에 급제했다.

수 있을지"라고 하면서 국정에 참여하여 포부를 펴고 싶은 강한 의욕을 드러내었다.[2)] 또한 1840년대에 지은 「보은으로 돌아가는 이원상을 전송하며(送李元常 歸報恩)」라는 시에서도 그는 이렇게 노래했다.

| | |
|---|---|
| 빈궁하든 영달하든 명주를 연모하기에 | 窮達戀明主 |
| 그대를 따라 떠날 수 없네 | 未能便相隨 |
| 비록 농사지을 땅이 있다 해도 | 縱有耕桑地 |
| 나는 상곤의 시를 사랑하노라 | 我愛常袞詩[3)] |

당시 이웃에 살던 가까운 벗 이재항(李在恒)이 속리산 밑 보은으로 떠나면서 함께 은거하기를 권하자, 박규수는 당나라 대종(代宗)·덕종(德宗) 때의 명신이었던 상곤(常袞)의 시를 전고로 취하여 종신토록 은거하는 소극적인 삶을 거부하는 뜻을 완곡히 나타내었던 것이다.

박규수가 마흔 살이 넘은 나이로 출사하게 된 데에는 그를 아끼고 후원하던 선배와 친지들이 1840년대 이후 잇달아 하세한 사정도 적잖이 작용했을 듯하다. 1840년(헌종 6년) 김매순이 오랜 병고 끝에 사망했다. 김매순은 박규수의 부친 박종채, 척숙 이정리 형제와 절친했으며, 박규수를 후배 중에서 식견이 뛰어난 인물로 인정하고 무척 아껴주었다.[4)] 1841년에는 홍길주가 사망했다. 『상고도 회문의례』에 남긴 서문과 평어 등을 통해 알 수 있듯이, 홍길주는 박규수의 재능을 일찍부터 알아보고 학문적 지도를 아끼지 않았던 인물이다.[5)] 1842년에는 홍석주가 사망했다. 아우 홍길주 및 김매순·이정리

2) 『환재집』 권3, 「辛丑暮春 宿石瓊樓 次壁間詩」, 장12앞; 본서, 242~243면 참조.
3) 『환재집』 권3, 「送李元常 歸報恩」, 제4수, 장11앞. 이 시의 일부는 『大東詩選』에도 수록되어 있다(권9, 15면; 아세아문화사 1980, 하권, 365면). 李在恒(자 元常, 호 好古)은 시인으로 이름이 있었으며, 박규수의 벗인 申應朝와도 절친했던 듯하다. 신응조의 『苟菴集』에 이재항과 문학에 관해 논한 편지들이 수록되어 있다(권1, 「與李好古在恒」).
4) 김상현, 『經臺詩存』, 「八月二十二日赴臺翁葬禮 發靑城行 道中作」; 김상현, 「臺山先生行狀」; 홍길주, 『沆瀣丙函』 권4, 「哭金臺山侍郎」, 「哭臺翁靈筵 有感而作」.

와 함께 "고문(古文)으로 한 시대를 창도(唱導)하던" 홍길주는 1836년(헌종 2년) 남응중 옥사의 처리 과정에서 순원왕후 김씨의 비위를 거슬려 관직을 삭탈당한 후, 정계에서 은퇴하여 저술하는 것으로 낙을 삼다가 죽었다.[6)]

1843년 7월에는 이정리가 사망했다. 이정리는 1840년 동지사의 서장관으로 북경에 다녀온 뒤 교리·수찬을 거쳐, 1842년 헌종이 장릉(長陵)과 인릉(仁陵)을 친제(親祭)할 때 수행한 공으로 통정대부에 가자(加資)되고 공조 참의에 임명되었다. 그해 6월 함경도 북청 부사로 부임하여 그곳 선비들에게 주자서(朱子書)를 가르치고 도암(陶庵) 이재(李縡)의 『사례편람(四禮便覽)』을 서당에 보급하는 등 교화에 힘쓰다가, 임소에서 갑자기 병사한 것이다.[7)] 1845년에는 서유구가 사망했다. 경기도 광주의 두릉에서 유유자적한 만년을 보내던 그는 시자(侍者)가 타는 거문고 곡조를 들으며 운명했다고 한다.[8)] 이와같이 가까운 선배와 친지의 잇단 하세로 자연히 세대 교체의 흐름이 형성되면서, 이제는 박규수 자신이 정계의 일선에 나서야 할 때임을 강하게 느꼈던 듯하다.

하지만 그가 뒤늦게 출사하게 된 더욱 중요한 요인으로는 헌종 말년의 정국의 변화를 꼽아야 할 것이다. 김택영은 『한국역대소사(韓國歷代小史)』에서 박규수가 익종의 두터운 촉망을 받았던 고사를 소개하고, 박규수가 1848년 증광별시에서 급제하게 된 것은 익종의 비인 신정왕후(神貞王后) 조씨가 친정 오빠인 조병귀(趙秉龜) 등에게 그를 발탁함으로써 익종의 유지(遺志)를 이루도록 분부한 때문이라 했다.[9)] 비록 야사이기는 하지만, 이는 박규수의

---

5) 홍석주, 『淵泉集』 권29, 「仲弟墓誌銘」; 본서, 136~137면, 143~144면, 161면 참조.

6) 김택영, 『김택영전집』, 아세아문화사 1978, 제2책, 『한국역대소사』, 510면, "與弟郡守吉周及參判金邁淳參議李正履, 以古文相唱於一時"; 본서, 245~246면 참조.

7) 『헌종실록』, 8년 3월 12일; 洪直弼, 『梅山集』 권43, 「醇溪李公墓誌銘 幷序」, 장3뒤~4뒤.

8) 李裕元, 『林下筆記』 권31, 「聽琴大歸」, 성균관대 대동문화연구원 1961, 781면.

9) 김택영, 『김택영전집』, 제2책, 『한국역대소사』 권26, 韓憲宗 辛丑七年, 508면. 단 '辛丑七年'(1841)은 '戊申十四年'(1848)의 잘못이고, '趙秉龜'는 '趙秉鉉'의 잘못인 듯하다. 조병귀는 1845년에 이미 사망했다. 황현의 『매천야록』에도 이와 유사한 기록이 있다(『매천야록』

정치적 진출이 헌종의 친정(親政)을 뒷받침한 풍양 조씨 세력의 부상(浮上)과 깊은 관련이 있음을 시사하는 것이다.

1834년 여덟 살의 어린 나이로 즉위한 헌종은 대왕대비인 순원왕후 김씨의 오랜 수렴청정을 거쳐, 1841년(헌종 7년)에야 친정을 시작하게 되었다. 그 후 1849년 병사하기까지의 헌종 친정기(親政期)는 김조순의 아들인 김좌근과 그 사촌 김홍근 등을 중심으로 한 안동 김씨 외척 세력과, 조인영과 그 조카 조병현 등을 중심으로 한 풍양 조씨 외척 세력이 대립하는 가운데 후자가 국왕의 비호에 힘입어 점차 우세를 누리던 시기라 할 수 있다.

헌종은 열아홉 살 되던 1845년경부터 왕권을 강화함으로써 국정을 주도하려는 의지를 뚜렷이 드러내었다. 그해 헌종은 국정에 소극적인 관료들을 비난하고 전국의 폐단을 조사하여 대책을 세우도록 지시하는가 하면, 선왕들의 업적을 엮은 『갱장록(羹墻錄)』을 경연(經筵)의 교재로 삼도록 했다. 이듬해에는 당상관의 수행원을 감축하게 하여 국왕의 권위를 높이고자 했으며, 순조와 익종의 초상화를 정비하여 봉안하게 했다. 그리고 익종의 능인 수릉(綏陵)에 자주 행차하다가, 그곳이 풍수지리상 좋지 않다는 이유로 이장을 단행했다. 또한 헌종은 정조의 장용영(莊勇營) 설치를 본떠 총융청(摠戎廳)을 총위영(摠衛營)으로 승격시키고 스스로 대장에 취임하여 병권을 직접 장악하고자 했다. 1847년(헌종 13년)에는 정조의 사후 처음으로 초계문신(抄啓文臣) 제도를 부활하여 친위적인 관료를 양성하고자 했으며, 정조·순조·익종 삼조(三朝)의 치적을 수집 편찬하여 『국조보감(國朝寶鑑)』을 증수(增修)하도록 명하는 한편, 궁궐을 대대적으로 보수 신축하도록 했다. 그러나 헌종이 서거하자마자 총위영이 혁파된 사실이 단적으로 보여주듯이, 이상과 같은 헌종의 왕권강화 정책은 별반 성과를 거두지 못한 채 그의 죽음과 더불어 중단되고 말았다.[10)]

권1, 임형택 외 옮김, 『역주 매천야록』, 문학과지성사 2005, 상권, 70면).

10) 한국역사연구회 19세기정치사연구반, 『조선정치사』, 청년사 1990, 상, 111~117면; 『헌종실록』, 13년 9월 20일; 김택영, 위의 책, 512~514면 참조.

아우 박선수(朴瑄壽)가 지은 박규수의 행장을 보면 "헌종 때 익종의 정책을 부활하여 어진 인재를 우대하고 왕실의 외척을 멀리하니, 무너진 기강이 만회되려는 조짐이 있었다"[11]고 하여, 헌종이 친정에 임하여 그의 부친인 익종이 대리청정기에 시도했던 왕권강화 정책을 다시금 추진하고자 함에 따라 박규수가 출사할 뜻을 품게 된 것으로 서술했다. 사실 이러한 헌종의 친정기는 신석우 · 김영작 · 남병철(南秉哲)과 같은 박규수의 가까운 벗이나 선배 윤정현 등이 관료로서 일약 출세한 시기이기도 했다. 신석우는 1834년(순조 34년) 식년시에 급제한 후 1835년(헌종 1년)부터 관직에 나아가 병조 참의 · 동부승지 · 이천 부사 · 우승지 · 양주 목사 등을 거쳐 1848년에는 대사성을 역임하는 등으로 순탄한 출세가도를 달리고 있었다.

김영작은 1838년(헌종 4년) 음직으로 참봉에 임명되어 벼슬살이를 시작했다. 1841년 종묘서 부봉사로 있을 때 책보(冊寶)의 고실(故實)을 묻는 헌종의 하문에 응대를 잘하여 크게 칭찬을 들었으며, 이를 계기로 왕명에 의해 『태묘의궤(太廟儀軌)』의 속집(續輯)을 맡게 되었다.[12] 그리고 그 공로로 부사과 · 한성부 주부로 승진했을 뿐 아니라, 1843년 전시(殿試)에 급제하고 예조 참의 · 승지로 발탁되어 근신(近臣)의 대열에 서는 행운을 누렸다. 그가 승지로 처음 입시(入侍)했을 때 헌종은 친히 좌차(座次)를 가리켜 보일 정도로 총애를 표시했다고 한다. 그후 김영작은 정주 목사 · 좌부승지 · 병조 참의를 역임했으며, 헌종의 뜻에 따라 대사성에 의망(擬望: 3인의 후보자로 추천됨)되기까지 했다. 그러므로 그는 헌종이 급서한 뒤 지은 만사(輓詞)에서 "종묘에서 책보에 관해 하문하시던 날이며/ 궁궐에서 숙직하며 왕명을 출납할

---

11) "憲宗時, 復修翼廟之政, 右賢左戚, 有挽回頹綱之漸."(『환재집』 권1, 「節錄瓛齋先生行狀草」, 장5앞)

12) 『태묘의궤』의 속집이란 규장각에 소장되어 있는 編者 미상의 『宗廟儀軌續錄』을 편찬한 사실을 가리키는 것이 아닌가 한다. 이 편찬사업과 관련하여 김영작은 따로 『淸廟儀禮』(10권)를 저술했는데, 헌종에게 바치고자 했으나 미처 완성하기 전에 헌종이 급서하고 말았다고 한다(「先考贈領議政行吏曹參判府君家狀」, 『金弘集遺稿』, 고려대출판부 1976, 92면, 98~99면). 김영작의 『邵亭文稿』 권2 「雜著」에 『청묘의례』 중의 按說 일부가 수록되어 있다.

때/ 중용되어 특별한 은총 입었으니/ 아아 평생토록 잊지 못하리!"라고 애도했다.[13)]

남병철(1817~1863)은 자를 자명(子明)·원명(原明)이라 하며, 호는 규재(圭齋)·강설(絳雪)·구당(鷗堂)·계당(桂塘) 등이다. 그는 노론 명가인 의령(宜寧) 남씨 가문에서 태어났다. 영조 때 대제학을 지낸 남유용(南有容)의 아들로 정조·순조 연간에 문단과 정계에서 크게 활약한 남공철(南公轍)은 바로 그의 종고조(從高祖)가 된다. 한편 남병철의 모친은 김조순의 딸이요, 그의 부인은 김조근의 딸로 헌종의 비인 효현왕후(孝顯王后) 김씨와 자매간이어서, 그의 집안은 안동 김씨 가문과도 밀접한 관계에 있었다.[14)] 남병철은 1837년 문과 급제 후 삼사(三司)를 주류(周流)하다가, 헌종의 친정기에 동부승지·좌부승지로서 보필을 잘해 왕의 특별한 총애를 받았다. 헌종은 그에게 '규재'라는 호를 하사했을 뿐 아니라, 『문헌비고(文獻備考)』의 교정당상(校正堂上)에 특별 임명하고 대사성·부제학·이조 참의·도승지 등을 잇달아 제수했다. 1849년 전라 감사로 나간 남병철은 이듬해 헌종이 급서했다는 소식에 접하자 충격으로 병이 들어 위독할 지경이었다고 한다.[15)]

윤정현은 1843년(헌종 9년) 식년시에 급제한 후 왕의 특지로 홍문관 교리를 제수받았으며, 대사성·이조 참판·황해 감사 등을 거쳐 1849년에는 역시 왕의 특지로 병조 판서에 임명되었다. 헌종은 그를 『논어』와 『서경』에서

13) 『김홍집유고』, 「先考贈領議政行吏曹參判府君墓表」, 50면, 「先考贈領議政行吏曹參判府君家狀」, 92면, "廟司詢冊日, 省直納言時, 拂拭荷殊眷, 於戲沒世思!"; 吳稼軒, 「朝鮮使者金永爵筆談記」, 董文渙, 『韓客詩存』, 北京: 書目文獻出版社 1996, 263면 참조.

14) 박규수와 함께 과거에 급제한 남병길(改名 相吉, 자 子裳·元裳, 호 六一齋·晩香齋·惠泉·留齋, 1820~1869)은 그의 친아우이다. 남병길에 관해서는 예조 판서 박규수 撰, 「崇祿大夫 吏曹判書 藝文館提學 贈諡文靖 南公 諱相吉 號惠泉 諡狀」(남씨대종회 총본부, 『增補南氏追遠誌』, 남광문화사 1975, 208~211면) 참조.

15) 趙斗淳, 『心庵遺稿』 권24, 「吏曹判書大提學南公秉哲神道碑銘」, 장7앞~8뒤; 남병철, 『圭齋遺稿』 권4, 「從高祖金陵先生致政序」; 『환재집』 권4, 「圭齋集序」, 장40뒤; 趙冕鎬, 『玉垂集』 권16, 「感詩絶句」, 제56수(남병철). 윤정현과 김상현도 『규재유고』의 서문에서 남병철이 헌종으로부터 두터운 은총을 받았음을 각별히 언급했다.

일컬은바 '선인(善人)'이요 '문인(文人: 文德을 지닌 인물)'이라 하면서, 언행을 조심하는 점이 신하들 중에서 가장 낫다고 칭찬했다 한다. 헌종이 서거하자 윤정현은 헌종의 묘지문(墓誌文)을 찬진(撰進)했다.[16] 이와같이 헌종이 익종의 유지를 이어 왕권강화 정책을 의욕적으로 추진하고 그에 호응하여 박규수의 지인들이 정계에서 활약하고 있던 헌종 친정기야말로 박규수에게는 다시없는 정치적 진출의 호기였으리라 생각된다.

박규수가 오랫동안 포의로 가난하게 지내다가 비로소 벼슬길에 오르게 된 해인 1848년 11월, 그를 누구보다도 아끼던 장인 이준수(李俊秀)가 향년 71세로 별세했다. 이준수는 연안(延安) 이씨 명가 출신으로, 선조 때 문형(文衡)을 지낸 월사(月沙) 이정귀(李廷龜)의 7대손이다. 이정귀의 아들인 이명한(李明漢)은 박규수의 선조인 박동량(朴東亮)의 사위로서, 그 역시 인조 때 문형을 지낸 문장가였다. 전라 감사를 지낸 고조 이해조(李海朝)도 시문(詩文)에 능하여 김창흡(金昌翕)으로부터 천재라는 격찬을 받았으며, 부친 이만원(李萬源)은 남원 부사를 지냈다. 그러나 이준수는 진사 급제 후 안산 군수를 지냈을 뿐으로, 대를 이을 아들도 없이 청빈하게 살다가 세상을 떠났다.[17] 박규수는 장인의 죽음을 애도한 제문에서 자신이 과거를 치르고 돌아오던 길에 처가댁을 방문했던 날의 광경을 다음과 같이 애틋하게 회상했다.

> 푸른 이끼가 뜰을 뒤덮고 있고, 너무나 고요해서 사람이 없는 듯했다. 묵은 매화나무 아래에서 서성거리고 있노라니까, 공(公)이 야윈 얼굴에 하얗게 센 머리로 방문을 열고 살펴보셨다. 과거 시험장에서 돌아오는 길이라는 말을 듣고는 웃으면서, "내가 잊었구먼. 오늘이 바로 회시(會試)이던가?" 하셨다.
>
> 아아! 공은 명리와 영달에 초연하여 얽매이지 않으셨지만 그래도 늙은

16) 李象秀, 『峿堂集』 권24, 「梣溪尹公墓表」; 『헌종실록』 부록, 「誌文」.
17) 『延安李氏館洞派譜』, 상, 1982, 17~18면; 『韓國名門統譜』, 한국계보협회 1980, 天, 260면.

박규수가 짓고 손수 쓴 장인 이준수에 대한 제문.

사위에 대해서만큼은 급제하기를 몹시도 바라셨을 터인데, 오히려 한번도 마음에 둔 적 없음이 이와 같으셨단 말인가? 오호라! 청빈한 지조, 꿋꿋한 자세, 낙천적인 여유를 지닌 노성(老成)의 모범을 과연 누가 알아볼 수 있으리오?[18]

박규수는 그동안 은둔하여 학업에만 전념했으므로 생활이 어려워 처가의

18) "蒼苔滿庭, 闃若無人, 遲徊於古梅樹下. 公癯顔華髮, 開戶視之, 聞從場屋歸, 笑曰, 余忘之矣. 今日乃會試耶? 嗟乎! 公於聲利芬華, 蕭然無累, 而獨爲老女婿, 望其一科名, 宜若汲汲, 尙不曾掛諸胸中, 有如是耶? 嗚呼! 氷蘗之操, 狷介之姿, 樂易之韻, 老成之典型, 尙誰能識之耶?"(『환재집』 권5, 「祭外舅李公文」, 장3앞뒤)

도움을 적잖이 받았던 것 같다. 과거 볼 때에는 부정 탄다고 개고기를 피하는 법이었는데 박규수는 처가에서 개고기를 먹고도 과거에 급제했다 하여 당시 화제가 되었다고 한다.[19]

## 2. 용강 현령과 부안 현감 시절

과거 급제 후 박규수는 사간원 정언을 거쳐 이듬해인 1849년(헌종 15년) 5월 용강 현령에 임명되었다.[20] 용강(龍岡)은 황해도 삼화현(三和縣)과 인접한, 평안도의 한 속현(屬縣)이었다. 삼면이 바다에 접했으며 높은 산들이 에워싸고 있어 토지가 척박하고 백성들은 가난했다. 민심은 거칠고 질박하며 용감하고 상무적(尙武的)이었다고 한다. 고을 동남쪽에 있는 다미방(多尾坊)의 급수문(急水門)은 1866년 제너럴 셔먼호가 여기를 통과하여 평양까지 직항했던 곳으로, 대동강 하류의 좁고 험한 입구였다. 후일 평안 감사 시절 박규수는 제너럴 셔먼호를 격침한 직후 조정에 건의해서 이곳에 진영(鎭營)을 설치하여 해방(海防)의 요새로 삼도록 했다.[21]

박규수가 용강 현령으로 부임한 직후인 그해 6월 6일 헌종이 병사하고, 정조의 이복동생 은언군(恩彦君)의 손자로서 영락한 종친(宗親)인 이원범(李元範)이 새 임금으로 옹립되었다. 박규수는 헌종의 승하 소식에 접하여 다시금 큰 충격과 슬픔을 맛보았던 듯하다. 박선수가 지은 행장에는 "헌종은 공

---

19) 1996년 9월 9일 고 李九榮 선생의 증언(선생의 5대조 李哲秀는 이준수의 맏형임). 박규수가 장인에게 보낸 친필 편지들이 현재 전하고 있다(『墨跡』, 명문당 1994, 458면 등). 박규수는 처조카인 李玟翼(이구영 선생의 증조)·李瑾翼 형제와도 친밀하게 지내, 그들에게 보낸 편지와 그들의 청으로 써준 글씨가 현재 전하고 있다(김명호, 「노촌선생님의 선조와 환재 박규수」, 『以文會友』 23호, 이문학회 2003.6 참조).

20) 『일성록』, 헌종 14년 12월 22일, 15년 5월 19일.

21) 『朝鮮時代私撰邑誌』, 한국인문과학원 1990, 권47, 『龍岡縣誌』 上編, 241면, 248~249면, 下編, 338면; 김명호, 『초기 한미관계의 재조명』, 81~82면 참조.

(公: 박규수)이 일찍이 선조(先朝: 익종)의 촉망을 받았음을 알고 장차 크게 쓰려 하셨는데, 얼마 아니되어 또 임금을 사별하는 애통함을 만나니, 공은 슬퍼하며 통곡하다가 수개월이나 숨이 차고 몸이 야위는 병을 앓았다"고 했다.[22] 그해 연말 벗 윤종의에게 보낸 편지에서도 박규수는 헌종의 국장(國葬)과 관련하여 비통한 심경을 토로하고 있다.

> 왕릉의 공사도 끝나고 졸곡(卒哭)도 어느새 지나갔습니다그려. 우리 선대왕(先大王)의 영명하신 교화와 문물(文物) 사업이 천고에 길이 묻히게 되었으니, 하늘을 향해 통곡해도 원통한 눈물은 미치지 못하는구료. 관리로서의 직책에 구속되어 발인에 참여하려던 계획이 어긋나 길러주신 은혜를 저버렸으니 나는 어떤 인간이란 말입니까?[23]

용강현은 10여 년 전인 1838년에 벗 신석우가 처음 지방관 생활을 했던 고을이기도 했다. 당시 신석우는 이곳이 일찍이 그의 부친 신재업이 부임하여 선정(善政)을 베풀었던 인연 깊은 고을이라 하여, 그 역시 선정에 힘써 환정(還政)의 폐단을 없애고자 진력했으며, 환곡을 돈으로 거두고 남은 거액의 작여전(作餘錢)을 모두 민폐(民弊)를 구하는 데 썼다고 한다. 박규수가 이곳에 부임했더니, 아전과 백성들 말이 지금까지 작여전을 사용(私用)하지 않은 사또는 신석우 한 사람뿐이었다고 했다.[24]

박규수는 용강에 부임하자마자 심한 이질(痢疾)로 수개월이나 고생하면서도 공무로 바쁜 나날을 보냈던 듯하다. 일족인 박원양(朴元陽)에게 보낸 1849년 11월 22일자 편지를 보면, 풍자적인 어조로 첫 지방관 생활과 그에

22) "憲宗知公早被先朝眷注, 將加擢用. 未幾又遭弓劒之慟, 公哀號喘瘠, 沈綿數朔."(『환재집』 권1, 「節錄瓛齋先生行狀草」, 장3뒤)

23) "山陵事竣, 卒哭奄過. 惟我先大王, 聲明文物, 永閟千古, 慟哭雲天, 寃隕靡及. 官守有限, 計違攀紼, 孤負恩造, 此何人斯?"(『환재집』 권9, 「與尹士淵」(1), 장1앞)

24) 『환재집』 권5, 「禮曹判書申公謚狀」, 장26앞; 신석우, 『海藏集』 권18, 李淵翼 撰, 「遺事」, 장85뒤; 『용강현지』 下編, 337면.

따른 고충을 호소하고 있다.

> 족종(族從—박규수의 자칭)이 세금 독촉으로 어수선한 것은 어쩔 수 없는 일이니 감히 노고를 말하겠습니까만, 칙사 접대가 코앞에 닥쳐 준비하느라 분주해서 날마다 겨를이 없습니다. 병을 앓고 난 데다 녹을 먹느라 급급하다 보니 맥이 빠지고 마음이 괴롭습니다. 대저 선배들이 관리의 일을 좋아하지 않았던 것은 그들이 청렴결백한 때문이 아니었습니다. 좋은 총명과 기력을 허비하게 되는 것이 첫째 이유요, 견제를 받아서 배운 바를 발휘하지 못하는 것이 둘째 이유요, 상관과 아전과 백성들, 친척과 인척들, 처자식과 문객들이 자신에게 모두 실망하게 되는 것이 셋째 이유요, 기실 염치불문하고 드러내놓고 살펴봐도 워낙 먹을 만한 게 없는 것이 넷째 이유였지요. 이 네 가지 이유가 있어서 그런 것이었으니, 중고(中古) 시대의 사대부들은 실은 꿋꿋한 절개를 숭상한 것이 아니라 아마도 이해득실에 밝았던 분들일 거외다.[25]

그해 연말 윤종의에게 보낸 편지에서도 박규수는 신임 수령으로서의 고충을 토로하고 있다. 아마 그전에 누적되어온 용강현의 고질적인 환곡 부정 실태를 조사하고 처리하는 일로 어려움을 겪었던 듯하다.

> 옛사람의 글을 읽을 적마다, 임금께 아뢸 때에는 곧 '대죄 모직(待罪某

---

25) "從, 催科粉紜, 所不能無者, 何敢言勞? 支勅當前, 辦應奔走, 日不暇給. 病餘形役, 自失悶心. 大抵先輩不喜吏事, 非廉白故也. 虛費好箇聰明氣力, 一也; 牽掣, 不展所學, 二也; 上官吏民, 族戚姻婭, 妻孥賓客, 無不失望於我, 三也; 其實不計廉隅, 明着眼視之, 元無可喫之物, 四也. 有此四者, 則其中古士大夫實非高尚風節, 蓋明於利害者耳."(『瓛齋手柬』, 김윤조 교수 소장) '족종'은 촌수가 먼 일족에 대해 자신을 낮추어 부르는 말이다. 박원양(1804~1884)은 개화파로 유명한 朴泳孝의 부친이다.

이와 유사한 내용의 1850년 1월 15일자 박규수의 편지가 전하고 있다. 여기에서도 "中古士大夫不屑吏事, 蓋非高尚其思也. 抑亦明知無可奈何, 無補公私, 徒負素心故耳. 如今躬驗乃覺, 未知以爲如何, 一笑"라 했다(임재완 편역, 『정조대왕의 편지글』, 삼성문화재단 2004, 214면).

職)'이라 자칭하는 것이 단지 겸손하고 조심한다는 관례적 표현이겠거니 했지요. 그런데 지금 한 고을을 맡아보니 그 말이 실심(實心) 실정(實情)에서 나온 것임을 점차 깨닫게 되오. 옛사람의 용어가 한 자도 소홀하지 않음이 이와 같구료! 배불리 먹고 편히 앉아 관례에 따라 결재하고 별것 아닌 일들에 화들짝 놀라 모두 철저히 조사하지 않는다면, 이것은 실로 죄가 되겠지요. 만약 이런 방법과 정반대로 하고자 하면 이 또한 죄를 얻음이 적지 않을 것이니, 형은 내게 가르쳐줄 무슨 묘책이 있으신지요? 방금 들으니 칙사가 오늘 압록강을 건너왔다 하므로 즉시 군복을 차려입고 역참(驛站)으로 마중 나가야 하는데 이 일로 온 고을이 물 끓듯 소란하니 마음이 바빠 회포를 다 말할 수가 없구료.[26)]

용강 현령으로 재임하는 동안 박규수는 그곳 유생들과도 교제가 있었다. 용강은 상무적인 기풍이 강할뿐더러 얼마 되지 않는 유생들도 과거 공부에나 골몰하는 형편이었지만, 그중에 홍상빈(洪尙贇)이라는 품행이 독실한 선비가 있었다. 그의 조부 홍임제(洪任濟, 1727~1786)는 미호(渼湖) 김원행(金元行)의 문하에서 수업한 후 향리로 돌아와 성리학을 연구하는 한편 선비들을 지도하여 명망이 높던 처사였다. 그러나 홍상빈은 일찍 고아가 되어 서른 살이 넘도록 공부를 하지 못하였다가, 뒤늦게 분발하여 매산(梅山) 홍직필(洪直弼)의 문하에 나아가 수업했다고 한다. 박규수는 그의 청탁을 받고 그 조부의 묘갈명(墓碣銘)을 지어주었다. 홍상빈은 후일 박규수가 평안 감사로 부임하자 그의 문객이 되어 미국 군함 셰난도어호 내항 사태 때 그를 보좌하게 된다.[27)]

26) "每讀古人, 告君輒稱待罪某職, 只謂是謙畏例語耳. 今莅一縣, 漸覺此爲實心實情. 古人下語, 無一字泛忽如是矣! 飽喫安坐, 隨例署押, 大驚小怪, 都不究詰, 是固罪耳. 若欲一反此道, 亦復得罪不少, 兄有何術可以敎我? 方聞勅使今日渡江, 卽地戒(戎의 오자—인용자)裝出站, 一邑沸閙, 心忙不能罄懷."(『환재집』 권9, 「與尹士淵」(1), 장2앞)

『牧民心書』「禮典」賓客條에 칙사를 접대하는 일은 평안도와 황해도의 큰 政事라고 하면서, 그에 따른 온갖 민폐를 열거하고 있다(다산연구회, 『역주 목민심서 Ⅲ』, 창작과비평사 1981, 278~295면 참조).

박규수는 1850년(철종 1년) 6월 대왕대비의 명으로 전라도 부안(扶安) 현감 김원식(金元植)과 관직을 맞바꾸었다.[28] 『환재집』에는 박규수가 그의 아우 박선수에게 보낸 편지가 모두 38편이나 수록되어 있는데 그중에는 부안 현감 시절의 편지도 5편이 있어 이를 통해 당시 그의 생활상을 넉넉히 엿볼 수 있다.

박선수(자 溫卿, 호 溫齋, 1821~1899)는 박규수보다 열네 살이나 연하인데, 박규수의 첫째 아우인 주수(珠壽)가 요절한 이후 유일한 동기로서 박규수의 두터운 사랑과 학문적 지도를 받았다. 그는 오랫동안 포의로 지내다가 1864년(고종 1년) 증광별시에 급제한 후 공조 판서까지 지냈으며, 문자학에도 일가를 이루어 『설문해자익징(說文解字翼徵)』(14권 6책)을 남겼다.[29]

부안은 김제와 고부 인근에 있는 전라도의 한 속현으로, 변산반도를 끼고 있었다. 박규수는 부임 직후 아우 선수에게 보낸 8월 19일자 편지에서 "공주 이남은 평야가 까마득히 넓은데 김제와 부안 사이는 더욱 편평하고 탁 트이어 산은 나즈막하고 아득하며 강물이 조용히 흐르매 진실로 중국 강남(江南)의 풍경을 지니고 있다"고 전했다.[30] 또한 그 이듬해 3월 13일자 편지에서도 부안현의 아름다운 산수자연을 운치있게 묘사하면서 예찬을 아끼지 않았다.

---

27) 『환재집』 권5, 「洪處士墓碣銘」; 兪莘煥, 『鳳棲集』 권3, 「送洪生尙贇序」; 김명호, 『초기 한미관계의 재조명』, 152~153면.

홍상빈 외에 安基洙도 박규수의 문객이 되었다. 그는 1815년생으로 본관은 順興이고 자는 魯源이다. 1855년 생원시에 급제했으며, 지도 제작에 뛰어났다. 그 역시 셔먼호 사건 때 평안 감사 박규수를 도와 활동했다(韓章錫, 『眉山集』 권7, 「東輿圖序」; 김명호, 위의 책, 151면).

28) 『일성록』, 철종 1년 6월 26일.

29) 金允植, 『雲養集』 권5, 「聞朴溫齋尙書遊岱之報愴然有作」, 「十哀詩」 제8수, 권10, 「說文翼徵序」, 권12, 「與朴溫齋尙書書」.

30) "自公山以南, 平野蒼茫, 金堤·扶安之間, 尤夷曠開豁, 平遠山, 澹沱水, 眞有江南風景."(『환재집』 권8, 「與溫卿」(1), 장1뒤)

봄철의 경물이 한창 새로워지고 춘풍이 비를 몰고 와, 관청의 버드나무는 노란빛으로 간들거리고 마을의 살구나무는 붉은빛을 뿜어낸다. 산전(山田)이 성곽을 에워싸고 맑은 물이 강을 이루니, 누대에 올라 한번 바라보노라면 완연한 「강남춘색도(江南春色圖)」이다. 호남의 명승지라 이를 만한데도 지금껏 칭찬하는 이 없고 걸핏하면 변산(邊山)만을 말하는 것은 어째서인가?[31]

그러나 한편으로 박규수는 부안에 대해 "대저 백성들의 사는 형편이 쇠잔하기가 용강보다 심하다. 세간에서 일컫는 좋은 관직을 나는 바야흐로 또 만난 셈이나, 둘 다 이와 같으니 또한 이상한 일"[32]이라고 하면서, 다음과 같이 당시 부안 읍내의 실태와 관아의 외관을 소상히 전했다.

이 고을도 쌀밥과 생선국을 먹는 고장이기는 하다. 그러나 김제가 전부 넓은 들판인 것과는 같지 않으며, 보기에 몹시도 쇠잔하다. 읍내는 삼백 호도 되지 못하며, 소위 성문이란 것은 무엇 때문에 만들었는지 모르겠다. 성 안에 들어서면 더욱 썰렁하여 썩은 차양과 무너진 울타리 사이로 한 줄기 길이 뚫렸는데, 이리저리 돌아서 가노라면 마치 맹원동(孟園洞)에 들어가는 듯하고 산가(山家)로 봄놀이 가는 행차 같으니 전혀 관도(官道)의 풍치가 아니다. (…) 바위 앞에 이르면 이른바 고각루(鼓角樓)가 있다. 누대는 남향이며 그 안쪽이 내삼문(內三門)이 된다. 동향으로 문을 들어서면 관청 뜰은 진흙탕이라 논과 같고, 몹시도 좁은 뜰을 정당(政堂)이 다 차지하다시피 하고 있다. 정당은 새로 지었으며 역시 동향(東向)인데 그다지 크거나 화려하지 않지만 새로 지은 까닭에 사람들은 거처가 아름답다고 칭송한다. 내가 보기에는 방들이 너무 좁아 용강(龍岡)에 미치지 못하며 다만 높이 솟은 점이

31) "春物方新, 東風吹雨, 官柳搖黃, 邨杏蒸紅, 陂田繞廓, 白水成江, 登樓一望, 宛然江南春色圖也. 雖謂之湖南勝景也, 而從未有稱道者, 輒但道邊山, 何歟?"(『환재집』 권8, 「與溫卿」(5), 장7앞)

32) "大抵民物之凋殘, 甚於龍岡. 世所稱好官, 吾方再見之, 而並皆若此, 亦可異也."(『환재집』 권8, 「與溫卿」(1), 장1뒤)

나을 따름이다.[33]

그런데 부안은 예전에 박규수의 8대조인 금계군(錦溪君) 박동량(朴東亮, 호 寄齋, 1569~1635)이 여러 해 귀양살이를 했던 고을이기도 했다. 광해군 때 대북파(大北派)가 소북파(小北派)를 제거하고자 역모를 날조한 계축옥사와 관련하여, 박동량은 선조의 계비(繼妃)인 인목대비가 선조의 원비(元妃)인 의인왕후의 능에 저주를 했다는 사건이 무고(誣告)임을 알면서도 이를 묵인함으로써 폐모의 구실을 삼게 만든 죄로, 인조반정 직후 강진(康津)에 유배되었다가 수년 뒤인 1627년에 부안으로 양이(量移)되었다. 이에 그 아들인 금양군(錦陽君) 박미가 부친을 돌보기 위해 고생을 무릅쓰고 부지런히 부안을 왕래했던 것이다.[34]

박규수는 부임 직후 아우 선수에게 보낸 편지에서, 당시의 사적(事蹟)을 회고하며 선조에 대한 뜨거운 추모의 염을 드러내고 있다.

> 우리 선조께서 이 고을에 귀양살이 하실 때를 생각하니, 분서조(汾西祖: 박미)께서 필마와 홑옷으로 수백 번이나 왕래하며 갖은 고생을 겪고 한시로 읊으시어 물 줄기 하나 봉우리 하나마다 예전의 자취가 남아 있으련만, 지금은 상고하기 어려우니 서글퍼 마음이 상하며 감개함을 누르기 어렵구나. 읍내에 못미처 3리 되는 곳에 큰 못이 있는데, 못에는 연꽃이 많고 못가에 작은 산이 있으며 마을이 숲 사이로 보일락말락한다. 생각하건대 당시 머무시던 곳이 이 일대가 아닌가 싶다.[35]

---

33) "此邑亦飯稻羹魚. 然不似金提之全是平原, 而所見極凋殘. 邑治不滿三百戶, 所謂城門, 未知何爲而作也. 入城, 尤荒涼, 從腐蔀敗籬間, 開一線路, 轉曲而行, 如入孟園洞, 有似山家尋春之行, 全無官道物色. (…) 臨石而有所謂鼓角樓, 樓南向, 其內爲內三門, 而東向入門, 而泥庭如水田, 庭甚窄而政堂壓之. 堂新構而亦東向, 不甚侈大而新構. 故人稱爲居處之美. 吾見則房室太狹, 不及於龍岡, 但穹崇則勝之耳."(『환재집』 권8, 「與溫卿」(1), 장2뒤~장3앞). 孟園은 한양 嘉會坊(지금의 종로구 가회동) 북쪽에 있던 고개인 孟峴을 말하므로 맹원동은 맹현 부근의 三淸洞을 가리키는 듯하다.

34) 박미, 『汾西集』 부록, 「행장」(朴世采 撰); 『인조실록』, 5년 4월 8일.

같은 편지의 별지(別紙)에서도 그는 선조 박미가 유배중인 부친을 뵈러 부안으로 오던 중에 지은 시구를 인용하면서, 이를 근거로 읍내에서 3리 쯤 떨어진 신덕(新德, 申德)이란 마을이 아마도 그 당시 적사(謫舍: 유배객의 거처)가 있던 곳이 아니었을까 추측했다. 그리고 바삐 부임하느라 당시의 사적과 관련된 박미의 시들을 미처 살펴보지 못하고 온 것이 마음에 걸린다고 하면서, 아우 선수에게 그 시들을 찾아 반드시 등서(謄書)하여 보내주도록 당부했다.[36] 이미 언급한 바와 같이 박규수는 자신의 선조 중에서 조부 연암과 아울러 7대조인 박미를 가장 숭배했으며, 박미의 시문을 초한 『문정공문초(文貞公文鈔)』를 편찬하기도 하는 등 그로부터도 문학적으로 깊은 영향을 받았다.[37] 부안 현감 시절의 편지는 박규수의 뿌리깊은 가문 의식과 아울러, 그에 대한 박미의 문학적 영향을 다시금 엿볼 수 있게 한다고 하겠다.

박규수가 부안 현감으로 부임할 당시 상관인 전라 감사는 그의 벗 남병철이었다. 전주 감영을 예방한 박규수는 헌종이 급서한 이래 비탄에 젖어 지내던 감사 남병철을 만나 함께 울면서 "선조(先朝: 헌종)의 옛 은총"을 이야기했다.[38] 아우 선수에게 보낸 편지에 의하면 그때 남병철이 8월 말부터 순시에 나서니 광주 등지를 같이 유람하자고 제안했으나, 박규수는 장거리의 행역(行役)으로 몹시 지쳤으므로 이를 사양했다고 한다. 하지만 형편을 보아 광주에 다녀오고 싶은데, 만약 광주에 가게 되면 내처 나주까지 가서 "시조(始祖)의 묘"를 배알하겠노라고 했다.[39]

1851년(철종 2년) 3월 박규수는 나주에 가서 반남 박씨 가문의 시조인 박

---

35) "念吾先祖謫居是邦, 汾西祖, 疋馬單衣, 百回往來, 困頓窮阨, 發於吟嘯, 一水一巒, 曾是遺躅, 而今不可攷求, 愴焉傷心, 感慨不已. 未抵邑三里有大池, 池多荷花, 池畔有小山, 村落隱映臨樹間. 意者, 當年居停, 或在此間也."(『환재집』 권8, 「與溫卿」(1), 장1뒤)

36) 『환재집』 권8, 「與溫卿」(1), 장2앞뒤, 장3뒤.

37) 본서, 23~24면 참조.

38) 『환재집』 권4, 「圭齋集序」, 장40뒤.

39) 『환재집』 권8, 「與溫卿」(1), 장3앞뒤.

庚戌十一月二十二日 下官 朴珪壽 上書

辭退歷日雪寒頗嚴伏不審

調中體候更若何血證漸可釋慮八物連

試幾貼而 飮啖際自汗之候亦頗止效

否種種伏慮不任憧憧八物分劑平等一錢

不偏不重蓋為妙法苟無泥膈之若則除

却他般辛烈之藥不限貼數多進此料

以為月計有餘之功未知如何鄙未曾留

心醫方而竊意滋補之效亦宜積久乃成

如欲驟收其利則雖上品良藥終非菽

粟之比必有偏重之弊耳 下官一宿金堤望

朝還栖路遇大雪四望空闊銀海墨雲

光景絕奇獨坐轎囱中傾聽而走太沒意

致歸到西林益無一事可補賞雪故實奈

何仰請 日來

諸節略此不備伏候

答教

부안 현감 박규수가 전라 감사 남병철에게 보낸 간찰.
출처 『선현들이 남기신 묵향』, 우림화랑 2005.

응주(朴應珠)의 묘를 배알했다. 박응주는 반남현(潘南縣)의 호장(戶長)이었다. 고려말에 이곡(李穀)의 문인이자 사위였으며 친명파(親明派)로 활약한 박상충(朴尙衷, 1332～1375)은 그의 현손이다. 시조 박응주의 묘에 참배할 때 지어 올린 글에서 박규수는 "후손인 제가 못나/ 아직도 자식 없어/ 조상 제사 생각하면/ 걱정이 한이 없습니다 / 정신이며 기맥이/ 일리(一理)로써 상통하니/ 절하고 기도하며/ 고충을 호소하옵니다/ 하느님의 영험과/ 조상님 덕택으로/ 빼어난 인물 나도록/ 큰 은택 베푸시면/ 나라에 보답하고 가문을 계승하여/ 덕행과 공훈 빛나리니/ 우리 조상님도/ 기쁘시지 않겠습니까"라고 했다. 부인 이씨와의 사이에 자식이 없었으므로 선조의 음덕으로 후사를 보게 되기를 간절히 기원한 것이다.[40)]

40) "小孫稚騃, 尙未抱子, 每念宗祀, 靡所底止, 精神氣息, 一理相通, 再拜默禱, 訴我苦衷, 賴天之靈, 祖考之休, 挺生偉人, 景貺潛周, 報國承家, 休有光烈, 惟我祖考, 豈不以悅?"(『환재집』 권5, 「謁先祖戶長公墓文」, 장4앞) 결국 박규수는 박선수의 장남 齊正(1851～1869)

부안 현감으로 나가 있는 동안에도 박규수는 한양 북촌의 계산초당(桂山草堂)을 지키면서 글 공부를 하고 있던 아우 선수에 대한 관심과 집안의 대소사를 잊지 않았다. 박선수가 「청림종가(青林鍾歌)」를 지어 보내오자 척숙 이정관의 작품보다 못지않다고 칭찬하면서 계속 정진하도록 격려하기도 하고, 박선수가 과거 보는 날에 쓴 편지에서는 "오늘 시험장에 잘 갔는지 마음을 놓지 못하겠다"고 하면서 맏형으로서 깊은 관심을 표명하기도 했다.[41] 한편 니동(泥洞: 지금의 운니동)에 집을 사서 이사가는 문제와 관련하여, 지방관으로 나간 지 얼마 안 되어 이사를 하면 물의가 일지 않을까 염려하는 아우의 편지에 대해 박규수는 개의치 말고 이사를 추진하라고 답했다.

> 대저 머리를 부딪힐 지경인 집에 살던 늙은 선비가 현령 한 자리 얻어 약간의 봉급이 생기면 우선 겨우 무릎 들일 만한 집을 찾고 죽도 간신히 먹을 한 섬 소출밖에 안 되는 농토를 구하며, 그래도 남은 돈이 있으면 한강가의 부자에게 몰래 부탁하여 몇 년치의 땔감·쌀·장(醬)·소금을 장만해둔다. 그런 뒤에 내직(內職)에 들어와 벼슬살이를 하다가 경력이 조금씩 붙으면 큰 고을의 수령이나 관찰사가 되기도 하여 점차 재물을 보태고 늘여 나간다. 이리하여 평생토록 부러워하던 종로 이남의 큰 저택을 비로소 손에 넣는다. 이와같이 해야 크게 조리가 있고 몹시 용의주도한 셈이 된다. 나라고 이런 방법을 힘써 하고 싶지 않은 것은 아니지만, 단지 벼슬할 때 하는 짓이 벼슬하기 전에 말하던 것과 같지 않음을 괴이하게 여길 따름이다. (…)
>
> 나 환경(桓卿)은 본래 고상한 사람이 아니어서 부귀하고 싶은 마음을 면하지 못했으나, 항상 마음속에 또 하나의 환경이 곁에 있으면서 벼슬할 때와 물러날 때에 간절히 경계하기만 하면 되는 것이다. 하찮은 집 한 채를 두고 빨리 살지 나중에 살지 논란할 가치나 있으랴! 이와같은 것(지난번 편지에서 이사를 망설이는 듯한 말을 한 것—인용자)은, 내가 죽이나마 먹을 도리를 꾀하지 않고 한갓 일만 확대한 것을 스스로 웃은 것에 불과하다. 가령

---

을 양자로 들였다.

41) 『환재집』 권8, 「與溫卿」(2), 장4앞, 「與溫卿」(5), 장7앞, "今日能赴場屋否? 懸念不置."

> 계산(桂山)에 그대로 살면서도 소위 논 한 뙈기 없다면 비방과 의혹을 크게 야기하지 않겠는가? 두 번이나 기름진 고을을 맡고도 청빈하다는 명성이 들리지 않는데, 어떻게 축재에 어둡고 무심하다고 보겠는가? 그리하여 한번도 생각해본 적 없고 한번도 의심 가는 자취가 없는데도 비방이 생겨나 확대되는 것이니, 또 누가 일일이 해명할 수 있으리오? 정말 우습도다![42]

이 편지는 당시 지방관들의 축재 실태를 풍자·비판하면서, 관인으로서 떳떳하게 처신하려는 그의 자세를 잘 보여주고 있다.

또한 경술년 연말(양력 1851년 1월)에 보낸 편지에서는 가족들과 멀리 떨어져 세모를 맞은 고독한 심경을 다음과 같이 토로하고 있다.

> 인편이 없지 않아 집안 소식은 끊이지 않는다만, 이 세밑에 먼 지방에서 달빛 아래 산책하며 구름을 바라보노라니 더욱더 회포를 풀기 어렵구나. (…) 나는 연말이라 온갖 일이 한가롭고, 아울러 형옥(刑獄)을 다스릴 일도 없어 청한(淸閑)한 기분을 맛보고 있다. 하루 종일 방안에서 앉았다가 일어났다 하며 더불어 대화할 사람이 없다. 밤이 되면 얼른 잠이 오지 않아 억지로 신을 끌고 걸어보지만 소위 내동헌(內東軒)을 벗어나지 못한다. 그래도 시야가 정당(政堂)보다는 나은 편이다. 일대는 편평한 산등성이이고 버드나무가 몇 그루 듬성듬성 있으며 흰 눈에 비친 달빛이 밝고 밤하늘은 소슬하여, 마음 맞는 친구와 더불어 술 마시며 즐기기에 꼭 알맞다. 다만 그런 사람이 없는데다가 내가 술을 못해 뒷짐 지고 한번 바라보다 돌아올 뿐이니

42) "大抵打頭屋裏老措大, 得一縣令, 有些俸錢, 姑覔僅可客(容의 오자—인용자)膝之宅子, 先問饘粥擔石之田地, 更有贏餘, 密付江上富戶, 爲幾年薪米醬鹽之資, 然後入而從宦, 資歷稍富, 或得雄府, 或至大藩, 漸次添增. 於是乎, 平生欽艷之路南大宅, 始乃得之. 如是則大有條理, 極其周密. 吾非不欲力行此法, 而但怪做時不如說時. (…) 桓卿本非高人, 不免富貴之念, 每在胸中, 更有一桓卿在傍, 切切然規戒於出處之際, 則可矣. 區區一屋子, 又何足論其早晚緩急之序哉! 如是者, 直不過笑我之不謀饘粥而徒事廣張而已. 假令依舊桂山, 而亦無所謂水田一區, 豈不大致譏疑歟? 再典腴邑, 亦無氷蘗聲, 胡爲其迂濶冷澹也? 於是乎, 意慮所不曾到, 形跡所未曾似之譏謗, 從而附會之矣. 又誰能一一辨之哉? 好笑好笑!"(『환재집』 권8, 「與溫卿」(2), 장4앞~5앞)

심심하기 그지없다.[43)]

이어서 박규수는 아우 선수에게, 전주 판관(全州判官)이 우리 집안 선조의 문집을 등서해 가지고 싶다고 간청하니 벗 이수경(李壽卿)[44)]의 가장본(家藏本)을 그에게 빌려줄 것과, 이수경의 가장본에 빠진 권(卷)은 신석우에게 빌려 함께 전해주면서 그 김에 그 빠진 권을 등서해두는 것이 좋겠다는 뜻을 전하고 있다. 또한 전주 판관의 집안에 소장되어 있는 「동원아집도(東園雅集圖)」를 빌려서 곁에 두고 감상하고 있는데, 선배들의 모습이 눈앞에 역연한 것이 대단한 명화(名畵)이더라고 칭송했다.[45)] 이 「동원아집도」는 영조 말년에 탕평책에 반대한 이른바 노론 청류(淸流: 후일 벽파로 분류됨)에 속하는 인사 10여 명이 이유수(李惟秀)의 동원(東園)에서 가진 모임을 그린 그림이 아닌가 한다.[46)] 그렇다면 이는 서화(書畵)에 대한 박규수의 깊은 관심과 아울러 그의 정치적 성향 내지 당파성을 엿볼 수 있게 하는 대목이라 하겠다.

---

43) "非無便使, 家信絡屬. 顧此歲暮殊方, 步月看雲, 益難爲懷. (…) 吾年底百冗, 兼之按獄頓無, 淸閒意味, 竟日房室中, 或坐或起, 無與接話. 八(入의 오자—인용자)夜, 又不能卽便就睡, 强試步屧, 不過所謂內東軒. 其眼界勝於政堂. 一帶平巒, 數株柳疎, 雪月晃朗, 蕭瑟玄空, 政好與會心飮酒樂之. 但旣無其人, 又不能飮酒, 負手一望而還, 無聊極矣."(『환재집』 권8, 「與溫卿」(3), 장5뒤)

44) 이름을 알 수 없다. 壽卿은 그의 자이다.

45) 『환재집』 권8, 「與溫卿」(3), 장5뒤.

당시 전주 판관은 尹奎錫으로, 그의 생부 尹慶曾은 「동원아집도」에 그려진 인물 중의 한 사람이자 후일 우의정을 지낸 尹蓍東의 친조카였다(『外案考』 권4, 281면; 『일성록』, 정조 21년 3월 20일).

46) 兪彦鎬, 『燕石』 冊2, 「東園雅集圖小記」, 冊4, 「東園雅集圖贊」; 김윤조, 「薑山 李書九의 생애와 문학」, 성균관대 박사논문 1991, 21~25면 참조.

제2장

# 중앙 관직에 복귀하여

## 1. 철종 초의 정국과 진종 천묘(遷廟) 논쟁

순원왕후 김씨가 수렴청정을 한 즉위 초를 포함하여 14년간에 걸친 철종의 재위 기간은 안동 김씨 외척 세력이 권력을 거의 독점한 시기였다. 1849년(헌종 15년) 6월 그동안 의욕적으로 왕권강화 정책을 추진하던 헌종이 갑자기 병사했다. 당시 그의 나이는 겨우 스물세 살로, 후사(後嗣)도 없었다. 대왕대비인 순원왕후의 명에 따라 전계군(全溪君)의 아들인 이원범(李元範)이 졸지에 왕위에 오르게 되었다. '강화도령' 이원범은 정조의 생부인 사도세자의 증손이요, 정조의 이복동생인 은언군(恩彦君)의 손자였다.

은언군은 영조의 계비(繼妃) 정순왕후의 친정인 경주 김씨가를 중심으로 한 벽파 세력의 박해를 받아 1786년(정조 10년) 역모 혐의로 강화로 유배되었다가, 1801년(순조 1년) 신유사옥 때 처와 맏며느리가 천주교도로 처형된 직후 사사(賜死)되었다. 그러나 그 후손들은 국왕의 비호로 순조 말 이후 한양으로 돌아와 살던 중, 1844년(헌종 10년) 전계군의 아들이자 철종의 이복형인 회평군(懷平君)이 역모 혐의로 처형되면서 다시 강화로 유배되어 간신히 목숨을 부지하던 터였다.

따라서 철종은 즉위하기 전에 열아홉 살이 되도록 『통감(通鑑)』 두 권과 『소학(小學)』 한두 권밖에 읽은 것이 없다고 스스로 실토했을 만큼 불학 무식했지만, '영종(英宗: 영조)의 혈손(血孫)'이라 하여 새 임금으로 추대된 것이다. 그러나 이는 헌종의 숙부 항렬이 되는 영락한 종친을 순원왕후의 양자로 들여 왕위를 계승하게 함으로써, 순조에서 익종(효명세자)과 헌종으로 이어지는 혈통을 차단하기 위한 무리한 조치였다.[1)]

철종 즉위 후 순원왕후가 다시 수렴청정을 하면서, 헌종의 친정(親政)을 적극 지지했던 인물들에 대한 박해가 개시되었다. 헌종 말에 권간(權奸)으로 탄핵받아 잠시 유배되었다가 석방된 조병현은 다시 유배형을 받게 된 끝에 사사되고 말았다.[2)] 그때 신관호(改名 신헌)를 비롯한 무장들도 조병현의 무리로 지목되어 함께 공격받고 유배되었다. 재위 말년에 헌종은 하루 걸러 불러 보았을 정도로 신관호를 총애했으며, 마흔 살도 되지 않은 그를 금위대장에 임명한 것은 근세에 없던 조치였다고 한다. 그러나 철종 즉위 후 신관호는 헌종의 병을 치료한다면서 무반 출신의 시골 의원을 궁중에 끌어들이고 사사로이 약을 지어올린 죄목으로 규탄받아 유배되기에 이른 것이다. 판중추부사 권돈인 역시 신관호 사건과 연루되어, 무반 출신의 시골 의원을 천거한 것은 바로 자신이었다고 해명하는 상소를 올리고 고향으로 물러나야 했다. 전라 감사 남병철도 한때 어려운 처지에 놓였다. 그는 용한 의원이 있다는 권돈인의 말을 자신이 헌종에게 전했다고 자책하는 상소를 올리고 근신해야

1) 『철종실록』, 즉위년 6월 9일; 이태진 · 홍순민, 「日省錄 刀削의 실상과 경위」, 『한국문화』 10, 서울대 한국문화연구소 1989 참조.

2) 철종 4년 10월에 이루어진 조병현에 대한 탕척 조치와 관련하여, "헌종의 지우를 받아 궁궐을 출입하면서 평탄하든 험난하든 전진하여 제 몸을 돌보지 않았다(受知憲廟, 出入禁闥, 夷險向前, 不知有身)"고 한 사관의 평을 보면, 헌종이 승하하자 바로 그가 제거된 연유를 짐작할 수 있다(『철종실록』, 즉위년 8월 23일, 4년 10월 11일).

만 했다. 철종 1년 12월에는 풍양 조씨 세력의 핵심인물인 영의정 조인영이 병사했다.[3)]

그리하여 헌종 친정기의 정국 주도세력이 제거되는 한편으로, 김조순의 아들 김좌근과 조카 김흥근을 중심으로 한 안동 김씨 세력의 독주가 시작되었다. 철종 2년에는 김조순의 조카인 김문근의 딸이 왕비로 책봉되었으며, 철종 4년부터 김좌근이 영의정직을 독점하다시피 하며 국정을 좌우했다. 이처럼 안동 김씨 세력이 주도하는 철종 초의 중앙 정계에서 김조순의 외손인 남병철을 비롯하여 윤정현 · 신석우 · 김영작 등 박규수의 절친한 선배와 벗들은 여전히 고관으로 활동하고 있었다.

철종 2년(1851년) 3월 13일자 아우 박선수에게 보낸 편지를 보면, 박규수는 당시까지도 부안 현감으로 재직중이었음을 알 수 있다. 아마도 그 직후에 그는 중앙 관직에 복귀한 듯하다.[4)] 박규수는 그해 5월 홍문관 부수찬에 임명되어 경연(經筵)에 참여하는 한편, 6월과 7월에는 진종의 조천(祧遷)에 반대한 영의정 권돈인을 탄핵하는 홍문관의 연명차자(聯名箚子)에 동참했다.[5)] 8월에 전라좌도 경시관(京試官)으로 파견되었다가 9월 초에 조정으로 돌아왔으며, 그후 부교리 · 수찬에 임명되었다.[6)] 제석(除夕) 전야인 12월 29일(양

---

3) 『철종실록』, 즉위년 7월 14일, 15일, 16일, 19일, 23일, 8월 2일, 20일, 23일, 1년 12월 6일; 박찬식, 「申櫶의 국방론」, 『역사학보』 117, 역사학회 1988, 53면.

4) 『환재집』 권8, 「與溫卿」(5), 장7앞뒤.

『부안읍지』 先生案에는 "朴珪壽, 庚戌六月赴任, 辛亥三月遞"로 기록되어 있다. 『일성록』에 의하면 박규수는 3월 20일 지평에 임명되었으나 외지(부안)에 있다는 이유로 곧 교체되었으며, 4월 17일 실록청 낭청에 임명되었다.

5) 『일성록』, 철종 2년 5월 20일, 26~28일, 6월 19일, 22일, 23일, 7월 2일, 25일.

『환재집』 권1, 「節錄瓛齋先生行狀草」에는 "哲宗元年辛亥"의 일로 기록했으나(장3뒤), 이는 '哲宗二年辛亥'의 오기이다.

6) 『일성록』 철종 2년 8월 14일, 24일, 9월 6일, 12월 9일, 27일.

전라좌도 경시관 임무를 마친 뒤 쓴 辛亥 윤8월 25일자 편지(필자 소장)에서 박규수는 "侍生銜命南下, 今幸竣事, 其非僨誤, 未敢自知, 而征邁旣遠, 形役亦多"라고 회고했다. 『일성록』, 철종 2년 9월 6일조에 박규수가 復命하면서 왕의 질문에 답한 내용이 실려 있다.

력 1852년 2월 18일) 밤에 벗 신석희와 함께 홍문관에서 숙직하며 지은 시에서 박규수는 "백발이 되어 함께 밤에 숙직하게 될 줄 어찌 알았으리"라고 노래했다.[7)]

철종 3년(1852년) 1월 박규수는 홍문관 수찬으로서 왕에게 『국조보감』과 『갱장록』을 읽도록 권면하는 상소를 올렸으며, 7월에는 부교리로서 문신들을 대상으로 한 제술(製述)에서 수석을 차지하여 상을 받았다.[8)] 한편 박규수는 경연과 소대(召對)에서 치국(治國)의 도리로써 왕을 교도하고자 진력했다. 그해 12월 12일 그가 부교리로서 시독관(侍讀官)이 되어 경연에 배석했을 때 동지경연사(同知經筵事)인 신석우가 어전에서 『맹자』 「공손추(公孫丑)」 장을 강(講)했다.[9)]

이와같이 중앙 관직에 복귀한 당시 박규수의 활동으로 주목되는 것은 그가 헌종의 탈상에 즈음하여 야기된 천묘(遷廟) 논쟁[10)]에 적극 가담한 사실이다. 철종 2년 6월 헌종의 탈상이 다가오자 예조에서는 헌종을 부묘(祔廟)한 후 진종(眞宗)을 천묘하는 전례(典禮) 문제로 시원임(時原任) 대신과 재야 유현(儒賢)들의 의견을 수합할 것을 건의했다.

예법에 의하면 제후의 묘(廟)는 2소(昭) 2목(穆)과 태조(太祖)를 합하여 5묘(廟)의 제도를 취한다. 2소 2목이란 종묘(宗廟)에 배열하는 신위(神位)의 순서를 말하는데, 부친과 증조의 신위는 좌목(左穆)에 배치하고 조부와 고조의 신위는 우소(右昭)에 배치한다. 왕이 서거하여 그 신위를 종묘에 새로 올

7) 『환재집』 권3, 「辛亥除夕宿玉堂 賦示士綏」, 장13앞, "白首豈知同夜直"; 신석우, 『海藏集』 권5, 「次玉堂韻」 참조.

8) 『일성록』, 철종 3년 1월 14일, 7월 9일.

9) 『일성록』, 철종 3년 5월 22일, 23일, 6월 4일, 7월 11일~16일, 11월 17일~19일, 28일, 12월 3일, 4일, 12일; 『승정원일기』, 철종 3년 12월 12일; 『환재집』 권5, 「禮曹判書申公諡狀」, 장29뒤~30앞.

10) 이영춘, 『조선후기 왕위계승 연구』, 집문당 1998, 329~368면에서는 이를 '辛亥祧遷禮訟'이라 부르고 "조선후기 이래 전개된 왕실 典禮 논쟁의 최후의 사례"로서 상세히 고찰하고 있다.

리는 것을 '부묘(祔廟)'라 하고, 그에 따라 5대조가 되어 친등(親等)이 다한 신위를 종묘 옆의 협실(夾室)인 영녕전(永寧殿)으로 옮기는 것을 '조천(祧遷)'이라 한다.

그런데 철종은 왕통으로는 헌종의 뒤를 이었으나 윤서(倫序)로는 순조의 뒤를 이었다. 따라서 왕통으로 따지면 영조 다음 대(代)의 왕으로 추존(追尊)된 진종[11]은 철종의 5대조가 되어 조천되어야 하지만, 윤서로 따지면 철종의 증조가 되므로 천묘가 부당한 조치일 수도 있었다.

이러한 전례 문제는 숙부가 조카의 뒤를 이은 비정상적인 왕위 계승에서 비롯된 것으로, 이미 철종 즉위 초부터 야기된 것이었다. 즉 철종 즉위년 6월 헌종의 국장을 치르면서 예조는 혼전(魂殿)의 축식(祝式)과 관련하여 어떤 호칭을 써야 할지를 품의한 바 있다. 만약 순조를 '황고(皇考)'라 하고 철종을 '효자(孝子)'라 한다면, 헌종에 대해서는 어떤 호칭을 써야 할지 난감했기 때문이다. 이 문제로 시원임 대신과 재야 유현들의 의견을 구하자 좨주(祭酒) 홍직필(洪直弼)은 철종이 헌종에 대해 왕통으로는 부자의 도리가 있으나 숙질간이라 부자의 명분은 없으므로, 헌종을 '황질(皇姪)'이라 해야 한다는 의견을 제시했다.[12] 이처럼 헌종의 국장 당시에는 일단 왕통보다 윤서를 중시하는 관점에서 헌종과 철종의 관계가 규정되었지만 논란의 여지가 없지 않았던 터인데, 이 문제가 헌종의 탈상을 계기로 다시 불거져나온 것이다.

예조의 건의에 따라 진종의 천묘 문제로 시원임 대신과 재야 유현들의 의견이 다시 수합되었다. 영부사 정원용(鄭元容), 좌의정 김흥근, 좨주 홍직필 등 대다수가 진종의 조천을 지지했다. 5묘의 제도는 반드시 지켜야 하는 방례(邦禮)이고 왕통이 윤서보다 중하므로, 2소 2목에서 벗어나는 진종은 부득불 조천되어야 한다는 것이다. 특히 홍직필은 이전의 혼전 축식 때와 의견을

11) 영조의 후궁인 靖嬪 이씨의 소생으로 요절했다. 사도세자의 이복형이며, 정조는 그의 양자이다.

12) 『철종실록』, 즉위년 6월 17일, 7월 12일; 정원용, 『經山集』 권10, 「宗廟魂殿徽定殿祝式議」.

달리하여, 철종이 헌종에 대해 부자의 명분은 없으나 부자의 도리가 있으니 부자(父子) 소목(昭穆)의 예(禮)를 따라야 한다면서 조천을 지지했다.[13)]

이와같은 중론에 맞서 영의정 권돈인만은 조천을 반대했다. 즉 진종은 철종에게 증조가 되니 친등(親等)이 다하지도 않았는데 조천하는 것은 불가하다면서, 주희와 장재(張載)의 설, 본조 세종·선조·현종 때의 고사를 근거로 하여 묘(廟)의 수(數)에 구애받지 말고 진종을 그대로 모시자는 의견을 개진했다. 이러한 권돈인의 반대가 있었으나, 결국 왕통을 중시하는 중론에 따라 진종의 신위는 영녕전으로 옮겨졌다.[14)]

그런데 권돈인은 이 일로 말미암아 곧 극렬한 공격을 받게 되었다. 성균관 유생들은 그가 주희와 장재의 설, 선조(先朝)의 고사를 아전인수로 왜곡했으며, 진종을 천묘하지 않으면 익종과 헌종은 장차 소목(昭穆)에 들지 못하게 되어 두 임금의 대통(大統)을 부정하게 된다고 규탄했다. 이에 대해 순원왕후는 권돈인의 소견이 단지 진종에 대한 정(情)과 예(禮)를 고려한 결과일 뿐이라고 비호하면서, 이미 의견을 수합하여 확정한 일을 쟁론해서는 안 된다고 하교했다.[15)] 그러나 권돈인의 처벌을 요구하는 사간원·사헌부의 연명상소(聯名上疏)와 홍문관의 연명차자가 이어졌다. 권돈인의 조천 반대론은 익종과 헌종을 소목에서 배제하자는 불경스러운 주장이라고 규탄한 것이다.

이에 대해 순원왕후는 "예론이 각자의 소견에서 나온 것은 옛날부터 그러한데, 유독 이번 일로 이 대신을 성토하는 것은 실로 이해하지 못할 일"이라고 물리쳤지만, 결국 권돈인은 영의정에서 해임되었다. 그럼에도 불구하고 삼사(三司)에서는 다시, 헌종 승하 당시 의약(醫藥)을 잘못 쓴 죄와 조천 반

---

13) 『철종실록』, 2년 6월 9일. 이러한 홍직필의 의견에 대해 김택영의 『한국역대소사』에서는 金興根 등의 주장에 아부한 것으로 비판했다(『김택영전집』, 아세아문화사 1978, 제2책, 513면. 단 '김홍근'이 '金弘根'으로 잘못 기록되어 있으며, 천묘 논쟁의 내용이 다소 부정확하게 기술되어 있다).

14) 『철종실록』, 2년 6월 9일, 15일; 『철종실록』 부록, 「誌文」 및 「행장」.

15) 『철종실록』, 2년 6월 16일.

대론으로 방례(邦禮)를 어지럽힌 죄를 들어 권돈인의 삭탈 관직과 문외 출송을 요구했다.[16] 이 무렵 좨주 홍직필이 조천을 지지하면서 스스로 반성하는 상소를 올렸다. 헌종의 국장 때 헌종의 혼전 축식에 '황질'이라 써야 한다고 한 자신의 예전 의견은 잘못이었으며, 그러한 의견 때문에 권돈인의 사설(邪說)이 나오게 되었다는 여론에 따른 처벌을 감수하겠다고 한 것이다.[17]

순원황후는 이처럼 권돈인을 불경 반역의 죄로 몰아붙이는 삼사의 극렬한 성토에 대해 개탄하면서도, 여론을 수용하여 그를 중도부처(中途付處)했다. 그러나 양사는 더 나아가 권돈인뿐 아니라 그와 절친한 김정희 형제와 김정희의 '심복' 조희룡(趙熙龍) 부자 등에 대해서까지 처벌을 요구했다. 특히 김정희에 대해서는 조천 반대론의 배후 발설자로 지목했다. 그리하여 결국 김정희는 함경도 북청으로 유배되고 그의 두 아우는 향리에 방축되었으며, 그해 10월 권돈인은 다시 순흥(順興)으로 유배되었다.[18]

이상과 같이 철종 2년 천묘 논쟁이 야기되었을 때, 박규수는 홍문관 부수찬으로서 진종의 신위를 조천해야 한다는 주장을 폈다. 이 주장을 담은 글이 「헌종대왕 부묘시 진종대왕 조천당부의(憲宗大王祔廟時眞宗大王祧遷當否議)」(이하 「조천의」로 약칭함)이다.[19] 이 글은 그해 6월 9일 시원임 대신과 재야 유현의 의견을 수합한 데 이어 2품 이상의 고관과 홍문관 관원들에게도 의견을 올리도록 한 조치에 따라 지어 바친 것이다. 그리하여 6월 15일 박규수의 의견을 포함한 수의(收議) 내용이 보고되자 마침내 진종의 신위를 조천하라는 하교가 내렸다.

---

16) 『철종실록』, 2년 6월 18일, "禮論之各由己見, 從古皆然, 則獨以此聲討於此大臣, 實是究說不得之事也." 6월 19일, 23일.

17) 『철종실록』 2년 6월 24일. 홍직필의 사망 기사와 관련한 『철종실록』의 史評에서도 "기유년의 議禮의 실수를 바로 자기의 잘못으로 즉시 인책하여 바른 데로 돌아가게 했으니, 士林이 이를 매우 다행하게 여겼다"고 했다(3년 7월 18일).

18) 『철종실록』, 2년 6월 25일, 7월 13일, 16일, 21일, 22일, 10월 12일.

19) 『환재집』 권6, 장1앞~3앞. 『朴瓛齋文』(『환재총서』 제5책)과 『龍湖閒錄』(제4책)에도 수록되어 있다. 『일성록』, 철종 2년 6월 15일조에 박규수의 「조천의」의 요지가 소개되어 있다.

「조천의」에서 우선 박규수는 비록 손자가 조부의 뒤를 잇고 아우가 형의 뒤를 잇더라도 조부와 형의 묘는 녜묘(禰廟: 父廟)가 된다고 한 정조의 즉위초 하교를 거론했다. 이 하교는 왕가에서는 계통이 중하므로 윤서에 구애받지 않는다는 뜻을 밝힌 것이다. 윤서나 계통에 혹 어긋남이 있더라도 선군(先君)은 반드시 녜묘가 되니, 이것은 왕통과 묘제(廟制)가 무엇보다도 엄중한 때문이다. 따라서 친등(親等)이 다하지 않았더라도 묘수(廟數)가 다하면 조천해야 한다. 조천을 하지 않으면 선군은 녜묘에 들 수 없고 제사를 받을 수 없다는 것이다.

다음으로 박규수는, 조천 반대론이 소목을 같이하면 되지 묘수에 구애될 필요가 없다는 예설에 근원을 둔 것임을 지적했다. 그러나 이러한 설은 유교 경전에 명문(明文)이 없으며, 진(晉) 하순(賀循)과 당(唐) 공영달(孔穎達)이 제창한 그릇된 견해일 따름이다. 이 설에 따르면 숙부가 왕위를 계승했을 경우 묘수가 이미 찼기 때문에, 선군은 소목에 오를 수 없거나 소목 밖에 자리할 수밖에 없다. 하지만 이는 선군에 대한 정(情)과 예(禮)에 모두 어긋나는 조치라는 것이다.

또한 중국 역대의 전례(典禮)를 보면 당 선종(宣宗) 때 조카 항렬인 선군 대종(代宗)에 대해, 그리고 명 세종(世宗) 때 같은 항렬인 선군 무종(武宗)에 대해 녜묘로 모신 예가 있다. 그리고 권돈인이 묘수에 구애받지 않았던 선례로 든 본조의 고사만 하더라도, 세종 때에 종묘가 6실(室)이 되었던 것은 당시 태종이 상왕으로서 생존하여 그 형인 선군 정종(定宗)에 대해 녜묘로 받들었기 때문이다. 선조 때 인종을 부묘하면서 예종을 조천하지 않아 6실이 되었던 조치에 대해서는, 이황이 그 부당함을 지적하고 천묘를 주장한 바 있다. 효종 때 묘수가 찼어도 조천하지 않았던 인종을, 현종 때에는 효종을 부묘하면서 명종과 함께 조천했던 조치에 대해서는 송시열이 상소를 올려서, 효종 때 인종을 조천했어야 마땅한 것이므로 명종과 함께 조천하는 것이 올바른 조치라고 주장한 바 있다. 그러므로 당시 인종을 먼저 조천하지 않았던 것은 경황이 없어서였거나 이미 행한 전례를 고칠 수 없어서였지, 예법에 합당한 때문은 결코 아니었다는 것이다.

이와같이 박규수가 2품 이상의 고관과 홍문관 관원들로부터도 의견을 수합하도록 한 하교에 호응하여 「조천의」를 올렸을 때, 당시 조정에서 함께 활동하던 윤정현·신석우·남병철 등도 진종의 조천을 지지하는 의견을 올렸다.[20] 그런데 이러한 선배와 벗들의 논의와 비교해보더라도 박규수의 「조천의」는 확실한 논거와 치밀한 논리를 갖추어 훨씬 더 설득력이 있다.[21] 1861년 북경에서 박규수와 교분을 맺었던 풍지기(馮志沂)·심병성(沈秉成)·황운혹(黃雲鵠)·왕헌(王軒) 등 중국의 문사들은 명 세종 때의 전례 논쟁과 고염무(顧炎武)·단옥재(段玉裁) 등 청 고증학자들의 설과 비교하면서 「조천의」를 높이 평가했다. 한편 선배 윤정현도 「조천의」에 대해 "천고(千古) 묘제(廟制)의 정안(定案)"이라고까지 격찬했다.[22]

박규수가 진종의 천묘 문제와 관련하여 이처럼 남달리 뛰어난 논의를 제시할 수 있었던 것은 그가 예학에 깊은 조예를 갖추었기 때문이라 생각된다. 일찍이 약관시절의 저작인 『상고도 회문의례』에서 박규수는 중국의 예제(禮制)를 논하면서, 당나라 초에 제정된 개원례(開元禮)나 명 세종 때의 전례 논쟁에 대해 해박한 지식을 보여주었다.[23] 뿐만 아니라 그는 22세 되던 1828년경부터 삼례(三禮)에 관한 연구에 몰두하는 한편 척숙 이정리의 지도하에 고례를 실습하기도 했다. 이러한 고례의 연구와 실천을 바탕으로 하여 나온 것이 바로 그의 은둔기의 대표적 저술인 『거가잡복고』였다.[24]

20) 윤정현, 『梣溪先生遺稿』 권3, 「眞宗大王祧遷當否議」; 신석우, 『해장집』 권10, 「憲宗大王祔廟時 眞宗祧遷當否議」; 남병철, 『圭齋遺稿』 권4, 「憲宗大王定世室議」.

21) 이는 '祧遷收議'와 관련하여 2품 이상 고관 및 홍문관 관원의 글로는 "副修撰朴珪壽議"만이 유일하게 『용호한록』에 수록된 사실로도 짐작할 수 있다(국사편찬위원회 활자본, 『용호한록』 권1, 503~511면 참조).

22) 『환재집』 권6, 장3앞~4앞; 『환재총서』 제5책, 『박환재문』, 359~360면, 362면.

23) 『상고도 회문의례』 권3, 12부 文目, 「蕭學士進大唐開元禮」, 直目, 「王新建論崇奉興獻王典禮」(『환재총서』 제1책, 382~386면, 396~400면).

24) 본서, 185~187면 참조.

그런데 한편으로 박규수의 「조천의」에는 그와 예학에 대한 관심을 공유했던 윤종의의 견해가 적잖이 반영되었던 것으로 보인다. 당시 윤종의는 아직 벼슬을 하지 못한 포의였으나, 헌종의 사후 혼전 축식과 천묘 문제에 깊은 관심을 가지고 『방례고증(邦禮考證)』(2권)을 편찬했다.[25] 이는 『춘추』 삼전(三傳)의 의리에 의거하고 『주자대전(朱子大全)』 중 「조묘의장(祧廟議狀)」을 모방하여, 청 서건학(徐乾學)의 『독례통고(讀禮通考)』와 송시열의 『송자대전(宋子大全)』 등에 실린 고금의 예전(禮典)과 유학자들의 설을 널리 모은 것이었다.[26]

이 책의 발문인 「서방례고증후(書邦禮考證後)」에서 윤종의는 제왕의 예(禮)는 계통을 중시하므로 임금에게 후사가 없으면 윤서에 구애되지 않고 후사를 정하며, 『춘추』는 친친(親親: 부친을 친애함)보다 존존(尊尊: 尊者를 존경함)의 의리를 중시하므로 후군(後君)이 선군을 계승하면 반드시 선군으로 녜묘를 삼는다고 주장했다. 따라서 헌종이 녜묘가 되어야 하고 진종은 조천되어야 마땅하다는 것이다.

또한 윤종의는 헌종의 국장 때 종묘 축식에서 헌종을 '황질'이라 해야 한다고 한 의견을 비판했다. 만약 철종이 왕통을 순조에게서 받았다고 한다면, 헌종은 왕통을 누구에게 전한다는 말인가? 또 만약 순조를 녜묘로 하면 이미 조천한 경종의 신위를 다시 제사해야 되고, 익종과 헌종은 장차 소목으로써 섬길 수가 없게 된다. 결론적으로, 방국(邦國)의 예는 계통이 윤서보다 중하므로 윤서를 중시하는 가향(家鄕)의 예로써 논해서는 안 된다고 했다.[27]

이러한 윤종의의 주장에 대해 박규수는 "백세불간지론(百世不刊之論: 오랜 세월이 지나도 바뀔 수 없는 논의)"이라 칭찬했다고 한다.[28] 그런데 윤종의가

---

25) 영남대 소장. 제1권의 內題에 '己酉邦禮考證'이라 하였으므로, 1849년 이후의 저작임을 알 수 있다.
26) 韓章錫, 『眉山集』 권13, 「工曹判書淵齋尹公宗儀行狀」, 장20뒤.
27) 윤종의, 『硯北存餘』, 「書邦禮考證後」.
28) 한장석, 『미산집』 권13, 「工曹判書淵齋尹公宗儀行狀」, 장21뒤.

「서방례고증후」에서 "내가 처음에 한두 사우(士友)와 더불어 이 일을 창론(倡論)했으나, 방례가 이미 확정되었으니 구태여 감히 망언을 다시하지는 않겠다"[29]고 한 점으로 미루어, 진종 조천론을 주장하면서 박규수와 윤종의가 긴밀히 상의했음을 짐작할 수 있다. 그 점은 글의 구체적인 내용에서도 확인된다. 예컨대 「조천의」에서 박규수가 인용한 정조의 하교는 『방례고증』 제1권에 인용된 「정종대왕 행장(正宗大王行狀)」의 일부이며, 송시열의 상소 내용은 『방례고증』에 인용된 『송자대전』 중의 「현묘 신축 의조묘소(顯廟辛丑議祧廟疏)」를 요약한 것이다. 또한 부친이 아닌 선군을 녜묘로 받든 사례로 당 선종과 명 세종 때의 고사를 든 것 역시 『방례고증』과 일치한다. 따라서 박규수의 「조천의」는 윤종의의 『방례고증』과 표리관계에 있는 글임이 분명하다.[30]

박규수는 「조천의」를 통해 권돈인의 조천 반대론을 논박했을 뿐 아니라 권돈인을 비판하고 그에 대해 처벌을 요구하는 홍문관의 연명차자에 부수찬으로서 참여했다. 그리고 그 뒤 권돈인에게 내려진 향리 방축의 처벌이 미흡하다며 처벌을 강화할 것을 요청하는 홍문관의 연명차자에도 역시 참여했다.[31] 그러나 순원왕후도 누차 하교에서 밝혔듯이, 권돈인의 주장은 진종의 천묘 여부에 관한 의견을 수합하는 과정에서 직책상 소견을 제시한 것에 불과했다. 그럼에도 불구하고 안동 김씨 세력은 성균관 유생과 삼사를 동원하여 이를 선왕에 대한 불경죄로 몰아붙임으로써, 권돈인과 김정희 등 헌종의 친정을 뒷받침한 풍양 조씨계 인물들을 정계에서 완전히 축출하는 호기로 삼았던 것이다.[32]

29) "余始與一二士友倡論此事, 邦禮已定, 固不敢更爲妄言."(윤종의, 『연북존여』, 「서방례고증후」)

30) 박규수의 장서 목록인 『錦篋藏弆錄』 「藝海珠囊」 上函에 "淵齋謄本 毛奇齡嘉靖大禮議"가 있다. "在下函, 傳淵齋"라고 附記하여, 명 세종 때의 전례 문제를 논한 청 고증학자 毛奇齡의 책의 謄寫本을 윤종의에게 빌린 사실을 알 수 있다.

31) 이로 인해 박규수는 하마터면 평안도 江西縣으로 유배될 뻔하기도 했다(『일성록』, 철종 2년 7월 4일, 6일).

이와같이 박규수는 진종 조천론을 적극 주장하고, 조천 반대론을 편 권돈인의 처벌에 가세했다. 뿐만 아니라 이듬해인 철종 3년에는 헌종 사후 조병현의 무리로 몰려 유배중이던 신관호 등을 방면하려는 조치에 항의하는 홍문관의 연명차자에 동참하고, 권돈인·김정희 등의 석방과 조병현의 죄명 삭제 조치에 반대하는 홍문관의 연명차자에 동참했다.[33] 이러한 박규수의 행동은 헌종 말 철종 초의 정치적 격변기에 그가 관료로서 살아남기 위한 정치적 선택을 한 것으로 해석될 여지가 다분하다 하겠다.

## 2. 경상좌도 암행어사 활동과 『수계』

1853년(철종 4년) 박규수는 홍문관 부수찬·수찬·부교리·교리 등의 관직을 거친 뒤[34] 이듬해 1월 4일(이하 음력) 경상좌도 암행어사로 임명되었다. 이미 전라좌도와 전라우도, 강원도 및 경상우도에 각각 암행어사를 파견한 데 이어 나온 조치였다. 그날 철종은 박규수에게 내린 봉서(封書)에서 수령들의 치적을 조사하라고 명하면서, 지난해의 극심한 가뭄으로 굶주리고 있는 영남 백성에 대한 진휼(賑恤: 구호사업)이 제대로 시행되고 있는지도 함께 조사 보고하라고 지시했다. 그리고 경기도와 충청도의 연로(沿路)에서 보고 들은 사실도 보고하라고 특별히 하교했다. 이에 박규수는 "미복(微服)에 가

32) 권돈인의 조천 반대론이 안동 김씨 세력의 공격을 받게 된 것은 그것이 철종의 왕위 계승을 비판하는 의미를 함축했기 때문이라 보는 해석도 있다(최완수, 「秋史實記」, 『한국의 美17 추사 김정희』, 중앙일보사 1984, 211면; 한국역사연구회 19세기정치사연구반, 『조선정치사』, 청년사 1990, 상, 119면). 한편 야사에 의하면 헌종 사후 권돈인은 完昌君의 아들 李夏銓을 왕으로 추대하고자 하여 안동 김씨 세력과 알력을 빚었다고 한다(朴齊炯, 『朝鮮政鑑』, 한길사 1992, 11~12면).

33) 『일성록』, 철종 3년 1월 30일, 2월 1일~3일, 8월 13일, 15일.

34) 『일성록』, 철종 4년 1월 20일, 26일, 4월 27일, 6월 26일, 8월 13일, 11월 22일, 27일, 29일, 12월 24일.

벼운 차림을 하고 말을 달려 길에 올랐다."[35)]

아우 박선수에게 보낸 1854년 2월 25일자 편지에서 박규수는 경상도 영천군 팔공산에 있는 은해사(銀海寺)의 운부암(雲浮庵)에 머물고 있음을 알리고, "문서를 처리한 후에야 비로소 다른 곳으로 나아갈 수 있겠다"고 예정을 밝히고 있다.[36)] 또한 밀양에 도착한 뒤인 5월 15일자 편지에서는 절친한 벗 서승보의 부친인 전 부사(府使) 서유여(徐有畬)의 부정을 조사하고 봉고 파직한 조치 때문에 서승보가 절교를 선언한 일로 몹시 괴로운 심경임을 피력했다. 그리고 장차 경주에 가게 되면 반남 박씨의 시조가 되는 혁거세의 능을 참배하겠다고 했다.[37)]

청도를 거쳐 경주에 도착한 뒤인 6월 3일 박선수에게 보낸 편지에서는 처음 본 경주의 장관을 예찬하고, "시조의 능(祖陵)"을 참배한 감회를 피력했다. 이어서 암행어사로서 비리를 철저히 파헤치고자 하는 데에 따른 고충을 다음과 같이 토로했다.

> 밀성(密城: 밀양) 이후 꽤나 시끄러우리라 생각했지만, 이제 또 한바탕 일을 일으켰으니 또 어찌 크게 물의가 일지 않겠는가? 아마도 이 모두 근래 없던 일이기 때문일 것이다. 필시 나보고 광포(狂暴)하다고 할 터이니 장차 어찌하면 좋을지? 이곳(경주—인용자)으로 말하자면, 해당 백성들에게 배분하지 않은 재결(灾結)[38)]이 500결(結)이나 되며, 계속 조사하면 드러날 것이 또한 400결 이하로는 되지 않을 터이니 어찌 놀라지 않을 수 있겠는가? 대저 이런 일들이 모두 당연하고 마땅한 것으로 간주되고 있어서 크게 법을 어기는 것임을 알지 못하고 있으니, 내 어찌 그중에서 중대한 사례를 거론하지 않을 수 있으리오? 또한 어찌 지금 사람들의 안목에 크게 놀라움을 일으키지 않을 수 있으리오?[39)]

35) 『繡啓』 제1책, 『환재총서』 제5책, 367～368면. "微服輕裝, 奔馳上道."
36) 『환재집』 권8, 「與溫卿」(6), 장7뒤. "治文書後, 始可進程他處."
37) 『환재집』 권8, 「與溫卿」(7), 장8앞.
38) 재결(灾結): 재해로 인해 면세 혜택을 받게 된 농지.

박규수는 밀양에 이어, 경주에서도 부윤 남성교(南性敎)를 봉고 파직한 조치로 인해 세간의 경악을 자아내었던 듯하다. 6월 12일자 편지에서는 경주 월성(月城)으로부터 위로 거슬러 오르다가 폭우를 만나 회재(晦齋) 이언적(李彦迪)을 제사하는 옥산서원(玉山書院)에 유숙했는데 그곳에서 만난 행인들이 박규수가 암행어사인 줄 눈치채지 못하고, "본인 앞에서 경주에 암행어사가 출도한 사건으로 이야기 꽃을 피우니 얼마나 우습던지!"라고 전하고 있다.[40)]

이와같이 박규수는 "서울에서 온 나그네(京城客子)"로 위장한 채 먼저 경상좌도 내륙의 고을들을 두루 살핀 다음, 바닷가와 강가의 고을들을 둘러 보았다. 수령들의 치적에 관해서는 노상에서 캐묻고 문서를 통해 조사했으며, 임금의 통치에 대한 사민부로(士民父老)의 여론을 살피기도 했다. 그리하여 도내를 순회한 거리가 3, 4천 리에 달했다. 단양·청풍·충주·음죽·여주·이천·광주 등을 거쳐 귀경하면서, 경기도와 충청도 연로의 시정(施政) 상황에 대해서도 탐문했다. 임금에게 올린 서계(書啓)의 첫머리에서 박규수는 "정위(情僞: 폐해)와 간난(艱難) 또한 고루 맛보았으나 총령(寵靈: 임금의 은총과 위엄)에 힘입어 다행히 쓰러짐은 면했으며, 추위와 더위를 두루 겪고 이제야 겨우 귀로에 올랐사옵니다"[41)]라고 보고하고 있다.

철종은 그해 11월 28일 경상좌도 암행어사 박규수를 소견(召見)하고, 그의 서계에 따라 전(前) 경주 부윤 남성교, 전 대구 판관 심영택(沈英澤), 전전(前前) 밀양 부사 서유여 등 17인을 처벌했으며, 대구 영장(營將) 이종긍

---

39) "密城以後, 想又多少喧騰, 今又做一番矣, 又豈不大致脣說耶? 蓋都是近來所無之事也. 必謂我狂矣, 將奈何? 此處則不俵之灾結爲五百結, 繼而查出, 又將不下四百, 豈非可驚者乎? 大抵此等事, 皆認以當然宜然, 莫知大段法外. 吾安得不擧其大者? 又安得不駭於今人之見耶?"(『환재집』 권8, 「與溫卿」(8), 장8뒤~9앞)

40) "對面盛說御史出道東京時事, 好笑好笑!"(『환재집』 권8, 「與溫卿」(9), 장9앞뒤)

41) "情僞艱難, 亦旣備嘗, 憑恃寵靈, 幸免顚覆, 經閱寒暑, 今纔復路."(『수계』 제1책, 『환재총서』 제5책, 368면)

(李種虓) 등 2인에 대해 포상 조치했다. 그리고 박규수 자신은 12월 초(양력 1855년 1월)에 암행어사의 직무를 성실히 수행한 공로로 정3품 당상관인 동부승지에 특별 제수되었다.[42)]

현재 규장각에 소장되어 있는 『수계(繡啓)』(2책)는 박규수가 암행어사로서 1854년 1월부터 경상좌도 일대의 시정 상태를 조사하고 11월에 그 결과를 왕에게 보고한 서계이다.[43)] 제1책은 경상 감사 김학성(金學性)을 비롯한 전·현직 지방관들의 잘잘못을 조사한 내용이다. 제2책은 환정(還政: 환곡 운영)을 중심으로 전정(田政: 토지세 수취)·조운(漕運: 세금으로 거둔 곡식의 운송)·우전(郵傳: 역마 제도)·염정(鹽政)[44)] 등의 폐단과 그 개선책을 논하는 한편, 충신·효자·열녀에 대한 포상을 건의하고 숨은 인재를 발굴하여 천거한 별단(別單)이다.

지금까지 그에 대한 본격적인 검토가 이루어지지 않았지만, 『수계』는 진주농민항쟁이 발발하기 불과 수년 전 영남지방의 민정(民情)과 시정(施政) 상황을 대단히 구체적으로 보여줄 뿐만 아니라 박규수의 내정 개혁론이 나타나 있다는 점에서 귀중한 자료라 할 수 있다.[45)] 특히 박규수는 1862년 진주농민항쟁 때 안핵사(按覈使)로 파견되어 사태 수습에 진력했던 만큼, 당시 그의 활동과 개혁사상을 규명하는 데 있어서도 『수계』에 대한 검토가 반드시 선행될 필요가 있다고 본다.

『수계』에서 박규수는 우선 영남지방의 민폐가 극심함을 지적했다. "나라에서는 영남을 중국의 제로(齊魯: 유교 문화가 발달한 지역)와 같이 대했으며,

42) 『철종실록』, 5년 11월 28일; 『일성록』, 철종 5년 12월 2일; 『환재집』 권1, 「節錄瓛齋先生行狀草」, 장5뒤; 『淸選考』, 탐구당 1972, 하, 194면; 『槿墨』, 성균관대 박물관, 下, No.1036, 甲寅 12월 25일(1855년 2월 11일)자 박규수의 편지, "弟間關歸來. (…) 忽蒙銀臺特除, 惝怳感悚."

43) 『일성록』, 철종 5년 11월 28일조에도 수록되어 있다. 『환재집』에도 『수계』의 일부인 서두 부분과 「褒啓別單」이 실려 있다(권7, 「慶尙左道暗行御史書啓」).

44) 염정(鹽政): 국가에서 전매사업으로 소금을 생산하는 것.

45) 선행 연구로 손형부, 『박규수의 개화사상 연구』, 일조각 1997, 16~25면을 들 수 있다.

국방의 요새가 되고 재부(財賦)가 풍부한 고장으로서 풍속이 진실로 아름답고 인재가 배출되기로 일찍이 팔도의 으뜸이었으나, 지금은 삼정(三政)이 모두 병들어 온갖 폐단이 고질화됨이 또한 팔도에서 가장 심하다고 이를 만하다"[46]는 것이다. 이는 수년 뒤 경상도 일대에 농민항쟁이 발발할 조짐을 예견한 것이라고도 볼 수 있다.

이어서 그는 경상좌도의 전·현직 관원 102명과 경기도·충청도 연로의 전·현직 관원 15명 도합 117명의 잘잘못에 대해 상세하게 평가·보고했다. 그중 박규수가 탐관오리로 특별히 지목한 자는 전 경상 감사 조석우(曺錫雨), 전 경주 부윤 남성교, 전 대구 판관 심영택, 전전 밀양 부사 서유여, 전 의성 현령 조철림(趙徹林) 등이었다. 이들의 죄목을 살펴보면 당시의 심각한 부정 부패상이 적나라하게 드러난다.

1853년(철종 4년) 경상 감사로 부임한 조석우[47]는 우선 재결의 처리를 잘못했다. 그는 호조에서 재결로 인정한 것 외에도 4000여 결을 추가 배분하여 백성들에게 혜택을 준 대신 그에 상당하는 조세를 각 고을 서원(書員)[48]들로 하여금 나누어 징수하게 했으므로, 이를 기화로 서원들이 원래 액수 이상을 걷어 몇 곱의 이익을 취했다. 또한 각 고을에서 재결을 실제보다 많이 보고하는 폐단을 사전에 단속하지 않고, 나중에 조사·징수하여 다른 고을의 표재(俵灾)[49] 부족분 등으로 부당하게 돌려썼다. 그리고 분배하지 않고 남긴 재결을 다른 고을들로 이전한 후 그 결가전(結價錢)[50]으로 조세를 대

46) "國家之視嶺南, 猶中國之有齊魯, 關防之所屛翰, 財賦之所淵藪, 風俗之信美, 人才之倍出, 曾是諸路之最勝, 而顧今三政俱病, 百弊成痼, 又可謂最甚於諸路."(『수계』 제1책, 『환재총서』 제5책, 370면)

47) 1811~1878. 소론 명문가 출신으로, 그의 조부는 정조·순조 연간의 정계에서 소론측의 맹장으로 활약한 이조 판서 曺允大이고, 외조부는 정약용과도 친교가 있던 저명한 학자 申綽이다.

48) 서원(書員): 田政을 맡은 아전.

49) 표재(俵灾): 재결을 배당하는 것.

50) 결가전(結價錢): 토지의 한 結에 대한 조세로 거둔 돈.

납한 비안현(比安縣)의 불법을 용인했다.

둘째로, 조석우는 동래부(東萊府)의 하납미(下納米)를 작전(作錢)하면서[51] 임의로 감가(減價)했으며, 그에 따른 부족액 6800냥은 각 고을에서 조사하여 징수한 결가전이나 공목미(公木米)[52]를 왜관의 일본인들에게 비싸게 팔아 남긴 돈 등으로 보충했다.

셋째로, 그는 굶주린 백성들을 위한 진자(賑資: 구호물자)로 자신의 봉급은 전혀 내놓지 않고, 동래부의 허대미(許貸米: 대여해도 되는 쌀)를 작전하면서 남긴 돈 등 문제가 있는 재원에서 염출한 별비곡(別備穀: 별도로 비축한 곡식)으로 이를 충당했다.

넷째로, 조석우는 보간미(補刊米: 출판비 보조 명목으로 거둔 쌀)로 1000여 냥을 작전하여 그의 고조 조하망(曺夏望)[53]의 문집인 『서주집(西州集)』 간행 비용으로 썼다. 『수계』에서 박규수는 각 고을에 배포된 그 문집을 보니 "제유봉선생문(祭酉峰先生文)"이라는 글이 있는데 "유봉(酉峰: 尹拯의 一號)이란 자가 누구인지 모르겠으나, 글 전편이 모두 성명을 드러내지 않고 수수께끼같이 알쏭달쏭했는데, 빗대어 말한 것이 부도덕하며 헐뜯고 배척한 것이 몹시 패악하여, 반드시 귀착하는 바가 있었습니다"라고 하여, 조하망이 지은 윤증에 대한 제문에 송시열을 암암리에 비난한 내용이 들어 있음을 지적했다. 그리고 "임금의 교화를 받들어 전파하는 지위에 처하여 이런 글을 간행·배포한 것은 한 도(道)의 추세를 더욱더 그르치게 하고자 함이며, 후세에 미칠 그 해독은 무궁하여 반드시 의리를 번복하는 데 이르고 시비를 뒤집어놓고야 말 것"이라 하여, 『서주집』의 간행을 소론의 당파적 행위로 규탄했다.[54]

51) 하납미(下納米): 지방 관아에 비축해 둔 大同米.
작전(作錢): 쌀 대신 돈으로 환산하여 바치게 함.
52) 공목미(公木米): 일본과의 公貿易에 무명 대신 쓰던 쌀.
53) 1682~1747. 호 西州. 문과 급제 후 승지·대사간·강릉 부사 등을 지냈다.
54) "未知酉峰者爲何人, 而一篇文字, 都是不露名姓, 迷藏隱晦, 比擬之無倫, 詆斥之絶悖, 必

그러나 박규수 자신도 "대저 재임한 지 1년 남짓에 이렇다 할 사건이 별무한데도 이처럼 장황하게 아뢰는 것은"[55] 운운했듯이, 경상 감사 조석우의 경우는 대체로 이전의 관행을 따른 것이어서, 그 밑의 수령들이 저지른 비행에 비하면 경미한 편에 속한다 하겠다.

봉고 파직당한 경주 부윤 남성교의 경우를 보면, 본 고을에 배정된 재결을 태반이나 백성들에게 나눠주지 않았으며 환정의 문란이 요즘보다 심한 적이 없었다는 여론을 접했는데, 조사해보니 모두 사실로 드러났다고 했다. 즉 남성교는 애초부터 나눠주지 않은 재결의 결가전 6000여 냥을 착복했을 뿐 아니라, 환곡 약 2만7000석을 감가하여 대봉(代捧: 돈으로 대신 바침)했으며, 가작조(加作租)·이무미(移貿米)·이무조(移貿租)를 작전하여 입본(立本)하면서 차액 3000여 냥을 착복했다.[56] 또한 공작목(公作木: 일본과의 공무역에 쓰던 무명)이나 군포 상납목(軍布上納木: 병역 면제 대가로 바치던 베)을 관장하는 아전들로부터 5000여 냥을 뇌물로 받고 결가(決價: 가격 결정)를 임의로 했으며, 창고를 맡은 아전들로부터도 합안전(闔眼錢)[57]으로 1000냥을 받았다. 그밖에도 이임(吏任)과 향임(鄕任)을 빈번히 교체하면서 도합 8000여 냥의 뇌물을 받아 챙겼다.[58]

대구 판관 심영택은 "즐기는 바가 탐욕이 아니면 인색이요, 힘쓰는 바는 미친 짓이 아니면 어리석은 짓"뿐인 위인이었다. 그는 일체의 공무를 부하에게 맡기고 돌보지 않았으며, 일용 잡물의 지급에 인색하게 구는 한편 희귀한

---

有所歸, 則處承流宣化之地, 刊布此等文字, 欲使一路之趨向, 益復詿誤, 而其流毒無窮, 終必至於虀覆義理, 顚倒是非而後已."(『수계』 제1책, 『환재총서』 제5책, 372～385면)

55) "大抵莅任周歲有餘, 別無許大事件, 而臣所張皇至此, (…)"(위의 책, 381면)

56) 가작조(加作租): 환곡을 추가로 더 나누어주고 걷은 조세.

이무미(移貿米)와 이무조(移貿租): 환곡의 일부를 비싼 값으로 팔고 대신 다른 고을의 쌀을 싸게 사서 채우는 수법으로 얻은 쌀이나 조세.

입본(立本): 원래의 돈이나 쌀의 액수를 장부상으로만 채워 넣는 것.

57) 합안전(闔眼錢): 부정을 눈감아주는 대가로 받는 돈.

58) 『수계』 제1책, 『환재총서』 제5책, 398～403면.

물품을 빨리 바치지 않으면 곤장을 쳤다. 관의 창고에 들이는 물건 값이나 공인(工人)들의 노임도 거의 지급하지 않았다. 이방을 교체하면서 전후 8000냥을 받아먹었으며, 그밖의 하리(下吏)들로부터 받은 차임(差任: 벼슬자리 임명) 뇌물도 1000여 냥이나 되었다. 또한 환곡을 작전한 것과 도시영전(都試營錢: 兵營의 무과 시험 행사비)에서 1000여 냥을 끌어다 썼고, 감영의 이무미(移貿米)를 작전한 돈에서 3000냥을 착복했다. 이상의 죄목으로 심영택 역시 봉고 파직당했다.[59]

『수계』에서 박규수가 "낙동강 동쪽의 이름난 고을이지만 형세가 장차 쓰러지려는 그릇과 같다"면서 "이미 침수되기 시작한 배"에 비유했을 정도로,[60] 당시 밀양은 부정부패가 극심한 고을이었다. 1852년에 부임한 부사 서유여는 조류전(漕留錢)을 작곡(作穀)한다는 등 갖은 명목과 수단으로 환곡의 색락미(色落米)를 착복했다.[61] 그리고 조선(漕船: 稅穀 운반선)을 신조하거나 보수할 때 지급하는 역량미(役粮米: 일꾼들의 양식)를 작전하면서 그 차액을 착복했으며, 배를 과다하게 신조하고는 선주로부터 뇌물을 받았다. 1854년 봄 진정(賑政)[62] 때 각종 명목으로 걷은 돈에서 3000여 냥을 착복했고, 1852년과 1853년에 걸쳐 관속(官屬)과 민간에서 환곡을 떼먹은 것이 2만4000여 석, 1만3000여 냥에 달했다. 이에 박규수는 그를 봉고 파직하지 않을 수 없었던 것이다.[63]

의성 현령 조철림은 이미 전임지들에서도 탐관오리로 원성이 자자했는데, 의성에 부임해서는 더욱 심하여 "아전과 관노(官奴)의 자리는 뇌물이 아니

59) "所嗜好者, 非貪則吝, 所作用者, 非狂則癡."(위의 책, 405~411면)
60) "第茲江左名邑, 勢如將傾之器" "彼已漏之船"(위의 책, 415면)
61) 조류전(漕留錢)은 조창(漕倉: 조세로 걷은 쌀을 보관하는 창고)에서 그해의 수납을 마감한 뒤 남은 돈.
작곡(作穀): 돈 대신 곡식으로 환산하여 바치게 함.
색락미(色落米): 看色(품질 검사)이나 손실분 보충을 위해 가외로 걷는 쌀.
62) 진정(賑政): 굶주린 백성에 대한 구호 행정.
63) 『수계』 제1책, 『환재총서』 제5책, 415~426면.

면 얻지 못하고, 소송의 판결도 뇌물이 아니면 이루어지지 않았다." 의성현은 환정의 폐단이 전국에서 가장 심했다. 조철림은 전혀 나눠주지도 않은 환곡을 추가 징수하여 이익을 나누어 먹은 아전들로부터 합안전 1000냥을 받았다. 또한 진정(賑政)에 있어서도 곡식을 극히 일부만 나눠주고 구호 대상을 3500여 명이나 늘려 허위 보고했으며, 감영에서 내준 진자곡(賑資穀: 구호미)을 작전한 돈 등에서 구호 사업에 쓰고 남은 1300여 냥을 착복했다. 그리고 재결을 제대로 배분하지 않고 아전들의 농간에 맡겨버렸다. 부임한 지 수개월 만에 이방을 갈아치우고 2500냥을 먹었으며, 관노를 시켜 사채를 놓아 물의를 빚었다. 이에 박규수는 조철림을 봉고 파직했으나, 그는 여전히 읍내에 머물면서 빚을 독촉하는 파렴치함을 보였다.[64)]

이상과 같은 치밀한 현장 조사를 토대로 하여 박규수는 『수계』의 별단에서 무려 18개 항목에 걸쳐 시정의 문제점을 아주 소상하게 논하면서, 아울러 현실적이고 구체적인 개선책을 제시했다. 그 내용을 요약하면 다음과 같다.

1) **검전**(檢田) 재결의 조사와 배분에서 온갖 농간이 발생하는 것은 토지제도가 문란하여 경계가 불분명한 때문이다. 따라서 "지금 가장 시급한 정책은 오로지 양전(量田: 토지 측량사업)을 다시 하는 일이다." 그런데 이는 막대한 경비와 유능한 인력이 요구되기 때문에 여태까지 시행하지 못했다. 양전이 현실적으로 어렵다면 차선책으로 수령이 직접 전부(田簿: 토지대장)를 조사하고 들에 나가 점검하도록 해야 한다.[65)]

2) **환곡 이무**(移貿) 원래 '이무'란 환곡이 많은 고을에서 환곡의 일부를 돈으로 바꾸어 환곡이 부족한 고을로 이송함으로써 환정의 혜택을 고루 누리게 하기 위한 조치였다. 그러나 지역별 곡가 차이를 이용하여 환곡을 사고팔아 차액을 챙기는 수단으로 점차 변질되어, 감사 이하 대소 관원들이 온갖 구실로 이무를 행하니, "오늘날 백성들의 질고(疾苦)는 오로지 환정의 폐단

64) "吏奴之任, 非賂不得, 詞訟之決, 非貨不成."(위의 책, 440~448면)
65) "目今最急之政, 惟是改量一事."(위의 책, 489~494면)

때문이며, 환정의 폐단은 이무로 인한 것이 가장 크다고 보아야 한다." 그런데 그 폐단의 근본은 환곡을 상정가(詳定價)[66]가 아니라 시가(時價)로 작전하는 것과 가작(加作)[67]에 있다. 각종 이무 중에서도 가작에 의한 이무는 "국력을 소모하고 백성을 병들게 하기로 아직 이보다 더 심한 것이 없다." 이무를 제거하려면 먼저 가작을 제거해야 하고, 가작을 제거하자면 먼저 시가 작전을 금하는 것이 발본색원의 방법이다.[68]

**3) 의성현의 환정 폐단** 전국에서 환정의 폐단이 가장 심한 고을로 소문난 의성현에서는 이를 바로잡고자 호환(戶還)을 폐하고 결환(結還)을 시행했다.[69] 그러나 환곡 창고를 맡은 아전들의 농간과 결민(結民: 토지에 매인 백성)들의 염고(厭苦)로 인해 방환(防還)[70]의 폐습이 생겨났다. 창고를 맡은 아전들은 전년도에 걷지 못한 환곡을 '구환(舊還)'이라는 명목으로 새해에 결환할 때 추가 분급하는 한편, 뇌물을 받고 부민(富民)들을 분급 대상에서 빼주면서 이 구환으로 방환을 은폐했다. 그리고 원래의 환곡 총수(還總) 외에 추가로 구환을 분급하는 불법을 묵인받는 대가로 상관에게 뇌물을 바쳤다.

실제로 환곡을 분급받은 것이 없기는 마찬가지인데도, 부민은 방환이 되고 빈민만 환곡을 바쳐야 했다. "전결(田結)이 없으면 환자도 없을 터인즉, 일년 내내 힘들게 헛수고하고 먹을 것 없느니, 차라리 농사를 폐하고 징수를 면하는 게 낫다"는 말이 나도는 실정이었다. 따라서 황폐한 농토가 많으며,

66) 상정가(詳定價): 나라에서 정한 가격.

67) 가작(加作): 환곡 중에서 作錢하도록 인준된 '應作'(應行作錢)과 달리, 원래의 환곡 총수(元總之數) 이외에 환곡을 불법적으로 추가 分給하여 작전하는 것. '加分作錢' '加排作錢' '加數作錢' '托加元數 作錢取剩'이라 하기도 한다(앞의 책, 497~498면, 520면, 598면 등 참조).

68) 『수계』 제1책, 『환재총서』 제5책, 494~503면. "在今日, 生民疾苦, 惟是還上爲弊, 而還上之弊, 當以移貿爲最." "加作而爲移貿者, (…) 耗國病民, 未有甚於此者." 박규수는 암행어사로서 복명하는 자리에서도 거듭 그 폐단을 강조했다(『일성록』, 철종 5년 11월 28일).

69) 호환은 호구수에 비례하여 환곡을 분급하는 방식이고, 결환은 田結數에 비례하여 환곡을 분급하는 방식이다.

70) 방환(防還): 환곡을 강제로 나누어 받는 대상에서 빠지는 것.

토지를 매매하는 사람도 없고, 유망(流亡)할 생각들만 했다.

의성현은 환곡 총수가 늘어나 6만5000여 석이나 되므로, 환곡을 균등하게 분배해도 결당(結當) 수십 포(包)가 넘는 지경이었다. "만약 지금 바로잡아 고치고 도탄에 빠진 백성들을 구제하는 정책을 별도로 펴지 않는다면 장차 고을도 백성도 없어지고야 말 터이다." 환정의 폐단을 교정하는 방법으로는 감총(減總)[71]이 가장 급선무이지만, 식모(殖耗)[72]가 매우 걱정스럽다. 강직 청렴하고 유능한 수령을 특별히 임명하여, 그로 하여금 일대 경장(更張)을 하도록 하고, 오래 재임하여 실효를 거두게 해야 할 것이다.[73]

**4) 대구부의 환곡 취모** 통상 환곡의 취모(取耗)[74]는 1석(石)당 1두(斗) 5승(升)이나, 대구부는 오직 1두만 받는다. 이는 전 감사 서희순(徐憙淳)이 희사한 돈으로 '감모미(減耗米)[75]'를 설치하고, 그 모곡(耗穀)으로 원래 환곡의 모곡 감축분을 대신 채웠기 때문이다. 그렇게 하고도 남은 곡식은 이무하여 다시 환곡을 만들고 '감모여미(減耗餘米)'라 했다. 근래 어느 고을이든 환총이 너무 많아 시달리고 있다. 따라서 대구부의 감모미와 감모여미는 대구 백성에게는 혜택이 되겠지만 다른 고을들에는 도리어 민폐가 되니, 모두 작전하여 대구부에서 선처하도록 함이 좋을 것이다.[76]

**5) 좌병영(左兵營)의 환정 폐단** 좌병영의 장졸들은 급대전(給代錢: 병역의 대가로 받는 돈)이 매월 4~5냥에 불과하여 오로지 환곡의 색락미에 생계를 의존하는 실정이었다. 환곡이 많을수록 색락미가 많아지므로, 환곡을 사

---

71) 감총(減總): 환곡 총수를 줄임.

72) 식모(殖耗): 환곡 부족분을 채우기 위해 모곡(耗穀: 환곡의 이자로 받는 곡식)을 늘리는 것.

73) "無田結則無還上, 與其終歲勤勤徒勞而無食, 寧廢耕而免徵." "若不及今矯捄, 另施救焚拯溺之政, 則必將無邑無民而後已."(『수계』 제2책, 『환재총서』 제5책, 503~508면) 암행어사로서 복명하는 자리에서도 그 폐단을 특별히 강조했다(『일성록』, 철종 5년 11월 28일).

74) 취모(取耗): 환곡의 이자로 쌀을 받는 것을 말하며, 그러한 쌀을 모곡이라 한다.

75) 감모미(減耗米): 모곡을 줄이기 위한 목적으로 설치한 환곡.

76) 『수계』 제2책, 『환재총서』 제5책, 508~511면.

사로이 설치하거나 이무미를 얻어 와서 환곡 총액이 대폭 늘어났다. 그러나 병영창(兵營倉)에 소속된 고을은 불과 7개 면이어서 환곡을 분급하는 데에 한계가 있을뿐더러, 환곡 창고를 맡은 아전들이 온갖 농간을 부려 폐해가 막심했다. 좌병영의 환곡 총액은 3만6000여 석으로 일인당 분급액이 20여 석이나 되므로, 그중 일부를 작전하여 이무하는 등 감총을 단행해야 한다.[77)]

**6) 밀양부의 조류전**(漕留錢) **작곡**(作穀) 『수계』에서 박규수가 "신이 조령(鳥嶺)을 넘은 이후 밀양부의 조류전 작곡의 폐단을 가장 먼저 들었습니다"라고 했을 정도로 그 폐단이 심각했다. 밀양부는 환곡의 일부를 작전하여 감영에 바치기 전에 그 돈으로 '조류전 작곡'이라 빙자하여 작곡하고, 이를 환곡으로 분급하면서 그 색락미를 착복했다. 뿐만 아니라 본색환(本色還: 미곡으로 걷는 환곡)은 상정가보다 비싸게 돈으로 걷고 대봉조(代捧條: 돈으로 걷는 환곡)는 상정가로 걷어 이득을 착복했다. 환곡의 분급도 유명무실하여 부민들은 뇌물을 주어 방환을 하고 빈민들만 부득불 환곡을 받게 되었다. 창고를 맡은 아전들은 이 환곡을 다시 헐값에 사 모은 뒤 원래의 환곡 총수 이외에 추가로 분급하고, 이를 걷을 때 작전하여 이익을 나눠 먹었다.

그러므로 "한마디로 말해 조류전 작곡의 폐단이 별도로 철저히 개혁된 뒤라야 밀양 백성들이 살아갈 수 있고 밀양 고을이 다시 존속할 수 있을 것이다." 그해의 수납을 마감하고 남은 조창(漕倉)의 쌀과 돈을 조창의 속읍들에 나누어주는 등의 조치를 통해 조류전 작곡을 빙자하는 폐단을 영구히 두절해야 한다.[78)]

**7) 동래부의 관무미**(官貿米)**와 표미**(標米) 동래부는 관용(官用)에 쓰는 저치미(儲置米: 비축미)가 항상 부족하여 감영에서 이무한 돈으로 쌀을 사서

77) 위의 책, 511~515면. 이는 진주농민항쟁이 발발한 원인의 一端이 바로 右兵營의 환폐에 있었던 사실과 관련하여 주목할 만하다.

78) "臣於踰嶺以後, 密陽府漕留錢作穀之弊, 最先入聞." "蔽一言曰, 漕錢作穀之弊, 另加痛革然後, 密民可以爲生, 密邑可以復存."(위의 책, 515~522면) 암행어사로서 복명하는 자리에서도 거듭 그 폐단을 강조했다(『일성록』, 철종 5년 11월 28일).

보충하는 수법을 썼다. 이를 '관무미(官貿米) 변통'이라 한다. 또한 이 과정에서 소요되는 잡비를 충당하기 위해, 왜관의 일본인들에게 공목미를 비싸게 쳐서 돈으로 주고 그들로부터 표지(標紙)를 받은 뒤 이듬해 하납미(下納米)에서 그 액수에 준하여 작전하는 수법을 취했다. 이를 '표미(標米) 작전'이라 한다. 한편 동래부 이교(吏校)들이 포흠(逋欠: 횡령)한 공목미를 환수할 도리가 없으면 하납미에서 표미 명목으로 끌어다 메우니, 표미는 포흠을 기르는 소굴이 되었다. 게다가 표미를 작전할 때 수천 석을 덧붙여 작전하고 그 차액을 전용하는 수법, 즉 '별작전(別作錢)'이 자행되었다.

정부(正賦: 국가의 정식 조세)에서 나온 저치미가 관무미로 되었다가 다시 표미로 변하니, 왜인들에게 국가의 수치를 보이는 것일뿐더러, 이 때문에 그들이 장차 분쟁을 야기할지도 모른다. 또한 적지 않은 돈이 왜인들 수중에 쌓이므로 영남의 전황(錢荒: 화폐 부족)을 초래하고, 잠상(潛商)들이 활개치는 폐단을 일으킨다. 그러므로 표미 작전을 영구히 금지시켜야 한다. 표미의 폐단은 영대(營貸: 감영에서 돈을 빌리는 것)에서 유래하고, 영대의 폐단은 저치미 가하(加下: 부족분의 추후 지급)에서 유래한다. 따라서 동래부에 저치미를 넉넉히 내려주는 한편 감영에서 이무전을 허대(許貸)하는 폐단을 엄격히 규제해야 한다.[79)]

**8) 비공전(婢貢錢)의 방채(放債)**[80)] 경상좌도에서는 비공전을 가분모(加分耗)의 가전(價錢)[81)]과 공염(公鹽: 관에서 관할하는 염전)에서 나오는 염리전(鹽利錢: 소금에 대한 세금)으로 충당했다. 아전들은 작전한 가분모와 염리전을 상납하는 시기 차이를 이용하여, 그 틈에 근 1만 냥이나 되는 이 돈을

79) 위의 책, 522~527면. 암행어사로서 복명하는 자리에서도 거듭 그 폐단을 강조했다(『일성록』, 철종 5년 11월 28일).

80) 비공전(婢貢錢): 시노비의 줄어든 身貢을 대신 지급하기 위한 돈.
방채(放債): 사채를 놓음.

81) 가분모(加分耗): 추가 분급한 환곡의 이자로 걷는 곡식.
가전(價錢): 쌀 대신 그 가격으로 쳐서 받은 돈.

사채로 놓아 이자를 착복했다. 게다가 이무전(移貿錢) 몇만 냥도 비공전으로 사칭하여 사채를 놓았다. 이러한 사채를 빌려주고 받아내는 과정에서 비리와 분규가 극심했으며, 결국 공금을 축내게 되었다. 작전한 가분모와 염리전을 정해진 기일에 즉각 상납하도록 하고 비공전의 방채를 영구히 금지시켜야 한다.[82)]

9) **염정(鹽政)의 폐단** 공염(公鹽)은 영남에만 설치되어 있었다. 이 공염에서 생산한 소금의 판매 대금은 비공전과 감영의 지방(支放: 봉급) 등으로 쓰였다. 그런데 초기에는 86개소나 되던 염전이 지금은 30개소로 줄었다. 이것은 주로 감색(監色: 감영에서 감독차 파견한 아전)과 뱃사공, 염청(鹽廳: 공염 생산을 관할하는 관청), 선격(船格: 뱃사공을 돕는 선원) 등이 온갖 명목으로 염민(鹽民: 소금 생산자)들을 수탈했기 때문이다. 게다가 감색들이 사상(私商: 관의 허가를 받지 않은 상인)들의 공염 구매를 방해하여 판로와 자금원이 막히고 말았다. 감색들은 질 좋은 소금을 독점하기 위해 장사배의 접근을 막았으며, 소금 값이 앙등할 때는 시가로 팔아 이익을 나눠 먹고 하락할 때는 소금 상인들에게 상정가로 떠넘겼다. 그리하여 소금 값이 비싸서 산골 백성들은 소금을 사 먹기 힘든 실정이었다. 이와같이 공염은 당초에 백성의 편익을 위해 설치되었으나 오늘날에는 도리어 백성을 괴롭히는 제도가 되고 말았으므로 빨리 혁파해야 한다.[83)]

10) **조선(漕船)의 기한전(期限前) 개조** 조세로 걷은 쌀을 운반하는 조선은 5년 만에 개소(改槊: 보수)하고 10년 만에 신조(新造)해야 하는데, 기한이 되기도 전에 개소할뿐더러 신조를 과다히 했다.[84)] 창고를 맡은 아전들과

82) 『수계』 제2책, 『환재총서』 제5책, 527~531면.

83) 위의 책, 531~540면.

여기에서 박규수가 "私商亦四民之一也"(538면)라고 하면서 私商들로부터 공염 판매의 이익을 빼앗는 것이 부당하다고 주장한 것은, 그가 상업의 중요성을 인식하고 북학파의 重商論을 계승·실천하고자 한 증거로 보는 견해도 있다(손형부, 『박규수의 개화사상 연구』, 일조각 1997, 24~25면).

84) 고종 초에 전 경상 감사 徐憲淳은 자신이 水營에 있을 적에 계축(1853)·갑인(1854) 양

뱃사공들이 떼어먹고 남은 비용으로 건조하자니 배는 자연 부실할 수밖에 없으며, 온갖 구실로 멀쩡한 배를 못쓰는 배로 판정했기 때문이다. 조선의 개조를 맡은 도차읍(都差邑: 제일 큰 책임을 진 고을)에서는 그에 쓰이는 응하미(應下米: 경상비로 지출하는 쌀)를 신곡(新穀)이 아니라 열등한 환곡으로 미리 지급한 뒤, 이듬해 신곡을 비싼 가격으로 작전하고 상정가로 입본하는 등의 수법으로 이득을 돌려 썼다. 조선의 개조를 엄중하게 감독하고 그 비용으로 지급되는 미곡의 관리를 철저히 하도록 조치해야 한다.[85)]

11) **왜관의 출입 금제**(禁制) 부산·초량 등의 사상(私商)들이 몰래 왜관에 들어가 상거래를 할 뿐 아니라 거래가 끝난 뒤에도 곧 나오지 않으며, 일본인들과 친숙히 지내면서 국정(國情)을 속속들이 고했다. 왜관의 출입을 금제하지 않으면 장차 일본과 분쟁이 발생할까 몹시 우려된다.[86)]

12) **좌수영**(左水營)**의 처우 개선** 좌수영은 일본으로 가는 뱃길의 요충지에 있음에도 불구하고, 둔전(屯田: 군량을 마련하기 위한 토지)도 없고 환곡의 색락미도 거의 없다시피 하여 생계가 막연하므로 장졸들의 사기가 몹시 저하되었다. 남해안의 안보와 관계되니 생계 대책을 강구해야 한다. 사기 진작을 위해 오래 근무한 자를 변장(邊將)으로 승진시키는 특별 조치가 바람직하다.[87)]

13) **부산진의 가하전**(加下錢)[88)] 부산진은 왜관과 가까워 교린(交隣)에 드는 비용이 많았다. 전임 첨사들이 이를 충당하기 위한 가하전으로 시탄가전(柴炭價錢: 땔감 구입 대금)과 급대방전(給代防錢)[89)]을 끌어다 썼으며, 이를

---

년에 신조한 배가 50척인데 대부분 기한이 되지 않은 것들이었다고 술회했다(『승정원일기』, 고종 2년 4월 1일). 이는 박규수의 지적과 부합하는 증언이다.

85) 『수계』 제2책, 『환재총서』 제5책, 540~544면.

86) 위의 책, 544~545면.

87) 위의 책, 545~549면.

88) 가하전(加下錢): 정해진 액수 외에 더 지출한 돈.

89) 급대방전(給代防錢): 병역 면제의 대가로 받아 병졸들의 급료로 지급하는 돈. 방포결전(防布結錢)이라고도 한다.

갚을 길이 없자 다시 감영의 이무전을 빌려다 쓰면서 도합 8880여 냥의 공금을 축냈다. 이 때문에 왜관의 일본인들에게 땔감을 공급할 수 없게 되고, 교졸들은 급료를 받지 못해 흩어질 생각만 했다. 전임 첨사들로부터 가하전을 모두 추징해야 한다.[90)]

14) **이방의 예채**(例債) 이방 자리를 얻을 때 관례로 바치는 예채는 매임(賣任) 뇌물 중에서 가장 큰 뇌물이었다. 아예 정가가 있어서 규모가 큰 고을은 7000~8000냥, 작은 고을은 1000~2000냥이었다. 이방은 공금을 횡령하는 등 온갖 불법적인 방법으로 이 돈을 마련했다. 수령이 교체될 때 이방으로 연임되면 예전의 환곡 포흠에다 새 예채가 더해지므로, 일단 부정이 탄로났다 하면 갚을 길이 없어 족징(族徵: 일족에게 징수함)이나 도결(都結: 토지세에다 부가하여 징수함) 등으로 해결하니, 그 피해가 모두 백성에게 돌아갔다.

또한 이방의 수입이란 아전들을 교체할 때의 필채(筆債: 문서 대필 수수료)뿐이었다. 이방이 예채를 바치니 필채도 따라서 십 배나 높아가, 서원(書員)은 결정(結政: 토지세 징수)에서, 창고를 맡은 아전은 환곡에서 갖은 농간을 부릴 수밖에 없었다. 결국 아전들은 백성에게서 돈을 뜯고, 이방은 아전들에게서 돈을 뜯으며, 관장(官長)은 이방에게서 돈을 뜯는 것이었다. 이방 예채는 상렴(傷廉: 염치를 손상함)의 일단에 불과한 듯하지만, 고을을 무너뜨리는 해독이 가장 심한 것으로, 여러 민막(民瘼: 백성들의 고통)의 빌미가 되며 백폐의 뿌리가 되니 근절해야 한다. 이를 어기는 자는 장률(贓律: 장물죄)로 엄중히 다스려야 한다.[91)]

15) **우전(郵傳)의 폐단** 부랑배가 도장(都長: 우두머리)을 맡아 제멋대로

---

90) 『수계』 제2책, 『환재총서』 제5책, 549~551면.

이상 제11·12·13항은 박규수가 1840~50년대에 이미 서양이나 일본 등의 침략에 대비한 海防論을 지니고 있었음을 말해주는 증거의 하나라 보는 견해도 있다(손형부, 앞의 책, 81~83면). 그런데 제13항의 경우는 박규수만 유독 문제시했던 사항이 아니라, 고종조에 들어서도 정부가 고질적인 폐단으로 심각하게 인식하고 있던 사항이다(『승정원일기』, 고종 1년 11월 20일 영의정 조두순의 건의, 2년 2월 28일 비변사의 건의 등 참조).

91) 위의 책, 551~554면.

팔아버리거나 토호들이 강탈하기도 하여 역위전(驛位田)[92]이 전무하다시피 했다. 또한 말거간꾼들이 우관(郵官: 우편 업무를 맡은 관리)과 짜고 몹쓸 말을 비싼 값에 역마로 팔아먹었으며, 그에 따른 추가 비용은 원래의 말 값에다 값을 더 붙여 호구마다 징수했다. 따라서 역마을 백성들은 입거가포(入居價布)와 입마가전(立馬價錢)[93]을 낼 길이 없어 흩어져 달아나니 역참(驛站)이 날로 피폐해졌다. 역위전을 함부로 팔거나 강탈한 자를 처벌하고 이를 본래의 역참에 환속하게 하며, 역마 구입의 부정을 엄금해야 한다.[94]

16) **수령의 사알**(私謁)[95] 수령들이 공무 이외에 온갖 구실로 문안을 빙자하여 감사를 찾아오는 것이 예규(例規)가 되었다. 그중 인사고과가 끝난 뒤 감사를 찾아와 알현하는 이른바 '전최후(殿最後) 문안'은 특히 문제였다. 예전에는 수령이 감사의 잘못을 견제하고 그 세도를 막기도 했지만, 지금은 아첨이 풍속을 이루어 비굴하고 파렴치해졌다. 수령들이 문안을 칭탁하여 감사를 사알하는 것을 일절 금단해야 한다.[96]

17) **좌수참**(左水站) **참선**(站船) 충주에는 조운선(漕運船)이 쉬어가는 좌수참이 있었으며, 조운선을 인도하는 참선들이 여기에 속해 있었다. 좌수참을 책임지는 충주 등 5개 읍 가운데 도차읍(都差邑)에서 참선 도고(都賈: 운영을 도맡은 자)와 선주를 골라 임명했으므로, 참선의 운영에 따른 응하전곡(應下錢穀: 경상비로 지출하는 돈이나 곡식)의 이익을 노린 도차읍의 간민(奸民)들이 경강(京江) 잡배와 짜고 선혜청을 움직여, 경술년(1850)에 경강인(京江人)을 선주로 골라 임명하라는 변통 조치가 내려졌다. 그 이후부터 응하 전곡은 도차읍의 간민과 경강 잡배의 수중에 돌아갔으며, 이자들은 선계(船契)를 만들어 그 자리를 사고팔기까지 했다. 그리고 응하전곡만 삼키고 참선은

---

92) 역위전(驛位田): 역마를 기르는 경비를 조달하기 위해 관에서 마련한 농지.
93) 입거가포(入居價布): 주민세로 내는 베.
입마가전(立馬價錢): 역마를 길러 官用으로 바칠 때 드는 비용.
94) 『수계』 제2책, 『환재총서』 제5책, 554~557면.
95) 사알(私謁): 상관을 사사로이 만나뵙는 것.
96) 『수계』 제2책, 『환재총서』 제5책, 557~560면.

전혀 수리하지 않아 대다수가 못쓰게 되는 등 온갖 폐단을 야기했다. 충주 목사가 건의한 대로, 참선 제도를 경술년 변통 조치 이전으로 환원하지 않는다면 좌수참 다섯 고을의 백성들은 무궁한 피해를 입을 것이다.[97]

**18) 병사(兵使)와 암행어사의 상견례** 울산 좌병사 이남식(李南軾)은 암행어사와 상견할 때 항례(抗禮: 대등한 예)를 해야 한다고 주장했으나, 박규수가 조정의 체모상 그럴 수 없다고 하니 병을 핑계대고 오지 않았다. 근래 예제(禮制)가 문란하고 해이해져 조정의 존엄과 기강의 엄중함을 알지 못해 이런 일이 왕왕 일어난다. 암행어사를 지방 수령보다 높이는 것은 조정을 높이자는 뜻이다. 그러므로 병사가 암행어사와 만날 때 매번 서로 버티고 자신을 낮추려 하지 않는 폐단을 바로잡아야 한다.[98]

한편 박규수는 별단에서 16명에 대해 표창을 건의하고, 3명을 인재로 천거했다. 우선 충신으로서, 영조 초에 노론의 집권에 반발하여 소론과 남인 일파가 일으킨 이른바 무신란(戊申亂)의 진압에 공로가 컸던 경상 감사 황선(黃璿, 1682~1728)의 사당인 민충사(愍忠祠)의 복구와 사액(賜額)을 요청했다. 임진왜란 때 순절한 첨사 윤흥신(尹興信)과 군수 조영규(趙英圭), 훈련첨정 김호의(金好義), 그리고 귀순한 뒤 무공을 많이 세운 왜장(倭將) 사야가(沙也可, 賜姓名 金忠善, 1571~1642)에 대해서도 표창을 건의했다.[99]

이밖에 효자 4인과 효녀 1인, 열녀 7인에 대해 포상을 상신했다. 그리고

97) 위의 책, 587~591면.

98) 위의 책, 591~595면.

여기에서 박규수는 "本朝典章儀則, 皆倣皇朝"라고 하면서, 月沙 李廷龜의 『壬辰避兵錄』에 기록된바 明나라 군대의 經略과 提督이 御使에게 抗禮하지 않은 고사와 『東京誌』(작자 미상 『東京雜誌』)에 실린 國朝 고사를 들고, "皇朝朝體旣如彼, 參以本朝故事又如此"라고 했다. 이는 그의 尊明意識을 보여주는 一例라 할 것이다.

99) 위의 책, 560~572면.

여기에서 박규수는 "夷而進於中國, 則中國之, 春秋之法也"라고 하면서, 沙也可가 오로지 "慕華之心"으로 귀순했으므로 그를 오랑캐로 차별 대우해서는 안 된다고 했다(570면). 이는 박규수의 華夷觀이 드러난 대목이라 하겠다.

유학(幼學) 유형진(柳衡鎭)은 경학(經學)뿐만 아니라 병학(兵學)과 농학(農學) 및 율력(律曆)에 정통한 인재로, 유학 최효술(崔孝述)은 경학과 효행을 겸한 인재로, 전 대구 첨사 손해진(孫海振)은 책론(策論)에 뛰어나고 병법에 통달한 인물로 천거했다.[100]

이상의 검토에서 드러나듯이, 박규수는 암행어사 활동을 통해 당시의 시정상의 문제점들을 속속들이 파악하고 『수계』에서 이를 통렬하게 비판했다. 예컨대 그는 환곡 이무의 폐단을 논하면서, 예획급대(預劃給代)·허대환곡(許貸還穀)·예획포량(預劃砲糧)·예획조선집물가(預劃漕船什物價)·왜량보축(倭糧補縮)·배년충포 사설식모(排年充逋私設殖耗) 등을 빙자한 각종 이무와, 기타 상작(詳作) 이무·배납(排納) 이무 등의 실태를 소상히 밝혔다.[101] 또한 수령들이 문안을 빙자하여 감사를 사알하는 관행을 비판하면서, 소위 상영후(上營後) 문안·순도소(巡到所) 문안·전참(前站) 문안·환영후(還營後) 문안·전최후(殿最後) 문안 등이 행해지고 있음을 낱낱이 지적했다.[102]

---

100) 위의 책, 572~587면.
101) 위의 책, 495~497면.

그러므로 박규수의 『수계』 별단에 대한 비변사의 보고에서도, 환곡 이무의 폐단에 관해서는 이미 경상우도 암행어사의 보고가 있었지만 "所謂移貿之許多厲階, 今又益聞其所未聞矣"(599면)라고 칭찬했다.

예획급대(預劃給代): 各鎭에 급대전을 미리 지급하는 것.

허대환곡(許貸還穀): 상급 관청의 저치미를 대여받는 것.

예획포량(預劃砲糧): 各鎭 포수들의 식량을 미리 지급하는 것.

예획조선집물가(預劃漕船什物價): 조운선의 수리 비용을 미리 지급하는 것.

왜량보축(倭糧補縮): 표류한 일본인들에게 지급할 식량의 부족분을 보충하는 것.

배년충포 사설식모(排年充逋私設殖耗): 포흠난 환곡을 매년 나누어 채우고자 耗穀을 늘리기 위해 불법적으로 환곡을 설치하는 것.

상작(詳作) 이무: 減總을 단행한 뒤 남은 환곡을 다른 고을로 이무하는 것.

배납(排納) 이무: 대여받은 환곡을 한꺼번에 갚지 않고 매년 나누어 갚으면서, 점차로 이무하는 것.

102) 『수계』 제2책, 『환재총서』 제5책, 558면.

그리고 좌병영의 환폐를 논하며 "신이 본부(本府)를 안사(按査)하던 날에 병영창(兵營倉)에 소속된 면의 백성들이 헐벗고 굶주린 모습으로 수십 수백 명씩 관청 뜰에 들어와 슬피 호소하는 말을 차마 듣기 어려웠습니다"[103]라고 한 데에서도 알 수 있듯이, 박규수는 어디까지나 일반 백성들의 처지에 서서 비리를 파헤치고 해결하려는 자세를 견지했다. 이러한 애민적(愛民的) 민본적(民本的) 자세는 의성현의 환폐나 밀양부의 조류전 작곡, 염정(鹽政), 이방 예채, 우전(郵傳), 좌수참 참선 제도의 폐단 등을 논한 데에서도 일관되게 나타나 있다. 이와같은 점들에서 박규수의 『수계』는 암행어사의 일개 보고서에 그치지 않고, 정약용의 『목민심서(牧民心書)』의 정신을 계승한 저술로까지 평가할 수 있을 듯하다.

다만 『수계』 별단은 이른바 삼정 가운데에서 환정의 폐단을 지적하는 데에 치우친 느낌을 준다. 그중의 8개 항목이 환정과 관련된 것인 데 비해, 전정에 관한 것은 1개 항목뿐이고, 군정에 관한 것은 전무하다. 또한 전정의 폐단에 대한 근본적인 방책으로 양전(量田)의 필요성을 인정하면서도 수령의 검전(檢田)을 현실적인 대안으로 제시한 데에서도 보듯이, 박규수가 제시한 대책들은 대개 실천 가능한 개선 조치의 수준에서 크게 벗어나지 않았다고 할 수 있다. 그러나 이같은 한계는 당시 삼정 중에서 환정의 폐단이 가장 심각했다는 사실, 그리고 재야 학자의 경세책(經世策)이 아니라 현직 관료가 국왕에게 제출한 국정 감사 보고서라는 『수계』의 특성을 아울러 고려할 때 어느정도 불가피한 것이었다고도 하겠다.

그러면 박규수의 『수계』는 당시의 정책에 얼마나 반영되었던가? 그의 문

상영후(上營後) 문안: 신임 감사가 부임한 당일 찾아가 문안하는 것.
순도소(巡到所) 문안: 감사가 인근 고을을 순행할 때 찾아가 문안하는 것.
전참(前站) 문안: 순행하는 감사가 당도하기도 전에 미리 나아가 문안하는 것.
환영후(還營後) 문안: 순행을 마친 감사를 찾아가 문안하는 것.

103) "臣於本府按查之日, 兵營倉屬面之民, 鶉衣鵠形, 十百入庭, 悲訴之說, 有不忍聞."(『수계』 제2책, 『환재총서』 제5책, 514면)

인 김윤식은 『수계』에 대한 안설(按說)에서, 박규수가 별단에서 지적한 사항들은 "모두 당시 백성의 뼈를 찌르는 듯한 폐막(弊瘼)으로서, 공(公)이 논한 바는 조리있고 치밀하며 조치가 모두 합당하여 족히 한 시대의 위급함을 구제할 만했지만, 하나도 쓰이지 못했다"고 하였다.[104] 그러나 반드시 그렇지만은 않았으리라고 생각된다.

우선 『수계』에서 박규수가 적발한 버리는 당시 널리 인식되고 있던 것들이었다. 예컨대 환곡 이무의 폐단이나 염정의 문제점은 같은 시기 경상우도 암행어사의 서계에서도 이미 지적된 터이고, 전제(田制)의 문란이나 병영의 환정 폐단 등도 조정에서 익히 알고 있던 문제들이었다.[105] 또한 박규수가 건의한 대책 역시 현실적으로 실천 가능한 것들이었으므로, 비변사는 『수계』의 지적 사항들에 대해 전적인 공감을 표했을뿐더러, 건의한 내용을 거의 대부분 채택했다. 다만 재결에 있어서 영재(永災: 영구히 면세되는 재결)를 인정해달라는 건의, 밀양부의 조류전 작곡을 조창(漕倉) 소속의 각 고을로 나누어주자는 건의를 기각하고, 좌수영의 장졸 사기 진작을 위해 보직을 신설해 달라는 건의나 수령의 사알 방지 건의에 대해서는 난색을 표하고 감사나 병사와 상의해서 처리할 문제라고 했을 따름이다.[106] 그러므로 박규수의 『수계』에 의거한 비변사의 건의가 왕의 재가를 얻어 과연 실제로 시행되었던가는 분명히 알 수 없으나, 박규수의 건의가 전혀 수용되지 않았다는 주장은 실상

---

104) "(…) 皆當時民生切骨之瘼. 公之所論, 條理密察, 措畫咸宜, 足以救一時之急. 然一不見用."(『환재집』 권7, 「慶尙左道暗行御史書啓」, 장29앞)

105) 『수계』 제2책, 『환재총서』 제5책, 599면, 606~607면.

철종 3년(1852) 왕은 수령들에게 환정의 폐단을 바로잡을 방책을 바치도록 하교했으며, 그에 따라 철종 4년 전국적인 환정 대책을 모은 「各道糴弊矯捄別單」이 작성되었다(송찬섭, 『조선후기 환곡제개혁 연구』, 서울대출판부 2002, 56~57면 참조).

106) 위의 책, 597~598면, 604면, 609면, 612면.

특히 의성현의 환정 폐단에 대해 비변사는 辛丑(1841)년 이후 各年의 都倉色吏와 各倉色吏들에게 중형을 가하고 그동안 수령을 지낸 자들을 고발하여 의금부로 잡아들이도록 건의했다(『일성록』, 철종 5년 11월 28일, 6년 4월 25일).

과 어긋난다고 하겠다.

박규수의 암행어사 활동은 어떤 결과를 초래했는가? 우선, 이를 계기로 조석우가 관직에서 축출되는 소동이 일어났다. 1854년(철종 5년) 11월 성균관 유생들이 우암 송시열을 비난한 글이 포함되어 있다는 이유로 조하망의 문집을 파기하고 조석우를 처벌하도록 상소했으므로, 왕은 행호군(行護軍) 조석우를 파직했다. 그후 성균관 유생들이 거듭 상소하고 지방 유생들과 삼사(三司)의 상소가 빗발쳐, 결국 조석우는 유배형에 처해졌으며 조하망의 관작이 추탈(追奪: 사후에 관직이 취소됨)되었다. 이러한 『서주집』 파동은 그 이듬해에도 계속되어, 성균관 유생들은 조하망에 대한 관작 추탈을 빨리 집행하라고 다그쳤으며, 그해 6월 조석우를 석방하라는 하명이 내리자 팔도 유생들이 윤선거(尹宣擧)와 윤증의 관작을 추탈하고 조석우를 다시 유배하라고 상소했다. 이에 호응하여 성균관 유생들이 권당(捲堂: 동맹휴학)했으며, 왕은 마침내 조석우를 재차 유배했다.[107]

이 사건은 철종조에 있었던 노론과 소론의 당파적 대립 중 비교적 규모가 큰 분란이었다.[108] 왕이 이에 대해 양쪽 모두 "당론"이요 "각자 제 스승을 위한 것(各爲其師)"이며 "저만 옳다고 여기는 버릇(自是之癖)"이라 질책하는 하교를 내리자, 우의정 조두순(趙斗淳, 1796~1870)이 크게 반발했다. 후일 박규수는 조두순에 대한 시장(諡狀)에서, 이러한 철종의 질책에 맞서 상소를 올려 "확고히 결정된 국시를 일체 당론으로 돌린다"고 항의한 것을 조두순의 중요한 행적으로 기술했다. 조두순은 신임사화(辛壬士禍) 때 희생된 조태채(趙泰采)의 후손으로서 "신임 대의(辛壬大義)"를 "가학(家學)"으로 삼

107) 『철종실록』, 5년 11월 11일, 21일~27일, 29일, 12월 1일~3일, 6일, 9일, 14일, 6년 1월 18일, 20일, 8월 2일, 8일, 13일, 14일, 30일, 9월 10일, 10월 15일.

108) 단 조석우는 1857년에 석방되고 1862년 이후 관직에 복귀했으며, 1858년 조하망의 復爵도 이루어졌다. 이 사실로 보더라도, 『서주집』 파동은 그 외형적인 분란에도 불구하고 노론이 장악한 당시 정계에 심각한 영향을 끼친 사건은 아니었다(한국역사연구회 19세기정치사연구반, 『조선정치사』, 상, 121면, 하, 587~588면 참조).

았을 정도로 노론의 당파적 의리에 투철한 인물이었다.[109] 이를 보면 『서주집』 간행을 규탄함으로써 일련의 파동을 야기한 데에서 박규수의 당파적 성향이 드러났다고 할 수 있다.[110]

한편 암행어사 활동의 여파로 박규수는 벗 서승보로부터 절교를 당했다. 앞서 언급했듯이 그의 부친인 전 밀양 부사 서유여[111]를 봉고 파직한 때문이었다. 이 일로 박규수가 몹시 번민했던 사실은 당시 아우 박선수에게 보낸 편지에 잘 나타나 있다.

> 서원예(徐元藝)는 평생 흠모하고 심복하는 벗이다. 어찌하여 하루아침에 절교하는가? 천하에 이런 도리가 있는가? 이 적막한 세상에서 입을 열어 문자의 일을 이야기할 만한 사람이 몇이나 있던가? 이 일로 마음은 근심으로 가득 차고 머리는 몹시도 띵하다. 잠도 아니 오고 밥맛도 없어 방안을 돌며 방황하니, 이런 경우는 일생에서 처음 당한다. 가족들은 매번 객지에서 병들까 걱정하지만 이러한 고충은 전혀 알지 못하리라.[112]

김윤식의 안설에 의하면 "서공(徐公) 승보는 자(字)가 원예(元藝)로, 선생

---

109) 『철종실록』, 6년 9월 5일; 『환재집』 권5, 「領議政致仕奉朝賀趙公謚狀」, 장35앞~36뒤. "夫以大定之國是而一體歸之黨論"

110) 소론계인 李建昌은 박규수가 탐관오리로 탄핵한 의성 현령 조철림(1803~1864)에 대한 묘지명에서 "升至晉州牧使, 移義城縣令, 爲御使所齮, 下理編配"라고 하여 조철림이 의성 현령 재임시 암행어사의 모함을 받아 하옥·유배된 양 기술했다(이건창, 『明美堂集』 권19, 「牧使趙公墓誌銘」, 장18뒤).

후일 박규수는 "신이 전에 암행어사가 되어 贓汚罪를 범한 자를 논핵한 것이 또한 많았습니다. 그런데 지금 생각해보니, 아무아무가 범한 장오죄는 과연 사실과 다르지 않았는지 끝내 마음에 의심스러움을 금할 수 없습니다"라고 반성하는 발언을 하기도 했다(『승정원일기』, 고종 11년 7월 15일).

111) 1792~1879. 벼슬이 공조 판서에 이르렀다(『大邱徐氏世譜』 戊編, 都尉公派, 155~156면 참조).

112) "徐元藝, 平生艷服之友也. 胡爲乎一朝絶交? 天下有是理耶? 寂寥世界, 開口說文字事者有幾人哉? 以此心焉忡忡, 頭焉涔涔, 寢不得, 食不甘, 繞壁彷徨, 如此境界, 一生刱當也. 家人每每以客裏疾恙爲慮, 殊不知此等苦狀耳."(『환재집』 권8, 「與溫卿」(7), 장8앞)

(박규수)과 문자와 도의(道義)의 사귐을 맺었는데, 서공의 대인(大人) 유여씨가 그때 밀양에 부임하여 뇌물을 먹었으므로, 선생이 암행어사로서 조금도 용서하지 않고 탄핵했다. 당시 사람들이 오랜 벗에게 야박하다고 선생을 비방했으나 역시 돌아보지 않았다. 그렇기는 해도 훌륭한 벗에게 절교를 당한 일로 몹시 가슴 아파 했다"고 한다. 이와 아울러, 박규수의 아우 박선수도 후일 고종 초에 암행어사가 되었을 때 이들 형제와 절친한 김상현의 종형을 탄핵·파면한 사실을 들고, "선생의 가법(家法)이 사호(私好)로써 공의(公義)를 폐하지 않는 것임을 볼 수 있다"고 예찬했다.[113] 이러한 평가는 정당하다고 생각된다.

박규수의 암행어사 활동은 벗 신석우에게 큰 도움을 주었다. 당시 이조참판으로 재직하던 신석우는 박규수가 암행어사로 활동한 바로 이듬해인 1855년 10월 경상 감사에 임명되었다. 평소 경연(經筵)을 통해 강직한 신하로서 왕의 신임을 받은 덕분이었다. 신석우가 하직 인사를 올리던 날 철종은 "경(卿)이 강연(講筵)에서 아뢰던 바로 본즉, 오늘 이 직책에 대해 더욱 힘쓰라고 말할 필요가 없겠다"고 했다. 신석우는 부임하기 전에 박규수더러 "그대가 별단에서 논한 이폐(利弊: 이익과 폐해)가 매우 상세하니, 내가 한 벌을 베껴 가서 사무를 점검하는 지침으로 삼아야겠다"고 하고, 이어서 가작과 이무 등 환정의 폐단을 함께 논하면서 분노하고 한탄해 마지않았다고 한다. 전임 감사들과 달리 신석우는 부임 이후 문경과 단성 등 도내의 환정 폐단을 구하고자 적극적인 노력을 기울였는데, 여기에는 박규수의 『수계』가 크게 참조되었을 것이다.[114]

---

113) "徐公承輔, 字元藝, 與先生爲文字道義之交. 徐公大人有畬氏, 時任密陽, 有贓, 先生以繡衣擧劾不少貸. 時人謗先生以薄於故舊, 亦不顧也. 然猶以與良友見絶, 歎傷不已. (…) 可見先生家法, 不以私好廢公義也."(『환재집』 권8, 장9앞)

114) 『철종실록』, 5년 10월 21일, 11월 10일; 『환재집』 권5, 「禮曹判書申公謚狀」, 장26뒤~27앞, 28뒤, "觀卿講筵所奏, 則今於此任, 不須加勉矣." "子之別單所論利弊甚詳, 吾可寫去一本, 作按事之指南也."; 송찬섭, 앞의 책, 108~112면 참조.

앞서 언급했듯이 박규수는 『수계』에서 전 경상 감사 황선의 사당인 민충사를 복구하고 사액할 것을 건의했으나, 제대로 시행되지 못했다. 그런데 신석우가 임지로 떠나기에 앞서 박규수에게 "그대가 황공을 위해 사당을 세우자고 요청한 것은 독실한 의논이다"라고 칭찬하면서, 사당 건립을 추진할 뜻을 비치었다. 경상 감사로 부임한 이후 신석우는 드디어 사당을 세우고, 아울러 무신란 때 황선을 보좌한 절도사 원필규(元弼揆)를 배향했으며 군관 이무실(李茂實)도 종사(從祀)했음을 알려왔다. 박규수의 「대구민충사중건기」는 바로 그때 신석우의 부탁을 받고 지은 글이다.[115] 이처럼 무신란에 적극 동참했던 영남 지방의 반노론적(反老論的) 성향을 의식하고 그 진압 유공자의 사당을 복구하고자 힘쓴 데에서도 박규수의 당파적 성향을 엿볼 수 있다고 하겠다.

박규수는 용강과 부안에서 지방관 생활을 한 바 있으므로 환정을 비롯한 당시 국정의 병폐들을 알고 있었다. 그 뒤 암행어사가 되어 경상좌도 일대를 순회하면서 민정을 시찰한 경험을 통해 백성들의 고통을 더욱 잘 알게 되고, 내정 개혁의 필요성을 절실히 깨닫게 되었을 것으로 짐작된다. 이때의 철저하고 공정한 조사로 인해 그는 능력을 인정받아 당상관으로 승진했다. 뿐만 아니라 수년 뒤 진주농민항쟁이 발발하자 그가 안핵사로 특파되었던 것 역시 암행어사 때의 활약이 다분히 고려되었기 때문일 것이다. 당시 박규수가 순행하며 민막(民瘼)이 자심하다고 파악했던 경상도 상주·선산·개령·인동·성주·비안·군위에서는 8년 뒤인 1862년(철종 13년) 3월부터 민란이 잇달아 터지고, 뒤이어 그해 10월에는 울산·창녕·밀양·신녕·연일·현풍 등에서도 민란이 일어남을 보게 된다.

115) 『환재집』 권4, 「大邱愍忠祠重建記」, 장21앞~24앞. "子之請爲黃公立祠, 篤論也."

제3장

# 박규수의 제1차 연행

## 1. 1860년 북경사변과 열하 문안사 파견

암행어사 임무를 마치고 중앙 관직에 복귀한 1855년 이후 박규수는 주로 승지로서 활동했다.[1] 1857년 7월(이하 음력)에 지은 「대구 민충사 중건기」의 말미에 박규수는 자신의 직함을 "통정대부 승정원 좌부승지 겸 경연 참찬관(參贊官), 춘추관 수찬관(修撰官)"으로 적고 있다.[2] 당시 그가 정3품 당상관인 좌부승지로서 참찬관과 수찬관을 겸임했음을 알 수 있다.

1858년(철종 9년) 6월 박규수는 다시 외직으로 나가 황해도 곡산(谷山) 부

1) 『일성록』, 철종 6년 5월 7일, 7년 5월 2일, 8년 윤5월 3일, 6월 5일, 7월 26일, 8월 10일, 11일, 15일, 9월 6일, 9년 2월 23일, 5월 5일. 박규수는 1857년 10월 왕의 구두 명령에 의해 晉州 목사에 임명되었으나, 신병을 이유로 이조에 訴狀을 바쳤으므로 파면되었다(『일성록』, 철종 8년 10월 23일, 11월 5일).

2) 『환재집』 권4, 「大邱愍忠祠重建記」, 장23뒤~24앞. 단 좌부승지라는 직함은 『승정원일기』의 기록과 어긋난다. 『승정원일기』에 의하면 그해 7월부터 9월까지 박규수는 동부승지로 재임했다.

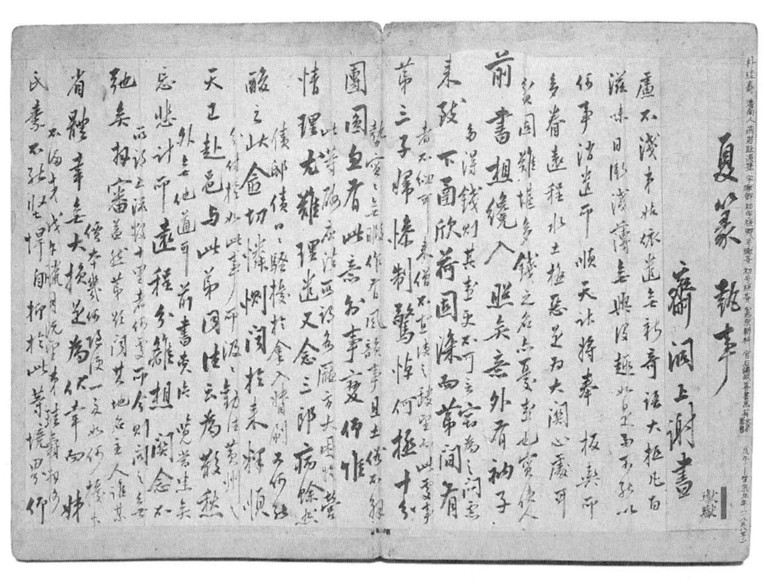

곡산 부사로 부임한 박규수가 김익정에게 보낸 간찰. 문우서림 소장.

사로 부임했다.[3] 곡산은 일찍이 다산 정약용이 정조 말년인 1797년에서 1799년까지 재임하면서 선정을 폈던 곳이다. 후일 아우 박선수에게 보낸 편지에서 박규수는 "예전에 곡산에서 사령(使令)들의 급료를 각 면리에서 마련하는 것을 보았는데 이름하여 '고가(雇賈)'라 한 것은 바로 정다산이 정한 바로서, 그것을 '고가'라 이른 것은 곧 식견있는 이가 지은 명칭이다"[4]라고 칭송했다. 또한 박규수 자신도 곡산 고을 백성들이 부담하고 있는 일체를 파악하여 그들의 질고를 먼저 이해하고자 『곡산도임수지(谷山到任須知)』라는 책자를 만들었다고 한다.[5]

3) 『일성록』, 철종 9년 6월 4일.

4) "向於谷山, 見使令所食磨鍊於面里, 而名曰雇賈, 卽丁茶山所定, 而其云雇價, 卽有識之名目也."(『환재집』 권8, 「與溫卿」(32), 장31앞) 정약용이 唐·宋의 法制에 民夫를 고용했음을 알고 그와같이 이름을 지었다는 뜻이다.

곡산에 도착한 직후인 7월 아우 박선수에게 보낸 편지에서 그는 "나는 잠과 식사에 아무 탈이 없고 공문서를 처리해야 하는 노고도 없으며, 단지 너무 무료할 따름이다"[6]라고 안부를 전했다. 그 뒤 8월에 보낸 편지에서는 "과요(科擾: 조세 징수에 따른 소요)가 없을 수는 없지만, 전혀 취미 없는 일이다. 해마다 이러하니 실로 난감하다"[7]고 고충을 토로했다. 또한 연말에 인척인 김익정(金益鼎)에게 보낸 편지에서도 지방관 노릇이 몹시 따분하다고 푸념하고 나서, "소위 각청(各廳)은 한창 영채(營債)와 저채(邸債)로 시달리고 있어, 날마다 사람들을 잡아들여 빚을 갚도록 독촉하느라 매우 소란스럽다"고 했다.[8]

이듬해인 1859년 2월 아우 박선수에게 보낸 편지에서는 박선수의 진사시(進士試) 급제를 축하해 마지않으면서 형제가 서로 떨어져 있음을 안타까워했다.

> 진사가 우리 집안에서는 드물었는데, 자네가 마침내 획득했으니 내 마음이 몹시 기쁜 것이 응당 어떠했겠나! 조바심하며 주시하다가 이 기쁜 소식을 듣게 되니 너무 기쁜 나머지 온갖 감회가 함께 몰려드는구나. 멀리 저승에 계신 부모님에 대한 그리움을 거론하지는 않겠다. 또한 내가 대과에 급제했을 적에 하객을 맞아 응접하는 일을 오직 내 스스로 도맡아 하여 부모 없는 신세임을 뼈저리게 느꼈던 일이 생각난다. 지금 자네는 그런 처지가 아닌데도, 내가 반천리(半千里) 밖에 있어 참여하여 주선할 수 없으니 마음이 몹시 섭섭함을 또한 견디기 어렵구나.[9]

---

5) 『환재집』 권8, 「與溫卿」(30), 장27뒤.
6) "吾眠食無恙, 又無簿書之勞. 但無聊忒甚."(戊午 7월 22일자 편지, 경기문화재단 소장)
7) "科擾不能無之, 無趣之事, 年年如此, 誠難堪也."(戊午 8월 1일자 편지, 경기문화재단 소장)
8) "所謂各廳, 方大困於營債邸債, 日日騷擾於拿入督刷."(戊午 12월 16일자 편지, 文友書林 소장) 김익정(호 夏篆, 1803~1879)의 부인은 박규수의 백부인 朴宗儀의 딸이다. 영채는 監營에 진 빚, 저채는 邸吏에게 진 빚을 말한다.
9) "進士, 吾家所稀也. 君乃得之, 吾心喜幸, 當如何哉! 耿耿凝望, 得此喜報, 喜之極而百感竝集. 不揭搖搖風樹之慕也. 且念吾釋褐時, 迎客應接, 只是自家主張, 甚覺孤子. 今君則不

1860년 1월 2일 박규수는 곡산 부사직에서 교체되면서 동시에 좌부승지로 임명되었으나, 곧 교체되었다. 일족인 박원양에게 보낸 2월 6일자 편지에서 그는 "도성에 들어온 이래 아직도 외출하여 인사를 차리지 못했소"라고 하였다.[10] 그 뒤 윤3월에 다시 동부승지로 임명되었으나 병으로 교체되어 요양하고 지내하다가, 그해 12월(양력 1861년 1월) 열하(熱河) 문안사행의 부사(副使)로 임명되어 연행에 나서게 된다.[11]

제1차 아편전쟁에서 패배한 결과 중국은 1842년(道光 22년) 홍콩 할양(割讓), 항구 개방, 치외법권의 인정 등을 내용으로 한 남경(南京)조약을 영국과 체결하지 않을 수 없었다. 이어서 1844년에는 미국·프랑스와도 각각 망하(望夏)조약과 황포(黃埔)조약을 체결했다. 그러나 이러한 일련의 조약 체결 이후에도 중국 시장의 개척이 뜻대로 이루어지지 않는 데에 불만을 품은 영국은 1854년(咸豊 4년)부터 미국·프랑스와 함께 중국 진출에 더욱 유리하도록 조약 개정을 끈질기게 요구했지만, 중국으로부터 번번이 거부당했다. 그러자 영국은 1856년 소위 애로우호 사건을 빌미로, 프랑스와 연합군을 결성해 제2차 아편전쟁을 도발했다. 영국·프랑스 연합군은 1857년 말에서 1858년 초에 걸쳐 광주(廣州)를 공격·점령하고, 대외교섭을 관장하던 양광(兩廣) 총독 섭명침(葉名琛)을 납치했다. 이어서 천진(天津)까지 진격해, 1858년 5월(양력 6월) 외국 공사의 북경 주재, 항구의 추가 개방, 내지 여행과 통상 및 포교의 자유, 영사 재판권의 확대 등을 내용으로 한 천진조약을 체결함으로써 마침내 조약 개정을 관철하고 철수했다.

然, 而乃吾在半千里外, 不能與參周旋, 心焉悵缺, 又難堪矣."(己未 2월 27일자 편지, 경기문화재단 소장)

10) 『일성록』 및 『승정원일기』, 철종 11년 1월 2일; 『瓛齋手柬』 수록, 庚申 2월 6일자 편지, "從, 入都以來, 尙未修出門人事."

11) 『일성록』, 철종 11년 윤3월 10일, 23일. 박원양에게 보낸 편지에서 박규수는 "從, 居閒養痾, 自春偃仰, 猥充使价, 誠出慮外"라고 했다(『瓛齋手柬』, 庚申 12월 29일자 편지).

그러나 그후 북경에서 비준서를 교환하는 문제를 놓고 중국과 영국이 다시 대립하던 중, 1859년 5월(양력 6월) 조약 비준을 강행하고자 북상하던 영국 군함이 대고(大沽)에서 흠차대신(欽差大臣) 승격림심(僧格林沁) 휘하 군대의 포격을 받고 대파되었다. 이에 보복하고자 영국・프랑스 연합군이 재차 결성되어 1860년 7월(양력 8월) 대고를 함락하고, 천진・통주(通州)를 돌파하여 8월(양력 9월) 북경으로 진격했다. 그에 앞서, 북경 교외의 원명원(圓明園)에 거처하던 함풍제는 통주에서의 담판이 결렬되고 영국・프랑스 연합군의 공격으로 승격림심의 군대가 대패하자, 공친왕(恭親王) 혁흔(奕訢)에게 대외교섭을 떠맡기고 자신은 열하의 피서산장(避暑山莊)으로 몽진했다. 9월 11일(양력 10월 24일) 마침내 영국・프랑스 연합군은 천진조약을 계승・확대한 북경조약을 공친왕과 체결한 후 북경에서 철수했다. 이것이 소위 '북경사변(北京事變)'이다.[12)]

당시 조선 정부는 제2차 아편전쟁기의 중국 정세를 비교적 신속 정확하게 파악하고 있었다. 전쟁의 도화선이 된 애로우호 사건에 관해서는 미처 몰랐지만, 1858년(철종 9년) 동지사행을 통해 영국・프랑스 연합군의 광주 점령 사실은 알고 있었다. 이어서 1859년 동지사행은 영국・프랑스 연합군이 천진까지 진격해 조약 개정을 강요한 사실을 보고했으며, 1860년 3월에 귀환한 동지사행은 전년에 승격림심이 영국 군함을 격파한 사건을 보고했다. 그러나 조선 정부는 이러한 정보들에 접하고도 사태를 심각하게 받아들이거나 영국을 비롯한 서양 열강의 움직임에 특별한 관심을 표하지는 않았다.[13)]

그런데 이와같이 안이한 조선 정부의 태도는 철종 11년 12월 9일(양력

12) 蕭一山, 『清代通史』, 臺北: 商務引書館 1976, 제3권, 457~512면; 陳振江 外, 『中國近代史新編』, 北京: 人民出版社 1981, 上冊, 352~410면 참조.

13) 『同文彙考』, 철종 9년 3월 28일, 冬至兼謝恩行 首譯, 「聞見事件」; 『승정원일기』 및 『일성록』, 철종 10년 3월 30일; 하정식, 「太平天國에 대한 조선정부의 인식」, 『역사학보』 107, 역사학회 1985, 205면; 민두기, 「19세기 후반 조선왕조의 대외 위기의식」, 『동방학지』 52, 1986, 266~267면; 三好千春, 「兩次アヘン戰爭ト事大關係ノ動搖」, 『朝鮮史研究會論文集』 27, 조선사연구회 1990, 49~50면 참조.

1861년 1월 19일), 북경에 파견한 시헌서(時憲書) 재자관(齎咨官)의 수본(手本: 특별 보고)을 접하고 급변했다. 이를 통해 비로소, 북경이 이미 함락되고 원명원 등이 방화 약탈되었으며 황제가 열하로 몽진했을 뿐 아니라, 중국이 영국과 프랑스 등 '서양 오랑캐'와 새로운 조약을 맺어 기독교 포교를 금하지 않고 자유로운 통상을 허용했으며, 은 800만 냥을 배상금으로 물게 되었다는 등의 놀라운 사실을 알게 되었기 때문이다.

이에 비변사는 즉시 '열하 문안사'라는 명칭으로 위문 사절단을 파견할 것을 건의하여 왕의 재가를 얻었다. 다음날 열린 중신(重臣) 회의에서 철종은 천하의 대국인 중국이 패했으니 서양 오랑캐의 무력이 사나움을 알 수 있다고 하면서, 북경조약에 교역뿐 아니라 기독교 포교의 허용이 포함되어 있음을 중시하고, 서양 열강이 무력을 행사하여 조선에도 기독교 포교를 강요할 것을 몹시 우려했다. 그리고 열하 문안사행의 정사에 이원명(李源命: 뒤에 趙徽林으로 교체됨), 부사에 박규수, 서장관에 신철구(申轍求)를 임명했다. 수역(首譯)은 이윤익(李閏益)이었다.[14]

한편 북경사변 소식이 국내에 알려지자 커다란 파문이 일었다. 조야(朝野)에 서양의 조선 침략설이 나돌면서 시골로 피난하는 소동이 일어났으며, 이러한 위기의식은 지방까지 확산되어 최제우(崔濟愚)가 동학을 창도한 중대 계기가 되었을 정도였다.[15] 박규수의 벗 서유영(徐有英)은 송별시에서 "남비(南匪: 太平天國軍)가 틈을 엿보고 다시 날뛰니/ 사람들은 이번 사행이 진짜 위험하다고 말하네"라고 하여, 그가 북경사변과 태평천국의 난으로 내우외환에 처한 중국에 사신으로 가게 된 것을 주위 인사들이 몹시 불안해하였

14) 『철종실록』, 12월 9일; 『일성록』, 철종 11년 12월 9일; 『승정원일기』, 철종 11년 12월 10일; 『龍湖閒錄』, 국사편찬위원회본, 권2, 278~282면; 신석우, 『海藏集』 권16, 『入燕記』, 「路遇曆咨記」, 장3앞~4뒤; 민두기, 위의 논문, 267~269면; 三好千春, 위의 논문, 61면 참조.

15) 『稗林』, 「哲宗紀事」, 철종 12년 정월; 三好千春, 위의 논문, 61~62면; 姜在彦, 『朝鮮の攘夷と開化』, 平凡社 1977, 80면; 최제우, 「布德文」, 『東學思想資料集(1)』, 아세아문화사 1979, 8~9면 참조.

던 사정을 전하고 있다. 문하생 김윤식도 증서(贈序)에서, 박규수가 열하문안 부사로 선발되었을 때 친지들이 모두 걱정하면서, 중국이 "자초하여 난을 당했으니 우리와 무슨 상관이 있나? 고관들은 편히 지내면서 도리어 공(公: 박규수)으로 하여금 노고를 겪게 한다"며 원망했다고 한다.[16)]

이러한 실정이었음에도 불구하고, 박규수는 열하 문안사행을 자원했다. 후일 북경에서 사귄 동문환(董文渙)에게 보낸 편지에서, 그는 "함풍(咸豐) 신유년(辛酉年: 1861년) 일을 기억하건대, 제가 열하에 갈 때 사람들은 모두 험지(險地)에 뛰어들어 위험을 무릅쓴다고 생각해 몹시 두려워했지요. 제가 선발된 것은 바로 이 때문이었습니다. 한바탕 웃으면서 용감히 떠나가매, 무엇을 걱정하며 무엇을 근심했겠습니까?"라고 당시의 심경을 회고했다.[17)]

박규수는 그의 벗 홍양후와 마찬가지로 북학파의 후예로서 일찍부터 중국 여행의 꿈을 품고 있었을뿐더러, 최근에 벗 김영작과 신석우가 잇달아 연행의 숙원을 이룬 데에 적지 않은 자극을 받았을 것이다. 그러나 박규수가 적극적으로 연행을 자원한 것은 무엇보다도 1840년대 후반 이후의 그의 학문적 사상적 방향전환과 깊은 관련이 있으리라 생각된다.

앞서 살펴본 바와 같이 박규수는 제1차 아편전쟁의 충격적인 소식에 접하는 한편 『해국도지』와 같은 '신서(新書)'의 영향을 받으면서부터 서세동점의 세계사적 격변에 대처하기 위한 시무책(時務策)을 강구하기 시작했다. 1840년대 말에 쓴 「벽위신편 평어」는 이러한 방향 전환을 단적으로 보여준 글이었다. 이와같은 인식 변화에 따라 몸소 중국에 가서 격동하는 세계 정세를 조감하고 싶은 그의 열망은 한층 더 강렬해졌으리라 짐작되지만, 벼슬길에 오르기 전의 그에게는 좀처럼 연행의 기회가 주어지지 않았다. 그러므로 제

16) 서유영, 『雲皐詩選』, 「送瓛齋副行人赴熱河咸豊皇帝奔問之行」, "南匪伺釁又猖狂, 人言此行眞危怖"; 김윤식, 『雲養續集』 권2, 「奉送瓛齋朴先生赴熱河序」, 장3앞뒤, "被自搆難, 於我何有? 肉食者安居, 乃反令公勞苦爲."

17) "記咸豊辛酉, 弟之赴熱河, 人皆以爲涉險冒危, 甚畏之. 弟之被選, 以是故也. 大笑勇往, 何思何慮?"(『환재집』 권10, 「與董研秋」(6), 장33앞)

2차 아편전쟁이 발발하여 다시금 내외의 위기가 고조되는 상황이 닥치자, 박규수는 다른 관원들이 기피하여 마지않은 위험한 연행을 자원하고 나선 것이다. 게다가 공교롭게도 열하는 그의 조부 연암이 조선 사행으로서는 최초로 다녀온 곳이 아니던가! 그는 『열하일기』를 통해 익히 알고 있던 바로 그곳으로 파견되는 호기를 놓칠 수 없었을 것이다.

## 2. 김영작 · 신석우의 연행과 그 영향

1861년 박규수의 제1차 연행을 고찰하기 위해서는 그 직전에 연행을 다녀온 그의 벗들의 경우를 먼저 살펴볼 필요가 있다. 이미 언급했듯이 1827년(순조 27년) 홍양후가 중국에 다녀온 것을 계기로 박규수와 그의 벗들 또한 연행의 꿈을 키워갔지만,[18] 그러한 꿈은 이들이 관인으로서 현달하게 된 1850년대 말 이후에야 비로소 실현될 수 있었다. 1858년(철종 9년) 김영작이 동지사행의 부사로 임명되어 숙원이던 연행에 올랐고, 1860년에는 신석우가 동지 정사로서 북경을 향했다. 박규수의 연행은 시기적으로 이러한 벗들의 연행에 곧바로 이어질 뿐 아니라, 그가 연행을 통해 중국의 내외 정세를 탐문할 수 있었던 것도 그에 앞서 북경에 간 김영작과 신석우가 중국 인사들과 교분을 다져놓은 데 적잖이 힘입은 것이었다.

김영작은 철종조에 들어서도 병조 · 이조 · 공조의 참의, 청주 목사와 양주 목사, 좌 · 우승지, 대사성, 예조 · 호조 참판을 역임하는 등 순탄한 관직 생활을 하고 있었다.[19] 1858년 10월 26일 그는 동지사행의 부사로서 북경을 향해 출발했다. 정사는 이근우(李根友), 서장관은 김직연(金直然)이었다. 수역은 시인으로 유명한 이상적(李尙迪)이었으며, 역관으로 오경석(吳慶錫)이

18) 본서, 62~65면 참조.

19) 김홍집, 「先考贈領議政行吏曺參判府君家狀」, 『金弘集遺稿』, 고려대출판부 1976, 93~94면.

동행했다.[20]

김영작은 30여 년간 서신으로 변함없는 우정을 나누었던 이백형(李伯衡, 호 雨帆·春驅, ?~1859)을 만나려는 개인적 염원을 품고 연행에 나섰다. 일찍이 1826년 홍양후가 그의 외숙인 동지 부사 신재식을 따라 연행길에 올랐을 때, 김영작은 그에게 자신의 시문을 중국 명사에게 보여 품평을 받아 오도록 부탁했다. 1827년 봄 홍양후가 북경에서 사귄, 당시 한림 편수(編修) 이백형은 조선인의 시문 중 김영작의 글을 특별히 칭찬하고, 이를 책자로 꾸며 소장했을뿐더러 화답하는 시를 보내기까지 했다. 이를 계기로 김영작은 이백형에게 누차 서신과 시문을 보내어 가르침을 청하고 교분을 다져왔으며, 이러한 서신 교환을 통한 우정은 그후 30여 년의 세월이 흐르는 동안에도 변함이 없었다.[21] 그러므로 수역 이상적은 연행 도중 김영작의 시에 차운하여 지은 시에서 "이번 사행이 기이한 숙연을 저버리지 않으리라"고 하면서, 최근 이백형이 하남(河南) 하도총독(河道總督)으로 나가 소식이 두절되었음을 함께 안타까워했다.[22]

북경에 도착하자마자 김영작은 이백형의 집을 찾아갔으나, 과연 소문대로 당시 이백형은 외직으로 나가 있었기 때문에 끝내 만날 수가 없었다.[23] 그 대신 김영작은 섭명풍(葉名灃)[24]을 비롯한 여러 명사들과 교분을 맺게 되었

20) 吳稼軒, 「朝鮮使者金永爵筆談記」, 董文渙, 『韓客詩存』, 北京: 書目文獻出版社 1996, 262면.

21) 김영작, 『邵亭文稿』 권3, 「祭李雨帆河督文」; 김홍집, 위의 책, 98면; 李裕元, 『林下筆記』 권25, 「春明逸史」1, 「燕俗重東人文筆」, 성균관대 대동문화연구원 1961, 628면.

22) 이상적, 『恩誦堂續集』 권5, 「次呈邵亭副使」, "此行不負夙緣奇" (註) "李雨帆近督河工, 音訊相阻."

23) 김영작, 『邵亭詩稿』 권2, 「寄贈申海藏尙書赴燕」; 吳稼軒, 「朝鮮使者金永爵筆談記」, 동문환, 『한객시존』, 264면.

24) 자 翰源·潤臣. 1811~1859. 內閣中書·侍督 등을 지냈으며, 많은 산수시를 남긴 저명 시인이다. 그의 부친 葉志詵은 翁方綱의 문인이자 사위로 금석학에 조예가 깊었다. 섭지선의 장남 葉名琛은 현달하여 廣東巡撫를 거쳐 兩廣總督에 올랐으며, 아우 섭명풍과 함께 시문으로 명성을 떨쳤다. 1858년 영국·프랑스 연합군의 광주 공격 때 체포되어 인도로 끌

다. 이러한 중국 명사들과의 교유에는 이미 9차나 중국을 다녀와 북경 관계(官界)의 요인들과 폭넓은 교분을 맺고 있던 이상적의 도움이 적지 않았을 것이다.[25)]

김영작은 조광(趙光)[26)]과 정공수(程恭壽)[27)] 그리고 섭명풍의 동인(同人)인 장병염(張丙炎)[28)] 오곤전(吳昆田)[29)] 등과도 사귀었다. 귀국을 앞둔 무렵 섭명풍의 저택에서 열린 송별연에서 오곤전·장병염 등과 만났을 때 김영작은 1766년 담헌 홍대용이 엄성(嚴誠)과 결교한 이래 뜨거운 우정을 나누었던 고사를 이야기하며 눈물로 옷소매를 적셨다. 섭명풍과 그 동인들도 김영작을 구면인 듯 친숙히 대했으며 그의 풍모와 언행을 칭송하여 '동국의 군자'라고 일컬었다고 한다.[30)]

당시 김영작이 섭명풍 등과 나눈 필담의 기록이 현재 전하고 있다. 이는 섭명풍이 필담지(筆談紙)를 수습하여 오곤전을 시켜 책자로 편찬하게 한 것이었다.[31)] 그 필담에서 김영작은 당시의 국제 정세에 대해 심각한 우려를

---

려가 구금되었으며 그곳에서 단식 끝에 죽었다. 섭명풍도 浙江候補道로 임명되어 임지로 가던 도중 형의 죽음을 전해 듣고 병을 얻어 곧 타계했다고 한다.

25) 許宗衡, 「朝鮮李藕船詩序」(동문환, 『한객시존』, 260면). 특히 섭명풍은 이상적과 30년 知己였다고 한다(섭명풍, 「玉河橋 口占 贈朝鮮李藕船」, 동문환, 『한객시존』, 132면).

26) 호 蓉舫. 시호 文恪. 1797~1865. 工部·刑部·兵部·吏部의 尙書를 역임했으며, 詩文과 서화에도 뛰어났다. 조광은 이백형과 절친했으므로, 김영작은 이백형의 주선으로 조광의 글씨를 얻은 적이 있다(김영작, 『소정시고』 권2, 「奉和趙蓉舫尙書(光)席上見惠之作次韻」, 附 「趙蓉舫尙書原作」).

27) 자 容伯, 호 人海隱居. 1804~? 道光 때 擧人 출신으로 光祿寺少卿을 지냈으며, "咸豊·同治中 都下第一"이라 일컬어질 만큼 글씨를 잘 썼다. 정공수는 김영작과 의기투합하여 의형제를 맺기까지 했다(『燕臺瓊瓜錄』, 정공수, 「朝鮮侍郎金邵亭先生仁兄祭文」).

28) 자 張君, 호 午橋·竹山. 張安保(호 石樵, 1795~1864)의 아들로, 1859년 진사 급제 후 한림 편수·廉州知府를 지냈으며, 篆書와 篆刻에 능했다.

29) 原名 大田, 자 雲圃, 호 稼軒. 1808~1882. 擧人 출신으로 中書舍人·刑部員外郞을 지냈으며, 만년에는 崇實書院 主講이 되었다. 문집으로 『漱六山房全集』이 있다.

30) 김홍집, 『김홍집유고』, 「先考贈領議政行吏曹參判府君墓表」, 51면, 「先考贈領議政行吏曹參判府君家狀」, 98면; 『소정시고』 권2, 「寄孔繡山閣讀」; 藤塚隣, 앞의 책, 15면.

31) 이 필담 기록은 오곤전이 자신의 문집에 수록한 것과, 김영작이 정공수를 통해 입수한

표명했다. 중국과 주변 국가들이 다 같이 서양의 침투로 인한 난국에 처해 고민하고 있는 중인데, 일본은 천주교를 엄중히 배척하여 예수 그림을 짓밟지 않는 자들을 처형해버렸으므로 서양 오랑캐들의 원한이 쌓인 지 오래이며, 전년 가을에 서양 오랑캐가 침노하여 일본과 큰 전쟁이 벌어졌으나 그 승부는 잘 알지 못한다고 했다.[32)]

술이 거나해지자 김영작은 그날 이백형의 집을 재차 방문하여 그에게 보내는 편지를 전하고 온 사실을 털어놓았다. 벗 홍양후의 중개로 이백형과 교분을 맺은 이후 30여 년이나 서신으로만 우정을 나누었는데 이번 연행에서도 끝내 그를 만나지 못해 울고 싶은 심정이라고 했다. 이어서 그는 홍양후의 조부인 홍대용과 엄성의 고사를 이렇게 소개했다.

> 건륭 연간에 담헌 홍대용은 북경에 와서 항주 출신 철교(鐵橋) 엄성, 소음(篠飮) 육비, 추루(秋庫) 반정균과 사귀었는데, 추루는 나중에 급제하여 좋은 벼슬을 했으나, 엄성과 육비는 향리로 돌아가 다시는 북경에 오지 않았습니다. 담헌은 엄성과 가장 친밀하여 6, 7천리를 사이에 두고 매년 서신을 주고받았지요. 철교가 죽을 때 담헌의 편지를 배 위에 얹고 숨을 거두었다고 합니다. 그의 형과 아들이 해외에 부음을 전해, 담헌이 신주를 만들어 놓고 곡을 했으며 제문을 짓고 향촉과 편지를 봉해 몇천리나 거쳐서 전달하여, 마침내 도착한 날이 곧 대상(大祥: 2주기 제사) 저녁이었지요. 그의 형과 아들 및 대상에 참석하러 온 친척과 벗들이 몹시 신기한 일로 여겼다고 합니다. 그래서 담헌이 지은 제문을 읽고 초헌(初獻)을 했지요. 강남지방의 많은 선비들이 그 사실을 시문에다 기재했다고 합니다.[33)]

---

기록을 재편찬한 것 2종이 있다. 전자는 동문환, 『한객시존』에 소개되어 있고, 후자는 일본 天理大에 소장된 김영작의 『燕臺瓊瓜錄』에 포함되어 있다.

32) 오곤전, 「朝鮮使者金永爵筆談記」, 동문환, 『한객시존』, 264면.

33) "洪湛軒大容入燕, 與杭州嚴鐵橋誠・陸篠飮飛・潘秋庫庭筠交, 秋庫後登科淸顯, 而嚴・陸歸里, 更不入燕. 湛軒與嚴最密, 六七千里, 每歲遞信. 鐵橋之歿也, 置湛軒札於腹上而殞. 其兄及子傳訃海外, 湛軒爲位而哭, 搆祭文, 封香燭及書, 幾千里傳遞, 及到之日, 卽大祥夕也. 其兄及子與戚友之來參大祥者, 以爲神異, 遂以湛軒祭文讀而初獻. 江南士人多載之詩

이와같은 홍대용과 엄성의 우정에 얽힌 감동적인 이야기는 연암 박지원이 지은 「홍덕보 묘지명(洪德保墓誌銘)」에 상세히 기록되어 전하고 있다. 아마 김영작도 이 글을 통해 알고 있던 사실을 섭명풍 등에게 전한 것이라 짐작된다. 그날의 송별연에서 섭명풍은 김영작에게 시를 지어주고 『문선보유(文選補遺)』를 선물로 주었다.[34)]

김영작을 포함한 동지사행은 1859년 3월 20일 귀환하여 왕에게 복명(復命)했다. 정사와 서장관은 각각 구두 보고와 문견(聞見) 별단에서, 양광 총독 섭명침이 붙잡혀 가고 광동성(廣東城)이 4개월 동안 '영국 오랑캐'에게 점령당했으며, 영국 배 70여 척이 천진으로 와서 내지(內地) 개시(開市)를 요청한 데 대해 중국은 그들의 상륙을 두려워해 들어주었으나 승격림심 장군은 그에 반대하여 군비를 강화하고 있다고 전했다. 그러나 정사와 서장관은 모두 사태를 낙관적으로 보았는데, 이는 아마도 군사적 충돌의 실상을 잘 알지 못한 데다가 태평천국군 진압전에서 용맹을 떨친 승격림심 군대의 무력을 믿었던 때문인 듯하다. 수역 이상적도 내우외환에 처한 중국의 불안한 정세를 다각도로 언급한 별단을 제출했다.[35)]

그런데 앞서 언급했듯이 김영작이 귀국한 이후 중국 정세는 더욱 악화되어, 1860년 8월 말 영국·프랑스 연합군은 북경을 점령하고 함풍제는 열하로 몽진했으며, 9월에는 굴욕적인 북경조약이 체결되었다. 이러한 사정을 미처 알지 못한 상태에서 조선 정부는 연례적인 동지사행을 파견했다.

신석우는 1858년(철종 9년) 경상 감사 재직시 환정(還政)을 잘못 처리했다는 암행어사의 탄핵을 받아 잠시 유배당한 뒤 그에 대한 억울함으로 의욕을 잃고 마지못해 벼슬살이를 하던 중, 동지사행의 정사로 임명되어 1860년 10

文者."(오곤전, 「朝鮮使者金永爵筆談記」, 동문환, 『한객시존』, 264~265면)

34) 오곤전, 「朝鮮使者金永爵筆談記」, 동문환, 『한객시존』, 265~266면.

35) 『일성록』 및 『승정원일기』, 철종 10년 3월 20일; 민두기, 앞의 논문, 267면; 하정식, 앞의 논문, 204면 참조.

월 22일 출국했다. 부사는 서형순(徐衡淳), 서장관은 조운주(趙雲周)였다.[36] 신석우를 송별하며 지은 시에서 김영작은 예전에 김이도(金履度)가 북경에서 장도악(張道渥)을 만났듯이 이번 연행에서 그 외손자인 신석우가 장도악의 후손을 만나게 되리라고 기대하면서, 자신은 일찍이 신석우의 종숙부인 신재식과 두터운 교분을 맺었던 이백형을 지난번 연행에서 만나지 못한 것을 자못 아쉬워했다.[37]

신석우의 연행 경위는 그의 『입연기(入燕記)』에 비교적 소상하게 기술되어 있다. 이 『입연기』는 김창업(金昌業)의 『연행일기(燕行日記)』에서 연암의 『열하일기』를 거쳐 19세기로 이어진 연행 문학의 중요한 성과로 평가됨 직하다. 그리고 연행 당시 그가 지은 시들은 『서사시집(西槎詩集)』이나 『한사음권(韓使吟卷)』에 수습되어 있다.[38]

신석우 일행은 1860년 11월 26일 압록강을 건너 중국 땅에 들어섰다. 그 후 북경에 도착하기까지 여정의 도처에서 신석우는 선배 김창업과 박지원, 그리고 벗 홍양후와 윤육의 연행을 상기했다.[39] 이와 아울러 그는 청조의 선진문물에 대해 깊은 관심을 기울이는 한편 천하의 대세를 예의 관찰하고 그 대책을 강구하려는 북학 의식을 드러내었다. 예컨대 국경 소읍인 책문(柵門)을 지나면서 "이곳은 변경의 한모퉁이 지역이라 민가가 겨우 40, 50호이나 중국다운 규모를 이미 갖추고 있다. 대개 가옥 제도는 내 아는 바이고, 수레와 가마의 제도는 내 아는 바이고, 가축을 통어하고 키우는 법은 내 아

---

36) 『환재집』 권5, 「禮曹判書申公謚狀」, 장27앞뒤; 『일성록』, 철종 11년 10월 22일.
37) 『소정시고』 권2, 「寄贈申海藏尙書赴燕」.

張道渥(호 水屋)은 1792년 북경에서 金履度(호 松園)와 그 조카 金祖淳을 만나 교분을 맺었다. 그는 글씨와 그림에 탁월했으며, 落魄하여 狂士로 지목되던 인물이었다고 한다.
38) 『서사시집』(계명대 도서관 소장)은 신석우의 초고를 趙冕鎬가 편한 것이다. 조면호와 金綺秀가 1868년에 쓴 발문이 있다. 『한사음권』(『해장집』 권15)은 『서사시집』과 대동소이하나 淨書되어 있으며, 후미에 중국 문사 王拯 · 王軒 · 馮志沂 · 董文煥 · 沈景成(沈秉成의 오기)의 評語와 벗 윤종의의 발문이 있다.
39) 『해장집』 권16, 『입연기』, 「渡江記」, 「登寧遠城樓記」, 「榛子店記」, 「枯樹記」, 「滹沱河記」 등.

는 바이다" 운운하여, 『열하일기』를 통해 그곳 실정을 이미 숙지하고 있음을 드러내었다.[40] 그리고 중전소(中前所)에 이르러서는 중국의 성제(城制)와 비교하면서 조선의 성제를 비판했다. 산해관(山海關)과 노룡(盧龍) 등지에서도 중국의 돈대(墩臺)와 성제 등에 대해 관심을 기울였으며, 노하(潞河)에서는 조운선(漕運船)의 제도를 관찰하고 몹시 감탄했다.[41]

한편 신석우는 청조의 국력이 갈수록 쇠퇴하여 나중에 만주족은 심양(瀋陽) 방면으로 물러갈 것으로 전망하면서, 지금 청 황제가 열하로 피신한 사이에 반청(反淸) 세력이 비적(匪賊)들과 결탁하여 날뛸 것이므로 그에 대비하여 요동(遼東)과 심양의 형세를 불가불 먼저 통찰해야 한다고 했다.[42] 또한 그는 요동이 기자(箕子)의 봉토(封土)로서 조선의 옛 땅이라고 주장할 뿐 아니라, 청조가 내우외환에 처한 정세를 틈타 이를 수복하고자 하는 뜻을 비치기도 했다.[43] 이와 관련하여 신석우가 종종 강렬한 존명(尊明) 의식을 피력한 점도 주목된다. 그는 명말의 사적지(史蹟地)를 지날 적마다 명에 대한 의리를 되새기며 비분강개의 심정을 억누르지 못했다.[44]

물론 신석우는 사신 본연의 임무로서 무엇보다도 당시 중국 정세를 탐문하는 데 주력했다. 12월 1일 책문을 출발한 신석우 일행은 도중에 시헌서 재자관을 만났으며, 그를 통해 북경사변의 전말을 파악할 수 있었다. 그리고 영국·프랑스 연합군이 대부분 철수하여 천진으로 돌아갔으나 봄이 되면 다시 온다고 하며, 11월부터 백성들이 다시 북경에 모여들기 시작했다는 소식 등을 접하게 되었다.[45] 북경에서 50리 지척에 있는 통주에 도착하니, "영국

40) 『해장집』 권16, 『입연기』, 「柵門記」. "此邊徼一隅之地, 人戶纔四五十, 已具中國規模. 盖屋室之制, 余所知, 車輿之規, 余所知, 御牧之法, 余所知."; 『열하일기』, 「渡江錄」, 6월 27일조 참조.
41) 『해장집』 권16, 『입연기』, 「中前所城門記」, 「山海關記」, 「登盧龍烟墩記」, 「潞河漕船記」.
42) 『해장집』 권16, 『입연기』, 「瀋陽記」, 「灤河行宮記」.
43) 『해장집』 권16, 『입연기』, 「遼東記」; 『西槎詩集』, 「遼東行」.
44) 『해장집』 권16, 『입연기』, 「望海亭記」, 「宋家庄記」; 『서사시집』, 「山海關歌」.
45) 『해장집』 권16, 『입연기』, 「路遇曆咨記」.

오랑캐의 난 때 통주가 공격을 먼저 당했으나 이렇다 할 약탈 방화는 없었기 때문에, 시장의 가게는 예전대로이고 도망갔던 백성들도 최근 다시 모여 조금씩 시장이 열리고 있지만 아직도 문 닫은 가게가 많았다"[46]고 했다.

동지사행은 12월 24일 북경에 도착했다. 북경에 체류하는 동안 신석우는 천녕사(天寧寺)에 주둔한 장군 승보(勝保) 휘하의 군대를 관찰하고, 서산(西山)과 원명원 · 해전(海淀) 등이 불에 탄 현장을 둘러보는 한편으로,[47] 중국 인사들과 적극 사귀며 정세를 탐문했다. 이를 토대로 이듬해인 1861년 1월 14일 본국에 보낸 언문(諺文) 장계에서 신석우는, 동지사행이 열하의 행재소까지 가야 하는 의무는 면제되었고 황제는 2월에 귀경했다가 3월에 동릉(東陵)을 전알(展謁)한 뒤 열하로 되돌아간다고 하며, 북경에는 인민들이 다시 모여들면서 여항(閭巷)과 시장이 예전대로 평온하다고 보고했다.[48] 또한 비변사에 보낸 편지에서는, 서양 오랑캐가 북경 천주당에 주둔해 있고 염비(捻匪) 등 비적들이 사방에서 날뛰는데도 북경의 민심이 차분한 것은 가위 대국의 풍도(風度)라고 칭찬했다. 그리고 서양 오랑캐가 상점을 세우면서 민가를 점유하는 것이 늑탈이나 다름없다는 풍설, 승보가 북경을 방위하고 증국번(曾國藩)이 휘주(徽州)를 지키며 공친왕(恭親王) 등이 황성을 지키고 있다는 경보(京報)의 내용 등을 보고했다.[49]

북경 체류 중에 신석우는 중국 인사들과 적극적으로 교유하고자 했다. 북경에 도착한 직후인 경신년(庚申年) 섣달 그믐날(양력 1861년 2월 9일) 그는 작고한 이백형의 댁을 찾아가 조문했다. 상중에 있던 그의 장남 이문원(李文源)과 나눈 필담에서 신석우는 종숙부인 신재식과 이백형의 두터웠던 우정

46) "及英夷之亂, 通州先被其鋒, 特無搶掠焚燒. 故市廛依舊, 逃散之民, 近始還集, 稍稍開市, 尙多閉舖者."(『해장집』 권16, 『입연기』, 「通州夜市記」)

47) 『해장집』 권15, 『입연기』 上, 『韓使吟卷』, 「訪天寧寺 觀勝保留陳」, 「西山圓明園海淀被洋夷燒燼 往見感題」, 「與本國廟堂書」.

48) 『해장집』 권16, 『입연기』, 「諺狀」.

49) 『해장집』 권15, 「與本國廟堂書」. 이 글이 『稗林』, 『철종기사』 9, 철종 12년 2월조에는 「留燕正使申錫愚抵人書」로 수록되어 있다.

을 회고하고, 아울러 김영작이 사신으로 북경에 왔다가 이백형을 만나지 못하고 돌아간 안타까운 사연을 이야기했다.[50)]

그날 이백형의 댁에 조문하고 돌아오던 길에 신석우는 유리창(琉璃廠)의 문화당(文華堂)이란 서점에서 한림 편수 심병성(沈秉成)과 교분을 튼 후 여러 차례 재회하여 우의를 다졌다.[51)] 북경을 떠나기 직전 심병성에게 보낸 편지에서 신석우는 자신의 외조부 김이도가 장도악을 만났고 홍대용이 엄성·반정균·육비를, 연암이 윤가전(尹嘉銓)·왕민호(王民皥)를 만났으며 홍양호(洪良浩)가 기윤(紀昀)을, 박제가가 이조원(李調元)을, 김정희가 옹방강(翁方綱)을 만났던 사례를 들면서, 이제 자신과의 만남으로 인해 심병성의 이름도 이러한 중국 명사들과 마찬가지로 조선의 선비들에게 널리 알려질 것이라고 호언했다.[52)]

신석우는 심병성을 통해 그의 동년(同年)인 동문환(董文渙)[53)]과도 교분을 맺게 되었다. 북경에 도착한 이듬해 1월 중순 신석우는 심병성이 자신을 비롯한 조선의 사신들을 위해 그의 서재인 팔영루(八咏樓)에 마련한 주연에서 동문환과 왕헌(王軒)을 처음 만나 시를 창화(唱和)했다.[54)] 그 이후 신석우는

---

50) 『해장집』 권15, 『입연기』 상, 「與李郎中文源疏」, 권16, 『입연기』, 「祭李雨帆伯衡文」, 「李郎中心傳家弔慰」.

51) 『해장집』 권15, 『입연기』 상, 「次沈翰林秉成韻」, 「與沈翰林秉成書」; 권16, 『입연기』, 「沈謝證交」.

심병성(자 玉材·仲復, 호 耦園, 1823~1895)은 진사 급제 후 한림 편수·侍講·侍讀을 거쳐 지방관으로 나가 선정을 폈으며, 벼슬이 廣西巡撫·安徽巡撫·兩江總督에 이르렀다. 그는 금석 서화를 애호하여 古器와 고서를 많이 수장했으며, 만년의 안휘 순무 시절에는 經古書院을 창설하여 고증학풍의 진작에도 힘썼다.

52) 『서사시집』, 「書與沈仲復」.

53) 자 堯章·世章, 호 硯秋(研秋)·硯樵(研樵). 1833~1877. 진사 급제 후 한림 檢討 등을 거쳐 외직으로 나가 甘肅省의 甘凉兵備道·鞏秦階兵備道 등을 지냈으며, 저서로 『硯樵山房詩集』『硯樵山房文存』 등이 있다.

54) 李豫, 「董硯樵先生年譜長編」, 董壽平·李豫 主編, 『淸季洪洞董氏日記六種』, 北京圖書館出版社 1996, 제6책, 33~34면.

왕헌(자 霞擧, 호 顧齋·固齋, 1823~1887)은 진사 급제 후 兵部主事로서 북경에 머물

동문환과 지속적으로 만나고 서신을 주고받았으며, 그를 통해 여러 명사들을 알게 되었다.

1월 23일 신석우는 동문환의 서재인 연추재(硏秋齋)에서 열린 연회에 참석하여 동린(董麟)[55] · 왕증(王拯),[56] · 풍지기(馮志沂)[57] · 허종형(許宗衡)[58] · 황운혹(黃雲鵠)[59]과도 교분을 맺었다.[60] 그날 연추재의 연회에서 창화한 시에서 신석우는 "학문이 해박하기로는 완원(阮元)의 『황청경해(皇淸經解)』요/국사(國事)를 근심하기로는 위원의 『해국도지』로다"라고 하여, 완원과 위원을 존숭하는 동문환과 그 동인들의 고증학풍과 경세(經世) 의식을 예찬했다.

그러나 한편으로 신석우는 기독교 대책에 관한 그들의 발언을 문제시하고

---

며 孔憲彝 · 祁寯藻 등 당대의 名士 宿儒와 교제했으며, 宏運書院 · 晉陽書院 등의 主講을 지냈다. 詩文이 奇崛하여 一家를 이루었을 뿐 아니라 고증학에도 힘써 특히 文字學과 數學에 밝았다. 저서로 『耨經廬詩集』『顧齋詩錄』 등이 있다.

당시 동문환과 신석우 · 서형순 · 조운주 · 왕헌 등이 주고받은 시들이 『한객시존』, 138~144면에 소개되어 있다. 『해장집』 권15, 『한사음권』 중의 「次沈翰林秉成韻」도 그때 지은 시이다.

55) 자 祥甫, 호 雲舫. 1830~1881. 동문환의 형으로 당시 刑部郎中이었다. 1875년 開封知府를 지낸 뒤 향리로 은퇴했으며, 金石書畵의 수집과 감상에 뛰어났다.

56) 原名 錫振, 자 定甫, 호 少鶴 · 瀹齋 · 龍壁山人. 1815~1876. 진사 급제 후 戶部郎中 · 代理寺少卿 · 太常寺卿 · 通政使를 지냈으며, 梅曾亮을 師事하고 古文을 연마했다. 古文뿐 아니라 시와 詞에도 뛰어났다. 저서로 『成有瀹齋文鈔』『龍壁山房詩文集』『茂陵秋雨詞』 등이 있다.

57) 자 魯川 · 述仲, 호 微尙齋 · 適適齋. 1814~1867. 道光 때 진사 급제 후 刑部主事 · 兵部郎中을 거쳐, 廬州知府 · 徽寧池太廣道 등 지방관을 轉轉하며 선정에 힘썼다. 桐城派의 대가 梅曾亮을 사사하여 그의 高第弟子로 일컬어졌으며, 저서로 『微尙齋詩文集』『適適齋文集』이 있다.

58) 자 海秋, 호 慕魯. 1811~1869. 진사 급제 후 起居注主事를 지냈으며, 古文辭의 창작에 힘썼다. 저서로 『玉井山館文略』이 있다.

59) 자 翔雲 · 緗芸 · 祥人, 호 驤雲. 1818~1897. 진사 급제 후 刑部主事 · 兵部郎中 · 馬館監督을 거쳐 雅州知府 · 成都知府 · 建南道署鹽茶道 · 四川按察事로서 선정을 폈으며, 致仕後 錘山書院 · 江漢書院의 主講을 지냈다. 저서로 『實其文齋全集』이 있다.

60) 李豫, 「董硯樵先生年譜長編」, 董壽平 · 李豫 主編, 앞의 책, 35~36면.

당시 신석우 · 서형순 · 조운주와 동문환 · 왕증 · 풍지기 · 허종형 · 황운혹 · 왕헌 · 동린 등이 창화한 시들이 『한객시존』, 144~152면에 소개되어 있다.

비판했다. 즉 좌중의 중국 인사들은 서양 선교사들이 기독교를 포교하면서 유교를 비방하지 않고 존중하는 태도를 취한 점을 긍정적으로 보면서, 이를 근거로 장차 유교가 구라파까지 전파되어 서양인들을 감화시킬 것이라 낙관하는 발언들을 했다. 이에 대해 신석우는 "그 말이 비록 일리가 있지만/ 실로 나의 뜻과는 어긋난다"고 하면서, "선왕(先王)이 오랑캐를 막는 방책은/ 덕위(德威)로써 두렵게 만드는 것이었거늘/ 그들을 기미(羈縻)하고자 조약을 들어주고/ 그들이 윤리 도덕으로 향하기를 바라나/ 복종과 배반을 제멋대로 하고/ 악과 결탁하며 이익을 취한다/ 소국은 대국에 의존하나니/ 이를 생각하면 더욱 걱정되네/ (…) / 과부는 길쌈질만 걱정해야 하는 법/ 제후국의 신하가 어찌 감히 의론하리오만/ 사교(邪敎)를 물리치고 정학(正學)을 지키는 일/ 어찌 군자의 사업이 아니리까?"라고 강경한 척사론을 피력했던 것이다.[61]

또한 그날의 연회에서 신석우는 풍지기가 저명한 동성파(桐城派) 작가인 매증량(梅曾亮, 자 伯言)의 제자라는 사실을 알고는, 과거 매증량과 김매순의 문학적 교분을 이야기했다. 즉 "우리나라 대산(臺山) 김매순은 자신의 저술을 백언(伯言) 선생에게 보내 질정을 구했는데, 선생이 보고  나서 탄복하기를 '이 글은 노소(老蘇: 蘇洵)로부터 득력(得力)한 것이다'라고 하면서, 이 말을 문권(文卷)에 써서 돌려주었습니다. 대산은 젊은 시절에 과연 노소의 문장을 공부했으므로, 이러한 제평(題評)을 얻고는 지기를 만났다고 기뻐했지요"라고 했다. 그리고 김매순의 수제자이자 자신의 벗인 김상현에게 풍지기

61) "學賅芸臺編(註: 阮元有經解), 憂殷默深誌(註: 魏源, 字默深, 著海國圖志)." "斯語縱有理, 實爲乖余志. 先王禦夷策, 德威俾懷惴. 羈彼聽約款, 望渠趨倫懿. 從違任疇幻, 蟠否與伸利. 小國依大邦, 念此增憂悸. (…) 室嫠秪自恤, 家臣寧致議? 闢邪衛正學, 豈非君子事?" (『해장집』 권15, 『입연기』 상, 『韓使吟卷』, 「研秋齋文燕 以海內存知己天涯若比鄰 分韻」) 이 시는 『한객시존』에도 「琴泉得比字」라는 제목으로 실려 있다(145면). 인용문 중 "室嫠秪自恤, 家臣寧致議"는 『左傳』 召公 24년조에서 子大叔이 "老夫其國家不能恤, 敢及王室? 抑人亦有言曰, 嫠不恤其緯, 而憂宗周之隕, 爲將及焉" 운운한 대목에 출처를 둔 표현이다.

의 기(記)와 매증량의 문집을 증정하여 "양문(兩門)의 인연을 이어갈 수 있기를" 희망했다.[62]

이미 살펴보았듯이 1839년 동지사의 서장관으로 북경에 간 이정리(李正履)는 이듬해 초 매증량을 만난 자리에서 김매순의 문집을 보이고 글을 청했다. 이에 매증량은 그중 두 편의 글에 대해 평어를 써주었는데, 김매순의 「독삼자설 유증생(讀三子說贈兪生)」을 평한 「대산논문서후(臺山論文書後)」라는 글에서 그는 김매순의 문장을 소순의 문장에 비기어 칭찬했던 것이다. 또한 바로 그해 김매순이 타계하자 매증량은 추도시를 지어 보내기까지 했다.[63] 신석우는 김상현과 절친한 사이로 저간의 경위를 잘 알고 있었으므로, 풍지기에게 그와같은 요청을 했던 것이다. 신석우가 북경을 떠날 때 풍지기는 자신이 지은 기(記)와 매증량의 문집인 『백견산방집(柏梘山房集)』을 김상현에게 전해주도록 당부하면서, 자신에게는 『백견산방집』의 여분이 없어서 그와 마찬가지로 매증량의 제자인 왕증에게서 이를 구해 드리노라고 했다.[64]

신석우는 김영작이 지난번 사행에서 교분을 맺은 정공수와도 만났다.[65] 1861년 1월 초 처음 그와 만났을 때 신석우는 "동국 인사들은 당신의 글씨 한 자라도 얻으면 몹시도 귀중히 여기며" 자신도 오래전부터 만나고 싶던 차, 김영작의 소개로 찾게 되었다고 밝혔다. 정공수가 전당(錢塘) 출신이라고 자신을 소개를 하자, 신석우는 절강(浙江)의 선현(先賢)인 장도악과 엄성·반정균을 아는지 묻고, 특히 장도악의 집안과는 선세(先世)의 우의가 있어 꼭 방문하고 싶다고 했다. 이에 정공수는, 반정균의 따님은 자가 허백노인

62) "吾東金臺山邁淳, 以所著述, 送質於伯言先生. 先生覽而歎賞曰, 此文從老蘇得力, 仍以此語題卷還之. 臺山少時果用工於老蘇, 故得此題評, 喜得賞音." "可續兩門之緣."(『해장집』 권9, 「與王少鶴拯書」)

63) 본서, 251~254면 참조.

64) 『해장집』 권9, 「與王少鶴拯書」; 『환재집』 권10, 「與王少鶴拯」, 장14뒤.

65) 『해장집』 권15, 『입연기』 상, 「與程少卿恭壽書」, 「答程少卿書」.

(虛白老人)이고 『부즐음(不櫛吟)』이라는 시집이 있으며, 반정균의 증손들은 모두 출중한 인물이나 항주가 태평천국군에게 점령되어 어디로 떠나갔는지 알 수 없다고 했다. 그리고 엄성의 후예는 쇠미해졌으며, 장도악에 대해서는 잘 모르겠다고 답했다.[66)]

또한 신석우는 정공수에게 함풍제의 북경 귀환 시기, 열하 몽진의 내막, 태평천국군 및 염비를 비롯한 비적들의 활동과 그 대책 등 시국에 관해서도 잇달아 질문했다. 그리고 『월비기략(粵匪紀略)』과 같이 비적이나 서양 오랑캐의 소동에 대한 실록들이 있는지 묻고 나서, 위원의 『해국도지』에 관해 다음과 같이 필담을 나누었다.

— 『해국도지』는 위원의 저술이다. 위공(魏公)은 현재 어디에 거주하고 있는가? 『해국도지』에도 속본(續本)이 있다는데 과연 그런가? 위공을 만나 뵙고 교분을 맺을 수 있을지?

— 『해국도지』는 임문충공(林文忠公)(原註: 諱는 則徐, 호는 少穆으로, 나의 스승이다)의 원본(原本)에 의거한 것이다. 위원은 자가 묵심(默深)인데, 문충공의 인정을 받아 이를 편집하여 책으로 만들었다. 문충공이 오늘날 살아 있다면 월비(粵匪: 태평천국군)도 광서(廣西) 일대를 벗어나지 못하고 일찌감치 소탕되었을 것이다. 묵심은 주목(州牧)으로 벼슬살이를 마쳤으며 만년에 몹시 고생했다. 항주의 절에서 죽었는데 염도 하지 못했다. 몇몇 문인 학사들이 사후의 일을 논의했다. 함풍 7년(1857)경의 일이다.

— 위공이 돌아가셨다니! 요행히도 장자(長者)를 뵈옵고 임공(林公)의 일을 듣게 되어 몹시 기쁘다. 임공의 행장(行狀)과 위공의 다른 글들을 얻어 한번 읽어볼 수 있는가?

— 임공의 행장이 북경에는 아직 보이지 않는다. 그 아들인 한림(翰林) 경범(鏡帆: 林汝舟의 자—인용자)이 인정에 이끌려 군대에 투신해서 미처 북경에 들어오지 못했기 때문이다. 지금은 경범도 고인이 되었다. 위묵심에게는 『성무기(聖武記)』라는 또 하나의 저술이 있는데, 오로지 본조(本朝)의

66) 『해장집』 권16, 『입연기』, 「程少卿委訪」. "東國人士, 得公片字隻言, 不啻若拱璧."

무공(武功)을 기록한 것으로, 이 역시 문충공에게 원본이 있던 것이다.[67)]

『해국도지』는 1844년 초간본(50권)이 나온 이후, 60권으로 증보한 재간본이 1849년에 간행되었으며 1852년에는 총 100권으로 대폭 확충된 중간본이 나왔다. 신석우는 국내에 있을 때 그에 관한 풍문을 접하고, 이번 사행에서 『해국도지』의 증보판을 구득하고자 했던 듯하다. 이와 아울러 그 저자인 위원을 직접 만나고 싶어한 사실로 미루어, 신석우 역시 박규수와 마찬가지로 일찍이 『해국도지』 초간본을 읽고 깊은 감명을 받았음을 짐작할 수 있다.

정공수는 자신이 제1차 아편전쟁기에 양광 총독으로 활약한 임칙서의 문생임을 밝히면서, 『해국도지』가 당시 임칙서의 명으로 편역(編譯)된 『사주지(四洲志)』에 크게 의거한 사실을 강조했다. 그리고 1857년 위원이 제2차 아편전쟁으로 더욱 어수선해진 시국에 불우하게 죽은 사실을 전하고, 그의 또다른 대표적 저술로 『성무기』를 소개했다. 『성무기』(14권)는 1842년 초간 이후 1844년 및 1846년 두 차례에 걸쳐 수정본이 간행되었는데, 제1차 아편전쟁 패전의 경험을 바탕으로 청조가 당면한 경제·군사·외교상의 문제 해결을 위한 방안을 제시하는 한편 서양인의 과학기술을 배우자는 '사이장기(師夷長技)'를 역설한 점에서 『해국도지』와 서로 통하는 저술이었다.[68)]

그 뒤 신석우는 정공수의 자택으로 초대받아 재차 필담을 나눌 수 있었다. 이에 감사하여 그 다음날 보낸 편지에서 그는 정공수에게 박규수를 소개했다. 즉 "저의 벗 박규수는 자가 환경(桓卿)인데, 박학다식하여 동배들이 추

67) "海國圖志, 魏源所著. 魏公現住何所? 圖志亦有續本云. 果然否? 魏公, 可得拜晤托交否? 海國圖志係林文忠公(諱, 則徐, 號, 少穆, 吾師也)原本. 魏源, 字默深, 爲文忠所賞識, 卽令編輯成書. 文忠而在今日, 粤匪亦不能出廣西境, 早就掃除矣. 默深, 以州牧終, 晩境甚苦. 卒杭州僧舍, 無以爲殮. 有文人學士爲謀後事焉. 事約在咸豊七年. 魏公已矣! 幸拜長者, 得聞林公事, 甚幸. 林公行狀及魏公他文字, 可得一讀否? 林公行狀, 京中未見, 以其子鏡帆翰林, 套情從軍, 未得入京也. 鏡帆亦作古人矣. 魏默深, 尙有聖武記一書, 專紀本朝武功, 亦原本於文忠者."(『해장집』 권16, 『입연기』, 「程少卿委訪」)

68) 李漢武, 『魏源傳』, 長沙: 湖南大學出版社 1988, 86~94면 참조.

숭하는 바이며, 김영작의 벗이기도 합니다. 일찍이 스스로 지세의(地勢儀)를 제작하고 이어서 그 명(銘)을 지었습니다. 저의 벗 윤종의는 자가 사연(士淵)으로 저서에 『벽위신편(闢衛新編)』이 있는데, 환경이 여기에 평어를 붙였습니다. 이제 이 두 글을 합하여 한 책으로 만들어 저의 행낭에 부쳐 보내었기에 삼가 이를 바칩니다"라고 하면서, 「지세의명 병서」와 「벽위신편 평어」를 정공수에게 증정했다.[69]

『입연기』에는 북경에서 출발하여 귀환하기까지의 여정을 서술한 「복로장(復路狀)」의 제목만 남아 있으나, 『서사시집』이나 『한사음권』의 시들을 통해 신석우 일행의 귀환 경위를 알 수 있다. 1861년 2월 6일 북경을 출발한 동지사행은 2월 26일 난니보(爛泥堡)에서 한양을 떠나 북경으로 향하던 열하 문안사행과 만나게 된다.

## 3. 열하 문안사행의 경위

### 1) 우인들의 송별 시문

철종 11년 12월 10일(양력 1861년 1월 20일) 열하 문안사행의 부사로 임명된 박규수는 철종 12년 1월 18일(양력 1861년 2월 27일) 드디어 숙원이던 연행에 나서게 되었다. 장도에 오르는 그를 위해 가까운 우인들이 송별 시문을 지어주었다.

서유영은 칠언 48구의 장편 고시에서, 우선 "내 일찍이 『열하일기』 읽기를 좋아했나니/ 우리나라의 기발한 문장으로 이보다 나은 것 없네/ 민정(民

---

69) "弊友朴珪壽, 字桓卿, 博學淹識, 爲等輩所推, 亦卲亭之友也. 嘗自製地勢儀, 仍著其銘. 弊友尹宗儀, 字士淵, 著有闢衛新編, 桓卿就加評語. 今將二文, 合書一頁, 付送行橐, 故謹此呈上."(『해장집』 권15, 『입연기』 상, 「與程少卿書」)

情)이며 성곽과 산천을/ 종횡무진으로 그림처럼 그려내었지/ 당시의 대가로 유독 추존되었는데/ 그대는 연암 옹의 뒤를 이은 손자라/ 재주는 육예(六藝)에 통달하여 경국제민(經國濟民)의 뜻을 품었고/ 학식은 삼교(三敎)에까지 넓혀 경전을 깊이 연구했었지/ 그 뒤로 여유있게 고위 관직에 올랐나니/ 기린이 숲에 있고 봉황이 오동나무에 깃들듯이"라고 노래했다. 박규수가 『열하일기』를 남긴 연암의 손자임을 무엇보다 먼저 강조한 것이다. 그리고 조선 사신이 열하에 가기는 청 건륭(乾隆) 때 연암이 포함된 사행이 처음이었음을 언급한 뒤에, 지금의 중국 정세에 대해 "어찌 알았으랴, 서양 오랑캐의 선박이 바다를 건너와/ 대낮에 북경을 불태워 재로 만들 줄!/ 팔기병(八旗兵)이 패하여 황제가 파천(播遷)하니/ 친왕(親王)이 남아서 지키며 성문을 열지 않네/ 교외에 연기 자욱하고 포탄이 다투어 떨어지니/ 나그네들 길 막히고 비적(匪賊)들 날로 설치네"라고 했다. 서유영은 국내에 막 전해진 북경사변 소식을 비교적 소상히 알고 있었던 듯하다.[70)]

이어서 그는 "이런 와중에 달려가 위문함은 사람들이 어렵게 여기는 바인데/ 그대만은 개연(慨然)히 길을 나설 뜻이 있었네/ 관새(關塞)가 험하다 한들 왕령(王靈)이 보호할 터이고/ 더군다나 연암 옹이 예전에 다녀간 길 아니던가!/ 노정은 산해관을 나서기까지 두루 기술했고/ 필담은 혹정(鵠亭: 王民皥의 호—인용자)을 만난 대목이 가장 상세했지"라고 하였다. 즉 박규수가 남들이 위험하다고 꺼리는 열하 문안사행을 용감하게 자원한 것을 예찬하는 한편 연암을 뒤이어 손자인 그가 열하로 떠나게 된 기이한 인연을 다시 한번 강조하면서, 『열하일기』에 수록된 「관내정사(關內程史)」 「혹정필담(鵠汀筆談)」 등을 참조하여 무사히 다녀올 것을 기원한 것이다. 또한 서유영은 "알겠노라, 귀로에 기행편(紀行篇)을 지어/ 양대(兩代)의 문장이 아름다운

70) "我嘗喜讀熱河記, 左海奇文無出此. 民物城郭與山川, 摹寫錯綜如畵裡. 當時大家獨推尊, 燕翁淵源君其孫. 才通六藝抱經濟, 識博三教窮典墳. 爾來平步上雲衢, 如麟在椰鳳棲梧. (…) 豈料番舶駕海來, 白晝神京燒作灰! 八旗摧殘帝播越, 親王留守城不開. 郊墟烟漲礮爭墜, 行旅路梗賊日熾."(서유영, 『雲皐詩選』, 「送桓齋副行人赴熱河咸豊帝奔問之行」).

짝을 이룰 터임을"이라 하여, 박규수가 조부의 『열하일기』에 필적할 만한 뛰어난 기행문을 남길 것을 기대했다.[71]

신필영도 오언 50구의 장편 송별시를 지어주었다. 이 시의 서두에서 그 역시 "우리나라의 기발한 문장은/ 연암에서 비롯되었나니/ 『열하일기』 한 책은/ 장안의 종이 값을 치솟게 했지/ 확실한 고증 풍부하고/ 찬란한 문장 아름다웠네"라고 하여 연암과 『열하일기』를 극찬한 다음, 박규수가 그의 손자로서 가학을 훌륭히 이어가고 있다고 했다. 그리고 연암에 이어 박규수가 조선 사신으로서는 희귀하게도 열하로 가게 된 사실을 말하고 어지러운 중국의 정세에 유의하여 사신의 임무를 잘 수행할 것을 기대했다.[72]

조면호도 박규수에게 송별시로 칠언절구 3수를 지어주었다. 그중 제2수에서 그는 "독서도 많이 하고 예법도 잘 아니/ 남들이 어렵게 여기는 바를 어렵게 여기지 않네/ 우리나라에 이런 인물이 있어 중국에서 중히 여기리니/ 어지러운 전란을 뚫고 무사히 귀국하리라"고 하여, 어려운 사신의 임무를 자원한 박규수가 이를 훌륭히 수행하고 돌아올 것을 낙관했다. 그리고 제3수에서는 "그대의 집안엔 본래 『열하일기』가 있나니/ 그 탁월한 문장을 이제 빼어난 자손에게서도 보게 되노라"라고 하여, 연암을 계승한 박규수의 문학적 재능을 예찬했다.[73]

---

71) "此中奔問人所難, 君獨慨然登途意. 關塞縱險仗王靈, 況復燕翁舊此經! 槎程歷叙出燕關, 筆談最詳逢鵠亭. (…) 歸路知有紀行篇, 兩世文章應匹美."(서유영, 위의 시)

서장관 申轍求에게 준 송별시에서도 서유영은 연암과 『열하일기』를 예찬하면서, "副使의 빼어난 문장은 집안의 유전이라/ 이번 사행에 그와 동행함이 어찌 우연이랴?/ 도중에 시를 주고받으면 서로 피로를 잊을 터/ 귀로의 수레엔 응당 紀行詩篇이 가득하리라(副价文藻即家傳, 此行與同豈偶然? 途中酬唱兩忘倦, 歸車應滿紀行編)"고 노래했다(서유영, 『雲皐詩選』, 「送三行人申眉南學士赴熱河」).

72) "東國有奇文, 蓋自燕巖始. 一部熱河記, 頓貴長安紙. 鑿鑿考据贍, 爛爛文章美."(申弼永, 『玉坡集』 권2, 「寄副使朴桓卿承旨珪壽」, 『平山申氏文集』 제8집, 平山申氏大宗中 1994, 767면; 김윤조, 「실학파문학의 계승양상에 관한 연구」, 『대동한문학』 8, 대동한문학회 1996, 246~247면 참조).

73) "讀書斯好方知好, 人所爲難是不難. 東國有人重天下, 滿目烟塵使節還." "公家自有熱河

박규수의 문인인 김윤식(金允植, 호 雲養, 1835~1922)은 증서(贈序)를 지어 바쳤다. 김윤식은 어려서 고아가 되어 숙모 박씨의 손에서 컸는데, 박씨는 박규수의 백부인 박종의의 딸로, 박종의가 별세하자 청은군(淸恩君) 김익정(金益鼎)에게 시집가기까지 박종채의 집에서 박규수 형제와 함께 자란 사이였다. 이러한 연고로 김윤식은 16세 이후 박규수를 종유하여 그의 문하생이 되었다.[74]

김윤식의 증서는 비단 사제지간인 측근 인사의 글일 뿐 아니라 진지하게 시국 대책을 논한 3400여 자의 장문이라는 점에서 주목할 만하다.[75] 이 글에서 김윤식은 열하 문안사 파견의 의의로 다섯 가지를 들었다. 첫째, 조선은 청과 지난 200여 년 동안 사대관계를 맺고 우호적으로 지내왔으므로, 지금 국난을 맞은 청에 대해 사대의 의리를 끝까지 지켜야 한다는 것이다. 둘째, 조선은 청과 순치(脣齒)의 관계에 있어 청이 불행해지면 조선도 무사할 수 없으므로, 극히 유동적인 중국의 현정세에 관심을 기울여야 한다는 것이다. 셋째, 서양 오랑캐는 다음 차례로 조선을 침략할 터이므로,[76] 그 대비책

記, 文采于今見鳳毛."(趙冕鎬, 『玉垂集』 권7, 「奉贐朴禮東大夫熱河使役」)

동지 부사 김영작과 함께 수역으로서 중국을 다녀온 이상적도 열하 문안사행의 수역 李閏益(호 兼山)에게 준 송별시에서 연암의 열하 여행과 『열하일기』를 거론하고, 註에서 문안 부사 박규수가 연암의 손자임을 밝혀두었다(이상적, 『恩誦堂續集』 권8, 「送兼山熱河之行」).

74) 『雲養集』 권5, 「聞朴瓛齋尙書遊岱之報愴然有作」, 장22앞, 「十哀詩」, 장22뒤, 권13, 「叔母贈貞夫人潘南朴氏家狀」, 장6앞뒤 참조. 김윤식이 먼저 兪莘煥을 사사하다가 유신환의 사후 박규수의 문하에 나아간 것으로 보는 설도 있으나, 『운양집』 중 김윤식의 문인 李斌承이 쓴 「雲養先生略傳」에서 "열여섯 살 때 환재 박공 규수와 봉서 유공 신환을 종유했다(十六, 從瓛齋朴公珪壽·鳳棲兪公莘煥兩先生遊)"고 밝혔으며, 『환재집』의 서문에서 김윤식 자신도 "允植은 일찍부터 선생의 문하에서 노닐었다(允植蚤遊先生之門)"(권1, 장3앞)고 했다.

75) 이 글은 原田環, 『朝鮮の開國と近代化』, 廣島: 溪水社 1997, 98~99면; 손형부, 『박규수의 개화사상 연구』, 일조각 1997, 100~107면 등에서 검토된 바 있다. 단 여기에 피력된 김윤식의 견해가 당연히 박규수의 견해와 일치할 것으로 전제한 위에서, 이를 당시 박규수의 對外認識을 말해주는 자료인 양 구사한 것은 문제가 있다고 본다.

으로 그들의 '습속(習俗)'과 '지기(志氣)'와 군율 및 통치술 등을 탐지해두어야 한다는 것이다. 넷째, 청이 일시 위기에 빠진 이때 조선이 사대 의리를 변치 않는다면, 청이 이를 극복하고 난 뒤 그들로부터 더욱 외교적 우대를 받게 될 것이며 유사시 군사력을 빌릴 수도 있으리라는 것이다. 다섯째, "중화 문물로써 오랑캐 습속을 변혁하여 천명을 지닐 수 있었던" 청이 후대에 이르러 존망의 위기에 처하게 된 원인을 탐지하여 타산지석으로 삼아야 한다는 것이다.[77)]

요컨대 김윤식은 중국의 현정세와 서양의 실정을 탐지하는 한편 청과의 기존 사대관계를 유지·강화함으로써, 서양의 조선 침략에 대비해야 한다고 보았다. 그런데 이와같이 청을 중국의 정통 왕조로 인정하고 청과의 사대관계에 기대어 대외 분쟁을 해결하고자 하는 것은 그동안 조선 정부가 취해온 외교 노선이기도 했다. 특히 1832년 영국 상선 로드 암허스트호가 교역을 요구한 이래 조선 정부는 서양의 침투를 막기 위한 방편으로, 청과의 사대관계를 더욱더 내세우면서 이를 보호막으로 활용하고자 했다.[78)] 따라서 증서에 나타난 대청(對淸) 인식을 김윤식의 독자적인 견해로 보기는 어렵지만, 이는 훗날 그가 개화파 관료로서 친청(親淸) 노선을 지향하게 될 것을 예견케 한다고 하겠다.

또한 증서에서 김윤식은, 박규수가 사신으로 발탁된 이유를 열거하면서 그중 하나로, 그가 다른 나라의 실정을 잘 탐지할 수 있는 인물이라는 점을 들었다. "예전에 공(公)의 조부 연암 선생은 선비 몸으로 상국(上國)을 유람한 적이 있는데, 청 세종(世宗)이 라마교 승려를 높이 받드는 것을 보고 그가 티베트의 강함을 두려워하여 겉으로는 흠모하는 체하지만 속으로는 인질

---

76) 김윤식은 "물로써 집을 삼으며 불로써 용(用)을 삼으니, 이는 실로 천하의 강병이다(以水爲家, 以火爲用, 此誠天下之强兵)"라고 하여, 항해술이 뛰어나고 강력한 화포를 가진 서양의 군사력을 정확히 인식하고 있었다(『雲養續集』 권2, 「奉送瓛齋先生赴熱河序」, 장4뒤).
77) 『雲養續集』 권2, 「奉送瓛齋先生赴熱河序」, 장3뒤~5뒤. "淸人用夏變夷, 能有天命."
78) 민두기, 「19세기 후반 조선왕조의 대외 위기의식」, 『동방학지』 52, 1986, 271면 참조.

로 잡아두었음을 알았다. 신하들이 허겁지겁 뜻을 따르는 것을 보고 군도(君道)가 날로 횡포해짐을 알았으며, 이국(異國)의 괴문서를 보고는 그것이 서반(序班)의 손에서 나온 것을 알았고, 거름흙과 기왓조각을 보고는 중국 문물의 규모가 거대함을 알았으니, 이것야말로 이웃 나라를 잘 엿본 이가 아니겠는가?" 그런데 오직 박규수만이 가학을 통해 이러한 연암의 교훈을 계승할 수 있었으므로, 사행의 적임자라는 것이다.[79)]

그리고 이 증서에 첨부한 별도의 글에서 김윤식은 자신의 척사론을 개진했다. 여기에서 그는 우선, 청이 비록 중국의 의관제도를 바꾸었으나 유교를 숭상하고 실천한 점에서는 한(漢)·당(唐)에 못지않으므로 오늘날까지 중국의 선비들이 복종했던 것이라 보았다. 그런데 "저 태서(泰西)의 종교"는 유교의 인륜도덕과는 단절하여 따로 종교를 세웠으니, 기독교가 횡행하면 중화문명과 유교가 막대한 피해를 입고 "인류가 절멸하고 말 터"라고 우려했다.[80)] 만주족의 중국 통치에 대해서는 중화문명의 계승자라는 점을 들어 긍정한 반면, 기독교의 중국 침투에 대해서는 문명의 파괴와 인류의 일대 위기로까지 부정적으로 본 것이다.

다음으로, 김윤식은 서양 오랑캐가 북경사변을 일으킨 의도는 기독교 포교에 있지 영토 점령에 있지 않다고 보는 설을 비판했다. 즉 그들이 북경조약을 맺고 군대를 즉시 철수한 것은 중국과의 승산 없는 지구전을 피하기 위한 부득이한 조치로서, 여유를 과시하고 중국의 인심을 사려는 짓에 불과하다는 것이다. 또한 그는, 서양 오랑캐가 침략한 것은 토지가 척박하고 식량이 부족한 탓에 감행한 호구지책(糊口之策)이며 포교는 그 구실일 뿐이라

79) "昔公之大父燕巖先生, 嘗以布衣遊觀上國, 淸世宗之崇奉胡僧, 知其畏西番之强, 陽慕而陰質也. 見其臣下顚倒承順, 知君道之日亢也. 見異國詭書, 知其出序班之手也. 見糞壤瓦礫, 知其規模之宏大也. 此非所謂善覘鄰國者乎?"(김윤식, 앞의 글, 장6뒤) 여기에 거론된 『열하일기』의 내용에 대해서는 김명호, 『열하일기 연구』, 84면, 87～89면, 96～97면 참조. 淸의 하급 관리인 序班들이 異國詭書를 날조하기도 한 사실은 『열하일기』, 「口外異聞」, '羅約國書'에 기록되어 있다(박영철 편, 『연암집』 권14, 장78앞～79뒤).

80) 김윤식, 위의 글, 장7뒤～8앞. "彼泰西之教" "此道若行, 人之類當滅絶矣."

보는 설도 일축했다. 이것은 서양 오랑캐에게는 영토적 야욕이 전혀 없으며 그들을 선도하면 자기네 종교를 불신하고 침략을 부끄러워하리라고 믿는 순진한 생각이라는 것이다. 이와 아울러 김윤식은, 중국과 조선에서는 유교의 교화가 철저히 행해져 기독교가 행세하기 어려울뿐더러, 만약 "진정한 군주" 즉 한족(漢族) 천자가 출현한다면 이를 축출하고 말 것이라 낙관했다. 다만 두려운 것은, 북경조약 이후 서양 오랑캐가 중국에 뿌리를 내리고 그 종교로 우민들을 현혹함으로써 장차 후환이 되지 않을까 하는 점이라고 했다.[81]

이와같은 인식 위에서 김윤식은 조선의 천주교 대책에 관해 일가견을 피력했다. 우선 그는 처형만을 능사로 한 종래의 대책으로는 천주교 전파를 근절할 수 없다고 비판했다. 천주교도는 주로 벼슬길이 막힌 선비나 농사를 지어도 남는 것이 없는 농민들로서 궁핍을 면하고자 천주교를 믿게 된 것이므로, 과거제도와 토지제도의 개선 등과 같이 가난한 선비와 농민을 보호·육성하는 정책을 실시하는 것이 근본적인 대책이라는 것이다. 또한 김윤식은 서학서를 무조건 보지 못하게 하는 금서(禁書) 정책에 대해서도 비판했다. 이는 백성들에게 무턱대고 천주교를 배척하라고 강요하는 것이요 호기심을 자극할 뿐이므로, 서학서를 국내에 널리 간행하여 "도리에 밝은 선비"로 하여금 천주교 교리의 문제점을 철저히 비판하도록 해야 한다고 주장했다.[82] 이와 함께 그는 서양인들이 천주교도와 내통하여 조선의 실정을 환히 알고 있는 것을 몹시 우려하면서, 천주교도를 대상으로 몇 가지 법적 차별 조치를 시행함으로써 개종을 유도하도록 제안했다.[83]

81) 위의 글, 장8앞~10앞. "如有眞主起, 則此其爲驅除矣."
82) 이는 일찍이 박규수가 「벽위신편 평어」의 제12칙에서 천주교 대책으로 서학서의 漢譯과 그 교리 비판서의 간행을 제안한 것과 상통하는 주장이라 할 수 있다. 또한 여기에서 말하는 '도리에 밝은 선비(明理識道之士)'란 성리학에 통달한 학자를 가리킨다. 박규수의 척숙인 이정관은 윤종의의 『벽위신편』에 대한 서문에서 성리학을 통해 '道'와 '性'과 '理'를 투철히 인식하는 것이 천주교에 대처하는 가장 근본적인 방책이라고 주장한 바 있다(본서, 277~278면, 285면 참조).

이상과 같이 김윤식은 북경사변의 충격적인 소식에 접하는 한편 스승인 박규수의 열하 문안사행에 즈음하여, 중국 정세와 천주교 문제에 관한 자신의 소견을 토로했다. 이는 그를 포함한 당시의 식자층이 제2차 아편전쟁 이후 서양의 침략을 한층 더 심각하게 우려하고 그 대비책을 진지하게 모색하기 시작했음을 말해주는 것이다. 그러나 영국·프랑스 연합군의 북경 철수를 군사력의 열세에 기인한 것으로 해석한 데에서도 엿볼 수 있듯이, 김윤식은 청이 여전히 막강한 군사력을 지니고 있으며 당면한 위기를 곧 극복할 것으로 믿었다. 또한 그는 서양이 국내의 천주교도와 결탁하여 침략할 가능성을 경계하면서도, 중화문명과 유교의 힘으로 서양의 종교적 침투를 막을 수 있을 것이라 낙관했다. 따라서 처형 위주, 금서 위주의 천주교 대책을 비판하고 적극적인 교화정책을 펼 것을 주장하면서, "이제 저 사교를 금하고자 한다면, 어찌하여 먼저 우리의 유교를 세워서 이를 높이고 밝히기를 생각하지 않는가?"라는 말로 증서를 끝맺고 있다.[84] 이러한 김윤식의 견해가 당시 박규수의 견해와 얼마나 일치하는지는 따로 검토되어야 하겠지만, 그의 증서는 송별할 때 주고받는 의례적인 글이 아니라 치열한 문제의식과 그 나름의 경륜을 담고 있는 만큼, 연행을 앞둔 박규수에게 중요한 참고가 되었으리라 본다.

### 2) 연행에 임한 박규수의 자세

출국을 십여 일 앞둔 1월 6일 박규수는 가까운 벗들과 전별연을 가졌다. 이 자리에서 지은 칠언 56구의 장편 고시 「신유년 1월에 장차 출국하면서 여러 벗들에게 작별을 고하다(辛酉孟春 將出疆 留別諸公)」를 보면, 열하 문안사행에 임하는 그의 자세가 잘 드러나 있다. 이 시에서 박규수는 제2차 아

83) 김윤식, 앞의 글, 장10앞~12앞.
84) 위의 글, 장12앞. "今欲禁彼邪教, 曷不思先立我教而崇明之也?"

편전쟁기의 중국 정세를 대단한 위기 상황으로 보았다.

승냥이와 범이 날뛰고 고래들이 출몰하며　　豺虎縱橫鯨鯢出
풍진은 쉴새없이 바다와 대륙을 휩쓴다　　風塵澒洞陸海遍
병마가 굳센들 어찌 믿을 수 있으랴?　　兵馬强壯豈足恃
기강이 온통 상실되었음을 여기에서 보겠노라　　綱紀一失此可見
더구나 서역 오랑캐 상인들의 교묘한 설은　　況復西域賈胡說
사람과 하늘을 속이도록 선동하는구나　　矯誣人天來相煽
모두들 우리 유교가 액운에 들었다고 말하는데　　皆言斯文厄陽九
도탄에 빠진 천하를 누가 구원할 수 있으랴?　　天下胥溺誰能援[85)]

이와같이 그는 당시 중국이 내우외환에 시달리게 된 것은 무엇보다도 조정의 기강이 상실된 데다가 서양인들이 교역을 구실로 기독교 전파에 힘쓴 때문이라 보았다. 그 결과 중국을 중심으로 한 유교문명권이 일대 위기에 봉착한 것으로 진단했다. 그러나, 이어서 박규수는 서양의 침략에 직면한 중화문명의 장래를 낙관적으로 전망했다.

오호라 성인이 어찌 우리를 속이시리?　　嗚呼聖人豈欺我
벗이여 애태우며 걱정하지 말게나　　請君且莫憂思煎
육경은 중천에 뜬 해와 달 같으니　　六經中天如日月
음이 다하고 양이 회복되느라 일선을 다투고 있네　　窮陰復陽爭一線
왕년에 불교가 중국을 해쳐　　當年佛敎賊中國
눈깜짝할 새 모조리 짐승처럼 되었건만　　盡化禽獸卽轉眄
남조(南朝)의 사백 개나 되던 절들 어디에 있나?　　南朝四百寺安在
요즘 사람들은 면생(麵牲) 바치던 것을 비웃네　　而今人笑犧代麵
더러운 찌꺼기가 크게 맑아지는 것도 잠시라　　滓穢太淸亦暫爾
떨어지는 싸라기눈같이 해 비치면 사라질 것을　　如彼集霰消見晛[86)]

85) 『환재집』 권3, 장13뒤.

여기에서 그는 현재의 위기를 동짓날에 비유했다. 음기가 극에 달하는 동짓날이 지나면 해가 다시 길어지듯이, 성인의 말씀을 담은 육경이 건재하는 한 서양의 종교적 침투로 빚어진 오늘날의 위기는 일시적인 것일 뿐 장차 극복되고 말리라는 것이다. 또한 그는 중국에서 남북조(南北朝) 시대에 그토록 성행했던 불교가 쇠퇴하고 만 사실을 들어, 기독교도 그와같은 운명을 면치 못하리라고 보았다.

나아가 박규수는 이러한 낙관적 전망의 근거로서, 서양인들이 말라카와 싱가포르에 각각 영화서원(英華書院)과 견하서원(堅夏書院)을 세우고 『논어』와 『효경(孝經)』 등 유교 경전들을 수입·번역하고 있는 사실을 든다.

| | |
|---|---|
| 듣자하니 말라카와 싱가포르에 | 傳聞馬六新嘉坡 |
| 서원이 있어 문자를 번역한다는데 | 繙繹文字有書院 |
| 마치 『논어』나 『효경』의 문장을 | 頗似論語孝經文 |
| 가나(假名)로 일본어 적듯이 한다네 | 伊呂波寫日本諺 |
| 책 상자들을 바다로 실어 나르는데 | 縹籤緗帙走海航 |
| 그 양을 계산하면 해마다 수만 권이라네 | 歲課動計書萬卷 |
| 이단이 유교를 표절함은 예부터 있던 법 | 異端剽竊古來有 |
| 제멋대로 꾸미고 잘난 체 뽐내게 두라 | 任他文飾恣誇眩 |
| 오랜 세월 뒤에 특출한 인물 나온다면 | 久後生出魁傑人 |
| 사지에 집착한 것 뒤늦게 깨닫고 부끄러워하리니 | 慚愧晚覺私智穿 |
| 이 세계 어느 곳의 인류이든지 | 環瀛匝地血氣倫 |

86) 『환재집』 권3, 장13뒤~14앞.

'일선을 다툰다'는 것은 고대 중국의 궁중에서 해 그림자를 붉은 실로 측정했는데 동짓날 이후가 되면 해 그림자가 실낱만큼 길어진다는 뜻이다. '남조의 사백 개나 되는 절들'은 杜牧의 「江南春絶句」에 "南朝四百八十寺, 多少樓臺烟雨中"이란 시구를 전고로 삼은 것이다. 불교를 숭상했던 梁 武帝는 살생을 피한다는 구실로 종묘 제사에도 희생 대신 밀가루로 소나 양처럼 만든 '면생'을 바쳤다고 한다.

귀순하여 같은 문자 쓴다면 오랑캐도 중화로 변하리　　歸我同文夷一變[87)]

중국 해외의 선교 기지에서 서양 개신교 선교사들이 유교 경전을 수입하여 영어로 번역한 사실은 『해국도지』에 소개되어 있다.[88)] 박규수는 이러한 번역 작업의 목적이 유교를 표절한 더욱 교묘한 교리를 개발하는 데 있다고 보았다. 그러나 그는 이를 통해 서양인들이 유교에 오래 접하다 보면, 도리어 그에 감화되어 기독교의 한계를 깨닫는 출중한 인물이 언젠가 나오리라고 믿었다. 그리고 서양인들일지라도 유교에 귀의하고 한자(漢字)를 공용한다면 중화문명의 일원으로 될 수 있다고 하여, 동서교섭의 결과 세계의 모든 인류가 중화문명 속에서 하나가 되는 미래를 그려보였다. 이는 그가 1840년대 말 「벽위신편 평어」에서 표명했던 낙관적 전망을 여전히 견지하고 있음을 보여주는 것이다.

끝으로, 이 시에서 박규수는 사행을 앞둔 자신의 심경을 다음과 같이 노래했다.

서생이 어찌 시무(時務)를 알았으랴만　　書生豈曾識時務
오늘 영광스럽게도 사신으로 선발되었네　　此日榮被專對選
백단산과 유수가 어디인지 알고 있나니　　白檀濡水知何處
사막 구름과 변방 수풀 속의 행궁을 찾아보리　　漠雲塞艸問行殿[89)]

앞서 살펴본 바와 같이 박규수는 은둔 시절 이후 '냉철한 눈으로 시무를 살피며(冷眼看時務)' 서세동점에 대처하기 위한 경세책을 모색해왔다. 그럼에도 불구하고 이 시에서 그는 자신을 시무를 알지 못하는 한갓 서생으로

87) 『환재집』 권3, 장14앞.
88) 『논어』는 1809년 영국 선교사 마시먼(J. Marshman)이 처음 번역했고, 『효경』은 미국 선교사 브리지먼이 『中國叢報(*The Chinese Repository*)』에 번역·소개했다(熊月之, 『西學東漸與晩淸社會』, 上海人民出版社 1994, 99면).
89) 『환재집』 권3, 장14앞.

겸손히 표현하면서, 남들이 기피하는 열하 문안사로 뽑힌 것을 오히려 영광스럽다며 기뻐했다. 그리고 열하 서쪽의 백단산(白檀山)과 난하(灤河)라고도 불리는 유수(濡水) 등 열하 일대의 지리에 대한 자신의 지식을 은근히 드러내면서, 고비 사막의 구름과 새외(塞外)의 수풀 속에 자리잡은 열하의 행궁 피서산장(避暑山莊)을 찾아가겠노라는 결의를 다지고 있다.

1월 18일 드디어 열하 문안사가 한양을 떠나 4천리의 장도에 올랐다. 하직 인사를 올릴 때 왕은 북경보다 더 먼 열하까지 가야 하는 사신들의 어려움을 걱정하면서 무사히 다녀오기를 당부했다. 정사 조휘림(趙徽林)과 마찬가지로, 박규수는 이번 사행의 임무가 중대한데 자신이 이를 제대로 수행할 수 있을지 근심된다고 답했다.[90)]

2월 2일 평안도 순안(順安)에서 숙천(肅川)을 향하던 도중 아우 박선수에게 부친 편지에서 박규수는 "내일은 안주(安州)에 당도할 터이니, 백상루(百祥樓)에 올라 북해공(北海公: 趙鍾永—인용자)을 그리워하리라"고 하였다. 수학시절 박규수의 뛰어난 자질을 알아보고 지도편달을 아끼지 않았던 선배 조종영이 1810년 안주 목사로 부임했었기 때문이었다.[91)] 또한 그는 "연도에서 유랑민들을 보았는데, 젖먹이를 안고 상자를 지고 가는 이들이 매우 많았다. 매번 수레 안에서 남몰래 흐르는 눈물을 참는 수밖에 무슨 도리가 있겠는가!"라고 통탄했다.[92)] 박규수의 첫 저작인 『상고도 회문의례』를 보면, 당

90) 『일성록』, 철종 12년 1월 18일.

91) 본서, 38~39면 참조.

92) "明當到安州, 登百祥樓, 懷北海公也." "沿道流民, 抱孺負簏而行者甚多. 每於車中, 暗自摧潸, 奈何奈何!"(『환재집』 권8, 「與溫卿」(10), 장9뒤~10앞)

고종 3년(1866) 2월 평안 감사에 임명되자 이를 사양하며 올린 상소에서, 박규수는 자신이 용강 현령으로 재임할 적에 평안도의 還政이 엉망이어서 백성들이 고통받고 있음을 견문한 바 있는데, 그로부터 10여 년이 지난 熱河 問安使行 때 "대동강을 건너 의주에 이르렀더니 천리에 걸쳐 베 짜는 소리가 들리지 않고 밥 짓는 연기가 보이지 않는 것이 예전에 견문한 바보다 배나 더하였으니, 아마 홍수와 가뭄으로 인한 고통이 그렇게 만든 것 같다"고 했다(『승정원일기』, 고종 3년 2월 7일).

시 민중의 비참한 생활상을 여실하게 묘사한 안설(按說)들을 볼 수 있으며 이를 통해 그가 이미 약관시절부터 민중들의 고통스러운 삶에 대해 깊은 관심과 연민을 지녔음을 알 수 있다.[93] 이 편지는 그러한 그의 애민적(愛民的) 자세가 사환기에도 변치 않고 있음을 보여준다.

2월 4일 아우에게 보낸 편지에서는 "나는 어제 안릉(安陵: 안주—인용자)에 도착했다. 무엇보다 먼저 백상루에 올라 조공(趙公)의 기적비(紀蹟碑)를 어루만졌다. 서쪽으로 천리를 오는 동안 쓸쓸하니 더불어 말할 상대가 없는데 고갯마루의 이 돌 하나가 사람의 마음을 뜨겁게 할 따름이다"라고 감회를 토로했다. 그리고 수십 년 전 안주 목사로 부임한 조종영이 '홍경래 난'의 진압에 혁혁한 공을 세운 사실을 지금은 아무도 기억하는 이가 없음을 몹시 애석해하였다.[94]

2월 9일 용천(龍川)에 도착한 뒤 아우에게 보낸 편지에서 박규수는 내일 의주에 도착할 예정임을 알리면서, "듣자하니 서울이 공연스레 시끄러우며 유언비어가 돈다는데, 과연 그런지 모르겠다. 절대로 흔들리지 않는 게 좋겠다"[95]라고 충고했다. 북경사변의 여파로 여전히 서울의 민심이 동요하고 있음을 알 수 있다. 또한 그 별지(別紙)에서는 조부 연암이 연행 당시 마두(馬頭)로 고용한 곽산(郭山) 사람 장복(張福)의 후손을 찾았음을 알리고 있다.

> 곽산에 도착하자 장복의 후손을 수소문하여 만났다고 들었는데, 우매한 백성으로 장명복(張命福)의 후손이라 일컬으며 그 할아비가 연행에 나설 때 '장복'이란 이름으로 행세했다고 한다. 나는 이를 의심하다가, 그 당시 수역이 홍명복(洪命福)이었음을 불현듯 깨달았다. 그자들이 감히 이름을 같이 쓸 수 없는 까닭에 마침내 '장복'으로 행세하게 된 것이다. 후손이 또 한 사

---

93) 본서, 176~180면 참조.

94) "吾昨到安陵, 先上百祥樓, 撫趙公紀蹟碑, 西來千里, 兀兀無與語, 峴首片石, 攪人熱腸而已."(『환재집』 권8, 「與溫卿」(11), 장10앞)

95) "傳聞洛下空然騷訛, 未知果然否. 愼勿動心, 可也."(辛酉 2월 9일자 편지, 경기문화재단 소장)

> 람 있는데, 이번에 역시 마두로 차출되고자 서울까지 갔다가 헛걸음하고 왔다고 한다. 일찍 알아가지고 한 자리를 마련해주지 못한 것이 한스럽다. 이제 바야흐로 신경을 써주려 하지만 과연 뜻대로 될른지 모르겠다.[96)]

1780년 연행 당시 마두 장복과 고락을 함께했던 연암은 『열하일기』에서도 그의 미욱하고 어릿광대 같은 모습을 해학적이고 애정 어린 필치로 그려놓았다.[97)] 이와같은 선대의 인연을 소중하게 여긴 박규수는 곽산에 이르자 장복의 후손을 수소문했던 것이다. 또한 이 편지를 보면, 당시 수역이 홍명복이었음을 기억하고 있을 정도로 박규수가 『열하일기』를 숙독했던 사실을 알 수 있다.

2월 14일 아우에게 보낸 편지에서 박규수는 의주에 도착한 후 통군정(統軍亭)에 올라 편액(扁額)에 쓰인 정몽주(鄭夢周)의 시를 감상한 소감을 전하고 나서, "일행 중 집안 편지를 받아본 사람마다 서울이 유언비어로 술렁인다고 떠든다. 그런데 자네는 이를 한 마디도 언급하지 않으니 내가 멀리서 우려할까봐 그런 것인가? 그렇다면 이 또한 가소로운 일이다"라고 호기있게 말했다. 당시 한양에서는 북경사변 소식으로 동요된 민심이 아직도 진정되지 않은 듯하다. 이어서 그는 18일에 압록강을 건널 예정이라고 알리면서, "장복의 후손 한 사람을 찾아 만났는데 장차 데리고 가게 되어 기쁘다"고 했다.[98)]

압록강 도강을 앞두고 벗 윤종의에게 보낸 편지에서 박규수는 다음과 같이 중국 땅에 처음으로 들어서는 심경을 피력했다.

---

96) "傳聞到郭山, 搜訪張福之孫得之, 愚氓也, 稱以張命福之孫, 而乃祖赴燕, 名字以張福行世云. 吾疑之矣, 翻然覺得, 其時首譯, 洪命福也. 渠輩不敢同名, 故遂以張福行世也. 又有一孫, 今番亦圖差, 到京空還云. 恨不早知而差一窠也. 今方又留意, 而未知果如意否也."(위의 편지)

97) 김명호, 『열하일기 연구』, 70면, 174면, 213~215면, 237~239면 참조.

98) "行中人人得其家書, 盛言京裏騷訛, 而君則一不之及, 爲吾遠費憂慮故歟? 又可笑也." "張福之孫一人搜得, 方將率去, 可喜也."(『환재집』 권8, 「與溫卿」(12), 장10뒤~11앞)

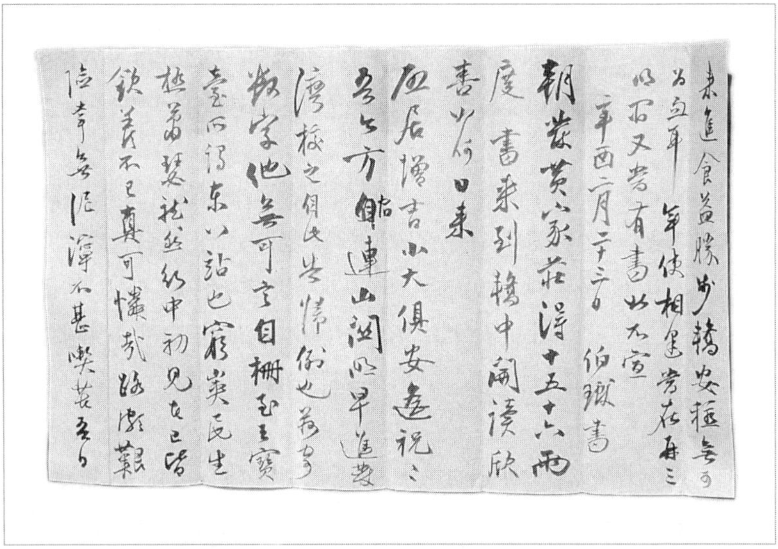

박선수에게 보낸 박규수의 간찰. 신유년(1861) 2월 23일자.

열하 사신이 오늘 압록강을 건넙니다. 가국(家國)을 떠나는 그리움이 어찌 없을 수 있겠소? 형제와 벗들을 내가 더 그리워하는지, 그대가 더 그리워하는지 모르겠구려. 강 너머의 산들은 시야가 시원스레 트인 것이, 국내에서 보았던 것과는 다름을 하마 깨닫습니다. 이로부터 마음과 안목이 날로 새로워질 터이니, 이것으로써 유쾌함을 삼으려 하오.[99)]

2월 19일 아우에게 보낸 편지에서 박규수는, 조선인들이 온정평(溫井坪)이라 부르는 탕지자(湯池子)에서 간밤에 천막을 치고 노숙했으며, 이날 정오에는 국경 도읍인 책문(柵門)에 당도할 예정임을 알리고 있다.[100)] 2월 23일

99) "熱河行人, 今日渡江. 去家國之戀, 那能無之? 兄弟友朋, 我懷君思, 未知孰多孰少. 江外羣山, 眼界壯闊, 已覺非域中曾見. 從此心目日新, 以是爲快."(『환재집』 권9, 「與尹士淵」(3), 장2뒤~3앞) 당시 윤종의는 모친상으로 廬幕을 지키고 있었다.

100) 辛酉 2월 19일자 편지(경기문화재단 소장).

황가장(黃家莊)을 출발하여 연산관(連山關)에서 숙박하며 보낸 편지에서는 앞으로 2, 3일 후면 "연사(年使)" 즉 신석우가 인솔하는 동지사행과 만날 것으로 예상하면서, 그 편에 다시 편지를 보내겠다고 했다.[101)]

2월 26일 난니보에서 열하 문안사행은 동지사행과 상봉했다. 그때 신석우는 박규수에게 "북경에 머물며 교유하던 즐거움"을 이야기하고,[102)] 아울러 북경에서 사귄 정공수·심병성 등에게 박규수를 소개하는 편지를 써주었다.

그중 정공수에게 보내는 소개 편지에서 신석우는 "일행이 중도에서 본국 별사(別使)의 행차를 만났는데, 사신 세 사람은 모두 당대의 최고 인물로서 선발되었으며, 부사 박규수는 곧 지난번에 증정한 「지세의명」을 지은 사람입니다. 저와 소정(卲亭: 김영작)의 절친한 벗이지요. 반드시 방문하여 집사(執事: 정공수)를 뵙고자 청할 것이니, 역시 꼭 반갑게 맞아주시리라 믿습니다. 겨우 그 저술을 보았을 뿐인데 바로 그 사람을 곧 만나게 되다니, 우연한 일이 아닙니다. 제가 장차 필담하며 주선하는 자리에 참석하지 못하는 것이 한스럽습니다"라고 했다.[103)] 정공수가 박규수의 「지세의명」을 읽었다면 틀림없이 그의 학식을 높이 평가했으리라는 점을 염두에 두고 쓴 편지였다.

심병성에게 보내는 편지에서도 신석우는 "부사 박규수는 저의 동창우(同窓友)입니다. 인품이 고결하고 학식이 풍부하며, 문장이 전중(典重)하고 식견이 투명할뿐더러, 시사(詩詞: 시어)와 글씨에 이르기까지 모두 조예를 갖춘 동국의 준재(雋才)입니다. 사행의 여가에 반드시 교유를 청할 터이니, 만나주시면 틀림없이 서로 유익할 것이며, 또한 저의 얼굴을 다시 본 듯할 것입니다"라고 적극 소개했다.[104)]

---

101) 辛酉 2월 23일자 편지(경기문화재단 소장).

102) 『환재집』 권5, 「禮曹判書申公諡狀」, 장29뒤. "爲說燕邸交游之樂."

103) "行到中途, 遇本國別使之行, 三人俱極一代之選, 而副行人朴珪壽, 卽向所呈地勢儀銘著述人也. 弟及卲亭之切友也. 必當造門, 請見執事, 亦必倒屣相迎矣. 才見所著, 旋遇其人, 事非偶然. 恨不致身於毫墨周旋之間."(신석우, 『해장집』 권15, 「又(與程少卿書)」)

104) "其副行人朴珪壽, 卽弟之同窓友也. 其品雅潔, 其學贍博, 其文典重, 其識明透, 以至詩詞筆墨, 俱詣其妙, 東國之雋材也. 使事之暇, 必當請交, 幸賜延晤, 必有相益, 亦如更見弟

난니보에서 서로 헤어질 때 신석우는 박규수에게 송별시를 지어주었다. 이 시에서 그는 "여기 중국에서 한 사람은 돌아오고 한 사람은 떠나가다/ 계주(薊州) 땅, 요동 하늘 아래 잠시 머물렀네/ 낡은 집에서 촛불 돋우며 실컷 이야기 나누었더니/ 만리장성 향한 사역(使役)에 백발 되어 나섰구나/ 문장을 논하는 선비들 반남 박씨의 명망을 알아주는데/ 조부의 뒤를 이어 고북구(古北口)를 유람하겠네/ 한공(韓公: 송나라 명신 韓琦—인용자)을 향해 애석하다 한탄하지 말라/ 군자가 어려움에 대처하는 법을 이로써 알겠구나"라고 하였다.[105] 젊은 시절부터 청나라의 선진문물에 관해 서로 담론하며 연행을 꿈꾸던 두 사람이 쉰 살이 넘은 나이에야 비로소 그 꿈을 성취하여 중국 대륙에서 상봉하게 된 감회를 노래한 것이다.

### 3) 북경에서의 정세 탐문과 고적 답사

3월 16일 열하 문안사는 북경에 도착했다. 그에 앞서 조선 정부가 문안사를 파견했다는 보고에 접한 청 함풍제는 2월 25일 건강상 이유로 사신을 접견할 수 없으니 열하의 행재소까지 오는 것을 면제한다는 칙유를 내렸다. 북경 도착 후 조선 사행은 두 차례 언문 장계를 보내, 북경 귀환을 가을로 연기한다는 함풍제의 칙유와 조선 사신의 열하 예방(禮訪)을 면제한다는 칙유를 조정에 보고했다. 그런데 북경사변으로 인해 청의 행정 기강이 무너져 열하로 상주(上奏)하는 데 열흘씩이나 걸리는 지경이었으므로, 조선 사행은 북경에 도착한 지 한 달여가 지난 4월 22일에야 겨우 표자문(表咨文)을 바칠 수 있었으며, 숙소인 옥하관(玉河館)에 50여 일간이나 장기 체류하게 되

面."(『해장집』 권15, 「又(與沈翰林秉成書)」(2))

105) "一來一去此中州, 薊地遼天爲暫別. 老屋髣談青剪燭, 長城使役白紛頭. 論文士識潘南望, 繩武人成古北遊. 休向韓公歎可惜, 由知君子處艱憂."(『해장집』 권15, 『韓使吟卷』, 「爛泥堡午逢別使贈別」)

었다. 그사이 일행은 폐허로 변한 원명원·창춘원(暢春園) 등을 둘러보고 황성에 주둔한 장군 승보(勝保) 휘하의 부대를 관찰하는 등 정세를 탐문하는 한편, 명승 고적을 관광하거나 중국 인사들과 교유하는 등으로 시간을 보냈던 듯하다.[106)]

그해 4월경 북경에서 박규수는 당시 중국의 정세에 대한 보고 편지를 비변사로 보냈다.[107)] 이 편지에서 그는 우선 청의 극심한 민란에 관해 보고하였다. 각 성(省)에서 비적들이 창궐하고 있으나 승격림심·증국번 같은 명장들도 대적하기 힘들어하며, 그중 특히 석달개(石達開)가 이끄는 '월비(粵匪)' 즉 태평천국군과 장낙행(張樂行)의 잔당인 '염비(捻匪)가 "심복지환(心腹之患)"이라고 했다.

다음으로, 박규수는 북경의 서양인과 기독교에 관해 보고했다.

> 서양 오랑캐는 그 의도가 토지에 있지 않으며, 통상(通商)과 포교에 전력할 따름이다. 북경에 들어온 후 친왕(親王)의 궁전을 점거한다거나 주민의 집을 산다거나 하여, 사는 집을 넓히는 것이 마치 영구히 안주할 계책인 것 같다. 식구를 거느리고 가구를 운반하여 오는 자들이 날마다 줄을 잇고 있

106) 『일성록』, 철종 12년 6월 19일, 정사 조휘림의 보고; 『淸史稿』 권20, 「文宗本紀」, 11년 辛酉 2월조; 李裕元, 『嘉梧藁略』 권11, 「熱河使免詣行在回咨」; 鄭元容, 『袖香編』 권6, 「熱河使自京復路」; 『환재집』 권9, 「與南子明」(1), 장24뒤, 「與南子明」(2), 장26앞, 권10, 「與薛淮生春黎」, 장15앞.

1874년 왕을 알현한 자리에서 박규수는 "신이 신유년에 북경에 갔을 때 그들의 군사제도를 본 적이 있습니다. 그때에 황제는 열하에 있고 장군 승보가 황성에 주둔하고 있었는데 군영과 보루의 제도를 보니 과연 잘 정돈되어 있었습니다. 군사들이 다 힘센 사람들은 아니었겠으나 굳세고 날렵한 청년들이었습니다"라고 당시를 회고했다(『승정원일기』, 고종 11년 4월 5일).

107) 『龍湖閒錄』 제12책에 수록된 「別使先來便錄紙」(『환재총서』, 제5책, 재수록)와 『稗林』 『철종기사』 9, 철종 12년 6월조에 실린 「熱河副使朴珪壽抵人書」 2종이 전한다. 후자는 내용이 일부 생략된 축약본이다. 신석우의 「與本國廟堂書」(『해장집』 권15)가 『패림』, 『철종기사』 9, 철종 12년 2월조에 「留燕正使申錫愚抵人書」로 수록되어 있는 점으로 보아, 「別使先來便錄紙」 역시 박규수가 비변사로 보낸 편지로 판단된다.

다. 그러나 우선은 침탈로 인한 소요를 일으키는 폐단은 없다. 그러므로 북경 시민들이 처음에는 자못 의심하고 겁먹다가, 한참 지나서는 점차 익숙해지고 안심하면서, 그들을 심상하게 대하며 서로 물건을 사고판다. 다만 그들이 제 뜻대로 방자하게 굴어도 아무도 뭐라 하지 못한다. 실로 후환이 어느 지경에 이를지 모르겠다. 소위 양교(洋敎)는 비록 교관(敎館)을 세우고 해금(解禁)이 되었어도 호응하는 자가 없다. 오직 건달 무뢰배 중에서 남녀의 구별이 없음을 즐기고 재물을 대주는 것을 탐하여, 몰래 학습하는 자가 간혹 있을 뿐이라고 한다.[108)]

이와같이 박규수는 우선 영국을 비롯한 서양의 국가들이 중국의 영토보다는 통상과 포교에 관심이 있다는 점을 지적한 후, 약탈을 하지 않으므로 북경 시민들이 안도하고 있음을 보고했다. 단 북경조약의 결과 서양인들이 북경에 자리잡기 시작하고 치외법권을 누리고 있는 점이 장차 우려된다고 하였다. 그리고 포교가 허용되었어도 기독교의 중국내 전파가 극히 부진한 실정임을 전했다.

그는 청의 내정에 관해서도 분석·보고했다. 신임받는 중신으로 공친왕과 계량(桂良) 외 승격림심·증국번·승보 등이 있으나 간신들이 실권을 쥐고 그들을 모함하고 있으며, 관직 임명에 뇌물이 횡행하여 조정의 기강이 해이되었다. 게다가 군대는 군량이 부족하여 사기가 떨어지고 백성에 대한 탐학을 일삼으니, "그 형세를 보건대 조석(朝夕)을 보전하지 못할 듯하다"는 것이다. 그러나 "겉모습을 보면 평안하여 아무런 소요가 없는 듯하다. 여관이 폐절(廢絶)되지 않고 시장도 전과 다름없으니, 역시 대국의 풍모를 보겠다"고 했다.[109)] 청조의 장래를 매우 비관적으로 진단하면서도, 외견상으로는 중

---

108) "洋夷, 其志不在土地, 專主通其商行其教而已. 入都之後, 或占親王之宮, 或買居民之舍, 廣其居室, 計若永奠. 有挈眷屬輸傢伙而來者, 逐日相續. 然姑無侵擾之弊, 故都民初頗疑惕, 久漸狃安, 視之尋常, 互相賣買. 但恣行其志, 莫敢誰何. 後慮誠不知至於何境. 所謂洋教, 雖設館而除禁, 無應之者, 而惟遊手無賴輩, 樂其男女無別, 貪其財利互資, 或有暗習者云."(『환재총서』, 제5책, 「熱河副使時抵人書」, 618~619면)

국의 민심이 안정되어 있음을 강조한 점이 주목된다.

이와 아울러 박규수는 함풍제의 병환이 위중한 사실과 후일 동치제(同治帝)로 등극하게 되는 어린 황장자(皇長子)의 근황을 보고했다. 그리고 함풍제가 조선의 문안사행을 가상하게 여겨, 응상종인(應賞從人: 施賞 대상인 수행원)들 외에도 무상종인(無賞從人: 施賞 대상이 아닌 수행원) 146명에게까지 은 4냥씩 특별 상금을 내렸으니 "이는 근년에 없던 바이다"라고 낭보를 전했다.[110] 그밖에 박규수는 함풍제의 칙유를 인용하여, 열하 부근 조양현(朝陽縣)의 비적 일당이 소탕되고 승보가 산동 일대의 염비 토벌에 나섰으며 안남국(安南國)의 조공이 면제된 사실 등을 알렸다.

북경사변으로 인한 청의 행정 마비로, 문안사행의 귀국도 차질을 빚어 매우 지체되었다. 하지만 관광을 하는 데는 편의를 얻은 셈이었다.[111] 3월 28일 박규수는 심병성과 동문환의 초대로 북경 자인사(慈仁寺) 내의 고염무(顧炎武) 사당을 참배한 뒤 시주(詩酒)의 모임을 가졌다.[112] 선무문(宣武門) 밖에 있는 자인사는 '보국사(報國寺)'라고도 하는데, 요(遼)나라 때 창건되었으며 청 건륭 19년(1754년)에 중수되었다. 명·청 시대에 자인사는 거대한 규모를 자랑하는 북경의 이름난 절이자 책 시장이 열리던 곳으로, 학인(學人)들을 비롯한 유람객으로 항상 붐비던 "선림(禪林) 중의 일대 도회"였다.[113]

109) "顧其時勢, 則若不保朝夕, 觀其外樣, 則晏然無騷撓, 旅店無絶, 市廠如前, 亦可見大國之風."(위의 책, 619~620면)

110) 위의 책, 621면. "此是近年所無也."

111) 1873년 경연에서 박규수는 신유년에 자신이 열하 문안사행을 다녀왔다고 하면서, 왕이 "그때에는 洋擾를 당했는데 어떻게 출입·왕래할 수 있었는가?"라고 묻자 "그때에는 중국이 이미 서양인과 조약을 맺어 교역을 허락했으니, 그들이 각각 관사를 점거하고 있어 침략할 우려가 없었으므로 우리나라 사람들이 거리를 나다녀도 거리낄 바가 없었습니다"라고 답했다(『승정원일기』, 고종 10년 5월 18일).

112) 이때 지은 동문환·왕헌·왕증의 시가 『한객시존』, 170면, 171면, 185면에 소개되어 있다.

113) 劉侗, 『帝京景物略』 권3, 「報國寺」; 『열하일기』, 「盎葉記」, '報國寺'조; 孫殿起, 『琉璃廠小志』, 北京出版社 1962, 250~270면 참조.

자인사(보국사).

청초인 강희(康熙) 7년(1668) 북경에 온 고염무가 이 절에 머문 적이 있었다. 이에 고염무를 흠모하는 후학 하소기(何紹基)·장목(張穆)·주기(朱琦) 등이 주동이 되어 도광(道光) 23년(1843) 자인사 경내에 그의 사당을 건립했으며 이듬해부터 춘추로 제사를 올렸다.[114] 그후 고염무 사당은 장목과 절

---

당시 박규수는 동문환에게 그의 조부 연암이 자인사에 놀러 와 毘盧閣에 올랐던 옛일을 이야기했다고 한다. 비로각은 자인사 뒤에 있는 36층 누각인데 그 위에 오르면 西山과 盧溝橋가 내려다보였다고 한다(동문환, 「三月二十八日 與沈仲復同年 置酒慈仁寺 邀同少鶴緗雲 霞擧 幷朝鮮朴瓛齋侍郎 展祭顧祠 分賦」, 『한객시존』, 171면, (註) "朴君言, 大父曾於乾隆四十五年遊此, 坐毘盧閣."; 中野江漢, 『北京繁昌記』, 東京; 東方書店 1993, 315~316면).

친했던 김정희와 이상적 등 북경에 온 조선의 문사들도 즐겨 찾는 명승이 되었다고 한다. 1849년 장목이 타계하자 고염무 사당에 배사(陪祀)되었으므로, 박규수는 그곳에서 만난 중국 인사들과 함께 장목의 신위도 참배했다.[115]

4월 18일 동문환이 박규수와 정사 조휘림, 서장관 신철구를 초대하여 송별연을 베풀어주었으므로, 그 뒤 박규수는 답례로 자인사 부근의 송균암(松筠庵)에 동문환・왕헌・황운혹 등을 초대하여 주연을 베풀었다.[116] 송균암은 '양초산사(楊椒山祠)'라고도 불리는 양계성(楊繼聖)의 옛집으로, 역시 북경 선무문 밖에 있었다. 양계성(호 椒山, 1516~1555)은 명 세종(世宗) 때 병부원외랑(員外郞)으로, 환관 엄숭(嚴崇)의 전횡을 탄핵했다가 처형된 인물이다. 청 건륭 51년(1786년) 송균암이 양계성의 옛집이었던 사실이 알려지면서 그 이듬해 여기에 그의 초상과 위패를 모신 사당이 건립되었다. 그 뒤 도광 28년(1848년)에 사당을 중수하면서 다시 그 서남쪽에 양계성의 간언(諫言) 초고 즉 황제에게 엄숭을 베어죽일 것을 청한 「청주적신소(請誅賊臣疏)」의 초고를 벽에다 새긴 간초정(諫草亭: 일명 諫草堂)을 세웠다고 한다. 그리하여 송균암은 청 중엽 이후 언관(言官)들이 탄핵 상소를 올릴 일이 있을 때면 사전에 모여 논의하는 곳이 되었으며, 조선 사행이 중국 인사들과 즐겨 만나는 명소가 되었다.[117]

114) 박규수가 북경에 머물던 1861년 3월 3일에도 동문환은 왕헌・풍지기・허종형・황운혹 등과 함께 고염무 사당에서 제사를 올렸다(李豫, 「董硯樵先生年譜長編」, 董壽平・李豫 主編, 『清季洪洞董氏日記六種』, 北京圖書館出版社 1996, 제6책, 37면).

115) 張穆, 『顧亭林先生年譜』 권2, 康熙 7년 戊申 56세조; 王軒, 『顧齋詩錄』 下, 「九日集顧祠 用前歲天寧寺韻」, 「三月二十八日 朝鮮副使朴瓛齋侍郎展謁顧祠 並拜石州先生栗主 沈仲復編修 硏秋召集同人 置飮賦贈」; 藤塚隣, 『清朝文化東傳の研究』, 東京: 國書刊行會 1975, 471~473면 참조.

116) 李豫, 「董硯樵先生年譜長編」, 董壽平・李豫 主編, 앞의 책, 40면; 동문환, 「朝鮮徐石耘尙書 招飮謝公祠 賦贈」, (註) "去歲初夏, 朝鮮朴瓛齋, 曾招飮楊椒山祠.", 『한객시존』, 209면; 『환재집』 권10, 「與王霞擧軒」(1), 장16뒤, 「與王霞擧軒」(3), 장18뒤.
당시 지은 동문환의 시가 『한객시존』, 184면에 소개되어 있다.

당시 박규수는 양계성의 사당을 참배하고 벽에 새겨진 그의 간언 초고를 탁본했다. 술이 거나해지자 각자 글씨를 쓰고 그림을 그려 선물했는데, 박규수는 황운혹에게 소폭의 산수화를 그려주었다.[118] 양계성의 간언 초고를 읽고 감흥을 느낀 황운혹은 "천추에 남을 행적 우러르니 이 마음 도취한 듯/ 나 역시 인간 세상의 가부랑(駕部郞)이라오"라는 시구를 남겼다. 예전에 양계성이 현재의 자신과 같은 병부 거가사(車駕司)의 낭중(郎中) 벼슬을 지냈음을 강조하면서 그의 충절을 따르려는 뜨거운 마음을 드러낸 것이었다.[119]

박규수는 문승상사(文丞相祠)와 법원사(法源寺)도 유람했다. 문천상(文天祥)의 사당인 문승상사는 북경 성안 동북쪽의 순천부학(順天府學) 내에 있었다. 문천상(호 文山, 1236~1283)은 남송(南宋)의 우승상으로, 원(元)과 싸우다 포로가 되어 대도(大都: 북경)로 끌려와 시시(柴市)에서 처형되었다. 명나라 초인 1376년 북경의 시시 부근에 그의 충절을 추모하여 세운 사당이 바로 문승상사이다.[120]

법원사는 북경 성안에서 가장 오래된 절로 선무문 밖 자인사 부근에 있었다. 당나라 때인 696년 창건 이후 누차 중건되었으며, 청 옹정(雍正) 12년(1734) '숭복사(崇福寺)'라는 명나라 때의 절 이름을 법원사로 바꾸었다. 이 법원사는 광대한 경내에 건물과 중요 불교 문화재가 대단히 많을뿐더러, 특히 원나라 초에 송의 유신(遺臣) 사방득(謝枋得)이 단식하고 순절한 곳으로 유명했다.[121] 이곳에서 박규수는 당나라 명필 이옹(李邕)이 쓴 「운휘장군비

---

117) 陳宗蕃 편, 『燕都叢考』, 北京古籍出版社 2001, 572~574면; 동문환, 『硯樵山房日記』, 同治 2년(1863) 4월 23일, 동치 4년 1월 26일, 동치 11년 2월 5일(『한객시존』, 327면, 333면, 350면); 洪淳學, 「병인연행가」, 임기중, 『연행가사 연구』, 아세아문화사 2001, 384면.

118) 『환재집』 권4, 「敬題楊椒山楊應山二先生遺墨後」, 장29뒤; 동문환, 「書朝鮮朴瓛卿'懷人圖'後」, 『한객시존』, 280면.

119) 『환재집』 권10, 「與黃緗芸雲鵠」(4), 장25뒤~26앞, 「與黃緗芸雲鵠」(6), 장26뒤~27앞. "千秋俯仰心如醉, 我亦人間駕部郞."

120) 『帝京景物略』 권1, 「文丞相祠」; 『열하일기』, 「謁聖退述」, '順天府學' 및 '文丞相祠'조(박영철 편,『연암집』 권15, 장19뒤, 장23앞뒤) 참조. 문승상사는 이밖에 金昌業의 『燕行日記』, 홍대용의 『燕記』, 이덕무의 『入燕記』 등에도 빈번히 소개되어 있다.

법원사.

(雲麾將軍碑)」의 일부가 초석으로 박혀 있음을 발견했으며, 이를 모각(摹刻)한 비가 동쪽 곁채에 쓰러진 채 놓여 있는 것도 보았다고 한다.[122]

박규수의 북경 유람 중에서 특히 주목할 것은, 그가 자수사(慈壽寺)와 장춘사(長椿寺)를 찾아 명나라 신종(神宗)의 모후(母后)인 효정태후(孝定太后) 이씨(李氏)와 마지막 황제 의종(毅宗)의 모후인 효순태후(孝純太后) 유씨(劉氏)의 초상에 참배한 사실이다. 박규수는 평소 강렬한 존명의식을 지니고 있었을 뿐만 아니라, 고염무의 「성자천경궁기(聖慈天慶宮記)」를 통해 효정·

121) 鄧雲鄉, 『增補燕京鄉土記』, 中華書局 1998, 上冊, 321~325면; 『열하일기』, 「앙엽기」, '崇福寺'조(박영철 편, 『연암집』 권15, 장33앞뒤) 참조. 법원사 부근에 사방득의 사당인 謝公祠가 있었다. 양계성의 사당처럼 이곳 역시 조선 사행이 중국 인사들과 宴會하는 장소로 즐겨 찾았던 곳이다(陳文良 主編, 『北京傳統文化便覽』, 北京燕山出版社 1992, 636면 참조).
122) 『환재집』 권10, 「與董研秋文煥」, 장28앞.

효순 두 태후가 명이 망한 뒤에도 민간에서 보살의 화신으로 숭배되어 온 사실을 알고 있었으리라 짐작된다.[123] 일찍이 담헌 홍대용도 몽골 오랑캐의 풍속을 답습한 조선의 부인 복식을 중화의 제도로 개혁하는 데 큰 관심을 갖고 있던 차 1766년 북경의 장춘사에서 명 효순태후의 초상을 보았더니 그 복식이 지금의 한족(漢族) 여성의 복식과 다를 바가 없더라고 말한 바 있다.[124] 아마도 이러한 영향 등으로 박규수는 북경에 가면 반드시 자수사와 장춘사를 방문하고자 마음먹었던 듯하다.

후일 만동묘(萬東廟) 철폐 중지를 촉구한 상소에서 박규수는 "신이 여러 해 전 북경에 사신으로 갔을 때 효정 이태후와 효순 유태후의 초상을 자수사와 장춘사 두 절에서 참배했습니다. 제사는 중에게 맡겨져 있었지만, 한인(漢人) 조신(朝臣)들은 모두 경건한 태도로 탄식하면서 우러러보았습니다. 두 태후를 신종과 의종의 모후라고 했습니다. 오호라! 황명(皇明)의 깊은 인자함과 두터운 은택이 아직도 말소되지 않아, 천하 사대부들이 마음속으로 아아, 이처럼 잊지 못하는 것입니다"라고 했다.[125]

자수사는 북경 서쪽 부성문(阜成門) 밖 팔리장(八里庄)에 있었다. 명 만력(萬曆) 6년(1578)에 건립되었으나, 청 이후 점차 훼손되어 현재는 유명한 13층 영안만수탑(永安萬壽塔)과 석비(石碑)만 남아 있다. 명 신종이 그의 생모인 효정태후를 위해 세웠다는 이 절의 후전(後殿)에는 구련보살(九蓮菩薩)로 그려진 태후의 영정이 모셔져 있었다. 이는 불교를 독실히 믿었던 효정태후를 당시 궁중에서 구련보살의 후신으로 받들었기 때문이다.[126]

123) 『환재집』 권4, 「孝定皇太后畵像重繕恭記」, 장19뒤~20앞; 고염무, 『亭林文集』(四部叢刊) 권5, 「聖慈天慶宮記」.

124) 홍대용, 『담헌서』 외집 권1, 「與孫蓉洲有義書」, 장33뒤.

125) "臣於年前燕使之行, 謁孝定李太后孝純劉太后遺像於慈壽長春(椿의 오기)二寺. 香火寓在緇徒, 而漢人朝士莫不虔恭歔欷而瞻覲者, 以二太后爲神・毅二皇之母后也. 嗚呼! 皇明之深仁厚澤, 尙今不沫, 天下士大夫之心, 於乎不忘有如是焉."(『환재집』 권6, 「請還寢萬東廟停撤疏」, 장19뒤)

126) 『帝京景物略』 권5, 「慈壽寺」; 李豫, 「慈壽寺及其碑亭考略」, 『한객시존』, 310~314면;

자수사 영안만수탑.

박규수가 자수사를 방문했을 당시 절은 이미 피폐하여 잡목이 우거지고 기와조각만 남아 있었다. 그리고 하늘을 찌를 듯이 솟은 13층탑의 동서쪽에는 각각 자죽관음상(紫竹觀音像)과 어람관음상(魚籃觀音像)을 새긴 두 개의 석비가 세워져 있었는데, 이 관음상들 역시 효정태후의 모습을 본뜬 것이었다고 한다. 후전의 구련보살상 즉 효정태후의 영정은 청 가경(嘉慶) 연간에 법식선(法式善) 등 뜻있는 인사들에 의해 보수되었음에도 불구하고 다시 먼지와 그을음으로 변색된 채 낡아가고 있었다. 박규수는 이 영정을 참배한 후

『환재집』 권4, 「孝定皇太后畵像重繕恭記」, 장18앞~19뒤 참조.

장춘사.

탄식하고, 성금을 기탁하여 이를 다시 보수하게 하고 싶었으나 "나그네라 자금이 부족하여 작은 정성이나마 표할 수 없음을 남몰래 한스러워했다"고 한다. 후일 평안 감사 재직시에 박규수는 중국의 지인들에게 백금 오십 냥을 보내 숙원이던 이 영정 보수 사업을 기필코 완수하게 된다.[127)]

북경 성 남쪽 자인사 부근에 자리한 장춘사는 명 만력 중에 효정태후가 어느 유명한 고행승을 위해 창건한 절로, 나중에 명 의종의 생모 효순태후의 영정이 여기에 봉안되었다.[128)] 만년에 홍양후에게 답한 편지에서 박규수는, 1826년 동지사행에 참여한 홍양후가 장춘사에서 효순태후의 초상에 절한

127) 『환재집』 권4, 「孝定皇太后畵像重繕恭記」, 장18뒤~19앞, "竊恨客裏乏貲, 不能效區區之衷", 권9, 「與洪一能」, 장22뒤, 권10, 「與沈仲復秉成」(4), 장8앞; 尹定鉉, 『梣溪遺稿』 권4, 「孝定李太后像幀改裝記」; 박규수, 「致硏秋函」, 『한객시존』, 296~297면.

128) 『帝京景物略』 권3, 「장춘사」; 鄧雲鄉, 앞의 책, 399면; 陳宗蕃 편, 앞의 책, 580면 참조.

적이 있다고 한 데 대해 "장춘사의 유태후 초상은 저도 참배한 적이 있습니다. 이를 받들어 모신 상자를 보니 그 안에 새로 모사(摹寫)하여 마치 어제 완성된 듯한 그림이 있었습니다. 이상히 여기고 주지 스님에게 물었더니 '구본(舊本)이 바래었기에 다시 모사하여 공양하고 있습지요. 그런데 지금 참배하러 찾아온 동국의 대인(大人: 고관)을 만났으므로, 구본을 꺼내 게시한 것입니다'라고 했습니다. 그 말이 감동적이었을 뿐 아니라, 이를 통해 한족의 마음이 아직도 명나라 황실에 있음을 볼 수 있었습니다"라고 했다.[129)]

이밖에도 황금대(黃金臺)의 옛터 등 명승 고적을 두루 유람하는 한편,[130)] 박규수는 예전에 연행을 앞둔 홍양후에게 당부했던 대로 그 자신도 중국에서 한족(漢族) 고유의 부인 복식을 관찰하고 그 제도를 몸소 조사하고자 했던 것 같다. 만년에 홍양후에게 보낸 편지에서 그는 조부 연암이 몽골의 풍속을 답습한 조선의 부인 복식을 중화의 제도로 개혁할 것을 주장한 바 있으며, 자신도 이를 계승하여 『거가잡복고』에서 부인 복식 개혁안을 제시했으나 실행에 옮기지는 못했다고 하였다. 이어서 그는 "예전에 북경에 이르러 또한 중화의 제도를 목도했으며, 교분을 맺은 여러분들에게 남북간의 풍속에 따른 차이를 여쭈어 미상불 자세하고도 정확히 알았지만, 역시 공언(空言)에 그치고 말았습니다"라고 술회했다.[131)] 제1차 연행을 다녀온 1860년대 초에도 박규수는 연암의 지론을 계승한 의관제도 개혁론을 여전히 견지하고 있었음을 알 수 있다.

---

129) "長春(椿)寺劉太后遺像, 弟亦曾拜謁. 見其安奉櫃子中有一新摹粉墨如昨日斷手. 怪問於主僧, 僧曰, 舊本渝黰, 故改摹而恭養. 今逢東國大人來謁, 故出揭舊本耳. 其言可感, 又可見華人之心尙存明室也."(『환재집』 권9, 「與洪一能」, 장22뒤)

130) 1865년 경연에서 박규수는 황금대에 대해 설명하면서, 신유년에 문안 부사로 북경에 갔을 때 황금대의 옛터를 들른 적이 있다고 아뢰었다(『승정원일기』, 고종 2년 윤5월 12일). 『열하일기』 「黃圖紀略」에 「황금대」와 「황금대기」가 있다.

131) "向到燕中, 又目見華制, 與結識諸君, 叩問南北俗尙之異, 未嘗不旣詳且該, 而亦空言而止."(『환재집』 권9, 「與洪一能」, 장21뒤~22앞)

### 4) 중국 문사들과의 교유

박규수는 이번 연행에서 중국 문사들과 널리 교유하고자 했다. 그러나 북경사변으로 인해, 교제할 만한 인사들이 대개 고향으로 돌아갔거나 황제를 좇아 열하로 갔기 때문에 "가위 너무나 적막했다"고 한다.[132] 비록 그렇기는 하지만 박규수는 당시 북경에서 공헌이(孔憲彝)[133]・동문환・설춘려(薛春黎)[134]・심병성・왕증・왕헌・정공수[135]・풍지기・황운혹 등과 교분을 맺을 수 있었다. 여기에는 앞서 언급한 신석우의 소개 편지가 큰 도움이 되었다. 박규수가 북경에 도착하여 "중국의 여러 명사들을 만났더니 모두 신석우를 추복(推服)하여 거유(鉅儒)와 위인(偉人)으로 여기고 충심으로 칭찬하더라"고 했다.[136]

박규수는 북경 체류 중에 심병성의 서재인 팔영루를 누차 방문하는 등 그와 가장 자주 만나 두터운 교분을 맺었다.[137] 3월 어느날 박규수가 팔영루

132) "可謂太寂寞矣."(『환재집』 권9, 「與南子明」(1), 장24뒤)

133) 호 韓齋・繡山. 1808~1863. 공자의 72代孫으로, 1837년 擧人이 되고, 內閣侍讀을 지냈다. 姚鼐를 師事한 李宗傳에게 桐城派의 古文을 배웠으며, 북경에서 梅曾亮・曾國藩・魏源・何紹基 등과 詩文을 강습했다. 그림에도 능해 墨蘭을 특히 잘 그렸다. 문집으로 『韓齋文集』 『對嶽樓詩集』 등이 있다.

공헌이의 從弟인 孔憲穀(호 玉雙)과도 교분을 맺었던 듯하다. 박규수는 1872년 제2차 연행 때 공헌각과 재회하여, 작고한 공헌이와의 宿緣을 이야기했다고 한다(『환재집』 권10, 「與黃緗芸」(6), 장27앞).

134) 자는 淮生・稚農, 호는 味經得雋齋이다. 進士 급제 후 御史를 지냈다. 三禮의 學에 조예가 깊으며, 저서로 『味經得雋集』이 있다.

135) 『환재집』 권10, 「與程容伯恭壽」, 장15뒤. "人海結契, 與兄最早."

당시 정공수는 박규수에게 "緘言繩行有壇宇, 玉色金心堪廟堂"이란 行書 對聯을 써주었다(유홍준・이태호 편, 『만남과 헤어짐의 미학』, 학고재 2000, No. 36; 본서 화보 사진 참조).

136) 동문환, 「書朝鮮朴瓛卿'懷人圖'後」, "咸豊辛酉春, 朝鮮行在問安副使朴瓛卿侍郎入都, 以琴泉書來訂交.", 『한객시존』, 280면; 『환재집』 권5, 「禮曹判書申公謚狀」, 장29뒤, "逢中州諸名士, 咸推服申琴泉爲鉅儒偉人, 稱道惓惓."

137) 『환재집』 권3, 「題沈仲復所贈笠澤叢書卷面」, 장18앞, "余與沈君游最多, 樂不可勝.",

에서 심병성을 만났을 때, 그는 당(唐) 육구몽(陸龜蒙)의 소품문을 모은 『입택총서(笠澤叢書)』 두 질을 가져와, 한 질은 선물로 박규수에게 증정하고, 또 한 질에는 기념이 될 글귀를 써달라고 부탁했다. 그리고 다시 박규수에게 자신의 고향인 절강성 귀안(歸安) 일대의 경치를 설명한 뒤 이를 그림으로 그려주기를 요청했다. 그의 요청에 못 이겨 박규수는 산수화를 그리고 나서 "강은 트이고 하늘 아득해 여유있는 경치로다/ 글씨와 그림 바치노니 마음에 드시는지/ 언젠가 소나무 아래 집 짓고/ 봄바람 맞으며 입택(笠澤)의 물고기나 함께 낚았으면"이라는 시를 그림에다 적었다. 그러자 심병성은 시 중의 '입택어(笠澤魚)' 삼자를 가리키며 한참 탄식했다. 입택은 태호(太湖)의 별명으로, 그 인근에 있는 심병성의 고향이 당시 태평천국군의 활동으로 큰 피해를 입고 있었기 때문인 듯했다.[138)]

3월 28일 자인사에서 심병성·동문환 등 중국 인사들을 만난 며칠 뒤 지은 시에서 박규수는 "예전에 장씨의 책을 얻어 보니/ 힘써 선생의 생애 본말을 찬수(纂修)하여/ 비로소 그 사당을 알았나니/ 여러 어진 이들의 훌륭한 계책으로 이루어졌도다"라고 했다. 이로 미루어, 아마도 박규수는 장목이 1843년에 편찬한 『고정림선생연보(顧亭林先生年譜)』를 통해 고염무 사당의 소재를 알고, 연행할 때 그곳을 꼭 방문하리라 마음먹었던 듯하다.[139)] 게다가 그가 자인사에서 만난 중국 인사들 역시 고염무를 독실하게 사숙한 학인

---

권10, 「與沈仲復秉成(1)」, 장4뒤, "屢進書樓."

138) 『환재집』 권3, 「題手畵 贈書圖 贈別沈仲復」, 장17뒤~18앞. "水濶天長境有餘, 贈書圖就意何如. 他年擬築松毛屋, 伴釣春風笠澤魚", 권9, 「與申稺英」, 장20앞뒤. 이 題畵詩는 『槿域書畵徵』 권5, 「박규수」조에도 인용되어 있다.

139) 『환재집』 권3, 「顧祠會飮 賦贈沈仲復諸公」, 장15앞, "曩得張氏書, 本末勤纂修. 始知俎豆地, 羣賢劃良籌."; 동문환, 「三月二十八日 與沈仲復同年 置酒慈仁寺 邀同少鶴 綳雲霞擧 并朝鮮朴瓛齋侍郎 展祭顧祠 分賦」, 『한객시존』, 170면, (註) "石洲先生張穆所撰顧譜, 朴君向心景仰."

1845년 장목은 이상적의 부탁으로 김정희의 「歲寒圖」에 題跋을 써주고, 아울러 『顧亭林先生年譜』를 김정희에게 보낸 바 있다(장목, 「爲朝鮮貢使李藕船尙迪 題其師金秋史正喜所畵歲寒圖 卽奉簡 秋史慕中朝儀徵相公之學 故別署阮堂云」, 『한객시존』, 103면).

들이었다. 박규수는 귀국한 뒤 화공을 시켜 그리게 한 「고사음복도(顧祠飮福圖)」에 쓴 글에서 당시의 만남을 다음과 같이 회상했다.

두루마리 그림 중의 사람 가운데 종이를 펴고 서안(書案)에 의지하여 붓을 들어 글을 쓰려는 사람은 호부 낭중(郎中) 왕증 소학(少鶴)이다. 승불(蠅拂)을 쥐고 무언가 심사숙고하는 이는 병부 낭중 황운혹 상운(緗雲)이다. 서서 응시하고 있는 이는 한림 검토 동문환 연초(研樵)이다. 부채를 쥐고 의자에 앉아 있는 이는 여주 지부(廬州知府) 풍지기 노천(魯川)이다. 노천의 오른쪽에 앉은 이는 한림 편수 심병성 중복(仲復)이다. 노천과 마주하여 앉은 이는 병부 주사 왕헌 하거(霞擧)이다. 서안에 의지하여 몸을 구부리고 미소 짓는 이는 조선 부사 박규수 환경(瓛卿)이다. 노천은 당시 열하로 부임하여 아직 돌아오지 않았기에 대신 보충하여 그려넣었다.

옛날에 정림(亭林: 고염무의 호—인용자) 선생이 북쪽으로 여행하다 도하(都下)에 이르러, 성 서쪽의 자인사에 머무신 적이 있었다. 후학들이 그 남긴 발자취를 추모하여 도광(道光) 계묘년(1843)에 자인사의 서남쪽 모서리에 사당을 세우고 선생을 제사했다. 도주(道州: 호남성 道縣) 사람 하자정(何子貞: 子貞은 하소기의 자)군이 실로 처음에 건립을 추진했다고 한다.

규수는 일찍부터 선생의 학문을 숭상했다. 함풍 신유년에 사신의 명을 받들고 북경에 와서, 운좋게도 여러 군자들을 좇아 삼가 선생을 참배하고 특별히 한 차례의 제사를 마련한 후 물러나 선방(禪房)에서 음복하면서 그들과 함께 고대의 한자음을 바로잡는 문제와 경학(經學)의 흥망성쇠를 논했다. 대체로 교제하면서 감개(感慨)했으며 즐거움 또한 억누를 수 없었다.[140]

140) “卷中之人, 展紙據案, 援筆欲書者, 戶部郎中王拯少鶴也. 把蠅拂沈吟有思者, 兵部郎中黃雲鵠緗雲也. 立而凝眸者, 翰林檢討董文煥研樵也. 持扇倚坐者, 廬州知府馮志沂魯川也. 坐魯川之右者, 翰林編修沈秉成仲復也. 對魯川而坐者, 兵部主事王軒霞擧也. 據案俯躬而微笑者, 朝鮮副使朴珪壽瓛卿也. 魯川, 時赴熱河未還, 爲之補寫焉. 昔亭林先生北遊, 到都下, 嘗棲止城西之慈仁寺. 後之學者, 想慕遺躅, 道光癸卯, 建祠於寺之西南隅, 以祀先生. 道州何君子貞, 寔始經營云. 珪壽夙尙先生之學. 歲咸豊辛酉, 奉使入都, 幸從諸君子, 祇謁先生, 特設一祭, 退而飮福於禪房, 相與論古音之正譌經學之興衰. 盖俯仰感慨, 而樂亦不可勝也.”(『환재집』 권11, 「題顧祠飮福圖」, 장21앞뒤)

4월 18일 박규수는 정사 조휘림, 서장관 신철구 등과 함께 동문환이 심병성의 팔영루에 마련한 송별연에 초대되었다. 이 자리에는 동문환·심병성·왕헌·왕증뿐만 아니라 열하에서 돌아온 뒤 여주 지부로 부임을 앞두고 있던 풍지기까지 동참했다.[141]

이날 박규수는 5언 160구의 장편 고시인 「고염무 사당에 모여 음복하고 심중복 등 여러분에게 지어주다(顧祠會飮 賦贈沈仲復諸公)」를 지었다. 이 시에서 박규수는 우선, 조선이 중화문명의 일원으로서 유구한 역사를 가졌음을 소개했다. 즉 조선도 중국과 마찬가지로 상고시대부터 성인의 교화를 입은 나라로서, 『논어』에 나오는바 공자에게 거문고를 가르쳤다는 악사(樂師) 양(襄)이 은둔한 곳이며 공자가 무도(無道)한 중국을 떠나 뗏목을 타고 가고 싶어했던 곳이고 기자(箕子)가 백마를 타고 와 정착한 지역이라는 것이다. 그런데 조선에서 태어난 자신은 반평생 책을 통해서만 "제왕주(帝王州)" 즉 중국을 몽상하다가 백발이 된 나이에야 비로소 사신으로 와 볼 수 있게 되었다고 감격해하였다.[142]

또한 이 시에서 박규수는 정녀석(貞女石: 일명 姜女廟)과 고죽사(孤竹祠: 일명 夷齊廟), 의무려산(醫巫閭山) 등의 명소를 거쳐, 북경에 도착한 후 의기투합하는 벗들을 만나게 되었다고 하면서, 동문환과 심병성 등 중국 인사들과 고염무 사당에서 처음 만났던 날의 광경을 다음과 같이 노래했다.

| | |
|---|---|
| 선생의 초상은 엄숙하고 고결하며 | 遺像肅淸高 |
| 아관(峨冠) 박대(博帶)의 유생 차림이라 | 峨冠衣帶褎 |
| 분향하며 절하고 싶건만 | 欲下瓣香拜 |
| 누구와 은근히 상의할꼬? | 慇懃誰與謀 |

141) 李豫, 「董硯樵先生年譜長編」, 董壽平·李豫 主編, 앞의 책, 39면. 당시 동문환·심병성·왕헌·왕증·풍지기가 지은 시들이 『한객시존』, 180~184면에 소개되어 있다.
142) 『환재집』 권3, 장14뒤.

| | |
|---|---|
| 때마침 여러 군자를 만나니 | 邂逅數君子 |
| 선생을 사숙하여 학문이 넉넉한 관인들이라 | 私淑學而優 |
| 하늘의 인연이 교묘히 맞아떨어져 | 天緣巧湊合 |
| 나를 그윽한 선방에서 기다리더라 | 期我禪房幽 |
| 서로 읍하고 선생을 배알한 뒤 | 相揖謁先生 |
| 옷자락을 걷고 당(堂)에 올랐네 | 升堂衣便摳 |
| 제기에는 햇과일을 올렸고 | 籩實薦時品 |
| 술잔에는 조선 술을 따라 바쳤네 | 爵酒獻東篘[143)] |

이어서 그는 "고씨(顧氏)의 문도(門徒)"인 이들 중국 인사의 학문과 문장을 예찬했다. 특히 뒤늦게 모임에 합류한 풍지기에 대해서는, 동성파의 대가로 이미 작고한 매증량의 뒤를 이어 문단의 맹주가 되리라고 칭송했다. 아울러 비적이 날뛰는 와중에 여주 지부로 부임해서도 정사를 잘 다스릴 것이라 기대했다.

끝으로, 이 시에서 박규수는 중국의 현정세를 우려하면서 서양의 침략에 함께 대적할 결의를 다졌다.

| | |
|---|---|
| 이곳 북경 일대를 돌아보니 | 眷茲畿甸內 |
| 오랑캐의 나쁜 기운 아직 걷히지 않았네 | 夷氛尚未收 |
| 재주가 요것뿐이냐고 오랑캐야 얕보지 마라 | 莫謂技止此 |
| 북경은 복건(福建)이나 절강(浙江)과는 다르니라 | 三輔異閩甌 |
| 백리에 걸쳐 오랑캐 군대 흰 눈처럼 뒤덮어 | 百里見積雪 |
| 두보(杜甫)가 크게 탄식했었는데 | 杜老歎咿嚘 |
| 게다가 또 사설(邪說)을 끼고서 | 況復挾邪說 |
| 온갖 속임수 부려 침투하누나 | 浸淫劇幻譸 |
| 우리 힘을 다해 밝은 덕을 숭상하며 | 努力崇明德 |
| 도를 지키고 해충을 제거합시다 | 衛道去螟蟊 |

143) 『환재집』 권3, 장15앞뒤.

| | |
|---|---|
| 물소뿔 횃불로 물속 요괴 살핀다면 | 燃犀觀水姦 |
| 황당무계함을 어찌 감출 수 있으리? | 怪詭焉能廋 |
| 우리 유교에 이런 사람 있다면 | 斯文若有人 |
| 나머지 일은 걱정할 것 없소이다 | 餘事不足憂[144] |

이와같이 박규수는 제2차 아편전쟁의 패배에도 불구하고 청이 북경에서 서양 세력을 몰아낼 수 있는 군사력을 지니고 있다고 본 듯하다. 단 서양 세력은 종전의 오랑캐들과 달리 군사적 침략뿐 아니라 종교적 침투를 겸하고 있으므로, 투철한 유교 이념에 비추어 기독교의 허위를 논파해야 한다고 보았다. 그리고 이러한 척사론을 확고히 견지한다면 서양의 침략도 쉽게 물리칠 수 있으리라고 중국 인사들을 격려했다.[145]

박규수는 연행에 나설 때 중국 명사들에게 소개하고자 조부 연암의 글들을 뽑은 문집을 휴대했을 뿐 아니라, 『열하일기』 중의 한 명문인 「문승상사당기(文丞相祠堂記)」를 자신의 글씨로 손수 써서 가지고 갔던 것으로 짐작된다. 그리고 북경에 도착하자 문승상사를 유람하는 데 그치지 않고, 그와 교분을 맺은 심병성에게 연암의 「문승상사당기」가 문승상사에 게시되도록 주선해줄 것을 당부하기까지 했던 듯하다.[146]

「문승상사당기」에서 연암은, 왕조의 홍망이란 하늘의 뜻에 따른 불가피한 것이지만 "위엄과 무력이 천하를 얻기에 충분해도 한 사람의 선비를 굴복시킬 수는 없다. 이는 한 선비의 굳센 지조가 백만지중(百萬之衆)보다 강하며,

144) 위의 책, 장16앞. 시구 중 "莫謂技止此"는 柳宗元의 「三戒」 중 '黔之驢'에서 당나귀의 정체를 파악한 범이 "技止此耳"라고 한 말에 출처를 둔 것이다. "百里見積雪"은 安史의 亂 진압을 위해 위구르 군대를 끌어들인 것을 우려한 두보의 시 「留花門」의 한 구절이다. "燃犀觀水姦"은 晉 溫嶠가 물소뿔을 태운 횃불로 물속을 비추자 온갖 水族들이 감추었던 모습을 드러냈다는 고사를 인용한 것이다.

145) 박규수의 이 시에 화답하여 황운혹이 「答朝鮮朴瓛卿侍郎千言 次原韻」을 지었다(『한객시존』, 185~188면).

146) 『환재집』 권10, 「與沈仲復秉成」(2), 장6앞, 「與董研秋文煥」(1), 장28앞.

만세의 강상(綱常)이 일세의 득국(得國)보다 중함이니, 이 또한 천도(天道)를 위탁받은 셈이다"라고 했다. 선비는 천도의 대행자(代行者), 즉 천하와 역사의 한 주체라는 선비론에 입각하여 문천상의 순절을 극도로 찬미한 것이다.

또한 연암은, 원래 천자가 천하를 차지하게 된 것은 백성을 도탄에서 구하려는 천도를 따랐기 때문인데, 후세의 천자들은 천명을 믿지 못하는 까닭에 힘으로 굴복시킬 수 없는 자들을 죽여 후환을 없애고자 한다고 보았다. 하지만 그렇게 하면 도리어 이들을 흠모하여 복수하려는 자들이 나올 따름이다. 그러므로 주나라 무왕(武王)이 기자(箕子)에게 했듯이, 후세의 "천명을 수여받은 군왕(受命之君)"은 천하에 대의를 밝혀 "천하 사람들의 부형(父兄)"으로 숭상되는 문천상과 같은 인물들에게 신하가 되기를 강요하지 말고, 백성으로 살면서 사표(師表)가 되도록 배려해야 한다는 것이다.[147)]

박규수는 귀국 이후 심병성에게 보낸 편지에서, 그의 주선 덕분으로 연암의 「문승상사당기」를 쓴 "졸필(拙筆)"이 문승상사에 게시되기에 이른 데에 감사를 표했다. 그리고 "조부의 이 글은 곧 평심(平心)으로 천하를 위해 공론(公論)을 제기한 것이니, 사당에 참배하러 온 중국의 선비 중에는 이를 보고 정확한 논의라고 칭찬하는 이가 반드시 있을 것"이라 자부했다.[148)]

이와같이 박규수는 북경에서 사귄 중국 명사들에게 조부 연암의 글을 소개하는가 하면, 자신의 글에 대한 비평도 요청했다. 풍지기는 박규수의 글에 대한 평어에서 "『연암문초(燕岩文鈔)』를 거듭 읽어보니" 박규수의 글이 가학(家學)에서 유래한 것을 알겠다고 했다. 동문환 역시 "『연암문집』을 읽고" 홍대용이 일찍이 지전론(地轉論)을 주장했음을 알았을뿐더러 박규수의 「지

147) 『열하일기』, 「謁聖退述」, '문승상사당기'(박영철 편, 『연암집』 권15, 장23뒤~25앞). "威武足以得天下, 而不能屈一介之士. 是一士之抗節强於百萬之衆, 而萬世之綱常重於一代之得國, 則是亦天道之攸寄也." 金澤榮은 이 글에 대해 "至痛之文, 至潔之文"이라 격찬했다(김택영 편, 『연암집』 권3, 장14뒤~16뒤).

148) 『환재집』 권10, 「與沈仲復秉成」(2), 장6앞. "先王父此文, 乃平心爲天下公論, 海內之士, 來拜祠下, 當有許以篤論者耳."

세의명」이 가학에서 유래했음을 더욱더 징험할 수 있었다고 했다. 즉 「지세의명」은 『열하일기』에 소개된바 홍대용과 연암의 지원지동설을 계승한 글이라 본 것이다.

왕헌은 박규수의 「답김덕수 논기전서(答金德叟論箕田書)」가 가학에 근본을 두었다고 하면서, "지금 선덕(先德: 연암—인용자)의 저술을 보니" 그중에 홍범구주(洪範九疇)의 '주(疇)'자가 '전(田)'의 뜻을 취했다고 보는 자신의 설과 부합하는 주장이 있음을 발견하고 몹시 기뻤다고 했다. 이는 박규수의 기자 정전론(箕子井田論)이나 왕헌 자신의 문자설이 연암의 『과농소초(課農小抄)』 「기자전기(箕子田記)」 중의 내용과 상통함을 지적한 것이다.[149)]

앞서 언급했듯이 신석우는 동지사행 시에 박규수의 부탁으로 「지세의명」과 「벽위신편 평어」를 가지고 가서, 북경에서 만난 정공수에게 증정한 바 있다. 그런데 곧이어 연행에 나서게 된 박규수는 다시금 자신의 글 가운데 「지세의명」「벽위신편 평어」와 아울러 「진종대왕 조천당부의(眞宗大王祧遷當否議)」와 「답김덕수 논기전서」(즉 「答金德叟 論箕田存疑」)를 뽑아 가지고 갔던 듯하다.[150)] 3월 28일 북경 자인사의 모임에서 지은 왕헌의 시에 이미 이

149) 『환재총서』, 제5책, 『朴瓛齋文』, 358~362면. "再讀燕岩文鈔 (…)" "讀燕岩文集 (…)" "今見先德所述 (…)"

150) 일본 天理大에 소장된 『朴瓛齋文』에는 이상 4편의 글 외에도 「大明太祖高皇帝聖諭恭跋」 즉 「高麗史洪武聖諭跋」이 추가되어 있다. 그런데 『박환재문』 말미에 붙은 풍지기 · 황운혹 · 심병성 · 동문환 · 왕헌의 평어를 보면 아무도 「고려사 홍무성유 발」에 대해서는 언급하지 않았다. 이것은 강렬한 존명의식이 드러나 있는 이 글에 대해 언급하는 것이 기휘에 저촉될까봐 조심한 탓으로 볼 수도 있다. 그러나 박규수가 공식 외교 사절로 청에 갔던 만큼 물의를 야기할 수 있는 성격의 글을 가져가 공개하는 경솔한 행동을 했으리라고는 생각하기 어렵다.

한편 윤정현의 「書朴瓛卿文鈔後」(『梣溪遺稿』 권4)에서도 「고려사 홍무성유 발」을 제외한 上記 4편의 글에 대해서만 평하고 있다. 또한 윤정현은 그중 「진종대왕 조천당부의」에 관한 평어에서 이 글에 대한 풍지기 · 심병성 · 황운혹의 평가가 정확함을 칭찬하고 있다. 따라서 윤정현이 그 발문을 지은 『朴瓛卿文鈔』는 박규수가 연행 당시 가져갔던 책자로서, 일본 天理大 소장 『박환재문』과 같거나 유사한 책으로 짐작된다. 설령 박규수가 중국에 『박환재문』을 가져갔다 하더라도, 거기에 원래 수록된 것은 상기 4편의 글들만이고 「고려사

4편의 글들을 칭송하는 내용이 있는 점으로 미루어, 박규수는 왕헌 등과 교분을 맺자마자 곧 자신의 글을 보이고 품평을 청했던 듯하다.[151)]

황운혹은 박규수의 글들에 대해 총평하기를 "질박하면서도 깊은 맛이 있고, 논쟁을 벌이면서도 차분하다. 옛말에 '글이 사람을 닮는다'고 한 것이 헛말이 아니다"라고 했다. 심병성은 "학문에 뿌리가 있으므로 말에 군더더기가 없다. 글이 몇 편밖에 되지 않으나, 수천 년을 오르내리고 2만리를 종횡으로 누벼 눈앞에 삼삼하지 않은 것이 없다"고 평했다.

동문환은 "본체(本體)에 밝고 활용(活用)에 통달하여, 잘 쓰려고 애쓰지 않았는데도 글이 저절로 잘 되었다. 이는 진실로 경술(經術)에 깊이 심취한 데에 기인한다. 그러므로 정밀한 의리가 장려한 문장으로 남김없이 성취되었다"고 했다. 그리고 왕헌은 "원래 경술에 근본을 두었으며, 말에는 실질적인 내용이 있으니 모두 시행할 만하다. 한유(漢儒)의 훈고(訓詁) 명물(名物)과 송유(宋儒)의 성도(性道) 의리(義理)를 융합하고 수정하여, 결코 학파를 차별하는 편견이 없다. 오늘날 사승을 고집하면서 서로 비난하고 비웃는 사람들은 이 글을 대하면 부끄러워하지 않을 수 없을 것이다"라고 칭송했다.[152)] 이같은 평어들은 모두 경학에 대한 박규수의 깊은 조예와 그에 바탕을 둔 뛰어난 문장을 예찬한 것이다.

---

홍무성유 발」은 나중에 추가되었으리라 본다.

151) 왕헌, 「三月二十八日 朝鮮副使朴瓛齋侍郎 展謁顧祠 並拜石州先生栗主 沈仲復編修研秋召集同人 置飮賦贈」, "箕田老種驗土宜, 瀛海四游悟地轉. 議禮況補先賢缺, 闢邪深憂薄俗慢."(『한객시존』, 172면) 단 풍지기・황운혹・동문환・왕헌의 평어가 씌어진 시기는 각각 4월, 4월 상순, 5월 4일, 5월 5일이었다(『환재총서』, 제5책, 『박환재문』, 359~362면).

152) "質而永, 辯而不囂. 語稱文肖人, 不虛也." "學有根柢, 故言無枝葉. 文僅數則, 而上下數千年, 縱橫二萬里, 無不森然在目." "明體達用, 不求工於文, 而文自工, 良由湛酣經術. 故精理悉成偉辭." "原本經術, 言之有物, 皆可施之行者. 漢儒之訓詁名物, 宋儒之性道義理, 融貫櫽括, 絶無分門別戶之見. 今人之株守師承, 彼此非笑者, (不)能無對此汗顏."(『환재총서』, 제5책, 『박환재문』, 359~362면)

### 5) 귀국

단오절 다음날인 5월 6일 심병성 · 동문환 · 왕헌이 옥하관으로 찾아와 귀국을 앞둔 박규수와 작별 인사를 나누었다. 지난 4월 송균암 간초정의 모임이 파한 뒤에 박규수가 동문환에게 「회인도(懷人圖)」를 그려 보냈으므로, 동문환은 이에 감사하는 시를 지어 보냈다. 그러자 이날 박규수는 동문환의 두 손을 꼭 잡고 "그림이 진귀한 것은 못 되지만, 아우님이 상자 속에 보관했다가 후일 서로 그리워하는 증서로 삼읍시다"라고 말했다.[153)]

왕헌과 동문환이 송별시로 절구 1수씩을 지어주었으므로 박규수도 이에 부응하여 절구 2수를 지었다. 그중 왕헌의 절구에 화답한 시에서 그는 "이별 뒤에 그리워하면 부질없이 마음만 아파/ 인연 따라 만나고 헤어짐을 굳이 논할 것 있나/ 간언 초고 새긴 사당 앞의 대나무만이/ 다시 올 땐 푸르게 뜰을 채우리"라고 했다.[154)] 송균암 즉 양계성의 간언 초고가 새겨진 사당을 함께 유람한 사실을 들어, 서로 다시 만날 때까지 대나무처럼 변함없이 충절을 지키며 살아가자는 뜻을 담은 것이다.

문안사행은 5월 초순경 북경을 출발하여 귀로에 올랐다. 박규수는 심병성 · 동문환 · 정공수 · 왕헌 등이 신석우에게 전해달라고 부탁한 편지와 시문을 가지고 떠났다.[155)]

사행이 심양(瀋陽)을 지날 때의 일이었다. 박규수가 밤하늘을 바라보다가 흰 비단을 펼친 듯한 이상한 별을 발견하고 여점(旅店) 주인에게 물었더니 '소적성(掃賊星)'이라고 답했다. 어째서 그런 줄 아느냐고 했더니, 몇 년 전

---

153) 동문환, 「朝鮮朴瓛卿繪懷人圖見貽 賦謝」, 「書朝鮮朴瓛卿'懷人圖'後」, "及玉河館別, 瓛卿握手拳拳, 謂畵不足珍, 弟藏之中笥, 以代異日相思之券."(『한객시존』, 184～185면, 280면); 『환재집』 권10, 「與董研秋文煥」(1), 장27뒤.

154) "別後相思空斷魂, 隨緣離合不須論. 只應諫艸堂前竹, 再度來時綠滿園."(『환재집』 권3, 「辛酉端陽翌日 書贈沈仲復諸公」, 장18뒤. 轉句의 '只應'이 다른 글에서는 '且看'으로 되어 있다(『환재집』 권10, 「與黃緗芸雲鵠」(6), 장27앞).

155) 신석우, 『해장집』 권9, 「與沈翰林仲復書」, 「與董翰林硯秋書」, 「又(與王霞擧書)」.

에 이와같은 별이 나타났을 때 성경(盛京) 장군이 방(榜)을 붙여 '소적성이 출현했으니 머지않아 천하의 도적들이 소탕될 터인즉 백성들은 놀라지 말라'고 알렸기 때문이라는 것이었다. 그러나 박규수가 보기에 이는 민심을 진정시키기 위한 방편으로 지어낸 설로, "남의 나라의 실정을 잘 엿보는 자는 이 한마디 말로 미루어 나머지를 알 수 있을 것"이라고 했다.[156] 여점 주인과의 문답을 통해 당시 중국이 비적들의 활동으로 얼마나 크게 시달리고 있는지를 충분히 짐작할 수 있었다는 것이다.

6월 1일 문안사행은 압록강을 건넜다. 이날 남병철에게 보낸 편지에서 박규수는 "우선 기하생(記下生: 자신을 가리킴)이 사신의 명을 받았던 때로 거슬러 올라가보면, 중국에 갔다 돌아올 때까지 이미 반년이나 걸려 세월은 이제 여름이 되었지만, 다행히 불같은 더위나 진흙탕길을 만나는 고생 없이 의기양양하게 갔다가 의기양양하게 돌아오니, 이는 실로 왕령(王靈)의 덕분이요, 역시 처음에는 기대하지 못했던 바였습니다"라고 하여, 사명을 완수하고 무사히 귀환하게 된 기쁨을 전했다.[157]

6월 19일 문안사행은 드디어 귀경하여 복명(復命)했다. 이날 박규수의 벗들이 그를 맞이하여 벌인 소연(小宴)에서 신석희는 시를 짓기를 "요동 구름 계주(薊州)의 눈은 병진(兵塵)으로 얼룩졌는데/ 사신은 자중하여 압록강을 건넜구려/ 촛불 아래 수염 눈썹 어제와 똑같은데/ 우리나라 사람들은 재생한 사람인 양 대하네"라고 했다.[158] 이처럼 당시 국내에서는 생사를 기약할 수 없는 고난 속에 연행을 다녀왔던 것으로 인식되었던 만큼, 열하 문안사가 중국 현지에서 수집한 정보에 대해서도 큰 관심을 기울였을 것임에 틀림없다.

156) "善覘者, 推此一語, 亦可知其他耳."(『환재집』 권9, 「與南子明」(1), 장24뒤~25앞)

157) "且溯記下生銜命, 往還已費半年, 光陰值玆暑令, 而幸無火傘泥海之苦, 得得往得得來, 固王靈攸暨, 而亦非始慮所及也."(위의 편지, 장24뒤)

158) "遼雲薊雪黦征塵, 珍重星槎渡析津. 燭下鬚麋如昨日, 東人看作再生人."(신석희, 『韋史詩稿』, 「朴太史桓卿 燕槎復命日 少集口號」)

## 4. 연행의 성과와 한계

이상에서 1861년 박규수가 열하 문안사로 북경에 다녀온 경위를 살펴보았거니와, 그 결과 그는 어떠한 대외(對外) 인식에 도달했는가? 안타까운 사실은 이와 관련한 자료가 별로 남아 있지 않다는 점이다. 이 문제의 해명에 기여하는 직접적인 자료로는 앞서 언급한바 박규수가 북경 체류 중에 비변사로 보낸 편지 외에, 귀국한 뒤 박원양에게 보낸 7월 9일자 사신(私信)을 들 수 있을 따름이다. 여기에서 박규수는 자신이 견문한 중국 정세에 관해 다음과 같이 전했다.

> 서양 오랑캐가 요구하는 바는 곧 배상금 독촉과 시장 개방 등의 일에 불과했다. 그러나 허락을 받지 못하자 군사를 일으켰고, 전쟁이 계속된 지 오래다 보니 주화(主和)와 주전(主戰)의 양론이 일어나는 것은 자고로 그런 법이다. 화의가 이미 진행된 뒤라 주전파가 공을 세우지 못하는 것도 형세가 그럴 수밖에 없었다. 오랑캐가 마침내 점점 북경 부근에 육박하니, 군주란 본래 멀리 도피해서는 안 되는 법이지만 어쩔 수 없이 주화파에게 이끌려 잠시 그 예봉을 피하면서, 한편으로 화의를 허락하고 조약 체결을 허락한 것이다. 그러자 오랑캐가 곧 철군하여 모두 떠나가고, 남아 있는 자들은 약간의 상인들 무리이다.
>
> 황제가 이미 열하에 도착했는데, 그곳 또한 생소한 지역은 아니다. 풀이 푸르면 (열하로) 떠났다가 풀이 시들면 돌아오니, 강희 이래 (황제들이) 다 그렇게 했다. 잠시 그곳에 머물러 여름을 나는 것도 역시 형세상 그런 것이다. 더구나 좋은 강물과 온천에서 건강을 다스리는 것도 안 될 것이 없으며, 가을에 황제의 행차가 돌아오는 것이 안 될 것이 없다. 어찌 의심할 거리나 되겠는가? 북경에 있는 모든 관청은 (열하로) 말을 빨리 몰아 사무를 아뢰니, 이에 관해서는 모두 기존의 규칙들이 구비되어 있다. 어찌 함풍제만 그렇게 해서는 안 된다는 건가? 황제가 (열하로) 떠난 것은 미상불 서양 오랑캐의 소요에 지나치게 겁을 먹은 것이었지만, 그가 잠시 열하에 머물고 있는 것은 반드시 이 때문에 그런 것은 아니다.

> 남비(南匪: 태평천국군)가 금릉(金陵: 남경)을 점거한 지 지금 10여 년이다. 그들의 의도에는 산하를 나누어 차지해서 남조(南朝)의 천자가 되려는 계획이 없다. 오히려 약탈을 자행하는 극악한 도적이라, 도적들에게 함락된 백성들은 아직도 조정의 법도를 잊지 못하고 관군이 와서 구제해주기를 날마다 바라고 있다. 그러나 조정에서 권력을 행사하는 자들은 적임자가 아니며, 군량이 계속 보급되지 못해 군사들은 지쳐서 공을 세우지 못하고, 지금까지 서로 버티고 있을 따름이다.159)

요컨대 박규수는, 함풍제가 주화파의 의견을 좇아 서양과 화의하고 조약을 맺은 결과 서양은 철군하고 서양 상인들만 북경에 남아 있다고 전했다. 또한 서양의 철군 후에도 함풍제가 계속 열하에 머물고 있는 것은 역대 황제들의 연례적인 피서 행차로 보아야 한다고 하여, 사태를 다분히 낙관적으로 판단했다. 그런 반면 태평천국군에 대해서는, 약탈을 자행하는 도적의 무리로서 민심을 잃고 있는데도 조정의 무능으로 인해 제압하지 못하고 있는 실정이라고 심각한 우려를 표했다.

이와같은 사신의 내용은 북경 체류 중 비변사로 보낸 편지와 마찬가지로 당시 박규수의 대외 인식을 엿볼 수 있는 귀중한 자료이기는 하지만, 역시 너무 간략하다 하지 않을 수 없다. 그러므로 1861년의 제1차 연행이 박규수의 사상에 끼친 영향을 신중하게 판단하기 위해서는, 검토의 범위를 넓혀 박규수에 앞서 귀국한 동지 정사 신석우가 국왕에게 보고한 내용, 그리고 열하

159) "洋夷所求, 卽不過討債開市等事, 而旣不見許, 則稱兵, 兵連旣久, 則主和主戰二議作焉, 自古然矣. 和議旣行, 則主戰者無功, 亦勢也. 夷乃步步進薄郊圻, 人主本不宜遠避, 而奈其主和者引, 而暫避其鋒, 一邊許和, 許立約條, 夷便撤兵盡去, 所留者卽商人幾輩也. 皇帝旣到熱河, 卽又非生踈之地也. 草靑而出, 草黃而歸, 康熙以來莫不皆然, 姑留過夏, 亦勢然也. 況有愼節調治於好水泉, 亦未爲不可, 秋間回鑾, 無所不可, 奚足爲疑耶? 在京百司, 馳馬奏事, 此皆成規俱存, 奚獨咸豊爲不可行哉? 其去也, 未嘗不過惕於夷擾, 而其姑留也, 未必緣此而然云耳. 南匪據金陵, 今爲十餘年, 其志無劃據山河, 作南朝天子之計, 尙是剽略劇盜, 民生之陷於賊者, 尙不忘朝廷法度, 日望官軍之來拯濟也. 然而朝中用事者, 匪其人, 兵餉不繼, 師老無功, 到今相持而已."(『瓛齋手柬』, 辛酉 7월 9일자 편지)

귀국 직후 박규수가 박원양에게 보낸 간찰.

문안사행 중 정사 조휘림과 서장관 신철구, 수역 이윤익의 귀국 보고 내용을 함께 살펴볼 필요가 있다. 또한 이러한 공식적인 자료들 외에 중국 여행 당시 박규수의 행적과 사상을 보여주는 그의 시문 등도 적극 활용할 필요가 있으리라 본다.

신석우가 인솔한 동지사행은 3월 27일 귀환·복명했다. 이번 동지사행에서 특기할 것은 '영법화약서(英法和約書)' 즉 북경조약의 전문을 구해 바친 사실이다. 사신들을 접견한 자리에서 철종은 이를 친람(親覽)했다고 밝히면서, 서양 오랑캐가 중국과 조약을 맺은 것은 기독교를 전파하고 아편을 팔려는 계책이라고 인식했다. 정사 신석우 역시 북경조약의 핵심 내용이 기독교 전파와 아편 무역 허용에 있다고 보았으며, 중국은 힘이 모자라 어쩔 수 없이 이를 받아들였으리라고 추정했다. 이와같이 동지사행을 통해 북경조약에 조선 정부가 금기(禁忌)로 여기는 사항들이 담겨 있음을 확인하게 된 것은, 향후 조선 정부로 하여금 양이(攘夷) 정책을 강화하게 하는 계기가 되었으리라 추측된다.[160)]

한편 철종이 중국의 현정세에 관해 묻자, 신석우는 서양 오랑캐가 조약을 강요하고 외구가 날뛰며 황제가 열하로 몽진했으니 "천하가 어지럽지 않다고 할 수는 없을 것"이라고 하여,[161)] 매우 심각한 상태임을 시인했다. 그러나 이어서 그는 북경의 궁궐과 관청, 상가나 서민가가 예전처럼 평온하며, 교외에 주둔하고 있는 정부군도 질서있고 한가로운 기색이고, 비적들은 가까운 성(省)으로 숨어 이들을 막기에 여유가 있다고 했다. 앞서 북경 체류 중 조정에 보낸 장계나 편지에서와 마찬가지로, 북경사변에도 불구하고 청

---

160) 『승정원일기』, 철종 12년 3월 27일; 『해장집』 권16, 「復命筵奏」, 장29앞뒤; 原田環, 『朝鮮の開國と近代化』, 廣島: 溪水社 1997, 58~60면; 하정식, 「太平天國에 대한 조선정부의 인식」, 『역사학보』 107, 역사학회 1985, 210면; 민두기, 「19세기 후반 조선왕조의 대외 위기의식」, 『동방학지』 52, 1986, 269면 참조. 『龍湖閒錄』 제8책에 북경조약의 전문이 '英法兩國條款'이란 제하에 수록되어 있다.

161) 『해장집』 권16, 「복명연주」, 장29앞. "天下不可謂不亂矣."

조가 재빨리 안정을 회복하고 있음을 강조한 것이다. 그리고 이것은 사태가 발생하기도 전에 미리 동요한다든지 때가 닥쳐서야 황급히 대책을 강구한다든지 하지 않기 때문이라고 하여, 차분한 중국 민심과 조정의 대처 능력을 높이 평가했다.

또한 신석우는 함풍제의 동정에 대한 철종의 물음과 관련하여, 국내에서 함풍제의 열하행(熱河行) 여부에 비상한 관심을 쏟는 것을 비판했다. 우리나라 사람들은 함풍제가 열하를 왕복할 때마다 일희일비하는데, 이는 열하가 본래 황제의 사냥터로서 수시로 순행(巡行)하는 곳임을 모르기 때문이라는 것이다. 그리고 "대저 중국은 한창 어려움을 겪고 있어도 오히려 이처럼 질서있고 여유가 있는데, 우리나라는 한 구석에 처한 평화 지역인데도 어째서 풍문을 듣자마자 서로 선동하는가?"라고 개탄했다. 이와 아울러, 사행 도중 국내에서 목격한바 "민심이 동요하여 사람들이 어지러이 이사하는 것이 안타깝다"고 보고한 데에서도 엿볼 수 있듯이, 신석우는 무엇보다도 북경사변 소식으로 인해 동요된 국내의 민심을 진정시킬 의도로 당시 중국 정세를 가급적 낙관적으로 보고한 듯한 인상이 짙다.[162)]

다음으로, 신석우는 중국의 정세와 관련한 향후의 대책을 제시했다. 그에 의하면, 현재 우려할 만한 사태로는 두 가지를 상정할 수 있다. 첫째는 북경을 점령한 서양 오랑캐가 여세를 몰아 우리나라를 침략할 가능성이다. 그러나 그들은 교역을 일삼는데 우리나라에는 교역할 만한 재화가 없으므로, 국내의 기독교도나 아편 복용자들이 그들을 끌어들이지만 않는다면 그럴 가능성은 희박하다. 둘째는 "남비(南匪)" 즉 태평천국군이 번성하여 우리나라 서쪽 변경을 약탈할 가능성이다. 그러나 북경과 요동·심양의 방비가 굳건하므로, 변경을 왕래하며 호응하는 무리들만 없다면 그럴 가능성 역시 희박하다.

162) 『해장집』 권16, 「복명연주」, 장30앞뒤, "大抵中國方在憂虞之際, 整暇猶尙如此. 我邦卽一隅淸平之域, 何爲而纔聞風聲, 便相煽動也?" "但人心騷動, 遷徙紛紜, 是爲可悶矣."; 三好千春, 「兩次アヘン戰爭ト事大關係ノ動搖」, 『朝鮮史硏究會論文集』 27, 조선사연구회 1990, 64면; 하정식, 앞의 논문, 207~208면 참조.

따라서 신석우는 "우려할 바는 국내에 있지, 외구에 있지 않다"고 주장했다. 국경 수비를 강화하고 군비를 보완함으로써 민심을 안정시킨다면, "천하가 어지럽더라도 국내는 저절로 평안할 터"라는 것이다.[163] 이처럼 그는 서양 열강의 침입이 충분히 예견되는 시점임에도 불구하고 적극적인 대비책 대신 소극적인 내수외양론(內修外攘論)을 제시하는 데 그쳤다고 하겠다.

신석우보다 2개월여 뒤에 귀국한 열하 문안 정사 조휘림은 철종에게 복명하는 자리에서 다음과 같이 중국 정세에 관해 보고했다. 첫째, 10여 년째 각 성에서 비적들이 창궐하고 있으나 현재는 소강 상태를 유지하고 있다. 작년의 대풍에 이어 올해도 풍년인 듯하며, 점포와 민가를 많이 신축하는 것으로 보아 민심이 안정되었음을 알 수 있다.

둘째, 서양 오랑캐는 통행과 교역을 제 마음대로 하나, 침탈하지는 않는다. "그러므로 북경 시민들이 처음에는 자못 의심하고 겁먹다가 한참 지나서는 점차 익숙해지고 안심하면서, 그들을 심상하게 대한다."[164] 서민가나 상가도 예전처럼 평온하며, 전혀 동요하는 기미가 없다. 서양 오랑캐들이 북경을 무시로 왕래하며, 식구를 거느리고 오거나 집을 사서 거주하기도 한다. 소위 천주당은 세 곳이 되는데 지금 보수중이라고 한다.

셋째, 함풍제는 병환이 위중하다. 그런데 "이번 특별 사행에 대해 격외(格外)의 은상(恩賞)을 내린 전례(典禮)로 보건대, 황제가 우대하는 뜻을 특별히 표시했음을 짐작할 수 있다. 조정의 신하가 전하는 바를 들으니, 황제가 '이번 사행은 다른 제후국들에서는 없는 바로, 동국만 유독 보냈으니 이는 옛날의 독조지의(獨朝之義: 홀로 朝會한 의리)로서, 귀국(貴國)이 한마음으로 사대(事大)하는 정성은 깊이 감탄할 만하다. 정말 예의지방이다' 운운했다고 한다."[165] 이에 대해 철종이 과연 조선 외에는 특별 사행을 파견한 조공국이

163) 『해장집』 권16, 「복명연주」, 장30앞뒤. "所可憂者, 在於方內, 而不在外寇也." "天下雖亂, 國內自安矣."

164) 『일성록』, 철종 12년 6월 19일. "故都民初頗疑惕, 久漸狃安, 視之尋常." 이는 박규수가 비변사로 보낸 편지 중의 문구와 완전히 동일한 표현이다.

없는지를 묻자, 조휘림은 그렇다고 답하면서, 아울러 태평천국군의 활동으로 인해 안남국의 조공이 면제된 사실을 전했다.

이상에서 알 수 있듯이, 정사 조휘림의 구두 보고는 앞서 박규수가 북경 체류 중에 보낸 편지와 대동소이한 내용이다. 서장관 신철구의 문견(聞見) 별단은 이러한 정사의 보고와 박규수의 편지 내용을 14개조에 걸쳐 좀더 상세하게 기술한 것이라 할 수 있다. 여기에서 신철구 역시 함풍제의 북경 귀환이 가을로 연기되었으며 그의 병환이 위중한 사실과 황장자의 근황, 북경에 잔류한 서양인들의 행태와 천주당, 그리고 태평천국군과 염비를 비롯한 각 성 비적들의 활약상과 조양현 비적 일당이 소탕된 소식, 공친왕·증국번·승격림심·승보 등이 실력자로서 부상하여 신망을 받고 있는 실정 등을 소상히 보고했다. 또한 그도 "안으로는 비적이요 밖으로는 서양 오랑캐로, 병난이 난 지 십년이 되어 천하가 다사다난한데도, 서민가나 상가가 예전처럼 평온하며 황급해하는 기색이 없다"[166]고 하여, 중국의 민심이 대체로 안정되어 있는 것으로 보았다.

수역 이윤익의 문견 별단은 서장관의 것보다 훨씬 간략한 5개조로 되어 있는데, 비적들의 창궐로 인한 고통, 승보·승격림심·증국번 등 명장들의 활약과 조양현 비적 일당의 소탕 소식 등을 보고하고 있는 점에서는 마찬가지 내용이다. 또한 그도 북경에 잔류한 "영이(英夷)"가 "살륙하거나 약탈하는 폐단이 없으므로 상가나 서민가가 평상시처럼 안도하고 있다"고 보고했다.[167] 요컨대 수역과 서장관의 별단은, 함풍제가 열하로 몽진하게 된 내막

165) "今番別行, 以格外恩賞之典觀之, 皇上特示優禮之意可揣, 而又聞朝士所傳, 則今行卽列國所無, 東國獨有之, 此古之獨朝之意, 貴國一心事大之誠, 深可欽歎, 眞是禮義之邦云云矣."(『일성록』, 철종 12년 6월 19일)

周 烈王 때 국력이 미약해지자 제후들이 아무도 조회하러 오지 않았으나 齊 威王만 홀로 조회를 왔다고 한다(『사기』 권83, 「魯仲連傳」).

166) "內而賊匪, 外而洋夷, 兵興十年, 天下多事, 而閭閻市廠, 安堵如故, 無遑汲之色."(『일성록』, 철종 12년 6월 19일)

167) "無殺戮掠奪之患, 故市肆閭閻, 安堵如常."(위의 책)

으로 서양인들로부터 조약 체결과 관련하여 뇌물을 먹은 간신들의 농간이 작용한 것이라는 설[168)]을 추가 보고한 것 외에는, 정사나 박규수의 보고 내용과 거의 일치한다.

비변사와 박원양에게 보낸 박규수의 편지와 아울러 이상과 같은 정사와 서장관·수역의 귀국 보고를 종합해보면, 연행 결과 박규수가 도달하게 된 대외 인식은 대략 다음과 같은 것으로 추측할 수 있다. 우선, 박규수는 청조가 만성적인 내우외환으로 쇠망의 길로 접어들었으며, 관료와 군대의 부패와 무능 등으로 인해 이러한 추세를 만회하기 힘들 것으로 본 듯하다. 그러나 이와같은 장기적 전망에도 불구하고, 현단계에서는 청조가 안정을 회복·유지하고 있으며 서양 세력을 물리칠 수 있는 힘을 보유하고 있는 것으로 판단한 듯하다.

박규수가 이처럼 낙관적인 정세관을 지니게 된 요인으로는, 첫째 서양 세력이 영토 점령보다는 통상과 포교에 주력하고 있으며 약탈 행위를 하지 않는다는 사실, 둘째 증국번과 같은 몇몇 명장들의 활약으로 태평천국군과 비적들의 기세가 상당히 수그러든 점, 셋째 이에 따른 중국 민심의 안정 등을 들 수 있다. 여기에 추가할 것은, 그가 중화문명과 유교의 역량을 신뢰하고 있었다는 점이다. 앞서 살핀 대로 박규수가 출국 직전에 지은 시나 북경 체류 중 중국 인사들과의 모임에서 지은 시를 보면, 그는 아편전쟁 이래 서양의 중국 침투를 무엇보다도 기독교 문명과 유교 문명의 충돌로 받아들이고 있었다. 또한 유교의 우월성을 확신하고, 동서교섭의 결과 도리어 서양이 중

168) 여기에서 말하는 간신들은 공친왕을 비롯한 주화파를 가리킨다. 후일 박규수도 우의정으로서 국왕에게 아뢰기를, "함풍 연간에 서양 오랑캐가 뇌물을 바치고 통상과 기독교 전파의 꾀를 성사시키려고 했을 때 과연 즉시 엄하게 배척했더니, 서양 오랑캐가 도리어 감정을 품고 크게 군사를 일으켜 도성에 들어와서 마침내 황제를 겁박하여 축출했습니다" "공친왕 혼자만 스스로 (서양 오랑캐의 꾀에) 빠져들어 맥락이 서로 통했으나 사람들이 감히 이를 어쩌지 못했기 때문에 황제를 겁박하여 축출하는 지경에까지 이른 것입니다"라고 했다(『승정원일기』, 고종 11년 6월 25일).

화문명에 감화되는 날이 오리라고 믿었다. 북경조약으로 합법화되었음에도 불구하고 중국에서 기독교 포교가 매우 부진한 사실은 이같은 박규수의 신념을 더욱 굳혀주었으리라 짐작된다.

아마도 박규수는 자신의 사행이 소기의 성과를 거둔 것으로 만족했을 듯하다. 앞서 김윤식은 그에게 바친 증서에서, 청과의 기존 사대관계를 유지·강화함으로써 서양의 조선 침략에 대비하는 데 문안사 파견의 의의가 있다고 주장했다. 이에 비추어 보더라도, 북경사변을 당한 청을 위해 조공국 중 조선만이 위문 사절를 파견했다고 하여 함풍제로부터 특별 포상을 받고 '예의지방'이라는 칭송을 들은 사실은 큰 외교적 성과로 평가될 수 있었다. 그러므로 박규수는 압록강을 건너 귀국할 때 남병철에게 보낸 편지에서 '의기양양하게 갔다가 의기양양하게 돌아왔노라'고 사명을 완수한 기쁨을 드러내었던 것이다.

지금까지 학계에는 열하 문안사행의 결과 박규수가 청과의 사대관계를 강화하고자 하는 대청(對淸) 의존적 외교노선을 지향하게 되었다고 보는 설[169]과, 그와 반대로 이러한 외교노선에 회의하면서 대(對) 서양정책에서도 진취적인 자세를 취하기 시작했다고 보는 설[170]이 제기되어 있다.

그런데 전자의 경우, 청과의 사대관계에 의존하여 서양의 침투를 막고자 한 것은 어느 개인의 독자적인 견해가 아니라, 적어도 19세기 이후 조선 정부가 취해온 일관된 외교노선이었음을 상기할 필요가 있다. 그러므로 동지정사 신석우에 이어, 박규수를 포함한 열하 문안사 역시 중국 정세를 낙관적으로 보고했을 뿐 아니라, 위문사 파견에 대해 청이 이례적으로 깊은 감사를 표시한 사실은 조선 정부를 크게 안심·고무시켰을 것임에 틀림없다. 이에 따라 당시 조정의 공론도 청과의 유대 강화를 전제한 위에서, 내부 단속에 힘쓰면 무사하리라는 내수외양론으로 귀결되었던 것으로 보인다. 연행 당시

169) 原田環, 앞의 책, 99~100면; 하정식, 앞의 논문, 194~195면, 225면.
170) 손형부, 『박규수의 개화사상 연구』, 일조각 1997, 110~116면.

그가 쓴 어떤 글에서도 이를 뒷받침하는 분명한 증거가 발견되지는 않지만, 박규수 역시 그러한 입장에서 크게 벗어나지 않았으리라고 짐작된다.

한편, 그와 반대되는 설은 박규수의 청국관과 서양관이 연행을 계기로 크게 달라졌다고 본다. 즉 청이 내우외환으로 극히 쇠약해져 있다고 그가 보고한 것은 종래의 대청 의존적인 사대주의 외교노선에 대한 회의를 드러낸 것이며, 서양이 영토 점령보다 교역과 포교에 힘쓰며 중국에 영구히 진출하려는 의도를 지닌 것으로 보고한 것 등은 개방적이고 근본적인 대(對)서양 정책의 필요성을 시사한 셈이라는 것이다. 따라서 열하 문안사행은 "그의 대외개방의식이 해방론적인 것에서 외교・개국론으로 발전하는" 계기가 되었다고 평가한다.[171]

그러나 박규수는 청조의 장래를 비관적으로 전망한 것이 사실이지만, 현 단계에서는 청조가 아직도 안정을 유지하고 있는 것으로 판단했다. 그리고 이 점에서는 신석우나 조휘림 등의 보고도 마찬가지였다. 또한 서양이 교역에 치중한다는 정보 역시 박규수만이 보고한 것은 아니다. 김윤식이 증서에서 북경사변을 일으킨 서양의 의도가 영토 점령에 있지 않다는 설과 포교를 구실로 한 경제문제 해결에 있다는 설을 논박한 것은, 박규수의 연행 이전에도 이미 국내에 그와같은 여론이 있었음을 뜻한다. 귀국 이후 신석우는 서양의 조선 침략 가능성이 희박하다고 주장하면서, 그들은 교역을 일삼는데 우리나라에는 교역할 만한 재화가 없다는 점을 유력한 근거로 들기까지 했다.

따라서 박규수가 다른 사람들과 마찬가지로 서양이 영토 점령이나 약탈을 감행하지 않는다고 보고한 사실에 의거하여 그의 서양관이 우호적으로 바뀌었으리라 본다면, 이는 속단이라 하겠다. 북경조약을 통해 서양의 진출 목적이 아편 무역과 기독교 전파에 있는 것으로 인식된 만큼, 조선 정부가 절대적으로 금기시하는 이러한 문제들이 해소되지 않는 한, 박규수라 할지라도 서양과의 교섭과 문호개방을 주장하기는 어려웠을 것이다. 여기에 더하여,

171) 위의 책, 124면.

그가 아편전쟁의 의미를 무엇보다도 서양의 종교적 침투에 의한 '문명의 위기'로 파악했던 사실을 주목해야 한다. 물론 박규수는 동서교섭의 장래를 낙관하고 서양과의 접촉을 부정적으로만 보지는 않았지만, 이 역시 어디까지나 서양이 유교와 한자 문명을 받아들일 것을 전제로 한 발상이었다.

종래의 두 가지 설은 이상과 같은 문제점을 안고 있는 외에도, 공식적인 자료에만 의거함으로써 1861년의 연행에서 드러난 박규수의 중요한 사상적 일면을 놓치고 있다. 출국 직전이나 북경 체류 중에 지은 시들, 그리고 특히 '황명(皇明) 고적(古蹟)'에 집중된 북경 유람의 행적 등을 살펴보면, 당시 박규수는 1840년대 말 이후 「벽위신편 평어」 등에 표출된 사상적 경향의 연장선상에 있었음을 알 수 있다. 이는 그가 「벽위신편 평어」 등을 자신의 득의작(得意作)으로 여기고 뽑아 가지고 가, 북경에서 교유한 중국 인사들에게 보인 사실로도 단적으로 입증된다 하겠다.

앞서 살폈듯이 박규수는 출국을 앞두고 지은 시에서, 아편전쟁기의 중국 정세에 대해 기독교의 침투로 인한 유교 문명권의 일대 위기로 진단했다. 그러나 동시에 그는 불교와 같은 과거 이단 종교의 역사, 최근 유교의 해외 전파 사실 등을 들어, 중화의 유교 문명이 일시적 위기를 극복하고 나아가서는 서양인들조차 감복시킬 날이 오리라고 낙관했다. 그리고 북경 체류 중 심병성 등과 교유하며 지은 시에서도, 서양의 침략이 종교적 침투를 겸하고 있으므로 기독교를 배척하고 유교를 지켜나감으로써 현재의 난국을 극복할 수 있다고 주장했다. 이는 이전에 「벽위신편 평어」 등에서 표명한 그 자신의 견해와 합치하는 것이다.

북경 체류 중에 지은 시에서 또 하나 주목할 것은, 악사 양(襄)과 공자의 고사, 그리고 기자 동래설(箕子東來說)을 들어 조선이 중화문명의 일원으로서 유구한 역사를 지녔다는 자부심을 드러낸 대목이다. 이와같은 소중화(小中華) 의식은 연행 당시 박규수가 중화의 제도를 고수하고 있는 부인 복식에 깊은 관심을 쏟은 사실에서도 찾아볼 수 있다. 중국의 부인 복식에 대한 이러한 관심은 앞서 『거가잡복고』를 논한 장에서 살펴보았듯이, 명이 망한 이후 위기에 처한 중화문명을 지키기 위해 '소중화'인 조선의 의관문물을 더욱 철저히 중화의 제도로 개혁하고자 하는 의관제도 개혁론에 바탕을 둔 것이었다.

이와 아울러, 북경 체류 중 박규수가 탐방한 곳이 대개 명나라와 관련된 고적들이라는 사실을 주목할 필요가 있다. 자수사는 임진왜란 때 망할 뻔한 나라를 구해준 '재조지은(再造之恩)'으로 조선에서 길이 추모되어온 명 신종의 모후 효정태후의 유상을 봉안한 절이며, 장춘사는 명의 마지막 황제로서 사직(社稷)을 위해 자결한 의종의 모후 효순태후의 유상을 봉안한 절이다.[172] 또한 송균암은 명말 충신 양계성의 사당이고, 문승상사는 명초에 세운 송나라 충신 문천상의 사당이다. 법원사도 송말 충신 사방득이 순절한 곳이라는 점에서 유사한 성격의 고적이라 할 수 있다. 박규수가 자인사 내 고염무 사당을 참배한 것 역시 고염무의 학문뿐 아니라 명에 대한 절의를 존숭한 까닭이었다. 그리고 이처럼 그가 북경에서 '황명 고적'을 의도적으로 탐방한 것 자체가, 고염무가 신종과 의종의 능이 포함된 명 십삼릉(十三陵)을 여섯 차례나 찾아가 배알한 것과 방불한 행위라 볼 수 있다.

박규수는 1872년 재차 연행했을 때에도 자수사를 찾아 효정태후의 유상을 참배했다. 이를 두고 선배 윤정현은 "아아! 북경에 가는 인사 중 수준이 높은 사람은 중국인과 시문을 주고받고, 수준이 낮은 사람은 상점 따위를 유람할 뿐, 황명 고적을 탐방하는 데 뜻을 둔 사람이 있다는 말은 들은 적이 없다"고 하면서,[173] 박규수의 남다른 존명 의식을 칭송해 마지않았다. 박규수가 은둔기에 쓴 「고려사 홍무성유 발」에서 표출한 존명 의식이 이처럼 그

172) 1749년(영조 25년) 이후 1908년(순종 2년)까지 신종과 의종은 明 太祖와 함께 大報壇에서 祭享되었다. 의종의 殉社日은 민간에서도 追念되었으며, 북경에 간 조선인들은 의종이 자결한 景山(一名 萬歲山)을 애써 탐방하고자 했다(『연암집』 권3, 「貂裘記」, 권12, 『열하일기』, 「關內程史」, 장36뒤~37앞, 권15, 『열하일기』, 「黃圖紀略」, '萬壽山'조, 장3뒤~4앞 참조).

173) "噫! 入燕之人, 上焉者詩文唱酬, 下焉者廠肆遊覽, 未聞有志於訪求皇明古蹟 (…)"(『침계유고』 권4, 「書朴瓛卿二楊公遺墨跋後」)

의 연행 행적에서도 뚜렷이 드러나 있는 사실은, 그것이 박규수의 사상에서 변함없는 하나의 기저를 이루고 있음을 뜻하는 것이라 생각된다.

연행 당시의 시문이나 행적에서 드러난 박규수의 뿌리깊은 소중화 의식과 존명 의식은 일견 그의 대청 인식과 모순되는 듯이 보일지도 모른다. 박규수는 강렬한 존명 의식을 지니고 있었음에도 불구하고, 결코 반청적(反淸的)인 태도를 취하지는 않았다.[174] 예컨대 그는 심병성 등과 교유하며 지은 시에서 청의 조신(朝臣)인 그들과 함께 서양의 침략에 맞서 싸울 결의를 표했으며, 비변사로 보낸 편지에서는 위문사 파견 조치로 인해 청으로부터 특별 우대를 받은 사실을 외교적 성과로 보고했다. 그리고 반청(反淸) 세력인 태평천국군에 대해서도 약탈을 일삼는 도적의 무리에 불과한 것으로 매우 부정적으로 보았다.

이러한 모순은 박규수가 연암의 손자로서 북학파의 사상적 세례를 받은 사실을 유념하면, 어느정도 이해될 수 있으리라 본다. 주지하다시피 병자호란과 명·청 교체 이후 대두한 존명 배청주의는 청을 오랑캐라고 배척하고 '소중화'인 조선이 명을 대신하여 중화문명을 수호해야 한다는 주장이다. 그런데 이는 화(華)와 이(夷)의 변별 기준으로 인종과 지역보다 중화문명의 계승 여부를 중시하는 문화중심적 화이관(華夷觀)을 전제로 한 것이었다. 이러한 화이관에 의거할 때, 조선은 비록 '동이(東夷)'이지만 명이 망한 이후 천하에서 유일하게 중화문명을 계승·보존하고 있으므로 실질적으로는 '중화'라는 주장이 성립되는 것이다.

북학파는 존명 배청주의에 내포된 이같은 문화중심적 화이관을 전도(顚倒)시켜, 청조 문물 수용의 논리로 활용했다고 볼 수 있다. 연암은 청조는

174) 이와같은 존명의식과 親淸的 입장의 공존은 물론 박규수에게서만 발견되는 것은 아니며, 앞서 언급한 신석우의『입연기』에서도 찾아볼 수 있다. 조선 정부 역시 대내적으로는 對明 義理를 내세워 大報壇을 세우고 제사를 올리는 한편으로, 대외적으로는 청과의 사대관계에 의존하여 외세 침략을 막고자 했다. 이러한 모순이 개인의 차원이든 정부의 차원이든 實利를 추구하는 현실주의적 타산에서 빚어진 것이라고만 보기는 어려울 것이다.

'이(夷)'이지만 그 치하에서 발달한 문물은 어디까지나 '화(華)'라고 보는 '청조와 청조 문물의 분리론'에 입각하여 북학을 제창했거니와, 이것은 조선은 '이'이지만 그 문물은 '화'라는 종래의 주장을 뒤집어놓은 셈이었다. 여기에서 한걸음 더 나아가면, 중화문명을 계승한 점에서 청을 중국의 정통 왕조로 볼 수 있다는 현실적 대청관(對淸觀)에 도달하게 된다.[175)]

여기에 더하여, 서세동점과 아편전쟁의 발발은 서양 '오랑캐'의 군사적·종교적 침략에 맞서 중화문명을 수호해야 한다는 새로운 과제를 제기했다. 이에 따라 이제 청은 더 이상 중화문명을 유린한 오랑캐가 아니라, 조선과 함께 문명의 일대 위기에 대처해야 하는 운명공동체로 인식되었다. 앞서 보았듯이 김윤식은 박규수에게 바친 증서에서, 비록 중국의 의관제도를 바꾸기는 했지만 역대의 어느 한족(漢族) 왕조보다도 유교를 숭상하고 있다는 점에서 청의 중국 지배를 긍정한 반면, 기독교의 중국 침투에 대해서는 인류문명의 파괴로까지 규탄하면서 극력 배척했다. 이는 아편전쟁 이후 종래의 문화중심적 화이관이 청을 중화문명의 계승자로 인정하고 청과의 연대(連帶)를 정당화하는 논리로 전화(轉化)되었음을 보여주는 것이라 하겠다.

덧붙여 말해둘 것은, 이러한 문화중심적 화이관을 확대 적용한다면 대서양관에 있어서도 일대 전회(轉回)를 가져올 수 있다는 점이다. 청은 '이'이지만 그 문물은 '화'라는 논리를 밀고 나가면, 서양은 '이'이지만 그 문물은 '화'라는 논리 역시 성립될 수 있기 때문이다. 「벽위신편 평어」에 대한 검토에서 언급했듯이, 박규수에게 영향을 끼친 '서학중원설(西學中源說)'은 이미 그와같은 가능성을 내포하고 있었다. 서양의 발달한 과학기술이 실은 고대 중국에서 기원한 것, 즉 중화문명의 소산이라는 주장은 북학파가 주장한 '청조와 청조 문물의 분리론'에 상응하는 것으로, 말하자면 '서양과 서양 문물의 분리론'이라고도 할 수 있을 것이다.

다만 이러한 논리를 통해 북학파가 청으로부터 도입하고자 한 것은 양명

175) 김명호, 『열하일기 연구』, 121~125면 참조.

학이나 고증학이 아니라 '벽돌'과 '수레'로 표상되는 '이용후생(利用厚生)'의 선진 기술이었다. 그와 마찬가지로 매문정(梅文鼎) 등 서법중원설의 주창자들은 서양으로부터 천주교가 아니라 역법(曆法) 등에 응용될 수 있는 천문 수학만을 수용하고자 했다. 이처럼 성리학 또는 유교의 우월성에 대한 확신과 자부심 위에서, 외래 문물을 주체적·선별적으로 수용하고자 한 점에서도 양자는 상통한다. 이렇게 볼 때 북학파의 청조 문물 수용론으로부터 서학 중원설의 영향을 거쳐 개화사상의 동도서기론(東道西器論)에 이르는 사상적 발전 경로를 상정할 수 있을 것이다.

그런데 1861년의 연행을 통해 박규수는 일찍이 「벽위신편 평어」에서 도달했던 사상적 수준을 한 단계 더 발전시키지는 못했던 것으로 판단된다. 출국 직전이나 북경 체류 중에 지은 시에서 박규수는 여전히 유교와 중화문명의 우월성에 대한 확신을 견지하면서, 기독교의 침투로 빚어진 일시적 위기를 극복하고 장차 서양조차 중화문명의 일원으로 포섭되는 낙관적인 미래상을 그려보이고 있을 뿐, 대서양관에 있어서 발상의 전환을 찾아볼 수 없는 것이다. 이러한 한계는, 그 무렵 남병철이 서학중원설을 견강부회라고 통렬히 비판하고, 서양 과학기술의 우수성을 솔직히 인정한 위에서 대서양 외교에 있어서도 그와같은 공정한 자세로 임해야 한다고 과감한 주장을 편 사실과 비교해볼 때 더욱 두드러진다.[176)]

김윤식은 증서에서 문안사를 파견하는 의의의 하나로, 서양의 조선 침략에 대비하여 그들의 실정을 다방면으로 탐지할 필요성을 들었다. 박규수의 연행은 이 점에서도 일정한 한계를 보여준다. 아마 여러 가지 현실적인 제약 때문이었겠지만, 북경에서 그는 서양인의 동태에 관한 피상적인 관찰이나 소문의 수집에 그쳤을 뿐이고, 북경사변을 야기한 영국 등 서양 제국에 관한 정보에서 남다른 성과를 거두지는 못한 것이 사실이다. 오히려 그의 주된 관심사는 중국인들과 적극 교유하는 한편 '황명 고적'을 탐방하는 데 있었다.

176) 南秉哲, 『圭齋遺稿』 권5, 「書推步續解後」; 본서, 600~602면 참조.

북경사변으로 막을 내린 제2차 아편전쟁은 청으로 하여금 '해방시대(海防時代)'로부터 '양무시대(洋務時代)'로 전환하게 한 획기적 사건으로 평가된다. 제1차 아편전쟁 패배의 충격 속에서 『해국도지』와 『영환지략』 등이 출간되어 해방론(海防論)을 불러일으켰지만, 구체적인 실천이 뒤따르지 못한 가운데 청은 다시금 패전을 당하고 굴욕적인 북경조약을 맺게 되었다. 이에 따라 청의 대서양관에도 일대 변화가 일어났다. 청 정부는 종래 '이무(夷務)'를 담당하던 이번원(理藩院)과 예부를 대신하여 총리각국사무아문(總理各國事務衙門)을 설치하고, 그 산하에 영어를 비롯한 서양어를 학습하는 동문관(同文館)을 설립하는 등 '양무(洋務)'에 나서기 시작했다. 또한 개혁적 지식인들도 서양의 과학기술에 대해 '이기(夷技)'로 폄하하던 태도를 버리고 '중학(中學)'과 마찬가지로 진지하게 학습해야 할 '서학(西學)'으로 간주하게 되었다.[177)]

박규수가 귀국한 직후인 1861년 7월(양력 8월) 열하에 몽진 중이던 함풍제가 병사했다. 북경조약 체결 이후 함풍제의 북경 귀환 문제를 에워싸고, 청 조정에서는 주전론을 내세우며 귀환을 반대한 숙순(肅順) 등 열하파와, 조속한 귀환과 화의를 주장한 공친왕 등 북경파 간에 정치적 알력이 빚어졌다. 함풍제가 죽자 열하파가 기선을 제압하여 나이 어린 황장자를 황제로 추대하고 실권을 잡았지만, 곧이어 10월 황제의 친모인 서태후(西太后)가 공친왕 일파와 결탁하여 정변을 일으켜 열하파를 일소하고 수렴청정을 실시했다. 그리하여 실권을 장악한 공친왕 일파는 그후 의욕적인 '양무운동'을 통해 청조 지배체제의 재정비를 추진하게 되는데, 이는 동치제(同治帝)의 재위기간(1862년~1874년)에 해당되므로 '동치중흥(同治中興)'이라 일컬어지기도 한다.

물론 박규수가 열하 문안사로 북경에 갔을 당시는 아직 그러한 움직임이 태동하기 전이었다. 그러나 귀국 이후에도 그가 동치중흥기 중국의 양무운

177) 蕭一山, 앞의 책, 제3권, 832~3면; 小野澤精一 등 편, 『氣의 思想』, 원광대출판국 1987, 588~589면 참조.

동에 대해 관심을 기울인 흔적을 찾아보기 어렵다. 제2차 아편전쟁 이후 중국에서 양무시대가 개막된 것과 달리, 같은 시기 조선에서는 그와 상응하는 변혁의 움직임이 일어나지 않았던 것은 일견 불가사의하기까지 하다. 이는 아마도 박규수뿐 아니라 신석우·조휘림 등 북경사변 직후 현지를 답사한 사신들이 모두 중국 정세가 안정되어 있으며 서양의 침략 가능성이 희박한 것으로 판단하는 등 낙관적인 보고를 한 사실과 관련이 깊을 것이다. 그 결과 고식적인(姑息的)인 내수외양론으로 대처하던 중, 불과 수년 뒤 프랑스 함대가 강화도를 침공하는 병인양요를 겪게 된다.

## 5. 귀국 후 중국 문사와의 교신

1861년 6월 귀국한 이후 박규수는 북경에서 사귄 중국 인사들과 주고받은 시문과 서화 등속을 책자로 만들었던 듯하다.[178] 뿐만 아니라 그는 중국 인사들과 꾸준한 서신 왕래를 통해 우의를 다지면서, 학술과 문학상의 교류를 추구하는 한편 같은 시대를 살아가는 동아시아 지식인으로서의 고뇌를 함께 나누고자 했다.

귀국한 그해 10월 박규수는 심병성과 풍지기·황운혹에게 편지를 보냈으며, 아마도 같은 무렵에 왕증·왕헌·동문환·설춘려에게도 편지를 보낸 듯하다. 심병성에게 보낸 10월 21일자 편지에서 박규수는 앞서 8월 그믐께 헌서관(憲書官: 시헌서 재자관) 편에 부친 편지를 받았는지 묻고 나서, "전에 북경에서 여러 군자들과 교유할 수 있었던 날들이 많지 않았다고 할 수는 없

178) 박규수의 장서 목록인 『錦篋藏弆錄』 중 「藝海珠囊」 上函의 목록에 『辛酉燕館五言帖』이 있음을 볼 수 있다. 그리고 下函의 목록에는 각각 왕헌과 동문환의 시를 수록한 『顧齋詩錄』, 『研樵詩錄』 등이 있다. 한편 조면호는 박규수로부터 북경 명사들의 시문과 서화를 빌려 보고 나서 사의를 표하는 시를 지었다(『玉垂集』 권7, 「借讀瓛齋所示燕中諸名士詩文書畵卷 附謝」).

지만, 일단 북경 성문을 벗어나서 머리를 돌려 회상하니, 미처 못다 한 말들이 어찌 그리 많았던지요! 만감이 교차하여 한동안 안정하기 힘들었습니다"라고 애틋한 그리움을 토로했다.[179] 그리고 이어서 다음과 같이 우정론을 펼치고 있다.

> 우리 조선의 선비들은 태어나서 늙고 병들어 죽을 때까지 국토를 벗어나지 못하여, 고루하게도 한 선생의 말씀만 지킵니다. 비록 그러하나, 고을 안에 선량한 선비들이 반드시 없지는 않아서, 함께 모여 강습할뿐더러 진실로 '글로써 벗을 사귀고 벗으로써 인(仁)을 보완하는' 이들도 있습니다. 그러나 말세가 되면서부터 이러한 도(道) 역시 희박해져, 기껏해야 서로 명성을 추켜대면서 권세와 이익으로 서로 흠모하고 좋아하지요. 아마도 중국의 사대부 역시 이러한 폐단이 없을 수는 없으리라 생각합니다. 명성과 이익으로 사귐을 논하는 것은 군자가 부끄러워하는 바요, 이 몇 가지(즉 명성과 이익과 권세—인용자)를 버려야만 우도(友道)가 마침내 드러나지요. 이것이야말로 제가 평생 감개(感慨)하면서, 무리에서 벗어나 고립된 이유입니다.
>
> 그런데 지금 마침내 오형(吾兄: 중국 인사를 가리킴)들과 몽매간에도 미치지 못하던 곳에서 함께 만났으며, 산과 바다로 가로막힌 곳에 떨어지게 되었으되 서로 속마음을 털어놓으며 간절하게 그리워합니다. 이는 오직 응당 추구하는 것이 의기의 투합이요, 기대하는 것이 언행의 일치이기 때문입니다. 저 몇 가지 것(즉 명성과 이익과 권세)과는 털끝만큼도 관계가 없습니다. 그렇다면 저의 진정한 벗은 중국에 있고, 여러분들의 진정한 벗은 조선에 있습니다.[180]

179) "前在日下, 得與諸君子遊, 爲日不爲不富, 而一出都門, 回首追想, 何其多未了語也! 萬緖交縈, 久難自定."(『환재집』 권10, 「與沈仲復秉成」(1), 장2앞)

180) "吾東之士, 生老病死, 不離邦域, 局局然一先生之言. 雖然, 一鄕善士, 未必無之, 相與盍簪講習, 固亦有文會友而友輔仁者. 叔季以來, 此道亦鮮, 竟不過聲譽相推詡, 勢利相慕悅. 竊恐中原士夫亦不能無此弊耳. 名利論交, 君子所恥, 去此數者, 友道乃見. 此所以弟之平生感慨, 孤立無群者也. 今乃吾兄輩, 會合於夢寐之所未及, 睽阻於山海之所限隔, 而爲之傾倒披露, 繾綣依黯. 惟是應求者聲氣之相同也, 期望者言行之相顧也, 於彼數事, 豪無可涉. 然則弟之眞正朋友在中州, 而諸君之眞正朋友在於海左也."(위의 편지, 장2앞뒤) 인용문 중

요컨대 그는 명예나 이해관계 및 권세 추구에서 초월한 진정한 우정을 염원할 뿐 아니라, 그러한 우정이 화이(華夷)의 차별을 초월하여 조선과 청국의 사대부간에 이루어질 수 있다고 보았다. 이와같은 박규수의 주장은 바로 조부 연암의 우정론을 계승한 것이다. 연암은 당시 조선의 사대부들이 명예와 이익과 권세만을 추구함으로써 우도가 날로 타락한 현실을 통탄하고 당파나 신분을 초월한 우정을 갈망했을 뿐 아니라, 나아가 홍대용과 엄성 등의 결교와 같이 화이의 차별을 초월한 순수한 우정을 찬양해 마지않았던 것이다.[181)]

또한 같은 편지에서 박규수는 양국 인사들간에 서신 왕래를 꺼리는 풍조에 대해서도 통렬히 비판했다.

> 생각건대 우리나라의 선비 중에 북경에서 중국인들과 교유하고서는 귀국할 때 흔히 "인신무외교(人臣無外交: 남의 신하된 자는 외교를 해서는 안 된다는 뜻)"라는 말을 서로 인용하면서, 감히 서신 왕래를 빈번하게 하지 않는 것을 의리라고 여기는 사람들이 있는데 이는 몹시 가소로운 일입니다. 이른바 '외교'란 어찌 남의 신하된 자가 서로 교제함을 말한 것이겠습니까? 『예기』의 본문에는 이같은 설은 있지 않습니다. 만약 그 설대로라면, 공자가 거원(蘧瑗: 衛나라 대부)과 서로 사자를 보낸 것은 부당하며, 숙향(叔向: 晉 羊舌肹)과 자산(子産: 鄭 公孫僑)과 안평중(晏平仲: 齊 晏嬰)이 계찰(季札: 吳나라 公子)과 사귄 것은 모두 부당합니다. 어찌 이럴 리가 있습니까? 설혹 열국(列國: 諸侯國)의 대부(大夫)에 대해 이러한 설이 있다 하더라도, 어찌

---

'고을 안의 선량한 선비'는 『맹자』 萬章下에 나오는 '一鄕之善士'를 가리킨다. '一國之善士'나 '天下之善士'와 대비되는 개념이다. '글로써 벗을 사귀고 벗으로써 仁을 보완한다(以文會友, 以友輔仁)'는 것은 『논어』 「顔淵」에서 曾子가 한 말이다.

181) 김명호, 『박지원 문학 연구』, 성균관대 대동문화연구원 2001, 32~34면 참조. 이러한 우정론은 박규수의 첫 저작인 『상고도 회문의례』에 이미 나타나 있다(『상고도 회문의례』 권14, 隱目, 「司馬德操訪龐德公」, 『환재총서』 제3책, 525~532면).

천하가 일가(一家)가 되고 사해(四海)가 회동(會同)하는 시대에다 비교하여 적용할 수 있겠습니까?[182)]

『예기』「교특생(郊特牲)」 중의 '인신무외교'란 구절에 대한 정현(鄭玄)의 주(注)에 밝혀져 있듯이, 원래 '외교'란 사신이 다른 나라의 제후를 사적으로 만나는 것을 뜻한다. 사신으로 간 자가 그러한 은밀한 방식으로 제 나라의 군주를 배신할 가능성을 차단하기 하기 위해 '인신무외교'란 예법이 생겼다. 그럼에도 불구하고 『예기』의 이 구절을 들어 조·청 양국의 인사들이 국경을 넘어 사신(私信)을 주고받는 것을 꺼리는 풍조를 박규수는 비판한 것이다.

여기에서 유의할 점은, 박규수가 청을 종주국으로 한 동아시아의 사대주의적 국제질서에 대해 "천하일가(天下一家)"요 "사해회동(四海會同)"의 시대로 긍정하고 있는 사실이다.[183)] 청을 중국의 정통 왕조로 인정하는 이러

182) "仍念吾東之士有日下交游, 歸時兩相援据者, 輒曰人臣無外交, 以不敢頻頻往復爲義理, 此最可笑. 所謂外交者, 豈人臣相交之謂耶? 禮經本文無有是說. 若如彼說, 則是仲尼不當與遽(蘧의 오자)瑗通使也, 叔向·子產·晏平仲皆不當與季札交也. 豈有是哉? 設或列國大夫有是說也, 豈可比援於天下一家四海會同之世哉?"(『환재집』 권10, 「與沈仲復秉成」(1), 장4앞뒤).

183) 여기에서 '天下一家四海會同之世'라고 한 구절에 대해 손형부, 『박규수의 개화사상 연구』, 일조각 1997, 117면에서는 "당시의 국제정세가 중국을 중심으로 전개되었던 시대를 벗어나서 서양 등 세계 열국이 동양에 진출하여 一家와 같이 가까워지고 서로 회동하는 시대로 변화하였다고 인식하였던 것"이라 하여, 박규수가 첫번째 연행 이후 대서양 외교론을 주장했다는 근거로 삼았다. 송병기, 「박규수의 對美開國論」에서도 그와 유사한 견해를 표명했다. 즉 이 편지에서 박규수가 '인신무외교'에 대해 "'천하가 일가가 되고 사해가 회동하는 세상', 즉 동·서양이 하나가 된 오늘에 와서 원용할 수 없는 것이라고 밝히고 있어" "對美修交를 위한 또 하나의 이론적 근거가 마련되고 있었던 것"이라고 했다(이기백 선생 고희기념, 『韓國史學論叢』, 하권, 일조각 1996, 1513면).

그러나 이는 편지의 구체적인 맥락을 무시하고 '四海會同'의 뜻을 오해한 위에서 이루어진 확대 해석이라 생각된다. '四海'란 『爾雅』에서 "九夷八狄七戎六蠻, 謂之四海"라고 했듯이, 중국 주변의 異民族들을 가리키는 총칭이다. '會同'이란 제후들이 천자를 朝會하고 조공을 바친다는 뜻으로, 晉 潘岳의 「上客舍議」에 "乃今四海會同, 九服納貢"이라는 용례가 있다. 요컨대 박규수는 청을 중심으로 동아시아의 평화적 국제질서가 확립된 시대라는 뜻으로 그와같은 표현을 쓴 것이다.

한 현실적 대청관에 따르면, 춘추 열국시대에 제후국간의 외교에 적용되던 규범을 현재의 조・청 관계에 적용하는 것은 시대착오가 아닐 수 없다. 그러므로 박규수는 심병성에게 "바라건대 형은 혹시라도 이러한 설에 현혹되지 마시고, 적절한 인편이 있을 때마다 소식을 보내주심이 어떠하올지요?"[184] 라고 하여, 계속적인 서신 교류를 간청했다.

이와 아울러 그는 심병성의 선조에 대해 알고 싶다고 하면서 족보를 보내주기를 요청하고, 이에 앞서 자기 집안의 족보를 보낸다고 했다. 그리고 7대조 박미의 글 중에서 자신이 애송해 마지않는 찬어(贊語)를 소개하고 이를 심병성이 글씨로 써서 보내주기를 희망했다.[185]

한편 풍지기에 보낸 같은 날짜의 편지에서 박규수는 북경에서 귀로에 오를 때 지방관으로 부임차 떠난 그와 작별 인사를 나누지 못한 것을 아쉬워하면서, 부임지인 여주부(廬州府: 安徽省 合肥 일대)가 태평천국군으로부터 수복・정돈되었는지 염려했다. 그리고 비록 몹시 고생스럽더라도 글 읽는 선비가 남다른 절개를 발휘할 수 있는 천시(天時)를 만났다고 여기고 분발할 것을 당부했다.[186] 앞서 보았듯이 비변사로 보낸 편지에서 그는 태평천국군에 대해 '월비(粵匪)'로 지칭하면서 청조 지배체제를 교란하는 암적인 존재로 간주했다. 태평천국군의 점령지역 가까이로 부임하게 된 풍지기의 안부를 묻는 이 편지에서도 친청적(親淸的)인 견지에서 태평천국군의 활동을 부정적으로 보는 그의 인식이 드러나 있다고 하겠다.

같은 무렵 동문환에게 보낸 편지에서 박규수는 "북경에서 종유하던 즐거움을 회상할 때마다 의연히 몽상에 젖어, 연행시 가져간 상자 속의 편지와 글씨들을 모두 꺼내어서는 마치 얼굴을 마주한 듯 대하고 수백번 쓰다듬어도 지루한 줄 모르겠습니다. 남들은 혹 이런 나를 조소하겠지만, 그래도 개

184) "願兄無或爲是說所惑, 每因風便, 惠我德音, 如何如何?"(『환재집』 권10, 「與沈仲復秉成」(1), 장4앞뒤)
185) 위의 편지, 장4뒤~5앞.
186) 『환재집』 권10, 「與馮魯川志沂」, 장1앞뒤.

동문환 사진. 1872년 촬영.
**출처**『韓客詩存』, 書目文獻出版社 1996.

의치 않습니다"[187]라고 절절한 그리움을 토로했다. 그리고 동문환과 같은 산서성(山西省) 출신의 곽태봉(郭泰峯)·곽집환(郭執桓) 부자와 『회성원집(繪聲園集)』에 대해 질문했다.

> 귀성(貴省)의 선배에 곽태봉, 자가 청령(靑嶺), 호가 목암(木菴)이란 분이 있으며, 그 아들 집환은 자가 봉규(封圭) 또는 근정(勤庭)이고 『회성원집』이 있습니다. 이는 어느 현(縣)을 본적으로 한 성씨인지 형은 알 수 있는지요?

187) "每念日下從遊之樂, 夢想依然, 悉出行篋中書牘墨蹟, 對之如面, 摩挲百回, 不知厭倦. 人或嘲我, 而亦不恤也."(『환재집』 권10, 「與董研秋文煥」(1), 장27뒤)

그의 시는 해맑고 담담하여 속기(俗氣)가 적은데, 형은 이를 본 적이 있는지요? 나의 조부가 예전에 청령을 위해 「담원팔영(澹園八詠)」을 지었기 때문에 여쭙는 것입니다.[188]

일찍이 곽집환(1746~1775)은 부친 곽태봉에게 축수(祝壽)하고자 부친의 거처인 담원(澹園)을 노래한 시를 조선의 명사들에게 구했다. 곽집환의 친구로서 연행중의 홍대용과 교분을 맺은 등사민(鄧師閔)이 그 부탁을 국내에 전했으므로, 연암과 이덕무·유득공·박제가 등은 「담원팔영」 시를 지었으며, 아울러 곽집환의 문집인 『회성원집』에 대해서도 연암과 홍대용이 서발(序跋)을 지어준 바 있다.[189] 박규수는 마침 산서성 출신인 동문환을 통해 조부 연암 때의 문연(文緣)을 되살리고 싶었던 것이다.

이에 대해 동문환이 1862년 1월 29일자의 답신을 보내왔다. 이 편지에서 그는 풍지기가 작년 가을에 북경을 떠났으나 도로가 막혀 아직 임지인 여주에 도착하지 못했다는 소식을 전한 뒤, 박규수가 문의한 곽태봉 부자에 관해서도 "곽청령 선생에 대한 문의를 받자옵고 동인들에게 두루 물었으나, 폐성(敝省—산서성)에서는 여태껏 이름을 들은 적이 없으니, 혹시 본적이 다른데 형께서 잘못 기억하신 걸까요?"라고 답했다. 이와 아울러 박규수가 법원사에서 보았던 「운휘장군비」의 탁본은 구입하는 대로 보내겠으며, 『노천시집(魯川詩集)』 『영루시선(咏樓詩選)』 『추회창화시(秋懷唱和詩)』 각 1권을 보낸다고 했다.[190]

188) "貴省前輩有郭泰峯, 字靑嶺, 號木菴. 其子執桓, 字叔(封의 오자)圭, 又字覲廷(勤庭), 有繪聲園集. 此係何縣人氏, 兄可知得否? 其詩, 淸虛淡遠, 少烟火氣, 兄曾見否? 先王父, 曾爲靑嶺, 作澹園八咏, 故所以相叩耳."(위의 편지, 장27뒤~28앞)

189) 박영철 편, 『연암집』 권3, 「繪聲園集跋」, 권4, 「담원팔영」, 권14, 『열하일기』 「避暑錄」, 장51뒤~52뒤; 홍대용, 『湛軒書』 內集, 권3, 「繪聲園詩跋」; 이덕무, 『靑莊館全書』 권10, 『雅亭遺稿』 2, 「담원팔영」; 유득공, 『泠齋集』 권1, 「담원팔영」.

박규수가 곽집환의 시를 평한 '淸虛淡遠, 少烟火氣'란 말은 『열하일기』 「피서록」에서 "觀其集, 淸虛灑脫, 類不火食者"라고 한 연암의 평어를 거의 그대로 옮긴 것이다.

190) 동문환, 「答朝鮮朴瓛卿書」, 『한객시존』, 277~278면. "承詢敦(郭의 오자)靑嶺先生, 遍

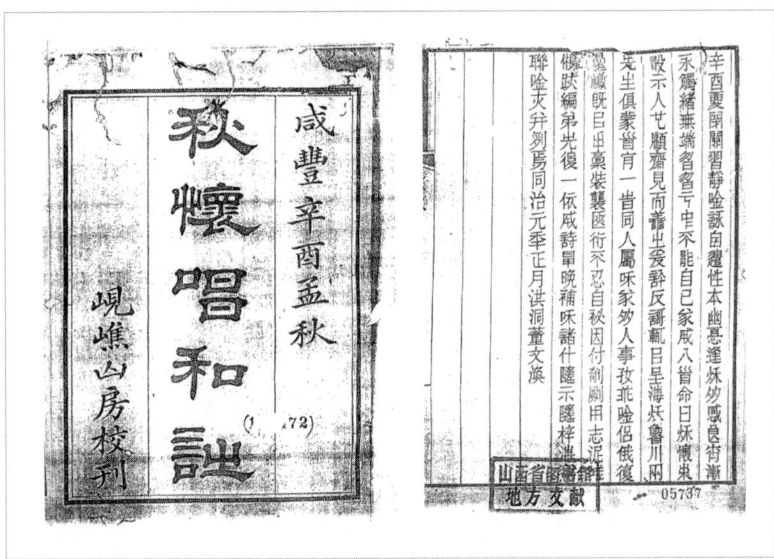


『추회창화시』 속표지와 동문환의 서문.

1862년 2월 진주농민항쟁이 발발하자 박규수는 안핵사(按覈使)로 파견되어 5월까지 진주에 머물면서 사태수습에 진력했다. 이러한 와중에서도 그는 중국 인사들과의 서신 왕래에 줄곧 깊은 관심을 기울였다.[191] 예컨대 4월

---

詢同人, 敝省向未聞名, 或系他籍, 兄誤記耶?"

1862년 1월 17일 謝恩兼冬至使行(정사 李源命)의 역관 李容肅과 金奭準이 동문환을 방문하여 박규수의 편지를 전달했다. 2월 5일 동문환은 이원명·이용숙·김석준과 가진 송별연에서 자신의 답서를 박규수에게 전해주도록 부탁했다(李豫, 「董硯樵先生年譜長編」, 董壽平·李豫 主編, 『淸季洪洞董氏日記六種』, 北京圖書館出版社 1996, 제6책, 45면, 49면). 『노천시집』은 풍지기의 시집이고, 『영루시선』은 심병성이 同人들의 작품을 뽑아 편찬한 시집이다. 『추회창화시』는 동문환이 자신의 「秋懷詩」에 대해 왕헌·풍지기·허종형·황운혹·공헌각·공헌이·동린 등 동인들과 조선인 이원명·이용숙·朴永輔·李尙迪 등이 창화한 시들을 모아 1861년에 간행한 것이다(李豫, 위의 책, 47면; 『秋懷唱和詩』, 峴樵山房校刊, 董文渙, 「秋懷唱和詩引」). 그 뒤 1864년에 동문환의 문하생들과 아우 董文燦, 조선인 趙徽林 등의 시를 추가하여 간행하였다.

191) 『환재집』 권8, 「與溫卿」(14), 장12뒤, 「與溫卿」(16), 장14앞, 「與溫卿」(19), 장17뒤.

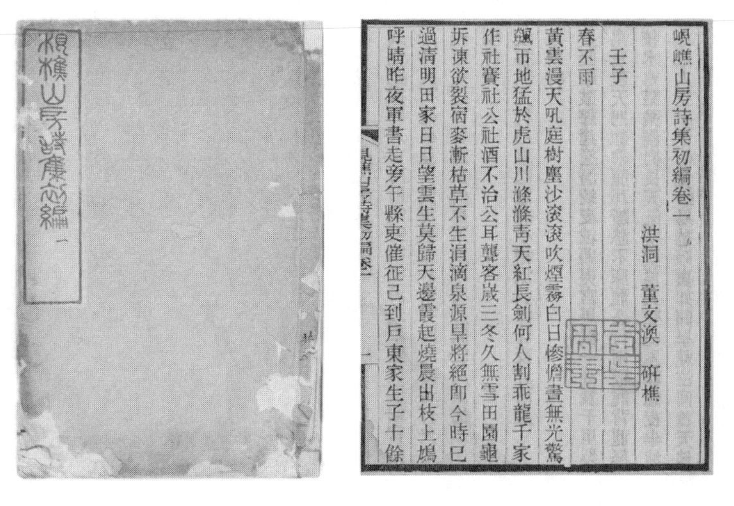

동문환의 『연초산방시집』 표지(좌). 『연초산방시집』 본문(우).
역관 시인 이용숙(李容肅)의 장서인이 찍혀 있다. 수경실(修綆室) 소장.

17일자 아우 박선수에게 보낸 편지에서 그는 "중국의 벗들의 서신은 분실되지 않고 당도했는지? 항주가 함락되어 용백(容伯: 정공수의 자)의 집안이 몹시 참담하게 되었은즉, 중복(仲復: 심병성의 자) 역시 항주가 있는 절강성 사람인데 무고하다고 하던지?"라고 물었다.[192] 아마도 작년 11월(양력 12월) 말 충왕(忠王) 이수성(李秀成) 휘하의 태평천국군이 대대적인 공격 끝에 항주를 재차 점령하는 통에, 항주부 전당(錢塘) 출신인 정공수의 집안이 막심한 피해를 입었다는 소식을 접한 박규수는 같은 고장 출신인 심병성 집안의 안부가 몹시 궁금했던 모양이다.

또 5월 15일자 편지에서 박규수는 "심중복이 역주(易州: 河北省 易縣)에 간 것 또한 틀림없이 내가 지금 진주에 간 것과 같을 터이니, 대략 서로 같

192) "中原朋友書信, 能無失而來致否? 杭州失陷, 容伯家最慘, 則仲復亦杭省人也, 能無恙云耶?"(『환재집』 권8, 「與溫卿」(17), 장15뒤)

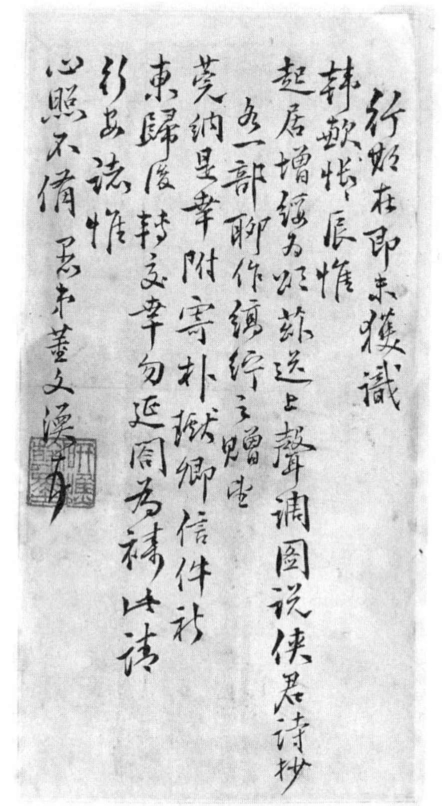
行旌在即未獲識
荊歎悵悵惟
起居增綏爲頌茲送上聲調圖說俠君詩抄
各一部聊作縞紵之贈望
莞納是幸附寄朴瓛卿信件於
東歸後轉交幸勿延閣爲禱此請
行安諸惟
心照不備 愚弟董文渙手

1868년 동문환이 동지 정사 김익문(金益文)에게 보낸 간찰. 박규수에게 보내는 편지를 전해 달라는 내용이 포함되어 있다.
**출처** 『추사 글씨 귀향전』, 과천시·경기문화재단 2006.

은 처지인 것도 시운인가 보다"라고 탄식했다.[193] 그는 심병성이 역주에 파견되었다는 소식을 듣고는, 자신의 경우와 마찬가지로 민란 진압과 관련된 사무일 것으로 짐작하고, 청과 조선 양국이 모두 내정 문란으로 어지러운 시대라 두 사람도 비슷한 처지에 놓이게 된 것을 한탄한 것이다.

진주농민항쟁 수습을 위해 안핵사로 활동하던 1862년 심병성에게 보낸

193) "沈仲復易州之行, 必亦吾今者之行也. 大略相同, 亦時運耳."(『환재집』 권8, 「與溫卿」(21), 장20앞)

박규수의 편지 3통이 『환재집』에 전하고 있다. 농민항쟁 발발 직전에 보낸 첫번째 편지에서 박규수는 작년 연말 헌서관 편에 보낸 답장을 받았노라고 알리고, 심병성이 작년 가을 산서성의 향시(鄕試) 부고관(副考官)으로서 다수의 인재를 선발한 사실을 축하했다. 그리고 향시 급제자 명단을 알고 싶다고 하면서, 아울러 우리나라 선비들에게 중국의 과문(科文)을 소개하고 싶으니 향시 수석인 해원(解元)의 답안지를 보내주도록 요청했다.

한편 박규수는 심병성이 발간할 계획이라는 동인들의 시선(詩選)[194]은 몇 권이 될 예정인지를 묻고, 그중 자신과 증답(贈答)한 시가 있어 그 제목에 자신의 이름이 끼이게 된다면 영광이겠노라고 했다. 또한 창화한 시 뒤에 원시(原詩)를 부록으로 소개하는 관례에 따라, 자신이 북경에서 지은 「고염무 사당에 모여 음복하고 심중복 등 여러분에게 지어주다(顧祠會飮 賦贈沈仲復諸公)」가 혹시 그 시선에 수록된다면, 동문환이 보관하고 있는 원본을 택하여 실어주도록 부탁했다.[195]

안핵사직에서 해임되어 상경한 뒤인 윤8월 19일에 보낸 편지에서 박규수는 그간 자신이 진주에 파견되었던 관계로 한양 자택에 이미 당도한 심병성의 답신 3통을 이제야 한꺼번에 읽었노라고 밝혔다. 그리고 이를 통해 심병성이 자신과 비슷한 성격의 임무로 역주에 파견되었음을 알고 안타까워하는 한편, 황운혹의 승진과 왕헌의 진사 급제를 축하했다. 아울러 심병성이 보내준 산서 향시 급제자 명단에 동문환의 아우인 동문찬(董文燦)의 이름이 있던데 그가 회시(會試)에도 급제했는지를 물었다.[196]

그 뒤 겨울에 보낸 편지에서 박규수는 심병성이 보내준 그 집안 족보를

194) 『咏樓盍簪集』을 가리킨다. 그 일환으로 왕헌의 『顧齋詩錄』이 1862년 초에 간행되었다(왕헌, 『고재시록』, 심병성 序 및 自序; 신석우, 『해장집』 권9, 「又(與沈翰林仲復書)」 壬戌, 장42앞 참조).

195) 『환재집』 권10, 「與沈仲復秉成」(2), 장5뒤~6앞.

196) 『환재집』 권10, 「與沈仲復秉成」(3), 장6뒤~7앞. 동문찬은 그해 4월 2일에 실시된 회시에 병으로 응시하지 못했다(李豫, 「董硯樵先生年譜長編」, 董壽平·李豫 主編, 앞의 책, 51면).

받았음을 알리고 있다. 그리고 당시 한림 편수인 심병성이 명(明) 장거정(張居正)의 『제감도설(帝鑑圖說)』[197]을 주해(注解)한 사실과 관련하여, 이와 아울러 경연(經筵)을 위해 진상할 만한 양서(良書)로 초횡(焦竑)의 『양정도해(養正圖解)』를 추천했다. 또 박규수는 심병성에게 천자를 보도(輔導)하는 신하의 책임이 막중함을 강조하면서, 장거정이 어린 군주인 신종(神宗)을 잘 보필하여 큰 공을 세운 사례를 들고, 이는 또한 그를 기용한 효정태후의 현명함 덕분이었다고 했다. 그런데 지난번 연행 중 북경 자수사에서 효정태후를 그린 구련보살상이 낡은 것을 보고 크게 탄식했다고 하면서, 뜻있는 인사를 만나 그 영정이 보수되었으면 하는 바람을 나타냈다.[198]

같은 편지에서 박규수는 여주 지부(知府) 풍지기가 태평천국군의 공격을 물리친 수성(守城)의 공으로 화령(花翎: 청 황제가 유공자에게 하사하는 공작 깃털)을 수상한 사실을 축하했다. 그리고 『영루합잠집(咏樓盍簪集)』이 완성·간행되었다면 한 질 얻고 싶다고 하면서, 이같은 동인들의 시선 외에 청 왕창(王昶)의 『호해시전(湖海詩傳)』 『호해문전(湖海文傳)』과 같이 제가(諸家)의 글들 중 "적용문자(適用文字)" 즉 경세제민(經世濟民)에 기여하는 글들을 뽑아 간행해보도록 제안했다.

또한 별지(別紙)에서 그는 다음과 같이 왕민호(王民皥) 등 1780년 연행 당시 조부 연암이 교분을 맺었던 중국 인사들의 행적에 관해 알아보아주기를 부탁했다.

또 아뢰니다. 저의 조부가 북경에서 교유한 조지산(曹地山)[199]·윤형산

---

197) 『제감도설』은 군왕의 治道에 대해 고사를 들고 그림을 붙여 直解한 책이다. 이 편지에서 박규수가 "일찍이 보았다"고 말한 대로, 그의 『상고도 회문의례』에 이미 인용되었다(『四庫提要』 권90, 史部 46, 史評類存目 2, 「제감도설」; 『상고도 회문의례』 권2, 제7부, 隱目, 권5, 제17부, 文目, 권8, 제40부, 武目 참조).

198) 1867년 1월 8일자 동문환에게 보낸 편지에서 박규수는 "同治紀年之冬, 曾道於仲復書中"이라 하여 심병성에게 그렇게 말한 사실을 밝혔다(박규수, 「致硏秋函」, 『한객시존』, 296면).

199) 地山은 당시 예부 상서 曹秀先의 字. 조수선은 『明史』 편찬에 참여했으며, 문장과 학문

(尹亨山)[200] · 초이원(初頤園)[201]과 같은 분들은 모두 중국에서 명망이 현저한 분들이었습니다. 그중 거인(擧人) 왕씨(王氏), 이름은 민호, 호는 혹정(鵠汀)이란 분이 있어 가장 친하게 교제했으나, 그후 벼슬이 어떠했는지 알지 못하며 세상에 전하는 저술이 있다는 소식을 듣지 못했습니다. 바라건대 수소문하여 가르쳐주실 수 있으신지요? 왕씨는 강소성 사람입니다. 왕혹정의 벗으로 개휴연(介休然)이 있는데, 자가 태초(太初), 호가 희암(希菴)이고, 촉(蜀) 지방 사람입니다. 건륭 경자(庚子) 연간에 역주의 이가장(李家莊)에 와 살았으며, 저서로 『옹백담수(翁伯談藪)』 『북리제해(北里齊諧』 『양각원(羊角源)』 등이 있는데, 그의 벗 동정(董程) · 동계(董稽)의 처소에 맡겨놓았습니다. 혹정이 말하기를 "그의 책들이 반드시 후세에 전할 것은 의심할 바 없다"고 했답니다. 이 책이 세간에 나돈 적이 있는지 모르겠습니다. 아울러 가르쳐주시기 바랍니다.[202]

강소성 출신의 거인 왕민호(1727~?)는 과거 보기를 단념한 채 열하의 태학(太學)에 기거하면서 아이들을 가르치던 노학구(老學究)였다. 그러나 이러한 궁색한 외관에도 불구하고, 그는 경사자집(經史子集)에 두루 달통한 '굉유(宏儒) 괴걸(魁傑)'이요, 고금의 역사 · 음악 · 학술 등 다방면에 걸쳐 식견이 뛰어난 '굉박호변지사(宏博好辯之士)'였다. 연암은 연행 당시 열하에서

이 "當世冠首"로 일컬어졌다고 한다.

200) 亨山은 前代理寺卿 尹嘉銓(1711~1781)의 호. 그는 詩書畵에 모두 뛰어났으며, 『淸會典』 편찬에 참여했다. 文字獄에 걸려 처형되었다.

201) 頤園은 당시 한림 初彭齡의 호. 그는 나중에 병부 상서까지 역임했다.

박규수의 장서 목록인 『금협장거록』 「聚錦雜識」 上函에는 '珠券 初彭齡 試券'이 들어 있다. 연암이 연행 당시에 구한 것으로 짐작된다.

202) "又啓. 先王父日下交游, 如曹地山 · 尹亨山 · 初頤園諸公, 皆聞望著於海內者, 而其中有王擧人, 名民皥, 號鵠汀者, 最爲至交, 而未知後來宦業如何, 亦未聞有著述傳世. 幸可訪問而指教之否? 王是江蘇人耳. 王鵠汀之友有介休然, 字太初, 號希菴, 蜀人也. 乾隆庚子年間, 來住易州李家莊, 著有翁伯談藪 · 北里齊諧 · 羊角源等書, 寄在其友董程 · 董稽處. 鵠汀云, 其書必傳無疑. 未知此書曾行世間否. 並望教示之."(『환재집』 권10, 「與沈仲復秉成」 (4), 장9뒤~10앞)

그를 만나, 엿새 동안이나 함께 진지한 토론을 나누었다. 『열하일기』 중의 「망양록(忘羊錄)」과 「혹정필담(鵠汀筆談)」은 전편(全篇)이 그와의 단독 필담으로 되어 있을 정도이다.[203] 그의 친구인 개휴연은 경행(經行)으로 추천되어 강서 교수(江西敎授)를 제수받았으나, 사양하고 차상(茶商)으로 지내면서 『옹백담수』 100권, 『북리제해』 100권, 『양각원』 50권 등의 방대한 저술을 남긴 숨은 선비였다고 한다.[204] 박규수는 『열하일기』에 의거하여 왕민호 등을 소개하고, 그들의 행적을 탐문하여주기를 부탁한 것이다.

같은 시기인 1862년 가을 무렵 황운혹에게 보낸 편지에서 박규수는 귀국한 사행 편에 답서를 받았다고 알리고, 그가 병부 낭중에서 요직인 군기처(軍機處)의 군기장경(軍機章京)으로 발탁된 것을 축하했다. 그리고 선배인 왕창(호 蘭泉)이나 조익(趙翼: 호 甌北)과 같은 저명한 문인 학자들도 모두 이 직책으로부터 입신 출세했다고 하면서 그의 전도를 촉망했다.[205]

철종시대가 막을 내리던 1863년 심병성에게 보낸 10월 27일자 편지에서 박규수는 동지사행 편에 답장을 받았다고 하면서, 그가 한림원 시강(侍講) 등 여러 직함을 제수받은 것을 축하했다. 그리고 서로 초상화를 그려 보내기로 한 계획이 여러 가지 사정으로 지연됨을 안타까워하면서, 그 일환으로 북경 자인사 내 고염무 사당에서의 만남을 소재로 한 「고사음복도(顧祠飮福圖)」를 제작중인 사실을 알렸다. 그런데 여러 벗들의 모습을 회상한 후 화공에게 구술하여 그리게 하니 닮을 리가 만무한즉, 장차 이 그림을 받게 되거든 심병성이 솜씨 좋은 화공을 시켜 벗들의 모습을 수정하여 다시 보내주면 좋겠다고 했다.[206]

203) 박영철 편, 『연암집』 권13, 『열하일기』, 「경개록」, 장13뒤~14앞; 김명호, 『열하일기 연구』, 99~102면 참조.

204) 박영철 편, 『연암집』 권14, 『열하일기』, 「혹정필담」, 장10앞~11앞.

205) 『환재집』 권10, 「與黃緗芸雲鵠」(2), 장24뒤.

왕창은 건륭 24년(1759) 軍機章京의 前身인 軍機司員에 임명되었고, 조익은 건륭 15년(1750) 內閣中書로 기용된 후 군기처에 파견되어 문서 작성에서 실력을 발휘했다.

206) 『환재집』 권10, 「與沈仲復秉成」(5), 장10앞~11앞.

또한 같은 편지에서 박규수는 심병성에게 앞으로 짧고 의례적인 안부 편지를 주고받는 데 그치지 말고, "경적(經籍)과 문자" 즉 경학과 문학에 관한 주제로 서로 의견을 교환할 것을 제안했다. 그리하여 우선 자신부터 그에 관한 담초(談草)를 보낼 터이니, 벗들의 모임 때 이를 꺼내 돌려보고 질의·응답하여 보내주기를 희망했다. 이 편지의 별지는 바로 그 담초인 것으로 짐작되는데, 여기에서 그는 고염무의 『하학지남(下學指南)』, 황여성(黃汝成)의 『일지록 집석(日知錄集釋)』, 능명개(凌鳴喈)의 『논어해의(論語解義)』 등에 관해 질문했다.[207] 박규수는 심병성을 비롯한 중국 인사들과의 서신 왕래를 양국 간 학술 교류의 장으로 발전시키고 싶었던 것이다.

아마도 같은 해인 1863년경 왕헌에게 보낸 편지에서 박규수는 아들을 여읜 왕헌을 위로하면서, 그가 한시바삐 『공범통해(貢範通解)』의 저술을 완성하도록 독려했다.

> 우리의 힘으로 할 수 있는 것이란 오직 저술 한 가지 일입니다. 이 또한 크게 운수에 달려 있지요. 그럴 만한 재주와 시기를 보유한 이는 이럭저럭 허송하면서 세월을 보내서는 안 됩니다. 저는 수십 년 전에 총명과 정력이 그래도 자부할 만해서, 독서할 때마다 저서에 대한 구상이 떠오르고 그 목차며 분류가 조리정연하게 펼쳐져, 스스로 생각하기를 반드시 성취하기만 한다면 위로는 나라의 문헌을 보완하고 아래로는 민생의 일용에 보탬이 될 수 있으리라고 했습니다. 그런데 해와 달이 가고 세월이 나를 돕지 않아, 하찮은 벼슬살이에 얽매어 분주하고 우환과 질고에 시달리다 보니, 이 일이 여태껏 이루어지지 않을 줄을 어찌 알았겠습니까? 선배 중에 커다란 업적을 성취한 분들을 생각할 적마다, 벼슬이 장상(將相)에 이르러 한가로운 날도 적었을 터인데 수시로 쓴 편지며 퇴고한 글들이 방에 가득하니, 그는 유독 어떤 사람이기에 그럴 수 있었을까, 망양지탄(望洋之歎)을 저절로 금할 길 없습니다. 바라건대 형께서는 노력하고 또 노력하소서![208]

207) 『환재집』 권10, 「與沈仲復秉成」(5), 장11뒤~12뒤; 본서, 663~666면 참조.
208) "吾輩力能爲之者, 惟著書一事. 此亦大有數存焉. 有其才有其時者, 不可因徇虛徐以度

이는 박규수가 불우한 왕헌을 위로하고 격려하는 말인 동시에, 그 자신 경세제민에 기여하는 대(大)저술의 꿈을 지금껏 이루지 못한 것을 반성하고 더욱 분발하려는 의욕을 내비친 것이기도 하다. 이상과 같은 박규수와 중국 문사들 간의 우정 어린 교신은 고종시대에 들어서도 이어진다.

---

光陰. 弟在數十年前, 聰明精力, 猶能自詡, 讀書之際, 每有一部書, 往來胸中, 部目門類, 井井森羅. 自以爲必能成就, 上可補國家文獻, 下可裨民生日用. 詎知日月逝矣, 歲不我與, 薄宦靡(縻)身奔走, 又多憂患疾苦, 此事訖無所成? 每念前輩有許大事功, 仕宦至將相, 其暇日亦少矣, 而隨身筆札削稿盈屋, 彼獨何人耶? 望洋浩歎, 自不能禁. 願吾兄免之免之!"(『환재집』 권10, 「與王霞擧軒」(2), 장17뒤~18앞)

제4장

# 진주농민항쟁과 박규수의 안핵사 활동

## 1. 진주농민항쟁의 발발

박규수가 연행을 마치고 귀국한 지 불과 수개월 뒤인 1862년(철종 13년) 2월(이하 음력) 경상도 진주에서 농민항쟁이 발발했다. 19세기는 '민란의 시대'라고도 일컬어질 만큼 농민항쟁이 빈번하게 일어난 시대였다. 1811년 '홍경래란'에서 시작하여 1894년 '동학란'에 이르기까지 수많은 '민란'이 터져 조선 왕조의 기반을 뒤흔들었다. 이러한 농민항쟁의 발전과정에서 진주를 비롯한 삼남 일대를 중심으로 동시다발적으로 일어난 '임술 민란' 즉 1862년 임술년(壬戌年)의 농민항쟁은 19세기 초부터 개항 후까지 지속적으로 발생한 국지적 농민봉기 중 가장 대표적인 사건으로서, 한국사에서 이 시기를 근대의 기점으로 보는 설이 제기될 정도로 중시되고 있다.[1)]

1) 이하 진주를 중심으로 한 1862년 농민항쟁에 관해서는 망원한국사연구실, 『1862년 농민항쟁』, 동녘 1988; 이영호, 「1862년 진주농민항쟁의 연구」, 서울대 국사학과, 『한국사론』 19,

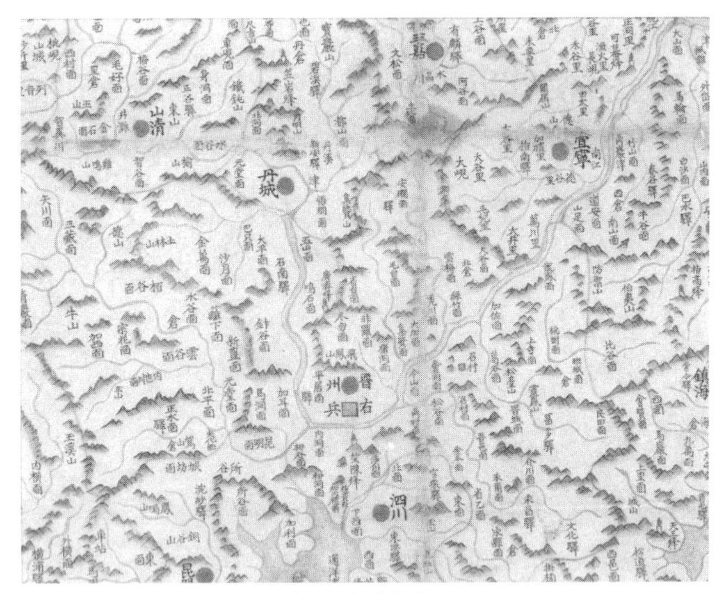


진주 주변 지역 지도.
출처 『조선후기 지방지도』, 서울대 규장각 2002.

1862년 농민항쟁은 2월 4일 경상도 단성에서 최초로 일어났으나, 항쟁 소식이 중앙정부에 알려진 것은 그에 뒤이어 일어난 진주농민항쟁이 처음이었다. 진주는 경상우도에서 가장 큰 고을로 정3품인 목사가 파견되었으며, 우병영(右兵營)도 이곳에 자리잡고 있었다. 또한 진주는 전국에서 가장 비옥한 땅에 속하는 미곡 산지였을 뿐만 아니라, 국내 제일의 면포 산지였으며 양잠업도 성했다. 그리고 발달한 농업생산력에 힘입어 장시가 잇달아 개설되고 상설화되는 등 상업활동 역시 매우 활발한 지역이었다. 이처럼 경제적 여건이 좋고 행정적 비중이 큰 고을이었으므로, 진주에는 부를 독점·착취하려는 세력들이 몰려드는 반면 그곳의 대다수 농민들은 갈수록 열악한 처지에 놓이게 되었다.

---

1988; 김준형, 『1862년 진주농민항쟁』, 지식산업사 2001 등 참조.

당시 진주 농민들은 특히 수십 년간 누적된 환곡 포흠(逋欠: 횡령)으로 인해 극심한 고통을 받고 있었다. 관에서는 부족한 환곡을 채우기 위해 1855년부터 전세(田稅)에 부가하여 농민들로부터 십수만 냥을 수탈했으며, 1850년대 말에는 이를 견디다 못한 농민들 3천여 호가 고향을 떠나야 했다. 1861년 홍병원(洪秉元)이 신임 목사로 부임하여 환곡 실태를 조사한 결과 전체의 6할에 해당하는 2만8천여 석이 축 났음을 확인했다. 이같은 막대한 포흠은 주로 수령과 아전들이 자행한 것인데 수령의 빈번한 교체로 인해 누적되어온 것이었다. 이에 홍병원은 그전까지 포흠한 환곡을 채우고자 향회(鄕會: 고을 일을 논의하기 위한 鄕人들의 大會)를 개최하여 작년보다 훨씬 높은 결가(結價: 田結當 조세 액수)로 도결(都結)[2]을 행할 것을 결정함으로써 농민들의 원성을 불러일으켰다. 여기에 더하여, 탐학하기로 소문난 우병사 백낙신(白樂莘)도 진주 목사의 조치를 본떠 향회를 개최하고, 병영의 환곡 중 포흠한 6만여 냥에 대해 토지에 따라 세금을 거두어 채우던 종전의 결환(結還) 대신에 호구마다 세금을 거두는 통환(統還)을 하도록 결정했다. 이같은 진주목과 우병영의 무리한 조치가 항쟁을 촉발한 직접적인 계기가 되었다.

1862년 정월부터 전 교리(校理) 이명윤(李命允), 그와 6촌간으로 초군(樵軍: 나무꾼들)의 좌상(座上: 우두머리)인 이계열(李啓烈), 잔반(殘班) 유계춘(柳繼春) 등은 그들의 거주지인 축곡(杻谷)에서 수차 모임을 갖고, 관의 조치에 대항하기 위해 수곡(水谷)의 장시에서 도회(都會: 고을 전체의 대규모 집회)를 여는 한편 초군을 동원하기로 했다. 그리하여 2월 6일에 열린 수곡 도회에서는 논란 끝에 감영에 의송(議送: 감사에게 직접 청원함)을 하기로 결의했다. 이에 맞서 다음날 우병영에서는 유계춘을 주동자로 잡아들였다. 그 뒤 초군을 동원하기 위한 집회가 수청가(水淸街)[3]에서 열렸다고 한다.

2) 기본적인 田稅와 大同稅 외에 각종 잡세들까지 모조리 토지에 부과하여 징수하는 것을 말한다.

3) 晉州牧 金萬面에 속한 지역으로, 지금의 산청군 단성면 자양리 부근 덕천강변에 있었다고 한다(김준형, 앞의 책, 90~91면).

2월 14일 마침내 농민항쟁이 발발했다. 초군을 주축으로 한 농민들은 수곡 장시를 장악하거나 진주목 서북쪽의 덕산(德山) 장시를 철시하고, 연일 진주 서부 지역을 돌면서 세력을 규합했다. 2월 18일 진주읍 외곽에 집결한 수많은 농민들은 도결과 통환의 혁파를 요구했다. 이러한 사태에 놀란 목사는 명망가인 이명윤에게 농민들을 회유하도록 요청하고, 그의 중재 아래 도결을 혁파한다는 완문(完文: 확인서)을 발급했다. 소기의 성과를 거둔 농민들은 다시 우병영을 향해 진군하면서 아전과 상인들의 집을 부수고 불태웠다.

2월 19일 농민들이 병영 근처 객사에 집결하자, 다급해진 우병사 백낙신은 병영 아전 김희순(金希淳)에게 책임을 전가하며 그를 장살(杖殺)한 후 통환을 혁파한다는 완문을 발급했다. 그러나 격분한 농민들은 백낙신을 억류하는 한편 병영 이방 권준범(權準範) 등을 학살했다. 2월 20일 농민들은 본부의 악질 이방 김윤두(金閏斗)의 처단을 마저 요구하며 목사를 우병사와 함께 억류했다가 풀어준 뒤, 달아난 김윤두를 추적하여 학살했다. 그 과정에서 진주목의 각종 문서가 불타고 아전들이 도망하여 행정이 마비되었으며, 읍내 아전과 양반들의 집이 부서졌다. 그후 외곽으로 진출한 농민들은 2월 23일까지 20여 개 면을 돌면서 수많은 부호가를 부수고 불태우며 재물을 빼앗은 뒤 자진 해산했다.

이상과 같이 전개된 진주농민항쟁을 수습하기 위해 안핵사(按覈使)로 현지에 파견된 박규수는 2개월여에 걸쳐 임무를 수행하면서 조사 결과와 대책을 정부에 보고·건의했다. 이러한 그의 안핵사 활동에 관해서는 지금까지 상반된 평가가 내려졌다. 그에 대해 긍정적인 논자들은 진주농민항쟁과 갑오농민전쟁, 박규수와 개화파의 연계성을 전제한 위에서, 박규수의 활동은 농민들의 반봉건투쟁을 강경한 탄압 대신 유화책으로 무마하는 한편 위로부터의 개혁을 지향함으로써 '개화파에 의한 개혁운동의 맹아'를 보여주며 '체제 내적 진보성'을 지니는 것으로 평가했다.[4)]

4) 原田環, 「진주민란과 박규수」, 강재언 외, 『봉건사회 해체기의 사회경제구조』, 청아출판사

한편 동일한 전제를 취하면서도 그의 활동을 부정적으로 평가한 견해도 있다. 즉 당시 박규수는 진주농민항쟁을 야기한 근본 요인과 항쟁의 주도층을 제대로 파악하지 못했다고 비판하면서, 그가 제시한 삼정(三政) 개혁책은 지주제 타파와 토지 재분배라는 농민들의 요구에 미치지 못한 점에서 지주제 유지를 핵심으로 한 개화파의 농업 개혁론의 원류가 된다는 것이다.[5] 북한 학계의 평가는 더욱 부정적이다. 박규수는 안핵사로서 철저하고 공평한 조사를 하지 못했으며, 농민들을 적대 세력으로 보아 탄압한 점에서는 중앙정부나 지방관들과 조금도 다를 바 없다고 보았다.[6]

이러한 상반된 평가에도 불구하고, 그의 안핵사 활동을 실증적으로 면밀히 추적하는 가운데 이를 총체적으로 규명한 연구는 아직 없었다고 생각된다. 농민항쟁의 현장을 몸소 조사한 박규수는 다수의 장계(狀啓)와 관문(關文), 상소를 남겼으며, 이는 진주농민항쟁 연구에서 가장 중요한 1차 자료로 간주되고 있다. 아우 박선수와 친지들에게 보낸 많은 사신 역시 당시 그의 고충과 구상 등을 엿볼 수 있게 하는 귀중한 자료이다. 그리고 박규수의 삼정 개혁책을 온전히 파악하자면 그와 관심사를 공유했던 김영작 · 신석우 · 윤종의 · 남병철 · 김윤식 등 절친한 벗들과 문인의 견해도 함께 고찰할 필요가 있다.

박규수의 안핵사 활동에 대한 평가는 무엇보다 먼저 이같은 자료들을 철저히 활용한, 충실한 복원 작업 위에서 이루어져야 할 것이다. 지금까지의 연구에서는 관련 문헌에 대한 엄밀한 비판과 정확한 독해(讀解)가 미흡한 채로 추론과 독단에 치우치는 경우도 적지 않았기에, 이는 더욱 중시되어야 할

1982; 이영호, 앞의 논문.

5) 김용섭, 『한국근대농업사연구』, 일조각 1975, 207~208면, 306~309면; 김용섭, 「철종조의 민란 발생과 그 指向—진주민란 按覈文件의 분석」, 『동방학지』 94, 1996.

6) 김석형, 「1862년 진주농민폭동과 각지 농민들의 봉기」, 박시형 외, 『봉건지배계급에 반대한 농민들의 투쟁—이조편』, 열사람 1989; 『조선전사』, 과학백과사전출판사 1980, 권12, 중세편 이조사 5, 214면.

선행 작업이라 생각된다. 또한 종래와 같이 진주농민항쟁이나 개화파 연구의 일부로서만 거론할 것이 아니라, 박규수의 활동을 중심에 놓고 이에 비추어 진주농민항쟁의 진상이나 개화파의 개혁론을 규명해볼 필요도 있을 것이다. 박규수의 주체적 입장에서 보자면, 1854년 경상좌도 암행어사 활동과 『수계』에 집약된 그의 삼정 개혁책, 그리고 1861년 열하 문안사행과 이를 통해 형성된 그의 내외 정세관은 안핵사 활동에 직접적인 영향을 미쳤을 것임에 틀림없다. 종전의 논의에서 다분히 소홀시 되어온 이러한 그의 사상적 발전 과정을 아울러 고려할 때, 박규수의 안핵사 활동에 대한 더욱 엄정한 평가가 가능하리라 본다.

## 2. 안핵사 활동의 전말

진주농민항쟁 도중인 2월 20일 농민들로부터 풀려난 우병사 백낙신은 민란의 발발을 보고한 최초의 장계를 올렸다. 같은 날 한양을 출발한 신임 경상 감사 이돈영(李敦榮) 역시 도중에서 전임 김세균(金世均)과 만나 직무를 인수하면서, 등보(謄報)받은 백낙신의 장계 내용을 기초로 장계를 올렸다. 2월 29일 이같은 장계들을 통해 비로소 진주농민항쟁 발발 사실을 알게 된 비변사는 목사와 우병사를 파직하고 의금부에 구금하도록 하는 한편 전 감사 김세균을 삭직시키고, 부호군(副護軍) 박규수를 안핵사로 파견하도록 건의했다. 이 건의가 즉시 받아들여져 박규수는 당일 안핵사로 임명되었다.[7]

**3월 1일** 진주안핵사 박규수는 현지를 향해 출발했다. 왕은 그에게 조사할 때 경중을 신중히 판단하여 억울하게 처벌받는 사람이 없도록 할 것과, 탐관오리를 의법 조치하는 한편 감포방략(勘逋方略)을 강구할 것을 하교했다.[8]

7) 『철종실록』, 13년 2월 29일.
8) 『철종실록』, 13년 3월 1일. '감포방략'이란 환곡 포흠 문제를 바로잡을 방안을 가리킨다. 관련 자료들에서는 줄여서 '방략'이라고만 하기도 했다.

按覈使朴公珪壽初次修啓 三月十八日到州

即到付備邊司關內關是白乎所臣於本月初一日

辭 陛 踰嶺以後得聞道路傳說則晉州民人

等自經邑變之後皆懷疑懼不無棲屑失農

之慮故臣行到善山府以撫諭安集之意爲

先發關於該邑兼任陜川郡守趙秉老處是白

遣仍伏念該邑事勢則右兵使及牧使時未到

任而目下鎭戢之策向後勘逋之策多有與道

臣商確者是白如乎臣直向大邱府稍待兵使

牧使到任之報以十八日到晉州牧是白乎則籌司關

文適於同日到付始伏承初十日 傳敎下者[illegible]

臣[illegible]翻謄揭付坊曲而

俾[illegible]及此德意如天[illegible]惻怛之旨誠可以孚豚魚

感木石強梗者化而帖服蕩析者懷而奠安指日

可期而臣之藉手對揚莫有踰焉伏不勝欽仰

攢頌是白乎旀當初激變之至此實由逋徵之

冤侵是白乎則在今日慰民望而快輿情居

先於按覈詰因之政故營邑積逋令方到底查

實亂民究覈次擧行[illegible] 開許料爲白乎旀

緣由馳 啓云

『진양초변록』에 수록된 진주 안핵사 당시 박규수의 장계.

**3월 9일** 경상도 선산(善山)에 도착한 박규수는 전 목사 홍병원이 파직된 뒤 진주를 겸관(兼管)하던 합천 군수 앞으로 관문을 보냈다. 이는 "조령(鳥嶺)을 넘은 이후 노상에서 전하는 이야기를 들으니, 진주 인민들이 읍변(邑變)을 겪은 뒤부터 모두 의구심을 품고 있으며, 좌불안석하며 농사철을 놓칠까 걱정한다 하므로", "위로하고 잘 타일러서 안심하고 모이도록 할 의도"로 취한 조치였다.[9)]

이 선산발 관문은 안핵 사업에 임하는 박규수의 자세를 잘 보여준다. 여기에서 그는 신중한 조사를 당부한 왕의 하교를 전하면서, "안핵할 대상은

9) "踰嶺以後, 得聞道路傳說, 則晋州民人等, 自經邑變之後, 皆懷疑懼, 不無棲屑失農之慮, 故臣到善山府, 以撫諭安集之意, 爲先發關於該邑兼任陜川郡守趙秉老處." 여기에서 인용한 「按覈使狀啓」는 박규수가 보고한 3월 18일자의 첫번째 장계인데, 『晉陽樵變錄』에도 「按覈使朴公初次修啓」라는 제목으로 실려 있다. 단 자구상의 차이가 다소 있고 내용이 소략하므로, 『임술록』에 수록된 것을 취했다(『壬戌錄』, 「按覈使狀啓」, 국사편찬위원회 활자본, 7면; 『환재총서』, 제5책, 625~627면).

난민의 사건에만 그치는 것이 아니라, 폐단과 민란의 근원을 철저히 숙청하여 기필코 진주 일대로 하여금 기울어진 상태를 다시 바로잡으려 함이니, 이는 바로 진주 인민이 재생할 기회"[10]라고 했다. 난민에 대한 조사·처벌보다 항쟁을 야기한 환곡 문제에 대한 근본적 해결에 치중하겠다는 방침을 밝힌 것이다. 그리고 "생각건대 저 무지한 백성들이 이번 안핵사의 행차 소문을 듣고는 모두 의구심을 품고 있어 소동을 일으킬까 염려된다. 더욱이 한창 봄갈이 할 때인지라, 좌불안석하며 농사철을 놓친다고 탄식하고 있을 것이 틀림없다. 이에 각자 안심하고 일하면서 안핵사의 행차가 읍에 이르기를 침착하게 기다리라는 취지로 우선 관문을 발송한다"[11]고 했다. 사태를 온건하게 수습함으로써 민심 안정에 주력하려는 의지가 드러나 있다.

그런데 이 관문에서 또 하나 주목할 것은 "다만 생각건대 난민 대중 가운데 만약 식견 있는 자가 있다면, 처음에는 격분한 나머지 해괴한 일을 범하게 되었으되, 이제 돌이켜 생각하면 어찌 부끄럽고 후회하는 마음이 없겠는가! 천부적 양심이 없어지지 않았다면 머리를 조아리고 처벌을 감수할 것은, 인정에 비추어 보아도 이치상 반드시 그러할 것"[12]이라 한 대목이다. 이와 같이 농민항쟁의 가담자로 '무지한 백성(無知之民)' 외에 '식견 있는 자(見識之人)'를 지목하고 그의 자수를 촉구하고 있는 점은 애초부터 박규수가 양반 사족층을 항쟁의 주도층으로 의심하고 있었음을 시사하는 것이다.

**3월 10일** 박규수는 달성(대구)에 도착한 뒤 곧바로 경상 감영으로 갔다.

---

10) "其所按覈, 非止爲悖民之故也. 獘源亂本, 其將澈底證(澄)淸, 期使晋陽一局, 攲而復整, 此正是晋民再甦之秋." 이 관문은 『임술록』에도 「晋州按覈使朴珪壽到善山發關」이라는 제목으로 실려 있으나, 탈자·오자가 많아 『진양초변록』 쪽을 취했다(『晋陽樵變錄』, 「按覈使朴公珪壽三月初九日在善山發關」, 『환재총서』, 제5책, 655면).

11) "念彼無知之民, 聞此按覈之行, 胥懷疑懼, 恐致騷擾. 況當東作方殷之時, 必有棲屑失農之歎. 其各安心作業, 徐待使車到邑之意, 玆先發關."(위의 책, 655면. 吏讀로 懸吐한 부분은 생략함)

12) "第念衆民之中, 如有見識之人, 則當初乘憤, 致犯駭悖之事, 到今追思, 豈無愧悔之心! 天良不泯, 叩頭服罪, 求之人情, 理所必然."(위의 책, 654면)

신임 목사와 우병사가 진주에 도임하기를 기다리는 동안, 감사 이돈영과 안핵 사업에 관해 상의하기 위해서였다.[13)]

**3월 12일** 그는 아우 박선수에게 보낸 편지에서 "진주 소식은 비록 서울에서 듣던 소문보다 심한 경우도 있으나, 노상에서 들은 불분명한 내용이라 모두 놀랄 만한 것은 못 된다"고 하면서, 아울러 "생각건대 과거날 영남 선비들이 몰려들어 소요를 크게 일으키지 않을까 우려된다. 여러 동지께 말을 전하되, 이런 말들 때문에 놀라 동요하지는 마라"고 했다.[14)] 여기에서 진주농민항쟁의 여파로 과거 응시차 상경한 영남 선비들이 소요를 일으킬지 모른다고 우려한 것은, 그가 항쟁의 주도층을 역시 양반 사족층으로 예단(豫斷)하고 있음을 보여준다.

또한 박규수는 "단 영남지방의 사태는 어디든 진주와 마찬가지이니, 안핵사를 여러 명 비치해두었다가 지역별로 대응해야 할지도 모른다. 이러한 계책은 나의 능력 밖이라 장탄식하며 눈물 흘릴 뿐"[15)]이라고 하여, 진주 이외의 지역들에서도 민란 발생의 소지가 다분함을 몹시 우려했다. 그리고 "임자년에 이노수(李魯叟)가 안핵했을 때의 문서를 얻어 살펴보니, 그때 일로 말하자면 진영(鎭營)과 감영의 조사가 충분히 완료되어 안핵사가 할 일은 법조문에 따라 처리하는 것에 불과했는데도 한 달 남짓의 시간을 소비했다. 그런데 지금 나의 행차는 범인을 아직 잡아들이지 못한 상태에서 질주하여 먼저 도착하매, 온갖 일이 바람을 붙잡는 것 같아 마무리가 늦어질지 빨라질지 모르겠으니, 이것이 큰 고민"[16)]이라 했다. 1852년(철종 3년) 안핵사 이시우(李

13) 『壬戌錄』, 「按覈使狀啓」, 국사편찬위원회 활자본, 8면; 『환재집』 권8, 「與溫卿」(13), 장11앞.

14) "晋陽消息, 雖或有過於洛中所聞者, 道途未的, 皆無足動心. 想科時嶺士坌集, 不無騷擾大起之慮, 寄語同志諸公, 勿爲此等語驚動."(『환재집』 권8, 「與溫卿」(13), 장11앞뒤)

15) "但嶺外事, 無往非晋陽, 未知備置幾輩按覈使, 逐處接應, 是謀非吾所能及, 太息流涕."(『환재집』 권8, 「與溫卿」(13), 장11뒤)

16) "取考壬子李魯叟按事時文簿, 伊時事, 鎭査營査, 完了已熟, 而按覈之行, 卽不過從條理事, 然猶費月餘光陰. 今吾行, 尙未捉得犯人, 而疾驅先到, 凡百如捕風, 未知出場遲速, 是

時愚, 字 魯叟)의 활동 사례에서 보듯이,[17] 해당 관청에서 범인 체포를 비롯한 사전 조사를 완료한 다음 이를 토대로 안핵사가 일을 처리하는 것이 정상적인 수순이었다. 그러나 이번에는 신임 목사와 우병사보다 먼저 도착하여 범인을 체포하지도 못한 상태에서 안핵 사업에 임하게 되어, 시일을 몹시 끌게 되지나 않을까 염려한 것이다.

덧붙여서 그는 "여론을 듣자니 자못 나를 믿고 안심한다고 한다. 게다가 어떤 사람들은 '이분이 오신 것은 진주 사태 하나 때문이 아니라, 겸하여 도내의 각종 폐단을 시정하려는 것'이라고 말하면서, 바야흐로 목을 늘이고 발돋음하며 기다린다고 하니, 그 정이 가련할뿐더러 나도 모르게 웃음이 나온다"[18]고 하여, 선산에서 발송한 관문 내용이 알려지면서 자신의 활동에 대한 백성들의 기대가 매우 높은 실정을 전하고 있다.

**3월 15일** 박규수는 진주를 향해 출발했다. 이날 아우에게 보낸 편지에서 그는, 진주 목사는 이미 도임한 듯하고 우병사는 오늘 도임한다 하므로 그동안 머물던 달성을 떠나 18일 진주에 도착할 예정이라고 밝히면서, "진주 사태는 점차 소식을 듣고 있는데, 당초의 상황이 비록 몹시 경악스럽다지만 기실 다른 우려는 없으니, 먼 곳의 소란스러운 와전에 결코 놀라지 마라. 이러한 취지를 모름지기 오랜 친구들 사이에 두루 알리는 것이 좋겠다"[19]고 안심시키고 있다.

이어서 그는 "금천(琴泉: 신석우의 호—인용자)이 교시한 말은 감사하다. 이 몸을 위해 걱정해주지 않는 경우가 없으니 어찌 감탄을 다할 수 있겠나! 나

---

所大悶."(『환재집』 권8, 「與溫卿」(13), 장11뒤)

17) 당시 이시우는 鄭禹龍 등의 역모 사건을 조사하기 위해 경상도 안핵사로 파견되었으며, 그 공으로 이조 참의로 승진했다(『철종실록』, 3년 8월 22일, 9월 2일, 28일, 10월 20일, 22일).

18) "聞物情, 頗恃吾爲安. 且或曰, 此公之來, 非晋陽一事, 更兼道內各樣撟捄, 方延頸翹足云. 其情可哀, 而又不覺自笑也."(『환재집』 권8, 「與溫卿」(13), 장11뒤)

19) "晋陽事, 漸有所聞, 當初光景, 雖甚駭惡, 其實無他慮, 遠處騷訛, 切勿動心. 此意須遍及於知舊中, 好矣."(『환재집』 권8, 「與溫卿」(14), 장12앞뒤)

는 바야흐로 유도(柔道)로써 다스리고자 하는데, 혹시 경포교(京捕校)들이 모여든다면 이 또한 타초경사(打草驚蛇)가 되지 않을까 두렵다. 그 계책은 실행하지 않는 편이 도리어 무방할 것 같다. 이 편지도 금천에게 올려 한번 보게 함이 좋겠다"[20]고 했다. 벗 신석우가 좌우 포도청의 포교 파견을 제안한 데 대해 박규수는 공연히 민심을 동요하게 만들 우려가 있다고 반대하면서, 진주 사태를 어디까지나 유화책으로 수습하겠다는 의지를 표명하고 있다.[21]

그런데 박규수는 앞서 3월 12일자 편지에서 '여러 동지께' 진주 소식과 과거장의 소요 발생에 대한 우려를 전하라고 했으며, 이번 편지에서도 '오랜 친구들 사이에' 진주의 상황을 알려 안심시키라는 부탁을 했다. 뿐만 아니라 신석우가 경포교 파견안을 제시한 사실로 미루어, 박규수는 사태 수습에 관해 신석우를 비롯한 한양의 절친한 벗들과 서신을 통해 긴밀히 상의하고 있었음을 짐작할 수 있다. 특히 신석우는 불과 수년 전인 1855년부터 1857년까지 경상 감사로 재직하여 현지 실정에 밝았으므로, 적극적인 조언을 했던 듯하다.

**3월 18일** 박규수는 진주에 도착했다. 이날 그는 왕의 하교를 전하는 3월 10일자 비변사의 관문을 접수했다. 이 하교에서 왕은 '추로지향(鄒魯之鄕: 유교 문화가 번성한 지역)'으로 일컬어지던 영남에서 민란이 난 것은 자신의 부덕의 소치이자 지방 수령의 학정 때문이었다고 자책하고, 목사와 병사를 엄중 처벌하여 영남 백성들에게 사과하는 한편 난민에 대해서도 주동자와 추종자를 가려 법에 따라 처벌하겠다고 밝혔다. 그리고 지난번에 안핵사가 하

20) "所示琴泉語可念. 爲此身憧憧, 無所不至, 感歎何極! 吾方以柔道治之, 倘京校來集, 則亦恐打草驚蛇, 其計不行, 還爲無妨耳. 此書亦呈琴泉, 一覽爲好也."(『환재집』 권8, 「與溫卿」(14), 장12뒤) '打草驚蛇'는 '풀을 베어 뱀을 놀라게 한다'는 뜻으로, 경거망동으로 상대방이 알아채고 경계하지 못하도록 주의할 때 쓰는 고사성어이다.

21) 許傳은 그의 三政策에서, 민란 수습차 안핵사·宣撫使·암행어사가 줄지어 파견되고 그 수행원과 염탐꾼 및 포졸들이 현지에 들이닥쳐 휘젓고 다님으로써 도리어 공포 분위기를 조성하고 소요를 부채질할 따름이라고 비판했다(『임술록』, 국사편찬위원회 활자본, 367면).

직 인사할 때 이미 신중히 조사하여 억울한 사람이 없도록 하라고 지시한 사실을 강조하면서, 안핵사에게 이같은 자신의 뜻을 본받아 평번(平反)에 힘쓰라고 당부했다. 박규수는 즉시 이 관문 내용을 한문과 한글로 등서하여 도내 각 면리의 큰 길에 게시하도록 했다.[22)]

또한 이날 박규수는 최초의 장계를 올려, 진주에 도착하기까지의 활동 상황을 보고했다. 여기에서 그는 유화적인 방침을 거듭 천명한 왕의 하교 내용에 대해 극구 예찬하였다. 그리고 "진주의 격변이 이 지경에 이른 것은 실로 포흠난 환곡을 징수하는 데 대한 억울함이 쌓인 결과이니, 지금은 백성들의 소망을 달래고 군중의 감정을 후련케 하는 것이 옥을 다스리고 죄수를 취조하는 정사보다 급선무이므로, 이제부터 영읍의 누적된 포흠에 대해 철저히 진상을 조사할 것이며, 난민을 가려내는 일은 그에 뒤이어 거행하고 차례로 보고할 작정"[23)]이라고 했다. 즉 진주의 민심을 진정하기 위해 사포(査逋) 작업부터 착수하고 안옥(按獄) 작업은 그 뒤에 하겠다는 활동 방침을 밝힌 것이다.

진주에 도착한 직후 박규수는 그곳에서 불과 50리 떨어진 단성에서도 농민항쟁이 발발한 사실을 알게 되었다. 단성은 잔읍(殘邑)임에도 불구하고 환곡이 10만여 석에 달하여, 환곡의 폐단이 전국에서 가장 심한 곳으로 손꼽혔다. 그리하여 1850년대 이래 이를 시정하고자 끊임없이 관에 호소와 항의를 했으나 실효를 거두지 못한 단성의 농민들이 마침내 항쟁을 일으킨 것이다.

지난 2월 4일 전 정언(正言) 김인섭(金麟燮)과 그 부친 김영(金欞)을 지도자로 하고 사족을 주축으로 한 단성 농민들은 관가로 몰려가 환곡 창고를

---

22) 『일성록』, 철종 13년 3월 10일; 『임술록』, 「안핵사 장계」, 국사편찬위원회 활자본, 6~7면. '평번'은 억울한 죄인을 재조사하여 무죄나 감형 조치를 내리는 것을 말한다.

23) "晋州激變之至此, 實由逋徵之寃侵, 在今日, 慰民望(而)快群情, 居先於按獄詰囚之政, (故)營邑積逋, 今方到底査實, 亂民究覈, 繼此擧行, 鱗次登聞計料."(『임술록』, 「안핵사 장계」, 국사편찬위원회 활자본, 7면. 괄호 안의 글자는 『진양초변록』 중의 「按覈使朴公初次修啓」를 참조하여 보완한 것임)

불사르고 장부를 불태웠다. 이에 맞서 아전들이 무차별 공격을 가한 데 분격한 사족들은 아전들의 집을 불태우고 객사에서 농성에 들어갔다. 그사이 현감이 달아나고 아전들이 흩어지자, 사족들은 향회를 열어 읍정(邑政)을 자치했다. 관속을 모두 새로 임명하는가 하면, 관문서처럼 장부를 작성하고 경비 조달을 위해 토지에다 세금을 부과하기도 했다. 또한 그들은 비변사로 대표를 보내 환곡 탕감을 요구하는 상소를 올리는 한편 신임 감사에게 등소(等訴: 聯名으로 호소함)하여 아전들에 대한 처벌 약속을 받아냈다. 그 일환으로 김영·김인섭 부자는 안핵사 박규수에게도 단자(單子: 청원서)를 올려, 진주의 안핵 사업이 끝난 뒤 단성도 조사해줄 것을 간청하면서, 양반 사족을 공격한 아전들을 엄중 처벌하도록 요구했다.[24)]

이처럼 단성에서 사족들이 여전히 읍정을 장악하고 있는 동안 3월 16일에는 함양에서, 그 뒤에는 거창에서 잇달아 농민항쟁이 터졌다. 단성과 달리 함양과 거창에서는 흰 수건으로 머리를 싸매고 몽둥이를 쥔 초군이 중심이 되어 아전들을 공격하고 그들의 집을 파괴했다.

**3월 말** 박규수는 농민항쟁이 다른 지역들에까지 들불처럼 번지고 있는 사태에 경악하고, 도내 각 고을로 급히 관문을 발송했다. 이 관문의 초두에서 그는 "지금 이 진주 사변은 옛날에 듣지 못하던 바다. 도(道)[25)]가 바야흐로 왕명을 받아 안핵한 지 며칠 되기도 전에 이웃 여러 고을에서 놀랍고 해괴한 사태가 잇달아 전해오니 이는 무슨 까닭이냐? 흰 수건으로 머리를 싸매고 몽둥이를 든 것이 진주 읍민과 마찬가지로 해괴한 모습이며, 아전들을 묶고 집을 부수는 것이 진주읍 백성과 마찬가지의 행패로서, 곳곳마다 진주읍 백성의 소위를 흉내내니 이는 무슨 까닭이냐? 장차 진주읍 백성의 소위를 호탕한 행동이요 멋진 일이라 간주하여 번갈아 서로 본받자는 것인가?"[26)]라

24) 『임술록』, 「丹城前正言金麟燮單子」, 국사편찬위원회 활자본, 37~40면; 김인섭, 『端磎日記』, 壬戌年 3월 19일, "代乃允, 撰與按覈使朴參判珪壽書", 3월 20일, "撰呈按覈使自名狀(鄕狀), 家大人作."(『단계일기』, 영남대출판부 2000, 167면)

25) 道臣 즉 왕이 파견한 使臣이라는 뜻으로, 박규수가 自稱한 말이다.

고 함양·거창 등지의 봉기 농민들을 꾸짖었다.

비록 관장(官長)과 아전들이 비리를 저질렀어도 이는 감영과 조정에서 법에 따라 조처할 일이다. 그럼에도 불구하고 농민들은 관장을 억류하고 아전들을 죽이며 집을 부수고 재산을 겁탈하면서, "의기양양하여 스스로 당연하고도 응당 할 일을 했다고 여기고 조금도 위축되거나 부끄러워하는 기색이 없었다." 또한 환곡과 관련된 온갖 폐단에 대해서는 신임 감사와 안핵사에게 진정하고 호소하는 것이 마땅한데도 이웃 고을의 봉기 소문에 덩달아 그같은 행동을 저질렀다. 그러므로 "누가 장차 진상을 따져 그들의 죄를 용서하겠는가? 어찌할 도리가 없고 '난민'이라 부를밖에 없으니, 아아 슬프구나!"라고 하여, 박규수는 봉기 농민들에 대해 안타까움을 표하면서 그들을 난민으로 처벌함이 불가피하다는 뜻을 비쳤다.[27]

나아가 그는 항쟁의 주도층으로 양반 사족층을 지목했다. "난민들의 행패가 일어나던 시초에 통문을 돌려 어리석은 백성들을 한데 모은 자가 반드시 있을 것이다. 어찌 사람마다 글자를 알 수 있으랴? 이를 발송함에 반드시 그런 자가 있을 테요, 이를 전하여 알림에 반드시 그런 자가 있을 터이다. 만약 지체가 일반 백성들과 달라 한 고을에서 호령하며 행세하는 자가 아니었다면, 어떻게 선창하고 충동했기에 수백 수천 명이 그처럼 일제히 봉기했겠는가?"[28] 항쟁 초기에 대대적인 군중 동원이 가능했던 것은 식자층이 적극

26) "今此晋州事變, 前古所未聞之事. 道方承命按覈, 曾未幾日, 傍近諸邑, 可驚可駭之事, 接續入聞, 此何故也? 白巾條棒, 與晋民一般詭形, 縛吏打家, 與晋民一般悖擧, 處處效晋民之所爲, 此何故也? 抑將以晋民之所爲, 看作豪擧勝事, 而轉相師法乎?"(『진양초변록』, 「按覈使朴公發關道內各官」, 『환재총서』, 제5책, 631~632면) 이 관문은 『임술록』에도 「到晋州行關各邑」이라는 제목으로 실려 있는데 자구상의 차이가 다소 있다.

27) 『진양초변록』, 「按覈使朴公發關道內各官」, 『환재총서』, 제5책, 632~633면. "揚揚得得, 自以爲當然應行之事, 而小(少)無畏縮愧屈之色." "誰將原其情而恕其罪哉? 無可奈何, 名之曰亂民而已, 吁可悲矣!"

28) "亂民悖擧之初, 必有通文而聚會蚩蠢之民. 豈能人人識字乎? 發文者必有其人, 傳告者必有其人. 苟非地閥有異於凡民, 號令素行於一鄉者, 何以唱起激動, 千百齊奮如彼哉?"(『진양초변록』, 「按覈使朴公發關道內各官」, 『환재총서』, 제5책, 633~634면)

관여하고 명망있는 양반 토호가 선동한 결과로 볼 수밖에 없다는 것이다.

따라서 박규수는 농민항쟁의 수습에 양반 사족층의 책임이 막중하다고 주장했다. "이로 미루어보건대, 이는 모두 사민부로(士民父老)의 책임이다. 다른 지역에 널리 알려져 소문을 듣고 놀라 의심한다면, 그것이 어떠한 괴설(何等怪說)인지도 모르면서 사람들이 영남에다 이를 뒤집어씌우고 그들과 같은 사류(士類)임을 부끄러워할 수도 있으니, 생각이 이에 미치면 또한 마음과 몸이 모두 떨리지 않겠는가?"[29]라고 하여, 일련의 농민항쟁으로 인해 영남 사림 전체가 오해와 배척을 받을 위험이 있다고 경고했다.

뿐만 아니라 그는 과연 자신이 우려한 대로 지난 3월 10일 춘당대(春塘臺)에서 거행된 경과(慶科) 정시(庭試)에서 영남 출신 선비가 노비를 타살한 소동이 일어난 사실을 거론하면서,[30] 이 살인사건과 농민항쟁을 연결지워 영남 사림을 질책했다. "이러한 자의 부형 장로(父兄長老)는 다름아니라 통문을 발송하여 백성들을 모으며 아전을 죽이고 관장을 협박할 것을 주론(主論)한 자이다. 그러므로 그 자제가 익숙하여 당연하게 여기고, 지방에서는 읍과 촌에서 소요를 일으키고 서울 와서는 과거장에서 난동을 부린 것이니, 어찌 영남 71주(州)에서 그 때문에 통곡하며 눈물 흘릴 독서 군자가 없겠는가?"[31]

---

29) "以此推究, 則都是士民父老之責也. 傳播遠近, 聽聞駭惑, 則不知何等怪說, 人得以加諸嶺南, 而羞與之比類, 思之及此, 不亦心寒而体慄乎?"(『진양초변록』, 「按覈使朴公發關道內各官」, 『환재총서』, 제5책, 634면)

후일 李萬運은 박규수의 관문 내용을 규탄한 상소에서, '何等怪說'이란 애매모호한 표현은 逆謀說을 암시한 것이라 주장했다(『승정원일기』, 철종 13년 5월 27일).

30) 『일성록』, 철종 13년 3월 10일.

그날 5만7천여 명이 응시했으며, 거두어들인 試券은 3만여 장에 달했다. 이처럼 응시자가 많으면 시권을 바칠 때 먼저 접수시키고자 분쟁이 극심했다. 당시 讀券官으로 선임된 사람 중에는 박규수의 벗인 신석희·남병길·조휘림·홍우길 등이 포함되어 있었다.

31) "此其父兄長老, 無非發通會民殺吏愶官之主論者. 故子弟習熟, 以爲當然, 在鄉則起鬧於邑村, 到京則作亂於場屋. 嶺南七十一州, 豈無讀書君子爲之痛哭而流涕者乎?"(『진양초변록』, 「按覈使朴公發關道內各官」, 『환재총서』, 제5책, 634~635면)

끝으로 박규수는 "근본을 소급해 따지자면 도(道) 역시 영남인"이므로 이번 농민항쟁에서 드러난 선비와 백성들의 타락한 습속을 생각하면 자신도 책임을 통감하지 않을 수 없는 만큼, 더욱더 "사민부로로서 한 고을에서 추중받는 자"를 먼저 논책하는 것이라 했다. 그의 10대조인 박소(朴紹, 호 冶川, 1493~1534)가 합천에 낙향해서 살았던 사실을 근거로 영남 선비를 자처함으로써, 양반 사족층의 책임을 일방적으로 추궁하는 데 따른 반발을 무마하고자 한 것이다.[32] 그리고 각 고을의 관장에게 이 관문을 여러 장 등서하여 명망있는 양반호(兩班戶)와 유식한 평민호에 보일 것과, 그 실행 여부 및 호주 성명을 책자로 보고할 것을 지시했다. 박규수는 무엇보다 먼저 양반 사족층을 단속하는 것이 농민항쟁의 불길을 잡는 지름길이라 판단한 듯하다.

3월 말경 그는 백낙신의 탐학을 보고한 두번째 장계를 올렸다. 이 장계는 4월 4일 비변사에 도착했다. 여기에서 그는 "지금 이 진주 난민의 소요는 전적으로 전 우병사 백낙신의 탐욕과 학정 때문"이라 단언하면서, 그 비리를 자세히 고발한 뒤 포흠난 병영곡을 통환으로 해결하려 한 것이 소요를 야기한 결정적 계기가 되었으므로 엄벌을 가해야 한다고 건의했다. 또한 우병사를 보좌하는 우후(虞候) 신효철(申孝喆)에 대해서도 평소 가혹한 장형(杖刑)으로 원성이 자자했을뿐더러 난민에게 억류된 상관을 버려두고 성안으로 도피한 죄를 물어 우선 파직 조치했음을 보고했다. 그러나 도결을 결정함으로써 농민항쟁을 촉발하는 또 하나의 빌미를 만든 전 목사 홍병원에 관해서는 아무런 언급을 하지 않았다.[33]

**4월 10일** 아우에게 보낸 편지[34]에서 박규수는 앞서 우려한 대로 안핵 사

32) 『진양초변록』, 「按覈使朴公發關道內各官」, 『환재총서』, 제5책, 635면. "泝考窮源, 則道亦嶺南人." "士民父老之爲一鄉推重者."

합천 華陽洞에 朴紹의 묘소가 있어 후손들이 제사를 지냈다(박영철 편, 『연암집』 권1, 「陝川華陽洞丙舍記」).

33) 『철종실록』, 13년 4월 4일. "今此晋州亂民之起鬧, 專由於前右兵使白樂莘貪饕侵虐之故"; 『진양초변록』, 「按覈使朴再次修啓」; 『임술록』, 「再啓」.

34) 박선수에게 보낸 4월 11일자 편지에서 "생각건대 어제 兵營에서 節扇을 진상하는 편에

업이 지체되고 있는 데 따른 번민과 고충을 토로했다. 이 편지에서 그는 체포한 난민을 무마하면서 진상을 조사할 뿐만 아니라, 종전의 안핵과 달리 영읍의 사전 수사가 충분히 이루어지지 못한 상태이기 때문에 시일이 지연될 수밖에 없다고 해명했다. "이번의 안핵사 행차는 한바탕 소동을 일으키고 모조리 흩어진 뒤에 졸지에 와서 자리잡았고, 진장(鎭將)이 붙잡아 대령한 자는 고발에 따르거나 외모가 닮은 점을 취한 약간 명에 불과해서 그림자를 쫓고 바람을 붙잡는 것과 같아 진범을 체포하지 못했을뿐더러, 주동자와 추종자를 분별하는 것이 처음부터 명확하지 않으니, 이것이 시일이 늦어지는 까닭"[35]이라는 것이다.

한편 그는 농민항쟁이 더욱 확대되고 있음을 전했다. "경상우도의 고을치고 술렁이지 않는 곳이 없어, 함양 · 단성 · 거창 · 성주 · 창원 등지에서 모두 이미 한바탕 준동했다"는 것이다. 단 난민들은 과격한 행동을 하지는 않고 감사나 안핵사에게 집단으로 호소하는데, "그들이 나열하여 적은 조목들은 뼈에 사무친 억울한 일이 아님이 없지만, 기실은 역시 대개 이치가 닿지 않는 주장이요 시골풍으로 떠들어대는 이야기인지라 가슴만 답답하게 할 뿐"이라 했다.[36]

그러나 박규수는 3월 27일 전라도에서 최초로 발발하여 동헌을 습격하고 군수를 추방하는 등 과격한 양상을 보인 익산농민항쟁 소식에 접하고는 심한 충격을 받았던 듯하다. "방금 들은 익산의 사변은 진주 사태와 비교해도

부친 편지가 이 편지와 함께 닿을 것 같다" "나는 어제와 마찬가지이며, 公事를 아직 완수하지 못해 날마다 고민이 되고 송구스럽다"고 한 대목들과, 경상도 일대뿐 아니라 호남에서도 농민항쟁이 발발한 사실을 전한 유사한 내용으로 미루어(『환재집』 권8, 「與溫卿」(16), 장14앞), 이 편지(『환재집』 권8, 「與溫卿」(15))는 4월 10일에 발송된 편지로 추정된다.

35) "今行則猝然來坐於一哄都散之後, 鎭將之所捉待者, 不過憑其告訐取其貌類若干人, 而逐影捕風, 旣沒把捉, 分別首從, 初不明的, 所以遲鈍."(『환재집』 권8, 「與溫卿」(15), 장13앞)

36) "右道諸邑, 無處不動, 咸陽 · 丹城 · 居昌 · 星州 · 昌原等處, 皆已蠢動一場." "其列錄條目, 無非切骨可寃者, 而其實則亦多不通之論, 邨氣吽呶之說, 令人悶塞也."(『환재집』 권8, 「與溫卿」(15), 장13뒤)

더욱 놀랄 만하다. 거기에도 안핵사를 파견함이 마땅하다. 이처럼 안핵사들이 동시에 파견된다면, 이는 무슨 징조인가?"라고 큰 우려를 나타냈다. 그리고 "무릇 이런 사태를 초래한 자는 백성인가 관리인가? 울분이 극에 달해 통곡하며 눈물을 흘려도 지나친 행동이 아니다. 서생(書生)의 사우과계(私憂過計: 주제넘게 걱정함)가 어찌 이에 미치지 않은 적이 있으랴! 지금도 아직 기우라고 생각하는가?"라고 하여, 일찍이 자신이 관리들의 부정부패로 인해 농민항쟁이 발발할 조짐을 경고했건만 받아들여지지 않은 데에 극도의 울분을 토로했다.[37] 이는 특히 그가 수년 전 경상좌도 암행어사 때 『수계』를 통해 삼정의 폐단이 극심함을 보고하고 개혁책을 건의한 사실을 가리키는 것이라 생각된다.

끝으로 박규수는 "걸핏하면 대대적인 징벌을 말하지만, 어떤 방법으로 징벌하자는지 모르겠을뿐더러 징벌한 뒤에는 어떤 방법으로 백성들을 크게 열복(悅服)시키려는지 모르겠으니, 이 문제까지 강구한 사람이 있다던가? 너무도 한탄스럽다! 내홍(內訌)이 이와같으니 외환(外患)이 두렵구나. 장차 어찌할 것인가! 장차 어찌할 것인가!"[38]라고 개탄하는 말로 편지를 맺고 있다. 당시 조정에서 봉기 농민들에 대한 대대적 처벌을 주장하는 의견이 지배적이었던 데 대해[39] 그는 그와같은 강경책은 민중들의 반발을 야기할 위험을 내다보지 못한 단견이라고 비판했다. 이와 아울러 그가 현재와 같은 내란 상

37) "卽聞益山之變, 較諸晋事, 尤是可驚. 彼處又當遣按覈使. 此行之一時並擧, 此何爻象? 凡所以致此者, 民耶吏耶? 憤懣之極, 痛哭流涕, 非過擧也. 書生私憂過計, 何曾不及於此乎! 到今尙以爲杞國云耶?"(『환재집』 권8, 「與溫卿」(15), 장13뒤)

익산농민항쟁 보고에 접한 조정에서는 4월 3일 안핵사로 李正鉉을 급파했다(『철종실록』, 13년 4월 4일).

38) "輒曰大懲創, 吾未知何法爲懲創, 而又未知懲創之後, 將以何術爲大悅服, 有講究及此者云耶? 浩歎浩歎! 內訌如此, 外虞可畏. 其將奈何! 其將奈何!"(『환재집』 권8, 「與溫卿」(15), 장13뒤)

39) 예컨대 당시 좌의정 조두순은 익산농민항쟁에 대해 "예사롭게 대처해서는 안 되고 대대적으로 징벌할 경우라고 본다"면서, "이번에는 반드시 대대적으로 징벌해야만 그칠 것"이라고 주장했다(『승정원일기』, 철종 13년 4월 5일).

태를 틈타 외세가 침략할지도 모른다고 몹시 우려한 것은, 지난해 문안사행을 통해 북경사변의 현장을 목도한 이후, '태평천국의 난'으로 국력이 쇠진한 사이에 서양 열강의 침략을 당한 청조의 선례를 심각하게 의식한 때문일 것이다.

**4월 11일** 아우에게 보낸 편지에서 박규수는 "내가 고민하는 바는 서울의 소동이다"라고 하여, 경상도뿐 아니라 호남까지 농민항쟁이 번진 사실이 한양의 민심에도 큰 영향을 미치지 않을까 우려했다. 또한 "안핵 사업은 조금씩 단서가 잡히나 끝내 명쾌하지는 않다. 다시 며칠 심력을 소비해야만 겨우 실정을 알 수 있을 것이며, 그 뒤 장계 작성에 다시 며칠을 소비하고, 게다가 사포(査逋)와 감포방략에 대한 장계가 있으니 이를 한꺼번에 같이 작성한다면 또 며칠이 소비될 것"이라고 예정을 밝혔다. 그리고 "서울에서는 단지 신속하게 즉각 처리하라고만 독책하니 이것이 괴롭기는 하지만, 역시 어쩔 수 없다"라고 하여, 조속한 처리를 요구하는 조정의 압력에도 불구하고 안핵 사업을 계속 신중히 추진할 뜻을 비쳤다.[40)]

**4월 17일** 박규수는 아우에게 비교적 긴 편지 2통을 잇달아 보냈다. 그중 첫번째 편지에서 그는 "남도 백성이 도처에서 동요하여 날마다 걱정이다. 생각건대 서울의 소동이 날로 심할 것 같은데 어찌 안 그럴 수 있으랴? 그러나 절대로 동요하지 마라. 이번 사태는 한 차례의 운수가 그런 것이다. 만약 이것을 '길흉을 사전에 드러내 보인 경우'라고 이른다면 몰라도, '이것은 곧 대란의 싹이다'라고 이른다면 옳지 않다. 지금 대중의 감정을 열복시킬 수 있는 일대 정령(政令)이 있다면 타결하는 것이 어렵지 않은데, 조정의 소문은 어떤지 모르겠다"고 했다.[41)] 삼남 일대로 농민항쟁이 확산됨을 걱정하면

40) 『환재집』 권8, 「與溫卿」(16) 장14앞뒤. "吾所悶者, 洛裏騷動也." "按事稍稍有端緖, 而終未爽快. 更費數日心力, 始可得情. 伊後更費修啓幾日, 且有査逋勘逋方略之啓, 一時並修, 則又費幾日. 洛中則只以咄嗟立辦責之, 此爲可苦, 亦復奈何!"

41) "南民到處不靖, 日以憂虞. 想京中騷訛日興, 安得不然耶? 然切勿動心. 此一番氣數然也. 若謂吉凶之先見者則可矣, 而謂卽此是亂萌則不然耳. 卽今有大政令, 可悅服群情, 則妥帖

서도, 이번 사태가 국가 존망의 위기로 번질 만큼 심각한 것은 아니며 조정에서 민심을 무마할 수 있는 획기적 개혁 조치를 내리면 무난히 타개되리라는 낙관적 전망을 피력한 것이다.

이어서 그는 "이제야 겨우 단서가 모두 드러났다. 문서를 수정하고 감포 방략을 강구하느라 앞으로 또 며칠이 걸릴 것이다. 우선 이달 안으로 장계를 마무리할 수 있을지 알 수 없어, 날마다 초조하고 괴로움을 실로 견디기 어렵다"[42]고 하여, 안핵 사업이 느리게나마 진척되고 있음을 알렸다. 그리고 같은 편지의 추신에서는 안옥(按獄)과 관련하여 더욱 구체적인 소식을 전했다. "처음에 중범들은 모조리 달아나 열에 하나도 잡기 어렵겠다고 생각했는데, 그렇지 않았다. 체포하기 위한 사람을 특별히 보내지 않아도, 아직 잡히지 않은 자들이 즉시로 잡혀 들어왔다. 아마 당초에 무마하면서 온건하게 다스렸기 때문에 백성들이 놀라고 두려워하지 않아서 그런 것 같다." 예상과 달리 중범들을 순조롭게 체포할 수 있었던 것은 처음부터 유화적으로 취조에 임한 결과 백성들이 관대한 처분을 믿고 협조한 때문이라는 것이다.[43] 그러나 "우선 백성을 후련하게 하고 열복하게 하는 정령이 없는데 단지 놓치지 않고 체포 구금한 것만 기쁘게 여긴다면 백성을 속이는 셈이니, 이렇게

---

不難, 而不審所聞何如."(『환재집』 권8, 「與溫卿」(17), 장14뒤)

박규수는 "群情을 悅服시킬 수 있는 大政令" "大快悅服之政" 등과 같은 표현을 종종 쓰고 있는데, 이것은 3월 18일자의 제1차 장계에서 "慰民望而快群情"을 위해서는 查逋 작업이 우선해야 한다고 주장한 데에서 알 수 있듯이, 환곡의 폐단을 시정하는 일대 개혁 조치를 뜻하는 것으로 판단된다.

42) "今始端緖畢露, 修正文書, 講究方略, 又將費幾日. 姑未知此月內能封啓, 日以燥悶, 眞難堪也."(『환재집』 권8, 「與溫卿」(17), 장14뒤)

43) "其緊犯者, 初意已盡逃去, 十難捉一矣, 乃不然. 別無發差, 未捉者, 隨手拿致. 蓋當初撫摩緩治之, 故民不驚恐而然也."(『환재집』 권8, 「與溫卿」(17), 장15앞)

이에 대해 신임 우병사 申命淳은 심한 불만을 표시했다. 査獄이 아직도 마무리되지 않은 것은 안핵사가 신문을 마치면 차례로 석방하는 등 죄수들을 유화적으로 다룬 때문이라 비판하면서, 따라서 "요사이는 백성들이 믿는 게 있어 두려워하지 않으며, 供招에 따라 잡혀온 자들도 한 사람도 도망가지 않는다(近日則民恃無恐, 因招現捉者, 一不逃避)"는 것이다(『矗營錄草』, 「四月二十一日 錄送家兒 使轉奉廟堂」).

되면 겸연쩍고 부끄러워 어떡하나?"라고 하여,[44] 백성의 신망을 저버리지 않도록 조정에서 민심을 무마할 수 있는 개혁 조치를 내려주기를 갈망했다.

이와 아울러 그는 난민을 "처형하자면 이루 다 처형할 수가 없다. 주동자만을 처벌해야 마땅하다"고 관대한 처벌 방침을 표명하면서, 진주농민항쟁의 주동자는 초군이 아니라 양반 토호라고 주장했다. "이자는 땔나무를 짊어진 무리가 아니라, 한 고을을 압도하는 위세를 지니고 있으며 지휘하기를 제 마음대로 하는 사람"이라는 것이다. 그러나 취조 과정에서 이러한 심증을 뒷받침하는 증거를 확보하는 데 적잖은 어려움을 겪고 있음을 토로했다. "모두 함구하고 실토하지 않는다. 분명히 그 간악함을 통찰한 지 오래되었으나, 죄수들의 진술에 나오지 않는 것은 어째서일까? 비록 몹시 가증스럽지만, 그래도 혹형으로 다루어서는 안 된다. 죄수를 무마하면서 진상을 규명하므로, 며칠 더 늦어진 연후에 저절로 드러날 것이다. '감옥에 오래 있으면 간사해진다(獄老生奸)'는 것은 사람들이 항상 하는 말이지만, 이제 보니 간사하게 굴어도 그것을 역이용하여 진상을 알아내는 데는 문제가 없다"고 하여, 양반 토호가 주동자임을 반드시 입증할 결의를 다지고 있다.[45]

한편 박규수는 농민항쟁이 개령·울산·군위 등지로 계속 확산되고 있는 사실을 전하면서, 아울러 경상좌도에서 가장 큰 고을인 경주에서도 항쟁이 일어날 가능성이 높다고 예견했다. 우선 그는 "지금 우려하는 바는 개령 사태가 진주에 비해 더욱 심하다는 점이다. 감사가 이미 장계를 올려 보고했다. 이 일이 또 나에게 부담지워지면, 귀환시기는 점점 늦어지고 고생스럽고 바쁜 일은 더욱 많아질 터이니 진실로 난감하다. 이를 장차 어쩌면 좋은가!"

44) "然而姑無大快悅服之政, 而只以擒捕無失爲喜, 有若罔民, 是爲歉愧奈何?"(『환재집』 권8, 「與溫卿」(17), 장15앞)

45) "誅之不可勝誅, 只當罪其倡起者. 此非擔薪挑柴者之類, 自有聲勢, 壓一鄕, 指揮惟意之人, 而都是緘口不出, 明明燭奸久矣, 而其奈不出於囚供, 何哉? 雖甚痛惡, 而又不可酷刑鍛鍊. 撫摩中, 行鉤覈, 所以遲得幾箇日, 然後自然發露耳. 獄老生奸, 人所恒言, 而今見其生奸, 不妨爲將計就計."(『환재집』 권8, 「與溫卿」(17), 장15앞뒤)

라고 하여,[46] 개령농민항쟁이 과격함을 우려하고 그 안핵 사업마저 자신이 떠맡게 되지 않을까 걱정했다.

4월 7일에 봉기한 개령 농민들은 주동자로서 사전 체포된 양반 김규진(金圭鎭)을 파옥하여 구출하고 아전들을 살해했으며, 현감을 구타하고 관문서와 관인(官印)을 탈취·소각하는가 하면 부호가 수십 호를 불태웠다. 4월 17일 경상 감사의 장계를 통해 이를 알고 경악한 조정에서는 박규수가 예상한 대로 그에게 진주에서의 조사가 끝나는 즉시 개령에 가서 철저히 진상을 규명·보고하라고 지시했다.[47]

또한 같은 편지에서 박규수는 “울산·군위 등과 같은 곳에 모두 사태가 발생했는데 가벼운 경우도 있고 심각한 경우도 있다. 모두 동요한 곳이 대체로 12, 13개 고을이 되니, 이는 무슨 징조일까? 가장 우려되는 곳은 경주이다. 본래 민생이 가장 고달픈 고을인데다 수령이 염치 없고 위엄이 없어, 백성이 편안히 살지 못함이 도내에서 가장 심하다. 이런 상태인데도 변란이 없다면, 도리어 이것이 변괴이다. 이곳이 만약 동요한다면 그 사태는 반드시 진주보다 심할 터이니, 이것이 우려된다”고 했다. 1854년 암행어사로서 경주 부윤 남성교를 봉고 파직한 적이 있던 박규수는 환정의 문란이 극심한 경주의 실태를 잘 알고 있었던 듯하다.[48]

같은 날짜의 두번째 편지에서 박규수는 아우로부터 지난 3월 말의 장계에서 전 병사 백낙신만 논죄하고 전 목사 홍병원은 거론하지 않은 처사를 비

46) “今所慮者, 開寧事, 比晋尤酷. 監司旣啓聞矣. 此事又爲我擔着, 則歸期之漸遲, 勞碌之更多, 眞難堪, 此將奈何?”(『환재집』 권8, 「與溫卿」(17), 장15앞뒤)

47) 『일성록』, 철종 13년 4월 17일.

48) “如蔚山軍威等處, 皆有事, 或輕或重. 大抵皆動者已爲十二三邑, 此何爻象也? 最所慮者, 慶州也. 本是民生最困之邑, 而其宰之無恥無嚴, 民不聊生, 最於一路. 如此而無變, 則反是變怪也. 此若動, 則其事必有大於晋者, 此爲憂慮耳.”(『환재집』 권8, 「與溫卿」(17), 장15앞뒤); 『수계』, 『환재총서』, 제5책, 398~403면.

박규수가 우려한 대로 경주에서도 그해 10월 항쟁이 발발하여 32개 동의 농민 천여 명이 관청에서 시위를 벌였다(망원한국사연구실, 앞의 책, 232~236면 참조).

방하는 여론을 전해 듣고 그에 대해 해명했다. 우선 홍병원이 난민들을 진정하지 못한 잘못에 대해서는 이미 조정에서 파직 처분을 내렸으므로, 그 점을 거듭 질책하는 것은 무의미하다. 게다가 백낙신처럼 낭자하게 뇌물을 먹은 혐의도 발견되지 않았다. 단 그가 취한 도결과 결렴(結斂) 등의 조치에 대해서는 장차 사포 작업에서 논책해야겠지만, 이러한 조치도 그가 처음 만들어 범한 것은 아니다. 박규수 자신이 알기로, 홍병원은 예전부터 탐학하다는 평판 때문에 하마터면 불우할 뻔했다가, 헌종이 특별히 홍천(洪川) 현감으로 발탁한 뒤로는 오명을 씻고자 노력했다. 박규수가 부안 현감으로 재직할 때 그는 이웃 고을의 수령이었는데 과연 아무런 말썽을 일으키지 않았으므로 내심 놀랐다는 것이다. 그러므로 박규수는 "지금의 격변은 병사 때문이지 목사 때문이 아니다"라고 단언하면서, 홍병원에 대한 조치를 논란하는 것은 현지의 실정을 알지 못하고 떠드는 소리라고 일축했다.[49)]

또한 이 편지에서 박규수는 봉기한 농민들을 도륙함으로써 상하의 기강을 바로세워야 한다는 강경한 주장에 대해 다음과 같이 통렬한 반박을 가했다.

> 지금의 군자들은 항상 말하기를 "기강이 서 있지 않다(紀綱不立)"고 한다. 무릇 기강이란 천하에서 가장 허약하고 취약한 물건이다. 스스로 설 수 없으며, 반드시 충실히 길러주고 뿌리박게 도와야만 겨우 설 수 있다. 예의와 염치로 충실히 길러주고, 충후(忠厚)와 은신(恩信)으로 뿌리박게 도우며, 상벌과 호오(好惡)로써 채찍질하고 격려한 뒤라야 겨우 일어서서 수백 보를 갈 수 있지만, 그래도 그중 한 가지라도 빠져 기우뚱거리고 자빠질 우환이 금세 닥칠까 두려운 것이다. 그런데 지금 충실히 길러주고 뿌리박게 도와주는 것들을 모조리 제거하고, 기강에 대해 오로지 '서 있지 않다(不立)'고만 나무라니, 기강에게 입이 있다면 "아아 억울하다!"고 말하지 않겠는가?
>
> 이들은 우리 역대 임금님들이 고생하며 길러낸 적자(赤子)이다. 지금은 제대로 입히고 먹이지 못할뿐더러 가르치지도 못해서, 마침내 예의 법도를

49) 『환재집』 권8, 「與溫卿」(18), 장16앞뒤. "今者激變, 兵使也, 非牧使也."

> 알지 못하게 되어 웃어른에게 성을 냈으니, 그 죄는 매질해야 마땅하나 측은한 생각이 드는 것은 그럴 수밖에 없는 것이다. 그런데도 '도륙하라'고 말한단 말인가? 그렇게 말하는 사람들은 '어질지 못하므로 지혜롭지도 못한' 자일 따름이다. 지금 도(道) 전체가 모두 동요하고 이웃 도 역시 동요하는데, 이는 무슨 까닭일까? '도륙' 두 자로 처리해버리고자 한다면 아마 어려울 것이다. '말 한 마디가 나라를 망친다'는 것은 이 경우를 말한 것이로다! 한심하고 한심하다! 어쩌면 좋을까, 어쩌면 좋을까![50)]

여기에서 그는 기강 확립을 위해서는 그 전제조건이 되는 인정(仁政)과 덕치(德治)가 먼저 실현되어야 한다고 주장하면서, 그렇지 못한 상태에서 기강 문란만을 질책하면 억울해서 기강이 하소연을 할지 모른다고 풍자했다. 또한 그는 '갓난아이'와 같은 백성을 제대로 보호 육성하지 못한 탓에 민란이 났는데도 강경한 처벌만을 주장하는 것은 어진 처사가 아닐뿐더러, 그와 같은 조치로는 확대일로에 있는 민란이 진압되기는커녕 나라가 위태로운 지경이 될 수도 있다고 비판했다. 비록 유교의 전통적인 정치관에 머물러 있기는 하지만, 어디까지나 백성의 편에 서서 위정자의 책임을 먼저 묻고 상하의 화합을 내세워 강경책을 극력 반대한 점에서 그의 남다른 애민(愛民) 정신과 우국충정이 잘 드러나 있다고 하겠다.

끝으로 박규수는 "무릇 내가 하는 일의 지속(遲速)과 상략(詳略), 관급(寬

---

50) "今之君子, 恒言紀綱不立. 夫紀綱者, 天下之至虛軟脆弱之物也. 不能自立, 必須充養扶植, 然後僅能立焉. 禮義廉恥以充養之, 忠厚恩信以扶植之, 賞罰好惡以策勵之, 然後僅能起立而行幾百步, 猶恐其一有失焉, 而欹危蹶躄之患, 俄頃至矣. 今盡去其充養扶植之物, 而惟以不立責之於紀綱, 紀綱而有口, 不亦曰嗚呼寃哉? 此吾列聖祖宗辛勤鞠養之赤子也. 今也, 旣不能衣食之, 又不能敎誨之, 遂至不識禮度, 發怒於尊長. 其罪當笞, 而爲之惻然, 不能不然矣. 乃曰屠戮云乎? 其亦不仁而不智者已矣. 今全道皆動, 鄰省亦動, 此何故也? 欲以屠戮二字磨勘之, 則其亦難矣. 一言喪邦, 此之謂乎! 寒心寒心! 奈何奈何!"(『환재집』 권8, 「與溫卿」(18), 장16뒤~17앞)

'어질지 못하므로 지혜롭지도 못하다'는 말은 『맹자』 「公孫丑」上의 "不仁不智, 無禮無義"에서 유래한 것이고, '말 한 마디가 나라를 망친다'는 말은 『논어』 「子路」에 나온다.

急)과 강유(剛柔)가 대략 어떠한지 자네는 알 것이요, 벗들 중에도 역시 이해하는 이가 있을 터이다. 그밖에 귀 따갑게 떠드는 소리는 모두 신경쓸 가치도 없다. 갑인년 한 해에도 시끄러운 비방을 겪은 적이 있지 않던가? 내가 마땅히 해야 할 바를 하면서, 조종(祖宗)과 상천(上天)의 뜻을 배반하지 않을 따름이다. 다른 것은 논할 필요가 없다"고 했다.[51] 여기에서 말한 '갑인년의 비방 소동'이란 1854년 암행어사 때 벗 서승보의 부친인 밀양 부사 서유여를 파직하는 등 엄정한 조사로 인해 물의를 야기한 사실을 가리키는데, 그때와 마찬가지로 자신의 안핵 사업이 지나치게 느리며 온건하다고 비방하는 여론에 맞서 의연히 대처할 결의를 밝힌 것이다.[52]

**4월 21일** 아우에게 보낸 편지에서 박규수는 조사가 마무리 단계에 접어들었음을 알렸다. "안핵 사업은 얼마 안 있으면 거의 끝나가지만, 문서 작성은 잠시 아직 시작하지 않았다. 그 일이 방대하고 정신을 많이 소모하니, 그래서 지체될까 더욱 고민스럽다." 그리고 조정에서 이미 그에게 개령 사태를 조사·보고하라고 하명한 줄 모른 채, 진주에서 일을 마친 뒤 다른 곳으로 가서 안핵하라는 명이 내리지나 않을까 걱정했다. 또한 그는 농민항쟁에 대해 "대체로 동요하지 않는 고을이 없지만, 왕왕 억지로 사단을 찾아내어 단지 소동을 즐긴 지역이 있고, 질고를 견디지 못한 탓이라 일률적으로 단정할 수 없는 경우가 있으니, 실로 통탄스럽다"고 하여, 다른 지역의 항쟁 소식에 자극받고 덩달아 봉기한 경우도 적지 않은 실정이라 보았다. 뿐만 아니라 "호남과 호서에서 모두 날마다 놀라운 소식이 들리는데, 전문(傳聞)이 잘못

51) "凡吾之所爲, 其遲速詳略寬急剛柔之槪, 君則知之, 朋友中亦應有知之者. 其他聒聒, 皆不足經心. 甲寅一年之囂謗, 未曾經耶? 爲吾所當爲, 勿負祖宗上天而已, 他不須論也."(『환재집』 권8, 「與溫卿」(18), 장17앞뒤)

52) 본서, 358~359면 참조.

박규수의 벗 申應朝는 윤종의에게 보낸 편지에서 "朴桓卿으로부터 요사이 편지를 받아 보았는지? 안핵 사업이 아직 끝나지 않았는데도 비방하는 말이 그치지 않으니 어째서 이와 같은가?"라고 하면서, 박규수가 신중을 기한 나머지 과감하고 신속하게 일을 처리하지 않는 데 대해 불만과 우려를 표시했다(신응조, 『苟菴集』 권1, 「與尹士淵」).

된 경우가 많다 해도 대개 남도 백성들은 이와같이 불안하니, 이는 무슨 까닭인가? 곰곰이 생각하느라 벽을 따라 서성거리며 잠을 이루지 못한다. 장차 어쩌면 좋을꼬!"라고 번민했다. 아마 그는 4월 중순 이후 전라도 함평과 충청도 평택 등에서도 농민항쟁이 발발했다는 소식에 접하고 충격을 받은 듯하다.[53]

같은 편지의 추신에서 박규수는 지난번 장계에서 전 우병사 백낙신을 지목하여 논죄한 것이 소신에 따른 공정한 처사였음을 주장했다. "이른바 안핵이 어찌 백성의 범죄를 조사하는 것일 뿐이랴? 무릇 이 지역에서 발생한 이 변고에 관해서는 일체 살피고 조사해야 하며, 그 죄과에 따라 처단할 따름이다. 선후와 경중은 사리에 따를 것이지, 어찌 터럭 하나라도 안배를 받아들이랴?" 그리고 "백낙신과는 평소 아무런 은원(恩怨)이 없고 얼굴도 모르는 사이이다. 지금 듣자니 조정의 처분이 극히 엄중한데, 이는 사태로 보아 당연하다"고 하면서, 개인적으로는 그의 불행을 유감스럽게 여기지만 "이것은 사의(私意)인 것이다. 어찌 감히 그의 사정을 보아주랴! 어찌 감히!"라고 했다.[54]

백낙신은 박규수의 장계에 의거한 신문 끝에 4월 10일 고금도(古今島) 유배형에 처해졌다가, 닷새 뒤 다시 제주도에 위리안치(圍籬安置)되는 중형을 받았다.[55] 그 때문에 박규수는 백낙신을 비호하는 측으로부터 심한 비방과 심지어 신변의 위협까지 받았던 듯하다. 같은 편지에서 그는 "근거 없는 이

53) "按事看看垂畢, 而書役姑未始之. 其事浩大, 多費精神, 尤以稽遲爲悶耳." "大抵無邑不動, 往往有强尋事端只好作鬧處, 有不可一例以不堪疾苦斷之者, 誠可痛矣. 湖南湖西, 皆日聞可駭事, 或多傳聞之爽, 而概南民同此不靖, 此何故也? 念之, 繞壁不寐. 將奈何!"(『환재집』 권8, 「與溫卿」(19), 장17뒤~18앞)

54) 『환재집』 권8, 「與溫卿」(19), 장18앞뒤. "所謂按覈, 豈但覈民犯者耶? 凡此局之有此變, 一切可按而可覈, 隨其罪過而斷之而已. 先後輕重, 皆隨其事理, 豈容一毫安排耶?" "白樂薪, 平生無恩怨, 不識面目. 今聞處分極嚴重, 事體當然." "(…) 然是私意也, 何敢何敢!"

55) 『철종실록』, 13년 4월 10일, 15일. 백낙신은 우후 신효철과 함께 1866년 병인양요 때 다시 기용되었다.

야기나 하는 사람들의 황당무계한 논의란 원래 마음에 둘 것이 없으니, 절대로 동요하지 않음이 어떨까? 한노(韓奴: 한씨 성을 가진 종—인용자)가 이곳에 온 일로 사람들이 모두 괴이쩍게 여기고 있다. 이 형도 일을 많이 겪었으니, 결코 염려하지 마라"고 했다. 아마 백낙신을 고발한 일로 보복당할지 모른다는 유언비어 때문에 박선수가 형의 신변을 염려하여 집안의 노비를 내려 보냈던 것으로 짐작된다. 또한 박규수는 "비방과 칭송을 멀리서 저울질하면서 유리한 것을 취하고자 한다면, 평소에 어째서 남의 입술을 바라보며 안색을 잘 엿보지 않았을까? 가소롭고도 가소롭다!"라고 하여, 그와같은 비방 여론에 전혀 개의치 않을 뜻을 분명히 했다.[56)]

**5월 2일** 박규수는 안핵 사업이 지체됨을 문책하는 비변사의 관문을 받고, 그에 대해 해명하는 장계를 급히 올렸다. 함평과 평택에서도 농민항쟁이 잇달아 발발하자, 영호남에서 이처럼 항쟁 소식이 끊이지 않는 것은 오로지 안핵사들이 안일을 탐한 탓이므로 징계해야 한다는 비변사의 건의에 따라, 4월 22일 왕은 진주 안핵사 박규수와 익산 안핵사 이정현을 질책하면서 조사가 지연된 곡절을 신속히 보고하라고 명한 것이다.[57)]

이 장계에서 박규수는 "종전에 안핵할 때에는 간혹 영읍에서 이미 사전 조사를 했으므로 왕명을 받들어 안핵을 하는 것이 어쨌든 비교적 쉬웠습니다. 그런데 지금 신이 고을에 도착하니, 난민이 이미 해산한 뒤인데다 영읍에서 체포한 죄수도 없어, 종적을 기찰하자니 그림자를 쫓고 바람을 붙잡는 것과 거의 마찬가지여서, 범법한 죄상을 자세히 묻고 조사하느라 저절로 시일을 허비하게 되었습니다. 평민 중에 혹 제자리를 잃는 일이 있을까, 무고한 사람이 혹 횡액을 당하는 일이 있을까 잠시라도 신중하지 않을 수 없고, 무마하면서 안핵을 실시하지 않을 수 없었습니다"라고 했다. 앞서 아우에게

56) 『환재집』 권8, 「與溫卿」(19), 장18앞. "游談之士, 悠悠之論, 元無足嬰懷, 愼勿動心如何? 韓奴之來, 人皆怪之耳. 愚兄閱事亦多矣, 勿以爲慮也." "遙揣毁譽, 而欲其便, 則平日何不仰人脣吻, 善伺顔色耶? 好笑好笑!"

57) 『일성록』, 철종 13년 4월 22일.

보낸 편지에서 밝힌 대로, 해당 관청의 사전 조사 미비와 아울러 가급적 신중을 기하고 죄수를 유화적으로 다루려는 방침 때문에 안핵이 지연되고 있다고 해명한 것이다. 그리고 "죄수들을 취조하는 일은 이제 거의 끝났으나, 문건이 몹시 방대하여 장차 밤을 새워 수정해서 속히 보고하겠습니다"라고 아뢰었다.[58)]

**5월 7일** 박규수는 진주에 도착한 선무사(宣撫使) 이삼현(李參鉉)을 만났다. 농민항쟁이 4월에 들어서도 계속 그치지 않자 위기의식을 느낀 조정에서는 4월 15일 영남과 호남에 각각 선무사를 파견하기로 하는 이례적인 조치를 취했다. 그에 따라 영남 선무사에 임명된 이삼현이 4월 20일 한양을 출발하여 이날 진주에 당도한 것이다.[59)]

당시의 일기에서 이삼현은 안핵사 박규수를 진주 촉석루에서 만나 안핵 사업의 전망에 관해 물었더니, "진주의 민란은 최근 비록 진정되었지만 안핵 사업이 이미 80여 일이요, 장계 작성이 방대하여 문서 작업이 아직도 끝나지 않았다. 죄수는 72인인데 중범에 해당하는 자는 3인이며, 전 교리 이명윤이 주괴(主魁)라고 하더라"고 했다. 그리고 "안핵사가 발송한 관문 중에 대민(大民)들이 원망하며 유감으로 여기는 구절이 있다는 말을 들은지라, 나도 역시 대민들의 울분에 찬 목소리를 전했다. 그러자 안핵사는 '춘당대에 과거

58) "從前按覈之時, 或自營邑先已行查, 奉命按覈(問), 究境較易. 今臣到州, 在於亂民旣散之後, 且無營邑捉囚之漢, 譏詗蹤跡, 殆同逐影捕風, 盤查情犯, 自致曠時費日. 平民之或有失所, 無辜之或有橫罹, 不得不造次審愼, 撫摩鉤覈兼(並)行並(兼)施." "諸(詰)囚取供, 今幾垂畢, 而文案極其浩汗, 方將罔夜修正, 卽速馳聞計料." 이 글은 『임술록』에도 「진주 안핵사 장계」라는 제목으로 수록되어 있다. 원문 중 괄호 안은 『진양초변록』과 다른 『임술록』 쪽의 글자를 기입한 것이다(『진양초변록』, 「按覈使朴狀啓」, 『환재총서』, 제5책, 650~651면; 『임술록』, 국사편찬위원회 활자본, 21면).

59) 『승정원일기』, 철종 13년 4월 15일, 20일; 『임술록』, 『鍾山集抄』, 국사편찬위원회 활자본, 201~202면.

이삼현(호 鍾山)은 1841년 문과 급제 후 좌승지 · 대사성 등을 거쳐 영남 선무사에 임명되었다. 尹定鉉이 당시 그에게 贈序를 지어준 사실(『梣溪遺稿』 권4, 「送李侍郎宣撫嶺南序」)로 미루어, 박규수와도 교분이 있었을 것으로 추측된다.

보러 온 선비가 사람을 때려 죽였다는 소식을 듣고 몹시 해괴하게 여겼는데, 이곳(진주)에서 또한 통문을 돌려 사람을 죽이고 불태운 변고가 있었기에 관문 중에 우연히 언급한 것이요, 대민들에게 각성하라고 질책하는 뜻에서 나온 것'이라 말했다"고 하였다.[60]

이와같은 이삼현의 일기를 보면, 그해 3월 말 안핵사 박규수가 도내 각 고을로 발송한 관문에서 농민항쟁과 관련하여 양반 사족층을 엄중 문책한 일로 인해, 안핵사에 대한 '대민' 즉 양반 사족층의 불만이 비등한 실정임을 알 수 있다. 특히 관문 내용 중 한양의 과거장에서 발생한 살인사건을 진주 민란과 연계하여 질책한 점이 문제가 되었던 듯하다. 그에 대해 박규수가 "우연히 언급한 것"이라 답한 것이 사실이라면, 이는 그가 자신의 발언이 다소 경솔했음을 시인한 셈이라 하겠다.

당시 박규수와 만난 자리에서 선무사 이삼현은 조사 보고를 재촉하는 왕의 뜻을 전달했을 것임에 틀림없다. 현지로 떠나는 이삼현을 접견할 때 왕은 "우선 안핵사가 어떻게 조치하고 있는지 알 수 없으며, 아직도 아무 동정이 없어 실로 답답하다"고 불만을 토로했기 때문이다.[61] 이로 말미암아 박규수는 안핵 사업을 마무리짓고자 더욱 서두르게 되었을 것이다.

**5월 10일** 아우에게 보낸 편지에서 박규수는 "이제야 겨우 진주의 안핵 장계를 마무리했다"고 알렸다. 즉 진주목과 우병영의 포흠 실태를 조사하고 그 대책을 건의한 「사포장계(査逋狀啓)」, 진주농민항쟁의 주동자 및 가담자에 대한 처벌을 논한 「사계발사(查啓跋辭)」, 그리고 감포방략으로서 환정의 폐

---

60) "晋州之民亂, 近雖妥帖, 而覈事已八十餘日, 修啓浩汗, 書役尙未畢, 在囚爲七十二人, 而重囚當爲三人, 前校理李明允爲主魁云耳. 與覈使相會於矗石樓. (…) 略問覈事顚末, 而聞有輪關中大民怨憾句語, 亦傳其拂鬱之聲, 則覈使曰, 春塘臺赴擧之儒, 打殺人命, 聞甚駭悖, 而此處又有發通燒殺之變, 故偶然及之, 而出於警責之意也."(『임술록』, 『鍾山集抄』, 『嶠南日錄』 5월 7일조, 국사편찬위원회 활자본, 212면)

단 '안핵 사업이 이미 80여 일'이라는 기록은 착오나 오자인 듯하다. 3월 1일 출발시부터 계산해도 5월 7일까지는 66일이요, 3월 18일 진주 도착 후부터 따지면 49일밖에 되지 않는다.

61) 『일성록』, 철종 13년 4월 20일. "姑未知按覈使之如何措處, 而尙無動靜, 誠爲悶鬱."

단을 개혁하기 위한 특별기구 설치를 건의한 「강구방략 이정환향적폐소(講究方略釐整還餉積弊疏)」(이하 「강구방략」이라 약칭함) 등 3종의 문건 작성을 완수한 것이다.[62)]

한편 그는 다음날인 5월 11일에는 대구로 가서 개령 사태를 안핵할 예정임을 밝히면서, "개령현은 잔읍(殘邑)으로 난을 겪고 영락한데다, 남은 이졸(吏卒)이 얼마 없으니 그밖의 사세(事勢)도 모양을 갖추었을 리 만무하다. '안무(按撫)의 방침은 종전의 여러 고을들의 경우와 같고, 진상 규명은 대부분 대구의 예에 따라 행하겠다'는 내용으로 장계를 작성하면, 듣는 이들은 반드시 전날처럼 다시 겁을 먹었구나 하겠지. 그러나 무엇을 우려하리오? 오직 '과오 없이 처리함(句當無虞)'으로 원칙을 삼을 따름이다"라고 했다.[63)] 비겁하다는 비방에 개의치 않고, 개령에서도 신중하고 유화적으로 안핵에 임할 방침임을 밝힌 것이다.

당시 박규수는 다른 사람이 이미 개령 안핵사로 임명된 사실을 몰랐던 듯하다. 5월 5일 왕은 익산 안핵사 이정현의 보고를 받은 뒤 "진주에서는 아직도 동정이 없으니, 달리 조사해야 할 것이 또 있어서 그러느냐? 장차 개령의 조사도 질질 끌 우려가 있다"고 질책하면서, 박규수 대신 신임 안동 부사 윤태경(尹泰經)에게 개령 안핵사를 겸하도록 명했던 것이다.[64)]

---

62) 『환재집』 권8, 「與溫卿」(20), 장18뒤. "今纔修上晋州覈啓."

박규수가 작성한 3종의 문건은 자료마다 그 명칭이 조금씩 다르다. 『임술록』에서 「사포장계」와 「사계발사」라 한 것이 『진양초변록』에는 각각 「逋還事實狀啓」, 「啓單樵軍作變後各人等捧招跋辭」라 되어 있다. 또한 『임술록』에서 「강구방략」이라 한 것은 『龍湖閒錄』(제13책)과 『환재집』에는 각각 「副護軍朴珪壽上疏」, 「請設局整釐還餉疏」라 되어 있다.

63) "開縣殘邑, 經變零星, 吏卒存者無幾, 其他事勢, 萬無成樣. 按事之道, 在前列邑, 覈事多行於大邱之例, 以此措語修啓, 而聞者必以爲懷怯, 復如前日. 然何恤焉? 惟以句當無虞爲義耳."(『환재집』 권8, 「與溫卿」(20), 장18뒤)

64) 『철종실록』, 13년 5월 병술. "晋州之尙無動靜, 又有他可査者而然乎? 且開寧覈査, 亦不無延拖之慮." 전임 안동 부사는 박규수의 벗인 김상현이었다.

이러한 왕의 지시를 담은 비변사의 관문은 5월 12일 경상 감영에 도착했다. 그 뒤 박규수는 일자 미상의 장계에서, 개령 안핵사로서 떠나기 직전 비변사의 관문을 받았다고 하면 또한 같은 편지에서 박규수는 아우에게 지난 3월 말 도내 각 고을에 발송한 관문을 등서해 보낸다고 하면서, 그와 관련된 물의에 대해 해명했다. "소위 '제 할아비와 아비(乃祖乃父)를 욕보였다'느니 하는 따위의 말은 이 역시 부형이 어떠한 사람인지를 모르는 부류이다. 나는 당연히 난류(亂類)의 부형 장로를 책망한 것이지, 하필 독서 군자의 '제 할아비와 아비'를 책망했겠는가? 이것은 내가 한 일과 아무 상관이 없다. 이러한 설을 지어낸 자는 심한 책망을 취하여 '제 할아비와 아비'에게 바치려는 것이나 다름없지 않겠는가?"[65] 지난번 관문에서 영남 사림 전체를 싸잡아 문책했다는 비방에 맞서, 이는 민란을 일으키고 살인사건을 빚은 자들의 부형 장로에 대한 책망을 확대 해석한 것이라 반박한 것이다. 사실 관문의 내용은 영남 사림의 연대 책임을 묻는 것으로 해석될 수 있는 여지가 다분했기 때문에, 그와같은 물의를 야기한 듯하다.

**5월 15일** 박규수는 아우에게 장문의 편지를 보냈다. 여기에서 그는 우선 "녹음이 우거지고 꾀꼬리 우는 시절에 책을 읽으며 즐기는 것이 옳지, 이 형에 대한 황당무계한 비방 때문에 고민하느라 잠 못 들어서야 되겠느냐?"라고 하면서 "나는 조금 휴식을 얻었으며, 달리 걱정할 것이 없다"고 하여,[66] 형에 대한 비방 여론으로 괴로워하는 아우를 달래고 안심시켰다.

이어서 그는 개령 사태의 진상을 조사해둔 자료를 즉시 안동 부사 윤태경에게 보내겠노라고 했다. 윤태경은 절친한 선배 윤정현의 아들이었기 때문에 그의 안핵 사업을 적극 돕고자 한 것이다.[67] 그리고 벗 윤종의의 숙부인

---

서, 진주에 그대로 머물며 안핵 장계에 대한 回下 처분을 기다리겠노라고 했다(『진양초변록』, 「備邊司關文」, 『釜大史學』 8, 부산대학교 사학회 1984, 266면; 『진양초변록』, 「안핵사 박 장계」, 『환재총서』, 제5책, 652면).

65) "所謂乃祖乃父等語, 此亦先生不知何許人之類也. 吾當責其亂類之父兄長老, 何必責其讀書君子之乃祖乃父也? 此則不干我事. 爲說者, 欲取其厚責, 以獻於乃祖乃父, 不亦異哉?"(『환재집』 권8, 「與溫卿」(20), 장18뒤~19앞)

66) "綠陰黃鳥, 書史娛情可矣, 爲乃哥悠悠浮謗, 煩惱失睡可乎? (…) 吾少得休息, 他不足慮也."(『환재집』 권8, 「與溫卿」(21), 장19뒤)

윤육(尹堉)이 경주 부윤에 제수된 소식과 관련하여, 경주의 심각한 실태를 전했다. "그곳은 황폐한 지역이 되어 쉽사리 담당할 수 없다. 전 부윤은 경주에서 탐학을 저질렀을뿐더러, 심지어 왜인의 수만에 달하는 재물을 빼앗았다. 이 일은 반드시 변경의 분쟁을 일으킬 것이다. 조정에서 장차 어떻게 대처할지 모르겠다. 이는 모두 때 맞추어 일어난 일이니, 어쩌면 좋은가?" 전 경주 부윤 송정화(宋廷和)는 지난해 8월 수념포(水念浦)에 표류한 왜인들을 바로 돌려보내지 않고 그들의 물건 25짐을 탈취했는데, 앞서 언급한 바와 같이 내홍을 틈탄 외세의 침략을 우려하던 박규수는 그 일로 인해 일본을 자극하지 않을까 특히 걱정한 것이다.[68]

같은 편지의 추신에서 박규수는 단성농민항쟁의 주동자로 알려진 양반 김영의 죄상을 열거하면서 극력 비난했다. 그가 여전히 읍정(邑政)을 좌우하고 있을 뿐 아니라 안핵사인 자신의 조사 요구에 응하지 않고 거세게 저항한 때문이었다. 김영이란 자는 "이 고을의 '이명윤'이다"라고 하여,[69] 박규수는 그를 진주의 이명윤과 마찬가지로 농민항쟁을 주도한 양반 사족층의 대표적 인물로 간주했다.

그에 의하면 김영은 신임 현감을 맞이하는 이졸(吏卒)로 역속(驛屬)과 무부(巫夫)를 임의로 차출하여 보냈으며, 예전의 읍속(邑屬)들을 몰아내어 얼씬도 못하게 했다. 그리고 신임 현감에게 관청의 지공(支供)을 금하고 주막의 음식을 사다 바치면서, 정당(政堂)에 혼자 앉아 꼼짝도 못하게 했다. 향청에서 임명했다는 이유로 사령(使令) 하나도 마음대로 처벌하지 못하게 했다.

---

67) 박규수가 개령 안핵사에서 파직되어 임무를 윤태경에게 넘기자, 윤태경은 개령에 부임하지 않고 바로 대구로 가서, 박규수가 남겨둔 按覈文記에 의거하여 討捕使로 하여금 민란의 주모자들을 체포하게 함으로써 열흘이 안 되어 난을 평정했다고 한다(尹行恁・尹秉綏, 『帶方世家言行錄』, 이봉래 역, 교문사 1986, 227면).

68) 『환재집』 권8, 「與溫卿」(21), 장19뒤, "其爲弊局, 不可輕易擔着. 前尹, 不但饕餮於慶也, 至奪倭人鋸萬之財. 此事必生邊釁, 不知朝廷將何以處之. 此皆應時生者, 奈何?"; 망원한국사연구실, 앞의 책, 233~234면 참조.

69) "丹城有金欞者, 亦此邑之李命允也."(『환재집』 권8, 「與溫卿」(21), 장20뒤)

뿐만 아니라 감사가 환곡 포흠 실태 및 아전들과의 분쟁 사건을 조사하고자 조사관을 파견했으나,[70] 조사관의 명을 수행해야 할 아전들에게 나타나면 죽인다고 협박함으로써 조사를 방해했다. 또한 김영 일당은 전에 아전들에게 구타당한 일로 안핵사에게 호소하러 와서는 명분을 바로잡아야 한다는 등의 설을 내세우며 기세가 등등했으니, 이는 아전들에 대한 설욕보다도 안핵사에게 위세를 과시하려는 속셈이었다.[71]

이와같이 박규수는 안핵사로 부임한 이래 그들의 행패를 참기 어려웠을뿐더러 단성의 실정을 알 길이 없어 며칠 전 교졸을 보내 김영을 잡아오게 했지만, 그자가 체포장을 찢어 태우며 발악하는 바람에 그 수족 몇 명만을 잡아왔다.[72] 그때 수색해 온 그들의 소위 문서를 보니, 전세(田稅)에다 멋대로 부가하여 걷은 돈 수천 냥을 향회의 주식(酒食) 비용에 써버린 것으로 되어 있었다. 게다가 신임 현감이 민심을 위로하고자 근 천 냥의 아록(衙祿: 관아에 속한 사람들에게 주던 녹봉)을 줄이고 민간에서 걷지 않겠다고 한 사실도 공포하지 않았으니, 이는 몰래 떼어먹으려는 수작이었다. 그러므로 박규수는 "이런 자들이 어찌 백성을 위해 폐정(弊政)을 거론한 자들이랴? 이처럼 기괴하고 통분스러운 일은 바로 경래(景來)의 연전(鉛錢)이다"라고 하여[73] 반역

70) 감영에서는 4월 15일 단성 현감의 도임에 즈음하여 三嘉 현감을 조사관으로 차정했으며, 이에 따라 삼가 현감은 4월 20일부터 5월 26일까지 조사활동을 벌였다(김인섭, 『단계일기』, 임술년 4월 13일, 15일, 20일, 5월 26일; 망원한국사연구실, 앞의 책, 126~127면 참조).

71) 이는 지난 3월 19일과 20일 김영·김인섭 부자가 아전들에 대한 처벌을 요청하는 단자를 올린 사실을 가리키는 듯하다. 그에 대해 박규수는 "단지 그자의 설을 들어주면서 '査實捉報'(진상을 조사하여 체포·심판하겠다는 뜻—인용자)라고 題辭(판결문)를 써주었다"고 했다(『환재집』 권8, 「與溫卿」(21), 장21앞). 김인섭의 『단계일기』 임술년 3월 23일자에 그 날 "저녁에 안핵사의 回題를 보았다(暮見按覈使回題)"고 한 것은, 박규수가 '査實捉報'라 써서 단자를 돌려준 사실을 가리키는 것이라 판단된다. 『단계일기』에 의하면 김인섭은 4월 15일에도 사람들을 시켜 박규수에게 재차 단자를 올린 것으로 되어 있다.

72) 『단계일기』에 의하면 임술년 5월 12일의 일이다. "밤에 可遠 등 여러 사람이 형을 받고 감옥에 갇혔으니 기가 막힌다"고 적고 있다.

73) "此等豈爲民說弊者耶? 如此奇怪痛惋之事, 便是景來之鉛錢也."(『환재집』 권8, 「與溫卿」(21), 장21앞뒤) '鉛錢'은 납이 많이 섞인 가짜 엽전이란 뜻이다.

을 도모한 홍경래의 아류라고까지 매도했다. 그들에 대한 처벌을 요청하는 장계를 올리고 싶지만, 자신의 소관이 아니므로 공연히 소란을 일으킨다는 혐의를 받을 것 같아 우선 벼르고만 있다고 했다.

나아가 그는 김영과 같은 부류야말로 자신의 관문 내용을 왜곡·비방하는 자들이라고 하면서, 이를 보면 지난번 춘당대 정시(庭試)의 살인사건과 농민항쟁을 연계하여 영남 사림을 문책한 것이 결코 지나친 처사가 아님을 알 수 있다고 주장했다. "이런 자들이 모두 '제 할아비와 아비를 욕보였다'고 일컫는 자들이다. 임금이 친히 임석하고 시험 제목을 높이 내건 자리에서 무리를 지어 소동을 일으킨 자들이 어느 지역 사람이었던가? 만나서 물어보면, 천연덕스럽게 낯빛을 바꾸며 '영남 선비 중에는 이런 사람이 있은 적 없소. 이는 다른 사람이요'라고 한다. 이 사건을 제 눈으로 본 적이 없단 말인가? 내가 발송한 관문 중에 이번 과거장의 소동을 들어 책망한 것은 극히 긴요한 말이다. 세상사람들이 모두 '이 말은 불긴한 것'이라 하니, 긴요한 말을 잘하는 사람을 나는 모두 본 셈이다."[74] 과거장의 살인사건을 농민항쟁과 연계하여 거론함으로써 영남 사림을 자극할 필요는 없었다는 것이 당시의 지배적 여론이었던 듯하다. 박규수는 그에 대해 매우 반발하면서, 영남 사림의 불온한 움직임을 단속할 필요가 있음을 역설한 것이라 생각된다.

**5월 22일** 박규수의 「사포장계」와 「사계발사」 및 「강구방략」이 비변사에 도착했다. 다음날 즉시 비변사는 「사계발사」에 의거하여 죄수들에 대해 박규수가 요청한 것보다 더욱 가혹한 처벌을 요청하면서, 아울러 박규수에 대해서도 책임을 물어 삭직할 것을 건의했다. "옥(獄) 하나를 다스리는 데 석 달이나 걸렸으며, 논단(論斷)이 왕왕 지나치게 가벼운 쪽만을 취했다"는 것이다. 왕은 비변사의 요구를 수용하여 박규수에게 삭직 처분을 내렸으나, 이

74) "此等皆稱乃祖乃父逢辱云者耳. 殿庭親臨, 懸揭表題, 群起作鬧者, 何地人也? 逢而問之, 則天然作色曰, 嶺儒不曾有此, 此是他人耳. 此事不曾目見乎? 吾發關中, 擧責今番鬧場, 此爲極緊之語. 擧世皆曰, 此語不緊, 善爲緊語者, 吾皆見之耳."(『환재집』 권8, 「與溫卿」(21), 장21뒤)

계열 등 7인의 죄수를 추가로 극형에 처하라는 비변사의 요구는 받아들이지 않았다.[75)]

비변사에서 박규수의 삭직을 요구한 것은 안핵 사업의 지연과 온건한 처리에 대한 강한 불만이 일차적인 이유였지만, 여기에는 박규수에 대한 당시 영남 사림의 비판적인 여론도 크게 작용했던 것으로 보인다. 앞서 언급했듯이 5월 7일 진주에 도착한 선무사 이삼현은 박규수에게 지난 3월 말 도내 각 고을로 관문을 발송하여 양반 사족층을 문책한 일로 인해 영남 사림의 불만이 비등한 실정을 전했다. 박규수 자신도 아우에게 보낸 5월 10일자와 15일자 편지에서 그 문제에 관해 거듭 해명하고 있음을 보면, 갈수록 그의 처사를 비방하는 여론이 확산되어갔던 듯하다.

마침내 5월 20일 사헌부 장령 정직동(鄭直東)이 상소를 올려, 안핵사 박규수가 관문에서 "전 도(道)의 사림 선배를 들어 패류(悖類)에다 귀속시켰다"는 말을 들었다면서, 안핵 사업을 마치는 대로 그를 처벌하여 "영남 선비의 마음(嶺儒之心)"을 안정시킬 것을 요청했다.[76)] 이어서 5월 27일에도 부호군(副護軍) 이만운(李晩運) 등 영남 유생들이 연명하여 박규수를 규탄하는 상소를 올렸다. 안핵사가 도내에 발송한 관문을 입수해 보니, "전편(全篇)의 의도가 진주민란의 죄를 사족의 부형으로서 명망있는 자에게 돌리는 것이었으며, 또한 정시 과거장의 살인사건을 중간에 끼워넣어 관리를 협박하고 살해한 증거로 삼았다"[77)]고 비난하고, 그동안은 안핵 사업이 끝나지 않아 참았으나 이제 안핵사가 임무를 마치고 돌아오니 시비를 가려주기 바란다면서, 관문 내용을 조목조목 반박한 것이다.

75) 『철종실록』, 13년 5월 22일, 23일. "一獄三朔, 論斷往往過存惟輕."; 『임술록』, 「사계발사」, 국사편찬위원회 활자본, 35~36면; 『비변사등록』, 철종 13년 5월 22일; 『승정원일기』, 철종 13년 5월 23일.

76) 『승정원일기』, 철종 13년 5월 20일. "擧全道士林先輩, 歸之悖類."

77) 『승정원일기』, 철종 13년 5월 27일. "全篇命意, 以晋州作變, 歸罪於士族父兄之有地望者. 又以庭試時場內殺人事, 挿入其中, 以爲劫官殺吏之證案."

이만운 등의 상소에서 특히 주목할 것은 박규수가 항쟁의 주도층으로 양반 사족층을 지목한 데 대해 반박한 대목이다. 박규수가 관문에서, 통문을 돌리고 군중을 대대적으로 동원한 점으로 보아 농민항쟁은 식자층이 적극 관여하고 명망있는 양반 토호가 선동한 결과라고 본 데 대해 이만운 등은 "이것은 소민(小民)들의 죄를 억지로 사족에게 씌우려는 것"이라고 주장하면서, "소민과 사족은 본래 같은 부류가 아니며, 그들이 들고일어난 것이 어찌 꼭 남이 시켜서겠습니까? 더구나 '조금 지체가 있어 호령이 통할 만한 자들'은 대다수가 난민의 겁탈을 당해 집이 부서지고 재산이 불타버려 다시 남은 것이 없으니, 난동을 주창한 자가 과연 이와같을 수 있겠습니까?"라고 항변했다. 요컨대 항쟁은 어디까지나 상민들이 자발적으로 일으킨 일이라 주장하면서, 그 와중에 큰 피해를 입은 사실을 들어 '양반 사족 주도설'을 부인한 것이다.

또한 이만운 등은 이처럼 "사족이나 소민이나 곤고(困苦)하기로는 대개 마찬가지였지만, 명분을 생각하고 의리를 두려워하여 차라리 죽을지언정 난을 일으키지 않은 것은 바로 이 대민(大民) 사인(士人)이며, 바로 그 부형 자제였다"고 주장했다. 그럼에도 불구하고 박규수가 영남 사림 전체를 문책하면서 과거장의 살인사건을 무리하게 끌어다 붙이고, 관문을 접수한 양반호의 호주 성명을 보고하라고 지시한 것은 사화(士禍)를 꾸미려는 흉계로 볼 수밖에 없다고 규탄했다.[78)]

이같은 이만운 등의 상소에 대해 왕은 "최근의 민란에 대해서는 영남 선비들도 틀림없이 걱정하고 개탄했을 터인데, 이제 만약 그들을 일러 민란을 '주론(主論)했다'느니 난동 부리는 데 '익숙하다(習熟)'느니 한다면 장차 누가 그 말을 믿겠는가?"라고 하여, 일단 그들을 두둔하면서 관문 중의 일부

78) 『승정원일기』, 철종 13년 5월 27일. "此則欲以小民之罪, 勒移於士族者也 (…) 小民士族, 本非一類, 其起其動, 豈必由人? 且況稍有地閥可行號令者, 多被亂民之所劫, 毁家燒産, 無復餘地, 倡動者果如是乎?" "至於士民之困苦者, 亦大略一般, 而其顧名畏義, 寧死而不亂者, 此其爲大民士人也, 此其爲父兄子弟也."

내용이 지나친 점을 인정했다. 그러나 지금은 지역 주민들을 잘 타일러 기강과 명분을 바로잡고 생업에 전념하도록 하는 사대부로서의 책임을 다하는 것이 급선무이므로, 안핵사의 관문 내용에 대해 시비할 때가 아니라고 물리쳤다.[79)]

**5월 28일** 박규수는 조정의 삭직 처분을 알지 못한 채, 안핵사 임무를 마치고 진주를 떠났다. 그 직후 삭직 소식이 현지에 전해진 듯하다. 단성농민항쟁의 지도자였던 김인섭은 5월 29일자 일기에서, 경상 감사의 편지를 통해 "안핵사 박규수가 탄핵을 받아 돌아감을 알고 도로에서 서로 축하했다"고 적고 있다. 사헌부 장령 정직동의 상소가 주효하여 박규수에게 삭직 처분이 내려진 것으로 이해한 것이다. 또한 안핵 사업을 마친 뒤에도 박규수가 영남 백성들에게 붙잡혀 한동안 서울로 돌아오지 못했다는 소문이 나돌았던 것 역시 그에 대한 영남 사림의 반감이 어느 정도였는지를 말해준다.[80)]

**6월 5일** 박규수는 귀경 도중 아우에게 보낸 편지에서, 5월 28일 진주를 출발하여 합천 화양동(華陽洞)에 있는 선조 박소의 묘를 들러 배알한 후 추풍령을 넘어 회덕에 도착했으며, 진주목의 관마(官馬)를 빌리고 합천 군수로부터 노자까지 지원받아 순탄한 여행을 하고 있다고 알렸다. 또한 그는 추풍

79) 『승정원일기』, 철종 13년 5월 27일. "近日民擾, 嶺外之士, 亦必憂歎之矣. 今若謂之主論習熟云爾, 則將孰信諸?"

80) 김인섭, 『단계일기』, 임술년 5월 29일, "申晡見州牧答書. 夕後又承方伯答書. 知按覈使朴珪壽遭劾而歸, 道路相慶"; 『용호한록』 권3, 649호 「京奇」, 국사편찬위원회 활자본, 115면, "朴珪壽爲嶺民所執, 不得上來云耳."

그러나 임술민란에 관해 보고한 천주교 신부 뿌르띠에의 편지(1862년 양력 11월 8일자)에서는, 조정에서 남쪽의 두 도에 안핵사 2명을 보냈는데 "이 使節 중 한 사람은 온건한 방법으로 행동하려고 하다가 소환되어 귀양을 가고, 그 대신 몹시 잔인한 사람이 그 자리를 물려받았습니다"라고 했다(샤를르 달레, 『한국천주교회사』, 안응렬 · 최석우 역주, 한국교회사연구소 1996, 하권, 137~138면). 남쪽의 두 도에 파견된 안핵사란 익산 안핵사 이정현과 진주 안핵사 박규수를 가리키며, 박규수의 후임이란 개령 안핵사 윤태경을 가리키는 듯하다. 박규수에 대해, 온건한 방법으로 행동하려다가 소환되었다고 긍정적으로 기술하고 있음을 볼 수 있다.

령에 이르렀을 때 감영에서 온 사람들이 삭직 처분을 당한 소식을 전해주었다고 했다. 그리고 정직동에 이어 이만운 등이 거듭 상소를 올렸다는 소식에 분노와 우려를 표시했다. "경상도 벼슬아치가 또 상소를 냈으니, 어찌 수치를 모르는 자들이 아니랴! 어째서 패류(悖類)의 부형을 끌어다 이를 '사림의 선배'라고 이르는가? 내가 이미 삭직 처분을 받았는데도 또 이처럼 계속 물고 늘어지니, 이보다 더한 처분을 가하라는 논의들이 필시 있을 듯한데, 장차 어떻게 되리라고 보는지?" 따라서 박규수는 상소에 대한 왕의 비답(批答)을 몹시 궁금해하면서, 그로 인해 처벌하라는 명이 내릴지도 모르니 일정을 서둘러 상경하겠다는 뜻을 밝혔다.[81)]

그러나 박규수가 우려하던 추가 처벌은 내리지 않았다. 그 뒤 윤8월 초 박규수는 우부승지를 제수받고, 이를 사퇴하는 「우부승지 위소후 자핵소(右副承旨違召後自劾疏)」(이하 「자핵소」로 약칭함)를 올렸다.[82)] 「자핵소」에서 박규수는 자신에 대해 불리한 보고를 한 경상우도 암행어사 이인명(李寅命)의 별단(別單)을 거론했다. 그 별단에서 이인명은, 여러 달 동안 안핵사에 대한 원근(遠近) 읍들의 음식 접대 비용이 과다하여 민폐가 막심하고, 박규수가 사령(辭令)을 신중하게 하지 못해 사족들의 여론이 더욱 격앙된 실정이며, 비장(裨將)들의 행패를 제대로 단속하지 못하는 등 실수와 불찰이 잦아 실로 개탄스럽다고 보고하고 있다.[83)]

---

81) "嶺宦之又發, 豈非不識羞恥者乎! 胡爲乎引悖類之父兄, 而謂之士林先輩乎? 吾旣蒙刊削, 而又此矻矻, 則似必有加於此之處分諸議, 謂當何如耶?"(『환재집』 권8, 「與溫卿」(22), 장22 앞뒤)

82) 『승정원일기』, 철종 13년 윤8월 초2일. 그날 박규수는 우부승지로 임명되었으나 곧 金完植으로 교체되었다.

83) 『승정원일기』, 철종 13년 7월 5일; 『일성록』, 철종 13년 7월 5일 암행어사 이인명 별단; 『임술록』, 국사편찬위원회 활자본, 57~58면.

7월 12일 비변사는 이 별단에 대해 覆啓하면서, "박규수가 적지 않이 모욕을 당한 것은 실로 개탄스러운 일이지만, 안핵 사업의 지체로 이미 탄핵당해 파직되었으며, 지금 별달리 재조사할 단서가 없는데도" 지나간 일을 문제삼았다고 하여, 도리어 암행어사 이인명을 견책하고 파직할 것을 청해 왕의 윤허를 받았다(『일성록』, 철종 13년 7월 12일).

이처럼 안핵사 활동에 대한 비판적 여론이 여전히 가라앉지 않는 분위기에서, 박규수는 새로운 관직에 취임하기를 고사하며 자신의 잘못을 스스로 탄핵하는 상소를 올리지 않을 수 없었던 듯하다. 이 「자핵소」에서 그는 "무릇 그 사람은 벌하더라도 그의 말을 채용함은 제왕의 훌륭한 법도요, 자기 몸은 폐기될지라도 자기 말이 시행됨은 신하의 지극한 영광입니다"[84]라고 하여, 왕이 비록 삭직 처분을 내리기는 했어도 「사포장계」와 「사계발사」 등을 통해 올린 자신의 건의를 수용한 데 대해 무한한 감사를 표했다. 더욱이 삭직이라는 가벼운 견책에 이어 곧 우부승지로 기용하는 은명(恩命)을 내리니 적극 호응해야 마땅하나, 상정과 사리에서 벗어난 비난 여론 때문에 이를 받아들일 수 없다고 하면서, 주로 영남 사림을 문책한 관문으로 인해 야기된 물의를 해명하는 데에 치력했다.

「자핵소」에서 박규수는 먼저 도내 양반들에게 관문을 발송하게 된 배경을 밝혔다. 현지로 출발할 때 그는 안핵 사업이 순조로울 것으로 예상했다고 한다. 영남은 이른바 '군자의 고장(君子之鄕)'이므로 그곳 사대부와 부로들이 민란 발발에 대해 부끄러워하며 개탄하고 있을 터요, 난을 주동한 무리도 후회하는 마음이 없지 않으리라 믿었기 때문이다. 그런데 이러한 예상과 달리, 그가 진주에 도착한 지 열흘도 안 되는 사이에 도처에서 민란이 터졌다. 난민들은 안핵사의 활동을 아랑곳하지 않고 기세가 등등했으며, 민란을 선동하는 유언비어가 나도는 고을도 한두 곳이 아니었다. 따라서 그는 자신의 주된 임무가 진주 지역의 난민들을 조사·처벌하는 것이었지만, 도내의 사태에 대해 수수방관할 수만은 없다고 판단하여 그같은 관문을 발송하게 되었다는 것이다.[85]

다음으로 그는 관문에서 자극적이고 위협적인 언사를 취한 데 대해 변명

84) "夫罪其人而用其言, 帝王之盛節也; 身雖廢而言則行, 人臣之至榮也."(『환재집』 권6, 「자핵소」, 장12뒤)

85) 이러한 해명은 이만운 등이 상소에서, 진주 안핵사인 박규수가 마치 경상 감사처럼 전 도를 대상으로 관문을 발송한 것은 월권적 행동이라고 비판한 대목을 의식한 것이라 생각된다.

했다. 이는 사민부로들의 책임감과 반성을 촉발함으로써 그들이 서로 단속하여 나중에 크게 살륙당하는 지경에 빠지지 않기를 바라는 고심에서 나온 조치였다는 것이다. 정직동과 이만운 등의 상소는 이러한 관문의 진의를 왜곡하여 자신을 공격한 것이라 반박했다. "무릇 신이 논책한 것은 패류의 부형이니 이것이 사림과 무슨 상관이 있으며, 독서하는 군자에게 큰 기대를 표명했으니 이것이 사림에 무슨 상처를 주었습니까? (…) 문자를 이해하지 못해 자신을 무고하고 자신을 욕보임이 오로지 이 지경에 이를 줄은 몰랐으니, 이것이야말로 실은 전 도 사림의 수치입니다." 그럼에도 불구하고 "사헌부의 상소를 시발로 연명 상소가 이어지고 암행어사의 논죄가 추가되어, 가위 때리고 차고 짓밟고 하여 '몸에 온전한 피부가 없다' 하겠으니, 망측한 일을 당함에 무엇이 이보다 심하겠습니까?"[86] 이와같이 억울함을 토로하던 중에, 심지어 시시한 음식 비용까지 거론하는 등 극력 허물을 들추어내었다고 불평한 점을 보면, 암행어사 이인명의 별단에 대한 반발이 「자핵소」를 올리게 된 결정적 계기가 되었던 듯하다.

우부승지 직을 고사한 뒤 박규수는 이듬해 5월 이조 참의에 임명되어 정계에 복귀할 때까지[87] 일시 은둔생활로 접어들었다. 당시 그는 자신과 마찬가지로 관직에서 물러나 한가히 지내던 신석우와 자주 어울렸던 듯하다. 중국의 심병성에게 보낸 편지에서 신석우는 "환경(瓛卿: 박규수의 자—인용자)은 봄에 남쪽지방의 사태를 안핵하느라 심력을 많이 소모했는데, 사업은 성취했으나 공명(功名)에 대해서는 갈수록 말들이 많아 시기와 질투가 뒤따랐으니, 역시 이치가 그런 겁니다. 관직을 쉬고 집에서 지내는데, 때로 벗들의 모

86) 『환재집』 권6, 「자핵소」, 장13뒤~14앞. "凡臣所論責者, 悖類之父兄也, 何關於士林乎? 所厚望者, 讀書之君子也, 此何傷乎士林哉? (…) 不意其不解文字, 自誣自辱, 一至於此, 此實一路士林之恥也." "發之者臺章也, 繼之者聯疏也, 加之者繡論也, 可謂拳踢陵踏, 體無完膚, 遭罹罔測, 孰甚於此乎?"

87) 『철종실록』, 14년 5월 10일.

박선수가 지은 행장에는 1862년 10월의 일로 기록되었으나(『환재집』 권1, 장6앞), 착오인 듯하다. 1862년 10월에는 申應朝가 이조 참의에 임명되었다.

임을 좇아 서로 만나 노닐면서 관운이 어떻게 될지는 전혀 마음에 두지 않으니, 어찌 현명하지 않으리오!"[88]라고 박규수의 근황을 전했다.

## 3. 박규수의 진상 조사 보고

### 1) 「사포장계」

안핵사의 일차적인 임무는 난민에 대한 조사와 처벌에 있었지만, 박규수는 이러한 안옥 작업보다 환곡 포흠을 조사하는 사포 작업을 우선시했다. 현지로 향하던 도중인 3월 9일 선산에서 진주로 발송한 첫번째 관문에서 이미 그는 민란의 근원이 된 환곡의 폐단을 철저히 숙청하겠다는 뜻을 밝혔으며, 진주에 도착한 3월 18일 조정에 올린 최초의 장계에서도 민심을 진정하는 일이 급선무이므로 사포 작업부터 착수하겠다고 보고했다. 그리하여 우선 3월 말에 올린 두번째 장계에서 전 병사 백낙신의 비리를 고발한 데에 이어, 5월에 조사를 마무리짓고 「사포장계」를 올린 것이다.

여기에서 박규수는 진주목과 우병영의 환곡 포흠 실태를 소상히 밝히고 그 대책을 제시했다. 1847년(헌종 13년) 이래 진주목의 환곡은 장부상으로만 있는 형편인 데다가, 이번 민란 중에 장부마저 불타 없어져 조사가 어려웠다. 지난해 11월 목사 홍병원이 조사한 환곡 총액은 4만7천여 석이었으나, 이번에 재조사하니 5만여 석에 달했다. 그중 비변사에서 탕감하기로 한 8천 석과 이방 김윤두로부터 받아내기로 한 횡령분 390여 석 등을 제하면 실제 총액은 4만1천여 석이지만, 현재 하나도 남아 있지 않은 실정이다. 이는 주

88) "瓛卿, 春間按事南方, 積費心籌, 事濟而名益噪, 忌疾隨之, 亦理也. 休官家居, 時從朋社中遊讌, 一切榮悴, 不入於心, 豈不賢乎哉!"(신석우, 『海藏集』 권9, 「又(與沈翰林仲復書)」, 壬戌, 장42뒤)

로 경저리들과 전임 수령들이 포흠한 결과였다.

경저리 양재수(梁在秀)·백명규(白命圭)·이창식(李昌植)은 상납시 뇌물 비용이 부족한 조선(漕船) 사공들에게 사채를 빌려주는 대신, 감영에서 타낸 이무전(移貿錢: 이무하기 위해 환곡을 돈으로 바꾼 것)에서 터무니없는 이자를 붙인 금액을 떼어 가져가면서 그 상환 책임을 사공들에게 지우는 수법으로 막대한 이득을 취했다. 특히 양재수는 이렇게 빚으로 챙기고 남은 이무전을 다시 우조창(右漕倉)의 속읍(屬邑)에 분급하여 여러 해에 걸쳐 납부토록 하여 마저 착복하고, 사공들로부터 분급하지도 않은 환곡에 대한 이자까지 징수했다. 결국 경저리들이 횡령한 이무전을 갚지 못한 사공들만 포흠죄를 뒤집어쓰게 된 것이다.[89] 한편 1858년 목사 박승규(朴承圭)는 감영에서 타낸 이무전을 민간에 분급하지 않고 대구 영장(營將) 정완묵(鄭完默)과 나누어 먹었으며, 후임자인 남지구(南芝耈)와 송단화(宋端和)도 구실을 붙여 이무전을 착복했다. 그 뒤 부임한 목사 홍병원이 이 사실을 알고도 결렴(結斂)을 통해 이무전을 보충함으로써 은폐하고자 한 것이 농민항쟁을 촉발한 하나의 계기가 되었다.

따라서 양재수 등 악질 경저리 3인를 진주로 잡아와 효수형에 처함으로써 민심을 진정해야 하며, 이미 사망한 송단화를 제외한 전 목사 박승규·남지구·홍병원과 영장 정완묵을 법에 따라 처벌해야 한다. 그리고 경저리들과 전임 수령들이 횡령한 이무전을 이자까지 계산하여 모조리 환수해야 한다. 이들로부터 환수할 금액은 환곡 2만8천여 석에 상당하므로, 이를 제하면 상환이 끝내 불가능한 환곡은 1만3천여 석이다. 만약 조정에서 그에 대한 이자를 면제해주면, 전세(田稅)에서 쓰고 남아 관용(官用)으로 돌리는 돈 4천여 냥[90]으로 매년 1천3백여 석씩 갚아나가 10년 안에 포흠을 청산할 수 있다.

---

89) 따라서 사공들은 안핵사 박규수에게 "사채가 둔갑하여 이무전이 되도록 하는" 경저리들의 악랄한 수법을 고발하는 訴狀을 올렸으며, 이에 그는 경저리들에 대한 처벌을 약속하는 題辭를 써주었다(『진양초변록』, 「右漕倉沙工呈于按覈使」, 『釜大史學』 8, 부산대학교 사학회 1984, 252~251면).

우병영의 환곡 총액은 3만9천여 석이나, 1847년 이래 창리(倉吏)들의 횡령과 민호(民戶)의 유망(流亡) 등으로 인해 실제로는 1만5천여 석만이 운영되어 재정이 매우 어렵다. 신임 병사 신명순이 포흠난 환곡의 환수에 진력하고 있지만, 한계가 있다. 따라서 조정에서 포흠난 환곡을 탕감 조치하고 새로 3만 석을 마련해준다면, 이를 합친 4만5천여 석의 이자로 병영의 경비를 충당할 수 있다. 그리고 1847년 이래 역대 병사들의 책임을 물어 의법 조치해야 한다. 가장 많이 포흠한 아전 김희순은 민란 와중에 장살되었고 나머지 아전들도 죽지 않았으면 도망했으니, 박장규(朴章圭) 등 도피중인 아전들을 모조리 체포하여 처벌해야 민심을 위로할 수 있을 것이다.[91]

이상과 같은 장계를 올린 직후인 5월 15일 아우에게 보낸 편지에서 박규수는 사포 작업의 결과에 대해 설명했다. 그동안 소위 관황(官況)이라는 명색으로 부정하게 써왔던 돈 4,5천 냥으로 10년 안에 진주목의 환곡 포흠을 청산하는 방안을 장계에 올렸다고 전하면서, 그 방안대로 한다면 "이제 진주에는 1두 반승(半升)의 포흠도 없게 되니 이보다 더 상쾌한 일이 없다"고 기뻐했다. 단 경저리 등 위항(委巷)의 천류(賤類)들이 조정에 손을 써 이 일을 저지할 우려가 있지만, "이는 내 알 바 아니요, 오직 내가 마땅히 할 바를 다할 따름이다. 더욱이 전 목사들과 예전 경저리들로부터 원망을 사는 일 따위야 또 어찌 거론할 가치나 있으랴?" 또한 그는 경저리들의 횡포를 규탄하면서 이들을 효수형에 처해야 한다고 극언했다. "소위 예전 경저리 양재수·백명규·이창식은 모두 어떤 자들이냐? 조사에 함께 참여한 수령들이 모두 머리를 흔들고 혀를 내두르면서 종이에 적힌 그들의 성명조차 감히 직

90) 이를 官況이라 한다. 이는 결국 本邑의 州司·경저리·巡營主人·統營主人 등의 수입으로 흘러들어가는 不正한 名色의 돈이었다(『임술록』, 국사편찬위원회 활자본, 12면).

91) 『임술록』, 「사포장계」, 국사편찬위원회 활자본, 9~13면; 『승정원일기』, 철종 13년 5월 28일. 이 장계는 『진양초변록』에도 「逋還事實狀啓」라는 제하에 수록되어 있으나(『환재총서』, 제5책, 636~650면), 자구뿐 아니라 숫자에 다소 차이가 있다.

시하지 못하니, 정말 두려운 자들이로다! 만약 이자들을 효수하여 민중의 속을 후련하게 하지 못한다면, 남쪽지방의 소요는 말로써 승복시킬 수 없을 터이니 어쩌면 좋은가?"[92]

「사포장계」를 접수한 조정에서는 박규수의 건의를 거의 대부분 수용했다. 전 목사 박승규·남지구, 영장 정완묵에 대해서는 횡령액의 환수 조치와 유배형을 내렸으며, 홍병원에게도 유배형을 내렸다. 양재수 등 3인의 경저리는 구금하여 엄형을 가하고 횡령액을 환수하도록 했다. 이규철(李圭徹)을 비롯한 역대 병사들에 대해서도 고신 추탈(告身追奪: 죽은 자에 대해 생전의 관직 발령을 취소함)이나 도형(徒刑: 중노동형) 등의 형벌을 내렸으며, 박장규 등 달아난 병영 아전들을 수배하여 처벌하도록 지시했다. 또한 진주목의 상환 불가능한 환곡 1만3천여 석을 10년에 걸쳐 갚아나가는 방안을 허락하면서, 추가로 그중 절반을 탕감해주었다. 우병영의 상환 불가능한 환곡 2만4천여 석에 대해서도 탕감 조치를 내렸다. 단 병영의 재원 마련을 위해 요청한 환곡에 대해서는 2만 석만 주도록 지시했다.[93]

그러나 박규수의 사포 작업에 대해 물의가 전혀 없지는 않았던 듯하다. 아우에게 보낸 4월 17일과 21일자 편지에서 보듯이, 그는 지난 3월 말에 올린 장계에서 전 병사 백낙신만 논죄하고 전 목사 홍병원은 거론하지 않은 점을 비방하는 여론에 직면하여 자신의 처사를 해명하지 않으면 안 되었다. 뿐만 아니라 전 영장 정완묵과 전 목사 박승규 등을 논죄한 데 대해서도 반발이 있었다. 「자핵소」에서 박규수는 자신의 건의가 받아들여져 막대한 환곡 포흠이 청산될 수 있게 된 데 감사하는 한편, 정완묵과 박승규를 고발한

92) 『환재집』 권8, 「與溫卿」(21), 장20앞뒤. "今日晋陽, 無一斗半升之逋, 事之淸快, 無如此者." "是乃非吾所知也. 惟盡吾所當爲而已. 至若取怨於前牧使舊邸吏, 又何足云耶? (…) 所謂舊邸吏梁在洙白命圭李昌植, 此皆何等人也? 參査諸守令, 皆搖頭吐舌, 紙上姓名, 亦不敢正眼看, 其眞可畏哉! 此漢等若不得竿首快衆, 則南方之擾, 非可以言語服之, 奈何?"

93) 『임술록』, 「사포장계」, 국사편찬위원회 활자본, 13~15면, 「사계발사」, 36면; 『승정원일기』, 철종 13년 5월 28일, 30일, 6월 6일.

것은 잘못이라는 항의에 대해 불만을 토로했다. 즉 정완묵은 이무전을 횡령한 것이 아니라 자신의 관사 수리에 썼으며 박승규는 이임하기 전에 이를 반납했다고 주장하지만, 이무전을 관사 수리에 돌려쓴 것이나 허위로 타낸 것 자체가 불법이다. 또한 정완묵이 증거로 제시한 하기(下記)도 신빙성이 부족하며, 박승규는 의금부의 조사에서 여러번 말을 바꾸었다. 그럼에도 불구하고 그들은 감사의 보고와 대신(大臣)의 상주(上奏)를 통해 억울함을 주장하니, 시비를 가려달라고 요청한 것이다.[94]

이상에서 살핀 바와 같이 박규수는 농민항쟁 이후 진주의 민심을 진정하기 위한 급선무로 사포 작업을 무엇보다 중시하면서, 환곡 부정과 연루된 세력들의 저항에 개의치 않고 철저하고 공정한 조사를 통해 그들을 숙청하고자 노력했다. 이와 아울러 그는 「사포장계」에서 환곡 포흠을 청산할 수 있는 현실적인 방안을 제시했다. 비록 고식적이기는 하지만, 이는 백성들에게 부담을 지우지 않으면서 환곡제를 재정비하는 방안으로서 진주목의 환곡 폐단을 시정하는 데 상당한 성과를 거두었다고 할 수 있다.[95]

### 2) 「사계발사」

안핵사로 도임한 이후 박규수는 안옥 작업의 지연으로 인해 조정으로부터 누차 독촉을 받았다. 3월 12일, 4월 초, 4월 17일자의 편지 등에서 거듭 토로하고, 5월 2일 조정에 올린 장계에서도 해명했듯이, 이는 무엇보다도 종전의 안핵과 달리 진영과 감영의 사전 수사가 매우 미흡한 상태에서 착수할 수밖에 없었던 사정 때문이었다. 여기에 더하여, 가급적 신중하게 조사하고

94) 『환재집』 권6, 「자핵소」, 장14앞~15앞.
95) 송찬섭, 『조선후기 환곡제개혁 연구』, 서울대출판부 2002, 140면.
단 우병영의 경우는 재원 마련을 위해 요청한 환곡이 2만 석으로 삭감된 데다가 그나마 조치가 늦어져 소기의 성과를 거두지 못했다(이영호, 「1862년 진주농민항쟁의 연구」, 서울대 국사학과, 『한국사론』 19, 1988, 470~472면; 송찬섭, 위의 책, 168~169면 참조).

자 한 결과 안옥 작업은 더욱 지체되었다. 박규수는 죄수들을 강압적으로 다루지 않고 무마해가면서 조사를 진행했으며, 주동자와 단순 가담자를 구별하여 관대한 처분을 내리고 억울한 사람이 나오지 않도록 하고자 애썼다. 뿐만 아니라 “소요가 일어난 읍 중에 진주가 가장 크며, 안핵사 파견도 진주가 최초이므로 다른 모든 곳에서 진주를 관망하고 있었다.” 따라서 진주의 사례를 기준으로 삼을 것인 만큼, 그는 더욱 안옥 작업에 신중을 기하고자 했다.[96)]

그리하여 박규수는 진주에 도임한 지 40여 일 만인 5월 초에야 겨우 조사를 마무리할 수 있었다. 이에 따라 그 보고서인 「사계발사」 역시 수정을 거듭하면서 완성이 늦어졌다. 또한 4월 11일자 및 17일자 편지에서 밝혔듯이, 그는 「사포장계」와 「강구방략」까지 한꺼번에 작성하여 조정에 올릴 작정이었으므로 「사계발사」의 작성은 더욱 시일을 끌 수밖에 없었다. 5월 10일 아우에게 보낸 편지에서 그는 “옥안(獄案)을 올려보냈다. 온 세상이 깨닫는 바 있기를 바라지만, 역시 과연 어떨지 모르겠다. 대체로 너무나 지리멸렬한지라, 그 일을 신속히 처리함이 이처럼 어려울 줄은 나도 미처 생각하지 못했다”고 하여,[97)] 마침내 「사계발사」를 완성하여 조정에 올린 사실을 전하면서 안옥 작업의 어려움을 토로했다.

이상과 같은 고심 끝에 이루어진 「사계발사」는 「사포장계」의 2배에 가까운 약 8천여 자에 달하는 방대한 분량의 글이다.[98)] 그 서두에서 박규수는 이번 옥사의 진상을 파악하려면 다음 네 가지 사항을 신중히 살펴야 한다고 주장했다. 첫째는 난민들의 원성의 대상이 된 도결과 통환, 둘째는 난민들이

96) 『임술록』, 「사계발사」, 34면. “諸邑興擾之中, 惟晋爲大, 遣使按覈之擧, 于晋乃始, 故諸處觀望, 皆在於晋, 此獄之斷, 關係非小.”

97) “獄案上去, 擧世庶可覺得, 而亦未知果如何也. 大抵太支離, 其事之難於神速乃如此, 吾亦不料者耳.”(『환재집』 권8, 「與溫卿」(20), 장18뒤)

98) 이 글은 『진양초변록』에도 「啓單樵軍作變後各人等捧招跋辭」로 수록되어 있으나(『환재총서』, 제5책, 656~694면), 자구상의 차이가 적지 않다. 『임술록』을 위주로 인용하되, 『진양초변록』을 참조하여 수정・보완한 부분은 괄호로 표시했다.

모여 거사를 모의한 리회(里會)와 도회(都會)[99], 셋째는 회문(回文)·통문·방서(榜書)[100] 등 군중을 선동하고 동원한 방법, 넷째는 축곡·수곡·수곡 장시·덕산 장시 등 주모자들이 거듭 만나고 처음 난을 일으킨 지역들이다.

이렇게 볼 때, 첫째로 "도결과 통환은 소민만이 원하지 않은 것이 아니다." 둘째로 "리회와 향회는 모두 대호(大戶)가 주장한 것이다." 그렇다면 "산과 들을 뒤덮으며 몰려와서 읍내에서 야료를 부리고 변란을 일으킨 그자들을 어찌 소위 초군에다 전가할 수 있겠는가?" 셋째로 "문건을 몰래 보내고 언방을 게시하여 스스로 준비를 갖추었으며, 수건으로 머리를 싸매고 몽둥이를 쥔 자들(초군—인용자)을 은밀히 지휘하면서 태반이 모습을 바꾸어 변장을 하고, 게다가 또 철시와 가옥 파괴와 재물 약탈을 선창하니," 이에 어리석은 백성들이 동요하고 무뢰배가 편승함으로써 큰 세력을 이루게 된 것이다. "이 또한 어찌 소위 초군의 짓이겠는가?"[101]

99) 유계춘의 공초에서 "正月晦日, 矣身及李校理, 與本里諸人會坐于私奴儉同之家"라고 했듯이(『임술록』, 국사편찬위원회 활자본, 32면), '리회'란 이명윤·유계춘 등이 자기 동리(축곡) 사람들과 가진 소모임을 가리킨다. '도회'는 2월 6일 수곡 장시에서 열렸던 향회를 가리킨다.

100) '회문'은 초군을 동원하고자 지은 한글 가사(諺歌, 樵歌), '통문'은 수곡 도회 개최를 알리는 글(다른 문헌에는 마찬가지로 '회문'이라고도 되어 있다), '방서'는 한글로 쓴 방문 곧 '諺榜'을 가리킨다.

그런데 「사계발사」의 말미에 회문 5장, 통문 1장, '樵軍諺書榜目' 1장을 수집하여 동봉한다고 했다. 또한 수곡 도회에 "諺書之榜"이 유입되자 갑자기 철시설이 터져나왔다고 했다. 이를 보면 언방은 회문과 마찬가지로 원래 초군을 상대로 한 글로서 철시를 선동하는 내용이었는데 이것이 수곡 도회에도 유입되었음을 짐작할 수 있다. 이명윤의 「被誣事實」에 기록된바 2월 초 유계춘이 읍내 장시에 머슴을 시켜 내다 붙였다는 '諺書(諺通)' 역시 철시를 선동하는 내용인 점으로 미루어, 이는 수곡 도회 개최를 알리는 통문이 아니라 바로 '언방'이었을 것으로 추측된다(『임술록』, 29면, 34면; 하현강, 「이명윤의 '被誣事實'에 대하여」, 『사학연구』 18, 1964, 569면).

101) "都結通還, 非獨小民之不願, 而里會都會, 皆是大戶之主張, 則惟彼漫山盖地而來, 鬨鬧作變於邑中者, 何得諉之於所謂樵軍者乎? 投文揭榜, 自有綢繆, 而陰主裹巾條棒, 太半變幻而打扮, 況復倡之以打市毁舍劫貨掠財. (…) 又豈所謂樵軍者所爲乎?"(『임술록』, 22~23면)

여기에서 '태반이 모습을 바꾸어 변장을 했다(太半變幻而打扮)'는 것은, 齋任 廉先岩의

넷째로 농민항쟁의 전개과정을 살펴보면, 용의주도하게 서부 외곽을 돌면서 세력을 충분히 규합한 뒤에 읍내를 들이친 것을 알 수 있다. 즉 읍의 서남쪽에 있는 축곡에서 처음 거사를 모의하고, 그 서쪽의 수곡에서 재차 모여 철시설 등을 발설한 지 불과 며칠 만에 수곡 장시에서 봉기가 터졌다. 그리고 난민들은 곧장 읍내로 향하지 않고 서면의 여러 마을을 돌면서 세력을 널리 규합하고, 덕산 장시를 약탈하는 등의 행동으로 기세를 한껏 고조시킨 뒤에야 읍내를 들이쳤다. 따라서 아무도 그 위세를 막을 수 없었거니와, 나머지 북·동·남면의 군중들도 그에 겁먹고 동조함으로써 난동이 더욱 격화된 것이다. 이와같은 항쟁은 "헤아리기 힘든 계략을 지닌 자가 함직한 짓이지, 결코 땔나무를 짊어진 자들이 하루아침에 준비할 수 있는 바가 아니다."[102]

그러므로 박규수는 "이는 필시 토지가 광활하고 기세가 읍촌(邑村)을 압도하는 요호 호민(饒戶豪民)[103]이, 도결을 시행하면 염전(斂錢)을 남보다 많이 내야 하는 고통이 있고 통환을 시행하면 환호(還戶)에서 빠져 환곡을 받지 않아도 되는 특권이 상실되므로, 자기에게 해가 됨을 싫어하고 몹시 불편하게 여긴 때문이다. 그리하여 희사지도(喜事之徒)를 종용하고 무뢰지류(無賴之類)를 야기하여, 이들을 지휘하고 배치하기를 제 뜻대로 한 것"이라 결론지었다.[104] '대호' 즉 '요호 호민'이 바로 진주농민항쟁을 일으킨 주도층

경우에 보듯이 양반이 초군에 가담하기 위해 갓을 벗고 수건으로 머리를 싸매어 초군 차림을 한 사실(『임술록』, 29면)을 가리키는 것으로 보인다.

102) 『임술록』, 23면. "有若機謀叵測(者)所爲, 決非擔柴負薪(者)之所能一朝而可辦也."

103) 『진양초변록』과 달리 『임술록』에는 '饒戶富民'이라 되어 있다. 그러나 이는 부농이란 뜻만 나타내고 '기세가 읍촌을 압도하는' 측면은 제대로 표현하지 못하므로, '요호 호민'이란 용어가 더 적합하다고 판단된다. 정약용의 『목민심서』에도 "饒戶豪民, 有權有力, 能怨能詛, 故守令畏之, 不欲犯手"(권8, 簽丁)라 하였다. '豪民'은 '士族及品官之家' 즉 양반 신분이나 관직 경력 때문에 향촌 사회에서 영향력을 가진 자들을 가리키는 뜻으로 쓰였다(洪宇遠, 『南坡先生文集』 권6, 「請蕩滌逋欠疏」; 최윤오, 「18·19세기 계급구성의 변동과 농민의식의 성장」, 한국역사연구회, 『1894년 농민전쟁연구』 1, 역사비평사 1991, 307면, 주8 참조).

104) 『임술록』, 23~24면. "(此)必有饒戶(豪)民, 田連阡陌, 氣壓邑村, 以都結則有斂錢居多

이라 본 것이다.

다만 관장을 위협하여 도결과 통환을 저지하려는 것이 그들의 본래 계획이었다. 그러나 대중이 한번 모이게 되니 "모두 무식하고 무지한 무리요 억울함이 쌓인 지 이미 오래라" 마침내 폭동으로 비화하게 되었다는 것이다. 여기에서 박규수는 난을 주동한 전자에 대해서는 "망사지죄(罔赦之罪: 용서할 수 없는 큰 죄)라는 단안을 이미 내렸다"고 하여 엄중한 처벌을 천명했다. 반면 폭동을 저지른 군중에 대해서는 "농기구를 들고 난이라 자칭하는 지경까지 이르렀다고는 꼭 말할 수 없다"거나, "죄수를 불쌍히 여겨 신중하게 심의하라는 대성인(大聖人: 왕—인용자)의 덕의(德意)를 저버리지 않고자 한다"고 하여, 이들을 선별해서 가급적 가벼운 형벌에 처하겠다는 뜻을 비추었다.[105]

이상과 같은 전제 아래 그는 구체적인 논고로 들어가서, 우선 유계춘·김수만(金守萬)·이귀재(李貴才) 3인에 대해 극형을 구형했다. 유계춘은 "본래 희사지도(喜事之徒)로서 향리의 여론을 주도했으며, 읍폐(邑弊)와 민막(民瘼)을 핑계 대고 사리를 도모하여 재물을 속여 빼앗아 이득을 취했다. 향회와 리회로 말하자면 그의 능사요, 읍과 감영에 정소(呈訴)하는 일로 생업을 삼던" 자였다.[106] 그는 통문을 발송하여 수곡 장시에서 향회를 개최하고

---

之苦, 以統還則失拔戶不受之權, 惡其害(己), 大不便宜. 於是(慫慂)喜事之徒, 惹起無賴之類, 指揮排布, 惟意所欲."

이른바 '喜事之徒' 즉 事端을 일으키기 좋아하는 무리란, 유계춘·趙學勉·姜宇默처럼 리회나 향회에서 여론을 주도하며 呈訴에 앞장서는 인물들을 가리키는 듯하다.

105) 『임술록』, 24면. "摠是無識無知之輩, 積屈豈久," "已是罔赦之斷案," "鋤耰稱亂, 雖曰未必至此," "庶不孤大聖人欽恤哀矜之德意."

106) "本以喜事之徒, 主張鄕里之論, 藉口於邑弊民瘼, 營私於騙財取利. 鄕會里會, 卽其能事, 邑訴營訴, 作爲生涯."(『임술록』, 24면)

여기에서 '읍폐와 민막을 핑계 대고 사리를 도모하여 재물을 속여 빼앗아 이득을 취했다'는 것은, 폐단을 없앤다는 구실로 呈訴나 향회를 추진하는 자들이 그에 필요한 비용이라면서 강제적으로 돈을 걷던 일을 가리킨다(『승정원일기』, 철종 13년 6월 28일 암행어사 김익현 별단; 양진석, 「1862년 농민항쟁의 배경과 주도층의 성격」, 『1894년 농민전쟁연구』 2, 역사비평사 1992, 203면 참조). 유계춘은 1861년 5월 本邑의 結斂을 막고자 비변사에 呈訴한다는 구실로 南面에서 거둔 돈을 착복했다가 남면의 里民들로부터 고소당해 곤장을

회문을 지어 초군을 동원했으므로, 이번 항쟁의 '괴수'로 지목되었다.[107] 단 유계춘은 축곡에 거주한 지 불과 십년이고, 토지가 없어 도결이든 통환이든 아무 상관이 없던 처지인 점으로 미루어, 그를 사주한 자[108]가 반드시 있을 터인데도 끝내 실토하지 않았다고 했다.

김수만의 경우는 신역(身役)으로 성 지키는 직에 편입된 자로서, 명색이 군교(軍校)임에도 난민에 가담하여 상관인 백낙신에게 통환 혁파를 약속하는 완문을 발급하도록 독촉하는 등의 행패를 부렸다고 하여 군율 위반죄를 적용했다. 이귀재의 경우는 의령(宜寧)의 유민(流民)[109]으로 진주의 도결 및 통환 문제와 무관한 처지임에도, 초군에 참여하여 악질 이방 김윤두에 대한 학살을 주도했다는 죄목이었다.

다음으로, 박규수는 이계열 등 7인에 대해 중감(重勘: 중형)을 구형했다. 이계열은 주모자로 지목된 전 교리 이명윤과 6촌간이며,[110] 초군의 좌상으

---

맞고 옥살이를 했다고 한다(이명윤, 「被誣事實」, 하현강, 앞의 논문, 571면).

107) 유계춘에 대한 論罪 부분에는 명시되어 있지 않지만, 다른 죄수들의 공초와 이명윤의 「被誣事實」에 의하면 그는 철시를 선동하는 언방도 제작하여 이를 읍내 장시에 게시하도록 했다. 또한 그는 봉기 초기에 곤양·단성 등지에서 무뢰배를 불러 모은 혐의도 받고 있었다(김석형, 「1862년 진주농민폭동과 각지 농민들의 봉기」, 부록 『진주초군 작변등록』 제6호 문서, 박시형 외, 『봉건지배계급에 반대한 농민들의 투쟁—이조편』, 열사람 1989, 188면).

108) '대호'요 '요호 호민'인 이명윤과 같은 인물을 가리킨다. 유계춘 자신도 공초에서 같은 논리로 발뺌했다. 즉 그는 "초군을 聚集하는 回文이 어느 곳에서 나왔는지 모른다"고 잡아떼면서, "통환의 存廢는 還民 중 이를 받지 않고자 농간을 부리는 자들의 利害와 크게 관계되는 것이므로, 초군을 聚會하는 회문은 이런 자들에게서 나온 듯하다"고 주장했다(『진주초군 작변등록』 제6호 문서, 김석형, 위의 논문, 188~189면).

109) 단 『진주초군 작변등록』 제12호 문서에 이귀재는 "부모가 경상도 진주목 龍奉面 勝陰村에서 태생했으나 그곳에 入籍하여 살지는 않았다"고 자백한 것으로 되어 있다(위의 논문, 201면).

110) 이계열은 이명윤의 再從弟인 李命權(자 大允)과 동일 인물일 가능성이 높다. 이명권은 그의 이름이 「사계발사」에는 전혀 등장하지 않지만, 朴受益과 함께 진주 안핵사 박규수의 고발로 체포되어 유배형에 처해져 임자도에 유배되었다. 그리하여 이명권은 한때 그와 함께 진주옥에 구금되었다가 뒤이어 임자도로 유배온 단성농민항쟁의 주모자 김영과 종종 만났다. 김영이 그를 '李友大允'이라 지칭한 점으로 보아, 이명권은 양반 사족으로서 김영과

로서 유계춘을 시켜 초군을 동원하는 회문을 짓게 했으므로, 이번 옥사의 핵심 인물처럼 보일 수 있다. 그러나 그는 양반 신분에다 연장자라 해서 좌상 대접을 받은 것일 뿐, 무지몽매한 일개 농투성이에 지나지 않는다. 유계춘이 지은 회문이 노래 가사인지 산문인지도 식별하지 못하는 문맹인데다, 회문을 짓도록 시켰다는 사실 여부에 제 목숨이 걸린 줄도 모르고 이를 쉽게 시인할 만큼 사리분별이 부족한 자였다. 상식적으로 유계춘과 같이 교활한 자가 "따로 다른 사람과 모의하지 않고" 이처럼 우매한 자의 명령만을 따랐다고는 보기 어렵다. 따라서 '주모자'라는 칭호는 그에게 과분하며, 수곡 도회와 초군의 읍내 진출에 참여하는 등 항쟁에 적극 가담한 죄만을 물어야 한다는 것이었다.[111)]

그밖에, 자기 집을 사전 모의와 언방 제작 장소로 제공한 박수익(朴受益),[112)] 유계춘이 주도한 언방의 제작과 게시 등에 동참한 정순계(鄭順季), 초군을 지휘하여 파괴와 약탈을 자행한 곽관옥(郭官玉), 무뢰배로서 의복을 약탈하고 우병사를 능욕한 우양택(禹良宅), 이방 김윤두를 학살하는 데 가담한 최용득(崔用得)·안계손(安桂孫)에 대해서도 중감이 구형되었다.

이어서 박규수는 천잇쇠(千蓰金)[113)] 등 19인에 대해 별반 엄징(別般嚴懲: 특별 중징계)을 구형했다. 우선 항쟁의 사전 모의 단계에 관여한 자들로, 강수

---

교분이 깊었음을 알 수 있다(김준형, 『조선후기 단성 사족층 연구』, 아세아문화사 2000, 288면; 김준형, 『1862년 진주농민항쟁』, 61~62면, 67면; 김영, 『艱貞日錄』, 『慶尙道丹城縣社會資料集』 3, 성균관대 대동문화연구원 2003, 3면, 12면, 13면, 15면, 16면, 37면, 49면, 52면, 53면, 69면, 71면, 72면, 82면, 84면, 85면, 86면, 99면, 108면, 109면, 113~114면)

111) 『임술록』, 25면. "別無他人之與謀." 여기에서도 유계춘의 배후가 따로 있다는 뜻을 시사하고 있다. 이계열과 동일 인물로 추정되는 이명권에 대해 그와 함께 임자도에서 귀양살이를 한 김영은 그를 '천진난만하다'고 평했다(김영, 『간정일록』, 임술년 9월 13일, "與大允日夕相對, 甚貴其天眞爛漫. 時與謔浪忘憂." 『경상도 단성현 사회 자료집』 3, 16면)

112) 그의 자는 淑然이다. 유배형을 받고 진주옥에 갇혀 있을 때 김영을 만났던 듯하다. 김영은 그에 대해서도 '朴友淑然受益'이라 지칭했다(『경상도 단성현 사회 자료집』 3, 3면)

113) 『진주초군 작변등록』에는 '천잇돌(千蓰乭)'로 되어 있다(제8호 문서, 김석형, 앞의 논문, 193면)

복(姜守福)과 정지우(鄭之愚)[114]는 언방을 등포(謄布)하거나 그 제작에 참견했으며, 성계주(成啓周)[115]와 강화영(姜華永)[116]은 수곡 도회에 참여하여 철시설을 앞장서 주장한 혐의였다.

다음은 초군과 직간접으로 연계된 자들로, 배석인(裵石仁)·하학운(河學運)[117]·하우범(河禹範)[118]은 수청가 회의에 참석하고 초군에 가담하거나 초군을 선동했으며,[119] 동임(洞任) 조석철(曺錫哲)과 두민(頭民) 김정식(金正寔)은 초군 동원에 협조했다. 박찬순(朴贊淳)은 초군들의 강요로 조창(漕倉) 감관(監官)에 차임되었으며,[120] 조복철(曺卜哲)과 사노(私奴) 맹돌(孟乭)·

114) 정지우는 鄭之九와 함께 초군 회문 제작을 돕기도 했다(『임술록』, 32면).

115) 성계주는 자가 述汝로 진주 文定洞에 거주했다. 안핵사 박규수의 고발로 인해 평안도 龍川에 유배되었다가 그곳에서 죽었다. 성계주는 김영과 동갑으로 교분이 깊었으므로, 김영이 해배되어 귀향하자 성계주의 아들이 인사차 그를 찾아왔다(김영, 『간정일록』, 임술 12월 9일, 癸亥 11월 5일, 『경상도 단성현 사회 자료집』 3, 50면, 124면).

116) 강화영이 수곡 도회에서 의송 대표로 선출되었다거나, 張震基·趙學五와 함께 의송의 장두로 뽑혔다고 보는 견해도 있으나, 이는 원문을 오독한 결과라 생각된다. 수곡 도회는 2월 6일과 7일 이틀간 열렸다. 첫째 날에는 의송을 하기로 결정하고 장진기와 조학오를 장두로 정하여 감영에 파견했으며, 뒤이어 갑자기 언방이 會中에 유입되면서부터 수곡 장시 철시설이 제기되었다. 박규수가 문제삼은 것은 바로 첫째 날 회의에서의 철시설이다. 그러므로 강화영에 대해 "水谷都會之往參, 謂在翌日, 議送狀頭之酌定, 渠旣與知, 縱非主論, 明是同參"이라고 논죄한 대목은, "수곡 도회에 往參한 것은 다음날이었다고 말하지만, 의송의 장두가 (장진기·조학오로) 작정되었던 것을 그도 이미 더불어 알고 있었으니, 비록 철시설을 主論하지는 않았다 해도 (첫째 날의 수곡 도회에) 동참한 것은 분명하다"고 해석해야 할 것이다. 강화영은 이러한 철시 주장 혐의 말고도, 이명윤과 유계춘의 통문 발송 모의를 알고 있는 등 초기의 모의 단계에 깊숙이 관여한 혐의 때문에 별반 엄징을 구형받았다(『임술록』, 27면, 31면).

117) 그의 자가 元瑞이므로, 관련 기록에는 '河元瑞'로 표기되어 있다. 사족으로, 河禹範과 일가이다(김준형, 『조선후기 단성 사족층 연구』, 289면).

118) 그의 자가 大謙이므로, 관련 기록에는 '河大謙'으로 되어 있다. 역시 사족으로, 단성농민항쟁의 주모자인 김영·김인섭 부자와 친했다(위의 책, 289면).

119) 하학운과 하우범이 '參會'한 모임이 수곡 도회였던 것으로 보는 견해도 있다. 그러나 수청가 회의에 참석하고 초군에도 가담한 배석인에 뒤이어 거론되고 있을 뿐 아니라, "마침내 철시설을 발의하여 초군 동원을 격려했다(乃發撤市之說, 激起樵軍)"(『진양초변록』, 『환재총서』, 제5책, 672면)고 한 점을 보면, 이들은 수청가 회의에 참가한 것이 분명하다.

귀대(貴大)는 초군에 가담하여 적극 활동했다. 그리고 천잇쇠·하철용(河哲用)·훈몽(訓蒙) 심의인(沈義仁)·농장(籠匠) 원세관(元世官)은 진주 읍내인으로서 초군을 돕거나 난동에 동참했으며, 조성화(趙性化)와 강인석(姜仁石)은 이방 김윤두 학살에 가담한 혐의였다.

또한 박규수는 김윤화(金允和) 등 24인에 대해 엄징(嚴懲: 중징계)을 구형했다. 이들을 분류하면, 첫째는 수곡 도회에서 철시설을 주장하거나 참견한 혐의가 있는 자들이다. 언방을 소지한 혐의도 겸한 유학(幼學) 김윤화,[121] 향임(鄕任)을 지낸 '희사지도' 조학면(趙學勉), 그리고 하임원(河任源)[122]과 하달명(河達明), '천류(賤類)'로서 유계춘을 따라 도회에 참가하여 심부름을 한 김세업(金世業)이 여기에 속한다.

다음은 초군 관련자들이다. 반민(班民) 허호(許瑚)는 초군 동원에 참여하고 수청가 회의에도 갔으며, 풍헌(風憲) 황응서(黃應瑞)는 동임을 지휘하여 초군을 동원하게 했고,[123] 행상(行商) 허정태(許正太)는 수청가 회의 참가 후 초군에 가담했다. 정환정(鄭煥廷)·김종필(金鍾必)·재임(齋任) 염선암

120) 박찬순은 그의 사촌형 朴貞淳 등 '朴哥八人'이 함께 초군에 가담한 혐의도 받았으나, 이는 증거 부족으로 판정되었다(『임술록』, 30면).

121) 김윤화의 언방 소지 혐의가 문제시된 것은, 언방이 유입되자 즉시 철시설이 나온 때문이었다. 즉 그는 철시설을 야기하기 위해 도회에 유계춘이 만든 언방을 전파한 인물로 의심되었던 것이다. 한편 김윤화는 도결 통환 혁파에 나서도록 이명윤을 고무한 혐의로 수배중인 鄭守敎(鄭子若)와도 친했다(『진주초군 작변등록』 제5호 문서, 김석형, 앞의 논문, 187면). 이 때문에 그와 함께 정수교도 수곡 도회에 참가한 것으로 보는 견해도 있으나, 김윤화는 도회에서 철시를 주장한 혐의를 벗기 위해서, 稅米를 찧어달라는 정수교의 부탁으로 그의 農庄으로 향하던 길에 우연히 도회에 참가했다고 진술했을 따름이다.

122) 『진양초변록』에는 '河任彦'으로 되어 있다(『환재총서』, 제5책, 674면). 박규수는 그의 혐의 사실이 유계춘의 공초에만 나오고, 진주 백성들이 모두 그를 동정하고 있지만, "당일 수곡 도회에 참가한 부류에 대해서는 완전 용서(全恕)를 할 수는 없다"고 했다. 수곡 도회에서 철시설이 제기된 지 불과 며칠 뒤 수곡 장시의 철시를 시발로 항쟁이 발발했다고 보았기 때문이다.

123) 황응서가 지휘했다는 동임은 문맥으로 보아 조석철이 분명하다. 조석철은 "從妹夫"인 그의 사주로 초군 동원을 도왔다고 했다(『진양초변록』, 『환재총서』, 제5책, 668면).

(廉先岩)[124]은 초군 가담자이며, 김왕목(金旺目)·신갑손(申甲孫)·조이종(趙以宗)은 진주 읍내에 사는 관속(官屬)으로 초군의 난동에 동참했고, 오찬옥(吳贊玉)과 사노 순서(順瑞)는 이방 김윤두 추적에 가담했다.

그밖에, 강우묵(姜宇默)[125]은 향회에 참견하는 '희사지도'요 '협잡지류(挾雜之類)로서, 비록 진주농민항쟁과 직접 상관은 없으나 항쟁 발발 직전 유계춘에게 편지를 보내 통환 혁파를 위한 등소에 축곡도 동참하라고 촉구했다. 상인 김성종(金成宗)[126]은 읍내에서 수상한 행동으로 체포된 자였다. 그리고 아전 양규영(梁奎永)·송인석(宋仁碩)·강창호(姜昌顥)·김재연(金在淵)·김광조(金光祚)·권종범(權鍾範)[127]은 난민에게 억류된 목사와 병사를 구출하지 않고 달아난 죄목이었다.

그러나 박규수는 강승백(姜承白) 등 24인에 대해서는 참서(參恕: 참작하여 용서함)를 요청했다. 유계춘의 언방 제작 배포와 관련된 강승백·강쾌(姜快)·정지구(鄭之九)·이형근(李馨根)·사노 득손(得孫)[128], 수곡 도회에서 철시를 주장하거나 참견한 혐의를 받은 장진권(張震權)·장진기(張震基)·조성진(曺聲振)·조학오(趙學五)·하성윤(河成允)[129], 수청가 회의에 참가하거나

---

124) 『진양초변록』에는 '廉光岩'으로 되어 있다(『환재총서, 제5책, 677면).

125) 『진주초군 작변등록』에는 '姜千汝' 또는 '姜千默'으로 기재되어 있다(제6호 문서, 김석형, 앞의 논문, 188면; 8호 문서, 194면). 양자를 별개의 인물로 판단하는 견해도 있으나, '千汝'는 강우묵의 자인 '干汝(簡汝, 艮汝)'의 오기이고, '天默'은 '于默'의 誤記이다. 姜宇默(1807～1875)은 진주목 雪山에 거주했으며, 김영과 친밀한 사이였다. 『간정일록』 계해 9월 10일조에 의하면, 해배 후 귀향한 김영을 인사차 찾아왔다고 한다(김준형, 앞의 책, 290면; 『경상도 단성현 사회 자료집』 3, 118면).

126) 『진양초변록』에는 '金成實'(『환재총서』, 제5책, 676면), 『진주초군 작변등록』에는 '金成業'(제8호 문서, 김석형, 앞의 논문, 194면)으로 되어 있다.

127) 권종범은 학살된 이방 권준범의 아우로서, 당시 체포되지 않고 도피중이었다(『임술록』, 37면).

128) 강쾌는 유계춘의 異姓 四寸이다. 이형근은 『진양초변록』에는 '李香根'으로 되어 있다(『환재총서』, 제5책, 683면). 득손은 전 교리 이명윤의 종이다(『진주초군 작변등록』 제7호 문서, 김석형, 앞의 논문, 189면).

129) 조학오는 『진양초변록』의 표기를 따랐다. 趙學五는 趙學勉과 일가인 듯하다. 『임술록』

초군에 동참한 혐의를 받은 박준보(朴準甫)・최영준(崔永俊)・박정순(朴貞淳)・조영진(曺永振)[130]・정만원(鄭萬元)・집강(執綱) 강필대(姜必大), 그리고 이방 권준범과 김윤두에 대한 학살에 가담한 혐의자인 김처신(金處信)과 최종필(崔宗必)・서윤서(徐允瑞), 기타 초군과 호응하도록 읍내인을 사주했다는 이교(吏校) 윤(尹)도야지와 약탈 혐의자인 김낙성(金洛成)・하은준(河殷俊)・이춘발(李春發)에 대해 증거 부족이나 정상 참작 등을 이유로 사실상 무죄 판결을 내린 셈이다.

박규수는 전 교리 이명윤이야말로 진주농민항쟁의 '주괴(主魁)'라고 믿었다. 그러나 「사계발사」에서는 여러 죄수들의 공초에서 나온 내용을 종합하여 서술하는 데 그치고, 민란에 연루된 당상(堂上) 조관(朝官)을 치죄하는 경우에 대한 명문(明文)이 없는 점을 들어 의금부에서 그를 다루도록 요청했다. 유계춘 등의 공초에 의하면, 금년 정초에 이명윤은 목사를 찾아가 전직 조관인 자신을 도결에서 빼주도록 간청하고 병영에 가서도 환곡 분급을 받지 않게 해달라고 간청했으나 모두 불허된 뒤부터, 노상 말하기를 결렴에서 빼주지 않으면 감영으로 가서 도결을 타파하겠노라고 했다고 한다.[131] 그리

---

에는 '趙鶴立', 『진주초군 작변등록』에는 '趙鶴五'로 되어 있다.

議送 대표로서 감영에 간 장진기・조학오와 중환자인 하성윤은 각각 "애초부터 參涉하지 않았다" "참섭 또한 實跡이 없다"고만 기록되어 있다. 이에 대해 장진기와 조학오가 '항쟁에는 처음부터 참여하지 않았다'는 뜻으로 보는 견해도 있다. 그러나 「사계발사」 중의 '참섭'이란 어휘의 용례를 검토해보면 '간섭'과 동의어로 쓰였음을 알 수 있다. 특히 주모자나 주동자가 아니면서 어떤 일을 참견하는 경우에 사용되었다. 이와 아울러 하임원에 대해 "水谷都會, 縱非主論, 干涉撤市之說, 果是何意?"라 한 대목(『환재총서』, 제5책, 674면)에 유의하면, 장진기와 조학오는 수곡 도회에서 철시설이 제기되기 전에 감영으로 떠났으므로, 애초부터 철시설에 참견하지 않았다는 뜻으로 해석되어야 할 듯하다. 박규수는 수곡 도회 참여나 의송을 문제삼은 것이 아니고, 철시 주장을 문제삼은 것이다.

130) 『진양초변록』을 따랐다. 『진주초군 작변등록』에는 '曺永鎭'(제8호 문서, 김석형, 앞의 논문, 196면), 『임술록』에는 '曺瀅振'으로 되어 있다(31면).

131) 그러나 이명윤 家에서 안핵사에게 올린 탄원서에서는 이 사실을 부정하고, 이는 평소 비협조적이던 이명윤에 대한 官屬들의 모함이라 주장했다. "結斂에서 이 댁을 면제시켜준다는 것은 이미 官으로부터 傳令이 있었고, 통환이 朝士에게는 미치지 않는다는 점에 대해

고 1월 말 사노 검둥이 집에서 그와 유계춘 등이 모였을 때 수곡 도회 개최와 이를 위한 통문 발송이 결정되었다.[132] 또한 그 직후에 이명윤은 공공연히 발설하기를, 축곡 이웃 마을인 가이곡(加耳谷)의 정수교(鄭守敎)[133]와 정광덕(鄭匡悳)[134] 등을 만났더니 그들이 "이번 일은 노형(老兄)이 힘써 주선하여 도결과 통환을 혁파하라"고 권하더라고 했다. 이명윤은 2월 초 유계춘이 이계열의 부탁으로 초군 동원을 위한 회문을 지을 때에도 자주 왕래하며 참견했고,[135] 같은 무렵 이계열과 유계춘 등이 모여 회문을 등사(謄寫)하던

---

서도 온 고을의 公論이 있었으므로" 이명윤은 통환 및 도결과 아무런 이해관계가 없었다는 것이다(『진주초군 작변등록』 제7호 문서, 김석형, 위의 논문, 190면). 이명윤 자신도 「被誣事實」에서 "余則以三司朝士之家, 自官特爲頉給, 兵營統還, 亦不擧論於朝士之家, 所謂統與結, 在我俱無利害, 旣無利害之地, 有何干涉之理?"라고 주장했다(하현강, 앞의 논문, 569면).

132) 당시의 결정을 이명윤이 주도했다는 설, 유계춘이 주도하고 그는 참견하는 데 그쳤다는 설, 또는 전혀 참견하지 않았다는 설 등으로 공초의 내용이 크게 엇갈린다. 그러나 당시 안핵사에게 올린 이명윤 家의 탄원서에서는 "回文"(즉 수곡 도회 개최 통문)은 유계춘이 "以營本統結事, 私自獨發"한 것이라 했다(『진주초군 작변등록』 제7호 문서, 김석형, 위의 논문, 190면). 이명윤은 모의 사실 자체를 부인했다. 2월 초 유계춘이 "營本의 統結事로써 단독으로 수곡 도회 廻文을 발송했다"는 소문, 그리고 그 뒤에 또 그자가 "四面을 두루 다니면서 바로 그 廻文事로써 도처에서 나를 팔고 다닌다"는 소문을 들었다고 하면서 "悖類의 狐假虎威하는 術策이 몹시 가증스럽다"고 했다(「被誣事實」, 하현강, 위의 논문, 569면).

한편 통문 발송을 결의한 날짜가 「사계발사」 중 유계춘의 공초에는 "正月 晦日" 즉 1월 30일로 되어 있으나(『임술록』, 32면), 『진주초군 작변등록』 중 유계춘의 공초에는 "과연 정월 29일에 2월 초6일 수곡 장시에서 都會하여 읍과 감영에 呈訴하자는 내용으로 본인이 通文할 것을 주장했다"고 되어 있다(제6호 문서, 김석형, 위의 논문, 188면). 이 두 가지 진술을 별개의 사건에 관한 것으로 보아, 이명윤과 함께 논의하기 전날 이미 유계춘이 독자적으로 수곡 도회 개최를 알리는 통문을 발송한 양으로 해석하기도 한다. 그러나 이들은 날짜상 어느 한쪽이 부정확할 뿐, 동일 사건에 관한 진술로 보아야 할 듯하다.

133) 그의 자가 子約 또는 子若이므로, 관련 기록들에는 '鄭子若'으로 표기되어 있다(김준형, 앞의 책, 294면 참조).

134) 그의 자가 乃明이므로, 관련 기록들에는 '鄭乃明'으로 표기되어 있다(위의 책, 294면 참조).

135) 『임술록』에는 "李校理段, 頻數往來, 亦無參涉云云"(32면)이라 되어 있으나, 『진양초변록』 및 『진주초군 작변등록』에는 "李校理段, 頻數往來, 亦爲參涉云云"으로 되어 있다. 文理上 후자가 옳다고 판단된다.

자리에도 참석했다.[136]

항쟁이 일어난 뒤 이명윤은 초군이 축곡을 거쳐갈 때 많은 음식을 제공했다. 그리고 2월 18일 진주 목사의 요청으로 난민 회유차 읍내로 들어왔을 때에도 수상쩍은 점이 많았다. 당시 이명윤은 진주로 향하던 도중 초군과 마주쳤는데, 가옥을 부수고 양반의 의관을 갖춘 사람들을 구타하던 초군이 그에 대해서만은 "우리 장수(將帥)"가 왔다며 환대하고 그를 뒤따라 읍내로 진출했다고 한다. 목사를 만나 도결 혁파를 약속하는 완문을 받아낼 적에도, 양반의 의관을 갖춘 사람들의 출입을 금지하던 초군이 그에 대해서만은 "우리 나리"라고 부르며 길을 열어주었을뿐더러 그의 지휘에 전적으로 복종하는 듯했다고 한다. 또한 초군에게서 읍내의 가옥 파괴는 오로지 이명윤의 사주에 의한 것이며, 도결 타파는 그의 공이므로 동비(銅碑)를 세워주어야 한다는 말도 들었다고 한다.[137]

---

136) 이는 정순계의 공초에 나온 내용으로, 이명윤의 「被誣事實」에 기록된바 2월 2일 朴肅然의 집에서 가진 모임의 내용과 일치한다. 그날의 모임에서 유계춘이 철시를 선동하는 언방을 지어 새벽에 이미 읍내 장시에 게시한 사실을 안 이명윤은 그를 몹시 질책하고 번서 자리를 떠버렸다고 한다(망원한국사연구실, 앞의 책, 142면 주51; 하현강, 앞의 논문, 569면, 571면). 따라서 이명윤은 언방 제작은 물론 회문의 등사에도 관여하지 않았던 것으로 추측된다.

한편 유계춘이 게시했다는 '諺書(諺通)'가 곧 수곡 도회에 관한 통문이며 이를 게시한 장소도 수곡 장시일 것으로 단정한 위에서, 수곡 장시가 매월 1일과 6일에 열렸으므로 수곡 도회 역시 2월 1일과 6일 두 차례 개최되었으며, 따라서 이명윤은 2월 1일인 모임 날짜를 그 다음날로 착각했다고 본 견해도 있다(김용섭, 「철종조의 민란 발생과 그 指向—진주민란 按覈文件의 분석」, 『동방학지』 94, 1996, 60면, 주40). 그러나 이는 유계춘이 철시를 선동하는 언방을 지어 읍내 장시에 게시한 사실을 오해한 것이다. 이명윤의 「피무사실」에 의하면 유계춘은 머슴을 보내 "邑市"에 언방을 붙였으며 "오늘이 장날이므로 一州之人이 모두 볼 것"이라 말했다고 한다. 진주 邑市는 매월 2일과 7일에 열렸으므로(권내현, 「18·19세기 진주지방의 향촌세력 변동과 임술농민항쟁」, 『한국사연구』 89, 한국사연구회 1995, 123면), 2월 2일에 모였다고 한 이명윤의 기록은 사실과 부합된다고 하겠다.

137) 그러나 김영의 『간정일록』에는 "搆陷於樵魁"라 하여 이명윤이 초군 괴수의 모함에 걸려든 것으로 기술하고 있다(『경상도 단성현 사회 자료집』 3, 12면).

그러므로 박규수는 이처럼 혐의가 죄수들의 공초에 낭자하게 드러나고 현장에서 한 행동도 목격되었다고 하면서, 이명윤에 대해 의금부의 조사를 요청했다. 이와 아울러 이명윤에게 도결 혁파에 앞장서라고 고무했다는 정광덕(정내명)에 대해서도, 추궁할 만한 단서가 있는 듯하고 이명윤을 조사하기 전에는 혐의가 완전히 풀리기 어렵다고 보아 우선 진주옥에 구금해두었다고 했다.

끝으로, 박규수는 배순지(裵順之) 등 15명의 도망자에 대해 수배를 벌이도록 지시했으며,[138] 병영 이방 권준범 부자의 학살은 밤중의 난동 과정에서 빚어진 사건이라 주동자를 가려낼 수 없었다고 보고했다.

「사계발사」의 결론 부분에서 그는 진주의 안핵 사업이 지연된 점을 사죄하고 나서, 체포된 난민들에 대해 비교적 가벼운 처벌을 구형한 데에 대해 해명했다. 수령과 아전들은 다수에게 극형을 내리고 대대적인 징벌을 가하자고 주장하지만, 현지의 사민부로들은 신중하게 처벌하고 평번에 힘써주기를 바라고 있다. 병사와 목사를 능멸하고 아전과 백성을 살상한 자들을 모조리 처형하기로 들자면 "어찌 수십 수백 명에 그치겠는가!" 그러나 안핵 사업은 "적진에 올라 상대를 죽이는 것과는 다르다." 그리고 "체포된 죄수들은 기찰하여 잡아들인 자에 불과하고, 캐냈다는 내용도 죄수들의 진술에 지나지 않는다." 그들이 진짜로 범한 죄를 살펴서 경중을 정하고, 그들의 진술을 심사숙고한 끝에 판단을 내려야 한다. "법이란 세상에서 가장 공정해야 하는 것이다. 사형수의 많고 적음을 어찌 먼저 마음에 정해두고 죄수를 대할 수

138) 그중 강우묵과 함께 유계춘에게 통환 혁파를 위한 등소에 동참하라고 촉구한 鄭元八, 정광덕(정내명)과 함께 이명윤이 도결 통환 혁파에 앞장서도록 부추긴 정수교(정자악), 언방을 내다 붙인 황개똥, 2월 초 회문 謄寫 모임에 동참한 鄭致會와 朴水見, 수곡 도회 개최를 위한 통문 발송 모의 장소를 제공한 사노 검둥이 등을 제외한 자들의 혐의 내용은 불분명하다.

박수견은 곧 이명윤의 「被誣事實」에 등장하는 '朴肅然'이며(망원한국사연구실, 앞의 책, 143면, 주51), 朴肅然은 朴受益(자 淑然)과 동일 인물이라는 설(김준형, 앞의 책, 289면)이 있다. 그렇다면 '박수견'은 실은 이미 체포된 박수익인데, 조사과정에서의 불찰로 인해 도망자로 잘못 분류되었을 가능성이 있다.

있단 말인가!"[139)]

게다가 어리석은 백성들은 얼마나 큰 죄를 저질렀는지는 깨닫지 못하고 도리어 형벌이 과중하지 않나 의심하기 쉬우니, 대대적인 징벌을 행한 나머지 반발이 일어날 가능성도 고려해야 한다. 주동자에 대해 극형을 건의한 것 외에, 그를 추종한 무리에 대해서는 법망에서 빠져나갔다고 해도 과언이 아닐 만큼 가벼운 처벌을 건의한 것은, 아무리 조사해보았자 끝이 없을 것이라 판단한 때문이었다. 따라서 박규수는, 옥사를 엄하게 다루지 못한 죄를 감수하겠으나 이는 왕이 누차 내린바 처벌을 신중히 하고 평번에 힘쓰라는 하교에 부응하고자 애쓴 결과였다고 해명하는 말로써 「사계발사」를 끝맺었다.

## 4. 항쟁 주도층에 대한 분석

### 1) 박규수의 '양반 사족 주도설'

이상에서 검토한 바와 같이, 박규수의 「사계발사」는 양반 사족층을 항쟁의 주도층으로 판단하고, 항쟁 참가자에 대해 가급적 관대한 처벌을 내리고자 한 점이 큰 특징이다. 부임 도중인 3월 9일 진주로 발송한 관문에서 이미 박규수는 농민항쟁의 가담자로 '무지한 백성' 외에 '식견 있는 자'들을 지목하고 자수를 촉구했다. 이어서 3월 12일자 편지에서는 과거 응시차 상경한 영남 선비들이 농민항쟁과 관련하여 소요를 일으킬지 모른다고 우려했다. 이는 박규수가 본격적인 조사에 임하기 전부터 영남의 사족을 항쟁의 주도층으로 의심하고 있었음을 말해준다.

139) 『임술록』, 34면. "豈止百十人哉!" "竊謂持法按獄, 異於上陳殺賊. 捕捉者, 不過譏詗而得; 盤覈者, 不過供招之辭. (…) 法者, 天下之平也. 死囚(多)寡, 豈可先設於心, 以臨罪人哉!"

또한 박규수는 농민항쟁이 다른 지역들로 번지던 3월 말 진주에서 도내 전 고을로 발송한 관문에서, 항쟁에 농민이 대거 동원될 수 있었던 것은 식자층이 통문 작성과 전파를 맡고 명망있는 양반 토호가 선동한 때문으로 보아야 한다면서, 사민부로들의 책임을 추궁했다. 그리고 안옥 작업이 상당히 진척된 무렵인 4월 17일자의 편지에서도 진주농민항쟁의 주동자는 결코 초군이 아니라 양반 토호라고 단정하면서, 취조를 통해 반드시 이를 입증하겠노라고 했다.

「사계발사」에서 박규수는 이와같은 '양반 사족 주도설'을 다각도로 보강했다.[140] 우선 그는 도결과 통환에 대해 양반 사족도 불만을 가졌음을 지적했다. 결전(結錢)을 남보다 더 내어야 하고, 환곡을 분급받지 않는 특권이 상실되기 때문이었다. 특히 이명윤은 전직 조관인 자신조차 도결과 통환에서 면제되지 않는 데 큰 불만을 품고 혁파에 나설 것을 공언했으며, 정수교와 정광덕은 그가 앞장서도록 부추겼다. 다음으로, 리회와 향회의 개최를 주장한 것도 양반 사족이었다. 이명윤은 축곡에서 이계열·유계춘 등과 모임을 가지고 수곡 도회 개최와 이를 위한 통문 발송을 주장했다.

나아가 양반 사족층은 초군들의 폭동에도 깊숙이 개입했다. 문건 발송과 언방 게시를 통해 사전 준비를 갖추고, 초군을 은밀히 지휘하거나 변장하고 초군에 가담했으며, 철시와 가옥 파괴·약탈을 선동하기까지 했다. 예컨대 유계춘과 이계열 등은 초군 동원을 위한 회문을 지어 돌리고 철시를 선동하는 언방을 만들어 내다 붙였다. 김윤화(유학)와 조학면(전 향임)[141] 등은 수곡

140) 박규수가 말하는 양반 사족층의 범주에는 유계춘·이계열 등과 같이 빈농인 殘班도 포함되어 있지만, 그 주축은 '大戶' '饒戶豪民' 등으로 지칭된바 넓은 토지를 소유하고 사회적 영향력을 지닌 양반 토호이다.

141) 유학은 원래 사족으로서 벼슬하지 못한 유생을 가리키지만 조선 후기로 갈수록 사족이 아니면서 유학을 冒稱하는 자들도 많았다. 따라서 김윤화가 양반 사족이라고 단정할 수는 없지만, 그는 도결 통환 혁파에 나서도록 이명윤을 고무한 혐의로 수배중인 정수교(정자약)와 친했으므로 그 역시 사족일 것으로 추측된다. 조학면은 鄕任을 지냈다. 향임은 鄕班들의 지방자치 조직인 鄕廳의 좌수·별감·倉監·監官·風憲·執綱 등의 직임을 말한다. 향임

도회에서 철시설을 주장하여 수곡장 철시를 유발하였다. 또한 허호(班民)와 황응서(풍헌)의 경우에 보듯이 사족은 수청가 회의에 참가하여 초군을 선동하고, 자신이 사는 지역의 초군 동원을 적극 도왔다. 염선암(齋任)[142]은 초군 차림으로 변장하여 난민에 가세하기까지 했다. 특히 목사에게서 도결 혁파 완문을 받아낸 이명윤은 초군 동원 회문 제작에 관여하고, 읍내에 진출한 초군들로부터 지도자로 받들어졌다. 당시 그는 초군을 마음대로 지휘하는 듯 했으며, 읍내의 가옥 파괴를 사주했다고 한다. 끝으로, 항쟁의 전개과정을 보아도 양반 사족층이 이를 주도했음을 짐작할 수 있다. 리회와 도회를 통한 치밀한 사전 준비, 외곽지역을 돌며 세력을 규합하고 장시 약탈로 기세를 고조시킨 뒤에야 읍내로 진출한 용의주도한 작전 등은 초군의 능력으로는 도저히 불가능한 일로 판단되기 때문이다.

이와같은 근거에서 박규수는 양반 사족층을 항쟁의 주도세력으로 간주한 반면, 그가 '소민' 또는 '무지한 백성(無知之民, 無識無知之輩)', '어리석은 백성(蚩蠢之民, 蚩氓, 愚民)'이라 일컬은 평천민 신분의 하층 농민들은 어디까지나 양반 사족층의 선동에 따라 항쟁에 가담한 것으로 보았다. 단 도결과 통환을 저지하려는 것이 주도세력의 본래 계획이었지만, 농민 대중은 이에 그치지 않고 관장을 능멸하고 아전을 학살하며 약탈과 방화를 자행하는 등 과격한 폭동으로 치달았다. 그러나 이는 계획된 무장봉기가 아니라, 오랫동안 쌓인 억울함이 일시에 터진 우발적 사건으로 보았다.[143]

---

역시 조선 후기로 갈수록 사족이 아닌 자들도 뇌물을 주고 살 수 있는 자리가 되었으므로 향임이라고 해서 반드시 양반 사족인 것은 아니다. 그러나 조학면은 수곡 도회에서 의송 대표로 선출된 조학오와 일가 형제간으로 추측된다.

142) 재임은 향교를 관리하는 직임을 맡은 유생이다. 정약용은 『목민심서』에서 단아한 선비를 뽑아 재임으로 삼아야 한다고 주장했다(禮典六條, 興學).

143) 「사계발사」에서 박규수는 폭동을 저지른 대중에 대해 "농기구를 들고 난이라 자칭하는 지경까지 이르렀다고는 꼭 말할 수 없다"고 했다. 또한 「강구방략」에서도 진주농민항쟁에 대해 "다만 窮民들이 원한과 분노를 발한 것이지, 실로 은거지에서 반란의 무리를 불러모은 형세는 아니었다"(『임술록』, 국사편찬위원회 활자본, 15면)고 했다.

박규수는 폭동의 주력을 이룬 초군에 대해서도 '땔나무를 짊어진 자들(負薪挑柴者, 擔柴負薪者)'이라 짐짓 비하(卑下)하여 불렀으며, 독자적인 지휘 체계나 조직을 갖춘 결사체(結社體)로는 보지 않았다.[144] 이귀재 · 곽관옥 · 우양택 등과 같이 항쟁에 편승한 '무뢰배'가 초군을 지휘하여 폭동을 주도한 것으로 파악했다.[145]

또한 「사계발사」에서 박규수는 난민에 대해 가급적 관대한 처벌을 내리고자 했다. 그의 안핵사 활동을 살펴보면, 처음부터 신중하고 공정한 조사를 통해 난민을 가볍게 처벌하고자 노력한 흔적이 역력하다. 3월 9일 진주로 발송한 관문에서 이미 그는 사태를 온건하게 수습함으로써 민심 안정에 주력하겠다는 뜻을 밝혔으며, 3월 15일자 편지에서도 진주사태를 '유도(柔道)'

144) 박규수는 이계열에 대해 논죄하면서, 초군의 '좌상'이란 두목이라는 뜻이므로 매우 수상한 존재 같지만, 실은 조금 지체가 높다고 해서 동료들의 상좌에 앉으며, 나이가 많다고 해서 들밥 먹을 때 제일 먼저 수저를 드는 그와같은 부류를 존대하여 부르는 명칭에 불과하다고 했다(『임술록』, 25면).

초군이 구체적으로 어떤 집단을 가리키는가에 대해서는 여러 설이 있다. 흔히 '樵童'이라 불리듯이 이들은 대체로 청년층에 속하는 '雇奴傭夫'로서 '半農半樵'하며 좌상을 두고 집단적으로 활동하던 빈농들을 가리키는 듯하다(양진석, 「1862년 농민항쟁의 배경과 주도층의 성격」, 『1894년 농민전쟁연구』 2, 역사비평사 1992, 209~217면).

145) 당시 민란을 몸소 겪었던 姜瑋 역시, 폭동의 주동자는 집도 衣食도 없는 "困苦無賴之徒" 즉 流民 · 浮客 · 행상 · 머슴(傭僱) 등 백성 중에서도 "가장 窮賤한 자"들이라고 하면서, 이들이 民의 분노에 편승하여 쌓인 원한을 푼 것이지 결코 계획적인 반역을 일으킨 것은 아니라고 보았다(강위, 「擬三政捄弊策」, 『姜瑋全集』 상, 아세아문화사 1978, 568~570면).

한편 박규수가 '무뢰배'라 일컬은 자에 대해, 이귀재를 대표적인 예로 삼아 面里 단위로 조직된 각 지역 초군의 지휘자라거나, 타지에서 이주하여 초군이 된 '遊離民的인 초군'이라고 하여 초군의 일원으로 보려는 견해도 있다(송찬섭, 「1862년 진주농민항쟁의 조직과 활동」, 『한국사론』 21, 1989, 363~365면; 양진석, 위의 논문, 211면). 그런데 이귀재를 추종하여 이방 학살에 가담한 안계손과 강인석이 각각 '焰哨軍'과 '募軍'인 점을 주목할 때(송찬섭, 위의 논문, 363면, 주132), 소위 무뢰배란 특히 조선 후기 募立制의 정착에 따라 雇價를 벌기 위해 일터를 찾아 떠돌던 부류를 가리키는 것이 아닐까 한다. 이들은 雇價나 작업조건 등에 따라 수시로 이합집산하여 통제하기 어려웠으므로 지배층으로부터 흔히 '무뢰배'로 불렸다(윤용출, 「17 · 18세기 募軍의 노동조건」, 『釜大史學』 8, 1984, 참조).

로 다스릴 방침이라고 했다. 그리고 4월 초와 4월 17일자의 편지 등에서 보듯이, 그는 난민에게 '대대적인 징벌(大懲創)'을 가해야 한다는 강경론에 대해 극력 반대했다. 또한 4월 17일자 및 5월 10일자의 편지 등을 보면, 이로 인해 그가 강경론을 주장하는 세력들로부터 심한 비방을 입었음을 알 수 있다.

이와같이 박규수가 안옥 작업에서 시종일관 유화책을 취한 것은 일차적으로 왕의 하교에 따른 것이었다. 3월 1일 현지로 출발하는 그에게 철종은 억울한 사람이 없도록 신중하게 조사하라고 당부했으며, 3월 10일에도 같은 내용의 하교를 거듭 내렸던 것이다. 3월 18일 박규수는 이 하교를 접하고 도내에 널리 알리도록 조치하는 한편, 이를 충실히 이행할 것을 다짐하는 장계를 올렸다.[146)]

한편 그는 항쟁을 야기한 책임이 전적으로 위정자에게 있음을 인정하면서, 삼정문란으로 시달리는 백성의 고충을 충분히 이해하고 있었다. 예컨대 4월 17일자 편지에서 그는 민폐가 막심한 경주의 경우를 거론하며, "이와같은 상태인데도 변란이 없다면 도리어 이것이 변괴"라고까지 말했다. 그리고 기강 확립만을 외치는 강경론자들을 비판하면서, 먼저 인정과 덕치를 베풀지 않은 채 가혹하게 탄압하기만 한다면 오히려 사태를 악화시켜 국가 존망의 위기를 초래할 수도 있다고 경고했다. 따라서 그는 이번 사태를 유화책으로 다스린 다음, 나아가 백성을 열복(悅服)시킬 수 있는 획기적 개혁 조치를 취해야 한다고 보았다.

「사계발사」에서도 박규수는 관대한 처벌 방침을 고수했다. 이 점은 무엇보다 조사 대상이 된 94명 중 25%가 넘는 24명에 대해 무죄 판결이나 다름없는 '참서'를 요청한 사실로 입증된다.[147)] 한편 구형을 받은 47명의 난민을 처벌 기준별로 분류하면, 통문·회문·언방의 제작과 전파에 참여한 자 6명,

146) 그 뒤에도 철종은 비록 진주의 안핵 사업이 지체됨을 질책하기는 했지만, 난민에 대해서는 관대한 처벌 방침을 견지하고자 했다(『일성록』, 철종 13년 4월 25일).

147) 그중 수배자 15명과 구금 중인 이명윤·정광덕(정내명)을 제외한 77명을 대상으로 할 경우 참서의 비율은 더욱 높아져 3할이 넘는다.

수곡 도회에 참가하여 철시설을 주장하거나 방조한 자 7명, 초군 폭동 관련자 33명, 기타 1명이다.[148] 이처럼 통문 등의 제작·전파와 도회에서의 철시설 주장 여부를 중시한 것은 사전 모의 단계 관련자를 엄중 처벌하고자 했음을 뜻한다.[149] 그리고 초군 폭동 관련자가 최다수를 차지한 것은 당연한 일이라 하겠지만, 그중 극형을 구형받은 자는 이귀재와 김수만 2명뿐이다. 그에 버금가는 '중감'을 구형받은 자 역시 이방 학살에 가담한 최용득과 안계손, 초군을 지휘한 무뢰배 곽관옥과 우양택 등 4명에 불과하다. 이러한 사실은 박규수가 단순 가담자를 주모자나 주동자급과 구별하여 가능한 한 가볍게 처벌하고자 했음을 입증하는 것이라 하겠다.

5월 22일 「사계발사」가 도착하자 비변사는 바로 다음날 이를 근거로 왕에게 죄수들에 대한 처벌을 건의했다. 즉 「사계발사」에서 극형을 구형한 유계춘·김수만·이귀재뿐 아니라, 중감을 구형한 이계열 등 7인에 대해서도 "사전 준비하면서 서로 호응하고, 시종하여 기강을 능범(凌犯)한 점에서 유계춘배(輩)와 비교하여 조금도 차이가 없는데도 「사계발사」에서 구별한 점은 지나치게 관대한 잘못을 범한 것"[150]이라 비판하면서, 함께 즉시 효수형에 처할 것을 건의했다. 또한 엄징을 구형받은 양규영 등 아전 6인에 대해서도 죄상에 비해 너무 가벼운 형벌이 청구되었다고 보아, 감사에게 재조사하여 보고하도록 한 뒤 형량을 결정할 것을 건의했다.

한편 「사계발사」에서 별반 엄징을 구형한 천잇쇠 등 19인은 두 차례 엄형(嚴刑)을 가한 뒤 변방에 유배하도록 하고, 엄징을 구형한 죄수 중 아전

148) 구형을 받은 죄수는 모두 53명이나, 그중 관장을 구출하지 않고 달아난 양규영 등 아전 6명은 난민이 아니므로 제외했다. 유계춘에게 呈訴 참여를 촉구한 강우묵의 경우를 기타로 분류했다.

149) 정수교(정자약)·정원팔·정치회·박수견(체포된 박수익과 동일 인물일 가능성이 있다)·황개똥·사노 검둥이 등이 수배 대상이 된 것도 그 때문이다. 이들과 구금중인 이명윤·정광덕을 합하면 사전 모의 단계 관련자는 21명 이상이 된다.

150) "其所綢繆唱應, 始終凌犯, 視繼春輩, 毫無差殊, 査啓區別, 失之太寬."(『승정원일기』, 철종 13년 5월 23일; 『임술록』, 35면).

6인을 제외한 김윤화 등 18인은 두 차례 엄형을 가한 뒤 징방(懲放: 징계 후 석방)하며, 참서를 구형한 강승백 등 24인은 한 차례 엄형을 가한 뒤 징방하도록 하되, 고령자에 대해서도 형벌을 면제하지 말도록 건의했다.[151] 배순지 등 도망자 15명은 기한 내에 체포한 뒤 처벌하도록 했다.

끝으로, 전 교리 이명윤에 대해서는, 조사(朝士)의 신분이요 '한 고을의 대민(大民)'임에도 불구하고 "은밀히 사주하고 드러내놓고 선창하기를 파란을 부채질하듯이 한 것은 너무도 놀랍고 개탄스럽다"라고 하여,[152] 「사계발사」에서 요청한 대로 의금부에서 잡아다 신문하도록 건의했다. 정광덕(정내명) 역시 이명윤에 대한 심리를 마친 후 다루도록 했다.

이와같이 비변사는 박규수가 요청한 것보다 가혹한 처벌을 건의했다. 이는 "한 도 안에서 앞장서 난을 일으킨 것도 부족하여, 영호남에 소요가 번지도록 만들었다"[153]고 규탄한 데서도 알 수 있듯이, 진주농민항쟁이 삼남 일대를 휩쓸고 있는 농민항쟁의 기폭제 구실을 한 것으로 파악했기 때문이다. 따라서 항쟁의 불길을 잡기 위해서는 본보기로 진주의 난민들에 대해 강경한 처벌을 가해야 한다고 본 것이다. 이와 아울러 안핵사 박규수에게도 삭직처분을 내리도록 건의했다.

왕은 이러한 비변사의 건의를 대체로 수용하면서도, 이계열 등 7인도 극형에 처해야 한다는 주장에 대해서는 형정(刑政)을 신중히 하고자 하는 조정의 의지를 보일 필요가 있다고 하면서, 「사계발사」에 따라 중감에 처하도록 지시했다. 그리하여 5월 30일 진주 우병영에 수감중이던 유계춘 등 3인에 대한 효수형이 집행되었다. 같은 날 이명윤은 의금부의 요청에 따라 고금도(古今島) 유배형에 처해졌다.[154]

---

151) 박규수는 하우범(하대겸)과 조학면에 대해 고령인 점이 참작되기를 희망했다(『임술록』, 「사계발사」, 28면, 29면).
152) "身爲朝士, 可謂一鄕之大民, 而陰主顯倡, 不啻推波而助瀾者, 萬萬駭惋."(『임술록』, 36면)
153) "首亂一省之不足, 致滋兩南之胥擾."(위의 책, 35면)
154) 『승정원일기』, 철종 13년 5월 30일; 『임술록』, 36면; 『진주초군 작변등록』 제13호 문

진주를 떠나 귀경중이던 6월 5일 아우에게 보낸 편지에서 박규수는 이계열 등 7인을 추가로 극형에 처하라는 비변사의 건의가 기각된 사실을 알고 몹시 기뻤다고 했다. 즉 "처음에 합천으로 향하는 길에서 심합(心閤)[155]의 편지를 보니, 말이 분명치는 않으나 아마도 7인의 죄수를 모두 극형에 처할 작정인 듯하여, 크게 놀라면서 몹시 불쾌했다. 이렇게 한다면 형정(刑政)의 큰 과오가 되기 때문이었다." 그런데 추풍령에 이르렀을 때 자신에 대한 삭직 처분과 아울러 "7인의 죄수에 대해서는 특별히 안핵사의 장계를 따르기로 결재되었다"는 소식을 전해 듣고, "그때 속이 후련하면서 몹시 감사하던 심정을 어떻게 말로 표현하겠는가! 나는 비록 삭직되었지만, 이는 벌을 받은 것이 아니요 영광이다"라고 감격해하였다.

또한 같은 편지에서 박규수는 "나는 진주사태 처리에 있어서, 시일을 지체한 까닭에 형정의 평번과 민심의 안정을 얻을 수 있었다. 조정에서 극형을 많이 행하고자 했으나, 주상께서 특별히 내가 올린 장계를 따르는 은혜를 베푸셨으니, 이 또한 영남인이 크게 열복(悅服)하는 바이다. 가위 '일마다 뜻대로 되었다'고 하겠는데, 어떤 경상도 벼슬아치가 이처럼 무리한 야료를 부린단 말인가? 심합이 편지에서 이른바 '이 또한 하나의 변괴'라고 한 것은 과연 지당한 평이다"라고 했다.[156] 안핵 사업이 지지부진하다는 질책을 감수하면서까지 신중하고 온건하게 사태를 처리한 결과 영남인에 대한 '대대적인 징벌'을 막을 수 있었던 점을 내세워, 정직동과 이만운 등의 상소가 부당하다고 비난한 것이다.

---

서, 김석형, 「1862년 진주농민폭동과 각지 농민들의 봉기」, 박시형 외, 『봉건지배계급에 반대한 농민들의 투쟁—이조편』, 열사람 1989, 201면.

155) 당시 좌의정이던 趙斗淳(호 心庵)을 가리킨다.

156) 『환재집』 권8, 「與溫卿」(22), 장21뒤~21앞. "始於陝川路, 見心閤書, 語不分明, 而大概並擬七囚於極處, 驚駭大不樂, 如此則刑政之大失也. (…) 又傳七囚上裁, 特從覈使之啓, 伊時快豁感祝, 如何爲喩! 吾雖革職, 非罪伊榮也." "吾於晋事, 以遲滯之故, 得刑政平反, 人心晏然. 廟堂之欲多行誅殺, 而特施曲從覆啓, 此又嶺人之大悅服者也. 甚麼嶺宦, 做此無理之鬧耶? 心閤所云, 亦一變怪者, 果評之當矣."

그 뒤 우부승지 직을 고사하며 올린 「자핵소」에서 박규수는 이계열 등 7인의 죄수에게 극형을 내리지 말도록 한 왕의 조치에 대해 거듭 감사를 표했다. 그리고 비록 삭직 처분을 받기는 했지만, 이처럼 「사계발사」에서 건의한 대로 관대한 처벌이 이루어지고 「사포장계」에 따라 진주의 막대한 환곡 포흠이 청산될 수 있게 됨으로써, 자신의 안핵 사업이 성공적으로 완수되었다고 기뻐했다.[157)]

또한 박규수는 관직에서 물러난 뒤인 윤8월 19일 중국의 심병성에게 보낸 편지에서도, "저는 지난 3월 영남으로 안핵 사업차 떠났습니다. 진주 백성 가운데 폐정(弊政)을 참지 못해 근심과 원망으로 소요를 일으킨 자들이 있었기 때문입니다. 제가 외람되게 직책을 맡았는데, 다행히도 대 옥사의 처리가 잘못되지는 않았습니다"라고 했다.[158)] 이로 미루어 당시 박규수는 난민을 조사・처벌하는 안핵사로서의 임무를 무난히 수행했다고 자부했으며, 최종 판결에서 자신의 견해가 거의 수용된 데 대해 상당히 만족했음에 틀림없다.

### 2) 항쟁 주도층에 대한 학계의 논란

이와같이 박규수는 자신이 안핵사로서의 임무를 대과 없이 수행했다고 믿었다. 하지만 과연 그가 진주농민항쟁의 진상을 정확히 밝혀냈으며 이를 제대로 수습했는지에 대해서는 이론(異論)이 있을 수 있다.

우선 인정해야 할 것은, 난민 처벌 문제에서 조정의 강경 세력와 박규수

157) 『환재집』 권6, 장12뒤.

158) "弟于春季, 有嶺南按事之行. 盖晋州民人有不堪弊政, 愁寃興擾者. 弟承乏謬膺, 幸句勘大獄, 不至僨誤."(『환재집』 권10, 「與沈仲復秉成」(3), 장6뒤)

이는 박규수의 자화자찬만은 아니라고 생각된다. 후일 李象秀(호 峿堂, 1820~1882)는 박규수에게 보낸 편지에서 "閤下는 경상좌도에 암행어사로 파견되어 豪右를 擊斷했으며, 진주에서 옥사를 관장하여 衆謗을 積招했으나, 모두 顧忌하는 바 없이 반드시 자신의 뜻을 실천하셨습니다"라고 칭송했다(『峿堂集』 권7, 「上桓齋朴相國珪壽」, 甲子).

의 입장은 분명히 차이가 있었다는 점이다. 박규수는 난민에 대한 '대대적인 징벌'에 반대하면서 시종 신중하고 온건한 입장을 고수했으며, 이로 인해 심한 비방을 입고 삭직까지 당했다. 그럼에도 불구하고, 박규수 역시 철저한 복수를 기도했으나 진범들을 모두 밝혀내지 못한 결과 마지못해 관대한 처분을 내렸다든가, "진주에 도착한 안핵사는 농민들에게 올가미를 씌우기 위하여 피눈이 되어 날뛰였다. 그는 수많은 폭동 군중을 체포하여서는 무려 100여 명의 무고한 사람들에게 악형을 가하였으며 유계춘, 김수만, 이귀재 등 폭동 지휘자들을 무참히 학살하였다"고 본 것은 부당하다고 하지 않을 수 없다.[159] 이는 지배계급에 대한 인민 대중의 투쟁만을 중시한 나머지 소위 '봉건 통치배' 내부의 차이를 전혀 인정하지 않은 견해라 하겠다.

이와 반대로, 박규수와 "정부 내부의 보수파와의 대립"을 강조한 견해도 있다. 특히 박규수의 삭직을 요구한 비변사의 계언(啓言)을 보면 "구 질서의 개혁적 재편을 지향하는 박(朴)에 대한 정부 내부의 반발이 여실히 나타나 있다"고 한다.[160] 난민 처벌 문제에서 드러난 이러한 갈등이 곧 당시 지배층 내의 개혁파와 보수파의 대립을 의미하는 것으로 확대 해석될 수 있을는

159) 김석형, 앞의 논문, 172~173면; 『조선전사』, 과학백과사전출판사 1980, 권12, 중세편 이조사 5, 214면.

『조선전사』에서 박규수가 100여 명에게 악형을 가했다고 한 것은 부정확한 기술이다. 박규수는 조사 대상자 94명 가운데 53명에 대해서만 형을 청구했다(그중 2명은 고령을 이유로 정상 참작을 요청함). 그밖에 24명은 무죄로 판정하고, 2명은 保留, 15명은 수배하도록 했다. '100여 명'이라는 잘못된 숫자는 김석형의 논문(146면)에서 유래한 것으로 짐작되는데, 이는 구형받은 죄수의 총수를 실제로 집계하지 않은 채, 「사계발사」 중 폭동에 가담한 난민들을 모조리 베어 죽이기로 들자면 "어찌 수십 수백 명에 그치겠는가(豈止百十人哉)!"라고 한 대목(『임술록』, 34면)을 오독한 때문이다. 이 대목은, 만약 전원을 처형하기로 한다면 처형 대상이 유계춘 등 3인에 국한되지 않고 수십 수백 명도 넘을 것이라는 뜻이다. 즉 '百十'은 실제의 숫자를 표시한 것이 아니고 숫자가 많다는 뜻으로 쓰였다. 또한 박규수가 유계춘 등 3인을 학살했다는 것도 사실과 다르다. 이들이 처형된 것은 박규수가 안핵사 임무를 마치고 진주를 떠난 이틀 뒤인 5월 30일의 일이다.

160) 原田環, 「진주민란과 박규수」, 강재언 외, 『봉건사회 해체기의 사회경제구조』, 청아출판사 1982, 365면.

지는 「강구방략」과 박규수의 삼정 개혁안을 아울러 검토해야만 밝혀질 수 있을 것이다.

지금까지 진주농민항쟁의 진상에 관해서는 항쟁의 주도층 문제를 중심으로 많은 논란이 있어왔다.[161] 박규수는 항쟁 참가자를 대민 즉 양반 사족과 소민의 2개 범주로 나누고, 전자가 항쟁을 주도한 것으로 파악했다. 이러한 '양반 사족 주도설'을 비판하면서, 초군을 비롯한 평천민 신분의 하층 농민이 항쟁을 주도했다고 보는 '소민 주도설', 요호 부민이 항쟁을 주도했다고 보는 '요호 부민 주도설',[162] 처음에는 양반 사족 또는 요호 부민이 주도했으나 항쟁이 격화됨에 따라 소민이 주도하게 되었다는 '주도층 전이(轉移)설' 등이 제기되었다.[163] 이러한 주장들은 19세기 이후 향촌 사회의 변동과 계급구성에 관한 거시적·이론적 논의와 맞물려 있기에 시비를 가리기 쉽지 않지만, 실사구시에 입각하여 각각의 문제점을 따져볼 수는 있다고 생각된다.

'소민 주도설'을 주장하는 논자들은 박규수가 전 교리 이명윤을 항쟁의 주모자로 지목한 것은 잘못이라고 본다. 이러한 견해에 따르면, 박규수가 이명윤의 사주에 따랐다고 본 '희사지도' 유계춘, 또는 무식한 일개 농투성이로 간주한 이계열이 실은 주모자였다. 이들을 중심으로 한 지도부가 은밀한 계획 아래 초군 조직을 동원하여 항쟁을 주도했으며, 이명윤과 같은 양반 사

161) 연구사에 관해서는 박찬승, 「조선후기 농민항쟁사 연구현황」, 근대사연구회 편, 『한국중세사회 해체기의 제문제』(하), 한울 1987; 한상권, 「민의 성장과 농민항쟁」, 한국역사연구회 엮음, 『한국역사입문』 2, 풀빛 1995 등 참조.

162) '요호 부민'이란 개념은 논자에 따라 의미상 상당한 편차가 있다. 부농층이라는 의미로 양반 지주까지 포함하기도 하고, 신흥 중간층이란 의미로 富를 축적한 상공업자나 鄕吏層까지 포괄하기도 한다. 이러한 혼란을 피하기 위해 여기에서는 '평천민 신분의 상층 농민'이라는 뜻으로 한정하기로 한다. 한편 「사계발사」에서 박규수가 지칭한 '요호 호민'은 이와 다른 의미임을 주의할 필요가 있다. 앞서 언급했듯이 그는 양반 사족, 특히 양반 토호를 가리켜 '요호 호민'이라 불렀다.

163) 물론 양반 사족 주도설을 주장하는 견해도 있다. 고석규 교수는 "토호가 주도하고, 요호 부민들이 지원하며, 소빈민들이 동력이 되는 이른바 토호 주도 항쟁은 사실상 1862년 농민항쟁을 이끌었다"고 주장했다(『19세기 조선의 향촌사회 연구』, 서울대출판부 1998, 293면).

족은 일부가 소극적으로 가담한 데 불과한 것이다. 따라서 박규수는 농민항쟁의 조직과 활동을 제대로 알아내지 못한 채 몽둥이를 "서툴게 마구 휘두른 것"이라거나, 소민이 항쟁 주체로서 성장한 것을 인식하지 못하고 "당시 성장하고 있던 농민층의 의식 수준을 간과했던 것"이라 비판된다.[164)]

그런데 문제는 유계춘이나 이계열의 신분이 양반이라는 점이다. 유계춘은 '유반(柳班)'이라 불렸으며, 이계열은 '반벌(班閥)'이 있다고 초군의 좌상으로 추대되었다.[165)] 소민이 주도했다는 항쟁의 주모자가 양반이라는 것은 일견 모순이다. 이러한 모순을 피하기 위해 유계춘의 신분이 양인(良人)이었다고 주장하는 것[166)]은 무리가 있으며, 유계춘·이계열과 같은 잔반(殘班)은 경제적 처지가 소민과 다를 바 없으므로 문제가 되지 않는다고 주장한다면 이는 범주를 혼동한 것이다. 양반 사족의 일원인 잔반층이 항쟁에서 중요한 역할을 수행했음을 인정하면서, 이들과 소민의 관계를 새롭게 설명할 필요가 있다고 본다.

뿐만 아니라 유계춘 또는 이계열을 주모자로 인정하더라도, 이들을 중심으로 한 지도부가 존재하여 항쟁의 전 과정에 걸쳐 소민에게 영향력을 발휘했다고 보기는 어렵다.[167)] 초군 폭동의 주동자에 해당하는 이귀재·곽관

---

164) 김석형, 앞의 논문, 173~174면; 송찬섭, 「1862년 진주농민항쟁의 조직과 활동」, 『한국사론』 21, 1989, 337~338면.

165) 『진주초군 작변등록』 제7호 문서, 김석형, 위의 논문, 190면; 『임술록』, 25면.

166) 김석형, 위의 논문, 147면.

167) 「사계발사」에서 유계춘은 통문·회문·언방의 제작과 배포, 수곡 도회 추진과 참여 등의 행적이 문제시되었을 따름이다. 이계열이 초군의 좌상이었다고 해서, 그를 "폭동의 괴수 즉 대장" "진주농민항쟁의 가장 중요한 인물" 등으로 규정하는 것(김석형, 앞의 논문, 150면; 송찬섭, 앞의 논문, 341면; 김준형, 『1862년 진주농민항쟁』, 지식산업사 2001, 62면) 역시 지나치지 않은가 한다. 그가 유계춘에게 초군 회문을 지어주도록 부탁하면서 이를 "本洞에 두루 보이면 호응하고 따를 가망이 있을 듯하다(輪示本洞, 則似有應從之望)"고 말한 대목(『임술록』, 32면)에서 드러나듯이, 그의 영향력은 자기 동리의 초군에 한정된 것으로 보아야 할 듯하다. 지역별로 흩어져 있던 초군을 통괄하는 독자적 조직과 최고 지도부는 존재하지 않았다고 판단된다. 진주 읍내에 있었다는 樵軍廳이 바로 그러한 존재를 입증하는 것으로 거론되기도 하지만, 이것이 초군의 자치기구인지 관에서 초군을 통제하고자 만든

옥·우양택 등은 이들과 사전 연계하여 행동한 것이라기보다, 항쟁이 폭동으로 비화하는 과정에서 새로운 지도자로 떠오른 인물들로 보아야 할 듯하다.

다음은 수곡 도회의 성격을 어떻게 파악할 것인가 하는 문제이다. '소민 주도설'을 주장하는 논자들은 수곡 도회가 항쟁 과정에서 차지하는 비중을 애써 낮추어 평가하거나, 아니면 사족 위주의 향회가 아닌 농민 주도의 집회였다고 본다. 이러한 견해에 의하면, "양반=지주 계급도 참가한 이 회의는 진주 폭동을 준비하는 한개 과정이기는 하였으나 앞으로의 사태 발전에 비추어 볼 때 결코 주되는 것은 아니었다. 안핵사의 눈에는 이 회의가 아주 큰 것으로 보였던 것만은 사실이며, 이 회의 참가자들이 '죄인'으로 몰렸던 것도 사실이다. 그러나 이는 서투른 몽둥이를 휘두른 자의 오착이었다"고 비판된다. 논자에 따라서는 "2월 6일 수곡에서 열린 도회는 기존의 향회와는 달리 농민 대중이 참여할 수 있는 대회였다"고 보면서 이 집회를 '민회'로 규정하기도 한다.[168)]

앞서 살펴본 바와 같이 박규수는 유계춘과 이계열도 참가한 수곡 도회에서 철시설을 주장하거나 방조한 강화영·김윤화·조학면 등 7인을 엄형에 처했는데, 이는 도회에서 철시설이 제기된 결과 항쟁의 시발이 된 철시가 일어났다고 보았기 때문이다. 뿐만 아니라 강화영이 이명윤과 유계춘의 사전 모의 과정을 알고 있었으며, 김윤화가 철시를 선동하는 언방을 소지한 사실 등은 이들이 주모자들과 연계되었을 가능성을 다분히 시사하는 것이다.

자료의 한계로 수곡 도회 참가자들의 신분을 단정하기는 어렵지만, 유세춘을 따라와 도회에서 심부름을 했다는 김세업(賤類)을 논외로 한다면 도회 참가자의 대다수는 양반이었으리라 추측된다. 김윤화의 공초에 의하면 수곡 도회 참가자는 불과 "30여 명"이었다. 또한 도회에 참가한 장진권이 철시설 주창자로 오해된 것은 "지명(知名)에 연유한 것"이었다.[169)] 뿐만 아니라 항

---

기구인지, 그리고 과연 진주 전체의 초군을 통괄했는지는 불분명하다(양진석, 앞의 논문, 220면; 김준형, 앞의 책, 65면 참조).

168) 김석형, 앞의 논문, 154~155면; 송찬섭, 앞의 논문, 318~319면, 347면.

쟁의 발원지인 서면(西面)은 진주지방에서 양반이 압도적으로 많이 거주하던 지역이며, 남명(南冥) 조식(曺植)을 배향한 덕천서원(德川書院) 등 여러 서원이 있어 사림의 결속이 강고한 곳이었다.[170] 이러한 점들로 미루어 보면, 수곡 도회에는 진주의 서면을 중심으로 각 지역을 대표한 양반들이 주로 모였으며 그중에서도 특히 철시를 주장한 자들은 지체나 지명도가 높은 인물이었을 것으로 짐작된다.

또 하나의 쟁점은 수곡 도회뿐 아니라 수청가 회의를 포함한 초군 동원 과정에도 양반 사족이 적극 참여했는가 하는 문제이다. '소민 주도설'을 주장하는 논자들은 이 문제를 소홀히 다루든가, 말단 행정 책임자 및 일부 사족이 당시의 고조된 분위기 때문에 부득이 협조하게 된 것이라 보았다.[171] 그런데 초군 동원 관련자 가운데 "본동(本洞)의 반민(班民)인데다가 고령이었다"는 허호, "풍헌으로서 범민(凡民)과 다르며, 읍속(邑屬)들이 모두 얼굴을 익히 알고 있었다"고 한 황응서가 양반 신분임은 분명하다.[172] 진주의 명문 사족으로서 수청가 회의에 참가한 하학운과 하우범은 일가 사람을 시켜 군중을 동원하게 하고, 향임인 감고(監考)를 불러와 철시설로 초군을 선동하게 했다.[173] 이들 외에도, 사촌 매부인 황응서의 지휘를 받아 자기 동리의 초군을 소집하고 돈까지 제공한 조석철(洞任), 감언이설로 머슴을 꼬여 초

169) 『진주작변 등록』 제5호 문서, 김석형, 위의 논문, 187면, "市邊江畔, 見人三十餘人會坐"; 『임술록』, 30면, "緣於知名".

수곡 도회에 읍내 각지의 대표자 "300여 명"이 모였다고 기술한 경우도 있으나, 문헌적 근거를 알 수 없다. 게다가 '김세업'을 대표자의 한 사람으로 열거하고 있는 점도 납득하기 어렵다(망원한국사연구실, 『1862년 농민항쟁』, 동녘 1988, 145면; 김준형, 앞의 책, 86면).

170) 1832년에 작성된 『晋州鄕校修理物財集收記』에 의거한 분석에 따르면, 당시 서면에는 진주지방 元儒戶의 58%, 別儒戶를 포함하면 전체 儒戶의 43.8%가 모여 살았다고 한다(권내현, 「18·19세기 진주지방의 향촌세력 변동과 임술농민항쟁」, 『한국사연구』 89, 한국사연구회 1995, 125~126면).

171) 김석형, 앞의 논문, 153~157면; 송찬섭, 앞의 논문, 152~153면.

172) 『임술록』, 28면, "渠爲本洞班民, 年且高大", 29면, "風憲, 異於凡民, 邑屬俱是慣面."

173) 『진양초변록』, 『환재총서』, 제5책, 672면.

군으로 보낸 김정식(頭民),[174] 그리고 초군에 가담한 혐의를 받은 박찬순(漕倉 監官)・염선암(齋任)・강필대(執綱: 面里任) 등과 같은 향임층은 소민과 엄연히 구별되는 존재로서, 양반 사족일 가능성이 높다.

한편 '요호 부민 주도설'을 주장하는 논자들은 항쟁 과정에서 수곡 도회의 역할과 초군 동원 과정을 매우 중시하면서도, 이를 주도한 계층이 양반 사족이 아닌 요호 부민이라고 본다. 수곡 도회나 초군 동원에 관여한 향임과 양반(幼學)은 대부분 요호 부민이 매향(買鄕)하거나 모칭(冒稱)한 경우로 간주하는 셈이다.[175] 그러나 설령 이를 수긍한다 하더라도, 이명윤이나 유계춘 등 양반 사족에 속하는 항쟁의 주모자와 요호 부민의 관계를 따로 설명해야 하는 문제가 남는다.

이상의 검토에서도 드러나듯이, 항쟁의 전 과정을 어느 단일 세력이 주도했다고 보기에는 상당한 무리가 있다. 그러므로 '주도층 전이설'을 주장하는 논자들은 정소 운동을 추진한 합법 투쟁 단계와 그 뒤 폭동에 돌입한 비합법 투쟁 단계로 항쟁 과정을 나누고, 양반 사족 또는 요호 부민이 합법 투쟁 단계를 주도했다면 그 뒤의 비합법 투쟁 단계를 주도한 것은 초군을 주축으로 한 소민이었다고 본다. 이는 양반 사족 또는 요호 부민이 폭동에 가담한 사례가 거의 발견되지 않을뿐더러 오히려 소민들로부터 공격받기도 한 사실을 중시한 것이다. 따라서 이러한 견해에 의하면, 박규수가 항쟁의 주모자를

174) 두민은 각 지역의 나이 많고 식견이 높은 長老들을 가리키는 듯하다. 박규수의 장계에 백낙신이 통환을 강행하고자 "招致一邑頭民, 酒食以誘之, 囹圄以脅之"하였다고 했다(『임술록』, 「再啓」, 8면). 각 지역의 장로격인 인사들을 초대하여 회유와 협박을 병행했다는 뜻으로 해석된다. 안병욱 교수는 "두민들이 모여 읍사를 논의하는 것이 바로 향회이며 이때의 두민은 양반 혹은 대표를 지칭한다"고 했다(「조선후기 자치와 저항조직으로서의 향회」, 『성심여자대학 논문집』 18, 1986, 7면).

175) 그러나 『晋州鄕校修理物財集收記』에 의하면 1832년 당시 진주 서면의 元儒戶는 1235戶, 別儒戶는 699호였다고 한다. 전자가 舊來의 토착 양반(舊鄕), 후자가 주로 요호 부민으로서 신분 상승한 신흥 양반(新鄕)일 것으로 간주하더라도, 전자가 후자의 약 1.8배나 된다. 이는 원유호가 읍내에는 하나도 없으며, 동면에서는 별유호와 거의 대등하고, 남면과 북면에서는 별유호보다 훨씬 적은 사실과 대조적이다(권내현, 앞의 논문, 125면).

수곡 도회의 정소 운동과 관련해서만 찾고자 한 점은 "민란의 단계성, 민란 추진의 핵심 세력을 제대로 파악하지 못하고 있었음을 보여주는 것"이라 비판된다.[176]

그렇다면 도결과 통환의 혁파라는 공동 목표 아래 결속했던 양반 사족 또는 요호 부민과 소민이 왜 중도에 갈라서게 되었는가? '주도층 전이설'에 의하면, 이는 대개 양자의 계급적 이해관계의 차이로 설명된다. 즉 양반 사족 또는 요호 부민은 소민과 마찬가지로 관(官)의 침탈 대상이면서도, 한편으로 관과 결탁하여 소민을 착취하는 점에서는 소민과 대립하는 양면성을 지닌 존재였다. 따라서 그들은 자기네의 이해가 걸린 부세 문제의 해결에는 적극적이었지만, 항쟁이 이에 그치지 않고 부호가를 파괴·약탈하는 폭동으로 치닫자 대열에서 이탈하게 되었다. 반면 소민은 부세 문제에 대한 불만뿐 아니라 지주제 타파와 토지 재분배에 대한 요구도 품고 있었으므로, 반관(反官) 투쟁에 만족하지 않고 부호가 공격을 통해 그와같은 요구를 표출했다는 것이다. 이러한 견해에 의하면, 박규수는 소민이 주도한 폭동을 "사주에 의한 피동적인 것으로 보거나 차제에 적원(積怨)을 풀려는 무식배들의 일시적 충동심에서 나온 것으로 보고, 그들이 그렇게 할 수밖에 없었던 역사적 배경이나 그들 나름의 주체적 입장에서의 행동이었음을 밝히려 하고 있지 않았다"고 비판된다.[177]

그런데 '주도층 전이설'을 주장하는 논자들은 합법적 정소 운동에서 비합법적 폭동으로 항쟁이 비약하는 측면을 강조한 나머지, 양자의 계기적(繼起的) 측면을 간과하는 경향이 있다. 따라서 초군 폭동이 양반 사족 또는 요호 부민의 움직임과 별도로 은밀히 추진된 무장 봉기인 양으로 해석하기도 한다. 하지만 양반 사족 또는 요호 부민이 온건한 정소 운동만을 추진한 것은 아니다. 그들 역시 수곡 도회에서 철시를 주장했으며, 수청가 회의에 참가하

176) 김용섭, 「철종조의 민란 발생과 그 指向—진주민란 按覈文件의 분석」, 『동방학지』 94, 1996, 78면.
177) 위의 논문, 78면.

고 초군 동원에 나섰다. 이러한 움직임들이 합세하여 항쟁이 폭동으로 비화할 여건을 조성했다고 하겠다.178)

뿐만 아니라, '주도층 전이설'에서 주장하는 바와 같이 과연 당시 소민이 지주제 개혁의 반봉건적 투쟁을 지향했는지도 검토의 여지가 있다. 부호가에 대한 소민의 공격을 곧 지주계급에 대한 소작 농민의 불만이 표출된 경우로 해석하기에는 무리가 적지 않다고 생각된다. 우선, 항쟁의 전 과정에 걸쳐 지대 인하 요구 등과 같은 지주에 대한 항조(抗租) 운동의 흔적이 전혀 발견되지 않는다.179) 그리고 소민의 공격 대상이 된 부호가는 특정한 부류의 양반 사족 또는 요호 부민이었던 것으로 짐작된다. 즉 관에서 주도한 향회에 참가하여 도결을 묵인한 자들이거나,180) 항쟁 과정에서 초군 동원과 주식 제공 등에 비협조적이었던 자들,181) 평소 무단(武斷)을 일삼던 토호

178) 두민 김정식이 "시장을 습격하고 재물을 겁탈하여 酒食을 사먹을 수 있다(以打市劫貨, 買喫酒飯)"는 등의 감언이설로 머슴을 꾀어 초군으로 보낸 것(『임술록』, 26면)은 그 단적인 사례가 될 것이다.

179) 이 때문에 불가피하게, "봉건적 생산관계가 지주-전호관계에 있고 반봉건투쟁의 핵심이 이러한 봉건적 모순의 철폐에 있음에도 불구하고 19세기 농민항쟁이 주로 抗稅 운동의 형태로 나타나고 있는 현상을 어떻게 이해할 것인가"(이영호, 「1862년 진주농민항쟁의 연구」, 서울대 국사학과, 『한국사론』 19, 1988, 422면, 주21)라는 難題 아닌 난제에 직면하게 된다.

180) 이는 관이 주도한 향회에서 세금 징수를 위해 각 면리의 訓長으로 차출된 자들의 집이 우선적으로 공격당한 사실로도 미루어 알 수 있다. 반면 이명윤은 관이 주도한 향회에 불참하여 소민들로부터 칭송을 받았다. 부호가 공격에 나선 초군은 그에 대해 "우리가 이렇게 행동하는 데 선악의 구별을 해야 마땅하다. 李校理는 평소 科名으로써 위세를 부리지 않고 금번 營本의 향회에 일체 參涉하지 않았으니 우리가 致賀를 드려야 마땅하다"고 했으며, 이 때문에 그는 邑村의 毁家者들로부터 猜疑를 받았다고 한다(『임술록』, 23면; 『진주초군작변등록』 제6호 문서, 김석형, 앞의 논문, 188~189면, 190면; 이영호, 위의 논문, 445면; 이명윤, 「被誣事實」, 하현강, 「이명윤의 '被誣事實'에 대하여」, 『사학연구』 18, 1964, 571면).

181) 봉기 초기에 초군은 "不動者는 罰錢으로 위협하고, 異論者는 毁屋으로 겁주어" 모두 호응하도록 했다. 그리고 "아침저녁밥을 내놓으라고 독촉했으므로 빈부를 막론하고 모두 음식을 제공했으며" 이명윤 집에서도 네다섯 솥이나 되는 100여 명 분의 밥을 지어주었다고 한다. 또한 읍내 점거 후 介川里로 진출한 초군은 항쟁 불참을 이유로 벌전 200냥을 징

들[182]로 보이는 것이다. 소민들은 도결과 통환 혁파를 쟁취한 여세를 몰아 바로 이러한 부류를 응징하고자 했던 것이 아닌가 한다.

끝으로, 소민이 주도한 폭동이 궁극적으로 지주제 개혁을 지향한 반봉건 투쟁이었다면 어째서 이렇다 할 성과 없이 자진 해산하고 말았는가 하는 의문이 남는다. 이를 항쟁 지도부의 역량이나 농민들의 의식의 한계로 돌리는 것은 안이한 설명이라 생각된다. 항쟁 막바지에 농민들은 "읍사(邑事)에 대해서는 이제 응징을 가했고, 나라에 바칠 세금이 박두했으니 급히 완납하는 것이 백성의 도리이다"라고 하면서 각자 해산했다고 한다.[183] 당시 농민들은 도결과 통환 철폐라는 자신들의 요구가 정당한 것으로 확신하면서 이를 항쟁의 궁극 목표로 삼았으며, 그러한 목표를 스스로의 힘으로 달성한 데 크게 만족하고, 이제는 제자리로 돌아가 본업에 종사하며 관의 후속 조치를 지켜보려 한 것이라 짐작된다.

---

수했다. 개천리 인근 玉泉寺는 자진하여 침식을 제공했으므로, 초군은 감사의 뜻으로 개천리에서 걷은 벌전을 모두 기부했다고 한다(『임술록』, 23면, 32면, 33면; 『汾督公彙』「三月二十日 上廟堂各處書」).

182) 단성농민항쟁의 주모자 김인섭의 『단계일기』 임술년 2월 23일자에는 "晉陽에 樵夫 10여 만 명이 모여 포흠한 아전 다섯 놈을 태워 죽였다. 무릇 溪山에 往參한 자들은 모두 집이 파괴되었다. 靑岡의 崔, 南星洞의 成, 召南의 趙, 沙月의 두 李가 모두 이를 피하지 못했다고 한다"고 기록되어 있다. 여기에서 '무릇 溪山에 往參한 자들'이란 안동 김씨 세도가에 아부하기 위해 金洙根(호 溪山樵老, 1798~1854, 철종의 장인 金汶根의 형으로 이조판서를 지냄)을 기리기 위한 서원(南岡院) 건립을 추진하던 자들(소위 溪山派)의 모임에 참가한 사족들을 가리킨다. 초군에 의해 가옥이 파괴된 '靑岡의 崔'는 介川里 청강의 崔澐, '南星洞의 成'은 代如村 남성동의 成奭柱인데 모두 양반이자 富民이었다. '馬洞의 鄭 營將'도 이들과 함께 南岡院을 짓는 데 농민들을 강제 동원하여 원성을 샀기에 가옥이 파괴되었다고 한다. '鄭 營將'은 海州 정씨로 무과 급제하여 현감 겸 영장을 지낸 鄭匡一로 추정된다(『단계일기』, 영남대출판부 2000, 166면; 『임술록』, 1면; 『汾督公彙』「三月二十日 上廟堂各處書」; 權秉天, 『幽窩居士遺稿』 권2, 「閒中漫錄」, 辛酉二月條; 김준형, 『조선후기 단성 사족층 연구』, 아세아문화사 2000, 290~291면, 293~294면).

183) "(…) 又一齊發論曰, 邑事今既懲創, 王稅迫頭, 急急竣納, 爲民之道也云, 而因爲各散云."(『汾督公彙』「三月二十日 上廟堂各處書」)

### 3) '양반 사족 주도설'의 재평가

이상에서 박규수의 '양반 사족 주도설'을 비판한 학계의 견해들을 검토해 보았다. 이를 통해 기존의 학설들이 지닌 문제점이 드러남과 동시에, 박규수의 주장이 지닌 한계 역시 어느정도 드러났다고 볼 수 있다.

앞서 살펴본 바와 같이 박규수가 양반 사족을 항쟁의 주도층으로 본 것은 상당한 근거를 갖춘 주장이다. 그러나 그는 같은 양반 사족이라 해도 상하층의 분화가 심하여 양반 토호와는 경제적 처지가 현격한 잔반층이 항쟁에 더 적극적이었던 사실을 충분히 인식하지는 못한 듯하다.184) 물론 박규수는 항쟁에 참여한 양반 토호가 이명윤 한 사람만이라 본 것은 아니었다. 양반 사족 중에는 도결 통환 혁파에 나서도록 이명윤을 부추긴 정수교(정자약)·정광덕(정내명)과 같이 토호로 짐작되는 인물들이 상당수 있었다. 박규수는 그러한 양반 토호 가운데 가장 지체가 높고 활약이 두드러진 이명윤을 주모자로 지목한 것이지만, 기실 이명윤의 관련 혐의를 입증하는 데 적지 않은 어려움을 겪었다.185)

이와 관련하여, 이명윤의 혐의 내용이 주로 유계춘의 공초에 의거하고 있는 점을 유의할 필요가 있다. 즉, 이명윤이 도결과 통환에서 면제되지 않은 데 대한 불만으로 혁파에 나설 뜻을 품었다든가, 수곡 도회 개최를 모의하고, 정수교와 정광덕에게 협조를 구했으며, 초군 회문 제작에 관여하고, 항쟁 당시 초군에게 음식을 제공했으며, 읍내에 진출한 초군의 지도자로 행세

184) 고석규 교수는 1862년 농민항쟁의 참여 계층을 토호층과 요호 부민층, 소빈민층의 셋으로 나누었다(앞의 책, 237~271면). 그러나 '大民' 즉 양반 사족과 '小民' 즉 평천민을 나누고, 전자는 다시 '토호'와 '잔반'으로, 후자는 '요호 부민'과 '빈민'으로 나누는 것이 당시의 실정에 더욱 부합하지 않을까 한다.

185) 예컨대 박규수는 아우에게 보낸 4월 17일자 편지에서 "모두 함구하고 실토하지 않는다. 분명히 그 간악함을 통찰한 지 오래되었으나, 죄수들의 진술에 나오지 않는 것은 어째서일까?"라고 하며, 취조 과정에서 양반 토호가 주모자임을 입증하는 데 따르는 어려움을 토로했다(『환재집』 권8, 「與溫卿」(16), 장15앞).

했다는 등 거의 대부분의 내용이 주모자의 혐의를 벗고자 발버둥치던 유계춘의 공초에서 나왔던 것이다.

반면 이명윤은 수곡 도회 개최 모의를 비롯한 일체의 혐의를 부인하고, 이는 관 주도 향회에 불참하는 등 비협조적인 자신을 미워한 아전들의 모함에 말미암은 것이라 주장했다.[186] 그리고 수곡 도회 개최를 위한 통문 발송은 유계춘이 단독으로 한 짓인데도 자신의 이름을 팔았던 것이며, 유계춘이 취조 과정에서 자신을 주모자로 무고한 것은 묵은 유감 때문이라고 보았다. 즉 유계춘은 "출패(出佩) 잡기지류(雜技之類)"로서 그 사람됨을 탐탁지 않게 여겨 멀리했는데, 지난해 결렴을 막고자 비변사에 정소한다는 구실로 걷은 돈을 착복한 죄로 고소당해 옥에 갇혔을 때 관가에 청탁하여 방면하게 해달라는 요청을 거절한 뒤부터 유감을 품고 있다가 그와같이 무고했다는 것이다.[187]

이러한 이명윤의 항변을 참작하면, 그를 주모자로 보기는 더욱 힘든 것이 사실이다.[188] 그런데 여기에서 주목할 것은 이명윤이 자신과 유계춘의 관계가 소원함을 강조하면서, 유계춘을 '출패인(出佩人)' 또는 '출패 잡기지류'라고 지칭한 점이다.[189] 박규수는 유계춘을 가리켜 '희사지도'라고 했는데, 이

---

186) 『진주초군 작변등록』 제7호 문서 및 이명윤의 「피무사실」.

郭鍾錫이 지은 이명윤의 墓碣銘에서도, 안핵사 박규수가 이러한 아전들의 모함을 그대로 받아들여 그를 항쟁의 주모자로 보고한 것이라고 했다(곽종석, 『勉宇先生文集』 권157, 「通訓大夫 行弘文館校理知製敎兼經筵侍讀官 安湖李公墓碣銘」, 장9앞).

187) 이명윤, 「피무사실」, 하현강, 앞의 논문, 571면.

188) 이명윤을 직접 신문한 의금부에서도 "설혹 폐단을 이야기하고 억울함을 호소하는 논의에 참견했다 할지라도, 난민배가 관장을 핍박하고 명분을 침범한 일로 말하자면, 임금을 가까이 모신 조관의 몸이 되어 어찌 그런 난동을 사주했을 리 있으랴!(雖或參涉於說弊訴冤之論, 而至若亂民輩迫官犯分之事, 則身爲法從朝官, 豈有指使悖擧之理乎)"라고 하여(『임술록』, 36면), 항쟁 주모자 혐의는 벗겨주었다.

189) 이명윤, 「피무사실」, 하현강, 앞의 논문, 569면, 571면; 양진석, 앞의 논문, 202면, 주32 참조.

여기에서 '출패'에 덧붙여진 '잡기지류'란 노름꾼이란 뜻이다. 이는 2월 2일의 모임이 있었던 朴肅然(박수익 또는 박수견과 동일 인물로 짐작된다)의 집이 "노름방(雜技之所)"이

는 향회나 리회에서 여론을 주도하며 정소 운동에 앞장섬으로써 말썽을 즐겨 일으키는 무리라는 뜻이었다. 이명윤이 유계춘을 '출패'라 지칭한 것도 그와 유사한 뜻이라 짐작된다. 당시 전라좌도에 파견된 암행어사는 "호남에는 출파(出派)와 좌파(坐派)라는 명색이 있는데 모두 시골 선비 중에서 조금 글을 해독하고 자못 권력이 있는 자들이다"라고 하면서, 그중 관의 정사를 염탐하고 그 득실과 시비를 논하며 유언비어나 비방을 날조하면서 뒤에 앉아 남을 사주하는 자가 '좌파'이고, 수고를 마다하고 경향 각지로 나다니는 자가 '출파'인데, 이번 각읍 민란의 수창자(首倡者)들은 바로 이러한 "출파와 좌파의 부류"에 불과하다고 보고했다.190)

이와 아울러 항쟁을 유발하는 데 결정적 구실을 한 3종의 문건, 곧 회문

---

었다는 사실과 관련하여 주목된다. 당시 유계춘 등은 모여서 노름하는 것처럼 위장하여 모의를 추진했던 것 같다.

190) "一. 湖南諸邑有出派坐派名色, 俱是鄕儒中稍解文字, 頗有權力者, 而伺察官政, 論其得失, 說是談非, 興訛造訕, 坐而指使者, 謂之坐派也; 不厭煩勞, 不憚跋涉, 出沒京鄕者, 謂之出派也. 今番則列邑擾, 雖由於不堪官吏剝割之政, 然所謂首倡者, 卽不過出坐派之類也. 此若因循置之, 則不知何樣變怪, 復作於何時, 請令廟堂, 關飭道帥臣, 所謂出·坐派稱號者, 嚴加糾察, 一一窮治, 恐不害爲重法紀靖民志之一道."(『일성록』, 철종 13년 7월 2일, 전라좌도 암행어사 金元性 別單).

여기에서 말하는 '출파'는 곧 '出佩(出牌)'와 같은 말인데, 외지에 나가서 못된 계책을 꾸미는 패거리라는 뜻으로, 현지에서 활동하는 '좌파' 즉 坐牌와 상대하여 부르는 말이다. 『일성록』, 고종 4년 6월 5일 전라도 암행어사 尹滋承의 別單에서도, 전라도에는 武斷的인 토호가 없으며 다만 "소위 출파·좌파라는 명색이 있어, 왕왕 殘民들을 협박하여 본도의 고질적인 폐단이 되었다"고 했다("一, 武斷土豪錄來, 旣承特旨, 而湖南一省, 在昔盛時, 不無巨室大族, 挽近後承零替, 別無武斷之可論. 有所謂出·坐派各色, 往往操切殘民, 本道之弊瘼, 而比諸豪强品官之凌虐, 便是緦功之細. 況一初以來, 朝令申嚴, 無不慴伏, 反歸驩虞之俗. 間或有一二漏網, 而不過疲殘之類. 此則箇箇摘發, 或刑或配, 分輕重照勘, 似此類之謂以土豪指名啓達, 反涉煩屑, 不爲擧論."). 이렇게 볼 때 '출·좌파 곧 토호층'으로 해석한 견해(고석규, 앞의 책, 286~287면)는 잔반층의 존재를 간과한 점에서 동의하기 어렵다. 항쟁의 주모자가 '출·좌파'였던 경우는 경상도에서도 찾아볼 수 있다. 영남선무사 이삼현은 선산농민항쟁의 주모자 全範祖를 '출파'로, 金龍集을 '坐魁'로 단정했다(『임술록』, 『鍾山集抄』, 『嶠南日記』, 임술 4월 29일, 국사편찬위원회 활자본, 207~208면; 김인걸, 「조선후기 촌락조직의 변모와 1862년 농민항쟁의 조직기반」, 『진단학보』 67, 1989, 63면 주55 참조).

과 통문과 언방을 모두 유계춘이 지은 사실로 미루어보더라도, 그는 민(民)의 대변자, 민원의 해결사를 자처하며 적극 활동하던 가난한 농촌 지식인으로서 잔반층에 속한 전형적 인물이라 짐작된다. 그리고 신분으로는 양반 사족에 속하면서 경제적으로는 소민과 가까운 존재인 이러한 잔반층의 활약을 매개로 하여, 위로는 양반 토호와 아래로는 소민에 이르는 광범한 연대 속에 반관 투쟁이 이루어질 수 있었다고 판단된다.

또한 박규수는 '요호 호민'이 '희사지도'를 종용하고 '무뢰지류'를 야기해서 지휘·배치하기를 마음먹은 대로 했다고 하여, 항쟁의 준비 단계뿐 아니라 폭동 단계까지 양반 토호가 지도력을 행사한 것으로 보았다. 이는 읍내에 진출한 초군이 이명윤을 지도자로 받들었다는 공초 내용에 의거한 것으로 짐작되지만, 소민들의 폭동이 계획된 반란이 아니라 우발적 사건이었다는 그 자신의 주장과 배치된다고 하겠다. 양반 사족이 항쟁을 주도했다 하더라도, 폭동은 그들이 예기하지 못한 사태였으며 폭동에 앞장선 '무뢰배' 역시 양반 사족의 통제에서 벗어난 존재였음이 분명하다.

그렇다면 박규수는 부세 문제 해결을 놓고 양반 사족과 소민이 일시 연대한 측면만 보고, 양자가 대립하는 측면은 간과했다고 비판될 수 있다. 도결과 통환의 혁파가 공동의 목표였다 할지라도, 이를 관철하는 방법과 혁파 이후의 대안 등에 있어서 양자는 대립할 소지가 다분했다. 항쟁이 폭동으로 비화하면서 양반 사족이 대열에서 이탈하고 소민이 전면에 나선 것은, 공동의 목표가 성취된 이후 이러한 대립이 드러나기 시작한 조짐으로 보아야 할 듯하다. 따라서 박규수가 폭동을 단순한 울분의 표출로만 간주하고 소민을 항쟁의 한 주체로 인정하지 않은 것은 인식의 한계가 아닐 수 없다.

다만 박규수가 이처럼 소민을 주체적인 존재로 간주하지 않았던 것은, 백성을 어디까지나 보호 육성해야 할 '갓난아기(赤子)'로 본 그의 유교적 애민관(愛民觀)과도 무관하지 않다. 소민이 항쟁의 진정한 주도층임을 알지 못하고 '서투른 몽둥이'를 휘둘렀다고 박규수를 공박한 논자도 있지만, 만약 이 같은 견해에 따라 몽둥이를 휘둘렀더라면 조정의 강경 세력이 바라던 '대대적인 징벌'을 피하기는 어려웠을 것이다.

앞서 언급했듯이 박규수의 '양반 사족 주도설'은 당시에도 거센 비판을 받았다. 예컨대 이만운 등은 연명상소에서 "소민과 사족은 본래 같은 부류가 아니며", 항쟁은 소민이 독자적으로 일으킨 것으로 당시 사족은 소민으로부터 공격을 당했다고 하면서, 박규수의 주장은 "소민의 죄를 억지로 사족에게 씌우려는 것"이라 규탄했다. 왕 역시 그에 대한 비답에서 "최근의 민란에 대해서는 영남 선비들도 틀림없이 걱정하고 개탄했을 터"인데 누가 그와같은 주장을 믿겠느냐면서 이들을 두둔했다. 그럼에도 불구하고 박규수가 양반 사족 주도설을 견지한 데에는 그 나름의 요인이 있었다고 생각된다.

진주의 농민항쟁을 안핵하는 것이 그의 주 임무이기는 했지만, 박규수는 진주 인근 단성의 농민항쟁에 대해서도 큰 관심을 갖고 진상을 조사했으며, 개령의 농민항쟁에 대해 역시 안핵을 담당하게 되리라 예상하고 사전 조사를 해두었다. 그런데 이처럼 그가 진상에 가까이 접할 수 있었던 진주・단성・개령 세 곳의 농민항쟁은 공교롭게도, 다른 지역들에 비해 양반 사족이 항쟁에 적극 개입한 점에서 공통점이 있었다.

특히 단성의 경우 전 정언 김인섭과 그 부친 김영은 항쟁을 주도했을 뿐 아니라, 항쟁 이후에도 읍정을 좌우하면서 계속 관에 맞서는 행동을 했다. 그들은 안핵사를 찾아와 양반 사족을 공격한 아전들을 처벌하도록 요구하는가 하면, 감영에서 파견한 조사관의 진상 조사 활동을 방해하고 안핵사의 조사 요구에도 불응하는 등으로 도전적인 자세를 취했다. 이에 자극받은 박규수는 김영을 단성의 '이명윤'이라고 매도하면서, 진주와 마찬가지로 단성 등지에서도 양반 토호가 항쟁을 주도한 것으로 확신하게 되었으리라 짐작된다.[191]

191) 농민항쟁의 주도층을 양반 토호로 보는 박규수의 이러한 시각은 대원군 집권기에 토호 세력에 대한 억제 정책으로 계승되었다고 볼 수 있다. 고종 3년(1866) 무단을 일삼는 토호를 적발・징치하기 위해 경상도 암행어사로 파견된 박선수는 「土豪別單」에서 단성의 김인섭을 고발했다. 김인섭측에서는 이러한 박선수의 고발을 그의 형 박규수의 사주에 의한 것

그런데 실은 본격적인 안핵에 임하기 전부터 그는 영남의 양반 사족을 항쟁의 배후로 의심하고 있었다. 예컨대 3월 12일자 편지에서 과거 응시차 상경한 영남 선비들이 소요를 일으킬지 모른다고 우려한 것은, 항쟁이 반란으로 확대되는 사태를 경계한 것이라 볼 수 있다. 뿐만 아니라 현지 부임 후 도내에 발송한 관문에서 과거장 살인사건과 농민항쟁을 무리하게 연계하여 영남 사림을 문책한 일로 인해 비방 여론이 드세었음에도 불구하고, 5월 15일자 편지에서 박규수는 "내가 발송한 관문 중에 이번 과거장의 소동을 들어 책망한 것은 극히 긴요한 말이다"라고 반발하면서 영남 사림을 불온시하는 태도를 거두지 않았다. 이는 그 역시 노론 집권층의 일원으로서 주로 남인계인 영남 사족에 대해 뿌리깊은 반감과 의구심을 지녔음을 시사하는 것이다.[192)]

그러나 박규수가 영남 사림에 대해 항쟁의 책임을 물었던 것은 오로지 당파적 편견에 기인한 것만은 아니었다고 생각된다. 일찍이 그는 『상고도 회문의례』와 『거가잡복고』에서 조부 연암의 선비론을 계승하여 선비란 천하

---

으로 간주했다(『일성록』, 고종 4년 7월 18일; 김현조·허권수, 「단계 김인섭 연구」, 『사회과학연구』 3, 경상대 사회과학연구소 1985; 井上和之, 「대원군의 지방 통치정책에 관하여—고종조 「토호별단」의 재검토」, 『민족사의 전개와 그 문화』 上, 창작과비평사 1990; 김인섭, 『端磎先生文集』 부록, 「연보」 고종 4년 8월조 및 「敍述」 참조).

192) 영조 4년(1728) 戊申亂에 鄭希亮을 비롯한 남인계 영남 사족이 호응한 이래 노론 집권층은 경상도를 逆鄕으로 간주하고 영남 사족의 反老論的 성향을 억누르고자 했다. 정조 4년(1780) 唐 韓愈의 「平淮西碑」를 모방하여 「平南碑」를 대구 감영에 세운 것은 그 단적인 예라 할 수 있다. 홍대용이나 박지원 같은 인물조차 이러한 노론적 당파성에서 벗어나지는 못했다. 예컨대 홍대용은 「贈周道以序」에서 무신란 이후 영남 72주가 夷狄禽獸의 지역이 되었다고 했고, 박지원도 경상도 安義 현감 시절에 무신란 진압의 유공자들을 예찬한 「忠臣贈大司憲李公述原旌閭陰記」와 「居昌縣五愼祠記」를 지었다. 또한 경상좌도 암행어사 당시 박규수 역시 무신란 진압에 공을 세운 경상 감사 黃璿의 사당인 愍忠祠를 복구하고 賜額할 것을 건의했으며, 그 뒤 벗 신석우가 경상 감사로 부임하여 사당을 복구하자 황선의 공적을 예찬하는 내용의 重建記를 지어 보냈다(김용섭, 앞의 논문, 55~56면; 山內弘一, 「洪大容の華夷觀について」, 『朝鮮學報』 159, 1996, 92~93면; 리가원, 『조선문학사』 中, 태학사 1997, 1009~1011면 참조).

에 효제충순(孝悌忠順)의 덕을 실천하는 주체라고 보았다. 박규수가 과거장 살인사건과 항쟁 주동에서 드러난 영남 사족의 도덕적 해이를 문제시하고, “어찌 영남 71주에서 그 때문에 통곡하고 눈물 흘릴 독서 군자가 없겠는가?”라고 하여 그들의 각성을 촉구한 것은, 이와같이 도덕적 주체로서의 책임의식을 강조하는 선비론에 따른 것이라 볼 수 있다.[193]

## 5. 삼정 개혁안의 제시

### 1) 박규수의 「강구방략」과 정부의 조치

진주 안핵사로서 현지로 출발하는 박규수에게 왕은 ‘감포방략(勘逋方略)’ 즉 환곡 포흠 문제를 바로잡을 방안도 아울러 강구하도록 지시했다. 「강구방략」은 이러한 왕의 지시에 부응하여 지어 바친 것이었다. 한편 박규수 자신도 농민항쟁을 제대로 수습하자면 처벌만이 능사가 아니며 백성들을 크게 열복(悅服)시키는 조치가 필요하다고 믿었다. 예컨대 4월 17일자 편지에서 그는 삼남 일대로 농민항쟁이 확산됨을 우려하면서도 “지금 대중의 감정을 열복시킬 수 있는 일대 정령(政令)이 있다면 타결하는 것이 어렵지 않다”고 하여, 조정에서 획기적인 개혁 조치를 취하기만 하면 무난히 수습할 수 있으리라 믿었다. 「강구방략」은 이와같이 박규수가 항쟁 이후 동요하는 민심을 진정하기 위한 내정(內政) 개혁책으로 구상한 것이기도 하다. 앞서 살펴본 「사포장계」가 진주의 환곡 문제에 국한된 응급 처방전이라면, 「강구방략」은 전국적 시행을 염두에 두고 근본적인 대책을 모색한 글이라 할 수 있다.

「강구방략」에서 박규수는 역대 임금들이 고생하여 기른 ‘적자’가 오늘날 난민이 된 이유가 무엇인지를 묻는다. 그것은 다름아니라 삼정(三政: 田政,

193) 原田環, 『朝鮮の開國と近代化』, 廣島: 溪水社 1997, 95면 참조.

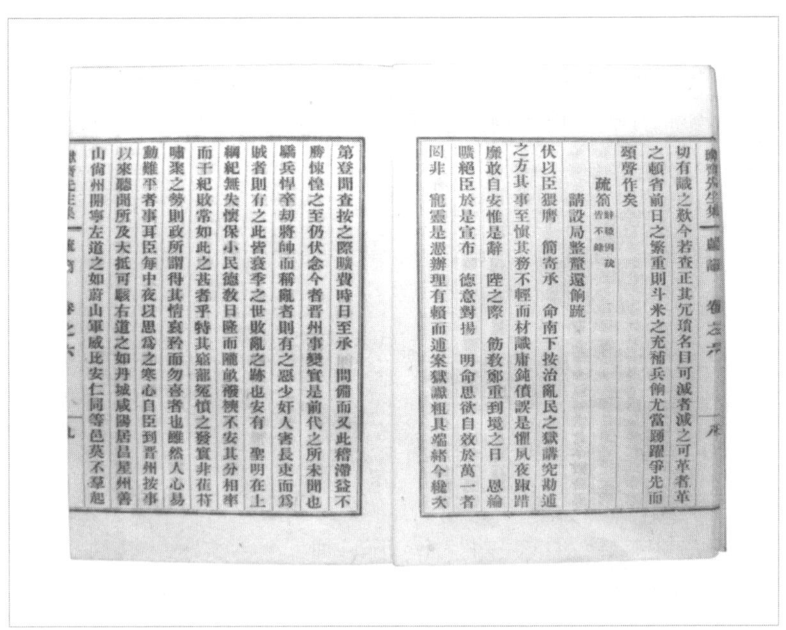

切有識之歎今若査正其冗項名目可減者減之可革者革
之頓省前日之緊重則斗米之充補兵餉尤當踴躍爭先而
頌聲作矣

疏箚

請設局整釐還餉疏

伏以臣猥膺　簡寄承　命南下按治亂民之獄講究勘逋
之方其事至愼其務不輕而材識庸鈍僨誤是懼夙夜踧踖
靡敢自安惟是辭　陛之際　飭敎鄭重到境之日　恩綸
曠絶臣於是宣布　德意對揚　明命思欲自效於萬一者
罔非　寵靈是憑辨理有賴而逋案獄讞粗具端緖今幾大

第登聞査按之際曠費時日至承　問備而又此稽滯益不
勝悚惶之至仍伏念今者晋州事變實是前代之所未聞也
驕兵悍卒刧將帥而稱亂者則有之惡少奸人害長吏而爲
賊者則有之此皆衰季之世敗亂之跡也安有　聖明在上
綱紀無失懷保小民德敎日隆而隴畝襏襫不安其分相率
而干紀敗常如此之甚者乎特其窮鬱冤憤之發實非萑苻
嘯聚之勢則政所謂得其情哀矜而勿喜者也雖然人心易
動難平者事耳臣每中夜以思爲之寒心自臣到晋州按事
以來聽聞所及大抵可驗右道之如丹城咸陽居昌星州善
山尙州開寧左道之如蔚山軍威比安仁同等邑莫不羣起

『환재집』에 수록된 「강구방략(講究方略: 請設局整釐還餉疏)」.

軍政, 還政)이 모두 문란해진 때문이다. 그중에서도 환정의 문란이 가장 심하다. 그리고 "지금 환정이 극도의 폐단이 된 것은 일개 읍 일개 도의 걱정거리가 아닙니다. 즉 팔도가 똑같이 그러하며 온 나라가 깊이 우려하는 바"라고 하면서, 자신의 직접적인 체험을 들어 이렇게 말했다.

신은 수년 전 외람되이 암행어사에 임명되어, 영남 고을의 이로운 점과 병폐되는 점을 대충 엿보았더니, 환곡 환수의 법도가 무너져 문란함이 이루 말할 수 없었습니다. 그런데 이제 다시 영남에 와 보니, 그사이 8, 9년 세월에 영읍이 모두 피폐하고 아전과 백성이 함께 망한 상태가 전일과 더욱 비교가 되지 않습니다. 이것이 어찌 영남만이 그러하겠습니까? 한 지방을 미루어 모든 도가 날로 더욱 심함을 또한 알 수 있습니다.[194]

1854년 그는 암행어사로서 경상도의 환정 실태를 파악하고 그 폐단이 심각함을 『수계』에서 소상히 보고한 바 있다. 즉, 환곡을 이무(移貿)하면서 가작(加作)과 시가 작전(時價作錢) 등의 수법을 통해 그 차액을 착복하는 부정이 널리 행해지고 있으며, 그 결과 환총(還總)이 급증하여 백성들이 도저히 감당하기 힘든 지경에 이르렀다고 했다. 그리하여 전국에서 환정의 폐단이 가장 심한 고을로 알려진 의성에서는 백성들이 농사를 폐하고 유망할 생각만 하고 있으며, 밀양은 낙동강 이동(以東)의 큰 고을임에도 불구하고 그 형세가 장차 쓰러지려는 그릇과 같다고 했다. 그런데 진주 안핵사로서 다시 경상도에 와 보니 이같은 심각한 상태가 개선되기는커녕 더욱 악화되었음을 알게 되었다는 것이다.

따라서 그는 환정 개혁이 시급함을 역설했다. 지금까지 환곡제도를 고식적으로 운영·유지해오는 동안 생겨난 폐단들은 이루 말할 수 없지만, 여기에서는 "다만 오늘날 온나라의 환곡 창고가 어디를 막론하고 빈 장부만 안고 있는 점을 논하고자 한다"고 했다. 진주의 경우에 대해서는 이미 「사포장계」에서 논했거니와, 단성의 예를 들면 불과 수천 호의 소읍임에도 장부상으로만 존재하는 환곡이 10만3천여 석[195]에 달하며, 적량진은 100호 미만의 작은 섬인데도 10만8천9백여 석이나 되는데, 이처럼 허황하고 맹랑한 사태가 도처에서 발견된다는 것이다. 그런데 군읍(郡邑)에서 이를 보충하는 방안은 모두 도리에 어긋나는 설(說)이요, 그렇다고 조정에서 탕감 조치가 즉시 내릴 것을 기대할 수도 없으니, "단지 골병이 드는 것은 우리 백성일 따름이요, 거듭 골탕먹는 것도 우리 백성일 따름"이다.

194) "今夫還餉之爲劇弊, 非一邑一路之患也. 卽八路之所同然, 而擧國之所深憂也. (…) 臣於頃歲, 忝叨持斧恩命, 粗窺嶺邑利病, 糴法之廢壞紊雜, 已不勝言. 今者重來嶺外, 中間八九年所, 而營邑之俱敗, 吏民之胥溺, 尤非前日之可比. 此豈獨嶺南爲然哉! 一方之推, 而諸路之益甚一日, 又可知矣."(『환재집』 권6, 「請設局整釐還餉疏」, 장10앞)

195) 『철종실록』, 13년 5월 22일조와 『용호한록』(99면)에는 '9만9천여 석'으로 기록되어 있다. 『승정원일기』, 철종 13년 5월 22일조에 '만9천여 석'이라 되어 있는 것은 誤記로 '9만'의 '9'자가 빠진 것이라 짐작된다.

> 그리하여 지금과 같은 태평무사한 시대에도 오히려 난민이 준동하여 함께 일어나는 소요가 났는데, 만에 하나 홍수와 가뭄이 모두 극심하여 기민 구제 대책을 논해야 한다든지, 국경에 비상사태가 발생하여 저축한 군량을 꺼내 써야 한다면, 또 어찌 그때 닥쳐서 허겁지겁 빈 장부를 쥐고 백성들에게 급히 독촉할 수 있겠습니까! 흙더미처럼 무너지는 형세가 바로 순식간에 대두할 것입니다. 생각이 이에 미치면 두려워 떨리지 않을 수 있겠습니까?[196]

환정을 시급히 개혁하지 않으면 장차 내우외환에 직면하여 나라가 망할 수도 있음을 엄중 경고한 것이다. 이미 언급했듯이 4월 초 아우에게 보낸 편지에서 박규수는 내란을 틈탄 외세의 침략을 몹시 우려했으며, 5월 15일자 편지에서도 경주 부윤이 왜인들의 물건을 탈취한 일로 공교롭게 민란이 일어난 때에 일본과 분쟁이 야기될까봐 걱정했다. 이는 '태평천국의 난'으로 시달리는 사이에 서양 열강의 침략을 당한 청조의 선례를 심각히 의식한 때문이거니와, 「강구방략」에서 그가 다시 내우외환의 발발 가능성을 거론하고 그 대비책의 일환으로 환정 개혁을 역설한 것은 역시 동일한 발상에서 나온 견해라 하겠다.

이어서 그는 환정의 폐단이 극에 달한 지금이야말로 개혁의 호기라고 주장하면서, 이를 전담할 기구의 설치를 건의했다. 중국의 경우 송·명 이래 중대한 법제나 논의가 있으면 중론을 모아 올바른 방안을 구하는 기구를 설치한 관례가 있고, 본조에서도 종종 도감(都監)을 둔 것은 그러한 일을 전담하여 완수하도록 하기 위해서였다. 따라서 환곡제도를 정비할 방략은 "일국

196) 『환재집』 권6, 「請設局整釐還餉疏」, 장10뒤~11앞. "第論目今通國之倉餉, 無往非徒擁虛簿耳." "只是受病者, 吾民而已, 重困者, 吾民而已. 方當昇平無事之時, 尙有蠢動並興之擾, 萬有一水旱極備而論賑濟之資, 疆場有事而發儲胥之蓄, 又豈可臨時倉卒操虛簿, 而責急於斯民者哉! 土崩之勢, 卽在俄忽. 思之及此, 得不凜然?"

(一局)을 특설하여 담당자를 정선하고 조리를 모두 갖추게 하는 것"이다. 그리하여 널리 의견을 구해 환정 개혁을 위한 "절목(節目)"을 만드는데, 전대(前代)와 중국의 사례를 참조하기도 하고, 재야의 선비나 조정의 대신을 막론하고 그들의 경세책을 채택하기도 한다. 그러면 "예전 제도를 그대로 따르되 가다듬는 것이 나을 경우도 있고, 고대의 제도를 본받아 가감하는 것이 나을 경우도 있을 터이다." 이와같이 해서 "실행 가능한 일련의 훌륭한 법규"를 강구한 다음, 충분히 토론하고 검토한 뒤에 "한 도에서 먼저 시험해 보고, 차례로 모든 도에 두루 시행한다."[197)]

요컨대 환곡 문제 해결을 위한 전담 기구를 설치하고, 광범한 여론을 수렴한 위에서 개혁을 위한 세부 지침인 '절목'을 법제화하여, 한 도에서 전국으로 점진적으로 확대 시행한다는 것이다. 그리고 그는 "무릇 이렇게 하는데도 쌓인 폐단이 끝내 제거되지 않고 백성이 마침내 안정되지 않는 경우는 신이 아직 듣지 못했습니다"[198)]라고 하여, 자신의 감포방략에 대한 확신을 감추지 않았다.

끝으로 박규수는 이러한 방략이 반드시 실천되기를 촉구하는 말로 글을 맺었다. 종전에도 환정 개혁을 추진한 적이 한두 번이 아니었다. 그러나 임시적이고 부분적인 조치여서 원대하고 근본적인 대책이 되지 못했을 뿐 아니라, 견제와 방해가 심하고 경비 부족만을 염려하여 시행해보지도 못하고 말았다. 예컨대 환곡의 가작과 이무만 하더라도 언젠들 엄중 금지하지 않은 적이 있으리오만 예나 지금이나 그대로 행해지고 있다. "신이 이른바 일국을 특설하여 이 일을 전담하게 하자고 한 것은, 실로 그와같이 인순고식(因循姑息)하여 세월만 끌다가 그만두어 다시 전일처럼 되고 마는 것을 두려워한 까닭"이라는 것이다. 그리고 당 덕종(德宗) 때 간가세(間架稅)와 제맥전(除陌錢) 같은 악세(惡稅)를 강행하다 군사 반란을 초래하고, 왕안석의 청묘법(青

197) 위의 글, 장11앞뒤. "別開一局, 揀選委任, 悉具條理" "或宜仍舊而修飾, 或可師古而增損, 講究一副可行之良規. (…) 先試於一道, 次第通行於諸路."
198) 위의 글, 장11뒤. "夫如是而積弊終不能祛, 生民終不得安, 臣未之聞也."

苗法)과 조역전(助役錢)이 금(金)의 침략을 불러들인 사례를 들어, 환정 개혁의 성공 여부에 나라의 존망이 달려 있음을 거듭 강조했다. 이는 "신이 감히 일부러 망령스러운 말을 하여 성총(聖聰)을 동요하게 하려는 것이 아니라, 변란을 겪은 민정을 묵묵히 살피고 안핵 사업의 여가에 두루 자문을 구하면서, 사우과계(私憂過計)로 인해 실로 불안한 마음을 억제할 수 없어 드리는 말씀"이라는 것이었다.[199)]

이상과 같은 박규수의 「강구방략」은 거의 그대로 정부의 정책으로 수용되었다. 5월 25일 왕은 삼정 개혁을 위한 전담 관청을 설치하도록 지시했으며, 이에 따라 삼정이정청(三政釐整廳)이 관상감(觀象監) 내에 설치되었다. 이정청 총재관으로 정원용 · 김흥근 · 김좌근 · 조두순이 임명되었으며, 담당 관원으로는 김병기 · 김병국 · 조휘림 · 신석우 · 남병길 · 김문근 · 김보근 · 남병철 · 김대근 · 김병교 등 31인이 2차에 걸쳐 선임되었다.[200)] 이와같이 삼정이정청에 안동 김씨 세도의 실세들과 아울러, 박규수와 절친한 인사들이 다수 참여하고 있는 점이 주목된다.

6월 12일 왕은 3품 이하 음관(蔭官)과 유생을 대상으로 삼정의 폐단을 바로잡는 일에 대한 책문(策問)을 내리면서 열흘 안에 시권(試卷)을 바치도록 하는 한편, 2품 이상의 고관에게도 의견을 구했다. 이와 아울러 당시 수령들과 재야 인사들에게도 동일한 책문을 내리고 70일 이내에 시권을 작성 · 수합하여 이정청에 송부하도록 했다. 6월 18일에는 지방의 유현(儒賢)들에게 별도의 교시를 내려 그들의 경륜을 쏟아 삼정 개혁안을 진언해줄 것을 당부했다. 6월 22일 이정청에서 일차로 시권을 심사했는데, 당시 제출된 시권은 900여 장이고 추후 제출된 것도 100여 장이나 되었다. 6월 25일 그중 52장

199) 위의 글 장12앞. "臣所謂特設一局專理此事者, 誠恐其因循姑息荏苒停閣, 又復如前日而止故耳." "臣非敢故爲狂妄之言而動聖聰也, 默察於民情, 周諮於按事之餘暇, 私憂過計, 誠有耿耿焉不能自已者."

200) 『철종실록』, 13년 5월 25일, 26일, 27일; 鄭元容, 『袖香編』 권6, 「釐整廳設始」, 同文社 1971, 475~476면.

을 추려 편집하여 올리자, 왕은 각 지방에서 시권들이 모두 도착함을 기다려 함께 편집하도록 지시했다. 그후 윤8월 19일 서울과 지방에서 수합한 근 1만 장의 시권을 심사하여 99인에게 상을 주었다.201)

8월 27일부터 이정청은 삼정 개혁을 위한 절목을 작성하는 작업에 본격적으로 착수했다. 논의 과정에서 삼정 가운데 특히 환정 문제를 놓고 의견 대립이 첨예하였다. 좌의정 조두순은 유명무실한 환곡제도를 아예 없애고 환곡의 이자로 충당하던 제반 경비는 결당(結當) 2냥의 토지세로 대체하자는 이른바 '파환귀결(罷還歸結)'을 주장했다. 이러한 '대변통(大變通)' '대경장(大更張)'의 과감한 개혁안에 맞서, 영중추부사 정원용은 환곡제도를 그대로 유지하면서 포흠난 환곡을 탕감하고 환총을 고르게 조정하자는 '잉구수거(仍舊修擧)' '탕포균환(蕩逋均還)'의 보수적 개선안을 주장했다. 결국 조두순의 주장이 관철되어, 이를 골자로 한 40개조의 삼정이정절목(三政釐整節目)이 윤8월 19일 반포되었다. 그리고 이날로 이정청은 철파되고, 관련 실무는 비변사에서 맡도록 되었다.

그러나 이러한 삼정 개혁 정책은 시행 초기부터 거센 반발에 부딪혔다. '파환귀결'로 인해 결가(結價: 결당 조세 부담액)가 앙등한 데 불만을 품은 일부 지역 농민들이 항쟁을 일으키는가 하면, 경기도 광주와 같이 환곡제도에 생계를 의존하던 지역의 군민(軍民)들도 새로운 조치를 몹시 불편하게 여겨 집단적인 시위를 벌였다. 그리하여 좌의정 조두순이 사직하고 정원용이 영의정에 기용되면서, 시행한 지 불과 2개월 만인 10월 29일 '파환귀결'을 핵심으로 한 삼정 개혁 정책은 공식적으로 철회되었다. 그후 정원용의 주도 아래 '탕포균환'이 추진되었으나, 이 역시 탕감한 환곡을 보충할 재원 부족 등

201) 『일성록』, 철종 13년 6월 12일, 18일, 윤8월 19일; 정원용, 위의 책, 475~476면; 김용섭, 「철종조 壬戌改革에서의 應旨三政疏와 그 농업론」, 『한국근대농업사연구』, 일조각 1982; 송찬섭, 『조선후기 환곡제개혁 연구』, 서울대출판부 2002, 176~177면 참조.

윤8월 19일의 시권 심사에서 박규수의 벗인 전 현령 조면호가 三下의 성적으로 뽑혀 『雅頌』 1건을 상으로 받았다.

으로 인해 실효를 거두지 못한 채 유야무야되었다.[202)]

### 2) 박규수와 그 우인들의 삼정 개혁안

박규수의 「강구방략」은 환정 개혁의 필요성과 이를 실행하기 위한 방법 내지 절차를 논한 것이었다. 정부는 이를 수용하여, 삼정이정청을 설치한 후 책문을 통해 광범한 여론을 수렴하고 삼정이정절목을 제정·반포했으나, 시행착오 끝에 아무런 결실을 거두지 못하고 말았다. 그렇다면 정작 박규수 자신의 구체적인 개혁안은 무엇이었으며, 당시 관직에서 물러나 있던 그는 정부의 삼정 개혁 정책이 추진되자마자 좌절되어버린 현실을 어떻게 보았을까?

박규수는 자신의 삼정 개혁안을 명시한 적이 없다. 「강구방략」에서 그는 "예전 제도를 그대로 따르되 가다듬는 것이 나을 경우도 있고, 고대의 제도를 본받아 가감하는 것이 나을 경우도 있다"고 하여, 보수적인 안이든 개혁적인 안이든 개방적인 자세로 충분한 논의를 거쳐 결정할 것만을 제의했을 따름이다. 물론 그는 경상좌도 암행어사 당시 보고한 『수계』에서 삼정 문제에 대한 견해를 피력한 바 있다. 즉 전제(田制)의 문란을 막기 위해서는 양전(量田)이 시급하나 현실적 차선책으로 수령이 직접 검전(檢田)할 것을 주장했으며, 환곡 이무의 폐단을 소상히 논하면서 시가 작전과 가작을 금하고 과다한 환총을 줄일 것 등을 건의했다. 또한 그는 「사포장계」에서도 횡령한 환곡을 철저히 환수하는 한편 부분적인 탕감과 이자 감면 등의 조치를 얻어 부족한 환곡을 매년 갚아나가는 방안을 제시했다. 그러나 이는 모두 응급조치로서 제안된 임시적이고 부분적인 대책이었다. 「강구방략」에서 스스로 주장한바 원대하고 근본적인 대책을 강구한 것은 아니다.

202) 李裕元, 『林下筆記』 권25, 春明逸史 1, 「삼정이정청」; 송찬섭, 위의 책, 186~197면 참조.

이처럼 환정 개혁과 이를 위한 전담기구 설치를 주장한 당사자인 박규수가 정작 자신의 개혁안을 문자로 남기지 않은 것은, 그 무렵 그가 진주 안핵사로서의 활동과 관련한 물의로 인해 삭직된 후 자중하며 지내던 사정과 무관하지 않을 듯하다. 그리하여 국정의 논의에서 소외된 그는 아마 삼정 개혁 추진에 관여하고 있던 우인들을 통해 정황을 전해 듣는 한편, 그들에게 조언하는 방식으로 자신의 견해를 국정에 반영하고자 노력했으리라 짐작된다.

따라서 박규수의 삼정 개혁안에 대해서는 당시 그의 심경을 드러낸 편지라든가, 그와 절친한 인사들의 삼정 개혁안 등을 통해 간접적으로 접근하는 수밖에 없다. 진주에서 귀환하던 도중인 6월 5일 아우에게 보낸 편지에서 박규수는 조두순의 편지를 통해 난민 처벌 문제에 대한 조정의 논의가 강경한 쪽으로 기울어짐을 알고서 몹시 걱정했다고 밝히고 있다. 또한 조두순이 그 편지에서 영남 출신 관료들이 박규수를 규탄하는 상소를 거듭 올린 데 대해 비판한 말을 들어, 지당하다고 하였다. 이로 미루어보면, 박규수는 진주농민항쟁의 수습뿐 아니라 그 대책으로 제기된 삼정 개혁에 관하여 당시 좌의정이자 이정청 총재관으로서 삼정 개혁을 주도하던 조두순과 긴밀히 상의하는 사이였던 것으로 짐작된다. 후일 조두순에 대한 시장(諡狀)에서 그는 이렇게 적고 있다.

> 임술년에 영호남의 소민들이 환정의 적폐에 시달리다가 함께 소요를 일으키자, 이정청을 설치하고 삼정의 폐막을 모두 제거하라는 특별 교시가 내렸다. 공은 황명(皇明) 장거정(張居正)이 만든 일조편법(一條便法)의 유지를 인거(引據)하여, 열읍에서 환곡을 나눠주고 거두어들이던 법을 모두 없애고 일체를 전부(田賦)에서 얻어 지급하며, 사창(社倉)을 설치하여 나누어 저축했다가 경용(經用)에 쓰도록 하자는 내용으로 절목을 지어 올렸는데, 계획이 상세하고 치밀했으나 끝내 시행되지 못하고 말았다. 공은 항상 이 일을 유감으로 여겼다.[203]

203) "壬戌, 嶺湖南小民, 困於還餉積弊, 胥動騷擾, 特敎設釐整廳, 並捄三政痼瘼. 公引皇明

조두순이 '파환귀결'을 골자로 한 「삼정이정절목」과 사창제를 제안한 「사창절목」을 진상했으나, 그중 전자만 채택되어 법제화되었으며 그나마도 제대로 시행되지 못한 사실을 각별히 거론한 것이다. 그리고 이러한 조두순의 안에 대해 '상세하고 치밀하다'고 평하고, 그에 따른 삼정 개혁이 좌절된 것을 조두순이 '항상 유감으로 여겼다'고 적음으로써, 은연중 조두순의 삼정 개혁안에 대한 지지를 드러내었다고 볼 수 있다.

그런데 박규수는 당시 이정청에서 추진하던 삼정 개혁을 전적으로 지지하지는 않았던 듯하다. 그 무렵 벗 윤종의에게 보낸 편지에서 박규수는 개혁 작업이 졸속하게 추진됨을 우려하면서, 자신을 대신하여 간언(諫言)해주도록 당부했다.

> 법제의 경장(更張)은 치란(治亂)에 크게 관계되므로 대충대충 결정지어 후회를 초래하는 일이 있어서는 안 된다는 의견을 반드시 극력 주장해야 합니다. 이는 좋은 주제가 되니, 온건하고 신중한 말로써 글 한 편을 통틀어 이를 위주로 지음이 어떻겠소? 이렇게 한다면, 내가 상소(「강구방략」을 가리킴—인용자)를 올릴 적에 애초부터 오늘날처럼 급급하여 바삐 밀어붙일 것을 추구하지 않았다는 뜻을 실로 무언중에 밝히는 셈이 되니, 또 어찌 몹시 좋지 않겠소? 내가 가장 두려워하는 것은, 오늘날의 조치들이 비록 내가 상소에서 발론한 바라고는 말하지 않더라도 기실은 미상불 그러한데, 은근히 거동을 관찰하고 여론을 청취하건대 실은 양책(良策)이 못 되고 소란만 증대시키는 점이오. 이는 안위(安危)의 전기(轉機)가 아닌 적 없으니, 다소의 우려를 실로 떨쳐버릴 수가 없구려. 모름지기 형은 신중하고 심사숙고해야 한다는 취지로 부연하여 역설해주기 바라오. 이야말로 직분에 합당한 말이요 당대의 급선무가 되니, 소홀히 하지 않으심이 어떻겠소?[204]

---

張居正一條鞭法遺意, 欲盡罷列邑還餉斂散之法, 一切取給於田賦, 設倉分儲, 以需經用, 撰進節目, 籌劃詳密, 而竟未果行. 公常以此恨之."(『환재집』 권5, 「領議政致仕奉朝賀趙公諡狀」, 장33뒤~34앞)

여기에서 박규수는 자신의 「강구방략」이 받아들여진 결과 이정청이 설치되어 삼정 개혁을 추진하게 된 것은 사실이지만, 환정과 같이 국가의 안위와 관계되는 중대한 법제의 개혁을 서둘러 해치우려는 것은 자신의 본래 의도와 어긋난다면서, 강한 불만을 표시하고 있다. 「강구방략」에서 그는 광범하고도 충분한 여론 수렴과 아울러 전대 및 중국의 선례에 대한 철저한 검토를 강조했을뿐더러, 이러한 준비 과정을 거쳐 마련된 법규에 대해서도 다시 "토론하여 윤색하고, 충분히 검토한 다음,"[205] 한 도에서 먼저 시험한 결과를 보아 점차로 확대 시행할 것을 주장했다. 따라서 이정청 발족 이후 불과 몇 달 사이에 일사천리로 일이 추진되어, '파환귀결'을 전국적으로 동시에 시행하는 방향으로 정책이 굳어짐을 보고는 몹시 우려하지 않을 수 없었던 것이다.

김윤식은 이 편지에 붙인 안설(按說)에서 "임술년에 선생이 진주 안핵사로서 복명(復命)하며 삼정의 폐단을 열거하여 논하자, 조정에서 이정청을 설치하여 경장하고자 했으나 백에 하나도 이룬 바가 없고 오로지 소란만 늘어나니, 선생은 크게 우려하며, '이것이 어찌 나의 본뜻이랴? 일을 하는 데 순서가 없으니 어찌 마무리를 잘하겠나?'라고 말씀하셨다. 그러므로 윤공에게 이와같이 편지한 것"이라 하였다.[206]

---

204) "必須盛言, 法制更張, 大關治亂, 不可草草句斷, 以致有悔之意. 此爲好命意, 老成之言, 通一篇, 以是爲主, 如何如何? 如此, 則不言之中, 實發明弟之投疏, 初不求如今日汲汲忽迫之意耳, 又豈不大好大好哉! 弟之所大懼者, 今日之擧, 雖非曰弟疏所發, 而其實則亦未嘗不然, 而竊觀擧動, 且聽物論, 實無良筭, 只增掀擾. 此未嘗非安危之機也, 多少憂慮, 實不能放下. 兄須以持重熟慮之意, 敷衍而力言之. 此爲得體也, 時務也, 毋忽如何?"(『환재집』 권9, 「與尹士淵」(4), 장3앞뒤)

205) "討論潤色, 爛漫周詳, 然後(…)"(『환재집』 권6, 「請設局整釐還餉疏」, 장11뒤)

206) "壬戌年, 先生以晋州按覈使復命, 論列三政之弊, 朝廷設釐整廳, 欲更張, 百爲一無所成, 徒滋煩擾. 先生大爲憂慮, 曰, 此豈吾本意耶? 作事無漸, 何以善後? 故與尹公書如此."(『환재집』 권9, 「與尹士淵」(4), 장3뒤)

또한 김윤식은 양헌수(梁憲洙, 1816~1888)에 대한 행장(行狀)에서도, 왕이 솔선하여 절검(節儉)하고 관리 등용에 신중을 기하면 삼정의 폐단은 저절로 없어진다고 주장한 양헌수의 삼정책을 거론하면서, "당시 안핵사 박규수도 조정에서 삼정의 변혁을 논의한다는 말을 듣고, 역시 탄식하기를 '인재가 있으면 정사는 거행되는 법이거늘, 천년 동안 내려온 옛법을 어찌 하루아침에 모조리 바꿀 수 있겠는가? 변동했다가 달성된 것이 없으면 더욱 민망(民望)을 잃을까 두렵다'고 하였다. 대개 노성한 분들의 의견은 이처럼 모의하지 않아도 서로 같았다"고 평하였다.[207] 이에 따르면, 박규수가 삼정 개혁의 졸속한 추진을 비판한 데 그치지 않고 나아가 개혁 그 자체에 반대한 듯한 인상을 받게 된다. 하지만 만약 그가 양헌수와 같이 삼정 문제 해결을 안이하게 낙관했다면, 「강구방략」에서 전담기구 설치를 통해 근본적인 대책을 강구하자고 주장했을 리가 없다.[208]

앞서 언급했듯이 1862년 6월 왕은 삼정의 폐단을 바로잡는 문제에 관해 책문을 내리는 한편 고관들의 의견을 구했는데, 박규수의 우인들도 이에 적극 호응하여 각자의 견해를 밝혔다. 남병철이 삼정 개혁에는 "예전 방식을 따라 일관하되 그중 가장 심한 폐단을 제거하는 것"과 "거문고 줄을 갈고 수레바퀴를 바꾸듯이 개혁하는 것"의 두 가지 방안이 있다고 했듯이, 당시의 논의는 보수적인 개선론과 급진적인 개혁론으로 나누어 볼 수 있다. 강위도

---

207) 『雲養集』 권13, 「正憲大夫 工曹判書兼知義禁府三軍府訓練院事五衛都摠府都摠管 梁公行狀」, 장13앞. "時按覈使朴公珪壽, 聞朝廷議變三政, 亦歎曰, 人存則政擧, 千年舊法, 何可一朝更盡乎? 吾恐動而無成, 愈失民望也. 盖老成之見, 不謀而同, 有如此者." 이 글이 양헌수의 『荷居集』에는 '墓誌'로 실려 있으며, 1893년作으로 명기되어 있다(국방군사연구소 영인 1997, 527면).

208) 이와 아울러, 김윤식의 안설이나 「행장」이 임술년 농민항쟁 이후 수십 년이 지난 시점에 씌어진 점을 감안할 필요가 있다. 따라서 세부적으로 부정확한 기술이 없지 않다. 예컨대 양헌수가 철종의 策問에 호응하여 삼정책을 지었을 당시 박규수는 이미 안핵사가 아니었다. 한편 김윤식 자신도 1862년 6월 당시에 지은 「三政策」에서는 환곡제 폐지를 포함한 삼정의 更張을 주장했다(『운양집』 권7, 「삼정책」).

삼정 개혁안을 '잉구(仍舊)'와 '이혁(釐革)' 즉 보수론과 개혁론으로 나누고, 전정과 군정과 환정에 있어서 각각 양전(量田)과 괄정(括丁: 군역 기피 색출)과 파환귀결을 주장하는 것이 개혁론이요, 이에 소극적이면 보수론이라고 보았다.[209] 이와같은 기준에 따르자면 남병철과 김윤식은 개혁론자에 가깝고, 김영작 · 신석우 · 윤종의는 보수론자에 가깝다. 그러나 보수론자라 할지라도 양전이나 괄정은 찬동하기도 하므로, 양자의 결정적인 차이는 역시 환곡제 폐지냐 존속이냐에 있다고 하겠다.[210]

우선 남병철은 삼정 가운데 환정의 폐단이 가장 심하므로, 전정과 군정은 제도를 그대로 두면서 개선하되 환정은 한시바삐 혁파하고 새로운 제도를 창안해야 한다고 주장했다. 즉, 전정에서는 방전법(方田法)에 의거한 양전을 시행하고, 군정에서는 괄정을 엄격히 하되 동포(洞布)나 역근전(役根田)의 관행도 인정한다. 그러나 환자(還上)는 본래부터 문제가 있던 제도였으므로 이를 폐지하고, 그 이자로 충당하던 국가 경비는 결당 2냥의 토지세로 대체해야 한다는 것이다.[211] 남병철의 주장은 조두순의 개혁안과 거의 일치함을

209) 남병철, 『圭齋遺稿』 권4, 「三政捄弊議」, 장1뒤, "竊念今日三政捄弊之方, 仍貫舊式, 去其太甚, 一也; 改絃易轍, 有釐有革, 一也."; 강위, 「擬三政捄弊策」, 『강위전집』 上, 아세아문화사 1978, 623~627면. 여기에서 강위가 제시한 세 가지 기준은 그가 임의로 정한 것이 아니라, 왕이 策問에서 삼정 개혁을 위한 조치로서 제시한바 '改量'과 '查丁' 및 '蠲還'에 각각 상응하는 것이다.

210) 김용섭 교수는 당시의 삼정 논의를 ① 보수 우파의 삼정 운영 개선론(김영작 · 신석우 · 윤종의 등), ② 절충파의 稅制 부분 개혁론(남병철 등), ③ 보수 좌파의 세제 전면 개혁론(김윤식 등), ④ 진보파의 토지개혁론(강위 등)으로 나누었다(김용섭, 앞의 책, 256~295면). 이는 이른바 地主-佃戶制의 모순이나 農民層의 分化를 중시하여 田政 위주로 분류한 것이다. 그러다 보니, 민란을 제압함으로써 君道를 확립하기 위해 무엇보다 먼저 군정 개혁이 시급하다고 주장한 강위와 같은 경우도 '진보파'로 분류하는 무리를 피할 수 없게 되었다.

211) 남병철, 『圭齋遺稿』 권4, 「三政捄弊議」.

방전법은 宋 王安石의 新法의 하나로, 동서남북 각 千步를 1方으로 삼고 토질의 등급에 따라 세금을 부과하던 제도인데, 우리나라에서는 兪集一이 주장했다. 숙종 때 申琓이 이를 황해도에서 시행한 적이 있다.

알 수 있다.

김윤식 역시 종래의 결부법(結負法) 대신 방전법에 의거한 양전을 역설하면서, 군포제(軍布制)를 없애고 양전을 통해 새로 얻게 될 세원에서 양병(養兵) 비용을 충당하는 방안을 제시했다. 그리고 국가 경비 조달을 위해 환곡 이자를 받는 것이 "실로 만부득이 하다면, 어째서 정세(正稅) 중에 추가로 부과하고 이 쓸데없는 법을 혁파하지 않는가?"라고 하여, 환자 폐지를 주장했다.[212]

이들과 달리 김영작은 "지금은 나라의 기강이 진작되지 않고 민심이 안정되지 않아, 훌륭한 제도를 만들어 실행해도 소란만 일으키기 쉽다"면서 '경장'을 반대했다. 그는 양전은 점차적으로 확대 시행하면 되고, 군역 기피 역시 엄정한 법 집행으로 막을 수 있으며, 환곡제도는 유지되어야 한다고 주장했다. 환수 불가능한 환곡은 탕감하기로 하고, 부족한 환곡은 수령의 봉급에서 각출한다든가 중간 수탈을 막고 궁중 경비를 절감하는 방법으로 보충할 수 있다는 것이다.[213]

신석우도 삼정 개혁은 개국 이래 처음 시도하는 일로 신중을 기해야 한다면서, 양전과 파환귀결에 반대했다. 정액 이상의 세금을 토지에 부과하지 않도록 엄금하고, 환곡은 유지하되 그 이자를 받지 않으면 된다는 것이다. 파환귀결은 환곡 이자로 충당하던 경비를 결국 백성에게서 추렴하자는 이야기인데, "지금이 어찌 백성에게서 추렴할 때이랴!" 따라서 왕부터 솔선하여 오로지 절용(節用)하는 방법밖에 없다고 역설했다.[214]

윤종의 역시 '위를 덜어 아래에 보태는 것을 일러 익(益)이라 한다'는 『주역』의 이치를 들어, 삼정 개혁의 급선무는 국가 경비를 절용하는 데 있다고

212) 김윤식, 『운양집』 권7, 「삼정책」, 장11앞. "苟如萬不得已, 則何不加賦於正稅之中, 而革此無用之法乎?"

213) 김영작, 『邵亭文稿』 권1, 「三政議」, 장8앞. "今國綱不振, 民志未靖, 卽刱行美制, 易致囂訛."

214) 신석우, 『해장집』 권10, 「三政捄弊議」, "此時豈斂民乎!", 「三政大對」.

주장했다. 이와 아울러 그는 삼정 개혁을 거문고 줄을 조절하고 병든 아이를 치료하는 데 비유하여, 신중히 추진할 것을 역설했다. 거문고 줄을 급히 조이면 끊어지니 먼저 엉킨 줄부터 풀어야 하고, 병든 아이에게 들입다 독한 약을 쓰면 부작용만 일으키니 우선 미음을 먹여 기운이 평정되기를 기다려야 한다. 이와 마찬가지로 삼정 개혁에 있어서도 "백성들의 능력을 짐작하여, 먼저 수년간 너그럽게 봐주는 정치를 시행하여 잠시나마 숨돌려 소생하게 하고, 그 사이를 얻어 일련의 훌륭한 법규를 강구해서 실행해야 한다. 급급하여 목전의 공리(功利)를 구하려 들지 말고, 지지부진하여 시일을 허비하지도 말아야 하며, 심사숙고하고 충분히 검토해야 한다"는 것이다.[215]

따라서 윤종의는 본격적인 삼정 개혁에 앞서 시행할 과도적 개선 조치로, 수령이 직접 양전을 하게 하고 그 실적을 인사 고과에 반영하며, 괄정을 통해 군역 부담을 고르게 할 것을 주장했다. 그리고 환정에 있어서는, 부가되는 잡세가 많고 결가(結價)가 앙등하여 민란까지 났는데 전결(田結)에다 새로 세금을 첨가한다면 백성들이 반발할 것이라는 이유로 파환귀결을 반대했다. "지금의 백성으로 지금의 폐단을 바로잡자면, 민정(民情)에 순응하여 우선 그들을 동요시키지 않는 것이 가장 나으니, 경장이 좋은 일임을 서서히 논의하면서 그러한 가운데 법을 시행해야 백성들이 믿고 복종할 수 있다."[216] 그러므로 그는 적절한 탕감 조치와 포흠난 환곡의 철저한 징수 등을 통해 환곡을 일정하게 유지하는 한편으로, 이미 민간에 분급한 환곡에 대해서는 전국에서 폐단이 가장 심한 삼남지방부터 앞으로 3년간 이자만 받게 하는 특별 법령을 내리도록 제안했다. 이렇게 하면 백성들의 고통을 덜면서도 국가 경비를 조달할 수 있다는 것이다.

---

215) 윤종의, 「三政捄弊策」, 『임술록』, 국사편찬위원회 활자본, 406~407면. "損上益下謂之益." "惟願酌民力, 而先行數年寬貸之政, 使之少須臾蘇息, 得於其間, 講行一副良規, 勿汲汲以求近功, 勿泄泄以度時日, 熟慮而爛商之."

216) 위의 글, 411면. "以今之民, 矯今之弊, 則莫若順民情而姑不動擾, 徐議更張之爲善, 而法行於其中, 然後民可以信服."

결론적으로 윤종의는 삼정 개혁의 신중한 추진을 거듭 강조했다. “비록 최상의 양책이 있다 할지라도, 옛것을 개혁하여 새것을 창제하면서 멀리까지 내다보지 않는다면 폐단으로써 폐단을 바꾸는 셈이 될 것이요, 자고로 경장을 하는 시기에 법이 시행되기도 전에 민심이 먼저 동요한다면 안위의 전기(轉機)에 크게 관계될 뿐 아니라, 법을 시행하면서도 각박하게 독촉한다면 반드시 무궁한 후회를 초래하게 된다”는 것이다. 그리고 영조 때 여러 해 걸려 균역절목(均役節目)을 완성한 선례 등을 들면서, 삼정 개혁을 추진하는 관원들로 하여금 “날마다 출근하여 전적을 널리 참고하고 장단점을 깊이 탐구하게 한다면, 3년 안에 반드시 정책이 확정될 것”이라 보았다.[217)]

요컨대 윤종의는 무엇보다 먼저 절용에 힘쓰는 한편, 현 제도를 부분적으로 개선하는 향후 3년간의 과도기를 두어 충분한 여건 조성과 완벽한 사전 준비 위에서 삼정 개혁책을 확정하자고 주장했다. 이는 단순한 보수론이 아니라, 보수론과 개혁론의 대립을 단계적으로 해소하면서 궁극적으로는 개혁을 지향하는 논의라고 볼 수 있다.

이와같은 윤종의의 삼정책은 박규수의 견해와 거의 합치하는 것으로 판단된다. 우선 앞서 언급한바 그에게 보낸 박규수의 편지와 비교해보면, 삼정 개혁의 졸속 추진을 경계하는 그 주지(主旨)뿐 아니라 세부적인 표현조차 흡사함을 간취할 수 있다. 그 편지에서 박규수는 법제의 경장은 대충 결정하여 ‘후회를 초래해서는 안 되며’, 양책도 못 되면서 소란만 증대시키는 것은 ‘안위의 전기’가 된다고 우려했고, 자신은 「강구방략」에서 결코 ‘급급하여 바삐 밀어붙이도록’ 주장하지는 않았다고 했다. 그런데 윤종의 역시 삼정책에서 ‘급급하여 목전의 공리를 구하려 들지 말라’고 했으며, 법이 시행되기도 전에 민심이 동요한다면 ‘안위의 전기’에 크게 관계될 뿐 아니라 시행을

217) 위의 글, 412~413면. “雖有無上良策, 革舊而刱新, 不有遠慮, 恐以弊而易弊矣. 自古更張之時, 法未及行, 而民心先動, 大關安危之機, 且旣行而復有銷(峭)刻之擧, 則必致無窮之悔矣.” “逐日仕進, 博攷典籍, 深究利病, 則三年之內, 必有成算.”

독촉한다면 반드시 '무궁한 후회를 초래하게 된다'고 경고했다.

또한 윤종의는 수년의 기간을 두고 '일련의 훌륭한 법규를 강구해서 실행해야 한다'든가, '심사숙고하고 충분히 검토하며' '전적을 널리 참고하고 장단점을 깊이 탐구해야 한다'고 주장했다. 이는 「강구방략」에서 박규수가 전대의 득실까지 소급하고 중국의 이폐(利弊)를 참조하여 '실행 가능한 일련의 훌륭한 법규를 강구해야 하며' '토론하고 윤색하여 충분히 검토해야 한다'고 한 것과 상통하는 주장이다. 뿐만 아니라 윤종의는 전정에 대한 잠정적인 개선 조치로서 수령이 몸소 전부(田簿)를 가지고 직접 답사하여 양전을 하게 할 것을 주장했는데, 이는 바로 박규수가 『수계』에서 제기한 방안이기도 하다.[218]

이러한 사실은 박규수가 윤종의에게 편지를 보내 '신중하고 심사숙고해야 한다'는 취지로 짓도록 당부한 글이 다름아닌 윤종의의 삼정책이었음을 말해주는 것이다.[219] 윤종의는 박규수의 당부를 충실히 이행하여 삼정책을 지었을 뿐 아니라, 그 과정에서 「강구방략」과 『수계』를 크게 참조했음을 알 수 있다. 박규수와 윤종의는 예학과 천문지리 등 특히 학술 방면에서 깊은 관심을 공유하던 사이였다. 용강 현령으로 재직중이던 철종 초기에 박규수는 용강의 위도 및 경도를 측정하고자 윤종의에게 도움을 청했으며, 이어 부안 현감으로 부임하여 현지에서 남극의 노인성(老人星) 관측에 성공했을 때에도 윤종의만은 이 사실을 믿어주리라 기대하였다. 또한 헌종의 탈상과 더불어 천묘(遷廟) 논쟁이 야기되었을 때 박규수가 진종의 신위를 옮겨야 한다는 조천론(祧遷論)을 주장한 데에는 『방례고증(邦禮考證)』을 저술한 윤종의

218) 이 경우에도 세부적인 표현조차 흡사하다. 윤종의의 「삼정책」에서는 "躬執田簿, 更爲踏量, 雖尋丈之間, 把束之微, 十分詳愼"이라 했는데, 박규수의 『수계』에서도 "檢田一事 (…) 雖尋丈之間, 把束之微, 當十分詳愼"이라든가 "如果親執田簿, 躬行原野 (…)"라고 했다(『임술록』, 409면; 『환재총서』, 제5책, 489면, 493면).

219) 당시 현령으로 재직중 모친상으로 귀환한 윤종의는 3품 이하 蔭官의 자격으로 왕의 策問에 호응하여 이 글을 지어 바쳐 入選했다(韓章錫, 『眉山集』 권13, 「工曹判書淵齋尹公行狀」, 장16뒤).

의 영향이 적지 않았다. 따라서 두 사람은 삼정 개혁 문제에 관해서도 긴밀히 상의하여 의견의 합치를 보았으리라 짐작된다.

이렇게 볼 때 윤종의의 주장과 마찬가지로, 우선 응급조치로 삼정 운영상의 문제점들을 개선하면서 충분한 시간적 여유를 얻은 다음에 근본적인 개혁을 실시하자는 것이 박규수의 구상이 아니었던가 한다. 또한 윤종의가 영조 때의 균역법(均役法) 실시를 선례로 들어 향후 3년의 준비 기간이 필요하다고 보았듯이, 박규수 역시 그 정도의 장기적인 준비를 거쳐 새 제도를 마련하고, 이를 한 도에서 점차 전국으로 확대 실시하는 방안이 바람직하다고 보았다. 그러나 당시 정부는 삼정 개혁에 착수한 지 불과 3개월여 만에 절목을 제정·반포하고, 일거에 파환귀결을 전국적으로 시행하고자 했다. 그 결과 물의를 야기하면서 거센 저항에 부딪혀, 좌의정 조두순의 실각과 더불어 개혁은 이내 좌절되고 말았다.

1862년 중국의 심병성에게 보낸 편지에서 박규수는 진주 안핵사로서 성공적으로 임무를 수행했으나 강경 세력으로부터 비난을 받고 삭직까지 당한 사실을 전하면서, "저의 처신이 아무래도 시류와 맞지 않음은 이번 일로도 또한 증명할 수 있습니다"라고 탄식했다.[220] 이러한 그의 탄식은 삼정 개혁의 좌절을 지켜보면서 더욱 깊어졌을 것이다.

경상좌도 암행어사 당시 올린 『수계』에서 이미 박규수는 영남이 전국에서 삼정의 폐단이 가장 심하다고 보고하면서, 환곡 이무와 가작의 금지, 환총(還總) 감소 등의 시급한 개선책을 건의했지만 어느 것 하나 제대로 시행되지 못했다. 그리하여 안핵사로서 진주농민항쟁을 수습한 뒤 올린 「강구방략」에서는 삼정 문제에 대한 원대하고도 근본적인 대책을 강구해야 한다고 역설했다. 그럼에도 불구하고 정부의 삼정 개혁이 졸속하게 추진되다가 보수 세력의 반발에 부딪혀 실패로 끝나는 현실을 지켜보아야만 했다.

아마도 박규수는 이러한 일련의 좌절을 경험하면서, 철종 치세에 실망하

220) 『환재집』 권10, 「與沈仲復秉成」(4), 장8뒤. "(…) 然其到低不合時宜, 此又可證之跡耳."

고 국정 개혁을 강력히 추진할 수 있는 왕권의 확립을 염원하게 되었을 것으로 짐작된다. 고종 즉위 후 그가 대원군 정권에 적극 참여하게 된 동기의 일부는 여기에서 찾을 수 있지 않을까 한다.[221)]

221) 고종 즉위 초 조두순이 영의정으로 복귀하면서 평안도와 충청도에 한해 파환귀결을 재차 시도했다. 이는 한 도에서 먼저 새 제도를 시행하고 그 결과를 보아 전국으로 점차 확대 시행하자는 박규수의 주장을 따른 조치로 볼 수 있다(『일성록』, 고종 1년 7월 26일, 9월 13일; James B. Palais, 『전통한국의 정치와 정책』, 이훈상 역, 신원문화사 1994, 254~256면; 송찬섭, 앞의 책, 198~208면 참조).

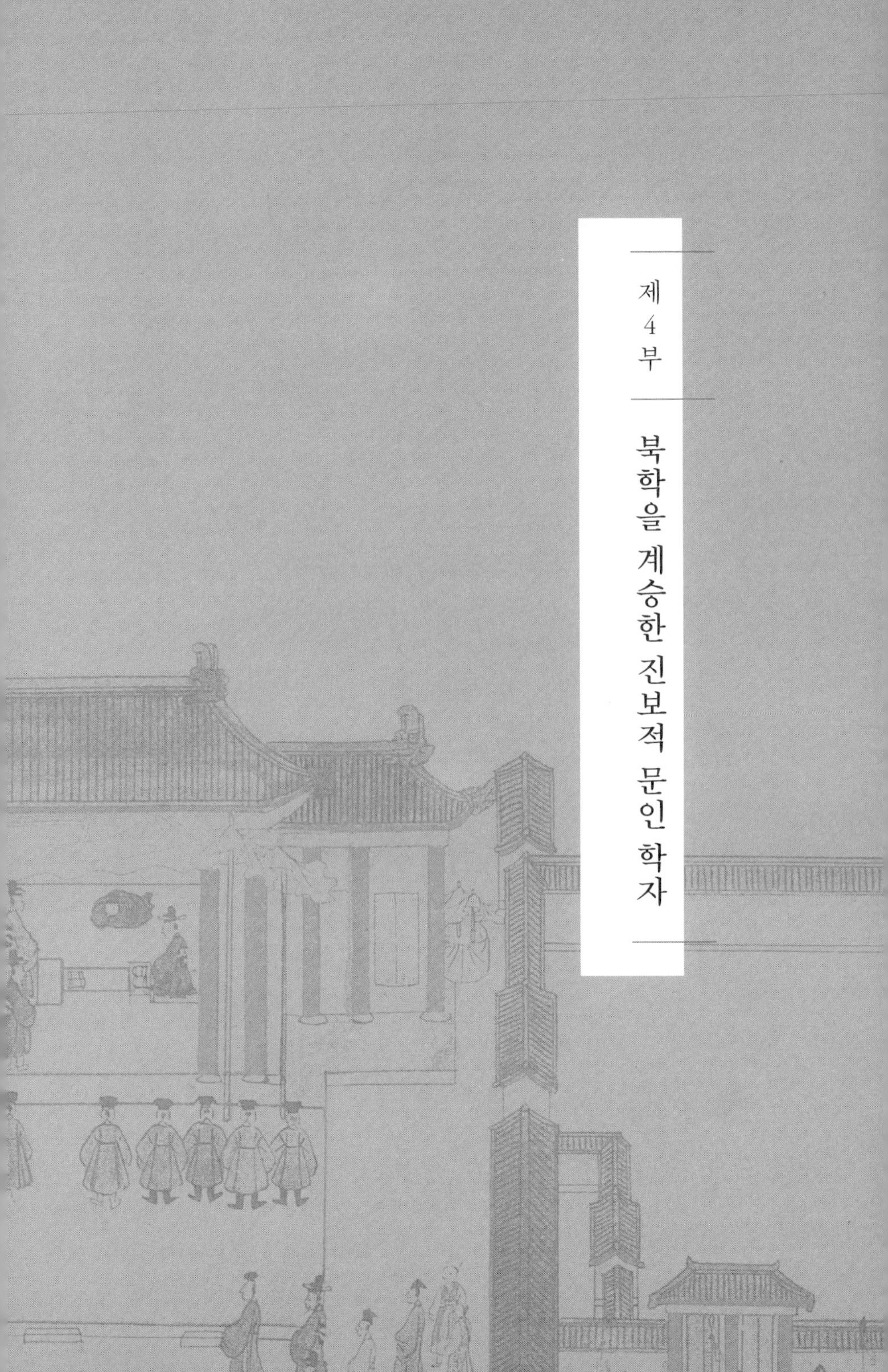

# 제4부

# 북학을 계승한 진보적 문인 학자

제1장

# 천문지리적 관심과 지세의 제작

## 1. 천문 관측과 천문의기 제작

### 1) 천문 관측과 지도 제작

철종 즉위 초인 용강 현령과 부안 현감 시절에 박규수는 천문 관측과 제도 제작에 남다른 열정을 쏟았을 뿐 아니라 지세의(地勢儀)를 손수 제작하기도 했다. 이는 그의 사상적 발전을 보여주는 대단히 중요한 사실로서 크게 주목할 필요가 있다.

용강 현령으로 부임한 기유년(己酉年) 연말(양력 1850년 초)에 벗 윤종의에게 보낸 편지에서 박규수는 다음과 같이 용강현의 위도를 측정한 사실과 아울러 읍지(邑誌)를 편찬할 계획을 피력했다.

> 이곳은 춥고 더움이 특이한 기후라서, 여름에 속하는 달이라도 서풍이 불면 즉시 오싹한 추위를 느끼게 됩니다. 사람들은 "북극에 가깝기 때문이다"

라고 말하겠지요. 하지만 겨울철이 되어 남풍이 살짝 불기라도 하면 즉시 무더위로 답답하여 견딜 수 없는 것이 영남(嶺南)에 있을 때보다 더 심합니다. 형은 이것이 무엇 때문이라고 생각하는지요? 아마도 대만(臺灣)과 유구(琉球)로부터 곧장 이 지역까지 창해 만리에 가로막힌 것이 없으므로, 남풍이 한번 불면 적도의 열대(熱帶)가 흩어지지 않고 고산(高山) 거령(巨嶺) 밖에 머물러 있다가 순식간에 곧장 도달하는 까닭일 겁니다. 형은 이런 해석을 어떻게 생각하는지요?

이곳은 북극 고도(北極高度: 위도)가 39도 반강(半强: 12분의 7도)이 되는데, 이는 동짓날 측정해본 것입니다. 한양에 비해 2도가량 더 높으며 겨울해는 짧고 여름해는 기니 당연히 일각(一刻: 15분)이 차이나겠으나, 아직 확인해보지는 못했습니다. 「삼계도(三界圖)」에서 이곳의 북극 고도와 연경(燕京)으로부터의 편동(偏東: 경도)이 몇 도인지 반드시 적어 보내주시면 어떻겠습니까? 이곳이 중국 산동(山東)의 어느 주부(州府)와 수평선상으로 일치하는지도 역시 적어 보내주기 바랍니다. 그렇지 않으면 이번은 믿을 만한 인편이니 「삼계도」의 첩(帖)을 즉시 보내주시면 더욱 기쁘겠습니다.

읍지 1권을 만들고자 합니다. 다만 옛일을 수집할 길이 없고 빼어난 고적(古蹟)도 없으며 시골 사람들이 전하는 이야기는 대부분 황당해서 웃음거리라 어떻게 해야 할지 모르겠습니다. 반고(班固)의 『한서(漢書)』 「지리지(地理志)」에서 낙랑군의 속현(屬縣)에 증지현(曾地縣)이 있는지 꼭 조사해주십시오. 지난번 김산천(金山泉: 山泉은 金命喜의 호)과 작별하고 문을 나서 말에 올라탔을 때, 그분이 멀리서 말하기를 "이곳은 곧 한(漢)나라 증지현일세"라고 하셨는데, 갈 길이 바빠 미처 다시 여쭙지를 못했습니다. 이는 반드시 근거가 있을 터이니 형이 고증하여 알려줄 수 있을는지요?[1)]

---

1) "此處寒暄異候, 雖暑月, 若有西風, 便覺瑟縮, 人將曰, 近北之故耳. 及在冬候, 微得南風, 輒蒸鬱不堪, 甚於在嶺外時. 兄謂此何故耶? 蓋自臺灣·琉球, 直到此地, 滄海萬里, 無不限隔, 南風一吹, 則赤道熱帶, 曾不消散, 留滯於高山巨嶺之外, 而呼吸直到故耳. 兄謂此解何如? 此處極出爲三十九度半强, 南至日測驗者也. 比漢陽更高二度, 冬日短, 夏日長, 當爲一刻相殊, 而姑未質定耳. 三界圖中, 此處出極及燕京編東幾度, 須錄示如何? 此距山東某州府, 平線相當, 亦須錄示爲望. 不然, 此爲信便, 三界圖帖, 便相投示, 則尤幸耳. 欲作邑志一卷, 但無堪採摭掌故, 且無勝蹟, 野人傳說, 殊多荒唐可笑, 奈何? 班志中, 須攷樂浪屬縣有

여기에서 박규수는 우선, 겨울철에도 때로는 무더운 평강현의 이상기후(異常氣候)가 적도의 열대로부터 거침없이 불어오는 바람 때문이라고 보았다. 이러한 해석에는 조선과 대만·유구, 그리고 적도를 포함한 세계지리에 대한 당시의 최신 지식이 전제되어 있다. 전세계를 기후 차이에 따라 오대(五帶) 즉 적도의 '열대', 남극과 북극의 '냉대(冷帶)', 남반구와 북반구의 '온대(溫帶)'로 나누는 것은 명말 청초에 예수회 선교사들이 중국에 소개한 새로운 지리학설이었다.[2] 위원(魏源)의 『해국도지(海國圖志)』는 이를 수용하여, 마떼오 리치(Matteo Ricci, 利瑪竇)의 「지도설(地圖說)」과 알레니(J. Aleni, 艾儒略)의 「오대주총도계도해(五大洲總圖界度解)」, 그리고 이들의 설에 바탕한 장정부(莊廷旉)의 『지도설(地圖說)』 등을 통해 '오대설(五帶說)'을 소개하고 있다. 또한 『해국도지』는 "지구의 전형(全形)"을 원도(圓圖)와 횡도(橫圖: 평면도)로 표현하고 있는데, 특히 횡도의 하나인 「아세아주도(亞細亞洲圖)」에는 적도로부터 대만과 유구 사이를 거쳐 조선까지 바다로 트인 양상이 잘 드러나 있다.[3]

다음으로, 박규수는 동짓날 측정한 결과 용강의 북극 고도가 한양보다 2도 높은 39도 반강임을 알았다고 하면서, 따라서 일출 일몰 시각이 한양과 15분이 차이날 터이지만 아직 확인해보지는 못했다고 하였다. 박규수가 어떤 방법으로 용강의 북극 고도를 측정했는지는 편지에 밝혀져 있지 않지만, 해시계(測日表)와 같은 기구를 사용하지 않았나 한다. 『해국도지』 중 장정부의 『지도설』에 매문정(梅文鼎)의 말을 인용하여, "북극 고도와 해 그림자는

曾池縣否. 向別金山泉, 出門跨馬時, 遙謂曰, 此卽漢曾池縣, 行忙, 未及更質耳. 此必有所據, 兄可攷證示及否?"(『환재집』 권9, 「與尹士淵」(1), 장1뒤~2앞) 원문 중 '增池'는 '增地'의 오기인 듯하다. 『漢書』 권28下, 「地理志」 8下에는 '增地縣'으로 되어 있다.

2) 淸 梅文鼎은 "今攷西洋歷所言寒暖五帶之說, 與周髀七衡脗合, 豈非舊有其法歟?"(『歷算全書』 권4, 『歷學疑問補』 上, 「論西歷源流本出中土周髀之學」)라 비판했지만, 이를 통해 도리어 '五帶說'이 서양에서 전래된 新說임을 알 수 있다.

3) 魏源, 『海國圖志』(1844년 初刊本) 권2, 圓圖·橫圖, 권46, 「國地總論」 下.

항상 서로 작용한다. 북극 고도를 알면 각 절기(節氣)의 오정(午正)의 해 그림자를 알 수 있고, 각 절기 오정의 해 그림자를 측정하면 역시 북극 고도를 알 수 있다"고 했다.[4)]

또한 박규수는 용강의 위도와 경도[5)]를 알고, 용강과 같은 위도상에 있는 중국 산동의 지역을 알기 위해 윤종의의 「삼계도」를 참고하고자 했다. 「삼계도」는 윤종의의 『벽위신편(闢衛新編)』에 수록되어 있다. 이는 조선과 중국 및 유구의 삼계(三界)를 그린 지도인데, 상도(上圖)는 제주도를 포함하여 전라도 순천에서 평안도 의주에 이르는 조선의 서해안과 요동(遼東)에서 강남(江南)에 이르는 중국 동해안의 지도이고, 하도(下圖)는 중국 절강(浙江)에서 광동(廣東)에 이르는 중국 남해안과 대만 및 유구의 지도이다. 아마도 윤종의는 청(淸) 진윤형(陳倫炯)의 『해국문견록(海國聞見錄)』에 수록된 「연해전도(沿海全圖)」와 우리나라의 지도 등을 참조하여 이 지도를 만든 것으로 추측된다.[6)] 그런데 이 「삼계도」뿐 아니라, 『해국도지』 중 장정부의 『지도설』

4) 위의 책, 권46, 「國志總論」 下. "宣城梅文鼎曰, 極度晷景常相因. 知北極出地之高, 卽可知各節氣午正之景. 測得各節氣午正之景, 亦可知北極出其地之高."

영·정조 때 徐命膺이나 왕명에 의해 전국 각 지역의 절기와 일출 일몰 시각을 정확히 계산하고자 해당 지역의 북극 고도를 측정하려는 시도가 이루어진 바 있다(배우성, 『조선후기 국토관과 천하관의 변화』, 일지사 1998, 382~396면 참조).

5) 박규수는 중국의 燕京(북경)을 경도의 기준으로 삼고 있는데, 이 역시 연경을 "經線의 正中初度者"로 삼은 장정부의 『지도설』에 따른 것인 듯하다. 李德懋가 鄭厚祚의 『四裔志』를 인용하여 주장한 대로, 원래 경도의 기준은 없는 것이며 측량하는 사람의 위치를 기준으로 하여 경도를 계산하면 되는 것이다(이덕무, 『盎葉記』 권7, 「各省北極高度」). 장정부의 『지도설』은 이덕무의 손자인 李圭景의 『五洲衍文長箋散稿』에도 인용되어 있다(권38, 「萬國經緯地球圖辨證說」).

6) 윤종의, 『벽위신편』, 한국교회사연구소 1990, 권4 「沿海形勝」 下, 429~432면.

단 현재 『벽위신편』에 전하는 「삼계도」는 海防과 관련이 있는 沿海와 섬들의 지형 및 주요 지명을 표시했을 뿐으로, 거리와 縮尺 표시는 물론, 經緯線 표시가 되어 있지 않은 소략한 것이다. 윤종의의 「삼계도」가 현재 서울대 규장각에 소장되어 있는 『해동삼국도』를 바탕으로 제작되었을 것으로 보는 설도 있다(차기진, 「윤종의의 척사론과 해방론 인식에 대한 연구」, 『윤병석교수 화갑기념논총』, 지식산업사 1990, 41면; 오상학, 「조선시대의 세계지도와 세계 인식」, 서울대 박사논문 2001, 242면, 주33 참조).

과 해국횡도(海國橫圖) 역시 『벽위신편』 제5권에 각각 「정리전도(程里躔度)」와 「세계지도」라는 제하(題下)에 전재(轉載)되어 있다. 이러한 사실들은 당시 박규수와 윤종의가 『해국도지』의 깊은 영향 아래 함께 천문지리의 연구에 몰두했음을 시사한다.

이와 아울러 박규수는 용강현의 읍지를 편찬할 뜻을 피력하면서 용강이 과연 한나라 때 낙랑군의 증지현이었는지 문헌상의 고증을 구하고자 했다.[7] 박규수에게 용강이 옛날에 증지현이었다고 일러준 김명희(金命喜, 1788~1857)는 추사 김정희의 아우로서 진사 급제 후 벼슬은 현령에 그쳤으나, 시인과 서예가로 이름이 높았다. 박규수는 추사의 집안과 선대에 인척 관계가 있고, 조부 연암과 추사의 양부(養父) 김노영(金魯永)은 절친한 사이였다. 또한 추사와 유화(柳訸)·이정리의 친분, 추사의 문인인 윤정현·남병길·조면호 등과 박규수의 우의 등을 고려할 때, 박규수와 김명희 간에도 일찍부터 교분이 있었으리라 짐작된다.

18세기 이후 각 지방의 지리지인 읍지의 내용이 풍부해지면서 읍지에 지역의 지도를 첨부하여 지리지의 내용을 시간적·공간적으로 도시(圖示)하려는 경향이 증가했다. 또한 군현의 수령들은 지리지의 내용을 기록한 지역의 지도를 작성하여 통치와 행정에 적극 이용하고자 했으므로, 읍지의 편찬은 군현 지도의 편찬에 큰 자극을 주었다.[8] 이러한 지리지와 지도의 종합화 추세 속에서 박규수 역시 용강현의 읍지 편찬과 아울러 지도 제작에도 적잖은 관심을 기울였던 듯하다.

한장석(韓章錫, 1832~1894)에 의하면, 박규수는 용강 현령 시절에 오창선

7) 정약용은 『疆域考』에서 종래 우리나라의 선비들은 낙랑군의 증지현을 '甑山'(평안도 江西郡에 속함)으로 보았다고 하면서, 그렇다면 지금의 강서와 용강이 옛날에는 증산과 합하여 하나의 현이 되었으리라고 추정했다(정약용, 『與猶堂全書』 제6집, 地理集 권1, 『강역고』 其一, 「樂浪考」).

8) 양보경, 「"大東輿地圖"를 만들기까지」, 『한국사 시민강좌』 16, 일조각 1995, 98면; 양보경, 「崔漢綺의 지리사상」, 『진단학보』 81, 1996, 277면.

(吳昌善)[9]과 안기수(安基洙)의 협조를 받아 우리나라 전도(全圖)인 「동여도(東輿圖)」를 제작했다. "「동여도」의 제작법은 선으로 경도와 위도의 획을 표시하고 사방 10리로 하나의 정자(井字: 方眼, 모눈)를 만들어, 산천 · 요새 · 읍진(邑鎭) · 방리(坊里)를 크든 작든 모두 열거하고, 채색하여 그 강역의 넓이를 구별했다. 상하 두 편(編)인데 서로 연결할 수 있으며, 각각 표목(標目)이 있어 혼란스럽지 않다. 총 2권으로, 펼치면 팔역(八域: 팔도)이 되지만 도르르 말면 작은 상자 속에 담기는 물건이 된다"고 했다.[10] 「동여도」가 방안도법(方眼圖法)에 의한 십리방안지도(十里方眼地圖)이자 상 · 하 두 개의 두루마리로 된 절첩식(折帖式) 지도였음을 알 수 있다.

「동여도」의 제작에 참여한 안기수(字 魯源)는 용강 출신의 진사로, 박규수가 그곳 수령으로 부임한 것이 계기가 되어 그의 문하를 출입하게 되었던 듯하다. 안기수는 윤종의가 소장한 중국 15성(省)의 지도를 모사(模寫)하고, 성경(盛京)의 지도 1폭을 추가로 모사하여 첨부한 「신주전도(神州全圖)」를 만들기도 했는데, 1853년 박규수는 이 지도에 발문을 써주었다. 그 글에서 박규수는 「신주전도」가 『대청일통지(大淸一統志)』나 『대청회전(大淸會典)』 중의 지도보다 훨씬 우수하다고 칭찬하면서, 성(省)의 명칭과 분성(分省) 여부로 보아 그 원본이 된 지도는 명나라 때가 아니라 청초 이후 강희(康熙) 이전에 제작되었을 것으로 추정했다. 그리고 안기수에 대해서는 "서울에 유학하여 실사(實事)에 몰두했으며, 그림을 모사하는 그 정교한 솜씨는 이에

9) 1829년생으로 본관은 海州이고 자는 汝大이다. 한장석의 친구로, 1852년 진사 급제 후 1860년대에 요절했다. 박선수와도 가까운 사이였던 듯하다. 박선수에게 보낸 박규수의 편지에 "與汝大 · 畿止作會否?"라는 구절이 있다(『환재집』 권8, 「與溫卿」(3), 장5뒤).

10) "其法, 以線表經緯之晝, 十里爲井, 山川關阨邑鎭坊里, 細大悉擧, 而設色以別其疆界廣袤, 則以上下二編, 交互聯絡之, 各有標目, 不相亂, 總二卷, 放可以彌八域, 卷之則一小篋中物耳."(韓章錫, 『眉山集』 권7, 「東輿圖序」)

당시 黃岡 군수 金善根의 요청으로 안기수가 模寫한 「동여도」의 副本이 金善根家에 전한다고 하며, 한장석은 오창선으로부터 「동여도」를 얻어 1893년 현재까지 소장하고 있었다고 한다.

푹 빠져 즐거운 나머지 지칠 줄 모르는 자가 아니면 불가능하다"고 칭찬했다.[11)]

천문 관측에 대한 박규수의 관심은 부안 현감 시절에도 지속되었다. 경술년(庚戌年) 12월 27일(양력 1851년 1월 28일)자 편지에서 그는 아우 박선수에게 다음과 같이 남극노인성(南極老人星)을 관측한 사실을 알리고 있다.

> 이곳(부안—인용자)의 북극 고도는 한양에 비해 2도쯤 낮다. 그런즉 남극노인성을 볼 수 있지만, 관측하기에 시간이 많이 걸린다. 바닷가라 구름이 끼어 날씨가 맑은 저녁이 거의 없다. 대한(大寒)날 밤 해정시분(亥正時分: 22시)이 되어서야 마침내 볼 수 있었다. 크기는 북두성 중의 가장 큰 별과 같았다. 색깔은 짙은 황색 내지 옅은 적색이고, 번쩍이는 광선은 없지만 밝은 한 덩이 별이 환하게 빛났다. 지평선에서 한 길도 되지 않는 높이에 떴다가는 곧 져버렸다. 아마 험준한 언덕이나 산이 없는 지세이고, 구름으로 덮이지 않은 날씨라야 볼 수 있을 것이다.
>
> 이곳은 북극 고도가 낮지만 다행히 남쪽에 높은 산이 없으므로 보인 것이다. 이웃의 여러 고을들이라 해도 곳곳마다 다 보이지는 않을 터이다. 대개 한라산 정상에서는 춘분(春分) 밤에 볼 수 있다는 말이 있지만, 내가 지금 부안의 동헌에서 대한날 밤에 보니 일이 몹시 과장된 듯싶다. 그러나 속인들에게 말해서는 안 될 것이다. 아마 자네와 연재(淵齋: 윤종의)와 규재(圭齋: 남병철)는 확신하겠지만 그밖의 사람들은 꼭 믿지는 않을 것이니, 말들만 많아질 터이므로 쓸데없이 이야기하지 않는 것이 좋겠다.[12)]

11) 『환재집』 권4, 「安魯源手摹 神州全圖跋」, 장20뒤~21앞. "魯源游學京都, 潛心實事, 其摹繪之精且工, 非癖於此而樂不知疲者, 不能也."

안기수는 후일 박규수가 평양 감사로 부임했을 때 그의 문객이 되어 1866년 셔난도어호 사건 해결에 일익을 담당했다. 또한 그는 1876년 한장석이 용강 현령으로 재직할 때 읍지 편찬에 참여하여, 읍지 중의 「山川志略」편을 집필하기도 했다(김명호, 『초기 한미관계의 재조명』, 역사비평사 2005, 151~156면, 162~163면; 서울대 규장각 소장, 『龍岡縣誌』 上編).

12) "此處極出地, 較漢陽低二度許. 然則南極老人星可以見之. 候望多時, 濱海雲翳, 苦無淸朗之夕. 及到大寒夜亥正時分, 乃得見焉. 大如北斗中最大星, 其色深黃微赤, 無閃爍芒角,

박규수가 경술년 대한(大寒: 12월 19일. 양력 1851년 1월 20일)날 밤 10시에 관측에 성공했다는 노인성은 동양의 별자리인 이른바 28수(宿)에서 남방(南方) 7수(宿) 중 정수(井宿)에 속하는 별로서, 호시성(弧矢星) 서남쪽에 자리하고 있다. 서양의 별자리로는 용골좌(龍骨座: Carina)의 알파성(星)이라 불리며, 항성(恒星)으로서의 전명(專名)은 카노푸스(Canopus)이다. 1등성으로 분류되는 매우 밝은 별이지만, 남극에 가까이 있기 때문에 우리나라에서는 관측하기가 극히 힘들다.[13)]

여기에서 박규수가 노인성 관측의 성공을 윤종의와 남병철만은 믿어줄 것이라 한 것은, 그들이 박규수와 마찬가지로 천문학에 대한 깊은 관심과 조예를 지녔음을 말해준다. 이미 언급했듯이 윤종의는 예학과 천문지리 분야에서 박규수와 학문적 관심을 공유하고 있었다.[14)] 윤종의의 『상서도전변해(尙書圖傳辨解)』는 『상서』의 「요전(堯典」 「순전(舜典)」 등의 내용과 관련하여, 『서경대전(書經大全)』에 수록된 「윤월 정시성세도(閏月定時成歲圖)」 「우서선기옥형지도(虞書璿璣玉衡之圖)」 「일월 동하구도지도(日月冬夏九道之圖)」 등 천문역법과 율려(律呂: 음률)에 관한 그림들을 해설하고 종래의 해석을 비판적으로 검토한 저술이다.[15)] 그밖에도 윤종의는 『중성경루표(中星更漏表)』 『율력의난(律曆疑難)』 등 천문역법에 관한 저술을 다수 남겼다.

남병철은 그 아우 남병길과 함께 19세기 조선의 가장 뛰어난 과학자로 평

---

而朗然一顆煌煌如也. 去地未一丈, 乍出旋沒. 盖地勢無邱山之阻, 天氣無雲物之蔽, 然後可得見之. 此處出極雖低, 而幸於午方無高山, 故見之. 雖此隣近諸邑, 未必處處得見也. 盖云漢拏絶頂, 春分夜可見, 而吾今於扶安衙軒, 大寒夜見之, 事甚誇張. 然不宜向俗人道也. 盖吾弟及淵齋・圭齋確信之, 其外未必信之, 徒增多口, 勿與煩說, 可矣."(『환재집』 권8, 「與溫卿」(4), 장6앞뒤)

13) 陳遵嬀, 『中國天文學史』 제2책, 臺北: 明文書局 1985, 125～129면, 398면, 425면 참조. 야사에 의하면 孤靑 徐起(1523～1591)가 土亭 李之菡 등과 함께 제주도 한라산에 올라 남극노인성을 본 적이 있다고 한다(김동욱 역, 『국역 靑野談藪』 2, 보고사 2004, 제70화).

14) 본서, 211면 참조.

15) 영남대 도서관에 草稿本 8책, 整理本 3책이 소장되어 있다.

가되는 인물이다. 남병철은 천문학과 수학에 관한 저술을 많이 남겼다. 혼천의(渾天儀) 등 천문의기의 제작법과 사용법을 설명한 『의기집설(儀器輯說)』(1855년경), 2차 방정식의 해법(解法)인 천원술(天元術)을 해설한 『해경세초해(海鏡細草解』(1861년), 시헌력(時憲曆)의 천문 계산법에 관한 해설서인 『추보속해(推步續解)』(1862년)는 그중 대표적인 저술들이다. 또한 남병철은 수륜지구의(水輪地球儀)·사시의(四時儀)·추(錘)시계 등을 제작했다고 한다.

그의 아우인 남병길도 천문 계산에 필수적인 양도의(量度儀)에 관해 해설한 『양도의설(量度儀說)』(1855년), 고대 수학서의 구고(勾股: 직각삼각형의 邊을 측량하는 문제)에 관한 주해서(註解書)인 『측량도해(測量圖解)』(1858년), 시헌력의 천문학적 내용을 설명한 『시헌기요(時憲紀要)』(1860년), 항성(恒星)들의 목록으로 6등성 이상의 별 1300여 개를 소개한 『성경(星經)』(1861년), 그의 수학 연구를 대표하는 『산학정의(算學正義)』(1867년) 등 수많은 저술을 남겼다. 천문 수학에 관한 남병철·남병길 형제의 주요 저술들은 현재 『육일재총서(六一齋叢書)』(11책)로 전하고 있다.[16]

박규수는 남병철의 사후에 간행된 그의 문집 서문에서, "무릇 군자가 학문을 함에 있어서 어떤 분야를 택하여 깊이 연구할 것인가는 역시 각자 그 뜻을 둔 바와 재능상의 장점을 따를 뿐이다. 공(公: 남병철)과 나는 그 기호(嗜好)와 취미가 같지 않은 점이 없었다. 그러므로 공을 깊이 아는 이로는 나만한 사람이 없으리라고 은근히 자부했다"고 술회하고 있다.[17] 이는 두 사람이 천문학을 비롯한 학술 방면에서 얼마나 가까운 사이였던가를 단적으로 말해준다 하겠다.

---

16) 震檀學會, 『韓國史』, 近世後期篇, 을유문화사 1965, 554~555면; 『조선전사』 권12, 중세편, 이조사 5, 과학백과사전출판사 1980, 278면; 김용운·김용국, 『동양의 과학과 사상』, 일지사 1984, 335~336면, 366~367면, 381~384면; 박성래, 『한국인의 과학정신』, 평민사 1994, 105~111면 참조.

17) "夫君子之於學也, 其游藝擇術, 亦各因其志之所存, 才之所長而已. 公與余, 其嗜好趣尙, 靡有不同. 是以竊自以爲知公深者莫余若也."(『환재집』 권4, 「圭齋集序」, 장40앞)

## 2) 평혼의와 간평의

이와같이 천문 관측에 힘을 쏟았던 박규수는 이를 위해 손수 천문의기를 제작하기도 했던 것으로 추측된다. 박규수의 행장(行狀)을 보면 그가 제작한 천문의기로 평혼의(平渾儀)와 지세의(地勢儀)를 들고 있다.[18] 바로 그 평혼의와 아울러 박규수가 제작한 것으로 짐작되는 간평의(簡平儀)가 오늘날까지 전해오고 있다. 이 천문의기들은 겉에 "평혼의(平渾儀) 환당 수제(瓛堂手製) 간평의(簡平儀) 소본(小本) 부(附)"라고 씌어진 종이 케이스 안에 들어 있는데, 둘 다 판지(板紙)로 만들어진 지름 34.4cm의 원반이다.

평혼의는 동양의 전통적인 천구의(天球儀)인 혼천의(渾天儀)를 간편화한 천문의기이다. 종래 혼천의에서 하늘을 혼원(渾圓: 입체화된 원)으로 나타내던 것을 평원(平圓: 평면의 원)으로 나타내고 거기에다 총성도(總星圖)를 표시한 것이다. 『의기집설』에서 남병철은 이를 '혼평의(渾平儀)'라고 부르면서, "이 의기는 벗인 박환경(朴桓卿)이 제작했다"고 밝히고 있다.[19]

평혼의는 북반구의 하늘을 표시한 북면과, 남반구의 하늘을 표시한 남면의 양면으로 되어 있다. 각 면은 양극(兩極)이 원심(圓心)이 되고 적도가 원주(圓周)로 된다. 또한 남북 양면은 각각 상하 2개의 원반으로 이루어져 있다. 그중 하반(下盤)은 회전하도록 되어 있으며, 반면(盤面)에 경도와 위도 및 황도(黃道)가 선으로 표시되어 있고, 남면의 하반에는 남반구의 별들(6등급 이상 總星)이, 북면의 하반에는 북반구의 별들이 표시되어 있다.

한편 남북 양면의 상반(上盤)은 적도규(赤道規)와 지평호(地平弧)와 몽영호(朦影弧)로 이루어져 있으며, 그외 부분은 제거되어 하반이 잘 드러나 보이도록 되어 있다. 상반의 내원(內圓)에 해당하는 적도규에는 시간이 각(刻:

18) "所製儀器, 曰平渾儀, 曰地勢儀, 其說俱在集中."(『환재집』 권1, 「節錄瓛齋先生行狀草」, 장18뒤)

19) 徐光啓 等撰, 『新法算書』 권58, 「平渾儀義」; 남병철, 『儀器輯說』 하권, 「渾平儀說」, 장43앞. "是儀, 友人朴桓卿製也."

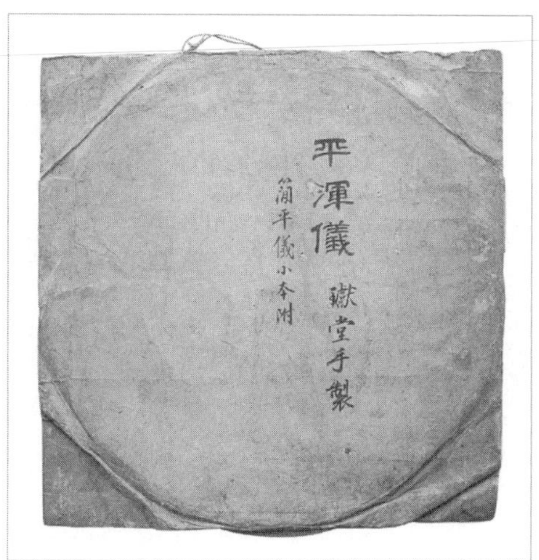


평혼의와 간평의를 담은 케이스.

15분) 단위로, 주천도수(周天度數: 360도)가 10도 단위로 눈금 표시되어 있다. 북면 상반의 적도규를 보면, '천중(天中: 午時)' 좌우에 "天行每一刻差三度四分度之三 一時八刻爲三十度 四刻爲十五度"이라 씌어 있다. 하늘은 1각(15분)에 3.75도, 1시 즉 8각(2시간)에 30도, 4각(1시간)에 15도 회전한다는 뜻이다.

지평호는 관측하는 지역의 지평선을 곡선으로 표시한 것인데, 여기에도 시간이 눈금 표시되어 있다. 또한 지평호는 해당 지역의 북극 고도에 맞추어 고정되어 있다. 북면 상반의 지평호와 몽영호 사이의 좌측에는 "是本 誤以北極出地三十六度製成 合於山東山西 而不合於本國 當改以三十八度造之"라 씌어 있다. 이 평혼의는 북극 고도 36도에 맞추어 만들어져, 중국의 산동·산서 지방에는 부합하나 우리나라에는 부합하지 않으므로, 북극 고도 38도에 지평호를 고정하도록 개조해야 한다는 뜻이다.

몽영호는 몽영한(朦影限), 즉 일출 직전이나 일몰 직후 지평선상 고도(高度) 18도 이내에 나타나는 밝은 빛인 몽영(朦影)의 한계를 곡선으로 표시한 것이다.

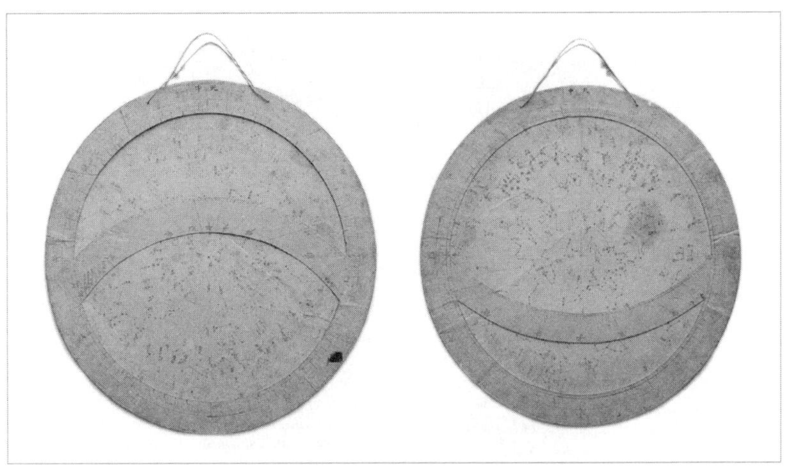

평혼의 북면(좌). 평혼의 남면(우).

이상과 같은 평혼의의 구조는 남병철의 『의기집설』에서 자세히 설명한 혼평의의 제작법과 합치한다. 단 『의기집설』의 설명에 따르면 원반은 동(銅)으로 만든다고 했으나 판지로 대체되었고, 하반에 24절기(節氣)가 표시되어 있지 않은 점, 적도규가 있는 남면의 중심에 관측용 망통(望筒)인 규형(窺衡)이 부착되어 있지 않고 의기를 안치하는 구고 목좌(勾股木座: 직각삼각형 나무 받침대)가 없는 점 등이 다를 뿐이다.

이 의기를 그에 딸린 규형 및 규표(窺表: 해시계)와 함께 사용하여 관측하면, 해당 지역의 낮 시각과 밤 시각, 절기마다 지평선상에 보이는 총성(總星)과 중성(中星: 天中을 지나는 별)을 알 수 있으며, 중성으로 시각을 알거나 시각으로 중성을 알 수 있다고 한다.[20] 따라서 평혼의는 박규수가 부안에서 노인성을 관측할 때 사용했음직한 의기라 할 수 있다.

그런데 서울 덕수궁의 궁중유물 전시관 제2전시실(천문·의학)에는 바로 이 평혼의가 '놋쇠 남·북반구 별자리판(黃銅南北半球星座版)'이라는 이름

20) 남병철, 위의 책, 하권, 「渾平儀說」, 장44뒤~45뒤.

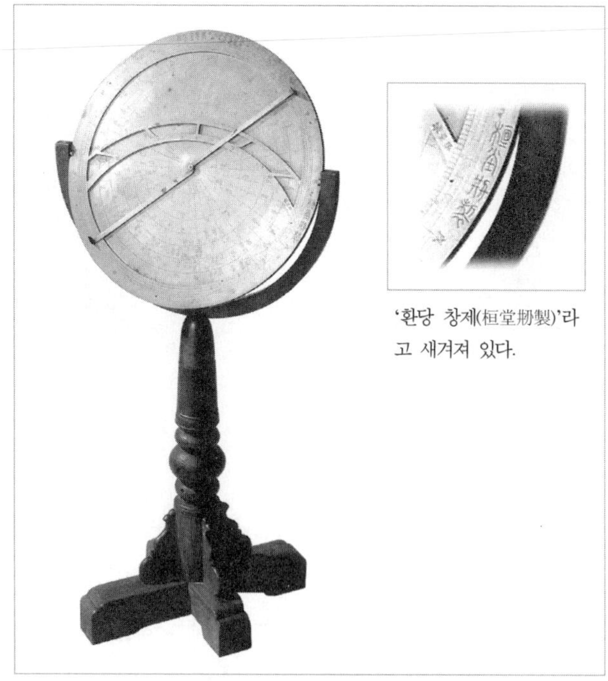

'환당 창제(桓堂刱製)'라 고 새겨져 있다.

덕수궁에 있는 평혼의(혼평의).

으로 전시되어 있다. 또한 이에 관해 해설한 책자를 보면, "'환당 창제(桓堂刱製)'란 글이 새겨져 있으나 환당이 누구인지는 아직 밝혀져 있지 않다. 1670년 이후 1900년 이전에 만들어졌던 것만을 알 뿐 정확히 언제 만든 것인지는 확인할 수 없다"고 적혀 있다.[21] 과연 이 '별자리판'을 살펴보면 놋쇠 원반 우측에 '환당 창제(桓堂刱製)'라는 글씨가 전서체(篆書體)로 새겨져 있는데, '환당'은 다름아닌 박규수의 일호(一號)로 '박규수가 처음 만들었다'는 뜻이다.

앞서 언급했듯이 남병철은 『의기집설』 「혼평의설」에서 박규수가 이 의기

21) 『朝鮮王朝遺物圖錄—宮中遺物展示館所藏』, 한국문화재보호재단 1993, 130면.

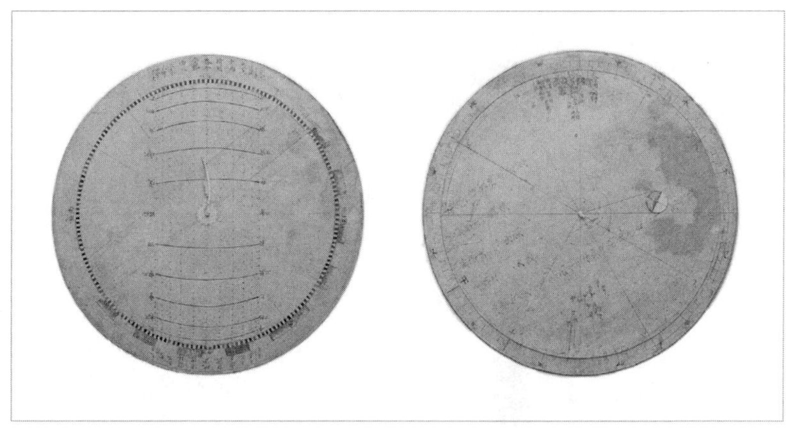

간평의 상면(좌). 하면(우).

를 제작했다고 밝히고 "구리로 평원면(平圓面)을 만든다"고 설명했다. 그리고 지름 34cm의 놋쇠 원반에 별자리 등을 정교하게 새긴 가공 기술과, 구고목좌(勾股木座)를 포함하여 전체 높이가 77.5cm에 달하는 이 의기를 제작하는 데 소요되었을 경비 등을 감안하면, 현재 덕수궁에 전시되어 있는 평혼의(혼평의)는 고위 관직에 있던 남병철이 주도하여 관(官)에서 제작했을 것으로 추측된다. 그리고 그 제작 시기는 그가 박규수와 함께 천문 관측과 의기 제작에 힘을 쏟았던 1850년대를 벗어나지 않을 것으로 본다.22)

간평의는 혼원(渾圓)인 천체(天體)를 평원(平圓)으로 나타낸 점에서 평혼의와 마찬가지로 혼천의를 간편화한 의기라 할 수 있다. 평혼의와 다른 점은 하나의 평원으로 천체의 반구(半球)가 아니라 전구(全球)를 나타내고 있고, 반면(盤面)에는 총성도 대신에 절기와 시각을 나타낸 선이 표시되어 있는 점이다.

간평의는 명나라 말에 예수회 신부 우르시스(S. de Ursis, 熊三拔)가 처음

22) 남병길은 그의 형 남병철이 "中年에 象數之學에 몰두하여, 책들을 널리 섭렵하고 심오한 내용을 정확하게 깨우치고, 해설을 편찬하여 책을 만들었으니, 진실로 歷算家의 지침이다"라고 하였다(남병철, 『圭齋遺稿』 권6, 남병길, 跋). 즉 남병철이 그의 중년에 해당하는 1850년대에 천문 수학 연구에 전념하여 『의기집설』 등을 저술했다는 것이다.

만들었다.[23] 박규수는 아마도 우르시스의 『간평의설(簡平儀說)』과 디아스(E. Diaz, 陽瑪諾)의 『천문략(天問略)』 등을 참조하여 이 의기를 만든 것으로 추측된다.[24] 남병철의 『의기집설』 중 「간평의설」은 바로 우르시스의 『간평의설』을 축약한 것이다. 단 박규수의 간평의는 우르시스나 남병철이 그 제작법을 설명한 바와는 상당히 다르게 만들어졌다.[25]

원래 우르시스의 간평의는 상반(上盤)과 하반(下盤)으로 이루어져 있다. 상반은 상허하실(上虛下實)의 '원면(圓面)' 즉 반원형(半圓形)으로 회전하게 되어 있다. 거기에는 지평선・천정선(天頂線)・일구선(日晷線: 해 그림자를 측정하는 선)・직응도분(直應度分)[26]이표시되어 있고, 하반의 주천도분(周天度分)을 측정하기 위한 수선(垂線)[27]이 반심(盤心)에 달려 있다.

그런데 박규수의 간평의에는 이와같은 상반이 없다. 다만 하반에 해당하

23) 우르시스의 『簡平儀說』에 대한 徐光啓의 서문에 "이 의기는 有綱 熊先生이 손수 만들어 利先生(利瑪竇: 마떼오 리치)에게 바치니 利가 嘉歎했다"고 하였다.

24) 『간평의설』과 『천문략』은 모두 당시 조선에 이미 전래된 漢譯 西學書들이다. 『간평의설』은 우르시스가 講說한 것을 徐光啓가 기록한 것인데, 간평의의 주요 부분의 명칭과 수치 및 그 사용법을 자세히 해설하고 있다. 우르시스가 제작한 간평의의 실물은 현재 전하지 않지만, 『守山閣叢書』에 수록된 『간평의설』에는 간평의의 天盤(下盤)과 地盤(上盤)을 각각 素描한 「簡平儀說圖」가 실려 있어 원래의 모습을 짐작할 수 있다. 현재 서울의 국립민속박물관에 소장되어 있는 '石製 節氣表版'은 우르시스의 간평의를 모델로 해서 만든 의기로 판단된다. 이는 周天圈과 절기선・시각선 등이 표시된 方版(하반) 위에다 구리로 만든 '회전하는 半圓'(상반)과 아울러 '影針'(규표)까지 갖추고 있어, 守山閣叢書本 『간평의설』 중의 「간평의설도」와 아주 흡사하다.

25) 남병철은 간평의의 上盤 제작법에 대해 설명하면서, "舊制에 의하면 상반은 위는 虛하고 아래는 實하다. 虛處에 日晷線을 그리고 實處에 直應度分을 그린다. 두 귀퉁이의 表(兩耳表)는 下盤의 上方에 위치한다"고 했다(『의기집설』 하권, 장20앞). 이로 미루어, 『의기집설』의 간평의는 상반에다 天頂線과 地平線만 표시하고 일구선과 직응도분은 표시하지 않으며, 원래 하반의 日景線 양끝에 세우도록 한 窺表를 상반의 지평선 양끝으로 옮기는 등, 우르시스의 간평의를 더욱 간편하게 개량한 의기로 짐작된다.

26) 천정선에 의거해서 평행으로 직선을 그었을 때 위로 주천도분과 상응하는 부분을 표시한 것이다.

27) 『의기집설』에서는 '墜線'이라 부르고 있다. 이 垂線에 구리로 만든 추를 달기도 하는데, 이를 '垂權'이라 한다.

는 간평의의 상면(上面)에 한양의 북극 고도 38도에 맞추어 지평선과 천정선을 표시하고, 주천권(周天圈) 위에 '한양 천정(漢陽天頂)'이라 표기해두었을 뿐이다. 따라서 박규수의 간평의에는 수선도 없으며, 그와 유사한 끈이 하반에 해당하는 면의 중심에 달려 있을 따름이다.[28]

박규수의 간평의는 상하 양면으로 되어 있는데, 그중 상면이 우르시스 간평의의 하반에 해당한다. 여기에는 남북 양극을 잇는 극선(極線)과 적도선(赤道線)이 교차하여 그어져 있고, 한양의 지평선과 천정선 역시 교차하여 그어져 있다. 주천권에는 360도가 표시되어 있다. 황도권(黃道圈: 적도에서 남북으로 각각 23.5도의 범위)에는 동지에서 하지에 이르는 24절기선(節氣線)이 적도에서 멀수록 조밀하게 좌우 수직으로 표시되어 있고, 그와 교차하여 왼쪽에는 일출 시각, 오른쪽에는 일몰 시각이 표시된 12시각선(時刻線)이 역시 지심(地心: 하반의 중심)에서 멀수록 조밀하게 상하 수평으로 그어져 있다.

따라서 박규수가 만든 간평의의 상면은 우르시스나 남병철이 설명한 간평의의 하반과 대체로 합치한다. 단 우르시스의 경우처럼 하반이 '방면(方面)' 즉 사각형이 아니고 원형이며, 규표도 설치되어 있지 않다.

우르시스와 남병철의 설명에 의하면, 간평의에는 일궤고도(日軌高度: 黃道上에서 해가 視運動하는 도수), 절기에 따른 일전(日躔: 해의 視運動)의 황도와 적도 간 거리, 남·북극의 고도, 각 절기의 낮밤 길이와 일출 일몰 시각 등을 측정할 수 있으며, "지원지리(地圓之理: 지구가 둥근 이치)"를 논증할 수 있는 등 13가지의 용법이 있다고 한다.[29] 그러나 박규수의 간평의는 상반이 없고 한양의 지평선으로 고정되어 있으며 수선과 규표가 없으므로, 이를 통해서

28) 이런 점에서 박규수의 간평의는 우르시스의 간평의보다는 디아스의 圖解에 가깝다고 할 수 있다. 디아스의 『천문략』에서는 지역과 절기에 따라 낮밤의 길이와 일출 일몰 시각이 다른 까닭을 해당 지역의 남·북극 고도 차이로 설명하면서, 적도와 북위 40도, 북위 32.5도, 북극의 4가지 경우로 나누어 圖解하고 있는데, 이러한 도해들이 박규수의 간평의 상면과 아주 흡사하다(『四庫全書』 권787, 子部 6, 天文算法類 1, 『天問略』, 장21뒤~31뒤 참조).
29) 남병철, 앞의 책, 「簡平儀說」, 장22앞~26앞.

는 한양의 각 절기의 낮밤 길이와 일출 일몰 시각 정도를 측정할 수 있었을 것이다.

한편 박규수가 만든 간평의의 하면은 우르시스나 남병철의 설명과 무관하게 제작된 것으로 보인다. 이것은 24절기와 12시 및 주천도수를 표시한 하반(下盤)에다, 위도와 경도가 선으로 표시되어 있으며 회전할 수 있도록 된 그보다 조금 작은 상반(上盤)을 얹어놓은 것이다.

상반에는 경도상 서쪽으로 약 40도에서 70도에 걸치는 지역에 삼성(三姓)[30] · 유구(琉球) · 조선 · 길림(吉林) · 백도납(伯都訥)[31] · 성경(盛京) 등으로부터 월남 · 귀양(貴陽)[32] · 사천(四川) · 감숙(甘肅) · 운남(雲南)에 이르는 27개의 지명이 차례로 표기되어 있다. 또한 그와 정반대편 지역에도 조선 · 성경 · 복건(福建) · 절강(浙江) 등 15개 지명이 차례로 표기되어 있다. 그리고 특이한 것은 상반에 지름 2.4cm의 소형 원반이 부착되어 있는 점이다. 이 소형 원반은 회전할 수 있고 흑백으로 2등분되어 있는 점으로 보아, 지구의 낮밤을 표시하기 위한 것인 듯하다.

이러한 특징들로 미루어, 간평의의 하면은 조선과 중국 등 각 지역의 주야 교체와 일출 일몰 시각 따위를 비교하기 위한 장치로 추측된다. 그러나 그 정확한 용도에 관해서는 앞으로 좀더 연구가 필요하다.

이상에서 살핀 바와 같이 박규수가 만든 간평의는 그 상면이 우르시스의 간평의에서 상반을 없애고 하반만 남긴 형태를 취하고 있다. 뿐만 아니라 그 하면은 수십 개의 지명들이 표시되어 있고 소형 원반이 부착된 상반을 얹고 있는 독특한 원반이다. 이는 박규수가 한양의 위도에 맞추어 우르시스의 간평의를 간편화하는 한편, 별도의 기능을 겸비하도록 개량한 결과라 생각된다. 이규경(李圭景)은 간평의에 대해 "우르시스가 『간평의설』 1편을 저술했으나, 해설만 있고 그림이 없으므로 만들 줄 아는 사람이 없으며 의기도

30) 중국 黑龍江省 儀蘭縣의 縣治로, 女眞族의 근거지였다.
31) 중국 吉林省 夫餘縣으로, 靺鞨族의 근거지였다.
32) 중국 貴州省의 省都이다.

전하는 것이 드물다"고 했다.[33] 그와같은 당시 실정에 비추어 볼 때 박규수의 간평의 제작은 이 의기의 보급과 개량에 있어서 특기할 만한 시도로 평가되어야 할 것이다.

덧붙여 말해둘 것은, 박규수가 간평의를 제작하기 이전에 이미 홍대용이 간평의의 '한국판'이라 할 수 있는 측관의(測管儀)를 제작했었다는 사실이다. 측관의는 일찍이 홍대용이 서학(西學)의 영향 아래 입체로 된 종래의 혼천의를 평면의 의기로 변개한 것이었다.[34] 그런데도 박규수나 남병철의 저술에서는 전혀 언급되지 않았다. 이것은 홍대용이 우르시스의 『간평의설』 등을 참조하여 이 의기를 제작했으면서도 '측관의'라는 독특한 명칭을 붙인 탓에, 간평의를 제작하려는 후인들의 관심을 끌지 못한 때문이 아닌가 한다.

박규수의 장서 목록인 『금협장거록(錦篋藏弆錄)』을 보면, '간평의 소본(小本)'과 아울러 『건륭31년 중성록(乾隆三十一年中星錄)』 『경위리차표(經緯里差表)』 『앙관(仰觀)』 『여도비고(輿圖備攷)』 등 천문지리에 관한 서적들이 열거되어 있다.[35] 박규수가 이러한 서적들을 언제 구입·열람했는지는 알 수 없지만, 앞서 살펴본 용강과 부안 시절의 편지들과 관련지워 추론해 볼 때 그가 1840년대 말 50년대 초에 천문지리에 관한 전문적인 연구에 몰두했던 사실만큼은 확실하다고 생각된다. 박규수의 지세의(地勢儀)는 이와 같이 다년간에 걸친 천문지리적 연구와 천문의기 제작 경험을 바탕으로 하여 창제(創製)될 수 있었다.

33) "(…) 熊三拔著簡平儀度說一編, 有說無圖. 故無人解製, 儀亦罕傳."(이규경, 『五洲衍文長箋散稿』 권17, 「簡平儀辨證說」) 원문 중 '簡平儀度說'은 '簡平儀說'의 오기인 듯하다.
34) 홍대용, 『湛軒書』 外集, 권6 『籌解需用』 外編 下, 「籠水閣儀器志」 測管儀條, 장24앞~27앞; 한영호·이재효·이문규·서문호·남문현, 「홍대용의 측관의 연구」, 『역사학보』 164, 1999, 125~164면 참조.
35) 『금협장거록』, 「容物軒藏書」 上函 및 「筠心堂叢書」 下函.

## 2. 지세의의 구조와 기능

박규수는 세계지리를 표시한 지구의에다 천문 관측을 위한 장치들을 첨가하여 지세의라는 독창적인 의기를 만들었다. 「지세의명 병서(地勢儀銘幷叙)」(이하 「지세의명」으로 줄임)는 박규수가 이러한 지세의를 제작하고 나서 그 구조와 기능을 해설한 글이다.[36)]

「지세의명」은 『환재집』뿐 아니라 윤종의의 『벽위신편』과 남병철의 『의기집설』에도 수록되어 있다. 이는 지세의의 제작이 박규수와 그의 벗들 사이에 얼마나 큰 관심사였는지를 말해준다고 하겠다. 「지세의명」의 이 세 가지 이본들을 비교 검토해보면, 벽위신편본은 원본을 가장 이른 시기에 전사(轉寫)한 것이고, 환재집본은 박규수 자신이 원본을 일부 고친 수정본이며, 의기집설본은 이 두 이본의 특징을 공유한 축약본임을 알 수 있다.[37)]

벽위신편본은 『벽위신편』 제5권에 「정리전도(程里躔度)」와 「해국횡도(海國橫圖)」에 이어 '장암(莊菴: 박규수의一號) 박씨 지세의명(地勢儀銘)'이라는 제하에 실려 있다. 그런데 「정리전도」와 「해국횡도」는 『해국도지』에서 전재한 것이므로, 「지세의명」 역시 윤종의가 『해국도지』를 접하고 나서 『벽위

36) 지세의의 제작 시기에 관해서는 1860년경 설이 제기되어 있고(金文子, 「朴珪壽の實學—地球儀の製作を中心に」, 『朝鮮史硏究會論文集』 17, 1980, 152면), 「지세의명」의 저술 시기에 관해서는 1845년 이후 1856년 이전 설이 제기되어 있다(손형부, 『박규수의 개화사상 연구』, 일조각 1997, 38~39면).

37) 예컨대 『환재집』에서 "立寸木爲之臬, 當赤道午弧之交者, 測日之表也"라 한 구절(권4, 장14앞)이 『벽위신편』에는 "當赤道午弧之交而爲之臬者, 測日之表也"로 되어 있고, 頭註에서 이 구절은 박규수의 수정에 따라 원문을 고쳤다고 밝히고 있다(한국교회사연구소 1990, 639면). 『의기집설』은 이 구절이 "立於赤道午弧之交者, 測日表也"로 되어 있으므로(하권, 「지구의설」, 장46뒤), 환재집본의 표현을 축약한 것임을 알 수 있다. 또 『환재집』에서 "日南日北, 一寒一暑"라 한 구절과 "考諸儀象之志"라 한 구절(권4, 장15앞)이 『벽위신편』에는 각각 "表景攸指, 其國多寒" "蓋前人之所作"으로 되어 있다(한국교회사연구소 1990, 640~641면). 『의기집설』에는 이 구절들이 각각 "表景攸指" "蓋前人之所作"로 되어 있으므로(하권, 장47앞뒤), 벽위신편본을 따라 축약한 것임을 알 수 있다.

신편』의 보완에 착수한 뒤에 수록한 글로 보아야 한다. 윤종의는 1848년 『벽위신편』을 일단 완성한 뒤 『해국도지』와 『영환지략(瀛環志略)』을 접하게 되었다고 했는데, 『영환지략』을 처음 본 시기는 1852년이라 명기하고 『해국도지』의 경우는 그보다 조금 이른 시기인 듯이 기술해놓았다.[38] 뿐만 아니라 「지세의명」에서 박규수는 세계지리에 관한 지식을 『해국도지』로부터 얻었다고 밝힌 반면 『영환지략』에 관해서는 전혀 언급하지 않았다.[39]

그러므로 박규수는 『벽위신편』이 일차 완성된 1848년 이후, 윤종의가 『영환지략』을 처음 보았던 1852년 이전의 어느 시기에 지세의를 제작하고 「지세의명」을 지었을 것이다. 또한 1860년 동지 정사로 북경에 간 신석우는 중국인 정공수에게 「지세의명」을 증정하며 쓴 편지에서 "저의 친구 박규수가 (…) 일찍이 지세의를 스스로 제작하고 이어서 그 명(銘)을 지었습니다"라고 하였다.[40] 이로 미루어보면 지세의가 1860년경에 제작되었을 것으로 보는 설은 성립하기 어렵다고 하겠다.

한편 의기집설본 「지세의명」은 그보다 수년 뒤인 1855년 이후에야 수록된 것으로 추정된다. 남병철은 『의기집설』 중의 「지구의설(地球儀說)」에서 「지세의명」을 축약·소개한 뒤 의기의 제작법을 설명하면서, 세계지리에 관해서는 "각종 곤여도(坤輿圖)와 『해국도지』 『영환지략』 『지리전지(地理全志)』 등을 상고하여 착오를 면하도록 해야 한다"고 하였다.[41] 여기에 거론된 『지리전지(*Universal Geography*)』는 중국에 파견된 개신교 선교사 뮤어헤

38) 윤종의, 『벽위신편』, 한국교회사연구소 1990, 8면, 「自序」 小註, 15면, 頭註. 실제로 『벽위신편』을 검토해보면 1848년 일차 완성 이후 어느 시기에 『해국도지』에 의거하여 대폭적인 보완이 이루어졌으며, 그 뒤 『영환지략』으로부터 2편의 글(권6 「論焚荷蘭船」, 「論佛郎西鑿舟事」)이 추가되었을 뿐임을 알 수 있다.

39) 地名에 있어서도 『해국도지』처럼 아프리카를 '利未亞'라 표기하고, 『영환지략』처럼 '阿非利加'라 표기하지 않았다.

40) "敝友朴珪壽 (…) 嘗自製地勢儀, 仍著其銘."(신석우, 『海藏集』 권15, 『入燕記』 上, 「與程少卿書」, 장43앞)

41) "詳攷坤輿各圖及海國圖志·瀛環志略·地理全志等書, 俾免錯誤."(『의기집설』 하권, 장48뒤)

드(W. Muirhead, 慕維廉)가 1853년에서 1854년 사이에 간행한 한역(漢譯) 지리서이므로,[42] 이 책이 국내에 유입된 것은 당연히 그보다 늦은 시기일 것이다. 또한 『의기집설』 중의 「양도의설(量度儀說)」은 남병길이 양도의를 제작한 사실을 밝히고 그에 관해 해설하고 있는데, 그 내용은 1855년에 간행된 남병길의 『양도의설』을 축약한 것이다.

따라서 의기집설본 「지세의명」은 박규수가 지세의를 제작한 지 수년이 지난 1855년 이후에 수록되었음을 알 수 있다. 그런데 유의할 것은, 그때 지세의의 명칭이 '지구의'로 바뀌었을뿐더러 묘유호(卯酉弧)가 제거되고 측일표(測日表)나 이용권(利用圈)의 위치가 변경되는 등 그 구조의 일부가 달리 기술되었다는 사실이다. 이는 박규수가 지세의를 창제한 뒤에, 남병철이 자기 나름으로 이를 개량하면서 그 명칭도 지구의로 바꾸었을 가능성을 시사한다.

그러므로 지세의의 구조와 기능을 제대로 파악하기 위해서는 먼저, 박규수가 자신이 창제한 기구를 '지구의'가 아니라 '지세의'라고 명명한 사실에 주목할 필요가 있다. '지세'란 말 자체는 일찍이 『주례(周禮)』에 나온다.[43] 여기에서 알 수 있듯이 이는 토지나 산천의 형세를 뜻하는 지리적인 개념이다. 또한 『해국도지』 중 마떼오 리치의 「지도설」에 "또한 지세로 대지를 나누면 오대주가 되니, 구라파·아프리카·아시아·남북아메리카·오세아니아이다"라고 했다.[44] 지구상의 대륙을 '지세'에 따라 오대주로 나누었다는 뜻이다. 그리고 「지세의명」 본문에서도 『서경』 「우공(禹貢)」에 나오는 곤륜(崑崙)·석지(析支)·거수(渠搜)라는 지역이 각각 파미르 고원, 아프리카, 구라파에 해당한다는 설을 소개하면서, 서양의 지도로 살펴보면 "지세가 그렇지 않다고 말할 수 없다"고 긍정하였다.[45]

42) 熊月之, 『西學東漸與晚淸社會』, 上海人民出版社 1994, 197면; 鄒振環, 『晚淸西方地理學在中國』, 上海古籍出版社 2000, 92~95면 참조.

43) 『周禮』 「考工記」 '匠人'. "凡天下之地勢, 兩山之間, 必有川焉."

44) 『해국도지』(1844년 초간본) 권46, 「國志總論」 下. "(…) 又以地勢分輿地爲五大洲, 曰歐羅巴, 曰利未亞, 曰亞細亞, 曰南北墨利加, 曰墨瓦蠟泥加."

이렇게 볼 때 '지세의'는 천문 관측적인 측면보다는 세계지리적인 측면이 강조된 명칭이라 할 수 있다. 그런데 아마도 남병철은 이 의기의 천문 관측 기능을 중시하고 그에 따라 의기를 개량했으므로, 명칭조차 '지구의'로 바꾸었던 것이 아닌가 한다.[46]

박규수가 1850년을 전후한 시기에 제작한 것으로 추정되는 이 지세의는 오늘날 전하지 않는다. 그러므로 이에 관해 제작자가 직접 해설한 「지세의명」을 위주로 하고, 남병철의 「지구의설」을 참조하여 그 구조와 기능을 추정해보고자 한다.[47]

지세의의 제작에서 첫째로 중요 작업은 구체(球體)의 표면에다 세계지리를 표시하는 일이다. 경도와 위도를 선으로 나타내고, 강과 바다, 구릉을 두루 표현함으로써 대지의 전체를 형상(形象)으로 보여준다. 그 위에 나라와 지역을 나열하고 명칭을 기입하는데, 흑색은 현재 명칭, 적색은 옛 명칭, 청색은 '이어(夷語)' 즉 한자로 음역(音譯)된 서양 명칭이다. 간색으로 표시한 것은 '서이(西夷)의 잡교(雜敎)' 즉 서양의 각종 종교이다. 적색 점으로 표시한 것은 중국의 내지(內地)이고, 적색 동그라미는 중국의 '번봉(藩封)' 즉 동아시아의 책봉체제(冊封體制)에 속하는 국가라는 뜻이다.[48]

다음으로, 남북 양극을 축(軸)으로 관통하고, 이 축을 반주호(半周弧)로 받아서 구고가(句股架: 직각삼각형 받침대)로 지탱한다. 그리고 '극출지지고하(極出地之高下)' 즉 위도에 맞추어 반주호가 남북으로 오르내릴 수 있게 한다.

45) 『환재집』 권4, 「지세의명」, 장13앞뒤. "(…) 不可曰地勢之不然也."

46) 이 점은 남병철이 『의기집설』에 「지세의명」을 轉載하면서 세계지리에 관한 내용을 모두 제거한 사실로도 입증된다. 따라서 만약 박규수의 지세의의 구조와 기능을 『의기집설』 중의 「지구의설」에 의거해서만 설명한다면, 원래의 구조와 기능이 다소 왜곡될 수 있다.

47) 단 「지세의명」과 「지구의설」의 해설이나 용어가 차이날 경우에는 전자를 따르기로 한다.

48) 이와같이 오대양과 오대주, 세계 각국 각 지역의 명칭(특히 夷語名), 서양 종교의 세력 분포 등을 표시하는 데에는 『해국도지』가 실로 요긴했을 것이다. 서양 종교의 판도는 『해국도지』(1844년 초간본) 권14, 「天方教攷」, 권15 「天主教攷」, 권43, 「南洋西洋各國教門表」에 소개되어 있다.

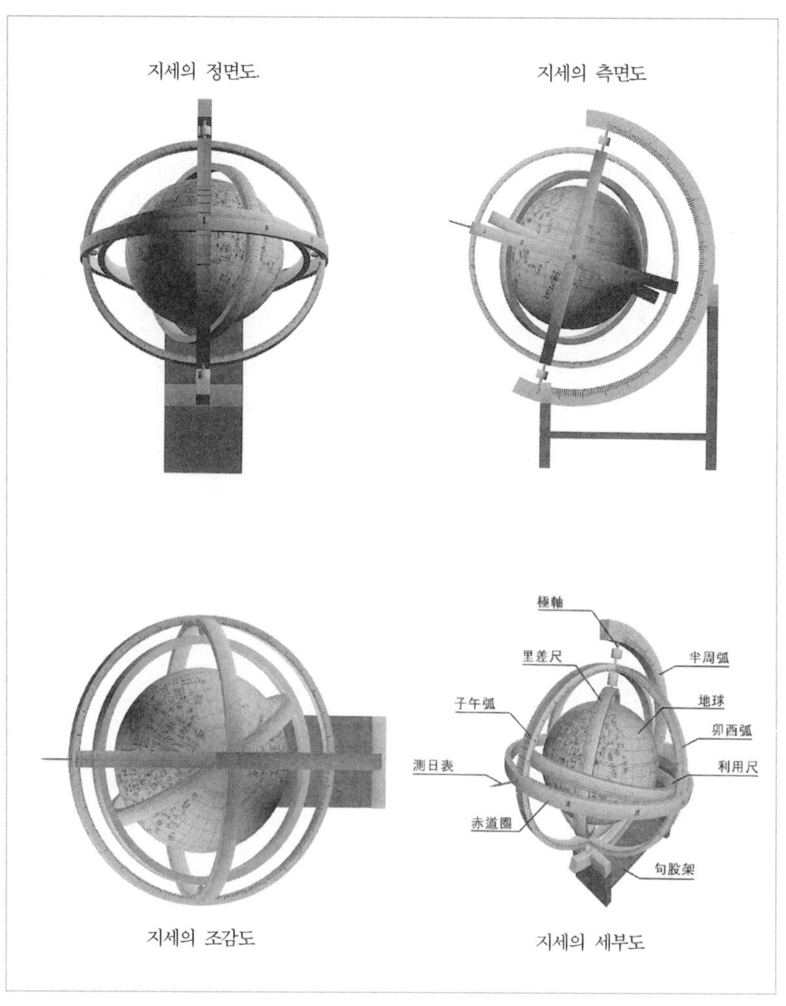


이러한 지구의의 바깥에 천문 관측을 위해 자오호(子午弧)·묘유호(卯酉弧)·적도권(赤道圈)·이차척(里差尺)·이용척(利用尺)의 5개 원환(圓圜)이 부설되고,[49] 해시계인 측일표(測日表)가 덧붙는다.

49) 남병철은 묘유호를 제거하여 4개의 원환만 부설하도록 했다. 사실 「지세의명」에서 묘유

양극을 축으로 동서로 회전하는 자오호에는 주천도수(360도)와 아울러, 이지한(二至限: 하지와 동지 사이에 해가 움직이는, 남북으로 23.5도 되는 지역)과 기후한(氣候限: 이지한에 표시된 24 節氣線)을 표시한다.

지구의의 허리 부분에는 자오호와 교차하는 적도권이 설치된다. 적도권에는 12시와 주천(周天)의 경도(經度)가 표시되며, 적도권과 자오호의 교차점에 측일표를 세운다.

적도권보다 안쪽에 있으면서 양극을 축으로 동서로 움직이며 세계 각 지역의 거리를 측정할 수 있는 이차척에는 주천의 위도(緯度)가 표시된다.

이용척은 이차척과 적도권 사이에 있으며, 묘유호와 적도권의 교차점을 축으로 삼아 남북으로 움직인다. 여기에도 주천도수가 표시된다. 이 이용척을 자오호의 이지한에 맞추면 황도권(黃道圈)이 되고, 위도에 맞추면 지평권(地平圈)이 된다. 이것을 양극을 에워싼 23.5도 이내에서 움직이면 사시빈전지표(四時賓餞之表: 사계절의 변화를 나타내는 표지선)가 되고, 자오호의 기후한 사이에서 움직이면 일행남북지표(日行南北之表: 해의 남북 운행을 나타내는 표지선)가 되는 등 다양한 기능을 하므로, 이용척이라 한다.

이러한 구조를 갖춘 지세의를 태양 아래 놓으면 '만국의 주야'를 알 수 있다. 빛을 받는 곳은 낮이고 어두운 곳은 밤이다. 측일표의 그림자가 곧으면(즉 그림자가 없어지면) 그 지역은 정오이다.

자오호를 동서로 움직이고 이차척으로 잰 다음 적도권의 시각 표시를 살피면, '만국의 조안(早晏: 시차)'을 알 수 있다.

이용척을 남북으로 움직여 기후한과 닿는 부분을 살피면, '만국의 한서(寒

---

호는 그 위치와 구조 및 기능이 매우 소략하고 애매하게 설명되어 있다. 그에 관한 진술은 단 두 군데뿐으로, "지구의를 사방으로 감싸면서 양극을 축으로 삼는 것이 자오호와 묘유호이다(抱地四合而轃樞於兩極者, 子午卯酉之弧也)" "묘유호와 적도(권)의 교차점을 축으로 삼는 것이 이용척이다(樞于卯酉弧赤道之交者, 曰利用尺)"라고만 되어 있다(『환재집』 권4, 장14앞뒤). 이로써 추측하건대 묘유호는 자오호와 極軸에서 直交하는 한편 적도권과도 직교하는 원환이었을 것이다.

暑: 계절 차이)'를 알 수 있다.

해 그림자의 길이를 측정하고 이용척으로 잰 다음 적도의 시각 표시를 살피면, '만국의 혼신(昏晨: 일출 일몰)'을 알 수 있다.

또한 지구의의 '출극(出極: 양극)'을 상하로 움직이고 그 앞면과 뒷면을 돌려가면, 사철의 낮과 밤의 길이를 알 수 있다.

뿐만 아니라 지세의로 각 지방간의 직선 거리를 측정할 수도 있다. 남북간 거리를 알고 싶으면, 이용척에서 위도를 살핀다. 동서간 거리를 알고 싶으면, 이용척으로 잰 다음 적도권에서 경도를 살핀다. 이용척을 양극과 적도 사이에서 움직여 각 지방간의 사선(斜線) 거리를 잴 수도 있다.[50]

이상과 같은 구조와 기능으로 미루어볼 때, 지세의는 세계지리를 파악하기 위한 지구의에다 천문 관측 기능을 겸비하게 한 의기라 생각된다. 즉 세계지도를 그린 지구의에다 몇 가지 천문 관측용 장치를 부착함으로써 '탁지지구(度地之具: 지리 파악의 기구)'이면서 '측천지용(測天之用: 천문 관측의 용도)'을 겸하도록 한 것이다.[51]

『의기집설』에서 남병철은 혼평의와 마찬가지로 "이 의기 역시 박환경이 제작한 것이다"[52]라고 하여 지세의가 박규수의 발명품임을 밝혔다. 그리고 이러한 지세의는 중국 동한(東漢) 때 장형(張衡)이 만든 지동의(地動儀)에서 유래를 찾을 수 있으나, 후세에 이를 계승한 것으로는 건륭(乾隆) 때 만들어진 중국의 옛 지구의와 박규수의 지세의가 있을 따름이라고 했다.[53] 그러나

---

50) 『의기집설』「지구의설」에 의하면, 그밖에 이차척과 이용척을 써서 각 지방간의 對衝 거리(지구 정반대편 거리)를 측정할 수도 있다고 한다.

51) 『환재집』 권4, 「지세의명」, 장15뒤. "今是儀也, 作輿圖於穹窿之體, 而度地之具, 而兼測天之用."

52) "是儀亦朴桓卿所製也."(『의기집설』 하권, 「지구의설」, 장46앞)

53) 그러나 장형의 地動儀는 지구의의 일종이 아니라 중국 최초의 地震計로 보는 것이 과학사의 통설이다. 남병철이 말한 '건륭 때 만든 지구의'란 건륭 勅撰 『皇朝禮器圖式』(권3)에 소개된 御製地球儀로 추정된다. 단 이 지구의는 康熙 25년(1686)에 제작된 것이다. 남병철은 『황조예기도식』이 건륭 때 간행되었으므로 여기에 소개된 지구의도 건륭 때 제작되었을 것으로 짐작한 듯하다(『皇朝文獻通考』 권258, 「象緯考」 3, 儀器; 金文子, 앞의 논문, 158

청 강희(康熙) 때 만든 지구의 원본(좌).
『사고전서』 중 『황조예기도식(皇朝禮器圖式)』에 소개된 지구의(우).

양자를 비교해볼 때 박규수의 지세의가 구조와 기능 면에서 우수하다고 평가했다. 즉 중국의 옛 지구의는 구면(球面)에다 황도와 적도를 표시하고 자오권(子午圈)을 설치하며 북극에 시반(時盤: 각 지역의 시각을 측정하기 위한 원환)을 첨가한 데 불과하다. 그리고 거리를 구할 때 경위선(經緯線)에만 의거하고 권척(圈尺: 원환)을 함께 쓰지 않아 소략할 뿐 아니라, 각 절기의 변천을 관측하거나 여러 지방간의 사선(斜線) 거리를 측정하는 기능 같은 것은 갖추어져 있지 않다는 것이다. 결론적으로 남병철은 박규수의 지세의가 "비단 우리나라에서 처음 창제된 것일뿐더러 실로 지학(地學)의 뛰어난 기구이다"[54]라고 극찬했다.

면; 오상학, 앞의 논문, 245면 참조).

54) 『의기집설』 하권, 장48앞. "蓋是儀, 非徒創出於我東, 實地學之善器也."

여기서 남병철이 지세의에 대해 '天學'(천문학)이 아니라 '地學'(지리학)의 뛰어난 기구 박규수 자신도 「지세의명」에서, 『의상지(儀象志)』를 상고하니 지세의와 비슷한 것으로는 "건륭 때 만든 지구의의 방식이 있다. 그러나 여러가지 관측 방법을 두루 갖춘 점에서, 서로 대동(大同)한지 소이(小異)한지? 이는 잘 알 수 없는 바이다"라고 했다.[55] 비록 겸손한 어조로 단정을 피하기는 했지만, 다양한 천문관측 기능을 구비한 점에서 자신의 지세의가 중국의 지구의보다 우수할 것이라고 은연중 자부심을 드러낸 것이다.

조선 후기에 지원설(地圓說)이 국내에 소개되면서 이와 더불어 서구식 세계지도 역시 제작·유포되었지만, 지구의는 거의 제작되지 않았다. 중국에서 지구의는 명나라 말에 마떼오 리치가 처음 제작했으며 서광계(徐光啓)가 만국경위지구의(萬國經緯地球儀)의 제작을 시도하기도 했다. 그러나 그후로 지구의는 그다지 활발하게 제작되지 못한 듯하다. 청나라 때의 지구의로는 『황조예기도식(皇朝禮器圖式)』에 소개된바 강희(康熙) 때 만든 지구의 정도가 알려져 있을 뿐이다. 이 지구의를 지세의와 비교해보면, 남병철의 지적대로 구조와 기능 면에서 현격한 차이가 있음을 알 수 있다. 이렇게 볼 때 박규수가 제작한 지세의는 현재까지 알려진 조선시대 최초의 지구의에 해당할 뿐더러 중국의 지구의와도 다른 독창적인 발명품이라 할 수 있다.[56]

박규수가 이와같은 지세의를 창제할 수 있었던 배경으로는, 중국과 조선에서 지구의의 방식을 가미한 혼천의(渾天儀)가 제작되어온 전통, 그리고 『해국도지』와 한역(漢譯) 서양 천문학서의 영향 등이 거론된 바 있다.[57] 그런데

---

라고 예찬한 것은, 천문 관측 기능보다 지리 정보 제공이 지세의의 주된 기능임을 시인한 셈이라 할 수 있다.

55) 『환재집』 권4, 「지세의명」, 장15앞뒤. "考諸儀象之志, 有乾隆地球之式. 然諸法之悉具, 大同歟? 小異歟? 所未能詳焉耳." 여기에서 박규수가 말한 『의상지』는 康熙 때 南懷仁(Verbiest)이 편찬한 『靈臺儀象志』가 아니라, 건륭 때 戴進賢(Kögler)이 『영대의상지』의 重修를 건의함에 따라 편찬한 『儀象考成』을 가리키는 듯하다.

56) 『明史』 권25, 天文志; 『新法算書』 권1, 「緣起」1; 오상학, 앞의 논문, 138면, 242면, 245면 참조.

57) 金文子, 앞의 논문, 155~159면; 남문현·한영호·이수웅·양필승, 「조선조의 혼천의 연구」, 『建大學術誌』 39, 1995 참조.

이와 더불어 유의할 것은, 일찍이 약관시절부터 박규수가 천문학에 대해 깊은 조예를 갖추고 있었던 사실이다. 초기 저술인 『상고도 회문의례』에서 그는 천문역법에 관해서도 뛰어난 식견을 보여주었다. 예컨대 박규수는 『진서(晉書)』 「천문지(天文志)」로부터 장형에 관한 기사를 전재하고 그가 혼천의와 지동의를 제작한 사실을 예찬했다.[58] 뿐만 아니라 개천설(蓋天說)과 혼천설(渾天說) 등 동양의 6대 천문학설을 비판적으로 검토하면서, 『의산문답(醫山問答)』에 제시된 홍대용의 주장을 유력한 논거로 하여 지원지전설(地圓地轉說)을 피력했다. 이는 홍대용과 조부 연암 등 18세기 실학자들의 진보적 천문학설을 계승한 것이다.[59] 이처럼 박규수는 젊은 시절부터 천문학에 대한 전문적 소양을 갖추고 지원지전설을 신봉했으며, 그후에도 그가 꾸준히 천문 관측을 시도하고 평혼의와 간평의 등의 천문의기를 제작했던 사실은 이미 언급한 대로이다. 지세의는 이러한 바탕 위에서 비로소 창제될 수 있었던 것이라 하겠다.

박규수가 1850년경에 지세의를 제작하게 된 동기로는, 서양을 제압하기 위해 서양의 실정을 먼저 알아야 한다는 『해국도지』의 사상적 영향과 아울러, 당시 국내의 현안 문제였던 천주교의 확산을 막기 위한 목적 등이 거론되었다.[60] 앞서 살핀 대로 그 구조가 세계지리를 상세히 표시한 지구의 위주로 되어 있으며, '만국'의 주야 · 조안 · 한서 · 혼신 등을 파악하는 것이 주요 기능임을 볼 때, 지세의는 무엇보다도 먼저 해방(海防)의 일환으로 해외 각국의 사정을 알기 위한 목적에서 제작된 것이 분명하다고 생각된다.

신채호(申采浩)에 의하면, 만년의 박규수는 김옥균이 방문하자 그에게 지구의를 돌려 보이면서 '어느 나라든지 중(中)으로 돌리면 중국이 된다'고 하여 중국 중심의 화이사상(華夷思想)에서 깨어나게 했다고 한다. 신채호는 그 일화에 덧붙여, 그 지구의는 연암이 중국에서 구해 온 것이라고 했다.[61] 그

---

58) 『환재총서』 제1책, 『상고도 회문의례』 권4, 16部 詞目, 「張平子銅渾天儀」.
59) 본서, 163~166면 참조..
60) 손형부, 앞의 책, 59~60면.

러나 지동설을 소개하여 중국인들을 놀라게 한 연암이 도리어 중국에서 지구의를 구해 왔다는 것은 믿기 어려운 이야기이다. 게다가 중국에서도 지구의는 희귀하여 강희 때의 어제(御製) 지구의 정도가 알려져 있던 실정임을 감안하면, 문제의 지구의는 아마 박규수가 손수 제작한 지세의였을 것이다. 비록 야담에 가까운 이야기이기는 하지만, 이 일화는 지세의가 박규수의 만년까지 보존되어 훗날 개화파를 형성하는 청년들에게 계몽의 도구로 활용되었을 가능성을 시사하는 것이라 하겠다.

## 3. 「지세의명」의 사상사적 의의

### 1) 「지세의명」의 분석

박규수가 지세의를 창제한 뒤 지은 「지세의명」은 전문(全文) 1660여 자의 비교적 짧은 글이기는 하지만, 지세의의 구조와 기능뿐만 아니라 당시 박규수의 사상과 학문적 경향을 알 수 있게 하는 점에서 대단히 중요한 자료이다. 우선 주목할 것은, 이 글 첫머리에서 그가 서양의 지원설(地圓說)이 고대 중국에서 기원했다고 주장한 점이다.

> 대지가 둥근 구체라는 점은 혼천가(渾天家)나 개천가(蓋天家)들이 말했지만, 『주비산경(周髀算經)』의 설이 가장 상세하다. 선대의 유학자 중에도 이치로써 추론하여 이 점을 깨달은 분들이 많았다. 그런데 서양 오랑캐들은 번잡스럽게 큰 배를 타고 대해를 일주하고 나서야 이를 알았다고 하니, 역시 우둔하지 않은가![62]

61) 신채호, 「地動說의 效力」, 『丹齋申采浩全集』 下, 형설출판사 1987, 384면.

62) "大地渾圓之體, 渾天蓋天家言之, 而莫詳密於周髀之說, 先儒亦多以理推而得之, 乃西夷則紛紛然乘巨舟, 遶溟海一周, 而後知之, 不亦遲鈍乎!"(『환재집』 권4, 「지세의명」, 장12

이와같이 박규수는 동양의 전통적인 천문학설 가운데, 하늘이 계란처럼 대지를 에워싸고 있다고 보는 혼천설이나 하늘이 우산처럼 대지를 덮고 있다고 보는 개천설에서 지원설의 기원을 찾을 수 있다고 본다. 그리고 특히 중국 최고(最古)의 천문수학서인 『주비산경』은 지원설을 가장 상세히 해설하고 있다고 본다. 이러한 그의 견해는 '청초(淸初) 제일의 역산가(曆算家)'로 평가되는 매문정(梅文鼎, 1633~1721)의 주장과 상통한다.

매문정에 의하면, 종래 혼천설과 개천설은 서로 대립하는 천문학설로 간주되어왔지만, 실은 지원설을 상보적(相補的)으로 설명하는 이론들이다. 이와같이 "혼천가와 개천가가 본래 양파(兩派)가 아님을 알아야, 서력(西歷: 서양 역법)과 고력(古歷: 고대 중국 역법)이 같은 근원에서 나왔음을 알 수 있다." 그리고 『주비산경』은 요순(堯舜) 이전까지 소급하는 상고(上古)의 개천설을 전하고 있는 저술로서, 서양의 역법과 마찬가지로 지원설을 전제하고 있다. 따라서 서양의 지원설과 역법의 원류는 고대 중국의 '주비지학(周髀之學)'에 있다는 것이다.63)

또한 박규수는 선대의 유학자들이 이치로 추론해서 지원설을 깨달았다고 하여 지원설의 원류를 송대(宋代) 성리학자들의 천문학설에서도 찾고 있는데, 이 점 역시 매문정의 주장과 흡사하다. 『역학의문(歷學疑問)』에서 매문정은 중국 고래(古來)의 지원설로 『대대례(大戴禮)』 중의 증자(曾子)의 설, 『내경(內經)』 중의 기백(岐伯)의 설을 들고, 아울러 "송대에는 소자(邵子)의 설, 정자(程子)의 설이 있다"고 하여 소옹(邵雍)의 『관물편(觀物篇)』이나 정

---

앞뒤)

63) 梅文鼎, 『歷算全書』 권4, 『歷學疑問補』 上, 「論西歷源流本出中土卽周髀之學」, 「論蓋天與渾天同異」, "知蓋天與渾天原非兩家, 則知西歷與古歷同出一源矣", 「論周髀中卽有地圓之理」; 陳鼓應等 主編, 『明淸實學思潮史』 下, 濟南: 齊魯書社 1989, 1393~1409면 참조.

혼천설과 개천설이 地圓說을 相補的으로 설명하는 이론이라는 주장은 明 李之藻의 『渾蓋通憲圖說』에도 보인다(徐宗澤 編著, 『明淸間耶蘇會士譯著提要』, 北京: 中華書局 1989, 263~264면, 「渾蓋通憲圖說序」 참조).

호(程顥)의 『어록(語錄)』에서도 지원설을 발견할 수 있다고 주장했다.64)

그런데 이러한 견해는 박규수의 약관시절 저서인 『상고도 회문의례』에서 이미 찾아볼 수 있다. 여기에서 박규수는 지원설의 유력한 근거로 소옹·장재(張載)·정호·주희(朱熹) 등의 주장을 원용했다. 뿐만 아니라 그는 광대한 우주를 인식하는 두 가지 방법으로, 측정과 계산에 의거하는 역상가의 방법과 논리적 추론을 통해 이치를 깨닫는 유학자의 방법을 들고, 양자는 상호 보완관계에 있다고 보았다.65) 선대의 유학자들이 논리적 추론을 통해 지원설에 도달했다는 견해는 바로 그와같은 방법론적 인식에 근거한 것이라 할 수 있다.

이와 관련하여 또 하나 주목할 것은, 박규수가 지세의를 만들면서 한편으로 주희의 구상(構想)을 염두에 두었던 점이다. 「지세의명」의 서문 마지막 대목에서 그는 다음과 같이 주희가 천문의기와 목판(木版) 지도를 제작하려 한 사실을 특별히 거론했다.

> 자양부자(紫陽夫子: 주희)는 둥근 지붕의 집을 만들고 지붕에 구멍을 많이 뚫어 빛이 새어나오게 해서 별 모양을 삼고, 남극 쪽을 틔워 그 가운데에 사다리를 놓아 관측하고자 한 적이 있다. 또한 목판 지도를 만들어 들쑥날쑥한 지형을 새기고, 조립하기에 편리하도록 하려고 했다.66)

여기에서 천문의기 제작에 관한 언급은 주희가 앙관(仰觀)하는 혼상(渾象) 즉 돔(dome) 형태의 대형 플라네타륨(planetarium: 天象儀)을 중국 최초로 구상한 사실을 가리킨 것이다. 천문학에 대해서도 일가견을 가졌던 주희는 혼

64) 梅文鼎, 『歷算全書』 권1, 『歷學疑問』 1, 「論地圓可信」. "宋則有邵子之說·程子之說."
65) 본서, 167~168면 참조.
66) "紫陽夫子嘗欲作穹窿之屋, 穿衆竅漏光, 以爲星辰, 闕南極, 梯其中而望之. 又欲作版圖, 刻犬牙, 取離合之便."(『환재집』 권4, 「지세의명」, 장15뒤)

이러한 사실들은 각각 『朱公文集』 續集 권3, 「答蔡伯靜」과 『朱公文集』 권38, 「答李季章」에 나와 있다(錢穆, 『朱子新學案』 제5책, 臺灣: 三民書局 1971, 378~379면 참조).

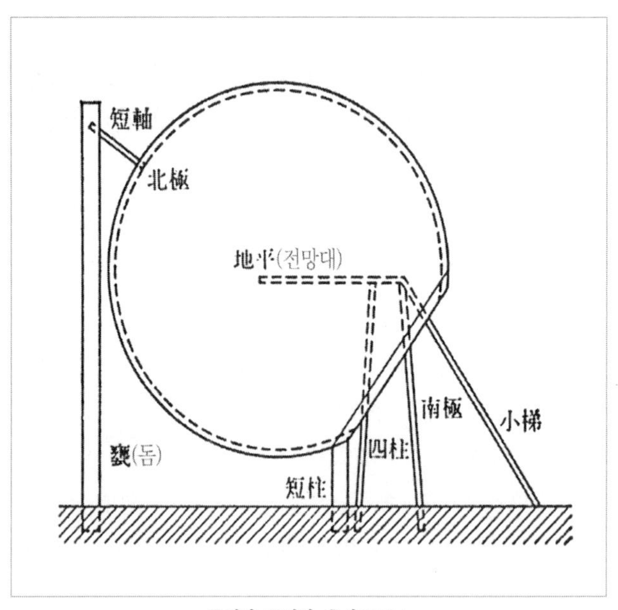


주희가 구상한 혼상(渾象).
**출처** 山田慶兒, 『朱子の自然學』, 岩波書店 1978.

천설에 입각하여 우주의 구조를 기(氣)의 회전운동으로 이해하였을 뿐 아니라, 그러한 우주의 구조를 반영한 천문의기를 통해 천체의 운동을 정밀하게 관측하고자 했다. 그 일환으로 주희는 전승이 끊어진 수운(水運) 혼천의를 복원하고자 했는가 하면, 혼상의 제작에도 큰 관심을 기울였던 것이다.[67)]

박규수는 이러한 주희의 천문학자로서의 활동을 언급하고 난 뒤, 이어서 자신의 지세의가 스스로 즐기기 위해서 만든 것일 뿐 "어찌 감히 전수받은 데가 있다고 말하랴?"고 하면서 서문을 끝맺고 있지만,[68)] 이는 도리어 지세의가 주희의 유지(遺志)를 계승하여 제작된 것이라는 뜻을 은연중 비친 것이라 생각된다. 박규수가 송대 성리학자들의 천문학설에서 지원설의 한 원류

67) 山田慶兒, 『朱子の自然學』, 東京: 岩波書店 1978, 324~327면, 특히 326면의 圖 16 참조
68) "今是儀也. (…) 亦聊以自娛嬉已, 詎敢曰吾有所受之?"(『환재집』 권4, 「지세의명」, 장15뒤)

를 찾고 있을 뿐 아니라, 나아가 이처럼 자신의 지세의가 주희의 구상을 발전시킨 것으로 자부하고 있는 점은 주목을 요한다고 하겠다.

「지세의명」에서 박규수는 동양에서는 일찍이 역산(曆算)이나 추리를 통해 알고 있던 지원설에 대해, '서양 오랑캐'[69]들은 세계일주 항해를 통해서야 이를 알게 되었으니 얼마나 우둔하냐고 조소했다. 여기에 거론된 서양인의 세계일주 항해는, 1522년 마젤란(F. Magellan)의 부하인 카노(J. S. del Cano) 일행이 세계일주 항해에 성공하여 에스빠냐로 귀환하였던 사건을 말한다. 이러한 사건은 『해국도지』에 전재된바 미국 개신교 선교사 브리지먼(E. C. Bridgman, 裨治文)의 『미리가합성국지략(美理哥合省國志略)』(1838)에 소개되어 있다. 따라서 아마도 박규수는 『해국도지』에서 얻은 지식에 근거하여 그같은 비판적 발언을 한 것이 아닌가 한다.[70] 그리하여 박규수는 지원설이 일찍이 『주비산경』에 상세하게 논해져 있으므로, "주비(周髀)의 법이 밝혀진다면 서양 오랑캐의 지구설은 폐기해도 좋다"[71]고 단언했다.

다음으로, 박규수는 서양 지리학의 오대주설(五大洲說)을 비판했다. 그는 『산해경(山海經)』과 『목천자전(穆天子傳)』, 진한(秦漢) 때의 위서(緯書)들, 추연(鄒衍)이나 동방삭(東方朔)의 설 등에 나타난 고대 중국의 지리학설이

69) 박규수가 서양인을 '西夷'라고 부른 것은 『해국도지』나 『영환지략』의 用例를 따른 것으로 보인다. 이러한 중화주의적 배타성을 띤 용어 대신에 최한기는 의식적으로 '洋人'이라는 용어를 썼으며, 남병철도 '西人'이라는 용어를 썼다(양보경, 「최한기의 지리사상」, 『진단학보』 81, 296면; 남병철, 『圭齋遺稿』 권5, 「書推步續解後」).

70) 『해국도지』(1844년 초간본) 권38, 外大西洋, 「彌利堅國總記」; 熊月之, 앞의 책, 117~118면, 262면; 권오영, 「혜강 최한기의 학문과 사상 연구」, 한국정신문화연구원 한국학대학원 박사논문 1994, 283~284면 참조.

단, 박규수가 『해국도지』를 접하기 이전에 그러한 사실을 알고 있었을 가능성도 배제할 수는 없다. 참고로, 최한기는 1836년에 저술한 『神氣通』에서 이미 카노에 대해 언급했다(권오영, 위의 논문, 282면). 일찍이 연암도 『熱河日記』 「馹迅隨筆序」에서 "言泰西人乘巨舶, 遶出地球之外, 叱爲怪誕, 吾誰與語天地之大觀?"이라 했다. 연암은 漢譯 西學書를 통해 서양인의 세계일주 항해 사실을 알고 있었던 것으로 추측된다.

71) "夫周髀之法明, 而西夷地球之說, 廢之可也."(『환재집』 권4, 「지세의명」, 장13앞)

오늘날에도 타당한 점이 있다고 주장했다. 특히 세계가 주주(柱州)・앙주(迎州)・신주(神州) 등 대구주(大九州)로 이루어져 있다고 보는 설[72]은 『팔색(八索)』과 『구구(九邱)』 같은 고대 지리서의 유문(遺文)에서 취한 것으로 타당한 점이 많다는 것이다. 따라서 박규수는 "대구주의 명칭이 확립되면 오대주라는 이어(夷語)의 명칭이나, 사대부주(四大部洲)라는 범어(梵語)의 명칭은 삭제해도 좋다"[73]고 단언했다.

이른바 오대주설은 명말 청초에 예수회 선교사들이 중국에 소개한 새로운 지리학설로, 『해국도지』에 전재된 마떼오 리치・알레니・페르비스트(F. Verbiest, 南懷仁)・장정부 등의 저술에서 지구의 대륙을 구라파주・아프리카주・아시아주・남북아메리카주・오세아니아주로 나눈 것을 말한다. 그런데 박규수는 이러한 서양의 오대주설과 함께, 수미산(須彌山)을 중심으로 남섬부주(南贍部洲)・동승신주(東勝神洲)・서우화주(西牛貨洲)・북구로주(北瞿盧洲)가 있다는 불교의 사대주설을 싸잡아 비판했다. 박규수의 이러한 비판은 매문정의 주장과 관련이 있다고 생각된다. 『역학의문보(歷學疑問補)』에서 매문정은 중국의 유교와 대립하는 서방의 종교로 불교와 '천교(天敎: 기독교)'를 들고, 불교에서 파생된 것이 기독교로서 둘 다 오륜을 경시하는 열등한 종교라고 비판했으며, 불경의 사대주설 역시 『주비산경』의 설이 서방으로 전파된 결과로 보았던 것이다.[74]

이상과 같이 서양의 선진적 천문지리 학설인 지원설과 오대주설을 비판적으로 논한 위에서, 박규수는 서양 학술의 독자성을 부정하고 이를 배격하는 더욱 극단적인 주장을 폈다. 그는 『이아(爾雅)』에서 "구이・팔적・칠융・육

---

72) 이 大九州說은 鄒衍이 처음 주장한 것으로 알려져 있다(『史記』 권74, 「孟子荀卿列傳」, 附 騶衍).

73) "大九州之名立, 而夷語之稱五洲, 梵語之稱四部, 刪之可也."(『환재집』 권4, 「지세의명」, 장13앞)

74) 매문정, 『曆算全書』 권5, 『역학의문보』 上, 「論地實圓體而有背面」, 「論蓋天之學流轉西土不止歐邏巴」.

만(九夷八狄七戎六蠻)을 사해(四海)라고 한다"는 구절, 『주례(周禮)』「직방씨(職方氏)」에서 천하의 지역을 사이·팔만·칠민·구맥·오융·육적(四夷八蠻七閩九貉五戎六狄)으로 나눈 것, 『예기』「명당위(明堂位)」에서 주(周)에 복속한 국가로 구이·팔만·육융·오적(九夷八蠻六戎五狄)을 들고 있는 기록과 그에 대한 한(漢)·당(唐)의 주소(注疏)들을 검토하고 나서, 이러한 문헌상의 증거로 미루어 "홍모(紅毛: 네덜란드인으로 대표되는 서양인)와 오귀(烏鬼: 서양인의 노예로 종사한 아프리카 흑인)"도 옛날에 중국과 교섭했던 무수한 이민족의 하나임에 틀림없다고 단정했다.

또한 박규수는 서양인이 고대부터 중국과 교섭했던 증거로 『서경』의 기록을 들었다. 즉 『서경』「우공(禹貢)」에 나오는바, 짐승 털로 짠 융단을 바쳤다는 곤륜·석지·거수라는 서융(西戎)의 나라들은 각각 파미르 고원·아프리카·구라파에 해당한다는 설을 소개하고, 서양 오랑캐의 지도에 의거해 보면 이는 상당히 타당한 설이라고 보았다. 그러므로 서양인들이 "중국과 통하지 않고서 스스로 역상(曆象)에 밝아 이용후생(利用厚生)할 수 있었다"고는 볼 수 없으니 "설복시켜서 물리치는 것이 옳다"는 것이다.[75]

이미 언급했듯이 매문정은 명말 청초 예수회 선교사들이 중국에 소개한 천문역법 등 서양의 학술이 실은 고대 중국에 기원을 두고 있다는 '서학중원설(西學中源說)'을 주장한 대표적 인물이다. 박규수는 「벽위신편 평어」에서 그의 설을 인용하면서 유사한 견해를 피력한 바 있다.[76] 「지세의명」에서 그는 이러한 '서학중원설'뿐 아니라 『이아』와 『주례』『예기』 등 경전에 대한 고증학적 지식에 근거하여, 서양 학술에 대한 배타적 태도를 한층 강화했다고 볼 수 있다.

75) "謂不通中國而自能明曆象, 利用而厚生, 得乎? 折服而黜之, 可也."(『환재집』 권4, 「지세의명」, 장13앞)

76) 본서, 281~282면 참조.

서학중원설의 영향은 徐命膺·黃胤錫·徐有本·이규경 등의 글에서도 찾아볼 수 있다(노대환, 『동도서기론 형성과정 연구』, 일지사 2005, 63~66면, 83면, 141~142면 참조).

이어서 박규수는 지세의를 제작하면서 『해국도지』를 주로 참고한 이유를 다음과 같이 밝혔다. 중국에도 일찍이 한나라 때 감영(甘英)을 비롯하여 해외를 여행한 이들이 많았지만 그들이 남긴 지도가 후세에 전하지 않으므로, 지세의에 세계지리를 표시하자면 "서양 오랑캐의 지구도"를 참고하지 않을 수 없다. 그러나 "오랑캐의 선박"에서 나온 지도류는 동식물의 그림이나 황당한 이문(異聞) 따위를 뒤섞어 실었으며, "화인(華人: 중국인)"이 이를 모방한 지도들은 작고 매우 엉성했다.[77] 그런데 "월동(粵東: 廣東省)에서 외구(外寇)를 평정한 뒤에" 위원이 해방(海防)을 위해 편찬한 『해국도지』는 서양 오랑캐들의 지역과 허실(虛實)과 연혁을 오늘날의 직접적인 견문에 의거하여 서술했기에 믿을 수 있다는 것이다.[78] 여기에서 박규수가 광동의 외적을 평정한 뒤 『해국도지』가 편찬되었다고 말한 것은, 위원의 『해국도지』가 제1차 아편전쟁 패배의 충격과 고통 속에서 나온 저술임을 우회적으로 표현한 것이라 짐작된다.

끝으로, 「지세의명」 말미를 장식한 그 명사(銘辭) 역시 주목할 만한 내용을 담고 있다. 여기에서 박규수는 제1차 아편전쟁 이후의 해외정세를 배경으로, 동서교섭의 미래에 대한 전망을 피력했다. 그는 "어리석은 저 변방 오랑캐들/ 기술도 있고 교활도 하다/ 물소뿔 갑옷에 창칼 갖춘 배로/ 사악한 교

77) 이는 17세기 서양지도의 관행에 따라 지도의 여백에 선박과 각종 동물 그림을 삽입하고 천문지리에 관한 설명을 기록한 마떼오 리치의 『坤與萬國全圖』나 페르비스트의 『坤輿全圖』를 가리킨다. 明의 徐光啓나 淸의 장정부 등은 이러한 서양식 지도를 모방한 지구도를 제작했다. 최한기의 「地球前後圖」는 장정부의 지구도를 다시 판각한 것이다. 장정부는 휴대의 편리를 위해 세계지도를 대폭 축소했으며 그에 따라 『곤여전도』 등에서 볼 수 있던 각종 그림을 배제했다(이찬, 『한국의 고지도』, 범우사 1991, 32~33면, 38~39면, 351면; 오상학, 앞의 논문, 234면 참조).

78) 『환재집』 권4, 「지세의명」, 장13뒤.

그러나 「海國圓圖(東西洋半球圖)」 「海國橫圖(平面圖)」 등 『해국도지』에 수록된 70여 종의 지도들은 마떼오 리치 · 알레니 · 페르비스트 등 예수회 선교사들이 만든 지도를 참고한 것이었다(熊月之, 앞의 책, 258~261면; 王家儉, 『魏源對西方的認識及其海防思想』, 臺灣大學 文史叢刊 1963, 50~51면 참조).

설(敎說)을 돕는구나"[79]라고 하여, 제1차 아편전쟁 당시 영국이 전함을 끌고 온 것은 천주교 포교를 무력으로 지원하기 위한 것으로 이해하였다.

이어서 박규수는 은(殷)나라 고종(高宗)이 귀방(鬼方: 중국 서북부의 부족)을 3년 만에 정벌하고 부열(傅說)과 같은 인재를 물색하여 변방을 지키는 제후로 봉한 고사를 노래했다. 이는 청 도광제(道光帝)가 무도한 자를 징계하는 '천리(天吏)'로서, 제멋대로 날뛰는 서양 오랑캐를 평정하고자 임칙서(林則徐)와 같은 인물을 발탁하여 중국의 동남방을 지키게 했다는 뜻을 나타내기 위한 비유적 표현이다.

또한 그는 해와 달같이 영원히 빛나는 진리인 "공자와 주공(周公)의 사상과 정신"은 모두 육경(六經)에 담겨 있다고 예찬하면서, 무릇 중국인과 외국인을 막론하고 인류라면 모두 성인(聖人)을 경애하여 마지않는다고 한 『중용』의 말씀을 확신한다고 했다. 이러한 유교와 중화주의에 대한 절대적 신봉 위에서, 그는 다음과 같이 명사를 마무리하고 있다.

| | |
|---|---|
| 성인의 교화 두루 미치어 | 聲敎被及 |
| 세월 갈수록 더욱 빛나네 | 久而彌光 |
| 수만 축의 중국 서적들 | 縹黃萬軸 |
| 한창 해외로 수출되니 | 方出海航 |
| 동서남북 수만리에 | 縱橫萬里 |
| 총명한 사람 하나 없으랴 | 豈無一人 |
| 시원스레 깨우치고서 | 曠然發蒙 |
| 제 인민을 선도하리라 | 以倡其民 |
| 중국에는 도가 있기에 | 中國有道 |
| 사방 오랑캐들 머리를 조아리네 | 四夷稽首 |
| 귀순하여 같은 문자 쓴다면 | 歸我同文 |
| 오는 자를 받아들이고말고 | 來者斯受[80] |

79) "蠢彼裔戎, 有技有黠, 水犀戈船, 佐其邪說."(『환재집』 권4, 「지세의명」, 장15뒤)

여기에서 중국의 서적들이 대량으로 해외에 수출되고 있다고 한 것은, 싱가포르와 말라카 등지에서 서양의 개신교 선교사들이 중국 유교 경전류를 수입하여 번역·간행한 사실을 가리킨다. 이는 『해국도지』에 소개되어 있으며, 박규수 자신도 「벽위신편 평어」에서 언급한 바 있다.

또한 박규수는, 중국 서적을 통해 수준 높은 중화문명에 접하다 보면 서양인 중에도 뛰어난 인물이 출현하여 크게 깨우치고 동양의 도를 앞장서 전파할지도 모른다고 기대하면서, 중화문명에 귀의한다면 서양인의 도래(到來)를 적극 수용할 수 있다고 하였다. 이처럼 동양의 문화적 우월성을 확신하면서 동서교섭을 통해 장차 서양인들도 동양문화에 감화되는 날이 오리라고 본 낙관적 전망 역시 「벽위신편 평어」에서 찾아볼 수 있다.[81] 따라서 「지세의명」의 명사(銘辭)는 사상적으로 「벽위신편 평어」와 긴밀한 관계에 있음을 알 수 있다.

### 2) 「지세의명」의 의의와 한계

이상에서 분석한 바와 같이 「지세의명」에서 박규수는 서학중원설과 그에 근거하여 중국 고대 천문학과 지리학의 부활을 주장했다. 이와 함께, 주희를 비롯한 성리학자들의 천문연구 전통을 계승하려는 의식도 드러내었다. 나아가 유교와 중화주의에 입각해서, 서양 종교와 학술에 대한 배외적 태도와 아울러 중화문명의 궁극적 승리에 대한 낙관적 전망을 표명했다. 이와같은 사상 내용은 위원의 『해국도지』뿐 아니라 매문정의 『역학의문』 및 『역학의문보』와 같은 저술의 영향을 짙게 반영하고 있으며, 한편으로 『상고도 회문의례』와 「벽위신편 평어」 등 이전의 저술에서 박규수 자신이 피력한 견해를

80) 『환재집』 권4, 「지세의명」, 장15뒤~16앞.
81) 본서, 286~291면 참조.

더욱 발전시킨 것이라 볼 수 있다.

이러한 「지세의명」에 대해 선배 윤정현은 다음과 같이 평했다. 여기에서 박규수가 서양의 천문지리학설이 독창적인 것이 아니라 고대 중국에서 기원한 것이라고 주장한 것은, 지세의의 제작에 서양인의 지도를 이용한 사실이 야기할 부작용을 염려해서였다. 즉 사람들이 서양인의 지도가 정밀하고 광대함을 보고는 서양의 문물 일체가 그러한 줄로 알고, 천주교의 막심한 폐단을 깨닫지 못할까 우려했기 때문이라는 것이다. 따라서 「지세의명」의 문장도 훌륭하기는 하지만, 훗날 이 글을 읽는 독자들은 거기에 담긴 작가의 고심에 반드시 탄복하게 될 것이라고 했다.[82] 윤정현은 주로 척사론(斥邪論)의 견지에서 「지세의명」을 높이 평가했다고 할 수 있다.

한편 1861년 북경에서 박규수와 교분을 맺은 동문환(董文渙)도 「지세의명」에 대해 평어를 남겼다. 그는 「지세의」의 명사(銘辭)가 원나라 때의 뛰어난 천문학자 곽수경(郭守敬)이 지은 「간의명(簡儀銘)」 「앙의명(仰儀銘)」과 비견할 만하며, 그 서문 또한 『주비산경』의 심오한 뜻을 남김없이 드러냈을 뿐더러 "선현들의 지유설(前賢之地游之說)"과 상응한다고 칭찬했다. 또한 그는 『연암집(燕巖集)』을 통해 홍대용의 지동설을 알았다고 하면서, 이로써 박규수의 주장이 가학(家學)에서 유래함을 알겠다고 하였다.[83] 동문환은 「지세의명」이 고대 중국과 조선의 천문학 전통, 특히 홍대용과 조부 연암의 지원지동설을 계승한 점을 지적한 것이다.

오늘날 보자면 「지세의명」에는 박규수의 사상적 한계로 간주될 요소들이

82) 『환재집』 권4, 「지세의명」, 장16앞; 윤정현, 『梣溪遺稿』 권4, 「書朴瓛卿文鈔後」.

83) "地勢儀銘, 旁薄奇肆, 可與郭太史簡儀仰儀二銘抗行. 序文, 四通八達, 曲發周髀之縕, 尤與前賢之地游之說相表裏. 讀燕岩文集, 知洪君曾有地轉之論, 愈徵家學有自矣."(『환재총서』, 제5책, 『朴瓛齋文』, 361면)

동문환이 말한 "선현들의 지유설(前賢之地游之說)"이란, 땅이 때때로 오르내리면서 사방으로 움직인다는 '四遊說'을 가리키는 듯하다. 사유설은 지동설의 선구로 볼 수도 있는데, 『상고도 회문의례』에서 박규수는 『尙書考靈曜』에 대한 鄭玄의 注를 중심으로 이 四遊說을 비판적으로 고찰했다(『환재총서』, 제1책, 505～536면).

없지 않다. 고대 중국의 혼천설과 개천설이 이미 지원설을 논했다고 한 주장 같은 것은 견강부회라 할 수 있다. 서양의 오대주설을 비판하고 대구주설(大九州說)을 제기한 것도 납득하기 힘든 주장이다. 성인의 도에 대한 절대적 확신 위에서 고대 중화문명으로 회귀함으로써 서양인들을 설복시킬 수 있다고 본 것 역시 안이하고 복고적인 전망이라 하지 않을 수 없다. 이 때문에 박규수의 「지세의명」에 대해, 『거가잡복고』와 같은 그 이전의 저술에 나타난 '복고주의적 지향'과 '화이사상'을 답습한 것으로 보아 비판한 논자도 있다. 즉, 박규수가 지세의의 제작에서는 고도의 과학성과 서양 과학기술에 대한 적극적 수용의 자세를 보이면서도, 「지세의명」에서는 그의 초기 학문세계에서 형성된 복고주의적 지향과 화이사상을 더욱 강화하는 모순을 드러내고 있다는 것이다.[84]

그러나 이러한 비판적 평가는 「지세의명」이 『거가잡복고』와 공유한 한계를 지적하는 데 그치고, 『거가잡복고』의 한계를 넘어선 발전적 측면을 해명하는 데는 다소 미흡하다고 생각된다. 「벽위신편 평어」에 대한 검토에서 드러났듯이, 1840년대 후반에 이르러 박규수는 제1차 아편전쟁 발발과 『해국도지』의 영향 등으로, 종전의 복고적 예학 연구로부터 서세동점의 세계사적 격변에 대처하기 위한 시무책(時務策)의 추구로 학문적 방향 전환을 하게 되었다. 따라서 이와같은 그의 사상적 발전에 있어 「지세의명」이 지니는 의의를 정당하게 평가하기 위해서는, 이를 초기 저술에 속하는 『거가잡복고』보다 「벽위신편 평어」와 비교 검토하는 것이 더욱 적절하리라 본다.

「벽위신편 평어」는 1848년경에 씌어졌으며, 「지세의명」은 1850년을 전후한 시기에 씌어진 글로 추정된다. 이처럼 비슷한 시기에 씌어진 만큼 양자

---

84) 金文子, 앞의 논문, 161면. 또한 이 논문에서 논자는 북학파의 저술에는 화이사상이 보이지 않으며, 따라서 이 점에서 박규수는 북학파보다 사상적으로 후퇴했다고 결론지었으나, 이는 동의하기 어려운 견해이다. 이미 논한 바와 같이 『거가잡복고』에서 박규수는 당시 양반사대부의 복식을 중화의 古制로 개혁하자고 주장했는데, 이는 다름아닌 연암을 비롯한 북학파의 주장을 계승한 것이다.

는 뚜렷한 공통성을 보여주고 있다. 앞서 언급했듯이 「벽위신편 평어」에서 매문정의 학설을 원용하여 서양의 발달한 역법이 고대 중국에서 기원하였다고 본 것이나, 『해국도지』에 소개된바 중국 서적이 해외로 수출되는 현상에 고무되어 동서교섭의 미래를 낙관한 것 등은 「지세의명」과 일치하는 내용이다. 또한 「벽위신편 평어」는 윤종의의 『벽위신편』, 그중 특히 그의 천주교 비판을 집약하고 있는 「총설」 부분에 대한 평어로 쓴 것이기에, 자연 척사론적 기조(基調)를 띠고 있다.

이와 아울러 1850년대 조선 정부의 천주교 탄압정책의 영향 등을 감안할 때, 「지세의명」에서 박규수가 서양 학술의 중국 기원설과 중화문명의 우월성을 주장한 것은 초기의 복고주의적 지향이나 화이사상이 강화된 결과가 아니라, 국내의 천주교 확산에 대한 방어론의 일환으로 보아야 한다는 논자도 있다.[85] 이는 「지세의명」을 척사론의 견지에서 높이 평가한 윤정현의 평어를 부연한 주장이다.

물론 「지세의명」에 척사론적 요소가 다분함을 부인할 수는 없지만, 그와 동시에 서양의 과학기술 수용에 적극적이고 서양과의 교섭에 능동적 개방적으로 대처하려는 자세도 나타나 있음을 주목해야 한다. 우선 지세의 자체가 서양의 지원지동설을 수용한 위에서, 서학서나 서양의 세계지도를 참조하여 제작된 것이었다.[86] 또한 박규수는 육경에 담겨 있는바 공자와 주공이 밝힌 성인의 도(道)와 '서동문(書同文)'의 한자문명에 동참한다면, 서양인의 진출도 받아들일 수 있다는 뜻을 밝혔다.

이처럼 「지세의명」에서 박규수가 서양에 대해 일견 이중적인 자세를 취하고 있는 것은 위원의 경우와 흡사하다. 『해국도지』에서 위원은 "서양인의 장기를 배울 것(師夷長技)"을 제창하면서도, 한편으로 『사고제요(四庫提要)』

85) 손형부, 앞의 책, 57면.

86) 이 점에서 박규수는 척사론적 견지에서 서양의 지구설이나 지구도를 극력 배격한 復元齋 兪星柱나 華西 李恒老 등과 뚜렷이 구별된다(兪莘煥, 『鳳棲集』 권8, 「先考復元齋年譜後記」, 장16앞; 이항로, 『華西集』 부록, 권9 「연보」 乙丑條, 「題地球圖後」, 장56뒤~57앞 참조).

로부터 서학서를 비판한 내용들을 초록(抄錄)하는가 하면, 강희 때 척사론자로 유명한 양광선(楊光先)의 「벽사론(闢邪論)」을 실었다. 이는 제1차 아편전쟁 직후의 여론을 의식하여, 자신이 서양 과학기술의 적극적인 수용을 주장하지만 기독교의 전파에 대해서는 굳게 반대한다는 서학 수용의 원칙을 표명한 것이었다.

이러한 점에서 『해국도지』는 청말 양무운동기(洋務運動期)의 '중체서용론(中體西用論)'의 선구라 할 수 있다.[87] 조선의 개화사상에서 중체서용론과 상응하는 것이 '동도서기론(東道西器論)'이라면, 「지세의명」의 경우에도 동도서기론의 맹아를 인정할 수 있으리라 본다. 「지세의명」에 나타난 척사론적 요소는 동도서기론의 한 축(軸)을 이루는 동도(東道)에 대한 확신과 동서교섭의 장래에 대한 자신감을 강하게 표현한 것으로 해석될 수 있을 것이다.

이처럼 박규수가 동도서기론적 발상으로 발전해나간 데에는 『해국도지』뿐 아니라 매문정으로 대표되는 고증학적 천문수학 연구으로부터도 상당한 영향을 받았다고 생각된다. 그와 아울러 「지세의명」에 송대 성리학자들의 천문학설에 대한 재인식이 나타난 점도 놓칠 수 없다. 청조의 고증학은 서양의 천문수학에 대한 비판적 수용과 고대 중국의 천문수학의 부활을 추구했다. 건륭(乾隆)·가경(嘉慶) 이후 천문수학은 경학(經學) 연구자의 부전공이 되다시피 했으며, 고증학자치고 그에 관한 상식 없는 이가 없다고 할 정도로 일시의 풍상(風尙)이 되었다. 그리하여 그 학문적 성과는 서양의 근대 과학혁명과 비견하는 '17세기 중국의 과학혁명'으로까지 높이 평가되기도 한다.[88]

종래 청조 고증학의 국내 수용에 관한 연구가 주로 추사(秋史) 중심으로 이루어지면서, 고증학풍이 경학 연구나 금석학과 서화 취향으로만 편협하게

87) 丁偉志・陳崧, 『中體西用之間』, 北京: 中國社會科學出版社 1995, 157~158면 참조.

88) 梁啓超, 『中國近三百年學術史』, 朱維錚 校註, 『梁啓超淸學史二種』, 復旦大學出版社 1985, 490~493면; 네이산 씨빈, 「王錫闡과 17세기 중국에서의 서양천문학」, 김영식 편, 『중국의 전통문화와 과학』, 창작과비평사 1986 참조.

이해되어온 경향이 없지 않다. 그러나 실은 매문정·왕석천(王錫闡)·강영(江永)·대진(戴震)·완원(阮元) 등 청조 고증학자들이 천문수학 방면에서 이룬 성과 역시 박규수와 남병철 등에 의해 적극 수용되었는데,[89] 「지세의명」은 바로 그러한 사실을 증거하는 자료의 하나라 하겠다.

주희에 의해 체계화된 송대 성리학은 원대 이후의 중국과 조선에 전승되는 과정에서 사변적인 학풍으로 일정하게 굴절되었고, 근현대의 성리학 연구 또한 그러한 측면을 부각하면서 비판을 가하는 것이 풍조를 이루다시피 하였다. 그러나 오늘날의 중국과학사 연구에 의하면, 송대 성리학자들의 천문학설은 서양 천문학에 가장 근접한 진보적 내용을 담고 있었으며, 명대 이후 중국이 서양 천문학을 수용할 수 있는 사상적 기반이 되었던 것으로 재평가되고 있다.[90]

이미 『상고도 회문의례』에서 보았듯이, 박규수는 주희 등 송대 성리학자들의 천문학설이 지원지동설과 모순되지 않을 뿐 아니라, 역산가들의 학설과도 상호보완적인 관계에 있는 것으로 보았다. 「지세의명」은 이러한 인식의 연장선상에서, 박규수가 서양의 천문학설을 비판적으로 수용할 수 있는 사상적 기반의 하나로 성리학의 유산을 재인식했음을 보여준다.[91] 요컨대 송대 성리학이나 청조 고증학의 천문수학 연구는 서양의 과학기술을 주체적으로 수용하고 중화문명에 통합할 수 있는 확신과 자신감을 제공하는 사상

89) 李圭景에 의하면, 남병철은 예수회 선교사를 포함한 중국 역대 천문수학자들의 전기를 집대성한 阮元의 『疇人傳』을 당시 국내에서 유일하게 소장했다고 한다(『五洲衍文長箋散稿』 권42, 「西洋中國往來辨證說」).

90) 山田慶兒, 「중국 우주론의 형성과 전개」, 김영식 편, 앞의 책, 157~165면 참조.

91) 이와 유사한 사례로 許傳(1797~1886)의 경우를 들 수 있다. 영남의 南人系 학자로서 1845년 국내에 처음 유입된 『해국도지』를 읽고 발문을 쓴 바 있는 허전은 「天地辨」 「崑崙河源辨」(『性齋集』 권10) 등에서, 『해국도지』 등에 소개된 서양의 천문지리학설과 정호·주희 등 성리학자들의 학설을 절충·조화시키려고 노력했다. 글 중에 星湖 李瀷의 문집을 인용하고 있는 데에서도 엿볼 수 있듯이, 허전은 18세기 南人 실학파의 西學 수용 전통과도 맥이 닿아 있었기 때문에 그와같은 진취적 발상을 할 수 있었던 듯하다.

적 기반으로서, 박규수의 동도서기론적 발상을 뒷받침했다고 생각된다.

다만 남병철의 「서추보속해후(書推步續解後)」와 비교해보면, 박규수의 「지세의명」에는 일정한 사상적 한계가 있음이 드러난다. 1862년 남병철은 강영(자 愼修, 1681~1762)의 『추보법해(推步法解)』를 보완한다는 취지로 『추보속해』를 저술한 뒤, 그 발문으로 쓴 이 글에서 청 고증학자들의 서학중원설을 통렬하게 비판했다. 남병철에 의하면, 고증학풍이 일어나면서 "상수학(象數學: 천문수학)이 유학자의 당무(當務)"로 되었으니 왕석천·매문정·완원·강영 등은 그 대표적 학자이다. 그런데 이들 중 강영만은 서학을 공격하거나 헐뜯지 않고 지극히 공정한 입장에서 서학의 우수함을 확신했으므로, 남병철은 그를 최고의 학자로 존경한다고 하였다.[92)]

이어서 남병철은 왕석천·매문정·완원 등이 제창한 서학중원설에 대해 다음과 같은 논리로 비판했다. 명말에 처음 소개된 서양의 역법을 이용하여 만든 시헌력(時憲曆)이 종래 중국의 역법보다 훨씬 정확하고 간편했으므로, 이를 시기하여 양광선 등이 누차 배척했지만 뜻을 못 이루자, "총명하고 학식있는 선비들이 그 법을 배척할 수 없음을 알고는 교묘히 빼앗아 가지고자 했으니" 이것이 바로 서학중원설이다. 그들은 『대대례』, 『주비산경』, 주희, 소옹의 설 등에서 "터럭 하나라도 방불한 것이 있다 싶으면 그 부분만 떼어다가 견강부회하여" 서양의 천문수학이 모두 중국에서 유래한 증거로 삼았다.[93)]

그러나 설령 서학이 원래 중국에 있던 것이라 해도 오늘날 중국에서는 전

92) 남병철, 『규재유고』 권5, 「서추보속해후」, 장9앞뒤.

완원은 『疇人傳』(권42)에서 강영에 대해 "專力西學" "專信西說"이라 비판했다. 그러나 남병철은 도리어 완원에 대해, 『주인전』을 지어 "역산이 본시 유학자의 實學임"을 널리 알린 공은 크지만 "중국을 추키고 서양을 억누른 점에서는 너무 지나침을 면하지 못했다"고 비판하였다(남병철, 위의 책, 장15앞). 윤정현도 『규재유고』의 서문에서, 생전에 남병철이 "강영의 수학을 근세의 제일이라고 자주 칭송했는데, 이는 강영이 중국과 서양의 학설을 차별하지 않고 오로지 實事求是했던 때문이다"라고 증언했다.

93) 남병철, 위의 책, 장10앞뒤. "(…) 而有聰明學識之士, 知其法之不可譏斥, 乃有巧取豪奪之事." "苟有一毫疑似髣髴者, 則斷章取義, 敷演牽合, 援以爲徵."

승이 끊어진 지 오래인데 이를 모두 중국의 것이라 한다면, 이것은 조상이 물려준 집을 수리하지 않아 무너지게 만든 후손이 그 집의 제도에 따라 새로 집을 지은 사람에게 자기네 가법(家法)을 따랐다 하여 집을 빼앗으려는 것이나 다름없는 짓이다. 또한 역법에서는 오직 정밀한 관측과 정교한 계산만이 타당한 기준이 된다. 청의 고증학자들은 서학중원설이야말로 "존화양이(尊華攘夷)의 학문"이라 주장하지만, "저 일월 오성(五星)이 어찌 세간에 존화양이의 의리가 있음을 알리오!" 그러므로 "오직 천문 관측이 맞느냐 맞지 않느냐를 논해야지, 중국인이냐 오랑캐냐를 논해서는 안 된다"는 것이다.[94]

남병철은 서학중원설이 천주교 전파를 막는 데 기여한다는 주장에 대해서도 비판적이었다. 서양의 발달한 과학기술을 보고 서양의 종교도 그와같이 우수하리라 생각하는 자들에게, 서양을 흠모하는 마음이 생기지 않도록 하기 위해 서학중원설이 필요하다는 주장도 있다. 그러나 우민(愚民)들은 서양의 과학기술은 물론, 종교가 무엇인지 알지도 못하고, 현자는 스스로 천주교가 패륜임을 알아 그것에 물들지 않는다. 더욱이 역학(曆學)은 아는 자가 드물고, 동·서양 역법의 장단점과 기원 문제를 따지는 일은 박학다문(博學多聞)한 학자가 아니면 불가능하다. 그러므로 서학중원설로 대중이 계몽되기를 기대한다면 이는 너무도 물정을 모르는 짓이라는 것이다.

또한 남병철은 서양 과학기술의 우수성을 인정할 뿐 아니라, 나아가 대서양(對西洋) 외교에 있어서도 그와같은 공정한 자세로 임해야 한다고 보았다. 중국은 서양의 역법을 수용하는 과정에서 여러번 번복을 거듭했으며, 강희 이후에 이를 폐기하는 일은 없어졌지만 그 독창적인 성과를 빼앗아 중국의 것이라고 강변하였다. 서양인들이 만약 이러한 서학중원설을 알게 된다면, 남의 유능함을 질투하고 그 장점을 훔치려 든다고 생각하여 중국에 대해 유감을 품고 경멸하게 될 것이다. 최근의 북경사변에서 보듯이 '오랑캐'에게

94) 위의 책, 장11앞뒤. "彼日月五星, 安知世間有尊華攘夷之義哉!" "是以只論天之驗否, 不論人之華夷可也."

체모를 잃고서는 그들의 마음을 열복(悅服)시킬 수 없다.[95] 그러므로 강영이 서학을 헐뜯지 않는 점을 높이 평가한 것은, "비단 역산을 위해서만이 아니라, 오랑캐를 대하는 도리에 있어서도 깨달음을 얻는 바 있으리라"고 생각한 때문이었다는 것이다.[96]

남병철의 「서추보속해후」는 1862년경에 씌어졌으니 박규수의 「지세의명」보다 10여 년 뒤의 글이다. 그렇기는 하지만 제2차 아편전쟁이 청의 일방적인 패배로 끝난 직후에 씌어졌음에도 불구하고, 「지세의명」보다 훨씬 과감한 주장을 펴고 있는 점에 주목해야 한다. 한편 박규수가 「지세의명」을 지은 이후에도 계속 거기에서 피력한 사상을 견지했던 사실은 그가 1861년 열하 문안사행의 부사로서 중국에 갈 때 지은 시에 잘 드러나 있다.[97] 이러한 사실은 박규수와 남병철이 절친한 사이로서 천문학에 대한 깊은 관심을 공유했음에도 불구하고, 두 사람 사이에는 미묘한 사상적 차이가 있었음을 말해주는 것이다.[98] 「서추보속해후」와 비교할 때, 「지세의명」은 서양 과학기술의 수용과 대서양관(對西洋觀)에 있어서 일정한 한계를 드러내고 있다고 생각된다.

95) "雖以近日傳聞者論之, (…) 旣無其寃, 則亦可無天津之猖獗, 皇城之衝突" 운운한 점으로 미루어(남병철, 위의 책, 장14앞), 여기에서 남병철은 1860년 영국・프랑스 연합군이 천진을 돌파하여 북경을 점령한 사건을 거론한 것이 분명하다. 당시 서양인들은 청나라의 재상에게 막대한 뇌물을 바쳤는데도 그들의 요구가 관철되지 않자 원한을 품은 끝에 군사적 침략을 감행한 것으로 알려졌다.

96) "故余之取先生不毁西法, 非但爲曆算, 其於待夷狄之道爲有得也."(남병철, 위의 책, 장16앞)

97) 본서, 389~392면 참조. 당시 박규수는 자신의 득의작으로 「지세의명」을 가지고 가서 중국 문사들에게 보이고 평어를 청하기까지 했다.

98) 그러나 손형부, 앞의 책에서는 "박규수와 남병철은 깊이 교유한 知己關係였으며 (…) 따라서 서양과학에 대한 수용이나 그 대응에서 이들은 견해를 같이하였다"(118면, 주52)고 전제한 위에서, 남병철도 「서추보속해후」를 쓰기 이전 시기에는 박규수와 마찬가지로 서학중원설을 지지했으며, 박규수도 1861년 연행을 다녀온 이후에는 남병철과 같이 對西洋觀이 우호적으로 변했다고 보았다(119~121면).

제2장

# 철종시대의 문예 창작

## 1. 박규수의 문학관

### 1) 고염무의 문학관의 영향

종래 박규수는 19세기에 활동한 정치가이자 선구적 개화사상가로만 알려져왔지만, 이에 못지않게 주목할 것은 그가 당대의 유수한 문인이기도 했다는 사실이다. 이미 살펴본 바와 같이 수학기에 박규수는 조숙한 문학적 천재를 발휘해서 「봉소여향」 등 주옥같은 한시들을 지었으며, 첫 저작인 『상고도 회문의례』에서는 빼어난 산문 창작 기량을 보여주었다. 그 뒤 오랜 은둔기를 거쳐 벼슬길에 나선 박규수는 철종시대의 조정에서 중신(重臣)으로 활약하는 한편 문예창작 면에서도 주목할 만한 성과를 남겼다. 후일 고종 초에 박규수가 문단의 영수격인 대제학(大提學)을 역임하게 된 것도 그간의 활동을 통해 당대 최고의 문인으로 공인받은 결과라 하겠다.

철종시대에 박규수가 거둔 문예적 성과를 논하기에 앞서 이와같은 창작을 추동한 그의 문학관을 먼저 살펴보고자 한다. 일찍이 수학기에 지은 한 시[1]를 보면, 당시 박규수는 고문(古文)과 당시(唐詩)를 모방하기에 급급한 복고주의(復古主義)나 그에 대한 반발로 참신한 기교 추구로만 치우치는 경향을 모두 경계하면서, 임금의 교화에 기여하는 고풍스럽고도 질박한 문학을 바람직한 문학으로 보았음을 알 수 있다. 또한 「봉소여향」의 서문에서도 그는 중국 송·명대의 궁사(宮詞)들이 화려하기만 할 뿐, 『시경』처럼 온유돈후(溫柔敦厚)하면서 교화와 치세에 도움되는 내용이 결여된 점을 비판했다. 그리고 『상고도 회문의례』에서는 한유(韓愈)와 구양수(歐陽修), 소식(蘇軾) 등의 당송 고문을 산문의 전범으로 간주했다.[2]

은둔기 박규수의 문학관은 장편 고시인 「내가 시 짓기 좋아하지 않는 것을 위사가 조롱하므로 100운의 시로써 해명하다(渭師嘲余不喜作詩以一百韻解之)」에 잘 나타나 있다.[3] 이 시는 연암의 시 「좌소산인에게 주다(贈左蘇山人)」와 흡사하게 당시 문단의 병폐를 신랄하게 풍자하면서, 자연과 인간의 삶을 진솔하게 표현할 것을 역설하고 있다. 그러나 한편으로 여기에서 박규수는 『시경』을 문학의 전범으로 받들고 시의 교화적 효용을 강조하는 등, 정통적인 문학관을 피력하고 있는 것도 사실이다. 요컨대 수학기부터 은둔기까지 박규수는 조부 연암의 혁신적 문학관을 일면 계승하면서도, 이를 더욱 발전시켜나갔다기보다는 『시경』과 당송 고문을 전범으로 삼는 당시의 주류적 문학관에 머물러 있었다고 생각된다.

그런데 철종시대의 박규수는 명말 청초의 거유(巨儒) 고염무(顧炎武, 호 亭林, 1613~1682)의 영향으로 학문관뿐 아니라 문학관에서도 중대한 변화를 보여준다. 1855년(철종 6년)에 지은 「고정림 선생의 『일지록』 중 화론에 대한

1) 『환재총서』, 제5책, 『莊菴詩集』 권4, 「次韻和雪鷺族侄七夕歌五十韻排律見贈之作」.
　이 시는 1823년경에 지은 것으로 추정된다. 동일한 시가 『환재집』 권1에 「次韻雪鷺族姪七夕詩」란 제목으로 실려 있으나, 일부 오자와 脫句가 있다.

2) 본서, 150면, 173~174면 참조.

3) 본서, 227~231면 참조.

발문(錄顧亭林先生日知錄論畵跋)」에서 박규수는 엄밀한 고증과 학식으로 뒷받침된 사실적 화풍을 주장한 고염무의 견해에 공감하면서, 문인의 그림이나 화원(畵員)의 그림을 막론하고 관념적이고 비사실적인 수묵(水墨) 산수화풍이 유행하던 현실을 비판했다.

> 예컨대 문자의 도(道)에도 경학·사학·고증가·경제가·저술가·사한가(詞翰家)가 있어서 분야를 나누기가 쉽지 않다. 더구나 그 득실과 동이(同異)를 어찌 경솔히 말할 수 있으랴? 그런데도 멍청하니 이게 무슨 이야기인지도 모른 채, 칠언 근체시의 각운이나 간신히 맞추고 상량문(上樑文) 한 편을 대충 초할 수 있으면 곧 문인입네 자랑할뿐더러 마침내는 자처하여 문사가 된다. 요즘의 화가들이란 (…) 그런 자들과 무엇이 다르랴?[4)]

이는 물론 그림을 논한 것이기는 하지만, 여기에서 경세치용(經世致用)의 학문과 유리(遊離)된 문풍에 대한 박규수의 비판적 견해를 엿볼 수 있다. 이와같이 한갓 시문밖에 지을 줄 모르는 소위 문인들에 대한 비판은 고염무의 견해와 상통하는 것이다.

『일지록』에서 고염무는 "당·송 이래로 어찌 그리도 문인이 많은가? 본래 경술(經術)을 알지 못하고 역사에 통달하지 못한 채, 자처하여 문인이 된 자들이 있다"고 풍자하면서, "송(宋) 유지(劉摯)가 자손들을 훈계할 적마다 '선비는 마땅이 도량과 식견을 우선으로 삼아야 한다. 한번 문인으로 불리게 되면 보잘것이없다'고 했으니, 문인으로서 세상에 이름이 난다면 어찌 존중받을 가치가 있으랴?"라고 하였다.[5)] 또한 문집 중의 한 편지에서도 고염무는

4) "有如文字之道, 亦有經學·史學·考證家·經濟家·著述家·詞翰家, 門戶亦未易論定. 矧其得失同異, 詎可輕易言之? 茫然不知其爲何說也, 而牽强押得七言近體詩韻脚, 潦率草得上樑文一首, 便已詡之以文人, 亦乃自命爲文士. 今之爲畵者 (…) 與彼何異哉?"(『환재집』 권4, 「錄顧亭林先生日知錄論畵跋」, 장24앞뒤)

5) "唐宋以下, 何文人之多也? 固有不識經術, 不通古今, 而自命爲文人者矣 (…) 宋劉摯之訓子孫, 每曰, 士當以器識爲先, 一號爲文人, 無足觀矣. 然則以文人名於世, 焉足重哉?"(고염

"군자가 학문을 하는 것은 도를 밝히기 위함이요, 세상을 구제하기 위함이다. 한갓 시문만 지을 따름으로, 이른바 조충전각(雕蟲篆刻: 字句를 修飾하기에만 힘쓰는 것—인용자) 한다면 또한 무슨 유익함이 있으랴?"라고 비판했다.[6]

1861년 열하 문안사행의 부사로서 북경에 갔을 때 박규수는 「고염무 사당에서 모여 음복하고 심중복 등 여러분에게 지어주다(顧祠會飮 賦贈沈仲復諸公)」라는 장편 고시를 지었다. 이 시는 원제(原題) 역시 매우 긴데, 그 원제 중에서 그는 "시편 중에 서너 자의 첩운(疊韻)이 있는데, 감히 정림 선생의 말씀에 의거하여 그것에 구애받지 않았다"고 밝혔다.[7] 여기에서 '첩운'이라 한 것은 중운(重韻) 즉 한 편의 시에서 같은 글자를 써서 거듭 압운한 것을 말한다. 실제로 이 시에서는 평성(平聲) 우운(尤韻)에 속하는 '수(愁)' '유(游)' '구(求)' '우(憂)'자가 각각 2번씩 운자로 쓰였다.

이처럼 시를 지을 때 중운을 꺼리지 않은 것은 고염무가 『일지록』에서 피력한 견해를 따른 것이다. 즉 고염무는 두보(杜甫)의 「음중팔선가(飮中八仙歌)」를 비롯한 풍부한 사례를 들어, 옛 시인들은 중운을 꺼리지 않았음을 논했다. 중운을 꺼리는 것은 수(隋)·당(唐) 시대부터 생긴 관습으로, "옛사람들은 다만 문리가 분명하고 정당함을 취했을 뿐, 애초부터 중자(重字)를 피하지 않았다"는 것이다.[8]

1863년에 작고한 벗 남병철의 문집인 『규재집(圭齋集)』에 부친 서문[9]은

---

무, 『일지록』 권19, 「文人之多」)

6) "君子之爲學, 以明道也, 以救世也. 徒以詩文而已, 所謂雕蟲篆刻, 亦何益哉?"(고염무, 『亭林文集』, 四部叢刊本 권4, 「與人書」(25))

7) "篇中有數三字疊韻, 敢據亭林先生語, 不以爲拘云."(『환재집』 권3, 「顧祠會飮 賦贈沈仲復諸公」, 장14뒤) 이 시의 原題는 "辛酉暮春二十有八日 與沈仲復(秉成)董硏秋(文渙)兩翰林 王定甫(拯)農部 黃翔雲(雲鵠)王霞擧(軒)兩庫部 同謁亭林先生祠 會飮慈仁寺 時馮魯川(志沂)將赴廬州知府之行 自熱河未還 後數日追至 又飮仲復書樓 聊以一詩呈諸君求和 篇中有數三字疊韻, 敢據亭林先生語, 不以爲拘云"이다.

8) 『일지록』 권21, 「古人不忌重韻」. "古人但取文理明當而已, 初不避重字也."

9) 『圭齋遺稿』 중 趙斗淳과 尹定鉉의 서문으로 미루어, 박규수의 서문도 남병철이 작고한 이듬해인 1864년(고종 1년)에 지은 것으로 추정된다.

박규수가 고염무의 문학관에 깊이 영향받았음을 보여주는 더욱 결정적인 자료라 할 수 있다.

> 규재 태사(圭齋太史: 대제학 남병철—인용자)의 시문과 잡저(雜著)는 모두 약간 권이다. 공의 아우 원상 상서(元裳尙書: 판서 남병길)가 상자에 남은 초고들을 뒤져서 찾아낸 것을 출간하였다. 공이 지은 글이 겨우 이에 그쳤단 말인가? 아아, 어찌 이리도 적은가!
>
> 정림 선생이 말씀하시기를 "글이란 경술(經術)과 정치와 같은 중대한 일과 무관하다면 지을 만한 것이 못 된다"고 하였다. 공과 나는 일찍이 이 말씀을 기쁜 마음으로 따랐다.
>
> 하지만 나는 아둔하고 산만하여 문자의 사업에 있어서는 성취한 바가 없다. 공과 같은 이는 남다른 자품과 통달한 식견으로 경전과 역사서를 완벽히 연구하고 제자백가(諸子百家)를 두루 꿰뚫었으니, 그것을 드러내어 문장을 지을 때에는 지극히 풍족하여 스스로 억제할 수 없는 바가 있었음에 틀림없다.
>
> 그런데 지금 남아 있는 원고의 부본(副本)들은 다름아닌 일상적인 교제상의 주고받은 글에 불과하여 이처럼 초라하다. 어찌 공의 입지(立志)가 문장가로 자처하고자 하지 않았을뿐더러 이를 달가워하지 않은 바가 있어서가 아니겠는가?[10]

여기에 인용된바 "글이란 경술과 정치와 같은 중대한 일과 무관하다면 지을 만한 것이 못 된다"는 구절은 고염무의 문집에 실린 한 편지에 나오는 말이다. 누군가의 글 청탁을 사절하는 내용인 이 편지에서 고염무는 "선비는

10) "圭齋太史, 詩文雜著, 共若干卷. 公弟元裳尙書, 蒐集巾衍遺草而得之, 付諸剞劂. 公之爲文, 僅止此已乎? 嗚呼, 何其少也! 亭林先生曰, 文不關於經術政理之大, 不足爲也. 公與余, 蓋嘗心服斯言. 顧余魯鈍汗漫, 其於文字之業, 無所成就. 若公則以絶異之姿, 通明之識, 經緯經史, 貫穿百家, 其發爲文章, 必有至足而不能自閟者. 今存稿副本, 乃不過尋常應酬之作, 草草如此. 豈非公之立志, 不欲詞翰自命, 而有所不屑者乎?"(『환재집』 권4, 「圭齋集序」, 장39뒤)

마땅이 도량과 식견을 우선으로 삼아야 한다. 한번 문인으로 불리게 되면 보잘것이없다"고 한 유지(劉摯)의 말[11]을 접하고 난 뒤부터 자신은 교제만을 위한 글짓기를 중단했으니, 이는 "도량과 식견을 기르고, 문인으로 전락하지 않기 위해서였다"고 하였다. 그리고 절친한 벗 이옹(李顒)이 간청한 그 선비(先妣)의 전(傳)조차 끝내 짓기를 사양했음을 밝히면서, "대체로 일인(一人) 일가(一家)의 일을 위할 따름으로서, 경술과 정치와 같은 중대한 일과 무관하다면 글을 짓지 않았다"고 하였다.[12] 박규수는 남병철과 함께, 바로 이러한 고염무의 말에 감명을 받고 이를 자신들의 창작 규준으로 삼았다는 것이다.

또한 『규재집』의 서문에서 박규수는, 남병철이 남긴 글이 얼마 되지 않은 것은 그의 포부가 문인으로 유명해지는 데에 있지 않았으며, 오히려 그렇게 되는 것을 달가워하지 않은 때문이라 보았다. 여기에도 덕행과 학문을 갖추지 못한 문인들에 대한 비판적 인식이 드러나 있거니와, 이와같이 부정적인 문인관 역시 고염무의 영향에서 말미암은 것이라 하겠다.

『규재집』의 서문 중 "공과 나는 일찍이 이 말씀을 기쁜 마음으로 따랐다"고 한 구절로 미루어, 박규수가 고염무의 문학관에 영향을 받은 것은 늦어도 1840년대부터였으리라고 추정된다. 이미 논한 대로, 1840년 동지사의 서장관으로 연행을 다녀온 척숙 이정리를 통해 고염무의 글이 대거 수록된 『경세문편』을 접할 수 있었던 것은 박규수가 고염무에게 가일층 경도(傾倒)하게 된 계기가 되었을 것이다.[13] 뿐만 아니라 은둔 이후 오랜 부진 끝에 1840년 무렵 다시금 활발해지던 박규수의 시 창작이 그 이후 종신토록 거의 중단되다시피 한 사실도 그러한 추정을 뒷받침해준다. 이는 경세제민과 무관한 글을 일절 짓지 않겠노라는 고염무의 견해에 깊이 공감한 결과로 볼

11) 『宋史』 권340, 「劉摯傳」에 나오는 말로, 앞서 언급했듯이 『일지록』 권19, 「文人之多」조에도 인용되었다.

12) 고염무, 『정림문집』 四部叢刊本 권4, 「與人書」(18). "所以養其器識, 而不墮於文人也." "蓋止爲一人一家之事, 而無關於經術政理之大, 則不作也."

13) 본서, 261~269면 참조.

수 있기 때문이다.

그렇다면 고염무의 문학관은 구체적으로 어떤 점에서 박규수에게 영향을 끼쳤을까? 우선 지적할 것은 고염무의 문학관이 박규수가 이어받은 조부 연암의 문학관과 상통하는 면이 적지 않다는 사실이다.

고염무는 "근대 문장의 병은 전적으로 모방에 있다"고 하면서, 명대 전후칠자(前後七子)의 복고주의를 배격하고 창신(創新)을 강조했다.[14] 그는 이러한 주장의 근거로, 문학이란 시대에 따라 불가피하게 변화하며 각 시대마다 그 시대에 적합한 문학이 출현하게 마련이라는 점을 들었다. 따라서 고전을 표절하거나 옛 지명과 관명(官名)을 차용하는 등의 수법으로 고전과 방불하기를 추구하는 것은 시대착오적인 병폐가 아닐 수 없다는 것이다.[15] 또한 고염무는 '창신'을 위한 방법으로, "문장에는 정격(定格)이 없다"고 하면서 형식에 얽매이지 말고 자유롭게 개성을 표현할 것을 역설했다.[16]

이상과 같은 점에서 고염무는 법고창신(法古創新)을 주장한 연암과 매우 유사한 문학관을 피력했다고 볼 수 있다. 그리고 이러한 사실은 박규수가 고염무의 문학관을 수용하는 데 촉매와 같은 구실을 했으리라 짐작된다.

그러나 고염무의 문학관에서 가장 중요한 특징은 철두철미 경세치용에 기여하는 문학을 강조한 점에 있다. 그는 "문학은 반드시 천하에 유익해야 한다"고 하면서, 유교 도덕을 밝히고(明道), 당대의 정치를 논하며(紀政事), 민중의 고충을 살피고(察民隱), 선행을 표창하는(樂道人之善) 문학을 주장했다. 또한 "무릇 육경의 본지(本旨) 및 당대의 시무(時務)와 상관이 없는 글은 일절 짓지 말아야 한다"고 하였다. 이와같이 문학은 "구세(救世)"와 "명도

14) 『일지록』 권19, 「文人摹倣之病」, "近代文章之病, 全在摹倣."; 『정림문집』 권4, 「與人書」(17); 沈嘉榮, 『顧炎武論考』, 江蘇人民出版社 1994, 305~307면 참조.

15) 『일지록』 권19, 「文人求古之病」, 권21, 「詩體代降」; 黃保眞 外, 『中國文學理論史』, 北京出版社 1991, 권4, 136~138면 참조.

16) 『일지록』 권16, 「程文」, "文章無定格.", 권21, 「古人用韻無過十字」, 「詩有無韻之句」, 「詩人改古事」.

(明道)"의 수단으로서 정치를 돕는 것이며, 그 자체가 목적이요 가치있는 것은 아니라고 보았다.[17)]

따라서 고염무는 문인에게 문예적인 기량보다 덕행과 학문을 먼저 갖추도록 촉구했다. 문인은 천하에 대해 책임이 있는 사대부로서 "행기유치(行己有恥: 염치를 아는 처신)"의 윤리의식을 지녀야 할 뿐 아니라, "일신으로부터 천하 국가에 이르기까지 모든 것이 학문의 대상"이므로 그에게는 경학과 역사를 비롯한 광범한 분야에 걸친 박식이 필수적으로 요구된다는 것이다.[18)] 이러한 견지에서 고염무는 당시의 문인들을 통렬하게 비판했다. 문인으로 자처하는 저들은 명예와 이익을 추구하기에만 급급하고, 다작(多作)과 속성(速成)과 교언(巧言)을 능사로 알며, 매문(賣文)을 일삼고 만주족(滿洲族) 치하에서도 벼슬을 하는 등 도덕적으로 타락한 자들이라는 것이다.[19)] 앞서 보았듯이 고염무가 소위 문인을 극도로 경멸하면서 자신이 문인으로 간주됨을 거부한 것은 그 때문이었다.

고염무의 문학관은 이와같은 강렬한 경세적(經世的) 성향에서 박규수에게 깊은 영향을 끼친 것으로 판단된다. 김윤식은 『환재집(瓛齋集)』의 서문에서 "경술과 정치와 같은 중대한 일과 무관한 글은 지을 가치가 없다"는 고염무의 말을 첫머리에 인용한 뒤, 스승인 박규수는 "한번도 문인으로 자처한 적이 없었다. 만약 지은 바가 있다면 반드시 그럴 까닭이 있어서 우러나온 것이요, 산만하고 내용 없는 말이 아니었다"고 예찬했다. 또한 김윤식은 「묘정배향 교유서(廟庭配享敎諭書)」에서도, 박규수는 학문과 행실이 고염무의 "진학(眞學)"에 근접했으며, "문사(文詞)로써 자처하는 것을 부끄럽게 여겼

---

17) 『일지록』 권19, 「文須有益於天下」, 「直言」, 권21, 「作詩之旨」; 『정림문집』 권4, 「與人書」(3), "故凡文之不關於六經之旨當世之務者, 一切不爲", 「與人書」(25).

18) 『정림문집』 권3, 「與友人論學書」, "自一身以至於天下國家, 皆學之事.", 권6, 「答友人論學書」; 『일지록』 권7, 「博學于文」, 권13, 「廉恥」.

19) 『정림문집』 권4, 「與人書」(20)·(23); 『일지록』 권13, 「名敎」, 권19, 「文不貴多」, 「著書之難」, 「巧言」, 「文辭欺人」, 「志狀不可妄作」, 「作文潤筆」.

다"고 칭송했다.[20] 이는 박규수가 만년에 이르기까지 고염무의 문학관을 신봉했음을 증언하는 것이라 하겠다.

그러나 한편으로 그 결과 박규수는 문예적인 글의 창작에 점차 열의를 잃게 됨으로써, 종내 창작활동이 침체되고 말았다. 앞서 박규수는 남병철의 유고(遺稿)를 두고 그 초라함을 못내 탄식했거니와, 이러한 아쉬움은 그의 경우에도 마찬가지이다. 문학 그 자체보다 천하와 백성을 위한 정치를 우선시하고 이에 기여하는 경세문자(經世文字)만을 짓고자 한 나머지, 조부 연암이 이룩한 고도의 문예적 성과가 박규수에 의해 적극적으로 계승·발전되지 못한 것은 안타까운 일이다.

### 2) 동성파와의 문학적 교류

철종시대 박규수의 문학관과 관련하여 또 한 가지 주목할 사실은 1861년의 첫번째 연행을 계기로 청 동성파(桐城派) 문인들과의 교류가 활발해진 점이다. 주지하다시피 동성파란 방포(方苞, 1668~1749), 유대괴(劉大櫆, 1698~1780), 요내(姚鼐, 1731~1815) 등 안휘성(安徽省) 동성(桐城) 출신으로 고문의 부흥을 제창한 문인들을 가리킨다. 요내 이후 그 제자인 관동(管同, 1780~1831), 매증량(梅曾亮, 1786~1856), 방동수(方東樹, 1772~1851), 요영(姚瑩, 1785~1853) 등을 통해 강남(江南) 일대에 세력이 확산되었고, 특히 매증량에 의해 북경 문단에까지 그 문풍이 전파되었다. 그후 동성파는 증국번(曾國藩, 1811~1872)의 명망과 후원에 힘입어 "청대(淸代) 최대의 산문 유파"[21]로 발전했다.

박규수는 일찍부터 동성파에 대해 어느정도 알고 있었던 것으로 보인다. 초기 저술인 『상고도 회문의례』에 이미 방포의 『망계집(望溪集)』이 인용되

20) 『환재집』 권1, 「序」, 장1앞. "然未嘗以文人自命. 如有所作, 則必有爲而發, 非汗漫無實之言也."; 『雲養續集』 권2, 「右議政文翼公朴珪壽廟庭配享敎諭書」, "恥以文詞自命."
21) 漆緖邦·王凱符 選注, 『桐城派文選』, 安徽人民出版社 1984, 「前言」, 1면.

어 있다. 예컨대 그는 『망계집』에서 「녹충의공 좌광두 유사(錄忠懿公左光斗遺事)」를 발췌·소개한 뒤, 명말 충신 사가법(史可法)과 그 스승 좌광두(左光斗)의 절의를 예찬하는 안설(按說)을 덧붙이고 있다.[22)]

한편 연행 중 북경에서 사귄 심병성과 황운혹에게 보낸 1862년의 편지에서 왕창(王昶)[23)]의 『호해시전(湖海詩傳)』과 『호해문전(湖海文傳)』을 거론한다든가 왕창이 군기처(軍機處)의 관직을 거쳐 입신한 사실 등을 언급한 점으로 미루어,[24)] 박규수는 연행 이전에 이미 동성파를 중심으로 한 청조 문단의 동향에 대해 상당한 지식을 갖추었던 것으로 짐작된다.

『호해시전』(46권)은 1803년(嘉慶 8년) 왕창이 자신과 교분이 있는 당대 명사들의 시를 모아 편찬한 것으로, 작자의 소전(小傳)과 관련 시화(詩話)가 첨부되어 있다. 수록된 시인은 원매(袁枚)·심덕잠(沈德潛)·옹방강(翁方綱)·기윤(紀昀)·요내·완원(阮元) 등을 포함하여 무려 621인이나 된다. 그러므로 강희·옹정(雍正)·건륭 치하 "백여 년 동안 사대부들의 전아한 풍류와 나라의 시교(詩敎)의 성대함에 대해서도 그 대략을 상상하여 볼 수 있다"는 자서(自序)의 말이 과언은 아니라 하겠다.[25)]

『호해문전』(75권) 역시 왕창이 자신의 사우(師友)와 문하생인 두광내(竇光鼐)로부터 원매에 이르는 182인의 문장 774편을 뽑아 문체별로 분류한 것이

22) 『상고도 회문의례』 권6, 27부 節目, 「史忠淸公營中寒夜懷左忠懿公」, 권10, 53부 節目, 「孫少師釋褐言志」(『환재총서』, 제2책, 232~238면, 제3책, 102~106면).

「史忠淸公營中寒夜懷左忠懿公」에 대한 頭評에서 李正觀은 "方望溪, 不獨文章爲一代正宗, 其學術亦極醇"이라고 방포를 칭송했다.

23) 호 述菴·蘭泉. 1724~1806. 방포의 제자인 沈彤을 師事한 동성파 문인으로, 건륭·嘉慶 시대의 대표적 시인 중 한 사람이다. 경학과 금석 고증에도 조예가 깊었다고 하며, 저서로 『호해시전』과 『호해문전』 외에 『春融堂集』『金石萃編』『明詞綜』 등이 있다. 魏源이 편찬한 『經世文編』에도 왕창의 글이 7편 수록되어 있다. 박규수는 이를 통해 그의 존재를 알게 되었을지 모른다.

24) 『환재집』 권10, 「與沈仲復秉成」(4), 장9앞, 「與黃緗芸雲鵠」(2), 장24뒤.

25) "(…) 然百餘年中士大夫之風流儒雅與國家詩敎之盛, 亦可以想見其崖略."(『호해시전』, 「自序」)

다. 그의 사후인 1839년(道光 19년)에야 간행되었는데, 완원이 물심양면으로 이를 크게 도왔다고 한다. 왕창은 이 책에 대해 "강희 중엽 이후 금세에 이르기까지 고문의 작자를 대략 갖추었다"고 자부했으며, 완원도 "명나라 삼백 년 동안에 이만한 저술은 없었다"고까지 칭송했다.[26] 박규수는 이러한 『호해시전』과 『호해문전』을 통해 청조 문단의 동향을 충분히 조감할 수 있었을 것이다.

동성파 문인들과의 직접적인 교류는 박규수의 척숙인 이정리·이정관 형제의 연행 때부터 비롯되었다고 할 수 있다. 1839년 동지사의 서장관으로 중국에 간 이정리는 아우 이정관과 함께 이듬해 북경에서 매증량과 그 문인인 오가빈(吳嘉賓)을 만나, 그들에게 당시 조선의 대표적 문인인 김매순의 글을 소개했다. 이에 오가빈은 김매순의 문집에 부치는 서문을, 매증량은 문집 중의 글에 대한 평어를 써주었다.

그후 20여 년 만인 1861년 1월(음력) 동지 정사 신석우는 북경에서 매증량의 문인인 풍지기와 왕증을 만날 수 있었다. 그때 신석우는 풍지기에게 지난날 매증량과 김매순의 문학적 교분을 이야기하고, 자신의 벗이자 김매순의 수제자인 김상현을 소개했다. 또한 풍지기는 '양문(兩門)의 인연'을 잇고자 하는 신석우의 간청에 따라, 동문인 왕증으로부터 구한 스승 매증량의 『백견산방집(柏梘山房集)』을 기증하면서 김상현에게 전해주도록 당부했다.[27]

벗 신석우에 뒤이어, 박규수는 열하 문안사행의 부사로 중국에 가게 되자 같은 해인 1861년 4월 북경에서 풍지기 등을 만났다. 그때 심병성의 서루(書樓)에서 가진 송별연에서 박규수는 오언고시를 지었는데, 여기에서 풍지기에 대해 매증량의 뒤를 이어 문단을 영도할 인물로 예찬했다.

다행하도다, 노천(魯川: 풍지기의 字—인용자)님은　　幸甚魯川子

---

26) 『호해문전』 권1, 姚椿, 「序」, 阮元의 편지, "有明三百年無此作也"; 王紹基, 「序」, 「凡例」, "自康熙中葉以於今, 古文作者略備焉."
27) 본서, 362~364면 참조.

늦게나마 열하에서 돌아왔네 灤陽晩回鞥
한낮에 만나 흉금을 털어놓고 傾倒淸晝談
중복(仲復: 심병성의 자)의 서루에서 실컷 취했네 酒酣仲復樓
가슴 아파라, 백언(伯言: 매증량의 자)님은 傷心伯言公
작고한 지 여러 해가 되었네 宿草晻松楸
난리 뒤에 남은 그의 원고 喪亂餘殘稿
벗이 대신 교정하였다네 朋友爲校讐
문장은 천고의 사업이거늘 文章千古事
이처럼 적막할 수 있으리? 寂寞如此不
이제부터 문단의 맹주로는 從玆詞垣盟
그대만이 우이(牛耳)를 잡게 되리 獨許君執牛[28)]

당시 박규수는 북경 자인사에서 심병성·왕증 등과 함께 고염무의 사당을 참배한 후 시주(詩酒)의 모임을 가졌으나, 풍지기만은 열하에 가 있었기에 만나지 못했다. 그런데 며칠 뒤 그가 여주지부(廬州知府)로 부임하기 위해 북경에 돌아왔으므로, 심병성의 서루에서 만나 교분을 맺게 된 것을 기뻐한 것이다. 또한 풍지기의 스승인 매증량이 말년에 남경(南京)으로 낙향했다가, 태평천국군에 의해 남경이 함락되자 간신히 피난하여 이리저리 전전하던 끝에 수년 전 작고한 데 애도를 표하면서, 『백견산방집』이 그의 동년우(同年友: 진사 급제 동기생)인 하도(河道) 총독 양이증(楊以增)에 의해 간행되었던 미담을 아울러 언급했다.[29)] 그리고 매증량이 북경을 떠난 뒤 공석이 된 문단의 맹주 자리를 그의 제자인 풍지기가 이어가리라고 기대한 것이다.

1861년 6월에 귀국한 뒤 박규수는 매증량의 문인인 왕증에게 『백견산방집』과 관련하여 다음과 같은 편지를 보냈다.

28) 『환재집』 권3, 「顧祠會飮 賦贈沈仲復諸公」, 장15뒤~16앞.
29) 『淸史稿』 권486, 「梅曾亮傳」; 「淸史列傳」 권73; 『碑傳集補』 권49, 「매증량전」, 「梅伯言先生誄辭」, 附 「柏梘山房文集書後」 참조.

전에 듣자니 신금천(申琴泉: 금천—신석우의 호)이 가지고 귀국한 매백언(梅伯言) 선생의 문집은 존형(尊兄)께서 지니고 있던 것을 증정한 것이라지요. 매 선생은 일찍부터 존경하던 분이요, 김대산(金臺山: 대산—김매순의 호)은 바로 선친의 절친한 벗입니다. 매공(梅公)의 문집 가운데 대산과 서로 지어준 글들이 있지요. 제가 즉시 금천에게 가서 이를 얻어 읽어보니, 그 책 끝에 형이 쓴 발문이 있는데, 읽고는 저도 몰래 포복절도했습니다.

글 중에 거론된 경대(經臺) 김상현은 곧 대산의 문인입니다만, 형의 글에는 "김대산의 아들(金臺山子)"이라 했습니다. 만약 '산(山)'자 다음에 '제(弟)'자 하나가 빠진 게 아니라면, 아마도 전문(傳聞)할 때 착오가 있었던 게지요. 위대한 저술이라 반드시 간행될 날이 있을 터인즉, 바라건대 즉시 '문인'이라든가 '제자'라는 등의 글자로 고쳐서 기입하는 것이 어떨른지요? 대산은 본관이 안동 김씨요, 경대는 본관이 광산(光山) 김씨여서, 결코 동족으로 간주되는 성씨가 아닙니다.

경대는 저와 몹시 친한 사이인데, 그에게 이 일을 이야기하며 무수히 농을 했지요. 그는 지금 안동 도호부사(安東都護府使)입니다. 제가 편지로 그에게 장난삼아 말하기를, "이 일은 오직 나만이 소학(少鶴: 왕증의 호)에게 변무(辨誣)하여 출판되지 않도록 해줄 수 있지, 딴 사람은 못하오. 반드시 내게 후히 뇌물을 주어야만 될 거요"라고 했지요. 이곳의 벗들은 이걸로 한바탕 우스갯소리를 삼고 있다오. 하하하하![30]

신석우는 북경에서 구득해 온 『백견산방집』을 박규수를 비롯한 주위 인사들에게 두루 소개했던 듯하다. 이를 열람한 박규수가 그중 왕증의 발문에

30) "前聞申琴泉携歸梅伯言先生文集, 係是尊兄持贈也. 梅先生, 夙所景仰, 而金臺山, 乃先君子切友也. 梅公集中, 有與臺山相屬文字. 弟卽向琴泉取閱見, 其編尾有兄題跋語, 讀之有不覺絶倒者. 文字中所擧說金經臺尙鉉, 乃臺山門人也, 而兄文, 乃以爲金臺山子也. 若非於山字下, 漏一弟字, 則恐傳聞之際, 有所錯認耳. 大作必有剞劂之日, 幸卽改塡以門人也或弟子也等字, 如何如何? 臺山是貫, 安東之金也, 經臺是貫, 光山之金也, 並非通譜之族姓耳. 經臺, 乃弟之至懽也. 爲說此事, 嘲謔無筭. 渠現今安東都護府使. 弟以書戱之曰, 此事, 惟我能辨誣於少鶴, 俾不至刊諸梨棗, 他人不能也. 必須厚賂我, 乃可也. 此間朋友, 以是作一場笑話, 好呵好呵!"(『환재집』 권10, 「與王少鶴拯」, 장14뒤~15앞)

김상현이 김매순의 아들로 잘못 소개된 사실[31]을 발견하고, 당시 안동 부사로 나가 있던 김상현에게 뇌물을 주지 않으면 왕증에게 정정해달라는 청탁을 하지 않겠노라는 농담 편지를 한 것이 '이곳의 벗들' 사이에서 웃음을 자아내는 화제가 되었다는 것이다. 이처럼 박규수가 왕증에게 보낸 편지는 매우 해학적이고 친근한 어조를 띠고 있을 뿐 아니라, 여기에서 그는 자신이 매증량을 일찍부터 존경했다고 하면서 매증량과 교분을 맺은 김매순은 자신의 부친 박종채의 벗이요 김매순의 제자 김상현 또한 자신의 벗임을 밝히고 있다. 이는 박규수가 동성파 문인들에 대해 깊은 호감을 품고 있으며, 그들과 문학적 교분을 이어가고자 하는 적극적인 의향을 지니고 있음을 드러낸 것이라 하겠다.

이상에서 연행을 계기로 청 동성파의 문학이 박규수와 그 측근 인사들에 의해 국내에 소개된 경위를 살펴보았다. 동성파와의 교류가 이처럼 활발하게 된 요인으로는 우선 19세기 이후 조(朝)·청(淸) 양국 문단과 학계의 보수화 추세를 들 수 있을 것이다. 즉, 당시 청과 마찬가지로 조선 역시 복고주의 문풍과 고증학을 비판적으로 수용하면서도 당송 고문과 주자학으로 회귀하고자 했는데 이것이 동성파와의 문학적 교류를 촉진한 배경적 요인이 되었으리라 생각된다.

다음으로 주목할 것은, 박규수에게 깊은 영향을 미친 고염무의 문학관과 동성파의 문학관 사이에 밀접한 관련이 있다는 점이다. 동성파가 제창한 '의리(義理)' '고거(考據)' '사장(詞章)'의 삼위일체적 문학관은 실은 고염무로부터 시작되었다. 고염무가 창작에 앞서 학식을 갖추어야 한다고 주장한 것은 '고거'를 강조한 것이며, 명도(明道)에 기여하는 글을 지어야 한다고 한 것은 '의리'를 중시한 것이고, 어록체(語錄體)를 배격한 것은 '사장'을 존중한 것이었다. 동성파는 이러한 고염무의 문학관을 고문가(古文家)의 입장에

31) 신석우도 귀국 이후 이 사실을 발견하고, 왕증에게 보낸 편지에서 정정을 부탁했다(『해장집』 권9, 「與王少鶴書」(辛酉)).

서 더욱 구체화시켜나간 것이라고도 볼 수 있다.[32)]

이와같이 청 동성파의 문학노선은 당시 조선 문단의 추세와 호응하고 고염무의 문학관과 상통하는 면이 다분한 점에서 그 수용의 기반을 찾을 수 있다. 그러므로 동성파 문인들과의 교류 결과 박규수의 문학관에도 그에 따른 영향이 적지 않았으리라 짐작되나, 아쉽게도 이를 분명히 드러내어 보여주는 글은 현재 전하지 않는다. 비록 고염무와 동성파의 영향이 철종시대 박규수의 글이나 행적에서 단편적으로밖에 검출되지 않는다 해도, 이러한 영향 관계는 경세적 성향을 더욱 강화하면서 점차 보수화해가던 당시 문단의 추세를 반영한다는 점에서 간과할 수 없는 의미를 지닌다고 하겠다.

### 3) 여항문학에 대한 관심

그밖에 이 시기 박규수가 자신의 문학관을 피력한 글로는 「도선암시고 발(逃禪菴詩稿跋)」[33)]을 들 수 있다. 이 글은 영조 때 활동한 여항(閭巷)시인 전홍서(全弘叙, 자 天與, 호 逃禪菴)의 시집에 써준 발문으로, 여항문학에 대한 박규수의 관심과 이해수준을 보여준다. 전홍서는 『풍요삼선(風謠三選)』과 『대동시선(大東詩選)』에도 작품이 수록된 이름난 시인인데, 손자인 전문조(全文祖)가 그의 시집을 간행하면서 박규수에게 발문을 청한 것이다.[34)]

32) 郭紹虞, 『中國文學批評史』, 現代社 影印 1982, 하권, 331~332면; 黃保眞 外, 앞의 책, 253~291면; 黃霖, 『近代文學批評史』, 上海古籍出版社 1993, 141~155면 참조.

실제로 동성파 문인들은 고염무를 독실히 숭배했다. 단적인 예로 沈彤은 『일지록』의 교정본을 남겼고, 방포와 방동수·요영 등은 『일지록』에 대한 주석을 남겼는데, 이는 나중에 黃汝成의 『日知錄集釋』에 수용되었다.

33) 尹定鉉의 『梣溪遺稿』(권4)에는 「逃禪菴詩稿序」가 수록되어 있다. 『침계유고』의 글들이 시대순으로 실려 있는 점을 감안할 때, 이 서문은 대략 1850년대 말 1860년대 초에 씌어진 것으로 추정된다. 박규수의 발문도 비슷한 시기에 씌어졌으리라 본다.

34) 『풍요삼선』 권5, 『이조후기 여항문학총서』 권8, 여강출판사 1991, 221~222면; 『里鄕見聞錄』, 『이조후기 여항문학총서』 권9, 243면; 『대동시선』 권6, 133~134면; 구자균, 『朝鮮平民文學史』, 민학사 1974, 93면 참조. 全文祖의 부친 全百淳 역시 이름난 여항시인으로,

박규수는 이 글에서 정치의 잘잘못과 민생의 고락을 표현한 『시경』의 정신이 후대에도 연면히 계승되었다고 하면서, 누항(陋巷)의 가난한 선비들이 울분을 표출한 시를 보면 『시경』의 시들과 마찬가지로 "넉넉히 그 사람됨을 볼 수 있고, 그 시대상을 논할 수 있다"[35]고 하였다.

> 그런데 지금 도선옹(逃禪翁)이 지은 시 역시 누항의 가난한 집에 살면서 뜻을 펴지 못한 울분을 말로 표출한 것이다. 하지만 온후하고 평화로워서 초췌하거나 처절한 말이 없으며, 윤기있고 아리따워서 날카롭거나 괴상야릇한 말이 없다. 이와같은 것은 어찌 그가 만난 시대가 태평하고 민심이 화기애애하여, 이목이 마주치고 심지(心志)가 감발한 것이 기약하지 않아도 절로 그리 되어서가 아니겠는가? 게다가 한번도 일신의 영고(榮枯) 때문에 걸핏하면 기뻐하거나 근심한 적 없으니, 작자의 성정 또한 넉넉히 볼 수 있다.[36]

이와같이 박규수는 시종 유가의 정통적 문학론에 입각하여 전홍서의 시를 높이 평가한다. 시란 정치적 · 교육적 효용을 지녀야 하며 과도한 표현을 자제하고 중용을 지켜야 한다는 『논어』의 시경관(詩經觀)과, 작품을 통해 작자의 인품과 당시 시대상을 파악할 수 있다는 『맹자』의 주장이 비평의 대전제로 되어 있다. 따라서 전홍서의 시는 사대부문학과 구별되는 여항문학만의 독자적인 세계를 추구했다기보다는, 신분 제한에 따른 불평불만을 어디까지나 절도있게 표현한 점에서 칭송된다. 박규수는 여항인들의 시집에 서문을 써주었던 동시대 사대부 문인들[37]과 마찬가지로, 여항한시를 『시경』의 전통

『대동시선』 권6, 157면에 그의 시가 수록되어 있다.

35) 『환재집』 권11, 「도선암시고 발」, 장18뒤. "(…) 有足以觀其人論其世者."

36) "今夫逃禪翁之爲詩, 亦處乎窮廬陋港之中, 鬱於志而發於言也. 然而溫厚和平, 無憔枯悽惋之辭, 敷腴婉麗, 無尖峭詭奇之語. 若是者, 豈非値時淸平, 民物熙怡, 耳目之所遭遇, 心志之所感發, 自有不期然而然者乎? 而又未嘗以一身之榮枯, 動輒爲之欣慽焉, 則亦足觀夫作者之性情矣."(『환재집』 권11, 「도선암시고 발」, 장19앞)

37) 1857년에 간행된 『風謠三選』에는 鄭元容 · 趙斗淳 · 尹定鉉이 서문을 써주었다. 이 3인

속으로 끌어들임으로써 여항한시에 잠재해 있는 체제비판적 성향을 순화하고자 한 것이라 볼 수 있다.

## 2. 1860년대 초의 한시

수학기에 박규수는 활발한 시 창작을 통해 조숙한 천재를 드러내었으나, 과거를 포기하고 은둔한 초기에는 거의 시를 짓지 않았다. 그러던 중 그의 나이 30대 초반인 1840년을 전후한 시기에 돌연 창작을 재개하여 김상현·김영작·서유영·홍우건 등과 시사(詩社)의 동인으로서 친밀하게 교유하며 지은 시들을 다수 남겼다. 그런데 그 이후 첫번째 연행에 나서는 1861년 이전까지는 다시금 시 창작을 거의 중단하다시피 한 듯하다. 이 시기에 지은 시로 『환재집』에 전하는 것은 1851년 작인 「신해년 제석에 옥당에서 숙직하며 지어서 사수에게 보이다(辛亥除夕 宿玉堂 賦示士綏)」 한 편밖에 없다.

이와같이 1840년대 이후 박규수의 창작이 재차 부진해진 현상은 앞서 언급한바 고염무의 문학관의 영향과 깊은 관련이 있다고 생각된다. 『환재집』을 편찬한 박규수의 문인 김윤식은 문집 중의 시에 대한 안어(按語)에서 "선생은 젊어서 시적 재능이 있었지만 무익하다고 생각하여 시 창작을 좋아하지 않았다"[38]고 증언했다. 여기에서도 알 수 있듯이 박규수는 고염무의 영향으로, 경세(經世)와 무관한 응수(應酬) 문자의 창작을 기피하고 문사로 자처하지 않으려 했던 것이다.

그럼에도 불구하고 1861년 열하 문안사행을 계기로 일시나마 박규수의

모두 박규수와 서로 잘 아는 사이이다. 신석우의 『海藏集』(권11)에도 「風謠三選序」가 수록되어 있다. 박규수는 여항 한시집인 『昭代風謠』와 『풍요삼선』을 소장하고 있었다. 1858년 8월 1일자 박선수에게 보낸 편지(경기문화재단 소장)에 "昭代風謠及風謠三選, 西鄰尹西人丈借去, 須覓還藏之, 如何?"라고 했다.

38) "先生少有詩才, 爲其無益也, 而不喜作."(『환재집』 권1, 장19앞)

시 창작이 재개되었다. 『환재집』에는 연행과 관련하여 지은 시 5편이 수록되어 있다.[39] 뿐만 아니라 1862년 작인 「임술년 중추에 동인들과 함께 태수 윤사연이 초대한 곳으로 가다(壬戌仲秋 與同人赴尹士淵太守之約)」와 같은 시는 귀국 이후에도 시 창작이 간헐적으로나마 이어졌음을 보여준다. 하지만 그 서문에서도 밝혔듯이, 박규수는 벗의 강권에 못 이겨 이 시를 지은 뒤로는 거의 절필했던 듯, 『환재집』에는 50대 중반 이후 타계할 때까지의 시가 한 편도 수록되어 있지 않다.

이처럼 박규수가 1860년대 초에 일시 시 창작을 재개하여 불과 몇 편밖에 작품을 남기지 않았다고 할지라도, 철종시대의 그의 한시들 역시 문학적으로 주목할 만한 가치가 충분하다고 본다. 그중 특히 1861년 1월(이하 음력) 연행을 앞두고 벗들과 가진 송별연에서 지은 「신유년 1월 장차 출국하면서 여러 벗들에게 작별을 고하다(辛酉孟春 將出疆 留別諸公)」와, 북경에서 지은 「고염무 사당에서 모여 음복하고 심중복 등 여러분에게 지어주다(顧祠會飮 賦贈沈仲復諸公)」는 각각 칠언 56구와 오언 160구의 장편 고시로서, 박규수의 시적 역량을 유감없이 보여주는 웅편(雄篇) 거작(巨作)이다.[40]

김윤식은 『환재집』 서문에서 박규수의 문학을 예찬하며, "시에 있어서는 한문공(韓文公: 한유)의 웅대한 작품들을 가장 좋아하여 때로 기괴하고 찬란한 모습을 드러내었으니, 역시 그 오묘한 핵심을 깊이 터득한 때문일 것"이

39) 『환재집』 권3에 수록된 「辛酉孟春 將出疆 留別諸公」 「顧祠會飮 賦贈沈仲復諸公」 「題完貞伏虎圖」 「題手書 贈圖書 贈別沈仲復」 「辛酉端陽翌日 書贈沈仲復諸公」이 곧 그것이다. 그중 「題完貞伏虎圖」를 제외한 4편의 시에 대해서는 이미 본서, 389~393면, 411면, 413~415면, 419면에서 논한 바 있다.

40) 저명한 여항시인 金奭準은 그의 懷人詩에서, 박규수에 대해 "침착하고 웅건한 100운의 시로/ 중국에 명성을 전했네(沈雄一百韻, 中州姓名香)"라 하고, 주에서는 "공이 열하의 사신으로 임명되어 북경에 가서 고위 관료들과 연회에서 글을 짓게 되자 즉석에서 100운의 고시를 노래했다(公充熱河使入燕, 與縉紳文燕, 卽席號百韻古詩)"고 밝혔다(『紅藥樓續懷人詩錄』 卷上, 「朴瓛齋相國」, 『이조후기 여항문학총서』 권5, 667면). 박규수의 시인적 명성을 중국에 알렸다는 '100운의 고시'는 곧 「顧祠會飮 賦贈沈仲復諸公」을 가리킨다.

라고 평했다.[41] 이러한 김윤식의 평은 위에서 거론한 두 시에 특히 적합하다고 생각된다. 이 시들은 한유의 장편 고시처럼 거대한 편폭과 아울러 참신하고도 다채로운 표현을 통해 당시 중국의 격동하는 정세에 대한 논의를 도도히 전개하고 있기 때문이다.

「제 완정복호도(題完貞伏虎圖)」 역시 칠언 32구로 된 장편 고시로, 중국 문사 황운혹이 그의 태고조모(太高祖母: 오대조의 모친) 담씨(談氏)의 은덕을 기리고자 그린 「완정복호도(完貞伏虎圖)」란 그림에 부친 시이다. 박규수는 북경 체류중인 1861년 4월 황운혹의 요청으로 이 시를 지어주었다.

그림의 내력을 소개한 황운혹의 글에 의하면, 일찍 과부가 된 담씨는 친척의 집요한 개가(改嫁) 권유를 결사적으로 물리친 뒤 어린 고아들을 이끌고 심심 산중에 숨어 살았는데, 범이 며칠씩이나 집 근처에서 울부짖으며 떠나지 않았다. 이에 담씨는 "미망인이 수백번 죽음을 무릅쓰며 고아를 데리고 이곳에 왔는데, 또 너에게 화를 당하게 되었으니 이것은 운수인가 보다. 운수가 다했다면 나는 네가 무섭지 않다. 운수가 아직 다하지 않았다면 너는 얼른 딴 데로 가서 우리 아이들을 무섭게 하지 말아다오"라고 타일렀더니, 범이 물러가는 기적이 일어났다. 그후 담씨는 어린 자식들과 힘써 일하여 마침내 황씨 집안을 크게 일으켰다는 것이다.[42]

황운혹은 이같은 태고조모의 사적을 그림으로 그리고 당대의 군자들에게 제영(題詠: 그림에 부치는 시)을 구함으로써 세상에 널리 알리고자 했다. 이러한 노력의 일환으로 그는 북경에 온 조선 사신과 그 지인들에게까지 「완정복호도」에 대한 글을 청했던 듯하다. 그리하여 황운혹은 중국과 조선 양국

41) "於詩, 最好韓文公鴻章鉅篇, 時發其光怪陸離之狀, 蓋亦深得其神髓也."(『환재집』 권1, 김윤식, 「서」, 장1뒤)

42) 黃雲鵠, 「完貞伏虎圖述略」(董文渙, 『韓客詩存』, 北京: 書目文獻出版社 1996, 402~403면). "未亡人犯百死, 携孤至此, 又厄於爾, 命也. 命若應盡, 吾不汝怖; 若未也, 爾其速徙, 無怖我兒!"

이 글은 李豊翼, 『六玩堂集』 권3, 「爲黃雲鵠題完貞伏虎圖」, 장5뒤~6뒤; 許傳, 『性齋集』 권17, 「談孺人完貞伏虎圖贊幷序」, 장25뒤~26뒤 등에도 소개되어 있다.

문사들의 시문(詩文)을 모아 『완정복호도집(完貞伏虎圖集)』을 편찬했다.[43] 이는 19세기 한중 문학교류사에서 특기할 만한 사건의 하나로 볼 수 있다.

1861년 문안사행으로 북경에 간 박규수는 정사 조휘림, 서장관 신철구와 함께 황운혹의 요청에 응해 시문을 지어주었을뿐더러, 귀국한 뒤에도 자신의 지인들에게 「완정복호도」에 부치는 시문을 지어주도록 적극 주선했다. 이에 박규수의 벗인 김상현, 박규수의 제자인 서상우(徐相雨) 등도 황운혹에게 시를 지어 보내기에 이르렀다.[44] 한편 황운혹은 1862년 진향사(進香使)로서 북경을 다녀간 유진오(兪鎭五)의 주선으로 정현덕(鄭顯德) 등의 시문을 얻었다.[45] 또한 1867년 북경에 온 동지 정사 이풍익(李豊翼), 1868년 북경에 온 동지 정사 김익문(金益文)과 부사 조성교(趙性教) 등으로부터도 제영을 받았다. 그 결과 『완정복호도집』에 수록된 조선 문사의 시문들을 소개하면 다음과 같다.[46]

- 박규수, 「제 완정복호도」(1861. 4) 오언고시 32구. 문안 부사.
- 신철구, 「서 완정복호도 후(書完貞伏虎圖後)」(1861. 4월 하순) 발문. 문안사 서장관.

43) 『완정복호도집』은 1888년에 간행된 황운혹의 『實其文齋文集』(山西大學 도서관 소장)에 수록되어 있다. 여기에는 황운혹이 『완정복호도집』을 편찬하고 나서 쓴 「叙」(1872)와 아울러, 역시 그가 쓴 「完貞伏虎圖述略」(1853)과 「記談太孺人軼事」(1872)가 덧붙여져 있다(동문환, 위의 책, 17면, 401~405면 참조).

44) 『환재집』 권10, 「與黃緗芸雲鵠」(1)·(2), 장24앞뒤; 김상현, 「過先祖妣許氏居正里遺墟碑詩 錄呈黃緗雲先生」, 서문(동문환, 위의 책, 407면). 동문환은 서상우(1831~1903)에 대해 박규수의 고족제자라고 일컬었다(위의 책, 284면, 324면).

45) 『철종실록』, 11년 12월 20일; 정현덕, 「題完貞伏虎圖」, 서문(동문환, 위의 책, 414면). 李基鎬와 許傳도 글을 지은 시기나 당시의 관직과 당색 등으로 미루어, 역시 유진오의 주선으로 「완정복호도」에 대한 글을 지었을 것으로 추정된다.

46) 창작시기, 장르, 작자의 관직 등을 함께 적었다. 이풍익의 시는 그의 문집인 『六玩堂集』(권3)에만 수록되어 있지만, 추가하여 소개한다. 『완정복호도집』에 중국 문사의 글로는 謝元淮·許宗衡·楊傳第·馮志沂·樊彬·何紹琦의 「제 완정복호도」와 淸象賢의 「書完貞伏虎圖後」 등이 수록되어 있다(동문환, 위의 책, 417~423면).

· 조휘림, 「제 완정복호도」(1861. 4) 칠언율시 1수. 문안 정사.
· 이기호(李基鎬), 「제 완정복호도」(1862. 10?). 오언고시 58구. 홍문관 수찬.
· 허전(許傳), 「완정복호도 찬(完貞伏虎圖贊)」(1862. 10월 상순) 찬(讚). 승지.
· 정현덕, 「제 완정복호도」(1862. 10. 15) 칠언절구 1수. 홍문관 교리.
· 김상현, 「선조비 허씨의 거정리 유허비를 지나면서 지은 시를 적어 황상운 선생에게 증정하다(過先祖妣許氏居正里遺墟碑詩 錄呈黃緗雲先生)」(1863. 10) 칠언고시 36구.
· 서상우, 「제 완정복호도」(1863. 10) 칠언절구 1수.
· 이풍익, 「제 완정복호도」(1866) 칠언율시 1수. 동지 정사.
· 김익문, 「제 완정복호도」(1868. 2) 발문. 동지 정사.
· 조성교, 「제 완정복호도」[47](1868. 1) 오언배율. 동지 부사.

이와같이 황운혹의 요청으로 「완정복호도」에 대한 창작이 이어졌거니와, 박규수의 「제 완정복호도」는 이러한 한중 문학교류의 물꼬를 튼 셈이었다. 이는 일찍이 중국 문사 곽집환(郭執桓)의 요청으로, 그의 문집인 『회성원집(繪聲園集)』에 연암과 홍대용이 서발(序跋)을 지어주고 연암과 이덕무·유득공·박제가 등이 곽집환의 부친에게 축수(祝壽)하는 시 「담원팔영(澹園八咏)」을 지어 보냈던 성사(盛事)를 계승한 것으로 볼 수도 있다.

「제완정복호도」의 서문에서 박규수는 담씨의 행적이 자신의 10대조 박소(朴紹)의 부인 홍씨(洪氏)의 행적과 흡사하여 더욱 감격스럽다고 했다. 즉 선조모(先祖母) 홍씨는 중종 때 남편이 훈구파의 탄핵으로 파면된 뒤 경상도 합천으로 낙향했다가 사망하자, 어린 자식들을 이끌고 천리 밖 서울로 올라와 잘 길러낸 덕분에 후손들이 번창하여 "세신 거벌(世臣巨閥)"을 이루게 되었다는 것이다. 이처럼 "예전에 선조모가 고생하며 힘쓰지 않으셨더라면, 머나먼 시골 구석의 토박이 백성이 되고 말았을 것이 틀림없으니, 당시의 사

47) 『완정복호도집』에는 조성교의 시에 차운한 황운혹의 시도 수록되어 있다(황운혹, 「答朝鮮趙韶亭尙書題伏虎圖原韻」, 동문환, 위의 책, 416~417면).

정을 생각할 적마다 송구스러운 마음이 응당 어떠하겠는가? 이로써 선조에 대한 상운(緗芸—황운혹의 자)의 감격이 나와 같은 바 있음을 알겠다"고 했다.[48] 박규수의 「제 완정복호도」는 이와같은 뜨거운 공감에서 우러나온 작품이다.

박규수의 「제 완정복호도」를 김상현의 시와 비교해보면, 박규수의 시풍이 잘 드러난다. 김상현의 시 역시 장편 고시의 형식을 취하고 있지만, 시의 대부분은 그의 16대조비(祖妣)인 절부(節婦) 허씨(許氏)의 행적을 회고하며 예찬하는 데 바쳐져 있다. 시의 후반부에 들어서서야 황운혹의 태고조모 담씨의 사적을 간략히 언급한 다음, 박규수의 주선으로 이 시를 짓게 된 사실과 자신의 감개(感慨)를 피력하는 것으로 작품을 마무리하고 있다.[49]

그런데 이와 달리 박규수는 시의 첫머리부터 담씨가 고아들을 이끌고 심심 산중으로 피신하던 광경을 여실하게 그리기 시작한다.

| | |
|---|---|
| 첩첩이 어지러운 산중에 인적이 끊겼는데 | 亂山合沓人跡絶 |
| 숲속의 초가집은 쌓인 눈에 가려져 있네 | 林間草屋依積雪 |
| 등에 업은 작은애는 배 달라 밤 달라 | 小兒在背覓梨栗 |
| 손을 잡은 큰애는 끌고 가기 바라네 | 大兒在手求提挈 |
| 포대기에 안은 갓난애까지 있어 | 更有嬰兒襁抱中 |
| 젖 먹다가 울다가 하며 소리내어 흐느끼네 | 且乳且啼聲嗚咽 |
| 뉘집 어미기에 온갖 재앙 다 겪나 | 誰家阿母罹百凶 |
| 타향에서 떠돌던 일 어찌 다 이야기하리 | 飄泊異鄕那堪說[50] |

48) 『환재집』 권3, 「題完貞伏虎圖」 幷序, 장17앞. "向非先祖母勞苦辛勤, 遂作遐陬土氓, 無疑矣. 每念當日情事, 當如何怵惕耶? 以此知緗芸之感激先故有與同者."

박소와 그의 부인 홍씨의 행적에 대해서는 박영철 편, 『연암집』 권1, 「陜川華陽洞丙舍記」; 김윤조 역주, 『역주 과정록』, 태학사 1997, 124~125면, 243~244면 참조.

49) 김상현, 「過先祖妣許氏居正里遺墟碑詩 錄呈黃緗雲先生」(동문환, 앞의 책, 408~409면).

50) 『환재집』 권3, 「제 완정복호도」, 장17앞.

이어서, 범이 출현하여 어린애들이 겁에 질려 떠는데 담씨가 담대하게 문을 박차고 나가 범을 향해 설득하는 장면을 다음과 같이 그려낸다.

| | |
|---|---|
| 달은 지고 바람 드세며 하늘 더욱 캄캄한데 | 月落風高天深黑 |
| 범이 천둥같이 울부짖어 산중 바위를 쪼갤 듯 | 有虎雷喉山石裂 |
| 밤마다 어린 것들 잠 못 이루고 | 夜夜稚幼眠不得 |
| 놀라서 엄마 품에 뛰어들며 숨죽이고 벌벌 떠네 | 驚投母懷皆顫窒 |
| 엄마가 의연히 방문을 열고 나가 | 阿母毅然啓戶出 |
| 범에게 한 말씀 하니 어찌 그리 굳센가! | 詔虎一語何烈烈 |
| 범이 귀 기울여 경청하는 듯하더니 | 虎乃側耳若有聽 |
| 물러나 꼬리 흔들며 소굴로 돌아갔네 | 逡巡掉尾歸巢穴[51] |

이와같이 박규수는 극적인 장면을 중심으로 생동감 있는 묘사를 하고 난 뒤에 비로소 담씨의 사적을 예찬한다. 즉 춘추시대 진(晉)나라의 정영(程嬰)이 친구 조삭(趙朔)의 유복자를 숨겨서 살린 고사, 양풍(楊豊)의 딸이 아버지를 호환(虎患)에서 구해낸 고사를 인용하면서, 담씨의 경우 범이 물러간 사건은 "하늘이 정부(貞婦)를 위해 그녀의 남다른 절개를 보전해준 것(天爲貞婦完奇節)"이라고 했다. 그리고 송나라의 대시인 황정견(黃庭堅)의 후예인 황운혹의 집안에 후손들이 번성한 것도 담씨의 은덕을 입은 것으로, 그 사적은 유향(劉向)의 『열녀전』에 기록될 만하다고 칭송했다.

이러한 예찬이 상투적인 느낌을 주지 않고 호소력을 지니는 것은, 그에 앞서 절실한 상황 묘사가 있었기 때문이다. 이처럼 「제 완정복호도」에는 수학기의 한시에 이미 나타난 박규수의 사실적인 시풍이 잘 드러나 있다고 하겠다.

한편 칠언절구 10수로 된 「임술년 중추에 동인들과 함께 태수 윤사연이 초대한 곳으로 가다」는 조부 연암의 문학적 영향이 직접적으로 드러나 있다

51) 위의 책, 장17뒤.

는 점에서 주목되는 작품이다. 1862년 진주농민항쟁 수습을 위한 안핵사로서 활동한 뒤 관직에서 물러나 쉬고 있던 박규수는 김포 군수로 재직중인 윤종의의 초대를 받아 그해 윤8월 13일에서 16일까지 신석우·조면호·장조(張照)[52]와 함께 한강의 서강(西江)에서 출발하여 김포까지 다녀오는 뱃놀이를 했다. 당시의 유람 경위는 신석우의 「금릉유기(金陵遊記)」에 소상히 밝혀져 있다.

이에 의하면, 그때 신석우는 "중년 이후 시 짓기를 좋아하지 않아 강요해도 짓지 않는" 박규수를 시 창작에 참여하도록 유도하고자, 연암의 시 「강거 만음(江居漫吟: 강가에 살며 멋대로 읊다)」을 낭송하고는 뱃놀이 하는 동안 시종 이 시에 차운하여 창작할 것을 제안하여 일행의 찬동을 얻었다. 이에 박규수도 부득이 시를 짓지 않을 수 없었던 것이다. 뿐만 아니라 박규수는 조부 연암의 「강거 만음」이 실은 병자호란 때 척화파(斥和派)로 유명한 청음(淸陰) 김상헌(金尙憲)이 명나라에 사신으로 갈 적에 지은 조천시(朝天詩)[53]에 차운한 작품임을 밝히고, 청음의 조천시를 낭송하여 일행의 시흥을 돋우기까지 했다. 그리하여 뱃놀이를 마칠 때까지 일행들이 지은 시가 모두 200여 편에 달했다고 한다.[54]

이러한 사실은 연암이 『열하일기』를 비롯한 산문뿐 아니라, 시를 통해서도 후대의 문인들에게 적지 않은 영향을 주었음을 단적으로 보여주는 것이다. 당시 신석우가 동행들 앞에서 낭송했다는 연암의 「강거 만음」 시를 먼

52) 자 明叟, 호 紫園·園翁. 谿谷 張維의 祀孫이다. 蔭補로 군수를 지냈다. 수학시절부터 박규수의 벗이었던 듯하다. 박규수의 초기 시집인 『莊菴詩集』 권4에 「雪夜 會話張紫園書室 懷徐石史 令書童呼韻 拈之」라는 시가 수록되어 있다(『환재총서』, 제5책, 213면).

53) 김상헌의 『朝天錄』 중의 시 「水城夜景」을 가리킨다. 김상헌의 『淸陰集』(권9)에 수록되어 있다. 이 시는 『열하일기』 「避暑錄」에도 소개되어 있다(박영철 편, 『연암집』 권14, 장64뒤).

54) 『해장집』 권12, 「金陵遊記」. "瓛卿中歲以後不喜作詩, 强之不作."

조면호의 「金陵舟遊」는 바로 당시에 연암의 「강거 만음」에 차운하여 지은 칠언절구 38수를 모은 것이다(조면호, 『玉垂集』 권8).

저 소개해본다.

우리 집 문밖은 바로 서호(西湖) 나루 근처　　我家門外卽湖頭
쌀 사려 소금 사려 몇 곳의 배들이냐　　米鬨鹽喧幾處舟
가을 기러기 한 번 울자 일제히 닻 올리고　　霜鴈一聲齊擧矴
강에 가득 달빛 비추일 때 금주로 내려가네　　滿江明月下金州[55]

'서호'는 곧 한강의 마포나루로 흘러드는 하천인 서강(西江)을 말한다. '금주'는 김포를 예스럽게 부른 것이다. 이 시는 청음의 조천시에 차운했으므로, 하평성(下平聲) 우운(尤韻)에 속하는 두(頭)·주(舟)·주(州)자를 운자로 삼았다. 그리고 시각적·청각적 이미지를 적절하게 구사하여, 전국 각지에서 쌀과 소금을 싣고 온 장삿배들로 떠들석하던 서강 포구의 가을밤 풍정(風情)을 산뜻하게 그려내었다.

이에 차운한 박규수의 시 중 제1수를 들어본다.

점 같은 수많은 산은 부처 머리보다 검푸른데　　萬點靑山賽佛頭
흰 비단처럼 맑은 강에서 배에 오르려 하네　　澄江如練且登舟
갈대 우거지고 이슬 지는 곳 어디인가 아노니　　蒼葭白露知何處
그리운 님은 천하 제일주인 금릉에 있다네　　人在金陵第一州[56]

처음 두 구(句)는 서강에서 승선하던 당시의 주위 풍경을 선명한 색채어들을 구사하여 인상적으로 묘사한 것이다. 이어지는 전구(轉句)와 결구(結

55) 박영철 편, 『연암집』 권4, 「江居漫吟」, 장10앞.
「壬戌仲秋 與同人赴尹士淵太守之約」의 서문에서 박규수는 이 시의 제목을 「江居」라고 했으나(『환재집』 권3, 장19앞), 「강거」라는 시는 따로 있다(박영철 편, 『연암집』 권4, 장8앞뒤).
56) 『환재집』 권3, 「壬戌仲秋 與同人赴尹士淵太守之約」, 장19앞.
전설에 의하면 부처의 머리털은 청색이었다 하므로, 한시에서 종종 검푸른 산빛을 그에 비유하였다.

句)에서 박규수는 『시경』 진풍(秦風)의 「겸가(蒹葭)」를 전고(典故)로 해서 자신의 심경을 노래한다. 즉 "갈대가 우거지고/ 이슬이 서리로 변한(蒹葭蒼蒼, 白露爲霜)" 어느 가을날 강 저편의 누군가를 절절히 그리워하는 노래인 「겸가」의 시상(詩想)을 차용하여, 김포 군수인 벗 윤종의를 그리워하면서 그를 찾아가고픈 심경을 읊은 것이다. 그리운 님이 중국에서 가장 아름다운 고장인 금릉 즉 남경(南京)에 있다고 한 것은 김포를 예스럽게 '금릉'이라고도 불렀기 때문이다.

마지막 제10수를 들면 다음과 같다.

| | |
|---|---|
| 금빛 파도 누각 머리에 출렁이니 | 金波滉漾在樓頭 |
| 돛을 펼쳐 만리를 항해하고 싶어라 | 欲放風帆萬里舟 |
| 중국에도 오늘 밤 달은 떴을 텐데 | 海內應同今夜月 |
| 몇분이나 옛 유주에서 간절히 바라볼까 | 幾人翹首古幽州[57] |

신석우의 「금릉유기」에 의하면, 김포에 당도한 일행은 용금루(湧金樓)에 올라 달을 감상하며 시를 지었다고 한다.[58] 이름 그대로 달밤이면 황금빛으로 용솟음치는 파도가 내려다보이는 이 아름다운 누각에서 박규수는 문득 지난번 연행에서 사귄 중국의 벗들을 만나러 달려가고픈 충동을 느낀 듯하다. 여기에서 "돛을 펼쳐 만리를 항해하고 싶네"라고 읊은 구절은, 일찍이 연암이 중국 여행에 나설 때 그의 문인 한석호(韓錫祜)가 지은 송별시 중 "늘 바람 따라 만리를 항해하고 싶어라(常願風漂萬里舟)"[59]라고 한 시구를 염두에 둔 표현이다. 그리고 이어서, 자신이 오늘 밤 보름달을 바라보며 북경의 벗들을 그리워하듯이 그들 역시 저 달을 보며 자신을 간절히 그리워하

57) 『환재집』 권3, 장20앞. '옛 유주'는 북경을 가리킨다. 북경은 고대에 유주에 속했다.

58) 후일 韓章錫은 김포의 용금루에서 박규수와 윤종의의 시를 발견하고 그 시에 차운하여 시를 짓기도 했다(한장석, 『眉山集』 권1, 「湧金樓得朴瓛齋 尹淵齋二丈詩 遂次其韻」).

59) 박영철 편, 『연암집』 권14, 『열하일기』 「避暑錄」, 장76앞; 한석호, 『蕙畹詩抄』, 「奉送燕巖先生朴趾源游燕」(韓東赫 편, 『西原家稿』 권1).

지 않을까 상상해본 것이다.

이상에서 살펴본 바와 같이 박규수의 한시 「임술년 중추에 동인들과 함께 태수 윤사연이 초대한 곳으로 가다」는 연암의 「강거 만음」에 차운했을뿐더러, 그 시와 마찬가지로 가을밤 강변의 풍정을 운치있게 노래한 점에서 뚜렷한 영향 관계를 보여주는 작품이라 하겠다.

## 3. 다양한 양식의 산문들

철종시대에 박규수는 시 창작에 등한했던 것과 달리, 비교적 많은 산문을 남겼다. 그의 산문에 대해 주위의 문사들은 절찬을 아끼지 않았다. 우선 김윤식은, 박규수가 빼어난 재능과 학식을 갖추고도 “한번도 문인으로 자처하지 않았다”고 하면서, “만약 지은 것이 있다면 반드시 실천하고자 하는 뜻이 있어서 발로한 것이지 산만하고 내실 없는 말은 아니었다. 매번 뜻이 서서 붓을 들면 거침없이 뜻을 전달했으며, 말하고자 하는 바는 법도와 편폭에 구애되지 않고 저절로 훌륭한 문장을 이루었다”고 했다. 또한 그는 박규수의 글이 다방면의 풍부한 학식을 바탕으로 하고 있으므로, “차분하고 전아하며 찬란히 빛나서, 사람들이 쉽게 이해할 수 있게 하되 아로새기고 분칠하거나 고생하며 쥐어짜낸 자태가 없다. 왕왕 양자강과 황하가 단번에 천리에 다달아 끝없이 넘실대면서도 여파가 찰랑거리며 갖가지 무늬를 이루듯이 하니, 근본이 없는 이라면 이와같이 할 수 있겠는가?”라고 예찬했다.[60]

윤종의도 박규수에 대해 “평생 무익한 공언(空言)을 하려 하지 않았으며, 반드시 이를 실제에 적용할 수 있었으니, 비유하건대 집안에서 만든 수레가

60) 『환재집』 권1, 「序」, 장1앞뒤. “如有所作, 則必有爲而發, 非汗漫無實之言也. 每意到下筆, 沛然而達, 其所欲言, 不規規於繩墨尺幅, 而自然成章. (…) 故其爲文也, 春容典雅, 發輝有光, 使人易解, 而無雕繪粉澤之容, 艱難勞苦之態, 往往如江河之一瀉千里, 瀾汗無際, 而餘波淪漣, 曲折成文, 非有本者, 而能如是乎?”

나가서도 궤도(軌道)에 꼭 들어맞는 것과 같았다"고 칭송했다. 또한 박규수의 글은 청원(淸遠)한 정취와 거침없는 음절(音節)을 갖추어 "통명아결(通明雅潔: 투명하고 고결함)"하다고 평가하면서, "가정의 문견(聞見)에서 연원하되 순정(醇正: 순수하고 올바름)에 귀의하였고, 중국 명유(名儒)들의 글을 참작하되 평실(平實)하고자 힘썼다"고 논평했다.61) 박규수의 아우 박선수 역시 형에 대해 "문장을 지으면 오로지 의사전달을 위주로 했으며, 논리가 뛰어나지만 구차스레 기승전결(起承轉結)을 맞추려고 하지는 않았다. 옛글을 본받되 변화할 줄 알고 새롭게 지어내되 전아할 수 있었다"고 예찬했다.62)

이상 제가(諸家)의 평에서 공통으로 지적된 것은, 박규수가 풍부한 학식을 바탕으로 경세치용에 기여하는 내실있는 글, 형식과 규범에 구애되거나 문학적 기교에 힘쓰지 않고 의사전달에 치중하는 논리적이고 평이한 글을 쓰고자 했다는 점이다. 이같은 박규수의 실사구시적 문장관에서 고염무의 영향을 찾아볼 수 있다. 한편 박규수의 글이 "가정의 문견에 연원"했다고 한 것은 곧 조부 연암의 문학적 영향을 가리킨 것이라 생각된다. 더욱이 "옛글을 본받되 변화할 줄 알고, 새롭게 지어내되 전아할 수 있다(法古而知變, 創新而能典)"는 것은 연암이 주장한 문학론의 핵심인데, 박선수가 이로써 형의 글에 대한 총평으로 삼은 것은 박규수가 산문 창작에서 연암의 문학론의 실천에 힘썼음을 증언한 것이라 볼 수 있다.

이러한 당대의 평가를 염두에 두면서, 철종시대 박규수의 산문을 살펴보기로 한다. 『환재집』은 그의 다양한 산문들을 잡저(雜著) 이하 12종의 양식으로 세분해놓았다. 그러나 이는 다소 번다하므로, 여기에서는 『환재집』의 분류 체제를 대체로 존중하면서도 유사한 산문양식들은 한데 묶어 논하고자 한다.

61) 『환재집』 권1, 「序」, 장2앞뒤. "平生不欲爲無益之空言, 必可以措諸實, 譬如閉門造車, 出門而合轍. (…) 淵源乎家庭聞見而歸之醇正, 斟酌乎中州名儒而務爲平實."

62) 『환재집』 권1, 「節錄瓛齋先生行狀草」, 장9뒤. "爲文章, 專主辭達, 理勝而不事起承轉結照應之陋, 法古而知變, 創新而能典."

## 1) 제문과 비문(碑文)

이 시기 박규수가 남긴 산문으로는 첫째, 제문과 비문에 속하는 「제외구 이공문(祭外舅李公文)」, 「알선조 호장공 묘문(謁先朝戶長公墓文)」, 「홍처사 묘갈명(洪處士墓碣銘)」, 「이조 판서 증영의정 윤공 행임 묘지명(吏曹判書贈領議政尹公行恁墓誌銘)」, 「처사 직천 신공 묘지명(處士湏泉申公墓誌銘)」 등을 들 수 있다. 이는 고염무의 이른바 "남의 선행을 즐겨 말하는(樂道人之善)"[63] 글에 해당한다 하겠다.

그중 「제외구 이공문」(1849년 작)은 작고한 그의 장인 이준수(李俊秀)의 영전에 바친 제문이다. 이 글의 서두에서 박규수는 장인이 평생 가난하지만 깨끗한 선비로 살았던 점과, 대를 이을 아들도 없이 별세한 사실에 초점을 맞춘다.

> 아아! 공(公)이 돌아가신 지 이제 석 달이 지났습니다. 자연을 따라 살다 태허(太虛)로 돌아갔으며, 살아서는 순리를 따르고 죽어서는 안녕하시니, 무슨 유감이 있으며 무슨 슬픔이 있으시겠습니까? 등유(登攸)도 자식이 없었으니 공의 처지를 한탄할 겨를이 없고, 금루(黔婁)도 포의(布衣)로 지냈거늘 공의 처지를 슬퍼할 것이 없습니다.[64] 공의 평생 자취를 더듬어보면, 청빈하고 담박하며 남달리 궁핍하고 고적했으니, 이야말로 군자의 이른바 운명입니다. 공의 달관(達觀)과 높은 식견으로 이미 이를 편히 여겨 원망하지 않았고, 이에 처하여 후회하지 않았으며, 꿋꿋이 지조를 지키다가 깨끗한 몸으로 돌아가셨습니다. 어찌 아녀자와 같은 구구한 말로 슬피 애도하는 감정을 서술하겠습니까![65]

---

63) 『일지록』 권19, 「文須有益於天下」.

64) 등유는 字가 白道이고, 東晉의 뛰어난 정치가였다. 石勒의 兵亂을 당해 피난 가면서 자기 아이는 버리고 조카만을 살린 탓에 종내 자식이 없었다. 금루는 戰國시대 齊나라의 이름난 隱士로, 가난했음에도 벼슬살이를 거부했다.

65) "嗚呼! 公之沒, 今焉三更朔矣. 聽其自然, 以還太虛, 存順沒寧, 何憾何慼? 伯道無兒, 不

따라서 박규수는 애절한 감정의 표출을 자제하고, 곧바로 장인이 생전에 가장 고심했던 후사(後嗣) 문제를 거론한다. 아들이 없던 장인은 마땅한 후사를 구하지 못하자 한 세대를 건너뛰어 종손(從孫)으로 후사를 삼고자 했으나, 그것이 고례(古禮)와 부합하는지 확신이 서지 않아 결정을 내리지 못한 채 타계하고 말았다. 이 문제에 대해 박규수는 진(晉)나라 순의(荀顗)나 하기(何琦)의 전례(前例)와 유순(庾純)의 예설(禮說), 남조(南朝) 송(宋) 뇌차종(雷次宗)의 예설 등에 의거하여, 그러한 간대취사(間代取嗣)의 조치가 고례와 모순되지는 않음을 논하였다. 단, 그러면서도 그는 "예를 적용할 때에는 시의(時宜)에 맞는 것이 가장 중요하므로(禮之爲用, 惟時爲大)", 우선 종손으로 하여금 신주를 받들게 하되 장차는 소목(昭穆)이 제대로 이어지도록 하는 것이 옳다고 결론짓는다. 이처럼 고인의 죽음을 애도하는 제문의 경우에도 박규수는 주정적(主情的) 서술로만 치닫지 않고, 예설에 관한 학식을 바탕으로 논리적인 진술을 펴고 있다.

이어서, 그는 지난해 증광시(增廣試)를 치른 직후 장인을 찾아뵈었던 날의 광경을 애틋하게 회상하는 것으로 제문을 마무리한다. 즉 그날 처가댁에 들렀더니 집안은 고적하기 짝이 없는데, 인기척을 느끼고 밖을 내다보던 노쇠한 모습의 장인은 사위가 과거를 치르고 인사차 방문한 것을 알자, 웃으면서 "내가 잊었구먼. 오늘이 바로 회시이던가?" 하셨을 뿐이라는 것이다.[66] 이와같이 간결하면서도 현장감을 살린 묘사로 인해, 사랑하는 사위의 과거 응시일조차 잊을 만큼 출세와 영달에 초연한 채 꿋꿋하고 낙천적으로 살아갔던 장인 이준수의 노경(老境)이 인상깊게 그려졌다고 하겠다.

이처럼 「제외구 이공문」은 제문의 상투적인 형식을 넘어, 청빈한 선비의

---

暇爲公恨矣; 黔樓布衣, 不足爲公悲矣. 跡公平生, 淸苦澹泊, 畸窮孤枯, 此夫君子之所謂命也. 公之達觀高識, 固已安之而無怨, 處之而無悔, 介然自守, 全以歸之. 顧安用婦人孺子區區之語, 紓述悲悼之情爲哉也!"(『환재집』 권5, 「祭外舅李公文」, 장2뒤)

66) "余忘之矣. 今日乃會試耶?"(위의 책, 장3앞뒤)

모습을 탁월하게 그려낸 작품이다. 이를 통해 선비 정신을 강조한 점에서는 연암이 지은 「제외구 처사 유안재 이공문(祭外舅處士遺安齋李公文)」과 서로 주제의식이 통한다. 연암의 장인 이보천(李輔天, 호 遺安齋, 1714~1777)에 대한 제문인 이 글에서 연암 역시, 선비로서 평생토록 벼슬하지 못하면 세속에서는 수치로 여기지만 죽을 때까지 참된 선비의 자세를 잃지 않는 것이야말로 어려운 일이라고 역설하면서, 장인의 청빈한 삶을 예찬했던 것이다.[67]

「처사 직천 신공 묘지명」(1859년경 작)은 절친한 벗 신기영(申耆永)의 청탁으로 지은 그 부친 신교선(申敎善)의 묘지명이다. 신기영(1805~1884)은 자를 치영(稚英), 호를 산북(汕北) 또는 율당(聿堂)이라 한다. 본관은 평산으로, 동양위(東陽尉) 신익성(申翊聖)의 9대손이다. 그는 순조 때 학행으로 감역(監役)에 천거되었으나 벼슬하지 않고 평생 은거했다. 시인으로 이름이 있었으며, 시문집으로 『율당잡고(聿堂雜稿)』(1책)가 전한다. 운양 김윤식은 그를 종유하면서 문학적 지도를 받았다. 선대에 신흠·신익성 부자와 박동량·박미 부자 이후 세교(世交)가 깊었으므로, 박규수는 신기영에 대해 '세강제(世講弟)'로 자처했다.[68] 그의 부친 신교선(호 洹泉·小峰, 1786~1858) 역시 과거를 포기하고 한강 상류의 두릉(斗陵)에 칩거하면서 경전 연구와 저술, 자제 교육에 힘쓴 은사(隱士)로서, 김매순·이규경 등과 교분이 깊었다.[69]

신교선의 묘지명에서 박규수는 일단 관례적인 서술방식을 따르고 있다.

---

67) 박영철 편, 『연암집』 권3, 「祭外舅處士遺安齋李公文」, 장51앞.

68) 『환재집』 권1, 「節錄瓛齋先生行狀草」, 장9뒤, 권9, 「與申稚英」, 장21앞, 「與申幼安」(26), 장38앞; 김윤식, 『雲養集』 권2, 「代古硯歌」, 「敬和申汕北先生宣德罏歌」, 권9, 「申汕北先生六十一歲序」, 권11, 「隨身物銘補」, 권14, 「八家涉筆上」; 『大東詩選』 권9, 68면; 『朝野詩選』 권1, 장43뒤; 『平山申氏系譜』 권4, 正言公派.

'세강제(世講弟)'란 대대로 함께 공부한 양가의 후손으로서 아우뻘이 되는 사이라는 뜻이다.

69) 『환재집』 권5, 「處士洹泉申公墓誌銘」, 장22앞; 이규경, 『詩家點燈』 續集, 「法鏡瓦硯序銘」; 정경주, 「오주 이규경과 "시가점등"의 詩學 範疇에 대하여」, 『부산한문학연구』 9, 1995, 304면 참조.

즉 서두에서 졸년(卒年)과 장지(葬地) 및 묘지명을 짓게 된 경위, 고인의 휘(諱)와 자호(字號), 가문 등을 밝힌 데 이어, 생애 사적을 차례로 기술한다. 그러나 이 대목에서 그는 신교선의 "내행 세절(內行細節: 가정에서의 세세한 모범적 행실)"을 나열하는 대신, 두 개의 에피소드를 중심으로 집약적인 서술을 취하고 있다.

부친 신귀조(申龜朝)가 순조 초 시파(時派)와 벽파(僻派) 간의 당쟁에 휘말려 위험에 처하자, 당국자들을 직접 설득하여 부친을 구해낸 첫번째 에피소드를 통해서는 젊은 시절에 이미 드러난 신교선의 "재능과 기량(才具器量)"을 부각했다. 다음으로, 사람을 알아보는 안목이 있던 이조 판서 조종영(趙鍾永)이 그를 높이 평가하여 관직에 천거하거나 교분을 맺고자 애썼던 두번째 에피소드를 통해서는 신교선이 비록 초야에 묻혀 지냈으나 "유용지학(有用之學)"을 지닌 인재였음을 강조하고자 했다. 이와같은 생애 사적의 집약적 서술을 바탕으로, 박규수는 신교선에 대해 "덕을 숭상하면서 도를 즐기다가 온전한 몸으로 돌아간 선비(尙德樂道全歸之士)"라고 평하였다.[70] 선비로서의 주체적인 삶을 예찬한 이러한 주제의식은 앞서 논한 「제외구 이공문」의 경우와 상통한다 하겠다.

「이조 판서 증영의정 윤공 행임 묘지명」(1861년 작)은 정조의 총신(寵臣)으로서 순조 즉위 후 억울하게 죽은 윤행임(호 碩齋, 1762~1801)의 묘지명이다. 이는 선배 윤정현이 그의 부친 윤행임의 행장을 지은 뒤 당시 성균관 대사성이던 박규수에게 청탁하여 짓게 한 글로서, 3,700여 자에 달하는 역작이다.[71] 이 글을 윤정현이 지은 행장과 비교해보면 그 특징이 잘 드러난다. 즉

70) 『환재집』 권5, 「處士洄泉申公墓誌銘」, 장22앞~23뒤.

71) 박규수가 지은 묘지명은 『환재집』뿐 아니라, 윤행임의 문집인 『碩齋稿』에도 윤정현이 지은 행장과 함께 부록으로 실려 있다. 『석재고』에 실린 묘지명에는 윤정현의 後識가 붙어 있다. 이 후지에서 윤정현은 묘지명의 본문에서는 그 이름을 밝히지 않은 '戚里'가 다름아닌 金魯忠과 朴宗慶임을 폭로하고, 박종경이 경주 김씨 외척 세력과 함께 자신의 부친을 죽음으로 몰아넣었다고 규탄했다. 또한 박규수가 지은 묘지명이 1861년에 완성되었으며, 1863년 윤행임에게 文獻이라는 시호가 내리고, 1864년 致祭된 사실을 밝혔다.

이는 묘지명인 만큼 글자 수의 제한을 받으므로 행장의 내용을 축약할 수밖에 없는데, 그 과정에서 취사 선택되거나 새로 첨가된 내용 등을 살펴보면 작자의 의도와 수법을 엿볼 수 있는 것이다. 한편 윤행임의 생애에 관해서는 이밖에 조두순(趙斗淳)이 지은 신도비명(神道碑銘)과 윤정현이 지은 묘표(墓表) 등이 있으므로,[72] 그러한 유사한 성격의 글들과 이 묘지명을 비교할 필요도 있다.

윤행임의 묘지명 서두에서 박규수는 글을 짓게 된 경위를 밝힌 뒤, 곧바로 정조와 윤행임 간의 각별한 군신지의(君臣之義)를 감격적인 어조로 역설하여, 이를 전편(全篇)의 주제로서 먼저 제시했다. 이에 따라 고인의 휘와 호를 소개할 때에도 정조가 개명(改名)을 지시하고 사호(賜號)한 사실을 부연하고 있다.

가문을 서술한 대목에서는 행장의 해당 부분을 축약하면서도, 선조 가운데 윤계(尹棨)·윤집(尹集)·윤이진(尹以進) 등 존명사대(尊明事大)의 절의를 지킨 인물들을 부각시킨 점이 특색이다. 그중 윤이진은 이자성(李自成)의 난으로 명나라 숭정(崇禎) 황제가 자결한 소식을 접한 뒤 과거를 포기하고 벼슬길에 나아가지 않았을뿐더러 자신의 신주(神主)에다 '숭정 진사(崇禎進士)'라 쓰도록 유훈을 남겼다. 행장에서는 윤행임의 부친 윤염(尹琰)에 대해 바로 이 "진사공(進士公)의 증손"이라고만 했으나, 박규수는 "숭정 진사의 증손"이라고 고쳐 적었다.[73]

고인의 생애를 본격적으로 서술한 부분에서 박규수는 윤행임이 수학기에 "경세실용지학(經世實用之學)"에 힘썼음을 강조했다. 그리고 관력(官歷)에

72) 조두순이 지은 「贈領議政行吏曹判書碩齋尹公神道碑銘」은 그의 문집인 『心庵遺稿』(권24)에 수록되어 있는데, 총 2,100여 자로 박규수가 지은 묘지명에 비해 짧으면서도 행장에 더욱 충실히 의거한 글이다. 윤정현이 지은 묘표는 『碩齋稿』의 부록으로 실려 있으며, 묘지명과 신도비명의 내용을 축약하고 일부 보완한 매우 간략한 글이다.

73) 『환재집』 권5, 「吏曹判書贈領議政尹公行恁墓誌銘」, 장11뒤. 조두순이 지은 신도비명에는 이 사실 자체가 생략되어 있다.

있어서는 행장의 세세한 내용을 대체로 축약하여 옮기면서도, 선조 윤집이 체포되어 청으로 끌려갔던 곳이 광주(廣州)라 하여 윤행임이 광주 부윤(府尹)에 취임하지 않고 사퇴한 사실과, 선조 윤섬(尹暹)이 임진왜란 때 순절했다고 하여 윤행임이 예조 참의로서 대왜(對倭) 문서 작성을 거부하고 교체된 사실은 살려놓았다.74)

또한 주목할 것은, 정조 재위 시절의 관력에 대한 서술을 마치고 난 뒤에 총괄적인 논의를 추가하여, 정조의 두터운 신임을 받아 국가 대사의 은밀한 내용을 남달리 알게 된 것이 훗날의 화를 불러오게 되었다고 함으로써, 이후의 서술에 대해 일종의 복선 구실을 하게 한 점이다. 이어서, 순조 즉위 직후의 관력을 서술한 부분에서도 박규수는 그와 유사한 조치를 가하고 있다. 즉 행장에서의 서술 순서를 따르지 않고, 조카 윤상현(尹象鉉)이 정계 은퇴를 간청했으나 이를 결연히 물리치는 대목을 앞으로 끌어와 서술 중간에 삽입함으로써, 정조의 유지(遺志)를 지켜나가고자 고군분투하던 윤행임이 장차 죽음의 길에 이를 수밖에 없었던 필연성을 부각하는 복선 구실을 하게 한다.

결국 신지도(薪智島)로 유배된 윤행임은 임시발(任時發)의 흉서(凶書) 사건에 그의 문객인 윤가기(尹可基)가 연루된 혐의로 인해 배후 주모자로 몰려 사약을 받고 말았다. 박규수는 이러한 윤행임의 비극적인 최후를 다음과 같이 그리고 있다.

> 사약을 내린다는 명령이 섬에 이르렀다. 공은 북쪽을 향해 네번 절하였다. 차분하기가 평소와 다름없었다. 금부 도사에게 물었다.
>
> — 올 때 상후(上候: 임금의 안부)는 어떠하시며, 권강(勸講: 임금에 대한 經筵 講義)은 전날과 다름없던지요?
>
> — 가기는 알던 사람이지만, 시발은 누구인가요? 흉서란 무슨 이야기요?
>
> — 죽는 것은 실로 한스럽지 않소. 다만 성안(聖顔: 임금의 얼굴)을 다시

74) 『환재집』 권5, 「吏曹判書贈領議政尹公行恁墓誌銘」, 장12뒤~13앞. 조두순이 지은 신도비명에는 이같은 사실들이 생략되어 있다.

뵙지 못하고, 어린 아들을 한번 만나보지 못한 것이 안타까울 따름이오.

9월 16일의 일이었다.[75]

이 대목에서 박규수는 당시의 정황을 자세하면서도 격정적으로 서술하고 있는 행장과 달리,[76] 극히 간결하고 절제된 필치를 구사함으로써 오히려 그 비장미(悲壯美)를 한층 고조시키는 효과를 거두고 있다.

이상에서 보듯이, 박규수가 지은 윤행임의 묘지명은 행장을 바탕으로 하되 이를 대폭 개작하여 한 편의 독립적인 예술 산문으로 승화된 글이다. 행장처럼 관련 사실들을 장황하게 나열하거나 비통한 감정을 표출하는 것을 가급적 피하고, 서술 도중에 복선 구실을 하는 단락을 삽입하거나 극도의 압축적인 표현을 구사함으로써, 시종 짜임새 있고 팽팽한 가운데 함축미를 지닌 명문이 되었다고 할 수 있다.

한편 이 묘지명에서 윤집 등과 같이 존명사대의 절의를 실천한 선조라든가 그들을 숭모한 윤행임의 행적을 특기하고 있는 사실은, 박규수가 지닌 강렬한 존명 의식이 투영된 결과로 볼 수 있을 것이다. 또한 윤행임이 '경세실용'의 학문에 힘썼다든가, "사양하거나 받아들이고, 취하거나 주는 일에 있어 반드시 도의에 맞는가를 살폈다"[77]고 칭송한 대목들에서는 고염무의 사

75) "後命至島中, 公北向四拜, 從容如平常. 問於金吾郎曰, 來時上候若何, 勸講如前日否? 又曰, 可基曾所識, 時發何人也? 凶書何語也? 又曰, 死固無恨. 惟未得更瞻聖顔, 與稚子一面, 爲耿耿耳. 九月十六日也."(『환재집』 권5, 「吏曹判書贈領議政尹公行恁墓誌銘」, 장16앞뒤)

76) 참고로 윤정현이 지은 행장의 해당 부분은 다음과 같다. "九月十日, 東朝下後命, 以十六日申時棄世. 嗚呼寃矣! 嗚乎痛矣! 其日未明, 有白氣起於所寓屋脊, 盤旋而上, 隣人見而異之. 不肖纔九歲, 從子應鉉, 疾馳不及, 傍無子姪, 只二僕侍, 都事亦屛去之. 府君聽宣敎, 北向四拜, 顔色不少變, 動止從容如平常. 問於都事曰, 來時上候若何, 勸講如前日否? 又曰, 可基曾所識, 時發何人也? 凶書何語也? 因此而死, 而不知其由, 願聞之. 又曰, 死固無恨. 惟生未得更瞻天顔, 未與穉子一面, 爲耿耿耳. 他無所言. 嗚呼怨矣! 嗚呼痛矣!"

조두순이 지은 신도비명은 이러한 행장의 표현을 비교적 충실히 살리는 가운데 내용을 축약하고 있다.

상적 영향을 엿볼 수 있다고 하겠다.

### 2) 잡저(雜著) 잡문

다음으로, 박규수가 지은 철종시대의 산문 가운데 기(記)・서(序)・발(跋) 등 잡저(雜著) 잡문(雜文)류를 살펴보기로 한다. 이에 속하는 글로 「지세의명 병서(地勢儀銘幷敍)」, 「안노원이 손수 모사한 「신주전도」의 발문(安魯源手摹 神州全圖跋)」, 「대구 민충사 중건기(大邱愍忠祠重建記)」, 「고정림 선생의 『일지록』 중 화론에 대한 발문(錄顧亭林先生日知錄論畵跋)」, 「도선암 시고 발(逃禪庵詩稿跋)」, 「제 고사음복도(題顧祠飮福圖)」 등을 들 수 있다.

그중 「지세의명 병서」(이하 「지세의명」으로 약칭함)는 1850년경 그가 지세의를 제작한 뒤 지은 글로서, 그 학술적 내용과 사상사적 의의에 대해서는 이미 자세히 논한 바 있다.[78] 그런데 이 글은 문학적으로도 뛰어난 명문이라 할 수 있다. 여기에서 박규수는 세계지리를 파악하기 위한 지구의에다 천문 관측 기능을 겸비하도록 한 독창적인 기구인 이 지세의에 대해, "제(制)"와 "용(用)" 즉 구조와 기능으로 나누어 매우 정밀하면서도 조리정연하게 설명하고 있다. 예컨대 지구의의 바깥에 부설된 자오호(子午弧)・묘유호(卯酉弧)・적도권(赤道圈)・이차척(里差尺)・이용척(利用尺) 등 5개의 원환(圓圜) 중 이용척을 설명한 대목을 보면 다음과 같다.

> 원환에다 주천 도수(周天度數: 360도)를 새겼으며, 이차척의 바깥쪽과 적도권의 안쪽에 위치하면서, 묘유호와 적도권의 교차점에 축을 둔 것은 '이

---

77) 『환재집』 권5, 「吏曹判書贈領議政尹公行恁墓誌銘」, 장17뒤. "辭受取與, 必審於義." 조두순이 지은 신도비명에는 이 대목이 "辭受必審"이라고만 표현되어 있다. 고염무는 '行己有恥'를 강조하면서 "自子臣弟友, 以至出入往來辭受取與之間, 皆有恥之事也"라 하였다(『亭林文集』 권3, 「與友人論學書」).

78) 본서, 585~602면 참조.

> 용척'이라 한다. 이것을 들어서 이지한(二至限)에 맞추면 황도권(黃道圈)이 된다. 이것을 늦추어 북극 고도에 맞추면 지평권(地平圈)이 된다. 양극을 둘러싼 23도 이내에서 움직이면 사계절의 변화를 나타내는 표선(表線: 표지선)이 된다. 자오호에 밀도를 달리하여 표시된 기후한(氣候限) 사이에 움직이면 해의 남북 운행을 나타내는 표선이 된다. 양극과 적도 사이에서 움직이면 여러 지역간의 사선(斜線) 거리를 재는 규척(圭尺: 척도)이 된다. 그러므로 '이용척'이라 한다.[79]

청나라 동성파(桐城派) 문인으로 북경에서 박규수와 교분을 맺은 풍지기(馮志沂)는 이 글에 대해, "표선과 규척의 제도에 대해 서술한 것은 손바닥을 가리키는 것과 같아, 천문역학을 모르는 사람도 한번 보면 환히 알 수 있게 한다. 필력은 「고공기(考工記)」에서 연원했으며, 유종원(柳宗元)의 기(記)들이 풍경을 묘사하거나 미물(微物)을 형용하는 것만을 장기로 삼는 것과 비교할 때 그보다 훨씬 뛰어난 듯하다"고 평했다.[80] 즉, 천문역학의 전문가가 아닌 사람들도 쉽게 이해할 수 있을 정도로 지세의의 구조를 평이하고 정확하게 서술한 점을 칭찬한 것이다.

또한 풍지기는 박규수가 이와같은 표현 수법을 『주례(周禮)』「고공기」에서 터득한 것으로 보았다. 「고공기」는 공장(工匠)들의 각종 물건 제작법을 기술한 글이다. 원래 이러한 내용은 몹시 무미건조하여 문예성을 획득하기 쉽지 않음에도 불구하고, 「고공기」는 조리정연한 서술과 정밀한 묘사, 문장

---

79) "圈刻周天之度, 居于里差尺之外赤道之裏, 而樞于卯酉弧赤道之交者, 曰利用尺. 擧之當二至之限, 則爲黃道之圈; 弛之當極出之度, 則爲地平之圈. 遊乎環兩極二十有三度之內, 則爲四時賓餞之表; 遊乎午弧疏密氣候限之中, 則爲日行南北之表; 遊乎兩極赤道之間, 則爲諸方斜距之尺. 故曰利用尺."(『환재집』 권4, 「地勢儀銘幷序」, 장14뒤)

二至限은 하지와 동지 사이에 해가 움직이는, 적도에서 남북으로 각각 23.5도 사이 지역을 나타낸 것으로, 자오호에 표시되어 있다. 氣候限은 二至限에다 직선들을 그어 24節氣를 표시한 것이다.

80) "於表線圭尺之制, 敍述如指諸掌, 能使不諳歷學者, 一覽瞭然. 筆力淵源攷工記, 視柳州諸記, 徒以寫景狀小物爲工者, 殆突過之."(『환재총서』, 제5책, 『朴瓛齋文』, 358~359면)

표현에 대한 세심한 배려 등을 통해 흥미있게 읽히도록 만듦으로써 '고금기문(古今奇文)'이란 호평을 받아왔다. 그러므로 증국번(曾國藩)도 잡사를 기록하는 잡기류의 원류이자 모범으로 「고공기」를 들면서, 그의 『경사백가잡초(經史百家雜鈔)』 「잡기지속(雜記之屬)」에 그중 일부를 수록하였다.[81] 풍지기는 「지세의명」이 지세의의 제작법을 명석하게 기술한 점에서 바로 이 「고공기」의 표현 수법을 계승한 글로 본 것이다.[82]

뿐만 아니라 그는 박규수의 이 글이 당나라 유종원의 기(記)보다 우수하다고 높이 평가했다. 주지하다시피 유종원은 '영주 팔기(永州八記)'로 대표되는 아름답고 서정적인 산수기(山水記)의 작가로 유명하다. 그는 특히 「고무담서 소구기(鈷鉧潭西小邱記)」 등에서 보듯이 기암괴석(奇巖怪石)을 묘사한다든가, 「지소구서 소석담기(至小邱西小石潭記)」에서 보듯이 수중의 물고기들과 같은 미물을 형용하는 데 탁월한 솜씨를 보였다.[83] 그러나 풍지기는 유종원의 산수기가 여기에 그친 점을 불만으로 여기면서, 그보다는 박규수의 「지세의명」이 훨씬 낫다고 보았다. 이것은 「지세의명」이 대상에 대한 정확하고 사실적인 묘사에만 머물지 않고, 천문지리에 관한 해박한 지식을 바탕으로 경세제민에 기여하는 실용적인 내용을 담고 있는 점을 높이 평가한 때문이라 짐작된다.

이처럼 정밀한 세부 묘사가 실학사상과 결합되어 있는 점에서 「지세의명」은 한편으로 『열하일기』의 문예적 성과를 계승하고 있다고 볼 수 있다. 『열하일기』에서 연암은 청나라의 선진문물을 적극 수용할 것을 주장하면서, 그곳의 성곽 · 가마(窯) · 난방시설 · 벽돌 제조 · 선박 · 건축물 · 교량 · 도로 따

81) 漆緖邦 主編, 『中國散文通史』, 吉林敎育出版社 1994, 상권, 228~231면; 曾國藩, 『經史百家雜鈔』, 「序例」 참조.

82) 풍지기는 『주례』 「고공기」와의 영향 관계만 지적했으나, 실은 「지세의명」의 문체는 『周髀算經』과도 매우 유사하다(차종천 역, 『구장산술 주비산경』, 범양사출판부 2000, 215~223면 등 참조).

83) 漆緖邦 主編, 앞의 책, 829~834면; 姚鼐, 『古文辭類纂』 권52, 「永州八記」, 諸家 評語 참조.

위를 대단히 치밀하게 묘사했다. 예컨대 『열하일기』 「일신수필(馹迅隨筆)」 중의 유명한 「차제설(車制說」 에서 그는 각종 수레를 위시하여 차륜(車輪)을 이용한 기계들의 구조와 작동법을 자세히 기술하고 있는데, 그중 수레에 소화용(消火用) 밀펌프를 탑재한 수총차(水銃車)를 기술한 대목과 같은 것은 실로 사실적인 정밀 묘사의 압권이다.[84] 이렇게 볼 때 박규수의 「지세의명」은 멀리로는 『주례』 「고공기」에, 가까이로는 조부 연암의 『열하일기』에 대해 '법고창신(法古創新)'의 관계에 있는 명문이라고까지 평가할 수 있을 듯하다.

「대구 민충사 중건기」(1857년 작)는 경상 감사 신석우가 무신란(戊申亂) 진압의 유공자인 전 감사 황선(黃璿)의 사당을 중건한 뒤, 당시 좌부승지로 재직중이던 박규수에게 부탁하여 짓게 한 글이다. 이 글의 서두에서 박규수는 1854년 경상좌도 암행어사 때 작성한 서계(書啓)의 별단(別單)을 인용하여, 수년 전 자신이 황폐해진 황선의 사당을 복구하도록 조정에 건의했으나 실현되지 못한 사실을 밝히고 있다. 이어서, 절친한 벗 신석우가 경상 감사로 부임하기에 앞서 그와 상담한 내용을 대화체로 전함으로써, 신석우가 민충사의 중건을 결심하게 된 내력을 밝힌다. 그 뒤 마침내 중건 사업을 완수한 신석우가 이를 처음 발론한 자신에게 기(記)를 청탁한 사실은, 임지에서 보내온 편지를 통해 드러나도록 하였다. 그리하여 박규수는 신석우의 청탁을 기꺼이 수락하면서 자신의 감개한 심정을 피력하는 것으로 글을 맺고 있다.[85]

이와같이 「대구 민충사 중건기」는 민충사의 중건 경위를 무미건조하게 평면적으로 서술하지 않고, 다양한 방식으로 변화있는 표현을 시도하고 있다. 즉, 서계 별단과 대화와 편지 등 문체를 달리하는 다채로운 서술 방식을 통해, 무신란 당시 황선의 공적을 거듭 예찬하면서 그의 사당이 복구되어야 할 당위성을 설득력 있게 개진하고 있는 것이다. 또한 사당 중건이 이루어진

84) 김명호, 『열하일기 연구』, 창작과비평사 1990, 93면, 228~230면 참조.
85) 『환재집』 권4, 장20앞~24앞.

데 따른 감개를 피력한 결미 부분은 웅변조의 열정적인 문체로 되어 있어, 비단 표현력이 뛰어날 뿐 아니라 박규수의 노론적 당파심이 한층 선명히 드러난 대목이라 하겠다.

### 3) 주의(奏議)

철종시대에 박규수는 관인으로서 본격적인 활동을 시작했던 만큼, 이 시기 그의 산문 중에는 이른바 주의(奏議)류에 속하는 글들도 적지 않다. 이러한 글들은 왕이나 상급자에게 올린 공문서이기는 하지만, 대개 심혈을 기울여 쓴 것으로 박규수의 경륜이 담겨 있는 명문들이다. 따라서 고염무가 주장한바 "당대의 정치를 논하며(紀政事)" "민중의 고충을 살피는(察民隱)" 문학[86]에 해당하는 것으로 볼 수 있다.

그중 『수계(繡啓)』(1854년 작)는 경상좌도 암행어사 당시 박규수가 작성한 서계(書啓)로서, 영남 일대의 시정(施政) 상황과 그의 내정(內政) 개혁론을 알 수 있는 귀중한 자료일뿐더러[87] 문학적으로도 뛰어난 글이다. 물론 이 글은 왕에게 올리는 일종의 보고서이므로, 무엇보다도 사실 관계를 정확하고 요령있게 기술하는 데 힘쓰고 있다. 그러나 그중에는 영남지방의 극심한 민폐(民弊)를 준엄하게 고발하고 있는 서두 부분이라든가, 좌수영(左水營)의 군인에 대한 처우 개선을 강력히 건의하고 있는 별단(別單)의 한 대목처럼,[88] 뜨거운 애민(愛民) 정신과 개혁 의지에서 우러나온 명문장이 도처에서 발견된다.

특히 전·현직 관원의 실정(失政)을 성토하고 있는 부분을 보면, 구체적인 수치를 들어가며 정확하고 자세히 기술하고 있을 뿐 아니라, 때로는 현장에서 목도하는 듯한 느낌이 들 정도로 생생한 묘사를 추구하고 있다. 일례로

86) 『일지록』 권19, 「文須有益於天下」.
87) 본서, 339~355면 참조.
88) 『환재총서』, 제5책, 『수계』, 370~371면, 546~547면.

전 기장(機張) 현감 최동진(崔東鎭)의 탐학을 고발하고 있는 대목을 들어본다.

전 현감 최동진은 지극히 어리석고 미련한 자로 본래 막부(幕府: 裨將—인용자) 출신인데, 재물을 속여 빼앗고 뇌물을 받아먹을 적에 거간꾼의 수법을 구사하는 데 익숙하였다. 즐기는 것에 대한 욕심을 절제할 줄 몰라 이교(吏校)들에게 명분 없는 술을 빼앗아 먹고 취했으며, 잔혹함이 특히 심하여 도적들에게 불법적인 형벌을 마구 가하였다. 아전들을 질타할 때는 저주하는 욕설로써 발어지사(發語之辭: 말머리)를 삼고, 군중을 협박할 때는 사나운 행동으로 어신지구(禦身之具: 호신책)를 삼았다. 송사(訟事)를 들어줄 때는 뇌물을 받고자 침을 흘리고, 차임(差任)할 때는 돈을 바치게 하여 욕심을 채우니, 온 고을이 술렁거렸으며 사방의 이웃 고을들까지 소문이 자자했다. 『흠휼전칙(欽恤典則)』을 땅에다 내던지며 "지금 경사(京司: 중앙 관청)에서는 이 법을 쓰지 않는다"고 하면서, 주리 트는 형구(刑具)를 걸핏하면 사용했다. 교활한 아전과 간사한 향임(鄕任)을 밀실로 맞아들여, 머리와 귀를 맞대고 결탁하여 힘쓰는 것은 백성을 괴롭히는 불의로운 일이 아님이 없다. 혹은 범금(犯禁: 법으로 금한 일을 함)했다면서 사람을 모함하고, 혹은 간음했다고 사람을 무고(誣告)하며, 혹은 진휼(賑恤: 구제사업)에 보탠다고 핑계대고, 혹은 천한 신분을 면하게 해주겠다고 약속하는 등, 위협하고 토색하는 것이 무소부지(無所不至)였다. 한번이라도 이를 어겨 성질을 건드리면 가혹한 형벌이 이어지니, 그 해독이 온 고을에 퍼져 빈민이든 부민(富民)이든 모두 시달렸으니, 탐학의 불길이 스쳐간 곳은 거의 난리가 지나간 뒤나 마찬가지였다.[89)]

89) "前縣監崔東鎭, 至愚且癡, 素以幕府之身分; 騙財納賂, 慣用駔儈之手段. 耆欲不節, 討醉吏校無名之酒; 殘酷忒甚, 濫施賊盜非法之刑. 叱吏則詛盟爲發語之辭; 脅衆則剽悍爲禦身之具. 聽訟則流涎於引賂; 差任則充慾於捧錢. 一邑嗷嗷, 四隣藉藉. 欽恤典則, 擲之於地, 曰, 如今京司, 不用此典, 周牢刑具, 隨處輒用. 滑吏奸鄕, 招入密室, 交頭接耳, 綢繆經營, 無非病民不義之事. 或陷人以犯禁, 或誣人以姦淫, 或稱以補賑, 或許以發身, 威脅討索, 無所不至. 一或違拂, 繼以酷刑, 毒流一境, 貧富俱瘁, 貪焰所過, 殆同亂離之餘."(『환재총서』, 제5책, 『수계』, 462~463면. 원문 중 吏讀로 懸吐한 부분은 생략했음)

『흠휼전칙』은 형벌에 차등을 둠으로써 형벌 남용을 규제하도록 한 법률서인데, 정조 초

여기에서는 소설의 한 대목을 연상케 할 정도로 당시 탐관오리의 한 전형을 실감나게 그리고 있다. 뿐만 아니라, 4자구(字句)를 기조(基調)로 한 대구(對句)를 적절히 구사함으로써, 탐학상을 열거한 대목이 지리멸렬한 느낌을 주지 않으면서 유창하게 읽히도록 배려한 점도 주목할 만하다.

철종시대 박규수가 남긴 주의류 산문 중에는 1862년 진주농민항쟁 당시의 안핵사(按覈使) 활동과 관련된 글들이 다수를 차지한다. 진주목(晉州牧)과 우병영(右兵營)의 환곡 부정 실태를 조사하고 그 대책을 건의한 「사포장계(查逋狀啓)」, 농민항쟁의 주모자 및 가담자에 대한 처벌을 논한 「사계발사(查啓跋辭)」, 그리고 환곡제도의 폐단을 개혁하기 위한 특별기구 설치를 건의한 「강구방략 이정환향적폐소(講究方略釐整還餉積弊疏)」(이하 「강구방략」으로 줄임), 안핵사 활동을 에워싼 갖가지 분분한 물의에 대해 해명한 「우부승지 위소후 자핵소(右副承旨違召後自劾疏)」 등이 그것이다.[90] 이 모두 박규수가 심혈을 기울여 쓴 글들임은 물론이거니와, 그중 특히 「강구방략」은 우국(憂國) 충정으로 일관된 대문장이라 할 수 있다.

이 글의 서두에서 박규수는 왕에게 안핵(按覈) 사업의 완료를 알리고 결과 보고가 지체된 점을 사죄한 다음, 진주를 위시한 영남 일대의 심각한 민란 상황을 개관하고 나서 이러한 사태의 근본 원인은 삼정(三政), 특히 환정의 폐단에 있음을 논하였다. 따라서 이를 개혁하기 위한 특별기구의 설치를 적극 건의하는 한편, 종전처럼 고식책(姑息策)에 그친다면 망국의 위험이 닥칠 것임을 경고하는 것으로 글을 맺었다.[91] 이처럼 「강구방략」은 전편에 걸쳐 조리정연하게 논지를 전개하면서, 힘주어 논해야 할 대목들에서는 4자구 위주의 대구를 반복하는 수법을 통해 매우 장중하면서도 설득력 있는 표현

에 편찬·반포되었다.

90) 본서, 490~492면, 535~540면 참조.

91) 『환재집』 권6, 「請設局整釐還餉疏」, 장8뒤~12앞. 「강구방략」은 『壬戌錄』 중의 제목을 따른 것으로, 동일한 글이 『환재집』에는 「請設局整釐還餉疏」라는 제목으로 수록되었다.

을 성취하고 있다.

윤종의는 박규수에 대해 "그의 글은 논사(論事: 사건을 논함)에 뛰어나다. 참과 거짓을 뚜렷이 가려내고, 지적과 진술이 정확하고 적절하며, 거침없고 투명하여, 술술 이어지는 것이 구슬이 쟁반을 구르는 듯하다"고 했다. 그리고 논사에 뛰어난 점에서는 당나라 육지(陸贄)의 글과 흡사하고, 지적과 진술이 감탄스러울 정도로 정확하고 진실한 점에서는 송 주희(朱熹)의 글과 흡사하다고 높이 평가하면서, 이는 박규수의 식견이 투철하고 뜻이 간절하여 저절로 표현과 내용이 서로 부합하기 때문이라 보았다.[92] 주의(奏議)의 대가로 일컬어지는 육지와 비교한 데서도 알 수 있듯이, 이러한 윤종의의 평어는 특히 박규수가 진주 안핵사로서 지은 글들에 합당하다고 생각된다.

또한 김윤식은 박규수의 글을 칭송하면서 "나라를 다스림에 흥하고 망하는 도리와 백성들을 이롭게 하거나 병들게 하는 근원을 논할 경우에는, 반드시 되풀이하여 간곡하게 설명했으며, 명백하고 통쾌하여 당시 사람들의 어리석음을 크게 깨우쳐주었다"[93]고 했다. 이 역시 주로 안핵사 활동과 관련된 주의류 산문에 대해 평한 것으로, 정곡을 얻었다고 하겠다.

### 4) 서간문

박규수가 철종시대에 남긴 글들 중 큰 비중을 차지하는 것으로 서간문을 들 수 있다. 이 시기에 박규수는 아우 박선수와 윤종의 · 윤정현 · 남병철 등 가까운 친지와 벗들, 그리고 풍지기 · 심병성 · 왕증 · 왕헌 · 황운혹 · 동문환 등 북경에서 사귄 중국 문사들에게 수많은 서간문들을 보냈다. 윤종의가 "예사로운 글도 티끌 한점 없이 환히 빛나서, 팔목 사이의 빼어난 밝은 기운을

92) 『환재집』 권9, 「與尹士淵」, 附 尹公題瓛齋簡讀後, 장18뒤~19앞. "其文, 長於論事. 情僞辨別, 指陳精切, 疏暢通明, 纚纚如珠璣之走盤."

93) "其論治亂興亡之道, 生民利病之源, 必反覆剴切, 明白痛快, 警破時人之昏聵."(『환재집』 권1, 김윤식, 「序」, 장1앞뒤)

스스로 가릴 수가 없으니, 이는 남들이 미치지 못하는 바다"라고 그 고결함을 칭송한 대로,[94] 이러한 박규수의 서간문 중에는 문학성이 뛰어난 소품 산문이 적지 않다.

이 시기 박규수의 서간문을 보면, 그의 인품이 진솔하고도 여실하게 드러나 있는 점이 한 특색이다. 특히 아우 박선수에게 보낸 글들에는 가족에 대한 사랑과 함께 그의 다정다감하고 자상한 성격이 잘 나타나 있다. 예컨대 부안 현감으로 부임한 직후 아우에게 부친 편지에서 박규수는 "그간 어떻게 지냈는지? 가족들은 안온하며, 큰아기와 작은아기는 점차 모두 건강해졌는지? 자꾸 생각나는 것이 어느 때인들 덜하랴? 멀리서 염려해봤자 또한 아무런 보탬이 되지 못하니, 한결같이 마음에 두지 않으려고 애쓰지만, 역시 갑자기 잊을 수는 없은즉, 어쩌면 좋다지?"[95]라고 서울에 남은 가족들에 대한 절절한 그리움을 토로하고 있다. 그리고 동봉한 별지(別紙)에서도 다음과 같이 어린 두 조카딸에 대해 간절한 애정을 드러내고 있다.

> 내가 떠나올 때 큰아기는 눈물을 감추고 미소를 지으며, 진실로 이별의 심정을 애써 누를 줄 아니, 기특하고 기특한지고! 이 때문에 말을 타고 가면서도 그 일이 생각나 울적한 마음을 더욱 풀지 못하겠다. 작은아기로 말하자면, 내가 험한 산과 강으로 가로막힌 천리 밖에 있을 때(용강 현령으로 재직할 때—인용자) 오로지 근심하며 반걸음도 곁에서 떼어놓지 않았고, 온전히 보호하여 서울에 도착했어도 아직 그 병이 쾌차함을 보지 못했는데, 또 이렇게 남겨두고 떠나오려니 생각나고 생각나서 더욱 잊을 수가 없구나.[96]

94) "尋常翰墨, 炯無一塵, 腕間秀朗之氣, 自不可掩."(『환재집』 권9, 「與尹士淵」, 附 尹公題瓛齋簡讀後, 장18뒤)

95) "間者起居何如? 闔眷安穩, 大嬌小嬌, 漸皆平善, 念念何時可弛? 遠外思慮, 亦無所補, 一以不掛心頭爲務, 而亦不能頓然相忘, 奈奈何何?"(『환재집』 권8, 「與溫卿」(1), 장1앞)

96) "來時, 伯嬌回泣作笑, 眞能强抑離懷, 奇特奇特! 以此馬上念之, 尤不能遣懷. 次嬌, 吾於關河千里, 一念係着, 不離跬步, 全保到京, 未見快痊, 又此留置而來, 念念尤不能忘."(『환재집』 권8, 「與溫卿」(1), 장2앞)

박규수는 자식이 없었고, 아우 박선수는 2남 2녀를 두었다. 편지 중의 '큰아기'와 '작은 이와 아울러, 박규수의 편지에는 종종 해학이 넘친다. 조부 연암과 마찬가지로, 박규수 자신도 몹시 해학을 즐기는 성품이었다고 한다.[97] 다만 연암의 경우는 작품세계 전반에 걸쳐 해학성이 하나의 뚜렷한 기조(基調)를 이루고 있는 데 비해, 박규수의 경우는 유독 서간문에서 그러한 특징이 약여하다. 예컨대 북경에서 귀국한 직후 왕증에게 보낸 한 편지에서 그는, 왕증이 기증한 그의 스승 매증량(梅曾亮)의 문집에 김상현이 김매순의 '아들'로 잘못 기록된 데 대해, 김상현에게 편지를 보내 자신에게 뇌물을 후히 주지 않으면 왕증에게 이를 정정해달라는 청탁을 하지 않겠다는 농담을 했노라고 전하고 있다.[98]

박규수는 북경에서 사귄 중국 인사들 가운데 특히 심병성과 깊은 교분을 맺고 귀국 이후에도 가장 빈번히 편지를 주고받았다. 그중의 한 편지에서 그는 심병성에게, 독서할 때마다 망념(妄念)을 물리칠 수 없어 괴롭다는 고민을 토로하면서 조언을 구했다. 특히 역사와 전기를 읽을 때면 "무릇 치란 성쇠(治亂盛衰)와 존망 안위(存亡安危)의 사적에 대해, 매번 저도 모르게 자신을 그 처지에 놓아볼뿐더러 때로는 그 사적을 취하여 현재 눈앞에 닥친 경계인 양 상상해보므로, 가슴속이 뜨겁게 달아오르면서 부러움과 감탄을 참을 수 없는가 하면, 심장의 두근거림과 장탄식을 참을 수 없음을 더욱 깨닫게 된다"고 하면서, 심병성도 그와 같은 망념으로 심적 고통을 받는지 묻고 이를 다스릴 묘책이 있으면 가르쳐달라고 한 것이다.[99] 그러자 심병성으로부터 이에 대한 답신이 온 듯한데, 그 답신을 받고 다시 박규수는 다음과 같

아기'는 곧 박선수의 두 딸을 가리킨다.

97) 김윤조 역주, 『역주 과정록』, 태학사 1997, 102~103면, 268~269면; 김명호, 『열하일기 연구』, 199~205면; 李裕元, 『林下筆記』 권35, 「瓛齋朴公善諧謔」, 성균관대 대동문화연구원 1961, 889면.

98) 『환재집』 권10, 「與王少鶴拯」, 장14뒤~15앞; 본서, 614~616면.

99) "凡於治亂盛衰存亡安危之蹟, 每不覺設以身處之, 而或取而擬之於現前所遇之境界, 轉覺胸中鬧熱, 有不堪欽羨而豔歎, 有不堪憂悴而太息."(『환재집』 권10, 「與沈仲復秉成」(1), 장3뒤)

이 해학적인 편지를 보냈다.

> 지난번 편지에서 '심장이 두근거리며 장탄식을 한다', '부러워하고 감탄한다'는 등의 말을 한 것은, 제가 가슴속이 답답한 이 병을 참지 못하여 잠시 여쭈어본 것이었습니다. 그런데 치료법을 가르쳐주시지 않을 뿐 아니라 도리어 같은 병이 더욱 극심하다고 하시어, 저도 몰래 포복절도(抱腹絶倒)하고 말았습니다.
>
> 우리는 모두 서생입니다. 평소 듣고 보고 생각하고 이야기하는 것이 변변치 못한 몇 권의 경전과 역사책에 불과한데도, 치정(痴情)과 망상은 매번 이처럼 대학문과 큰 사업을 향하고 있어, 일일이 자신의 경우에 직접 비추어 보지요. 급기야 머리가 벗겨지며 이가 빠지고 조금 세상일을 겪게 되면, 그것(대학문과 큰 사업—인용자)이 불가능함을 스스로 응당 알게 되어 기운이 사그라지고 꺾이게 됩니다.
>
> 오직 괴이한 점은, 이런 고질적인 습관(대학문과 큰 사업에 대한 지향)이 단단히 굳어 거기에 빠져 헤어날 줄 모를 뿐만 아니라, 자신의 발언과 처사가 끝내 시류와 합치되지 않아도 스스로 슬퍼하기는커녕 우선 스스로 기뻐하는 것이지요. 진심으로 사귀는 벗이 이와같은 병근(病根)을 마찬가지로 지니고 있다니 은근히 기쁘군요. 가위 "오도(吾道)는 외롭지 않다"고 하겠소이다그려, 하하하하![100]

이 편지는 박규수가 진주에서의 안핵사 활동과 관련하여 물의를 야기한 끝에 삭직(削職)을 당하고, 그가 건의한바 특별기구를 통한 철저한 삼정(三

100) "前書所云憂悸太息欽羡艷歎等語, 弟不堪此幽鬱之病, 聊以奉叩矣. 不唯不賜以醫方, 反謂同病增劇, 不覺絶倒. 吾儕皆書生也. 平生耳目心口, 不過幾卷經史殘帙, 痴情妄想, 每在許大學問許大事業, 一一於吾身親見之. 及到頭童齒豁, 薄有閱歷, 自應知其不可, 而消磨退沮. 獨怪結習膠固, 迷不知返, 發言處事, 到底不合時宜, 又不自悼, 而聊以自喜. 竊幸心性之交, 同此病根, 可謂吾道不孤, 好笑好笑!"(『환재집』 권10, 「與沈仲復秉成」(4), 장8앞뒤)

"오도(吾道)는 외롭지 않다(吾道不孤)"는 『논어』 「里仁」에서 "덕이 있는 사람은 외롭지 않나니 반드시 그의 이웃이 있다(德不孤, 必有鄰)"고 한 공자의 말을 패러디한 것이다.

政) 개혁의 추진도 곧 저항에 부딪혀 좌절된 시점에서 씌어진 것이었다. 그러므로 여기에서 박규수는 그에 따른 절망과 고독을 내비치면서, 이를 스스로 달래고자 슬픔과 철리(哲理)를 머금은, 깊이있고 격조 높은 농담을 구사한 것이다.

윤종의가 "쇠를 녹여 금을 만들 듯이 관화(官話: 白話體)와 속어를 모두 잘 활용하여, 손길 가는 대로 집어 써도 하나같이 고결하게 되었다"고 평했듯이,[101] 박규수의 편지는 백화체나 속어를 적절히 구사하고 있는 점이 또 하나의 특색이다. 이를테면 "有些俸錢"(약간의 봉급), "將計就計"(상대방의 계책을 역이용하여 공격하다), "大驚小怪"(별로 놀랄 일도 아닌데 크게 놀라다) 등과 같은 표현들이 문어체인 고문(古文)으로 씌어진 편지의 문체와 잘 어울리면서도 참신한 맛을 돋우고 있음을 볼 수 있다.[102] 또한 연행 도중 심양(瀋陽)에서 보낸 편지에서 밤하늘에 나타난 이상한 별에 관해 여관집 주인과 문답을 나눈 사실을 전하고 있는 대목을 보면, "주인에게 '是甚麽星?(무슨 별이냐)'이라 했더니, 여관집 주인은 '是掃賊星(소적성입니다)'이라더군요"[103]라고 백화체로 표현하여, 현장감을 살리고 있다.

이와같이 고문으로 글을 쓰면서 필요하다면 백화체나 속어를 과감히 구사하고 있는 점은 연암의 경우와 흡사하다고 볼 수 있다. 다만『열하일기』에서 보듯이 연암이 당시의 진부한 문풍을 혁신하고자 하는 뚜렷한 목적의식 아래 백화체나 우리 속담과 속어를 적극적으로 구사했던 것과 달리,[104] 박규수의 경우는 그러한 노력이 주로 서간문에서, 그것도 제한적으로 나타난다는 점에서 한계가 있다고 하지 않을 수 없다.

---

101) "官話俚諺, 莫不鎔鑄成金, 信手拈來, 一歸之雅潔."(『환재집』 권9, 「與尹士淵」, 附 尹公題瓛齋簡牘後, 장18뒤)

102) 『환재집』 권8, 「與溫卿」(2), 장4앞, 「與溫卿」(17), 장15뒤, 권9, 「與尹士淵」(1), 장2앞.

103) 『환재집』 권9, 「與南子明」(1), 장24뒤.

104) 김명호, 『열하일기 연구』, 160~168면 참조.

제3장

# 철종시대의 학술 활동

## 1. 박규수의 학문관

### 1) 고염무의 학문관의 영향

19세기 조선의 사상사나 학술사를 논한 오늘날의 저술들에서 박규수의 존재를 거론한 경우는 거의 찾아보기 힘든 실정이다. 하지만 그는 당대의 유수한 정치가요 문인이었을 뿐 아니라 뛰어난 학자였다. '우리나라 최초의 근대적 유교 통사(通史)'라 할 수 있는 장지연(張志淵)의 『조선유교연원(朝鮮儒敎淵源)』에서는 조선 후기의 대표적 유학자 100인 중의 한 사람으로 박규수를 들고 그의 생애와 저술을 소개했다.[1] 이는 그의 문인 김윤식(金允植)에

1) 장지연, 『조선유교연원』, 조수익 옮김, 솔 1998, 제1권, 최영성, 「해설」, 7면, 제2권, 「박규수」, 297~301면. 『조선유교연원』은 1917년 『매일신보』에 연재한 글을 1922년 단행본으로 출간한 것이다. 단 이 책에서 박규수에 관해 서술한 부분은 『환재집』 중 「행장」을 축약하여 옮겨놓은 것으로, 일부 사실에 착오가 있는 등 疏略하다.

의해 『환재집』이 공간된 1910년대의 학계에서 박규수가 지난 시대의 한 저명 학자로서 널리 인정되고 있었음을 뜻하는 것이다.

주지하다시피 박규수는 연암 박지원의 손자로서, 가학(家學)을 통해 영·정조 시대 북학의 성과를 누구보다 충실하게 전수받을 수 있었다. 그의 부친 박종채는 연암의 사후 『연암집』을 편찬하고 연암의 생전 언행을 기록한 『과정록』을 남기는 등 연암의 업적을 후세에 전하고자 진력한 인물이다. 박규수는 연암의 절친한 벗인 담헌 홍대용의 손자 홍양후와도 세교(世交)를 이어가며 북학을 발전시키고자 했다.

그러므로 아우 박선수가 지은 「행장」에서도 박규수의 학문은 "가정에 연원을 두었다"고 했다. 또한 「행장」에서는 박규수와 학문적 교유 관계에 있던 인물로 외척(外戚)으로는 이정리·유화·이정관, 선배로는 조종영·홍석주·홍길주·김매순·정약용·서유구·윤정현, 지우(知友)로는 윤종의·신응조(申應朝)·남병철·김영작·신석우·신석희·김상현·서승보·신기영 등을 들고, "모두 경술(經術)과 문장으로 당세에 으뜸이었으며 한 시대의 성대함을 다하였다"고 평했다.[2] 이처럼 당대의 쟁쟁한 문인 학자들과의 활발한 교유 속에서 박규수는 자신의 학문을 키워갈 수 있었다.

박규수가 남긴 학문적 저서로는 『상고도 회문의례』(16권 16책)와 『거가잡복고』(3권 2책)가 있고, 이밖에 「벽위신편 평어」와 「지세의명 병서」 등 다수의 중요한 글들이 전한다. 그중 『상고도 회문의례』가 수학기인 1820년대 박규수의 조숙한 학문 수준을 보여준다면, 『거가잡복고』와 「벽위신편 평어」는

2) 『환재집』 권1, 장9뒤. "其學術淵源乎家庭. 又得師友麗澤之益爲多. 外戚則醇溪李公·芝山柳公·念齋李公也; 先輩則北海趙公·淵泉洪公·沆瀣洪公·臺山金公·茶山丁公·楓石徐公·梣溪尹公也; 知友則淵齋尹公·桂田申公·圭齋南公·卲亭金公·海藏申公·韋史申公·經臺金公·圭庭徐公·汕北申公也. 皆以經術文章, 冠冕當世, 極一時之盛云." 여기에 거론된 인물들 중 정약용만은 박규수가 그를 從遊한 문헌적 증거를 아직 발견하지 못했다. 신응조(자 幼安, 호 桂田·荀菴, 1804~1899)와는 고종시대 이후 친밀하게 교유했던 것으로 추측된다. 만년에 박규수가 그에게 보낸 편지들이 『환재집』(권9)에 30편이나 수록되어 있다.

각각 은둔기인 1830년대와 1840년대의 그의 학문적 발전을 보여주는 대표적인 저술이라 할 수 있다.

그런데 사환기인 철종시대 이후 박규수는 정치적 활동으로 분망한 탓에 종전과 같이 저술에 전념할 겨를을 갖지 못한 듯하다. 이 시기에 지은 학술적인 글로는 「지세의명 병서」와 「진종대왕 조천 당부의(眞宗大王祧遷當否議)」 정도를 들 수 있을 따름이다. 그러나 이것은 그의 학문적 활동이 이 시기부터 쇠퇴하였음을 뜻하는 것은 결코 아니다. 주로 편지와 같은 단편적인 글들이기는 하지만, 그러한 자료들을 통해 박규수가 만년까지 꾸준히 학문에 정진하여 괄목할 만한 변화를 보여주었음을 알 수 있다.

수학기부터 은둔기인 1840년대 전반(前半)까지 박규수의 학문적 입장은 어디까지나 성리학을 바탕으로 하면서, 고증학에 대해서도 일정한 관심과 이해를 지닌 것이었다. 이는 그를 학문적으로 지도한 유화나 이정리 등의 영향과 무관하지 않을 것이다. 유화는 성리학과 고증학의 장점을 절충하고자 한 인물로서, 명물 도수(名物度數)나 금석학에도 깊은 관심을 기울였다. 이정리 역시 예학(禮學)에 치력한 성리학자였지만, 고증학의 실사구시적 학풍에 대해서도 공감했던 것으로 보인다.

그러므로 박규수의 초기 저작인 『상고도 회문의례』를 보면, 일부 고증학적인 경향을 발견할 수 있다. 호가(胡笳)와 호각(胡角)의 차이에 대해 변증하고, 부여(夫餘)에 관한 『태평광기』의 기록을 비판한 사례 등에서 보듯이, 그는 광범한 문헌적 근거 위에서 진실을 엄밀하게 규명하려는 태도를 취했다. 이러한 고증학적인 경향은 은둔 초기의 저술인 『거가잡복고』에서도 찾아볼 수 있다. 여기에서 박규수는 『예기』와 『의례(儀禮)』의 한(漢)·당(唐) 주소(注疏)를 크게 참조하고 있을뿐더러 반드시 예서(禮書)의 원문에 의거해서 논의를 펴고 있으며, 이러한 문헌상의 증거가 부족할 경우에는 판단을 유보하는 엄정함을 보여주었다.

그렇기는 하지만 그의 학문적 기본 바탕은 역시 성리학이었다고 생각된다. 『상고도 회문의례』에서 박규수는 숭모할 만한 인물로 소옹(邵雍)과 정이

(程頤)·정호(程顥)·주희(朱熹) 등 송대 성리학자들을 다수 거론하고 있으며, 성리학적 견지에서 불교나 도가와 같은 이단 사상을 비판했다. 반면 그는 이 책에서 고금의 방대한 문헌들을 전거로 구사하고 있음에도 불구하고, 청대(淸代)의 고증학과 관련된 저술은 전혀 인용하지 않았다.

『거가잡복고』 역시 성리학적 경향을 강하게 띠고 있었다. 여기에서 박규수는 사마광(司馬光)의 『서의(書儀)』와 이를 계승한 주희의 『가례(家禮)』를 보완하고자 하는 것을 저술의 취지로 내세웠다. 또한 그는 『주자어류(朱子語類)』 등 주희의 저술들과, 우암 송시열 및 그 문인들의 글을 포함한 다방면의 관련 문헌을 인용하면서도, 청대 고증학자들의 호한(浩汗)한 예학 관계 저술은 단 하나도 참조하지 않았다. 한편 1840년 벗 김상현의 집에서 정호와 주희 "이선생(二先生)"의 초상을 배견(拜見)하고 추모의 심정을 읊은 시[3]를 보아도, 당시 박규수가 성리학을 얼마나 깊이 신봉하고 있었는지를 알 수 있다.

그런데 1840년대 후반부터 박규수의 사상과 학문에 점차 중대한 변화가 일어난다. 우선, 그는 『거가잡복고』와 같은 복고적 예학 연구에서 벗어나 서세동점(西勢東漸)에 대처하기 위한 경세학(經世學)으로 나아가기 시작했다. 1840년대 말 50년대 초에 씌어진 「벽위신편 평어」와 「지세의명 병서」는 이러한 학문적 방향 전환을 선명히 보여준다. 이와 더불어 또 한 가지 주목할 만한 변화는 고증학에 대한 그의 관심이 현저하게 증대한 사실이다. 이처럼 박규수가 경세적·고증적 학풍으로 기울어지게 된 데에는 고염무(顧炎武)가 깊은 영향을 미쳤던 것으로 짐작된다. 철종시대 박규수의 문학관뿐만 아니라 학문관에서 가장 뚜렷이 감지되는 것은 바로 이 고염무의 영향이다.[4]

1860년대 초에 쓴 글들에서 박규수는 자신이 일찍부터 고염무의 학문을

3) 『환재집』 권3, 「經臺宅 拜韋庵公遺像」; 본서, 233~234면.

4) 山內弘一, 「朴珪壽と'禮義之邦'—考證學との關わりをめぐって」, 上智史學會, 『上智史學』 41, 1996, 40~43면에서 박규수의 학문과 고염무의 고증학풍의 관련에 대해 논한 바 있다.

숭상하고 그의 사상에 심복(心服)했다고 술회했다.[5] 1826년 연행을 앞둔 홍양후에게 보낸 편지에서 이미 고염무의 『천하군국리병서(天下郡國利病書)』를 구입해 오도록 권한 사실을 보면, 박규수가 젊은 시절부터 고염무에 대해 큰 관심을 지녔던 것이 분명하다.[6] 하지만 그의 글들에서 고염무의 영향이 구체적으로 드러나기는 1850년대부터인 점으로 미루어볼 때, 제1차 아편전쟁기인 1840년 이정리가 연행을 다녀오면서 『경세문편(經世文編)』을 구득해 온 것을 계기로, 그는 가일층 고염무에게 경도(傾倒)되어갔던 것으로 추측된다. 청나라 초 이후의 시무론(時務論)을 집대성한 『경세문편』은 고염무의 글을 대거 수록하고 있으며, 이를 통해 그의 경세적 학풍을 적극 계승하고자 한 저술이었기 때문이다.

철종시대 박규수의 글 중 「고정림 선생의 『일지록』 중 화론에 대한 발문」(1855)은 고염무의 영향이 처음으로 드러난 글이다. 여기에서 그는 그림이란 오직 '진경실사(眞景實事)'를 그림으로써 실용(實用)을 지녀야 한다는 화론(畵論)을 피력하면서, "무릇 이른바 학(學)이란 모두 실사(實事)이다. 천하에 어찌 무실(無實)한데도 학이라 일컬어지는 것이 있을까보냐!"[7]라고 주장했다. 이처럼 학문이란 모름지기 '실사'를 연구함으로써 경세제민에 기여하는 '실용'을 지녀야 한다고 본 것은, '유용지학(有用之學)' '수기치인의 실학(修己治人之實學)'을 강조한 고염무의 학문관과 직결되는 견해라 하겠다.

1861년의 첫번째 중국 여행과 관련된 글들을 보면, 박규수가 고염무의 사상과 학문에 대해 매우 정통했음을 알 수 있다. 당시 북경에서 사귄 중국 인사들 역시 모두 고염무를 사숙한 "고씨(顧氏)의 문도(門徒)"였으므로, 박규

---

5) 『환재집』 권11, 「題顧祠飮福圖」, 장21뒤, "珪壽夙尙先生之學.", 권4, 「圭齋集序」, 장39뒤, "亭林先生曰, 文不關於經術政履之大, 不足爲也. 公與余, 蓋嘗心服斯言."

6) 그밖에 『瓛齋手柬』 중 丁未(1847) 4월 26일자 편지에 朴元陽이 『亭林先生年譜』를 빌려서 보내준 데 대해 감사하는 내용이 있다. 『亭林先生年譜』는 1845년 淸 張穆이 편찬한 『顧亭林先生年譜』를 말한다. 또한 박규수의 장서 목록인 『錦篋藏弆錄』을 보면 「筠心堂叢書」 上函에 "亭林先生年譜(小字) 一卷 今入日知錄匣"이란 기록이 있다.

7) 『환재집』 권4, 장25뒤. "凡所謂學者皆實事也. 天下安有無實而謂之學也者乎!"

고염무 초상.

수는 이들과 의기투합하여 "고대의 한자음을 바로잡는 문제와 경학(經學)의 홍망성쇠" 등을 논했다고 한다.8) 1861년 3월 박규수는 심병성(沈秉成)·왕증(王拯)·왕헌(王軒) 등과 함께 북경 자인사(慈仁寺) 경내의 고염무 사당을 참배했다. 그때의 만남을 노래한 시인 「고염무 사당에서 모여 음복하고 심중복 등 여러분에게 지어주다」에서 그는 이들 중국 인사에 대해, "고자(顧子)의 학문을 상론(尙論)하며/ 나에게 올바른 길 제시하네"라고 칭송했다. 그리고 "아아, 여러 군자여/ 나를 위해 청안(靑眼)으로 지켜보아주오/ 「광사(廣師)」편 중의 인물들/ 나는 그분들만 못해 부끄럽네/ 명성과 품행을 서로 연마하며/ 덕행과 공업(功業)을 함께 준비하세"라고 다짐했다.9)

8) 『환재집』 권3, 「顧祠會飮福 賦贈沈仲復諸公」, 장15뒤, "總是顧氏徒", 권11, 「題顧祠飮福圖」, 장21뒤, "相與論古音之正譌經學之興衰."

9) 『환재집』 권3, 「顧祠會飮福 賦贈沈仲復諸公」, 장15앞뒤, "尙論顧子學, 軌道示我由" "嗟

또한 고염무에 대해서도 "앉아서 한 말을 일어나 곧 실행하고/ 오로지 실사(實事)에서 올바름을 구하셨네/ 경학(經學)이 곧 이학(理學)이다/ 이 한 말씀 천추에 남으리라"고 하여, 그의 학문적 종지(宗旨)를 들며 극도의 예찬을 표했다. 나아가 박규수는 "경제(즉 경세제민—인용자)는 경술(經術)에 뿌리를 두나니/ 이 둘이 어찌 모순되랴"고 하여 '경학이 곧 이학'이라는 명제를 부연한 뒤에, "예악(禮樂)은 병형(兵刑)을 보완하니/ 쓸모없던 적 없고/ 고담준론은 명물 도수를 소홀히 하니/ 고루한 선비들은 떠들기만 하네/ 훈고(訓詁)와 의리(義理)는/ 반드시 짝을 이뤄 계승되어야 하고/ 학파간의 편견을 일소해야/ 더 멀리 더 깊이 탐구할 수 있네"라고 자신의 학문관을 피력했다.[10)]

위의 시에서 "「광사」편 중의 인물들/ 나는 그분들만 못해 부끄럽네"라고 한 구절은, 고염무가 「광사」라는 글에서 왕석천(王錫闡)·이옹(李顒)·주이존(朱彝尊) 등 당대 일류 학자들의 장점을 거론하며 자신은 그들만 못하다고 겸손하게 말한 사실[11)]을 전고(典故)로 삼은 것이다. 그리고 '경학이 곧 이학'이라는 주장은 고염무가 양명학과 같은 당시의 이학(理學)을 비판하면서 "옛날에 이학이라 이르던 것은 경학이었다"고 한 말에서 유래한 것으로, 후대 학자 전조망(全祖望)이 그와같이 명제화한 것이었다.[12)]

---

哉二三子, 爲我拭青眸. 廣師篇中人, 不如吾堪羞. 名行相砥礪, 德業共綢繆." 인용문 중 '顧子'는 '고염무 선생'이란 뜻으로, 그를 孔子나 孟子처럼 높인 표현이다. '尙論'은 옛사람에 관해 논하는 것을 뜻한다. '青眼'은 '白眼'의 반대어로, 호의를 가지고 대하는 것을 뜻한다.

10) 『환재집』 권3, 「顧祠會飮福 賦贈沈仲復諸公」, 장15앞뒤. "坐言起便行, 實事是惟求. 經學卽理學, 一言足千秋" "經濟根經術, 二者豈盾矛? 禮樂配兵刑, 曾非懸贅疣. 高談忽名數, 陋儒徒讙咻. 訓詁與義理, 交須如匹逑. 一掃門戶見, 致遠深可鉤."

원문 중 "坐言起便行"은 湯斌이 고염무를 예찬하여 "(…) 坐而言, 起而可見諸行事, 眞當今第一有用儒者也"(『校補亭林年譜』, 부록 2, 諸人詩文及記傳, 湯斌, 「答寧人先生書」)라고 한 말에서 유래한 표현이다. 柳得恭의 『燕臺再遊錄』에서도 중국의 고증학자 陳鱣(자 仲魚)이 고염무의 학술에 대해 소개하면서 "惟此公卽屬經濟, 所以謂之大儒, 坐言起行"이라 예찬했다. 원래 '坐言起行'은 『荀子』에 출처를 둔 말로 언행이 일치한다는 뜻이다.

11) 『亭林文集』(四部叢刊本) 권6, 「廣師」.

12) 『亭林文集』 권3, 「與施愚山書」, "古之所謂理學, 經學也."; 全祖望, 『鮚埼亭集』 권12, 「亭林先生神道表」.

명말 청초의 학풍 전환을 집약하고 있는 '경학이 곧 이학'이라는 이 유명한 명제의 함의(含義)에 관해서는 다소 논란이 있다.[13] 그런데 "경제는 경술에 뿌리를 두나니/ 이 둘이 어찌 모순되랴"고 한 점을 보면, 박규수는 이 명제에 대해, 고염무가 '경제제민'과 '경술'이 일체화된 경세학을 수립하려는 의도를 표명한 것으로 해석한 듯하다. 그리고 이러한 해석 위에서 그는 예악도 경세제민에 기여하는 실용을 지녔으므로, 예악 제도와 관련된 명물도수의 연구 역시 소홀히 해서는 안 된다고 주장했다. 또한 박규수는 한학(漢學)과 송학(宋學)의 대립에서 탈피하여, 전자의 장점인 '훈고' 즉 문자적 해석과 후자의 장점인 '의리' 즉 도의적 해석을 결합해야만 경전의 심오한 의미를 더욱 잘 이해할 수 있다고 보았다. 이와같은 학문관은 그가 고염무를 청조 고증학의 개조(開祖)라기보다, 경세학적 견지에서 한학과 송학의 장점을 종합하려 한 학자로서 이해하고 존숭했음을 말해준다.

한편 1861년 북경 체류 당시 왕헌이 "그대가 고사(顧師)를 존모함은 그분이 한학과 송학을 합하여 하나로 통일한 때문이냐?"고 질문했을 적에도, 박규수는 "그렇다"고 답했다고 한다.[14] 그러나 그는 내심 그러한 답변에 스스로 불만을 느끼던 중, 귀국 직후인 1861년 10월 심병성에게 보낸 편지에

13) 山井湧, 「顧炎武の學問觀」, 『明淸思想史の硏究』, 東京大學出版會 1980, 347면, 註4; 김경천, 「고염무의 경학과 어학에 관한 연구」, 고려대 박사논문 1995, 39~48면; 이경룡, 「顧炎武 經學經濟의 경세학 기초」, 성균관대 대동문화연구원, 『대동문화연구』 37, 2000, 331~336면 등 참조.

14) 『환재집』 권10, 「與沈仲復秉成」(1), 장2뒤. "向於談席, 霞擧兄問, 君之尊慕顧師, 爲其合漢宋學而一之耶? (…) 弟應之曰, 然耳."

왕헌은 자신의 호를 '顧齋'라 지을 정도로 고염무를 열렬히 숭배했으며, 三禮·『爾雅』·『說文』·地理·曆算에 두루 밝은 학자였다(『顧齋詩錄』 下, 「九日集顧祠」, 「至日消寒一集」, 「次韻答琴泉」; 『續碑傳集』 권80, 「王軒傳」). 그는 「지세의명 병서」 등 박규수의 글들에 대해서도 "漢儒의 訓詁·名物과 宋儒의 性道·義理를 융합하고 수정하여, 결코 학파를 차별하는 편견이 없다. 오늘날 師承을 고집하면서 서로 비난하고 비웃는 사람들은 이 글들을 대하면 부끄러워하지 않을 수 없을 것이다"라고 칭송했다(『환재총서』, 제5책, 『朴瓛齋文』, 361~362면).

서 다음과 같이 해명을 시도했다.

> (…) 하지만 제가 고산(高山: 높은 덕을 갖춘 사람. 고염무를 가리킴—인용자)을 우러러 흠모하는 것은 단지 이 때문만은 아닙니다. 『음학오서(音學五書)』와 『금석문자기(金石文字記)』 등을 읽고는 선생이 한유(漢儒)를 따랐다고 생각하고, 『하학지남(下學指南)』을 읽고는 선생이 송현(宋賢)을 숭앙했다고 생각한다면, 이는 바로 왕불암(王不庵)[15]이 "후세의 젊은이들은 선생을 박학다문(博學多聞)으로서 높이 받들 것이다"라고 말한 대로입니다. 선생이 백세(百世)의 스승이 되는 까닭은 오히려 여기에 있는 것이 아닙니다. 저와 같은 보잘것없는 후학이 밤낮으로 정성을 다해 가장 먼저 따르고 지켜야 할 것은, 오로지 「논학서(論學書)」 중에 "선비로서 부끄러움을 먼저 말하지 않는다면 근본이 없는 인간이 된다"는 이 한 마디 말씀입니다. "자식과 신하와 아우와 벗으로서의 도덕으로부터 출입·왕래·사수(辭受: 사양과 수락)·취여(取與: 주고받는 일)에 이르기까지 모두가 부끄러움을 알아야 하는 일이다"라고 하면서, 마지막까지 이 말을 충실히 실천하여 끝내 어긋남이 없었던 이는 오직 선생뿐이십니다. 이야말로 이른바 "경사(經師)는 만나기 쉬워도 인사(人師)는 만나기 어렵다"는 것입니다.[16]

여기에 거론된 「논학서」는 곧 「여우인논학서(與友人論學書)」를 가리킨다. 이 글에서 고염무는 형이상학적 사변(思辨)을 일삼던 당시의 학풍을 비판하면서, 고전을 통해 일신(一身)으로부터 천하 국가의 일에 이르기까지 널

---

15) 不庵은 王艮의 호이다. 왕간은 고염무와 교유했으며, 저서로 『易贅』 『鴻逸堂集』이 있다.

16) "(…) 然弟之仰止高山, 非直爲是故耳. 讀音學五書·金石文字記等, 而謂先生之道於漢儒, 讀下學指南, 而謂先生之宗仰宋賢, 此政是王不庵所云, 後起少年, 推以博學多聞者也. 先生所以爲百世師, 却不在此, 而如弟眇末後學, 蚤夜拳拳, 最宜服膺勿失, 惟是論學書中, 士而不先言恥, 則爲無本之人一語耳. (自)子臣弟友, (以至)出入往來辭受取與之間, 皆有恥之事也, 而終焉允蹈斯言, 竟無虧闕, 惟先生是耳. 此所云, 經師易得, 人師難過者也."(『환재집』 권10, 「與沈仲復秉成」(1), 장2뒤~3앞).

고염무의 글을 인용한 대목에 脫字를 보충했다. "經師易得, 人師難過"는 晉 袁安의 『漢紀』 「郭泰傳」에 출처를 둔 말로, '過'자는 '遇'자의 오식인 듯하다.

리 연구하는 "박학어문(博學於文)"과 아울러, 자신의 모든 행위에 있어 부끄러움을 느낄 줄 아는 "행기유치(行己有恥)"의 드높은 윤리성을 강조했다. 부자·군신·형제·붕우 간의 인륜 도덕은 물론, 일상생활의 구체적인 문제들에 있어서까지 매사에 부끄러움이 없도록 처신해야 한다는 것이다. 그리고 선비가 부끄러움을 알지 못하고 박학에 힘쓰지 않는다면, 이는 "무본지인(無本之人)"이 "공허지학(空虛之學)"을 논하는 것이라고 통렬히 풍자했다. 이처럼 고염무가 선비의 실천 윤리로서 '부끄러움'을 유독 강조한 것은, 명말의 대혼란기에 천하 국가에 대한 책임을 저버리고 청에 투항·출사(出仕)하는 등 선비들의 타락상이 극심했기 때문이었다.[17)]

그러므로 박규수가 무엇보다도 먼저 이러한 「여우인 논학서」의 논지에 깊이 공감했다는 것은, 그가 고염무를 '경사'로서보다 '인사'로서, 즉 학문적인 면보다 실천 윤리 면에서 더욱 존경했음을 뜻한다. 그에게 고염무는 한학과 송학의 통일자(統一者)일 뿐만 아니라, 투철한 선비정신과 명나라에 대한 절의(節義)의 화신으로서 받아들여졌던 것이다.[18)]

북경에서 귀국한 박규수에게 왕증이 고염무의 「불거(不去)」라는 시[19)]를 손수 써서 부쳐온 적이 있었다. 박규수의 벗 조면호는 이 사실을 두고 지은 시에서 "정림(亭林)이 「불거」 시를 솜씨있게 지었으되/ 중국의 운수는 끝난 지 오래라/ 실오라기 하나에 구정(九鼎)을 지탱할 힘 부여했으니/ 작은 뜰에는 두루 대명홍(大明紅) 피었어라"라고 노래했다. 그러고는 주를 붙여, 왕증이 고염무의 「불거」 시를 써 보낸 의도는 "중국과 외국 간에 거리를 두지

17) 『정림문집』 권3, 「與友人論學書」; 清水茂 編譯, 『顧炎武集』, 東京: 朝日新聞社 1974, 229~242면 해설 참조.

18) 이 점은 북경 체류 당시 박규수가 명나라 神宗 母后의 遺像을 모신 慈壽寺와 懿宗 모후의 유상을 모신 長椿寺 등 '皇明 古蹟'을 탐방하면서, 그 일환으로 고염무의 사당을 찾았던 사실에서도 엿볼 수 있다.

19) 절구 3수로 된 이 시는, 復明運動에 연루되어 위험에 처한 同志 顧咸正에게 피신하여 재기할 때를 기다리도록 권유하는 뜻으로 지어준 것이라 한다(『顧亭林詩集彙注』 上, 上海古籍出版社 1983, 126~127면, 133면; 清水茂 편역, 앞의 책, 37~57면 참조).

말고, 다만 서로 의기가 통함을 취하자는 것이었다. 환재는 항상 거처하는 곳에 대명홍(大明紅)을 많이 심는데, 그 꽃이 좋아서가 아니라 그 이름을 사랑하는 때문이었다. 이것은 환재의 속마음이 빙산의 일각처럼 드러난 것이다"라고 풀이했다.[20] '대명홍'은 곧 월사(月沙) 이정귀(李廷龜)가 명나라에 사신으로 다녀오면서 구해다 심었다는 매화나무로, 속칭 '월사매(月沙梅)' 또는 '대명매(大明梅)'라고도 했다. 박규수는 월사의 후손가인 자신의 처가에서 이 매화나무를 얻어다 심었던 것이다.[21] 이같은 사실을 통해, 박규수가 평소 강렬한 존명(尊明) 의식을 품고 있었으며, 바로 그 때문에 더욱 고염무를 존숭했음을 알 수 있다.

### 2) 고증학의 비판적 수용

첫번째 연행 이후 벗 남병철이 사망한 1863년 음력 7월 이전에 쓴 것으로 추정되는 한 편지를 보면, 박규수는 심병성이 기증한 이옹(李顒) 등의 저술 몇 권을 남병철에게 보이고 감정을 부탁했던 듯한데, 그에 대한 남병철의 답장을 받고 나서 다음과 같이 말하고 있다.

> 방금 받자온 답신에서 몇 권의 책들은 『총목제요(總目提要: 四庫全書總目提要—인용자)』를 만들 만하다고 논단(論斷)하시니, 어찌 유쾌하지 않겠습니까! 이씨의 학문은 정림(亭林)과 서로 합치하지 않습니다. 하지만 그의 고절(苦節)은 열렬하여 후세에 빛날 터입니다. 그러므로 정림이—비록 학문은 합치하지 않지만—「광사」편 중에서 "고통을 견디며 배움에 힘써 스승 없이

20) "亭林不去綴詩工, 久矣中原氣數終. 付與一絲扶鼎力, 小園開遍大明紅. (小注) 顧亭林詩有不去三章. 詩曰, (…). 王少鶴拯書作橫看子, 寄與朴瓛齋. 實其意毋限中外, 特取其氣類相感. 瓛齋常於所居, 多種大明紅, 非爲花好, 愛其名也. 此其瓛齋之皮裏陽秋, 著於一臠者也."(『玉垂集』 권10, 「夜雨漏屋 牢騷不交睫 偶得二絶句」) 九鼎은 國權을 상징하는 솥이다. 위급한 시국을 '九鼎一絲'라 한다.

21) 조면호, 『玉垂集』 권6, 「大明梅」, 권23, 「大明梅」; 李淵翼, 『瀼橋雙槑帖』, 金允植, 「序」.

도 대성한 점에서 나는 이중부(李中孚: 中孚는 이옹의 字)만 못하다"고 인정하셨던 것입니다. 이와같은 인물은 학술이 어떻다는 것으로 따질 필요가 없는데, 일부 남겨진 그의 글들을 얻었으니 모두 매우 소중히 여길 만합니다. 심군이 이 책을 기증한 것도 아마 이런 뜻에서인 듯합니다.

묘씨(苗氏)의 책에 대해서는 저의 소견도 이(남병철의 견해)와 같습니다. 침계장(梣溪丈: 윤정현)은 예전에 그 책을 보시고, 그때 저를 상대로 그 장단점을 논하셨지만, 멍하니 무슨 이야기인지 알아듣지 못했습니다. 이 어른은 아마도 이 학문에 대해 터득한 것이 있으신 듯합니다. 그러나 제가 자신의 학식이 크게 부족함을 탄식하지 않는 것은, 그것이 '용을 잡는 재주(屠龍之技)'인지라 쓰일 데가 없다고 보기 때문입니다. 하하! 이만 줄입니다.[22]

이옹(1627~1705)은 청 강희(康熙) 때 박학홍사과(博學鴻詞科)에 천거되었으나 절식(絶食)으로써 항거하고 종신토록 두문불출한 인물이다. 오직 고염무가 찾아오는 것만은 반겼다고 한다. 그는 주자학와 양명학의 어느 한쪽을 주장하지 않고 양자의 장점을 취해 조화하고자 했지만, 실은 양명학에 치우친 학자로 평가된다. 왕수인(王守仁)의 '치량지(致良知)'설을 중심 학설로 삼았을 뿐 아니라, 그 유풍을 계승하여 저술보다는 강학(講學)에 치중했다. 따라서 저술을 별로 남기지 않아, 그 문인들이 강학에서의 문답과 학행에 관한 기록 따위를 수습한 『사서반신록(四書反身錄)』, 『이곡집(二曲集)』 등이 겨우 전할 뿐이라 한다.[23]

---

22) "刻底承覆, 斷論數部書, 可作總目提要, 不亦快哉! 李氏之學, 亭林之所不相合者也. 然其苦節烈烈, 要是炳朗後世者. 故所以亭林, 雖學不合, 而廣師篇中, 許以堅固(苦)力學, 無師而成, 吾不如李仲(中)孚. 此等人物, 不必論學術如何, 而得其殘書斷篇, 皆堪寶重. 沈君之贈此秩(帙), 蓋亦此意耳. 苗書, 愚論亦如此. 梣溪丈曾見之, 他日相對, 論其得失, 而茫然不知爲何論. 此丈則似有見得於此學耳. 然吾不望洋者, 以屠龍之技, 無所用故也. 呵呵! 不備."(『환재집』 권9, 「與南子明」(3), 장26앞뒤) 원문 중 몇 글자는 오자여서 괄호 안에 바로잡았다.

23) 『四庫提要』 권37, 四書類存目, 「四書反身錄」, 권181, 別集類存目, 「二曲集」; 『淸史稿』 권480, 「李顒傳」; 『淸史列傳』 권66; 楊向奎, 『淸儒學案新編』, 山東: 齊魯書社 1985, 권1,

위의 편지에서 박규수는 이옹이 비록 주자학과의 절충을 모색한 양명학자였으나, 고염무와 마찬가지로 명나라를 위해 절의를 지킨 점을 높이 평가한 것이다. 또한 그 편지에서 '묘씨의 책'이라 한 것은 아마도 묘기(苗夔, 1783~1857)의 『모시운정(毛詩韻訂)』을 가리키는 듯하다.

묘기는 허신(許愼)의 『설문(說文)』과 고염무의 『음학오서』에 영향받아 소학(小學) 특히 음운학(音韻學)에 치력한 고증학자로, 도광(道光) 말 북경에서 하소기(何紹基)·장목(張穆)·증국번(曾國藩) 등과 친밀히 교유했다. 저서로 『설문』 중의 800여 자를 정정한 『설문성정(說文聲訂)』, 『음학오서』 중 『고음표(古音表)』를 수정한 『설문성독표(說文聲讀表)』, 『모시(毛詩)』의 고음(古音)을 규명한 『모시운정』 등이 있다. 주지하다시피 청대 학자들은 경학의 일환으로 『설문』 등 고대 자서(字書)를 연구하는 소학에 치중했다. 그 결과 소학의 한 분과인 음운학 역시 번창하여, 그 비조(鼻祖)라 할 수 있는 고염무로부터 강영(江永)·대진(戴震)·단옥재(段玉裁)·묘기 등으로 이어지는 대가들이 속출했는데, 묘기의 『모시운정』은 이 방면의 탁월한 저술로 손꼽힌다.[24]

위의 편지에서 박규수는 일찍이 선배 윤정현이 묘기의 저서에 대해 거론한 사실을 언급하면서, 윤정현은 음운학에도 자못 조예가 있으나 자신은 그에 대해 무지함을 실토했다.[25] 그러나 그와같은 학문은 '용을 잡는 재주'와 같이 고원(高遠)하기만 하고 실용에는 아무 도움이 되지 않으므로, 무지함을

---

263~272면; 陳鼓應 等編, 『明淸實學思潮史』, 濟南: 齊魯書社 1989, 中卷, 1255~1282면 참조.

24) 『청사열전』 권69, 「儒林傳」 下, 「龍啓瑞」 附; 『續碑傳集』 권74, 曾國藩, 「苗先簏墓誌銘」; 梁啓超, 『淸代學術概論』, 朱維錚 校注, 『梁啓超論淸學史二種』, 上海: 復旦大學出版社 1985, 42면, 329면, 341~351면 참조.

25) 윤정현은 묘기의 『모시운정』에서 고염무의 『음학오서』 중 『詩本音』과 다른 내용을 抄錄하고 나서 쓴 「書音學五書詩本音後」를 남겼다(『梣溪遺稿』 권4). 윤정현은 經史와 諸子百家뿐만 아니라, 六書와 音韻에 이르기까지 널리 연구했다고 한다(『帶方世家言行錄』 續編, 尹定鉉條, 장21뒤~22앞).

개의치 않는다고 덧붙였다. 이는 비록 해학적인 어조이기는 하지만, 경세제민과 유리된 고증학풍을 비판한 발언이라 할 수 있다. 요컨대 남병철에게 보낸 이 편지는, 박규수가 고염무의 학문을 무엇보다도 존명 의식에 바탕을 둔 경세적 학풍의 면에서 숭상했음을 보여준다. 그러므로 박규수는 존명 의식에 투철하다면 이옹과 같은 양명학자일지라도 그에 대해 아낌없이 존경을 표했으며, 경세적 학풍과 유리되어 있다면 묘기와 같이 뛰어난 고증학자의 업적에 대해서도 그다지 큰 가치를 부여하지 않았던 것이다.

한편 심병성에게 보낸 1863년 10월 27일자 편지의 별지(別紙)에서 박규수는 "정림 선생의 『하학지남(下學指南)』이 『십종서(十種書)』[26] 등의 간행 중에 들어 있지 않은지요?"라고 물으면서, 『하학지남』을 구해 보내주도록 간청했다. 즉 "이 책은 선생이 학문하는 정도(正道)를 밝히신 것인데, 아직 읽지 못해 몹시 한스럽게 여기고 있습니다. 생각건대 권수가 방대한 책은 아닌 듯하니, 만약 부본(副本)이 있어 부쳐주시는 은혜를 입는다면 얼마나 감사할까요! '나를 좋아하는 이/ 내게 큰길 가르쳐주시면', 먼 곳의 학자에게 행운이 되겠습니다"[27]라고 한 것이다.

또한 그 편지의 별지에서 박규수는 황여성(黃汝成)의 『일지록 집석(日知錄集釋)』을 귀국시 가지고 와 자세히 읽었다고 했다. 그리고 "황여성씨는 실로 고문(顧門: 고염무 문하)의 공신(功臣)입니다. 하지만 그 주석처(註釋處)

26) 『顧亭林先生遺書十種』을 가리킨다. 康熙 연간에 潘耒가 『左傳杜解補正』 『九經誤字』 『石經考』 『金石文字記』 『韻補正』 『昌平山水記』 『譎觚十事』 『顧氏譜系考』 『亭林文集』 『亭林詩集』 등 고염무의 저술 10종을 編刻한 것이다. 그 뒤 光緒 11년(1885) 朱記榮이 『亭林先生補遺十種』을 편찬했다. 이는 『亭林年譜』 『五經異同』 『山東攷古錄』 『亭林餘集』 『京東攷古錄』 『亭林雜錄』 『菰中隨筆』 『聖安紀事』 『救文格論』 『同志贈言』 등 고염무의 저술 10종을 편집한 것이다(서울대 규장각 소장).

27) 『환재집』 권10, 「與沈仲復秉成」(5) 別紙, 장11뒤. "亭林先生下學指南, 不在於十種書等刊行之中耶? 此係先生爲學正軌, 而未曾讀過, 殊以爲恨. 想非卷帙浩汗之書, 如有副本, 蒙寄示, 何感如之! 人之好我, 示我周行, 爲一方學者之幸也." 편지 중 '人之好我, 示我周行'은 『詩經』 小雅 「鹿鳴」의 한 구절을 따온 것이다.

에 왕왕 지나치게 번다한 곳이 있다고 느껴집니다만, 논자들은 어떻게 생각하는지 모르겠습니다"[28]라고 하여, 이 책에 대한 중국 내의 평판을 물었다.

『하학지남』은 장목(張穆)의 『고정림 선생 연보』에 고염무의 저술 중 상고(詳考) 가능한 책의 하나로서 그 서목과 아울러 '1권'이라는 권수만 소개되어 있는데, 당시에 이미 희귀한 책이었던 모양이다.[29] 박규수는 고염무의 「하학지남 서(下學指南序)」를 읽고서, 『하학지남』이야말로 고염무의 학문관이 집약되어 있는 저서라 판단하고 이를 입수하고자 염원했던 것이 아닌가 한다. 「하학지남 서」에서 고염무는 당시 학자들이 선학(禪學)에 물들어 어록(語錄)의 저술에 힘쓰던 풍조를 비판하고, 『하학지남』은 그와같은 풍조가 송대 학자 사량좌(謝良左)·장구성(張九成)·육구연(陸九淵)에서 비롯된 사실을 드러내는 한편 그에 맞서 '하학(下學)' 공부를 중시한 주희의 학문관을 되살리기 위해 편찬한 책이라고 밝혔다.[30]

『일지록 집석』은 황여성(1799~1837)이 고염무의 문인 반뢰(潘耒)가 1695년(강희 34년)에 간행한 『일지록』을 대본(臺本)으로 삼아, 염약거(閻若擄) 등의 교정본에 의거해서 원문을 교감하고 자신의 안설(按說)과 반뢰 등 96인의 주석을 덧붙인 것인데, 1834년(道光 14년) 32권으로 간행되었다.[31] 『일지록』의 최정선본(最精善本)으로 평가되는 이 책에 대해 비록 주석이 번다함을 비판하기는 했지만, 박규수가 이를 구득하여 정독한 사실은 『하학지남』에

28) "黃汝成氏, 誠顧門功臣. 然其註釋處, 往往有蔓及太多之意, 未知論者以爲何如."(『환재집』 권10, 「與沈仲復秉成」(5) 別紙, 장11뒤)

29) 張穆, 『顧亭林先生年譜』 권4, 臺灣商務印書館 1980, 88면; 沈嘉榮, 『顧炎武論考』, 江蘇人民出版社 1994, 389면, 402면 참조.

박규수의 장서목록인 『錦篋藏弆錄』 중 「藝海珠囊」 下函에 "下學指南, 周君誠纂, 非顧亭林書"라 하여, 자신이 소장한 『하학지남』은 고염무의 저술이 아니라 周君誠의 편저라고 밝히고 있다.

30) 『亭林文集』 권6, 「下學指南序」; 王茂 外 3人 共著, 『清代哲學』, 安徽人民出版社 1992, 244면 참조. '下學'이란 비근한 일상사를 통해 배우는 것을 말한다.

31) 陳祖武, 『淸初學術思辨錄』, 中國社會科學出版社 1992, 83~85면; 沈嘉榮, 앞의 책, 407~408면 참조.

대한 집요한 관심과 아울러, 그가 고염무의 학술에 얼마나 경도되어 있었던가를 단적으로 말해준다.

그런데 같은 편지의 별지에서 박규수는 『전경당 총서(傳經堂叢書)』에 수록된 『논어해의(論語解義)』의 저자 능명개(凌鳴喈)에 관해 질문하면서, 다음과 같이 능명개의 저술을 통박하고 있다.

> 그 책을 열람하니, 아마도 경술을 천명하고자 지은 것이 아닌 듯합니다. 입론(立論)은 오로지 정주(程朱)를 매도하고 성훈(聖訓)을 곡해하여 자기 주장을 성취하기 위함이요, 거칠고 방자하며 너무나 거리낌이 없습디다. 한학(漢學)과 송학(宋學)의 학파간 분쟁은 실로 하루아침의 일이 아니지만, 큰소리로 꾸짖고 추잡하게 욕하기를 이보다 심하게 한 적은 없습니다. 여러분들은 일찍이 그 책을 보고 어떻게 생각했는지 모르겠습니다.
>
> 그가 속한 학파는 소산(蕭山: 毛奇齡의 출신지—인용자)의 유파인 듯하며, 그가 물려받아 따르는 학설에는 반드시 그 연원이 있을 터인데도, 추중(推重)하는 바를 보면 정림(亭林)과 서하(西河—모기령)를 함께 들어 칭송하니, 이것 또한 몹시도 해괴합니다. 정림이 송현(宋賢: 송대 성리학자)에 대해서 그 빠지고 놓친 부분을 보충하고 미처 깨닫지 못한 실수를 바로잡은 점은 있습니다. 그리고 본말을 철저히 탐구하고 실사구시(實事求是)함으로써 강학가(講學家) 말류의 폐단을 구제한 점은 있습니다. 하지만 정림이 언제 정주를 배척하고 공격하기를 그가 '서하 선생'이라 일컫는 자처럼 한 적이 있기에, 그에게 추중을 받는단 말입니까? 이것은 고사(顧師: 고염무)를 사숙한 이들이 불가불 시비를 가려야 할 문제입니다. 여러 군자들께서는 어떻게 생각하시는지 궁금합니다.[32)]

32) "閱其書, 盖非闡明經術而作也. 立心專爲詬罵程朱, 而曲解聖訓, 以就己說, 猖狂恣肆, 無忌憚甚矣. 漢宋學門戶之爭, 固非一朝, 而呵叱醜詈, 未有如此之甚者. 未審諸君曾見彼書以爲如何. 其門戶, 似是蕭山流派, 彼所傳襲, 必有所自來, 而其所推重, 乃以亭林·西河並擧而稱之, 此又大可駭異. 亭林之於宋賢, 補闕拾遺, 匡其不逮, 則有之; 探原竟委, 實事求是, 以救講學家末流之弊, 則有之. 何嘗詆背攻斥, 如彼所稱西河先生, 而乃爲彼所推重乎? 此在私淑顧師者所不可不辨. 未審諸君子以爲如何."(『환재집』 권10, 「與沈仲復秉成」(5) 別紙,

당시 박규수가 어떤 사람을 통해 보았다는 『전경당 총서』는 능명개의 손자인 능용(凌鏞)과 능호(凌鎬)가 도광(道光) 연간에 편찬한 총서이다.[33] 능명개는 절강(浙江) 호주(湖州) 오정현(烏程縣) 출신으로, 1799년 진사 급제 후 병부 주사(主事)로 재직하며 북경에서 활동한 학자였다. 완원(阮元)이 능명개의 좌주(座主)였던 인연으로, 그의 아들 능곤(凌堃, 1794~1860) 역시 완원의 문하에서 경학을 연구했다.[34]

위에서 인용한 별지에 의하면, 능명개의 『논어해의』는 4책으로 되어 있으며, 『논어』에 대한 주자학파의 정통적인 해석을 고증학적 견지에서 논박한 저술로 짐작된다. 『논어해의』에서 능명개는 자기 주장의 정당성을 뒷받침하고자 고염무와 모기령의 설을 끌어오면서 두 사람을 자주 칭송했던 듯하다. 청 고증학의 한 선구자로서 주희의 경서(經書) 주석을 신랄하게 비판한 모기령(1623~1716)은 일찍이 『열하일기』에도 비판적으로 소개된 바 있거니와,[35] 박규수는 『논어해의』에서 그러한 모기령과 함께 고염무를 반(反)주자학적 고증학의 개조(開祖)로서 추앙한 데에 대해 격앙한 어조로 반발을 표한 것이다.

또한 같은 별지의 말미에서 박규수는 『백전잡저(白田雜著)』를 구하고 싶다면서, 그 저자 왕무횡(王懋竑)에 대해 "이분의 독실하고 정박(精博)하며, 학파에 따른 편견이 결코 없는 점을 가장 흠복(欽服)하는바"[36]라고 예찬했

---

장12앞뒤)

講學家란 저술보다 講學에 치중한 학자들을 가리킨다. 명대 학자들은 陸王學者들뿐만 아니라 주자학자들도 이러한 강학 풍조에 젖어 있었다.

33) 上海圖書館 編, 『中國叢書綜錄』, 上海古籍出版社 1993, 제1책, 175~176면, 「凌氏傳經堂叢書」조. 단 이 총서에는 『논어』에 관한 능명개의 저술이 '論語解義'가 아니라 '論語集解'라는 명칭으로 수록되어 있다(전 20권. 敍說 1권). 이 총서에는 능명개의 『東林粹語』(3권), 『盤溪歸鈞圖題辭』(1권), 『疏河心鏡』(1권)이 함께 수록되어 있다.

34) 『續碑傳集』 권74, 「凌敎諭墓志銘」.

35) 김명호, 『열하일기 연구』, 창작과비평사 1990, 104~105면 참조.

36) "此公之篤實精博, 並無門戶之見, 最所欽服."(『환재집』 권10, 「與沈仲復秉成」(5) 別紙, 장12뒤)

다. 왕무횡(호 白田, 1668~1741)은 주자학을 독실히 신봉했지만, 주자서(朱子書)를 연구하면서 그 진위(眞僞)와 이동(異同)을 정밀하게 고정(考訂)한 점에서는 고증 학풍과도 통하는 학자라 할 수 있다. 『백전잡저』(8권)는 그의 주저인 『주자연보(朱子年譜)』와 관련하여 고증·변론한 글들을 모은 것인데, 『가례(家禮)』가 후인의 가탁(假託)임을 밝히는 등 주로 주자서 연구의 성과를 담고 있는 저술이다.37) 박규수는 일찍부터 이 책을 구하고자 벗 홍양후를 비롯하여 연행에 나선 인사들에게 누차 부탁했으며, 그 자신도 연행 당시 이를 구하고자 했으나 뜻을 못 이루었다고 한다.38)

이상과 같이 심병성에게 보낸 편지에서 '하학' 공부를 중시한 주자학적 학문관을 피력한 『하학지남』을 구득하고 싶어한 점, 능명개가 고염무를 주자학을 비판한 선구적 고증학자로 숭상한 데 대해 극력 반박한 점, 그리고 『백전잡저』를 저술한 저명한 주자학자 왕무횡을 예찬한 점 등은 박규수가 고염무의 학문을 어떠한 견지에서 수용했는지를 엿볼 수 있게 한다. 앞서 살핀 대로 그는 고염무를 한학과 송학의 대립에 구애되지 않고 양자의 장점을 종합하려 한 학자로 보았다. 하지만 그는 고염무가 한학과 송학을 단순히 절충하고자 한 것이 아니라, 어디까지나 송학에 바탕을 두면서 그 한계를 한학에 의거하여 수정·보완하려 한 것으로 이해했던 것 같다. 고염무에 대한 이러한 인식은 당시 박규수의 학문적 지향이 바로 그러했음을 시사하는 것이라 하겠다.

37) 錢大昕, 『潛硏堂文集』 권38, 「王先生懋竑傳」; 『淸史列傳』 권67, 儒林傳 上2; 張舜徽, 『淸儒學記』, 齊魯書社 1991, 381~393면; 錢穆, 『中國近三百年學術史』, 中華書局 1984, 上冊, 287~293면; 『四庫提要』 권119, 子部 雜家類3, 「白田雜著」; 李慈銘, 『越縵堂讀書記』, 上海書店出版社 2000, 子部 雜家類, 「白田雜著」, 748~750면 참조.

38) 『환재총서』, 제5책, 『莊菴文稿』, 「與洪一能良厚書」, 310면; 『환재집』 권10, 「與沈仲復秉成」(5) 別紙, 장12뒤.

### 3) 문헌 고증과 천문 수학에 대한 관심

철종시대 이후 박규수가 고염무의 영향으로 고증학에 대해서도 깊은 관심을 기울이게 된 사실은 문헌 고증, 천문 수학, 금석 서화의 세 가지 분야에서 확인할 수 있다. 그중 금석 서화에 관해서는 따로 자세히 논하기로 하고, 우선 문헌 고증에 대한 그의 관심이 현저히 증대했음을 보여주는 사례를 들기로 한다. 이미 언급했듯이 「안노원이 손수 모사한 「신주전도」의 발문(安魯源手摹 神州全圖跋)」(1853)은 그의 문인 안기수(安基洙)가 모사한 중국지도에 부친 발문인데, 여기에서 박규수는 「신주전도」의 원본이 된 중국지도의 제작 시기를 다음과 같이 추정했다. 즉 강남성(江南省)은 명대에는 남직예(南直隷)로서 청 강희 때 강소(江蘇)와 안휘(安徽)로 나뉘었으며, 호광(湖廣)이 호북(湖北)과 호남(湖南)으로 나뉘고 섬서성(陝西省) 오른쪽이 나뉘어 감숙성(甘肅省)으로 된 것은 모두 강희 20년 이후의 일이다. 그런데 「신주전도」에서는 그러한 성들을 나누지 않았으며, 강소와 안휘를 합치되 '남직예'라 하지 않고 '강남'이라 한 점으로 미루어, 그 원본인 중국지도는 청 개국 이후 강희 20년 이전에 제작되었음이 틀림없다는 것이다.[39] 명·청시대 분성(分省) 제도의 변천에 대한 지식을 바탕으로 엄밀한 고증을 시도했음을 알 수 있다.

「진주의 관고에 소장된 『대명률』의 책 뒤에 쓰다(題晋州官庫所藏大明律卷後)」(1862)는 조선 개국 초에 간행된 『대명률직해(大明律直解)』에 대해 고증한 글이다. 진주 안핵사 당시 이 책의 활자본과 목판본을 접하게 된 박규수는 목판본에 있는 김지(金祇)의 발문을 근거로 이 책이 처음에 활자본으로 간행되었으리라 추정하고, '입적자 위법조(立嫡子違法條)'와 같은 예를 들어 이 책이 원문을 이두(吏讀)로 풀이하면서 『대명률』의 내용을 보완하기도 했음을 지적했다. 그리고 이와같이 경세제민에 기여하는 유용한 서적이 관고

39) 『환재집』 권4, 「安魯源手摹 神州全圖跋」, 장20뒤; 본서, 562면 참조.

의 고서 더미 속에 묻혀 있음을 개탄했다.

> 아아! 역대 법률서 중에서 오직 이것이 가장 정밀하고 상세하다. 지금의 『청률례(淸律例)』는 모두 원래 이 책에 의거했으니, 그렇다면 『대명률』 한 책이 지금까지 준용되어, 천하가 모두 똑같다. 그런데 건륭 때의 『사고총목(四庫總目)』을 살펴보니, 『청률례』만 들고 이 책은 「존목(存目)」에다 미루어두었다. 생각건대 그중에 기피해야 할 내용이 있어서 그렇게 한 것일까? 우리 왕조 4, 5백년 동안 형법서를 처음 만들 때부터 오직 이것을 따랐으니, 국초의 명신들은 유용한 서적에 이처럼 관심을 쏟았던 것이다. 그런데 오늘날의 선비들은 이를 폐하고 강구하지 않으며 단지 아전들에게 맡겨버리니, 고서 더미 가운데에서 이 책을 펼쳐본 뒤에 감개를 억누를 수 없다. 이 본(本)이 다른 고을에도 또 있는지는 모르겠으나, 이처럼 훼손되어 있어 너무나 비애스럽다.[40]

여기에서, 옛 문헌에 대한 그의 관심이 고증을 위한 고증에 그치지 않고, 이상적인 법치(法治)를 추구하는 경세(經世) 의식과 결부되어 있음을 볼 수 있다.

다음으로, 박규수가 천문 수학에 깊은 관심을 보인 점 역시 그가 고증학에 경도된 사실과 밀접한 관련이 있다. 청조 고증학자들은 경학의 보조 학문

---

40) "嗚呼! 歷代律書, 惟此爲至精盡矣. 今淸律例, 皆原據此書, 則大明律一部, 至今遵用, 天下皆同, 而攷乾隆四庫總目, 特揭淸律, 退置此書於存目. 意者, 中有忌諱而然歟? 我朝四五百年, 明啓刑書, 惟此是遵, 而國初名臣之致意於有用之書者, 乃如是焉. 凡今之士, 廢而不講, 只付諸吏胥, 故紙堆中, 披閱之餘, 不勝感慨. 此本, 未知他邑亦更有之否, 殘缺如此, 重可悲矣."(『환재집』 권4, 「題晋州官庫所藏大明律卷後」, 장28뒤~29앞)

『대명률직해』는 간행 당시 따로 이름을 붙이지 않고 그냥 『대명률』이라 불렀다. 박규수는 이 책 발문의 저자를 '金哲'로 판독했으나, 趙浚의 命으로 高士褧과 함께 直解를 맡았던 金祗가 그 저자이다. 『大淸律例』는 『四庫全書總目提要』 권82 史部 政書類에, 『明律』은 권84 史部 政書類存目에 각각 소개되어 있다. '存目'은 『四庫全書』를 편찬하면서 그 책은 보존하지 않고 제목만 기록해둔 경우를 말한다.

으로 천문 수학에도 관심을 기울였다. 고대의 역법을 이해하는 것은 예컨대 『서경』과 같은 경서를 올바로 해석하는 데 크게 유익하며, 완원(阮元)의 주장대로 산학(算學)은 육예(六藝)의 하나로서 '고대의 소학(小學)'이요 '유림(儒林)의 실학(實學)'이라 볼 수 있기 때문이다. 그리하여 건륭·가경 이후 고증학자라면 천문 수학에 대한 식견을 갖추지 않은 이가 없다고 할 정도로 일시의 풍상(風尙)을 이루었다고 한다.[41]

앞서 상세히 논했듯이, 1850년대 초 박규수는 북극 고도를 측정하고 남극 노인성을 관측하는가 하면, 지세의와 평혼의 같은 천문의기들을 손수 제작하기도 했다. 그리고 당시 그가 지세의의 구조와 기능을 해설하기 위해 지은 「지세의명 병서」를 보면, 청 매문정(梅文鼎)의 『역학의문(歷學疑問)』 등과 같은 저술의 영향이 나타나 있다.

천문 관측이나 청 고증학자들의 천문 수학 연구에 대한 박규수의 관심은 1860년대에도 지속되었다. 1861년 연행 도중 아우 박선수에게 보낸 편지에서, 그는 압록강을 막 건너 탕지자(湯池子: 일명 溫井坪)에서 천막을 치고 노숙했을 때 "밤에 일어나 북극의 두성(斗星: 北斗星)을 바라보고 (고도가) 한양보다 높음을 깨달았다. 천문의기를 휴대하여 한 번 관측하지 못한 것이 한스럽다"고 했다. 아마도 그는 간평의와 같은 천문의기로 현지의 북극 고도를 측정하고 싶었던 듯하다.[42]

---

41) 『淸史稿』 권294, 疇人傳 2, 「李銳」, "著召誥日名考, 此融會古曆以發明經術者也."; 阮元, 『疇人傳』 권42, 「戴震」, "九數爲六藝之一, 古之小學也. (…) 由是儒林實學, 下與方技同科, 可慨已!"; 梁啓超, 『中國近三百年學術史』, 朱維錚 校註, 『梁啓超淸學史二種』, 復旦大學出版社 1985, 490~493면 참조.

42) "夜起, 看北極斗, 覺高於漢陽. 恨未携儀器一測也."(1861년 음력 2월 19일자 편지, 경기문화재단 소장)

이러한 천문 관측과 천문의기에 대한 관심은 만년까지 계속되었다. 예컨대 1871년 4월 20일자 아우 박선수에게 보낸 편지에서 박규수가 觀象監에 石刻되어 있던 2종의 해시계인 簡平晷와 渾蓋晷에 관해 논의하고 있음을 볼 수 있다(『환재집』 권8, 「與溫卿」(33), 장28뒤~29앞).

한편 박규수는 벗 남병철과 함께 천문 수학 연구에도 상당한 관심을 기울였다. 1861년 연행을 마치고 귀국한 직후 왕헌에게 보낸 편지에서 그는, 북경에서 만났을 때 왕헌이 오래전부터 준비중이라 밝힌 바 있는 『공범통해(貢範通解)』[43]의 저술에 착수했는지를 물었다. 이어서 박규수는 "저에게 판서 남규재(南圭齋)란 벗이 있는데 이름은 병철입니다. 형도 전에 금천(琴泉: 신석우의 호)에게서 들어 아시리라 생각합니다만, 그는 경학(經學) 서적에 널리 통하고 경세제민에 뜻을 두고 있으며, 아울러 주비가(周髀家)의 학설에도 정통합니다"라고 남병철을 소개한 후, 남병철이 고광기(顧廣圻)의 『사적재집(思適齋集)』에서 「개방보기 후서(開方補記後序)」를 보고 나서 장돈인(張敦仁)의 『개방보기(開方補記)』를 구하고 싶어한다고 전했다. 그리고 "남군은 나로부터 형이 이 학문(周髀之學—인용자)에 뜻을 두었다는 말을 듣고, 나에게 대신 여쭈어주기를 부탁합니다. 만약 책을 구해 보내기가 어렵지 않거든, 그의 희망을 들어주시면 정말 기쁘겠습니다"라고 했다.[44]

이 편지에서 박규수는 남병철이 왕헌과 마찬가지로 '주비가'의 학설 즉 고대 중국의 천문 수학에 조예가 깊음을 밝히면서, 그에 대한 당시 청 고증학자들의 연구 성과를 신속히 알고자 하는 소망을 전한 것이다. 여기에 거론된 고광기(자 千里, 호 澗薲·思適居士, 1776~1834)는 저명한 고증학자 강성(江聲)의 제자로, 경사(經史)·훈고·천문지리에 두루 정통했으며, 특히 목록학

43) 『환재집』 권10, 「與王霞舉軒」(2)에는 "貢範通釋"으로 표기되어 있으나(장17뒤), 『朴瓛齋文』의 王軒 評語에는 "予久欲撰貢範通解"라 하였다(『환재총서』, 제5책, 362면). 제목으로 미루어, 『서경』의 「禹貢」편과 「洪範」편을 천문지리 방면에서 해설한 책인 듯하다. 왕헌은 『勾股備算細草』(9권)라는 수학서도 저술했다.

44) "弟有友曰南圭齋尙書, 名秉哲. 想兄曾從琴泉聞知也, 博通經籍, 留心經濟, 兼精周髀家說. (…) 南君從弟而聞兄留意此學, 要弟奉叩, 苟可不難於求致, 則爲之副其望幸甚."(『환재집』 권10, 「與王霞舉軒」(1), 장17앞)

왕헌은 1861년 초 동지 정사로 북경에 온 신석우와 교분을 맺은 바 있다. 박규수가 보낸 이 편지를 받고 왕헌은 남병철에게 다음과 같은 제목의 시를 지어 보냈다. 「集石鼓字次前韻 寄朝鮮南圭齋尙書 圭齋精勾股 瓛卿來書及之 故用此意 後二韻 以鼓字無之 易方黃」(董文渙, 『韓客詩存』, 北京: 書目文獻出版社 1996, 202~203면)

과 교수(校讐)에 뛰어났다. 저서로 『사적재집』(18권)과 『사적재서발(思適齋書跋)』(4권)이 있다.[45]

고광기의 벗인 장돈인(자 古餘, 1754~1834)은 건륭 말 진사 급제 후 지방관으로 전전하면서 공무의 여가에 경사를 연구했으며, 특히 역산을 즐겼다고 한다. 양주 지부(揚州知府) 재임시 저명한 역산가 이예(李銳)[46]를 막하(幕下)로 초빙하여, 그와 친밀히 교유하면서 송·원 시대 진구소(秦九韶)와 이야(李冶)의 수학서들을 연구하고 『집고산경세초(輯古算經細草)』와 『구일산술(求一算術)』을 저술했다. 남병철이 구득하고 싶어한 『개방보기』는, 장돈인이 후세에 이름만 전하는 이야의 『개방기(開方記)』란 저술을 보유(補遺)하고자 진구소의 『수서구장(數書九章)』에 소개된 개방법(開方法)을 연구하고 이야의 일서(佚書)들로 보충하여 엮은 수학서인데, 1834년(도광 14년) 6권으로 교간(校刊)되었다.[47]

박규수는 1863년경 왕헌에게 보낸 편지에서 『공범통해』를 한시바삐 완성하도록 독려했다. 그리고 이와 아울러 그해 7월 남병철이 사망한 소식을 전하면서, "정확하고 박식하며 진취적이고 현명한 점에서 그와 비견할 만한 사람이 드물었습니다. 이제는 만나볼 수 없으니 너무도 비통하고 애석합니다.

---

45) 『淸史稿』 권481, 儒林傳 2, 「顧廣圻」; 『續碑傳集』 권77, 李兆洛 撰, 「澗蘋顧君墓誌銘」; 張舜徽, 『淸人文集別錄』 권12, 思適齋集·思適齋書跋; 龔自珍 原著, 崔鍾世 評釋, 『己亥雜詩評釋』, 월인 1999, 159~160면 참조.

46) 고광기와 同鄕으로, 算術과 古曆에 정통했다. 청초의 王錫闡·梅文鼎 이후 단절되다시피 한 천문 수학 연구를 嘉慶 이후 부활시킨 대표적 학자의 한 사람으로 평가된다. 浙江巡撫 阮元의 초빙으로 그와 함께 『疇人傳』을 지었다. 『주인전』에서 완원은 그를 "今之敬齋(李冶)"라 칭송했다. 저서로 『弧矢算術細草』 『勾股算術細草』 『曆法通考』 『開方說』 등이 있다(『淸史列傳』 권69, 儒林傳下 2; 『淸史稿』 권507, 疇人傳 2; 梁启超, 앞의 책, 492~494면 참조).

47) 『淸史列傳』 권69, 儒林傳下 2, 「李銳」 附; 『淸史稿』 권478, 循吏傳 3; 『續碑傳集』 권40, 『江蘇通志』, 「張敦仁傳」 참조.

開方法이란 平方根(제곱근)이나 立方根(세제곱근)을 계산하는 방법으로, 開平方法과 開立方法을 아울러 가리킨다.

이것은 저의 친구라고 해서 그런 것만은 아닙니다. 아아, 이를 어찌할거나, 어찌할거나!"라고 깊은 슬픔을 토로했다.[48] 경세제민의 큰 뜻을 품고 경학을 비롯한 병학(兵學)·농학(農學)·지리학 등 다방면에 걸쳐 학술을 닦았으며, 특히 당대 조선에서 최고의 천문 수학자였던 뛰어난 인재의 손실을 안타까워한 것이다.

남병철의 사후 박규수는 『해경세초해(海鏡細草解)』 『추보속해(推步續解)』 『의기집설(儀器輯說)』 등 천문 수학에 관한 그의 대표적 저작들을 왕헌에게 보내 중국 학계에 널리 소개하고자 했다. 그런데 왕헌과 연락이 잘 닿지 않았던 듯, 박규수는 대신 심병성에게 남병철의 저서를 보내면서 왕헌에게 전해주도록 당부했다. 1865년 1월 북경에 체류 중이던 동지사행의 역관 이용숙(李容肅)은 심병성에게 보내는 박규수의 편지를 동문환에게 전하고, 아울러 그에게 남병철의 『해경세초해』와 『추보속해』를 증정했다.[49] 이처럼 박규수의 적극적인 노력으로 중국에까지 남병철의 학문적 업적이 알려지게 된 것은, 두 사람의 깊은 우정을 말해주는 미담일 뿐만 아니라 19세기 한중 과학 교류사에서 주목할 만한 사건의 하나라고 하겠다.

청조 고증학의 국내 수용에 관한 종래의 연구에서는 고증학풍을 경학과 금석 서화 중심으로만 이해해온 경향이 없지 않다. 그러나 실은 청 고증학자들이 천문 수학 분야에서 이룬 성과 역시 적극 수용되었음을 간과해서는 안 될 것이다. 앞서 검토한 「지세의명 병서」와 아울러, 박규수가 왕헌에게 보낸

48) 『환재집』 권10, 「與王霞擧軒」(2), 장18앞. "精博通明, 罕有比倫. 今不可見, 痛惜之甚, 非友朋之私. 奈何奈何!"

49) 『환재집』 권4, 「圭齋集序」, 장40앞뒤, 권10, 「與沈仲復秉成」(6), 장13뒤; 동문환, 『硯樵山房日記』, 同治 4년(1865) 1월 18일(『韓客詩存』, 332면, 333면; 董壽平·李豫 主編, 『清季洪洞董氏日記六種』, 北京圖書館出版社 1997, 제1책, 665면, 674면).

이용숙(호 菊人)은 역관 출신의 저명한 시인으로 중국에 누차 다녀왔는데, 그 길에 박규수의 부탁으로 동문환과의 서신 왕래를 중개했다(『韓客詩存』, 316면, 348면 참조). 1876년 이용숙이 齎咨行으로 중국에 다녀오면서 龍繼棟이 지은 傳奇를 구해 오자 박규수가 그 발문을 써주기도 했다(『환재집』 권4, 「題龍槐廬彭溪傳奇後」).

편지들은 이러한 천문 수학 분야에서의 활발한 학술 교류를 입증하고 있다.

다만 고염무의 학문을 수용한 경우와 마찬가지로, 박규수는 천문 수학 분야에서도 고증학의 성과를 일방적으로 수용하지 않고 이를 성리학적 전통과 조화·절충하려는 태도를 견지했다. 「지세의명 병서」에서 그는 송대 성리학자들의 천문학설을 지원설(地圓說)의 한 원류로 간주했으며, 특히 혼상(渾象) 제작에 대한 주자의 구상을 계승하려는 의지를 표명했다. 이처럼 청조 고증학의 천문 수학 연구 성과에 대한 적극 수용과 함께 송대 성리학의 천문학설에 대한 재인식이 나타나 있는 점에서도 보듯이, 고증학에 대한 관심이 현저히 증대하기는 했지만 어디까지나 성리학을 바탕으로 그 성과를 받아들이려 한 경향은 이 시기 박규수의 학문관에 일관되게 나타나 있다고 하겠다.

## 2. 금석 고증에 대한 관심

박규수의 학문에 대해 그의 문인 김윤식은 "크게는 국가 경영과 관련된 여러 제도와, 작게는 금석·고고(考古)·의기(儀器)·잡복(雜服) 등의 일에 이르기까지, 연구가 정확하여 실사(實事)에서 올바름을 구하고, 규모가 거대하여 이치를  종합하면서도 세밀하지 않음이 없으니, 모두 경전(經傳)의 뜻을 보완하고 선왕(先王)의 도를 천명할 만했다"[50]고 예찬한 바 있다. 여기에서 박규수가 '국가 경영과 관련된 여러 제도'를 연구했다고 한 것은, 경상좌도 암행어사와 진주 안핵사 당시 『수계(繡啓)』나 「강구방략 이정환향적폐소(講究方略釐整還餉積弊疏)」 등을 통해 삼정(三政) 개혁책을 강구한 사실을 언급한 것이라 생각된다. 그리고 '의기'와 '잡복'에 관한 연구란 지세의 등

50) "大而體國經野之制, 小而金石考古儀器雜服等事, 無不硏究精確, 實事求是, 規模宏大, 綜理微密, 皆可以羽翼經傳, 闡明先王之道者也."(『환재집』 권1, 金允植, 「序」, 장1뒤)

천문의기 제작과 『거가잡복고(居家雜服攷)』의 저술을 가리키는 것이다. 이와같은 연구들에 대해서는 이미 자세히 논했으므로, 여기에서는 '금석 · 고고' 즉 금석학(金石學)을 중심으로 철종시대 박규수의 학술 활동을 살펴보기로 한다.

1862년경 당시 김포 군수로 재직중이던 벗 윤종의에게 보낸 편지를 보면, 박규수는 금석학에 대해서도 깊은 관심을 지니고 있었음을 알 수 있다.[51] 이 편지에서 그는 "굴포(掘浦)를 지나자 다리 곁에 비가 있는데, '천등교(天登橋)' 석 자가 새겨져 있고 또 시주(施主)의 성명이 나열되어 있으며, 뒷면에는 '숭정(崇禎) 8년'이라 새겨져 있습디다. 이에 이 다리가 김안로(金安老)가 가설한 것이 아님을 알았지요. 그러니 금석 고증을 어찌 폐할 수 있겠소?"[52]라고 했다.

굴포는 부평(富平)과 부천(富川) 일대를 거쳐 김포의 한강으로 합류하는 하천을 가리킨다. 삼남(三南) 지역의 세곡(稅穀)을 운송하는 배들이 손돌목에서 자주 전복하자 위험한 뱃길을 피하기 위해 이 하천을 따라 운하를 파려는 공사가 조선 중종 때 김안로(1481~1537)에 의해 시도된 이후 '굴포천'이라 불리게 되었다고 한다.[53] 아마도 이러한 사실 때문에 '숭정 8년' 즉 1635년 굴포천에 가설된 천등교 역시 김안로에 의한 것으로 후세에 잘못 전해져온 모양이다.

이와같이 박규수가 금석 고증에 대해 관심을 갖게 된 것은, 우선 고염무의 영향과 무관하지 않을 듯하다. 종래 서화와 더불어 감상하는 완물(玩物)에 불과하던 금석이 학술적 대상이 되고, 이를 다루는 금석학이 경학이나 역사학의 보조 학문으로까지 중시된 데에는 고염무의 공이 지대하다고 할 수

51) 벗 조면호도 박규수에게 보낸 편지에서 "公於書畵金石, 不可謂不癖"이라고 그의 금석서화 취향을 지적했다(『玉垂集』 권28, 「寄瓛卿」).

52) "過掘浦, 橋傍有碑, 刻天登橋三字, 又列施主姓名, 後面刻崇禎八年. 於是, 知此橋非金安老所設也. 金石攷證, 何可廢耶?"(『환재집』 권9, 「與尹士淵」(5), 장3뒤)

53) 『한국민족문화대백과사전』, 한국정신문화연구원 1991, 권18, 562면 참조.

있다. 진·한(秦漢) 이후의 금석 문자 357종을 수집 정리한 『금석문자기(金石文字記)』의 서문에서 고염무는 금석을 통해 역사서에서 은폐된 사실을 밝히고(闡幽), 애매모호한 점을 드러내며(表微), 빠진 사실을 보충하고(補闕), 잘못된 점을 바로잡을 수 있다(正誤)고 역설했다. 이밖에도 그는 『구고록(求古錄)』『석경고(石經考)』『일지록』 등에서 거듭 금석학을 논했다. 그러므로 금석학이 청대에 하나의 찬연한 학문을 이루게 된 것은 고염무로부터 시작된 것이며, 그의 『금석문자기』는 실로 이 방면의 남상(濫觴)이라 평가된다.[54]

금석 고증에 대한 박규수의 관심은 한편으로 추사 김정희의 영향과도 관련이 있는 것으로 보인다. 주지하다시피 청조의 금석학은 주로 추사를 통해 국내에 본격적으로 소개되어, 추사와 그 주변 인물인 조인영(趙寅永)·권돈인(權敦仁)·이조묵(李祖默)·윤정현·신헌(申櫶)·조면호·이상적(李尙迪)·오경석(吳慶錫) 등에 의해 발전을 보게 되었다.

박규수의 집안은 추사 집안과 선대에 인척 관계가 있고, 조부 연암과 추사의 양부(養父) 김노영(金魯永)은 절친한 사이였다. 추사는 유화·이정리와 친분이 있었다. 수학시절 박규수는 당시 형조 참의로 재직중이던 외종조 유화가 휴가를 얻어 당시 추사의 별장이었던 석경루(石瓊樓)에 머물 때 그를 따라 추사를 배알한 적이 있었다.[55] 이와 아울러 박규수의 절친한 선배와 벗인 윤정현·남병길·조면호 등이 모두 추사의 문인인 사실을 고려할 때, 추사와 박규수 간에도 학문적 영향 관계를 충분히 상정할 수 있다고 본다.[56]

54) 『亭林文集』 권2, 「金石文字記序」; 沈嘉榮, 『顧炎武論考』, 江蘇人民出版社 1994, 280~289면; 梁啓超, 『淸代學術槪論』, 朱維錚 校注, 『梁啓超論淸學史二種』, 上海: 復旦大學出版社 1985, 47면 참조.

55) 박규수의 초기 시집인 『錦葵詩鈔』 권2, 「石瓊樓雜絶」의 小註에 "석경루는 추사 김공의 별장이다. 당시 外從祖 芝山公(柳訸)이 형조 참의로 휴가를 얻어 이곳에 와 머물렀다. 추사공이 왔으며, 모인 사람들도 여러 분이었다(樓爲秋史金公別墅. 時外從祖芝山公, 以小司寇告暇來留. 秋史公至, 會者亦數公)"고 했다. 유화와 추사의 교분으로 인해 박규수도 수학시절에 추사를 拜謁한 적이 있음을 알 수 있다(『환재총서』, 제5책, 21~22면).

안핵사로서 진주에 부임한 1862년 음력 3월 아우 박선수에게 보낸 편지는 이를 뒷받침하는 증거라 할 수 있다. 이 편지에서 박규수는, 자신이 "침장(梣丈)" 즉 윤정현(호 梣溪)에게서 빌려온 "오중(吳中) 선현상(先賢像)과 『상우기(尙友記)』"는 원래 "추사의 물건"으로 윤정현이 남에게 여간해서는 빌려주지 않는 것이니 잘 간수하도록 당부하고 있다.[57] 여기에서 말한 『상우기』는 왕희순(王喜荀, 자 孟慈, 원명 喜孫)의 저술로, 일찍이 추사가 저자로부터 직접 기증받은 것이었다.[58]

박규수는 1852년 당시 함경 감사 윤정현이 황초령(黃草嶺)에 있던 진흥왕(眞興王) 순수비(巡狩碑)의 탁본을 보내오자 다음과 같이 감사의 뜻을 담은 편지를 보냈다.

> 여러 물품을 하사하신 데 감격해 마지않습니다. 진흥왕비에 대해서는 근자에 다른 사람들로부터 이야기 듣고, 곧 1본(本)을 하사하시지 않나 기다렸는데 다행히 이렇게 얻게 되었습니다. 수백 번이나 자세히 감상해보니, 첫째로 서법(書法)이 힘차고 예쁘면서 근엄하여, 우리나라의 고각(古刻)에서는 그와 비교될 만한 것을 보기가 드물다고 하겠습니다.
>
> '진흥'이 시(諡)가 되는지 호(號)가 되는지는 여태껏 고증한 경우가 없습니다만, 비문에 이미 '태왕(太王)'이라 했으니 이는 존숭(尊崇)의 말인 것 같고 당조(當朝)의 명칭은 아닌 듯합니다. 또 신라 때 고구려를 병탄(倂呑)한 것은 진흥왕 사후 6대(代) 92년이 지난 문무왕(文武王)의 치세에 이르러서이니, 당나라 고종(高宗) 총장(總章) 원년(元年)이 됩니다. 진흥왕의 치세에

56) 최완수, 『金秋史硏究草』, 지식산업사 1976, 92~95면; 김윤조 역주, 『역주 과정록』, 태학사 1997, 55면, 211면 참조.

57) 『환재집』 권8, 「與溫卿」(14), 장12뒤. "吳中先賢像・尙友記此兩種, 借於梣丈携歸, 未開一葉而置諸夾房架上. 須勿煩人如何? 此爲秋史物, 梣丈甚難借人耳." 吳中은 중국의 揚子江 이남 즉 江蘇省 남부와 浙江省 북부 일대를 가리킨다.

58) 왕희순은 乾隆・嘉慶 연간에 활동한 碩學 汪中의 아들로, 翁方綱과 阮元 등을 從遊했다. 추사와는 서신을 통해 친교를 맺은 사이였다(藤塚鄰, 『淸朝文化東傳の硏究』, 東京: 國書刊行會 1975, 404~416면 참조).

황초령 진흥왕 순수비 비각의 편액.
출처 『옛 탁본의 아름다움, 그리고 우리 역사』, 예술의전당 1998.

는 신라의 국경이 지금의 함흥(咸興)까지 이르렀을 리가 없습니다.

그러므로 이 비의 건립은 아마도 병탄 이후일 것이며, 그 첫머리에 '진흥태왕(眞興太王)'이라 칭한 것은 아마도 선대(先代)의 훌륭한 사적을 추모하여 기록할 일이 있어 부득불 이처럼 표현한 듯하나, 그 아래 문장이 전부 결여되어 판단할 길이 없습니다. (이 비가) 비록 진흥왕 당시에 세운 것이 아니라고 해도, 역시 우리나라 금석의 시조(始祖)가 되기에는 부족함이 없습니다.[59]

창녕(昌寧) · 북한산 · 마운령(摩雲嶺) · 황초령 등지에 세워진 신라 진흥왕

59) "下惠諸品, 感鐫不已. 眞興王碑, 頃從他人聞之, 方俟一本之賜, 幸玆得之矣. 細玩百回, 第一書法, 遒婉謹嚴, 東方古刻, 罕見其比. 眞興之爲謚爲號, 從未有攷證處, 旣曰太王, 則似是尊崇之語, 恐非當朝之稱謂矣. 且羅代之呑並句麗, 在眞興卒後, 歷六世九十二年, 至文武之世, 爲唐高宗總章元年. 眞興之世, 羅界無由至於今之咸興矣. 此碑之立, 恐在呑並以後, 而其首稱眞興太王者, 恐有追述先懿之事, 不得不如此, 而其下文全缺, 無以爲辨矣. 雖謂非眞興當時所立, 亦不失爲我東金石之祖耳."(『환재집』 권9, 「上尹栲溪」, 장19~20앞).

수신인 및 날짜 불명의 한 편지에서도 박규수는 "眞興北狩碑, 伏受甚幸! 當寒搜覓, 仰想一場擾擾, 悚甚. 乞北伯拓來, 不無其意, 而第看比來此等事, 皆歸不急, 有誰起興耶?"라고 황초령비에 대해 언급하고 있다.

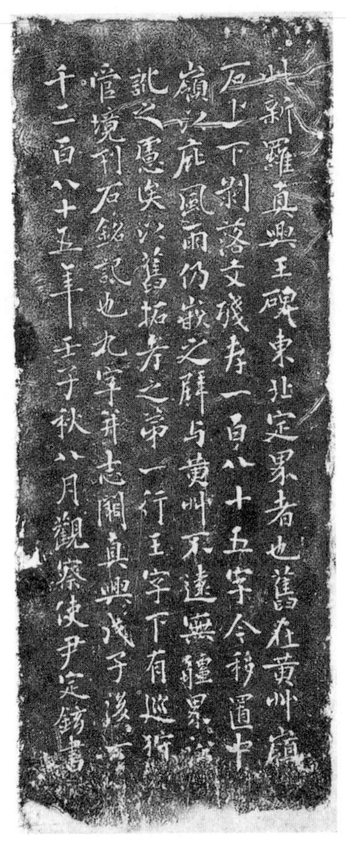


이건비(移建碑) 음기(陰記) 탁본.
출처 『옛 탁본의 아름다움, 그리고 우리 역사』, 예술의전당 1998.

(재위 540년~576년)의 순수비 중 황초령비는 568년 진흥왕이 함흥 지역을 순수한 기념으로 세운 것이었다. 이 비와 함께 같은 해에 건립된 마운령비가 발견됨으로써 6세기 중엽에 우리나라 동북 일대가 신라의 영토였던 사실이 분명히 밝혀지게 되었다.

1816년과 1817년 두 차례에 걸쳐 이미 북한산비를 답사한 바 있던 추사는 1832년 함경 감사로 부임한 권돈인이 황초령비 발굴 소식을 알려오자,

그 비가 다시 매몰될 것을 염려하여 보호책을 강구하도록 요청했지만 뜻을 이루지 못했다. 그 뒤 추사가 철종 즉위 초 진종 조천(眞宗祧遷) 반대론의 배후로 지목되어 북청(北青)에 유배중이던 1852년, 함경 감사 윤정현은 황초령비를 중령(中嶺: 眞興里)으로 옮기고, 추사가 손수 '진흥북수고경(眞興北狩古境)'이라 쓴 편액을 단 비각(碑閣)에다 보존했다. 이와 아울러 윤정현은 자신이 글을 짓고 글씨를 쓴 이건비(移建碑)도 세웠다.[60]

한편 추사는 「진흥이비고(眞興二碑攷)」와 『금석과안록(金石過眼錄)』에서 황초령비와 북한산비에 대해 치밀한 고증을 시도했다. 여기에서 그는 신구(新舊) 2종의 황초령비 탁본을 놓고 『삼국사기』를 비롯한 국내 문헌과 『북사(北史)』 『남사(南史』 등 중국 역사서를 광범하게 원용하여, 비의 건립 시기와 경위를 밝히고 비문을 판독했다. 추사에 의하면 이 비는 진흥왕 29년(568년)에 건립되었으며, 따라서 '진흥'은 시호가 아니라 생존시의 칭호임이 분명한 것으로 여겨진다.[61]

박규수는 아마도 추사의 연구 성과를 접하지 못한 상태에서 황초령비의 건립 시기를 그와 달리 추정하기는 했으나,[62] 금석 고증에 대한 그의 깊은 관심만은 확인할 수 있다. 10여 년 뒤인 1869년 동지 정사(冬至正使) 김유연(金有淵)은 이 황초령비의 탁본을 동문환의 아우인 동문찬(董文燦, 자 芸龕, 호 許齋)에게 증정했는데, 1872년 진하(進賀) 정사로 재차 북경에 가게 된

60) 『阮堂先生全集』 권3, 「與權彝齋敦仁」(32); 申錫愚, 『海藏集』 권9, 「又(與沈翰林仲復書) 壬戌」, 附 「新羅眞興王北狩碑攷」; 李裕元, 『林下筆記』 권30, 「春明逸史」 6, 「三韓古碑」, 성균관대 대동문화연구원, 741면; 今西龍, 「新羅眞興王巡狩管境碑考」, 『朝鮮金石瑣錄外』, 아세아문화사 1979; 최완수, 앞의 책, 94~95면 참조.

61) 『阮堂先生全集』 권1, 「眞興王二碑攷」.

62) 윤정현에게 보낸 편지에서 '眞興太王' 以下의 문장이 결여되어 판단할 길이 없다고 한 점으로 미루어, 박규수가 입수한 탁본은 황초령비의 舊拓本 上段만이었던 듯하다(『阮堂先生全集』 권1, 「眞興王二碑攷」, 장14뒤~15앞 참조).

박규수와 마찬가지로 李尙迪 역시 「新羅眞興王巡守碑拓文書後」(『恩誦堂續集』 권2)에서 '진흥'은 諡號이므로 순수비의 건립 시기는 진흥왕의 死後일 것이라고 단정했다.

박규수는 동문찬의 청탁으로 이 탁본에 제사(題詞)를 써주었다.[63]

또한 윤정현에게 보낸 앞서의 편지에서 박규수는 구례(求禮) 화엄사(華嚴寺)의 화엄 석경(華嚴石經)에 대해서도 다음과 같이 관심을 표명했다.

> 지난해 가을 호남에서 과거시험을 주관하는 길에 구례 화엄사를 들렀는데, 이는 신라시대의 뛰어난 건물로서 우리나라의 조사(祖師)들 중 이곳에 머문 적 없는 이가 없었지요. 본래 화엄 석경이 있었으나 왜구(倭寇)가 망치로 깨부수었는데, 지금도 아직 깨진 조각들의 무더기가 있습니다. 서법이 몹시 아름다워, 만약 중국인들로 하여금 이를 보게 한다면, 이와같이 파손되어 있다 해도 반드시 탁본을 하여 보물로 전하지 이처럼 매몰되도록 하지는 않을 터이니, 몹시 한스러울 따름입니다.[64]

여기에서 말하는 화엄 석경이란 원래 화엄사 장륙전(丈六殿: 즉 覺皇殿)의 사방 벽에 새겨져 있었다는 『화엄경(華嚴經)』을 가리킨다. 신라 정강왕(定康王) 원년(886)에 선왕인 헌강왕(憲康王)의 명복을 빌기 위해 조정의 대신과 종친들이 화엄경사(華嚴經社)를 결성하고 『화엄경』 석각(石刻)을 추진했다고 한다. 그런데 임진왜란 때 사찰 전체가 병화(兵火)를 겪으면서 화엄 석경 역시 파괴되어, 1만여 점에 달하는 그 파편들만이 현재까지 전하고 있다(보물 제1040호).[65] 박규수는 중국과 달리 당시 조선에서는 금석에 대한 인식이

---

63) 王軒(호 顧齋)의 글씨로 '新羅王定界碑'라 題한 이 탁본에다 박규수는 선배 金邁淳의 시를 인용한 뒤, "今於芸龕室, 見眞興定界碑本, 想及此詩. 主人要幷記於空紙, 遂書之"라 적었다. 이 탁본은 현재 서울대 박물관에 소장되어 있다. 한국의 名碑古拓 전시회(예술의전당, 1998.12.22~1999.1.24)의 도록 『옛 탁본의 아름다움, 그리고 우리 역사』, 우일출판사 1998, 52면에도 소개되어 있다.

64) "昨秋試士湖南, 歷求禮華嚴寺, 爲羅代傑搆, 而東方諸祖師莫不卓錫於玆. 本有華嚴石經, 爲倭寇槌碎, 今尙有斷刻之堆積者. 書法絶佳, 若使中國人見之, 雖殘缺如此, 必應拓出傳寶, 不令埋沒乃爾, 殊可恨耳."(『환재집』 권9, 「上尹楞溪」, 장20앞)

박규수는 1851년 全羅左道 京試官으로 파견되었다(『日省錄』, 철종 2년 9월 6일).

65) 『한국민족문화대백과사전』, 한국정신문화연구원 1991, 권25, 297~298면; 최완수, 「우

화엄사의 화엄 석경 탁본.
출처 『옛 탁본의 아름다움, 그리고 우리 역사』, 예술의전당 1998.

부족하여 화엄 석경과 같은 귀중한 유물이 방치되어 있음을 안타까워한 것이다.

박규수는 1861년 문안 부사(問安副使)로서 북경에 체류할 때에도 금석과 관련된 유적들에 대해 깊은 관심을 표명했다. 귀국 직후 동문환에게 보낸 편

리나라 고대 · 중세 서예의 흐름과 특질」, 『옛 탁본의 아름다움, 그리고 우리 역사』(논문집), 우일출판사 1998, 27면; 「石壁經緣起」, 『국역 근역서화징』, 시공사 1998, 상, 32면 등 참조.

지에서 그는 당나라 명필 이옹(李邕)이 쓴 「운휘장군비(雲麾將軍碑)」를 본 소감을 이렇게 피력하고 있다.

> 접때 문승상사(文丞相祠)의 벽 사이에서 거기에 새겨진 이북해(李北海)의 「운휘장군비」의 남은 글자들을 보았는데, 곧 주춧돌 2개였습니다. 나중에 또 법원사(法源寺)를 방문하여, 또 이 비가 벽에 새겨진 것을 보았는데, 이것도 주춧돌이었습니다. 그렇다면 곧 문승상사에 있는 것은 이것과 하나의 비였는데 두 곳에 나뉘어져 놓인 것일까요? 「운휘장군비」가 본래 2개의 비라면, 어찌 모두 주춧돌로 되는 액운을 만날 리가 있겠습니까? 그때는 미처 (그대와) 논의하지 못했는데, 귀국 후 생각나서 잊을 수가 없습니다. 또한 법원사의 동쪽 곁채에 「운휘장군비」를 모각(摹刻)한 비가 쓰러져 있었는데, 탁본을 한 벌 뜨지 못한 것이 안타깝습니다. 이에 만약 형들께서 탁본을 뜨게 된다면 한 벌 더 고려해주실 수 있을는지요?[66]

이옹(678~747)은 당 현종(玄宗) 때 북해(北海) 태수를 지냈으므로 세칭 '이북해'라 한다. 처음에 왕희지(王羲之)의 서체를 배웠으나 나중에는 탈피하여 독자적인 풍격을 이루었다. 특히 행서로 비문을 잘 써서, 당시에 '서중선수(書中仙手)'라 일컬어졌다.[67] 박규수가 말한 「운휘장군비」란 곧 「운휘장군 요서군 개국공 상주국 이수비(雲麾將軍遼西郡開國公上柱國李秀碑)」(약칭 「운휘장군 이수비」)를 가리킨다.[68] 이옹이 그 비문을 짓고 글씨를 써서

---

66) "向於文丞相祠壁間, 見嵌置李北海雲麾將軍碑殘字, 卽礎石二面也. 後又過法源寺, 亦見此碑之嵌壁者, 又是礎石也. 豈卽文山祠所置者與此一碑, 而分置兩處耶? 雲麾碑本有兩碑, 豈俱被作礎之厄耶? 伊時未及相訂, 歸後思之, 不能忘也. 且法源寺東廡中, 有摹刻雲麾碑臥置者, 恨不能拓得一本. 此若有兄輩拓出時, 可念及一本否?"(『환재집』 권10, 「與董研秋文煥」(1), 장28앞)

동문환은 이 편지를 받고 보낸 1862년 음력 1월 29일자 답신에서 「운휘장군비」 탁본을 구입하는 대로 즉시 부쳐주겠다고 약속했다(동문환, 「答朝鮮朴瓛卿書」, 『韓客詩存』, 278면).

67) 『唐書』 권202, 「이옹전」; 『舊唐書』 권190 中, 「이옹전」.

68) 李德懋, 『入燕記』 下, 正祖 2년(1778) 5월 22일; 李海應, 『薊山紀程』 권3, 「留館」, 癸亥年(1803) 12월 26일, 「문승상사」; 徐慶淳, 『夢經堂日史』 「紫禁瑣述」, 乙卯年(1855) 12

천보(天寶) 원년(742) 하북성(河北省) 양향현(良鄕縣)에 건립했으나, 후세에 파괴되어 잔비(殘碑)가 민간에서 주춧돌로 쓰였다. 명 만력(萬曆) 연간에 그 중 6개의 돌이 발굴되어 북경의 경조윤서(京兆尹署)로 옮겨졌으나, 다시 일부가 상실되고 겨우 2개의 돌만 남았다. 청 강희 31년(1692) 경조윤승(京兆尹丞) 오함(吳涵)이 이를 오래 보존하고자 문승상사로 옮겨 동쪽 벽에 끼워 넣었다고 한다. 현재 문승상사 사당 안에 오함이 그 내력을 기록한 「운휘장군 단비기(斷碑記)」라는 비와 함께 2개의 주춧돌이 보존되어 있는데, 여기에는 각각 12행(행당 5~13자)의 글자가 새겨져 있다.

한편 박규수가 법원사의 벽에 새겨진 것을 보았다는 「운휘장군비」는 실은 문승상사에 있는 주춧돌과는 별개의 모각(模刻)이다. 이는 1805년 옹방강(翁方綱)이 오함의 탁본과 송대(宋代)의 원각(原刻) 탁본을 모사(模寫)하여 벽에 새겨 넣은 것으로, 1833년 동지사 서장관 김경선(金景善)이 민충사(憫忠寺: 즉 법원사)의 벽에서 보았다는 바로 그 비이다. 박규수가 법원사에서 보았다는 또 하나의 비는 1827년 장책(張策)이 모사한 「당 고 운휘장군 이공비(唐故雲麾將軍李公碑)」(즉 「운휘장군 李思訓碑」)를 가리키는 듯하다.[69]

북경의 문승상사와 법원사에서 이 유명한 비를 발견하고 큰 흥미를 느낀 박규수는 동문환 등 연행 당시 교분을 맺은 중국 인사들을 통해 이를 모각한 비의 탁본을 입수하고자 했던 것이다. 그리고 그 편지에서 덧붙여, "우리나라의 금석에도 자못 채집할 만한 것들이 있으나, 거친 산 우거진 숲에 있어 탁본을 떠 가진 사람이 아주 드물고, 반드시 스스로 도모해야만 이를 얻을 수 있으며 여기에 드는 비용이 매번 엄청나므로 의욕을 잃게 만드니, 어쩌하면 좋을지요!"라고 했다.[70] 아마도 동문환이 그에게 조선의 금석 탁본

월 15일 참조.

69) 嘯滄編, 『唐李秀碑』, 人民美術出版社 2004; 『李邕李秀碑』, 上海書畵出版社 2007; 北京古宮博物院法書撰(http://www.linkclub.or.jp/~qingxia/cpoem/beijinggugongshufa.html); 金景善 『燕轅直指』 권4, 「留館錄」, 癸巳年 1월 6일, 「憫忠寺記」; 박현규, 「북경 법원사에 남겨진 한국인의 발자취」, 『中國學論叢』 15, 2003, 277~278면 등 참조.

을 얻고 싶다고 한 데 대해 어려움을 토로한 것이라 짐작된다.

1862년 심병성에게 준 편지에서 박규수는 조헌(趙憲, 호 重峯, 1544~1592)의 유허비(遺墟碑)와 진철선사(眞澈禪師, 870~936)의 비 탁본을 보낸다고 했다.

> 그밖에 중봉 유허비 1본을 바칩니다. 비는 김포군에 있는데, 가을 무렵 그곳을 지나가다 발견하고 군민(郡民)에게 부탁하여 탁본을 떠 오게 했으나, 탁공(拓工)의 솜씨가 졸렬하여 찢어지고 혼란스럽습니다. 비록 그러하나 간신히 보합(補合)하여 판독할 수는 있으니, 그 부본(副本)을 함께 보냅니다. 조공(趙公)은 동방의 명유(名儒)로서 마침내 순절했으므로, 이와같은 비를 인민들이 중히 여기는 바입니다.
>
> 진철선사비 1본. 이 비가 새겨진 것은 후당(後唐) 청태(淸泰) 4년입니다. '청태'는 본래 3년에 그쳤지만 여기에서 '4년'이라 칭한 것은, 당시 고려가 아직 후진(後晉) 석숭(石崇)의 정삭(正朔: 새로 반포한 曆法)을 받지 못했으므로 그대로 '청태'라 칭한 것일 뿐입니다. 찬자(撰者)의 이름은 완전히 빠져 있습니다. 널리 상고하면 알 수도 있겠지만, 우선 그대로 두었습니다.[71]

임진왜란 당시 의병 활동 끝에 전사한 조헌의 충절을 기리기 위해 인조 말에 김포 유생들이 김포군 김포읍 감정리에 있던 조헌의 옛 집터에 서원을 창건했으며, 숙종 즉위 초에 '우저(牛渚)'라는 사액(賜額)을 받았다. 조헌의 유허비란 이 우저서원 내 비각에 보존되어 있는 「조헌 선생 유허 추모지비(追慕之碑)」를 가리킨다. 광해군 9년(1617)에 건립된 이 비의 비문은 월사(月

---

70) "東方金石, 頗有可採, 而荒山榛莽, 絶罕拓取者. 必須自我圖之, 乃可得之, 而工費每鉅, 令人興沮, 奈何奈何!"(『환재집』 권10, 「與董研秋文煥」(1), 장28앞)

71) "外呈重峯遺墟碑一本. 碑在金浦郡, 秋間曾過彼處見之, 托郡人拓致, 拓工手拙, 決裂胡亂. 雖然, 僅可補合而讀之, 其副本並呈去耳. 趙公爲東方名儒, 竟死於節, 如此碑者, 以人而重者耳. 眞澈禪師碑一本, 此刻在後唐淸泰四年. 淸泰本止三年, 其稱四年者, 彼時高麗未承石晉正朔, 故仍稱淸泰耳. 撰人名字全缺, 苟博攷或可得, 而姑未及耳."(『환재집』 권10, 「與沈仲復秉成」(4), 장9앞뒤)

涉) 이정귀(李廷龜)가 지었고, 글씨는 서화가로 유명한 김현성(金玄成)이 썼다.[72] 따라서 이 비는 비교적 근세의 금석 문자에 속하지만, 박규수는 임진왜란 때 순국한 조헌의 절의를 숭상하여 이를 소중히 여긴 것이다.

진철선사비는 황해도 해주 광조사(廣照寺) 터에 있는 「진철대사 보월승공탑비(眞澈大師寶月乘空塔碑)」를 말한다. 진철선사 이엄(利嚴)은 선종(禪宗) 구산(九山) 중 수미산파(須彌山派)의 개조(開祖)로서, 당나라 유학을 마치고 귀국한 뒤 만년에 고려 태조의 스승의 한 사람이 되었으며, 태조의 후원으로 해주 수미산에 광조사를 창건했다. 박규수는 진철선사비의 찬자를 알 수 없다고 했으나, 찬자는 신라말 고려초의 저명 문인인 최언위(崔彦撝)로 추정되며, 글씨는 이환상(李奐相)이 썼다고 비문에 기록되어 있다. 또한 비문에서 청태 4년(937년)이라 밝힌 건립 시기와 관련하여 박규수는 '청태'라는 후당의 연호가 3년에 그쳤다고 했지만, 사실상 후당이 망한 936년부터 후진이 '천복(天福)'이란 연호를 썼으므로 정확히 말해 '청태'는 2년에 그친 것이었다.[73]

이상 살핀 바와 같이 철종시대에 박규수는 고염무 및 추사 일파의 영향과 청나라 문인 학자들과의 교유를 통해 금석 고증에 대한 학문적 관심을 키워갔음을 알 수 있다. 그리고 이는 그의 종전의 학문 활동에서는 찾아보기 힘든 중대한 변화의 하나라고 하겠다.

---

72) 『김포군지』, 김포군 1993, 1278~1280면 참조.

73) 『한국민족문화대백과사전』 권18, 「利嚴」, 87~88면; 한국역사연구회 편, 『譯註 羅末麗初金石文』, 혜안 1996, 上, 27~38면; 저자 미상, 『大東金石名考』, 『三韓金石錄外』, 아세아문화사 1981, 153면 참조.

清 劉喜海의 『海東金石苑』에서 진철선사비 중 '淸泰 4년'은 '天福 2년'으로 정정되어야 함을 지적했다(『역주 나말여초 금석문』 下, 33면 註122, 38면 註143 참조).

## 3. 실사구시적 서화론

박규수는 당대의 뛰어난 서화가의 한 사람으로 서화론에 대해서도 일가견을 갖추고 있었다.[74] 아우 박선수가 지은 그의 행장을 보면 "서예는 명가를 이루고 그림은 일품에 들었으니, 사람들은 그중 한 조각이라도 얻게 되면 보배로 여겼다"고 한다. 그리고 오세창(吳世昌)의 『근역서화징(槿域書畫徵)』이나 강효석(姜斅錫)의 『전고대방(典故大方)』과 같은 후대의 문헌들에도 그는 저명한 서화가로 기록되어 있다.[75]

박규수가 지닌 서화가로서의 뛰어난 자질은 집안의 내력이기도 했던 듯하다. 조부 연암 역시 서화에 빼어난 솜씨를 보였다고 한다. 이덕무는 연암의 글씨에 대해 "행서와 소해(小楷)로 쓴 그의 득의작(得意作)은 청수(淸秀)한 자태가 흘러넘치고 몹시도 기묘하여 무어라 형용할 수 없다"고 극찬했다. 아들 박종채에 의하면 연암의 글씨는 안진경(顔眞卿)의 근골(筋骨)과 조맹부(趙孟頫)의 농후(濃厚), 미불(米芾)의 기굴(奇崛)을 겸했으며 소해와 행초(行草)에 모두 뛰어났다고 한다. 그리고 연암이 글을 짓고 손수 미불의 필법으로 글씨를 쓴 「치암 최옹 묘갈명(癡菴崔翁墓碣銘)」의 탁본이 가장(家藏)되어 있다고 했다.[76]

또한 이덕무는 연암의 산수화에 대해서도 미불의 수준에 도달했다고 칭송했으며, 연암의 「어촌쇄망도(漁村曬網圖)」에 부치는 시를 남기기도 했다. 박제가 역시 연암의 「송석운룡도(松石雲龍圖)」에 부쳐, 연암이 신들린 듯 그림 그리는 모습을 노래한 시를 남겼다. 박종채의 증언에 의하면, 연암이 작

---

74) 선행 연구로 유홍준, 「환재 박규수의 서화론」, 『泰東古典硏究』 10, 1993이 있다.

75) 『환재집』 권1, 「節錄瓛齋先生行狀草」, 장9뒤, "書造名家, 畫入逸品, 得其零箋片墨, 皆爲人所寶."; 吳世昌, 『근역서화징』, 1928, 권5, 235면; 姜斅錫, 『전고대방』, 1924, 권3, 書畫家條.

76) 이덕무, 『淸脾錄』 권3, 「燕巖」, "其行書小楷, 得意時作, 逸態橫生, 奇奇怪怪, 不可方物."; 김윤조 역주, 『역주 과정록』, 태학사 1997, 289~291면.

고한 선배 김용겸(金用謙)의 초상화를 즉흥적으로 그린 적이 있는데 너무나 흡사하여 이서구가 감탄하고 이를 가져다 비장(秘藏)하면서 절보(絶寶)로 여겼다고 한다. 그리고 집에 소장되어 있는 「일출도(日出圖)」「군선도(群仙圖)」「구룡연도(九龍淵圖)」 등은 젊은 시절 연암이 화가로도 유명했던 이윤영(李胤永, 호 丹陵, 1714~1759)과 이인상(李麟祥, 호 凌壺, 1710~1760)을 종유하면서 그들의 필치를 모방하여 그린 작품들이라 한다.77)

박규수는 어린 시절부터 그림 그리기를 매우 좋아했다. 초기 저술인 『금유지림(錦蕤志林)』에서 그는 "나는 어려서부터 성품이 그림을 좋아하여 괴석(怪石)과 화초를 잘 그렸다"면서, 일곱 살 때 외종조 유화 곁에서 석탑(石塔)을 그리자 유화가 그 석탑 그림에 비유하여 자신에게 학문하는 방도를 깨우쳐주는 시를 지어주었던 일을 회상했다.78)

젊은 시절 박규수는 조부 연암이 은거했던 황해도 금천(金川) 연암협(燕巖峽)의 풍경을 묘사한 「연암산거도(燕巖山居圖)」를 그렸다. 여기에 부친 발문에서 신석우는 "「연암산거도」는 나의 벗 박환경(朴瓛卿)이 그린 것인데 거처는 환경의 조부 연암 선생이 자리를 정해 집을 지은 곳이다"라고 밝혔다. 그리고 박규수로부터 이 그림을 빌려 감상해보니 연암이 여러 글들에서 자신의 은거지를 묘사한 바와 부합할 뿐 아니라, 정자와 누각이며 물레방아와 도르래를 이용하는 우물까지 상상으로 보충해놓았더라고 했다. 아마도

77) 이덕무, 『淸脾錄』 권3, 「燕巖」, "時作平遠山水, 踈散幽逈, 優入大米之室."; 이덕무, 『雅亭遺稿』 권2, 「題朴燕巖漁村曬網圖」; 박제가, 『貞蕤詩集』 권1, 「松石雲龍圖歌 戱爲燕巖作」; 박영철본, 『연암집』 권3, 「不移堂記」; 李奎象, 『幷世才彦錄』, 「文苑錄」, 李胤永條, 「書家錄」, 李麟祥條, 「畵廚錄」, 李麟祥 · 李胤永條(민족문학사연구소 한문분과 옮김, 『18세기 조선인물지』, 창작과비평사 1997, 76면, 138~139면, 149면, 150면); 김윤조 역주, 위의 책, 257면, 291~292면; 유홍준, 「능호관 이인상」, 『화인열전 2』, 역사비평사 2001 참조.

이윤영과 이인상은 연암의 처숙인 李亮天의 절친한 벗이었다(이윤영, 『丹陵遺稿』 권12, 「祭李功甫文」; 이인상, 『凌壺集』 권4, 「李校里功甫亮天哀辭」). 박규수는 「江陽竹枝祠」에서 이윤영의 「海印脫囊圖」를 소재로 노래했으며, 이인상의 그림에 대한 題跋도 남기고 있다(『환재집』 권1, 「강양죽지사」, 장27뒤, 小註, 권11, 「題凌壺畵幀」, 장22앞).

78) 『환재총서』, 제5책, 『금유지림』, 「牖學之方」, 217면. "余自幼性喜畵, 能畵怪石艸花."

박규수는 예전의 조부와 마찬가지로 심심 산중에 은거하고 싶은 심경을 이 그림으로 표현했던 것이 아닌가 한다.[79] 또한 앞서 살펴보았듯이, 박규수는 1861년 연행 당시 심병성의 요청으로 그의 고향인 절강성 귀안(歸安)의 풍경을 그린 산수화를 그려주기도 했고, 동문환에게 「회인도(懷人圖)」를 그려주기도 했다.

박규수는 일찍부터 뛰어난 그림 솜씨와 아울러, 그림에 대한 조예와 감식안을 갖추었던 듯하다. 박규수의 초기작인 「이호산장도가(梨湖山莊圖歌)」는 화가로 유명한 김기서(金箕書, 호 竹下·梨湖, 1766~1822)가 충청도 이호에 있던 그의 고향집을 그린 「이호산장도」에 부친 시이다.[80] 이 시의 초두에서 박규수는 김기서의 그림과 유사한 「산장도」가 자신의 집에도 소장되어 있음을 밝히고 있다.

| | |
|---|---|
| 우리 집에도 「산장도」가 있으니 | 我家亦有山莊圖 |
| 조부 연암 선생이 지은 집이라 | 皇考燕巖先生之所築 |
| 고반당 정자는 산골짝 벼랑에 임했고 | 考槃之亭臨磵崖 |
| 하당과 죽각은 연못 북쪽에 있네 | 荷堂竹閣在池北 |
| 별처럼 바둑돌처럼 늘어서 각기 새로워 | 星羅棊置面面新 |

79) 신석우, 『海藏集』 권8, 「燕巖山居圖跋」, "燕巖山居圖, 余友朴瓛卿所作, 而居爲瓛卿王考燕巖先生所卜築者.", 권8, 「記懷」 참조.

윤종의에게 보낸 만년의 편지에서 박규수는 『東湖小卷』 중에 자신이 그린 「산거도」에 대한 발문이 있다고 했는데(『환재집』 권9, 「與尹士淵」(30), 장17뒤), 이는 곧 신석우의 「연암산거도 발」을 가리키는 듯하다. 한편 김윤식도 「農春堂記」에서 "昔朴瓛齋相公, 少時手作燕巖農墅圖, 以寓晩年歸休之計"라 하였다(『雲養集』 권10, 장46뒤).

80) 『환재총서』, 제5책, 『莊菴詩集』, 「이호산장도가」 小序, 124면. "圖爲竹下金公箕書湖西鄕廬也. 一日携至余室曰, 此間不可無君吟. 余爲之賦云."

「이호산장도가」는 13세 때인 1819년경의 작품으로 추정된다. 그의 조숙한 詩才를 엿볼 수 있다. 김기서는 이정리·박종채와 교분이 있었다. 문집으로 『和樵漫稿』가 있으며, 그림으로는 「斷髮嶺圖」가 전한다(洪翰周, 『智水拈筆』, 아세아문화사 영인, 권8, 450면; 李奎象, 앞의 책, 「高士錄」 金相肅條, 민족문학사연구소 한문분과 옮김, 앞의 책, 39면; 김윤조 역주, 앞의 책, 287~289면 주333 참조).

| | |
|---|---|
| 단청을 안 했어도 산골짝을 빛내누나 | 雖不丹雘燦山谷 |
| 정석치님이 그림으로 그렸는데 | 鄭公石癡爲之圖 |
| 「빈풍칠월도」와 「망천도」 같아라 | 豳風之篇輞川軸 |
| 털끝과 실오라기까지 눈앞에 삼삼 | 縷分毫析眼森森 |
| 진경이 파려 축경법[81]보다 묘하구나 | 眞景玅於玻瓈縮 |
| 나뭇잎 짙은 곳에 꾀꼬리 깃들고 | 樹葉深中栖黃鸝 |
| 산골짝 시냇물에 사슴이 물 마시네 | 磵水流處飮蒼鹿 |
| 찾아가 산책하고 싶지만 길이 멀어서 | 欲往逍遙路悠悠 |
| 중당에 펼쳐놓고 마음만 급히 좇네 | 展之中堂心逐逐[82] |

예전에 조부 연암이 엄화계(罨畵溪)를 끼고 고반당(考槃堂)을 비롯한 초가 몇 채를 지었던 황해도 금천(金川) 연암 골짜기의 은거지를 그린 「산장도」가 집안에 전해오는데, 이는 바로 조부의 막역한 친구로 그림을 잘 그렸던 정철조(鄭喆祚, 호 石癡, 1730~1781)의 작품이라는 것이다. 박규수는 이 그림을 조맹부(趙孟頫)의 「빈풍칠월도(豳風七月圖)」나 왕유(王維)의 「망천도(輞川圖)」와 같은 중국의 명화에 비기면서, 세부까지 정밀하게 그림으로써 진경을 눈앞에 보는 듯이 재현한 그 솜씨는 암실(暗室)에서 볼록렌즈를 이용해 외경(外景)을 축소·재현하는 '파려 축경법(玻瓈縮景法)'을 능가한다고 예찬

81) 시에 딸린 小註에 "玻瓈縮景法은 몹시 묘하다. 날씨가 화창한 날 처마가 짧은 방 안에 앉아 창과 방문을 가려서 밤처럼 캄캄하게 하고는, 단지 조그만 구멍 하나를 창에 뚫어 돋보기 한 짝으로 창의 눈을 만들어 붙이고, 밝은 빛이 스며드는 곳을 따라 흰 종이를 갖다 대면, 창밖의 산 경치와 나무와 사람과 누대가 하나하나 거꾸로 비치어 종이 위에 나타난다"고 했다(『환재총서』, 제5책, 125면).

이는 다산 정약용이 「漆室觀畵說」(『與猶堂全書』 권10)에서 설명한바 바늘구멍사진기를 이용해 그림을 그리려 한 실험과 동일한 내용이다. 李圭景도 「影法辨證說」(『五洲衍文長箋散稿』 권16)에서 이와 비슷한 실험을 해보았다고 밝히고 있다. 아마도 이들은 漢譯 西學書를 통해 알게 된 서양의 光學 지식에 자극되어, 후일 사진기의 발명을 낳은 이와같은 실험을 시도했던 것 같다(박성래, 「한국 근세의 서구과학 수용」, 『동방학지』 20, 1978, 278~279면; 이태원, 『현산어보를 찾아서 1』, 청어람미디어 2002, 42~45면 참조).

82) 『환재총서』 제5책, 『莊菴詩集』, 「梨湖山莊圖歌」, 124~125면.

했다. 정철조는 정밀한 그림 솜씨로 인해 정조의 어진(御眞)을 모사하도록 부름을 받았으며, 그가 그린 북경 전도(全圖)나 용 그림, 잉어 그림 등이 너무나 핍진하여 경탄을 자아냈다고 하거니와,[83] 박규수 역시 이러한 그의 사실적 화풍을 높이 평가한 것이다.

젊은 시절에 지은 시문 중에도 그림에 대한 박규수의 식견이 상당한 수준임을 보여주는 글들이 적지 않다. 예컨대 『상고도 회문의례』에서 그는 김육(金堉, 호 潛谷, 1580~1658)의 집안에 그가 명나라에 사신으로 갔다가 하사받은 것이라 전해져 오는 옛 그림에 대해, 이는 바로 왕유(王維)가 벗들과 소요곡(逍遙谷)에서 놀았던 고사를 소재로 한 것이며, 나아가 왕유의 수적(手蹟)일 것이라 추정했다. 명산(名山) 유곡(幽谷)을 배경으로 당나라 때 복식을 갖춘 왕공(王公) 귀인(貴人)들이 묘사되어 있으며, '소요곡도(逍遙谷圖)'라 적혀 있는 점 등 그림의 내용을 세심하게 관찰한 위에서, 왕유의 시문(詩文)과 연보, 『당서(唐書)』와 『당시기사(唐詩紀事)』 등을 전거로 한 치밀한 고증을 통해 그와같은 결론을 도출하고 있음을 보면, 그가 그림에 대해 빼어난 감식안을 지녔음을 알 수 있다.[84]

박규수는 벗 신석희와 함께 작자 불명의 「왕모초사도(王母醮祠圖)」를 감상하고 그 소감을 노래한 시도 남겼다. 여기에서 그는 세부까지 극히 정밀하게 그린 필법뿐 아니라, 북송 때 도교(道敎) 제사를 위한 궁전을 잇달아 짓고 도교풍의 그림들로 장식했던 사실을 들어, 「왕모초사도」가 그러한 당시 궁정화 중의 하나일 것으로 추정했다.[85] 이밖에도 그는 송나라 궁중의 소장

---

83) 박영철본, 『연암집』 권15, 『열하일기』, 「黃圖紀略」 皇城九門條; 송재소 역주, 『茶山詩選』, 창작과비평사 1981, 「정석치의 용 그림에 붙여(題鄭石癡畫龍小障子)」, 38~39면; 蔡濟恭, 『樊巖先生文集』 권16, 「題鄭注書喆祚畫鯉魚障子歌」; 오수경, 『연암그룹 연구』, 한빛 2003, 219~243면 참조.

84) 『환재총서』, 제2책, 『상고도 회문의례』 권9, 42부 詞目, 「王摩詰春日與諸公集逍遙谷」, 580~602면.

85) 『환재집』 권1, 「王母醮祠圖歌」 序, 장36앞.

또한 시 본문에서도 "畫失款記不可知, 唐宋年代總然疑" "不然畫法爭毫絲, 凡工定難筆

품이었을 것으로 추정되는 누숙(樓璹)의 「경직도(耕織圖)」를 두고 지은 시라든가, 마화지(馬和之)의 「난정수계도(蘭亭修禊圖)」에다 송 고종(高宗)이 왕희지(王羲之)의 「계첩(禊帖: 蘭亭序)」을 임서(臨書)한 것이라 전하는 서축(書軸)을 감정하고 그것이 진품이 아님을 논한 글 등을 남기기도 했다.86)

그림에 대한 박규수의 깊은 관심은 철종시대에도 지속되었다. 철종시대에 지은 글 중 「고정림 선생의 『일지록』 중 화론에 대한 발문」(1855)은 박규수가 자신의 화론(畵論)을 본격적으로 피력한 글로서 크게 주목된다. 여기에서 그는 화가 정안복(鄭顔復)87)의 아들로 당시 그림 수업 중이던 정내봉(鄭來鳳)을 위해 이 글을 지어주었다고 밝히고 있다. 1854년 음력 2월 암행어사로서 경상도 영천(永川) 팔공산(八公山)의 은해사(銀海寺) 운부암(雲浮菴)에 묵고 있던 박규수는 아우 박선수에게 보낸 편지에서 "정안복이 일간 올 터인데, 아마도 병 때문에 그런가 보다. 그사이에 그의 아들이 와서 유숙하고 있다"고 전했다. 이로 미루어보면 그 무렵부터 그는 정안복 부자와 알게 된

---

墨施"라 했다(장36뒤, 장37앞). 이 시는 1819년부터 1825년까지의 초기 한시를 모은 『錦葵詩集』에는 수록되어 있지 않으며, 대체로 시대순으로 작품이 배열된 『환재집』에서 「鳳韶餘響」 앞에 수록된 점으로 보아 1825년 이후 1828년 이전에 창작된 작품인 듯하다.

86) 『환재집』 권3, 「樓璹耕織圖一卷 似是宋內府物 感而有題」, 장1뒤, 권11, 「辨人家小藏宋高宗書軸」, 장17앞뒤.

위의 두 글 모두 창작시기를 알 수 없으나, 『환재집』의 작품 배열순으로 보아 1830년대 이전 수학기의 글로 추정된다. 樓璹은 송 고종 때 於潛令으로서 耕圖 21매와 織圖 24매에 각각 시를 붙인 『耕織圖詩』를 남겼다고 한다(『四庫提要』 권102, 子部, 農家類存目 참조).

87) 生沒年 미상. 호 石樵. 대구에서 살았다. 난초와 대나무를 잘 그렸으며, 宋 米芾을 絶慕하고 淸 鄭燮의 蘭法을 즐겨 따랐다고 한다. 遺作으로 南宗 文人畵風을 보여주는 「霸橋蹇驢圖」 등이 전한다. 정안복은 姜瑋와 교분을 맺고 墨竹을 그린 부채를 선사하는 등 가깝게 지냈으며, 강위는 그의 그림에 대해 "枯筆爲圖小米奇"라 호평했다. '小米'는 미불의 아들 米友仁을 가리킨다(李琦, 『朝野詩選』 권4, 정안복, 「奉和秋琴先生」; 강위, 『古歡堂收草』 권1, 「大丘城中訪鄭石樵」, 「石樵誦其舊作佳甚 率成長句示之」, 「石樵贐余墨竹一扇 口號酬謝」; 『槿域書畵徵』 권5, 「정안복」조, 255면; 『한국민족문화대백과사전』 권19, 836~837면 참조).

화가 정안복을 위해 써준 박규수의 제화시(題畵詩) 앞부분.
21폭의 서첩을 표구한 것으로, 정안복의 인장이 찍혀 있다.

정안복에게 써준 제화시 후반부.

듯하며,88) 그후 잠시 관직에서 물러나 있던 1855년 11월 정내봉의 청탁을 받고 화론을 써준 것이다.

이 글의 첫머리에서 그는 "오른쪽의 네 항목은 정림(亭林) 선생의 『일지록』 중의 말씀이다"89)라고 하여, 고염무가 『일지록』(권21) 「화(畵)」조에서 피력한 견해를 바탕으로 화론을 전개할 것임을 예고한다. 『일지록』에서 고염무는 다음과 같이 네 항목에 걸쳐 자신의 견해를 피력했다.

(1) 상고 이래 수(隋)·당(唐) 시대까지 옛 그림은 "실제 사물을 지시하고 형상화한 작품(指事象物之作)"으로, 교훈적 실용성을 지녔다. 그러나 "본래 실체는 정교하게 그리기가 어렵지만, 공모(空摹)는 잘하기가 쉽다."90) 그리하여 먹으로 선만 그리는 백묘(白描) 산수화가 유행하게 되고 옛 화풍은 사라지게 되었다.

(2) 『문견후록(聞見後錄)』91)에서 당나라 때 오도현(吳道玄)이 상상(想像)으로 그림을 그리면서부터 옛 화풍이 감퇴했다고 한 것은 그림을 아는 이의 말이다.

(3) 북송의 휘종(徽宗)은 화학(畵學: 미술학교)을 설치하고 화가들에게 그림 시험을 치르게 하면서, 전인(前人)을 모방하지 않고 사물을 자연스럽게 표현하면서 필치가 고상하고 간략한 것을 우수하다고 평가했다. 이는 공모(空摹)

---

88) 『환재집』 권8, 「與溫卿」(6), 장7뒤. "鄭顔復日間當來, 盖因病而然. 其間則其子來留."
박규수가 정안복의 「江閣秋景圖」를 위한 題畵詩로 明 李日華(호 竹懶, 1565～1635)의 絶句 16수와 淸 査士標(호 梅壑, 1615～1698)의 절구 2수를 써준 21폭의 書帖이 전한다(개인 소장).

89) "右四頁(項의 오자인 듯함), 亭林先生日知錄中語也."(『환재집』 권4, 「錄顧亭林先生日知錄論畵跋」, 장24앞)

90) "自實體難工, 空摹易善." 고염무가 말한 '空摹'란 '實景實寫'의 반대개념으로 想像畵와 臨摹를 포괄하는 용어인 듯하다.

91) 송나라 때 邵伯溫이 편찬한 『河南邵氏聞見錄』(『聞見前錄』)에 이어, 그 아들 邵博이 편찬한 책이다(『四庫提要』 권141, 子部 小說家類 2, 「聞見後錄」조 참조). 박규수의 『상고도회문의례』에도 인용되었다(제2부 直目 「趙閱道焚香告天」, 제30부 文目 「王仲儀賀親禱得雨」; 『환재총서』, 제1책, 148면, 제2책, 322면).

의 수준에 가까운데 지금껏 숭상되고 있다.

(4) 명나라 사조제(謝肇淛)의 『오잡조(五雜俎)』에서 당 이전의 명화는 모두 고사(故事)를 소재로 하고 철저한 고증을 거친 것이라, 마음대로 대충 그리고는 '사의(寫意)'를 표방하는 지금의 그림들과 달랐다고 했다. 그의 말대로 지금은 고사를 즐겨 그리는 대신 옛 그림을 안이하게 모방하는 것이 풍조가 되었다.

이상에서 요약한 바와 같이 고염무는 엄밀한 고증에 입각하여 실경(實景) 실사(實事)를 그린 고대의 사실적 화풍으로 복귀할 것을 주장했다.

이러한 고염무의 글에 대한 발문 형식으로 전개된 박규수의 화론은 크게 세 단락으로 나뉜다. 우선, 그는 당시 조선에서 관념적이고 비사실적인 수묵(水墨) 산수화가 유행하던 현실을 다음과 같이 비판했다.

> 무릇 그림 역시 예술의 하나로서 실로 학문과 크게 관련되는데도 지금 사람들이 몹시 홀대하는 것은 어째서인가? 그것은 사의(寫意)를 추구하는 화법이 유행함으로 인해 '실제 대상을 지시하고 형상화하는 그림(指事象物之畵)'이 폐기된 때문임에 틀림없다. 후세 사람들은 세부까지 정밀하게 그리는 공부가 옛사람들에 미치지 못할뿐더러, 그 번거로움을 참지 못하여 단지 물 한 줄기 바위 하나를 그린 화폭에다 절지(折枝)와 몰골(沒骨)의 필법으로 적당히 선염(渲染)을 하고는 간략하고 예스러운 것으로 자처하며 전혀 개의치 않을 따름이다. 이것이 고매한 선비가 글 짓고 글씨 쓰는 여가에 그린 것이라면, 아닌게아니라 애호하며 소중히 여길 만하다. 그러나 사람마다 이와같이 하여 심지어 화원(畵院)의 화가들까지 힘쓰는 바와 능한 바가 여기에 그친다면, 화학(畵學)도 따라서 망하고 말 것이다.[92]

92) "夫畵圖亦藝術中一事也, 實有大關於學者, 而今人甚忽之, 何也? 良由寫意之法興, 而指事象物之畵廢故耳. 後人之精細工夫不及古人, 又不肯耐煩, 只以一水一石之幅, 折枝沒骨之筆, 草草渲染, 自托於簡古, 不經意而已. 此在於高人逸士翰墨餘事, 則未嘗不可喜而可寶也. 若夫人人如此, 以至於畵院待詔之倫, 所務而所能者, 止於是焉, 則畵學殆亦亡矣."(『환재집』 권4, 「錄顧亭林先生日知錄論畵跋」, 장24앞)

이처럼 수묵 산수화의 유행을 통렬히 비판한 위에서 박규수는 "그림을 배운다는 것은 과연 작은 재주이지만, 학문하고 정치하는 도(道)를 보조하는 바가 매우 크다"[93]고 하여, 그림의 실용성을 강조한다. 견문과 족적이 미치지 못하고 말이 통하지 않아 알 수 없는 사실들을 능히 전하고 기록하며 형용하는 점에서 그림의 효용은 글보다 못하지 않다. 염입본(閻立本)의 「직공도(職貢圖)」, 「서경대포도(西京大酺圖)」, 구영(仇英)의 「청명상하도(淸明上河圖)」는 그 좋은 예이다. 또한 인재 발굴에 애쓰던 은(殷) 고종(高宗)이 꿈에 본 인물을 꼭 닮게 그리도록 한 그림으로 부열(傅說)을 발탁할 수 있었다는 『서경(書經)』의 고사는 사실적인 인물화의 효용을 잘 말해준다. 뿐만 아니라 새 짐승 · 풀벌레 · 화초와 같이 지극히 하찮은 것들까지도 세심하게 그려야 하니, 『본초강목(本草綱目)』에 약초들이 부정확하게 그려진 결과 민생에 큰 해를 초래한 사실을 개탄하지 않을 수 없다.

> 이로 미루어 논하건대, 산수 · 인물 · 누대(樓臺) · 성시(城市) · 초목 · 충어(蟲魚)를 막론하고 오직 진경실사(眞景實事)여야 하며, 구경엔 실용으로 돌아가야 한다. 그런 뒤라야 비로소 이를 화학(畵學)이라 이를 수 있을 것이다.[94]

다음으로, 박규수는 훌륭한 화가를 만난다면 주나라 수도 낙읍(洛邑)의 오문(五門)과 종묘사직 등의 배치, 궁궐 제도와 민가의 편제, 동서남북의 대로(大路), 천지신(天地神)께 제사 드리는 원구(圓丘)와 방택(方澤), 명당(明堂)의 순서와 위치, 배수로를 낀 정전제(井田制) 농지 따위를 소상히 나타낸 「성주 왕성도(成周王城圖)」를 그리게 하고 싶다고 했다. 그러면 "『주례(周禮)』

93) "學畵固小技也. 然其羽翼於爲學爲治之道甚大."(『환재집』 권4, 「錄顧亭林先生日知錄論畵跋」, 장24뒤)

94) "推是論之, 無論山水人物樓臺城市草木蟲魚, 唯是眞景實事, 究境歸於實用, 然後始可謂之學矣."(『환재집』 권4, 「錄顧亭林先生日知錄論畵跋」, 장25뒤)

의 내용이 눈앞에 삼삼하게 드러날 것"이기 때문이다. 게다가 조회(朝會)하고 잔치하며 관례(冠禮)와 혼례를 올리고 거마(車馬) 타고 사냥하는 모습 등을 아울러 그려 넣는다면, 『시경』 빈풍(豳風) 「칠월(七月)」 시의 내용에 의거해 주나라 때의 농경생활을 재현한 「빈풍칠월도」에 못지않을 것이다. 그러나 이와같은 그림은 "본래 가슴속에 삼례(三禮: 『周禮』『儀禮』『禮記』) 전질(全帙)이 들어 있지 않은 사람은 그릴 수가 없다"고 하여, 박규수는 박학을 갖춘 화가의 출현을 대망했다.95)

또한 박규수는 당시 한양의 경물을 거대한 화폭에 담은 그림을 구하고 싶다고 했다. 사월 초파일 무렵 한양은 화려한 등시(燈市)가 열려 몹시 흥청거리며 왕의 종묘 행차가 뜨고 조선(漕船)들이 운집하는 등 일년 중 가장 번화한 경물을 드러내니, 이를 "일대 장권(一大長卷)"에다 "정세(精細)하게" 그려낼 수 있다면 북송 수도 변경(汴京)의 경물을 그린 유명한 「청명상하도」보다 훨씬 나으리라는 것이다.96)

19세기 조선의 화단에서 추사와 그를 추종하는 화가들은 청조 남종화풍(南宗畵風)의 자극을 받아 사의(寫意)를 존중하고 형사(形似)를 경시하는 남종 문인화를 크게 발전시켰으며, 이는 한편으로 조선 후기에 유행을 본 토착적인 진경(眞景) 산수화와 풍속화의 발전을 가로막는 결과를 초래했다고 한다.97) 그러므로 박규수의 화론에 대해 "추사 아류의 소략하고 성의 없는 그

95) 『환재집』 권4, 장25뒤~26앞. "於是乎, 一部周禮森然在目." "自非胸中有三禮全帙者不能也."

96) 『환재집』 권4, 장26앞뒤.

"북송 사실주의의 최고봉"(마이클 설리반, 『중국미술사』, 지식산업사 1978, 157면)으로 평가되는 「청명상하도」는 원래 張擇端의 작품이다. 후세의 것으로는 명대 夏芷·仇英 등의 작품이 전한다. 연암은 국내에 仇英의 작품이라 소개된 「청명상하도」 여러 종을 감상하고 題跋을 남겼다(박영철 본, 『연암집』 권7, 「淸明上河圖跋」 「觀齋所藏淸明上河圖跋」 「日修齋所藏淸明上河圖跋」 「湛軒所藏淸明上河圖跋」).

고종 11년(1874) 어전에서 박규수는 戎服을 입을 때 虎鬚로 장식하는 것은 송나라 때에도 그러했다고 하면서, "宋朝汴京風俗景物之畵"인 「청명상하도」를 근거로 들었다(『승정원일기』, 고종 11년 5월 25일).

림들을 보면서 느낀 피곤증과, 그것의 영향을 받아 정밀하게 그리는 태도가 이완된 화단 풍조에 대한 우려에서 나온 것"[98]이라 한 것은 타당한 지적이라 생각된다. 다만, 고염무의 화론이 "그림의 본원적 기능 상실 내지는 그것의 회복만을 주장하였을 뿐"인 데 비해, 박규수의 화론은 "같은 고증학적 내지 실학적 입장이면서도 고염무의 논지를 훨씬 뛰어넘은 화론"으로서 "고증학적 인식의 심화"를 보여준다고까지 평가한 것은[99] 재론의 여지가 있지 않은가 한다.

관념적·비사실적 화풍을 비판하고, 엄밀한 고증과 박학에 입각한 사실적이고 실용적인 그림을 그릴 것을 주장한 점에서 박규수와 고염무의 화론은 일치하고 있다. 예컨대 박규수가 "수묵 산수화"의 유행으로 "지사상물지화(指事象物之畵)"가 폐기되었다고 본 것은 곧 "백묘 산수화"의 유행으로 "지사상물지작(指事象物之作)"이 사라졌다고 본 고염무의 견해와 부합하는 것이다. 또한 박규수가 지금의 화가들은 산수화를 "공사(空寫)"하는 것만으로 자족한다고 비판한 것은[100] 고염무의 "공모(空摹)" 배격과 상통한다. 차이가 있다면, 박규수가 고염무보다 그림과 학문의 관련성을 더욱 강조한 점이다. 즉 그는 그림이 학문에도 크게 기여한다고 주장하면서, 그림을 굳이 '화학(畵學)'이라 일컬어 일종의 학문으로까지 간주하고, 나아가 화가에게 깊은 학문적 소양을 갖추도록 요구한 것이다.

남종 문인화풍이 풍미하던 청나라 화단에서 당나라 이전의 사실적 화풍으로의 복귀를 주장한 고염무의 화론은 거의 영향력을 발휘하지 못한 듯하다. 고염무에 관한 후대의 연구들 역시 다방면에 걸친 그의 학문적 위업을 부각

97) 안휘준, 『한국회화사』, 일지사 1980, 288면.
98) 유홍준, 「개화기·구한말 서화계의 보수성과 근대성」, 『구한말의 그림』, 학고재 1989, 83~84면.
99) 유홍준, 「환재 박규수의 서화론」, 『태동고전연구』 10, 1993, 1056면.
100) 『환재집』 권4, 「錄顧亭林先生日知錄論畵跋」, 장24뒤. "今之爲畵者, 空寫半幅山水圖, 遠山一角, 老樹數株, 草屋半面, 便謂畵圖之法如此, 亦足以陶寫性情云爾者, 與彼何異哉!"

하면서도 그의 화론을 특별히 거론한 경우는 아직 보지 못했다. 그렇다면 박규수가 『일지록』 중의 화론에 남달리 주목하고, 당시 조선 화단의 수묵 산수화 유행에 대한 비판의 논리로 이를 활용한 것은 독특한 의의를 지닌다고 할 수 있으며, 그에게 미친 고염무의 심대한 영향을 다시금 확인케 한다고 하겠다.

앞서 언급했듯이 일찍이 박규수는 신석희와 함께 「왕모초사도」를 감상하고 그 소감을 노래한 시를 지은 바 있거니와, 이와같이 서화에 대한 깊은 관심을 공유한 두 사람의 우정은 철종시대에도 여전했던 것 같다. 이 시기에 한 인물화를 감정한 소견을 신석희에게 적어 보낸 박규수의 편지[101]가 전하고 있다. 여기에서 그는 "백묘(白描) 인물화는 화가들이 가장 그리기 어렵다고 일컫는 것인데, 이 그림은 신품(神品)으로서 많이 얻을 수 없는 것이오"[102]라고 호평한 뒤, 그림의 내용과 창작시기에 관해 추론하였다.

우선 박규수는 그림의 중심 인물인 왕을 요(堯)임금이라 추정한 아우 박선수의 감식안을 칭찬했다. 박선수의 견해에 따르면, 공자는 이마가 요임금과 흡사하다는데 그림 중의 왕도 이마가 세간의 공자 그림과 흡사하며, 요임금이 공자처럼 이마에 주름이 가득한 것은 성인(聖人)이라 천하 일을 근심한 때문이다. 또한 궁전 계단 사이에 그려진 풀들은 잎이 15개이니, 요임금이 그 잎이 날마다 하나씩 났다가 지는 것으로 한 달이 지남을 알았다는 명협(蓂莢)이 틀림없다는 것이다.

---

101) 편지에 등장하는 박선수(1821～1899)의 생몰년을 감안할 때 이 편지는 최소한 1840년대 이후에 씌어진 것으로 추정된다. 그리고 여기에 언급된 『養正圖解』는 1862년 沈秉成에게 보낸 편지에서도 거론되고 있다(『환재집』 권10, 「與沈仲復秉成」(4), 장7뒤). 또한 편지 말미에 박규수는 無聊한 나날을 보내고 있다고 썼는데, 사환기 이후 그가 한가하게 지낸 적은 1855년 암행어사 활동을 마친 직후와 1862년 진주 안핵사에서 파직된 뒤밖에 없다. 이 편지는 아마 후자의 시기에 씌어진 것이 아닐까 한다.

102) 『환재집』 권9, 「與申士綏」, 장23앞. "白描人物, 畵家最稱爲難. 此幅神品也, 不可多得."
백묘 인물화란 색채나 음영을 가하지 않고 철저히 윤곽선만으로 이루어진 인물화를 말하며, 북송 李公麟에 의해 그 전통이 확립되었다(안휘준, 앞의 책, 323면).

이러한 아우의 추론을 수용한 위에서 박규수는 그림 중 환관이 쓴 관은 초횡(焦竑)의 『양정도해(養正圖解)』[103]에서 당나라 고사를 그린 그림의 경우와 같고, 여의(如意)를 쥔 자는 송나라 때의 복두(幞頭)를 썼으나 그 전각(展脚)은 신식(新式)이며,[104] 계단 아래 선 자의 두건과 허리띠는 각각 당나라식과 명나라식이요, 요임금의 관은 당시에는 없던 면류관(冕旒冠)인 점을 들어, 이 인물화는 후세의 제도를 적당히 절충하여 삼대(三代)의 고사를 그린 것이라 단정했다. 그리고 이같은 시대 착오는 화가들의 무식에 기인한 통폐(通弊)이기는 하지만, 또한 만주족의 지배 이후 중국 고유의 의관제도가 소멸된 사실과 무관하지 않다고 보았다.

(…) 더욱이 중국의 의관은 한번 홍모(紅帽)와 마제수(馬蹄袖)로 변한 뒤부터 연극 무대의 배우 복장에서나 겨우 비슷한 모양을 유지하고 있으며, 나날이 그릇되게 변질되어 전혀 옛법이 아닙니다. 그런즉 설령 이광지(李光地) 같은 노숙한 선비라도 그가 천자의 복식을 논한 것을 보면 엉뚱해서 크게 놀랄 판인데, 하물며 화가의 무리야 어떠하겠습니까? 단지 제가 보고 들은 바에 따라 멋대로 고제(古製)라고 여긴 것에 불과하니, 모조리 이런 식이지요.[105]

따라서 박규수는, 그려진 의관이 괴이하고 국내에 흘러들어온 지 오래되

103) 원문에는 '養正圖'라고만 되어 있다. 초횡(자 弱侯, 1540~1620)이 편찬한 『양정도해』에는 吳繼序의 해설과 함께 유명한 화가 丁雲鵬의 그림들이 수록되어 있다(『四庫未收書目提要』, 권5, 「養正圖解全卷」; 『환재집』 권10, 「與沈仲復秉成」(4), 장7뒤 참조).

104) 복두는 두건의 일종으로 後周 武帝가 創製했다는데, 展脚幞頭와 交脚幞頭의 두 종류가 있다. 원문에서 '展角'이라 한 것은 오자인 듯하다.

105) "(…) 且中國衣冠, 一自紅帽蹄袖以後, 僅寄仿樣於場戲砌抹間, 日以訛變, 全非古法, 則雖以李榕邨之宿儒, 而其論冕服, 令人瞠然, 況畵史之流乎? 特不過從其耳目所及, 自以爲古製, 皆如此也."(『환재집』 권9, 「與申士綏」, 장24앞)

紅帽와 馬蹄袖는 청조가 漢族에게 강요한 만주족 고유의 모자와 禮服이다. 이광지(호 榕村, 1642~1718)는 康熙帝의 총애를 받은 저명한 성리학자로, 조선에도 널리 알려진 인물이다.

었다고 해서 다른 외국의 그림이 아닌가 의심할지 모르나, 이 인물화는 분명 청대 중국의 그림일 것이라고 결론지었다.

이상과 같이 박규수는 중국의 역대 의관제도에 대한 해박한 지식에 근거하여 인물화를 감정하고 있거니와, 이는 일찍이 양반사대부의 의관제도 개혁을 논한 『거가잡복고』를 저술하면서 쌓은 그 방면의 남다른 소양을 발휘한 것이라 볼 수 있다. 또한 그가 고대 중국의 의관제도에 대한 화가들의 무식과 무관심을 개탄한 것은, 철저한 고증에 입각해서 고사를 그릴 것을 주장한 고염무의 화론에 공감한 결과라 하겠다.

철종시대에 박규수는 많은 글씨를 남겼으리라 짐작되나, 현재 전하고 있는 것은 대개 간찰(簡札)들이다. 이 간찰들은 행초(行草)로 쓴 빼어난 글씨를 보여준다.[106] 이 시기에 그가 서예에 관해 논한 글은 아직 발견하지 못했다. 공교롭게도 박규수의 서예론을 살필 수 있는 글들은 대부분 그의 만년인 고종시대에 편중되어 있다.

고종시대에 들어서도 서화에 대한 박규수의 관심은 쇠퇴하지 않았으며 더욱 노성한 안목을 보여주었다. 흥선대원군의 운현궁(雲峴宮) 노락당(老樂堂) 신축 기념으로 쓴 「노락당기(老樂堂記)」(金炳學 撰, 1864), 조대비(趙大妃) 조카 조강하(趙康夏)의 요청으로 써준 8폭 병풍 「취성정 화병찬(聚星亭畵屛贊)」(朱熹 撰), 경상도 영주(榮州)에 거주한 일족 박제연(朴齊淵, 호 吾軒, 1807~1890)에게 써준 그의 당호(堂號) 편액(1875) 등의 글씨들이 현재 전한다. 그리고 『환재집』에는 서화와 관련된 글 10여 편이 수록되어 있다. 그중 윤종의의 아들로 글씨를 잘 썼던 윤헌(尹瀗), 북청 유배시절 추사의 제자였던 유치전(兪致佺, 자 堯仙)과 관련하여, 추사의 글씨를 논한 글들은 박규수의 뛰어난 안목을 잘 보여주고 있다.[107]

106) 김석배 편, 『韓國歷代名人筆蹟』, 경인문화사 1975, No. 693; 『槿墨』, 성균관대학교 박물관 1981, 下卷, No. 1036; 『朝鮮後期書藝展』, 예술의전당 1990, 112면; 『편지—조선시대 사대부의 일상』, 순천대학교 2003, No. 72 등등.

107) 『환재집』 권9, 「與尹士淵」(6), 「與尹士淵」(20), 권11, 「題兪堯仙所藏秋史遺墨」.

박규수가 쓴 대련.
출처 『선현들이 남기신 묵향』, 우림화랑 2005.

# 결론

환재 박규수는 19세기 조선의 역사적 격변 한가운데에서 정치·사상·문학 등 다방면에 걸쳐 폭넓은 활동을 보여준 인물이다. 따라서 그에 대한 연구야말로 그 시대의 총체적 진실에 접근하는 하나의 지름길이 될 수 있을 것이다. 이러한 견지에서 필자는 박규수의 생애와 사상과 문학을 종합적으로 고찰해보았다.

박규수의 생애는 1807년 출생 이후 1829년까지의 수학기, 1830년 효명세자의 승하를 계기로 한 장기간의 은둔기, 그리고 1848년 과거 급제 이후 1877년 타계할 때까지의 사환기로 나눌 수 있다. 그의 생애에서 가장 중요한 시기인 사환기는 1863년까지의 철종시대와 그 이후의 고종시대로 다시 나눌 수 있다. 이 책은 이러한 구분에 따라 수학기부터 철종시대까지 박규수의 생애를 엄밀하게 복원하는 가운데 그의 사상적 문학적 발전을 심층적으로 규명해보고자 한 것이다.

수학기의 박규수는 그의 부친 박종채(朴宗采), 외종조 유화(柳訸), 척숙 이정리(李正履)·이정관(李正觀) 형제 등의 학문적 지도를 받았다. 박종채는 연암 박지원의 차남으로, 『연암집(燕巖集)』을 편찬하고 연암의 언행록인 『과정록(過庭錄)』을 저술했다. 박종채의 처숙인 유화는 만년의 연암을 종유하면서 깊은 감화를 받은 인물이고 이정리와 이정관은 연암의 처남이자 막역지기였던 이재성(李在誠)의 아들로서, 모두 당대의 유수한 문인 학자였다. 박규수는 연암의 사후에 태어났지만, 이들을 통해 조부 연암의 실학을 착실히 전수받을 수 있었다.

스무 살 무렵인 1826년 박규수는 홍양후(洪良厚)의 연행(燕行)을 계기로 담헌(湛軒) 홍대용(洪大容)의 손자인 그와 처음 교분을 맺었다. '북학(北學)'의 동지였던 연암과 담헌의 뒤를 이어 그들의 손자 사이에도 우의가 이루어진 것이다. 그해 홍양후는 조부 담헌과 결교했던 엄성(嚴誠)·반정균(潘庭筠) 등 중국 문사들의 후손을 찾아내 선대의 교분을 이어가려는 염원을 품고 그의 외숙인 동지 부사(冬至副使) 신재식(申在植)을 따라 연행에 나섰다. 그에 앞서 홍양후의 요청을 받은 박규수는 연암을 비롯한 북학파의 연행 경험에 관한 해박한 지식을 발휘하여 그에게 자상하게 조언하는 글을 지어주었다. 이같은 사실은 북학파의 후예들에 의해 영·정조시대 실학의 전통이 19세기에도 면면히 계승되고 있음을 보여준다.

한편 박규수는 순조 말에 국정을 대리했던 효명세자(孝明世子: 翼宗)의 각별한 지우(知遇)를 입었다. 1829년경 효명세자는 『연암집』을 진상하도록 명하여, 장차 연암의 손자인 그를 기용할 명분을 쌓고자 했다. 그때 박규수는 효명세자의 하명으로 자신의 저작인 『상고도 회문의례(尙古圖會文義例)』도 함께 진상하였다. 이 저작을 보고 그의 학문적 실력을 인정한 효명세자는 재차 하명하여 조선조 역대 임금들의 행적을 찬양하는 글을 지어 바치도록 했다. 이에 박규수는 장편 한시 「봉소여향(鳳韶餘響)」을 지어 바쳐 문명을 떨치게 되었다.

왕권강화책의 일환으로 박규수와 같은 젊은 인재의 발탁에 힘쓰던 효명세자는 국정의 주도권을 놓고 안동 김씨 외척 세력과 심한 갈등을 빚다가 1830년 갑자기 승하하고 말았다. 이로 인해 큰 충격을 받은 박규수는 효명세자에 대한 변함없는 충성을 다짐하는 뜻으로 자신의 자호(字號) 중 '환

(桓)’자를 ‘환(瓛)’자로 바꾸기까지 했다. 그 이후 과거 공부를 폐하고 오랜 은둔생활로 접어들게 된다.

수학기에 해당하는 이 시기에 이미 박규수는 주옥같은 한시들을 다수 남겼다. 그중 「성동시(城東詩)」는 그가 불과 열세 살 때 지은 오언 140구의 장편 고시(古詩)인데, 한양 성 동쪽의 명승지 유람 중에 구경한 임금의 왕릉 행차를 화려하고 웅장하게 그려내었다. 「석경루 잡절(石瓊樓雜絶)」은 박규수가 외종조 유화를 따라서 자하문 밖 석경루 등의 명승지를 유람하고 지은 오언절구 20수로, 당나라 왕유(王維) 시의 정수를 체득한 산수시의 수작(秀作)이라 할 수 있다.

칠언절구 13수로 이루어진 「강양죽지사(江陽竹枝詞)」는 신라시대 최치원(崔致遠)의 고사와 해인사를 중심으로 경상도 합천의 풍물을 운치있게 노래한 죽지사이다. 「도봉기유(道峯紀遊)」는 박규수가 부친 박종채와 척숙 이정관을 따라서 도봉산 일대를 유람할 때 지은 다양한 양식의 한시 30편을 모은 것이다. 그중에는 연암이 『열하일기』에서 피력한 우주론을 바탕으로 달밤을 노래하는 등, 연암의 영향을 뚜렷이 보여주는 시들이 적지 않다.

칠언절구 100수로 된 궁사(宮詞)인 「봉소여향」은 궁중생활의 향락을 주로 노래한 종래의 궁사들과 달리, 효명세자의 의도에 부응하여 국정을 주도하는 강력한 군주상을 형상화하였다. 또한 칠언 104구의 장편 고시인 「숙수념행(孰遂念行)」은 효명세자가 안동 김씨 외척 세력과 갈등을 빚고 있던 순조 말의 정국에서 신진 재사(才士) 박규수가 겪은 암울한 심정을 호소력 있게 표출한 작품이다.

이상과 같은 초기 한시의 대표작들은 박규수의 조숙한 문학적 천재성을 입증하고 있다. 이러한 초기 한시의 성과만으로도 그는 19세기 한시사에서 주목받아 마땅한 시인이라 할 수 있다.

『상고도 회문의례』(이하 『상고도』로 줄임)는 박규수의 초기 사상과 학문을 집대성한 저작이다. 박규수는 한(漢)나라 이후 명말(明末)까지 역대 중국의 뛰어난 인물들에 관한 글을 경사자집(經史子集)을 망라한 방대한 문헌들에서 발췌하고, 그에 대해 일일이 안설(按說)을 붙여서 정치·경제·역사·예술·과학 등 광범한 주제에 걸쳐 자신의 견해를 피력했다.

『상고도』의 안설들은 박규수가 조부 연암으로부터 사상적 영향을 깊이 받았음을 보여준다. 예컨대 '선비'란 특정한 신분이 아니라 '인민의 대본(大本)'으로서, '효제충순(孝悌忠順)의 덕'을 지닌 사람은 모두 선비라는 주장은 곧 연암의 선비론을 계승한 것이다. 또한 '법고(法古)'와 아울러 '지변(知變)'을 강조한 병법론(兵法論)은 '법고창신(法古創新)'을 주장하며 창작을 전투에 비유했던 연암의 문학론에서 영향받은 것이다. 뿐만 아니라 박규수는 연암과 마찬가지로 지원지동설(地圓地動說)을 주장하면서, 홍대용이 『의산문답(毉山問答)』에서 제시한 천문학설을 유력한 근거로 들기도 했다.

『상고도』의 안설들은 빼어난 예술적 산문으로도 주목할 만하다. 그중에는 연암의 문학적 영향을 드러낸 경우가 많다. 예컨대 무당을 배격하는 논의를 펴면서 당시의 무속을 풍자한 안설은 그 문체가 연암 산문의 문체와 혹사하다. 또한 『상고도』의 안설 중에는 당시 민중들의 참담한 생활에 대해 깊은 연민을 드러내면서 이를 대단히 생생한 필치로 그려낸 명문이 다수 있다. 이 점에서도 박규수는 「예덕선생전(穢德先生傳)」 등 한문소설과 『열하일기』에서 하층 민중들에 대해 따뜻한 관심을 기울이고 그들의 삶을 사실적으로 형상화하고자 했던 연암의 산문정신을 계승하고 있다고 하겠다.

이와같이 『상고도 회문의례』는 박규수가 갓 스무 살 무렵에 지은 첫 저작이라 믿기 어려울 만큼 학술적으로나 문예적으로나 높은 성취를 보여준다. 그러므로 이정리의 절친한 벗이자 저명한 문인 학자인 홍길주(洪吉周)는 이 저작에 대해 찬사를 아끼지 않았고, 이를 친히 열람한 효명세자 역시 박규수의 학문적 실력을 크게 인정했던 것이다.

효명세자가 승하하고 안동 김씨 외척 세력이 국정을 좌우하던 순조 말 헌종 초에 박규수는 장장 18년 동안 은둔하여 학문에만 전념했다. 이러한 은둔기에 그는 우선 예학(禮學) 연구에 몰두해서 『거가잡복고(居家雜服攷)』를 저술하였다. 이는 양반사대부의 평상복을 중심으로, 고례(古禮)와 부합하는 이상적인 의관(衣冠)제도에 관해 논한 저술이다.

『거가잡복고』에서 박규수는 현단(玄端)과 심의(深衣)를 '군자의 도(道)'를 구현하고 있는 옷으로 이상화하고, 천자로부터 하사(下士)에 이르기까지 모두 그 근본은 '선비'이므로 현단과 같은 '사복(士服)'이야말로 의상(衣裳)의 근본이 된다고 보았다. 따라서 현단과 심의를 입는 것은 선비로서 도를 실천하는 중요한 방도가 된다. 이러한 주장은 연암의 선비론을 예설(禮說)과 결부하여 발전시킨 것으로, 양반사대부들이 시속(時俗)에서 벗어나 현단과 심의를 착용함으로써 그들의 본분이 '도를 실천하는 선비'임을 자각하도록 촉구한 것이라 하겠다.

뿐만 아니라 박규수는 고려시대 이래 몽골 '오랑캐'의 풍속을 답습하고 있는 부인복(婦人服)과 아동의 변발(辮髮) 등도 중화(中華)의 제도에 따라 바꾸어야 한다고 역설했다. 이와같은 의관제도 개혁론은 병자호란 이후 송시열(宋時烈)이 존명배청(尊明排淸)의 의리를 실천하는 방도의 하나로 제창한 이래 노론계 학맥을 통해 이어져온 주장을 계승한 것이다. 또한 이는 조부 연암의 지론을 계승한 것으로, 연암을 비롯한 북학파 역시 당시 조선의 일부 의관제도를 개혁하려는 사상을 지니고 있었다. 『거가잡복고』는 이러한 전대(前代)의 의관제도 개혁론을 계승·종합하고 이를 학문적으로 완성한 저술이다.

은둔기에 박규수는 김상현(金尙鉉)·김영작(金永爵)·신석우(申錫愚)·윤종의(尹宗儀) 등, 후일 정계와 문단·학계에서 활약하게 되는 비범한 인물들과 절친하게 교유하였다. 이 시기의 교유관계에서 특히 주목할 것은 그가 풍석(楓石) 서유구(徐有榘)를 종유한 사실이다.

19세기 전기를 대표하는 실학자이자 문호(文豪)인 서유구는 젊은 시절에 연암을 종유하고 '법고창신'의 문학관에 깊이 영향받은 인물이다. 박규수는 『임원경제지(林園經濟志)』의 완성에 힘쓰던 만년의 서유구를 종유하면서, 경세제민을 위한 '실용(實用)'을 무엇보다 중시한 그의 학문관에 큰 감화를 받았다. 이는 영·정조시대 실학의 다양한 성과가 서유구에 의해 거대한 종합을 이루면서 다시 박규수와 같은 후진들에게 전수되어갔음을 말해준다.

은둔 초기에 박규수는 시 창작을 중단하다시피 했으나, 1840년을 전후한 무렵에는 김상현·김영작·서유영(徐有英)·윤종의·홍우건(洪祐健) 등과 시사(詩社)를 이루어 활발한 창작 활동을 벌였다. 이 무렵에 지은 시들 중 「내가 시 짓기 좋아하지 않는 것을 위사(김상현의 호)가 조롱하므로 100운의 시로써 해명하다(渭師嘲余不喜作詩 以一百韻解之)」는 오언 200구에 달하는 장편 고시로, 뛰어난 예술적 기량을 보여준다. 뿐만 아니라 이 시는 복고주의(復古主義) 문풍을 신랄하게 풍자하고 자연과 인간의 삶을 여실하게 그릴 것을 역설한 점에서, 연암의 문학관이 집약되어 있는 시 「좌소산인에게 주다(贈左蘇山人)」와 뚜렷한 영향 관계를 드러내고 있다.

그런데 은둔기 후반에 해당하는 1840년대부터 박규수의 사상과 학문에 중대한 변화가 일어나기 시작하였다. 척숙 이정리·이정관 형제의 연행(燕行: 1839년~1840년)을 계기로, 박규수는 제1차 아편전쟁기의 급박한 해외 정세를 알게 되고 해방책(海防策: 해양 방어책)에 관심을 가지게 되었다. 뿐만 아니라 이정리가 구입해 온 『황조경세문편(皇朝經世文編)』을 통해 고염무(顧炎武)를 시조로 하는 청조 경세학(經世學)의 성과에 접함으로써, 은둔 초기의 복고적인 예학 연구로부터 서세동점(西勢東漸)의 세계사적 격변에 대처하기 위한 경세학으로 전환하게 된다.

박규수가 1848년에 쓴 「벽위신편 평어(闢衛新編評語)」는 이러한 변화를 감지할 수 있는 최초의 글이다. 이 글은 그의 벗 윤종의가 『황조경세문편』 등에서 해방책과 척사론(斥邪論: 천주교 배척론)에 관한 글들을 뽑아 편찬한 『벽위신편(闢衛新編)』에 대하여 평한 것이다.

「벽위신편 평어」에서 박규수는 주로 위원(魏源)의 『해국도지(海國圖志)』에 의거하여 천주교를 비판하고 대책을 제시했다. 여기에서 그는 천주교를 지극히 미개한 종교로 폄하하면서, 서양의 우수한 천문역법도 실은 고대 중국에서 기원한 것이라는 청나라 학자 매문정(梅文鼎)의 '서학중원설(西學中

源說)'을 지지했다. 뿐만 아니라 그는 서양의 개신교 선교사들이 싱가포르나 말라카에서 유교 경전을 번역·학습하고 있다는 『해국도지』의 정보에 근거하여, 동서교섭(東西交涉)의 결과 서양인들이 동양의 '도(道)'에 감화될 날이 오리라는 낙관적 전망을 피력했다.

이와같이 박규수는 동양의 문화적 우월성에 대한 자신감 위에서 서양과의 교섭에 진취적으로 대처하고자 했다. 이러한 그의 사상적 대응에서 개화사상의 하나인 '동도서기론(東道西器論)'의 맹아를 발견할 수 있다. 제1차 아편전쟁이 발발한 1840년대는 동아시아가 서양 열강이 주도하는 자본주의 세계체제에 포섭되어가는 분기점이었다. 그때부터 중국과 일본에서는 대외 위기의식이 고조되면서 해방책과 내정 개혁을 추구하기 시작하거니와, 박규수는 같은 시기의 조선에서 그에 상응하는 사상적 모색을 보여준 선각자였다. 「벽위신편 평어」는 조부 연암의 실학에서 출발한 그가 새로운 시대적 여건 속에서 이를 발전적으로 극복하여가는 모습을 보여준다 하겠다.

1848년(헌종 14년) 박규수는 마흔두 살의 나이로 증광시(增廣試) 문과에 급제하여, 오랜 은둔생활을 청산하고 처음 벼슬길에 들어섰다. 당시 헌종은 익종(효명세자)의 유지를 이어 왕권강화 정책을 의욕적으로 추진하고 있었다. 그러나 박규수가 평안도 용강 현령으로 부임한 직후에 헌종이 병사하고 철종이 등극하면서, 안동 김씨 외척 세력이 다시 권력을 장악하게 된다.

철종 즉위 초에 박규수는 평안도 용강 현령과 전라도 부안 현감을 거친 뒤, 중앙 관직에 복귀하여 홍문관의 여러 벼슬을 역임했다. 이 시기에 그는 조정의 천묘(遷廟) 논쟁에 참여해서, 헌종의 신위(神位)를 종묘에 모시게 됨에 따라 철종의 5대조가 되는 진종(眞宗: 영조의 장남)의 신위를 종묘에서 옮겨야 한다는 조천론(祧遷論)을 적극 주장했다. 이는 철종이 조카뻘인 헌종의 뒤를 이은 비정상적인 왕위 계승으로 인해 빚어진 예송(禮訟)에서, 철종을 추대한 안동 김씨 외척 세력의 조치를 지지한 셈으로 볼 수 있다.

1854년(철종 5년) 박규수는 경상좌도 암행어사로 임명되어, 낙동강 동쪽 영남지역의 행정을 점검하고 민정을 두루 살폈다. 당시 그가 암행어사 활동을 마치고 왕에게 올린 보고서가 바로 『수계(繡啓)』이다. 여기에서 박규수는 전·현직 지방관들의 부정을 철저히 조사·보고하고, 환곡제 운영을 비롯한 행정상의 각종 폐단과 그 대책을 상세하게 논하였다. 이와같이 『수계』는 농민항쟁이 발발하기 불과 수년 전 영남지역의 극심했던 민폐를 속속들이 고발하고 있을 뿐 아니라, 현실적인 개선방안을 찾고자 고심하는 박규수의 개혁적 성향을 잘 보여준다.

박규수는 암행어사로서 임무를 완수한 공로를 인정받아 동부승지로 특별 승진하였다. 그후 진주농민항쟁이 발발하자 박규수가 안핵사(按覈使)로 파견된 것도 이러한 암행어사 때의 활약이 다분히 참작되었기 때문이라 생각된다.

1860년 영국·프랑스 연합군의 북경 점령으로 청 함풍제(咸豊帝)가 열하(熱河)로 피신한 '북경사변(北京事變)'이 발발하자, 조선 정부는 열하 문안사행(問安使行)을 급파하기로 했다. 박규수는 남들이 위험하다고 기피한 이 사행에 자원하여, 1861년 음력 1월부터 6월까지 문안 부사(副使)로서 중국에 다녀왔다.

일찍이 홍양후의 연행(1826년~1827년)을 계기로 박규수와 김영작·신석우 등도 연행의 꿈을 키워갔지만, 그러한 꿈은 이들이 관료로서 현달한 뒤에야 실현되었다. 1858년 김영작이 동지 부사로서 숙원이던 연행에 나섰고, 1860년에는 신석우가 동지 정사(正使)로서 연행에 나섰다. 박규수의 연행은 이러한 절친한 벗들의 연행에 이어진 것일뿐더러, 앞서 이들이 북경에서 중국 인사들과 교분을 다져놓은 데 적잖이 힘입은 것이었다.

연행을 앞두고 지은 송별시에서 서유영·조면호(趙冕鎬) 등은 연암의 뒤를 이어 그 손자가 열하로 떠나게 된 기이한 인연을 강조하면서, 박규수가 연암과 마찬가지로 청나라의 실정을 잘 엿보고 『열하일기』와 같은 걸작을 남길 것을 기대했다. 박규수 역시 예전 조부의 연행을 깊이 의식하면서 연행에 임하였다. 그는 중국에 소개하고자 자신의 글들과 아울러 연암의 글들을 뽑아 가지고 갔으며, 북경의 문천상(文天祥) 사당에 게시할 요량으로 『열하일기』 중의 명문인 「문승상사당기(文丞相祠堂記)」도 친필로 써서 가지고 갔다.

북경에서 50일 남짓 체류하는 동안 박규수는 서양인들의 동향과 기독교 포교 실태 등 정세를 탐문하는 한편, 동문환(董文渙)·심병성(沈秉成)·왕증(王拯)·왕헌(王軒)·풍지기(馮志沂)·황운혹(黃雲鵠) 등 청나라의 관료 문인들과 적극적으로 교유하였다. 또한 고염무의 사당이 있는 자인사(慈仁寺), 명 신종(神宗)과 의종(毅宗)의 모후(母后)의 영정을 모신 자수사(慈壽寺)와 장춘사(長椿寺) 등 주로 명나라 관련 유적들을 탐방했다.

기존 논의에서는 이러한 박규수의 제1차 연행을 그가 실학에서 개화사상으로 전환하게 된 계기로 간주하기도 했다. 그러나 「벽위신편 평어」에서 보았듯이 박규수는 이미 1840년대에 『해국도지』를 접하고 동도서기론적 발상을 드러내었다. 1861년의 제1차 연행은 그러한 그의 사상적 변화를 더욱 촉진하는 계기가 된 것으로 보아야 할 것이다.

연행에 나서며 지은 시에서 박규수는 당시 동아시아의 정세에 대해 기독교의 침투로 인한 유교 문명권의 일대 위기로 진단했다. 그러나 동시에 그는 유교 서적의 해외 수출과 영역(英譯) 출간 등을 근거로, 중화문명이 일시적 위기를 극복하고 나아가 서양인들을 감복시킬 날이 오리라고 낙관했다. 북경 체류 중 중국 인사들과 교유하며 지은 시에서도 그는 서양의 침략이 종교적 침투를 겸하고 있으므로 기독교를 배척하고 유교를 지켜나감으로써 현재의 난국을 극복할 수 있다고 주장했다. 이로 미루어보면, 제1차 연행 당시 박규수의 대외 인식은 「벽위신편 평어」에 표출된 동도서기론적 발상의 연장선상에 머물러 있었다고 하겠다.

귀국 이후 박규수는 중국 인사들과 꾸준한 서신 왕래를 통해 우의를 다지고 학술적 교류를 추구하는 한편, 내우외환의 난세를 살아가는 동아시아 지식인으로서의 고뇌를 함께 나누고자 했다. 그는 명리와 권세를 초월한 진정한 우정이 화이(華夷)의 차별을 넘어 조선과 청나라의 지식인 사이에도 이루어질 수 있다고 보았는데, 이는 바로 연암의 우정론을 계승한 것이다. 또한 그는 중국의 인사들에게 부탁하여, 예전에 조부 연암과 교분을 맺었던 곽집환(郭執桓)과 왕민호(王民皞) 등의 행적을 탐문하기도 했다.

박규수가 연행을 마치고 귀국한 지 불과 수개월 뒤인 1862년 음력 2월 경상도 진주에서 농민항쟁이 발발했다. 사태를 수습하기 위한 안핵사로 현지에 급파된 박규수는 그해 3월부터 5월까지 성실히 임무를 수행하고 조사 결과와 대책을 조정에 보고·건의하였다. 그가 아우 박선수(朴瑄壽) 등에게 보낸 사신들과 아울러, 조정에 올린 3대 문건 즉 「사포장계(查逋狀啓)」와 「사계발사(查啓跋辭)」 및 「강구방략(講究方略)」 등을 살펴보면, 당시 박규수의 애민적(愛民的) 자세와 개혁적 성향을 확인할 수 있다.

「사포장계」는 진주목(晉州牧)과 경상도 우병영(右兵營)의 환곡 부정 실태를 규명하고 대책을 제시한 글이다. 여기에서 박규수는 철저하고 공정한 조사를 통해 환곡 부정에 연루된 세력들을 밝혀내고, 진주목과 우병영의 환곡 문제를 해결할 수 있는 현실적인 방안을 제시했다.

「사계발사」는 진주농민항쟁의 진상과 난민 처벌 문제를 논한 글이다. 박규수는 신속한 조사와 대대적이고 강경한 처벌을 독촉하는 조정의 압력에도 불구하고, 장기간의 신중한 조사를 통해 대다수 난민들에게 가급적 관대한 처분을 내리고자 했다. 이로 인해 그는 조정의 불만을 사서 삭직(削職) 처분을 받았다. 또한 「사계발사」에서 그는 전 교리(校理) 이명윤(李命允)과 같은 양반 사족을 항쟁의 실질적 주도 세력으로 간주하여, 영남 유생들의 격렬한 반발을 사기도 했다.

양반 사족을 진주농민항쟁의 주도층으로 파악한 박규수의 견해가 과연 타당한가에 대해서는 오늘날 학계에서도 논란이 없지 않다. 아마도 박규수는 양반 사족이라 해도 양반 토호와는 경제적 처지가 현격한 잔반(殘班)들이 항쟁에 더 적극적이었던 사실을 충분히 인식하지 못한 듯하다. 주모자의 한 사람인 유계춘(柳繼春)처럼 신분상으로는 양반 사족에 속하면서 경제적으로는 하층 농민들과 가까웠던 잔반들의 활약을 매개로 하여, 양반 토호로부터 하층 농민들에 이르기까지 광범한 연대가 이루어져 반관(反官) 투쟁을 벌였던 것이 사태의 진상이 아니었던가 한다.

그럼에도 박규수가 '양반 사족 주도설'을 주장했던 것은, 1862년 삼남(三南) 일대에서 일어난 수많은 농민항쟁 중 공교롭게도 진주는 그 이웃 고을 단성(丹城)과 함께 양반 사족들이 항쟁에 적극 개입한 드문 경우였기 때문이다. 뿐만 아니라 박규수는 민란 가담에서 드러난 양반 사족들의 도덕적 해이를 문제시하고 그들의 각성을 촉구하려는 의도에서 이같은 주장을 했던 것으로 볼 수 있다. 그는 연암의 선비론을 계승하여 선비란 천하에 효제충순(孝悌忠順)의 덕을 실천하는 주체라고 보았는데, 이처럼 도덕적 주체로서의 책임의식을 강조하는 선비론에 따라 영남의 양반 사족들에게 항쟁의 책임을 엄중히 묻고자 했던 것이다.

「사포장계」가 진주 지역의 환곡 문제에 국한된 응급 처방전이라면, 「강구방략」은 전국적 시행을 염두에 두고 근본적인 대책을 모색한 글이다. 여기에서 박규수는 환곡 문제 해결을 위한 특별 전담 기구를 설치하고 광범하게 여론을 수렴한 연후에 개혁책을 확고히 법제화하여, 이를 한 도에서 전국으로 점차적으로 확대 시행할 것을 건의했다. 우선은 응급조치로서 삼정(三政) 운영상의 문제점들을 개선하되, 충분한 준비 기간을 두고 근본적인 개혁책을 마련해서 점진적으로 실시하자는 것이었다.

그의 건의가 일부 받아들여져 삼정이정청(三政釐整廳)이 설치되기는 했으나, 조정의 개혁 조치는 졸속하게 추진되다가 반발에 부딪히자 이내 중단되고 말았다. 이와같은 좌절을 목도한 박규수는 안동 김씨 세도 정권 하의 철종 치세에 절망하고, 강력히 내정 개혁을 추진할 수 있는 왕권의 확립을 염원하게 되었을 것이다. 고종 즉위 후 그가 대원군 정권에 적극 참여하게 된 데에는 이러한 안핵사 활동의 경험이 적잖이 작용했으리라 생각된다.

이와같이 철종시대에 박규수는 개혁적 관료로서 적극 활동하는 한편, 문인 학자로서도 다방면으로 의욕적인 활동을 보였다. 그는 우선 천문지리 분야에 남다른 관심을 기울이고 지도와 천문의기(天文儀器) 제작에 힘썼다.

용강 현령 시절 박규수는 현지의 북극고도(北極高度: 위도)를 측정하고 우리나라 전도(全圖)인 「동여도(東輿圖)」를 제작했다. 이어서 부안 현감 시절에는 남극노인성을 관측하는 데 성공했다. 또한 그 무렵 평혼의(平渾儀)·간평의(簡平儀)·지세의(地勢儀) 등을 손수 제작하기도 했다.

평혼의와 간평의가 전통적 천구의(天球儀)인 혼천의(渾天儀)를 간편하게 개량한 것이라면, 지세의는 『해국도지』에 의거하여 세계지리를 표시한 지구의(地球儀)에다 자오호(子午弧)·적도권(赤道圈)·이차척(里差尺) 등 여러 관측 장치들을 부착하여 만든 독창적인 천문의기였다. 이러한 지구의와 여러 장치들을 이용해서 만국의 낮밤·시차·계절 차이·일출 일몰 등을 파악하는 것이 주요 기능인 점으로 미루어, 지세의는 해방(海防)의 일환으로 해외 각국의 사정을 알기 위한 목적에서 제작된 것임을 알 수 있다.

박규수가 지세의를 창제한 뒤 지은 「지세의명(地勢儀銘)」은 「벽위신편 평어」와 더불어 그의 사상적 변화를 보여주는 중요한 글이다. 이 글에서 박규수는 '서학중원설'을 주장한 매문정과 마찬가지로, 서양의 지원설(地圓說)의 원류는 고대 중국의 천문학설이나 송대(宋代) 성리학자들의 천문학설에서 찾을 수 있다고 주장했다. 또한 그는 자신의 지세의가 중국 최초로 천상의(天象儀: 플라네타륨)를 제작하고자 했던 주희(朱熹)의 구상을 계승한 것으로 자부했다. 뿐만 아니라 그는 「벽위신편 평어」에서 피력한바, 동서교섭의 결과 서양인들이 동양 문화에 감화될 날이 오리라는 낙관적 전망을 재차 표명했다.

종래 「지세의명」은 복고적 화이사상(華夷思想)이나 강경한 척사론을 표명한 글로 간주되었다. 하지만 이는 박규수가 동도서기론적 발상으로 사상적 발전을 이룬 증거로 보아야 한다. 이러한 변화는 「벽위신편 평어」에서 처음 감지되지만, 「지세의명」에 이르러 더욱 분명히 드러났다. 이 글에서 박규수는 『해국도지』와 '서학중원설', 그리고 성리학을 사상적 기반으로 삼아, 동양의 문화적 우월성에 대한 자신감 위에서 서양의 과학기술을 비판적으로 수용하려는 발상을 보여주었다. 이러한 동도서기론적 발상은 1861년 제1차 연행 당시 지은 시에서도 거듭 확인되는 만큼, 철종시대 박규수의 일관된 사상이 되었다고 할 수 있다.

철종시대에 박규수는 문학 분야에서도 주목할 만한 성과를 남겼다. 이 시기에 그는 고염무의 문학관에 깊은 영향을 받았다. 고염무는 철두철미 경세치용(經世致用)에 기여하는 문학을 주장했다. 즉 문인은 천하에 대해 책임이 있는 사대부로서 반드시 덕행과 학문을 갖추어야 하며, 경세제민과 무관한 글은 일절 짓지 말아야 한다고 역설했다. 박규수는 이러한 고염무의 문학관에 크게 공감하고, 경세문자(經世文字) 이외의 문예 창작을 점차 등한시하게 되었다.

그 결과 철종시대 박규수의 한시로서 전하는 것은 1860년대 초에 지은 시 몇 편에 불과하다. 하지만 그중 제1차 연행 당시에 지은 장편 고시들은 거대한 편폭과 참신하고 다채로운 표현으로 격동기 중국의 정세에 대한 논의를 도도하게 펼친 걸작이다. 그리고 칠언절구 10수로 된 「임술년 중추에 동인들과 함께 태수 윤사연이 초대한 곳으로 가다(壬戌仲秋 與同人赴尹士淵太守之約)」는 1862년 안핵사 직에서 물러나 쉬고 있던 박규수가 김포 군수 윤종의의 초대로 신석우·조면호 등과 함께 김포까지 뱃놀이를 다녀오면서 지은 시인데, 연암의 「강거만음(江居漫吟)」에 차운하여 가을밤의 강변 풍정을 운치있게 노래한 점에서 연암의 문학적 영향을 짙게 드러내고 있다.

시 창작이 부진했던 것과 달리, 이 시기에 박규수는 기(記)·서(序)·발(跋)·주의(奏議)·제문(祭文)·묘지명(墓誌銘)·서간문 등 다양한 양식에 걸쳐 우수한 산문들을 많이 지었다. 예컨대 그의 장인 이준수(李俊秀)에 대한 제문(「祭外舅李公文」)은 제문의 상투적인 형식을 탈피해서 청빈한 선비의 모습을 감동적으로 그려내어, 연암이 지은 장인에 대한 제문(「祭外舅 處士遺安齋 李公文」)을 연상케 한다. 선배 윤정현(尹定鉉)의 요청으로 지은 그 부친 윤행임(尹行恁)의 묘지명(「吏曹判書 贈領議政 尹公行恁 墓誌銘」)은 시종 짜임새 있고 절제된 서술을 통해 비장미(悲壯美)를 성취한 명문이다.

지세의의 구조와 기능을 정밀하면서도 조리정연하게 서술한 「지세의명」은 청나라의 각종 선진문물을 대상으로 사실적인 정밀 묘사의 극치를 보여주었던 『열하일기』의 문예적 성과를 계승한 글이라 볼 수 있다. 또한 아우 박선수와 벗 남병철(南秉哲), 그리고 왕증 · 심병성 등 중국 인사들에게 보낸 박규수의 서간문 역시 그의 인품을 진솔하고도 여실하게 드러내고 있을뿐더러, 해학적인 표현을 즐기고 백화체(白話體)나 속어를 구사하고 있는 점에서 연암의 글과 흡사한 면모를 보여준다.

이처럼 박규수는 당대의 뛰어난 문장가로서 조부 연암의 문학적 위업을 계승하고자 노력했다. 그러므로 그는 19세기 한문학사에서 연암 산문의 계승자로서도 높이 평가되어야 할 것이다.

철종시대에 박규수는 관직생활로 분망한 가운데에서도 학문적 정진을 게을리 하지 않았다. 그는 고염무의 학문관에 크게 공감하고, 학문이란 실사(實事)를 연구함으로써 경세제민에 기여하는 실용을 지녀야 한다고 보았다. 제1차 연행 당시 그와 교유한 중국 인사들도 대개 고염무를 사숙한 학인들이었다. 이들과 함께 고염무의 사당을 참배하고 지은 시 등을 보면, 박규수는 고염무를 고증학의 개조(開祖)라기보다는 경세제민을 위해 한학(漢學)과 송학(宋學)의 장점을 종합하고자 한 학자로서 존숭했음을 알 수 있다.

하지만 이 시기에 박규수는 청조의 고증학에 대해서도 관심을 기울이고 이를 비판적으로 수용하고자 했다. 특히 그가 남병철과 함께 천문 수학 연구에 힘썼던 것은 고증학의 영향과 무관하지 않다. 청조 고증학자들은 경학(經學)의 보조 학문으로 천문 수학에도 주력했기 때문이다. 박규수는 왕헌 등에게 당대 조선 최고의 천문 수학자였던 남병철을 적극 소개했으며, 남병철의 사후에는 『의기집설(儀器輯說)』 등 그의 대표적 저술들을 중국 학계에 널리 알리고자 노력했다.

철종시대에 박규수는 금석(金石) 고증에도 각별한 관심을 보였다. 이는 청조 금석학의 개조인 고염무뿐 아니라 추사 김정희의 영향과도 관련이 있다. 그와 절친했던 윤정현 · 조면호 등은 추사의 문인이었다. 박규수는 윤정현이 신라 진흥왕의 황초령(黃草嶺) 순수비(巡狩碑) 탁본을 보내오자 그 비의 건립 시기를 고증했다. 또한 그는 중국과 조선의 희귀한 금석 탁본들을 주고받는 등, 동문환 · 심병성 등과 학술적 교류도 추진했다.

당대의 뛰어난 서화가이기도 했던 박규수는 서화에 대해서도 일가견을 갖추고 있었다. 그는 고염무의 『일지록(日知錄)』 중의 화론(畵論)에 공감하여, 관념적이고 비사실적인 화풍을 비판하고, 엄밀한 고증과 박학에 입각해서 사실적이고 실용적인 그림을 그릴 것을 주장했다. 남종(南宗) 문인화풍이 풍미하던 청조 화단에서 당나라 이전의 사실적 화풍으로 돌아갈 것을 주장한 고염무의 화론은 거의 영향력을 발휘하지 못했다. 그러나 독특하게도 박규수는 고염무의 화론에 남달리 주목하고, 이에 근거하여 당시 조선의 수묵(水墨) 산수화 유행을 비판했던 것이다.

이상의 요약에서 알 수 있듯이 박규수는 북학파의 후예로서 영 · 정조시대 실학의 성과를 누구보다 충실히 계승하였다. 뿐만 아니라 그는 19세기의 새로운 시대적 여건 속에서 '동도서기론의 맹아'로 평가할 수 있는 사상적 발전을 보여준 그 시대의 선각자였다.

기존의 연구 논저들에서도 박규수가 조부 연암의 실학을 계승했다고 언급하기는 했지만, 이는 구체적 실증이 결여된 막연한 추측에 지나지 않았다. 이 책에서 필자는 새로 발굴한 박규수의 초기 저술들을 비롯하여 광범한 자료를 검토하고 그의 교유관계와 다방면에 걸친 활동을 폭넓게 고찰함으로써, 박규수가 연암의 실학을 계승한 확실하고도 풍부한 증거들을 제시할 수 있었다.

수학기에 박규수는 부친 박종채와 외종조 유화, 그리고 척숙 이정리 · 이정관 등을 통해 연암의 실학을 전수받을 수 있었으며, 담헌 홍대용의 손자인 홍양후와 결교하고 그와 함께 북학파의 연행(燕行) 전통을 이어가고자 했다. 은둔기에는 영 · 정조시대 실학의 성과를 집대성한 서유구를 종유하기도 했다.

따라서 박규수는 사상과 문학 양면에서 모두 연암의 심대한 영향을 보여주고 있다. 「도봉기유」 등 초기 한시들과 첫 저작인 『상고도』에 이미 연암의 영향이 짙게 드러나 있다. 예컨대 연암의 선비론, 지원지동설, '법고창신'의 문학관과 독특한 문체 등을 수학기 박규수의 글들에서 찾아볼 수 있는 것이다. 은둔기의 저작인 『거가잡복고』는 연암의 지론인 '의관제도 개혁론'을 학문적으로 완성한 것이었다. 은둔기와 철종시대에 지은 한시에서도 연암의 문학관이나 연암 시의 영향을 찾아볼 수 있다. 그리고 철종시대에 지은 산문들은 연암 산문의 정수를 계승한 명문으로 높이 평가할 만하다. 이처럼 수학기부터 철종시대에 이르기까지 박규수의 사상과 문학에 지속적으로 연암의 영향이 나타나게 된 것은, 그가 북학파의 후예임을 자각하고 조부의 실학을 계승하고자 부단히 노력했기 때문이라 생각된다.

하지만 다른 한편 박규수는 조부가 경험하지 못했던 역사적 격변에 직면하여 새로운 사상적 모색을 하지 않을 수 없었다. 1840년대 말 1850년대 초에 쓴 「벽위신편 평어」와 「지세의명」에서 박규수는 동양의 문화적 우월성에 대한 자신감 위에서 서양과의 교섭에 진취적으로 대처하고자 했다. 이러한 동도서기론적 발상은 고염무의 경세적 학풍, 매문정의 '서학중원설'과 위원의 『해국도지』에 크게 영향받은 것이었다. 또한 이러한 발상은 제1차 아편전쟁기에 중국을 다녀온 이정리 형제의 연행을 계기로 촉발되었고, '북경사변' 직후인 1861년 박규수 자신이 연행을 다녀오면서 더욱 확고해졌다.

기존 논의에서는 박규수가 제1차 연행을 계기로 실학에서 개화사상으로 전환한 것으로 보기도 했다. 그러나 철종시대까지 그의 사상적 발전에서 확인되는 것은 '동도서기론의 맹아'로서, 이를 곧바로 개화사상으로 간주하기는 어려울 것이다. 이 점은 박규수의 사상에서 성리학과 존명(尊明) 의식이 시종 강고한 기반을 이루고 있는 사실을 고려할 때 더욱 그러하다.

「봉소여향」 등 초기 한시와 『상고도』는 수학기의 박규수가 성리학을 신봉하고 강렬한 존명 의식을 품고 있었음을 보여준다. 이러한 사상적 성향은 『거가잡복고』와 「고려사 홍무성유 발(高麗史洪武聖諭跋)」 등 은둔기의 저술에 이르러 더욱 분명하게 표출되어 있다. 특히 『거가잡복고』에서 제기한

'의관제도 개혁론'은 연암의 지론을 계승한 것이자 송시열 등 성리학자들의 주장을 계승한 것이기도 하다.

철종시대의 박규수는 「지세의명」에서 송대 성리학자들의 천문학설을 지원설의 원류로 간주하고 자신의 지세의가 주희의 구상을 계승하여 만든 것으로 자부했다. 또한 그는 제1차 연행 때 북경의 고염무 사당과 자수사 · 장춘사 등 명나라 관련 유적들을 애써 탐방하기도 했다. 이처럼 성리학과 존명의식이 동도서기론적 발상의 한 축(軸)을 이루고 있는 것은 박규수의 사상적 한계라 하지 않을 수 없다.

앞서 살핀 대로 수학기에 박규수는 익종(효명세자)에게 『연암집』과 아울러 『상고도』와 「봉소여향」을 진상하고 각별한 지우를 입은 바 있다. 그러므로 그는 익종이 급서하자 오랫동안 은둔하며 지내다가, 익종과 마찬가지로 반세도정치(反勢道政治)를 추진한 헌종의 친정기(親政期)에 비로소 과거에 응시하여 관직에 진출했다. 그러나 곧 헌종이 병사하고 철종이 즉위하면서 안동 김씨 외척 세력이 다시 득세하게 되었다. 이러한 철종시대에 박규수는 경상좌도 암행어사에 이어 진주농민항쟁 당시 안핵사에 임명되자 내정 개혁을 위해 진력하여 상당한 성과를 거두었지만, 안동 김씨 세도 정권 하에서 자신의 경륜을 충분히 펴기는 어려웠다.

그런데 1864년 고종이 익종의 후사(後嗣)로서 즉위함에 따라, 박규수는 익종의 두터운 지우를 입었던 인물이라는 이유로 조대비(趙大妃: 익종의 비)에 의해 특별히 중용되었다. 그리하여 그는 1866년 평안 감사로 영전할 때까지 중앙의 고위 관직을 두루 역임하는 한편, 강관(講官)에 특차(特差)되어 그후 10년 동안이나 고종의 학문을 지도하였다. 따라서 박규수는 후일 자주적 근대화의 과제로 고투하게 되는 국왕 고종의 사상적 스승이었다고 해도 과언이 아니다. 뿐만 아니라 그는 흥선대원군이 실세(失勢)하고 고종이 국정을 주도하게 되자 우의정에 발탁된 뒤, 1877년 별세할 때까지 고종을 최측근에서 보필하는 원로 대신으로 활약하게 된다.

이러한 고종시대에 박규수는 과연 자신의 정치적 포부를 어떻게 실천해나갔으며, 동도서기론적 발상을 넘어서 어떠한 사상적 발전을 이루었던가. 수학기부터 철종시대까지 박규수의 활동을 다룬 이 책의 연구 성과를 바탕으로 그의 만년에 해당하는 고종시대의 활동을 마저 고찰함으로써 이와같이 중대한 물음에 답하는 작업은 부득불 앞으로의 과제로 남겨두기로 한다.

# 참고문헌

## 1. 국내 자료

### 1) 박규수의 저술


『瓛齋先生集』, 普成社 1913.

『朴珪壽全集』, 아세아문화사 1978.

『瓛齋叢書』, 성균관대 대동문화연구원 1996.

『尙古圖會文義例』, 京畿文化財團 소장; 『瓛齋叢書』, 영인 수록.

『錦蕤詩鈔』, 경기문화재단 소장; 『환재총서』, 영인 수록.

『錦蕤詩集』, 경기문화재단 소장; 『환재총서』, 영인 수록.

『莊菴詩集』, 경기문화재단 소장; 『환재총서』, 영인 수록.

『錦蕤志林』, 경기문화재단 소장; 『환재총서』, 영인 수록.

『莊菴文稿』, 경기문화재단 소장; 『환재총서』, 영인 수록.

『鳳韶餘響集』, 경기문화재단 소장; 修綆室 소장.

『居家雜服攷』, 국립중앙도서관 소장; 日本 大阪府立圖書館 소장; 『朴珪壽全集』 및 『환재총서』, 영인 수록.

『繡啓』, 서울대 奎章閣 소장; 『박규수전집』 및 『환재총서』, 영인 수록.

『朴瓛齋文』, 日本 天理大 소장; 『환재총서』, 영인 수록.

2) 개인 문집 · 선집 · 편저

姜瑋,『姜瑋全集』, 아세아문화사 1978.

郭鍾錫,『勉宇集』, 民族文化推進會,『韓國文集叢刊』340~344, 2004.

權大肯,『酒人續編』, 文友書林 소장.

金邁淳,『臺山集』, 민족문화추진회,『한국문집총간』294, 2002.

金相岳,『山天易說』, 서울대 규장각 소장.

金尙憲,『淸陰集』, 민족문화추진회,『한국문집총간』77, 1991.

金尙鉉,『經臺詩存』, 성균관대 尊經閣 소장.

金奭準,『紅樂樓懷人詩錄』, 임형택 편,『李朝後期閭巷文學叢書』5, 驪江出版社 1991.

김석준,『紅樂樓續懷人詩錄』, 임형택 편,『이조후기 여항문학총서』5, 여강출판사 1991.

金世均,『晩齋集』, 국립중앙도서관 소장; 성균관대 존경각 소장.

金欞,『艱貞日錄』,『慶尙道丹城縣社會資料集』3, 성균관대 대동문화연구원 2003.

金永爵,『邵亭詩稿』, 서울대 규장각 소장.

김영작,『邵亭文稿』, 서울대 규장각 소장.

김영작,『燕臺瓊瓜錄』, 일본 天理大 소장.

金允植,『雲養集』, 성균관대 존경각 소장.

김윤식,『雲養續集』, 성균관대 존경각 소장.

金允植,『續陰晴史』, 國史編纂委員會 1971.

金履陽,『金履陽文集』, 국립중앙도서관 소장.

金麟燮,『端磎先生文集』,『韓國歷代文集叢書』610~612, 경인문화사 1987.

김인섭,『端磎日記』, 영남대출판부 2000.

金正喜,『阮堂全集』, 果川文化院 2005.

金祖淳,『楓皐集』, 민족문화추진회,『한국문집총간』289, 2002.

金澤榮,『金澤榮全集』, 아세아문화사 1978.

金平默,『重菴集』, 민족문화추진회,『한국문집총간』319~320, 2003.

金弘集,『金弘集遺稿』, 고려대출판부 1976.

南秉哲,『圭齋遺稿』, 민족문화추진회,『한국문집총간』316, 2003.

남병철,『儀器輯說』, 국립중앙도서관 소장.

남병철, 『推步續解』, 국립중앙도서관 소장.
남병철, 『海鏡細草解』, 국립중앙도서관 소장.
朴瀰, 『汾西集』, 서울대 규장각 소장.
朴齊家, 『貞蕤閣全集』, 여강출판사 1986.
박제가, 『楚亭全書』, 아세아문화사 1992.
朴趾源, 『燕巖集』, 朴榮喆 편, 1932.
徐承輔, 『詩文隨抄』, 국립중앙도서관 소장.
徐有榘, 『楓石全集』, 민족문화추진회, 『한국문집총간』 288, 2002.
서유구, 『樊溪詩稿』, 日本 大坂府立圖書館 소장; 국립중앙도서관 영인 수집본.
서유구, 『林園經濟志』, 보경문화사 1983.
서유구, 『華營日錄』, 아세아문화사 1990.
徐有英, 『錦溪筆談』, 국립중앙도서관 소장.
서유영, 『雲皐詩選』, 한국학중앙연구원 藏書閣 소장.
徐瀅修, 『明皐全集』, 민족문화추진회, 『한국문집총간』 261, 2001.
宋文欽, 『閒靜堂集』, 민족문화추진회, 『한국문집총간』 225, 1999.
宋時烈, 『宋子大全』, 민족문화추진회, 『한국문집총간』 108~116, 1993.
申耆永, 『聿堂雜稿』, 서울대 규장각 소장.
申錫愚, 『西榿詩集』, 계명대 도서관 소장.
신석우, 『海藏集』, 서울대 규장각 소장.
申錫禧, 『韋史詩稿』, 국립중앙도서관 소장.
申應朝, 『苟菴集』, 『平山申氏文集』 제7집, 平山申氏大宗中 1993.
신응조, 『苟菴續集』, 『평산신씨문집』 제7집, 평산신씨대종중 1993.
申在植, 『相看編』, 서울대 규장각 소장.
신재식, 『筆譚』, 中國 山東大學校 도서관 소장.
申采浩, 『丹齋申采浩全集』, 형설출판사 1987.
申弼永, 『玉坡集』, 『平山申氏文集』 제8집, 平山申氏大宗中 1994.
申櫶, 『葳堂集』, 보경문화사, 1993.
安鼎福, 『順菴集』, 민족문화추진회, 『한국문집총간』 230, 1999.
梁憲洙, 『荷居集』, 국방군사연구소 1997.
吳熙常, 『老洲集』, 민족문화추진회, 『한국문집총간』 280, 2001.

柳得恭,『泠齋集』, 민족문화추진회,『한국문집총간』260, 2000.
유득공,『熱河紀行詩註』, 아세아문화사 1986.
柳本藝,『漢京識略』, 서울史料叢書第二, 서울特別市史編纂委員會 1956.
兪莘煥,『鳳棲集』, 민족문화추진회,『한국문집총간』312, 2003.
兪彦鎬,『燕石』, 한국학중앙연구원 장서각 소장.
劉在健,『里鄕見聞錄』, 임형택 편,『이조후기 여항문학총서』권9, 여강출판사 1991.
柳重敎,『省齋集』, 민족문화추진회,『한국문집총간』323~324, 2004.
柳訸,『拜經堂文稿』, 서울대 규장각 소장.
유화,『拜經堂文集』, 서울대 규장각 소장.
유화,『拜經堂詩小草』, 서울대 규장각 소장.
유화,『疋軒筆記』, 서울대 규장각 소장.
尹定鉉,『梣溪遺稿』, 민족문화추진회,『한국문집총간』306, 2003.
尹宗儀,『闢衛新編』, 한국교회사연구소 1990.
윤종의,『邦禮考證』, 영남대 도서관 소장.
윤종의,『尙書圖傳辨解』, 영남대 도서관 소장.
윤종의,『硯北存餘』, 영남대 도서관 소장.
尹行恁,『碩齋稿』, 민족문화추진회,『한국문집총간』287, 2002.
윤행임·尹秉綏,『帶方世家言行錄』, 서울대 규장각 소장.
이건창,『明美堂集』, 민족문화추진회,『한국문집총간』349, 2005.
李圭景,『五洲衍文長箋散稿』, 동국문화사 1959.
이규경,『詩家點燈』, 조종업 편,『韓國詩話叢編』12, 태학사 1996.
李奎象,『韓山世稿』, 성균관대 존경각 소장.
李琦 편,『朝野詩選』, 아세아문화사 1982.
李德懋,『靑莊館全書』, 민족문화추진회,『한국문집총간』257~258, 2000.
李炳憲,『李炳憲全集』, 아세아문화사 1989.
李象秀,『峿堂集』, 서울대 규장각 소장.
李尙迪,『恩誦堂集』, 아세아문화사 1983.
李裕元,『林下筆記』, 성균관대 대동문화연구원 1961.
이유원,『嘉梧藁略』, 서울대 규장각 소장.

李胤永,『丹陵遺稿』, 서울대 규장각 소장.
李瀷,『星湖僿說』, 경인문화사 1970.
李麟祥,『凌壺集』, 서울대 규장각 소장.
李鍾元,『東津日記』, 서울대 규장각 소장.
李埈,『鄕飮酒禮笏記考證』, 국립중앙도서관 소장.
李豊翼,『六玩堂集』, 국립중앙도서관 소장.
李恒老,『華西集』, 민족문화추진회,『한국문집총간』 304~305, 2003.
李憲明,『西淵聞見錄』, 서울대 규장각 소장.
李喜經,『雪岫外史』, 아세아문화사 1986.
翼宗,『翼宗文集』, 한국정신문화연구원 1998.
林宗七,『屯塢集』, 서울대 규장각 소장.
張維,『谿谷集』, 민족문화추진회,『한국문집총간』 92, 1992.
張志淵 편,『大東詩選』, 아세아문화사 1980.
丁若鏞,『與猶堂全書』, 민족문화추진회,『한국문집총간』 281~286, 2002.
鄭元容,『經山集』, 민족문화추진회,『한국문집총간』 300, 2002.
정원용,『袖香編』, 同文社 1971.
正祖,『弘齋全書』, 민족문화추진회,『한국문집총간』 262~267, 2001.
趙斗淳,『心庵遺稿』, 민족문화추진회,『한국문집총간』 307, 2003.
趙冕鎬,『玉垂集』, 서울대 규장각 소장.
趙寅永,『雲石遺稿』, 민족문화추진회,『한국문집총간』 299, 2002.
趙琮鎭,『東海公遺稿』, 국립중앙도서관 소장.
蔡濟恭,『樊巖集』, 민족문화추진회,『한국문집총간』 236, 1999.
崔漢綺,『增補明南樓叢書』, 성균관대 대동문화연구원 2002.
河演,『敬齋集』, 민족문화추진회,『한국문집총간』 8, 1990.
韓東赫 편,『西原家稿』, 서울대 규장각 소장.
韓章錫,『眉山集』, 민족문화추진회,『한국문집총간』 322, 2004.
許筠,『許筠全集』, 성균관대 대동문화연구원 1981.
許傳,『性齋集』, 민족문화추진회,『한국문집총간』 309, 2003.
洪敬謨,『叢史』, 서울대 규장각 소장.
洪吉周,『峴首甲藁』, 연세대 도서관 소장.

홍길주, 『縹礱乙幟』, 연세대 도서관 소장.
홍길주, 『沆瀣丙函』, 연세대 도서관 소장.
홍길주, 『孰遂念』, 서울대 규장각 소장.
洪大容, 『湛軒書』, 민족문화추진회, 『한국문집총간』 248, 2000.
홍대용, 『을병연행록』, 숭실대 기독교박물관 소장.
洪錫謨, 『陶厓詩集』, 국립중앙도서관 소장.
洪奭周, 『淵泉集』, 민족문화추진회, 『한국문집총간』 293~294, 2002.
洪祐健, 『居士詩文集』, 서울대 규장각 소장.
洪仁謨, 『足睡堂集』, 서울대 규장각 소장.
洪直弼, 『梅山集』, 민족문화추진회, 『한국문집총간』 295~296, 2000.
洪翰周, 『智水拈筆』, 아세아문화사 1984.
홍한주, 『海翁文藁鈔』, 서울대 규장각 소장.
黃玹, 『梅泉野錄』, 『黃玹全集』 下, 아세아문화사 1978.
『風謠三選』, 임형택 편, 『이조후기 여항문학총서』 권8, 여강출판사 1991.

### 3) 역사서 · 공문서 · 지리지 · 족보류

『高麗史』.
『純祖實錄』.
『憲宗實錄』.
『哲宗實錄』.
『高宗實錄』.
『承政院日記』.
『日省錄』, 서울대 고전간행회 1967.
『備邊司謄錄』, 국사편찬위원회 1959.

金洸, 『大東史綱』, 大東史綱社 1929; 景文社 1975.
『國朝文科榜目』, 태학사 영인 1984.
『國朝人物志』, 이상은 편, 『韓國歷代人物傳集成』, 민창문화사 1990.
『同文彙考』, 국사편찬위원회 1978.
『汾督公彙』, 국립중앙도서관 소장.

『龍湖閒錄』, 서울대 규장각 소장; 국사편찬위원회 1979.
『壬戌錄』, 국사편찬위원회 1958.
『晋陽樵變錄』, 『釜大史學』 8, 부산대학교 사학회 1984.
『淸選考』, 탐구당 1972.
『矗營錄草』, 국립중앙도서관 소장.
『推案及鞫案』, 아세아문화사 1978.
『稗林』, 탐구당 1969.

『金浦郡誌』, 김포군 1993.
『東國輿地備考』, 서울대 규장각 소장.
『扶安邑誌』, 서울대 규장각 소장, 『全羅道邑誌』 제10권, 서울대학교 2003.
『龍岡縣誌』, 서울대 규장각 소장; 『朝鮮時代私撰邑誌』 권47, 한국인문과학원 1990.

『家乘』, 燕巖 후손가 소장.
『南陽洪氏世譜』, 남양홍씨중앙화수회, 1991.
『大邱徐氏世譜』, 大丘徐氏譜所 1979.
『德水李氏鶴汀公派譜』, 回想社 1983.
『萬姓大同譜』, 明文堂 1983.
『潘南朴氏大宗中』, 농경출판사 1981.
『潘南朴氏世譜』, 서울대 규장각 소장.
『璿源續譜』, 桂陽君派, 서울대 규장각 소장.
『延安李氏館洞派譜』, 延安李氏宗中 1982.
『外案考』, 보경문화사 2002.
『林川趙氏大同世譜』, 회상사 1988.
『全州柳氏大同譜』, 全州柳氏大同譜所 1976.
『增補南氏追遠誌』, 南氏大宗會 총본부, 남광문화사 1975.
『坡平尹氏貞靖公派世譜』, 농경출판사 1980.
『平山申氏系譜』, 平山申氏大同譜所 1962.
『平山申氏思簡公派譜』, 회상사 1990.
『平昌李氏世譜』, 회상사 1984.

『韓國系行譜』, 寶庫社 1992.
『韓國名門統譜』, 한국계보협회 1980.

### 4) 간찰(簡札) 및 기타 자료

『槿墨』, 성균관대 박물관, 1981.
『墨林』, 김명호 소장.
『墨跡』, 明文堂 1994.
『瓛齋手柬』, 김윤조 소장.
李淵翼, 『瀼橋雙槑帖』, 개인 소장.
韓章錫, 『經香館朶雲帖』, 서울대 규장각 소장.
朴珪壽 簡札, 경기문화재단 소장.

姜斅錫, 『典故大方』, 1924; 명문당 1982.
吳世昌, 『槿域書畵徵』, 1928.
李德懋, 『日知錄略』, 文友書林 소장.
『大東金石名考』, 『三韓金石錄外』, 아세아문화사 1981.
『東學思想資料集(1)』, 아세아문화사 1979.

金尙鉉, 「臺山先生行狀」, 국립중앙도서관 소장.
朴珪壽, 『錦篋藏弆錄』, 환재 후손가 소장.
박규수 외, 「孰遂念行」 외, 文友書林 소장 필사본.
徐太淳, 「先王考 奉朝賀府君 墓表追記」, 환재 후손가 소장.
申錫禧, 「進士公(洪薳)墓文」, 湛軒 후손가 소장 필사본.
洪良厚, 「參判公(洪明厚)墓表」, 湛軒 후손가 소장 필사본.

## 2. 국외 자료

### 1) 개인 저술 · 선집

艾儒略(J. Aleni), 『職方外紀校釋』, 謝方 校釋, 北京: 中華書局 1996.

崔述,『崔東辟遺書』, 上海古籍出版社 1983.
董文渙,『秋懷唱和詩』, 峴嶕山房 校刊, 同治甲子, 山西省圖書館 珍藏.
董文渙,『峴嶕山房詩集』, 同治六年, 修綆室 소장.
董文渙,『韓客詩存』, 李豫・崔永禧 輯校, 北京: 書目文獻出版社 1996.
董文渙,『硯樵山房日記』, 董壽平・李豫 主編,『淸季洪洞董氏日記六種』, 北京圖書館出版社 1997.
顧炎武,『顧亭林詩集彙注』, 上海古籍出版社 1983.
顧炎武,『日知錄集釋』, 黃汝成 集釋, 上海古籍出版社 1984.
顧炎武,『亭林文集』, 四部叢刊 初編.
韓愈,『朱文公校昌黎先生集』, 四部叢刊 初編.
賀長齡・魏源等編,『皇朝經世文編』, 서울대 규장각 소장;『淸經世文編』, 北京: 中華書局 1992.
李放 纂輯,『皇淸書史』, 臺北: 明文書局 1985.
李之藻,『渾蓋通憲圖說』, 文淵閣四庫全書本.
梁章矩・朱智,『樞垣記略』, 北京: 中華書局 1997.
劉潞 選注,『淸宮詞選』, 北京: 紫禁城出版社 1985.
劉侗,『帝京景物略』, 北京古籍出版社 1982.
利瑪竇(Matteo Ricci),『乾坤體義』, 文淵閣四庫全書本.
梅曾亮,『柏梘山房文集』, 서울대 규장각 소장.
梅曾亮,『柏梘山房詩續集』, 서울대 규장각 소장.
梅文鼎,『歷學全書』, 文淵閣四庫全書本.
漆緖邦・王凱符 選注,『桐城派文選』, 合肥: 安徽人民出版社 1984.
錢邦彦,『校補亭林年譜』, 北京圖書館出版社 1997.
錢泳,『履園叢話』, 北京: 中華書局 1997.
全祖望,『鮚埼亭集』, 四部叢刊 初續三編.
阮元,『疇人傳』, 서울대 규장각 소장.
邵雍,『皇極經世書』, 文淵閣四庫全書本.
王昶,『湖海詩傳』, 성균관대 존경각 소장.
王昶,『湖海文傳』, 성균관대 존경각 소장.
王建,『王司馬集』, 文淵閣四庫全書本.

王懋竑,『纂訂朱子年譜』, 성균관대 존경각 소장.
王先謙,『皇淸經解續編』, 서울: 中央圖書 1988.
王軒,『顧齋詩錄』, 성균관대 존경각 소장.
王維,『王維集校注』, 北京: 中華書局 1997.
魏源,『海國圖志』, 1844年 初刊 50卷本, 서울대 규장각 소장; 1849年刊 60권본, 성균관대 존경각 소장; 1876年 增廣 100卷本, 서울대 규장각 소장; 陳華等 點校注釋, 長沙: 岳麓書社 1998.
熊三拔(S. de Ursis),『簡平儀說』, 文淵閣四庫全書本; 續修四庫全書, 守山閣叢書本.
徐光啓等撰,『新法算書』, 文淵閣四庫全書本.
徐繼畬,『瀛環志略』, 성균관대 존경각 소장.
嚴誠,『鐵橋全集』, 서울대 도서관 소장.
陽瑪諾(E. Diaz),『天問略』, 文淵閣四庫全書本.
姚鼐,『古文辭類纂評註』, 臺灣中華書局 1974.
曾國藩,『經史百家雜鈔』, 長沙: 岳麓書社 1987.
張穆,『顧亭林先生年譜』, 臺灣商務印書館 1980.
朱熹,『朱子語類』, 北京: 中華書局 1982.
朱熹,『朱公文集』, 四部叢刊 初編.
朱熹,『朱公文集』續集, 四部叢刊 初編.
『全唐詩』, 文淵閣四庫全書本.
『四家宮詞』, 啓明大 소장;『漢文學硏究』4, 부록, 啓明漢文學硏究會 1987.

### 2) 역사서 및 기타 자료

『史記』, 中華書局本.
『漢書』, 中華書局本.
『梁書』, 中華書局本.
『宋史』, 中華書局本.
『明史』, 中華書局本.
『淸史稿』, 中華書局本.
『淸史列傳』, 中華書局本.

『皇朝禮器圖式』, 文淵閣四庫全書本.
『皇朝文獻通考』, 文淵閣四庫全書本.
『淸代碑傳全集』, 上海古籍出版社 1987.
『四庫全書總目』, 中華書局本.
『四庫未收書目提要』, 臺灣商務印書館 1968.

張舜徽, 『淸人文集別錄』, 臺北: 明文書局 1983.
吳嘉賓, 「朝鮮金臺山詩文序」, 임형택 소장 筆帖.
吳嘉賓, 「祭金臺山文」(假題), 임형택 소장 필첩.

## 3. 연구서

### 1) 국내서

고석규, 『19세기 조선의 향촌사회 연구』, 서울대출판부 1998.
고영진, 『조선중기 예학사상사』, 한길사 1995.
구자균, 『朝鮮平民文學史』, 민학사 1974.
권오영, 『조선후기 유림의 사상과 활동』, 돌베개 2003.
금장태, 『東西交涉과 근대한국사상』, 성균관대출판부 1993.
김명호, 『熱河日記 硏究』, 창작과비평사 1990.
김명호, 『박지원 문학 연구』, 성균관대 대동문화연구원 2001.
김명호, 『초기 한미관계의 재조명』, 역사비평사 2005.
김영식 편, 『중국의 전통문화와 과학』, 창작과비평사 1986.
김영식, 『주희의 자연철학』, 예문서원 2005.
김용섭, 『조선후기농업사연구(2)』, 일조각 1970.
김용섭, 『한국근대농업사연구』, 일조각 1975.
김용운 · 김용국, 『동양의 과학과 사상』, 일지사 1984.
김준형, 『조선후기 丹城 士族層 연구』, 아세아문화사 2000.
김준형, 『1862년 진주농민항쟁』, 지식산업사 2001.
남문현 · 손욱, 『전통 속의 첨단공학기술』, 김영사 2002.

노대환, 『東道西器論 형성 과정 연구』, 일지사 2005.
리가원, 『조선문학사』, 태학사 1997.
망원한국사연구실, 『1862년 농민항쟁』, 동녘 1988.
박성래, 『한국인의 과학정신』, 평민사 1994.
배우성, 『조선후기 국토관과 천하관의 변화』, 일지사 1998.
사회과학원 력사연구소, 『조선전사』, 평양: 과학백과사전출판사 1980.
손형부, 『박규수의 개화사상연구』, 일조각 1997.
송찬섭, 『조선후기 환곡제개혁 연구』, 서울대출판부 2002.
심경호, 『한국 한시의 이해』, 태학사 2000.
안휘준, 『한국회화사』, 일지사 1980.
오수경, 『연암그룹 연구』, 한빛 2003.
유홍준, 『화인열전』, 역사비평사 2001.
이광린, 『개화당연구』, 일조각 1973.
이광린, 『한국개화사상연구』, 일조각 1979.
이문규, 『고대 중국인이 바라본 하늘의 세계』, 문학과지성사 2000.
이선재, 『유교사상과 儀禮服』, 아세아문화사 1992.
이영춘, 『조선후기 왕위계승 연구』, 집문당 1998.
이완재, 『초기개화사상연구』, 민족문화사 1989.
이완재, 『박규수 연구』, 집문당 1999.
이원순, 『조선 西學史 연구』, 일지사 1986.
이정옥, 『冠禮服飾硏究』, 영남대출판부 1990.
이찬, 『한국의 고지도』, 범우사 1991.
이태원, 『현산어보를 찾아서』, 청어람미디어 2002.
이태진, 『고종시대의 재조명』, 태학사 2005.
임기중, 『연행가사 연구』, 아세아문화사 2001.
임형택, 『실사구시의 한국학』, 창작과비평사 2000.
정민, 『조선후기 古文論 연구』, 아세아문화사 1989.
장효현, 『徐有英文學의 연구』, 아세아문화사 1988.
조동일, 『한국문학통사』, 제3판: 지식산업사 1994.
조선사연구회 엮음, 『새로운 한국사 입문』, 돌베개 1983.

震檀學會, 『한국사』, 近世後期篇, 을유문화사 1965.
최완수, 『金秋史硏究草』, 지식산업사 1976.
하우봉, 『조선후기 실학자의 日本觀 연구』, 일지사 1989.
한국무용예술학회 편, 『효명세자연구』, 두솔 2005.
한국역사연구회 19세기정치사연구반, 『조선정치사』, 청년사 1990.

## 2) 국외서

陳鼓應等 主編, 『明清實學思潮史』, 濟南: 齊魯書社 1989.
陳振江 外, 『中國近代史新編』, 北京: 人民出版社 1981.
陳祖武, 『淸初學術思辨錄』, 中國社會科學出版社 1992.
陳遵嬀, 『中國天文學史』, 臺北: 明文書局 1985.
鄧潭洲, 『韓愈硏究』, 湖南敎育出版社 1991.
丁偉志 · 陳崧, 『中體西用之間』, 北京: 中國社會科學出版社 1995.
郭紹虞, 『中國文學批評史』, 現代社 影印 1982.
黃保眞 外, 『中國文學理論史』, 北京出版社 1991.
黃霖, 『近代文學批評史』, 上海古籍出版社 1993.
黃時鑒, 『東西交流史論考』, 上海古籍出版社 1998.
江曉原 · 鈕衛星, 『天文西學東漸集』, 上海書店出版社 2001.
李漢武, 『魏源傳』, 湖南大學出版社 1988.
梁啓超, 『中國近三百年學術史』, 朱維錚 校註, 『梁啓超淸學史二種』, 復旦大學出版社 1985.
梁啓超, 『淸代學術槪論』, 朱維錚 校注, 『梁啓超論淸學史二種』, 復旦大學出版社 1985.
劉聲木, 『桐城派文學淵源撰述考』, 合肥: 黃山書社 1989.
馬祖毅, 『中國翻譯史』, 湖北敎育出版社 1999.
潘玉田 · 陳永剛, 『中西文獻交流史』, 北京圖書館出版社 1999.
漆緖邦 主編, 『中國散文通史』, 吉林敎育出版社 1994.
錢穆, 『朱子新學案』, 臺灣: 三民書局 1971.
沈嘉榮, 『顧炎武論考』, 江蘇人民出版社 1994.
孫殿起, 『琉璃廠小志』, 北京出版社 1962.

王家儉,『魏源對西方的認識及其海防思想』, 國立臺灣大學 文史叢刊 1963.
王家儉,『魏源年譜』, 臺北: 中央研究院 近代史研究所 1981.
王茂 外 3人 共著,『清代哲學』, 安徽人民出版社 1992.
蕭一山,『清代通史』, 臺北: 商務印書館 1976.
熊月之,『西學東漸與晚淸社會』, 上海人民出版社 1994.
徐宗澤 編,『明淸間耶蘇會士譯著提要』, 北京: 中華書局 1989.
楊國楨,『林則徐論攷』, 福建: 人民出版社 1989.
楊森富 編,『中國基督敎史』, 臺灣商務印書館 1986.
楊向奎,『淸儒學案新編』, 濟南: 齊魯書社 1985.
鄒振環,『晚淸西方地理學在中國』, 上海古籍出版社 2000.

小野澤精一等 編,『氣の思想』, 東京大學出版會 1981.
姜在彦,『朝鮮の攘夷と開化』, 平凡社 1977.
高田時雄 編著,『東洋學の系譜 歐米篇』, 東京: 大修館書店 1996.
大谷敏夫,『淸代政治思想史硏究』, 東京: 汲古書院 1991.
原田環,『朝鮮の開國と近代化』, 廣島: 溪水社 1997.
藤塚鄰,『淸朝文化東傳の硏究』, 東京: 國書刊行會 1975.
矢澤利彦,『中國とキリスト敎』, 東京: 近藤出版社 1977.
山田慶兒,『朱子の自然學』, 東京: 岩波書店 1978.
山井湧,『明淸思想史の硏究』, 東京大學出版會 1980.

Leonard, Jane Kate, *Wei Yuan and China's Rediscovery of the Maritime World*, Harvard University Press 1984.
Palais, James B., *Politics and Policy in Traditional Korea*, Harvard University Press 1975.

## 4. 연구논문

### 1) 국내 논문

권내현, 「18 · 19세기 진주지방의 향촌세력 변동과 임술농민항쟁」, 『한국사연구』 89, 한국사연구회 1995.

권오영, 「혜강 최한기의 학문과 사상 연구」, 한국정신문화연구원 한국학대학원 박사논문 1994.

권오영, 「최한기의 사회사상」 『진단학보』 81, 진단학회 1996.

김경천, 「顧炎武의 경학과 어학에 관한 연구」, 고려대 박사논문 1995.

김명숙, 「세도정치기의 정치행태와 정치운영론」, 한양대 박사논문 1996.

김명호, 「환재 박규수 연구(1)—수학기의 박규수」, 『민족문학사연구』 4, 민족문학사연구소 1993.

김명호, 「환재 박규수 연구(2)—은둔기의 박규수 上」, 『민족문학사연구』 6, 민족문학사연구소 1993.

김명호, 「환재 박규수 연구(3)—은둔기의 박규수 下」, 『민족문학사연구』 8, 민족문학사연구소 1995.

김명호, 「환재총서 解題」, 성균관대 대동문화연구원, 『瓛齋叢書』, 1996.

김명호, 「박규수의 '尙古圖會文義例'에 대하여」, 이지형 교수 퇴임기념논총, 『한국의 經學과 漢文學』, 태학사 1996.

김명호, 「박규수의 '地勢儀銘幷敍'에 대하여」, 『진단학보』 82, 진단학회 1996.

김명호, 「박규수의 "繡啓"에 대하여」, 『대동문화연구』 32, 성균관대 대동문화연구원 1997.

김명호, 「박규수의 문학관」, 『韓國漢文學硏究』 20, 한국한문학회 1997.

김명호, 「19세기 조선 실학의 발전과 환재 박규수」, 한국실학연구회, 『韓中實學史硏究』, 민음사 1998.

김명호, 「燕巖 散文의 계승자, 박규수」, 이상택 교수 환력기념논총, 『한국고전소설과 서사문학』 下, 집문당 1998.

김명호, 「박규수의 金石書畫論」, 『漢文學報』 1, 우리한문학회 1999.

김명호, 「1861년 熱河問安使行과 박규수」, 『한국문화』 23, 서울대 한국문화연구소 1999.

김명호, 「박규수의 학문관」, 『진단학보』 88, 진단학회 1999.
김명호, 「董文渙의 "韓客詩存"과 韓中 문학교류」, 『한국한문학연구』 26, 한국한문학회 2000.
김명호·남문현·김지인, 「南秉哲과 박규수의 天文儀器 제작」, 『朝鮮時代史學報』 12, 조선시대사학회 2000.
김명호, 「실학과 개화사상의 관련양상—철종시대 박규수의 활동과 燕巖의 영향」, 『대동문화연구』 36, 성균관대 대동문화연구원 2000.
김명호, 「대원군정권과 박규수」, 『진단학보』 91, 진단학회 2001.
김명호, 「玉垂 趙冕鎬의 '西事雜絶' 前後篇에 대하여—丙寅·辛未洋擾의 詩的形象化」, 『고전문학연구』 20, 한국고전문학회 2001.
김명호, 「박규수의 초기 한시」, 『한문학보』 6, 우리한문학회 2002.
김명호, 「박규수의 宮詞 '鳳韶餘響'에 대하여」, 『한국한문학연구』 31, 한국한문학회 2003.
김명호, 「제너럴셔먼호 사건과 박규수」, 『대동문화연구』 42, 성균관대 대동문화연구원 2003.
김명호, 「박규수의 '孰遂念行'에 대하여」, 『한국한문학연구』 40, 한국한문학회 2007.
김명호, 「海藏 申錫愚의 "入燕記"에 대한 고찰」, 『고전문학연구』 32, 한국고전문학회 2007.
김문식, 「洪奭周의 經學사상 연구」, 『규장각』 16, 1993.
김문식, 「18세기 후반 서울 학인의 淸學 인식과 청 문물 도입론」, 『규장각』 17, 1994.
김상기, 「尹淵齋와 그 遺著에 관하여」, 『동방사논총』, 서울대출판부 1986.
김상홍, 「근대전환기의 사대부문학론」, 『한문학논집』 8, 檀國漢文學會 1990.
김석형, 「1862년 진주농민폭동과 각지 농민들의 봉기」, 박시형 외, 『봉건지배계급에 반대한 농민들의 투쟁—이조편』, 열사람 1989.
김소희, 「童子雙紒考」, 이화여대 석사논문 1988.
김영진, 「조선후기의 明淸小品 수용과 소품문의 전개양상」, 고려대 박사논문 2003.
김영진, 「조선후기 실학파의 叢書 편찬과 그 의미」, 이혜순 외 공편, 『한국한문학

연구의 새 지평』, 소명출판 2005.
김용섭, 「철종조의 민란 발생과 그 指向—진주민란 按覈文件의 분석」, 『동방학지』 94, 연세대 국학연구원 1996.
김용태, 「玉垂 趙冕鎬 한시 연구」, 성균관대 박사논문 2004.
김윤조, 「薑山 李書九의 생애와 문학」, 성균관대 박사논문 1991.
김윤조, 「박영철본 燕巖集의 착오·탈락에 대한 검토」, 『한문학논집』 10, 단국한문학회 1992.
김윤조, 「실학파문학의 계승양상에 관한 연구」, 『대동한문학』 8, 대동한문학회 1996.
김인걸, 「조선후기 촌락조직의 변모와 1862년 농민항쟁의 조직기반」, 『진단학보』 67, 1989.
김채식, 「峿堂 李象秀의 山水論과 '東行山水記'」, 성균관대 석사논문 2001.
김철범, 「19세기 古文家의 문학론에 대한 연구」, 성균관대 박사논문 1993.
김철범, 「홍길주 "숙수념"의 세계」, 『열상고전연구』 17, 2003
김현조·허권수, 「端谿 金麟燮 연구」, 『사회과학연구』 3, 경상대 사회과학연구소 1985.
남문현·한영호·이수웅·양필승, 「조선조의 渾天儀 연구」, 『建大學術誌』 39, 1995.
노대환, 「19세기 중엽 俞莘煥 학파의 학풍과 현실개혁론」, 『한국학보』 72, 일지사 1993.
민두기, 「19세기 후반 조선왕조의 대외 위기의식」, 『동방학지』 52, 연세대 국학연구원 1986.
박성래, 「한국 근세의 서구과학 수용」, 『동방학지』 20, 연세대 국학연구원 1978.
박준호, 「'허균의 宮詞' 연구」, 『한문학연구』 4, 啓明漢文學硏究會 1987.
박찬식, 「申櫶의 국방론」, 『역사학보』 117, 역사학회 1988.
박찬승, 「조선후기 농민항쟁사 연구현황」, 근대사연구회 편, 『한국중세사회 해체기의 제문제』 하, 한울 1987.
박현규, 「북경 法源寺에 남겨진 한국인의 발자취」, 『中國學論叢』 15, 2003.
서성, 「王昌齡詩硏究」, 고려대 석사논문 1994.
송병기, 「박규수의 對美開國論」, 이기백 선생 고희기념, 『韓國史學論叢』 하, 일조각 1996.
송찬섭, 「1862년 진주농민항쟁의 조직과 활동」, 『韓國史論』 21, 서울대 국사학과 1989.
신용하, 「김옥균의 개화사상」, 『동방학지』 46 · 47 · 48 합집, 연세대 국학연구원 1985.
신용하, 「오경석의 개화사상과 개화활동」, 『역사학보』 107, 역사학회 1985.
안병욱, 「조선후기 자치와 저항조직으로서의 향회」, 『성심여자대학논문집』 18, 1986.
양보경, 「"大東輿地圖"를 만들기까지」, 『한국사 시민강좌』 16, 일조각 1995.
양보경, 「최한기의 지리사상」, 『진단학보』 81, 진단학회 1996.
양진석, 「1862년 농민항쟁의 배경과 주도층의 성격」, 한국역사연구회, 『1894년 농민전쟁연구』 2, 역사비평사 1992.
오길보, 「개화파의 형성과 그의 초기 활동」, 북한 사회과학원 력사연구소 편, 『김옥균』, 역사비평사 1990.
오상학, 「조선시대의 세계지도와 세계 인식」, 서울대 박사논문 2001.
오수경, 「18세기 서울 文人知識層의 성향」, 성균관대 박사논문 1990.
유봉학, 「18～19세기 연암 일파 북학사상의 연구」, 서울대 박사논문 1992.
유영렬, 「척사운동과 개화운동」, 『한국사연구입문』, 제2판: 지식산업사 1987.
유홍준, 「개화기 · 구한말 서화계의 보수성과 근대성」, 『구한말의 그림』, 학고재 1989.
유홍준, 「환재 박규수의 서화론」, 『泰東古典硏究』 10, 1993.
윤용출, 「17 · 18세기 募軍의 노동조건」, 『釜大史學』 8, 1984.
윤지훈, 「東海 趙琮鎭의 산문에 대한 일고찰」, 성균관대 석사논문 2003.
이경룡, 「顧炎武 經學經濟의 經世學 기초」, 『대동문화연구』 37, 성균관대 대동문화연구원 2000.
이광린, 「"海國圖志"의 한국 전래와 그 영향」, 『한국개화사연구』, 개정판: 일조각 1992.
이군선, 「陶厓 洪錫謨의 "游燕藁"」, 『한문학보』 11, 우리한문학회 2004.
井上和之, 「대원군의 지방 통치정책에 관하여—고종조 '토호별단'의 재검토」, 이우성 교수 퇴임기념논총, 『민족사의 전개와 그 문화』 상, 창작과비평사 1990.

이승철, 「한지의 역사」, 『예술논총』 6, 동덕여대 2004.
이영호, 「1862년 진주농민항쟁의 연구」, 『한국사론』 19, 서울대 국사학과 1988.
이의강, 「19세기 초 궁중무용의 미학적 전환」, 『한문학보』 15, 우리한문학회 2006.
이정옥 · 남후선, 「玄端服考—박규수의 "居家雜服攷"를 중심으로」, 『민족문화논총』 7, 영남대 민족문화연구소 1986.
이태진 · 홍순민, 「日省錄 刀削의 실상과 경위」, 『한국문화』 10, 서울대 한국문화연구소 1989.
이태진, 「正祖의 '大學' 탐구와 새로운 군주관」, 『李晦齋의 사상과 그 세계』, 성균관대 대동문화연구원 1992.
이희목, 「이조 전기 館閣文人들의 '宮詞' 연구」, 『대동문화연구』 29, 성균관대 대동문화연구원 1994.
이희목, 「이조 중기 唐詩風 시인들의 '宮詞' 연구」, 『한문교육연구』 15, 한국한문교육학회 2000.
임형택, 「朴燕巖의 윤리의식과 우정론의 성격」, 『한국문학사의 시각』, 창작과비평사 1984.
임형택, 「18세기 예술사의 시각」, 송재소 외, 『이조후기 한문학의 재조명』, 창작과비평사 1984.
전용훈, 「洪吉周 數學研究와 그 淵源」, 『洌上古典研究』 17, 洌上古典研究會 2003.
정경주, 「五洲 李圭景과 "詩家點燈"의 詩學 範疇에 대하여」, 『부산한문학연구』 9, 1995.
정경희, 「朱子禮學의 변화와 "儀禮經傳通解"」, 『진단학보』 86, 진단학회 1998.
정우봉, 「19세기 詩論 연구」, 고려대 박사논문 1992.
조광, 「실학과 개화사상의 관계에 대한 재검토」, 강만길 엮음, 『조선후기사 연구의 현황과 과제』, 창작과비평사 2000.
조창록, 「楓石 徐有榘에 대한 한 연구」, 성균관대 박사논문 2003.
조효순, 「조선조 후기 여성복식과 개량논의」, 『복식』 4, 한국복식학회 1981.
조효순, 「"거가잡복고"를 통해 본 박규수의 복식관」, 『한국복식』 7, 단국대 석주선기념민속박물관 1989.

조효순, 「“거가잡복고”를 통해 본 조선시대의 복식풍속」, 『복식』 15, 한국복식학회 1990.
차기진, 「尹宗儀의 斥邪論과 海防論 인식에 대한 연구」, 『윤병석 교수 화갑기념논총』, 지식산업사 1990.
최강현, 「“北關路程錄” 해제」, 최강현 譯註, 『북관노정록』, 일지사 1976.
최완수, 「秋史實記」, 『한국의 美17 추사 김정희』, 중앙일보사 1984.
최완수, 「우리나라 고대·중세 서예의 흐름과 특질」, 『옛 탁본의 아름다움, 그리고 우리 역사』, 우일출판사 1998.
최원경, 「洪吉周의 “孰遂念”에 대한 일 고찰」, 성균관대 석사논문 2002.
최윤오, 「18·19세기 계급구성의 변동과 농민의식의 성장」, 한국역사연구회, 『1894년 농민전쟁연구』 1, 역사비평사 1991.
하정식, 「太平天國에 대한 조선정부의 인식」, 『역사학보』 107, 역사학회 1985.
하현강, 「李命允의 ‘被誣事實’에 대하여」, 『사학연구』 18, 1964.
한상권, 「민의 성장과 농민항쟁」, 한국역사연구회 엮음, 『한국역사입문』 2, 풀빛 1995.
한영호·이재효·이문규·서문호·남문현, 「洪大容의 測管儀 연구」, 『역사학보』 164, 역사학회 1999.
한은수, 「박규수 詩世界의 一考察—‘鳳韶餘響絶句’百首를 중심으로」, 『漢文學論集』 16, 槿域漢文學會 1998.
허경진, 「許筠詩 연구」, 연세대 박사논문 1984.
홍아주, 「박종채의 “과정록” 연구—傳記文學으로서의 특징을 중심으로」, 서울대 석사논문 2005.
홍이섭, 「柳訸의 “麗代山陵考”와 M. Tchang의 “梁代諸陵考”」, 『鄕土』 3, 1946.

#### 2) 국외 논문

黃克武, 「經世文編與中國近代經世思想研究」, 『近代中國史研究通迅』 2期, 臺北: 中央研究院 近代史研究所 1986.
李豫, 「董硯樵先生年譜長編」, 董壽平·李豫 主編, 『淸季洪洞董氏日記六種』 第6冊, 北京圖書館出版社 1996.
龐萬里, 「朴珪壽 “學以適用”的 實學思想」, 葛榮晋 主編, 『韓國實學思想史』, 北京: 首都師範大學出版社 2002.
吳澤・黃麗鏞, 「魏源"海國圖志"硏究」, 寧靖 編, 『阿片戰爭史論文專集』 續編, 北京: 人民出版社 1990.
蕭致治, 「評魏源的"海國圖志"及其對中日的影響」, 寧靖 編, 『阿片戰爭史論文專集』 續編, 北京: 人民出版社 1984.
徐式文, 「中國宮詞考略」, 『花蘂宮詞箋注』, 巴蜀書社 1992.
張灝, 「宋明以來儒家經世思想試釋」, 中央硏究院近代史硏究所 編, 『近世中國經世思想硏討會論文集』, 臺北: 1984.

今西龍, 「新羅眞興王巡狩管境碑考」, 『朝鮮金石瑣錄外』, 亞細亞文化社 1979.
大谷敏夫, 「清末經世思想における二大潮流」, 『東洋史硏究』 50卷 2號, 京都: 東洋史硏究會 1991.
岡田充博, 「王昌齡'箜篌引'考(上)」, 『名古屋大學文學部硏究論集(文學)』 27, 1981.
岡田充博, 「王昌齡'箜篌引'考(下)」, 『名古屋大學文學部硏究論集(文學)』 28, 1982.
金文子, 「朴珪壽の實學」, 『朝鮮史硏究會論文集』 17, 東京: 龍溪書舍 1980.
中純子, 「中唐宮詞攷—王建'宮詞'の魅力」, 『天理大學報』 180, 1995.
原田還, 「晉州民亂と朴珪壽」, 『史學硏究』 126, 廣島史學硏究會 1975; 강재언 외, 『봉건사회 해체기의 사회경제구조』, 청아출판사 1982.
夫馬進, 「朝鮮燕行使申在植の"筆譚"に見える漢學・宋學論議とその周邊」, 岩井茂樹 編, 『中國近世社會の秩序形成』, 京都大學人文科學硏究所 2004.
三好千春, 「アヘン戰爭に關する燕行使情報」, 『史艸』 30, 1989.
三好千春, 「アヘン戰爭に關する燕行使の情報源」, 『寧樂史苑』 35, 1990.
三好千春, 「兩次アヘン戰爭ト事大關係ノ動搖」, 『朝鮮史硏究會論文集』 27, 東京: 龍溪書舍 1990.
山內弘一, 「洪大容の華夷觀について」, 『朝鮮學報』 159, 1996.
山內弘一, 「朴珪壽と'禮義之邦'」, 『上智史學』 41, 上智大學史學會 1996.
山內弘一, 「金邁淳の學問觀—淸儒への評價をめぐって」, 武田幸男 編, 『朝鮮社會の史的展開と東アジア』, 山川出版社 1997.

## 5. 번역서 및 기타 자료

강재언, 『한국의 개화사상』, 정창렬 역, 비봉출판사 1981.
龔自珍, 『己亥雜詩評釋』, 최종세 評釋, 월인 1999.
金景善, 『燕轅直指』, 『국역 연행록선집』 X, 민족문화추진회 1977.
김동욱 역, 『국역 靑野談藪』, 보고사 2004.
김석배 편, 『韓國歷代名人筆蹟』, 경인문화사 1975.
金正喜, 『국역 완당전집』 II, 신호열 편역, 민족문화추진회 1988.
마이클 설리반, 『중국미술사』, 지식산업사 1978.
朴珪壽, 『거가잡복고』, 조효순 역주, 석실 2000.
朴思浩, 『心田稿』, 『국역 연행록선집』 IX, 민족문화추진회 1977.
朴齊炯, 『朝鮮政鑑』, 이익성 역, 한길사 1992.
朴宗采, 『過庭錄』, 김윤조 역주, 『역주 과정록』, 태학사 1997; 박희병 옮김, 『나의 아버지 박지원』, 돌베개 1998.
朴趾源, 『燕巖先生書簡帖』, 박희병 옮김, 『고추장 작은 단지를 보내니』, 돌베개 2005.
박지원, 『연암집』, 신호열 · 김명호 옮김, 돌베개 2007.
샤를르 달레, 『한국천주교회사』, 안응렬 · 최석우 역주, 한국교회사연구소 1996.
徐慶淳, 『夢經堂日史』, 『국역 연행록선집』 X, 민족문화추진회 1977.
申在植, 『筆譚』, 이상돈 역주, 보경문화사 2004.
吳世昌, 『국역 근역서화징』, 동양고전학회 역, 시공사 1998.
柳得恭, 『燕臺再遊錄』, 『국역 연행록선집』 VII, 민족문화추진회 1982.
유홍준 · 이태호 편, 『만남과 헤어짐의 미학』, 학고재 2000.
尹行恁 · 尹秉綏, 『帶方世家言行錄』, 이봉래 역, 교문사 1986.
李奎象, 『幷世才彦錄』, 민족문학사연구소 한문분과 옮김, 『18세기 조선인물지』, 창작과비평사 1997.
이병길 편저, 『중국의 개신교 첫 선교사 로버트 모리슨』, 한국기독교역사연구소 1994.
李海應, 『薊山紀程』, 『국역 연행록선집』 VIII, 민족문화추진회 1977.
임재완 편역, 『정조대왕의 편지글』, 삼성문화재단 2004.
張志淵, 『조선유교연원』, 조수익 옮김, 솔 1998.

趙岡·陳鍾毅,『중국토지제도사』, 윤정분 역, 대광문화사 1985.
丁若鏞,『역주 목민심서』, 茶山硏究會 역주, 창작과비평사 1981.
정약용,『茶山詩選』, 송재소 역주, 창작과비평사 1981.
James B. Palais,『전통한국의 정치와 정책』, 이훈상 역, 신원문화사 1994.
줄리오 알레니,『직방외기』, 천기철 옮김, 일조각 2005.
차종천 역,『구장산술 주비산경』, 범양사출판부 2000.
한국역사연구회 편,『譯註 羅末麗初金石文』, 혜안 1996.
洪吉周,『현수갑고』, 박무영·이은영 외(역), 태학사 2006.
홍길주,『표롱을첨』, 박무영·이주해 외(역), 태학사 2006.
홍길주,『항해병함』, 박무영·이현우 외(역), 태학사 2006.
洪大容,『주해 을병연행록』, 소재영 외 주해, 태학사 1997.
황현,『역주 매천야록』, 임형택 외 옮김, 문학과지성사 2005.
藤塚鄰,『추사 김정희의 또다른 얼굴』, 박희영 역, 아카데미하우스 1994.
『先賢들이 남기신 墨香』 1輯, 佑林畫廊 2005.
『옛 탁본의 아름다움, 그리고 우리 역사』, 예술의전당 1998.
『朝鮮王朝遺物圖錄—宮中遺物展示館所藏』, 한국문화재보호재단 1993.
『朝鮮後期書藝展』, 예술의전당 1990.
『편지—조선시대 사대부의 일상』, 순천대학교 2003.
『한국민족문화대백과사전』, 한국정신문화연구원 1991.

陳文良 主編,『北京傳統文化便覽』, 北京燕山出版社 1992.
陳宗蕃 編,『燕都叢考』, 北京古籍出版社 2001.
鄧雲鄕,『增補燕京鄕土記』, 中華書局 1998.
李盛平 主編,『中國近現代人名大辭典』, 北京: 中國國際廣播出版社 1989.
上海圖書館 編,『中國叢書綜錄』, 上海古籍出版社 1993.
『中國歷史文化名城詞典』, 上海辭書出版社 1985.

顧炎武,『顧炎武集』, 淸水茂 編譯, 東京: 朝日新聞社 1974.
中野江漢,『北京繁昌記』, 東京; 東方書店 1993.
『漢籍分類目錄』, 京都大學 人文科學硏究所 1965.

# 박규수 연보

**1807년**(순조 7, 정묘), **1세**

9월 27일(양력 10월 27일), 한양 북부(北部) 가회방(嘉會坊) 자택에서 박종채(朴宗采)와 전주(全州) 유씨(柳氏) 사이의 3남 중 장남으로 태어나다.

본관은 반남(潘南)이고, 자는 환경(桓卿)·예동(禮東), 호는 환재(桓齋)·장암(莊庵)·균심(筠心) 등이다. 아명(兒名)은 규학(珪鶴)이다.

부친 박종채는 연암(燕巖) 박지원(朴趾源)의 차남으로, 경산(慶山) 현령을 지냈다. 모친 전주 유씨는 선비 유영(柳詠)의 딸이다. 유영은 정조 때 『춘관통고(春官通攷)』 등을 편찬한 문신 유의양(柳義養)의 장남이며, 유영의 아우 유화(柳訸)는 승지를 지냈다.

**1813년**(순조 13, 계유), **7세**

『논어』를 읽고 그 문체를 모방하여 분판(粉板)에다 "효성스러운 백성이라야 신하가 될 수 있다(孝民可以爲臣)", "군자를 존경할 수는 있어도 업신여길 수는 없으며 소인을 업신여길 수는 있어도 존경할 수는 없다(君子可敬而不可侮 小人可侮而不可敬)"고 써서 부친의 칭찬을 받다.

이 무렵, 외종조(外從祖) 유화의 서루(書樓)에서 날마다 책들을 뒤적이며 놀다. 하루는 그의 곁에서 석탑을 그리며 놀자, 그림 솜씨가 매우 뛰어난 것을 본 유화가 석탑 그리는 법에 비겨 학문 하는 방도를 깨우쳐주는 시를 지어주다.

**1815년**(순조 15, 을해), **9세**

6월, 백부 박종의(朴宗儀)가 향년 50세로 별세하다. 박종의는 박희원(朴喜源: 박지원의 형)의 양자가 되었으며, 평생 선비로 지냈다.

**1816년**(순조 16, 병자), **10세**

첫째 아우 박주수(朴珠壽)가 태어나다. 주수는 작고한 백부 박종의의 양자가 되었다.

**1818년**(순조 18, 무인), **12세**

이 무렵, 『박물지(博物志)』 『습유기(拾遺記)』 『유양잡조(酉陽雜俎)』 『오잡조(五雜俎)』 『물류상감지(物類相感志)』 등을 읽고 연금술에 흥미를 느껴 실험을 해 보기도 하고, 『본초강목(本草綱目)』을 살펴가며 약용 식물을 조사하여 우리나라의 잘못된 약명을 바로잡기도 하다.

**1819년**(순조 19, 기묘), **13세**

「하운다기봉부(夏雲多奇峯賦)」를 짓다.

9월, 한양성 동쪽의 명승지들을 구경하고 「성동시(城東詩)」(오언 140구)를 짓다.

화가 김기서(金箕書)의 「이호산장도(梨湖山莊圖)」를 노래한 시(「梨湖山莊圖歌」)를 짓다.

**1820년**(순조 20, 경진), **14세**

이 무렵, 척숙(戚叔) 이정리(李正履) · 이정관(李正觀) 형제를 종유하며 문학 수업을 받다. 이정리는 박지원의 처남인 이재성(李在誠)의 장남으로 북청 부사를 지냈으며, 그의 아우 이정관은 예산 현감을 지냈다.

정월 대보름날, 척숙 이정리와 함께 시(「上元會醇溪山亭 分韻得盖字」)를 짓다.

봄, 척숙 이정관을 대신하여 승려 옥인(玉印)에게 게어(偈語)를 지어주다. 그 뒤 옥인과 용허(聳虛)의 요청으로 불당의 글씨를 써주다.

4월, 외종조 유화를 따라 석경루 등을 유람하고 「석경루 잡절(石瓊樓雜絶)」(오언절구 20수)을 짓다.

척숙 이정리의 시에 화운하다(「謹和醇溪韻」, 「又和醇溪」).

척숙 이정리와 함께 연작시 「우청 연구(雨晴聯句)」를 짓다.

6월, 척숙 이정관과 함께 시(「季夏雨中 奉暢軒叔 重會君子亭 共賦」)를 짓다.

겨울, 연행(燕行)에 나서는 형조 서리 하응청(河應淸)에게 송별시(「送法曹椽河應淸之燕」)를 지어주다.

중국에서 구해온 희귀한 수선화를 얻고 기뻐서 시(「得水仙花喜賦」)를 짓다.

소동파의 시에 차운하여 수선화를 노래하는 시를 짓다(「雪夜 次東坡聚星堂韻 賦水仙花」, 「又次東坡松風亭韻 賦水仙花」).

이 무렵, 글 짓는 실력이 크게 향상되다. 시를 본 조종영(趙鍾永)이 찾아와 망년지교를 맺다. 조종영은 외종조 유화의 절친한 벗으로, 이조 판서를 지냈다.

**1821년**(순조 21, 신사), **15세**

2월, 둘째 아우 박선수(朴瑄壽)가 태어나다.

척숙 이정리의 모친 칠순 축시(「百鶴圖歌」)를 짓다.

천수재(千秀齋) 이노준(李魯俊)이 빌려준 아름다운 새를 감상하고 시(「彩鳥 二絶」)를 짓다.

9월, 강릉(康陵) 참봉으로 재직 중인 이정리에게 시(「九秋 次杜韻 上醇溪」)를 지어 바치다.

외종조 유화가 향년 43세로 별세하자, 그가 남긴 글들을 수습하여 문집을 편찬하고 그의 영전에 바치는 제문(「祭外從祖芝山公文」)을 짓다.

**1822년**(순조 22, 임오), **16세**

합천 군수로 부임하는 이노준에게 합천의 역사와 문화유적을 노래한 「강양죽지사(江陽竹枝詞)」(칠언절구 13수)를 지어 바치다.

5월, 소동파의 『동파지림(東坡志林)』을 모방한 잡록(雜錄)인 『금유지림(錦蕤志林)』을 완성하다.

9월, 부친과 척숙 이정관을 따라 경기도 양주를 거쳐 도봉산 일대를 유람하고 「도봉기유(道峯紀遊)」(고시와 근체시 도합 38수)를 짓다.

홍역을 앓다.

동짓날, 척숙 이정리의 시에 차운하여 시를 짓다(「謹次醇溪大叔 分冬至陽生春又來 賦各體韻」). 그중 첫 수가 「동지일 우성(冬至日 偶成)」이다.

**1823년**(순조 23, 계미), **17세**

5월 단오 다음날, 동몽(童蒙)의 일원으로 선발되어 창덕궁 희정당에서 어명에 따라 시(「喜雨應製」)를 짓다.

족질 설로(雪鷺: 성명 미상)의 시에 차운하여 배율(排律)을 짓다(「次韻雪鷺族姪七夕詩」).

8월, 휴가차 여행을 떠나는 조종영에게 송별시(「述懷呈斗陽趙公」)를 지어 바치다.

**1824년**(순조 24, 갑신), **18세**

이 무렵, 가을에 『이소(離騷)』를 읽고 있는데 충주의 시인 서미(徐湄)가 찾아와 교분을 맺다.

**1825년**(순조 25, 을유), **19세**

정월 대보름날, 운종교에서 다리밟기를 하고 시(「乙酉上元夜 與同閈諸人 踏雲從橋」)를 짓다.

5월, 물려받아 살고 있던 조부 박지원의 옛집 계산초당(桂山草堂)으로 효명세자(孝明世子)가 왕림하여 학업을 장려하고 돌아가다.

**1826년**(순조 26, 병술), **20세**

10월, 담헌(湛軒) 홍대용(洪大容)의 손자 홍양후(洪良厚)와 처음 교분을 맺고, 동지 부사 신재식(申在植)을 따라 연행에 나서는 그에게 증언(贈言)을 지어주다.

**1827년**(순조 27, 정해), **21세**

역대 중국의 뛰어난 인물에 관한 글들을 광범하게 발췌하고 그에 대해 안설(按說)을 붙인 『상고도 회문의례(尙古圖會文義例)』(16권 16책)를 완성하다. 척숙 이정리와 그의 벗 홍길주(洪吉周)가 서문을 지어주다.

2월, 순조의 명으로 효명세자가 대리청정을 시작한 뒤, 성균관 유생의 일차 전강(日次殿講)에서 『주역』을 진강(進講)하고 효명세자의 인정을 받다.

**1828년**(순조 28, 무자), **22세**

『의례(儀禮)』부터 시작하여 삼례(三禮)를 연구하다. 『심정의례수해(審定儀禮修

解)』를 지었으나, 현재 전하지 않는다.

**1829년**(순조 29, 기축), **23세**

가을, 효명세자의 명으로 『연암집(燕巖集)』을 진상하다. 그와 아울러 『상고도회문의례』를 진상하고, 조선조 역대 임금들의 행적을 예찬한 「봉소여향(鳳韶餘響)」(칠언절구 100수)을 지어 바치다.

부친 박종채가 음보(蔭補)로 선공감 감역에 임명되어 처음 벼슬에 나아가다.

조부 박지원이 안의 현감을 지냈을 적에 지인동자(知印童子)로서 그를 모셨다는 김득우(金得禹)에게 「화림가(花林歌)」를 지어주다. 김득우는 가을에 척숙 이정관이 의령 현감으로 재임중인 이정리를 찾아갔을 때 만난 것을 계기로 알게 되었다.

동짓날 밤에 「백설세모행(白雪歲暮行)」(칠언 104구)을 짓다. 그 뒤 홍길주의 저서 『숙수념(孰遂念)』을 읽고 감동하여 「숙수념행(孰遂念行)」으로 시의 제목을 고쳤다.

**1830년**(순조 30, 경인), **24세**

2월, 전년에 조종영이 별세하여 그의 영전에 바치는 제문(「祭北海趙公文」)을 짓다.

벗 이헌명(李憲明)의 모친 회갑 축시(「中原有奇樹 爲李氏壽」)를 짓다.

5월, 효명세자가 요절하여 「효명세자 만장(輓章)」을 대작(代作)하다. 효명세자에 대한 변함없는 충성을 다짐하는 뜻으로 자호의 '환(桓)'자를 '환(瓛)'자로 고치고, 이후 1848년까지 18년 동안이나 은둔생활을 하다.

**1831년**(순조 31, 신묘), **25세**

1월, 부친 박종채가 조부 박지원의 언행을 기록한 『과정록(過庭錄)』을 저술하다. 1826년에 탈고했으나 그 뒤 일부 수정하여 최종적으로 완성한 것이다.

**1832년**(순조 32, 임진), **26세**

5월, 이헌명의 부친 회갑 축시(「澆花辭 爲李氏澆花齋壽」)를 짓다.

양반사대부의 의관(衣冠)제도 개혁을 논한 『거가잡복고(居家雜服攷)』(3권 2책)를 탈고하다. 이는 아우 주수의 제안과 협조로 이루어졌다.

연행을 떠나는 이에게 글(「贈人入燕序」)을 지어주다.

**1834년**(순조 34, 갑오), **28세**

1월, 모친 전주 유씨가 향년 55세로 별세하다.

11월, 순조가 승하하고 왕세손인 헌종이 즉위하다. 순조의 비(妃)인 순원왕후 김씨가 수렴청정을 시작하다. 효명세자가 익종(翼宗)으로 추존되다.

**1835년**(헌종 1, 을미), **29세**

여름, 경산 현령으로 재임중인 부친 박종채의 임소에서 아우 주수가 『거가잡복고』를 필사하고 교감하다.

11월, 부친 박종채가 향년 56세로 임지에서 순직하다.

부친을 따라가 있던 아우 주수가 이틀 뒤에 요절하다. 주수의 부인은 안동(安東) 김씨로, 부제학을 지낸 김근순(金近淳)의 딸인데 이듬해 6월에 순절했다.

**1839년**(헌종 5, 기해), **33세**

10월, 척숙 이정리가 동지사 서장관으로 연행에 나서다. 아우 이정관이 따라가다. 북경에서 동성파(桐城派) 문인 매증량(梅曾亮)·오가빈(吳嘉賓)에게 김매순(金邁淳)의 글 등을 소개하고, 하장령(賀長齡)·위원(魏源)이 편한 『황조경세문편(皇朝經世文編)』(120권)을 구입하여 이듬해 3월에 귀환하다.

**1840년**(헌종 6, 경자), **34세**

이 무렵, 10년 동안이나 등한시했던 시 창작을 재개하다. 시 짓기를 좋아하지 않는다는 벗 김상현(金尙鉉)의 조롱을 받고 해명 삼아 장편 고시(「渭師嘲余不喜作詩 以一百韻解之」)를 짓다.

9월, 중양절(重陽節)에 김상현의 집을 방문하여 그의 증조 김상악(金相岳)과 성리학자 정호(程顥)·주희(朱熹)의 영정에 절하고 시(「經臺宅 拜韋庵公遺像」)를 짓다.

벗 윤종의(尹宗儀)·김영작(金永爵)·김상현과 함께 북한산을 유람하고 시(「秋晩 同淵齋諸友宿禪房 賞楓」)를 짓다. 4인의 작품을 모은 시권(詩卷) 『북산추음(北山秋吟)』에 선배 홍길주가 제사(題詞)를 써주다.

백작약을 노래한 현감 김익정(金益鼎)의 시에 차운하다(「夏篆使君示咏白灼藥詩」).

성진 첨사로 부임하는 신관호(申觀浩: 개명 櫶)에게 송별시(「贈申僉使觀浩城津之任」)를 지어주다.

전라도 병마우후로 부임하는 이인규(李仁奎)에게 송별시(「別李而春虞侯」)를 지어주다.

이 무렵, 관직에서 은퇴하여 동대문 밖 번계(樊溪)에 칩거하고 있던 서유구(徐有榘)를 종유하다. 그의 서실인 자연경실(自然經室)에서 열린 시회(詩會)에 종종 참석하여 선배 홍길주 · 윤정현(尹定鉉), 벗 김영작 · 김상현 · 서승보(徐承輔) · 서유영(徐有英) · 신필영(申弼永) · 홍우건(洪祐健) 등과 함께 시를 짓다. 서유구에게 바친 시 2편(「呈徐楓石致政尙書」, 「擬古 呈楓石菴」)이 현재 전한다.

**1841년**(헌종 7, 신축), **35세**

3월, 벗들과 석경루에서 묵으며 시(「辛丑暮春 宿石瓊樓 次壁間詩」)를 짓다.

11월, 아우 주수의 기일에 맞추어 『거가잡복고』의 서문을 짓다.

**1842년**(헌종 8, 임인), **36세**

8월, 성균관 유생으로 일차 전강에서 합격하여 상을 받다.

**1843년**(헌종 9, 계묘), **37세**

척숙 이정리가 북청 부사로 재임중 향년 61세로 별세하다.

**1845년**(헌종 11, 을사), **39세**

2월, 선조 박미(朴瀰)의 유고를 모은 『문정공문초(文貞公文鈔)』를 편찬하고 서문을 짓다.

**1848년**(헌종 14, 무신), **42세**

1월, 『고려사』에 실린 명나라 태조의 칙서를 읽고 감개하여 그에 대한 발문(「高麗史洪武聖諭跋」)을 짓다.

3월, 윤종의가 천주교와 서양의 침략을 물리칠 대책을 강구하기 위해 『벽위신편(闢衛新編)』(7권)을 편찬하자, 그에 대해 논한 「벽위신편 평어(闢衛新編評語)」를 짓다. 이는 위원(魏源)의 『해국도지(海國圖志)』에 의거하여 천주교를 비판하고 대책을 제시한 글이다.

5월, 증광시 문과에 급제하여 오랜 은둔생활을 청산하고 비로소 벼슬길에 나서다.

11월, 장인 이준수(李俊秀)가 향년 71세로 별세하다. 이준수는 월사(月沙) 이정귀(李廷龜)의 후손으로, 안산 군수를 지냈다. 박규수가 부인 연안(延安) 이씨와 언제 결혼했는지는 알 수 없으나, 오랫동안 은둔하여 학업에만 전념했으므로 장인의 후원을 적지 않게 받았던 듯하다.

12월, 사간원 정언에 임명되다.

**1849년**(헌종 15, 기유), **43세**

2월, 장인 이준수의 영전에 바치는 제문(「祭外舅李公文」)을 짓다.

5월, 황해도 용강(龍岡) 현령에 임명되다.

6월, 헌종이 승하하고, 정조의 이복동생 은언군의 손자인 철종이 즉위하다. 순원왕후 김씨가 수렴청정을 시작하다.

심한 이질로 다섯 달이나 고생하다.

동짓날, 용강현의 북극고도(北極高度; 위도)를 측정하다.

이 무렵, 용강현의 『읍지』 편찬을 계획하고, 용강 출신 선비 오창선(吳昌善)과 안기수(安基洙)의 도움을 받아 우리나라 전도(全圖)인 「동여도(東輿圖)」를 제작하다.

**1850년**(철종 1, 경술), **44세**

6월, 순원왕후의 명으로 전라도 부안 현감과 관직을 맞바꾸다.

8월, 부안현에 부임하다.

12월, 남극노인성(南極老人星)을 관측하다.

이 무렵, 천문 관측을 위해 평혼의(平渾儀)와 간평의(簡平儀), 지세의(地勢儀) 등을 손수 제작하고, 지세의의 구조와 기능에 대해 해설한 「지세의명(地勢儀銘)」을 짓다.

이 무렵, 계산초당에서 니동(泥洞: 지금의 서울 종로구 운니동)으로 새로 집을 사서 이사하다.

**1851년**(철종 2, 신해), **45세**

3월, 나주에 있는 시조 박응주(朴應珠)의 묘를 배알하고 후사(後嗣)를 잇게 해달라고 비는 글(「謁先祖戶長公墓文」)을 짓다.

부안 현감에서 해임되다.

4월, 실록청 낭청에 임명되다.

5월, 홍문관 부수찬에 임명되다. 경연(經筵)에 참석하다.

박선수의 장남 제정(齊正)이 태어나다. 제정은 박규수의 양자가 되었다.

6월, 헌종 탈상(脫喪) 후 헌종의 신위(神位)가 종묘의 본전에 모셔짐에 따라 진종(眞宗: 영조의 장남)의 신위를 영녕전으로 옮겨야 하는 문제가 야기되어 고위 관원들의 의견을 수합하게 되자, 진종의 조천(祧遷: 신위를 옮김)을 지지하는 의견(「眞宗大王祧遷當否議」)을 올리다.

7월, 전월에 이어, 진종의 조천에 반대한 영의정 권돈인(權敦仁)을 탄핵하는 홍문관의 연명차자(聯名箚子)에 동참하다. 그로 인해 하마터면 평안도 강서현으로 유배될 뻔하다.

8월, 전라좌도 경시관(京試官)으로 파견되어, 9월에 복명하다.

도중에 구례 화엄사에 들러 화엄 석경(華嚴石經)의 파편들을 살펴보다.

선달 그믐날, 벗 신석희(申錫禧)와 함께 홍문관에서 숙직하며 시(「辛亥除夕 宿玉堂 賦示士緩」)를 짓다.

**1852년**(철종 3, 임자), **46세**

1월, 홍문관 수찬으로서 왕에게 『국조보감(國朝寶鑑)』과 『갱장록(羹墻錄)』을 읽도록 권하는 상소를 올리다.

2월, 전월에 이어, 헌종 사후 조병현(趙秉鉉)의 무리로 몰려 유배된 신관호 등의 방면 조치에 항의하는 홍문관의 연명차자에 수찬으로서 동참하다.

5월, 6월, 7월, 11월, 12월, 옥당(玉堂)으로서 소대(召對)와 경연에서 왕을 교도하고자 진력하다.

7월, 부교리로서 문신들을 대상으로 한 제술(製述)에서 수석을 차지하여 상을 받다.

8월, 유배중인 권돈인·김정희(金正喜)의 석방과 조병현의 죄명 삭제 조치에 반대하는 홍문관의 연명차자에 부수찬으로서 동참하다.

함경 감사로 재임중인 윤정현이 신라 진흥왕의 황초령(黃草嶺) 순수비 탁본을 보내오다.

**1853년**(철종 4, 계축), **47세**

1월, 홍문관 수찬에 임명되다.

4월, 부수찬에 임명되다.

6월, 부교리에 임명되다.

11월, 교리, 수찬에 임명되다.

12월, 교리에 임명되다.

겨울, 안기수가 제작한 중국 지도에 발문(「安魯源手摹 神州全圖跋」)을 지어주다.

**1854년**(철종 5, 갑인), **48세**

1월, 경상좌도 암행어사에 임명되다.

이후 낙동강 동쪽 지역인 경상도 영천・하양・신녕・경산・대구・밀양・청도・자인・경주・의흥・군위・의성・비안・인동・칠곡・가산・현풍・영산・창녕・양산・동래・기장・울산・언양・장기・영일・영덕・청하・영해・청송・진보・영양・청송・예안・안동・예천・봉화・용궁・순흥 등을 순행하고, 귀로에 충청도 단양・청풍・충주 등과 경기도 음죽・여주・이천・광주 등을 지나면서, 전・현직 관리들의 부정과 환곡제도 등의 폐단을 조사하다.

벗 서승보의 부친인 전 밀양 부사 서유여(徐有畬)에 대해서도 사정을 두지 않고 탐관오리로 지목하고 봉고 파직 조치를 내렸으므로, 서승보로부터 절교를 당하다.

4월, 척숙 이정관이 향년 63세로 별세하다.

11월, 암행어사 임무를 마치고 왕에게 보고서인 『수계(繡啓)』(2책)를 올리다.

12월, 암행어사 임무를 성실히 수행한 공로로 정3품 당상관인 동부승지에 특별 임명되다.

**1855년**(철종 6, 을묘), **49세**

5월, 좌부승지에 임명되다.

11월, 화가 정래봉(鄭來鳳)에게 청 고염무(顧炎武)의 화론(畵論)에 대한 발문(「錄顧亭林先生日知錄論畵跋」)을 지어주다.

**1856년**(철종 7, 병진), **50세**

5월, 우부승지에 임명되다.

**1857년**(철종 8, 정사), **51세**

윤5월, 동부승지에 임명되었으나 병으로 곧 교체되다.

6월, 우부승지에 임명되었으나 병으로 곧 교체되다.

7월, 동부승지에 임명되어, 9월까지 재임하다.

「대구 민충사 중건기(大邱愍忠祠重建記)」를 짓다. 경상 감사인 벗 신석우(申錫愚)가 영조 초의 무신란(戊申亂) 진압에 공로가 컸던 전 경상 감사 황선(黃璿)의 사당인 민충사(愍忠祠)를 복구하고 나서 그에 대한 글을 지어주도록 요청하여 지은 것이다.

10월, 진주 목사에 임명되었으나, 신병을 이유로 소장(訴狀)을 바쳐 11월에 파면되다.

**1858년**(철종 9, 무오), **52세**

2월, 동부승지에 임명되었으나 곧 교체되다.

5월, 동부승지에 임명되다.

6월, 황해도 곡산 부사에 임명되다.

**1859년**(철종 10, 기미), **53세**

2월, 박선수가 증광시에서 진사 급제하다.

벗 신기영(申耆永)의 부친 묘지명(「處士澮泉申公墓誌銘」)을 짓다.

**1860년**(철종 11, 경신), **54세**

1월, 곡산 부사에서 교체되다. 그와 동시에 좌부승지에 임명되었으나 곧 교체되다.

윤3월, 동부승지에 임명되었으나 병으로 곧 교체되어 요양하다.

12월, 영국·프랑스 연합군의 북경 점령으로 청 함풍제(咸豐帝)가 열하(熱河)로 피신한 소식을 접한 정부가 열하 문안사(問安使)를 파견하기로 하자, 자원하여 부사(副使)에 임명되다.

**1861년**(철종 12, 신유), **55세**

1월, 북경을 향해 출발하다. 그에 앞서 벗들과의 송별연에서 칠언 56구의 장편 고시(「辛酉孟春 將出疆 留別諸公」)를 짓다.

2월, 압록강을 건넌 뒤 난니보(爛泥堡)에서 동지사의 정사로서 귀환하던 중인 신석우와 조우하다.

3월, 북경에 도착했으나, 함풍제가 조선 사신에게 열하 예방(禮訪)을 면제한다는 칙유를 내림에 따라 5월까지 북경에 체류하다.

중국의 정세에 대해 보고하는 편지를 비변사로 발송하다.

북경에서 심병성(沈秉成)·동문환(董文渙)·황운혹(黃雲鵠)·왕증(王拯)·왕헌(王軒)·풍지기(馮志沂)·정공수(程恭壽) 등과 교유하고, 조부 박지원의 글과 아울러 「지세의명」「벽위신편 평어」 등을 그들에게 보이고 평을 구하다.

자인사(慈仁寺)의 고염무(顧炎武) 사당, 자수사(慈壽寺)에 봉안된 명나라 효정태후(孝定太后: 神宗의 母后)의 영정, 장춘사(長椿寺)에 봉안된 명나라 효순태후(孝純太后: 毅宗의 모후)의 영정 등을 참배하다.

심병성에게 산수화를 그려주고 시(「題手畵 贈書圖 贈別沈仲復」)를 짓다.

황운혹의 요청으로 「완정복호도(完貞伏虎圖)」를 노래한 칠언 32구의 장편 고시(「題完貞伏虎圖」)를 지어주다.

동문환이 베푼 송별연에서 오언 160구의 장편 고시(「顧祠會飮 賦贈沈仲復諸公」)를 짓다.

5월, 심병성 등에게 송별시(「辛酉端陽翌日 書贈沈仲復諸公」)를 지어주다.

북경을 출발하여 6월에 귀환하다.

9월, 성균관 대사성에 임명되다.

10월, 북경에서 교분을 맺은 심병성·동문환·황운혹·왕증·왕헌·풍지기 등에게 서신을 보내다. 이후 꾸준한 서신 왕래를 통해 이들과 우정을 이어가다.

선배 윤정현의 요청으로 그의 부친 윤행임(尹行恁)의 묘지명(「吏曹判書贈領議政尹公行恁墓誌銘」)을 짓다.

**1862년**(철종 13, 임술), **56세**

2월, 진주농민항쟁이 일어나, 사태 수습과 진상 조사를 위한 안핵사(按覈使)에 임명되다.

3월, 경상도 선산에 도착하자, 사태를 온건하게 수습함으로써 민심 안정에 주력할 뜻을 밝힌 관문(關文)을 진주로 발송하다.

진주에 도착한 뒤, 현지에 부임하기까지의 활동 상황을 보고한 장계를 올리다.

함양·거창 등에서도 농민항쟁이 잇달아 일어나자, 항쟁의 배후 세력으로 토호들을 지목하고 양반 사족층의 책임을 추궁한 관문을 도내 각 고을로 긴급 발송하다.

경상도 우병사 백낙신(白樂莘)의 탐학을 보고하는 장계를 올리다.

5월, 진상 조사 보고가 지체되고 있다는 문책에 대해 해명하는 장계를 올리다.

마침내 조사 사업을 마무리하고, 항쟁의 원인이 된 환곡 부정 실태를 밝힌 「사포장계(査逋狀啓)」, 항쟁 주모자 및 가담자를 수사한 「사계발사(査啓跋辭)」, 그리고 환곡제도 개혁을 위한 특별기구 설치를 건의하는 「강구방략(講究方略)」을 지어 올리다.

진상 조사에 석 달이나 걸리고 죄수들에 대해 지나치게 가벼운 형벌을 청구했다는 이유로 삭직(削職) 처분을 받다.

양반 사족층의 책임을 추궁한 관문에 대해 영남 유생들이 반발하는 상소를 잇달아 올리다.

윤8월, 우부승지에 임명되었으나 사양하는 상소(「右副承旨違召後自劾疏)」)를 올리고, 이후 은거하다.

김포 군수로 재임중인 윤종의의 초대로 신석우·조면호 등과 함께 한강의 서강(西江)에서 출발하여 김포까지 뱃놀이를 다녀오면서 시(「壬戌仲秋 與同人 赴尹士淵太守之約」)를 짓다.

겨울, 중국의 심병성에게 중봉(重峯) 조헌(趙憲)의 유허비(遺墟碑) 탁본과 고려말 진철선사(眞澈禪師)의 보월승공탑비(寶月乘空塔碑) 탁본을 보내다.

안핵사로 재임할 때 진주의 관고에 소장된 『대명률직해(大明律直解)』를 발견하고 그에 대해 고증한 글(「題晋州官庫所藏大明律卷後」)을 짓다.

**1863년**(철종 14, 계해), **57세**

5월, 이조 참의에 서용(敍用)되다.

7월, 벗 남병철(南秉哲)이 별세한 뒤, 그의 유고에 대한 서문(「圭齋集序」)을 짓다.

12월, 철종이 승하하고, 흥선대원군의 차남인 고종이 즉위하다. 익종의 비(妃)인 신정왕후 조씨가 수렴청정을 시작하다.

**1864년**(고종 1, 갑자), **58세**

1월, 신정왕후의 전교에 의해 종2품 가선대부에 특별 가자(加資)되고, 동지의금부사에 임명되다. 그에 따라 부친 박종채와 조부 박지원, 증조 박사유(朴師愈)에게 각각 이조 참판과 이조 참의, 사복시 정(司僕寺正)이 추증되다.

한성 우윤, 병조 참판, 동지춘추관사에 임명되다.

2월, 동지돈녕부사, 동지경연사에 임명되다.

3월, 도승지, 강관(講官), 예문관 제학에 임명되다.

4월, 예문관 제학, 대사헌, 동지실록사에 임명되다.

예문관 제학을 사양하는 상소(「辭藝文提學疏」)를 올리다.

4월, 5월, 6월, 8월, 9월, 10월, 11월, 12월, 강관으로서 『소학』을 권강(勸講)하다.

6월, 경연 특진관(特進官), 홍문관 제학에 임명되다.

8월, 예문관 제학, 승문원 제조에 임명되다.

9월, 한성 좌윤에 임명되다.

개성 유수 김영작이 지은 「북해 조종영 생사 유허비 음기(北海趙鍾永生祠遺址碑陰記)」의 글씨를 쓰다.

10월, 도승지, 이조 참판, 전설사 제조, 도승지에 임명되다.

예조 판서 김병학(金炳學)이 지은 「노락당기(老樂堂記)」의 글씨를 쓰다. 노락당은 대원군의 저택인 운현궁의 중심 건물이다.

겨울에 천둥이 치는 이변을 만나 왕이 신하들에게 의견을 구하는 교서(「下雷異求言敎」)를 지어 바치다.

아우 박선수가 증광시 문과에 장원 급제하여, 통정대부에 가자되고 병조 참의에 임명되다.

11월, 비변사 유사 당상에 임명되다.

『법선도(法善圖)』와 『인심도심도(人心道心圖)』의 서문 제술인(製述人)의 한 사람으로 낙점되어 「법선도 발(法善圖跋)」과 「인심도심도 발(人心道心圖跋)」을 지어 바치다.

12월, 홍문관 제학, 대사헌에 임명되다.

화공을 시켜 연행(燕行) 당시 자인사의 고염무 사당에서 중국 문사들과 만나던 광경을 그린 「고사음복도(顧祠飮福圖)」를 그리게 하고 이를 심병성에게 보내다.

그와 아울러 『해경세초해(海鏡細草解)』 등 천문 수학에 관한 남병철의 저서들을 함께 보내면서, 수학에 조예가 깊은 왕헌에게 전해주도록 당부하다.

**1865년**(고종 2, 을축), **59세**

2월, 정2품 자헌대부에 가자되고, 한성 판윤에 특별 임명되다. 그에 따라 부친 박종채와 조부 박지원, 증조 박사유에게 각각 이조 판서, 이조 참판, 이조 참의가 추증되다.

3월, 홍문관 제학, 동지춘추관사, 공조 판서, 선혜청 제조, 동지경연사에 임명되다.

4월, 경복궁 중건을 위한 영건도감(營建都監)의 제조, 예조 판서, 동지의금부사에 임명되다.

만동묘(萬東廟)가 철폐됨에 따라, 예조 판서로서 만동묘의 현판을 대보단(大報壇)에 수장하다. 그러나 한편으로는 만동묘 철폐 명령을 취소하도록 요청하는 상소(「請還寢萬東廟停撤疏」)를 지어두다.

5월, 수진보작(壽進寶酌)이라는 상서로운 술잔이 발굴되자, 예조 판서로서 이를 예찬하는 글(「壽進寶酌銘」)을 지어 바치다. 내의원 제조에 임명되다.

윤5월, 예문관 제학, 『대전통편(大典通編)』 찬집 당상(纂輯堂上)에 임명되다.

6월, 예조 판서로서 종묘사직의 제사 때 서계(誓戒)와 이의(肄儀)를 행하는 곳을 변경하는 데 대해 반대하는 의견(「廟社大享誓戒肄儀移行議」)을 올리다.

7월, 예문관 제학에 임명되다.

8월, 『대전통편』 교정 당상, 지돈녕부사, 예문관 제학에 임명되다.

영호남의 수재민을 위로하는 윤음(「慰諭嶺湖被災人綸音」)을 짓다.

10월, 예문관 제학에 임명되다.

12월, 성단(星壇)의 악사(樂詞)를 지어 바치다.

**1866년**(고종 3, 병인), **60세**

2월, 평안 감사에 임명되다.

3월, 윤정현이 지은 「동현재 산수진적 발(董玄宰山水眞蹟跋)」의 글씨를 쓰다.

5월, 평안 감사로서 철산에 표착(漂着)한 미국 상선 서프라이즈(Surprise)호의 선원들을 구조하여 중국으로 안전하게 이송하도록 하다.

7월, 대동강에 미국 상선 제너럴셔먼(General Sherman)호가 침투하자, 평양 중군 이현익(李玄益)과 평양 서윤 신태정(申泰鼎)을 파견하여 문정(問情)하게 하다. 여러 차례의 실득과 식량 제공에도 불구하고 중군을 억류하고 인명을 살상하는 등 횡포를 부리며 퇴각하지 않으므로, 마침내 평양의 군민(軍民)들을 지휘하여 화공(火攻) 전술로 셔먼호를 격침하고 토머스(R. J. Thomas) 목사 등 일당을 몰살하다.

셔먼호를 격침한 공로로 정2품 정헌대부에 특별 가자되다.

8월, 외세의 침입에 대비하여 대동강 입구의 동진(東津)에 진(鎭)을 설치하도록 건의하다.

특별 가자에 감사를 표하고 유공(有功) 군민들에 대한 포상을 요청하는 상소(「辭特加正憲疏」)를 올리다.

9월, 프랑스 함대가 침입하여 병인양요가 일어나자, 대동강 연안에 토성을 급히 쌓도록 지시하고 평안도 포수들을 모집하여 강화도로 급파하다.

11월, 대동강에서 여러 차례 서양대포 발사 시험을 하다.

12월, 미국 군함 와츄세트(Wachusett)호가 내도하여, 셔먼호 사건에 대한 해명을 요구한 함장 슈펠트(R. W. Shufelt)의 조회(照會)를 전달하고 퇴거하다. 슈펠트의 조회에 대해 황해 감사 명의로 된 답서(「擬黃海道觀察使 答美國人照會」)를 지어두다.

동문환에게 백금 50냥을 보내 북경 자수사에 봉안된 효정태후의 영정을 보수하도록 부탁하다. 영정 보수 작업은 이듬해 5월에 완수되었다.

**1867년**(고종 4, 정묘), **61세**

7월, 동진 첨사 이종원(李鍾元)의 지휘 하에 동진진(東津鎭)이 완성되다.

9월, 임지에서 환갑을 맞이하다.

12월, 병으로 사의를 표명했으나 평안 감사에 잉임(仍任)되다.

**1868년**(고종 5, 무진), **62세**

3월, 셔먼호 선원들이 일부 생존하여 억류되어 있다는 미국측 주장을 전한 중국의 자문(咨文)에 대해 회답하는 자문(「請開諭美國使臣 勿致疑怪咨」)을 맡아서 짓다.

미국 군함 셰난도어(Shenandoah)호가 내도하여, 셔먼호 생존 선원 석방 문제에 대한 협상을 요구한 부함장 페비거(J. C. Febiger)의 조회를 전달하다.

4월, 셰난도어호가 퇴거하자, 중국에 셰난도어호 내항 사태의 전말을 알리고 미국측의 의혹을 풀어주도록 청하는 자문(「美國兵船回去 請使遠人釋疑咨」)을 기초하다.

독일 상인 오페르트(E. J. Oppert) 일당이 대원군 부친인 남연군의 묘 도굴에 실패한 뒤 달아나자, 중국에 오페르트 사건의 전말을 알리는 자문(「陳洋船情形咨」)을 기초하다.

7월, 벗 김영작이 별세한 뒤, 그가 남긴 시첩(詩帖)에 제사(「題邵亭遺墨帖」)를 쓰다.

8월, 평안 감사에 잉임되다.

9월, 임지에서 진갑을 맞이하다.

10월, 청북 암행어사와 청남 암행어사가 모두 평안 감사 박규수의 선정(善政)을 보고하다.

**1869년**(고종 6, 기사), **63세**

1월, 평안 감사 사직 상소를 올렸으나, 내년 봄까지 잉임하라는 비답(批答)이 내리다.

3월, 양자 제정(齊正)이 요절하다.

4월, 평안 감사에서 해임되다. 그 뒤 후임 한계원(韓啓源)에게 보낸 편지(「與新箕伯某公」)가 전한다.

5월, 의정부 당상에 환차(還差)되다.

6월, 관상감 제조, 형조 판서, 예문관 제학에 임명되다.

8월, 10월, 강관으로 복귀하여 진강하다.

8월, 형조 서리들의 부정 사건에 대해 형조 판서로서 자인(自引)하는 연명상소를 올리다.

10월, 예문관 제학에 임명되다.

12월, 동지성균관사, 공시(貢市) 당상에 임명되다.

양자가 요절한 뒤 양손(養孫)을 구하는 문제로 목천(木川)에 다녀오던 길에 천안의 수촌(壽村)에서 은거중인 홍양후를 방문하고 담헌 홍대용의 묘를 참배하다.

**1870년**(고종 7, 경오), **64세**

2월, 3월, 4월, 5월, 8월, 윤10월, 11월, 12월, 강관으로서 진강하다.

윤10월, 종자(宗子: 종가의 맏아들) 즉 요절한 아우 박주수의 양자를 세울 수 있도록 청원하는 상소를 올려 예조의 허가를 받다.

11월, 조면호의 집에서 열린 시주(詩酒)의 모임에서 신석희 등과 함께 대원군의 매화시(梅花詩)에 화운(和韻)하는 시를 짓다.

**1871년**(고종 8, 신미), **65세**

1월, 승문원 유사 당상에 임명되다.

2월, 『동문휘고(同文彙考)』의 교정 당상에 임명되다.

미국 함대의 원정을 통고하고 아울러 통상(通商)을 촉구하는 미국 공사 로우(F. F. Low)의 친서를 전달한 중국의 자문에 대해 회답하는 자문(「美國封函轉遞咨」)을 짓다.

2월, 3월, 5월, 10월, 12월, 강관으로서 『중용』을 진강하다.

3월, 예문관 제학에 임명되다.

4월, 지의금부사로서 오페르트 일당과 연계된 천주교인들에 대한 친국(親鞫)에 참여하다.

관상감에 있는 해시계 간평혼개일귀(簡平渾蓋日晷)의 탁본을 박선수에게 보내다.

단종 복위 모의에 가담했다가 사육신을 뒤따라 자살한 박심문(朴審問)에게 시호가 추증되다. 그 뒤 박심문의 신도비명(「忠貞朴公審問神道碑銘」)을 짓다.

미국 함대가 원정을 감행하여 신미양요가 일어나다.

강화해협의 입구인 손돌목에서 최초의 무력충돌이 발생한 뒤 미국측이 보낸 항의 서신에 대해 강화 진무사(鎭撫使) 정기원(鄭岐源)을 대신하여 회신(「江華府留守兼鎭撫使鄭岐源 送美國公使照會」)을 짓다.

5월, 초지진과 덕진진·광성진 전투 이후 장기간 대치하던 미국 함대가 자진 철수하자 신미양요의 전말을 중국에 알리는 자문(「美國兵船滋擾咨)」)을 짓다.

강화도 포군의 군량 조달을 위해 포량미(砲粮米)를 징수하는 문제에 대해 의견(「沁都兵餉措畫議」)을 올리다.

11월, 홍문관 및 예문관 대제학, 지성균관사(대제학이 겸임함)에 임명되다.

대제학을 사양하는 상소(「辭大提學疏」)를 올렸으나 받아들여지지 않다.

용강현 출신 김득진(金得振)의 충효를 표창하는 정문(旌門)이 내리자 정문의 음기(「振武功臣金得振旌門陰記」)를 짓다.

12월, 변란을 기도한 이필제(李弼濟) 일당에 대한 추국(推鞫)에 지의금부사로서 참여하다.

감제(柑製)에서 독권관(讀券官)으로서 진사 한장석(韓章錫)을 수석으로 뽑다.

조면호·신석희·신응조(申應朝)·김세균(金世均)·김익문(金益文) 등과 시사(詩社) 활동을 하다. 9월에 조면호가 지은 고시 「명엽게(明葉偈)」에 대해 칭송하는 평어를 지어주다.

**1872년**(고종 9, 임신), **66세**

1월, 홍문관 및 예문관 대제학, 지성균관사에서 사임하다.

승문원 제조, 공시 당상에 환차되다.

2월, 알성시 문과에서 독권관으로서 김옥균(金玉均)을 장원으로 뽑다.

4월, 대원군에게 청원 편지를 올려 청 동치제(同治帝)의 결혼을 축하하는 진하겸 사은사(進賀使兼謝恩使)의 정사로 임명되다.

역모 죄인에 대한 친국에 지의금부사로서 참여하고, 왕이 일부 죄인에게 감형 조치를 명한 데 대해 반대하는 연명상소에 동참하다.

5월, 6월, 강관으로서 진강하다.

5월, 형조 판서에 임명되다.

6월, 진하사의 정사가 됨에 따라 종1품 판중추부사에 가설(加設)되다.

7월, 북경을 향해 출발하다. 수역(首譯)으로 오경석(吳慶錫)이 수행하다.

보수된 명 효정황후의 영정에 대한 기(「孝定皇后畵像重繕恭記」)를 지어 가지고 가다.

9월, 북경에 도착하여 동치제의 결혼식 축하행사에 참여하다.

정공수와 재회하고, 동문찬(董文燦)·팽옥린(彭玉麟)·만청려(萬靑藜)·숭실(崇實)·예은령(倪恩齡)·팽조현(彭祖賢)·오대징(吳大澂)·장지동(張之洞)·이자명(李慈銘) 등과 새로 교분을 맺다. 고염무 사당과 자수사·장춘사를 다시 찾아가 참배하다.

천진교안(天津敎案: 反기독교 폭동)의 사죄 사절로 프랑스를 다녀온 숭후(崇厚)

의 형 승실로부터 유럽의 정세(프로이센 · 프랑스전쟁 발발)에 관한 정보를 전해 듣다.

동문찬 · 이자명 등에게 박선수의 『설문해자익징(說文解字翼徵)』을 보이고 평을 구하다.

동문찬의 청으로 「신라왕 정계비(定界碑: 진흥왕 황초령 순수비)」 탁본에 제사(題詞)를 써주다.

예은령에게 빌려서 감상한 명 충신 양계성(楊繼聖)과 양련(楊漣)의 글씨에 대해 발문(「敬題楊椒山 · 楊應山二先生遺墨後」)을 지어주다.

11월, 북경을 출발하여, 12월에 귀환하다. 왕에게 서양식 총포와 군함 제조에 성공한 청 양무운동(洋務運動)의 성과를 보고하다.

함경도의 저명한 성리학자였던 임종칠(林宗七)의 문집에 서문(「屯塢集序」)을 지어주다.

**1873년**(고종 10, 계유), **67세**

2월, 5월, 6월, 8월, 9월, 10월, 11월, 강관으로서 진강하다.

5월, 형조 판서, 지의금부사에 임명되다.

6월, 내의원 제조에 임명되다.

11월, 대원군의 정책을 비판한 최익현(崔益鉉)의 상소로 인해 대원군이 하야하고 고종이 친정(親政)을 시작한 뒤, 규장각 제학에 임명되다.

병자호란 때 척화(斥和)를 주장하고 운둔한 이기발(李起浡)의 문집에 서문(「西歸集序」)을 지어주다.

12월, 우의정에 임명되다. 그에 따라 부친 박종채와 조부 박지원, 증조 박사유에게 각각 영의정, 좌찬성, 이조 판서가 추증되다.

경모궁(景慕宮) 및 분원(分院) 도제조에 임명되다.

규장각 제학에서 해임해주기를 청하는 차자(「乞解內閣提學箚」)를 올리다.

경연에서 왕에게 신하들과 적극적으로 국사를 의논할 것을 건의하다(「賓對上殿啓」).

**1874년**(고종 11, 갑술), **68세**

1월, 왕에게 절약하고 검소한 생활을 하도록 건의하다(「賓對上殿啓」).

청나라 동전 통용 금지 조치에 따른 대책(「淸錢革罷後措畫捄弊議」)을 건의하다.

2월, 내의원 도제조에 임명되다.

3월, 성균관 유생을 대상으로 한 시험인 춘도기(春到記)에서 독권관으로서 김윤식을 수석으로 뽑다.

5월, 왕실과 왕족의 간략한 족보인 『선원보략(璿源譜略)』의 발문을 짓다.

6월, 왕에게 백성을 위하는 일념으로 국정에 임할 것을 건의하다(「賓對上殿啓」).

원자(元子)가 수두(水痘)에서 회복된 것을 축하드리는 자리에서, 종전의 격식에서 벗어난 일본의 서계(書契)를 더이상 물리치지 말고 접수할 것을 주장하다.

8월, 서계 접수를 반대한 대원군을 설득하는 편지를 올리다.

9월, 우의정에서 해임해주기를 청하는 상소(「乞解右議政疏」)를 올리다.

만동묘가 복설(復設)됨에 따라 의식 절차를 정하는 문제에 대해 의견(「萬東廟儀節講定議」)을 올리다.

우의정에서 해임되고, 판중추부사에 임명되다.

11월, 병자호란 때 심양(瀋陽)에 잡혀간 김상헌(金尙憲)에게 중국인 맹영광(孟永光)이 그려준 국화꽃 그림에 대해 제사(「題孟樂癡畵菊帖」)를 짓다.

12월, 4년 전에 작고한 전 영의정 조두순(趙斗淳)에게 시호가 내려 그의 시장(「領議政致仕奉朝賀趙公諡狀」)을 짓다.

임진왜란 때 경상도 영천(永川)의 의병장이었던 정세아(鄭世雅) 부자의 사적을 기록한 『호수실기(湖叟實記)』의 중간본(重刊本)에 서문(「重刊鄭剛義公實記序」)을 지어주다.

**1875년**(고종 12, 을해), **69세**

1월, 일본의 국사(國使)가 군함을 타고 부산에 와서 재차 서계의 접수를 요구하자, 서계 접수에 반대하는 대원군에게 설득하는 편지를 올리다.

2월, 서계 문제의 대책을 묻는 좌의정 이최응(李最應)의 편지에 답하다. 이후 이 문제로 계속 서신을 주고받다.

5월, 사옹원 제조로서 진상 물품 문제로 자인(自引)하는 상소를 올리다.

서계 문제를 논하는 어전회의에서 서계의 접수를 주장하다.

서계 접수에 반대하는 대원군에게 거듭 설득하는 편지를 올리다.

수정한 『선원보략』의 발문을 짓다.

6월, 대원군의 운현궁 복귀를 촉구하는 상소를 주도한 유생들에 대해 감형을 요청하는 연명차자(「請疏儒裁處聯名箚子」)를 지어 올리다.

왕이 시원임 대신들의 요청을 거부하는 비답을 거두어들인 데 대해 송구해하는 연명차자(「相議定律批旨還收後聯名箚子」)를 지어 올리다.

11월, 십년 전에 작고한 신석우에게 시호가 내려 그의 시장(「禮曹判書申公諡狀」)을 짓다. 전년에 윤종의 · 조면호와 함께 신석우의 문집인 『해장집(海藏集)』을 편찬하였다.

12월, 내의원 도제조에 임명되다.

서미의 묘지명(「徐石史墓誌銘」)을 짓다. 서미는 1850년에 작고했다.

**1876년**(고종 13, 병자), **70세**

1월, 일흔 살이 넘는 정2품 이상의 문신들을 예우하기 위한 기관인 기로소(耆老所)에 들다.

전년 8월에 일본 군함 운요호(雲揚號)가 무력충돌을 일으키고 퇴거한 뒤 일본의 전권대신 쿠로다 키요타카(黑田淸隆)가 함대를 이끌고 부산을 거쳐 북상하자, 그 대책을 논의하는 어전회의에서 수호(修好)를 표방하고 온 일본측에 대해 선공을 가해 분쟁의 빌미를 제공해서는 안 된다고 주장하다.

강화(講和)를 주장하는 조정의 대신들을 처형하라는 상소를 올린 최익현에 대해 국문(鞫問)을 요청한 시원임 대신들의 연명차자에 동참하다.

개수한 『선원보략』의 발문을 짓다.

요절한 양자 제정의 후사를 잇기 위해 일족 박제창(朴齊昌)의 아들 희양(羲陽)을 양손으로 들이다.

2월, 조일수호조규(朝日修好條規)가 조인된 이후, 강화를 비난한 상소에 직면하여 의정부 대신의 한 사람으로서 왕에게 견책을 내려주기를 자청하다.

봄, 역관 이용숙(李容肅)이 중국에서 용계동(龍繼東)이 지은 전기(傳奇)를 구해 오자 그에 대한 발문(「題龍槐廬彭溪傳奇後」)을 써주다.

4월, 내의원 도제조를 사임하다.

윤7월, 「죽석송월도(竹石松月圖)」(작가 미상)에 대한 제사(題詞)를 짓다.

8월, 원임(原任) 대신이 맡는 수원 유수에 임명되다. 부임한 지 수일 만에 발병하다.

9월, 도교에서 신격화한 관우(關羽)의 사적을 그림으로 그리고 해설한 『관성제군 성적도지(關聖帝君聖蹟圖誌)』(청 盧湛 편찬)에 서문을 짓다.

12월, 병으로 사직 상소(「乞解水原留守疏」)를 올리다.

12월 27일(양력 1877년 2월 9일) 한양 북부 재동(齋洞) 자택에서 별세하다.

**1877년**(고종 14, 정축)

3월, 경기도 양주 노해면 하계리(지금의 서울시 노원구 하계동) 구룡동 간좌(艮坐)의 들에 안장되다.

**1878년**(고종 15, 무인)

11월, '근학호문(勤學好問)' '사려심원(思慮深遠)'하다 하여 '문익(文翼)'이라는 시호가 내리다.

**1888년**(고종 25, 무자)

8월, 부인 연안 이씨가 향년 81세로 별세하여 합장(合葬)되다.

**1899년**(광무 3년, 기해)

6월, 아우 박선수가 별세하다. 박선수는 공조 판서를 지냈으며, 문자학에 일가를 이루어 『설문해자익징』(14권 6책)을 남겼다.

**1913년**

김윤식이 찬한 『환재선생집』(11권 5책)이 보성사(普成社)에서 간행되다.

**1921년**

3월(양력), 고종 황제의 공신으로 종묘에 배향(配享)되다.

**1989년**

서울시의 도시계획으로 인해 충북 보은군 외속리면 불목리 산34번지 손좌(巽坐)의 들로 이장(移葬)되고, 신도비(神道碑)가 세워지다.

# 찾아보기

**ㅂ**

## ㅇ

### ㅌ



### ㅍ



### ㅎ

**김명호**(金明昊)
1953년 부산에서 태어났다. 서울대 국문과를 졸업하고 동 대학원에서 문학박사 학위를 받았으며, 한학의 대가인 고(故) 우전(雨田) 신호열(辛鎬烈) 선생 문하에서 수학했다. 덕성여대 국문과 교수를 거쳐, 현재 성균관대 한문학과 교수로 재직하고 있다.
저서로 『열하일기 연구』 『박지원 문학 연구』 『초기 한미관계의 재조명』이 있으며, 역서로 『연암집』 전3권(신호열 공역)과 『지금 조선의 시를 쓰라』가 있다. 우경문화저술상과 두계학술상, 월봉저작상을 수상했다.

환재 박규수 연구

초판 1쇄 발행/2008년 11월 15일

지은이/김명호
펴낸이/고세현
책임편집/강영규
펴낸곳/(주)창비
등록/1986년 8월 5일 제85호
주소/413-756 경기도 파주시 교하읍 문발리 513-11
전화/031-955-3333
팩시밀리/영업 031-955-3399 · 편집 031-955-3400
홈페이지/www.changbi.com
전자우편/human@changbi.com
인쇄/우진테크


ISBN 978-89-364-8240-4 03910


* 책값은 뒤표지에 표시되어 있습니다.